중국 지주제의 역사

중국 지주제의 역사

리원쯔 · 장타이신 지음
신은제 옮김

景仁文化社

한국어판 서문

『중국 지주제의 역사』의 한국 출간은 필자들에게 커다란 영광이다. 이 책은 중국 봉건사회시기 지주제 경제를 주제로 저술되었다. 주지하듯이 봉건 경제에 대해 각국 학자들은 상이한 견해를 피력해 왔다. 서구 학자들은 장원제 경제와 봉건 경제를 동일시하였으나, 중국의 학자들은 장원제 이외 지주제 경제도 봉건 경제에 자리하고 있다고 생각하였다. 각국의 경제운용방식은 각국의 사정에 의해 결정되었다. 즉 각국의 기후환경, 자원, 역사적 연혁, 문화적 특징에 의해 규정된 것이므로 획일적으로 파악할 수 없다. 중국 봉건경제 운용방식에 대한 관찰과 연구는 중국 고유의 국내사정에서 출발하여야 하고, 이를 바탕으로 현상을 분석하고 탐구해야 한다. 그런 다음에야 비로소 실제에 부합하고 사회적으로 유익한 결론에 도달할 수 있다.

필자들은 이 책의 출판이 단지 장원제만을 봉건 경제모델로 이해하는 견해를 극복하여 새로운 연구를 추동하는 계기가 되기를 기대했다. 이 책은, 2005년 출간 이래, 중국 사화과학계로부터 많은 호평을 받았다. 2007년 '손야방경제과학상[孫治方經濟科學獎]'을 수상하였고 '곽말약중국역사학상[郭沫若中國歷史學獎] 3등상'을 수상하였다. 2009년에는 '중국사회과학원 은퇴연구원 우수 연구성과 일등상'을 수상했다. 이 책의 한국출판이 봉건경제 모델에 대한 한국동학들의 많은 토론을 추동하여, 한 단계 진전된 연구로 이어질 수 있기를 희망한다.

2013년 8월 북경에서
장타이신[江太新]

역자 서문

이 책『중국 지주제의 역사』의 원제는『중국지주제경제론 : 봉건적 토지관계의 변화와 발전』이다. 이 책의 저자인 리원쯔[李文治]와 장타이신[江太新]은 중국 농업경제사 연구의 권위자로 오랫동안 이 문제에 천착해 왔다. 두 사람은 모두 명·청시대를 주전공으로 삼아 연구를 지속해 왔고 손야방(孫冶方) 경제과학상 등 각종 상을 수상해 이 분야에서 큰 성취를 이루었다. 이 책은 이 두 중국 경제사 연구의 대가가 7~8년 동안 심혈을 기울여 2003년 출간한 책이다.

이 책에서 저자들은 서주(西周)시대에서 청말에 이르는 3천여년 동안의 중국 봉건시대 토지소유관계의 역사를 서술했다. 역자가 보기에, 이 책의 가장 주요한 성취는 중국 토지소유관계 역사의 발전과정을 저자들 나름의 논리에 입각해 서술하였다는 점이다. 저자들은 서주에서 청말에 이르는 전근대 중국 경제체제를 영주제 경제와 지주제 경제로 구분한 뒤, 서주에서 동주시기를 영주제 시기로, 진·한에서 청말에 이르기까지의 2천여년을 지주제 시기로 간주했다. 물론 책의 제목에서 확인되듯이, 저자들의 주관심 분야는 지주제 경제 시기이다.

저자들은 서주시대 생산에서 농민의 자립성에 주목해 이 시기를 노예제가 아닌 봉건적 영주제로 규정했다. 다만 이 시기 생산자 농민은 노동지대를 바쳤으며 그 사회적 지위도 열악하였다. 또 시장경제가 발전하지 못했을 뿐 아니라 농민은 적극적으로 토지에 대한 사유화를 실현하지 못했다. 이러한 서주 영주제 경제는 동주시기를 거치면서 변화하기 시작한다. 농민의 토지 사유화가 점차 진행되고 시장경제가 발전하였으며 현물지대가 주요한 위치를 차지하기 시작했다. 이러한 경제체제 내에서 다양한 형태의 소유제가 출현하였고 그러한 다양한 소유제의 총체를 저자들은 지주제라 명명했다. 저자들에 의하면, "지주제 경제는 지주소유제를 근간으로 한 농민소유제와 각종 관공전(官公田) 내부에서 형성된 각각의 생산관계의 총체이자, 그로 인해 만들어진 전체 경제체제(개별수공업 및 상업을 포괄한다)"였다.

진·한시기 이래 성장해 온 지주제는 몇 차례 성쇠를 거듭했다. 진·한시기 이후 정상적으로 발전해 오던 지주제는 후한에서 위진남북조 시기에 이르러 역전되어 기형화되었다. 위진남북조 이후 수·당에서 송나라에 이르러 지주제는 정상화되었으나 원대 한차례의 기형적 과정을 거쳐 명·청대에 이르면 다시 정상화되어 발전해 갔다. 저자들에 의하면, 신분제가 해이해 지고, 농민소유제가 확대되며, 서족지주제가 성장하고, 시장경제가 활성화될 때, 지주제 경제는 정상적으로 발전한다. 이에 반해 신분제가 강화되고, 소농민 소유제가 몰락하며, 권귀들의 토지겸병이 심화될 때, 지주제 경제는 기형화된다. 저자들은 지주를 계층별로 구분한 뒤, 서족지주와 소농민의 증대를 지주제의 정상화로 간주했다. 또 이들의 성장은 시장경제를 촉진했고 때문에 지주제가 정상화된 시기 시장경제는 발전했다. 역자가 보기에, 지주제와 시장경제를 연결시키려는 태도는 중국에서 강조되어 온 사회주의 시장경제와 무관하지는 않을 것이다. 중국연구자들은 시장경제를 자본주의 체제의 전유물이 아니라 전(全)역사시대에 걸쳐 존재해 온 것으로 간주했고, 이런 맥락에서 저자들은 시장경제와 지주제를 적극적으로 결부시켰던 것으로 보인다.

중국 경제사의 내적 발전과정을 지주제의 변화발전 과정으로 저술한 이 책은 몇 가지 특징을 보인다. 이 특징은 한편으로는 약점이기도 하고 다른 한편으로는 이 책의 강점이기도 하다. 우선 이 책은 이론적으로 역사적 유물론에 입각해 있다. 사회주의 중국에서 교육받아 온 저자들에게 역사적 유물론은 경제사 서술의 가장 주요한 이론적 기초였다. 때문에 이 책은 토지소유관계, 잉여수취문제, 신분제 문제 등 모든 측면에서 역사적 유물론의 입론에 근거하고 있다. 다만 토지소유제의 변동에서 국가정책이 주요한 역할을 했다는 점을 강조하고 있어 경제적 토대의 일방적 규정성으로 부터는 한 걸음 물러나 있다.

둘째, 저자들은 명·청대를 비중 있게 서술했다. 명·청대의 비중은 분량에서 확인된다. 458페이지 가운데 명·청대는 204페이지에 달한다. 지주제 경제가 유지되어 온 2천여년의 시간의 1/4에 불과한 명·청대가 40%이상을 차지하고 있는 것이다. 명·청대의 비중이 높은 이유가 짐작되지 않는 것은 아니다. 저자들의 주전공은 모두 명·청대로, 이 시기는 저자들에게 가장 관심이 높은 시기였을 것이다. 시기직 편중이 저자들의 진공 때문만은 아니다. 명·청대는 지주제와 관련된 방대한 사료들이 존재하고 때문에 보다 폭넓게 지주제를 서술할 수 있는 시대이다. 역자가 보기에, 이러한 시기적 편중은 오히려 이 책의 주요한 장점이 되었다. 이 책의 저자들은 명·청대 다양한 자료를 바탕으로 흥미로운 논지를 전개하였다. 예컨대, 저자들은 일전다주제(一田多主制)와 소토지소유제 혹은 중소지주의 확대를 명·청 특히 청대 지주제의 주요한 특징으로 간주했다. 이는 지주의 토지 겸병을 강조하던 기존의 견해와 확실히 구별되는 저자들 고유의 주장이기도 하다.

청대 지주제의 이러한 특징은 영세화되어 가던 조선의 지주제[1]를 상기시킨다.

마지막으로, 역자는 저자들의 방대한 사료 인용을 경탄하지 않을 수 없다. 사료의 활용은 역사가의 미덕이 아니라 의무라는 것을 부정할 역사가는 없으리라. 그럼에도 역사 연구의 가장 큰 난제는 방대한 사료의 독해이다. 저자들은 전근대 중국의 봉건적 토지소유관계를 파악하기 위해, 사서오경과 같은 각종 경전에서 25사와 같은 정사(正史)에 이르는 기본 사료 뿐 아니라, 각종 법령·돈황문서·문집·지방지·당안문서 등의 자료를 광범위하게 활용했다. 특히 명·청대에는 각지에서 정리된 당안(檔案)문서들을 분석하여 저자들 나름의 독창적 견해를 피력했다.

이 책의 번역은 역자에게 여러모로 무모한 작업이었다. 중국사를 전공하지도 않은 역자가, 고전의 반열에 들었다고 확언하기 어려운 책 특히 대중적 주제도 아닌 중국지주제 관련 서적을 번역한다는 것은 무모한 시도임에 틀림없다. 번역이 주요한 학문적 업적이 되지 않음에도 무려 3년이 넘는 시간을 이 책의 번역에 힘 쏟은 역자의 태도 역시 무모한 노력일지 모른다. 한국 지주제 문제가 세인들의 눈밖에 난지도 오래인데, 전공자마저 찾아보기 어려운 중국 지주제의 책을 번역하려는 시도는 역자의 무모한 고집일 터이다.

그럼에도 역자는 세 가지 이유 때문에 이 책을 번역해야 했다. 우선 고려시대 지주제에 관심을 가진 역자에게, 중국의 지주제와 각종 토지제도는 항상 미지의 영역이었다. 물론 중국 지주제와 토지제도에 대한 중국인들의 연구 성과가 국내에 소개되지 않은 바는 아니다. 그러나 기왕의 연구들은 각각의 시대를 중심으로 진행되어 지주제라는 주제로 저술된 통사를 찾기란 쉽지 않았다. 때문에 역자는 전체 중국 지주제의 개요를 일목요연하게 파악하기 어려웠다. 그런 면에서 이 책은 중국 지주제를 이해하고자 하는 역자와 같은 이들에게 대단히 요긴할 것이라 확신한다.

한국사 특히 고려시대 지주제를 전공한 필자가 중국 지주제에 관심을 가진 것은, 민족사를 넘어 동아시아사를 이해하려는 최근의 학문적 조류와도 무관하지 않다. 중국과 한국의 문화적 친연성은 누구나 인정하는 바이다. 물론 한국은 중국과 다른 역사적 과정을 거쳐 왔다. 이를 부인하는 이도 없을 것이다. 하지만

---

1) 김건태, 『조선시대 양반가의 농업경영』, 역사비평사, 2004.

한국은 오랫동안 중화문화권에 위치해 있었고 때문에 중국사에 대한 이해는 한국사의 이해에 있어 중요하다. 그럼에도, 역자가 아는 바에 의하면, 한국에서 중국 지주제의 실상에 대한 이해수준은 높지 못하다. 심지어 제대로 된 번역서조차 찾아보기 어렵다. 이 책의 번역이 중국 지주제 이해의 첫걸음이 되기를 기대한다.

한동안 한국사 연구자들은 일본연구에 의존하며 중국사를 이해해 온 측면이 있다. 특히 중국토지제도의 경우 일본연구에 대한 의존도가 더 높았다. 그러나 일본의 한국사 연구가 가진 문제가 있듯이, 일본의 중국사 연구 역시 일정한 경향성을 가지고 있다. 균형 잡힌 시각을 가지기 위해서는 중국 연구자들의 견해에 귀 기울일 필요가 있다. 주지하듯이 중국은 한국과 마찬가지로 자주적 근대화에 실패했으므로, 한국학계와 유사한 문제 즉 자본주의 맹아와 자주적 근대화의 지체 같은 문제에 직면할 수밖에 없었다. 국유론의 부정을 전면에 내세운 중국학계의 경향과 한국 경제사학계의 친연성은 부정하기 어렵다. 때문에 중국 역사학계가 어떻게 중국 지주제의 변동과정을 기술하는지를 파악하는 것은, 한국 지주제의 변동과정을 설명하는 데 좋은 참고가 될 것이다.

늘 그렇듯, 나의 작업에는 여러 분들의 도움이 있었다. 대학원 수업에서 이 책을 함께 읽어 준 신태갑 교수님의 도움이 없었다면, 이 책의 번역은 불가능했을 것이다. 특히 신태갑 교수님은 역자에게 책의 번역을 적극 추천했을 뿐 아니라, 저자와의 연락까지 도맡아 주었다. 깊이 감사드린다. 비록 부족하나마 역자가 감히 번역을 시도하게 된 것은, 오랫동안 한문 번역을 지도해 주신 김광철 교수님과 정확한 언어의 사용을 깨우쳐 준 김학이 교수님의 영향 때문이다. 이기영, 이훈상, 홍순권 교수님은 역자를 학부 때부터 지도해 주셨다. 한국문물연구원 정의도 원장님 역시 역자에게는 소중한 분이다. 아직은 일천하나마 필자의 학문적 진전은 전적으로 그분들 덕택이다. 마지막으로 이 상품성 낮은 책의 출간에 기꺼이 동의해 준 경인출판사 한정희 사장님과 신학태 실장님께도 감사드린다.

번역에서 역자가 대면해야 할 두려움은 오역이다. 오역은 전적으로 역자가 담당해야 할 몫이기 때문이다. 그러나 피할 길도 없다. 다만 이 번역이 저자들과 도움주신 분들에게 누가 되지 않기를 기원할 뿐이다.

●●●

목차

전언

중국 지주제 경제에 대한 책의 저술은 리원쯔[李文治] 선생과 내가 오랫동안 염원해 온 일이었다. 이런 구상은 1950년대 초 리원쯔 선생이 『중국근대농업사자료(中國近代農業史資料)』를 편찬했을 때 처음 시작되었다. 이후 리원쯔 선생은 이 구상을 실현하기 위해 각고의 노력을 기울였다. 1960년대 리원쯔 선생은 지주제 경제에 대한 논문과 저작을 발표하면서 지주제 경제론에 대한 저서를 위한 이론적 탐색과 그에 대한 자료를 구비하게 되었다. 1964년에 샤먼[厦門]대학을 졸업한 필자는 중국사회과학경제연구소(지금의 중국사회과학원 경제연구소의 전신)로 발령을 받아 리원쯔 선생을 스승으로 삼았다. 리원쯔 선생과 내가 처음 만나 공부한 책은 왕예난[王亞南]선생의 『중국사회경제사강(中國社會經濟史綱)』이었다. 리원쯔 선생은, 샤먼대학의 총장인 왕예난 선생(당시 왕선생은 샤먼대학의 총장이었다)은 중국경제사의 발전과정에 대해 탁월하고도 독특한 견해를 가지고 있다고 하면서, 나에게 그의 저작을 잘 읽어 볼 것을 권유했다. 이후 리원쯔 선생의 지도아래 나는 『명·청시기 토지자료』를 편찬하기 시작했고 아울러 이 자료를 기초로 중국 지주제 경제의 발전과 변화과정에 대한 탐색을 시작했다. 이후 필자들이 만나서 토론한 주제들 가운데 대다수는 중국 지주제에 대한 문제였다. 오랜 준비기를 거쳐 1990년대에 이르자, 지주제 문제에 대한 필자들의 견해가 완숙해 졌고 이론구조에 대한 구상도 완성되었으며 기본적인 자료의 준비가 완료되었다. 이에 1994년 『중국지주제 경제론』이라는 제목으로 '국가사과기금(國家社科基金)'에 연구 과제를 신청하여 1995년 선정과 더불어 연구비를 지원받았다. 이 책 가운데 리원쯔 선생은 원대(元代)까지를 집필했고, 나는(장타이신[江太新] 명·청대(明淸代)를 집필했다. 여름과 겨울을 여섯 번이나 보내는 긴 세월을 거쳐 마침내 순조롭게 과제를 완성했고 2000년 세모에 결과를 보고했다. 그러나 안타깝게도 이때 리원쯔 선생이 사망하여 본 연구는 심대한 타격을 입었다.

본 연구는 원래 세 단계로 계획되었다. 첫 번째 단계는 지주제 경제하의 봉건적 토지소유관계의 발전과 변화에 대한 연구를 완성하는 것이었고, 두 번째 단계는 지주제 경제하 생산력의 발전과 파괴에 대한 연구를 완성하는 것이었으며, 세번째 단계는 지주제 경제하 상품화폐 경제의 발전과 위축에 대한 연구를 완성하는 것이었다. 지금 독자 앞에 내 놓은 것은 그 첫 번째 단계의 것이다. 나머지 두 단계는 앞으로 계속 저술해 나가 리원쯔 선생과 나의 염원을 완수할 것이다.

이 책은 중국의 봉건적 토지소유관계의 발전과 변화를 주요내용으로 하여 중국 지주제 경제의 발전과 변화의 법칙 및 특색을 연구한 것이다. 전체 구성은 서론을 제외하고 상편과 하편으로 나뉜다. 상편은 봉건 영주제 경제에서 지주제 경제로 넘어가는 과도기, 하편은 지주제 경제의 발전과 변화를 내용으로 하며, 왕조별로 서술하였다. 이 책의 주요 논점은 아래의 네 가지로 요약할 수 있다.

① 서주(西周) 영주제 경제의 발전개요 및 동주시기 지주제 경제로의 이행과정.

지금까지 중국내의 절대다수 학자들은 모두 서주를 노예사회로 인식해 왔다. 수십 년 간의 오랜 탐구를 거쳐 필자들은 서주를 봉건사회로 인정하게 되었고 당시 사회의 경제발전은 영주제 경제에 의해 제약받고 있었다. 동주시기에 이르러 원래의 토지 소유관계는 점차 변화하여 토지 분봉제는 점차 토지 사유제에 의해 대체되었다. 그에 따라 영주제 경제는 지주제 경제로, 농노는 조전(租佃)농민으로 점차 대체되어 갔다. 진·한시기에 이르러서야 지주제 경제체제는 그 초보적 형태를 확립한다.

② 중국 지주제 경제의 특징

진·한(秦漢)이래의 봉전경제는 어떤 지주제 경제로 명명되어야 할까? 그 특징은 무엇일까? 이는 중국 경제사를 연구할 때 필수적으로 선결해야 할 과제이다. 영주제 경제로부터 지주제 경제로 이행한 후 2000여 년 동안 지주제는 봉건사회의 주된 경제체제가 되어 왔다. 2000년의 세월을 지나면서 중국 봉건사회의 경제구조는 줄곧 다양한 경제적 요소 예를 들어 지주소유제, 농민소유제, 국가소유제, 개별수공업 및 상인소유제 등이 존재해 왔다. 이들 경제요소들은 서로 다른 시기에 어떤 곳에서는 사라지는 반면 어떤 곳에서는 성장했지만, 지주소유제만은 주도적 경제 요소로서의 지위를 잃지 않았으며 조전농(租佃農)의 잉여노동에 대한 지주들의 수탈 역시 변화하지 않았다. 따라서 지주제 경제가 유지된 전(全)시대의 봉건적 성격 또한 지속되었다. 전체 경제체제 가운데 지주경제가 발휘한 결정적 작용으로 인해, 이 경제체제는 지주제 경제라 칭해 질 수 있다. 중국 지주제 경제와 서구의 영주제 경제를 비교하면, 아래와 같은 몇 가지 특징을 가지고 있다.

첫째, 토지에 대한 권리의 구현방식이 상이하다. 지주제 경제하에서 토지는 매매될 수 있고, 토지에 대한 권리의 배분 상황 역시 늘 변동한다. 지주제 경제는 엄격한 신분적[等級] 소유제가 아니므로 토지제도는 역동적이었다.

둘째, 봉건적 예속관계에서 차이가 있다. 중국은 토지소유권이 항상 변동해 왔기 때문에 존비귀천(尊卑貴賤)의 신분[等級]관계가 토지소유권과 연결되지 않았다. 조전농(租佃農)은 비록 토지를 전작[佃種]함으로 인해 신분적 예속관계가 발생하더라도, 봉건적 토지소유권에서 예속관계는 부차적인 것이었다. 토지에 대한 소유권은 신분적 예속관계와 무관하며 독립적으로 존재하였다. 조전농의 예속은 지주 권력의 대소(大小)와 유무(有無)에 따라 그 강약이 달랐다. 이에 다음의 사실은 주목할 만한 가치가 있다. 신분적 예속관계의 강약은 시기에 따라 달랐다. 지주의 권력이 강화될 때 봉건적 예속관계는 강화되었고, 지주 경제가 정상적으로 작동한 때 봉건적 예속관계는 약화되었다. 일반적으로 전체 봉건시대에서 신분적 예속관계의 발전추세는 항상 강화에서 약화로 이행해 갔으며 최후에는 해체되는 경향이 있었다. 이때 조전농은 지주에 대해 단순히 지대를 납부할 의무만을 가진다. 그러나 신분적 예속관계가 어떠한 변화를 발생시켰다하더라도, 지주들이 조전농의 잉여노동을 수탈하였다는 사실과 그 봉건적 사회성격에는 변함이 없다.

셋째, 지대의 형태는 부단히 변화하였다. 진·한 이후 현물의 정률(定率)지대가 이미 주도적 지위를 차지하고 있었으며 송대(宋代) 이후에는 국유지에서 먼저 현물정액지대가 실시되었다. 이후 현물정액지대는 점차 민전에서도 발생하였으며 청대 전기에 이르러 현물정액지대가 현물정률지대를 대체하여 지배적 위치를 점하게 되었다. 동시에 압조(押租), 예조(預租)가 발전하고 있었고 화폐지대 역시 성장하고 있었다. 경제외적 강제는 점차 경제적 강제로 대체되었으며 농민의 생산과정에 대한 지주의 감독도 점차 압조(押租)와 예조(預租)의 수취로 변화해 갔다.

넷째, 시장경제는 발전하면서도 지체되었다. 개별 농민들의 소유 토지는 매우 작았기 때문에 생산한 상품은 주로 식량이었고, 지주들이 소유한 토지는 많았으나 수취한 것은 단일한 생산품이었다. 따라서 양자는 모두 자신의 생산품만으로는 자급자족할 도리가 없어 시장을 통해야 비로소 필요한 생산물들을 구할 수 있었고 때문에 광범위한 시장이 존재했다. 그러나 국가가 농민에게, 지주가 조전농에게 압박과 착취를 가중시킬 때마다 농민들의 부담은 번중(繁重)해져 시장에 대한 농민들과 조전농의 수요는 위축되었고 결국 시장의 발전에도 영향을 끼쳤다. 이 점에서 서구 영주제하의 자급자족적 자연경제와는 차이가 있다.

③ 지주제 경제의 발전과 변화.

이는 본서에서 서술할 핵심적 문제이다. 진·한에서부터 청말(清末)에 이르기까지 중국의 봉건경제에서는 일련의 변화가 발생했다. 예를 들어, 진에서 서한까지는 지주제 경제의 초보적 발전기이고, 동한에서 남북조까지는 지주제 경제가 역전, 전도되는 단계였다. 수·당(隋唐)시기에 이르러 지주제 경제는 다시 점차 기형적 상태를 벗어나 정상적인 발전 궤도로 진입했다. 사회경제는 비로소 정상적 발전기로 진입해 송대 사회경제는 발전의 추세를 유지했고 지주제 경제는 고도의 발전기로 접어들었다. 원대(元代)는 권귀세력의 발호로 말미암아 사회경제적으로 일시적인 역전이 일어났다. 명·청시대 지주제 경제는 두 번째 고도 성장기로 진입했으며 비록 단기적인 역전이 나타나기도 했지만 매우 빠르게 정상적인 발전궤도로 진입했다. 중국 지주제 경제의 이러한 우여곡절은 지주적 소유제에 규제된 것이다. 지주적 소유제의 주요한 구성요소는 토지소유권과 봉건적 예속관계였다. 이 양자의 변화 발전 특히 봉건적 예속관계(신분적 귀천과 예속관계)의 변화 발전은 봉건시대의 특징과 사회경제 발전단계의 성격과 추세를 가장 잘 보여준다.

④ 자본주의맹아 발생의 지표 및 그 정체 원인.

자본주의 맹아의 발생과 관련하여 이미 선행 연구자들의 많은 연구가 있다. 또 그에 대한 논문집도 4부나 출간되어 풍부한 성과를 거두었으므로 본서에서는 이 문제를 전면적으로 다루지 않고 견해차가 비교적 큰 문제에 대해 필자들의 견해를 제시하는 데 그칠 것이다. 예를 들어 중국 자본주의맹아가 언제 발생했는지의 문제에 대해서는 전국시대로 비정하는 견해, 당·송시대로 비정하는 견해, 명·청시대로 비정하는 견해, 맹아가 없었다는 견해가 있다. 이러한 견해차의 원인은 어디에 있는가? 이는 자료부족 등의 문제이기도 하지만, 보다 주요한 원인은 맹아발생의 지표에 대한 인식차로 말미암은 것이다. 화폐를 가지고 있는 자들과 신분적 고용은 예부터 존재하였으나 왜 자본주의 맹아를 발생시키지 못했을까? 당시 신분적으로 자유로운 고용노동이 출현하지 못했다는 데 그 해답의 열쇠가 있다. 때문에 당시 화폐소유자와 고용노동이 서로 결합되었음에도 불구하고 자본주의 맹아를 발생시킬 수 없었다. 자유로운 노동력의 출현과 화폐가 서로 결합되어야만 자본주의 맹아는 비로소 그 발생조건을 갖추게 된다. 필자들은 자유로운 노동력의 발생이야말로 맹아의 지표임을 재차 강조할 것이다. 중국 자본주의맹아는 일찍이 명나라 가정(嘉靖), 만력(萬曆) 연간에 이미 발생했으나 아편전쟁시기에 이르기까지 봉건사회의 틀 안에서 정체되었다. 이러한 정체는 어떤 요인이 작동했기 때문일까? 필자들은 자본주의 맹아의 조기 출현에도 불구하고 그것이 지체된 이유는 시장경제가 너무 일찍 발전하였기 때문에, 오히려 그것을 더 발전시키지 못한 결과를 만들었다고 생각한다. 지주제 경제체제 하에서 지주는 말할 필요도 없이 농민, 수공업자, 상인들은 시장의 교환가치 형태를 통해서만 자급을 실현할 수 있었고 이는 광범위한 시장발전을 예고한 것이었다. 사회경제적 발전시기에 직면하여 농민, 수공업자의 경제상황은 개선되었고 사람들의 수요가 왕성해 졌으며 시장은 번영하고 발달했다. 이 시기 화폐를 가진 이들은 잇달아 공장을 만들고, 시장을 세우고 상점을 열어 자본증식을 실현하였다. 따라서 사회경제의 발전기 자본주의의 싹은 원기왕성하게 자라났다. 그러나 왕조가 말기로 접어들 때마다 정치의 부패와 빈번한 전쟁이 발생하고, 농민에 대한 부세와 요역 등 각종 세금이 잇따라 강제로 부과되었다. 이와 동시에 토지겸병 또한 부단히 진행되어 자영농들은 지속적으로 지주의 전호가 되었다. 관아와 지주의 이중적 압박과 수탈아래에서 사회경제는 심대한 타격을 입고 농민들은 연이어 파산하여 농민경제는 심각하게 악화되었다. 이때 인민의 소비 역시 압박받아 그 최저점에 이르고 시장은 사회적 수요의 감소로 말미암아 위축되었다. 그리하여 공장은 파산하고 상점은 문을 닫으며 농민은 토지를 빌어 경작하는 처지로 전락한다. 이에 자본주의 맹아의 발전 또한 지체되었던 것이다. 이때 지주제 경제는 사회발전을 저지하는 족쇄가 된다.

이 책의 중심사상과 연구방법

본서는 시종일관 역사적 유물론에 입각하여 저술되었으며 실사구시의 정신을 지침으로 삼았다. 더불어 역사적 사실에 벗어나지 않으면서 선행연구자들의 연구성과를 넘어 새로운 견해를 제시하려 했는데, 이는 역사적 사실을 존중한다는 전제하에 선행연구자들의 연구성과를 흡수하여 이를 바탕으로 신·구 발전을 만들어 내려는 것이다. 전체 연구과정에서 수직적 관계 뿐만 아니라 동시에 수평적 관계에도 주의할 것이다. 즉 사물이 발전하는 선후관계와 사물이 발전하면서 서로 맺는 관계도 살펴볼 것이다. 본서를 저술하는 과정에서는 연역법을 사용할 뿐 아니라 귀납법, 비교법, 계량적 방법 등도 사용하였다. 예를 들어 선행연구자들은 명·청시대 토지매매를 연구하면서, 두 가지 문제에 직면했는데, 하나는 토지를 매매하면서 발생하는 "우선권(優先權)"의 문제이고 다른 하나는 토지매매의 주기에 대한 문제이다. 선행연구자들은 계량적 방법을 홀시하였기 때문에 이 문제를 명백히 진술하지 못했다. 본서는 계량적 방법을 이용해 이 문제를 연구하여 큰 성과를 거두었다. 예를 더 들어보자. 자본주의맹아가 언제 발생하였는가의 문제에 대한 의견은 매우 다양하다. 필자들은 비교분석을 통하여 자유로운 노동력 발생이 자본주의맹아의 표지임을 발견해 내었다. 이러한 견해는 각각의 관점을 통합시키는데 유익할 것이다. 다양한 연구방법을 이용은 본서로 하여금 더욱 엄정하게 논증하고 명백하게 하여 더욱 설득력을 갖추게 할 것이다.

연구 중에서 필자들은 먼저 자료를 수집하고, 이어 이론적 탐색을 했으며, 마지막으로 이러한 이론적 전제하에서 본서를 저술하였다. 본서의 저작에 대한 구상은 1950년대에 시작되었으나 40여 연간의 탐색을 거치고 전후 50여 편의 논문과 이 주제와 관련된 총 4편『명·청시대의 농업자본주의맹아문제(明淸時代的農業資本主義萌芽問題)』,『명·청시대 봉건적 토지소유관계에 대한 해설(明淸時代封建土地關係的鬆解)』,『청대조운(淸代漕運)』,『중국종법종족제와 족전의장(中國宗法宗族制和族田義庄)』의 저서를 지었다.

한편 필자들은 본서의 저술과정에서 다음의 세 가지 문제에 주목했다.

① 독창적인 이론

본서는 지주제 경제론을 근간으로 삼아 저술되었다. 중국 지주제 경제는 하나의 경제체제를 가리킨다. 이 경제체제는 지주소유제를 중심으로 하여 개별 농민소유제, 국가소유제, 그리고 개별 수공업과 상업 내부의 소유제적 요소들을 포괄한다. 이러한 경제요소들은 역사적으로 각각 흥망성쇠가 달랐기 때문에 중국경제의 발전사에서 매우 다채로운 모습을 보여 왔고, 중국을 세계적 경제대국으로 만들기도 했지만 중국경제를 낙후시키기도 했다. 본서는 중국경제 발전사에서 나타난 이러저러한 현상들을 비교적 잘 해석함으로써 이론적 독창성을 보탤 수 있었다. 이와 동시에 저술과정에서 필자들은 또한 허다한 새로운 견해를 제시하였다. 그 구체적인 예는 다음과 같다. 생산에 대한 농민의 적극성이 사회발전의 원동력이며 시장경제의 발전여부는 중국 자본주의맹아의 성장과 지체의 원인이다. 생산노동자인 농민의 잉여노동이 누구의 것으로 되는지, 농민들이 누구에 대해 신분적으로 예속되는지, 누구에게 직접적으로 경제외적 강제를 받는지의 문제는 사적 토지소유와 국가적 토지소유를 판정하는 기준이다. 1전 2주(一田二主) 혹은 1전 3주(一田三主)는 조전관계가 아니라, 봉건사회 후기에 출현한 새로운 토지소유제의 형식이다. 이러한 문제제기는 중국경제사 연구를 한 단계 진전시켰다는 점에서 의의가 있으며 중국특색의 봉건경제이론을 창립하는데 진일보한 것이다.

② 현실을 풍요롭게 하였다는 의의

경제체제가 확정된 후 경제에서의 불평등도 아울러 자연스럽게 발전하였다. 반드시 경제가 발전했다면 각각의 경제요소들 사이의 관계도 더불어 조정되어야 한다. 예를 들어 지주경제체제에서 지주소유제가 무한히 확대·팽창되면 농민소유제는 위축되고, 대량의 자영농이 조전농으로 전락하면 지주와 전호 사이의 신분적 예속관계는 강화되며 생산에 대하여 농민의 적극성은 약화된다. 이에 경제발전은 전도되고 생산관계는 역전되는데 이러한 변화는 이미 중국경제의 발전과정이 증명하고 있다. 경제를 지속적으로 발전시키려면 필연적으로 경제발전의 상황에 따라 수시로 각종 경제요소 사이의 이해관계를 조정해야 한다. 이 밖에 경제체제가 경제발전의 족쇄로 전락했을 때, 필수적으로 상황에 맞는 변화가 발생한다. 그렇지 않는다면, 경제발전의 장애가 될 것이다. 어떤 경제체제도 일정한 역사적 조건하에서 발생한 것이므로 만약 역사적 조건에 변화가 생겼으나 고유의 체제는 여전히 지속하고 있다면, 해당 체제는 경제발전의 장애물이 될 것이다. 본서의 가치는 경제발전이론을 제공하였다는 점에 있다.

③ 상세하고 풍부하며 특색있는 자료

본서에서 제시한 각각의 견해에 대한 논증은 모두 풍부한 사료를 그 근거로 삼았다. 자료로는 관아 문서[官書], 지방지[方誌], 필기(筆記), 개인의 문집, 그 밖에 대량의 당안(檔案 : 국가기록원에서 소장한 문서) 예를 들어 판결문[審冊], 지계(地契), 분재기[分家書], 족보 등을 사용하였다. 이러한 방대한 사료의 이용은 논증을 더욱 튼실하게 하였다.

본서는 그 구상의 시기만 오래된 것이 아니라 저술에도 약 6년이라는 시간이 소요되었다. 그러나 설령 그러하더라도 부족한 곳을 완전히 메우기는 어려웠다.

삼가 여러 동학들의 지적을 통해 이 책을 수정 보완하여 본서가 보다 완전해 지도록 해 주기를 바란다.

　본서의 출판은 국가사회과학기금과 중국사회과학원 경제연구소의 도움에 힘입은 바 크다. 특별히 감사드린다. 본서의 출간이 리윈쯔 선생에게 위안이 되어 선생께서 구천에서 기꺼워하시기 바란다.

장타이신[江太新]

2001. 11. 9

서 론

1. 중국 지주제 경제의 기본 특징

봉건시기 지주제 경제의 역동적인 변화와 그 규제력을 논술하기 위해서는 반드시 지주제 경제의 특징에 대한 개략적인 소개가 필요하다.

춘추전국의 과도기를 거쳐 봉건 지주제 경제로 이행한 후부터 중국에서는 지주제 경제체제가 주도하는 봉건사회가 2000년 이상 지속되었다. 그 2000여 년 동안 정치·경제 및 각종 의식형태도 부단히 변화 발전해 왔다. 어떤 요인들이 이러한 지주제 경제의 발전을 규정하였을까? 지주제 발전을 규정한 요인들은 매우 다양하다. 예컨대 국가가 채택한 각종 정책적 조치, 농업과 공업생산 및 상품경제의 발전, 매 시기 민족 사이의 상호관계 등등이 지극히 중요한 요소로 작용해 왔다. 그러나 지주제 경제체제 자체가 야기한 규정적 기능도 무시되어서는 안 될 것이다. 장대한 역사과정에서 지주제 경제체제는 부단히 변화 발전하였고 그에 조응하여 정치·경제·의식형태 등도 변화 발전하였다. 필자들이 말하려는 규정적 기능은 바로 이것이다.

1949년 중화인민공화국이 수립된 이후 역사학계는 일찍이 역사적으로 제기된 중대한 문제 특히 사회경제와 관련된 허다한 문제를 둘러싸고 뜨거운 토론을 전개해 왔다. 사람들은 이 중대한 문제 하나하나에 대해 서로 다른 견해를 제출했다. 그리고 여러 가지 사정을 거치면서 더러는 상이한 자료에 입각하여 자신들의 논변을 제시하였고, 더러는 같은 자료를 서로 다르게 이해했으며, 더구나 손쉽게도 경전 저자들의 한마디 한마디를 입론의 근거로 삼았다.[1] 토론의 과정에서는 때로 상대적으로 핵심적 관건이 될 문제들이 경시되었고 따라서 지주제 경제의 규정적 작용은 중요하게 논의되지 못했다. 만약 지주제 경제를 골간으로 하여 역사적으로 출현한 중대한 문제들을 탐색하고 자세하게 고찰한다면 아마도 역사적 사실에 부합하거나 근접한 논의에 도달할 수 있었을 것이다.

본서에서 말하는 지주제 경제는 지주소유제를 근간으로 한 농민소유제와 각종 관·공전(官公田) 내부에서 형성된 각각의 생산관계의 총체이자, 그로 인해 만들어진 전체 경제체제(개별수공업 및 상업을 포괄한다)를 가리킨다. 이런 종류의 경제체제는 유럽 중세 봉건영주제와 상이(相異)하여, 대단한 역동성과 적응력을 가지고 있었고, 농민의 생산성은 비교적 높았으며 일정한 범위 내에서 스스로를 개혁해 생산성의 발전에 적응할 수 있었다. 따라서 지주제 경제는 강인한 생명력을 가지고 있었다. 이 때문에 중국 전체 봉건시기에 농·공업(農工業) 특히 농업은 비교적 높은 수준으로 발전하였다. 이런 측면에서 같은 시기의 서구 봉건영주제보다 더 멀리 나아갔던 것이다. 그러나 바로 지주제 경제가 가진 강인한 성격이 이후 사회경제의 발전을 구속하는 질곡으로 변화하였고 종국에는 중국 자본주의 경제발전에도 영향을 미쳤다.

중국지주제 경제는 서구 봉건영주제와 비교하여 다음과 같은 고유한 특징을 가지고 있다. 첫째, 토지소유권의 실현방식이 다르다. 서구의 영주제에서 토지는 국왕이 개인의 신분을 헤아려 분봉한 것으로, 기본적으로 매매할 수 없고 토지소유권[産權]은 각급 영주의 장자에게 세습된 엄격한 신분적[等級] 소유제로 신분과 계급이 일치하였다. 여기서 봉건적 신분은 계급차별의 표현 형식이었고 계급차별은 그 사람의 신분에 따라 나뉘어졌으며 고정되어 지속되었다. 각각의 개인이 가진 지위는 변하지 않았으며 이에 따라 계급적 지위도 고정되는 경직된 토지제도였다. 이러한 조건하에서 봉건영주의 장원은 하나의 경제 단위이면서 동시에 정치 단위이기도 했다. 그러나 중국지주제는 그와 다르다. 토지는 매매될 수 있으며 토지소유권은 상황에 따라 다양하게 분배되었는데, 일반적 상황 즉 특정한 봉건왕조의 전기에는, 농민전쟁 혹은 장기간의 전란을 거치면서 재래의 구토지소유관계는 파괴되어 토지소유권은 분산되는 경향이 있었으며 소농민의 토지소유제가 비교적 큰 비중을 차지하였다. 중·후기에 이르면 토지매매와 겸병을 통해 토지소유권은 집중되는 경향이 있었으며 지주가 대량으로 출현하였다. 지주 가운데에는 농민으로부터 성장한 중소서민지주도 포함되어 있었다. 요컨대 중국지주제 경제는 엄격한 신분소유제가 아니었고 따라서 토지 소유관계는 역동성을 보여 왔다. 이때 한명의 지주가 가진 전장은 경제적 단위가 아니었고 정치적으로도 지방 관아의 직접적인 통치를 받아야 했다. 이점에서 중국의 지주제는 서구의 그것과 달랐다.

둘째, 봉건적 예속관계가 달랐다. 서구영주제에서 토지소유권은 영구불변 하였으므로 토지는 곧 소유자의 지위를 나타내었다. 토지는 비유기적이면서도 유기체처럼 봉건영주와 결합되어 있었다. 봉건적 예속관계 역시 봉건적 토지소유권의 고유한 속성 가운데 하나였다. 이러한 봉건영주제적 착취 하에서 농민의 지위는 세습되어 농민은 봉건영주에 강력하게 신분적으로 예속되어 있다. 이러한 농민의 현실은 거의 노예적 지위의 농노에 가까웠다.

중국 지주제 경제는 그와 다르다. 토지소유권은 항상 변동해 왔으며 존비귀천의 신분은 토지소유권과 결합되어 있지 않았다. 조전농(租佃農)이 비록 토지를 전작(佃作)하여 지주에 대해 신분적 예속관계에 놓여 있었더라도 그것은 봉건적 토지소유권과 달랐다. 중국의 토지소유권은 신분적 예속관계와 별개로 존재한다. 따라서 신분적 예속관계라 하더라도 그것은 토지소유권의 고유한 속성은 아니었다. 바로 이러한 관계 때문에 신분적 예속관계의 강약(强弱)은 지주 권력의 대소(大小)에 따라 달랐다. 예를 들어 지주가 관료라면 봉건적 예속관계는 강화되고, 서민지주라면 봉건적 예속관계는 상대적으로 약화되었다. 특히 주의해야 하는 것은 신분적 예속관계가 강한 시기와 약한 시기는 역사적으로 달랐다는 점이다. 지주권력이 팽창하는 시기에 봉건적 예속관계는 강화된다. 지주제 경제가 정상적으로 작동하는 시기 역시 존재했다. 예를 들어 특정의 역사적 시기에 사회적으로 엄격한 신분관계가 창출되지만 그러한 엄격한 신분제는 장기적으로 지속되기 어려워 전체 지주제 경제시기 가운데에서 주도적 지위를 차지하기 어렵다. 엄격한 신분제는 특정시기 동안 지속한 후 최종적으로 역사적 무대에서 사라져 정상으로 작동하게 된다. 요컨대 전체 봉건시대의 발전추세는 신분적 예속관계가 강화로부터 약화로 진행되다 마침내 해체로 나아간다. 해체의 시기 지주에 대해 조전농은 단순한 납조(納租)의 의무만을 가진다. 그러나 신분적 예속관계가 어떻게 변화하든지 간에 지주가 조전농의 잉여노동의 대부분을 차지하였다는 사실은 변하지 않는다. 따라서 전체 지주제 경제시대가 가진 봉건적 속성은 변함이 없다. 이러한 관점에서 보면, 연구자들이 단순하게 마르크스가 말한 중세 유럽 봉건영주제의 봉건적 예속관계를 근거로 중국 봉건제 시대의 지주제 경제를 논증하는 것은 타당하지 않다.

마지막으로 중국지주제 경제의 기본적이고 핵심적 내용-봉건적 소유제의 두 가지 구성부분이 가진 특징을 보충하여 설명해 보자. 그간 봉건적 토지소유권은 변화해 왔고 지대형식 또한 부단하게 변화하였다. 봉건적 예속관계도 귀천신분관계의 변화, 토지분배의 변화, 농업생산 및 상품경제의 발전 및 농민계급의 저항투쟁 등과 함께 부단히 변해 왔다. 그러나 이러한 변화는 하나의 발전과정을 거쳤는데 전체적인 추세는 신분제의 강화에서 약화를 거쳐 해체로 나아갔고 농민의 사회적 지위는 점차적으로 상승했다. 이상과 같이 토지소유권의 변화와 봉건적 예속관계의 변화로 인해 지주제 경제체제는 발전한다. 이러한 변화 발전은 지주제 경제의 역동적인 변화와 그것의 규정력을 체현한 것이다. 전체 봉건제 사회시기의 다양하고 중대한 역사적 문제 특히 사회경제적 문제는 이러한 변화 발전에 따라 움직인다. 이로부터 지주제 경제의 규정력이 분명해 진다. 필자들이 일찍이 다루어 온 몇 가지 문제를 예로 들어 이러한 관계를 설명해 보자.

지주제 경제의 규정력을 전면적으로 논증하기 전에, 먼저 토지사유와 국유의 문제를 분명히 할 필요가 있다. 이러한 문제를 명료하게 하는 것이 지주제 경제의 특징과 그것이 야기한 규정력을 분석하는데 도움이 될 것이다.

1950·1960년대 역사학계에서는 일찍이 중국 봉건제시기 토지의 국유와 사유에 관한 문제를 둘러싸고 격렬한 토론을 전개했다. 어떤 연구자는 마르크스가 말한 "동방에는 토지사유권이 없고", "국가는 최고의 토지소유주"라는 종류의 논변을 근거로 중국 봉건제시기의 토지가 국유였음을 논증하였다. 어떤 연구자는 토지에 대한 국가의 엄격한 통제에 따르는 국가의 권한과 토지소유권을 혼동하여 국유제를 강화시켰다. 어떤 연구자는 단순히 토지의 매매 상속과 토지문권 등 인간의 자연에 대한 법적 권리관계로부터 토지사유 혹은 국유를 논증하였다. 이런 이유로 보자면, 역사연구자들이 서로 같은 역사자료를 근거하면서도, 상반된 결론을 도출한 것은 기이한 일도 아니다. 이런 모순된 현상은 주로 사고방식의 차이에 입각한 논증에서 발생한 것이다. 필자들은 법적 권리에 입각한 관점과 국가의 권력에 입각한 관점을 버리고, 경제적 관계를 중심으로 한 분석을 통해 이러한 문제에 대한 정확한 결론을 도출할 것이다.

경제적 관계는 생산관계이다. 중국지주제 경제 그것은 봉건소유제의 두가지 구성부분 즉 앞서 말한 토지소유와 봉건적 예속관계에 구체적으로 반영된다. 토지소유 관계로 인해 생산노동자인 농민의 잉여 노동력은 토지소유자에게 귀결되며, 농민은 토지소유자에게 신분적으로 예속되고, 토지소유자에게 직접적으로 경제적 억압을 받게 된다. 때문에 인간들이 맺은 경제적 관계를 벗어나면, 누가 잉여노동의 주요한 점유자인지, 농민과 지주의 봉건적 예속과계가 무엇인지 파악할 수 없게 되고, 국가의 권리와 토지소유권이라는 상이한 두 개념을 구별하지 못하게 되어 마침내는 토지국유와 사유조차 분별하게 못하게 된다. 그리고 결국에는 봉건사회의 계급관계와 봉건적 수탈성을 명백히 밝힐 수 없게 된다.

경제적 관계에 대한 분석에 의해, 지세[田賦]와 지대[地租], 토지소유권과 국가적 권리를 쉽게 경계 지을 수 있으며 아울러 사회계급과 신분사이의 관계를 부각시킬 수 있다. 여기서 법적 권리는 단지 부차적인 관계로 설명된다.

경제적 관계에 대한 분석에 의하면, 토지소유관계에 따라 농민의 잉여노동에 대한 착취가 이루어지고 농민이 신분적 예속관계에 놓여 경제외적 착취를 당하게 된다. 만약 봉건 국가라면 국유제(國有制) 혹은 공유제(公有制)에 속하는 것들, 예들 들어 국가 둔전과 지방의 학전(學田)이 여기에 해당할 것이다. 만약 개인 지주[私人地主]라면 사유제에 속하는 것들, 예를 들어 관신지주(官紳地主)와 서민지주의 토지 혹은 훈귀장전(勳貴庄田)[2] 등이 여기에 속한다. 훈귀장전은 법적은 관계에서 말하자면 매매가 금지되어 있다. 국가는 족전의장(族田義庄)[3]을 법령으로 보호하여 매매를 허용하지 않았다. 그러나 이것이 사적소유지라는 그것의 성격에 영향을 미칠 수는 없다. 자영농이 경작하고 있는 민전(民田)에서 농민의 잉여노동은, 지세[田賦]의 형태로 국가에 바치는 일부를 제외하고는, 국가 혹은 사적 지주에게 지대로 귀속되는 것이 아니라 농민 자신의 소유가 된다. 때문에 농민 자신의 잉여생산물[剩餘勞動産品] 점유는 당연히 어떤 봉건적 예속관계나 경제외적 강제를 필요로 하지 않는다. 이것이 농민적 토지소유제이다. 이러한 분석에 따르면, 역대 농민들이 개간·매득·상속을 통해 획득한 토지는 농민의 사유지이다. 한편 남북조와 수·당이 균전제(均田制)를 추진하였을 때 국가로부터 농민이 분배받은 토지 또한 농민의 사유지이다. 자연히 이 시기 농민들은 봉건국가의 통제를 받았으며 조전농은 예외적으로 존재했다.

이상의 내용을 정리해 보자. 경제적 관계에 입각한 분석에 의하면, 토지사유와 국유의 문제는 농민이 만들어 낸 잉여노동이 누구에게 귀속되는가의 문제이며, 지주소유제라는 조건하에서 농민은 지주에게 신분적으로 예속된다. 위의 문

---

2) 역주 - 명나라 때 공훈을 세움으로 인해 하사한 庄田으로, 훈귀는 勳戚 즉 무장공신과 황제의 인척들이다. 훈귀장전이란 공신과 황제의 인척들이 소유한 장전을 말한다.

3) 역주 - 송나라 이후 특정의 종족이 소유한 공유지이다. 족전은 다시 두 종류로 나누어진다. 하나는 가호별로 약간의 토지를 내어 이를 제사의 비용을 충당하는 토지로 삼는 것이 있는데, 이를 祭田이라 한다. 이 토지는 그리 많은 부분을 차지하지 않는다. 다른 하나는 종족 구성원을 관료로 만들기 위해 소용되는 비용 혹은 종족 내 불우한 자를 봉양하기 위해 종족 가운데 부유한 자 혹은 집단적으로 토지를 내어 공유지로 만든 것을 말한다. 후자의 것을 족전 혹은 의장이라고 했다.

제가 사유 혹은 국유를 판단하는 기준인 동시에 지세[田賦]와 지대를 경계 짓는 것이다. 따라서 단순한 법적 관계와 국가의 권리라는 틀을 탈피해야 하며 나아가 "아시아에는 토지소유권이 존재하지 않는다"라는 마르크스의 표현을 근거로 중국 봉건적 토지소유제를 국유제로 규정할 수는 없다.[2] 이러한 문제를 먼저 명백하게 하는 것은 지주제 경제의 규정적 작용을 서술하는 데 도움이 될 것이다.

2. 지주제 경제의 변화 발전과 봉건사회의 역사적 시기구분 문제

지주제 경제의 변화 발전이 가진 규정성을 효과적으로 서술하기 위해, 먼저 중국 봉건사회의 시기구분 문제를 명확히 해야 한다. 이 문제와 관련하여 필자들은 우선 지주제 경제의 변화 발전의 단계를 나눌 수 있는 기준을 정해야 했다.

중국 봉건사회는 수천 년을 거쳐 왔다. 서주(西周)의 봉건영주제는 그 자체로 하나의 역사적 시기이지만 잠시 언급을 미루어 둔다. 여기서는 오로지 지주제 경제시기에 대해서만 논할 것이다. 전기·중기·후기의 시기를 어떻게 구분해야 할까? 연구자들은 일찍부터 서로 다른 견해를 피력한 바 있다. 필자들이 보기에 시기구분의 기준은 반드시 당대(當代) 사회성격을 반영하는 것, 그리고 시대적 특징과 사회경제적 발전추세를 드러내어 주는 것이어야 한다. 이 때문에 이러한 기준은 봉건경제 자체 즉 지주제 경제의 변화 발전 안에서 찾아야 하며 그 외 일체의 문제는 시기구분의 보조적 기준이 될 뿐이다. 생산으로부터 경제적 토대를 설명해야 하며 생산관계로부터 상부구조를 설명해야한다. 그래야 사회성격과 사회의 역사적 발전과정을 비교적 확실하게 제시할 수 있다. 그 중에서도 생산관계가 가장 중요하고 이것이 봉건적 토지소유관계와 지주제 경제체제의 변화 발전을 규정한다.

중국 지주제 경제시대에는 다양한 소유제가 존재하였으나 그 중에서 주도적 기능을 하며, 시대적 특징을 현시한 것은 봉건적 지주소유제이다. 앞서 서술한 것처럼, 지주소유제는 2개의 주요한 구성요소를 가지고 있다. 첫째는 토지소유권이고 둘째는 봉건적 예속관계이다. 양자의 변화 발전은 봉건적 예속관계의 변화 발전과 일치하여 봉건제 시대의 특징과 사회의 경제적 발전추세를 가장 잘 보여준다. 이것이 필자들이 그것을 시기구분의 논리적 근거로 삼은 이유이다.

중국 봉건지주가 채택하여 사용한 착취형식은 주로 토지로부터의 현물지대 수취였으며 때로 소수이지만 직영제를 취하기도 했다. 이 때문에 봉건 예속관계의 변화는 지대 수취방식 및 고용관계의 변화를 표현한다. 지대 수취방식의 변화에 의거해 말하자면, 마르크스는 일찍이 유럽 영주제의 봉건적 예속관계를 다음과 같이 정리한 바 있다. "요역노동을 수행하는 농노제로부터 요역을 대신하는 경감된 현물지대로 이행한다." 과도기를 거쳐 자본주의에 이르러 토지소유권은 일체의 정치적이고 사회적인 "전통적 부산물" 즉 봉건적 예속관계의 잔재를 벗어던진다. 마르크스의 이러한 주장은 중국의 역사적 사실과 부합하므로 중국 봉건사회의 역사를 논증하는데 이용해도 무방하다. 중국 지주제 경제시기, 이러한 봉건적 예속관계는 귀천신분 및 예속관계의 변화로 나타나, 강화로부터 해체로의 발전과정으로 나아갔다. 봉건적 생산관계가 끊임없이 재생산되어 온 역사의 강물 속에서, 사회경제가 부단하게 발전시키고 만들어 내었던 그러한 변화를 좇아가면 봉건사회의 역사적 단계성은 매우 잘 드러날 것이다.

이를 근거로, 춘추전국에서 명·청시기에 이르는 2000여 년의 시기 가운데, 지주제 경제를 위주로 한 봉건사회는 몇 개의 서로 다른 시기로 나눌 수 있다.

춘추전국시대는 지주제 경제의 형성기이므로 여기서는 언급을 생략한다. 지주제 경제의 변화를 주된 기준으로 하면서 정치와 왕조의 교체문제를 고려하여 진·한에서 명·청에 이르는 시기를 구분하였다. 그런 까닭에 먼저 왕조에 따라 전기·중기·후기로 구분하고 다시 지주제 경제의 발전상황에 따라 각각을 몇 개의 상이한 역사단계로 나누었다.

1. 진·한(秦漢)에서 남북조(南北朝)까지는 봉건사회 전기이다. 그 중에서도 진나라에서 서한(西漢)까지의 시기는 지주제 경제의 초보적 발전기이다. 이 시기 초에는 토지소유권이 분산되어, 농민적 소토지소유제가 비교적 큰 비중을 차지하고 있었다. 한 무제(武帝) 때에 이르러 토지소유권은 점차 집중되더니 서한 말기가 되면 토지소유권의 집중은 더욱 심화되었다. 이 때문에 일찍이 왕망(王莽)은 제도의 개혁을 계획하였으나 그는 권귀지주들의 반대에 부딪혀 실패하였다. 동한(東漢)이 건국된 후, 문벌권귀지주의 성장은 더욱 극심해졌고 이 시기 호족(豪族)들의 권세는, "기름진 땅이 들판에 펼쳐져 있었으며 노비들은 무리를 이루고 있었고 예속민[徒附]은 만(萬)을 헤아렸을(膏田遍野, 奴婢成群, 徒附萬計)" 정도였다. 예속민은 주로 조전농을 지칭하는데, 그들은 "노예처럼 부재[富人]를 섬기

며 대대로 노복[虜](奴事富人, 歷代爲虜)"이 되어야 하는 존재였다. 이후 위진남북
조(魏晉南北朝)시기가 되며 문벌호족들의 토지에 대한 농단이 더욱 현저해 졌고
정치권력과의 연관도 더욱 밀접해 졌다. 어떤 이들은 지주신분으로 관직에 나아
가 고위직에 머무르면서 녹봉을 후하게 받았으며, 어떤 이들은 권세를 믿고 소유
지를 확대했다. 이러한 지주들은 주로 정치권력과 밀착되었으며, 중앙에서 지방
에 이르기까지 일체의 정치권력은 모두 그들의 손안에서 조정되었다. 따라서 사
회적으로 문벌[門戶]이라는 특수한 신분[等級]이 형성되었다. 이러한 관계 때문에
사서(士庶)의 구별이 발생했는데, 당시 사(士)는 권귀지주를 가리켰다. 당신 신분
[等級]과 계급관계는 기본적으로 일치하였으며 권귀신분은 모두 대지주였으며 서
민은 주로 하호의 농민들[農民下戶]이었다. 사서(士庶)의 신분적 차이는 날로 심
화되어 귀천의 신분관계는 첨예하게 대립하였으며, 농민의 사회적 지위는 하락
을 거듭하여 봉건적 예속관계는 더욱 강화되었다. 이때부터 중국 지주제 경제는
보기 드문 기형적 상태를 드러내었다. 요컨대 봉건사회 전기는 두 단계로 나누
어지는데 진(秦)으로부터 서한(西漢)에 이르는 시기는 지주제 경제가 정상적으로
발전한 단계이고, 동한(東漢)·위진(魏晉)에서 남북조에 이르는 시기는 지주제 경
제가 거꾸로 뒷걸음질 친 단계였다.

  2. 수·당(隋唐)에서 송·원(宋元)에 이르는 시기는 봉건사회 중기이다. 수당시대
지주제 경제는 점차 기형상태를 벗어나 정상적인 발전궤도로 진입하였다. 다만
그 사이에는 하나의 발전과정이 있었는데, 당 중기이전 구세족지주들이 점차 역
사의 무대에서 퇴출되었지만 그들의 잔재는 여전히 두텁게 남아 새롭게 발전해
온 권귀지주들이 자신의 가문을 크게 떠벌리는 풍속은 여전하였다. 이러한 현상
은 당중기 이후에 이르러서야 비로소 크게 변화하였다. 이후 지주경제의 정상적
발전이라는 조건하에서 사회경제도 정상적으로 발전하였다.

  송나라가 건국한 뒤 70여 년 동안, "민들이 구타해 전객(佃客)이 죽었을[民毆佃
客死]" 경우 "형률에 따라 논단[論如律]"하였다. 법규에 따른 전주에 대한 판결은
보통사람들의 경우와 다름이 없었다. 이는 서민지주가 발전해온 상황의 반영이
었다. 그러나 이 시기 전농(佃農)은 확실히 토지에 속박되어 있었다. 강남(江南)
지방과 주강(珠江)4)유역을 포함하여 강회로(江淮路)·양절로(兩浙路)·형호로(荊湖

---

  4) 역주 - 본래는 광저우[廣州]에서 후먼[虎門]까지 바다로 들어가는 물길을 가리켰으나, 현재는 시
    장[西江], 베이장[北江], 둥장[東江]을 통칭한다. 강의 유역은 윈난성[雲南省], 구이저우성[貴州

路)·복건로(福建路)·광남로(廣南路) 등지의 광대한 지역에서, 전객(佃客)들은 모두 임의로 본래의 토지를 떠날 수 없었다. 예를 들어 만약 그들이 이주하려 한다면 그들은 반드시 지주의 동의를 얻는 것과 함께 증명서를 발급받아야 했다. 송대 진신(縉紳) 지주의 세력은 여전히 상대적으로 강대했다. 그러나 사회경제적 발전에 따라 노동력에 대한 사회적 수요가 크게 증가하였고 많은 노동력이 시장으로 향해 상업과 공업의 수요를 충족시켰다. 이와 동시에 농민은 지주에 대한 신분적 속박으로부터 벗어나기 위해 강고하게 투쟁하였으며 송 인종(仁宗) 천성(天聖) 5년(1027)에 이르러, 정부는 변화하는 사회적 상황에 적응하기 위해 "이후 객호(客戶)가 이주할 때, 주인의 허가증을 받을 필요가 없다(自今後客戶起移, 更不取主人憑由)"는 법을 제정했다. 이 법률 조문은 지주-전호관계의 진일보한 해체를 표시했다. 그러나 법률이 공평하게 시행된 것은 아니었으며 하루아침에 적용될 수 있는 것도 아니었다. 때문에 이 법률이 제정된 후, 수차례의 반복이 있었다. 그럼에도 전체적인 추세에 입각해서 보면, 지주-전호관계의 해체는 역사적 필연이었다.

송·원(宋元)시대 특히 송대에 지주경제의 발전 속도는 비교적 빨랐고, 이 시기 농민의 소토지소유제는 한 때 지배적 비중을 차지했으며 서민지주도 크게 성장했다. 이러한 농민 특히 자영농민은 생산에 있어 적극성을 비교적 크게 발휘할 수 있었다. 때문에 이 시기 농업생산은 상대적으로 발전하였으며 상품경제 또한 그와 더불어 크게 발전했다.

원대 사전(私田)의 전객(佃客 : 地客)은 남송통치시기 그들이 처한 상황을 거의 그대로 계승하고 있었다. 원나라 군대가 남송을 점령하고 34년이 지난 후에도, 전객(佃客)을 매매하던 상황은 여전했다.

원대 지주와 전호(佃戶) 사이의 법률적, 신분적 관계는 명확하지는 않다. 전주(田主)가 전객을 때려죽이면, 양인이 타인의 노비를 때려죽인 법례에 따라 곤장 107대를 때리는 형에 처했으며 장례비용으로 은 50냥을 징수했다. 이로부터 전객의 법률적 지위가 매우 낮아 거의 노비와 가까웠음을 알 수 있다. 그러나 법을 적용함에 있어서, 전주가 전객(佃客)에게 상해를 입혔을 때의 판결은 전주가 전호를 때려죽였을 때 법률에서 정한 처분보다 더 무거워 전호의 실제 법률적 지위는 규정된 것보다 낮지는 않았던 것 같다. 요약해서 말하면, 원대 여론과 사법

省], 광시좡족자치구[廣西壯族自治區], 광둥성[廣東省], 후난성[湖南省], 장시성[江西省] 등에 걸쳐 있다.

은 대개 "소위 전호[地客]는 양인과 같은(所謂地客卽系良民)" 존재임을 인정했다. 이것은 송대와 비교하여 큰 진전이며 실제 생활에서 지주-전호의 관계는 강화된 법률 조문에 비하여 이미 상당히 해체되었음을 반영한 것이다.

이로부터 보면, 이 시기도 두 개의 단계로 구분된다. 수당(隋·唐)은 첫 번째 단계이고 송·원은 두 번째 단계이다. 두 번째 단계 가운데 송대는 지주제 경제가 고도로 발전한 시기이고 원대의 농업경제 또한 일정한 과도적 발전기였다.

3. 명·청시대에 지주제 경제는 두 번째의 고도성장기 즉 봉건사회 후기로 진입한다. 명·청시대 지주제 경제의 변화 발전은 두 가지 특징을 가진다. 첫째 서민유형의 지주가 비교적 발달하였고, 둘째 봉건적 신분관계는 한층 더 쇠퇴하고 봉건적 예속관계는 해체의 길로 접어들었다. 지주제 경제가 한층 더 발전하였기 때문에 농민은 비교적 적극적으로 생산에 임했으며, 이러한 변화 발전은 농공업 생산과 상품경제가 더욱 발전할 수 있는 조건이 되었다.

다만, 청대전기 한차례 이러한 발전의 역전이 나타난다. 청나라가 건국되자, 만주족은 그들 고유의 낙후된 노예제도[主奴]를 중국에 도입하였는데 이러한 상황은 기지(旗地)5)가 광범위하게 진행된 북방에서 더욱 두드러졌다. 일부 농민들의 지위는 하락하였으며 원래는 평민이었던 특정 농민들은 노복적 성격을 가진 천민으로 전락했다. 이는 일시적인 역사의 퇴보이다. 이러한 현상은 건륭(乾隆) 황제대에 이르러 점차 변화를 보여, 지주제 경제는 정상적인 발전궤도로 진입했다. 이는 징쥔젠[經君健]이 지은 『청대 사회의 천민신분(淸代社會的賤民等級)』이라는 책에서 이미 자세하게 논술된 바 있다.

서민지주는 역사에서 일찍부터 출현하였다. 문제는 이 시기에 서민지주가 진일보 발전하였다는 점이다. 이 시기 서민지주의 발전은 시대를 특징지을 정도의 의의를 가지고 있으며, 그것은 토지소유관계 가운데 귀천 신분관계[貴賤等級關係] 및 봉건적 예속관계의 해체에 영향을 주었다. 명·청시대 지주계급에 대한 연구에서는 봉건적 신분관계의 변화 즉 봉건적 예속관계의 쇠퇴를 분석하는 것이, 지주가 소유한 토지의 다과에 대한 구분 즉 대지주·중지주·소지주로 구분하는 것보다, 시대적 특징과 문제의 본질을 잘 드러낼 수 있다. 명나라 태조 주원장(朱元

---

5) 역주 - 청나라가 八旗의 생활유지를 위해 旗人에게 지급한 토지이다. 1621년 요동에 침입한 누르하치가 요동의 漢人토지를 빼앗아 팔기에게 나누어 준 것을 기원으로 한다. 북경으로 천도한 후, 북방지역의 한인 토지를 팔기군에게 나누어 주어 급속히 증가했다.

璋) 또한 일찍이 "녹봉을 먹는 관리와 서민은 그 귀천(貴賤)의 구별이 있다.(食祿
之家與庶民貴賤有別)"고 하면서 서민은 향관(鄕官)을 "예로 대해야 한다(以禮相
見)"는 것 등을 규정했다. 그럼에도 불구하고 이 시기의 귀천신분관계는 수·당시
대 및 이전의 그것과 상당한 차이가 있었으며 더욱이 서민지주와 농민계급 사이
의 관계는 크게 다르지 않아 봉건적 예속관계는 쇠퇴의 길로 향했고 해체는 필
연적 과정이었다.

조전농(租佃農)과 관련하여 봉건적 예속관계의 해체를 보면, 명나라 건국초
법적 권리의 측면에서 지주와 전호 양자는 신분적으로 대등하였다. 송·원(宋元)
이전 전농(佃農)과 지주 사이에 존재한 신분적인 예속체제는 제거되었고 농민은
마음대로 토지를 떠날 자유를 가지게 되었다. 명대중엽에는 고용관계 역시 변화
가 발생했다. 일부 고공(雇工) 주로는 단기 고공들은 법적 권리의 측면에서 고용
주에 대한 신분적 의무관계로부터 벗어났다. 청 건륭연간(1736~1795), 법적 권리
의 측면에서 일부 농업 장공(長工)이 해방되어 자유로운 노동자가 되었다. 명대
지주와 전호의 관계와 주인과 고용인의 관계는, 실생활과 법적권리의 측면에서
이와 같이 변하였는데, 이는 시기를 구분할 만큼 중요한 의미를 가지는 변화였
다. 이 시기 지주는 전호와 고용농에 대하여 여전히 서로 다른 정도의 경제외적
강제를 가지고 있었지만, 전호와 고용농은 끝내 자유로운 노동자가 되었다. 바로
이 시기에, 중국의 농업에서는 자본주의적 관계가 생겨나고 있었다.

이상에서처럼, 진·한(秦漢)대에서 위진남북조와 수·당대를 거쳐 명·청시기에
이르기까지 지주제 경제의 변화는 귀천신분관계의 변화 즉 신분적 예속관계의
변화에서 가장 잘 드러난다. 이러한 변화 발전을 따라, 농업생산·상품경제 등 전
체 경제체제도 변화 발전하고 있었으며 기타 정치체제와 사회의식 형태도 그와
더불어 변화 발전해 갔다. 바로 이러한 관계가 그것을 봉건사회 전기·중기·후기
의 단계로 구분하는 기준이 된다.

필자들은 전체 역사의 진행과정 중 봉건제 사회에서 발생한 공업과 농업의
생산력 증대와 상품화폐경제의 발전을 부인하지 않는다. 다만 그것은 역사적인
시기구분의 근거는 될 수 없다. 또 필자들은 상부구조의 적극적 작용 특히 고도
화된 중앙집권적 봉건국가기구가 채택한 정책의 실행이 사회경제에 대해 야기하
는 중대한 작용을 부인하지 않는다. 그러나 그것은 결국 최종적으로는 지주제
경제에 의해 규제된다. 신분제도 그 자체는 상부구조의 구성부분이다. 다만 그것
의 발전은 생산관계의 변화에 대해 중대한 영향력을 행사하며 그것의 변화는 지

주제 경제와 생산력의 발전의 동력이 된다.

　이상과 같이 지주제 경제의 변화 발전을 세 개의 역사적 시기로 구분하였다. 다음은 이렇게 구분된 역사적 시기를 기준으로, 종법종족제(宗法宗族制), 농민운동, 그리고 사회경제적 과제를 고찰하여 상호 검증할 것이다.

3. 각 시기 종법종족제의 변화 발전에 대한 문제

　중국 봉건제 시기 종법종족제는 매우 다양한 방면에서 중대한 작용을 야기해 왔고 때문에 본고는 이 문제를 먼저 검토한다.

　종법종족제는 각 역사시기에 부단하게 발전해 왔다. 종법제는 혈연관계를 중핵으로 하여 대종(大宗)·소종(小宗)을 준칙으로 삼아, 존비와 장유를 제정한 봉건적 논리체계이다. 서주시기 채택되어 행해진 작위와 토지소유권[地權]이 합해진 종자제(宗子制)는 여기에 속한다. 그것은 봉건영주제 경제에서 파생되어 만들어진 것으로 봉건 영주제의 유지와 지속을 위한 것이었다. 이러한 문제들은 지주제 경제의 범주에 포함되지 않으므로 여기서 생략한다.

　중국 지주제 경제시대의 종법종족제는 이전 서주영주제 시대와 다르므로, 이하에서는 지주제 경제에 한정해서 살펴볼 것이다.

　동주시대가 시작된 이래 중국은 점차 지주제 경제로 진입하였다. 봉건적 토지소유관계는 부단히 변화 발전하였으며 종법종족제도 그와 함께 변화하였다. 예를 들어 동주시기 지주제 경제가 형성된 후, 진에서 서한까지 지주제 경제는 점차 정상적인 발전기로 진입하였으며 그에 적응하여 종법종족제 역시 영주제시기의 전형적 종법종족제를 지나 일반적인 종법종족제로 이행하여 발전하였다. 동한에서 위진(魏晉)을 지나 남북조에 이르면, 문벌 특권지주가 고도로 발전하였고 아울러 소위 세가지주(世家地主)가 발생한다. 이때 지주제 경제는 역전되어 기형적 상태를 드러내었다. 그에 따라 특권을 가진 신분적 종법종족제가 형성되었다. 수·당대를 거쳐 송·원대에 이르면, 우선 특권세족지주는 일반관료지주로 변하였고 이어 서민유형의 지주가 출현하였다. 이때 지주제 경제는 점차 정상 궤도로 진입하였고 봉건적 예속관계는 상대적으로 약화되었다. 이에 따라 종법종족제 역시 변화가 발생하였는데 엄격한 신분관계에서 일반적 종법제로 전화하였다. 명·청시대 지주제 경제의 고도발전에 따라 봉건적 예속관계는 해체의 길을 걸었다. 이 시기 종법종족제는 점차 신분적 한계를 타파하고 서민의 가정 속으로 침투했다.[3] 요컨대 종법종족제의 변화와 관련하여 위진남북조와 명·청시대에 가장 크게 변하였고 수·당·송·원은 전자에서 후자로 이행하는 과도기였다. 아래에서는 양자를 서로 대비하여 그 차이를 살펴보자.

위진남북조시기 권귀문벌가문 즉 소위 세족지주가 만들어 낸 신분적 종법종족제는 정치권력과 긴밀하게 결합되어 있다는 특징을 가진다. 이는 특유의 보첩제(譜牒制)에서 잘 드러난다. 세족지주 즉 혈연관계에 따라 제정된 보첩제를 통해 대대로 전해 내려온 가문[門第]들은 손쉽게 각 지역의 권력을 장악하였다. 이러한 현상은 조위(曹魏)때 시작되어 서진과 동진을 거쳐 남북조에 이르러 보편화되었다. 예를 들어, 『고사(古史)』에서는 "담당관청이 관리를 선발할 때에는 반드시 보첩을 살펴본다. 중정(中正)은 문벌에서만 인재를 선발한다(有司選擧, 必稽譜牒. 中正所銓, 但在門第)"고 하였다. 문벌세족들은 보첩제를 통해 그들이 대대로 관리가 될 수 있는 특권을 유지했다. 남조의 송(宋)·제(齊)·양(梁) 시대에는 다시 "갑족(甲族)은 서른 살이 되면 벼슬을 얻고 후문(後門)은 서른 살에 관리시험을 보는(甲族以三十登仕, 後門以三十試吏)" 체제가 만들어져, 한미한 가문 출신의 문사(文士)들은 제어되었다. 이러한 엄격한 신분적 종법종족제는 종족의 권리와 토지소유권, 정치권력이 서로 결합된 조건 아래에서 만들어 진 것으로, 이는 문벌세족지주의 발전이 낳은 산물이다.

이 시기 세족지주와 나란히 지방 호족들도 있었다. 그들은 오보(塢堡)[6]를 점거하고 족인들을 배치하여 종족세력을 강화하였다. 예를 들어 "동오(東吳)의 손정(孫靜)은 마을[鄕曲]과 친인척[宗室] 500~600명을 규합하여 방어시설[堡障]를 만들었다(糾合鄕曲及宗室五六百人, 以爲保障)." 조위(曹魏)의 전주(田疇)는 그 족인들을 모아 살면서 법과 규약을 제정했다. 북위(北魏)의 조군(趙君) 이현보(李顯甫)는 "여러 이씨 수천가들을 모은 후, 은주(殷州) 서산(西山)에 있는 이환천(李奐川) 주변 50~60리를 개간하여 살면서 종주(宗主)가 되었다(集諸李數千家, 又殷州西山開李奐川方五六十里居之, 顯甫爲其宗主)." 북조시기 "영주(瀛州)와 익주(翼州)의 여러 유씨(劉氏)들, 제하(諸河)의 장씨와 송씨, 병주(幷州)의 왕씨, 복양(濮陽)의 후씨[候族]들은 일가가 만실(萬室)에 달하여 밥짓는 연기가 서로 이어질 정도로 빽빽이

---

6) 역주 - 塢壁이라고도 한다. 일종의 민간방어시설로 대략 왕망시기에 만들어졌다. 기근이 겹치고 사회가 불안해 지자, 지방의 부호들은 스스로를 방어하기 위해 방어시설을 쌓았는데 이것을 오보라 했다. 후한이 건국한 후, 이를 철거하였으나 황건적의 난이 후 다시 축성되었다.

집을 짓고 살았다(瀛翼諸劉氏, 諸河張宋, 幷州王氏, 濮陽候族, 一宗將近萬室, 烟火連接, 比屋而居)." 일족 가운데 대부분의 민호들은 모두 지방 호족 즉 대지주에 의해 통제되었다. 이렇게 형성된 종법종족제는 각각의 지역에서 발전해 온 호족대지주제의 산물이었다. 이러한 호족들은 비록 세족의 반열에는 오르지 못했지만 지방에서 일정한 권력을 향유하고 있었다는 사실은 쉽게 이해할 수 있다. 이러한 종족조직은 해당종족 뿐만 아니라 지주에 의해 압박받고 있던 전객(佃客)과 부곡(部曲)을 포괄한다. 여기에서 궁핍한 종족구성원과 해당지역 농민은 모두 호족의 통치의 대상이었다. 이 호족지주는 족장(族長) 신분을 가지면서 해당지역의 생산노동자들을 그들의 종법종족제로 포함시켰다.

이상 두 종류의 신분적 종법종족제 특히 세족지주가 형성한 종법종족제는 해당 시기 기형적 지주제 경제로부터 파생되어 나온 것으로, 문벌세족과 호족들이 농민을 통치하고 압박하는 도구가 되었다.

이러한 종법종족제는 수·당(隋唐)시대 점차 변화하기 시작했다. 수·당이 건국된 후 구품중정제(九品重正制)를 폐기해 구세족지주가 가진 특권 일부를 빼앗았다. 이후 수나라 말엽 농민전쟁의 충격을 거치면서 세족지주의 권세는 "시간이 지나면서 더욱 쇠약해졌다(世代衰微)"든지, "여러 대를 이어오면서 점차 팔다리가 잘리게 되었다(累葉陵遲)"는 등으로 표현될 만큼 쇠약해 지는 현상이 나타났다. 당 태종·고종·무주(武周)시기 동안, 새롭게 흥기한 서족(庶族)지주 즉 일반관료지주는 발전했고 구세족지주에 대한 억제정책은 지속되었다. 따라서 세족지주의 권세는 날로 하락하였으며 귀족적이고 신분적 종법종족제도 상대적으로 쇠락해 갔다. 송·원대에 이르러 더욱 큰 변화가 발생해 종법종족제에 대한 사람들의 의식은 더욱 흐릿해져 갔다. 예를 들어 송나라 사람 장대(張載)는 『종법(宗法)』에서 다음과 같이 말했다. "족보가 점차 해이해지면서부터 사람들은 그 유래를 알지 못해 그 역사가 백년이 넘는 집안이 없고 그 친족들이 통제되지 않아 비록 가까운 친척이라도 더욱 각박해 졌다(自譜廢弛, 人不知來處, 無百年之家, 骨肉無統, 雖至親亦薄)."

명·청시대 지주제 경제는 고도의 발전단계로 접어들고 종법종적제도 귀족적이고 신분적인 속박으로부터 더 멀리 벗어나 서민의 가정으로 침투하였으며 서민유형의 종법종족제는 나날이 발전했다. 서민 유형의 종법종족제는 다음의 형태로 구체화 되었다. 첫째, 족보편찬의 보편화이다. 위진남북조시기 족보를 가진 족성은 단지 문벌세족의 가문에 한정되었다. 서민호들이 보첩을 편찬하기 시작한 것은 그 후의 일로 명·청대에 이르러서야 비로소 보편화되었다. 둘째, 사당을 세우고 조상에 제사지내는 것이 보편화 되었다. 송대 이전까지 일반서민의 집안에서 사당을 세우고 제사지내는 것은 허용되지 않았다. 명나라 초 제도가 정비되자 서민들은 증조이하 3대에 한에서 조상에게 제사를 지냈다. 명나라 가정(嘉靖) 19년(1540)에 내린 령에 따르면 천하의 신민들은 모두 가묘(家廟)를 세우고 조상에 제사를 지낼 수 있었다. 따라서 신분적 관계에 입각한 제한은 타파되어 사당을 세우고 조상에게 제사를 지내는 것은 서민의 가정에 보급되어 갔다. 셋째, 족전(族田)과 제전(祭田)이 발전했다. 족전(族田)의 기원은 송대였는데 명·청시대에 이르러 빠르게 확대되어, 지대로 받은 곡식은 조상에 제사지내는 비용으로 사용될 뿐만 아니라 가난한 친족을 구휼하는데도 이용되었다. 종법종족제가 서민의 가정에도 침투하자, 혈통적 존비에 대한 사람들의 사상과 귀족적이고 신분적인 관계에 대한 사고는 점차 약화되어 갔다. 명나라 만력(萬曆) 연간에 관지도(管志道)는 소장귀천관계(少長貴賤關係)에 대해 다음과 같이 말했다. "대개 지금에 이르러 이의(二義)가 모두 말해지지 않는다(蓋至于今二義俱不講矣)." 청나라 사람 위상추(魏象樞)는 "귀천존비의 차이가 점차 문란해진다(貴賤尊卑之等差, 動輒紊亂)"고 말했다. 귀천의 신분관계의 쇠퇴는 필연적인 추세였다. 혈연종족에 대한 사람들의 사상이 점차 옅어지는 동시에 종법종족 조직은 오히려 강화되어 갔다.

명·청시대 종법종족 조직의 강화는 이 조직의 정치적 영향력과 유관하였는데, 이 시기 봉건 사회질서 및 봉건 정치권력에 대하여 이 조직은 일정한 영향력을 행사하였으며 따라서 지배층의 지지를 받았다. 첫째, 그것은 봉건적 기강을 유지하고 보호했다. 예를 들어 강소(江蘇) 해안(海安) 최씨의 『족약(族約)』에는 "자손을 가르치며 각각 그 생업을 안정시키고, 비리를 일으키지 않도록 한다(教訓子孫, 各安生理, 毋作非爲)"는 조항이 있다. 안휘(安徽) 초국(譙國) 조씨(曹氏)의 『가훈(家訓)』에는 "조정의 법도는 반드시 지켜야 한다(朝廷法度是人宜守)"는 조항이 있었다. 둘째, 국가의 세수(稅收)를 보증하였다. 예를 들어 절강(浙江) 산음현(山陰縣) 오씨(吳氏)의 『가법(家法)』에는 "전량(錢粮)을 완납하는 것은 집안의 첫째가는 의무이니, 반드시 먼저 헤아려 계획을 수립하고 기한에 맞추어 완납하도록 한다(完納錢粮, 成家首務, 必須預爲經劃, 依期完納)."고 규정했다. 안휘 동성현(桐城縣) 대씨(戴氏)의 『가규(家規)』에는 "세금의 납부[錢漕]는 나라의 창고에 바치는 것[天庾正供]이니 무릇 종족 가운데 토지를 가지고 있는 자들은 매년 빨리 하세(夏稅)와 추량(秋粮)을 완납하도록 하라(錢漕乃天庾正供, 凡族中有田畝者, 每年夏稅秋粮早爲

完納)."고 규정하였다. 셋째, 종족세력은 장강유역 이남지역에서 상대적으로 컸다. 종족조직은 지방의 보갑(保甲)[7]과 통합, 하나가 되어 더욱 큰 영향력을 행사했다. 예를 들어 명나라 왕수인(王守仁)이 강서(江西)에서 제정한『감남향약(贛南鄕約)』은 정치와 종족과의 관계를 하나로 간주하여 종법논리를 지주행정의 보조수단이 되게 했다. 청대에 이르러 이러한 상황은 더욱 진일보하였다. 예를 들어 청나라 사람 풍계분(馮桂芬)의『복종법의(復宗法儀)』는 종족과 보갑을 "씨줄과 날줄(一經一緯)"로 "변화시키면 곧 단련(團練)[8]이 되어 힘을 모으는 것에 익숙하게 된다(變則團練習于合力)"라고 하였다. 풍씨는 종족조직과 지방 단련과의 관계는 지방의 치안을 지키는 하나의 수단이 되어야 한다고 생각했다. 태평천국운동시기 호남(湖南)지방의 정권은 일찍이 이러한 방식을 통해 태평천국군에 대응했다. 광동성(廣東省) 종족조직 또한 일찍이 이러한 조직을 통해 농민폭동을 진압했다. 이 시기 종법종족제는 봉건적 논리를 선전하고 유지하는 것에서 시작하여, 사람들로 하여금 봉건적 법규를 준수하도록 강요했고 급기야 봉건정권을 보호하는 무장조직을 만들게 하였고, 종법종족제의 정치적 성격은 날로 강화되었다.

이상의 내용을 총괄하면, 위진남북조시기, 문벌호족지주를 근간으로 하여 형성된 기형적 지주제 경제체제 하에서 엄격한 신분적 종법종족제가 형성되었고 문벌호족들은 이를 자기 가문의 사유를 유지하는 기초로 삼았다. 명·청대 종법종족제는 서민의 가정으로 유입되었고 전체 봉건적 통치에 대해 영향력을 행사하게 되었다. 이러한 변화 발전을 이끈 가장 근본적인 요인은 봉건적 토지소유관계의 변화였다. 여기서 지주제 경제의 변화 발전이 가진 커다란 규정력이 두드러지게 된다.

4. 각 시기 반봉건 농민운동의 문제

봉건사회시기동안 중국에서는 여러 차례의 반봉건 농민운동이 폭발하였다.

---

7) 역주 - 보갑제는 자위를 목적으로 만들어진 향촌조직이다. 왕안석의 신법에 의해 실시된 보갑법에서 그 명칭이 유래하였다. 이 후 명대에는 징세와 자위를 위해 里甲制가 실시되었으나, 지역에 따라 보갑제가 행해진 곳도 많았다. 명을 이은 청은 처음 이갑제를 계승하였으나, 一條鞭法이 시행된 이래 세제가 변형됨에 따라 이갑제가 쇠퇴하고 경찰적 기능을 가진 보갑제가 추진되었다.

8) 역주 - 단련은 중국 민간의 자위조직이다. 예로부터 있었지만, 청대에 크게 성행했다. 비적을 막기 위해, 반란 때 정부군과 호응하여 반란을 진압하기 위해 만들어 졌다.

다만 농민저항운동의 구체적인 내용은 시기별로 차이가 있는데, 이는 그들이 제기한 구호와 강령이 당시 지주제 경제의 발전 상황에 규정되었기 때문이다.

앞서 서술한 것처럼, 봉건소유제는 두 개의 구성부분을 포괄하고 있는데, 첫째는 봉건적 토지소유관계이고 둘째는 봉건적 예속관계이다. 농민 저항운동은 때로는 지주의 토지소유를, 때로는 봉건적 예속관계를, 혹은 양자 모두를 그 저항의 대상으로 삼는다. 이러한 차이는 봉건적 토지소유관계의 시대적 상황에 의해 발생하고 결정된다.

토지소유관계와 관련하여, 토지의 집중 혹은 분산은 매 시기마다 상이했다. 일반적으로 봉건왕조 전기에는, 전조(前朝)에서 발생한 농민전쟁의 충격 혹은 장기간의 전란을 거쳤으므로 지주계급은 타격을 입었으며 토지소유권은 분산되는 추세였다. 일정의 안정기를 거쳐 관료와 부상들은 겸병을 진행하여 토지소유권은 집중되는 방향으로 나아간다. 이 시기 토지소유권 문제 즉 계급관계는 사회의 주요모순으로 변화한다. 농민운동은 지주의 토지소유권에 대한 반대를 주요 투쟁의 대상으로 삼는다.

봉건적 신분관계에 의해 결정되는 봉건적 예속관계는 구체적으로 농민에 대한 지주의 신분적 압박으로 체현된다. 이러한 신분적 압박은 특정 시기에는 약회되지만 특정시기에는 강화되어 시기에 따라 차이가 있었다. 신분적 압박이 강화되는 시기는 봉건적 신분관계가 사회의 주요모순으로 변화되는 때로, 이때 농민운동은 신분적 자유 쟁취를 투쟁의 주요한 목표로 삼는다. 그러나 전체 봉건사회시기 동안 봉건적 예속관계에 대한 문제와 봉건적 토지소유권에 대한 문제는 그 성쇠에서 구별이 있다. 토지소유권의 분배에 대한 문제는 어떤 시기에는 집중되고 어떤 시기에는 분산된다. 이에 반해 봉건적 예속관계에 대한 문제는, 형성과 발전에서 시작하여 강화에 이르는 과정을 거친 후, 다시 쇠퇴를 거쳐 해체로 나아간다. 그 발전과정에서 특정시기에는 예속관계가 역으로 강화되기도 한다. 그러나 이러한 역전추세는 지주제 경제의 정상적 발전현상이 아니라 일종의 기형적 상태이다. 요컨대 봉건적 예속관계의 정상적 변화로부터 지주제 경제의 발전을 고찰하고 이를 주된 단서로 하면, 역대 농민운동의 반봉건적 성격은 보다 손쉽게 논증될 것이다. 아래에서는 진·한에서 명·청대에 이르기까지 반봉건적 농민운동을 논술하였다.

진에서 서한에 이르는 시기는 지주제 경제가 발전을 시작한 때였다. 서주영주제시기 귀천의 엄격한 신분제는 춘추전국시대라는 오랜 전쟁을 거치면서 심대한 타격을 입었다. 제도의 개정을 통해 농민이 경작하는 사전(私田)을 고쳐 농민사유지로 만들어 농민의 소토지소유제가 대량으로 출현하였다. 이 시기 일부 구영주들은 지주로 변화하였으니, 곧 지주제 경제가 싹트게 되었다. 그러나 진을 거쳐 서한에 이르기까지 토지소유권은 상대적으로 분산되어 있었으며 특히 진나라는 수십년간 농민 스스로 토지를 소유하게 해 농민소유제는 지배적 비중을 차지하게 되었다. 이 시기 농민이 고통스러워 한 부분은 토지문제가 아니라 국가의 전제적 폭정과 번다한 부역이었다. 때문에 농민봉기를 이끈 진섭(陳涉)과 오광(吳廣)은 토지문제를 언급한 적이 없었다. 이는 지주제 경제가 정상적으로 작동하던 시기에 나타난 고유한 현상이었다. 이후 서한 말의 녹림(綠林), 적미(赤眉)가 봉기하였을 때, 격심한 토지겸병이 진행되었으며 부세와 요역이 번중해 졌고 형벌이 잔혹해 져 사회적 생산력이 파괴되었다. 또 거듭되는 재해와 흉년으로 농민들이 고통 받았다. 그럼에도 이 시기 농민봉기에서 지주에 대한 투쟁적 구호는 나오지 않았다.

동한에서 위진시대를 거쳐 남북조에 이르는 시기에는 권귀문벌지주가 발전하였기 때문에 지주제 경제는 퇴보하였다. 이 시기 귀족관료지주는 중앙에서 지방에 이르는 모든 지역에서 정권을 장악했으므로 문벌지주의 권세는 확장되었으며 귀천 신분관계도 특히 현저해 졌다. 생산노동자들 가운데 다수를 차지한 객호(客戶)와 부곡(部曲)은 전호(佃戶)로 전락하였고 적지 않은 수가 노예로 전락했으며, 그들은 지주에 대해 엄격한 신분적 예속관계를 가지게 되었다. 또 많은 자유민이 귀족과 호족의 예속농이 되었다. 이 시기 귀천신분관계에 대해 사서는 "위진 이래 귀족들이 천민을 사역시키니 사서의 등급은 비교적 분명해 졌다(魏晉以來, 以貴役賤, 士庶之科, 較然有辨)"라고 기술하고 있다. 이때 일반 편호제민(編戶齊民)[9]의 신분적 지위도 상대적으로 하락하였다. 중국 지주제 경제는 이처럼 기형상태에 빠져 있었다. 이 시기 토지소유권이 강화되었으며, 지대[地租]는 무거웠으며, 귀천의 신분제와 신분적 억압은 더욱 심화되었다. 이것이 당시의 주요모순이었다. 바로 이러한 조건아래에서 어떤 이들은 특정한 불교적 교의, 예를 들어 불교는 "평등하며 신분의 고하가 없다(是法平等·無有高下)"(귀천신분제의 차별을 철폐하고 중생의 평등을 쟁취해야한다는 의미이다)를 이용했는데, 이것은 광대한 농민들의 요구에 부합하는 것이었다. 당시 농민계급들은 농민운동을 전개하면서

---

9) 역주 - 서한시대 정부에 의해 정식으로 호적에 편입된 자영농 등을 지칭한다.

이러한 구호들을 이용하였다.

수·당에서 송·원에 이르는 시기에 지주제 경제는 정상적 발전단계로 진입하였다. 봉건적 토지소유권의 집중과 분산은 수시로 변화하였으며 봉건적 예속관계는 해체로 나아갔다. 다만 전농(佃農)이 받은 신분적 억압은 여전히 매우 엄중하였다. 당대(唐代)에 조전농민(租佃農民)은 여전히 토지에 속박되어 있었는데, 이 시기 국가의 제도에 의하면 만약 전호(佃戶)가 도주하면 지방관은 반드시 도망호의 추포에 협조해야 했다. 또 법적 권리의 측면에서 양자에 대한 처벌의 경중은 서로 달랐다. 송·원시대 지주·전호 사이의 신분적 차별은 점차 개선되어 갔다. 그러나 전농인(佃農人)의 신분적 자유는 여전해 크게 제한받았다. 북송 인종 천성(天聖) 5년(1027)전까지, 전농(佃農)은 이주의 자유가 없었으며 만약 이주하려 한다면 반드시 지주의 허가를 받아야 했는데, "증명서[田憑]를 지급받은 후에야 비로소 떠날(給予田憑, 方許別往)"수 있었다. 천성 5년 후 "객호(客戶)의 이주는 반드시 주인의 허가를 받을 필요가 없다(客戶起移, 更不取主人憑由)"는 규정에도 불구하고, 한해 농사를 끝낸 이후에야 "이주가 고려되어(商量去往)", "적당한 때가 아니면 사사로이 이주할 수 없었다(卽不得非是衷私起移)." 이전과 비교하면 어쨌든 다소 개선되었다. 법적 권리의 측면에서도 전농(佃農)과 지주는 불평등했다. 지주는 전호를 구타해도 처벌이 경감되었다. 실생활에서 지주들은 전호를 "채찍질과 매질하며 사역시켜 마치 노복같이 다루었다(鞭笞毆役, 視以爲僕)"라고 당시 사람들은 말했다. 이 시기 봉기한 농민들의 투쟁적 목적은 그들이 제기한 "균평(均平)"이라는 두 글자에 반영되어 있다. 예를 들어 당나라 시대 농민의 영수였던 왕선지(王仙芝)는 "천보평균대장군(天補平均大將軍)"이라고, 황소(黃巢)는 "충천태보평균대장군(沖天太保平均大將軍)"이라 자칭했다. 이 시기 "평균"이라는 두 글자의 의미는 재산상의 평균과 신분적 평등으로 이해될 수 있다. 북송시대 농민반군의 영수였던 왕소도(王小渡)와 이순(李順)은 "빈부를 균등히 하자(均貧富)"라는 구호로 농민들에게 호소했다. 방랍(方臘)은 남북조시기의 농민봉기자들이 내세운 "불교는 평등하고 신분의 고하가 없다"는 구호를 이어받았으며, 남송시대 농민반란군의 영수였던 종상(鐘相)과 양요(楊么)는 모두 "귀천을 평등하게 하고 빈부를 균등하게 한다"는 슬로건을 내걸었다. 이 시기 농민계급이 제기한 요구는 다음의 두 가지로 정리할 수 있다. 첫째는 귀천 신분관계에 입각한 억압을 반대하며 신분적 자유를 쟁취하는 것이고 둘째는 부의 평등을 쟁취하는 것이었다. 소유 빈부를 균등히 한다는 것은 주로 토지소유의 균등을 가리킨다. 이 시기 농

민운동은 토지소유권의 균등과 신분적 억압의 폐지를 하나의 슬로건으로 제기하
였는데, 이는 토지소유권에 대한 문제가 보다 중요해 졌음을 반영하는 것이다.
이것은 양진남북조(兩晉南北朝)시기 농민운동이 단순히 봉건적 신분관계에 반대
하여 신분적 자유를 쟁취하려 했던 강령과는 다른 것이다.

지주제 경제가 고도로 발전한 명·청시대에 이르러, 농민운동이 제기한 슬로
건은 더욱 크게 변화한다. 이에 앞서 이 시기 전농과 고용농[佃雇農]의 사회경제
적 지위와 법적인 권리는 비교적 큰 변화를 보인다. 명나라 법률조항 가운데 전
농(佃農)의 이주와 관련된 규정은 없으며 법적 권리라는 측면에서도 전호는 자유
롭게 지주의 토지를 떠날 수 있었다. 명 중엽 단기 고공(雇工)의 범인(凡人)적 지
위는 명확하게 되었으며 명 후기에는 주인과 고공사이의 문계를 작성하지 않은
장공(長工)이 만약 법을 위반하면 범인(凡人)에 준하여 처결했다. 청대 전기에 이
르러 관신(官紳) 특권계층이 사역시키는 노복을 제외하고 장기·단기고공은 모두
자유 고용자로 변화하였으며 법적권리 역시 완전히 같아졌다. 이상 전호와 고공
의 신분 지위의 개선은 시대를 구획할 만한 중요한 변화이다. 이로부터 봉건적
소유제의 두 가지 구성부분인 신분적 예속관계는 더 이상 주요한 문제가 되지
않았다. 이제는 봉건적 토지소유만이 주요모순으로 남아 있었다. 이러한 조건아
래에서 명말 농민군의 영수였던 이자성(李自成)은 균전(均田)문제를 제기하였던
것이다.

이자성은 하남을 점령하자 먼저 "토지를 균등히 하고 조세를 면제한다(均田免
糧)"는 구호로 내세웠다. 이후 산서(山西)를 점령하였을 때에도 "귀족과 천민은
토지를 균등히 소유해야 한다(貴賤均田)"는 구호를 외쳤다. "균전"은 토지의 집중
을 겨냥하여 한 말로, 광대한 전농(佃農)의 요구를 반영한 것이고 "면량"은 무거
운 조세[田賦] 수취를 겨냥하여 내세운 것으로, 자영농의 요구를 반영한 것이었는
데 이 중 "균전"이 이자성군의 주된 요구였다. 당시 이자성이 파견한 산동(山東)
의 여러 성(城)과 현(縣)의 지방관들은 일찍이 "부자들의 재산을 나누어 빈민들을
구제할 것이라는 말을 거리에 공지(以割富濟貧之說明亦通衢)"하여 농민들로 하여
금 그들이 과거에 지주에게 팔았던 토지를 장악하도록 해, "토지가 멀리 있든 가
까이 있든 업주(業主 : 토지소유자-역자)들의 경작을 인정(産不論遠近, 許業主認
耕)"했다. 몇몇 지주들은 이 때문에 일부 토지를 상실하기도 했다. 산동의 여러
성과 현관(縣官)의 개혁조치는 토지개혁과 토지소유권을 균등히 하려는 농민적
요구가 반영되어 나온 것이었다.

이후 청나라 태평천국혁명은 "천조전무제도(天朝田畝制度)"라는 토지개혁안을 제기하였는데 이 문제는 다음 기회에 살펴보도록 하겠다.

명·청시대 농민전쟁이 토지문제를 해결하려는 요구와 연관되어 있다는 사실은 중국농민전쟁사가 새로운 역사발전 단계로 접어들었음을 보여준다. 신분적 예속관계가 해체의 길로 접어든 후, 이제 토지소유권의 분배가 핵심적 문제가 되었던 것이다.

이상의 사례에서 진·한에서 위진남북조, 수·당, 송·원시기를 거쳐 명·청에 이르기까지 농민운동과 농민전쟁은 부단히 진행되었으며 그들이 제기한 강령과 구호는 지주제 경제의 발전에 따라 부단하게 변화하였다. 폭정과 신분적 억압에 대한 반대로부터 봉건적 토지소유권에 대한 반대에 이르기까지 그들의 요구는 시기마다 달랐는데, 이는 지주제 경제의 발전단계를 반영한 것이었다. 더불어 지주제 경제의 변화 발전이 농민운동과 농민전쟁의 성격 변화를 야기한다는 사실을 잘 보여준다. 이러한 관점에 따르면, 지주제 경제의 변화 발전에 대한 연구를 떠나서 농민운동과 농민전쟁의 성격변화를 심도깊이 이해하기는 어렵다.

5. 생산에 대한 농민의 적극성 및 사회발전의 원동력에 대한 문제

봉건제 사회시기 지주제 경제는 영주제 경제보다 우수하다. 이러한 관계는 중국의 동주, 춘추시대 즉 봉건영주제 경제에서 봉건지주제 경제로 넘어가는 과도기에 충분히 반영되어 있다.

봉건영주제 시기는 노동지대라는 조건 때문에 농노의 사회적 지위는 저하되어 노예에 가까우며 생산에서도 자유가 보장되지 않았다. 이러한 조건 아래에서 농민이 봉건영주의 공전(公田)에서 노동을 수행할 때 농민의 사기는 저하되었으며 소극적으로 노동에 임하여 토지가 황폐하게 되었다. 이러한 사정은 옛 서적에서도 잘 드러난다. 춘추전기 제나라 양공(襄公)시기(기원전 697~686)의『시경(詩經)』춘풍에는 "보전(甫田)에서 농사짓지 않으니(無田甫田), 오직 강아지풀만 무성하구나(唯莠桀桀)"라는 시가 있다. 보전은 농민으로부터의 제공되는 노역으로 경작되는 공전(公田)을 가리키며, 이러한 토지에는 잡초만 가득 찼었다. 단지 제나라만이 이와 같은 상황에 직면한 것은 아니었다. 이는 봉건 영주제시기의 보편적인 현상이었다. 이러한 현상은 공전(公田)을 경작하는 농민들의 소극적인 태업으로 인해 발생한 것이었다. 예를 들어 노(魯)나라의 경우, 『춘추공양전』의 하씨(何氏)의 해설에 의하면 "민들이 밭에서 힘써 일하지 않는다(民不肯盡力于田)"라고 했다. 농민의 소극적인 자세에 대해 『관중(管仲)』 서마(黍馬)편에서는 "때맞춰 알리지 않으면 민들은 알지 못하고, 일에 따라 인도하지 않으면 민들은 일하지 않는다(不告以時而民不知, 不道之以事而民不爲)"라고 하였다. 이는 이 시기 농민들이 공전에서 행한 소극적인 태업을 보여주는 것으로, 계절에 따라 생산에 관심을 기울이지 않아 기술의 개량은 말할 수도 없었다. 이에 생산이 저하되고 생산력 역시 완전히 발휘되지 못하였다. 관중이 "땅의 이로움을 다할 수 없다(地利不可竭)"라고 한 것도 이 때문이었다. 제도개혁[改制]이후, 농민들이 경작하던 '사전(私田)'을 농민들에게 주고 1/10세제를 실시해, 생산량의 1/10을 국가에게 납부하는 것을 제외한 나머지 9/10를 농민의 소유로 돌리게 되었다. 이에 생산량의 다과에 따라 자기에게 돌아오는 수입의 다과가 결정되어 생산에 대한 적극성이 제고되었다. 예를 들어 관중은 "밤늦게 자고 아침 일찍 일어나며 아버지와 자식, 형과 아우가 그 힘들인 공적을 잊지 않았다. 부지런히 일하면서도 민들은 그것을 고통스럽게 여기지 않았다(夜寢早起 父子兄弟 不忘其功 爲而不倦 民不憚苦)."라며 제도개혁이후 농민들의 상태를 설명했다. 이러한 사정은 『국어(國語)』 제어(齊語)의 "민의 시간을 빼앗지 않으면 백성들이 부유해 진다(無奪民時 則百姓富)"라는 기술에서도 확인할 수 있다. 봉건영주제에서 지주제로의 과도기에 나타난 이러한 상황은, 봉건사회시기 농민의 적극적인 생산성이 발휘된 때에는 농업생산이 발전되며 사회경제가 번영하게 됨을 보여주는 것으로, 생산에 대한 농민의 적극성이 가지는 중요성을 확인시켜 준다.

지주제 경제와 농민 생산의 상호 관계를 논증하기 위해, 아래에서는 이 문제를 개괄하였다.

지주제 경제로의 과도기를 거치면서 농민들은 2종류로 분화하였는데 첫째는 자영농이고 둘째는 조전농(租佃農)이다. 조전농은 지주에게 현물지대를 바쳤으며 정률지대[分成制]가 실시되었다. 지대률은 일반적으로 생산량의 반을 차지해, 나머지 반은 조전농의 소유가 되었다. 이처럼 생산량의 고저는 조전농의 수익과 직접적으로 연관되어 있었다. 이와 더불어 조전농의 사회적 지위도 변화하기 시작했다. 농노적인 신분에서 벗어나 비교적 다양한 신분적 자유를 획득했다. 자영농의 경우, 경제적 부담이라는 측면에서, 그들은 국가에 생산량의 1/10에 달하는 전세(田稅)를 납부할 뿐이었고 나머지 9/10는 농민의 차지가 되었다. 신분적 예속이라는 측면에서 봉건영주의 압박에서 벗어나 다양한 자유를 획득하였고 이 때문에 생산에서 적극성을 발휘할 수 있었다. 이에 자영농이 비교적 다수를 차지하였던 시대와 지역에서는 농업생산력의 발전 역시 비교적 빨랐다. 전체 지주제 경제시대로 보자면 봉건사회 중·후기를 지나면서 생산과 생활의 측면에서 농민은 비교적 많은 자유를 획득하였으며 동시에 생산기술 또한 진전되었고 생산에서의 적극성도 크게 발휘되었다. 따라서 농업생산의 발전은 시간을 지나면서 진전되었다.

동주시기 즉 봉건적 영주제에서 지주제로의 과도기로부터 진·한, 수·당시대를 거쳐 명·청에 이르는 2000여 년의 기간 동안, 농업생산의 발전과정은 순풍에 돛단 듯이 순조롭지는 않았다. 어떤 시기에는 역풍을 만나기도 하여 지주제 경제는 기형상태를 드러내었다. 생활과 생산의 측면에서 농민은 비교적 많은 자유를 상실하였는데, 이러한 관계는 지주계급구조와 밀접하게 연관되어 있었다.

전체 봉건제 시기동안 끊임없이 토지소유권은 집중과 분산을 반복하였는데, 일반적으로 특정 왕조 전기에는 토지소유권이 분산되었으며 이후 겸병을 거치면서 토지소유권은 집중되기 시작했다. 이러한 변화와 더불어 자영농과 조전농(租佃農)이 비율 역시 변화하였다. 특정 왕조 전기에서 중기에 이르기까지 자영농이 차지한 비중은 비교적 컸다. 이에 반해 후기에 이르러 조전농의 비율이 더 컸다. 이상에서 서술한 토지소유권의 변화는 봉건사회전기의 양한(兩漢), 중기의 당조(唐朝), 후기의 명조(明朝)에서 확인된다.

토지소유권의 변화는 주의할 만한 가치가 있는 문제이며, 지주계급구조의 변화 역시 중시되어야 한다. 지주제 경제의 정상적 발전이라는 조건 아래에서 농민의 소토지소유제는 광범위하게 존재하며, 부유한 농민층 안에서 분화해 나온 서민지주도 존재한다. 이러한 현상은 역대 왕조에서 확인되는데 봉건사회 중기의 북송시대에는 더욱 두드러지게 나타나 명·청시대까지 지속되었다. 이러한 변화 발전과 더불어 농민의 사회적 지위도 점차 상승하여 생산과 생활의 측면에서 비교적 큰 자유를 획득하였고 이에 따라 생산에 대한 적극성도 나날이 증가하였다. 이러한 조건 아래에서 농민들도 더욱 생산기술의 발전에 심혈을 기울여, 수리시설의 개발과 생산공구의 개선 등의 분야에서 새로운 변화가 있었으며 농업생산은 점차 향상되어 사회경제적 번영을 이루었다. 봉건사회시기 예를 들어 당중엽 특히 북송시대와 명·청시대에는 이러한 현상을 보였다. 요컨대 지주제 경제의 정상적 발전이라는 조건하에서 농업생산의 발전은 생산에 대한 농민의 적극성 여부에 달려 있었다.

농업발전의 원동력 문제에 대해 오랫동안 학계는 여러 가지 의견을 제시하였는데, 그중 원동력을 계급투쟁으로 보는 견해가 가장 우세했다. 그러나 필자들은 이러한 견해에 동의하지 않는다. 농민계급의 저항투쟁이 야기한 거대한 작용은 지주의 토지소유권에 대한 타격과 봉건적 권세에 대한 타격이었다. 이러한 조건 아래에서 토지소유권은 분산되기 시작해 농민적 소토지소유제가 발전하였으며 농민의 사회적 지위도 상승하였다. 이러한 변화 발전은 두말할 나위 없이 농업생산의 발전에 유익한 것이었다. 어떤 이는 농민의 토지소유권을 보호하고 농민의 부역에 대한 부담의 경감 등과 같은 국가의 정책을 강조한다. 이것이 농업생산의 발전에 유익하였음은 두말할 필요가 없다. 그러나 사회와 역사의 발전을 직접적으로 촉진한 것은 농민의 계급투쟁과 국가의 정책이 아니다. 그것은 단지 보조적 기능만 할 뿐이다. 봉건사회시기 농업생산의 발전은 주로 광대한 농민들이 얼마나 원활하게 생산에 대한 그들의 적극성을 발휘하는가 여부에 달려 있다. 농업생산이 발전한 연후에야 공업생산도 발전한다. 이 때문에 전체 지주제 시대에 토지소유권이 상대적으로 분산되고 농민의 소토지소유제가 광범위하게 존재하였던 조건 아래에서, 지주계급의 봉건적 권력이 상대적으로 미약한 조건아래에서, 농민이 생산과 생활에 있어서 비교적 큰 자유를 누리던 조건아래에서, 생산에 대한 농민의 적극성은 원활하게 발휘되고 사회경제적 번영도 이룩된다. 이러한 관계는 고대 동주(東周)의 봉건영주제를 거쳐 지주제 경제로의 과도기에서 명확하게 나타난다. 이후의 서주 중엽, 당나라 현종 개원(開元)·천보(天寶) 연간, 북송시기, 이후 명나라 영락(永樂)·선덕(宣德) 연간, 청나라 강희(康熙)·옹정(擁正) 연간에 출현한 경제적 번영은 이런 조건에서 발생하였다. 요컨대, 봉건사회시기 사회경제적 번영은 농업생산의 발전을 결정하였고 농업의 발전여부는 생산에 대한 농민의 적극성에 의해 결정되었다. 생산에 대한 농민의 적극성의 발휘 여부와 그 적극성이 어느 정도 발휘될 수 있었는지는 지주제 경제발전의 상황에 의해 규정되었다. 이러한 측면에서 보면, 현대 고도로 발전한 과학기술이 출현하기 전, 생산에 대한 농민의 적극성은 지극히 중요한 문제였으며 그것은 사회역사의 주요한 발전동력이었다.

6. 상품경제와 지주제 경제의 밀착관계에 대한 문제

중국 봉건사회시기 지주제 경제 아래에서 상품화폐경제는 상당히 발전하였는데 이는 서구 봉건 영주제시기와 다른 것이다.

서구 봉건영주의 장원에서 현물지대는 다양하였는데 식량 외에도 소, 양, 오리, 우유[奶], 생선, 과일 등을 수취하였다. 또 장원 내부에는 각종 수공업이 존재했는데 여러 장인들 예를 들어 대장장이, 금은장, 가죽장인, 술을 담는 사람 등이 각종 공업제품을 제조하여 장원의 수요를 충족시켰다. 장원내부의 이러한 분업은 경제 단위내부의 분업이었다. 장원 내에서 필요한 각종 소비품목 가운데 일부는 구매하였지만, 대부분은 자급자족하였다. 이는 하나의 장원 내에서 봉건영주와 영주에 예속된 농노 모두 마찬가지였다. 이런 이유로 봉건영주제는 상품경제의 발전에 대해 배타성을 가지고 있어, 봉건적 장원의 외부에서 발전해온 상공업 도시와 대립하고 있었다. 도시 상공업 상품은 봉건장원으로 침투할 수 없었다.

중국의 지주제 경제는 그와 달랐다. 그것은 출발에서부터 상품경제의 발전과 밀접한 관계를 가져 상품화폐경제는 지주제 경제운용의 중요한 한 부분이었다. 징쥔젠[經君健]이 「지주제 경제와 상품경제의 본질적 관계에 대한 시론(試論地主制經濟與商品經濟的本質關係)」에서 이 문제를 심도 깊게 분석했다. 당시 지주든 농민이든 수확한 곡물은 식용을 위한 것이었을 뿐이고 나머지 생산공구와 생필품은 매매를 통하지 않으면 안 되었다. 예를 들어 농민의 식용소금과 생활 도자기, 생산용 호미[鋤]와 대패, 그리고 가축 등은 모두 구매해야만 했다. 단일한 사용가치 형태를 생산하는 것 즉 단일한 현물지대와 다양한 물품에 대한 수요 사이의 모순은 지주 혹은 자영농이 만들어낸 경제단위 내에서 자연스럽게 해결될 수 없었기 때문에 반드시 교환을 통해야 했다. 따라서 각종 상인들과 일단의 수공업자들이 성장하였다. 이러한 현상은 동주(東周)시대 즉 봉건영주제를 거쳐 지주제 경제로 나아가던 과도기에 이미 나타나기 시작했다. 전국시대 중기 『맹자』에는 다음과 같은 글이 실려 있다.

"… 전략 … 그(농가의 대표자인 許行)의 제자는 수십명이었는데 모두 거친 베옷을 입었고, 짚신을 삼아 자리를 짜서 생활했다. … 중략 … 진상(陳相)[10]이 맹자를 만나자 … 중략 …

---

10) 역자 - 원래는 陳良의 제자였으나 뒤에 허행의 제자가 되었다.

맹자가 '허자(許子)는 곡식을 심은 뒤에야 밥을 해 먹습니까?'라고 묻자 진상은 '그렇습니다'라고 대답했다. 맹자는 '허자는 베를 짠 후에야 옷을 해 입습니까?'라고 묻자 진상은 '아니요, 허자는 털옷을 입습니다'라고 대답했다. 맹자가 '허자는 관(冠)를 씁니까?'라고 묻자 진상은 '관을 씁니다'라고 대답했다. 맹자가 다시 '무슨 관을 씁니까?'라고 묻자 진상은 '흰색 관을 씁니다'라고 했다. 맹자가 '스스로 그것을 짰습니까?'라고 묻자 진상은 '아니요. 곡식을 가지고 바꾼 것입니다'라고 했다. … 중략 … 맹자가 '허자는 솥과 시루로 밥을 짓고 쇠쟁기로 밭갈이를 합니까?'라고 묻자 진상이 '그렇습니다'고 대답했다. 이에 맹자가 '자신이 직접 그것을 만듭니까?'라고 묻자 진상이 '아니요, 곡식으로 그것을 바꿉니다'고 답했다. 그러자 맹자는 '곡식을 가지고 솥이나 시루, 농기구 같은 물건을 바꾸는 것은 도자기를 만드는 도공이나 쇠붙이를 다루는 대장장이에게 손해를 입히는 것이 아니며, 도공이나 대장장이 역시 그들의 물건을 가지고 곡식을 바꾸는 것이 어찌 농부에게 손해를 입히는 것이겠습니까? 또한 허자는 어찌 도공이나 대장장이가 되어, 어떤 물건이나 다 집에서 갖다 쓰지 않습니까? 어찌해 분주하게 여러 장인들과 교역을 합니까? 어찌해 허자는 귀찮은 일을 꺼리지 않습니까?' … 중략 … '백공(百工)들의 일은 경작하면서 할 수 없는 것입니다'고 했다."(『맹자』 등문공 상)

위의 『맹자』 기술을 통해, 다음과 같이 추론할 수 있다. 글 가운데의 포, 관, 솥과 시루, 철기 등은 당시 이미 판매를 위한 상품이 되었다. 글 가운데 백공(百工)은 당시 이미 다양하게 세분된 수공업자를 말했다. 이러한 수공업자들은 서구 봉건영주제의 수공업자와 다른 존재이다. 서구 수공업은 모두 영주체제 내부에 편재되어 있으며 수공업자는 농노신분에서 나와 영주제 경제의 부산물이었으므로, 오직 영주의 장원을 위해서만 생산하여 장원경제의 수요를 만족시키는 데 불과했다. 중국 지주제 경제 아래에서의 수공업자들은 독립적인 개체이었을 뿐 아니라 농경에 종사하지도 않았으며 수공업 생산에 전념했다. 때문에 맹자는 "백공의 일은 진실로 경작하면서 할 수 있는 것이 아닙니다"고 말했던 것이다.

맹자는 또 시장에 대한 문제도 언급했다. 글 가운데에는 "사고파는 것은 두 가지 일이 아니다"라고 했는데 이는 이 시기 이미 초보적인 교역시장이 형성되었음을 말해주는 것이다. 이처럼 농업에 종사하지 않는 '백공(百工)'들은 반드시 곡물을 사먹어야 했다. 이 시기 지주들이 거두어들인 지대는 주로 판매용 곡물이었다. 농민은 각종 생활필수품과 생산도구를 매입하기 위하여 반드시 식량을 판매해야 했다. 요컨대 지주제 경제아래에서 상품경제의 발전은 필연적 경향이었다. 이러한 상황은 서구 봉건영주장원제와는 매우 다른 것이었다.

이를 통해, 중국 동주시기에 지주제 경제가 출현하기 시작하여 농민과 상품경제가 연계되어 발생하였으며 마침내 사용가치형태라는 자급자족적 울타리를 벗어났음을 알 수 있다. 또 다른 하나의 설명으로부터 지주제 경제는 시작에서부터 상품화폐 경제를 포함하고 있어 상품화폐 경제가 지주제 경제의 중요한 구성부분을 차지함을 알 수 있다. 광대한 농민의 경우, 식량과 기타 부분의 생활필수품은 스스로 생산하였지만, 일부 소비품과 생산도구는 구매를 통해야만 했다. 이러한 상황은 지주 또한 예외가 아니었다. 이처럼 중국지주제 경제시기 상품경제와 자연경제는 봉건경제에서 동전의 양면이었다.

진에서 서한에 이르는 시기는 지주제 경제가 정상적으로 운용된 때였다. 귀족 관료지주를 제외한 서민지주의 발전이 있었으며, 광대한 자영농민이 존재했고 상품경제도 진일보 발전했다. 이와 관련된 기록은 매우 많은데, 장안에서는 "부자들은 상업으로 이윤을 얻고 있다(富人則商賈爲利)." 연(燕)과 조(趙)지역에서는 "상인들이 길에서 넘쳐난다(商賈錯于路)." 제(齊)와 노(魯)지역에서는 "거래에서 바가지를 잘 씌우고(多巧僞)" "상인을 갈망했다(趨商賈)"는 말이 있었다. 상품경제의 발전이라는 조건 아래에서 "농민을 대우해야 먹고, 우(虞)[11]를 대우해야 나오고, 공인을 대우해야 물건을 만들며, 상인을 대우해야 교역된다(故待農而食之, 虞而出之, 工而成之, 商而通之)"거나 "가난을 벗어나 부자가 되는데 농업은 공업만 못하고 공업은 상업만 못하다(用貧求富, 農不如工, 工不如商)"[12]라는 말이 있었다. 이에 어떤 지역에서는 "농업을 버리고 말업(末業)을 좇아 경작자는 반도 되지 않는다(棄農逐末, 耕者不能半)"고 할 정도로 농업호가 상업호로 전향하였다. 당시 상품경제의 발전은 인두세의 화폐화에서 잘 드러난다. 만약 5명으로 구성된 농가가 있다면 산부(算賦)[13] 2인과 구부(口賦)[14] 1인의 계산에 의거해 매년 580문(文)의 전(錢)을 거두었다. 농가의 이러한 지출은 주로 잉여농산물의 판매에 의거했으며 그 판매수익은 농가의 경제생활에서 일정한 비중을 차지했다.

동한시대에는 문벌귀족지주가 번성했다. 위진시대를 거쳐 남북조에 이르자

---

11) 역주 - 우는 산택을 관장한 관리이다.

12) 역주 - 이 말은 『사기』 권 129, 화식열전 69에 나온다.

13) 역주 - 진한시기 성인에게 징수된 인두세로 商鞅이 처음 만들었다. 산부는 군역에 해당하는 인두세이다. 한나라 고조는 15~56세의 민에게 전을 거두었는데, 매 1인이 내는 120전을 1산이라 했고 때문에 산부라 했다.

14) 역주 - 한나라 때 7~17세에 이르는 아이들에게 징수한 인두세로 口錢 혹은 賦錢이라고도 불렸다.

세족지주와 호족의 토지지배가 형성되었다. 더불어 낙후된 장원제가 출현하여 세족권세가의 권력이 팽창하였으며 황권은 상대적으로 약화되었다. 북조에서는 문벌호족지주의 이익을 보호하는 균전제(均田制)를 시행하여 토지소유권을 강화하였다. 당시 중국 지주제 경제는 퇴보하였고 봉건적 토지소유관계는 역전되었다. 이러한 변화와 함께 농민생산의 자급성이 강화되어 농업생산은 정체되었으며 상품경제는 쇠퇴하여 민간의 교역은 위축되고 화폐는 금속에서 현물로 되돌아갔다. 그러나 이러한 기형적 지주제가 지주제 경제체제를 완전히 벗어난 것은 아니어서 상품경제는 여전히 지속되었다. 다만 이전과 비교하여 잠시 쇠퇴하는 경향을 보였을 뿐이다.

수·당시대에는 세족이 아닌 서민지주가 발전하였다. 비록 문벌신분제가 여전히 존재하였지만 봉건적 예속관계는 상대적으로 약화되었고 농민은 비교적 많은 자유를 획득하였다. 이에 지주제 경제 또한 점차 정상적 발전궤도에 진입했다. 이러한 변화 발전에 따라 수·당 중엽에 이르러 양세법이 출현하여 농업생산과 상품경제의 발전을 촉진했다. 농민들의 잉여농산물 판매는 증가하였고 농민 가운데 차와 과일과 같은 상품작물의 경작에 종사하는 자도 있어 남북조시대보다 더 밀접하게 시장과 연결되었다. 특정 지주는 차로 지대를 거두었고 어떤 머슴[傭人]은 차를 심었다. 이와 동시에 농가의 수공업과 개인의 수공업도 발전하여 이전의 관청 수공업이 차지한 비중은 상대적으로 하락했으며 상품교역량도 날로 증대하였다. 또한 이러한 조건아래에서 당 중엽후기에 이르면 점차 상업발전을 구속해온 방시제도(坊市制度)을 벗어나 초시(草市)를 중심으로 한 지방시장이 날로 확산되었으며 이에 따라 소상인들도 날로 증가하여 농촌경제에 대한 상품경제의 침투가 날로 심화되었다. 이에 상응하여 화폐제도 역시 변화가 발생해, 당시 비록 여전히 현물화폐법이 계승되었지만 동화(銅貨)가 점차 유통되었으며 은의 생산과 유통량도 날로 확대되었다.

송·원(宋元)시대 특히 송대 농민전쟁과 오대(五代)의 혼란기를 거쳐 지주소유제는 심각한 위협을 받았다. 토지소유권은 상대적으로 분산되었고 농민계급도 점차 분화하여 일단의 서민지주가 출현했다. 지주제 경제가 진일보 발전하던 상황에서 농업생산도 비교적 빠른 속도로 발전하였으며 더불어 지역 간의 불균등 발전도 두드러졌다. 이 시기는 생산양상에 따라 몇 개의 상이한 지역으로 세분할 수 있다. 첫째는 서부의 기주로(夔州路) 등지의 조방적 경영이 행해지는 지역으로 농가들은 곡식을 팔아 포를 구입하였으나 각종 생산도구나 생필품의 구입은 비교적 적은 비중을 차지했다. 둘째는 중국 동남지역의 차와 도라지를 심고 누에를 치며 집약적 경작이 이루어지는 지역으로, 적지 않은 농민들은 "누에를 쳐 비단을 만들어 생계를 이어간다(以蠶桑爲命, 紡織貿易)"거나 "먹고 살 물건조 차 모두 판매하였다(糊口之物盡所商販)"고 하는 말이 있을 정도로 농가경제에서 상품경제의 비중은 현저하게 증가하고 있었다. 셋째는 일반 곡물재배지역으로 농민경제와 시장의 연계는 비교적 밀접하였으나 지역별로는 차이가 있었다. 당 시 강남 수주(秀州)에 살던 5인 가족으로 구성된 농가의 경우 대략 토지 30무의 토지를 소작하여 매년 60석을 수확했다. 이중 30석은 지대로 납부하고 18석을 양 식으로 소비했으며 나머지 12석으로는 기름과 소금을 구매하였다. 이 농가가 시 장에서 구입한 물자가 전체 생산에서 차지하는 비중은 20%정도였다. 이에 따르 면 경작지가 30무를 넘지 않는 전작농(佃作農)의 경우, 매매를 위해 곡물을 판매 하는 비중은 낮았음을 알 수 있다. 그러나 비슷한 규모를 경작하던 자영농은 매 매를 위해 곡물을 판매하는 비중이 비교적 높았다. 북방의 곡물생산지대의 경우 생산량이 비교적 낮았으므로 농가경제에서 상품경제가 차지하는 비중도 낮았다. 그럼에도 어떤 지역의 농민이건 시장을 떠나서는 살아갈 수 없었다.

원대도 기본적으로는 송대의 유산은 계승되었다. 다만 상품경제는 정체를 거 쳐 회복과 발전이라는 과정을 밟았다. 발전시기 어떤 지역에서는 농민경제 가운 데 상품경제가 차지하는 비중이 송대보다 높았다. 예컨대 양잠과 목화재배지역 특히 목화를 재배하고 방직이 발전했던 송강부(松江府)는 "그 옷이 천하를 덮는 다(衣被天下)"는 말이 있을 정도로 농가 경제에서 상품경제가 차지하는 비중이 높았다. 상품경제의 발전과 더불어 이 시기에는 화폐제도도 변화 발전하여 지폐 가 국가의 법정 화폐가 되어 전국적으로 유통되었다.

이상과 같이 수·당에서 송·원에 이르기까지 지주제 경제는 정상적인 발전과 정을 거쳐 더욱 진전되어 상품화폐 경제를 발전시켰다. 지주제 경제의 변화 발 전이 상품경제의 변화 발전을 이끌었던 것이다.

봉건사회 후기인 명·청시대 토지소유관계에 커다란 변화가 발생한다. 이 시 기 서민지주는 진일보 발전했고 지주와 농민 사이의 봉건적 예속관계는 더욱 해 체되었다. 지주제 경제가 고도의 발전기에 진입함으로 인해 농업생산력의 발전 에 더욱 유리한 조건이 조성되었다. 농업생산력의 발전은 상품경제 발전을 필연 적으로 결과했다. 이에 지대의 금납화가 출현하였는데 명대 중엽이래로 '일조편 법(一條鞭法)'이 시행되었고, 청나라 전기 '탄정입지(攤丁入地)'가 시행되면서 세제개혁은 그 기본이 완성되었다. 더욱이 이 시기 상품경제의 발전은 농촌시장 및 상업도시의 발전을 구현해, 각 지역 상업망의 확대, 상품수의 증가, 상업자본의 증대 등이 이루어졌다.

이 시기 상품경제의 발전은 농가 경제생활에서 농업외에 부수적인 상품이 차지하는 비중을 확대시켰다. 명대 중엽에서 청대 아편전쟁기에 이르는 약 300년 동안 농가 농산품과 부업으로 만들어진 면방직 제품이 매매되는 비중은 이미 자료에 근거하여 간략하게 추론된 바 있다.[4] 중간층 농가의 경우, 첫 번째 유형은 포를 구입해 옷을 지어 입는 지역의 농가로, 상품으로 생산되는 물품의 비중이 농부산품(農副産品)의 약 30~35%를 차지했다. 두 번째 유형은 곡물을 주로 심되 면방직을 겸업하는 농가로, 지역에 따라 농가의 비율은 달랐다. 적은 지역은 25%, 많은 지역은 40%, 일반적인 지역에서는 30~35%를 차지했다. 세 번째 유형은 면방직을 전업(專業)으로 하는 지역의 농가로, 판매를 위해 생산된 면화와 면포의 비중 즉 목화밭의 비중이 적은 곳은 약 전체 생산지의 60~65%를 차지하고, 큰 지역은 80% 이상을 차지했다. 네 번째 유형은 면화와 양잠 이외 기타 상품작물과 자급자족을 위한 식용작물을 함께 경작하는 지역으로, 매 지역마다 상품작물이 차지하는 비중은 상이한데 50%에서 60%를 차지하는 지역이 대중을 이루고 있다. 이상의 사례를 통해, 고도로 발전된 조건 아래에서 중국 지주제는 상품화폐 경제를 비교적 널리 수용하고 있었으나 그 봉건적 성격을 변화시킨 것은 아니었음을 알 수 있다.

춘추전국시대의 지주제 경제의 형성에서 명·청시대 지주제 경제의 발전기까지, 상품경제는 토지소유관계의 변화와 더불어 부단히 발전해 왔으며, 시간이 흐를수록 농민경제와 상품경제의 관계는 더욱 밀접해 졌다. 지주제 경제에서 상품경제는 하나의 주요한 구성부분이었기 때문에 지주제 경제의 발전과 상품경제 발전은 서로를 조건 지웠다. 상품경제가 지속적으로 발전하는 조건 아래에서 지주제 경제도 날로 번창했고 지주제 경제가 정상적으로 발전하는 조건 하에서 상품경제도 날로 발전하였다. 이처럼 양자는 서로의 발전을 규제하고 있었다.

이상의 사례로부터 지주제 경제와 상품경제의 필연적 관계를 살펴보았다. 2000여 년 동안 상품경제는 부단히 발전하였다는 사실은, 지주제 경제의 발전이 상품경제의 발전의 촉매제였음을 확인시켜 준다.

7. 지주제 경제와 고용관계의 변화 및 농업자본주의 맹아에 대한 문제

1) 지주제 경제와 고용관계의 변화

동주시기의 제도개혁은 농민의 필요노동을 실현하고 있었던 '사전(私田)'을 무(畝)에 세금을 부과하는 땅으로 변화시켰고 그 땅은 농민의 사유지가 되었다. 각급 영주의 직접적인 소유로, 농민은 대대로 "공전(公田)"을 경작해 왔으나 이제 각 제후와 국군(國君)들은 무(畝)를 기준으로 세금을 부과하였다. 이 시기 무의 세금은 일반적으로 생산량의 1/10이었다. 이러한 제도변화를 거치면서 대부분의 토지는 개별 농민의 사유지가 되었고 광대한 자영농이 창출되었다. 일부 토지는 이전 봉건영주의 소유지로 지속되어 이제 봉건영주는 지주가 되었고 그의 토지에서 생산노동을 담당하던 농민들은 조전농(租佃農)이 되었다. 조전농에 대해 지주는 "5/10를 거두는(伍稅之)" 세법, 즉 생산량의 50%를 징수하는 세법에 따라 생산량의 반을 착취했다. 이 시기로부터 귀족지주들이 겸병하는 사례가 출현하였고 이와 동시에 귀족지주들이 농민의 토지를 빼앗는 사례도 나타났다.

바로 그때, 장기간 지속된 토지의 상속으로 일부 귀족 자손들은 신분적 지위에 변화가 생겨 귀족신분을 상실하여 서인(庶人)으로 전락했다. 이러한 변화와 더불어 새롭게 일단의 군공관료지주(軍功官僚地主)들이 등장했다.

자영농의 발전에도 주목해야 한다. 과거 농민이 경작하던 '사전(私田)'은 제도의 개혁을 거치면서 명실상부한 농민의 사유지[私田]가 되었다. 과거 제후국에 거주하던 소위 '전인(田人)'은 소수를 제외하고 대다수가 자영농이 되었다. 그들 또한 자신들의 제후국에 1/10세를 바쳤다. 이 시기 상당히 광대한 지역에서 자영농은 지배적 지위를 누렸다.

농민의 소토지소유제의 발전과 더불어 토지의 매매도 증가하였다.

자영농의 경제 상황은 안정적이지 못해 개별 가호의 노동력 보유 상황도 달랐고 토지의 비옥도도 차이가 있었으며 매년 수확량도 일정하지 않았다. 상품경제의 발전에 따라 농민의 계급분화가 촉진되어 토지매매는 점차 증가해 갔다. 이 시기에 부유한 농민들 사이에서 분화가 발생해 중소서민지주가 형성되었다.

동주시기까지 여전히 적지 않는 노예들이 존재하고 있었고 그 가운데에는 서주시기부터 노예였던 자들도 있었다. 전쟁에서 패해 포로가 된 후 노예가 된 자들도 있었고 범죄를 저질러 노예가 된 자도 있었으며 서인이었다가 굶주림에 쫓겨 자신의 몸을 팔아 노예가 된 자도 있었다. 그러나 전체적으로 노예의 수는 점차 감소하는 추세였다.

계급분화와 더불어 농업생산력이 발전하여 농업부문에서 고공(雇工)이 출현하기 시작했다는 사실도 주목해야 한다. 서주시기에는 노예를 이용하여 농업경영을 한 자가 있었지만, 춘추전국시기가 되면 노예는 고공으로 바뀐다. 이때 "용객(庸客)"과 "용부(庸夫)"5)의 기록이 나온다. 농업부문에서 고공을 이용한 이들의 대부분은 주로 새롭게 성장해 온 부유한 농민과 서민지주로, 그들은 직접 농업경영에 참여했다. 당시 주인과 고공 사이에는 신분적 예속관계[等級關係]가 있었으나, 고공의 지위는 노예보다는 나아 비교적 많은 신분적 자유를 누렸다. 이러한 변화 발전은 당시 지주제 경제의 변화 발전에 규정되었지만, 주인과 고공의 관계는 이미 귀족지주의 신분적 예속관계로부터 벗어나 있었다.

송·원(宋元)시기 특히 송대는 당말·오대의 오랜 전란을 거치면서 토지소유관계에 커다란 변화가 발생하여 대부분의 토지는 자영농의 소유지가 되었다. 이러한 자영농민 가운데 일부는 충분한 노동력을 보유하고 있었고 경제적 여건 역시 비교적 양호해 농업으로 치부(致富)하여 서민지주로 성장할 수 있었다. 이와 동시에 토지가 적고 노동력과 경제적 여건이 비교적 열악하였던 농민들은 각종 재난을 극복할 여력이 없어 토지를 판매하여 마침내는 조전농[佃耕農]으로 전락하거나 노동력을 판매해 살아가는 고공이 되었다. 고공 가운데 대다수는 토지를 전혀 가지지 못한 이들이었기 때문에 당시에는 고공을 이용한 농업경영이 보편적이었다. 특히 여름 김매기와 가을 수확기 농가에는 부족한 노동력 때문에 고공에 대한 수요가 증가하여 오히려 고공의 수가 모자라는 현상까지 발생하였다.6) 상품작물을 심은 자의 경우 고공에 대한 의존도는 더욱 높았는데, 구롱현(九隴縣)의 다원(茶園)에서는 "매년 봄과 겨울 사람을 사서 김을 매고 입하(立夏)와 소만(小滿 ; 양력 5월 20일경)이 되면 사람을 고용하여 차를 수확하고 제조하였다(每年春冬, 雇召人工薅劃, 至立夏幷小滿時, 又雇召人工趁時采造茶貨)."7) 이 당시 고공을 사용하여 생산한 이들은 주로 부유한 농민과 서민지주였다. 당시 주인과 고공사이의 관계는 비록 신분적 예속관계에 있었으나 고용주 자신도 노동하는 자였으며 특권을 가지고 있지 않았으므로 고용주와 고공 사이의 예속관계는 상대적 미약했다. 따라서 고공은 비교적 많은 신분적 자유를 누리고 있었다.

명·청시대 상품경제의 발전에 따라 토지 매매에 의한 토지의 상품화가 진일보

했다. 그리하여 토지소유권는 분봉과 상사(賞賜)가 아니라 매매를 통해서 실현되었다. 비록 토지의 매매와 폭력적 약탈은 서로 반비례하여 발전한다고 하더라도 토지소유권의 전체적인 발전추세는 토지 상품화의 강화였다.[8] 상업적 농업의 발전은 농민의 계급분화를 촉진하였고, 상품작물을 재배하는 농민들의 운명은 시장의 의해 지배되었다. 농민들이 상품작물을 재배한 것은 더욱 많은 수익을 올리기 위해서였지만, 상업자본의 착취 하에서 매우 많은 농민들의 경제적 지위는 하락하였고 마침내 노동력을 파는 고공(雇工)으로 전락했다. 그러나 소수 경제적 조건이 비교적 나았던 농민들은 생산한 농산물과 여러 부산물을 값이 오르기를 기다린 후 판매하여 수익을 증가시켰고 농가규모를 확대하고 고공을 고용하여 생산하였다. 지주계급구조에 변화에 따라 고공주와 고공사이의 관계도 함께 식사하고 함께 잠자리에 드는 평등한 관계로 변화하였다. 명나라 만력(萬曆)연간, 청나라 건륭(乾隆)연간 이러한 변화는 법률에 반영되었다. 단기 고공[短工]과 장공(長工)은 연이어 '범인(凡人)'의 지위를 얻어 신분적 자유를 획득했다. 명·청시기 특히 중엽 이후의 고공과 송·원이전의 고공 사이에는 이미 질적인 차이가 존재했다. 이러한 변화는 새로운 생산관계의 발생을 위한 조건을 준비했다.

2) 자본주의 맹아문제

현재 중국 농업자본주의 맹아에 대한 이해는 다양하게 분화되어 있다. 먼저 농업자본주의 맹아의 발생 시기에 대하여 어떤 이들은 지나치게 정체된 것으로 이해하여 명·청시대에 이르도록 자본주의 맹아는 여전히 출현하지 못했다고 파악한 반면, 어떤 이들은 지나치게 소급하여 자본주의 맹아가 출현한 시기를 송·원시기를 넘어 수·당 이전으로 소급하고 있다. 농업자본주의 맹아의 발전 정도에 대해서도 어떤 이들은 지나치게 낮은 것으로 추정하여 중국 농업 중 자본주의 맹아는 "극히 미약한 것"으로 인식하였고 어떤 이들은 지나치게 높게 파악하여 명대 중후기 농업경영은 이미 "기본적으로 자본주의제도를 채택"[9]하고 있는 것으로 이해했다. 의견 차는 극복되지 못했다. 사람들은 이러한 이견에 입각해 다음과 같이 서로 다른 주장을 펼쳤는데 이는 특정한 문제를 바라보는 시각과 특정 문헌에 대한 이해의 불일치에 기초한 것으로 방법론의 차이에 의해 결정되었다. 만약 이 문제를 중국 지주제 경제의 변화 발전과 연결시켜 고찰한다면 곧 비교적 정확한 판단을 내릴 수 있을 것이다.

이 문제에 대한 논증을 진행하면서 논의에 참여한 모든 이들은 상품경제 문제를 언급한다. 상품경제의 발전이 자본주의 경제의 발생과 발전에 필요조건임은 부인할 수 없다. 그러나 상품유통은 반드시 생산에 종속되고 상업자본은 반드시 산업자본에 종속된다. 필자들은 화폐가 전화되어 자본이 되는 가장 근본적인 조건은, 노동력의 상품화 즉 화폐보유자가 유통역역에서 자유로운 노동력을 구매하여 그들의 잉여노동을 착취하고 가치증식을 실현하는 상태이다. 즉 자본주의경제 내부의 자본은 반드시 자유로운 고공(雇工)에 대한 착취를 통해 잉여가치를 실현한다. 그것은 자본가와 자유로운 고공 사이의 착취와 피착취 관계이다. 핵심적인 문제는 화폐가 자본으로 전화하는가의 여부이다. 이러한 변화가 출현하였는지의 여부는 신분적으로 자유로운 고공이 출현하였는가에 좌우된다. 때문에 이 문제에 대한 연구는 자유로운 고공의 출현에 대한 문제에 초점을 두어야 한다.

중국 봉건제시기에 고공과 지주제 경제는 거의 동시에 출현했으며 특히 서한시기에는 적지 않은 고공관련 기사가 있다. 이후 수·당 특히 송대에 이르러 고공기사는 더욱 많아진다. 이 시기 고용관계는 당시 지주제 경제에 의해 규정되었고 봉건적 예속관계가 공고하였기에 자유로운 고용을 말할 수도 없었다. 이런 관계는 명대중기 이후 지주제 경제에 거대한 변화가 발생했다. 마침내 고공에 대한 자유로운 고용이 이루어지기 시작했으며 청대 전기에 이르면 진일보 발전하게 된다. 고용관계의 질적 변화야 말로 자본주의적 관계 발생의 기준이다.

실제 송·원시대에 지주제 경제의 우수성에 의해 공업과 농업 생산은 이미 비교적 고도로 발전한다. 예를 들어 영국인 조셉 니덤[李約瑟(Joseph Needham; 이하 조셉 니덤)]의 『중국과학기술사』에서 중세시기 중국의 과학기술은 유럽보다 선진적이었다. 이는 중국 봉건제도가 유럽의 봉건제도보다 선진적이었기 때문이다. 조셉 니덤이 말한 봉건제도는 정치 경제 등을 포괄한 것이지만 핵심은 지주경제체제이다. 송·원시대 생산력 발전 상황은 이미 자본주의 맹아를 발생시킬 수 있는 조건을 만들었다. 다만 고공은 봉건적 예속관계라는 속박에서 벗어나 자유로운 노동자가 될 방법이 없었다. 따라서 그들이 만들어낸 잉여노동 역시 고용주의 자본이 될 수 없었고 이는 자본주의 생산관계의 싹을 틔우는데도 영향을 끼쳤다. 명·청시대 공업과 농업 생산 및 상품경제가 진일보 발전하자 봉건통치자들은 고공의 신분문제를 고민하기 시작했다. 명 만력 16년(1588) 우선 "문권이 없고 그 연한을 정한(未立有文券, 議有年限)" 고공의 봉건인 신분의무를 해제하여 자유로운 노동자가 되도록 했다. 또 그 동안의 광대한 단기 고용과 일부 문권을 만들지 않은 고공을 고려하면 이 시기에 자본주의의 싹이 자라나기 시작했다고 말할 수 있다. 청대 전기에 이르러 고공에 대한 법률이 다시 수정되었는데 건륭 51년(1786) 제정된 법률에 의하면 일부 장기 고공은 법률상 신분적 의무가 면제되어 자유노동자가 되었고 자본주의적 경제는 진일보 발전했다. 지주 경제로부터 농업고공의 출현에 이르기까지 약 2000여 년이 경과해서야 비로소 자본주의적 맹아가 출현한 것이다. 자본주의 맹아의 발전이 이처럼 지체되었던 것은 그것이 지주경제에 의해 제약을 받았기 때문이었다.

이 시기에는 주로 농업부문에서 자본주의 맹아가 출현하였다. 고공경영은 부유한 자경농, 서민지주, 상품작물 재배지역에서 고공을 경영하는 조전농(租佃農)에 의해 시행되었다. 이러한 각종 경영자들은 지대 및 일체의 경영비용을 지불하고, 고공의 잉여노동에 대한 착취를 통해 이윤을 획득했다. 경영형 지주의 대다수가 화폐를 사용하여 노동력을 구매하고 이들 노동자로부터 잉여노동을 착취했다. 이러한 광대한 재생산의 조건아래에서 경영자들이 투입한 화폐는 이미 자본으로 변화하였고 따라서 자본주의 경제의 속성을 갖추게 되었다.

공업과 상업 종사자들은 경영상 봉건적 동업조합의 속박을 받아야 했으며 이는 자본주의 경제의 발전을 제약하는 것이었다. 지주와 부유한 농민이 농업과 양주(釀酒), 착유(榨油), 제당(製糖)과 같은 가공수공업을 겸업하였고, 이와 같은 수공업이 농촌에 광대하게 퍼지게 되자 이들 공업은 봉건적 동업조합의 속박으로부터 벗어났으며, 자본주의의 싹이 자라날 가능성도 이들 공업부문에서 발생했다. 뿐만 아니라 이들 수공업은 비교적 이른 시기에 발생하였고 경영자들은 원료를 구매하기 편리한 곳에 거주하여 농촌에서도 광활한 판매시장을 가지게 되었다. 따라서 상공업에서의 자본주의 맹아는 자유로운 고공의 형성 초기에 농업자본주의의 맹아와 함께 역사의 무대 위로 등장할 수 있었다.

이후 얼마 되지 않아 비로소 자본주의적 상인인 매입자와 독립 수공업 공장이 함께 출현하였다. 공장 수공업에서는 농업부문과 동시에 자유로운 노동이 발생하였다. 이는 봉건적 동업조합의 구속에서 벗어난 것으로 일련의 역사적 과정을 거쳐야 했다.

또 다른 하나의 문제는 중국에서 자본주의 맹아가 출현한 후 완만하게 발전하여, 청대에 이르도록 중국은 여전히 자본주의 사회로 진입하지 못했다는 점이다. 중국에서 자본주의 경제발전이 완만했던 까닭은 매우 많은 요인들이 만들어 낸 결과지만, 그 중에서도 지주 경제제도의 제약이 결정적 요인이었다. 이 시기 상품경제는 봉건경제와 밀접하게 연관되어 공업과 상업은 봉건적 속박으로부터 벗어나 독자적으로 발전하기 어려웠고 상업자본의 산업자본으로의 전환도 곤란했다. 이런 점이 유럽 봉건영주제 시기 상공업도시의 발전과정과 달랐다. 이 시기 상업 자본주의와 상업이윤의 대부분은 토지로 전환되었으며 상인은 상인지주가 되었다. 명·청시대로 한정해서 논해도, 필자들이 다루고 있는 사료 중에서만 100여 건의 사례를 확인할 수 있다. 예컨대 명 정덕(正德)연간 광동 산현(山縣)에서 해외무역에 종사하던 하도원(何圖源)은 토지 20,000무를 구입(『소람하족발가사(小欖何族發家史)』)하였고, 가정 14년(1535)에는 광동 순덕현(順德縣)에서 목화의 구입과 운송을 업으로 하던 용취운(龍翠雲)도 토지 8,000무를 구입(『용씨족보(龍氏族譜)』권 7)하였으며, 건륭 연간 광동 판위현(番禺縣)에서 곡물과 포필의 판매와 운송을 업으로 한 임대무(林大懋)도 수십만 근의 지대를 수취할 수 있는 토지를 구입(『太平天國革命在廣西調査資料彙編』권29)했다. 명말청초 복건 남안현(南安縣)에서 무역으로 집안을 일으켰던 정지룡(鄭芝龍)은 전장과 장창(莊倉) 오백 곳을 구입했다(『명계남략(明季南略)』). 강희 연간에 강소에서 소금의 판매와 운송으로 재산을 모은 서건학(徐建學)은 토지 1만여 무를 구입(『동화록(東華錄)』권15)했고, 건륭 연간 강소의 무석(無錫)에서 곡물판매를 업으로 하는 설씨(薛氏)는 토지 4만무를 구매(『新創造』1932년 제2권 제12기)했다. 강희 연간 절강(浙江) 평호현(平湖縣)에서 비단점을 경영하여 치부한 진원사(陳元師)는 토지 100,000무를 구매하였다(『소정속록(嘯亭續錄)』). 광서(光緒) 연간 절강 진해현(鎭海縣) 이가(李嘉)도 토지 2,000무를 구입하였다(『중국근대농업사자료』제1집 190쪽). 건륭 연간 사천 운양현(云陽縣) 팽자규(彭自圭)는 토지 100여 무를 구입하였다(『민국운양현지(民國云陽縣誌)』. 제27·28) 가경(嘉慶) 연간 호남(湖南) 형양현(衡陽縣) 유중위(劉重偉)는 토지 백만무를 구입하였다(『형양현지』권11). 명 만력 연간 운남(雲南) 대리현(大理縣)에서 무역업으로 부자가 된 동필앙(董必昂)은 비옥한 토지를 구매하였다(『운남성백족사회역사조사보고(雲南省白族社會歷史調査報告)』13쪽). 건륭 연간 북경의 회유학(懷柔郝)은 토지 1,000,000무를 구입하였다(『소정속록(嘯亭續錄)』권2). 동치 연간 직예(直隷) 문안현(文安縣)의 유씨(劉氏)는 토지 4,983무를 구입하였다(『중국근대농업사자료』제1집 191쪽). 하남(河南) 공현(鞏縣)에서 면포와 잡화점을 열어 집안을 일으킨 강응괴(康應魁)는 건륭 연간까지 토지 100,000무를 사들였다(『죄악지가(罪惡之家) 3쪽』. 도광연간 산동 치천현(淄川縣)에서 비단점을 경영하던 졸용(卒蓉)은 토지 9백여 무를 구입하였다(『청대 산동지역 경영형지주의 사회적 성격[清代山東經營地主的社會性質]』69쪽). 광서 연간 지금의 산동 임청현(臨淸縣)에서 점포를 열어 재산을 모은 손(孫)씨 집안은 토지 10,000무를 매입하였다(『무훈역사조사기(武訓歷史調查記)』60쪽.) 건륭 연간 산동 곡옥현(曲沃縣)에서 곡물도매상점을 열었던 팽태(彭太)는 토지 100,000무를 사들였다(『죄악지가(罪惡之家)』146쪽). 도광 연간 섬서 미지현(米脂縣)에서 점포를 열고 고리대금업을 하던 마(馬)씨 집안은 67리의 토지를 구입하였다(『중국근대농업사자료』제1집 192쪽).

요컨대 중국지주제 하에서 상인 대다수는 축적한 자본을 토지의 구입에 투여하였고 소수만이 공업생산에 투자하였다. 이는 자본주의 발전의 지체를 야기한 주요한 원인 가운데 하나이고 중국봉건사회가 장기 지속한 요인이다.

이는 휘주상인이 발전하였던 완난(皖南)지역에서 더욱 현저하다. 자세한 내용은 아래 표와 같다.

〈표-1〉 휘주상인 지주표

년대	지구	성명	상업경영현황	구매토지현황	자료출처
明	婺源	江國邠	木商	田日斥	『太泌山房集』卷72
明初	歙縣	鮑思齊	鹽業	增修田廬	乾隆『重編歙邑棠樾鮑氏三族宗譜』, 권132
정통 연간	徽州	程志發	做造牌筏	置田一頃餘	『新安程氏諸譜會通』第3冊『程志發傳』
홍치 연간	休寧	黃義剛	木商	築室買田	『休寧山斗俞氏宗譜』권5
가정 연간	歙縣	黃存芳	鹽業	廣土構堂	歙縣『竦塘黃氏宗譜』권5
가정 연간	休寧	汪弘	鹽業	構堂宇, 闢沃壤	『汪氏統宗譜』권116
명 중엽	歙縣	許東井	鹽業	廬舍田園, 迴異往昔	歙縣『許氏世譜』권5
가정 연간	歙縣	黃錡	鹽業	創置田園室廬	歙縣『竦塘黃氏宗譜』권5
가정 연간	歙縣	方道容	鹽業	恢産構室	『方氏會宗統譜』권19
만력 연간	徽州	汪宗姬	鹽業	爭購土地	『五雜組』권4
명말	休寧	汪正科	開絲綢店	置田九十三丘, 計租三百零四坪	『汪氏闔書』, 원건은 안휘사범대학도서관에 소장
만역 천계 연간	歙縣	吳養春	鹽業	置黃山山地二千四百餘畝	『豊南志』권4책
옹정 연간	徽州	姚氏	販賣于西口	買田造屋	『姚氏家書』중국사회과학원역사연구실소장
옹정 연간	徽州	姚氏	在外經商	置買大量田産	상동
건륭 연간	徽州	吳榮讓	經營茶漆業	買田及山林	『大函集』권47
건룡연간	休寧	巴你常	開押店	買田一百七十一畝	李文治, 『淸代前期的土地占有關係』
도광 연간	旌德	汪承翰	開押店	買田一千畝	상동

지주제 경제의 제약 때문이 이러한 현상이 발생했고 발전했다. 이러한 현상은 유럽 봉건영주제 시대에는 거의 나타나지 않았다.

과거 토론과정에서 사람들은 경작과 직조의 결합이 자본주의 발전을 제약했음을 강조했다. 말할 필요도 없이 지주제 경제의 조건하에서 경작과 직조의 결합은 강고하여 매우 많은 농민들은 판매를 위해 직조하여 가계를 보조했다. 이렇듯 방직수공업 상품은 소비시장의 활성화를 결여시켰고 이는 자본주의적 방직수공업의 발전에 악영향을 미쳤다. 그러나 이것이 결정적 요소는 아니다.

이상에서 서술하였듯이, 자본주의 맹아가 일찍부터 발전했다고 보든, 늦게 발전했다고 보든, 자본주의의 맹아가 발생한 후 자본주의 성장은 지체되었다. 이는 지주제 경제가 야기한 제약이 핵심적 원인이며 나머지 요소들은 부차적 원인이다. 이렇게 보면 지주제 경제 조건하에서 중국 자본주의 경제는 순조롭게 발전할 수 없었다. 따라서 자본주의 경제를 발전시키려면 먼저 반드시 혁명을 통해 지주제 경제를 붕괴시켜야 한다. 자본주의 맹아가 출현한 후에도 여전히 필연적으로 봉건적 요소가 남아 있을 수밖에 없었다. 다만 이 시기에 자본주의적 요소들은 이미 발전하고 있었으므로 중국사회가 오랫동안 자본주의로 진입하지 못하였다고 해서 그것의 자본주의적 맹아마저 부정되어서는 안 된다.

8. 봉건사회의 장기지속문제

중국봉건사회의 장기지속에 대한 문제에 관하여, 중국내에서는 일찍이 오랫동안 토론을 진행하여 여러 견해, 예를 들어 농업과 직조업이 결합된 자연경제 문제, 지리적 조건의 제약성 문제, 안정론, 엄격한 중앙집권적 통치구조[10] 등과 같은 견해가 제출되었다. 현재 중국과 서구의 비교연구가 진행되면서 설명은 보충되고 있다.

중국 봉건사회의 장기지속은 실제 지주제 경제체제의 장기지속을 의미한다. 토론을 진행하는 과정에서 이러한 문제에 관해 제출된 여러 견해들의 대다수는 지주제 경제의 제약에 동의하였다. 때문에 여기서도 지주제 경제의 제약이라는 측면에서 분석할 것이다.

중국 지주제 경제는 전체 봉건사회시기에 있어서 일면 공업과 농업생산의 발전을 방해하여 사회경제적 발전을 지체시키기도 하지만, 고전장원기 유럽의 영

주제와 서로 비교하면 중국 지주제 경제는 일정한 역사적 조건아래에서 농업과
공업 특히 농업생산의 발전에 조응했다. 이 때문에 전체적인 발전추세에 따르면
중국 지주제 시대의 농업생산은 동시대 유럽영주제보다 우월했다. 2천여 년의
봉건제 사회에서 중국 농업생산은 항상 부단히 발전해 왔다.

　중국농업이 부단히 발전해 왔던 것은 지주제 경제의 유연성 때문이었다. 이러
한 유연성은 매우 여러 측면에서 드러난다. 지주제 경제의 구조적 측면에서 논
하자면, 우선 소토지소유 농민의 광범위한 존재를 들 수 있다. 이런 농민은 생산
의 측면에서 비교적 많은 자유를 가지고 생산에 적극적으로 나섰다. 둘째로 지
주소유제가 형성한 조전관계(租佃關契)로 인해 봉건영주제의 노동지대보다 선진
적인 현물지대를 채택하였다. 송·원(宋元)시대이래 영전제(永佃制)가 출현하였고
명·청(明淸)시대에는 정률지대에서 정액지대로 이행하게 되었다. 이러한 현물지
대 특히 정액지대로의 이행 이후에 농민들은 보다 많은 독자성을 획득했다. 또
지주제 경제가 형성한 봉건적 예속관계는 봉건영주제에 비해 현저하게 미약했
다. 게다가 농업생산의 발전에 따라 정액지대제가 확대되고 영전제(永佃制) 및
압조제(押租制)가 발전하여 신분적 예속관계는 점차 해체되어 농민들은 생산과
생활의 측면에서 더욱 많은 자유를 획득했다. 이러한 변화 발전에 따라 농업생
산도 부단히 발전해 갔다. 이러한 설명에 따르면 중국 지주제 경제는 일정한 범
위 내에서 생산관계를 유연하게 조절하여 생산력의 발전에 조응해 갔다. 이는
서구 영주제 경제와 비교하면 매우 선진적인 것이다. 이러한 관계는 중국 봉건
제 사회시기의 사회경제적 발전과 그것의 장기지속에 대하여 모두 일정한 영향
력을 가진다.

　필자들은 한편으로 지주제 경제가 봉건사회의 장기지속에 잘 적응하고 그것
을 견고하게 했다고 파악하였다. 그리고 그것은 중국 봉건제시기의 사회경제적
발전에 적극적인 영향력을 행사하였다. 이와 동시에 그것이 사회경제에 대해 야
기한 질곡과 부정적인 작용도 놓치지 말아야 한다. 이러한 부정적인 작용은 특
히 봉건사회 후기인 명·청시대에 두드러졌다.

　가장 중요한 문제는 사회적 재화가 토지소유로 집중되는 추세였다. 중국 지주
제 경제에서 토지자산은 매우 큰 흡인력을 가지고 있었는데, 토지는 매매될 수
있었고 그 지대수취률은 높았으며 일종의 재산처럼 기능하였다. 봉건적 토지소
유 역시 보증받아 이러한 추세를 더욱 강화시켰다. 서구영주제는 이와 달랐다.
그 토지소유권은 경직되어 토지는 기본적으로 매매될 수 없었고 이런 상태는

14~15세기까지 지속되었다. 중국은 기원전 4~5세기경인 동주(東周)시대에 봉건영주제에서 지주제 경제로의 과도기를 거친 후, 얼마 되지 않아 토지는 매매되기 시작했다. 게다가 이후 사회·경제적 발전에 따라 토지매매는 날로 빈번해졌다. 봉건제 사회 후기인 명·청시대로 접어들어 토지매매는 절정에 다다랐다. 이 시기 어떤 종류의 사람이건 돈만 가지고 있다면 토지를 구매하려 애썼다. 봉건지주들은 지대수취를 통해 획득한 재산으로 토지를 구입하였고, 이 시기 출현한 대상인들도 자신이 소유하고 있던 화폐의 대다수를 토지구매에 사용하여 단지 일부만 공업생산에 투자하였다. 이 때문에 앞서 지적한 것처럼 명·청시대에는 매우 많은 상인지주들이 출현하였다. 즉 이 시기 자본주의 요소를 가지고 있던 공장제 수공업자들의 일부는 공업이윤의 일부로 토지를 구매하였다. 요컨대 이 시기 봉건적 토지소유권은 강력한 흡인력을 가지고 있어 자본주이 경제의 순조로운 발전을 저해했다. 결국 이것이 중국지주제 경제의 거대한 구속력이고 곧 지주제 경제가 중국 봉건사회에서 그토록 장기 지속한 원인이다.

지주제 경제의 구속력 때문에 상인, 고리대금업자, 수공업자들은 지주로 결합되었다. 이 점이 서구의 영주제 경제와 다르다. 서구영주제에서 영주는 특정지역의 정치적 권리를 장악하고 농민을 토지에 속박시켜 노동지대를 실현한다. 이는 단순한 봉건경제이다. 이 시기 발전해온 수공업과 상업은 도시에 집중되었고 수공업자와 상인들은 경제를 발전시키고 재산을 증식하기 위해 당시 최고 통치자와 결합하고 봉건영주에 대항하여 마침내 승리를 쟁취했다. 자본주의 경제발전은 이러한 조건아래에서 이루어진 것이다.

중국지주제 경제에서 지주와 상인과 수공업자들은 서로 착종되어 도시의 공업은 지주계급과 상업자본에 종속되었고 독립적으로 발전할 수 없었다. 이것이 자본주의 발전의 지체를 야기했다. 이것이 중국 봉건사회의 장기지속이라는 현상을 초래했다.

이를 통해 중국봉건제 사회의 장기지속이 가진 두 개의 구체적인 내용이 확인된다. 첫째는 지주제 경제 자체의 장기지속이고 둘째는 지주제 경제의 구속 아래에서 자본주의적 요소의 발전이 지체되었다는 사실이다. 당·송(唐宋)이전에 중국 지주제 경제는 비교적 사회경제적 발전에 잘 적응하였다. 그러나 명·청시대 그것은 점차 사회경제적 발전을 저해하는 질곡으로 변화되었다. 이것이 중국 봉건사회가 장기 지속한 기본 이유이다.

봉건사회가 중국에서 장기지속한 원인은 매우 다양하고 극히 복잡하다. 특히 특정한 역사적 단계에서 봉건국가가 채택한 특정한 정책은 중요한 작용을 하였다. 그렇다고 하더라도 이러한 요소들은 모두 지주제 경제의 변화 발전에 의해 규정되며 지주제 경제의 규정의 양상은 매 시기별로 다르게 나타난다. 봉건사회 중엽이전 지주제 경제는 정상적으로 발전하여 사회경제적 발전을 자극했으며 봉건사회 후기에 이르면 그것은 사회경제적 발전에 거의 영향력을 행사하지 못한채 오히려 봉건사회의 자본주의로의 전환을 저지하여 마침내 중국 봉건사회를 장기지속 시켰다. 이를 통해 지주제 경제하에서 자본주의 경제는 정상적으로 발전할 수 없으며 봉건사회는 필연적으로 장기지속 되었다.

9. 이외의 논점

이상과 같은 여러 문제들 가운데 몇몇은 중세 유럽 봉건 영주제와 비교하기 위해 제기하였다. 또 다른 문제들을 지주제 경제의 변화 발전과 연계하여 고찰한다면, 심도 깊은 이해에 도움이 될 뿐 아니라, 필자들의 인식을 진일보 발전시킬 것이다.

중대한 역사적 문제 예컨대 정치제체의 변화 발전에 대한 문제는 심도깊이 연구되어야 한다. 춘추전국시기로부터 봉건영주로 분봉된 세경세록제(世卿世祿制)를 거쳐 군현제도로의 이행은 지주경제의 기초 위에서 발생한 것이다. 진·한 이후 출현한 높은 수준의 중앙집권제와 관료정치체제, 이후 역대 정치체제의 변화와 국가에서 채용한 중요한 정책 등은, 모두 지주제 경제의 변화 발전과 일정한 연관을 가지고 있었다. 2000여 년간 유행한 유교 역시 지주제 경제로 이행하던 과도기인 춘추전국시대에 형성되어 발전된 것이다. 공자는 당대(當代)의 토지개혁론자-봉건영주제에서 지주제 경제로의 이행의 지지자이자 유학의 창시자였다. 공자는 충효인의(忠孝仁義)를 학파의 핵심사상으로 삼아 실천하였고, "가르침에는 차별이 없다(有敎無類)", "우리집 어른을 공경하는 마음으로 다른 집 어른도 공경하라(老吾老 以及人之老)"와 같은 말을 하면서 인민의 이익을 보호할 것을 주장했다. 전국시기 공자 유학의 주요한 계승자였던 맹자는 공자가 제창한 의(義)를 더욱 발전시켜, "부귀하면 음탕할 수 없다(富貴不能淫)", "의를 취하는데 목숨을 아끼지 말라(舍生取義)"와 같은 주장을 했다. 이 두 사람과 지주제 경제의 관계를 고찰하면, 유가학설을 더욱 심도 깊게 이해할 수 있다. 더불어 이후 지주제 경제는 부단히 변화 발전 하였고 특정한 유가학설도 그에 따라 변화 발전 하였다. 이외 여러 문제들도 중국 지주제 경제의 변화 발전과 연관시켜 고찰하면 보다 심도 깊은 이해에 도달할 수 있을 것이다.

서론의 주

1) 필자들은 경전의 정확성을 부인하지는 않는다. 다만 경전 저자의 모든 논단은 역사적 사실로부터 나온 것이므로 개별지역의 상황에 대한 경전 저자의 논변이 반드시 역사적 사실과 일치하는 것은 아니다.

2) 이 문제와 관련된 연구는 李文治, 「關于硏究中國封建所有制形式的方法論問題」, 『經濟硏究』 1963年 第5期를 참조.

3) 李文治, 「中國封建司會土地關係與宗法宗族制」, 『歷史硏究』 1989년 제5기를 참조.

4) 李文治, 「明淸時代農民商品經濟率」, 『中國經濟史硏究』 1993年 第1期.

5) 『한비자』 外儲說左上; 『전국책』 제책 6.

6) 『宋會要輯稿)』 식화, 65의 77.

7) 呂陶, 『淨德集』 권1, '奏爲官場買茶虧損園戶致有詞訴喧鬧狀'

8) 江太新, 「淸代前期土地賣買中宗法關係的松弛及其社會意義」, 『中國經濟史硏究』1990年 第3期; 「論徽州地區土地賣買中宗法關係的松弛」, 『徽州社會科學』 1995年 第1-2期.를 참조

9) 江太新, 「評價中國農業資本主義萌芽問題的硏究」, 『農史硏究』 제5집, 1985.

10) 이 문제의 토론에 대한 필자들의 견해에 대해서는 李文治가 1983년과 1992년에 발표한 「地主制經濟與中國封建社會長期連續問題論綱」·「再論地主制經濟與封建社會長期連續」 두 논문을 참조하라.

상편

봉건영주제 경제에서 지주제 경제로의 이행

제1장 서주(西周) 영주제 경제의 발전

제1절 고대 사회성격 논증의 기준으로서의 경제관계

서주시기 발견된 청동기 명문(銘文) 가운데에는 노예와 관련된 기록이 적지 않고,『상서(尙書)』,『좌전(左傳)』2책에서도 그러한 내용은 확인된다. 과거 서주를 노예제 사회로 파악한 이들의 입론 가운데 하나는 이 시기 비교적 많은 노예와 관련된 기록, 예컨대 무덤에서 확인된 순장(殉葬)과 옛 책 속의 복예(僕隷)와 같은 기록이었다. 그러나 단순히 노예의 존재로부터 당시 사회의 성격을 단정할 수는 없다. 더욱 중요한 것은 주생산자인 농민들의 경제적 상황 특히 그들에게 반영된 생산관계이다. 이런 이유로 농민이야말로 당시 사회의 성격을 드러내어주는 존재라 할 수 있다. 노예제론자들도 생산에서 농민들이 처한 경제적 상황에 대해 논증하였으나 명문(銘文)·『상서』·『좌전』에 나타난 구체적이지 않은 기록만으로는 사람들을 설득할 근거로 삼기 어렵다. 서주시대의 문헌 가운데 당시 농민의 경제적 사정을 비교적 완전하게 반영하고 있는 것은 무엇보다『시경(詩經)』이다.『시경』에 수록된 상당수의 시들은 서주시대에 완정된 것으로 사료적 가치가 높다. 때문에 여기서는『시경』을 주로 분석의 대상으로 삼을 것이다.

서주를 노예제 사회로 간주하는 이들의 몇몇은 당시 노예신분의 범위를 확대시켰다. 예를 들어 서주 초기 위로부터 각급 귀족에게는 하사된 신(臣)과 격(鬲) 가운데에는 노예가 아닌 존재도 포함되었고 그들 중 대부분은 예속민(依附民)이었다. 이들은 이후 출현한 사(私)·도(徒)·속(屬) 등과 유사하였으며 대다수는 귀족의 예속민이지 노예는 아니었다. 서주시대의 중(衆) 혹은 중인(衆人)은 비록 무엇을 변상할 때 이용되었지만, 그렇다고 그들이 노예는 아니었다. 이러한 각종 민호(民戶)들은 허쯔첸(何玆全)에 의해 상세한 고증된 바 있다. 그러나 몇몇 연구자들은 경제적 관계를 고려하지 않고 어휘에 대한 분석만을 진행하여 심지어 자유인 혹은 예속민에 속하는 서민(庶民), 서인(庶人)조차도 노예로 규정하기도 해 오해를 빚고 있다.

농민의 경제생활을 비교적 많이 반영하고 있는『시경』을 살펴보면, 서민과 서인으로 분류되는 많은 수의 농민들 가운데 노예로 간주될 만한 이는 극히 드물다. 이것이 당시 상황의 객관적 반영이다. 서민과 서인으로 분류되는 농민의 신분적 지위에 대하여 필자들은 기본적으로 허쯔첸의 분석에 동의한다.[1]

어떤 연구자들은 생산력 발전수준으로 서주시대를 노예제 사회로 규정하는 경향이 있다. 필자들도 생산력 발전수준이 생산관계의 발전을 제약한다는 사실을 부인하지는 않는다. 확실히 천쩐쭝[陳振中]이 지적한 것처럼, 서주시기 청동기의 보편적 사용은 개별노동의 물질적 조건이 되었고 사람의 노동으로 하여금 필요노동을 초과하는 잉여노동을 창출해 낼 수 있도록 했다.[2] 다만 어떤 연구자들은 중국과 서양의 비교하여 중국에서 청동기를 노예제와 동일한 것으로 규정하였고 이에 따라 중국에서 청동기시대는 노예제시대에 해당하는 것으로 이해했다. 그러나 로마 노예제사회는 철기를 기반으로 성립하였고 서구의 경우 철기의 출현과 사용이 전형적인 노예제를 만들어 내었다. 중국의 서주는 청동기시대에 해당하지만 이미 비교적 선진적인 생산관계를 창출해 내었다. 이러한 관계는 양성민[楊生民]이 이미 언급한 바 있다.[3] 이러한 설명은 중국 고대와 고대 로마는 각각 고유한 역사적 발전과정을 가지기 때문에 서구의 고대사를 중국과 동일화시킬 수 없고 중국 고대사를 서구의 그것으로 등치시킬 수 없음을 보여준다. 중국과 서구 사이 이러한 차이가 발생한 것은 각각의 지역이 가진 자연적 조건과 사회경제적 발달 상황, 정치제도가 달랐기 때문으로, 다양한 요인들에 의해 만들어 진 차이였다. 생산력 발전 상황이 일정하게 영향을 미치더라도 그것이 결정적 요인으로 작용하는 것은 아니다.

필자들이 보기에 한 시기의 사회성격을 논증하려면, 그 시기의 농업생산에서 경작자의 사회경제적 지위를 엄밀하게 감별해 내어야 할 뿐만 아니라 생산력 발전수준이 미치는 규정력을 분별해 낼 수 있어야 하며, 경제적 관계의 총체 특히 생산관계로부터 연구를 시작해야 한다. 이러한 방식을 통해서 도출해 낸 결론이어야 역사적 실체에 근접할 수 있다.

경제적 관계의 총체로부터 시작한다는 것은 무엇을 말하는가? 고대사회를 연구할 때 우선 토지를 둘러싼 생산관계로부터 고찰해야 한다는 의미이다.

서주시기의 토지제도와 관련해서는 맹자가 등문공(藤文公)에게 펼친 논변을 참고할 만하다. 맹자는 "주나라 사람들은 100무(畝)에 철(撤)하는 것은 실제 1/10을 수취하는 것이다(周人百畝而撤, 其實皆什一也)"라고 하였다. 이어서 그는 조법

(助法)에 대해서도 다음과 같이 말했다. "조를 '빌린다'라는 뜻이다. 『시경』에서 말하기를 "우리 공전에 비가 내린 후 마침내 나의 사전에 미치네"라고 하였으니 오직 조법에만 공전이 있는 것이다. 이를 통해 보면 주도 조법을 사용하였을 것이다(助者藉也. 詩云, '雨我公田 遂及我私.' 惟助爲有公田. 由此觀之, 雖周亦助也)." 맹자는 『시경』에서 말한 공전(公田)과 사전(私田)을 조법(助法)과 연관시켰다. 맹자의 논변에 따르면 공전과 사전은 서로 대립하면서 통일되어 있고 조법은 이러한 제도아래에서 출현한 조세제였다. 기본적으로 맹자의 논변은 서주의 역사적 사실과 일치한다. 맹자는 이러한 조세제도를 회복하기 위해 등문공에게 "들에는 1/9을 수취하는 조법을 채택하고, 국중은 1/10을 스스로 바치도록 하십시오(請野 九一而助, 國中什一使自賦)"라고 건의했다.[4]

맹자의 논변을 근거하면서 여러 견해들을 참작하여, 서주의 토지제도를 진일보시켜 설명해보자. 서주시기 각각의 제후의 국도(國都)는 국(國)과 야(野) 2개의 지역으로 구분되었다. 국은 국인(國人)이 거주하는 지역이었다. 국인은 주로 농민이었고 경작지에서 생산된 생산물의 일부를 소속 제후국에게 공부(貢賦)로 바쳐야 했다. 그리고 그들의 사회적 지위는 서민보다 높았다. 국인의 신분에 대한 이러한 견해에 대해 이견을 제시하는 이는 거의 없다. 야(野)는 제후의 봉지 가운데 주요한 부분을 차지했다. 예를 들어 "그 나라를 삼으로 나누고 그 비(鄙)를 다섯으로 나눈다(三其國而五其鄙)"라고 고사(古史)에 기재되어 있다. 실제 이 시기 비·야(鄙野)의 경지면적과 인구는 제후영토의 5/8를 차지하고 있었고 서주의 사회성격은 주로 비·야(鄙野)에서 출현한 생산관계에 의해 결정되었다. 서주는 어떤 사회성격을 가지고 있었을까? 3가지 측면에서 총체적인 고찰을 진행하면 보다 쉽게 문제의 본질을 파악할 수 있을 것이다.

사람들은 중국 고대사회의 성격을 토론할 때, 매번 상(商)·주(周)를 하나의 사회로 파악한다. 상대에는 노예가 대수를 차지하였던 것이 역사적 사실이라면 상은 어떤 성격의 사회였을까? 노예제사회인가? 아니면 또 다른 사회인가? 눈으로 확인할 수 있는 사료만으로는 정확하게 판단하기 어렵다. 서주사회의 성격에 대한 기술은 비교적 명확하다. 예를 들어 비·야(鄙野)에 거주하는 이를 주체로 한다면, 앞서 서술한 세 가지 요소를 반영한 생산관계를 고려하여 필자들은 서주를 봉건제 사회로 이해한다.

필자들은 동주를 중국지주제 사회의 맹아가 발생한 시기로 파악하였으므로, 도대체 어떤 사회에서 지주제 경제로 이행하였는지는 이해하기 위해서는 서주사회의 성격에 대해 검토가 필요하다. 이에 『시경』을 다시 검토하는 동시에 서주사회의 성격에 대한 국내학자들의 논저를 살펴보아 필자들의 기초적 견해를 제출하였다.

서주사회의 성격에 대해서 국내학계에서는 봉건론에서 노예제로 이르는 일련의 인식과정이 있었다. 일찍이 1950년 이전에는 봉건제론이 학계의 통설이었고 이후 판원란范文瀾이 이론적으로 심화시켰으며 국내의 대다수 학자들은 그의 견해에 찬동하였다. 최초로 서주 노예제설을 주장한 궈머뤄郭沫若는 1950년 「'은주순장인의 史實에 대한 기술'을 읽었다讀了'記殷周殉人之事實'」라는 글에서 '은주는 모두 노예제사회'라고 주장했다.[5] 이로부터 서주시기에 대해 봉건제·노예제 두 설이 존재하게 되었다. 비교적 영향력이 큰 견해는 궈머뤄가 1976년 『홍기(紅旗)』라는 잡기에 발표한 「중국 고대사의 시기구분中國古代歷史的分期」이라는 논문이다.[6] 이후 국내의 대부분의 연구자들은 그의 관점을 신뢰했다. 따라서 서주 봉건제론과 노예제론이 비록 병존했다하더라도 노예제론이 우세했다.

서주봉건제론을 분명하게 설명하기 위해서는 각각의 견해들을 헤아려야 하고, 핵심적인 세 가지 요소-농민의 개별화된 경제, 노동지대, 그리고 신분적 예속관계를 중심으로 고찰해야 한다.

제2절 영주 경제의 발전

1. 개별 농가 경제의 봉건성

필자들도 노예제 사회의 농민들이 독립적 개별경제를 영위하고 있다는 것을 부인하지 않는다. 그러나 남성이 경작하고 여성이 직조하는 서주시기의 상황은 스스로 손익을 책임지는 완전히 개체화된 경제와 흡사하여 쉽사리 그것을 봉건적 경제와 연관시켜 이해할 수 있다.

농민의 독립된 개별 경제를 논증하기 위하여 아래에서는 우선 간단하게 서주의 토지소유제를 소개할 것이다.

『시경』 소아(小雅) 북산(北山)에는 "하늘 아래 왕의 토지가 아닌 것이 없고, 땅위에는 왕의 신하가 아닌 자가 없다(薄天之下 莫非王土. 率土之民 莫非王臣)"라고 기록되어 있다. 시에서 말하는 '왕토(王土)'는 소유 토지가 모두 주나라 조정의 통제 하에 있다는 것을 의미하는 것이지, 실제 그것을 소유[占有]하고 있음을 의미하는 것은 아니다. '왕신(王臣)'이라고 말하는 것도 인민이 모두 왕실의 통치하에 있다는 의미로 여기에서 '신(臣)'은 국인(國人)과 서민(庶民)·노예(奴隸)와 같은 여러 사람들을 포괄한다.

이 시기 서주에서는 분봉제(分封制)가 시행되었다. 주나라 천자는 자신이 관할하는 왕기(王畿)에 대해서 직접 통치하며 왕기(王畿) 안에서는 경대부(卿大夫)에게 분봉하고 그 봉토를 '채읍(采邑)'이라 했다. 왕기 밖의 광대한 지역은 여러 제후국에게 분봉되었다.[7] 분봉할 때에는 그 토지에 속박되어 경작하던 농민도 함께 수여되었다. 예를 들어 당시 주공(周公)은 노(魯)나라에서 분봉을 시행하였다. 『시경』 노송(魯頌) 비궁(閟宮)에는 다음과 같이 기록되어 있다. "왕이 숙부에게 '숙부의 맏아들을 세워 노나라의 제후가 되게 하고 큰 집을 지어 주나라 왕실을 보좌하세요'라고 말하였다. 이에 노공을 노나라 동쪽 땅의 제후로 삼고, 산천과 토지 및 경작자를 주공에게 하사했다(王曰叔父, 建爾元子, 俾侯于魯, 大啓爾宇, 爲周室輔, 乃命魯公, 俾侯于東, 錫之山川 土田附庸)." 여기서 말하는 토전(土田)은 경작지이고 경작자[附庸]은 庶民을 위주로 한 농민이다.

각 제후국은 분봉받은 국(國) 안에서 다시 경대부(卿大夫)에게 분봉하였고 그 봉토는 채읍(采邑)이라 불렸다. 각각의 제후와 경대부는 받은 봉토를 자손들에게 세습시켜 장기간 소유[占有]하였다. 예컨대 『예기(禮記)』 예운(禮運)에는 "천자는 자신이 가지고 있는 토지를 자손들에게 나누어주고 제후는 자신이 가지고 있는 나라를 자손에게 나누어주며 사대부는 자신의 채지(采地)를 자손에게 나누어 준다(天子有田以處其子孫, 諸侯有國以處其子孫, 士大夫有采以處其子孫)"라고 기재되어 있어 혈연을 중핵으로 한 세습제가 형성되고 있었음을 알 수 있다.

각급 귀족들이 관할하고 있던 토지는 자신이 경영하던 공전(公田)과 자신이 관할하는 농민에게 지급된 대다수의 농민 사전(私田)으로 나누어진다. 귀족들의 공전은 자신이 관할하던 농민에 의해 경작되었고 이를 조경(助耕)이라 했다. 이를 통해 농민들이 만들어 낸 잉여생산물은 각급 귀족들의 차지가 되었다. 대신 농민들은 자신이 경작하는 사전(私田)에서의 생산물로 자급했다. 이러한 사정에 대해 『국어(國語)』 진어(晉語)는 "대부는 읍으로 먹고 살며, 사는 토지로 먹고 살며, 서인(庶人)은 힘으로 먹고 산다(大夫食邑, 士食田, 庶人食力)"라고 기술하고 있다. 여기서 말한 "서인은 힘으로 먹고 산다"는 농민은 각종 생산노동에 종사한다는 것을 가리키며, 그 중에는 귀족들에게 제공된 잉여노동과 자신의 생계를 위해 필요한 필요노동이 포함되어 있다. 이러한 조법제(助法制)의 제약 아래에서 공전과 사전 즉 귀족경제와 농민경제라는 두 개 대립물의 통일이 실현된다. 개별 귀족의 장원은 독립적 경제 단위이고 개별 농가들 역시 자급자족적 경제생활을 영위했다.

공전과 사전의 밀접한 관계는 『시경』에서 누차 확인된다. 예를 들어 『시경』소아(小雅) 대전(大田) 편에는 "먹구름이 일어 세찬 비가 내리니 비야 우리 공전을 먼저 적신 후에 나의 사전도 적셔다오(有渰萋萋, 興雨祁祁. 雨我公田, 遂及我私)"[8]라는 기록이 있는데, 농민의 입장에서 보면 공전과 사전은 모두 그들의 경작지였다. 물론 실제 농민들은 자신의 토지를 더욱 소중하게 여겼다. 『시경』대아(大雅) 한혁(韓奕)편은 선왕(宣王)이 제후에게 북국(北國)을 분봉하였을 때를 이렇게 묘사했다. "성벽과 해자를 견실하게 하고 토지와 전적을 충실하게 하라(實墉實壑, 實畝實籍)." 여기서 "실무(實畝)"는 농민에게 지급된 사전을 말하고 "실적(實籍)"은 각급 귀족들이 보유하고 있던 공전을 말한다.[9] 조법제의 제약 아래에서 출현한 사전은 이 시기 광대한 농민이 독립적인 개별 경제단위를 유지할 수 있도록 한 기본적인 조건이었다.

농민의 독립적이고 자급자족적 경영은 먼저 생산부문에 반영되었다. 예컨대 『시경』소아 대전에는 이런 시가 있다. "넓은 밭에 여러 가지 심어, 씨앗 뿌리고 농기구를 갖추었다. 일할 준비 다 해놓고 잘 벼린 보습으로, 남쪽 밭을 갈고, 온갖 곡식을 파종하네(大田多稼, 旣種旣戒, 旣備乃事, 以我覃耜, 俶載南畝, 播厥百穀)." 『시경』빈풍 7월편에는 "정월에는 쟁기를 준비하고 이월에는 밭을 간다(三之日于耜, 四之日擧趾)"라는 구절이 있고, 『시경』주송(周頌) 양사(良耜)에는 "날카롭게 생긴 보습으로, 남쪽의 밭을 갈아(畟畟良耜, 俶載南畝)"라는 구절이 있으며, 『시경』주송 재삼(載芟)에도 "보습을 벼려서, 남쪽 밭을 갈아(有略其耜, 俶載南畝)"라는 구절이 있다. 이상 여러 편의 시들은 농번기에 농민들이 농기구를 준비하고 그것을 가지고 밭으로 가서 노동에 종사하였음을 보여준다. 『시경』빈풍 7월에는 경작지에서 당시 농민들이 쟁기질, 김매기, 수확을 진행할 때를, "나의 아내와 아이들이 함께, 밥 지어 남쪽 밭으로 오니(同我婦子, 饁彼南畝)"라고 기술해 경작농민의 아내가 경작지로 밥을 지어 오는 것을 알 수 있다.

농가에서는 방직도 이루어졌다. "좁은 길을 따라 가, 부드러운 뽕잎을 따네(遵彼微行, 爰求柔桑)", "8월에 길쌈하여, 검고 누르게 물들이네(八月載績, 載玄載黃)"라는 『시경』빈풍 7월의 구절을 통해 뽕잎을 따서 누에를 쳐 옷감을 만들었음을 알 수 있다. 또 농가에서는 마(麻)도 심어 포를 짰다. 마의 재배는 "삼베를 심으려면 어떻게 해야 하나, 그 밭을 종횡으로 갈아엎어야 하네(藝麻如之何? 衡從其畝)"라는 『시경』 제풍 남산의 구절을 통해서 확인할 수 있다. 『시경』 진풍(秦風) 동문(東門)에는 "마에서 실을 뽑는다[績麻]"는 구절이 있고 조풍(曹風) 부유(蜉蝣)에는 "마로 만든 옷"이라는 구절이 있어, 농민이 마를 재배하였을 뿐 아니라 천을 짜 포를 만들고 다시 그것으로 옷을 해 입었음을 알 수 있다. 특히 주목할 만한 가치가 있는 것은 농민들이 "포를 가지고 비단과 교환하였다[抱布貿絲]"는 구절로, 이는 당시 농민들이 영주에게 공납으로 바친 것과 자신이 필요로 하는 비단이나 삼베를 제외한 나머지를 팔고 이 소득으로 생활에 필요한 여러 가지 필수품을 구매하였음을 확인시켜 준다.

농민의 자급적 경제는 농민의 경제생활에 보다 분명하게 반영되어 있다. 노동지대가 실현되는 조건하에서 농민은 분화되기 시작했다. "민들도 노역하니, 조금은 즐거워졌네(民亦勞止, 汔可小康)", "민들도 노역하니, 조금은 편안해졌네(民亦勞止, 汔可小安)"라는 『시경』 대아(大雅) 민노(民勞)의 구절처럼 경제적 상황이 비교적 좋았던 소수의 농민들도 있었는데, 그들은 고달픈 노동을 하지만 다소간 그 처지가 호전되었다. 이에 반해 경제적 처지가 열악해 의식주에 어려움을 겪는 농민들이 절대 다수를 차지했다. "동방의 크고 작은 나라는 베틀마저 텅텅 비었네(小東大東, 杼柚其空)"라는 『시경』 대아 대동(大東)의 구절은 동방의 각 제후국 농민들이 생산한 포필(布匹)이 영주들에게 모두 빼앗겨 아무것도 남지 않았음을 보여준다. 농민들은 "칡넝쿨로 촘촘히 짠 신을 신고, 차가운 서리를 밟고 다녀야 하네(糾糾葛履 可以履霜)"라고 할 정도의 처지, 즉 칡넝쿨 짠 신을 신고 차가운 서리 위를 지나다녀야 하는 처지에 있었다. "동짓달에는 차가운 바람이 불고, 섣달에는 매섭게 추워진다네, 베로 짠 옷도, 가죽 옷도 없으니 어떻게 한해를 보낼까(一之日觱發, 二之日栗烈, 無衣無褐, 何以卒歲)?"라는 『시경』 빈풍 7월의 구절 역시 당시 농민들이 겨울옷을 가지고 있지 못해 겨울을 힘겹게 보내야 했음을 보여준다. 농민들에게는 먹거리도 부족했다. "사람들은 먹을 수 있었으나 배불리 먹는 사람은 드무네(人可以食, 鮮可以飽)"라는 『시경』 소아(小雅) 초지화(苕之華)의 구절처럼 농민들은 한해를 보내기 어려웠고 배불리 먹을 수 없었다. 때문에 "마음 속의 근심이여, 아프구나(心之憂矣, 維其傷矣)"라고 하였다. 농민의 거주상황에 대해, 『시경』 소아 홍안(鴻雁)에는 "담을 쌓으니, 백가지 담이 지워졌네, 비록 힘들여 노역하여도, 편안한 집은 없구나(之子于垣, 百堵皆作, 雖則劬勞 其究安宅)"라는 구절이 있다. 앞의 두 구절은 영주가 좋은 집을 지은 것을 말하고 뒤의 두 구절은 농민들이 영주를 위해 힘들어 집을 짓고 있으나 자기가 거주할 집은 없음을 말한다.

이 시기 의식주 생활에서 농민 분화가 발생한 이유는 노동지대 외에도 무겁고 빈번했던 요역 때문이었다. 『시경』 소아 요아(蓼莪)의 "민들은 모두 잘 사는데, 오직 나만 부모님을 모시지 못하네(民莫不穀, 我獨不卒)"라는 시구처럼 빈번한 요역은 농민 경제를 어지럽혔다. 시는 농토가 황폐해졌기 때문에 양식이 감소하여 부모님을 봉양할 수 없게 되어, "슬프구나 부모님께서는 나를 낳으시고 고난하셨는데(哀哀父母, 生我劬勞)"라며 답답한 가슴을 토로하고 있다. 또 "나라일이 끝이 없어, 기장과 피를 심지 못하니, 부모님은 누구를 믿을까(王事靡盬, 不能藝稷黍, 父母何怙)"라는 『시경』 당풍(唐風) 보우(鴇羽)의 시구처럼 각 제후국들의 요역은 끝이 없어 농민이 생산노동에 종사하지 못할 지경에 이르러 그 부모조차 봉양할 수 없도록 했다. 『시경』 소아 홍안의 "남편이 전쟁에 나서니, 농사일이 고단하구나(之子于征, 劬勞于野)"는 구절에서 남자가 전쟁터로 나간 뒤 그 처자가 밭에서 고단하게 노동하는 모습을 확인할 수 있다. 이런 이유로 "이처럼 사람들을 불쌍히 여기고, 이 홀아비와 과부를 슬퍼하네(爰及矜人, 哀此鰥寡)"라며 탄식했던 것이다. 이상의 사례에서 확인한 것처럼 갖가지 형태의 수탈은 농가경제를 궁핍하게 해 농민의 자급자족에 지장을 주었다.

대다수 농민에 대한 봉건귀족의 가혹한 봉건적 착취는 봉건귀족에게 호화롭고 사치스러운 생활 가져다주었던 반면, 농민들의 불만과 원망을 초래하게 되었다. 이러한 원망은 『시경』에 잘 남아 있다. 예를 들어 『시경』 위풍(魏風) 벌단(伐檀)에서는 영주에게 "씨뿌리지도 수확하지도 않으면서 어찌하여 300전(廛)1)에서 벼를 거둬들이는가? 사냥하도지 않으면서 어찌 뜰에 있는 담비를 보려하느냐? 군자여 일하지 않으면 먹지 말아야 하네(不稼不穡, 胡取禾三百廛兮? 不狩不獵, 胡瞻爾庭有縣貆兮? 彼君子兮, 不素餐兮)"라고 하였다. 또 『시경』 위풍(魏風) 석서(碩鼠)는 "큰 쥐야, 큰 쥐야 우리 기장을 먹지마라, 석삼년 너를 섬겨왔지만, 나를 돌봐줄 생각은 애당초 없어라, 이제는 너를 떠나려네, 저 낙토로 떠나려네, 낙토여 낙토여, 나의 거처여(碩鼠碩鼠, 無食我黍. 三歲貫女, 莫我肯顧. 逝將去女, 適彼樂土. 樂土樂土, 爰得我所)"라며 곡식을 탐하는 귀족을 늙은 쥐에 비유하였다. 이 시기의 농민들은

---

1) 역주 - 전은 토지의 단위로 1전은 100무이다.

귀족의 세습 신민으로 이주의 자유는 없고 오직 도주의 자유만 있었다. 이는 서주 말년 유왕(幽王) 때 사정을 보여주는『시경』대아 소민(小旻)에서 확인할 수 있다. "하늘이 위엄을 보이네, 하늘이 진노해 재앙을 내리네, 기근으로 우리를 애태우시네, 민들이 끝내 모두 흩어지니, 토지는 마침내 황폐해졌네(天篤降喪, 瘨我饑饉, 民卒流亡, 我居圉卒荒)." 기근으로 민들이 유망하고 토지가 황폐해졌다는 사실은 다른 한편으로 농민의 자립적 기반이 붕괴되었음을 의미한다.

이상에서 서주시기 농민의 자급자족적 경제체제는 농민의 생산과 농민의 생활에 반영되어 있음을 확인하였다. 당시 보편화 되었던 농민의 자급자족적 경제는 야(野)에서 시행된 조법제와 긴밀한 연관 하에서 성립하였다. 이러한 특징에 따르면, 노예제보다는 봉건제와 유사한 것으로 이해하는 편이 설득력이 있어 보인다.

2. 조법의 봉건성 – 노동지대의 반영

조법은 공전을 조경(助耕)하는 것이고, 공전은 농민이 무상노역을 제공하는 주된 장소였다. 봉건귀족들은 공전을 제정하였고 공전은 농민의 잉여노동을 수탈하는 수단이 되었다. 통치자들은 농민이 생계를 이어갈 수 있도록 농민에게 일정량의 사전을 지급하고 이를 통해 공전 경작자를 확보하였다. 따라서 조법과 공·사전은 긴밀한 연관성을 가진다. 서주 노예제론 혹은 봉건제론자들은 모두 다양한 나름의 견해를 제시하였지만, 조법에 대한 사료에 대해서는 의견의 일치를 보이고 있다.

'공전'의 성격은 옛 전적에서 여러 차례 드러난다. 먼저『시경』을 살펴보면, 앞서 인용한 "우리 공전을 먼저 적신 후에 나의 사전도 적셔다오(有渰萋萋, 興雨祁祁. 雨我公田, 遂及我私)"의 시구와 "성벽과 해자를 견실하게 하고 토지와 전적을 충실하게 하라(實墉實壑, 實畝實籍)"는 시구가 그 예이다. 여기서 공전(公田)과 실적(實籍)은 모두 각급 귀족이 보유하고 있던 공전을 가리킨다. 또『시경』소아 신남산(信南山)에는 "저습지를 개간하니, 일찍이 자손들이 농토로 삼고, 둑을 쌓고 도랑을 파, 동남 편의 땅이 그것이네(畇畇原隰, 曾孫田之, 我疆我理, 南東其畝)"라고 하였는데, 여기 말한 "일찍이 자손들이 농사를 짓는다"는 구절은 개간된 광대한 토지는 주왕조의 자손들의 차지가 되었음을 가리킨다. 그것은 사실 귀족들의 공전이었다. 이러한 공전은 사전을 지급받은 농민들에 의해 경작되었고, 농민들은 그곳에서 일종의 노동지대를 부담했다. 이것이 옛 전적에서 말하는 조법(助法)이다.

이후 동주시기에도 적지 않은 조법관련 기사가 확인되어 서주의 공전 조법제를 연구하는 데 참고가 된다. 춘추중기 『국어』 노어(魯語)에는 다음과 같은 기술이 있다. "계강자가 전부(田賦)를 거두려고 염유(冉有)에게 공자를 방문하여 묻게 하였다. 공자가 응대하지 않고 비공식적으로 염유에게 '찾아보라! 그대는 선왕이 노동력을 징발하여 경작하던 선왕의 토지제도를 들어보지 못했는가?'라고 했다.… 중략 …공자가 대접하며 말하기를, 너희 계씨의 후손들이 그 법을 시행하려 하는데 그것은 주공(周公)이 행한 적(籍)이라는 제도이다.(季康子欲以田賦, 使冉有訪諸仲尼. 仲尼不對, 私於冉有曰, '求來, 女不聞乎, 先王制土, 籍田以力'… 孔子接着說, 若子季孫欲以其法也, 則有周公之籍矣)." 여기서 공자가 말한 '적'은 곧 조법(助法)이다. 예컨대 맹자는 "조라는 것은 곧 적이다(助者籍也)"라고 하여 백성의 노동력을 징수하여 공전을 경작하는 것으로 이해했다. 『관자(管子)』 승마편(乘馬篇)의 "정월 농사를 처음 시작할 때에는 공전부터 시작한다(正月, 令農始作, 服于公田)"라는 기록은 모두 서주의 토지제도에 대해 기술한 것이다. 당시 사람들이 해당 시기의 일을 기록한 것 가운데 가장 중요한 문헌은 역시 『시경』이다.

조법제에 대해서는 맹자의 기록이 가장 상세하다. 앞서 서술한 것처럼 그는 『시경』에 근거하여 조법을 공전에서 시행된 것으로 간주하여 "오직 조만이 공전에서 시행된다(惟助爲有公田)"고 하였다. 보다 세밀한 논증을 위해, 맹자가 정전(井田)에 대해 언급한 내용을 인용해 보자. 맹자는 "사방 1리를 정(井)으로 삼으며 정은 900무(畝)로 한다. 그 가운데를 공전으로 삼고 여덟 집이 각각 백무씩을 받아서 사전으로 경작하고 공전은 공동 경작한다(方里而井, 井九百畝, 其中爲公田, 八家皆四百畝, 同養公田)"[10]라고 하였는데 맹자가 말한 "정전(井田)"은 아마 당시 소문을 바탕으로 서술한 것으로 보인다.[11] 여덟 집이 함께 정을 경작하는 것은 아마 맹자의 억측에 기인한 것으로 보인다. 이러한 경직되고 잘 구획된 정전제는 시행되기 쉽지 않다. 때문에 이전부터 적지 않은 연구자들이 그것의 시행에 회의적인 태도를 보였던 것이다.[12] 그러나 정전제 하의 공·사전의 분리는 존재하였던 것으로 가운데는 공전, 주변은 사전이 되었다. 사전의 호수는 반드시 8가일 필요는 없어 때로는 많기도 했고 때로는 적기도 했다. 사전과 공전이 차지하는 무의 면적도, 사전이 공전의 8배는 아니었고 공전의 면적이 차지하는 비중이 비교적 컸을 것이다. 요컨대 주나라 전기에는 일찍이 정전제와 같은 토지제도가 출현하였다는 것은 의심할 여지가 없다.

맹자는 당시 토지겸병에 문제를 제기하며 등문공(藤文公)에게 다음과 같이 정전제를 언급하였다. "무릇 인의로운 정치는 반드시 경계로부터 시작한다. 경계가 바르지 않으면 정전(井田)이 균등하지 못하고 곡록이 공평하지 않았다. 이런 까닭으로 폭군과 탐관오리는 반드시 경계를 태만히 한다. 경계가 올바르면 토지를 나누어주고 곡록을 제정하는 것은 앉아서도 정할 수 있다(夫仁政必自經界始. 境界不正, 井田不均, 穀祿不平, 是故暴君汚吏必漫其境界. 境界旣正, 分田制祿, 可坐而定也)." 맹자는 당시 과중한 조세에 대해 "군자는 한 가지만 쓰고 두 가지는 늦춘다(君子用其一, 緩其二)"[13]라는 의견을 피력하였다. 만약 조세가 무거워져 사회가 문란해지면, 마침내는 "두 가지를 써서 민들이 굶어죽고 세 가지를 써서 부자 사이의 관계가 멀어지게(用其二而民有殍, 用其三而父子離)"[14]되는 지경에 이른다는 것이 맹자의 주장이다. 이러한 사례는 정전제를 회복하려는 맹자의 의도를 확인시켜 준다. 그는 정전제의 실시를 통해 농민경작지 문제를 해결하려 했다. "야(野)에는 1/9로서 조(助)하고, 국중에서는 1/10로써 스스로 거두도록 하소서(請野九一而助 國中 什一使自賦)"라고 한 것은 이런 이유에서였다. 맹자가 획일적인 정전제의 시행을 말한 것은 억측에 가까운 것이라고 하더라도 정전의 토지구획은 존재하였던 것이다.

"야(野)에는 1/9로서 조(助)하고, 국중에서는 1/10로써 스스로 거두도록 하소서"라는 구절은, 서주시기 야와 국에서 서로 다른 두 종류의 조세제도 즉 두 종류의 서로 다른 수탈방식이 시행되었음을 보여준다.[15] 다만 이 가운데 보다 주요한 부문은 야에서 시행된 조법이었다. 서주의 제도를 살펴보면 농번기에 원교(遠郊)에 거주하는 농민들은 징발되어 공전을 경작했고 이후 자기의 사전에 농사를 지을 수 있었다. 때문에 "함께 공전을 경작하고, 공전의 경작(公事)이 마친 연후에 사전을 경작할 수 있다(同養公田, 公事畢然後敢治私事)"는 말이 나온 것이다. 맹자의 이러한 생각은 서주에 대한 소문에 연원을 둔 것이나 어느 정도는 믿을 만 것이다. 요컨대, 서주시기 공전과 사전이 공존하는 조법제의 존재는 확실한 것이다.

농민이 공전을 경작하던 모습은 『시경』의 여러 곳에서도 확인된다. 먼저, 공전 경영의 규모는 비교적 컸다. 『시경』 주송(周頌) 재삼(載芟)에서는 "수많은 사람들이 밭 갈고 김매네, 진뻘과 두둑을 걸어가네(千耦其耘, 徂隰徂畛)"라는 구절로, 『시경』 주송 희희(噫嘻)에서는 "네 온 힘을 다해 일하니, 삼십리를 이미 끝냈네, 또 밭갈이에 열중하니 수많은 이가 짝 지워 일하네(駿發爾私, 終三十里, 亦服爾耕,

十千維耦)16)"라는 구절로, 농민이 경작하는 모습을 각각 묘사했다. 이러한 시들은 농민이 경작하던 토지의 면적이 광대하고 생산노동자의 수가 매우 많았음을 보여준다. '재삼'에서는 "풍성한 곡식을 거두니, 커다란 노적가리가 한없이 많네(載穫濟濟, 有實其積, 萬億及秭)"라며 수확하던 모습을 묘사하고 있다. 또『시경』소아 보전(甫田)에는 다음과 같은 시가 있다. "자손들의 수확물, 지붕처럼 쌓이고 다리처럼 쌓였네, 자손들의 노적가리, 언덕처럼 쌓이고 산처럼 쌓였도다. 천 개의 창고가 필요하고 만 개나 되는 짐수레가 필요하네, 기장·피·벼·수수 농민의 경사로다.(曾孫之稼, 如茨如梁, 曾孫之庾, 如坻如京, 乃求千斯倉, 乃求萬斯箱, 黍稷稻粱, 農夫之慶)" 시에 의하면 그 경작의 규모는 컸으며 수확도 많아 수많은 창고가 가득 찼다. 공전에서 농민들이 수행한 노동과 전주(田主)가 노동을 감독하던 상황도『시경』의 여러 곳에 나타나 있다.『시경』주송(周頌) 재삼(載芟)의 "풀 뽑고 나무를 베며, 밭을 갈아 엎네載芟載柞, 其耕澤澤)", "수많은 사람들이 밭 갈고 김매네, 진펄과 두둑을 걸어가네(千耦其耘, 徂隰徂畛)"라는 기록은 공전에서 농민들이 수행하던 노동의 모습을 보여준다.『시경』주송 신공(臣工)에는 "나의 중인(衆人)들에게 명을 내려, 가래와 호미를 준비하도록 하여, 가을걷이 하는 일을 살필 것이다(命我衆人, 庤乃錢鎛, 奄觀銍艾)"라는 시가 있는데, 이 시는 전주가 자신이 지배하는 중인들로 하여금 농구를 준비해 농토로 가서 노동짓도록 지시하고 있음을 보여준다.『시경』소아 대전(大田)의 "자손들이 와서 머물러(曾孫來止)"라는 구절에서 확인할 수 있듯이 밭갈이와 씨뿌리기 그리고 수확에서 전주는 농민의 노동을 감시, 감독하였다.『시경』주송 재삼에 나온 "주인어른과 그 맏아들, 둘째아들과 나머지 아들(侯主侯伯, 侯亞侯旅)" 등은 경작지에서 농민들을 감독하던 이들이었다. "아낙네들이, 저 밭으로 점심을 내 가니, 농사를 감독하는 일은 참으로 좋구나(以其婦子, 饁彼南畝, 田畯至喜)"라는『시경』소아 대전의 기록에서 확인되듯이, 농민들을 감독하던 이들 중 일부는 농민과 함께 식사를 했다. 더욱이 그들 중 일부는 "들에 내온 점심을 맛있게 먹으며, 그 부인의 아름다움을 생각하네(有饁其饁, 思媚其婦)"라는『시경』주송 재삼의 시구처럼, 농가에서 가져온 음식을 먹을 뿐 아니라 농민의 부인들도 희롱하였다. 마지막으로, 곡식이 잘 성장하여 풍성한 수확을 거두면, 그 전주와 농민들이 함께 기뻐하는 모습도『시경』에서 확인된다. "온 밭에 벼가 넘실거리니, 농사가 잘 되어 수확도 많구나, 자손들은 성내지 않고 농부들도 민첩하네(禾易長畝, 終善且有, 曾孫不怒, 農夫克敏)"라거나 "내 밭 농사가 풍년이니, 농부들의 경사로다, 거문고 타고 북을 치며, 신농씨를 맞아들이네(我田旣臧, 農夫之慶, 琴瑟擊鼓, 以御田祖)"라는『시경』소아 보전의 구절은 풍년을 즐거워하는 전주와 농민을 모습을 잘 보여준다.

공전에서의 수입으로 각급 귀족들은 앉아서 그 수확물을 향유했는데, "가지런한 밭두둑, 넘실대는 기장과 조, 자손의 곡식, 술과 음식이 되네(疆場翼翼, 黍稷或或. 曾孫之稿, 以爲酒食)"라는『시경』소아 신남산(信南山)의 구절은 그들이 노동하지 않으면서 사치스러운 생활을 하였음을 보여준다.『시경』주송 재삼에서도 "한없이 많네, 술과 단술을 담구어(萬億及秭, 爲酒爲醴)"라고 할 정도로, 귀족들이 획득한 양식은 많았다. 이러한 사실은 "나의 창고는 이미 가득차고, 나의 노적가리도 헤아릴 수 없네, 술과 음식으로 제물 바쳐 제사를 지내니, 시동을 모셔 음식을 권하며, 큰 복 내리길 기원하네(我倉旣盈, 我庾維億, 以爲酒食, 以饗以祀, 以妥以侑, 以介景福)"라고 한『시경』소아 초자(楚茨)에서도 확인된다. 요컨대, 각 귀족들은 농민의 잉여노동을 수탈하여 마음대로 즐겼다. 또 "저 크고 넓은 밭, 해마다 만여석이 수확되니, 나의 묵은 곡식 가져다가, 나의 농부들에게 먹여야지(倬彼甫田, 歲取十千, 我取其陳, 食我農人)"라는『시경』소아 보전(甫田)의 구절에서 알 수 있듯이 어떤 봉건영주는 식량이 부족한 농민들에게 식량을 나누어 주어 그들이 생산노동에 종사할 수 있도록 했다.

한편 농민은 공전을 경작하는 것 이외에 전주에게 각종 공납도 바쳐야 했다. "비(貔)의 가죽, 붉은 표범, 큰 황색 곰을 바치네(獻其貔皮, 赤豹黃羆)"라는『시경』대아 한혁(韓奕)의 구절과 "팔월에는 길쌈을 하는데, 검은 천 누런 천 짜고, 제일 고운 붉은 천으론, 공자(公子)님의 바지 지어 드리네. … 중략 … 여우와 살쾡이 잡아, 공자님 갖옷 지어 드리네(八月載績. 載玄載黃, 我朱孔陽, 爲公子裳. … 중략 … 一之日于貉, 取彼狐貍, 爲公子裘.)"라는『시경』빈풍(豳風) 7월(七月)의 구절은 농민이 영주에게 공납을 바치던 사정을 전해준다. 이 밖에도 농민들은 영주의 집을 지어주어야 했다. "우리 곡식 다 모았으니, 고을로 돌아가 궁실을 손질하세(我稼旣同, 上入執宮功.)"라는『시경』빈풍 7월의 구절에서 농민들이 사전의 경작을 서둘러 끝낸 뒤 영주의 집을 지어야 했음을 보여준다. 이러한 사정은 "땅을 재고 푯말을 세우니, 서민들이 달려와 열심히 일하네, 얼마 되지 않아 완성되었네(經之營之, 庶民攻之, 不日成之)"라는『시경』대아 영대(靈臺)의 구절과 "담으로 가니, 수많은 담이 만들어 지네(之子于垣, 百堵皆作)"라는『시경』소아 홍안(鴻雁)의 구절에서 확인 할 수 있다.

또 전쟁이 일어나면 농민들은 병사로 복무해야 했다. 병사로 전쟁을 수행하던 이들의 대다수는 일반적으로 국인(國人)들이었고, 조법에 의해 수탈받고 있던 농민들은 때로 강제적으로 전쟁에 참여하였다. 『시경』 소아 하초불황(何草不黃)에는 전쟁에 참여해야 하는 농민들의 모습을 보여주고 있는데, "어떤 이는 전쟁에 참여하지 않고, 사방으로 도주하네(何人不將? 經營四方)"라는 구절은 당시 전쟁에 참여하지 않은 사람들이 사방으로 도주하는 모습을, "불쌍하네 이 정부(征夫)만, 홀로 민의 구실 못하네(哀我征夫, 獨爲匪民)"이라는 구절은 전쟁에 나간 농부를 가련하게 여기면서도 그를 민으로 대우하지 않는 모습을, "불쌍하네 이 정부(征夫)는 아침 저녁으로 쉴 틈이 없네(哀我征夫, 朝夕不暇)"라는 구절은 하루종일 바쁘게 뛰어다녀 쉬지 못하는 모습을 보여주고 있다. 『시경』에서 이런 사정을 보여주는 구절이 매우 많으나 여기서 일일이 열거하지는 않겠다.

이상에서 서주시기 노동지대와 각종 공납의 수취양상을 살펴보았다. 이러한 수탈 형식은 조법(助法)과 매우 긴밀한 관계를 가지고 함께 작동하는 것이다. 소농경영의 조건아래에서 이러한 수탈형식은 봉건제에 조응한 것으로, 노예제론에 입각해 그런 사정을 설명하는 것보다 노동지대론에 입각해 그것을 설명하는 편이 설득력이 있어 보인다.

3. 생산노동자의 사회적 지위에 나타난 봉건성

서주시기의 사회성격을 논증하는데, 생산자인 농민의 신분은 매우 중요한 문제이다. 『시경』을 살펴보면, 이 시기에는 서민(庶民)과 서인(庶人) 유형의 농민들이 있었다. 앞에서 서술한 것처럼 이들 농민들은 노예가 아니었다. 서민과 서인 유형의 농민 가운데에는 자유민과 예속민이 있었지만, 그들이 어떤 처지에 속했는지는 당시 해당 농민이 경제적 관계에서 차지한 지위에 따라 결정되었으므로 단순한 명칭에 따라 간단하게 논증해서는 안 된다.

팔자들은 서주시기 노예가 광범위하게 존재하였다는 점을 인정하지 않는다. 예를 들어 앞서 서술한 격(鬲)과 신(臣) 등은 모두 노예가 아니었고, 그 중의 일부만이 노예였다. 이 시기 각 제후국의 노예 중 어떤 이들은 세습된 노예이고 어떤 이들은 노예로 전락한 이들인데, 노예로 전락한 이들의 대다수는, "회수 가에 포진하여 추악한 포로들을 잡아(鋪敦淮漬, 仍執醜虜)"라는 『시경』 대아 상무(常武)의 구절처럼, 전쟁으로 인해 발생되었다. 이 시에서 '추노(醜虜)'는 회수가에서 사로잡힌 전쟁포로를 말하며, 이런 전쟁포로들은 노예가 될 운명이었다. 이후 춘추시기, 특정 국가에서 전쟁포로의 처리도 이와 같았다. 이는 『춘추좌전』 희공(僖公) 22년 초나라가 송나라를 정벌할 때 "포로를 사로잡고 적의 머리를 벤다(俘馘)"는 말이 있었고, 28년 진(晉)나라에서는 "초나라 포로를 바친다(獻楚俘)"는 기록이 있었다. 또 선공(宣公) 2년에는 정(鄭)나라가 송(宋)나라를 정벌할 때 "252명을 포로로 잡고 100명의 머리를 베었다(俘二百五十人, 馘百人)"라는 말이 있었다. 이제까지 말한 '포로[俘]'는 대개 노예로 전락된 것으로 추측되었다. 전형적인 사례는 선공 12년 초나라가 정나라를 정벌하고 승리한 후 정백(鄭伯)이 웃통을 벗고[肉袒] 양(羊)을 끌고 와서 죄를 청하며 다음과 같이 말했다. "저희들을 사로잡아 귀국의 강남으로 데리고 가서 바닷가에 살게 하는 것 또한 명령만 하십시오. 저희 땅을 분할하여 제후들에게 주고 그들을 신첩(臣妾)으로서 섬기게 하는 것도 명령만 하십시오(其俘諸江南, 以實海濱, 亦唯命. 其翦以賜諸侯, 使臣妾之, 亦唯命)." 여기서 '신첩'은 노예로 해석된다. 이러한 사례는 모두 서주시기 전쟁포로를 노예로 만들었던 관습의 연장이었다. 『주례』 추관(秋官) 사구(司寇)에는 "만예(蠻隸)", "민예(閩隸)", "이예(夷隸)", "맥예(貉隸)"와 같은 용어가 나오는데 모두 전쟁포로였다가 노예가 된 이들을 가리킨다. 이러한 전쟁포로들은 수백을 넘었다고 나오지만, 그들이 어떤 노동에 종사하였는지에 대해서는 자세하게 기록되어 있지 않다. 한편 범죄로 인해 노예로 전락한 이들도 있는데, 『주례』 추관 사구의 "죄예(罪隸)"조에 기록되어 있다. 이들은 주로 절도죄로 인해 재판받아 노예가 된 이들로 농업생산에 종사했으나 그 기록은 많지 않다.

이 시기 생산노동자에 대하여 『시경』에서는 신분이 낮은 "백료(百僚)"와 "신복(臣僕)"이라 불린 이들이 기록되어 있다. 예를 들어 『시경』 소아 대동(大東)에는 "사인의 아들들, 백료와 견주네(私人之子, 百僚是試)"라는 구절이 있는데, 여기서 백료는 각종 예속농민을 가리킨다. 또 『시경』 소아 정월에는 "죄없는 민들, 모두 잡혀 신복(臣僕)이 되었구나(民之無辜, 幷其臣僕)"라는 구절이 있는데, 여기서 신복은 노예와 예속농민을 가리키는 말이다.

이제부터는 '서민(庶民)'과 '서인(庶人)'이라 불린 민호(民戶)에 대해서 살펴보자. 이들은 주로 농민들로 옛 역사서에 이미 기재된 바 있다. 『국어(國語)』 주어상(周語上)을 살펴보면, "무릇 민으로 7척 이상이 되는 자는 세 가지 직무를 담당했다. 농사를 짓는 농민, 그릇을 만드는 공인, 장사를 하는 상인(凡民七尺以上屬諸三官, 農攻粟, 工功器, 賈功貨)"라는 기록에 이어 "서인, 공인, 상인이 각각 자신의 업을 지켜 그 생산물을 바친다(庶人, 工, 商, 各守其業, 從工其上)"라고 했는데,

여기서 서인이 곧 농민이다. 이후『춘추좌전』소공(昭公) 2년에는 "적을 이긴 자 가운데 상대부는 현을 받고, 하대부는 군을 받는데, 토전이 10만이다. 서인, 공인, 상인은 관직에 나아갈 수 있으며, 신예(臣隷)들은 노예에서 해방될 것이다(克敵者, 上大夫受縣, 下大夫受郡, 士田十萬. 庶人工商遂, 人臣隷圉免, 庶人工商遂, 人臣隷圉免)"라고 하였는데, 여기서도 서인은 농민을 가리킨다. 이는 비록 춘추시대의 기록이지만 서주시대 서인과 서민의 처지를 이해하는데 참고가 될 수 있을 것이다.

농민으로서 '서민'과 '서인'에 대한 기록은『시경』에 적잖게 기록되어 있다. 『시경』소아 절남산(節南山)에는 봉건 귀족이 응당해야할 일을 전심전력을 다해 하지 않으면 농민대중의 신임을 잃게 된다는 "정사를 몸소 돌보지 않으니, 서민들도 믿지 못하네(弗躬弗親, 庶民弗信)"라는 구절이 있다.『시경』소아 소완(小宛)에는 농민들이 들판으로 가서 콩의 싹을 채취한다는 "들에 콩이 있으니, 서민들이 채집하네(中原有菽, 庶民采之)"라는 구절이 있고,『시경』대아 억(抑)에는 "친구를 아끼고, 서민의 젊은이를 사랑하면, 자손들이 이어지고, 만민이 받들지 않을 수 없네(惠于朋友, 庶民小子, 子孫繩繩, 萬民靡不承)"라는 구절이 있는데, 앞의 두 구절은 성왕이 군신과 서민들의 자제를 매우 아낀다는 의미이고, 뒤 두 구절은 영주의 자손들이 제멋대로 행동하지 않는다면 민들은 순종하지 않을 수 없다는 뜻이다.『시경』대아 영대(靈臺)에는 "영대를 짓기 시작하여 땅을 측량하고 건물을 세우니 서민들이 그것을 담당하였네 … 중략 … 서민들의 자제가 와서(經始靈臺 經之營之 庶民攻之 … 중략 … 庶民子來)"라는 구절이 있다. 이 구절은 늙은 민들이 쉴 새 없이 봉건 영주의 집을 짓는 노역에 참여하고 있음을 보여준다. 서민들은 때에 따라 서인으로 지칭되기도 했다. 예를 들어『시경』대아 권아(卷阿)의 "여러 왕들과 많은 사람들이 모여, 임금이 명하시어, 서인을 사랑하게 하시네(藹藹王多吉人, 維君子命, 媚于庶人)"라는 구절은 성왕(成王) 때 귀족들이 자신의 부하들로 하여금 자신의 윗사람의 뜻에 복종하도록 하고 민들을 아끼고 사랑하도록 한 것을 보여준다.『시경』대아 억(抑)의 "민들의 어리석음, 또한 그들이 가진 병폐이지만(庶人之愚, 亦職維疾)"라는 구절은 서인의 어리석음이 그들의 고유한 본성임을 뜻한다. 서민과 서인은 때로 민(民)으로 불려 지기도 했다.『시경』소아 절남산의 "혁혁한 태사 윤공, 민들이 모두 보았네(赫赫師尹, 民具爾瞻)"라는 구절은 인민들이 병권을 장악하고 있던 관리의 일거수 일투족을 눈으로 바라보고 있으니 반드시 규칙을 준수해야 한다는 것을 일깨워주고 있다.『시경』소아 정월에는 민중들 사이에 퍼진 소문은 매우 위협적이라는 뜻의 "민들의 뜬 소문, 더욱 심해지려 하네(民之訛言, 亦孔之將)" 구절이 있다. 또 『시경』 소아 정월에는 또 인민에게 작록의 수입도 없으면서 오히려 가혹한 수탈을 당한다는 "민들은 살아갈 곡식이 없는데, 하늘의 재앙마저 내리는 구나(民今之無祿, 天夭是椓)" 구절도 있다. 『시경』 소아 천보(天保)에는 민들이 질박하여 편안하고 즐겁게 살아간다는 뜻의 "민들은 질박하고, 일용에 필요한 것만 먹고 마시며 편안하게 사네(民之質矣, 日用飲食)" 구절이 있고 『시경』 대아 가악(假樂)에는 각급 영주들이 공적인 일에 온 힘을 다하면 민들이 편안하고 즐겁게 살아간다는 구절이 있다. "여러 제후와 경사대부들이, … 중략 … 자기 임무에 게을리 하지 않고, 민을 편히 쉬게 하신다(百辟卿士, … 중략 … 不解于位, 民之攸墍)." 이밖에도 『시경』 가운데에는 민(民)이라는 용례는 매우 많아 일일이 열거할 수 없다.

서민과 서인에 대해서는 당시 각종의 다른 호칭도 있었다. 『시경』 주송 희희(噫嘻)에는 강왕(康王)이 각급 관리들에게 농부를 거느리고 경작하도록 하였다는 내용의 "때에 맞춰 농부들을 거느리고, 오곡의 씨를 뿌리네(率時農夫, 播厥五穀)"이라는 구절이 있는데, 여기서 "농부(農夫)"의 사례를 확인할 수 있다. 또 "농인(農人)"이라는 사례도 있었다. 예를 들어 앞서 언급한 보전(甫田)에는 "나는 묵은 곡식을 가져다, 나의 농인들에게 먹인다(我取其陳, 食我農人)"이라는 구절이 있다. "중인(衆人)"이라는 용례도 있는데, 『시경』 주송 신공(臣工)에는 성왕(成王)이 제후의 각 농관(農官)에게 "우리 중인에게 명하시어, 가래와 호미로 일하게 하시니(命我衆人, 庤乃錢鎛)"라고 훈계한 구절이 있다. 또 "여민(黎民)"이라는 사례도 있는데, 『시경』 대아 운한(雲漢)에는 선왕(宣王) 때 "주나라의 남은 여민들도, 이제 남을 자가 없거늘(周餘黎民, 靡有孑遺)"라는 구절이 있다. 또 『시경』 소아 천보에는 "여러 백성들이, 두루 너의 덕을 행하네(群黎百姓, 徧爲爾德)"라는 구절이 있다. 또 때에 따라 "부용(附庸)"이라는 호칭도 있었다. 이는 앞서 서술한 주나라 왕이 노(魯)나라를 분봉하면서 말한 "전토부용(田土附庸)"이라는 단어에서 확인할 수 있다. 여기에서 용(庸)은 "온 천하에 왕의 신(臣)이 아닌 자가 없다(率土之濱 莫非王臣)"라는 구절의 신(臣)과 같은 의미로 특별한 뜻이 없이 농부·농민·중인·여민과 같은 뜻으로, 서민·서인의 다른 호칭이다.

그런데 앞서 살펴본 서민·서인이라는 농민이 모두 완전히 동질적 존재는 아니었다. 그들의 신분적 지위는 그들의 처한 경제적 관계 즉 토지 관계로부터 결정된다. 예를 들어, 이 시기 문헌에서 서민과 서인을 언급할 때, 국인을 그 안에 포함하고 있는데, 그들의 신분적 지위는 앞서 논급한 것처럼 기본적으로 자유로웠다. 여기서 강조해 두려는 것은 분봉을 통해 형성된 서민·서인이라는 호칭을 가진 예속민이다. 이 민호(民戶)들은 상급귀족으로부터 토지와 함께 하급귀족에게 하사되어 형성된 이들로 서민·서인이라는 이름을 가진 민호 가운데 다수를 차지하고 있었으며 서주시대 사회성격을 규정하는 기본적 요소였다. 아래에서는 이들에 대해 살펴보도록 하겠다.

　분봉을 통해 광대한 비·야(鄙野)지역에서 "공전(公田)"과 "사전(私田)"이 출현하였다. 각급 귀족들은 "공전"과 "사전"에 대한 실제적인 소유권을 가지고 있었으며 이 소유권을 통해 농민에 대한 수취를 실현했다. 광대한 농민들은 자신이 경작하고 있던 "사전"에 대하여 이를 "점유권(占有權)"이라 부를 수 있을 정도로 오랫동안 사용하고 있었다. 농민의 독립적인 소농경영의 조건아래에서 토지소유주는 농민에게 노동지대와 각종 공납을 수취했는데, 이는 경제외적 강제를 통해서만 실현될 수 있었으며 때문에 신분적 예속관계가 형성되어 농민은 부분적인 자유를 빼앗겼다.

　이 시기 농민은 매우 다양한 측면에서 신분적 자유를 상실했는데, 무엇보다 토지를 떠나 마음대로 이주할 수 없었다. 앞서 서술한 것처럼, 처음 분봉할 때, 농민들도 함께 수여되었고 법령을 통해 농민을 토지에 긴박시켰다. 사서(史書)에서 말하는 "농민은 항상 농사를 지어야 한다(農之子恒爲農)"거나 "농민은 이주할 수 없다(農不移)"라는 기록은 이러한 정황을 보여준다. 이처럼 농민은 오랫동안 토지에 긴박되었기 때문에 봉건귀족들은 장기적으로 경작노동력을 유지할 수 있었다. 농민의 농노적 신분이 오랫동안 변하지 않았기 때문에 장원경제가 그토록 오랫동안 지속되었던 것이다.

　또 농민은 강제로 노동에 동원되었다. 파종과 수확의 계절이 되어 농민들이 공전에서 생산노동을 수행할 때, 귀족영주들은 그의 하수인들을 거느리고 와서 농민들을 감시했는데, 앞서 언급한 "자손들이 와서 머물러(曾孫來止)"나 "주인어른과 그 맏아들(侯主侯伯)"의 기록은 모두 그러한 정황을 보여주는 것이다. 기타 각종 현물의 공납도 강제적으로 수취되었다. 영주는 또 농민에 대하여 임의적인 처벌권도 가지고 있었다. 예를 들어 앞서 언급한 보전(甫田)의 "벼가 밭에 넘실대니, 농사가 잘되어 수확이 많구나, 자손들이 성낼 일 없네, 농민들이 민첩하게 움직이니(禾易長畝, 終善且有. 曾孫不怒, 農夫克敏)"라는 구절은 농민이 열심히 노동하여 풍성한 수확을 거두어 영주의 분노를 피하였음을 보여준다. 말할 필요도 없이 풍성한 수확을 거두지 못해 영주를 만족시키지 못하면 영주의 징계를 받아야 했다.

이상의 사례에서 보았듯이 비·야(鄙野)지역에서 생산노동을 수행하던 농민들의 사회적 지위가 낮았고 그들이 예속민의 처지에 있었음은 분명하다. 다만 노예와 비교해서 말하자면 그들은 비교적 자유로웠다. 그들이 비록 신분적 자유는 상실했지만 부분적 자유는 가지고 있었다. 이러한 관계는 독립적인 소농경영을 영위하면서 노동지대를 담당하고 있었던 상황에 조응하는 것이다.

이처럼, 서주시기의 서민과 서인이라 불린 농민의 신분 문제에 대해서는 경직되게 이해해서는 안 된다. 그들 중에는 공전을 조경(助耕)하던 농민과 거의 자영농에 가까운 국인이라는 서로 다른 존재가 포함되어 있었다.

여기서 강조한 것은 공전을 조경하던 농민들이다. 이들 농민들은 독립적인 소농경제를 가지고 있었으며 노동지대를 부담해야 했다. 또 토지소유주에 대한 신분적 예속관계에 놓여 있었다. 이 세 가지야 말로 서주의 사회성격 즉 봉건영주제를 가장 잘 보여주는 것이다.

제3절 신분적 정치구조·전형적 종법제와 봉건영주제의 관계

서주시기 정치체제와 종법제에 관한 기록은 매우 많이 남아 있으므로 여기서는 다른 문제는 생략하고 봉건영주제가 정치체제와 종법제의 변화 발전에 끼친 규정적 영향에 대한 문제 간략하게 논술할 것이다.

서주시대 전국은 크게 두 부분으로 나뉘어져 있었는데, 첫째는 주나라 국왕의 소유지인 왕기(王畿) 즉 지금의 샨시성[陝西省] 후현[戶縣] 일대이고, 둘째는 왕기의 밖인 각 제후국으로 황하유역에 분포되어 있었다. 제후국의 수는 자세하지 않아 혹자는 400여국이라 하고 혹자는 800여국이라 한다. 나라의 대다수는 종실의 인척들에게 봉해진 것이고 그 밖에 일부 공신과 은(殷)나라의 후예들에게 봉해졌다.

이렇게 봉해진 나라는 비록 각자의 고유한 특성이 있다하더라도, 형성된 신분적 정치체제와 전형적 종법제라는 측면에서 보자면, 그 변화 발전은 봉건영주 경제에 의해 규정받는다는 점에서 큰 차이가 없다. 이러한 점은 앞서 인용한 『시경』과 각종 고문헌에 기술된 사례를 통해 잘 확인되었다. 이 시기에는 토지와 신민

(臣民)을 중심으로 종법관계에 따라 책봉이 이루어졌는데, 제후는 나라를 세웠고 경대부는 가(家)를 세워 토지에 대한 소유권을 장악하였고 지배하고 있던 신민에 대해서는 통치를 실현했다. 그리고 각각 하나의 독립된 정치체를 이루었다. 이처럼 정치권력, 종법제, 그리고 봉건적 토지소유권은 긴밀하게 하나로 결합되어 있었다.

서주의 정치체제는 적장자 세습제였고 주나라의 왕위는 적장자에게 세습되었다. 장자를 제외한 다른 자식들과 공신들은 토지와 신민(臣民)을 분봉(分封)받아 제후국을 세웠다. 각 제후의 군위(君位)는 적장자에게 세습되었고 나머지 제후의 자식들과 여러 친척들은 채지(采地)를 분봉받아 경대부(卿大夫)가 되었다. 경대부의 직위는 적장자에게 세습되었고 나머지 아들들은 분봉되어 사(士)가 되었다. 사의 직위는 다시 적장자에게 세습되었고 나머지 자식들은 서인(庶人)이 되었다. 이처럼 주나라에는 국왕·제후·대부·사로부터 순차적인 종법적 신분정치체제가 형성되어 있었다.

각 제후국은 소속 토지에 대해 소유권을 장악하고 있었을 뿐 아니라 예속 농민에 대해서도 통치권을 행사하였고 지배하고 있던 지역에 일련의 정치기구를 설치했으며, 아울러 자기의 무력도 갖추었다. 이에 대해 주나라는 직접 간여하지 않았다. 제후국 내의 경대부는 토지의 소유권을 장악하고 독립적인 정치체를 형성했다. 제후에서 경대부에 이르기까지 자기만의 정치조직 예를 들어 종인(宗人)·총재(冢宰)·사마(司馬)·공사(工師)·고정(賈正)등과 같은 직을 두어 종족·교육·재정, 그리고 군사를 각각 담당하게 했다. 독립적인 정치체제를 형성한 그들 각각은 세경(世卿)·세록(世祿)·세업제(世業制)를 행했으며 매 봉건영주는 토지소유권과 연동된 정치권력을 소유하고 있었다. 각급 귀족 영주는 이러한 독립적 정치체였고 봉건적 소유제는 이러한 정치체제의 기초를 형성하고 지속시켰다.

봉건적 소유제에 제약받았던 정치체제에 따라 전국은 매우 많은 신분으로 나뉘어 졌는데, 이를 대략 세 가지의 주요한 신분으로 나눌 수 있다. 첫째는 토지 소유주인 귀족계급이고, 둘째는 서민이 포함된 농노계급이고, 셋째는 노예계급이다. 세 계급의 자손들은 세습되어 변동되지 않았다.

신분적 정치체제와 함께 이 시기에는 엄격한 전형적인 종법제와 봉건적 소유제가 긴밀하게 하나로 결합되어 있었다.[17]

종법제와 종법사상은 다르다. 종법사상은 혈연관계에 원류를 두어 형성된 의식형태이자 하나의 습관으로, 예를 들면 종법관념과 효제논리 등이 그것이다. 종법제는 하나의 제도이다.[18] 서주시기에 종법제는 자신의 정치적 요구에 따라 발생하고 발전하였을 뿐 아니라 정치구조의 주요한 부분을 이루었다. 주나라 왕위는 적장자손 즉 종자(宗子)에 의해 계승되었고 혈연관계에서 천하의 대종(大宗)이라 불렸는데, 그는 전국 귀족의 최고 가장이자 명목상 전국의 토지를 소유한 자였으며, 천자의 신민을 통치하는 자였다. 왕의 다른 자식과 서자들은 분봉 받아 제후가 되었는데 제후들은 국왕과 비교하여 소종(小宗)이라 불렸지만, 자신의 나라에서는 대종이 되었다. 제후의 지위는 적장자손에 의해 계승되었고 정치적으로 그는 일국의 주상이었으며 자신이 지배하고 있는 토지에 대해 실질적인 소유권을 가지고 있었다. 다른 자손들도 자신이 분봉받은 토지에 대해 실질적인 소유권을 가지고 있었다. 경대부에서 사에 이르기까지 대종과 소종의 관계는 이러했다. 이처럼 천자는 주실의 종자(宗子)가 되고, 제후는 일국의 종자가 되며, 경대부는 일가의 종자가 되었다.[19] 요컨대 서주의 전형적인 종법제와 토지와 신분의 분봉은 밀접하게 연결되어 있고 그것은 봉건영주제의 중핵을 이루는 통치기구의 중요한 구성부분이다.

서주의 이러한 종법관계의 분봉제를 준수하여 봉작할 때, 토지와 신민을 지급하는 것과 종자를 세우는 것이 함께 이루어졌다. 단지 봉건귀족들만이 종법체제 안으로 들어올 수 있었고 종법제는 귀족계급에서 행해졌던 것이지 서민들에게서는 행해지지 않았다. 서민들은 상급 귀족의 대종이 하급귀족에게 하사한 신민일 뿐이었다. 이처럼 각급 귀족이 세습한 토지는 종법적 성격을 가진 소유지이고 각급 귀족은 종법적 성격을 가진 봉건 영주였다. 지배하던 농민은 종법제를 오래토록 지속시킬 수 있는 기초가 되었다.

요컨대, 앞에서 살펴본 서주시기의 특수한 정치적 구조와 종법체제는 봉건적 소유제와 밀접하게 연관된 것이며 이 세 가지는 함께 형성된 것이다. 다만 그 가운데 봉건적 소유제가 중심에 위치했다. 봉건영주제가 없으면 이러한 특수한 정치체제와 전형적인 종법제도 그토록 오래 지속될 수 없었다. 이들은 봉건영주제의 보조하는 것으로 설명될 수 있을 것이다.

제1장의 주

1) 何玆全, 『中國古代社會』 1권, 河南人民出版社, 1991.을 참조.

2) 陳振中, 『靑銅生産工具與中國奴隷制社會經濟』, 中國社會科學出版社, 1992.

3) 楊生民, 『漢代社會性質硏究』, 北京師範學院出版社, 1993.

4) 『맹자』 등문공 상.

5) 1950년 3월 21일자 『光明日報』. 이해 7월 5일 郭沫若은 또 『광명일보』에 「新述一下關于殷代殉人的問題」을 기고했다.

6) 「中國古代歷史的分期」, 『紅旗』 1972年 第7期.

7) 周襄王이 다음과 같이 말했다. 옛날 우리 선왕이 천하를 다스렸고 사방 천리를 헤아려 甸服(왕기 주위 500리이내)으로 삼고… 중략 … 그 나머지는 각각 公侯伯子男에게 균분하였다.(『國語』 周語)

8) 齊思和의 분석에 의거하여 "雨我公田 遂及我私"을 해석하면, 공전의 公은 지주의 존칭이다. 사전의 사는 경작자의 사유를 말한다. 지쓰허는 『시경』 빈풍(豳風) 7월의 "작은 새끼돼지는 내가 가지고 큰 돼지는 공(公)에 바친다(言私其豵 獻豜于公)"라는 당시 농민들이 사용한 구절을 인용하면서 농민이 수렵하여 획득한 동물 가운데 작은 것은 자신이 가지고 큰 것은 지주에게 바친다라고 해석하였는데, 이는 참고할 만한 견해이다.

9) 어떤 저자들은 "實籍"을 助法으로 이해하여 공전에서 助耕이 시행되었다고 보았다.

10) 『맹자』 등문공 상.

11) 殷代 출토된 井字는 대개 관개와 관련된 수로를 의미하여 맹자가 말한 서주의 정전제와는 다르다. 서주의 정전제는 조법제도와 같은 것이며 이 시기에 이미 '정'의 의미가 변화하였음을 확인할 수 있다.

12) 예를 들어, 陳伯瀛이 1934년 저술한 『中國田制叢考』와 齊思和가 1948년에 저술한 『孟子井田說辨』에서는 모두 부정적으로 논했다. 두 글에 대해서는 『中國史探微』 보라.

13) 『맹자』 진심 하.

14) 『맹자』 등문공 상.

15) 여기에 대해서는 張廣志가 저술한 「從貢撤助硏究中的幾个問題」에서 이미 서술한 바 있다. 여기에 대해서는 『中國古代經濟史論叢』을 보라.

16) 이 시의 첫번째 구절은 "기쁜 성왕께서(噫嘻成王)"이고 그 아래에 "시기에 맞춰 농부를 거느리고, 백곡을 파종하시네(率時農夫 播厥百穀)"이다. 이것은 성왕이 각급 영주귀족들에게 농민들을 거느리고 파종하게 한 것을 말한다. 그런 다음에 "네 온힘을 다해 일하니, 삼십리를 이미 끝냈네"라는 말로 이어진다. 여기서 "駿發爾私"에서 私는 공전에서 온 힘을 다해 경작하고 있는 농민임이 확실하다. 어떤 이들은 '사'를 私田으로 이해하기도 하나 전후 문맥을 고려하면 이런 해석은 타당하지 않다.

17) 엄격한 종법제는 주나라 초기에 시작되었다. 은나라 사람들도 선왕에게 제사를 지냈지만, 형제가 같은 예에 따르고 적자와 서자의 구별이 없으며 숙부와 백부가 같았다. 형제의 등급도 같아 아버지와 적형을 섬기는 관념은 아직 성립되지 않았고 엄격한 분봉제도 형성되지 않았다. 더욱이 이 시기에는 이후 서주가 가지고 있었던 봉건영주제도 존재하지 않았다. 서주가 발전시킨 孝悌관념은 종법제와 긴밀하게 연결된 것이다.

18) 상대에도 부계씨족제는 존재하였다. 그러나 부계가족제는 확립되지 못했다. 이 시기에는 적자와 서자, 장유(長幼)의 차별이 없었다. 서주시대 씨족제가 가족제로 이행하면서 적서에 따라 자

제를 분봉하여 엄격한 종법제가 형성되었다.

19) 서주 종법종족제에서 주왕의 적장손은 천하의 대종이 되었다. 여러 소종의 종족구성에서 같은 고조를 둔 자손들에게 그 고조의 적장자손이 장자가 되고, 같은 증조를 둔 자손들에게 그 증조 의 적장자손이 장자가 되며, 같은 조부를 둔 자손에게 그 조부의 적장자손이 장자가 되며, 같은 아버지를 둔 형제들에게 큰형이 장자가 된다. 이것은 종법제의 기본체계이다.

제2장 동주(東周)시기 봉건 영주제에서 지주제 경제로의 이행

제1절 과도적 발전과정

중국의 봉건사회시기에서 봉건 영주제에서 지주제 경제로의 이행은 시대의 획을 긋는 역사적 의의를 가진 중요한 문제로, 봉건 경제의 중대한 변혁이다.

본서에서 말하는 지주제 경제는 단순히 봉건적 지주소유제 자체만을 가리키는 것이 아니라, 지주제 경제체제 전체를 말하는 것이다. 즉 봉건지주 소유제를 중핵으로 하여 농민의 소토지소유제와 각종 유형의 공유제와 국유제 등을 포괄하는 전체 경제체제이다. 이러한 경제체제는 각종 유형의 다른 봉건 경제체제와 비교하면 일정한 우월성을 갖는데, 이는 비교적 큰 유연성과 적응성으로 구체화되었고 이에 따라 완강한 생명력을 가지게 되었다.

동주는 두 단계로 구분할 수 있다. 동쪽 낙읍(洛邑)으로 천도한 주나라 평왕(平王) 원년(기원전 770년)에서 위열왕(威烈王) 23년까지의 춘추시대가 그 첫째 시기이고, 진(晋)나라가 한(韓)·조(趙)·위(魏)나라로 분열한 위열왕 23년부터 시황제가 중국을 통일한 진시왕 25년(기원전 222년)까지, 제(齊)·초(楚)·연(燕)·한(韓)·조(趙)·위(魏)·진(秦) 일곱 개의 나라 각축을 벌렸던 182년간의 전국시대가 그 두 번째 시기이다.

서주 봉건 영주제에 관해서는 1장에서 이미 상세하게 논술하였다. 서주 중엽 이후 토지와 신민을 지배하고 있던 조건 위에서 각급 귀족 영주들의 권세는 날로 확대되었다. 이후 오랜 전쟁과 겸병을 거쳐 매우 많은 제후국들은 국토를 확장했고 점차 발전하여 독립적인 왕국을 건설하였다. 서주의 국왕은 점차 토지와 신민에 대한 통제력을 상실하게 되었다.

서주시기 토지는 국(國)과 야(野) 두 부분으로 나누어져 있었다. 국은 왕실 및 제후국의 군주들이 집적 통치하는 근교(近郊)지역을 말하는데 이 지역에 거주하는 민들은 "국인(國人)"이라 불렸다. 야(野)는 서주의 원교(遠郊)지역을 말하는데 이 지역에 거주하는 민들은 "야인(野人)"이라 불렸고 이들 중 대다수는 피정복민들이었다. 국(國)과 야(野)에서는 두 종류의 서로 다른 조세제도가 시행되었다. 국에서 시행된 것은 십부제(十夫制)이다. 국인(國人)들은 귀족에게 납부한 현물세를 공(貢)이라 하였다. 야(野)에서는 조법제(助法制)가 시행되었다. 맹자가 "야에는 1/9을 수취하는 조법을 채택하고, 국중은 1/10을 스스로 바치도록 하십시오(請野九一而助, 國中什一使自賦)"라며 서주 토지제도를 동경했다. 이 시기 국토 중 대부분을 차지한 것은 야(野)이고 토지도 비교적 넓었다. 여기서 귀족 영주들을 조법(助法)을 통해 노동지대를 실현하였는데, 봉건 귀족만이 이러한 특권을 향유하였다. 생산노동자들은 귀족들에게 핍박받으며 노예처럼 사역당하는 비천한 예속민이었다. 이러한 민호(民戶)는 독립적이고 개별적인 경제를 운영하였고, 주인에 대한 노역 즉 노동지대의 제공했으며, 역사서에서는 서인(庶人), 서민(庶民)으로 칭해진 존재였다. 이들 서인과 서민은 노예적 성질을 가진 농노였다. 따라서 서주 노예제설은 부정확한 것이다.

춘추시기의 시작과 함께, 이러한 착취형식은 점차 변화하였는데, 먼저, 토지소유주의 신분적 지위가 변화하여 신분이 다른 각종 지주들이 출현했다. 둘째, 지대 수취형식이 노동지대에서 현물지대로 바뀌었다. 셋째, 신분적 예속관계가 변화하여 생산노동자는 노예적 성격을 가진 농노에서 예속민적 성격 혹은 상대적으로 자유로운 전농(佃農)으로 바뀌었다. 이 밖에 소토지소유자인 자영농이 있었는데 이들은 일부지역에서 비교적 큰 비중을 차지했다. 비로소 중국 지주제 경제의 싹이 움트기 시작한 것이다.

봉건 영주제로부터 봉건 지주제로의 이행이라는 변화 발전은 다양한 요소에 의해 촉진되었다. 그 중에서 광대한 농민의 저항투쟁과 제후국에서 농민의 생산성을 고취하여 부국강병을 실행하기 위해 시행한 제도의 개혁이 가중 중요한 요소였다. 이 시기 공업과 농업 특히 농업생산의 발전은 이러한 이행에 주요한 물질적 조건을 제공했다. 그러나 무엇보다 지주제 경제 자체의 잠재적인 기능이 변화의 궁극적인 요인이었다.

봉건 영주제에 대한 광대한 농민의 투쟁은 서주시대 이미 시작되어 춘추시기에 진일보 발전했다. 우선 봉건 영주의 가혹한 폭정에 대한 농민의 불만이 폭발했다. 『국어(國語)』주어(周語)에 의하면, 서주 후기인 여왕(厲王)때 소공(邵公)은 여왕에게 이렇게 말하였다. "민들의 입을 막는 것은 하천을 막는 것보다 어렵습니다. 하천이 막혔다가 무너지면 다치는 사람이 많듯이 민들의 입도 마찬가지입니다(防民之口, 甚于防川, 川壅而潰, 傷人必多, 民亦如之)” 주나라 왕실에 대한 민들의 불만은 봉건 영주제에 대한 불만이었다. 한편 농민들은 생산과정에서의 태업을 통해 자신들의 분노를 표출했다. 『시경』 제풍(齊風) 보전(甫田)에서는 춘추시대 전기인 제나라 양공(襄公) 때의 상황을 “넓은 밭에서 농사짓지 않으니, 강아지풀만 무성하구나(無田甫田, 維莠驕驕)”라고 묘사했다. 여기서 넓은 밭[甫田]은 농민들이 노동지대를 바치던 공전을 가리킨다. 공전에서 진행된 농민들의 태업으로 인해 공전은 들풀로 가득 찼던 것이다. 또 『춘추공양전』 하목(何休)의 주(註)에서는 노나라의 상황을 다음과 같이 묘사했다. “당시 선공(宣公)은 민들에게 은혜를 베풀지도 믿음을 주지도 못하였고 민들도 밭에서 온 힘을 다해 노동하지 않았다. 때문에 두루 순시하여 곡식 가운데 가장 좋은 것을 조세로 거두었다(時宣公無恩信于民, 民不肯盡力于田, 故履踐案行, 擇其善畝穀最好者 稅取之)”[1] 이러한 기술은 농민의 태업 때문에 제도의 개혁을 시행하지 않을 수 없었음을 보여준다. 춘추 초기인 노나라 희공 19년 『춘추좌전』의 기사에 의하면, 양나라의 군주는 농민들을 압박해 토목사업을 크게 일으켜 “민들이 피폐해져 견디지 못하였고(民罷而不堪)”, “민들이 두려워 해 흩어졌다(民懼而潰).” 양나라의 멸망에 대해 일찍이 『춘추곡양전』에서는 “양나라는 스스로 망한 것이다. … 중략 … 대신들은 배반했고 민들은 도적이 되었다(梁國自亡也 … 중략 … 大臣背叛, 民爲盜寇)”고 논평했다. “도적이 되었다”라는 말은 봉건 영주의 착취를 피하기 위해 다른 곳으로 도주했다는 의미이다. 춘추 전기 관중(管仲)은 제나라 환공(桓公)에게 제도개혁을 건의하였는데, 거기서 “토지를 살피고 징수를 줄이면 민들은 이주하지 않습니다(相地而衰徵則民不移)”라고 하며 당시의 제도개혁이 농민의 도주를 방지할 수 있다고 했다. 요컨대 농민들은 봉건적인 압박과 수탈에 대해 불만을 품고 저항투쟁을 전개하였고 이것이 각 나라의 제도개혁을 촉진한 중요한 요인이었다.

각 국에서 제도개혁을 단행한 것은 앞서 서술한 것처럼 농민들이 생산에 적극성을 발휘할 수 있도록 해 부국강병의 염원을 실현하기 위한 것이자, 패권투쟁을 진행하는데 이득이 되었기 때문이다. 요컨대 이 시기 봉건 영주제는 이미 농업생산의 발전을 속박하는 질곡으로 변하였기 때문에 농업생산을 발전시키고 국력을 증강시키기 위해서는 세제개혁을 진행해야 했다. 이러한 개혁에서 토지제도의 개혁은 가장 효과적인 방법이었다.

이 시기 각국에서는 실행한 다양한 명칭의 제도개혁이 있었고, 그것은 나라별로 달랐다. 예를 들면 “안무이세(案畝而稅)”, “작원전(作爰田)”, “초세무(初稅畝)”,

"출토전(出土田)", "위전혁(爲田洫)" 등이 그것이다. 이들 모두는 제도개혁을 통해 서주시기의 조법제(助法制)를 폐지하고 세무제(稅畝制)[1]로 개정했다. 이로 말미 암아 농민이 경작하여 생계를 이어가는 기초가 되었던 "사전(私田)"은 세무제 즉 각급 귀족 영주가 직접 소유하여 농민에게 대신 경작하게 하는 공전(公田)으로 변했다. 각급 귀족 영주들 또한 각 제후국의 군주에게 토지면적에 따라 세금을 납부해야 했는데, 예컨대『춘추곡양전』의 "그대가 공전으로 가면 토지의 면적을 살펴 1/10세를 내야 한다(公之去公田而履畝十取一也)"라는 말은 이것을 의미한다. 이와 동시에 국인(國人)들도 소유하고 있던 무(畝)에 따라 세를 납부하도록 제도 가 개정되었다.

제도개혁은 일찍이 서주시기 그 맹아가 형성되었으므로 이 시기 조법제의 변 화도 자연스럽게 형성되었다. 또 춘추 시대의 제도개혁이 앞서 서술한 것과 같 다면, 이는 광대한 농민의 저항투쟁에 직면하여 혁신파들이 본국의 정치·경제적 힘을 증강하기 위해 실행한 개혁 조치이다.

춘추시기, 비교적 일찍 제도를 개혁한 나라는 제(齊)와 진(晉)나라로 춘추 전 기에 제도개혁을 단행했다. 노(魯)·초(楚)·정(鄭) 등의 나라는 춘추 중기에, 위(魏) 와 진(秦) 등의 나라는 춘추 후기에, 연(燕)과 조(趙) 등의 나라는 전국시기에 이 르러서야 제도개혁을 단행했다.

토지제도의 개혁은 제나라 관중(管仲)의 논의에서 전형을 확인할 수 있다. 관 중은 "정전(井田)의 경계[疇]가 균등히 해야 한다(井田疇均)"는 주장 즉 토지를 농 민들에게 균분해야 한다는 주장을 피력했다.『관자(管子)』승마편(乘馬篇)에서는 "토지를 균등히 하지 않으면 우환이 되어 땅의 이로움도 다하지 못하고 민들의 힘도 다 쓰지 못한다. 절기를 민들에게 알려주지 않으면 민들은 농사지을 때를 알지 못하고 해야 할 일을 민들에게 알려주지 않으면 민들은 일하지 않는다(不均 之爲患也, 地利不可竭, 民力不可殫. 不告之以時, 而民不知, 不道之以事, 而民不爲)"라 고 하였는데, 이는 농민들이 게으름을 피우며 공전을 경작하는 모습을 보여주고 있다. 때문에 "균등[均]"의 문제를 제기하였고 이는 곧 토지를 농민들에게 분급하 자는 주장이었다. 관중은 또 "땅을 살펴 징세를 경감해야 한다(相地而衰徵)"고 주 장하였는데, 이는 토지를 농민에게 분급한 후 토지의 비옥도와 생산량을 기준으 로 전세(田稅)를 징수해야 한다는 말이다. 관중의 개혁에 대해 이후 왕응린(王應

---

1) 역주 - 무를 기준으로 조세를 수취하는 제도를 말한다.

麟)²⁾은 "관중의 제도개혁은 나라의 옛 법제를 바꾼 것이다(管仲改制, 改典國之舊)²⁴"라고 하였다. 관중의 의도는 제도의 개혁을 통해 농민들이 보다 적극적으로 생산에 임하도록 하는 것이었다. 예컨대,『관자』승마편에는 "땅을 균등히 하고 힘을 나누어 민들로 하여금 제철을 알도록 한다(地均分力, 使民知時已)"라고 하였고, 또 "민들이 계절에 따른 태양의 일출과 일몰, 해와 달의 변화, 추위와 굶주림이 언제 닥칠지를 알아야, 해가 지면 잠자리에 들고 일찍 일어나며, 부모형제가 그 공을 잊지 않고 게으름피지 않으며 민들이 노고를 아끼지 않는다(民乃知時日以蚤晏, 日月之不足, 飢寒之至于身也, 是故夜寢早起, 父子兄弟, 不忘其功, 爲而不倦, 民不憚苦)"고 하였다.『관자』승마편에서는 또 "그들과 더불어 재화를 나누면 민들이 알아서 바르게 될 수 있다. 그 나누어 줌을 잘 살펴야 민들은 온 힘을 다한다(與之分貨, 卽民知得正矣. 審其分, 則民盡力矣)"라고 하였다. 여기서 말한 "그들과 함께 재화를 나눈다"는 것은 제도개정 후 농민에게 현물세를 징수한다는 말이다. 또『국어』제어(齊語)에는 제도의 개정에 대한 관중의 견해를 다음과 같이 기술하였다. "산택은 각각 그 산택을 적당한 시기에 개방하면 민들이 구차해지지 않고 능(陵)·부(阜)·육(陸)·근(墐)·정(井)·전(田)·주(疇)를 균등히 하면 민들은 서운해 하지 않는다(山澤各致其時, 則民不苟. 陵·阜·陸·墐·井·田·疇均, 則民不憾)" 그리하여 마지막에는 "민들의 시간을 빼앗지 않으면 민들이 부유해 진다(無奪民時, 則百姓富)"고 결론내고 있다. 당시 제나라의 부강함은 관중의 제도개혁 조치와 밀접하게 연관되어 있었다.

이제 정(鄭)나라의 사례를 살펴보자.『춘추좌전』노(魯)나라 양공(襄公) 10년(鄭簡公 3년, 기원전 563년)에는 "처음 자사(子駟)가 밭의 경계[田洫]를 만들었다(子駟爲田洫)"라는 기록이 있어 제도의 개혁을 진행하였음을 알 수 있다. 그러나 자사의 개혁은 실패로 끝나고 말았다. 20년 후『춘추좌전』양공 30년의 기사에 의하면, 당시 정나라는 자산(子産)이 집권하여 "자산은 도(都)와 비(鄙)의 차이를 두었으며 윗사람과 아랫사람의 복식을 달리했고, 밭에는 도랑과 두둑을 만들었고 여정(廬井)³⁾은 다섯 집으로 만드는(子産使都鄙有章, 上下有服, 田有封洫, 廬井有伍)" 제도개혁을 추진하였다. 여기서 "밭에는 도랑과 두둑을 만들었다"는 토지의 경계를 구획하여 공전과 사전으로 구분하는 옛 조법제를 폐지하였음을 의미한다. 또

---

2) 역주 - 중국 남송의 학자(1223~1296). 자는 伯厚. 호는 深寧居士. 박식하고 합리적인 그의 고증적 학문은 후세에 큰 영향을 주었다. 저서에『玉海』,『通鑑地理通釋』이 있다.
3) 역주 - 井田制에서 1井다에 묶인 여덟집[八家]를 여정이라 했다.

"여정은 다섯 집으로 만들어 졌다"는 말은 농민호(農民戶)에 대한 편제가 이루어 졌음을 가리킨다. 『춘추좌전』노(魯)나라 소공(昭公) 4년(기원전 538년)에는 정나라에서 "구부(丘賦)를 만들었다(作丘賦)"는 기사가 있는데 이는 세무제(稅畝制)의 기초 아래 무에 따라 군부(軍賦)를 징수하였음을 의미한다. 이처럼 정나라의 제도개혁이 상당한 성과를 거두는 데 자산은 매우 중요한 역할을 했다.

제나라와 정나라는 제도의 개혁을 통해 생산에 농민이 적극적으로 나설 수 있도록 해 생활이 점차 풍족해지기 시작했다. 기타 제도개혁을 모방한 나라들, 예를 들면 노(魯)·초(楚)·위(魏) 등의 제도개혁도 모두 이와 같은 목적과 동기에 의해서 이루어졌다. 이러한 사례로부터, 지주제 경제의 잠재된 기능이 당시 각 나라의 제도개혁에 일정 정도 규정적 역할을 하였음을 알 수 있다. 물론 당시 생산력의 발전 또한 제도개혁의 필요조건이었음을 부인할 수는 없다. 생산도구라는 측면에서 당시는 청동기에서 철기로의 이행하던 시기였다. 농업과 수공업 생산에 많은 철기들이 이용되었고 특히나 농업생산을 촉진시키는 역할을 했다.

또 각국은 제도개혁의 과정 중에 혁신파와 보수파 사이의 투쟁을 경험해야 했는데, 보수파들은 정나라에서 제도개혁을 단행한 자산(子産)과 같은 개혁파들을 공격했다. 이는 이후 "자산이 토지의 도랑과 두둑을 만들자 비방 받았다(子産使田有封洫而謗)"라는 왕응린의 발언을 통해서 확인할 수 있다. 당시 자산이 제도개혁 조치는 사람들의 공격을 받았는데 개혁에 반대하던 이들은 주로 제도개혁으로 인해 봉건적 특권 내지 일부 봉건적 토지소유권을 상실하게 된 각급 봉건 영주들이었다.

이러한 투쟁은 당시 의식 형태에도 반영되어 있었다. 공자는『춘추』를 지으면서 노(魯)나라 선공(宣公) 15년 "처음 무에 따라 세금을 징수했다(初稅畝)"라는 기사에 대하여 아무런 논평도 하지 않았는데 이는 글을 지으면서 자신이 제도의 개혁에 대해서 반대하지 않았음을 보여주는 것이다. 더욱이 공자가 당시 제도개혁의 주창자들을 지지했다는 점은 주목할 만한 가치가 있다. 예컨대 공자는 제나라에서 제도의 개혁을 주도한 관중을 "사람답다(人也)"고 칭송했다. 이 말은 관중은 재간이 있으며 어질고 뜻있는 선비라는 뜻이다. 또 공자는 일찍이 자신의 대제자인 자로(子路)에게 "환공(桓公)이 제후들을 규합한 것은 병사와 전차가 아니라 관중의 힘이다. 누가 그보다 어질겠는가! 누가 그보다 어질겠는가!(桓公九合諸侯 不以兵車, 管仲之力也. 如其仁, 如其仁!)"[3]고 하였다. 공자가 관중에 대해 찬송한 것은 비록 정치적 측면에서 나온 것이라하더라도 관중이 주관한 제도개혁을 지지하였음을 의미한다. 공자는 또 정나라에서 제도개혁을 주관한 자산(子産)도 "은혜로 민을 기르고 의로 민을 부린다(其養民也惠, 其使民也義)"[4]라고 칭송하였다. "민을 기르고"과 "민을 부린다"는 말은 공자가 자산의 제도개혁을 지지하였음을 보여 준다. 또 공자는 자산을 "은혜로운 사람(惠人也)"[5]라고도 했다. 공자는 봉건 영주적 토지제도로부터 지주적 토지제도로의 이행을 지지하는 동시에, 봉건 영주제에 의해 제약받고 있었던 엄격한 귀천의 신분관계에 대해서도 부정적 태도를 견지하고 있었다. 이는 그가 제자를 받아들이는 태도에 구체적으로 반영되어 있었다. "가르침에는 차별을 두지 않는다(有教無類)"는 말은 공자의 이러한 태도를 잘 보여준다. 여기서 말하는 '무류'란 귀천을 나누지 않는다는 말이다. 예를 들어 그가 가장 좋아한 제자 안회(安回)는 매우 가난한 집안 출신이었다. 이러한 사례를 통해 공자는 개혁파로서 제도개혁에 적극적이었음을 알 수 있다.[6]

제2절 과도기 토지소유관계의 변화

각 나라는 제도의 개혁을 통해 봉건 영주제로부터 지주제 경제로 이행했고 이와 더불어 토지를 둘러싼 관계도 크게 변화했다. 토지사유제가 발전했고, 지주의 신분적 지위가 변화했으며 토지소유자 가운데 자영농이 광범위하게 출현했다.

1. 토지사유제의 발전

이 시기 토지 소유관계 변화를 서술하기 전에, 이 시기 토지 소유권[地權]에서 사유(私有)가 관철되었는지 아니면 국유(國有)가 관철되었는지에 대한 문제를 선결해야 한다. 이 문제에 관해서는 국유론을 주장하는 이, 지주소유제는 아직 출현하지 않았다고 주장하는 이, 중국 봉건지주제 경제가 형성되기 시작했다고 주장하는 이 등 상이한 의견들이 난립하고 있다. 필자들은 중국 봉건 지주제가 형성되기 시작했다는 견해에 동의하는 편이다. 필자들은 춘추시기를 지주제 경제가 싹트기 시작한 시기로, 전국시기를 지주제 경제가 계속해서 발전하는 시기로, 그 이후를 점차 주도적인 위치를 점하게 된 시기로 간주하였다.

중국 봉건제 사회시기 토지의 사유와 국유 문제에 대해서는, 1960년대 초 필자들의 견해를 표명한 바 있다.[7] 당시 국내 학자들은 누차 그 견해를 수용하였다. 춘추전국시기의 경우, 각 나라들이 처음 제도를 개정할 때 이미 각 나라는 그 이행기적 형태에 처해 있을 뿐이지 완전한 지주제 경제를 단박에 성취하지는 못하였다. 지주제 경제는 오랜 역사적 과정을 거쳐야만 했다. 비록 옛 문헌에서 그 기록은 모호했으나 그 추세는 필연적이었다. 복잡한 여러 갈레의 한 기록을 살펴보고 소유제의 성격에 대한 감별에 입각해서 사고해야 하며, 경제적 관계에 대한 분석을 통해 제시된 논단이라야만 비로소 비교적 역사적인 실제에 접근할 수 있다.

필자들이 이야기하는 경제적 관계는 토지 소유관계를 통하여 형성된 생산관계을 지칭한다. 봉건적 소유제를 논할 때는 두 가지 구성 부분을 고려해야 한다. 하나는 봉건적 토지 소유권 즉 토지 소유관계에 의해 생산 노동자가 만들어 낸 잉여노동의 대부분이 누구의 소유로 귀속되는가이다. 또 다른 하나는 계급체제, 즉 토지 소유관계에 의해 만들어진 신분적 예속관계의 상황이다. 이 양자가 토지사유 혹은 국유를 논증하는 기본적인 지표이다. 이상의 분석에 따르면, 생산 노동자인 농민이 만들어 낸 잉여노동의 대부분 혹은 전부가 개인 소유로 귀속된다면, 이 농민이 토지소유주에 대해 직접적 예속관계에 놓여 있다면, 아울러 이 농민이 토지소유자인 봉건영주에게 직접적으로 경제외적 강제를 수탈당한다면 이것은 사유제이다. 이러한 관계가 만약 국가와 농민 사이에 발생한다면 그것은 곧 국유제이다.

이 시기 빈번하게 논쟁된 문제는 국가가 직접 분배하여 농민에게 나눠준 토지였다. 사실 이러한 농민들이 국가에 납부한 전세(田稅)는 일반적으로 대략 1무(畝)당 생산량의 1/10이지만, 어떤 것은 1/5에 이르기도 했다. 이는 결코 농가 잉여노동 전체는 아니며, 잉여노동의 일부분을 차지할 뿐이었다. 이는 조전농(租佃農)이 지주에게 생산량의 1/2내지 2/3의 지대를 납부했던 것과는 현저한 차이가 있었다. 또한 전농(佃農)과 비교해 보아도, 그들의 신분 역시 비교적 자유로운 것이었다. 그들과 국가 사이의 관계는 통치와 피통치의 관계일 뿐, 신분적 예속 관계의 범주에 속하는 것은 아니었다. 그러므로 이런 부류의 토지는 농민 사유지에 속하는 것이었다. 요컨대 춘추전국시기 토지사유와 국유의 문제에 대한 논증은 경제관계의 분석에 통해야만 하고, 그것을 논증의 근거로 삼아야 한다.

이 시기의 문헌은 조(租)와 세(稅)를 구분하지 않고 함께 사용하고 있다. 토지

사유제인지 국유제인지의 문제를 논증하려면 전세(田稅)와 지대[地租]의 차이를 구분해야만 하는데, 그 방법은 경제적 관계 즉 앞서 기술하였듯이 개인 지대와 국가 세율의 비중 등을 분석하면 된다. 이밖에 또 하나의 문제 즉 논증을 진행하면서 법적 관계를 기계적으로 이해하는 문제에 주의할 필요가 있다. 예를 들어 이 시기 제후국이 매번 토지를 나누어주는 제도를 시행하였는데, 이러한 토지는 분급되기 이전에는 국유지였지만, 분급된 이후에는 농민으로 하여금 1/10의 토지세를 납부하게 하여 농민을 자영농으로 만들었으므로 토지 소유관계 역시 그 국유적 속성을 상실하여 농민의 사유지로 변하게 된다. 더욱이 국가 권력을 소유제와 기계적으로 연관 지어서는 안 된다. 지주제 경제의 규제 아래에서 국가는 사회질서를 유지하고 세금 징수를 위해 농민과 토지에 대한 통제를 실행해왔다. 이러한 통제는 국가권력의 속성으로 경제적 관계에 기초한 것이 아니므로 토지 소유제(공유 혹은 사유제)를 논증하는데 이용할 수 없다. 요컨대 토지국유제와 사유제의 문제를 논증하는 것은 경제적 관계를 논증의 준거로 삼아야 역사적 실제에 접근한 결론을 도출할 수 있다.

동주시기의 토지 소유관계를 논증하려면, 특정 문제에 대한 보충 설명이 필요하다. 춘추시기로부터 옛 영주제(領主制)는 붕괴되기 시작했으며, 엄격한 세경세록제(世卿世祿制)는 더 이상 지속되기 어려웠다. 경대부와 사(士)가 대대로 가업을 지켜온 경직된 소유제는 와해되기 시작했고 토지소유권과 신분관계는 엄격한 종법제(宗法制)로부터 해방되기 시작했으나, 이 시기의 지주제 경제는 여전히 맹아적 단계에 머물러 있었다. 바로 이러한 이유 때문에, 토지 소유관계는 비교적 복잡했는데, 예를 들어 서로 다른 각종 유형의 봉건 지주가 존재했고, 그 가운데 한 부류가 작전(爵田)과 녹전(祿田)을 차지한 귀족 관료 지주였다. 그들의 토지는 각 제후국의 군주로 부터 직접 수여받은 것으로 여전히 공유제(公有制)라는 외피를 두르고 있었다. 그러나 실제로는 각 귀족 관료들이 장기적으로 자치하고 있었으며 이러한 부류의 토지에서 생산노동을 수행한 농민이 만들어 낸 잉여노동은 이 토지를 차지한 이들에게 귀속되었고 아울러 농민들은 이 지주에 대하여 신분적으로 종속되었다. 이런 이유로 그 내면은 사유제였다고 할 수 있다. 이러한 작전(爵田)과 녹전(祿田)을 차지한 귀족 관료는 실제로는 봉건 지주인데, 혹자는 그들을 불완전한 봉건지주라고도 했다. 이는 일종의 과도기적 형태의 봉건적 소유제이다. 다만 이 시기 적지 않은 귀족 관료의 토지는 권세를 기반으로 겸병한 것이거나 그들이 매입한 것이었고 그 착취 형식은 주로 조전인(租佃人) 혹은 일반 농민 또는 예속민[依附民]에게 차경(借耕)시켜 그 지대를 수취하는 방식이었다. 이러한 토지가 형성한 토지 소유관계는 명실상부한 봉건적 지주소유제였다. 이러한 지주소유제의 발전은 특히 주목할 만한 가치가 있다.

춘추전국시기의 토지사유제 문제에 대해서는 일찍이 1949년에 지쓰허[齊思和]가 이미 언급한 바 있다. 그는 한편으로는 사인(私人) 지주의 존재를 지적하는 동시에 "지세를 납부한 이후에는 자유로운 농민으로 지주로부터 제약을 받지 않는 자경농"의 존재를 지적했다.[8] 이 시기의 사인지주 문제에 대하여 우위싼[巫玉三]은 "이러한 토지제도 하에서 토지를 사유한 봉건지주소유제는 합법적 방식으로 발생하여 발전해 갔다"라고 언급하였다.[9] 최근 양성민[楊生民]은 이 시기 독립적 소농경제의 문제에 대하여 논문을 발표한 바 있다.[10] 이상의 여러 논문들은 본 연구에 참고가 되었다.

2. 구귀족(舊貴族) 유형 지주의 발전과 쇠퇴

서주시기의 봉건 영주제에서 토지의 대다수는 각급 귀족 즉 주나라 왕과 각급 제후국의 군주·경(卿)·대부(大夫)·사(士)에 의해 전유되었고, 국중(國中) 즉 도시[城市] 근교의 국인(國人) 또한 일부 토지를 가지고 있었다. 각국의 제도개혁 이후, 봉건 영주제가 지주제 경제로 이행하던 초기 봉건적 토지 소유관계에 변화가 발생하기 시작했다. 이 시기는 통치 계급 내부에서 자발적인 개혁이 이루어진 시기로, 처음 출현한 지주의 대다수는 과거의 귀족 영주의 후예들이었고 단지 착취 방식이 바뀌었을 뿐이었다. 이후 오랜 겸병과 전쟁 속에서 일단의 신흥 지주가 발전했는데, 그들은 학문을 익혀 관직에 오르거나 혹은 전쟁에서 공을 세운 지주들로, 그 가운데에는 일부 구귀족도 포함되어 있었지만 대다수는 이 시기 발전하기 시작한 새로운 귀족들로 본문에서는 이들을 특별히 관료군공지주(官僚軍功地主)라 부를 것이다.[11] 이들 지주를 구분하기 위하여, 과거 봉건 영주로부터 변화된 지주를 특별히 구귀족지주(舊貴族地主)로 부를 것이다. 이 두 유형의 지주는 매우 오랜 시간 동안 병존하다 점차 변화하여, 구귀족지주는 상대적으로 약화되고 관료군공지주는 나날이 성장하여 전자가 후자로 흡수되었다. 그러나 이러한 이행을 시간상으로 엄격하게 구획하기는 매우 어렵다. 여기서는 논증의 편의를 위해 역사적 시기구분의 관례를 좇아 동주를 춘추시기와 전국시기의 두 단계로 구분하고, 임의로 춘추 전기를 봉건영주로부터 구귀족지주로 점진적으로 전화되어간 시기로, 춘추 후기부터 전국시기에 이르기까지를 구귀족지주가 여전히 존재하지만 점차 관료군공지주가 중심이 되는 시기로 볼 것이다. 다만 구귀족지주와 관료군공지주는 항상 병존했기 때문에, 구귀족지주를 서술할 때 때때로 전국의 사례까지 언급할 것이며, 관료군공지주를 서술할 때 역시 춘추의 사례를 때때로 언급할 것이다.

춘추전국시기의 봉건지주 문제에 관하여, 본문은 두 유형의 지주를 구별하여 개괄해 나갈 것이다. 여기에서는 먼저 구귀족지주의 맹아, 발전 및 그들이 점차 약화되어가는 문제에 대해 서술할 것이다.

영주제 경제에서 지주제 경제로의 이행 초기에는, 앞서 서술했듯이, 때로 국유지인지 사유지인지를 구분하기가 대단히 어렵다. 때문에 필자들은 다음과 같은 두 측면으로부터 검토해 나갈 것이다. 하나는 조율과 세율 문제로, 이 시기 국가에서 시행한 세무제(稅畝制)의 세율은 일반적으로 1/10 혹은 1/5이었고, 개인 지대 수취율은 일반적으로 1/2 혹은 1/2 이상이었다. 예를 들어 제나라가 제도개혁을 단행하여 세무제를 시행했을 때, 세율은 약 1/10이었다. 제도개혁 후의 제나라 소공(昭公)은 자기의 사전(私田)에서 지대로 생산량의 2/3를 수취하였고 "조전농은 그 1/3만으로 생계를 이어갔다(衣食其一)."[12] 다른 하나는 토지소유주로부터 판단할 것인데, 조세 징수자가 개인인지 국가인지를 살펴, 만일 조세가 개인에게 전유된다면 그의 신분은 귀족이고, 그의 토지는 제후국으로부터 수여 받은 작전(爵田)과 녹전(祿田)이 될 것이므로 이들 토지는 사유지에 속한다. 여기에 대해서는 이후 다시 언급될 것이다.

여기에서 말하는 구귀족지주와 그들의 가족은 과거 봉건영주에 그 직접적인 연원을 두고 있다. 이 지주의 발전 과정은 비교적 복잡한데, 대체로 두 유형으로 구분할 수 있다. 첫째는 과거 구봉건영주가 직접 지주로 전화한 자들이며, 둘째는 제후국으로부터 토지를 나누어 받은 봉군지주(封君地主)이다. 이러한 귀족 지주는 일부지역에서는 일찍부터 발전해 왔다.

영주호(領主戶)로부터 곧장 전화된 지주의 전형적인 사례는 춘추시기 손자(孫子)가 기록한 진(晋)나라의 귀족 지주이다. 이 문헌에 대해서는 여러 이설들이 존재하는데 논증을 위해 먼저 연관된 부분을 인용하면 아래와 같다.

"오왕(吳王)이 손자(孫子)에게 '여섯 명의 장군이 진(晉)나라를 지키고 있는데 누가 먼저 망하고 누가 끝까지 지키겠는가?'라고 묻자, 손자는 '범씨(范氏)와 중항씨(中行氏)가 먼저 망할 것입니다'라고 대답했다. 오왕은 '다음은 누구인가?'라고 묻자 '지씨(智氏)입니다'라고 대답했고 '그 다음은 누구인가?'고 묻자 '한씨(韓氏)와 위씨(魏氏)가 그 다음입니다'라고 대답했다. 이어 '조씨(趙氏)는 옛 법도를 잃지 않으니 진나라를 맡을 것입니다'라고 했다. 오왕이 '그 말을 자세히 들을 수 있는가?'고 묻자 손자는 '예, 범씨와 중항씨는 토지제도를 만들면서 80보(步)를 원(畹), 160보를 진(畛)이라 하여 오세(伍稅)를 거두었는데 그 밭이 좁더라도 사(士)를 많이 두어 오세(伍稅)를 거두니 공가(公家)만 부유해졌습니다. 공가가 부유해지고 사(士)를 많이 두니 주군은 교만해지고 사들은 사치하며 공을 세우려 여러 차례 전쟁을 일으켰습니다. 이런 이유로 가장 먼저 멸망합니다'(지씨는 토지제도를 만들면서 90보를 원으로 삼고 180보를 진으로 삼아 오세(伍稅)를 거두었습니다) 한씨와 위씨는 토지제도를 만들면서 100보를 원으로, 200보를 진으로 삼아 오세(伍稅)를 거두었습니다. … 중략 … 조씨는 토지제도를 만들면서 100보를 원으로, 240보를 진으로 삼았으며 공가는 세금을 거두지 않았습니다. 이에 공가는 가난했고 군사도 적게 두었으며 주군은 검소했고 군사는 휴식을 취함으로써 부민을 육성했습니다. 그런 까닭에 나라는 견고했고 진국이 조씨에게 돌아간 것입니다.'

(吳王問孫子曰：〝六將軍分守晋國之地, 孰先亡? 孰固成?〞孫子曰：〝范中行是(氏)先亡.〞〝孰爲之次.〞〝智是(氏)爲次.」〝孰爲之次?〞〝韓·巍(魏)爲次. 趙毋失其故法, 晋國歸焉.〞吳王曰：〝其說可得聞乎?〞孫子曰：〝可. 范·中行是(氏)制田, 以八十步爲畹, 以百六十步爲畛, 而伍稅之. 其田陜(狹), 置士多, 伍稅之, 公家富. 公家富, 置士多, 主喬(驕)臣奢, 冀功數戰, 故曰先亡.〔智是(氏)制田, 以九十步爲畹, 以百八十步爲畛, 而伍稅之〕, 韓·巍(魏)制田, 以百步爲畹, 以二百步爲畛, 而伍稅(之). … 중략 … 趙是(氏)制田, 以百卄步爲畹, 以二百四十步爲畛, 公無稅焉. 公家貧, 其置士少, 主斂(斂)臣收, 以御富民, 故曰國固, 晋國歸焉.〞[13]

위에서 말한 '오세(伍稅)'는 생산량의 50%를 징수하는 지대를 말한다. 여기에 따르면 진나라의 공경(公卿)은 실질적인 귀족지주이다. 농민에 대한 그들의 지대 수취는 비록 모두 '오세(伍稅)'라 하였지만, 실제 수취정도는 서로 달랐다. 손자의 추측에 따르면, 수탈이 가장 심한 범씨와 중항씨가 제일 빨리 멸망하고 다음으로 심했던 지씨, 한씨, 위씨의 순으로 멸망하였다. 손자는 이들 경(卿)들이 멸망한 원인을 과중한 지대수취로 귀결시켰으며 멸망의 순서도 수탈의 정도에 따라 결정되었고 보았다. 어떤 이들은 '오세(伍稅)'를 5%의 세율로 이해하기도 하나 이는 역사적 사실과 다르다. 이렇게 가벼운 세율로는 공가만 부유해졌기 때문에 멸망에 이르게 되었다는 사실과 부합되지 않는다. 그러므로 '오세'를 50%의 지대로 이해하는 것이 타당할 것이다. 천쩐쭝[陳振中]은 지대수취률에 대해 "사유적 성격을 완전히 체현하고 있었다"라고 말했는데 이는 정확한 것이었다.

두 번째 유형의 봉군지주(封君地主)의 수도 적지 않았다. 『국어(國語)』진어(晉語)에 의하면, 춘추전기 진나라의 공자 이오(夷吾)는 소속 신하들에게 '분양(汾陽)의 토지 백만'과 '부채(負蔡)의 토지 70만'을 내려주었다.[14] 『춘추좌전』노(魯)나라 성공(成公) 2년의 기록에 의하면 '위나라 사람이 중숙(仲叔)에게 해(奚)에 있는 읍(邑)을 상으로 주었다(衛人賞之于奚以邑)'.[4] 노나라 양공 26년 기록에 의하면 '정백(鄭伯)이 진(陳)에 들어간 공을 치하하면서 아들 전(展)에게 잔치를 베풀고 여덟 개의 읍을 내려주었으며 아들 산(産)에게도 잔치를 베풀고 여섯 개의 읍을 내려주었다(鄭伯賞入陳之功. 享子展賜之八邑. 享子産賜之六邑)'.[5] 어떤 귀족들은 스스로 제후의 국군(國君)이 되어 토지를 요구했다. 『춘추좌전』성공 7년조에 의하면 자중(子重)은 신읍(申邑)과 여읍(呂邑) 두 고을의 토지를 포상 받고자 요구하니 왕이 허락하였다(子重請取於申·呂, 以爲賞田, 王許之). 당시 제후들이 자신의 국군(國君)에게 토지를 하사한 사례는 매우 많아 일일이 열거하기 어렵다.

전국시기에 이르러도 일부 구귀족지주들은 여전히 자신의 지위를 유지했다. 예를 들어 위왕(魏王)은 파녕(巴寧)과 찬양(爨襄)에게 각각 10경의 전(田)을 내려주었다.[15] 또 당시에는 명성이 자자한 4명의 군(君)이 있었는데 이들은 모두 상을 받아 저명한 대귀족지주가 되었다. 제나라 맹상군(孟嘗君)은 "제나라의 제상으로 설(薛)지방에서 만호(萬戶)를 책봉 받았다(相齊, 封萬戶于薛)." 초나라 춘신군(春申君)은 "회수 북쪽 12현(縣)을 책봉 받았다(封淮北十二縣)." 조나라 평원군(平原君)은 동무성(東武城)을, 위나라 신릉군(信陵君)은 신릉을 책봉 받았는데, 이들의 봉지는 자세하지 않으나 그 수는 적지 않았을 것이다. 이렇게 봉토를 내려주는 제도는 당시 귀족지주가 형성되는 하나의 방식이었다. 이러한 제도는 서주(西周) 봉건 영주제의 잔영으로, 봉군된 이들도 혈통상으로는 귀족영주에 그 연원을 두고 있었다. 이들 가운데 일부는 공적을 수립하여 지위가 상승되어 대권을 장악하였으니 이는 과거 서주의 전형적 종법분봉제와 명백히 다른 점이다. 당시 포상으로 하사된 토지에는 경작농민도 포함되어 있었다. 토지 가운데 많은 수는

---

4) 역주 - 『춘추좌전』에는 "新築人仲叔于奚救孫桓子. 桓子是以免. 旣. 衛人賞之以邑. 辭"라고 되어 있다.

5) 역주 - 『춘추좌전』에는 "鄭伯賞入陳之功. 三月. 甲寅. 朔. 享子展. 賜之先路三命之服. 先八邑. 賜子産次路再命之服. 先六邑"라고 되어 있다.

봉록(俸祿)으로 봉군(封君)에게 수여된 것이었다. 봉군은 녹봉대신에 수여 받은 토지의 경작농민으로부터 조세를 징수하였다. 이런 관계는 몇몇 문헌에 비교적 명확하게 기재되어 있다. 『전국책』 위책(魏策)에 의하면 위나라 장수 공손좌(公孫座)는 한(韓)·조(趙)와의 전쟁에서 승리한 후, 위나라 혜왕(惠王)으로부터 토지 백만을 포상으로 하사받아 녹봉으로 삼았다. 이처럼 봉군의 "식봉(食封)"은 국가의 조세권(租稅權)을 함께 누리는 것이다. 이러한 봉군은 토지에 대하여 비록 완전한 소유권을 향유할 수는 없지만, 봉건 지주의 속성도 가지고 있었다. 때문에 봉군 역시 귀족 지주 대열에 포함될 수 있다.

귀족 지주의 토지 확장은 주로 겸병을 통해서 실현되었다. 이 시기에는 귀족들 사이의 겸병 사례도 적잖게 확인된다. 춘추시대의 『춘추좌전』에 의하면, 노(魯)나라 민공(閔公) 2년 민공의 사부는 복기(卜齮)의 토지를 빼앗았고, 문공(文公) 8년에 진나라 선극(先克)은 근음(堇陰)에서 괴득(蒯得)의 토지를 빼앗았고, 문공 18년 제(齊)나라 의공(懿公)은 공자였을 때 병촉(邴歜)의 부친과 토지를 다투었다. 성공(成公) 3년에는 숙손교(叔孫僑)와 위극(圍棘) 등은 문양(汶陽)의 토지를 취하였고 성공 11년 "진(晋)나라의 대부 극지(郤至)는 주나라 왕실과 후(鄇)에 있던 토지를 다투었으며[晋郤至與周爭鄇田]", 성공 17년에는 진나라의 곡기(谷錡)는 이양오(夷陽五)의 토지를 빼앗았다. 소공(昭公) 9년에는 주나라의 감(甘)지방 사람과 진(晋)나라의 염가(閻嘉) 사람이 염 지방의 토지를 다투었고, 소공 14년에는 진(晋)나라 형후(邢侯)와 옹자(雍子)가 축(鄐) 지방의 토지를 두고 싸웠다. 각 귀족들이 겸병해온 토지는 두 가지 방식으로 수탈이 이루어졌다. 일부 토지에서는 원래의 경작농민에 대하여 무(畝)에 따라 세금을 거두는 제도[按畝徵稅制]를 채택하여 여전히 농민들이 토지소유권을 유지하고 있었다. 대부분의 토지에서는 지주들이 직접 농민에 대해 지대를 수취하였다. 요컨대 귀족들 사이의 상호 겸병과 다툼은 귀족 지주가 토지를 확대하는 한 방식이었다.

또 이 시기에는 광범위한 소토지소유 농민이 출현하였는데 이들은 귀족 지주의 침탈 대상이 되었다. 『춘추좌전』에 의하면 노나라 양공(襄公) 7년 "정(鄭)나라의 부유한 네 집안이 민의 토지를 빼앗았다(鄭四富族奪民之田)." 여기서 말하는 부유한 집안[富族]은 귀족지주를 가리키고 '민(民)'은 곧 자영농이다. 예컨대 송나라와 정나라 국경의 황무지가 농민에 의해 개간된 후 정나라와 송나라는 농민들의 토지를 빼앗기 위해 전쟁을 벌였다. 귀족들은 권세를 바탕으로 농민의 토지를 침탈하였고 이것이 귀족들이 토지를 확대하는 방식이었다.

부역(賦役)이 빈번하고 무거운 상황 아래에서, 권세가에 투탁하는 민호(民戶)도 발생하였다. 투탁호에는 두 가지가 있을 것이다. 하나는 권세를 가진 귀족들의 강압에 의한 투탁이고 다른 하나는 국가의 부역을 피해 농민 스스로 의탁해 권귀(權貴)의 예속호[依附戶]가 되는 경우이다. 예를 들면 맹상군(孟嘗君)이 설(薛) 지방을 봉토로 받았을 때, "간사한 이들[奸人]이 설(薛)로 들어왔는데 그 수는 대략 6만여 가(家)였고(奸人入薛中蓋六萬餘家)", 그 가운데 절대 다수는 그의 조전호(租佃戶)가 되었다. 또한 동무성(東武城)을 봉토로 받은 평원군(平原君)은 예속민들을 불러 들어 부역을 피하도록 했다.[16] 이런 투탁호가 경작한 토지는 귀족지주의 토지였는데 예컨대 천바이잉[陳伯瀛]은 평원군의 땅을 "평원군이 차지하여 평민에게 경작시켰을 것"이라고 논했다.[17] 당시 이런 투탁호는 상당히 보편적이었는데 『한비자』 궤사편(詭使篇)에서는 "사졸들이 도주하여 위세있는 집안에 몰래 투탁하여 이로써 요역을 피하는 것을 일삼아도 군주가 어쩌지 못하는 것이 수만이나 됩니다(而士卒之逃事狀匿, 附托有威之門以避徭賦而上不得者萬數)"라고 하였다.

이처럼 춘추전국시대 구봉건귀족은 상사(賞賜) 및 권세에 의지한 침탈을 통해 토지를 확대하였다. 어떤 이의 경우 토지 침탈이 대단해 한 시대를 풍미하였으나 끝내는 쇠퇴해 갔다. 쇠퇴의 요인은 다양하지만, 각 제후국이 부국강병(富國強兵)을 위해 채택한 억압 정책의 실시가 주된 이유였다. 여기에 대해서는 적지 않은 사료가 확인 된다.

춘추전기에 이미 어떤 이는 "능력에 따라 녹봉을 받고 녹봉과 공에 따라 관직을 주었다(因能而受祿, 祿功而與官)"[18] 말한다. 이후 각국은 세경세록제(世卿世祿制)의 폐지를 빠르게 진행하였다. 예컨대 춘추전국시대 위나라 문후(文侯)는 이리(李悝)를 제상으로 삼았는데 이리는 "간사한 민들의 녹봉을 빼앗아 이로써 사방의 선비들을 불러 모으라(奪淫民之祿, 以來四方之士)"고 건의했다.[19] 또 전국시대 초나라 그 작록(爵祿)을 거두어들일 것(封君之子孫三世而收爵祿)"을 건의했다.[20] 진(秦)나라가 변법을 단행할 때 상앙(商鞅)은 "종실 가운데 군공이 없는 자는 종실이 될 수 없다(宗室非有軍功論, 不得爲屬籍)"는 규정을 제정했다.[21] 각국이 변법(變法)을 단행하면서 채택한 이러한 정책들의 시행은 구귀족지주를 크게 약화시켰다.

각 제후국은 귀족지주의 권세를 억압하는 동시에, 귀족지주가 국가의 부세(賦稅)를 회피하는 것에도 타격을 가했다. 전술했듯이 조(趙)나라의 평원군(平原君)이 권세를 바탕으로 예속호[依附戶]를 불러들여 국가의 조세(租稅)를 잠식하자,

전부(田部)의 리(吏) 조사(趙奢)가 법률에 따라 그들을 잡아들여 "평원군(平原君)의 실무담당자[用事者] 9명을 죽였다(殺平原君用事者九人)."[22]

이밖에도 귀족의 자손들 가운데 일부는 세대를 거듭하면서, 자손들 사이가 소원하게 되고 일부는 그 신분 지위가 차츰 변화되어, 귀족 신분을 상실하고 서인(庶人)으로 강등되기도 했다. 예를 들어『춘추좌전』노(魯)나라 소공(昭公) 3년 기사에 의하면, 제(齊)나라 공자의 후손들 가운데 녹봉을 받지 못한 자가 많았다. 또 진(晉)나라의 경우 "힐(肹)의 후손인 11개 집안[族] 가운데 오직 양화씨만 남았을 따름이었다(肹之宗十一族 唯羊舌氏在而已)." 양화씨를 제외한 나머지 집안의 자손들 대다수는 서인으로 전락하였다. 이 시기 각 제후국 내에서는 정치투쟁이 발생하였고 투쟁에서 패배한 자들은 귀족지주의 지위를 상실했는데 어떤 이는 서인(庶人)으로 강등되었고 어떤 이는 노예로 전락했다. 예컨대 진나라의 귀족 란(欒)·극(郤)·서(胥)·원(原)·호(狐)·속(續)·경(慶)·백(伯) 등 여덟 집안은 국내에서 발생한 정치권력투쟁에서 패배하여 노예[皀隷]로 전락했다.[23]

구귀족지주의 흥망성쇠를 전체적으로 개괄해보자. 춘추시대 대부분의 귀족지주들은 과거 봉건영주와 혈연관계를 가진 귀족으로 그 관작과 녹전(祿田)을 세습하였으며 경대부들은 봉읍(封邑) 내에서 상대적인 독립성을 지속하고 있었다. 여기에 대해서 지쓰허(齊思和)는 다음과 같이 논급했다. "강력한 가문과 세도가들은 그 권세가 나라를 기울이고 군주를 움직일 수 있는 권력을 형성하였다. 이후 차츰 변화가 발생하여 춘추말기에 이르면 구귀족의 권세는 점차 쇠퇴해 갔다. 이러한 변화와 더불어 구귀족의 봉지가 날로 감소해, 각 나라의 소수공신과 총애받은 귀족을 제외하고 봉토를 받는 이는 드물었고 봉토를 받는다 하더라도 자신에 한정되지 후손에게 세습되는 경우는 적었다.[24] 한마디로 말해 구귀족지주의 약화와 쇠망의 원인은, 자손이 번성하여 나날이 소원해졌거나, 혹은 국내 정치권력 투쟁의 실패, 혹은 제후국 사이의 전쟁으로 인한 패망 때문이었다. 특히나 중요한 것은 각국이 국력 증강을 위해 채택한 귀족 억압 정책의 실시였다. 이것이 구귀족 유형의 지주들이 나날이 쇠퇴해 간 주요한 원인이었다. 구귀족지주의 약화와 더불어 신흥관료군공지주가 나날이 발전해 갔다.

3. 신흥 관료군공유형(官僚軍功類型) 지주의 흥기와 발전

관료지주는 문학적 재능으로 출사하여 관리가 된 지주를 말하고 군공(軍功)지주는 전공으로 집안을 일으켜 관리가 된 지주를 가리킨다. 5백여년 동안의 춘추전국시대는 구세습 귀족과 신흥 군공관료들이 정권을 교대한 시기이자 전자에서 후자로 전화하던 시기였다.[25] 어떤 관료군공유형의 지주와 구귀족지주는 구분하기 매우 어렵다. 뿐만 아니라 관료군공지주의 토지 역시 제후국의 군주가 봉토로 내려준 것이다. 이에 여기서는 서민(庶民)에서 집안을 일으킨 자와 구귀족 출신자를 주요한 구분의 지표로 삼을 것이다. 한편 그 조상이 비록 귀족이었다 하더라도 후손이 번성하면서 정치적으로 평민(平民)으로 몰락해 버린 자들도 있었고, 모국에서 귀족의 지위를 상실해 버린 일부 귀족 자손들은 다른 제후국에서 관료가 되었다. 이들은 모두 신흥 관료군공지주에 포함된다.

먼저 관료형지주를 살펴보자. 이 시기 각 제후국의 군주들은 패권을 다투었는데, 국경을 넘어 재능과 지혜를 갖춘 사(士)들을 대대적으로 불러들였다. 때문에 서인 출신의 문사들이 하나의 계층으로 출현했고 구래의 종법적 혈연관계의 제약을 부수고 구래의 귀천신분관계를 무너뜨렸다. 재능 있는 사(士)들은 여러 정책을 입안한 공으로 관작과 녹봉을 받았다. 이 시기 각급 관리 가운데 귀족의 후예가 많았으나 그들이 지위가 전적으로 귀족신분에 의지한 것은 아니었다. 이러한 조건하에서, 서인 출신의 새로운 귀족은 끊임없이 출현했다.[26]

서인이 관료가 되기 위해서는 반드시 생산노동으로부터 벗어나 독서할 수 있는 경제적 조건을 갖추어야 한다. 지주제 경제의 맹아는 일부 농민들에게 치부하여 그들의 경제적 상황을 바꿀 수 있는 기회와 가능성을 제공했고, 이는 그들이 독서를 통해 관직에 나갈 수 있는 조건이 되었다. 실제 이 시기 적지 않은 서인 출신들이 관직에 나가 관료지주가 되었다.

제후국의 군주가 재능 있는 선비를 불러들이던 것은 춘추시대에 시작되고 있었고, 전국시기에는 더욱 두드러졌다. 예를 들어 앞서 언급한 위나라의 이리(李悝)는 위나라 문후(文侯)에게 다음과 같이 건의했다. "나라가 나라답게 되는 길은 일하는 자가 먹고 공이 있는 자가 녹을 받는 것입니다. 간사한 민들의 녹을 빼앗아 사방의 선비들을 불러들이십시오(爲國之道, 食有勞而祿有功. 奪淫民之祿, 以來四方之士)."[27] 제나라의 경우 전씨(田氏)가 강씨(姜氏)를 대신해 나라를 다스렸는데 국적과 신분에 관계없이 현명한 선비들을 불러 모으고 인재를 배양하였다. 이러한 조건 아래에서 학문을 가르치는 풍속이 크게 일어났다. 가장 먼저 사람들을 불러 모아 강학한 사람은 춘추시대 중기에 살았던 노나라 사람 공자였다. "사람을 가리지 않고 가르친다(有敎無類)"라는 말은 받아들인 학도들 가운데에는 서인도 포함하고 있음을 의미한다. 전국시기 묵자와 맹자는 모두 무리를 모아 강학한 것으로 저명하다. 맹자가 제후들에게 유세(遊說)하였을 때, 맹자의 뒤를 따르는 수레가 10대였고 그 무리는 수백명이었다. 맹자를 따르던 이들의 대다수는 서인출신의 독서층이었다. 조나라의 예는 서인이 공부하던 풍속이 성행했음을 잘 보여준다. 전국초기 조양자(趙襄子)는 중모(中牟)지방의 현인이었던 중장(中章)과 서왕(胥王)을 중대부(中大夫)로 임명한 후, "그들에게 전택(田宅)을 내려주었다." 이 두 사람은 관료지주가 되었고 이에 "중모지방의 민들 가운데 전포(田圃)를 버리고 문학을 따르는 자가 그 읍의 반이나 되었다(中牟之民棄田圃而隨文學者, 邑之半)."[28] 글의 뉘앙스를 살펴보면, 적지 않은 농가의 자제들이 너도나도 농경을 버리고 독서를 통해 관리가 되려 했음을 알 수 있다.

당시 사람들의 독서와 학문을 통해 관료의 길로 들어서려 했던 사정은 고문헌 속에 거듭 나타나고 있다. "공자(孔子)의 제자 70명은 흩어져 제후들에 유세(七十子之徒 散游諸侯)"하였는데 그 가운데 상당수는 그들의 관리가 되었으며 "크게 성공한 자는 경상(卿相)의 사부가, 그에 미치지 못하는 자는 사대부를 가르쳤다(大者爲師傅卿相, 少者友敎士大夫)."[29] 공자가 강학했던 시기에 근거하면, 이들이 학문을 연마해 관료가 된 때는 춘추전국시기였다. 맹자(孟子)는 일찍이 "서인으로 관에 있는 자(庶人之在官者)"에 대해 언급했고 순자 역시 서인의 자손이 "예의를 쌓고 문학을 익힌 자(積禮義習文學)"가 공경대부로 승진하였음을 언급한 바 있다. 서인이 학문을 연마해 관료가 되는 것은 당시 보편적 현상이었다. 예컨대 제나라 관중(管仲)과 안영(晏嬰)은 한미한 집안출신이었으나 훗날 제상이 되었다. 마찬가지로 조나라의 대신이었던 우축(牛畜)·순흔(荀欣)·서월(徐越) 등은 모두 귀족출신이 아니었으나 개인의 능력을 바탕으로 관리가 되었다. 앞서 서술한 위나라의 대신 이리(李悝) 역시 서민출신이었다. 요컨대 이 시기 서인의 사회적 지위는 크게 변화하여 지쓰허[齊思和]는 "일반평민[編戶齊民]들은 조정에서 사군자들과 함께 자리하여 어깨를 나란히 하였고, 상앙(商鞅 : 원래는 귀족이었으나 후에 평민이 되었다)·범저(范雎)·소진(蘇秦)·장의(張儀)와 같이 평민 가운데 뛰어난 이들은 모두 영향력이 있어 조야(朝野)를 뒤흔들었다"고 언급한 바 있다.[30]

이러한 서민출신 신귀족들은 모두 신흥 관료지주가 되었고, 그들의 토지 일부는 제후국의 군주(君主)로부터 수여받은 것이었다.[31] 관리가 되면 그들 중 일부는 겸병과 매매를 통해 광대한 토지를 차지했다.

이 시기 서민 가운데에는 군공(軍功)으로 집안을 일으킨 자들이 많았는데 각 제후국은 전쟁에 종사하여 토지를 확대하는 것을 최고의 군공으로 여겼다. 조나라의 경우, 『춘추좌전』 애공(哀公) 2년의 기사에 의하면 조간자(趙簡子)가 정(鄭)나라를 정벌하면서 "적을 무찌를 경우 상대부에게는 현(縣)을, 하대부에게는 군(郡)을, 사에게는 토지 십만을, 서인(庶人)과 공인(工人)과 상인(商人)에게는 작위와 관직을 각각주고, 하인들은 면천시켜 줄 것이다(克敵者, 上大夫受縣, 下大夫受郡, 士田十萬, 庶人工商遂, 人臣隸圉免)"라고 결의하였다. '현을 받고', '군을 받는' 것은 토지를 수여함을 말하고 '수(遂)'는 작위와 관을 나누어 주겠다는 것을 의미한다. 이처럼 당시 전쟁에 나서 공적을 세운 자들 가운데 많은 이들이 크고 작은 군공지주가 되었다.

진나라의 예도 마찬가지이다. 상앙은 제도개혁을 추진하면서 구체적인 규정을 마련하였다. 『한서(漢書)』 백관표에 의하면 진나라 효공(孝公) 때 진나라는 공을 세운 자에게 작위를 주었는데 그 작위는 무릇 20등급이었다. 가장 낮은 두 등급은 1급의 공사(公士)와 2급의 상조(上造)이고, 가장 높은 두 등급은 19급의 관내후(關內侯)와 20급의 위철후(爲徹侯)였다. 급에 따라 수여한 토지의 양은 중간 등급인 9급일 경우 작위는 오대부(五大夫)이고 세읍(稅邑)은 300호였다.[32] 이들은 300호에서 바치는 세의 수익을 차지하는 군공지주가 되었던 것이다. 또 『한비자(韓非子)』 정법(定法)에 기록된 바에 의하면 상군(商君)의 법에서는 "한사람의 머리를 자른 자에게 1급의 작위를 받고 관리가 되려는 자는 50석의 녹봉을 받는 관리가 되었다(斬一首者爵一級, 欲爲官者, 爲五十石之官)." 따라서 적 한 두 명의 머리를 베어도 소군공지주가 되었고 다수의 적을 참살하면 대군공지주가 되었다.

군공을 세우면 무거운 상을 내리던 상황에서, 전쟁에 참여하여 공을 세운 자들 중 일부는 토지를 내려줄 것을 요청하기도 했다. 예를 들어 진(秦)나라의 장수 왕전(王翦)은 초(楚)나라를 멸망시키는 공을 세운 후 "비옥한 땅과 좋은 집을 매우 많이 요청해 자손들의 자산으로 삼았다(請美田良宅甚衆, 爲子孫業)."[33] 왕전은 군공으로 대지주가 된 대표적 사례이다.

각 나라들이 군공을 세운 자들에게 무거운 상을 내리는 정책의 실시는 생산력의 증대에 중대한 영향을 끼쳤다. 예컨대 『순자(荀子)』 의병(義兵)에는 "천하의 민들로 하여금 높은 자리에 오르는 것을 탐하도록 하는 자는 전쟁으로 말미암지 않음이 없다(使天下之民要利于上者, 非鬪無由也)"[6]라고 했다. 이러한 정책이 실시

---

6) 역주 - 순자의 원문은 "使天下之民所以要利于上者, 非鬪無由也"이다.

되던 조건 아래에서 크고 작은 군공지주들은 전체 지주계급 가운데 일정한 비중을 차지하게 되었다.

이 시기 발전한 신흥 군공관료지주의 권세에 의지한 겸병과 탈점을 피할 수는 없었으나 전자와는 크게 달랐다. 그들의 토지는 주로 각 제후국이 봉수(封授)한 것이었다. 다만 이 시기의 봉수는 구귀족지주와 달라 혈연관계에 따라 지급된 것이 아니라 세운 공의 정도에 따랐다. 더불어 토지매매관계의 발전과 함께 관료군공지주들은 매매를 통해서도 토지를 확대했다. 관료군공지주들은 어떤 방식으로든 토지를 차지했으며 모두 군주에게 세금을 바치는 토지였고 지주들은 조전농(租佃農) 혹은 예속민[依附民]에게서 지대를 징수하였다.

이상에서 이 시기 각종 유형 지주의 흥망성쇠의 기본적인 양상을 살펴보았다. 발전 추세를 요약하면, 제도개혁[改制]을 개혁한 나라에서 초기에는 세습적인 구귀족지주가 다수를 차지하였지만 춘추시대 후기 주로는 전국시기가 되면 구귀족지주는 쇠락하고 신흥 관료군공지주가 점차 지배적 위치를 차지하게 되었다. 이것은 갓 싹을 틔운 중국 고대 지주제 경제에서 지주계급에게 발생한 중대한 변화였다. 봉건적 토지 소유관계가 변화를 만들었으며, 당시 제도개혁을 주장한 선진적 인물 가운데 일부는 특권에 반대하며 평등을 제창하였다. 그러나 정권을 장악한 후 그들은 과거 일부 특권을 가지고 있는 일단의 새로운 귀족으로 변했다. 당연하게도 그들과 구귀족지주는 서로 다른 점이 있었으며 그들은 새흥 지주제 경제를 대표하는 세력으로 사회경제가 일층 앞으로 나아가는 길을 열었다.

4. 자영농[自耕農]의 발전과 서민지주의 맹아

춘추시대와 전국시대 사이, 토지 관계의 변화 측면에서 볼 때 자영농의 광범위한 출현 역시 중요한 문제이다. 각국이 제도를 개혁한 후, 원래 조법제(助法制)하에서 농민이 경작하던 "사전(私田)"은 농민의 명실상부한 사유지[私田가 되었다. 이 시기 토지에 대한 농민의 권리는 무엇보다 각 제후국의 승인을 얻어야 했다. 제(齊)나라의 "정전의 밭 두둑은 균등히 한다(井田疇均)", 진(晉)나라의 "토지를 상으로 준다(賞衆以田)" 등은 그 대표적 예이다. 이러한 사정은 다른 나라들 또한 예외가 아니었다.

무(畝)에 따라 세금을 거두는 제도의 시행은 농민의 토지 소유권을 승인한 위에서 실현되었다. 이로부터 농민은 국가에 전세(田稅)를 납부했으며, 다시 과거처럼 구영주의 노동지대[勞役租]를 부담할 필요가 없었다. 무에 따라 세금을 거두는 제도에서 조세율은 일반적으로 1무당 1/10이었고 높을 경우 1/5에 달했다. 이 시기 위나라에서 제도개혁을 주장한 이리(李悝)는 가장 구체적으로 이 문제를 언급했다. 한 농부가 100무를 경작하여 150석을 생산하였다면 1/10세인 15석을 제외한 나머지 135석은 농민의 몫으로 돌아간다. 이것은 자신이 경작하는 농토의 생산량 가운데 1/2이나 2/3를 지대로 바치던 것과는 다른 것이다. 지주제 경제 체제 하에서 전세(田稅)를 담당한 이가 해당 토지의 소유권을 향유하는 것은 이후 중국 봉건사회 내내 하나의 전통이 되었다. 이 시기 시행된 무(畝)에 따라 세금을 거두는 제도는 농민과 지주의 사유제가 발달하였음을 보여주는 유력한 증거이다. 이것은 중국 역사상 하나의 중대한 변화였다.

또 앞서 서술했듯이 각 제후국들의 국중(國中)에 거주하는 국인(國人)들 중 소수를 제외한 대다수는 자영농에 해당했다. 이 시기 무에 따라 세금을 거두는 제도를 통해, 그들의 토지 소유권은 더욱 합법적인 형식으로 지속 보존되었다.

이 시기 각 나라에는 토지를 소유하지 못했거나 혹은 아주 적게 소유한 민호(民戶) 또한 존재했는데, 이러한 민호는 전쟁을 통하여 토지를 획득할 수 있었다. 각 제후국의 군주들은 전투력을 강화하여 패권을 획득하기 위해 인민 가운데 군대에 있거나 전장에 나아가 공적을 쌓은 자들을 권면하였고 그 공적의 크고 작음에 따라 토지를 수여하였다. 이는 당시 사람들의 표현에 매우 잘 나타나 있다. 예를 들어 『관자』 팔관(八觀)편에는 "전쟁이 참여한 군사들이 좋은 땅을 가지지 못하면 3년 안에 병력이 약화된다(良田不在戰士, 三年而兵弱)"라는 기록이 있다. 이는 부국강병을 위해서는 전사들에게 토지를 주어야 한다는 말이다. 또 『한비자』 궤사(詭辭)편에는 "토지와 가옥을 지급하는 정책을 사용하는 것은 전사들을 권면하기 위해서이다(陳益田利宅 所以勸戰士也)"라고 기록되어 있는데 토지를 지급하는 법으로 전사들을 고무시켰다. 이 시기 매우 많은 나라에서는 이러한 정책을 추진하였는데 위나라는 종군한 자들에게 토지를 지급하는 것을 제도로 정하였다. 『순자』 의병(議兵)편에서는 위나라의 무졸(武卒)에 대해 논하면서 "시험에 합격한 자는 그 호에 대한 세금을 덜어주고 토지와 가옥을 더해 주었다(中試則復其戶, 利其田宅)."라고 하였다. 『손자병법』 오문(吳問)편에 의하면 진(晋)나라의 경우 토지를 군대에 복무한 이들에게 나누어 주었다. 각 제후국들의 이러한 정책은 군병(軍兵) 출신 자영농들을 확대시켰다.[34]

또 어떤 국가는 사민수전제(徙民授田制)를 채택함으로써 자영농을 확대시켰는데 서북쪽에 자리한 진(秦)나라가 가장 전형적이었다. 앞서 언급한 것처럼 진나라의 통치자들은 본국의 토지가 광활하나 사람은 적어 대부분의 토지가 개간되지 않은 상태였기 때문에, "토지와 가옥을 지급하는 것으로 삼진(三晉)사람7)들을 꾀어내었다(誘三晉之人, 利其田宅)." 이로 말미암아 진(秦)나라 소왕(昭王)으로부터 진시황(秦始皇) 전후 약 80년간 여러 차례 사민수전(徙民授田)이 이루어졌다. 『상군(商君)』간령(墾令)에 의하면 토지 없는 민들에게 토지를 주고, 이주한 민들에게도 토지를 주었다. 토지의 지급은 호구를 기준으로 하였는데 『상군(商君)』에서는 "위에는 호적[通名]이 있고, 아래에는 전택(田宅)이 있다(上有通名, 下有田宅)"라고 제정되었다. 이는 무릇 호적에 편입된 자는 모두 토지를 받았고 호적에 기재되어 있었음을 말하는 것이다. 나라는 호적에 등재된 인구와 토지를 근거로 조세를 징수하였다. 이 때문에 진(秦)나라에서는 자영농이 크게 증가하였다.

이 시기 이민수전(移民授田)한 일에 대해 『관자(管子)』와 『맹자(孟子)』는 모두 기록을 남겼으나 본서에서는 일일이 언급하지 않겠다. 여하튼 각 나라에서 농민의 소토지소유제가 광범위하게 출현했으며, 상당히 광대한 지역에서 자영농은 지배적인 지위를 차지했다.

당시 개별 농민의 경작면적에 대해서는 "한 농부가 한 해 동안 100무(畝)를 경작한다(一農之事, 終歲耕百畝)"라거나 "백무의 땅에서는 그 경작할 시간을 빼앗지 않아야 농가에서는 주리지 않는다(百畝之田, 勿奪其時, 數口之家可以無飢矣)"라는 기록이 전한다. 또 위나라 개혁가인 이리(李悝)는 다섯 명이 한 가호가 되어 "100무를 경작한다"고 했다. 이러한 기록에서 말하는 농민들의 대다수는 자영농이었다.35) 이상의 사례에서 당시 개별 농민이 차지한 면적이 100무 가량이었음을 확인할 수 있다. 당시 무의 면적은 비교적 작아 100무(畝)는 대략 오늘날의 40~50무 정도에 상당한다.36) 매 무의 생산량은 당시 위나라의 개혁가였던 이리(李悝)의 계산에 따르면, 무당 약 1석(石) 가량이었다. 물론 이것은 위나라의 예였다. 각각의 지역이 처한 조건이 상이했으므로 무당 생산량은 달랐을 것이다. 그러나 이리가 말한 바는 당시 위나라 지역의 농업생산력 수준을 반영한 것이었다.

특히 주목되는 것은 지주제 경제는 이전의 경직된 봉건 영주제와 달랐다는 점이다. 지주제 경제는 유연성과 적응성을 가지고 있었고 그것은 농업 생산 및 상품경제의 발전에도 유익했다. 이것에 동반하여 농민의 계급 분화와 토지 매매

---

7) 역주 - 삼진이란 옛 晉나라에서 각각 성립한 韓나라, 魏나라, 趙나라를 말한다.

가 빈번하게 이루어졌으며[37] 이로 인하여 계급분화가 촉진되어 일단의 서민지주
가 출현하게 되었다. 이러한 사정은 고문헌 속에 수차례 나타나고 있다. 예를 들
면 상앙(商鞅)의 제도개혁에 대해, 서한(西漢) 동중서는 "부자의 토지는 천맥으로
이어져 있다(富者田連阡陌)"라고 하였다.

또 『통고(通考)』 전부고(田賦考)에 의하면 "민 가운데 토지가 많은 자는 천맥으
로 경계[畔]를 삼는다(民田多者以阡陌爲畔)"고 하였고 『한서』 식화지에서는 "서인
가운데 부유한 자는 재산이 거만에 이른다(庶人之富者累巨萬)"고 했다. 여기서 부
자와 토지가 많은 자에 관료군공지주를 배제하지 않는다고 하더라도 문맥상으로
그 대다수는 서민지주였다.

이 시기에는 또 제후국의 군주로부터 토지를 하사받은 서민지주도 출현하였
다. 조(趙)나라의 편작과 같은 이는 의술에 능해 "조간자(趙簡子)는 편작에게 토
지 4만무를 내려주었다(趙簡子賜扁鵲田四萬畝)." 사서에 기재되지 않았지만 편작
은 식록을 봉작 받은 서민지주였을 것이다. 또 조나라에서 노래를 잘 하는 자가
그 나라 군주에게 상을 받고 재상[相國]인 공중연(公仲連)에게 "귀족이 될 수 있을
까요(可以貴之乎)"라고 묻자 공중연은 "부자는 될 수 있어도 귀족이 될 수는 없소
(富之可, 貴之則否)"라고 대답했다. 때문에 조나라의 군주는 노래를 잘하던 창
(槍)·석(石) 두 사람에게 토지 만무를 내려주었다.[38] 이 두 사람은 모두 서민지주
가 되었다.

이러한 조건 아래에서 상인유형의 서민지주도 출현하였다. 이 시기에는 부유
한 상인에 대한 적잖은 기록이 전한다. 『전국책』 진책(秦策)에 의하면 상인들은
"가래와 호미를 잡는 수고도 없이 재산을 축적하였다(無把銚椎耨之勞, 而有積累之
實)." 농민의 계급분화와 가난한 호가 부단히 토지를 판매하는 조건 아래에서, 부
유한 상인들이 축적한 재산의 일부로 토지를 구매하는 것은 매우 자연스러운 일
이었다.

지주제 경제의 맹아가 초보적으로 발전하던 시기 서민 유형 지주의 출현은
매우 중요한데, 특히 그들은 신분적 한계를 돌파해 지주가 되었다.

요컨대, 춘추전국시기 토지소유관계에는 질적인 변화가 발생하여 새로운 면
모를 가진 토지소유자가 역사 무대에 등장하기 시작했다. 구귀족지주의 흥망이
있은 뒤 관료군공지주가 발전하였고 이와 동시에 광대한 농민 소토지소유자가
출현했으며, 아울러 이러한 기반 위에서 일단의 서민형 지주가 나타나기 시작했
다. 맹아로부터 초보적인 발전에 이르는 과정은 수백년이 소요되었으나 이러한

변화 발전은 중국 고대 지주제 경제의 발전과정을 보여주는 것이다.

제3절 과도기 신분·계급 관계의 변화 및 개별 농민 경제의 독립성 증가

중국의 봉건사회 시기 지주제 경제는 끊임없이 변화 발전했으며, 여타 사회 경제로부터 정치체제에 이르기까지 모든 것은 그 발전에 상응하여 변화되었다. 지주제 경제에는 두 가지 기본적 요소가 존재하는데 하나는 계급관계(階級關係)이며 또 하나는 신분관계(等級關係)이다. 양자의 상호 관계는 끊임없이 변화 발전했다. 봉건영주제 초기 신분관계가 주도적인 지위를 차지했고, 이후 토지소유관계의 변화에 따라 계급관계가 날로 현저해졌으며, 특히 지주제 경제 맹아가 출현한 후 그 변화는 더욱 커졌다. 본 절에서는 이러한 측면을 중심으로 서술해 나갈 것이다.

1. 귀천 신분관계의 약화

서주시기, 존비귀천의 신분관계는 복잡하여 이 시기 귀족 및 생산 노동자는 많은 계층으로 분화되어 있었다. 그럼에도 그 중심에는 토지소유자와 생산 노동자인 농민의 대립이 있었다. 춘추전국시기, 토지 소유관계의 변화에 따라 존비귀천 신분관계는 약화되어 갔다. 이러한 변화는 여러 측면에서 나타났는데, 전반적으로는 구귀족 계층의 사회적 지위가 상대적으로 하락하고, 농민의 사회적 지위는 상대적으로 상승하는 추세였고 양자는 서로 제약하며 변화 발전했다. 이러한 변화 발전을 이끈 것은 토지 소유자 지위의 변화 즉 지주경제의 맹아였다.

신분(等級)은 사람들이 존비귀천 제도에 의해 규정된 사회적 지위를 가리키며, 계급(階級)은 토지 소유관계로부터 형성된 착취와 피착취의 관계를 말한다. 신분과 계급은 내부적으로는 연관되어 있으면서 구별되는데 양자의 상호관계는 시기에 따라 달랐다.

서주시기는 봉건영주제를 핵심으로 하는 신분소유제가 사회적 신분관계를 규정하였다. 이 시기 토지 소유관계에 따라 소유자는 크게 세 유형으로 나눌 수 있다. 첫 번째는 봉건 귀족으로, 그들은 토지를 독점하며 봉건 착취에 종사하는 기생지주이자 당시의 봉건 통치자였다. 그들은 다시 몇몇 계층으로 나뉘어져 있었다. 두 번째는 국인(國人)으로, 대다수는 중·소토지 소유자들이며 주인(周人)에서 평민으로 몰락한 자들이다. 그들은 정치적 발언권이 있었지만 귀족 신분은 아니었으며 귀족과 서민 사이에 끼인 신분이었다. 세 번째는 토지 소유권을 가지지 못한 채 착취를 당하는 사회 하층민이다. 이들에 대해서는 앞서 이미 언급했으므로 여기에서는 귀천 신분관계의 변화를 서술하기 위해, 이들 계층의 변화 발전을 중심으로 분석하겠다. 변화 발전은 세 계층을 중심으로 설명할 수 있다. 첫째는 고문헌 속에서 자주 보이는 서인(庶人)과 서민(庶民)으로, 그들 중 대다수는 봉건영주로부터 토지를 지급받아 "공전(公田)"의 경작을 강요받은 생산 노동자였으며 영주에게 노동지대를 바쳐야 하는 이들로 영주에 대해 비교적 엄격한 신분적 종속관계에 놓여 있었다. 둘째는 각종 예속민[依附民]이다. 신복(臣僕 : 臣隷)과 같은 이들이 여기에 해당한다. 이들은 노예에 가까웠으나 노예는 아니었다. 셋째는 노예들이다. 이들은 당시 사회의 최하층민이었고, 노예주는 노예에 대해 생사 여탈권(生死與奪權)을 쥐고 있었다. 지위가 비교적 높았던 국인은 생산노동자에 속하기 때문에 여기서 함께 살펴볼 것이다.[39] 서주시기에 귀천 신분관계는 계급 관계와 밀접하게 연결되어 있었다. 각급 토지를 차지하고 있는 귀족, 영주와 생산노동자인 농민 사이에 신분관계는 곧 계급관계였다. 다만 당시 그러한 관계에서 신분관계가 더 두드러졌다.

춘추전국시기가 되면 엄격한 신분제도 점차 변화하기 시작해 신분관계와 토지관계가 점차 이완되었다. 신분관계는 상대적으로 약화되었으나, 계급관계는 점차 확연해졌다. 물론 봉건제 사회시기, 귀천 신분관계의 바탕은 시종일관 관철되어 왔다. 여기서 약화되었다고 한 것은 토지소유자와 생산자인 농민 사이의 관계가 서주시기의 그것처럼 엄격하지 않았음을 가리키는 것이다. 이러한 변화는 토지소유자 지위의 변화에 의해 발생한 것이다. 변화는 장기적인 역사적 과정 즉 엄격한 종법적인 세습 영주의 쇠퇴, 구귀족지주 권세의 약화, 관료군공지주의 발전, 서민지주의 맹아를 거치면서 출현하였다. 지주의 지위변화로 말미암아, 제한적이었던 귀천 신분관계에 변화가 발생했다. 지주의 봉건적 권세가 상대적으로 하락하고, 생산자 농민 대다수의 사회적 지위가 점차 상승했다.

봉건 영주의 쇠락과 각종 유형의 지주의 변화 발전에 대해서는 이미 언급하였으므로, 귀천 신분관계의 변화를 강조하기 위해 여기서는 농민계급의 신분 지위 변화 문제만을 서술할 것이다. 다만 이 시기 농민계급의 계층은 매우 복잡하므로 여기서는 국인(國人), 서민(庶民) 부류와 예속민, 노예 두 부류로 나누어 설명하겠다.

서주시기 국인은 농민계급 중에서도 하나의 특수한 계층이었다. 그 가운데 대부분은 주인(周人)으로 동족(同族)이었고, 어떤 이는 귀족의 후예로 사회적 지위는 야(野)의 서인(庶人)보다 약간 높았으며, 정치적 발언권도 가지고 있었는데 이는 이미 앞서 서술한 바 있다. 국인은 그 수가 많았다. 전쟁을 수행할 때 국가는 서인에 의지했지만, 통치에 있어서는 주로 국인에게 의지했다. 국인들은 또한 귀족에 대한 투쟁에도 참여했다. 예를 들어 춘추시대,『춘추좌전』양공(襄公) 19년조에 의하면 정나라의 경우, "정나라 자공(子孔)이 정치를 마음대로 하자 국인들이 그것을 근심했다(鄭子孔之爲政也專, 國人患之)." 양공 26년 기사에 의하면, 송나라의 대군(大君)이 정치를 마음대로 하자 "국인들이 싫어했다(國人惡之)." 애공(哀公) 11년의 기사에 의하면 진(陳)나라 원파(袁頗)는 사도(司徒)가 되어 도를 넘어 가렴주구하자 "국인들이 그를 쫓아내었다(國人逐之)." 이후 맹자 역시 "국인들이 모두 죽여도 된다고 한 연후에야 죽이는 것이다(國人皆曰可殺, 然後殺之)"[40]라고 했다. 이상의 사례에서 국인의 우월한 사회적 지위를 확인할 수 있다. 그러나 생산자였던 그들은, 훗날 토지소유관계의 변화 즉 지주경제의 맹아와 초보적 발전 그리고 구귀족 권력의 쇠락과 함께, 그 사회적 지위가 날로 하락해 점차 일반 서인과 차이가 없어졌고, 국인과 서인의 관계는 신분관계의 변화에 따라 단순한 경제적 관계로 변하였다.

서민과 서인의 신분적 지위의 변화에는 곧 조전농(租佃農)과 자영농의 지위변화다. 서주시기 광대한 농민들 중 대다수는 귀족 영주를 위해 공전(公田)을 경작하는 농노였다. 농민들은 생산노동을 하여 수확의 시기에 영주 자신 혹은 영주가 파견한 이들이 농민들을 감독하였으며 영주들은 농민에 대해 임의로 처벌할 권한을 가지고 있어 엄격한 귀천 신분관계가 형성되었다. 이러한 농민의 사회적 지위는 매우 낮아 사실상 예속농민층에 속했으며, 신분적 지위는 노예에 가까워 어떤 때는 '신(臣)'으로 불리기도 했다. 제도개혁 이후 구귀족지주 혹은 관료군공지주를 막론하고 이로부터 형성된 지주-전호관계에 큰 변화가 발생했다. 이 시기에는 현물지대가 새롭게 행해졌고 이러 상황아래에서 지주는 추수기에만 경작지로 가 생산량을 나누었다. 이는 과거 노동지대를 실행할 때 전체 생산 과정에 개입하던 상황과는 다른 것이었다. 당연히 이 시기 지주에 대한 조전농(租佃農)은 신분적으로 예속되어 있었다. 당대(當代) 사서에서 말한 "예농(隸農)"은 대개 이들

을 말한다. 그러나 현물지대가 실행되던 조건 하에서 형성된 신분적 예속 관계
는 상대적으로 느슨했으며, 그들이 처한 사회적 지위도 조법제(助法制)하에서의
농노와 비교하면 크게 개선된 것이었다. 따라서 봉건적 신분관계가 약화된 것은
자연스러운 일이었다.

이 시기에는 국가의 부역을 피해 권귀(權貴)들에게 투탁하는 전농(佃農)도 출
현했다. 앞서 서술한 것처럼, 제(齊)나라의 맹상군이 설(薛)지방에 봉해졌을 때
"간사한 이들이 설지방으로 들어갔는데 대략 6만여 가에 달했다(姦人入薛中蓋六
萬餘家)." 조(趙)나라의 평원군은 권세에 의지해 부역을 피해 도망친 예속민들을
불러 모았다. 이러한 투탁호는 비록 전호였지만 일반 조전농(租佃農)과 달라 지
주에 대해 비교적 엄격하게 신분적으로 예속되었다. 그러나 이것은 별개의 문제
이다.

서민호(庶民戶) 가운데 자영농의 광범위한 출현은 귀천 신분관계 변화에 영향
을 준 주목할 만한 문제였다. 자영농은 토지를 차지하면서 소속된 제후국에 부
세와 요역을 제공하여 조전농(租佃農)보다는 상대적으로 자유로웠다. 이 시기에
비록 "도주한 자에게는 형벌을 가한다(逃徙者刑)"는 『관자(管子)』의 기록처럼 이
주를 불허하는 규정이 있었고 "민들이 힘써 경작하지 않으면 가축을 몰수한다(民
不力田, 沒及其家畜)"는 『여씨춘추』 상농편의 기록처럼 노동을 강제하는 규정이
있었다고 하더라도, 그러한 규정은 현실에서는 실행되지 않았다. 이 시기 농민의
이주는 매우 빈번하였는데, 『춘추좌전』 소공(昭公) 25년의 기사에 의하면 노나라
의 계손씨(季孫氏)는 "곤궁한 민[隱民]들 가운데 먹거리를 얻기 위해 이주하는 자
가 많다(隱民多取食焉, 爲之徙者衆矣)"라고 했다. 여기서 곤궁한 민[隱民]은 그들의
거주지로부터 도주하여 온 농민들을 말한다. 또 『한비자』 외저설우(外儲說右)에
의하면 "제나라에 일찍이 큰 기근이 들자(齊嘗大饑)" 농민들이 "줄지어 전성씨(田
成氏)에게로 달려갔다(相率而趨田成氏)." 이상은 도주 농민에 대한 사례이다. 다
만 자신의 토지를 가지고 스스로 경영하던[自負盈虧] 상황에서 생산에 대한 농민
의 적극성은 비교적 높아 토지를 힘써 경작하지 않는다는 이유로 처벌 받지는
않았다.

주목할 만한 것은 이러한 자영농은 존비귀천의 신분제의 압박을 비교적 적게
받았다는 점이다. 이것이 조전농(租佃農)과 다른 점이었다. 게다가 이들 자영농
이 차지하는 비중은 비교적 컸으므로 이러한 농호(農戶)의 발전은 전체 봉건사회
의 신분관계의 약화라는 측면에서 더욱 중시해야 한다.

이상의 자영농과 조전농은 기본적으로 조법제(助法制)가 행해지던 시기의 농노로 부터 전화(轉化)한 것으로, 두 부류 농민의 신분적 지위 변화는, 지주제가 태동하던 시기 농민의 사회적 지위의 변화 발전을 기본적인 내용으로 하고 있다.

각종 인격(人鬲)·신(臣)·예(隸)·속(屬)·도(徒)와 같은 예속민과 집신(執訊)·획축(獲丑)·만예(蠻隸)·이예(夷隸)·죄예(罪隸)와 같은 노예 역시 상응하는 변화가 발생했다. 이런 관계는 허쯔첸[何玆全]의 『중국고대사회(中國古代社會)』에서 이미 논급된 바 있으므로 여기서는 오로지 노예의 신분적 지위 변화만을 첨가하겠다. 춘추전국시기의 노예는, 서주시기의 노적(奴籍)이 연속되고 있었으므로 이곳에서는 간략하게 설명하겠다. 전쟁의 패배로 포로가 되어 노예로 몰락한 자들이 있었는데 앞서 서술한 집신(執訊)과 획축(獲丑) 등이 그들이다. 이 시기 전쟁은 빈발하였으므로 포로가 되어 노예가 된 자들의 수도 많았는데 두 사례만 살펴보자. 『춘추좌전』 선공(宣公) 12년의 기사에 의하면 정백(鄭伯)은 초나라로 투항하면서 "포로로 삼아 강남으로 보내어 연해(沿海)를 채우는 것도 오직 명령에 따를 뿐이고, 땅을 잘라내 제후에게 나누어주고 그들을 섬기게 하는 것도 명령에 따를 뿐입니다(其俘諸江南以實海濱, 亦唯命, 其翦以賜諸侯以使臣妾之, 亦唯命)"라고 하였다. 『묵자(墨子)』 천지하(天志下)에는 각 나라가 전쟁을 벌여 얻은 포로들에 대해 "남자는 마굿간의 서비(胥靡)[8]가 되었고 여자는 방아찧는 노예가 되었다(丈夫以爲僕圉胥靡, 婦人以爲春酋)"라고 기록하고 있다.

이 시기에는 법을 어겨 형벌을 받아 노예가 된 자도 적지 않았다. 『주례』 추관 사구(秋官司寇)에는 "죄예(罪隸)"라는 기록이 있는데 『주례』는 춘추시기의 일을 기록한 책이다. '죄예'에 관해서는 동한(東漢)사람 정현(鄭玄)의 주에 의하면 "도적의 집안으로 노예가 된 자(盜賊之家爲奴者)"와 연관이 있다. 이 시기 범죄자들은 본인이 형벌을 당하는 것 이외에 가족들까지 연좌되어 어떤 이들은 자신이 노예로 전락한 뒤, 부모 자식까지 모두 노예가 되었다. 다만 이런 '죄노'들은 돈을 내면 사면될 수 있어 일정한 형기 동안 복무하면 사면되어 서인이 되어 이름은 노예였지만 진정한 의미의 생산을 담당하는 노예는 아니었다.

이 시기에는 어떤 서인은 빈궁하여 몸을 팔아 노예가 되는 경우도 있었는데 옛 전적에 누차 기록되어 있다. 『관자』 팔관(八觀)에 의하면 "민들 가운데 자식을 파는 이도 있었다(民無檀者賣其子)." 『맹자』 만장상(萬章上)에는 "백리해(百里奚)

---

8) 역주 - 서미는 전국시대 남성 가내노예의 명칭이다. 밧줄에 묶여 강제로 노역된다는 데서 이름이 유래했다.

가 진(秦)나라에서 희생물을 키우는 자에게 오양(五羊)의 가죽을 팔았다(百里奚鬻秦養牲者五羊之皮)"고 기록되어 있다. 『한비자』 육반(六反)에 의하면 어떤 농민은 "흉년이 들자 처자를 팔았다(天饑歲荒, 稼賣妻子)." 지주제 경제라는 조건하에서 농민층은 부단히 분화하였고 서인 가운데 몸을 팔아 노예가 되는 보편적 현상이었다.[41]

특히 주목할 만한 것은, 일부 서인이 몰락하여 노예가 되는 동시에, 다른 수많은 노예는 서인이 되기도 했다는 사실이다. 『사기』 상군열전에 의하면 노예로 전락한 자 가운데 "죽도록 일해 경작하고 직물을 짜 곡식과 면을 많이 생산한 자는 그 신분을 회복시켜 주었다(各以輕重被刑大小, 僇力本業, 耕織致粟帛多者復其身)." 또 이 시기에는 죄인의 사면과 관련된 기록이 매우 많은데, 예를 들면 진나라 소양왕(昭襄王) 21년 조에는 "착(錯)이 위하내(魏河內)를 공격하자 위(魏)가 안읍(安邑)을 바쳤는데 진(秦)은 그곳의 사람들을 하동(河東)으로 옮기고 관작을 내려주었으며 죄인들을 사면하여 그곳으로 이주시켰다(錯攻魏河內, 魏獻安邑, 秦出其人, 募徙河東賜爵, 赦罪人遷之)"라는 기록이 있다. 이후 소양왕 26년, 27년, 28년에도 죄인의 사면에 대한 기록이 있다.[42] '죄인을 사면한다(赦罪人)'는 말의 의미는 노예를 포함하여 사면을 통해 노예 신분을 회복시켜 서인으로 삼는다는 것이다.

이 시기 노예의 신분적 지위 변화의 대부분은 전공을 통해서 이루어졌다. 예를 들어 앞서 서술한 조간자(趙間子)가 정(鄭)나라를 정벌하면서 군사들에게 맹세하기를 전공이 있는 자에 대해 "서인(庶人)과 공상은 관작을 주고, 인신과 예어는 사면한다(庶人工商遂, 人臣隸圉免)"고 했다. 여기서 '사면한다'는 곧 예속민 혹은 노예가 부담하는 신역을 면제하여 그들에게 자유를 준다는 의미이다. 이 시기 관노비 가운데 참전으로 인해 해방된 자들의 수는 더욱 증가하였다.

이 밖에도 노예로 전락한 자 가운데에는 돈을 지불하여 해방된 자도 있었다. 예를 들어 앞서 언급한 부친 때문에 살인한 모자가 형벌을 받아 노예가 되었는데 그 자식은 모친을 면속시켜 주려 했으나 돈이 없어 그러지 못했다.

이 시기 비록 적지 않은 사람들이 노예가 되었으나 노예 신분에서 벗어나 서인이 된 자의 수도 많았다. 이것은 서주시기 노예로 전락한 자가 대대손손 노예로 살아야 했던 엄격한 신분제도와는 다른 것이다. 전체적인 발전추세는 노예의 수가 감소하여 귀천신분제가 약화되어 가고 있었다.

토지관계의 변화와 농업생산력의 발전에 따라 농업 고공(雇工)도 출현하기 시작했다. 서주시기 농업생산에서는 노예로 생산에 종사하는 자들이 여전히 많았으나 춘추전국시기가 되면서 노예는 점차 고공으로 바뀌어 갔다. 『한비자』 외저설좌상(外儲說左上)에 의하면 고용되어 토지를 경작하던 이들은 '용객(庸客)'이라 불렀고, 『전국책』 제책(齊策)6에 의하면 채소밭에 물을 대는 용부(庸夫)라는 표현이 있다. 고공들의 사회적 지위는 고용관계에 반영되어 있었다. 당시 한비(韓非)는 고용주가 고공을 우대하고 있음을 지적했는데, "이처럼 (고공에게 잘 대해주어야만-역자) 고공은 쟁기질을 해도 깊이갈이를 하고 김을 매더라도 열심히 한다 (如是, 耕且深, 耨者耘熟也)"고 하였다. 또 "이처럼 (열심히 일을 해야-역자) 국을 먹더라도 좋은 국을 먹고 돈과 포를 벌수 있다(如是, 羹且美, 錢布且易云也)"라며 고공이 힘써 노동하는 이유를 지적하였다. 이 시기 고공들의 발전은 또한 농업 노예에서 농업 고공으로의 이행을 반영하는 것으로 가령 과거에 부유한 가호들이 노예를 사역시켰다면, 이제부터는 고공을 사역하게 되었던 것이다. 고용주와 고공과의 관계는 비록 여전히 신분관계였지만, 노예주와 노예와의 관계보다는 한층 발전해 고공은 비교적 많은 신분적 자유를 누리고 있었다.

이 시기 근로생산자인 농민신분관계 변화의 기본적인 상황은 다음과 같다.[43] 첫째, 특수신분으로 '국인(國人)'의 칭호를 가진 농민은 일반적으로 서민으로 전화되었다. 둘째 서주시기 농노 신분에 속하는 예속민은 조전농 및 자영농 등 일반 민호로 변해갔다. 셋째 노예로 전락한 천민은 각종 경로를 통해 서민으로 전화하였다. 넷째 농업분야에서 고공이 출현했으며, 그들은 농업노예를 대체하였다. 이 시기의 서민의 신분과 지위는 서주시기의 서민과는 상이하였는데, 서주시기의 서민은 주로 농노였으나 이 시기의 서민은 일반 자유민이었다. 전쟁이 빈번했던 시기에 몇몇 서민들은 전쟁에서 공로를 쌓아 군공지주로 상승하였으며, 비교적 부유한 민호 가운데 몇몇은 학문을 익혀 관료지주가 되었다. 이 시기 농민의 경제적 지위 변화는 농민의 사회적 지위를 변화시키는데 직접적인 영향력을 발휘했다. 농민계급 사회적 지위의 상승은 필연적으로 귀천 신분관계의 약화를 결과했고 이는 획기적 변화였다. 이러한 변화는 궁극적으로 토지 소유관계의 변화를 야기시켰는데 지주제 경제가 싹이 터 발전해 나가기 시작한 것이다.

2. 계급 모순의 심화와 개별 농가경제의 독립성 강화[44]

이 시기의 계급 모순은 여러 방면에서 나타났는데, 여기에서는 주로 농민과 지주 두 계급 사이의 모순을 살펴보도록 하겠다. 앞서 서술하였듯이 서주시기는 각급 귀족들이 신분에 따라 토지를 신민(臣民)에게 분배하는 신분소유제가 실행되고 있었다. 이 시기의 신분과 계급은 일치하였다. 동주시기 각국은 제도개혁을 단행하였고 이후 엄격하고 경직된 신분소유제는 점차 붕괴되어 갔다. 이 시기 귀천 신분관계는 비록 여전히 지속되고 있었지만 이미 서주시기의 그것과는 완연히 달라져 있었다. 앞서 서술하였듯이 이 시기에는 여러 유형의 지주가 출현하였는데 특히 서민지주의 맹아 나타나기 시작했다. 지주계급 구성이 변화하여 신분제와는 점차 괴리되면서 계급 모순은 나날이 첨예해졌다. 다음의 세 측면에서 그 변화를 살펴볼 것이다.

1. 조전농에 대한 지대 착취로 인해 발생한 계급 모순.
2. 자영농의 계급 분화와 토지 겸병의 성행.
3. 빈부 격차의 심화와 계급 모순의 격화.

이 시기의 계급관계의 변화 발전은 이미 서주시기의 엄격한 신분제의 굴레를 벗어나고 있었다.

각국에서는 제도개혁 후, 지주제 경제의 태동하면서 현물지대가 출현하였으며 새로운 조전관계(租佃關係 : 지주-전호관계-역자)가 발생하였다. 이 시기에 비로소 "전작(佃作)"이라는 단어가 출현했다. 『사기』 소진열전(蘇秦列傳)에 의하면 소진은 연(燕)나라 땅이 사방 2천리라고 하면서 다음과 같이 말했다. "남쪽으로는 갈석(碣石)과 안문(雁門)의 비옥함이 있고, 북으로는 조속(棗粟)의 이로움이 있습니다. 민들은 비록 전작(佃作)하지 않더라도 굶주리지 않습니다(南有碣石雁門之饒, 北有棗粟之利, 民雖不佃作, 而足于棗粟矣)." 여기서 소진은 연나라에 자영농이 대다수였음을 말하고 있다. 그러나 소진의 말에서 당지 조전관계(租佃關係)가 객관적으로 존재하고 있음을 확인할 수 있으며 당시 토지소유를 실현하고 있던 지주들이 농민으로부터 현물지대를 수취하고 있음을 알 수 있다.

지대 착취는 지주에 따라 달랐다. 예를 들어 제후로부터 토지를 분급받은 봉군지주(封君地主)는 식읍제 즉 해당 지주가 수여받은 토지에 대해 생활에 필요한 의식(衣食)을 세금으로 수취하였다. 『묵자(墨子)』 귀의편(貴義篇)은 "지금 농부는 그 세를 대인(大人)에게 납부하고 대인은 단술과 곡식으로 상제와 귀신에게 성대하게 제사를 지낸다(今農夫入其稅于大人, 大人以酒醴粢盛以祭上帝鬼神)"라고 기술하고 있다. 여기서 대인은 봉군을 가리키며 세는 지대이다. 이는 다른 사례에서도 확인된다. 『춘추좌전』 애공(哀公) 2년조에는 "주나라 사람이 범씨(范氏)에게 토지를 주자 공손룡이 세금을 거두었다(周人與范氏田, 公孫龍稅焉)"라고 기록되어 있는데 주나라에게 범씨에게 봉토로 준 토지에 대해 범씨의 가신인 공손룡이 대신 지대를 거두었음을 알려준다. 또 『한비자(韓非子)』 외저설우하(外儲說右下)에 의하면, 조간자(趙簡子)의 토지는 세리(稅吏)가 대신 조를 거두었는데 조간자는 세리에게 조를 거두는 것에 대해 다음과 같이 말했다. "지대를 가볍게 하지 무겁게 하지 말라. 지대가 무거우면 윗사람이 유리하겠지만 가볍게 하면 백성들이 유리하다.(易輕勿重, 重則利于上, 若輕則利于民)" 이상에서처럼 토지를 분급받은 봉군들은 이미 과거 봉건영주처럼 군사정치적인 특권을 장악하고 있지 않았지만 그들은 봉토지(封土地)를 오랫동안 차지할 수 있었다. 이에 그들은 농민과 일종의 특수한 조전[租佃]관계를 형성하였다. 이러한 조전(租佃)관계에서 농민은 지주에 대하여 여전히 신분적으로 예속되어 있었지만, 보다 중요한 것은 경제적 계급관계였다.

이 시기 귀족 지주와 농민 사이에 형성된 계급 대립과 모순의 대부분은 가혹한 지대 착취에 반영되어있다. 예를 들어 앞서 서술한 것처럼 『손자병법』 오문(吳問)에서는 진(晋)나라 여섯 경(卿)들의 지대수취에 대해 언급하고 있다. 그 가운데 한나라와 조나라의 두 경은 "90보(步)를 원(畹)으로 삼고 80보를 진(畛)으로 삼아 오세(伍稅)를 수취하였다(以九十步爲畹, 以八十步爲畛, 以伍稅之)." 즉 무당 50%의 지대를 수취하였던 것이다. 손자는 지대가 과중하다고 여겼는데, 그중에서도 범씨(范氏)와 중항씨(中行氏)는 "80보를 원(畹)으로, 160보를 진으로 삼아 伍稅를 거두었다(以八十步爲畹, 以百六十步爲畛, 而伍稅之)." 범씨와 중항씨의 수취는 비록 생산량의 50%였다고는 하나 전자와 비교하면 해당 토지의 면적이 협소하여 착취량은 더욱 많았다.[45)]

손자는 당시 과중한 조세가 "공가를 부유하게(公家富)" 해, "주(主)를 교만하게 하고 신하를 사치스럽게 한다(主驕臣奢)"고 여겼다. 여기서 말한 '주'는 귀족지주인 범씨와 중항씨를 가리킨다. 손무는 과중한 지대수취로 인해 그들이 필연적으로 멸망할 것이라 판단하였다. 지대의 수취가 가장 과중했던 범씨와 중항씨가 먼저 멸망하였으며 이어 가혹하게 지대를 수취했던 한(韓)과 조(趙) 2경(卿)이 망했다. 지주와 농민 사이의 계급모순의 첨예화는 손무의 언급에서 한층 분명해진다.

또 앞에서 이미 열거한 제나라 강씨(姜氏)의 지대수취 사례에 의하면, "민(民)은 그 힘을 3분으로 나누는데 2분은 공(公)으로 들이고 나머지 하나만 먹었다(民參其力, 二入于公, 而(農民)衣食其一)." 그 결과 "공(公)은 썩어 좀먹을 정도로 거두

었고 삼로(三老)는 추위에 떨고 굶주리게 되었으며(公聚朽蠹, 三老凍餒)” 착취율은
2/3에 이르러 앞서 서술한 진나라의 여러 경(卿)들이 거두던 50%의 조율을 넘어
서게 되었다. 이러한 기록에 대해 천바이잉[陳伯瀛]은 “이는 즉 지주된 자들이 얼
마나 전인(佃人)들을 착취하고 있었는가”라고 논단했다.[46] 삼로가 추위에 떨고
굶주린다는 설명에서 가혹한 지대의 수취가 이미 농민의 필요노동부분까지 잠식
하고 있음을 확인할 수 있다. 가혹한 지대 수취 때문에 계급모순은 첨예해 졌고
농민들의 저항도 발생했다. 『춘추좌전』 소공(昭公) 20년조에는 “민들이 고통스러
워 해 부부가 모두 원망했다(民之苦病, 夫婦皆詛)”[47]라고 기술되어 있다.

당연히 귀족지주가 수취하는 지대는 귀천 신분관계의 제약을 받아 지주들은
경제외적 강제에 의지해 지대를 수취하였고 전농(佃農)들은 지주에게 강력하게
예속되어 있었다. 다만 이 시기의 경제적인 관계가 주도적 지위를 차지하게 되
어 신분적 예속관계는 지대의 수취를 보증하는데 머물러 있었다. 그것은 봉건적
제도로부터 파생해 나온 것으로 과거 귀천 신분관계를 주된 모순으로 하는 서주
(西周)전기의 조법제(助法制)와는 다른 것이었다.

바로 이 시기에 일단의 신형지주 즉 광대한 토지를 매입한 지주가 출현하였
고 그 지주들 가운데에는 서민지주도 포함되어 있었다. 이런 지주들이 만들어
낸 조전[租佃]관계로 인해 신분관계는 더욱 약화되었고 경제적 계급모순은 더욱
확연해 졌다. 상호간에 인신적 예속관계가 있다하더라도 이전과 비교하면 이미
크게 달라졌다.

이와 동시에 각 제국국은 자영농과 모순관계에 있었는데 이러한 모순은 무거
운 전세(田稅)와 요역(徭役)으로 나타났다.

봉건제후국이 농민에 대해 수취한 전세에 대해서는 어떤 기록에는 양곡과 짚
[藳]의 액수도 기록되어 있다. 예를 들어 진(秦)나라에서는 농가가 받은 토지의 수
에 따라 “경(頃)당 꼴[芻] 3석과 짚[藳] 2석을 거두었다(頃入芻三石, 藳二石)”[48] 또 위
나라에서는 이리(李悝)는 이렇게 말했다. “지금 장정 한명은 다섯 명을 부양하고
토지 100무(畝)를 경작하여 매년 무당 1석 반을 수확하니 100무의 생산량은 좁[粟]
150석이다. 이 가운데 1/10세로 15석을 거두니 남는 것이 135석이다(今一夫挾五口,
治田百畝, 歲收畝一石半, 爲粟百五十石, 除十一之稅十五石, 餘百三十五石).”[49] 어떤
기록에는 세율도 나타나 있는데, 예를 들어 제나라의 경우 “토지를 살펴 2년에
한번 세를 거두었다. 풍년의 경우 3/10을, 평년인 경우는 2/10를, 흉년인 경우는
1/10을 거두었다(案田而稅, 二歲而稅一, 上年什取三, 中年什取二, 下年什取一).”[50] 평

균적인 세율은 10%였다. 한편『관자』유관도편(幼官圖編)에 의하면 "전조(田租)는 5/100를 거두었다(田租百取五)." 따라서 전조의 세율은 5%였다.『논어(論語)』안연편(顏淵編)도 전세 문제를 언급하였는데 노나라 애공(哀公)이 유약(有若)에게 "2/10도 오히려 나에게 부족한데 어찌 철법(徹法)을 쓰겠는가?(二吾猶不足, 如之何其徹也)"라고 했다. 이를 통해 당시 애공은 20%의 세율로 수취하고 있음을 알 수 있다. 앞서 서술한 것을 정리하면 각 나라는 제도개혁 후 통상 1/10세율을 실시하였고 높아도 2/10였다.

무(畝)에 따라 토지세를 거두는 것 이외에 농민들은 역역도 부담해야 했다.『관자』산국궤편(山國軌編)에는 역역의 징발에 대해 다음과 같이 말했다. "봄에 10일을 징발해 밭갈이를 방해하지 않고, 여름에 10일을 징발해 김매기에 방해하지 않으며 가을에 10일을 징발해 추수를 방해하지 않아야 한다. 겨울에 20일을 징발해 제전(除田)을 방해하지 말아야 한다.(春十日, 不害耕事, 夏十日, 不害芸事, 秋十日, 不害斂實, 冬二十日, 不害除田)" 또『순자(荀子)』부국편(富國編)에서는 "군사를 일으키고 역역을 징발할 때는 농번기를 피해야 한다(軍興力役, 無奪民時)"라고 했다. 이는 기실 각 제후국에서 요역의 징발이 빈번했음을 보여주는 예이다. 당시의 많은 문헌은 전쟁이 계속되어 요역이 번중하였음이 언급되어 있다. 이 밖에도 포에 대한 징수도 있어 호구별로 포를 거두었으나 자세한 상황은 알 수 없다. 조와 쌀의 징수 외에 여러 항목에 대한 징수가 이루어 졌는데 이는 각 나라의 상황에 따라 달랐으며 농민의 무거운 부담이 되었다.

이 시기의 모든 국가는 지주계급의 이익을 대변하고 있었으며 자영농은 토지세와 역역이라는 측면에서 제후국과 모순관계를 맺고 있었는데, 결국 이는 농민계급과 지주계급사이의 모순이었다. 자영농과 조전농(租佃農)의 차이란 조전농과 지주사이의 모순이 직접적이라면 자영농과 지주사이의 계급모순은 국가권력을 매개로 한 간접적 형식을 띠고 있다는 점이었다.

이 시기 계급 모순의 돌출은 농민의 계급분화로 구체화되었다. 대개 자영농은 역사의 무대에 등장하여 특정의 원인에 따라 어떤 이는 날로 빈곤해 지고 어떤 이는 날로 부유해져 분화가 발생하게 된다. 지주경제의 제약 아래에서 이 시기 소농민 경제의 독자성이 강화되고 농업생산의 발전에 따라 시장과의 관련이 날라 깊어졌다.[51] 이러한 종류의 변화와 발전은 계급분화를 강화해 갔다.

바로 이 시기 토지매매도 더욱 빈번해 졌다.『춘추좌전』양공(襄公) 4년조에 따르면 "융적은 초원에 살면서 재화를 중히 여겨 토지를 가볍게 여기니 땅은 판

매될 수 있다(戎狄荐居, 貴貨易土, 土可賣焉).”『한비자』외저설좌상(外儲說左上)에
의하면 “중모(中牟)의 사람들 가운데 자기의 경작지를 버리고 집과 채소밭을 팔
아 문학을 따르는 이가 읍민 가운데 반이나 되었다(中牟之人, 棄期田耘, 賣其宅圃
而隨文學者邑之半).”

　토지를 매입한 사례도 몇 가지 들어보자. 이 시기 토지를 매매한 이들의 대부
분은 관료군공지주들이었다. 예를 들어 조(趙)나라의 대장군 조괄(趙括)은 조나
라 국왕이 내려준 금과 비단을 가지고 “집으로 돌아가 보관하고 있다가 어느 날
전택(田宅)을 구입하는 것이 이롭겠다고 여겨 전택을 매입했다(歸藏于家, 而日視
便利田宅可買者, 買之).” 조괄이 토지를 매입한 것은 군공지주가 토지를 확대한
좋은 사례이다. 한편 어떤 이는 힘써 농사를 지어 치부했다. 예를 들어 춘추시기
범려(范蠡)는 배를 타고 바다를 건너 제나라로 가 “온 정성과 힘을 다해 해안을
경작하였고 부자가 재산을 증식하니 얼마 되지 않아 치부한 재산이 수천만이나
되었다(耕于海畔, 苦身戮力, 父子治山, 居無幾何, 致産數千萬).” 범려는 원래 농사를
지어 재산을 모은 서민지주였을 가능성이 높다.[52] 또 소진(蘇秦)은 재상의 도장
을 허리에 차고 나서 “나에게 낙양의 성 아래 기름진 땅 2경만 있었더라도 내가
어찌 여섯 나라 제상의 인장을 찰 수 있었겠는가?(使我有洛陽負郭田二頃, 我豈能
佩六國相印乎)” 이러한 사례는 당시 서민지주가 객관적으로 출현하고 있었음을
잘 보여준다.

　이 시기에는 많은 재물을 모은 거부(巨富)도 출현하였다.『전국책』진책(秦策)
에 의하면 상인은 “가래를 잡고 김을 매는 수고도 없이 많은 곡식을 가지고 있었
다(無把銚椎耨之勞, 而有積累之實).” 이 시기 상인들이 모은 재산 가운데 일부는
토지의 구매에 사용되었고 이에 상인지주가 출현하였다.

　광대한 농민들은 지주와 부상의 지대착취와 국가의 무거운 부역 징수라는 조
건아래에서 계급분화를 가속화시켜 소수 몇몇 농민들은 부유해 졌고 대다수 농
민들은 날로 곤궁해졌다. 예를 들어『관자』문(問) 중에는 “죽은 이들 가운데 전
택을 소유하지 못한 자가 있는가(問死事之孤未有田宅者有乎)라는 질문이 있는데
이는 토지를 상실한 민호가 있는지를 물은 것이다. “향의 양가(良家) 가운데 수양
하는 집은 몇 가구나 되는가(問鄕之良家其所收養者幾何家)”라는 질문은 곤궁하고
가난한 이들이 부호들의 수양이 되는 현실을 가리키는 것이다. “읍의 빈민 가운
데 채무로 살아가는 자는 몇이나 되는가(問邑之貧人債而食者幾何家)”라는 물음은
민호 가운데 빚을 내어 하루하루 연명하는 자가 있음을 보여준다. 물론『관자』는

후대인들이 기술한 것으로 그 내용은 전국시대의 사실과 제도개혁 이후 발생한 농민분화의 구체적 양상도 반영되어 있다. 일부 농민이 빚을 내어 생계를 이어가는 현상에 대해 『맹자』 등문공상에서는 다음과 같이 기술하고 있다. 농민은 "한해 동안 열심히 일해도 부모를 공양할 수 없어 빚을 내어 곡식과 바꾼다(終歲勤勞, 不得以養其父母, 又稱貸而易之)." 이 시기 농민계급의 분화에 대한 문제는 『논어』, 『맹자』, 『장자』와 같은 책에도 잘 나타나 있다.

이러한 조건하에서 확대된 빈부의 차는 당대 혹은 후대의 여러 글과 책에 잘 반영되어 있다. 예를 들어 앞서 서술한 것처럼 한나라 사람 동중서(董仲舒)는 "진나라가 상앙의 법을 채용하여 제왕의 제도를 개혁하고 정전(井田)을 폐지하여 천맥(阡陌)의 제도를 여니, 민들은 토지를 매매할 수 있었으며 부자들의 토지는 더욱 확대되었고 가난한 이들은 송곳을 세울 만한 땅도 없었다(秦用商鞅之法, 改帝王之制, 除井田, 開阡陌, 民得賣買, 富者田連阡陌, 貧者無立錐之地)"라고 말했다. 또 『통고(通考)』 전부고(田賦考)에 의하면 상앙(商鞅)의 제도개혁 결과 "겸병의 환란이 이로부터 시작되었고 민들 가운데 토지가 많은 자들은 1000무(畝)로 밭의 경계로 삼으니 이후 다시 제한하는 제도가 없었다(兼並之患自此始, 民田多者以千畝爲畔, 無復限制矣)." 또 『한서』 식화지에 의하면 진(秦)나라 효공(孝公) 당시 "서인 가운데 부유한 자는 재산이 거만이었으나 가난한 자는 지게미와 쌀겨를 먹었다(庶人之富者累巨萬, 而貧者食糟糠)." 위에서 말한 부유한 자와 토지가 많은 민 가운데에는 관료군공지주가 있었고 그 중 대다수는 서민지주였다. 또 식량이 부족한 빈민 가운데에는 토지를 판매한 농민들이 다수를 차지했다.

이상의 사례에서 조전농(租佃農)과 자영농 사이의 계급모순이 첨예화되어 농민층의 계급분화가 가속화되었으며 이는 지주제 경제의 생장과 분리할 수 없는 것이다.

이러한 변화 발전에 따라 소농경영의 독립성 역시 한층 강화되었는데, 이는 춘추전국시기 사회경제의 일대 혁신이었다. 예를 들어 조전농(租佃農)은 서주 영주제시기 개별 농사의 상황과 매우 확연하게 대조된다. 서주시기 봉경 영주에게 노동지대를 제공하기 위해 공전(公田)을 경작했던 농민은 독립적인 경영주체가 아니어서 노역을 바치던 토지와 분리되어 있었고, 농민은 사전(私田)에서 생존에 필요한 필요노동을 행사하고 있었으며 공전에서는 영주를 위해 자신의 잉여노동을 제공하였다. 이 시기 개별 농가들은 아직 완전한 생산단위가 될 수 없어 초보적인 소농경영의 단계에 놓여 있었다. 이런 상태는 토지제도의 개혁 이후 현물지대가 수취되면서 변화하기 시작한다. 이 시기의 조전농(租佃農)은 하나의 토지에서 생산노동을 진행하여 완전한 생산단위이자 경제단위였다. 다만 토지에서 산출된 생산품의 일부분은 지대의 형식으로 지주에게 주어졌다. 이 시기 매 호의 조전농은 하나의 독립된 소경영단위였으며 그 경제적 독립성은 노동지대를 바치던 농민의 그것을 넘어서 있었다.

자영농의 경우 그들은 자신이 차지하고 있던 토지 외에 각종 생산 공구 심지어 일부 농가는 생산품의 일부를 시장에 내다 팔아 화폐를 획득하고 이로서 생산도구와 일부 생활필수품을 구매하였다. 따라서 그들의 경제적 독립성은 조전농의 그것을 넘어서 있었다.

요컨대 이 시기 출현한 자영농 혹은 조전농은 모두 독립적인 소경영 농가였으며 그 자체로 안정성과 완결성을 가지고 있었다. 물론 이 시기 농민은 공적으로는 국가, 사적으로는 지주에게 신분적으로 예속되어 있었다. 이는 다른 차원의 문제이다. 개별 농민의 이러한 경제적 독립성은 중국 봉건제 사회시기 상당히 장기적으로 존재하였으며 농업생산 및 상품경제의 발전과 더불어 변화해 갔다.

이처럼 동주(東周)시기에 중국에서는 봉건 영주제에서 지주제 경제로 이행하였다. 과도적 현상의 대부분은 춘추시기에 발생하였으며 전국시기에 이르러 완비되었고 진시황의 중국 통일은 그 기초를 다졌다.

제2장의 주

1) 『춘추공양전』 何氏解詁 권11.
2) 왕응린의 말은 『玉海』 권 176, 식화 전제를 보라.
3) 『논어』 憲問.
4) 『논어』 公冶長.
5) 『논어』 헌문.
6) 左丘明은 "처음 무에 대해 세금을 거두었다(初稅畝)"의 주석에서 "예가 아니다(非禮也)"라고 했고, 公羊高는 "처음 무에 대해 세금을 거두었다(初稅畝)"의 주석에서 "옳지 않다(非正也)"라고 했는데, 이들 모두는 공자의 원래 뜻을 왜곡한 것이다. 공자는 『춘추』를 지으면서 "初稅畝"에 대해 아무런 논평도 하지 않았다. 따라서 좌구명과 공양고가 지은 주석을 통해 그들이 "初稅畝"에 대해 적대적인 태도를 가지고 있었음을 알 수 있다.
7) 이 문제에 대해서는 리원쯔李文治는 1963년에 「중국 봉건적 토지소유제 형식 연구방법론에 관한 문제」를 발표한 바 있다. 이 논문은 『經濟研究』에 기재되었으며, 당시 많은 연구자들이 리원쯔의 견해에 동감했다.
8) 齊思和, 「戰國制度考」, 『燕京學報』 1938년 제24기.
9) 巫玉三, 『管子思想硏究』.
10) 楊生民, 「春秋戰國個體農民廣範出現與戰國的社會性質」, 『北京師範學院學報』 1991년 제6기.
11) 이 시기 귀천의 신분관계는 여전히 엄격했고 기 가운데 서인출신에서 상승하여 관료군공지주가 된 자들이 새로운 귀족이 되었다. 봉건영주로부터 전화된 귀족 지주와 구별하기 위해 관료군공지주라는 칭호로 개괄하였다.
12) 제나라는 이미 제나라 桓公 원년에 제도 개혁을 단행했다. 『춘추좌전』의 제나라 소공 3년의 기사에 의하면, 이 시기는 환공이 제도개혁을 단행한 지 55년이 지난 후이다. 소공의 수조율은 2/3였으므로 토지는 응당 그의 사유지였다. 필자들은 1949년 이전 陳伯瀛의 관점에 동의한다.
13) 銀雀山 漢墓 출토 『손자병법』 吳問; 여기에 대해서는 陳振中의 『靑銅生産工具與中國奴隷制社會經濟』를 보라. 본문의 괄호 안에 있는 '지씨가 토지제도를 만들을 때'라는 구절은 『文物與考古論集』에서 보충한 것이다.
14) 이 시기 畝의 면적은 비교적 작았는데 서주의 1무는 백보였다. 張政烺의 고증에 따르면 이 시기 田畝의 제도는 보를 단위로 하였는데 전 70만은 즉 70만보 7천무였다.
15) 『戰國策』 魏策.
16) 『사기』 권81, 열전, 廉頗·吝相如附 趙奢.
17) 陳伯瀛, 『中國田制叢考』, 商務印書館, 1935.
18) 『한비자』 外儲說左下.
19) 『說苑』 政理.
20) 『한비자』 和氏.
21) 『사기』 권68, 상군열전, 종실이 되지 못한다는 것은 귀족의 특권을 누리지 못한다는 것을 의미한다.
22) 『사기』 권81, 廉頗藺相如列傳附趙奢
23) 『춘추좌전』 노 소공 3년.
24) 齊思和, 「戰國制度考」, 『燕京學報』 1938년 24기.
25) 이 시기 문학 혹은 군공으로 관료가 된 자들 역시 귀족의 지위에 올랐다. 예컨대 진나라에서

상앙은 존비와 작질의 등급을 분명히 해 이로서 차서로 삼았다. 다만 이는 봉건지주경제를 중핵으로 한 봉건적 신분제로, 서주시기 세습적 종법귀천신분제 소유와는 다른 것이다.

26) 서인출신의 관료에 대해서는 당시의 여러 발언들에서 나타나는데 예를들어 墨子는 "현인을 등용하라(上賢)"고 했고, 맹자는 "나라 사람들이 모두 현인이라고 말해야 한다(國人皆曰賢)."고 제창했고 순자(荀子)는 "현명한 이를 골라 능력에 따라 부려라(選賢使能)."고 주장했다. 이러한 언급들은 모두 구래의 귀천신분제도의 한계를 벗어난 것이다.

27) 『한서』권30, 예문지, 유가 李克七篇.

28) 『한비자』外儲說左上.

29) 『사기』권121, 유림열전.

30) 齊思和, 「戰國制度考」, 『燕京學報』 1938년 제24기.

31) 이 시기 각 나라들은 관리들에게 두 형태의 보수를 지급하였는데 첫째는 식량이고 둘째는 祿田이라 불린 토지였다. 비록 수가 많지 않았지만 녹전은 관료지주가 가진 토지의 일부였다.

32) 『商君書』境內篇.

33) 『사기』권 73 白起·王翦열전.

34) 이상은 '田昌吳, 『古代社會斷代新論』, 人民出版社, 1982.'를 참고하라.

35) 매 농가의 경작면적에 대해서는 『관자』輕重篇, 『漢書』권 24, 식화지, 『맹자』양혜왕 상을 참조하라.

36) 고대사 전공자인 쟝쩡랑[張政烺]의 고증에 따랐는데 그 출처는 기억할 수 없다.

37) 田昌五가 쓴 『古代社會斷代新論』에 따르면 서주중기 이후의 명문 가운데 이미 토지의 양도와 지대수취에 대한 기록이 있다.

38) 『史記』권105, 扁鵲·倉公열전; 권34 조세가

39) 서주시기 신분관계에 관해서는 '何茲全, 『中國古代社會』, 河南人民出版社, 1991'을 참조.

40) 『맹자』양혜왕 하.

41) 이 시기 봉건 통치자는 노예에 대해 노예노동을 강제하였다. 어떤 노예는 공업생산에 종사하였다. 『오월춘추』권4, 吳國조에는 "동녀동남 300으로 하여금 전대를 두드리며 탄을 만들었고 쇠붙이를 적시며 검을 만들었다(使童女童男三百, 鼓橐製炭, 金鐵乃濡, 遂以成劍)."고 기록되어 있다. 여기서 '동남동녀'는 노예노동을 강요당하는 노비들이었다. 다만 이들 가운데 대부분은 생산노동에 종사하였다.

42) 『사기』권5, 진본기.

43) 이 시기 근로생산자 중에는 공업과 광업에 종사하는 노예도 있었고 그 밖에 예속민도 존재하였다. 본문에서는 주로 농업노동을 수행하는 이들의 신분관계를 검토하였고 그 밖의 이들은 생략하였음을 밝혀둔다.

44) 계급 모순 문제에 관하여 여기서는 봉건사회의 하층농민을 집중적으로 검토할 것이다. 지주계급의 변화는 앞서 이미 언급하였으므로 여기서는 생략한다. 특히 사회하층민 가운데에서도 조전농과 자영농에 천착할 것이다. 기타 수공업자와 노예는 생략한다.

45) 여기서 말하는 1/2세(伍稅)는 대개 당시 해당 토지의 생산물에 대해 정량이 징수된 것이므로 토지의 면적의 대소를 논할 것 없이 모두 정액이 수취되었다. 때문에 조의 수취량은 그 가중함에 차이가 있었다.

46) 陳伯瀛, 『中國田制叢考』, 商務印書館 1935년 판.

47) 계급관계의 균열은 귀족지주들이 지대의 경감을 이용하여 민중들의 지지를 얻으려는 시도에도 반영되어 있다. 예를 들어 『史記』田敬仲完世家 및 『사기』齊太公世家에 의하면 제나라의 진씨(陳氏-즉 전씨)는 姜氏로부터 정권을 탈취하기 위해 "민에게 거두는 부세를 작은 두로 하여

받았다(其收賦于民小斗受之)” 여기서 소두를 사용하여 조를 거두었다는 것은 지대율을 2/3 이하로 거두었음을 의미한다. 이 때문에 “민들이 좋아하였고(民愛之)” 농민들의 지지를 얻어 마침내 강씨의 제나라를 탈취하였다.

48) 『睡虎地秦墓竹簡』.(‘양성민[楊生民], 「춘추전국시기 개별 농민이 광범위한 출현과 그 사회성격[春秋戰國個體農民廣泛出現與戰國的社會性質]」, 『北京師範學院學報』 1991年 第6期.’에 轉載)

49) 『漢書』 권24 상 식화지 위나라 이리의 말에서 인용.

50) 『管子』 大匡編. 『관자』 治國編에서도 “부고의 징세는 조[粟] 1/10세로 한다(府庫之徵, 粟什一).”라고 하였다.

51) 농민경제와 시장의 관계에 대해서는 위나라의 李悝와 같은 인물이 언급한 바 있다. “쌀을 매매하는데 그 값이 비싸면 민을 상하게 하고, 값이 싸면 농업을 상하게 한다(糴甚貴傷民, 甚賤傷農).” 陳相이 맹자의 물음에 답하면서 사용하던 취사도구와 철제농기구 등은 모두 “곡식으로 바꾸었다(以粟易之)”라고 했다. 춘추전국시기 제도개혁 후 각 나라에서 상품교역에 대한 기록은 매우 많으므로 여기서는 일일이 논거하지 않는다.

52) 『사기』 권41 월왕구천세가.

하편
지주제 경제의 발전과 변화

제3장 지주제 경제의 초보적 발전과 퇴보(진·한~남북조)

제1절 진~서한시기 지주제 경제의 정상적인 발전

중국의 지주제 경제체제는 전국시기에 이미 형성되어 진(秦)에서 서한(西漢)에 이르기는 시기에는 초보적인 발전단계로 접어들었다. 이 시기 지주제 경제는 다음의 고유한 특징을 가지고 있었다. 첫째, 소토지소유제가 광범위하게 존재하여, 상당한 기간 동안 자영농이 지배적인 지위를 차지하였다. 둘째, 각종 유형의 지주가 오랫동안 병존했는데, 특히 서민지주의 발전에 주목해야 한다. 셋째, 국가는 부세(賦稅)와 요역(徭役) 징발을 확보하기 위해 농민들을 엄격하게 통제했다. 넷째, 국가는 자영농을 지속적으로 유지시키기 위해 권귀(權貴)와 호강(豪强)들을 억제했으며, 아울러 농업을 중시하고 상업을 억제하는 정책을 실시했다. 다섯째, 이 시기 농민은 비교적 많은 신분적 자유를 가지고 있었다. 전농과 고공농[佃雇農]은 비록 지주의 경제외적 강제를 받았지만, 지주와의 계급관계는 여전히 법제화되지 않았다. 여섯째, 이러한 관계는 농업 생산 및 상품 경제의 발전에 조응한 것이었다. 상술한 관계로부터 농민은 상대적으로 많은 자유를 누렸으며, 생산에 대한 적극성도 높아 그에 상응하여 농업 생산이 발전했다. 농민은 많은 생산물을 시장에 판매하였으며 마침내 지주제 경제가 역사의 무대에 등장하게 되었다. 이러한 변화 발전은, 진에서 서한의 문제(文帝)·경제(景帝)에서 무제(武帝)까지의 40여년 동안 절정에 달했다. 이상의 여러 관계들은 중국 봉건사회 전기 지주제 경제가 비교적 큰 유연성과 적응성을 가졌음을 보여준다.

진에서 서한에 이르는 시기 지주제의 변화 발전을 쉽게 서술하기 위해 눈앞에서 진행되고 있는 두 가지 논쟁에 대한 필자들의 견해를 피력해 보자. 첫째는 토지국유의 문제이다. 어떤 연구자는 진한시기의 전세(田稅)를 지대수취와 같은 것으로 간주하여 이를 토지국유제의 논거로 삼았다. 필자들은 전세와 지대는 서로 다른 개념이며, 양자의 성격에는 차이가 있다고 생각한다. 봉건지주는 토지소유주라는 신분으로 지대를 징수하는 것으로 여기에 국가는 간여한 적이 없다. 이 때문에 지대수취율은 비교적 높아 일반적으로 매 무(畝)당 1/2 내외였다. 지대는 농민의 잉여노동이었고 때로 농민의 필요노동까지 잠식하기도 했다. 따라서 봉건지대는 토지소유권이 실현되는 형식이었다. 국가가 토지소유자에게 징수하던 1/30세는 무(畝)당 생산량의 일부분만을 차지하고 징세는 국가의 주권자들을 기반으로 한 것이지 소유권에 기초한 것은 아니다. 이 때문에 이를 토지국유의 논거로 삼는 것은 타당하지 않다. 또 이 시기 각종 유형의 둔전은 국가의 직접적 통제를 받고 있었다. 둔전을 경작하던 생산자들은 잉여노동 대부분을 국가에 의해 수취당하기 때문에 이런 토지는 국유제에 속한다고 할 수 있다. 요컨대 토지국유 혹은 사유를 밝히는 길은 경제 관계(역자-계급관계)를 떠나 다른 수단이나 논거에서 찾을 수 없다.

둘째는 진한(秦漢) 노예제론이다. 양성민[楊生民]의 고증에 의하면 한대(漢代) 노예가 전체 인구에서 차지하는 비중은 비교적 작아 전체 인구에서 1~4%에 불과하였다. 비중이 적었던 노예의 대다수는 착취계급의 가내노동에 복무하여 농업생산에 종사하던 이들의 수는 더욱 작았다. 1973~75년 호북성(湖北省) 강릉(江陵) 봉황산(鳳凰山)에서 발굴된 서한시대 묘에서 출토된 목용(木俑)에 대한 연구에 의하면, 목용(木俑)의 총수는 132개이며 이 가운에 농업생산에 참가한 것은 34개로 전체의 26%에 불과하였다. 이를 통해 서한의 노비 경제는 봉건경제의 일부에 불과하다는 것을 알 수 있다.[1] 전체 지주제 경제에 있어 노예는 장기간 존재하였고 이는 봉건사회 후기인 명·청시대에 이르러서도 예외는 아니었다.

요컨대 진으로부터 서한에 이르는 시기동안 지주제 경제는 초보적인 발전을 거두어 이미 그 거대한 생명력을 나타내었다. 이 시기 토지사유제는 더욱 명확해 졌으며, 생산에서 농민은 비교적 많은 자유를 가지고 있어 농업 생산이 빠르게 발전하였다. 그러나 서한 중·후기, 특히 서한 후기에 이르러 토지 소유관계에 점차 변화가 발생하였는데, 특권 지주의 발전, 권귀(權貴)와 호족(豪族)과 권세가들의 팽창과 함께 지주제 경제의 발전과정도 기형적 형태를 띠게 되었고 사회경제는 퇴보하였다. 이 문제들에 대해서는 본문에서 생략하였다.

1. 비교적 큰 비중을 차지한 농민소유제

진으로부터 서한에 이르기 시기 토지 소유권 측면에서의 중요한 특징 가운데 하나는 농민의 소토지소유제가 비교적 큰 비중을 차지하고 있으며 아울러 이것이 상당히 긴 시간 동안 지배적인 위치를 차지했다는 점이다.

이러한 현상은 당시 국가가 실행하고 있던 정책과 긴밀하게 연계되어 있었다. 진시황(秦始皇)은 재위 26년(기원전 221년)에 중국을 통일하였고, 지주제 경제라는 조건아래에서 최초의 집권적인 봉건왕조를 출현시켰다. 시황(始皇) 31년(기원전 216년)에, "백성들로 하여금 스스로 토지를 헤아려 보고하도록 하라(令黔首自實田)"는 법령²⁾을 공포하였다. 소위 "검수(黔首)"는 주로 농민 즉 소토지소유자를 가리키며 소수의 서민지주도 포함한다. "스스로 토지를 헤아려(自實田)"라는 말은 토지 소유주가 자신의 토지를 헤아려 보고하도록 한 것이다. 이러한 정책의 실시는 한나라에서도 예외가 아니었다. 예를 들어 서한 초 실시한 명전(名田)의 제도는 민들로 하여금 스스로 토지의 면적[田畝]를 계산하여 장부[名簿]를 작성하고 이를 관부에 보고하게 해 이를 부세수취의 근거로 삼았다.

봉건 통치자들은 농민의 많고 적음 즉 자영농의 다과에 따라 국가의 성쇠가 결정된다는 것을 알고 있었다. 때문에 진나라와 한나라는 모두 자영농의 확대하려는 정책을 실시하였다. 특히 서한의 여러 황제들의 여러 차례 이러한 정책을 실시하는 조령(詔令)을 내린 바 있다. 먼저 전란으로 상실된 토지를 회복하라는 법령을 마련하였다. 서한 초 유망호(流亡戶)들에 대해 "옛 작위와 전택(田宅)을 회복시켜 준다(復故爵田宅)"는 조령을 반포하여 토지를 상실한 농민들이 토지를 얻을 수 있도록 했다. 『한서』 선제본기[宣帝紀]에 의하면 선제 때(기원전 73~49년) 교동(膠東)¹⁾지역에서 올린 보고에 의하면 "지역 내 부세할 수 있는 농민의 수는 8만이 넘었다(農民自占八萬餘口)". 여기서 말한 '자점(自占)'은 정부에 호구와 토지 그리고 납부할 부세를 보고로 유민들이 다시 토지를 획득하였음을 의미한다.

한편 국가는 토지 없는 농민에게 토지를 분배했다. 『한서』 소제(紹帝)본기에 의하면 원봉(元鳳) 3년(기원전 78년) "중모원(中牟苑)을 헐어 빈민들에게 나누어 주었다(罷中牟苑 賦貧民)." 『한서』 곽광(霍光)전에는 "대장군 때의 법령을 모두 바꾸었고 공전을 빈민에게 나누어 주었다(盡變易大將軍時法令 以公田賦與貧民)"라

---

1) 역주 - 지금의 산동반도 일대를 말한다. 膠縣의 동쪽지역으로 지금의 쟈오시[膠市]의 동쪽에 위치한 지역을 말한다.

는 기록이 있다. 또 『한서』 무오자(武五子)전에는 선제 때 광릉려왕(廣陵厲王)을 폐위한 뒤, "사피(射陂)의 초전(草田)을 빈민들에게 나누어 주었다(射陂草田 以賦貧民)"라고 기술되어 있다. 『한서』 선제본기에 의하면 지절(地節) 원년(기원전 69년) "군국의 빈민들에게 토지를 빌려주었고(假郡國貧民田)" 『한서』 원제(元帝)기에 의하면 초원(初元) 원년(기원전 48년) "삼보·태상·군국의 공전과 원 가운데 줄일 수 있는 것을 빈민에게 나누어져 생업을 일으키게 하고 자산이 천전(千錢)이 안 되는 자에게는 종자와 식량을 빌려 주도록 했다(以三輔·太常·郡國公田及苑可省者 振業貧民, 貲不滿千錢者賦貸種·食.)"

또 농민이 뜻밖의 사고를 만나 경제적 곤란을 겪게 되었을 때에는 부세를 면제해 주었다. 『한서』 선제본기에 의하면 선제 본시(本始) 3년(기원전 67년)에 큰 가뭄이 들자 "군국에 지시해 가뭄의 피해가 심한 자는 조부를 내지 않도록 했다(令郡國傷旱甚者 民無出租賦)." 또 지절 3년(기원전 67년)에는 "유민이었다가 되돌아 온 자에게는 공전을 빌려주고 종자와 식량을 대여해 주되 조세를 거두지 말라(流民還歸者, 假公田, 貸種·食, 且勿算事)"는 조를 내렸다. 이러한 정책의 실시는 부분적으로 농민의 경제적 어려움을 해결해 주었을 뿐 아니라 그들의 토지소유권을 유지하는데 유리한 조건을 제공했다.

국가는 또한 구호강지주를 이주시키는 정책을 통해 자영농을 육성하였다. 성제(成帝) 때(기원전 12~7년) 진탕(陳湯)은 "관동에는 부자들이 많아 좋은 토지를 가지고 빈민들을 사역시킨다(關東富人益衆, 多規良田, 役使貧民)"고 하면서 진씨는 관동의 부자들을 초릉(初陵)으로 이주시킬 것을 건의하였는데 이는 한편으로는 제후들을 약화시키고 다른 한편으로는 중가(中家) 이하에게 빈부를 균등하게 하는 효과를 가져왔다.[3] 여기서 빈부를 균등히 한다고 말한 것은 일부 농민들에게 토지를 획득하게 해 자영농을 만든다는 것이다.

국가가 부상(富商)들의 토지 구매를 제한한 것 역시 농민의 토지 소유권을 유지하도록 하기 위한 조치였다. 『사기』 평준서(平準書)에 의하면 무제(기원전 140~87년) 때 "상인 가운데 시적(市籍)에 든 자와 그 가속들은 모두 명전을 얻을 수 없도록 해 농민을 편안하게 하고 법령을 위반하는 자는 전동(田僮)을 몰수하라.(賈人有市籍者及其家屬 皆無得籍名田以便農, 敢犯令, 沒入田僮)"라는 조서를 내렸다. "이편농(以便農)"이라는 측면에서 고찰하면 자영농을 유지하려는 의도를 분명히 알 수 있다. 서한 후기의 애제(哀帝)에 이르기까지 이러한 정책은 계속 관철되었는데 이는 『한서』 애제기의 "상인들은 명전을 얻어 리(吏)가 될 수 없으며

어기는 자는 법률로써 논한다(賈人皆不得名田, 爲吏, 犯者爲律論)"라는 령에서 확인할 수 있다

국가는 또한 권세에 의거해 각지에서 악행을 저지르던 호강(豪强)들을 제압하였는데 이는 경제(景帝 : 기원전 157~141년)에서 선제(宣帝 : 기원전 73~49년)에 이르기까지 되풀이 되었고 농민소유제를 안정시키는데 적극적인 역할을 했다. 이러한 정책의 실시로 인해 농민을 보호할 수 있었던 것이다. 선제 때 영천태수(潁川太守)에 부임한 조광한(趙廣漢)은 영천지방에 해를 끼치고 있던 저(褚)씨 집안의 수괴를 처단하여 명성을 드높였다. 조광한이 이후 다른 일에 연좌되어 참수당하게 되었을 때 많은 농민들이 그의 사면을 신원하였고 장안에서는 "이민 가운데 궁월을 에워싸고 엉엉 우는 자가 수만명에 달했다(吏民守闕號泣者數萬人)."[4]

특히 주목해야 할 점은 앞서 서술한 것처럼 국가에서 농민의 토지소유권을 보호하기 유해 실시한 조치인데, 이는 농민의 소토지소유제가 광범위하게 존재하고 있던 조건하에서 진행된 것이었다.

이를 논증하기 위해 여기서는 5인으로 구성된 자영농의 수입과 지출을 살펴보자. 매 민호들은 100무의 토지에 파종하여 조[粟] 150석을 거두었는데, 이 가운데 가족의 생계비로 90석, 전세로 4.5석, 각종 요역과 부역, 예를 들어 구부(口賦)[2]·산부(算賦)[3]·헌부(獻賦)·경요(更徭) 등으로 12.01석, 그리고 사료·종자와 같은 각종 비용을 제외하면 남는 조는 19.32석 이었다. 각종 항목의 요역과 부역이 과중하다고 하더라도 전세는 매우 가벼웠고 이로 인해 잉여 곡물은 비교적 많았다. 농가는 생산을 위해 필요한 재료와 생활필수품을 구매하는 데 소요되는 비용을 제외하더라도 생계를 이어나가는 데 큰 어려움은 없었다. 여기서 지적해야 만하는 것은 전세를 가볍게 하고 요역과 부역을 무겁게 하는 이러한 국가의 정책[輕田稅重徭賦]은 자영농이 광범위하게 존재하는 상황 심지어 지배적인 위치를 차지하는 조건하에서 출현한 것이고, 이것은 농민의 소토지소유제가 광범위하게 존재하고 있음을 직접적으로 반영한 것이다. 뿐만 아니라 국가의 이러한 정책은 농민 소토지소유제의 지속시키고 유지시키는 데에도 순기능을 했다. "문경지치(文景之治 : 역자-문제와 경제의 통치)"라는 말은 농민 소토지소유제가 지배적 지위를 차지하던 상황에서 나온 것이다. 서한 중후기부터, 각종 유형 지주 겸병이 농민 소토지소유제를 부분적으로 몰락시키기도 했지만, 서한의 부역제(賦役制)가

---

2) 역주 - 한대 14세 이하의 아동에게 징수한 인두세이다.
3) 역주 - 진한시기에 성년에게 징수한 인두세이다.

시행되고 있던 상황을 고려하면, 농민 소토지소유제는 여전히 커다란 비중을 차지하고 있었다.

전세를 가볍게 하고 부역을 무겁게 부과하는 이러한 국가의 정책은 조전농(租佃農)에게는 불리한 것이었다. 5인 가족으로 구성된 조전농호[農戶]의 경우 전세(田稅)의 부담은 없더라도 요부(徭賦) 부담은 자영농과 동일했다. 조[粟] 150석을 수확할 경우 먼저 지주에게 75석을 지대로 납부하고 이어 각종 요역과 부세로 12.01석을 바치고 나면 62.99석이 남는데 이는 가족이 생계를 이어가기 위한 식량인 90석에도 미치지 못하는 수치이다. 따라서 생산에 필요한 생산 재료와 생활필수품을 매입할 여유는 전혀 없었다. 이러한 조건아래에서 농가는 지속적으로 재생산될 수 없었고 이는 곧 전세를 가볍게 하고 요역과 부세를 과중하게 부과하는[輕田稅重徭賦] 서한의 제도 하에서 조전농이 존재하기 어려웠음을 보여준다.

반(半)자영농의 경우는 어떨까? 자기 소유 토지 50무와 차경하는 토지 50무를 경작하는 자소작농의 경우 자기 토지에서는 조 75석을 수확할 터인데 여기서 전세로 2.25석을 납부하고 구부(口賦)·산부(算賦)·헌부(獻賦) 및 경부(更賦)로 조 12.01석을 바치고 나면 60.74가 남는다. 차경한 토지 50의 경우 조 75석을 수확하는데 지대로 37.5석을 납부하면 37.5석이 남는다. 이 농가가 각종 지대와 조세를 바치고 남은 곡식의 양은 98.24석이며 생존을 위해 필요한 곡식 90석을 제외하면 8.24석이 잉여로 남는다. 일반 농호의 재생산되기 위한 비용은 최저 생산량의 10% 즉 15석이 필요하다. 따라서 8.24석으로는 생산에 필요한 생산재료와 생활필수품을 구입하는데 큰 어려움을 겪을 수밖에 없다.

요컨대 당시 전세를 가볍게 하고 부역을 과중하게 부가하는 조건하에서, 조전농으로 생계를 이어가는 것은 거의 불가능하고 반자영농은 생계를 이어가는데 큰 어려움을 겪었다. 다만 자영농만이 생계를 온전히 이어갈 수 있었다. 이는 농민 소토지소유제가 지배적인 지위를 차지한 조건 하에서 서한의 부세제도가 제정되었다는 것을 의미한다. 또한 이러한 조건 하에서 서한시기의 생산력 발전, 농민이 풍요, 그리고 사회의 안정이라는 번영 즉 "문경지치(文景之治)"가 출현했다.

이러한 논증으로부터 진나라에서 서한에 이르기는 시기에 국가에서 여러 차례 농민의 토지소유권을 보호하려는 정책을 실행하였다는 것을 인정한다면, 농민의 소토지소유제의 비중이 광범위하게 존재하였다고 보아야 한다. 또 당시의 부세제도와 결합하여 고려한다면, 농민의 소토지소유제가 지배적인 위치를 차지하고 있었고 조전농과 반자영농의 수가 많지 않았다고 결론 지워도 무방할 것이다.

2. 권귀지주(權貴地主)의 토지 겸병과 서민지주의 발전

진한(秦漢)시기는 지주제 경제발전 초기로, 지주계급의 구성은 비교적 복잡하였고 이는 서한시기에 더욱 두드러졌다. 이 시기에는 '변상지주(變相地主)'가 출현하였는데 종실(宗室)·공신(功臣)·훈척(勳戚) 등 건국에 공이 있는 사람들에 대해 분봉(分封)이 이루어진 것이다. 그 최상위는 왕(王), 그 다음은 열후(列侯), 열후의 아래는 식읍(食邑)이 사여되었다. 공에 따라 토지와 민호를 분봉하여 전세(田稅)를 생계수단으로 삼도록 했다. 예를 들어 조참(曹參)은 의후(懿侯)에 책봉되어 하동군(河東郡) 평양현(平陽顯)을 분봉 받아 10,600호를 식읍으로 했다. 진평(陳平)은 헌후(獻侯)에 책봉되어 중산국(中山國) 곡역현(曲逆縣)을 분봉 받아 5,000호를 식읍으로 했다. 력상(酈商)은 경후(景侯)에 책봉되어 광평국(廣平國) 곡주현(曲周顯)을 분봉 받아 4,800호를 식읍으로 했다. 관영(灌嬰)은 의후(懿侯)에 책봉되어 영천군(潁川郡) 영음현(潁陰顯)을 분봉 받아 5,000호를 식읍으로 했다. 동설(董泄)은 경후(敬侯)에 책봉되어 탁군(涿郡) 성현(成顯)을 분봉 받아 2,800호를 식읍으로 했다. 한 고조시기 분봉된 열후는 110명이고 이들의 식읍은 모두 23만호였다.[5] 이후 후로 책봉된 이는 나날이 증가하여 혹자는 서한의 열후가 무릇 800여명에 이르렀다고 한다.[6] 이러한 식읍(食邑)의 분봉은 단지 농민이 봉주(封主)에게 전세(田稅)를 바치도록 하는 것이지, 농민의 토지 재산권의 행사에 저촉되는 것은 아니었다. 다만 이러한 권귀(權貴)들은 원래부터 지주였고, 이 시기에는 농호(農戶)가 납부하는 전세(田稅)를 다소 증가시키기도 했다. 즉 농민이 원래 국가에 납부해야할 전세가 봉군(封君)에게 납부하는 것으로 바뀐 것이다. 이러한 지주를 '변상지주(變相地主)'라고 부를 수 있을 것이다.[7]

열후에게 분봉(分封)하는 동시에 황제는 또한 관리와 친속(親屬)들에게도 식읍(食邑)을 내려주었다. 예를 들어 『한서』 고제본기에 의하면 5년에 "7대부 이상에게 모두 식읍을 주라(七大夫以上皆令食邑)"는 조서를 내렸다. 문제(文帝) 때에는 "제후왕자들에게 식읍 2천호를 내려주었고(賜諸侯王子邑各二千戶)",[8] 선제 때에는 "외조모를 박평군이라 부르고 박평현과 려오현의 11,000호를 탕목읍으로 삼도록 하는(賜外祖母號爲博平君,以博平蠡吾兩顯戶萬一千爲湯沐邑)" 조서를 내렸다.[9] 이들은 비록 봉국은 없으나 식읍을 가지고 있어, 이들 역시 '변상(變相

地主)'가 되었다. 이러한 지주들은 봉읍의 민호로부터 전세를 징수하였는데 징세 가운데에는 곡물과 꼴[芻藁]도 포함되어 있었다. 또 수세량도 많을 경우 수만 곡에 달했다.

이러한 제후들은 비록 식읍의 수로 계산했으나 실제로는 전체지역을 기준으로 삼았다.『한서』광형열전에 의하면, 봉국은 사방의 경계선을 가지고 있고 봉토 내의 각종 토지의 수량이 기재되어 있다. 그런데 열후의 봉국 가운데 호구수는 계속 변하는데 반해 봉토는 변하지 않는다. 여기서는 처음에는 봉국의 호구수를 기준으로 삼다 최종적으로는 봉토를 기준으로 삼았다. 예를 들어 뒷날 전대흔(錢大昕)은 다음과 같이 논했다. "한나라의 봉국(封國)은 비록 호구를 기준으로 계산 했다고 하더라도 영역을 기준으로 나누었다(漢之封國 雖計戶口 仍以疆域爲斷)."[10] 또 각 제후들이 받은 식읍의 호수는 부단히 증가하였다. 예를 들어 앞서 언급한 조참(曹參)의 경우 처음에는 10,600호를 분봉 받았으나 이후 23,000호로 증가하였고, 진평은 원래 5,000호를 분봉 받았으나 16,000호로 늘어났다. 력상(酈商)은 원래 4,800호를 분봉 받았으나 이후 18,000호로 증가하였고 관영(灌嬰)은 원래 5,000호를 분봉 받았으나 이후 8,400호로 증가하였다.[11]

서한 식읍을 받은 열후들의 정치적 지위는 일찍이 한차례 거대한 변화가 발생하였다. 처음 제후왕들은 자신의 영지에서 군사권과 정치권을 가지고 있었다. 그러나 7국의 난 이후 국가의 집권화가 강화되어 식읍을 받은 자는 "조세를 수취 할 수는 있으나 정사에는 관여할 수 없어(衣食租稅 不與政事)" 그 권한이 한풀 꺾였다. 드러나 이러한 봉군지주들은 민호에 대해 수탈을 자행해 토지를 강제로 차지하거나 인명을 해치거나 유부녀를 강제로 범하는 일이 수시로 발생했다.[12]

또 하나의 유형으로 명실상부한 귀족 관료지주가 있다. 이러한 지주의 대다수 는 구매를 통해, 일부는 권세에 의한 겸병을 통해 형성되었다. 서한 중기 농업 생산과 상품 경제의 발전에 따라, 농민계급분화가 가속화되어 일부 농민은 부유 해졌으나 일부 농민은 날로 궁핍해져 갔다. 빈곤한 농민은 결국 토지를 팔아야 만 했다. 예를 들어 문제시기(기원전 179~157년) 조착(晁錯)은, 농민은 쉬는 날도 없이 봄에 쟁기질하고 여름에 김매나 만약 홍수나 가뭄의 재해를 만나거나 무시 로 수탈 당하게 되면 전택과 자식을 팔아 빚을 갚기도 한다고 안타까워했다.[13] 특히 토지의 매매는 일찍부터 시작되었다. 고조시기(기원전 206~195) 제상이었던 소하(蕭何)는 "민들의 전택 수천만을 강매하였다(賤强買民田宅數千萬)."[14] 또 대관 료였던 육가(陸賈) "호치현(好畤縣)의 토지가 비옥하자 집을 짓고 살았다. 아들 다섯이 있었는데 육가는 월나라에 사신으로 가서 얻은 보배를 천금에 팔아 그것을 아들들에게 각각 200씩 나누어주어 생계를 잇도록 했다(以好時田地善 可以家焉. 有五男 乃出所使越得橐中裝賣千金 分其子 子二百金 令爲生産)."[15] 『사기』 위기후(魏 其侯)·무안후(武安侯) 열전에 의하면 무제 때 승상을 역임했던 무안후 전분(田蚡) 은 "훌륭한 여러 저택을 구입하였으며 그의 전원은 매우 비옥했다(治宅甲諸第 田 園極膏腴)." 여기서 말하는 '치(治)'는 돈으로 구입하다는 뜻이다. 성제(成帝 : 기원 전 32~7년) 때의 상서(尙書)를 지낸 장우(張禹)는 "집안이 농사를 생업으로 삼았 다. 부귀해지자 토지를 구매하여 그 땅이 400경에 이르렀고 경수(涇水)과 위수(渭 水)의 물을 관개(灌漑)하여 그 땅을 비옥하게 만들어 값을 올렸다(家以田爲業. 及 富貴 多買田至四百頃 皆涇·渭漑灌 極膏腴上賈)."[16] 매매를 통한 권귀들의 토지겸병 은 서한후기 더욱 극심해 져, 애제시기(기원전 7~1년) 사단(師丹)이 정치를 보좌 하면서, 문제시기에는 "겸병의 폐단이 있지 않았는데(未有並兼之害)" "지금은 여 러 해 동안 태평성대가 이어져 호부한 이민들의 재산은 늘어났으나 빈민들은 더 욱 궁핍해 졌다(今累世承平 豪富吏民訾數鉅萬 而貧弱愈困)"라고 개탄했다. 문제이 후 빈부의 차가 더욱 현격해 졌고 겸병은 더욱 심화되어 토지가 소수에게 집중 되었기 때문에 '한전(限田)'에 대한 논의가 발생한 점 역시 유념해야 한다.[17] 또 당시 출현한 지주들은 토지구매를 통해 형성되었다는 점 역시 간과해서는 안 될 것이다.

권귀들이 권세에 의거해 토지를 탈점한 사례는 많다. 서한전기 회남왕(淮南 王) 유연(劉宴)은 "민들의 저택을 침탈하고 망령되이 사람들을 불러들였으며(侵奪 民田宅, 妄致繫人)." 형산왕(衡山王) 유사(劉賜)는 "여러 차례 사람들의 토지를 빼 앗고 다른 사람의 무덤을 헐어 자기의 토지로 삼았다(又數侵奪人田, 壞人家以爲 田)."[18] 서한중기 성제의 장인이었던 홍양후(紅陽侯) 왕립(王立)은 "남군태수 이상 과의 친분으로 객(客)에게 초전(草田) 수백경을 개간하게 했다(使客因南郡太守李 尙占墾草田數百頃)." 개간된 토지들 중에는 "민들이 소부(少府)에게 빌려 경작하 던 저습지陂澤(民所假少府陂澤)"도 있었고 이미 농민들이 차경하던 곳도 있었다. 개간과정에서 이들 토지도 왕립에게 침탈당했던 것이다.[19] 이 시기 문헌에 기록 된 침탈은 폭력적으로 자행되었는데, 이는 권세에 의거하여 침탈이 이루어졌기 때문에 발생한 현상이다. 예를 들어 무제시기 『한서』 백관공경표에 의하면 "강종 과 호우들은 차지할 수 있는 토지보다 많은 토지를 점거하면서 힘으로 약자를 능 멸했다(强宗豪右, 占田踰制, 以强淩弱, 以衆暴寡)."[4] 여기서 말한 "점전유제(占田踰

制)"는 권귀들이 분봉받은 토지보다 많은 토지를 차지하고 있다는 것을 가리킨다. 예를 들어 성제 때 광형(匡衡)은 봉읍 이외에 별도로 많은 토지를 소유해 그 규모가 400경에 이르렀고 수조하는 곡물은 1천여 석에 달했다.[20] 자신이 받아야할 토지보다 많은 토지를 차지하는 현상은 권세에 의거한 탈점과 다르지 않았다.

권세에 의지한 권귀들의 탈점은 한고조 때의 상국 소하의 사례를 통해 확인할 수 있다. 소하는 궁벽한 땅을 구매하면서 "후세가 현명하면 나의 검소함을 배울 것이나 만약 현명하지 못하더라도 권세가에게 빼앗지는 않을 것이다(後世賢, 師吾儉, 不賢, 毋爲勢家所奪)"[21]라고 했다. 여기서 말한 '세가소탈(勢家所奪)'은 권세에 의지해 빼앗는 것을 말한다. 이로부터 당시 권귀들이 권세에 의거해 토지를 빼앗는 행위가 상당히 보편적이었음을 알 수 있다.

이 시기에는 권귀지주가 보편화되었고 그들이 차지한 토지의 면적도 많았다. 예를 들어 무제시기 동중서(董仲舒)는 다음과 같이 말했다. "몸은 총애를 받고 지위는 높으며 집안은 넉넉하고 녹봉은 후한데도, 부귀를 바탕으로 민들과 이익을 다툰다면 민들이 어찌 능히 그와 같겠는가?[5] 이런 까닭에 노비의 수를 늘이고 소와 양을 많이 기르며, 전택을 넓히고 산업을 확장하며, 저장을 늘이는 일에 힘쓰면 스스로를 망치고 민들을 핍박하는 것이다(身寵而載高位, 家溫而食厚祿, 因乘富貴之資力, 以與民爭利於下, 民安能如之哉! 是故衆其奴婢, 多其牛羊, 廣其田宅, 博其產業, 畜其積委, 務此而亡已, 以迫蹙民)."[22] 또 대지주였던 관부(灌夫)는 "집안에 수천만을 쌓고 하루 식객의 수가 백 명에 달했다. 저습지의 전원에서는 일가와 빈객들이 이익을 다투며 영천을 휘젓고 다녔다(家累數千萬, 食客日數十百人. 波池田園, 宗族賓客爲權利, 橫潁川.)"[23] 서한말 마원(馬援)이 북방으로 망명했을 때, "빈객 가운데 귀부하는 자가 많았고 투탁한 이가 수백가였다(賓客多歸附者, 遂役屬數百家)." 마원은 빈객을 활용해 농사와 목축을 했으며 소·말·양이 수천두, 곡식은 수만곡에 달했다.[24] 이상에서처럼 권귀지주는 당시 쉽게 확인되는 존재였다.

권귀지주보다 주목해야 하는 것은 서민지주의 발전이다. 서민지주의 발전은 크게 두 부류로 나눌 수 있다. 하나는 사서에서 "힘써 농사지어 재산을 모았다(力

---

4) 역주 - 이는 『한서』 본문이 아닌 주의 내용으로 경인문화사에서 출간한 『한서』(王先謙의 漢書補注本)에는 "强宗豪右, 田宅踰制, 以强淩弱, 以衆暴寡"로 나와 본문과 차이가 있다.

5) 역주 - 앞 문장에서 동중서는 민들이 시끄럽게 떠는 이유를 큰 것을 차지한 이가 작은 것도 취하기 때문이라고 했다. 즉 큰 것을 얻고도 작은 것까지 취하는 것은 하늘의 도리도 인간의 도리도 아니라고 지적하였다. (是亦受大者不得取小, 與天同意者也. 夫已受大, 又取小, 天不能足, 而況人乎! 此民之所以囂囂苦不足也) 여기에 대해서는 『한서』 권56, 동중서전을 참조.

田畜)"라고 말하는 농업 경영을 통해 집안을 일으킨 경우이다. 지주제 경제가 발전 과정에 있고 농업 생산이 발전하고 있는 조건에서, 일부 자영농이 스스로의 힘과 지혜로 재산을 모아 토지를 구매하고 이를 통해 지주가 되는 것은 자연스러운 일이었다. 진나라 때 소진(蘇秦)은 "또 나에게 낙양 성 아래 비옥한 땅 2경만 가질 수 있도록 했다면 내 어찌 여섯 나라 재상의 지위를 차지할 수 있었겠는가!(且使我有雒陽負郭田二頃, 吾豈能佩六國相印乎!)"25)라고 말했다. 소진의 말은 당시 200무 가량을 소유한 소지주가 상당히 광범위했음을 보여준다. 이와 같은 소지주는 부유한 농민에서 분화하여 나왔을 가능성이 높다. 서한시기 주로 2~300무를 소유한 소지주가 발전하였고 이는 경시되어 문헌에 잘 남아 있지 않다.26) 주목해야 할 점은 이 시기 출현한 대서민지주이다. 『사기』 화식열전에 의하면, 초나라와 한나라가 서로 영양(滎陽)에서 다툴 때 임씨라는 자는 힘써 농사짓고 목축하였는데, "토지를 가지려는 자들이 모두 값 싼 것을 다투어 취하려 할 때 임씨만은 비싸지만 좋은 것을 골라 그 부가 여러 대까지 이어졌다(田畜人爭取賤賈, 任氏獨取貴善, 富者數世)"6)라고 사서에 기록되어 있다. 이는 좋은 땅을 구입하여 창고에 곡식을 채워 치부했음을 보여준다. 『한서』 복식(卜式)전에 의하면 무제시기 복식(卜式)은 농사로 치부하였는데 『한서』에는 "복식이 산에 들어가 목축을 한지 십여년 만에 양이 천여두가 되어 전택(田宅)을 매입했다(式入山牧十餘年 羊致千餘頭 買田宅)" 복식이 집안을 일으킨 후, 자신의 가재를 군수에 충당하겠다는 글을 올렸으나 관직에 나가지는 않았다. 『한서』 화식열전에 의하면 대지주 진양(秦楊)은 "농토가 한주에서 가장 많았다(以田農而甲一州)." 이 기사에 대한 맹강(孟康)의 주석에 의하면 "토지가 한도를 넘어 그 부유함이 그 주의 최고였다(以田地過限 從此而富 爲州中第一也)" 성제 때 진탕(陳湯)은 "관동지역의 부유한 이들이 날로 늘어나 비옥한 땅을 많이 차지하며 빈민들을 사역시킨다(關東富人益衆 多規良田 使役貧民)"27)라고 했다. 진탕이 말한 부자들은 주로 서민지주에 해당한다. 서한말 왕망(王莽)은 "호민들이 침탈을 하여 토지를 나누어주고 지대를 수취하였다(豪民侵陵, 分田劫假)"28)라고 비판했다. 여기서 호민은 권귀지주를 포괄하지만 주로 서민지주를 지칭한다. 그들은 토지를 임의로 나누어 지대를 수취하였다.

특히 주목되는 점은 이 시기에 출현한 농업과 목축을 함께 경영하는 이들이

---

6) 역주 - 왕선약의 한서보주본의 주에 의하면 본문에서 토지를 가진 자들이 구매하려는 것은 금과 옥이다. 하지만 저자는 이를 토지로 이해하여 임씨가 비옥한 토지를 구매하려 했다고 이해했다.

다. 『사기』 화식열전에 의하면 "지금 녹봉을 지급받지 않고 봉읍의 수입도 없는 자들이 녹봉이나 봉읍을 받은 자들과 비견될 정도로 즐기고 있어 그들을 '소봉(素封)'이라 불렀다(今有無秩祿之奉, 爵邑之入, 而樂與之比者. 命曰素封)." 아래에는 각종 유형의 부호들을 열거하고 있다. "육지에서 키우는 말은 50필이고 소는 167두이며 양과 돼지는 250두이며, 천석에 달하는 물고기를 기를 수 있는 연못이 있으며, 산에는 천그루의 나무가 있었다. 안읍에는 천그루의 대추나무가 있고 연과 진에는 천그루의 밤나무가 있으며 촉·한·강릉에는 천그루의 굴나무가 있다. 회수의 북쪽과 상산 이남 그리고 황하와 제수 사이에는 천그루의 가래나무가 있고 진과 하에는 천무의 옻나무밭이 있으며 제와 노에는 천무의 뽕나무와 삼베밭이, 위천에는 천무의 대나무 밭이 있다. 각국 만가의 성은 작물을 심은 토지 천무, 치천(卮茜)[7] 천무, 생강과 부추를 심은 두둑이 천개가 되어야 그 곳을 천호를 받은 제후라고 한다.(陸地牧馬二百蹄, 牛蹄角千, 千足羊, 澤中千足彘, 水居千石魚陂, 山居千章之材. 安邑千樹棗, 燕·秦千樹栗, 蜀·漢·江陵千樹橘. 淮北·常山已南, 河濟之間千樹萩, 陳·夏千畝漆, 齊·魯千畝桑麻, 渭川千畝竹. 及名國萬家之城, 帶郭千畝畝鍾之田, 若千畝卮茜, 千畦薑韭, 此其人皆與千戶侯等.)" 이러한 기술을 통해 당시 일부 지역에서 전업적 경영호가 출현하였음을 확인할 수 있다. 산지에서 말을 키우고 소와 양을 기르는 전업호, 북방지역에서 대추와 밤을 심은 전업호, 장강유역에서 감자나무와 굴나무를 기르는 전업호, 각지에서 뽕나무와 삼베를 재배하는 전업호 등이 있었다. 각종 전업호의 대부분은 녹봉을 받지 않는 '소봉(素封)' 즉 서민 출신 대지주였다.

또 다른 유형으로 상인지주도 있었다. 서한시기에는 일단의 부상들이 출현하였는데 『사기』 화식열전의 기록에 의하면 "힘써 농사짓고 목축하며 공업과 상업에 종사하여 이익에 힘써 재산을 모으니, 큰 부를 모으면 군을 좌우하고, 중간정도의 부를 모으면 현을 좌우하며 작은 부를 모으더라도 향리를 좌우하니 그 사람들의 수는 헤아릴 수 없을 정도로 많았다(若至力農畜, 工虞商賈, 爲權利以成富, 大者傾郡, 中者傾縣, 下者傾鄕里者, 不可勝數.)." 사마천(司馬遷)은 공장·상인들과 농축에 힘쓴 자들을 병렬하였지만, 이들 중 부상이 다수를 차지하고 있다. 서한 건국초에는 상업을 억제하는 정책을 실시하여 부상의 발전이 일정정도 제한되었지만 상인은 계속 출현하였다. 혹자는 원제와 성제에서 왕망에 이르는 시기에

---

7) 역주 - 치천은 빨강색 염료로 쓰이는 풀을 말한다.

"그 나머지 각 군의 부민들도 겸업하여 이익만 좇아 재산을 늘리는 일을 자행하여 마을에서 중요한 것만 취하는 자의 수를 헤아릴 수 없었다.(其餘各郡富民, 兼業顓里, 以貨殖自行, 取重于鄕吏者, 不可勝數)"[29] 이를 통해 서한 중엽이후 상업이 빠르게 발전하였음을 알 수 있다. 상업자본이 토지로 전화되고 있었다는 점을 주목해야 한다. 상인들은 토지를 겸병하면서 거리낌 없이 관부 그리고 권세가와 결탁하였다. 문제시기 이미 조착(晁錯)은 상인들이 "자신들의 부를 이용해 왕후와 교류하고 그 힘은 관리의 그것을 넘어서고 있으며 이익 때문에 서로 경쟁하고 있다(因其富厚, 交通王侯, 力過吏勢, 以利相傾)"고 지적했다. 상인들은 "농민들을 겸병하였고, 때문에 농민들은 유망했다(兼幷農人, 農人所以流亡)." 여기서 말한 농민들에 대한 겸병은 권세에 의지해서 농민들의 토지를 구매하였음을 가리킨다.[30] 무제 원정(元鼎) 2년(기원전 115) 어사정위를 전국 각지로 파견하여 민전안(緡錢案)을 처리하도록 했고[31] 그 주요 대상은 상인들이었다. 이러한 조사를 통해 은닉한 재물 가운데 몰입한 것은 "재물이 억을 헤아렸고 노비는 천만을, 토지는 규모가 큰 현이 수백경, 작은 현이 백여경에 달했으며 집도 마찬가지였다(得民財物以億計, 奴婢以千萬數, 田大縣數百頃, 小縣百餘頃, 宅亦如之)."[32] 이러한 사례는 각 현에 적지 않은 상인들이 존재하였고 그들이 차지하고 있던 토지의 규모도 상당했음을 보여준다.

상인들이 토지를 구매하여 치부하고 있던 것에 대해 국가는 일찍부터 제한을 가하고 있었다. 한 문제시에 "상인들 가운데 시적(市籍)이 있는 자와 그 가족들은 모두 명전에 이름을 올릴 수 없도록 하여 농민들에게 편의를 주었고 이를 어기는 자는 그 토지와 노비를 몰수했다(賈人有市籍者, 及其家屬, 皆無得籍名田, 以便農. 敢犯令, 沒入田僮)."[33] 이후 애제시기에는 "상인들에게 명전(名田)을 갖지 못하도록(賈人皆不得名田)"하는 조서가 내려졌다.[34] 이러한 역사적 사실로부터 살펴보면 이런 종류의 제한은 비록 일정정도의 효과를 가져왔지만 상인들이 치부행위는 지속되었다.

농민의 소토지소유제의 발전과 연관된 서민지주의 발전은 지주경제의 거대한 특징이다. 이러한 발전과정은 농업생산의 발전과 농민의 계층분화를 역사적 전제로 한다. 이러한 변화 발전이 지주제 경제의 발전을 규정하였다.

3. 농민호(農民戶) 및 권귀호족지주(權貴豪族地主)에 대한
국가의 엄격한 통제

지주제 경제가 형성되자 국가는 농민과 권귀(權貴)와 호족(豪族)을 엄격하게 통제했다. 이러한 통제는 춘추전국시대부터 시작되어 진나라가 중국을 통일하면서 더욱 강화되었다.

가장 먼저 농민호적을 작성하였는데 이는 병역제(兵役制)로 체현되었다. 진말 진섭(陳涉)은 어양(漁陽)에 수자리 서러 가다 도중에 비를 만나 기한을 지킬 수 없게 되었다. 이에 진섭은 동행자들에게 "기한을 어겼으니 법률에 따라 참수될 것이고(失期法斬)," "도주해도 역시 죽을 것이다(亡亦死)"라고 하며 무리를 이끌고 봉기하였다.[35] 진섭 등은 호적에 따라 변방의 수졸로 징집되었던 것이다. 한이 건국되고 농민호적에 대한 통제는 더욱 강화되었다.

농민에 대한 국가의 엄격한 통제는 봉건 통치를 견고하게 만들기 위한 것이자 요부(徭賦)의 징발을 보증하기 위한 것이었지만, 지주제 경제체제의 발전도 제약하였다.

진·한시기 봉건 요부(徭賦)는 상당히 번잡했다. 서한의 경우 국가는 구부(口賦)·산부(算賦) 등을 징수하고 요역을 징발해 성곽과 능묘의 수축, 수리시설의 정비, 무기·전차와 말을 만드는 비용에 충당했다.[36] 요역에는 변방의 수졸, 야철, 소금제조[煮鹽], 동의 채굴, 기타 관부에서 필요한 수공업 등이 있었다. 국가는 토지면적에 따라 요부를 징수한 것이 아니라 인구수에 따라 징수하였다. 이는 자영농에게 주로 전가되었고 조전농과 고용농[佃雇農] 또한 예외는 아니었다.

농민호적에 대한 통제를 위해서는 호구에 대한 분명한 조사가 우선되어야 한다. 이에 매년 8월 일제조사를 실시했다. 『후한서』 예의지에 의하면, "중추(仲秋)에 현(縣)과 도(道)는 인구에 견주어 호구를 조사했다(仲秋之月, 縣道皆案戶比民)." 이러한 조사를 바탕으로 '부적(傅籍)'이 작성되었다. 『한서』 경제본기에 의하면, 경제는 경제 2년(기원전 155)에 "20세가 된 모든 남자는 부적에 편입하도록 하라(令天下男子年二十始賦)"라고 지시했다. 소제(昭帝)는 이를 개정해 23세가 되면 부적에 편입되도록 했다. 여기서 '부'는 장부에 이름을 올리는 것을 가리킨다.

한나라 제도를 살펴보면 매년 연말이 되면 각 현은 인구를 군국에 보고하고 군국은 조정에 보고했다. 민호 가운데 적이 없는 자는 율에 따라 죄로 다스렸다.

민이 적 없이 도주하는 것을 '망명(亡命)'이라고 했고 관리들은 마땅히 그들을 추포해야 했다. 이를 위해 특별히 '사닉법(舍匿法)'을 제정해 도주한 사람을 숨겨주면 율에 따라 벌했다.[37] 예를 들어 연자왕(燕刺王) 유단(劉旦)은 "망명한 이들을 은닉한 죄에 연루되어 양향(良鄉)·안차(安次)·문안(文安) 세 현을 삭감당했다(坐藏匿亡命 削良鄉·安次·文安三縣)."[38] 오왕(吳王) 유비(劉濞)는 망명한 자들을 불러들였으며 다른 군국의 관리들이 그들은 잡아들이려 하자 오왕은 권세에 의지해 "따지며 금지해 그들을 내어주지 않았다(訟共禁弗予)."[39] 이상과 같이 적에서 벗어나고 망명하는 행위에 대한 엄금과 그들을 은닉해 준 자에 대한 치죄는 호적 통제의 일면이다. 이것은 사인(私人) 지주에 대한 국가의 억제와 통제를 잘 보여준다.

요컨대 한나라에서 요부(徭賦)는 국가의 수입과 지출 및 요역의 차출이라는 측면에서 중요했고, 때문에 국가는 농민을 적을 작성할 때 민의 수를 특히 중시했다. 예를 들어 동한시기 서간(徐干)이 지은 『중론(中論)』 민수(民數)에서 "민의 수는 진실로 나라의 근본이며(民數固爲國之本也)," "인구는 여러 일들이 시작되는 것으로 바르게 하지 않을 수 없다. 그것으로 전리(田里)를 구분하고 공부를 수취하며 기용(器用)을 제작하고 녹식(祿食)의 제정하며 전역(田役)을 징발하고 군대를 편제한다. 그것으로 국가는 법을 세우고, 가(家)는 도를 세우니 오례가 제정되고 구형(九刑)이 시행되는 것은 오직 인구의 조사일 뿐이다(人數者, 庶事之所自出也, 莫不取正焉. 以分田里, 以令貢賦, 以造器用, 以制祿食, 以起田役, 以作軍旅, 國以建典, 家以立度, 五禮甲修, 九刑用措, 其唯審人數乎)"라고 말했다. 봉건사회시기, 특히 전세를 가볍게 하고 요부를 무겁게 한 서한시기에, 호적과 인구에 대한 통제는 매우 중요했다. 특히 호적과 인구에 대한 국가의 엄격한 통제로 말미암아, 농민에 대한 지주의 억압이 약화되었다는 점에 주목해야 한다. 이러한 조건하에서 자영농이 지배적인 지위를 차지하였던 것이다.

국가는 농민에 대한 통제를 강화하는 동시에, 권귀 및 호족에 대해서도 통제를 강화했다. 봉토를 받은 지주[食封地主]의 경우, 서한 초 분봉 된 여러 왕은 봉토(封土)의 농민에 대해 징세권을 가졌을 뿐만 아니라 일정한 통치권과 군사권도 가지고 있었다. 그러나 7국의 난(七國之亂) 이후 사태는 변했다. 예를 들면 경제(景帝)는 "제왕(諸王)이 민들을 다스리지 못하도록 지시했는데(令諸王不得治民)"[40] 이는 조세만을 수취하고 통치하지 못하도록 한 조치이다. 게다가 봉후들은 걸핏하면 작위를 삭감 당했다. 서한전기 책봉된 제후는 147명이었으나 무제 후원(後

元) 원년(기원전 88)에 이르면, "백여년 동안 봉토를 이어 받은 이들이 거의 없었는데, 후손이 끊겨 성씨가 없고, 폄출되어 봉토의 주인이 없어져 썩은 뼈만 묘에 남고, 후손은 여기저기 유랑하여 살아서는 불쌍한 종이 되어 죽어서도 뒹구는 시신이 될 뿐이다(百餘年間而襲封者盡, 或絶失姓, 或乏無主, 朽骨孤於墓, 苗裔流於道, 生爲愍隸, 死爲轉尸)."[41] 사료를 통해 공신의 후예들이 권력을 상실한 뒤 점차 토지마저 잃어버려 일반 평민이 되었음을 알 수 있다. 그 가운데 의(懿)·헌(獻)·경(景)·경(敬)·정(貞)·장(莊)·어(圉)·제(齊)·도(掉)·제(制)·절(節) 등과 같은 18후(侯)만이 110년이라는 긴 세월 동안 세습되었고, 짧게 세습한 자는 30여년, 보통 50~60년 간 세습되어 2~3대가 세습되면 그 나라는 사라졌다.[42] 어떤 경우 봉읍이 폐지되는 원인은 법에 저촉될 정도로 가혹한 대민수취에 있었다. 예를 들어 원제(元帝 : 기원전 48~33년) 때 적양후(籍陽侯) 유현(劉顯)은 "나라 민들을 을러 그 재물을 취한 일에 연루되어 면직되었다(坐恐猲國民取財物, 免)." 성제(成帝 : 기원전 32~7) 때 승향절후(承鄕節侯) 유덕천(劉德天)은 "국인(國人)을 협박하여 재물을 받은 것에 연좌되어 면직되었다(坐恐猲國人, 受財臧五百以上, 免)."[43] 어떤 이는 한도를 넘어 소속 민호에 대해 징세하고 요역을 징발하였다. 문제 16년(기원전 164) 동모경후(東茅敬侯) 유고(劉告)는 국인(國人)이 정원을 넘긴 일에 연좌되어 면직되었고 문제 때 신무숙후(信武肅侯) 근정(靳亭)과 축아효후(祝阿孝侯) 고성(高成)은 모두 국인(國人)이 율을 어긴 것에 연좌되어 면직되었다.[44]

권세에 의지해 악행을 일삼는 권귀 및 지방 호족들도 억제되었다. 혹리(酷吏)를 임용하고 형법을 엄하게 하는 국가의 정책은 상당히 효과적이었다. 예를 들어 경제시기 제남(濟南) 한씨(瞷氏)는 그 집안이 300여 가(家)였는데 권세에 의탁해 악행을 저지르고 있었다. 경제는 질도(郅都)를 제남의 태수로 삼고 한씨 가운데 악행을 저지르던 수괴를 잡아 참수하였다.[45] 장안 주변에서는 종실들이 권세를 믿고 법을 어기는 경우가 많았는데 경제가 영성(寧成)을 중위(中尉)로 삼자 종실과 호걸들이 모두 두려워 해 악행을 저지르지 못했다.[46] 문제 때 왕온서(王溫舒)는 하내태수(河內太守)에 임명되어 하내의 힘 있고 교활한 무리들을 제압하였는데, 죄질이 무거운 자들은 집안이 멸족되고 가벼운 자들은 죽었다. 당시 연좌된 집안만 천여가에 달했다.[47] 선제(宣帝) 때 영천태수(潁川太守) 조광한(趙廣漢)은 포악하여 영천에 해악을 끼치고 있던 저씨(褚氏)의 수괴를 주살했다. 동해태수(東海太守) 윤옹귀(尹翁歸)는 많은 악행을 자행한 담(郯)지역의 권세가 허중손(許仲孫)을 죽였다. 탁군태수(涿郡太守) 엄연년(嚴延年)은 지방의 권세가 고씨(高

氏) 등 수십 명을 처형했다.[48] 이들 지방의 권세가들에 대한 지방관들의 이러한
공격은 중앙정부의 지원 하에서 이루어진 것이었고 농민들의 지지를 얻었다.[49]

국가는 관리들이 제한된 범위를 넘어 토지를 차지하는 것도 엄금하였다. 앞서
언급한 것처럼 성제 때 광형(匡衡)은 봉읍 외에 차지한 토지가 400경에 달했는데
국가는 토지를 훔치는 데만 힘썼다고 여겨 그를 면직시켜 서인으로 삼았다.[50] 국
가는 또 각 봉후들이 다른 지역에서 토지를 구매하는 것도 금지했다. 『한서』애
제본기의 영갑(令甲)규정에 의하면, 국의 제후들이 다른 현에서 명전(名田)을 가
지면 벌금 2냥을 지불해야 했다. 이러한 규정은 선제(宣帝) 연간(기원전 74~49)이
되면 이미 기록에서 확인된다. 국가는 이러한 정책을 시행하여 권귀의 토지 겸
병을 억제할 뿐 아니라 그들의 권세를 제어하려 했다.

특히 국가는 호족 세력을 주로 공격하였다. 호족 가운데에는 전국시기부터 이
어져 온 구귀족도 포함된다. 한나라가 건국된 후에도 이 구귀족의 권세는 전과
다름없이 번성했다. 국가는 여러 차례 억압 정책을 실시했는데, 법을 제정하거나
강제 이주의 방법을 주로 사용했다.

국가는 호족에 대한 사민을 거듭 실시했다. 서한 초기 『한서』고제본기에 의
하면, 고조 9년(기원전 198) 11월 "제(齊)와 초(楚)의 대족이었던 소씨(昭氏)·굴씨
(屈氏)·경씨(景氏)·회씨(懷氏)·전씨(田氏) 다섯 성씨를 관중(關中)지역으로 옮기고
전택을 주었다(徙齊楚大族昭氏·屈氏·景氏·懷氏·田氏五姓關中, 與利田宅)" 사민은
지역사회를 변화시키기도 해 "읍리에는 영리를 일삼는 집이 없어졌고 들판에는
겸병하는 민들이 없어졌다(邑里無營利之家 野澤無兼幷之民)."[51] 70년 뒤인 무제
원삭(元朔) 2년(기원전 127)에는 "군국의 호걸과 삼만 이상의 자산을 가진 이들을
무릉(茂陵)으로 옮겼다(徙郡國豪傑及訾三百萬以上于茂陵)." 50년 뒤인 선제 본시
(本始) 원년(기원전 73)에는 "군국의 이민 가운데 백만 이상의 자산을 가진 자들
을 모아 평릉(平陵)으로 사민했다(募郡國吏民訾百萬以上徙平陵)."[52] 성제시기에 이
르면 일부 관동지역에서 권귀들이 발호하자 진탕(陳湯)은 이렇게 건의했다. "관
동지역의 부유한 이들이 날로 늘어나 비옥한 땅을 많이 차지하며 빈민들을 사역
시킵니다. 이들을 초릉(初陵)으로 사민해 경사(京師)를 부강하게 하고 제후들을
약화시키소서. 또 중가(中家) 이하는 그 빈부를 균등하게 하소서(關東富人益衆 多
規良田 使役貧民 可徙初陵 以彊京師 衰弱諸侯 又使中家以下得均富)."[53]

이상의 사례에서 국가가 권구와 호족들을 억압하는 정책을 실시하여 그들의
악행을 제거하고 토지의 겸병을 차단하려 했음을 알 수 있다.

4. 여러 농민들의 사회 지위: 자유로운 신분과 신분관계의 약화

여러 종류의 농민(자영농, 조전농(租佃農), 고용농[雇農])은 모두 국가가 편호(編戶)한 이들로 봉건 권력의 직접적인 통제를 받았다. 따라서 국가는 귀족·지주와 농민들의 신분관계 역시 약화시켰고 농민에 대한 지주의 간섭과 억압을 억제하였다. 이와 더불어 국가는 각급 권귀 특히 지방 호족에 대한 통제를 강화했고, 그들의 일부 봉건적 특권을 박탈했다. 이는 농민계급에 대한 권귀·호족지주들의 압박과 착취를 일정 정도 억제시키는 작용을 했다. 이런 조건아래에서는 엄격한 존비의 신분관계[等級關係]가 쉽게 형성될 수 없었고 농민의 사회적 지위는 상대적으로 상승했다. 때문에 혹자는 기본적으로 평등하고 자유로운 관계였다고 말하기까지 한다.

신분관계의 약화는 지주계급 구성에도 일정한 영향을 주었다. 서한 초기, 관료지주의 대다수는 평민 출신이었다. 조익(趙翼)은 이렇게 말했다. "그 나머지 진평(陳平)·왕릉(王陵)·육가(陸賈)·역상(酈商)·역이기(酈食其)·하후영(夏侯嬰)은 모두 훈련받지 않은 군사였으며 번쾌(樊噲)는 도살업자였고 주발(周勃)은 누에치는 채반(薄曲)을 만들고 상이 나면 피리를 불어주는 일을 했으며 관영(灌嬰)은 비판 판매업자였고 루경(婁敬)은 수레를 끄는 사람이었다. 이들은 그들의 재주로 장상이 되었으니 이는 그때까지 전무한 일이었다.(其餘陳平·王陵·陸賈·酈商·食其·夏侯嬰皆白徒, 樊噲則屠狗者, 周勃以織薄曲吹簫給喪事者, 灌嬰則販繒者, 婁敬則挽車者, 一時人才皆出其中, 致身將相, 前此所未有也)"[54] 게다가 진·한시기 토지소유권은 확정되지 않았고 관료와 평민들의 관계 역시 넘을 수 없는 것은 아니었다. 진나라 말기 진섭(陳涉)의 "황후장상의 씨가 따로 있는가?(王侯將相寧有種乎)" "진실로 부귀해 지더라도 서로를 잊지 말자(苟富貴, 無相忘)"라는 말은 신분관계가 약화되고 있던 상황을 잘 보여준다. 서한시기 출현한 '포의장상(布衣將相)'을 통해 신분관계의 약화가 현실화되었음을 알 수 있다.

농민의 사회적 지위 변화는 토지 소유권 분배와 직접적으로 연결되어 있었다. 이 시기 토지 소유권은 상대적으로 분산되어 있었는데, 농민 소토지소유제가 비교적 큰 비중을 차지하고 있어 상당히 광대한 지역에서 지배적이었다. 여기에 대해서는 앞서 이미 언급한 바 있다. 경제적인 측면에서 자영농은 독립적이어서 지주와 거의 무관하였고 때문에 지주의 경제외적 강제로부터 자유로웠다. 법적 권리라는 측면에서 자영농과 지주는 국가에게 호로 편제된 민으로 평등하였고 따라서 상하 구분이 없었다. 자영농이 차지한 토지는 자유롭게 매매, 상속할 수 있었고 다른 이가 간섭할 수 없었다. 게다가 그들은 국가에 전세(田稅)와 각종 요부(徭賦)를 부담하고 국가로부터 보호받고 있었다. 그들과 국가의 관계는 통치와 피통치의 관계였지만 토지소유관계에 기초한 예속 관계는 아니었다. 이러한 점에서 볼 때 그들은 자유인이었다. 요컨대 서한시기 광범위한 자영농의 존재를 통해 농민의 사회적 지위가 상승했으며, 그들이 자유민이었음을 알 수 있다.

원래 조전농(租佃農)은 아주 작은 비중을 차지하였지만 서한 중엽 조전농(佃農)이 차지하는 비중이 조금씩 증가했고 서한 후기에 이르러 토지소유관계에 비교적 큰 변화가 발생해 조전농(佃農)은 급격하게 증가했다. 이 시기 지주는 통상 생산량의 50%를 지대로 수취했다.

서한 중기 동중서(董仲舒)는 농민들이 "호민들의 토지를 경작하면서 생산량의 50%를 세로 바친다(耕豪民之田 見稅什伍)"는 점을 지적했다. 또 서한말 왕망(王莽)은 호민들이 "토지를 강제로 나누어 주어 생산량의 30% 수취를 명목으로 하고도 실제로는 50%를 거두어 들인다(分田劫假 厥名三十 實什稅伍也)"고 비판했다. 지대에 대한 사례로는 무제시기 죄를 지어 관직을 버리고 남양군(南陽郡) 양현(穰縣)으로 돌아가 피전(陂田) 천여경을 빈민에게 빌려주고 천여가를 사역시킨 어떤 관리의 예도 있다.[55] 이상의 검토를 통해 토지의 매입과 지대 수취의 사례를 확인할 수 있었다. 전호에 대해 사용된 '역사(役使)'라는 표현은 전호에 대한 경제외적 강제를 확인시켜 주고 양자가 불평등한 관계였음을 보여준다. 무제시기 "강종호족은 제한을 넘어서 토지를 차지하고 강압으로 약자를 침탈하고 힘으로 소수를 폭행했다(強宗豪族 占田逾制 以強凌弱 以衆暴寡)"와 같은 기록이 확인된다.[56] 서한말에는 "호민이 침탈하여 토지를 강제로 차경시켰다(豪民侵凌 分田劫假)"는 기록이 보인다. 이들 기록에 기술된 "약자를 침탈하고(凌弱)" "소수를 폭행하며(暴寡)" "침탈하였다(侵凌)"이라는 표현은, 지주가 억압하여 조전농에게 경제외적 강제를 행사하고 있었으며, 일부 조전농들이 권귀지주에게 노비처럼 사역당하며 신분적으로 억압받고 있었음을 보여준다. 다만 이 시기 지주와 조전농 사이의 신분적 예속관계는 아직 법제화 되지 않아 법적으로 아직 쌍방은 평등했다.[57] 이는 권귀지주와 조전농의 관계를 설명하는 것으로, 일반 서민지주와 조전농의 관계는 비교적 자유로웠다.[58]

신분의 자유는 고공(雇工) 또한 예외가 아니었다. 농업 고공(雇工)의 출현은 지주제 경제의 싹과 함께 출현하였다. 때문에 전국시기에 이미 관련 기록이 확인된다. 전국후기 한나라의 한비자(韓非)는 다음과 같이 말했다. "무릇 일꾼을 사서 농사짓게 할 때 주인이 비용을 들어 맛있는 먹거리를 준비하고 포를 내고 돈을 주는 것은 일꾼을 아끼기 때문이 아니다. 이렇게 해야 밭가는 자는 깊이 갈고 김매는 자는 열심히 풀을 제거할 것이기 때문이다. 일꾼이 힘을 다해 밭갈고 김매며 정성을 다해 밭과 그 두둑을 정비하는 것은 주인을 아끼기 때문이 아니라 이렇게 해야 맛있는 국을 먹을 수 있고 돈과 베를 받기 때문이다(夫賣庸而播耕者, 主人費家而美食, 調布而求易錢者, 非愛庸客也, 曰如是, 耕者且深, 耨者熟耘也. 庸客致力而疾耘耕者, 盡巧而正畦陌畦時者, 非愛主人也, 曰如是, 羹且美, 錢布且易云也)."[59] 이러한 묘사는 양자의 자유로운 고용관계를 보여준다. 서한시기 고공은 용(庸)·용객(庸客)·취(就)·취(傭) 등과 같은 여러 가지 이름을 가지고 있었다. 이 시기에 농업·수공업·상업·운수업 그리고 건축업 등에서 모두 고용에 관한 기록을 확인할 수 있다. "일꾼을 샀다(賣佣)", "일꾼을 매매했다(市佣)"와 같은 어휘가 이 시기 문헌에 출현하였는데, 이들은 모두 자유 고용인이었다. 한편 '예용(隷佣)', '복임(僕任)'과 같이 일꾼을 폄하하는 칭호도 있었지만 이것이 자유로운 신분에 영향을 미치지 못했다. 이 시기에는 지식인들이 자신의 노동력을 판매하기도 했는데 저소손(褚少孫)이 보완한 『사기』에 의하면 뒷날 승상에 임명된 광형(匡衡)은 어려서 집이 가난하여 "용작으로 먹고 살았다(衡庸作以給食伙)." 일찍이 고관이 되었던 아관(兒寬)은 어려서 집이 가난하여 "때때로 품을 팔아 김을 매었다(時行賃作, 帶經而鉏)."[60] 이후 고관이 된 난포(欒布) 역시 품을 팔았다. 『사기』 난포열전에 의하면 양(梁) 사람 난포는 집이 매우 빈곤에 "제(齊)에 있는 주가에 품을 팔았다(賣庸於齊, 爲酒家保)." 뒷날 한나라 초기 공신의 후손을 찾자 "공신의 후손은 품팔이 하는 이들에서 찾을 수 있었다(求其子孫, 咸出庸保之中)."[61]

통상 품팔이의 시간은 매우 짧아 전체 노동 가운데 일부만을 판매하였다. 그들은 모두 독립적으로 가족을 거느리고 있었다. 그들은 매우 가난했기 때문에 집을 떠나 품팔이를 해야 했으며 자신의 기술을 팔아 양식을 구입하여 가족을 부양했다. 이런 측면에서 보면 품팔이는 자유민이었다. 그러나 다른 사람에게 노동력을 파는 존재였기 때문에 그들은 사회의 하층에 자리했다. 다만 그들의 이러한 지위가 자유민이라는 지위에 영향을 미치지는 못했다.

또한 이 시기에는 여전히 많은 노예가 존재했다. 다만 전체 인구에서 노예가 차지하는 비중은 매우 작았다.[62] 더구나 농민들이 노예로 몰락할 때면 황제는 노비를 환속시키는 조서를 반포했다. 한 고조는 즉위한 직후 "민들 가운데 굶주림 때문에 자기 몸을 팔아 노비가 된 자들은 모두 방면하여 서인으로 삼도록 하라(民以飢餓自賣爲人奴婢者 皆免爲庶人)”는 령을 내렸다. 문제 때는 죄인의 가속을 노비로 삼는 법령을 혁파하면서 아울러 관비를 서인으로 방면했다.63) 노비의 사회 지위는 비록 낮았고 주로 권귀 지주의 집에서 가내노동에 종사했다. 농업에 종사하는 노비는 매우 작았고 농업 인구에서 노비가 차지하는 비중은 1~2%에 불과했다. 따라서 노비가 전체 농민계급의 지위에 영향력을 행사하지는 못했다.

이상에서 지주제 경제발전 초기 여러 부류의 농민들의 사회적 지위에 대한 기본적인 상황을 살펴보았다. 농민들 가운데 조전농과 고용농은 비록 권귀·호족 지주의 경제외적 강제로부터 자유롭지는 못했지만, 법적으로는 상호 평등하였다. 특히 자영농이 큰 비중을 차지하고 있었고 그들의 사회적 지위는 자유민이었다. 이 시기 농민계급이 자유민이었다는 사실은 허쯔첸[何玆全]이 지은『중국고대사회』에서 이미 지적된 바 있다.

이러한 관계는 습속의 변화 예를 들어 복색의 변화에도 반영되었다.『한서』가의열전에 다음과 같이 기술되어 있다. “지금 민 가운데 계집종을 파는 자는 그녀에게 수놓은 옷과 비단 신발을 신게 한 후 매매하는 곳에 둡니다. 이는 천자와 황후의 복색이며 천자와 황후도 제사 때만 입고 잔치 때에는 착용하지 않습니다. 그러나 서인들이 비첩에게 이 옷을 입힙니다. 흰 주름 비단의 겉옷, 얇은 흰 비단의 속옷, 편제(偏諸)8)로 기운 옷, 아름답게 수놓은 보(黼)9)는 과거 천자의 복식이었습니다. 지금 부자와 대상인들이 빈객을 부를 때 이런 옷과 문양으로 담장을 장식합니다. 과거 천자와 황후를 받들 때도 그 절도가 적당해야했는데 지금 서인들의 집 담장을 황제의 복식으로 꾸미고 창우와 천인들도 황후의 장식을 하니 천하에서 그것에 굴복하지 않는 자는 없을 것입니다(今民賣僮者,爲之繡衣絲履偏諸緣, 內之閑中. 是古天子后服, 所以廟而不宴者也. 而庶人得以衣婢妾. 白縠之表, 薄紈之裏, 緁以偏諸, 美者黼繡, 是古天子之服, 今富人大賈嘉會召客者以被牆. 古者以奉一帝一后而節適, 今庶人屋壁得爲帝服, 倡優下賤得爲后飾, 然而天下不屈者, 殆未有也).” 이런 민간 복식의 변화에 대해 허쯔첸[何玆全]은 “이것은 한대 호로 편성된 민들의 신분이 자유로웠음을 반영하는 것이다”라고 지적한 바 있다.

요컨대 진(秦)으로부터 서한(西漢)에 이르는 시기에, 토지소유관계의 변화를 따라 농민계급의 사회적 지위는 상대적으로 상승했으며, 봉건적 신분관계는 상

---

8) 역주 - 고대 값비싼 직물의 이름으로 ‘織成’이라고도 했다.
9) 역주 - 보는 과거 왕이 입던 옷에 세긴 수의 한 종류로 도끼모양이다.

대적으로 미약해졌다. 이러한 변화 발전은 여러 가지 요소에 의해 촉진된 것으로, 앞서 서술한 농민에 대한 국가의 직접적인 통제, 귀족, 관료, 그리고 호족을 억제하는 국가의 시책 등이 봉건적 신분관계를 약화시켰다. 더욱 중요한 것은 토지소유 관계의 변화이다. 농민계급 가운데 독립적인 자영농이 우위를 점했고 지주계급 가운데 서민 유형 지주가 발전했다. 이것이 봉건적 예속관계를 변화시켰고 신분관계를 약화시켰다. 앞서 서술한 사회습속의 변화 역시 농민계급의 사회적 지위 상승을 반영한 것이다. 이러한 변화 발전이야말로 중국 지주제 경제의 초보적인 발전 시기의 특징이라 할 수 있다.

필자들은 이미 이 시기 농민계급이 신분적으로 자유로웠으며 사회적 지위가 상승했음을 살펴보았다. 이 시기에는 또한 다른 변화도 엿보인다. 서한중기부터 권세를 기반으로 한 지주가 성장하여 토지소유권이 집중되었고 조전농과 고용농이 확대되었으며 농민의 사회적 지위가 부분적으로 하락하였다. 앞서 서술한 것처럼 권귀지주는 "힘으로 약자를 침탈하고 다수가 소수에 폭행을 가했으며(以强凌弱 以衆暴寡)," "호민들이 침탈하여 강제로 토지를 나누어주고 지대를 걷었다(豪民侵凌 分田劫假)." 이는 당시 일부 조전농민들이 불리한 지위에 처했음을 보여준다. 특히 서한중기에 출현한 '빈객(賓客)'·'객(客)'의 존재가 주목된다. 『한서』 유굴리(劉屈氂) 열전에 의하면 공손하(公孫賀)는 "좋은 전택을 일으켜 자제와 빈객에게 이익을 주었다(興美田宅 以利子弟賓客)." 또 『한서』 오행지에는 성제 때 "방정맞고 인정 없는 이들을 모아 사객(私客)으로 삼고 민간에 사전을 두었다(崇聚票輕無誼之人, 以爲私客, 置私田於民間)."는 기록이 있다. 『한서』 하병(何幷)애제 때에는 "양적(陽翟)의 호협인 조계(趙季)와 이관(李款)은 빈객들을 많이 모아 자신들의 위력으로 마을을 침탈해 다른 사람의 부인을 간음하기까지 했다. 관리들을 장악하여 군중을 휘젓고 다녔다(陽翟輕俠趙季·李款多畜賓客, 以氣力漁食閭里, 至姦人婦女, 持吏長短, 從橫郡中)." 이상에서 말한 객과 빈객은 특정한 계급을 지칭하는 의미를 가지지 않지만 이 시기에는 압박 받으며 수탈당하는 예속적 성격의 객과 빈객이 매우 많았다. 무제이후 토지소유관계의 변화 즉 권귀와 호족 지주의 발전에 따라 객과 빈객의 의미가 변화해 간 것이다. 서한 말에서 동한에 이르는 수십년 간 그 변화는 더욱 확연해 졌다. 예를 들어 마원(馬援)이 북방으로 망명할 때 "빈객 가운데 귀부하는 자가 많았고 투탁한 이가 수백가였다(賓客多歸附者, 遂役屬數百家)." 이러한 빈객들은 전객(佃客)과 용객(傭客)으로 전락했으며 이들은 신분이 비교적 자유로웠던 일반 조전농과 고용농과는 그 처지가 달라 사회적 지위가 낮았다. 동한후기에 이르러 권귀지주의 전객(佃客)은 국가에 봉건적 용역을 납부하게 않았고 지주 개인에 대한 전객의 예속관계는 더욱 강화되었다.

마지막으로 서한 중기에 출현한 '사요(賜徭)'제를 살펴보자.[64] 『사기』평준서에 의하면 무제는 복식(卜式)에게 "외요400명(外徭四百人)"을 내려주었다. 400명의 경요를 돈으로 환산하여 복식에게 준 것이다. 다만 이는 토지를 매개로 발생한 것은 아니다. 문제는 이러한 '사요'제가 매우 빠르게 확대되었다는 사실이다. 『한서』원제본기에 의하면, "민들 가운데 부역이 면제된 이들이 많아 서울과 지방에 요역을 지급할 수 없었다(民多復除, 無以給中外繇役)"고 기록되어 있다. 지주에 경요전을 납부하던 민호들이 신분적으로 예속되었는지는 불분명하지만 경제적으로 예속된 상황에서 그들의 사회적 지위는 하락되었을 터이다.

5. 농민 경제의 개선과 시장과의 밀착

서한시기, 특히 전기로부터 중기에 이르는 백여년 동안은 농민의 소토지소유제가 발전한 시기이자 농민 경제가 번성한 시기였다. 이 시기 농민의 경제적 상황은 경작면적·생산량·지출항목·부담 등의 측면에서 고찰할 수 있다. 문제시기 조착(晁錯)은 지금 5명이 가족인 농가에서 "경작할 수 있는 토지는 백무를 넘지 않고 백무에서의 수확은 백석을 넘지 않는다(能耕者不過百畝 百畝之收不過百石)"[65]고 지적한 바 있다. 많은 연구자들이 조착의 발언을 논거로 삼았다. 그러나 당시 조착은 농민경제의 곤궁함을 강조하면서 이렇게 말하였으므로 무당 생산량을 낮게 책정하였다. 백무의 한해 수확이 조[粟] 500석이라는 전국시기 이리(李悝)의 말이 더 객관적으로 보인다. 이는 닝커[寧可]가 편찬한 『한대농업생산만담(漢代農業生産漫談)』에서 이미 언급된 바 있다.[66]

이리의 언급을 바탕으로 당시 농가의 수입과 지출을 살펴보자. 『한서』식화지에는 이와 관련된 상세한 기록이 있다. "지금 5명으로 구성된 가족의 가장이 백무의 땅을 경작하면 해마다 무당 1.5석, 총 조[粟] 150석을 수확한다. 1/10세로 15석을 제하면 135석이 남는다. 가족들은 양식으로 매월 1.5석을 먹으니 5명에 대한 1년 양식은 90석이다. 가족의 양식을 제하면 45석이 남는다. 30석을 돈으로 환산하면 1,350전이다. 마을사당에 올리는 제사·햇곡식을 올리는 제사·봄 가을의 제사로 사용되는 돈 300전을 제외하면 1,050전만이 남는다(今一夫挾五口, 治田百畝, 歲收畝一石半, 爲粟百五十石, 除十一之稅十五石, 餘百三十五石. 食, 人月一石半, 五

人終歲爲粟九十石, 餘有四十五石. 石三十爲錢千三百五十, 除社閭·嘗新·春秋之祠, 用錢三百, 餘千五十)." 우혜이[吳慧]의 논증에 의하면 이 사료는 비록 논란의 여지는 있으나 대체적으로는 신뢰할 만하다. 따라서 본문은 여기에 근거해 서한시기 농호의 수입과 지출을 계산하였다.[67]

다음으로 부세의 지출을 살펴보자. 부세의 지출은 두 종류가 있다. 첫째는 무당 부과되는 전세이다. 진나라에서는 1/10세를 실시했다. 한은 고조 5년(기원전 202)의 생산량에 기초하여 1/15세를 책정했다. 문제 전원(前元) 2년(기원전 178)에는 그해 조세의 반을 면제해 주는 령을 내렸고 그 뒤 전원 12년(기원전 168), 경제 원년(기원전 156)에도 이와 유사한 조령을 내려 1/30세로 개정되었다. 이 제도는 서한이 멸망할 때까지 변하지 않았다. 문제시기에는 때때로 조세를 징수하지 않도록 하는 령을 내리기도 했다.[68] 여기서는 1/30세를 기초로 전세에 대한 농민의 부담을 계산하였다. 서한시기 농가들은 매년 조 150석을 수확했고 이 가운데 전세로 4.5석을 납부했다.

또 다른 하나는 인두세인 요부(徭賦)이다. 서한시기 요부는 비교적 복잡하였다. 양성민[楊生民]은 일찍이 여기에 대해 상세하게 논증한 바 있다. 이 글은 그의 분석에 기초하였다. 요부에는 구부(口賦)·산부(算賦)·헌부(獻賦)와 경요(更徭)·수졸(戍卒)·정졸(正卒) 등의 역이 있었다. 이러한 각종 요부의 대다수는 진나라 때부터 징수되었고 서한은 약간의 개정만 했다. 이 가운데 구부(口賦)·산부(算賦)·헌부(獻賦)는 모두 인구수에 따라 전을 내게 한 것이다. 구부는 나이 7~14세의 민들에 대해 매년 1인당 23문을 징수한 제도이다. 5인 가족이 납부한 구부는 2명을 기준으로 하면 46문이다. 산부는 나이 15~56세의 민들에 대해 부과된 것으로 매년 120문을 거두었고 납세자가 3명인 5인 가족은 매년 360문을 납부했다. 헌부는 매년 모든 사람이 63문을 바쳐야 하는 부세로 5인 가족 전체가 매년 315문을 납부했다. 5인 가족은 이 세항목의 부세로 매년 721문을 납부했다. 이 시기 조의 가격은 매 석당 110문 이었으므로[69] 721문은 조 6.56석에 해당한다. 한편 한나라에서 나이 23~56세의 성년남자는 매년 1년에 1개월을 경요(更徭)로 바쳐야 했고 이를 경졸(更卒)이라고도 했다. 자신이 직접 복무하는 것을 '천경(踐更)', 돈을 내어 다른 사람에게 대신 복부하게 하는 것을 '과경(過更)'이라고 했다. 과경의 비용은 300문이었고 만약 매 가호에서 매년 2사람이 경요(更徭)에 복무해야 하면 과경으로 600문을 지출해야 했다. 600문은 당시 가격으로 조 5.45석에 해당한다.

서한시기 백무를 경작하던 자영농은 매년 조 150석을 수확하였다.[70] 지출 항목은 전체 가족의 식량으로 조 90석, 각종 부세로 납부해야 되는 조가 16.51이었다. 우헤이의 계산에 의하면, 그 밖의 지출은 매 무당 사료비가 0.2석 즉 백무에 20석, 매 무당 종자비가 0.0417석 즉 백무당 4.17석이었다.[71] 나머지 19.32석은 철기와 같은 생산도구, 도기·기름·소금과 같은 생필품의 구입, 각종 제사의 비용으로 쓰였으니 비교적 여유가 있었다. 그러나 반조전농과 조전농은 상당히 궁핍하였는데 앞서 언급한 것처럼 그들의 수는 비교적 적었다.

농가는 위의 항목이외에도, 23~56세의 남자는 매년 반드시 수졸(戍卒)과 정졸(正卒)의 역을 부담해야 했다. 5인으로 구성된 농가는 33년 동안 2명이 총 4년 대략 8년 중 1년을 복무해야 했다. 일반 농가의 남녀노소는 모두 생산 노동에 참여하였는데 건장한 남자가 1년 동안 가족을 떠나 복역하러 가더라도 집안에는 1~2명의 장년이 남아 있고 늙은이와 아이들이 노동을 보좌하였으므로 역에 징발되더라도 생산에 영향을 주지 않았고 영향이 있다하더라도 크지 않았다.

진(秦)에서 서한(西漢)에 이르기까지 특히 서한 중엽 이전은 광대한 농민이 토지를 차지했으며, 전세(田稅)는 아주 낮아 자영농에게 유리했다. 비록 요부(徭賦)는 무거웠지만, 농가 생산액의 8%에 지나지 않았고 농가 수입과 비교해보아도 역시 높지 않았다. 농가 수입의 대부분은 농가의 재생산과 생활에 소비되었다. 바로 이러한 조건하에서 서한이 경제적으로 번영하였고 이 번영은 지주제 경제가 초보적으로 발전하던 시기의 우수성과 생명력을 체현한 것이었다.

또 하나 유리한 조건은 농민 경제와 농업 생산에 대한 국가의 관심이었다. 이 시기 집권자의 사상은 이점과 일치하는데 그들은 농업이 경제의 근본임을 알아 중농을 나라의 근본으로 삼았다. 문제(文帝)와 경제(景帝)는 모두 "농사가 천하의 근본(農天下之本)"이라고 주장했다.[72] 중농은 곡식의 축적을 의미했다. 문제 때 가의(賈誼)는 다음과 같이 말한 바 있다. "진실로 곡식이 많고 저장할 수 있다면 무엇을 한들 이루지 못하겠습니까? 공격하면 취할 것이요 지키면 굳건히 지킬 것이며 싸우면 승리할 것입니다. 멀리 있는 적인들 어찌 부르면 오지 않겠습니까?("苟粟多而財有餘, 何爲而不成? 以攻則取, 以守則固, 以戰則勝. 懷敵附遠, 何招而不至?)"[73]

국가의 중농(重農) 정책은 진·한시기 황제의 거듭된 포고령에서도 확인된다. 진의 시황제는 낭야(琅琊)의 각석(刻石)에 "삼가 본업에 힘쓰라. 농업을 숭상하고 상업을 제거하라(勤勞本業 上農除末)"이라고 새겼다. 갈석(碣石)의 각석에는 "남자는 밭에서 즐거워하고 여자는 업을 닦는다(南樂其時 女修其業)"는 글이 있다. 서한의 여러 황제들은 중농사상을 더욱 분명히 했다. 한나라 문제는 농업을 발전시키기 위해 "해마다 민들을 독려해 곡식과 뽕나무를 심도록 했다(歲勸民種樹)." 경제는 "군국에 힘써 농상을 권장해 더욱 곡식과 뽕나무의 경작이 늘었다(其令郡國務勸農桑 益種樹)."74) 여기서 '종(種)'은 식량의 생산을 가리키고 '수(樹)'는 뽕나무를 재배해 양잠하는 것을 말한다.

국가의 중농정책은 지방 관리에 대한 심사에서 더욱 구체적으로 드러나는데, 농업 생산력을 개선시켰는지의 여부가 지방 관리 심사의 지표였다. 토지를 개간하거나 수리시설을 만든 지방관은 국가의 표창을 받았다. 선제 때 영천태수(穎川太守) 황패(黃霸)는 "농사와 양잠에 힘쓰고 절약하여 재산을 늘렸으며, 곡식과 뽕나무를 심고 가축을 사육했으므로(務耕桑 節用殖財 種樹蓄養)" "호구가 매년증가(戶口歲增)"하였으며 "그 다스림이 천하에서 으뜸(治爲天下第一)"이라는 평을 얻었다.75) 발해태수 공수(龔遂)는 관리가 되었을 때, "몸소 절약하였으며 농사와 양잠에 힘쓰도록 민들을 권면했다(躬率以節儉 勸民服農桑)." 그리하여 "군에는 모두 저장한 바가 있도록 했는데(郡中皆有蓄積)" 이 때문에 표창 받았다.76) 서한말 남양태수(南陽太守) 소신신(召信臣)은 "민들에게 이로움 주기를 좋아했는데, 민들이 부를 쌓고 힘써 농사짓는 것을 권장하기 위해 직접 경작하는 본을 보이면서 농지를 출입하였고(好爲民興利, 務在富之, 躬耕勸農, 出入阡陌)", 이로 인해 호구가 증대해 국가로부터 표창 받았다.77) 국가의 이러한 정책은 비록 봉건권력을 공고히 하기 위한 수단이었지만 농업생산의 발전에도 유익했다.

농업 생산에 관한 개혁조치 예를 들어 황하에 대한 치수, 수로의 굴착, 수리시설의 건설 경작 기술의 개선은 모두 이 시기부터 본격화되었다. 예를 들어 무제 때 조과(趙過)는 수속도위(搜粟都尉)에 임명되었는데 그는 당시 농업생산의 경험을 총괄해 파종도구인 누거(樓車)를 발명했고, 경작과 김매기 파종을 크게 진전시켰다.78) 이러한 조건하에서 농업 생산은 비교적 신속하게 발전했다. 이상의 서술을 종합해 보자. 이 시기 농업은 두 가지 측면에서 큰 진전이 있었는데, 경지 면적의 확대와 집약 농법으로 인한 생산량의 증가가 그것이었다.

국가는 농민 경제를 유지하는 것에서 봉건통치를 공고하게 하는 출발점으로 삼아 각종 정책을 실행하였는데, 그 대표적인 것이 억상(抑商) 정책이었다. 이러한 정책은 진나라에서 서한에 이르기까지 지속되었다. 전국시기 진나라 효공(孝公)은 집권 후, 상앙의 변법을 수용하여 "본업[역자-농업]에 힘을 다해 곡식을 경작하고 베를 직조한 자에게는 그 몸을 회복시켜 주며 말업[역자-상업]을 일삼아 게을러 가난하게 된 자는 종으로 삼도록 한다(僇力本業耕織致粟帛多者復其身, 事末利及怠而貧者, 擧以爲收孥)"[79]는 령을 내렸다. 진나라 시황제는 천하를 통일한 후, 낭야대에서 돌에 "황제 초에는 삼가 본업에 힘써 농업을 숭상하고 상업을 제거하여 백성들이 신뢰했다(皇帝之初 勤勞本業 上農除末 黔首是賴)"[80]라고 새겼다. 각석의 글귀에서 중농억상의 의지는 분명히 드러난다. 서한시기 이러한 정책은 더욱 진전되었다. 상인의 사회적 지위는 낮아졌으며 비단옷을 입을 수도 말을 탈 수도 없었으며 관리가 될 수도 없었다. 경제적으로도 억제책은 실시되었다. 무거운 세금이 부과되었으며 토지를 구매하지 못하도록 했다. 농민의 농업생산품에 대해서도 제값보다 싸게 구입할 수 없도록 했다. 무제 때의 화폐제도개혁 역시 농민을 보호하기 위한 조치 가운데 하나였다. 문제시기 환관(桓寬)이 쓴 『염철론(鹽鐵論)』에 의하면 "민들에게 전을 주조할 수 있도록 허락했다(縱民得鑄錢)." 무제시기 『한서』 무제본기에는 다음과 같은 기록이 있다. "최근 해당관청에서 낮은 화폐 가치를 이용해 간교한 술수를 부리니 농업이 피해를 입는 반면 상업이 창성하게 됩니다. 또 겸병의 무리들을 금하였으니 화폐를 개혁하여 그것을 간소하게 하라(日者有司以幣輕多姦, 農傷而末衆, 又禁兼幷之塗,故改幣以約之.)" 소금과 철을 국가에서 전매하는 목적은 상업의 억제에 있었다. 물론 국가의 이러한 정책은 역사적 조류를 거스르는 것이어서 부정적인 영향을 미쳐 상공업의 발전을 저해했지만 부상대고들이 농민을 수탈하는 것을 억제하는 역할도 했다.

　진한시기 특히 서한시기에, 한편으로 광대한 자영농이 있었고 다른 한편으로 농민의 경제적 이익을 보호하는 국가의 정책이 실시되었다. 농민은 생산성을 발전시켰으며 농업생산력은 날로 증대되었고 농민 경제는 점차 풍요로워 졌다. 진에서 서한까지의 시기는 사회경제적 발전기이며 한나라 문제에서 경제를 거쳐 무제에 이르는 시기는 그 발전이 최고조에 달한 시기였다. 이러한 변화 발전은 지주제 경제발전 초기에 나타난 우수성을 보여준다.

　이 시기 사회경제적 번영은 옛 서적에 나타나 있다. 진시황제 통치기 소농민 경제는 안정적이었다. 시황제 28년 동쪽을 순수하면서 낭야의 각석에 "농업을 숭상하고 상업을 제거하여 백성들이 신뢰했다(上農除末 黔首是賴)"고 세겼다. 32년에는 갈석의 돌에 "백성들에게는 요역이 없었다(黎庶無繇)"거나 "남자들이 즐겁게 농사지었다(男樂其疇)"와 같은 글이 새겨져 있었다. 이것은 과장이 아니라 당시의 실정을 반영한 것이었다. 한 고조 초기는 장기간의 전란으로 농민들이 매우 곤궁하였다. 『사기』 평준서에는 "민들이 지붕도 없이 살았다(齊民無藏蓋)"고 기록되어 있다. 이러한 상황은 매우 빨리 개선되었다. 여후(呂后)가 권력을 장악하였을 때 "민들이 농사에 힘써 먹거리가 풍족해졌다(民務稼穡 衣食滋殖)"고 『한서』 고후본기는 전한다. 문제와 경제시기 농업생산의 발전과 농민경제의 번영을 기반으로 '문경지치'가 만들어 졌다. 혹자는 한 고조가 나라를 세워서 "무제 초기까지의 70년 동안 나라는 전쟁이 없고 가뭄과 홍수의 피해를 입지 않아 민들의 먹거리가 풍족해지고 각 고을의 창고는 가득찼고 남아돌았다. … 중략 … 저자거리의 말들이 있었으며 밭두둑에는 무리지어 놀았다. 암말을 가진 이들이 암말에 올라탄 숫말을 내쫓아도 숫말의 주인은 다시 찾아오지 않았다.(至武帝之初七十年間, 國家亡事, 非遇水旱, 則民人給家足, 都鄙廩庚盡滿, 而府庫餘財 … 중략 … 衆庶街巷有馬, 阡陌之間成羣, 乘牸牝者擯而不得會聚)."라고 표현했다.[81] 『한서』에서 말한 풍요는 주로 부유한 호들을 가리킨 것이지만 당시 일반 가호의 풍요도 반영한 것이다. 서한시기 농민의 경제적 상황에 대해 허쯔췐[何玆曾]이 일찍이 "이 시기는 소농민경제의 황금기로 새로운 변화가 막 번성해가고 있던 시기였다."라고 평했다.[82]

물론, 이 시기 농민의 열악한 노동과 생활환경을 직시해야 한다. 문제시기 조착(晁錯)은 백무를 소유한 농가가 백석을 수확하였다고 말하면서 농민의 부담과 생활을 언급하였다. "봄에 밭갈고 여름에 김매며 가을에 수확하고 겨울에 저장합니다. 땔나무를 구하고 관부를 수리하며 요역을 바칩니다. 그러나 봄에는 매서운 바람을 피하지 못하며 여름에는 무더위를 피하지 못하며 가을에는 차가운 비를 피하지 못하며 겨울에는 맹추위를 피하지 못하니 사계절 동안 하루도 쉬지 못합니다. 또 사적으로는 먼 길을 나서야 하거나 사람들을 맞이해야 하며 조문하거나 병문안을 해야 합니다. 이 와중에 자식들을 양육해야 합니다. 고통이 이와 같은데 오히려 가뭄과 홍수의 재해를 입고, 폭정과 시도때도 없이 부세의 수취를 당하며 아침에 내린 영이 저녁에 바뀌게 되면 마땅히 자기가 가지고 있던 양식의 반을 팔아야 합니다. 양식이 없는 자는 비싼 이자로 빌려야 합니다. 이에 전택을 팔고 그 자식까지 팔아 그 빚을 갚습니다(春耕夏耘, 秋穫冬臧, 伐薪樵, 治官府, 給繇役. 春不得避風塵, 夏不得避暑熱, 秋不得避陰雨, 冬不得避寒凍, 四時之間亡日休息. 又私自送往迎來, 弔死問疾, 養孤長幼在其中. 勤苦如此, 尚復被水旱之災, 急政暴虐, 賦斂不時, 朝令而暮改. 當具有者半賈而賣, 亡者取倍稱之息, 於是有賣田宅, 鬻子孫以償責者矣.)"[83] 조착이 말한 "농민의 고통"은 당시 농가의 일반적인 모습이었다. 농업생산과 상품경제의 발전과 더불어 계층의 분화가 발생했고 몇몇 궁핍한 농가들은 빚을 갚기 위해 토지를 팔아야 했다. 그러나 이를 근거로 나라 전체 혹은 전체 농민경제의 상황을 파악할 수 없다. 다른 측면의 여러 요소들을 고려하여 소농경제를 종합적으로 고찰해야 비로소 역사적 진면목을 볼 수 있다.

소농경제 번영은 서한 중엽 특히 서한 후기에 이르면 점차 변화하기 시작해 계층의 양극화는 나날이 심각해졌다. 까오민[高敏]이 저술한 『진한사논집(秦漢史論集)』에는 이러한 상황이 잘 지적되어 있다. 이 시기에는 토지 소유권이 점차 집중되었으며, 농민 경제도 점차 쇠락해가고 있었다. 예를 들어 순열(荀悅)은 『한기(漢紀)』에서 "지금 한나라의 민들은 1/100세를 내기도 하는데 이는 드문 일이다. 호강들과 부자들이 분수에 넘치게 토지를 차지하고 그 부세의 태반을 수취한다. 관에서 1/100세를 거두어도 민들은 태반의 부세를 바친다. 관의 혜택은 삼대(하·은·주)를 넘어섰으나 호강의 흉폭함은 진나라 말기보다 잔혹했다. 임금의 은혜는 민들에게 미치지 못하고 위복이 호강들에게만 나누어지니 지금 그 근본을 바로잡아 힘써 조세를 제거하지 않으면 오직 부자들만 부유하게 할 것이다(今漢民或百一而稅, 可謂鮮矣. 然豪强富人占田逾侈, 輸其賦太半. 官收百一之稅, 民輸太半之賦. 官家之惠优于三代, 豪强之暴酷于亡秦, 是上惠不通, 威福分于豪强也, 今不正其本而務除租稅, 適足以資富强)." 순열은 서한 말기의 상황을 이렇게 묘사했다. 토지소유권이 집중되어 일부 자영농이 조전농으로 전락하며 조전농이 날로 증가하였으며 경감된 세제는 지주에게 유리했다. 순열은 이런 현상을 비판한 것이었다. 왕망 역시 "호민들이 침탈하여 토지를 강제로 차경시키면서 생산량의 30% 수취를 명분으로 하고도 실제로는 50%를 거두어들인다(分田劫假, 厥名三十, 實什稅伍也)"[84]라고 비판했다. 서한후기가 되면 이렇게 토지소유권이 집중되었다.

이 시기 농민의 경제적 생활에 영향을 끼친 또 하나의 요소는 상품경제의 침투였다. 지주제 경제는 상품경제와 근본적으로 연관되어 있다. 서한 중엽 사회의 상품유통량은 날로 증가하여, 한편으로 농업생산의 발전과 함께 농민들은 자신이 보유한 잉여 생산품을 내다 팔아 일정량의 화폐를 가지게 되었다. 이와 더불어 독립적 경영호였던 농민들은 생산에 필요한 생산용품과 생활필수품을 구매했으며 국가에 일정량의 화폐를 부세로 납부했다. 이 때문에 농민경제는 시장과 날로 밀착되었다. 국가가 비록 억상정책을 시행하고 있었지만 지주제 경제에서 상품경제는 발전했으므로 국가의 정책은 그 발전 속도를 늦출 뿐이었다.

이 시기는 상품유통에 유리한 객관적 조건도 출현하였다. 진나라는 중국을 하나로 통일하였다. 이러한 기초위에서 진의 시황제는 수레바퀴의 폭을 통일하고

도로를 수축하는 등의 개혁을 시행했다. 이는 각 지역 간의 상품유통에 도움을 주었다. 화폐와 도량형의 통일은 상품의 교환을 더욱 편리하게 했다. 서한은 이러한 제도를 계승했을 뿐 아니라 진일보 발전시켰다.

상품경제의 발전과 더불어 도시도 발전했다. 도시 거주민의 생활에 대해 사마천(司馬遷)은 "농부가 있어야 먹을 수 있고 사냥꾼이나 어부가 있어야 잡을 수 있고 장인이 있어야 만들 수 있고 상인이 있어야 유통할 수 있다(待農而食之, 虞而出之, 工而成之, 商而通之)"라고 했다. 부상대고들이 곳곳에서 나타나자 사마천은 그들을 '천승의 집안'이라 했다. 당시 상품화된 농산품은 곡물과 땔나무 이외에 밤·대추·귤·옻·쑥·대나무·차 등과 돼지·소·양 등이 있었고, 농가에서 생산한 술과 각종 장 등이 포함되었다. 아울러 전업적 농가도 출현했다.[85]

이처럼 농업생산의 발전을 기반으로 성장한 일단의 부상들은 농민들을 수탈의 대상으로 삼았는데 저가로 구매하여 고가로 판매하였다. 문제시기 조착은 농민들이 전택과 자식을 팔아 빚을 갚는다고 지적하면 당시 상인들의 사치스런 생활과 권력에 결탁한 모습을 다음과 같이 묘사했다. "상인 가운데 대상인들은 모은 재산으로 이자놀이를 하고 소상인들은 점포를 열어 판매하여 그 이윤을 마음껏 취하며 날마다 도시를 유람한다. 위[上]에서 급히 구하는 것을 이용해 그 값을 배로 판매한다. 이런 이유로 남자들은 경작하지 않고 여자들은 양잠하지 않는데도 문양이 새겨진 옷을 입고 좋은 고기만을 먹어 농사짓는 어려움도 없이 그 성과만 차지한다. 그 부를 이용해 왕과 제후들과 교유하여 그 힘이 관리의 그것을 넘어서고 이익으로 서로 다툰다. 좋은 수레를 타고 말에 채찍질하면서 관이 서로 이어지고 신발 끈이 끌릴 정도로 천리를 돌아다닌다. 상인들이 농민들을 겸병하기 때문에 농민들이 유망하는 것이다(而商賈大者積貯倍息, 小者坐列販賣 操取其贏, 日游都市, 乘上之急, 所賣必倍. 故其男不耕耘, 女不蠶織, 衣必文采, 食必粱肉, 亡農夫之苦, 有仟伯之得. 因其富厚, 交通王侯, 力過吏勢, 以利相傾. 千里游敖, 冠蓋相望, 乘堅策肥, 履絲曳縞, 此商人所以兼并農人, 農人所以流亡者也)." 한편 억상정책의 실패가 지적되기도 했다. "지금 법률은 상인을 억제하나 상인들은 이미 부유해졌다. 농민들을 높이려 했으나 농민들은 이미 가난해졌다. 그런 까닭에 풍속이 존귀하게 하려는 바는 임금이 억제하려는 것이고 관리가 비천하게 여기는 것은 법이 존귀하게 하려는 것이다.(今法律賤商人, 商人已富貴矣. 尊農夫, 農夫已貧賤矣. 故俗之所貴, 主之所賤也, 吏之所卑, 法之所尊也.)" 무제시기 상인의 재산은 계속 증가했고 권세를 날로 확장되었다. 『사기』 평준서에는 "부상대고 가운데 어떤 이는

재산을 쌓아 빈민을 사역시켜 곡식 수백을 옮기게 하고 남는 곡식을 읍에 쌓아
두니 봉군들이 모두 그것을 지급 받는다. 철을 주조하고 소금을 제조해 재산이
수만금이나 되어도 나라의 급한 일을 돕지 않으니 민들이 더욱 곤궁해 진다(富商
大賈或蹛財役貧, 轉轂百數, 廢居居邑,封君皆低首仰給. 冶鑄煮鹽, 財或累萬金, 而不佐
國家之急, 黎民重困.)" 이런 상황에서 일부 농민들이 상업에 휩쓸리기 시작했다.
문제 때에는 "백성들이 상업에 종사해 민들을 해치는 자가 번성하고 있다(百姓之
事于末 以害民者蕃)"라는 기록이 있고 경제 때에는 "상업에 종사하는 자가 늘어나
고 농민이 줄어든다(爲末者衆 農民寡)"라는 기록이 있다.[86] 일찍이 가의(賈誼)도
농민들이 농업을 등지고 상업을 좇아 먹고 사는 자가 매우 많다고 지적하였다.
서한 후기에 이르면 심지어 "마을에 농사짓는 자는 적은데 반해 상업에 종사하
는 자가 많았다(鄕本者少 趨末者衆)."[87]

이 시기 농민 가운데 상업을 겸하는 자가 있다고 하더라도 이는 부유한 농호
에 제한된 현상이었다. 대다수의 농민들은 잉여 곡물을 시장에 내다 팔아 생필품
을 구매하는 것으로 시장과 관계를 맺었다. 다만 이제까지 자급자족을 위해 생산
된 농민들의 생산품 가운데 교환을 위해 생산된 물품의 비중이 날로 증가했다.

농민경제와 시장의 관계는 농가경제의 상품률에 잘 드러난다. 양자의 관계는
두 가지 측면에서 추론 할 수 있다. 첫째, 매 가호의 토지에서 생산된 생산물 가
운데 잉여생산물의 양을 통해 계산할 수 있다. 잉여생산물은 시장에 투여될 수
있기 때문이다. 둘째, 매 가호에서 구입한 생산도구와 생필품 그리고 화폐로 납
부한 부세 등의 지출 항목을 통해 계산할 수 있다. 이러한 지출부용은 각종 농부
산품을 팔아 지불한 것이기 때문이다.

농가의 잉여 곡물의 양에 대해서는 앞서 이미 언급하였다. 이 시기 백무의 토
지를 경작하던 자영농은 조 150석을 수확했고 이 가운데 90석은 5인 가족의 식량
으로 충당한다. 토지세가 4.5석, 가축의 사료비 15석, 이듬해의 종자로 3석을 지급
하고 나면 36석이 남는다. 따라서 판매할 수 있는 생산품은 전체의 24%이다. 이
것이 곧 농민의 상품률이다.[88] 농가의 화폐지출 역시 앞서 이미 언급하였다. 농
가에서 150석을 수확하고 매 석의 가격을 100문(文)으로 계산하면 농가는 매년
16,500문을 생산한다. 이 가운데 화폐로 지출해야 할 세금의 총량은 1,300문이고
생산도구와 생활필수품을 구입하는 데 총 생산량 대비 10%의 돈 1,650문이 소비
된다. 양자를 합하면 2,950문으로 총 생산량에서 18%를 차지한다. 이러한 계산을
통해 이 시기 농민경제의 상품률은 20%내외임을 알 수 있다. 봉건사회전기에 농

민경제의 상품률은 이미 생산량의 20%를 넘어서고 있어 상당히 발전했다고 할 수 있다.[89] 특히 이러한 경제발전이 지주제 경제의 초보적 발전이라는 조건하에서 이루어졌다는 점을 간과해서는 안 된다.

이상이 지주제 경제가 초보적으로 발전하던 진(秦)으로부터 서한(西漢)에 이르는 시기의 토지소유관계와 농민경제가 변화 발전한 기본적 내용이다. 지주제 경제가 정상적으로 발전하던 상황에서 농민의 소토지 소유제는 비교적 큰 비중을 차지했다. 지주의 유형도 권귀관료지주(權貴官僚地主)가 주도적인 지위를 차지했지만, 서민지주 또한 발전하였다. 농민계급은 사회적으로 비교적 자유로웠으며 이는 농업 생산을 발전시키는 데 유익했다. 이 시기에는 상품경제 또한 더욱 발전했다. 이처럼 중국봉건경제는 번영하여 풍요로운 단계로 진입했다. 이러한 국면은 서한 후기부터 점차 변화하기 시작했다. 권귀의 세력이 팽창했고 겸병을 일삼아 엄청난 재산을 모았다. 국가가 억상정책을 실시하고 있었으나 대상인들은 재산으로 토지를 구매해 토지를 집중시켰다. 이에 일부 자영농은 토지를 잃고 조전농(租佃農)으로 전락했다. 농업 생산성도 상대적으로 하락했으며, 상품경제 또한 위축되었다. 이러한 조건에서 동한시기가 되면 권귀지주는 자급적인 봉건 대장원(大莊園)을 세우기 시작했다. 그리하여 토지는 독점되었고, 노동력을 장악하고 정치적 특권을 지닌 지주 계층이 형성되었으며, 토지소유관계는 역전되었고 사회 경제는 퇴보해 갔다.

제2절 동한에서 삼국에 이르는 시기 지주제 경제의 기형적 발전과정

1. 서한 중·후기 토지소유관계의 변화

본서에서 말한 지주제 경제는 봉건사회시기 토지소유관계의 총체, 즉 지주제를 중핵으로 하면서 각종 국유지, 사유지, 농민소유지를 포괄하는 일체의 경제체제이다. 몇몇 시기에는 농민 소유제가 지배적 위치를 차지하기도 했지만, 이것이 지주제 경제체제의 작동을 방해하지는 못했다. 지주제 경제체제는 전국(戰國)시기 이미 그 기초가 형성되었고 진(秦)에서 서한에 이르는 시기 초보적 발전단계로 진입하였다. 봉건영주제에 비해, 지주제는 대단한 적응력을 가졌다. 예컨대 농민의 소토지소유제의 광범위한 존재를 수용할 수 있었으며 각종 유형의 지주 특히 서민지주와 오랫동안 병존했다. 농민에 대한 국가의 통제는 상대적으로 느슨했고 농민은 신분적으로 자유로워 생산성을 적극적으로 발전시킬 수 있었다. 또 시종일관 농민 경제에서 상품경제가 일정한 비중을 차지하고 있었다. 진에서 서한에 이르는 200여년 동안 지주제 경제의 초보적 발전은 이런 조건하에서 가능했다.

서한에 한정해 말해보자. 서한 중엽이전 광대한 농민이 토지의 대부분을 차지하여 상당히 오랜 기간 농민의 소토지소유제가 지배적 위치를 차지했다. 이 시기 요부(徭賦)는 비교적 무거웠으나 토지세는 매우 낮았다. 농가가 토지로부터 얻은 생산물의 대부분은 재생산과 생활을 위한 소비에 충당되었고 경제사정은 비교적 양호했다. 이러한 기초위에서 중소서민지주가 분화해 나왔다. 이것이 서한 경제번영과 사회적 안정의 토대였고 지주제 경제의 우월성과 생명력의 현시였다.

서한 중엽이후 특히 서한 후기에 권귀호족지주의 발전과 토지소유권의 집중에 따라 정상적으로 발전하던 지주제 경제도 점차 변화하기 시작했다. 순열(荀悅)이 지은 『한기(漢紀)』에는 다음과 같은 기록이 있다. "지금 한나라의 민들은 1/100세를 내기도 하는데 이는 드문 일이다. 호강(豪强)들과 부자들이 분수에 넘치게 토지를 차지하고 그 부세의 태반을 수취한다. 관에서 1/100세를 거두어도 민들은 거의 반을 부세를 바친다. 관의 혜택은 삼대(하·은·주)를 넘어섰으나 호강의 흉폭함은 진나라 말기보다 잔혹했다. 임금의 은혜는 민들에게 미치지 못했고 위복은 호강들이 나누어 가졌다(今漢民或百一而稅 可謂鮮矣. 然豪强富人占田逾侈 輸其賦太半. 官收百一之稅 民輸太半之賦. 官家之惠优于三代 豪强之暴酷于亡秦 是上惠不通 威福分于豪强也)." 순열은 서한 후기의 상황을 언급한 것이다. 동한은 건국 후 이러한 전통을 계승하였을 뿐 아니라 인위적으로 이러한 변화를 강제했다. 그리하여 권귀호족지주는 더욱 늘어났고 그들의 권세는 확대되었다. 서한 전기에서 중기에 이르는 시기 광범위했던 농민의 소토지소유제는 사라졌고 중소서민지주들은 몰락해 갔다. 농민은 신분적 자유를 상실했고 농업생산과 상품경제는 점차 쇠퇴했으며 지주제 경제는 점차 정상적 발전궤도에서 이탈해 기형화되어 갔다.

동한과 삼국시기, 기형적 지주제 경제는 구체화 되었다. 대부분의 권귀호족지주가 토지를 농단했으며, 각지의 권귀지주들은 직접 혹은 간접적으로 지방의 권

력을 장악했다. 또 이러한 조건 하에서 농민의 사회적 지위는 하락했으며 신분
적 예속관계는 강화되었다. 이런 변화 속에서 사족(士族)지주의 맹아가 형성되고
있었고, 이는 이 시기의 주요한 특징 가운데 하나였다. 변화는 동한시기에 시작
되었으나 서한 후기에 이미 조짐이 나타나고 있었다.

이 변화를 보다 잘 설명하기 위해서는 지주제 경제가 정상적으로 발전하고
있던 서한시기의 토지관례를 개략적으로 살펴볼 필요가 있다. 서한초기 분봉된
제후왕(諸侯王)들은 지방에서 독자성을 가지고 있었다. 그러나 7국의 난[10] 이후
국가는 제후와 왕들의 권력을 통제해 제후왕들은 봉읍의 농민들에게 전세(田稅)
만을 징수할 뿐[90] 정사(政事)에는 관여할 수 없었다. 경제(景帝)는 "제후왕들이 민
들을 다스리지 못하도록 했다(令諸侯王不得治民)." 무제(武帝)는 각 제후에게 조
세를 수취할 수 있도록 했지만 정사에는 참여하지 못하도록 하여,[91] 권세를 기반
으로 마을을 농단하고 농민들을 억압하던 호강지주를 억제하는 정책을 채택했
다. 그들은 강제로 사민되기도 했다. 이에 각 지방의 호족과 강종(强宗)들의 횡폭
한 행위는 마침내 사라지게 되었다.[92]

아울러 한 무제는 관리를 선발제도를 개혁했다. 선거제(選擧制)를 실행하였고
태학을 세워 현명하고 능력있는 이들을 선발했다. 이에 사회하층 출신의 서민들
도 관료가 될 수 있는 기회를 획득했다. 이것은 호족과 강종들이 관직을 독점하
던 관행을 저지하는 효과를 가져왔다.

조정은 또한 자영농을 육성하는 정책을 실시해 문제(文帝)에서 경제를 거쳐
무제에 이르는 수십년 동안 여러 차례 국유지를 농민에게 분배하는 조칙을 내렸
다.[93] 강제이주 되었던 호강들의 토지는 당연히 해당지역에 남아 있던 농민들이
나누어 가졌다. 농민들이 토지를 소유하고 있었고 신분적으로 자유로웠던 상황
에서 생산성은 비교적 높았으며 농업생산성의 발전 속도는 빨라 '문경지치(文景
之治)'라는 말이 나올 정도였다. 이후 무제에서 소제(昭帝)와 선제(宣帝)에 이르러
사회 질서는 비교적 안정되었고 농업생산은 지속적으로 발전했다.

이러한 상황은 이후 점차 변화해 갔다. 권세지주가 대두하였고 토지겸병이 날
로 극심해졌으며 권귀호족 대지주가 곳곳에서 출현했다.『한서』식화지에는 서

---

10) 역주 - 한나라의 6대왕 景帝는 晁錯를 등용하여 강성한 제후들을 통제하기 위해 '推恩의 令'을
시행하여 吳·楚·趙 나라의 영토를 삭감하려 했다. 이에 반발한 오왕, 膠西王, 膠東王, 濟南王
등이 연합하여 반란을 일으켰는데 이를 칠국의 난이라 한다. 반란은 한나라에서 파견한 周亞
夫 등에 의해 진압되고 이후 중앙정부의 권력이 강화되었다.

한중기 이미 "부자들의 토지는 밭두둑을 이을 정도로 넓으나 가난한 사람들은 송곳을 세울 만한 땅도 없는(富者田連阡陌, 貧者亡立錐之地)." 현상이 나타나고 있었다. 이 시기에는 상인지주도 출현하였다. 부상들은 "그 부를 이용해 왕과 제후들과 교유하여 그 힘이 관리의 그것을 넘어서고 이익으로 서로 다투었다(因其富厚 交通王侯 力過吏勢 以利相傾)." 이러한 권귀지주의 권세는 날로 팽창하여 지방에서 막대한 세력을 가지게 되어 서한말·동한초의 전란기에 이르면 곳곳에서 무장봉기하여 종족(宗族)과 빈객을 거느리고 자위조직을 갖추었다. 『후한서』번굉(樊宏)열전에는 이런 기록이 있다. 왕망(王莽)말 남양(南陽)지역의 거족이었던 번중(樊重)과 그 일족들이 "해자를 파고 스스로 지키니 노약자 가운데 귀부하는 자가 천여가 였다(作營塹自守, 老弱歸之者千餘家)." 『후한서』이장(李章)열전에는 동한초 "조(趙)와 위(魏)의 호족들이 무리를 모으자 청하(淸河)의 대성인 조강(趙綱)이 마침내 현에 오벽(塢壁)을 세우고 병사를 조련하여 그 지방의 침해했다(趙·魏豪右往往屯聚, 淸河大姓趙綱遂於縣界起塢壁, 繕甲兵, 爲在所害)." 이 시기 각지의 호족이 다스리던 민호는 그 일족을 제외하더라도 빈객을 포함한 예속민이 수백 수천에 달했고 이들은 방어와 전투를 담당했다.[94] 서한과 동한의 사이에 출현한 이들 강대한 세력을 가진 호족과 강종은, 모두 서한 말기로부터 유래하였다.

　요컨대 서한시기 토지소유관계는 큰 변화가 발생했다. 권귀호족지주는 이미 상당할 정도로 성장했고 이러한 변화로 말미암아 지주계급의 구조와 토지소유관계와 농민의 사회적 지위에 변화가 발생했다. 따라서 이미 초보적 발전 단계에 이었던 지주제 경제는 그 정상적 발전궤도를 이어가지 못했다. 동한이 건국한 이후 권귀호족지주는 역사무대에 등장하였고 지주제 경제는 기형적으로 전개되었다.

2. 권귀호족지주의 토지겸병

　서한과 비교할 때, 동한시기는 자영농이 크게 축소되었고 중소서민지주는 몰락해 갔으며 '권세지주(權勢地主)'는 빠르게 성장하였다. '권세지주'는 정치권력을 가진 귀족관료지주와 관직이 없으나 재산과 집안의 권세에 의지해 한 지방을 장악한 호족지주로 구분 가능하다. 귀족관료지주의 경우 먼저 훈귀(勳貴)지주와 일반관료지주가 발전했고 뒤이어 사족출신의 관료지주가 출현했다. 이들 사족출신의 지주는 뒷날 특수한 신분을 가진 사족지주를 형성하였고 권귀관료지주의 핵심을 차지하여 특권층이 되었다. 이 시기 발전해 온 관직 없는 호족지주 또한 주목해야 한다. 이들은 광대한 토지를 차지하였고 지방에서 강대한 봉건권력을 장악하고 있었다. 다만 동한에서 삼국에 이르기는 2백 여년 동안 발전해온 지주의 대다수는 귀족관료지주 즉 본고에서 말해온 권귀지주였고 그들이 이 시기 토지를 겸병하고 독점하였다.

일부 사료에서는 문벌사족지주에 관한 기록이 분명하다. 때문에 사족에 속하지 않는 일반귀족관료지주와 지방호족지주를 쉽게 구분할 수 있다. 그러나 대다수의 사료에서는 일반관료지주와 관직이 없는 지방의 호강지주, 심지어는 때때로 사족지주는 함께 '호강(豪强)'과 같은 단어로만 표현되어 있다. 그들을 엄격하기 구분하기 어려우므로 본문에서는 기본적으로 권귀지주와 지방호족지주 두 종류로 구분한다. 동한시기에는 사족지주를 포괄하는 권귀지주가 다수를 차지했으며 상당 기간 권귀지주는 지배적 위치를 차지했다.

앞서 서술한 것처럼 서한후기 토지소유권은 겸병되어 집중되었으며 곳곳에서 문벌호족지주들이 출현하였다. 동한이 건국한 후 이러한 전통은 계속되었을 뿐 아니라 오히려 진일보 진전하였는데 동한을 건국한 유연(劉績)·유수(劉秀) 형제는 남양(南陽)출신의 대지주였다. 역대 농민봉기와 달리 그들은 봉기한 후 권귀호족에 반대하지 않았을 뿐 아니라 도리어 권귀호족의 권세에 의거해 한왕조를 부활시켰다. 이런 이유로 유연형제는 힘을 다해 인근 각 현의 호강지주들에게 연락했으며 다른 지역에서 거병한 이들 역시 서한의 권세가나 명문가였다. 이 때문에 건국 초 동한 조정은 문벌호족지주의 대표기구였고 광무제(光武帝)는 호족과 강종의 포악한 행위를 억제하려 했으나 끝내 타협하여 방치하였다. 서한이 호강들을 강력하게 제어했던 것과 달리 동한에서 권귀호족지주의 발전추세를 꺾을 수 없었던 것이다.

동한의 권귀·호족지주가 광대한 토지를 차지한 사례는 매우 많다. 『후한서』 번굉열전에 의하면, 광무제의 외조부 집안이었던 남양 출신의 번중(樊重)은 대대로 농사에 힘써 "토지 300여경을 개간하였으며(廣開田土三百餘頃)" 전장(田莊) 내에서 비단과 삼베를 만들었고 각종 기물을 제조하였다. 이 시기 민호가 필요로 했던 각종 생산도구와 생활필수품은 전장 내부에서 자급자족하여 소위 '폐문성시(閉門成市)'가 형성되었다. 또 이 시기 제남(濟南)의 안왕(安王) 유강(劉康)은 광대한 규모의 토지를 소유하였고 장원의 안에는 "노비가 1,400명, 마구간에는 말이 1,200필, 사전(私田)이 800경(奴婢至千四百頃 廄馬千二百匹 私田八百頃)"이나 되었다. 이러한 대장원의 생산노동은 주로 예속된 조전농(租田農)이 담당했다. 당시 생산력 수준에 견주어 보면, 소유 토지 800경은 3~4천명의 노동력 즉 천여가의 예속농을 필요로 한다.

동한 중기 장제(章帝)와 화제(和帝)시기에도 권귀지주는 토지를 강점하고 있었다. 장제시기 두헌(竇憲)의 누이가 황후가 되자 "두헌은 황후의 믿고 권세를 부려 마침내 심수공주(沁水公主)의 전원을 빼앗아 자신에게 줄 것을 요청하니 공주가 핍박받고 두려워 감히 저지하지 못했다(憲恃宮掖聲執, 遂以賤直請奪沁水公主園田, 主逼畏, 不敢計)." 이후 장제는 두헌을 불러 질책하면서 "지금 공주도 토지를 빼앗기게 되는데 하물며 소인들이야 어찌겠는가!(今貴主尙見枉奪, 何況小人哉)"라고 개탄했다. 이 사례는 권세를 가진 권귀들의 토지겸병 행위가 당시 보편적이었음을 보여준다. 당시 겸병의 주대상은 농민 즉 장제가 말한 '소인'들이었다.

동한후기가 되면 권귀지주들의 겸병은 더욱 극심해졌다. 환제(桓帝)시기 양기(梁冀)는 20여년 동안 겸병을 자행해 그의 집과 장원은 "서쪽으로는 홍농(弘農)에 이르고 동쪽은 영양(滎陽)과 접해 있고, 남으로는 노양(魯陽)에 미치고 북으로는 하(河)·기(淇)에 달한다. 그 땅은 산과 숲을 아우르고 언덕을 끼고 있으며 봉역의 둘레가 거의 천리나 되었다(西至弘農, 東界滎陽, 南極魯陽, 北達河·淇, 包含山藪, 遠帶丘荒, 周旋封域, 殆將千里)." 이 기록을 통해 양기가 차지한 토지가 광대하였다는 사실을 확인할 수 있다. 양기가 멸족된 후 "양기의 재산을 거두어 현관이 팔게 했더니 도합 30여 억이나 되어 이를 왕부에 소속시키고 천하 조세의 반을 감면하였으며 그 전장은 가난한 민들에게 나누어 주었다(收冀財貨, 縣官斥賣, 合三十餘萬萬. 以充王府, 用減天下稅租之半. 散其苑囿, 以業窮民)."[95] 양씨가 실각한 후 권력은 환관들이 장악하였다. 환관의 여러 형제들이 주군의 관리가 되면서 겸병을 자행했다. 환관 후람(侯覽)은 다른 사람의 전지를 118경이나 빼앗았다. 이상과 같은 사례들은 당시 겸병이 극심했으며 토지 소유권의 집중이 심화되고 있었음을 보여준다. 이러한 사태는 서한시기에는 보기 드물었던 것이다.

동한후기는 사회질서도 문란하여 관직이 없는 호족지주들이 출현하였다. 동한말 중장통(仲張統)이 지은 『창언(昌言)』 손익편(損益篇)에는 다음과 같이 기록하고 있다. "정전의 제도가 변하여 호인들이 재산을 늘여 주군에 관사(館舍)를 늘여놓고 토지는 나라 전체에 이어져 있다. 그 신분은 반통(半通)의 인장과 청륜(靑綸)의 끈을 찰 정도도 되지 못하면서 해·달·별[三辰]과 용의 문양을 옷에 새겨 넣는다. 편호 가운데 오장도 안 되면서 큰 고을 규모의 노동력을 차지하니 그 영화

는 봉군을 넘고 그 세력은 수령과 맞먹을 정도였다(井田之變, 豪人貨殖, 館舍布於
州郡, 田畝連於方國. 身無牛通靑綸之命, 而竊三辰龍章之服,不爲編戶一伍之長, 而有
千室名邑之役, 榮樂過於封君, 執力侔於守令)." 여기서 말한 '호인(豪人)'은 재력을
바탕으로 집안을 일으킨 지주를 말한다. '호인들이 재산을 늘여'라는 문장에서
지주들의 겸병과 상업행위를 확인할 수 있다. '큰 고을의 노동력(千室之役)'은, 그
들이 거느리고 있던 생산노동자 즉 조전농(租田農)을 가리킨다. '전장'이 나라전
체에 걸쳐 있다는 말은 과장된 표현이지만 그 만큼 소유 토지가 광대하다는 말
이다. 지방에서 그들의 권세는 지방의 수령과 맞먹을 정도여서 이미 한 고을을
주무르는 호강이었다. 광대한 토지를 차지하고 권세를 휘두르는 관직이 없는 지
주는 서한말부터 출현하였다. 중장통은 『창언』 손익편에서 또 다음과 같이 말하
였다. "호인의 집은 용마루가 수백으로 이어져 있고 비옥한 토지가 들에 가득차
고 노비가 천명이나 되며 그 도부(徒附)가 만여를 헤아린다. 배와 수레를 이용해
사방에서 판매하고 저장하여 쌓아둔 것이 도성에 넘친다. 기이한 물건과 보물은
큰 집이라도 수용할 수 없으며 말·소·양·돼지는 산과 계곡에 넘쳐났다.(豪人之室,
連棟數百, 膏田滿野, 奴婢千羣, 徒附萬計. 船車賈販, 周於四方, 廢居積貯, 滿於都城.
琦賂寶貨, 巨室不能容也. 馬牛羊豕, 山谷不能受)."[96] 여기서 말한 '호인'은 관직이
없는 부호이고 '도부(徒附)'는 예속성이 강한 생산노동자를 말한다. 또 '노비'는
주로 노래하는 아름다운 첩들과 기악을 담당한 여자들을 가리키는데 그들은 주
인의 사치스런 생활에 필요한 존재들이었다. '도부가 만여를 헤아린다'는 말은 과
장된 표현이지만 이를 통해 전장의 광대한 규모를 확인할 수 있다.

이상의 내용은 권귀지주와 호족지주의 몇몇 사례이다. 그런데 이 시기 가장
다수를 차지한 지주는 권귀관료지주였다. 지주의 장원규모는 대장원의 경영과
연관된 문제인데 최실(崔實)이 지은 『사민월령(四民月令)』에는 당시 전장의 상태
가 언급되어 있다. 전장에서는 각종 곡물·푸성귀와 과일[蔬果]·대와 나무[竹木]·약
재를 경작했고 양잠·소사(巢絲)·원사와 마포의 직조·염색·옷과 신발의 제조·양
주·양조 등도 행해지고 있었다.[97] 지주의 전장에서는 각종 예속민이 상호 교역
하여 "폐문성시(閉門成市)"라는 말이 나올 정도였는데, 이 말은 또한 당시 전장의
규모가 광대했음을 보여준다.

지주가 차지한 토지의 규모는 생산노동에 종사한 노동력의 수에도 반영되어
있었다. 『후한서』 마원(馬援)열전에 의하면 동한 초에 마원은 빈객을 거느렸는데
그 수가 수백가였다. 이 시기 빈객의 대다수는 토지를 조경농(佃耕農)이었다. 마

원은 빈객이 생산한 농산품에 대하여 '중분(中分)'제를 시행했는데 마원은 생산의 반을 지대로 거두어 차지하였다. 수백가의 빈객이 경작한 토지는 대략 수천무에서 1만무 내외에 달했다. 또 『후한서』 유식(劉植)열전에 의하면 유식(劉植)과 유희(劉喜)형제는 "종족들과 빈객을 거느리고 객(客)과 병 수천명을 모아 창성(昌城)에 웅거했다(率宗族賓客聚客聚兵數千人 據昌城)." 『후한서』 경순(耿純)열전에 의하면 경순은 그의 형제[昆弟]와 함께 "종족들과 빈객 2천명을 거느렸다(共率宗族賓客二千人)." 여기서 말하는 '빈객' 가운데에는 무장한 생산노동자가 포함되고 '종족(宗族)' 가운데 몇몇은 조전농 출신이었다. 지주 집에 소속된 예속민 가운데 조전농적 성격을 가진 종족과 빈객은 백여 집을 헤아렸고 그들이 차지한 경작지는 수천무에 달했다. 만약 경작농이 천여 집안이면 경작지는 만무 이상 혹은 수만무에 달했다.

삼국시기 빈번한 전란에 따라 무장력을 갖춘 빈객과 부곡(部曲)과 같은 생산노동자의 수는 계속 늘어 갔다. 『삼국지(三國志)』 임준(任峻)열전에 의하면, 조조(曹操) 집권기 임준은 빈객가병과 종족 수백 명을 거느리고 조조에게 귀부했다. 『삼국지』 이전(李典)열전에 의하면, 이건(李乾)은 빈객 '수천가(數千家)'를 거느리고 조씨에게 투항했다. 이러한 상황을 고려하면 앞서 말한 빈객은 일부 무장력을 갖춘 조전농을 포함한다.

일찍이 조조는 '급객제(給客制)'를 시행하였는데 급객제로부터 권귀지주가 차지한 토지규모를 확인할 수 있다. "위씨(역자-위나라를 세운 조씨를 말함)가 공경에게 조(租)와 소와 객호를 지급했는데 그 수는 차등이 있었다(魏氏給公卿已下租牛客戶, 數各有差)"라는 기록이 있다. 이들 '급객'은 나라의 부역을 면제받았다. 이런 이유로 "이후로부터 소인들이 역을 꺼렸고 대부분인 그렇게 하는 것을 즐겼으며 권세가들은 수백을 움직였다(自後小人憚役, 多樂爲之, 貴勢之門動有百數)." 농민들이 연이어 투탁하던 상황에서 급객을 받은 권귀들은 수백호를 노역시키는 권귀지주로 변했다. "또 태원의 여러 부는 흉노와 오랑캐를 전객(田客)으로 삼아 많은 자는 수천을 헤아렸다(又太原諸部亦以匈奴胡人爲田客, 多者數千)." 이 기록을 통해 태원의 여러 부들이 수백호를 내지 천가 이상의 조전농[佃農] 수탈하는 대지주로 변화했음을 확인할 수 있다.[98] 급객제를 실시하던 상황에서 이런 유형의 지주는 적지 않았을 것이다.

동남쪽에 위치한 오(吳)나라에서 문벌귀족대지주는 더욱 발전했다. 대장군 주환(朱桓)은 부곡 만명을 거느리고 있었는데 이 시기 부곡은 빈객과 같은 성격의 존재였다. 당시 손오(孫吳)에 소속한 장수와 관리들의 대다수는 특정지역을 장악한 대지주였다. 장소(張召)는 강북(江北)지역의 대지주, 주유(周瑜)는 여강(廬江)지역의 대지주, 노숙(魯肅)은 임회(臨淮)지역의 대지주, 고옹(顧雍)과 육손(陸遜) 등은 강동의 대족이었는데 그들 모두는 동오 정권의 핵심을 담당했다.[99] 손오(孫吳)의 장령들이 차지한 땅의 규모는 "복객제(復客制)"의 규모를 반영하는데 장령들은 병사를 세습할 뿐 아니라 둔전과 객 혹은 농민을 사급받아 사속(私屬)으로 삼았다. 여러 장령들은 많은 농민들을 사역시키는 대지주가 되었다. 『삼국지』 여몽(呂蒙)열전에 의하면 오나라는 여몽에게 심양(尋陽)의 둔전호 6백호와 관속 30명을 지급했다. 『삼국지』 진무(陳武)열전에 의하면 손권(孫權)은 진무에게 복객 2백가를 지급했다. 또 장음(蔣歆)이 사망한 후 그 처에게 무호(蕪湖)의 민 가운데 2백호와 토지 2백경을 지급했다. 앞서 서술한 사급된 둔전의 경작민 6백호와 복객 2백가 등은 모두 토지의 분급을 함께 이루어진 것이고 따라서 사급받은 이들은 수천 내지 만무 이상을 소유한 대지주였다.

삼국시기 '급객제(給客制)'와 '복객제(復客制)'는 모두 서한의 '복제제(復除制)'에 기원을 두었는데 서한의 복제(復除)는 어떤 귀족과 고관에게 호가 부담해야 할 요전(徭錢)의 일부를 지급하는 제도였다. 『사기』 평준서에는 무제 때 복식에게 "외요 4백인(外徭四百人)" 즉 4백 명의 경요(更徭)에 해당하는 돈을 지급하였다. 그러나 복식은 이들 농민들의 토지소유권에 대해서는 권한을 행사할 수는 없었다. 이러한 제도를 복제(復除)라고 했는데 복(復)은 경역(更役)을 면제한다는 의미이다. 서한 경역(更役)을 복역해야 하는 자들에게 1인당 300문의 돈으로 대납할 수 있도록 했다. 이러한 제도는 동한말을 거쳐 삼국시기에 이르러 변질하기 시작했다. 서한의 '복제제(復除制)'는 지주가 해당 민호에 대해 요부(徭賦)를 수취할 권리만 가졌다. 삼국시기의 급객제(給客制)와 복객제(復客制)는 권귀지주에게 토지를 사여하는 것과 연동되어 국가에 대해 바칠 요부를 면제할 뿐 아니라 지배하고 있던 객호에게 지대를 징수할 권리까지 포함하고 있어 토지소유권에도 영향을 미쳤다. 이러한 체제는 권귀지주의 토지소유규모를 확대했을 뿐 아니라 권귀지주의 확대를 촉진시켰다.

토지의 겸병과 더불어 자영농이 몰락했다. 그들은 토지를 상실했고 몇몇은 지주들의 예속농이 되었고 몇몇은 유망했다. 실제 환제시기 유민은 수만명에 달했다. 유망과 더불어 각지에서 농민폭동이 이어졌다. 안제(安帝)에서 영제(靈帝)에 이르는 수십년 동안 거의 백 차례에 달하는 농민폭동이 있었고 당시 농민폭동에 참가한 대다수 농민들은 토지를 상실한 농민들이었다. 유민이 증가하고 폭동이 늘어난 것은 모두 권귀호족지주의 발생 및 토지소유권의 집중을 간접적으로 반영한 것이다.

이상이 동한에서 삼국에 이르는 시기 권귀호족지주들이 토지를 겸병하여 토지소유를 농단하던 상황이었다. 토지소유관계의 변화에 대해 특별히 주목해야 하는 점은 이 시기 사족지주의 맹아가 형성된 점이다. 오랜 역사적 시기 동안 사족지주들은 광대한 토지를 차지할 뿐 아니라 특수한 사회적 지위와 정치적 권력을 가지고 있었다. 이것은 이후 양진남북조(兩晋南北朝)시기의 토지소유관계의 변화를 규정할 뿐 아니라 수·당시기의 정치와 경제에도 영향을 미쳤다. 때문에 이 시기 사족의 맹아와 사족지주의 형성과정은 특별히 주목할 필요가 있으며, 이 문제를 명확히 파악해야 이 시기 지주제 경제의 기형화를 심층적으로 이해할 수 있다.

사족은 유학을 전문적으로 익힌 자들로부터 나왔다. 한대 유학의 학습은 부자(父子)와 형제 사이에 전승되었는데 이는 이미 양성민[楊生民]에 의해 상세히 지적된 바 있다.[100] 『한서』 유림열전에 의하면 서한 무제 때, 오경박사를 세워 제자를 깨우치고 과를 설치해 시험을 보았으며[射策][11] 관록(官祿)으로써 권장했다. 원시(元始) 전후 100여년 동안 유학을 전문적으로 익힌 자의 수는 점차 늘어나 "백여 종의 방언으로 한 경전이 설해졌고 큰 스승[大師]은 그 무리가 1,000여명이나 되었으니 대개 관리가 되어 녹질을 얻는 이로움 때문이었다(一經說至百餘萬言, 大師衆至千餘人, 蓋祿利之路然也)."[12] 이 시기 유사(儒士)들은 끊이지 않고 관직에 나갔으나 사(士)와 서(庶)의 구분은 명확하지 않았다. 뒷날 배자야(裴子野)는 "유학을 존숭하고 도학을 중히 여겼으며(尊儒重道)", "사와 서는 비록 구분되었더라도 부(富)의 차이는 없었다(士庶雖分 而無華素之隔)"라고 하였다.[101] 서한시기 사족은 단지 유학을 익힌 집안에 대한 칭호였다.

사족지주가 지주계급 가운데 한 계층이 되기 시작한 것은 동한부터였다. 동한이 건립한 뒤 유학자들은 존숭되었는데 『후한서』 유림열전에는 "광무께서 중흥한 뒤 경술(經術)을 아껴 가장 먼저 유학자들을 찾았으며(光武中興, 愛好經術, 未及下車, 而先訪儒雅)", "오경박사를 세우고 가법으로 가르치게 했다(立五經博士 各

---

11) 역주 - 사책은 경서의 뜻 또는 시무책에 관한 문제들을 댓조각에 하나씩 써서 늘여놓고 응시자에게 그 중 하나를 쏘아 맞추게 한 다음 그것으로 시험을 보는 것을 말한다.

12) 역주 - 『한서』 권88 유림열전 방봉(房鳳)에서 인용한 글이다.

以家法教授)"라고 기록되어 있다. 이후 명제와 장제도 이 전통을 계승했다. 동한 전시기 학교가 흥성하여 태학의 생도들은 3만 명에 달했으며 지방의 학교도 크게 발전했다. 동한의 통치자들은 유생들을 적극 등용하여 관료로 임명했다. 관리의 임용과 승진은 유교 경전의 학습에 의해 결정되었다. 이 시기 관료들과 호족지주의 자제들에게 유학을 익히는 것은 그들이 관료가 되는 하나의 수단이었고 이를 통해 관직으로 나아가는 이들의 수는 점차 늘어 몇몇 특별한 문벌관료지주가 형성되었다.

일반사족계층의 맹아는 대략 동한이 건국한 50년 뒤인 장제(章帝) 때부터 시작되었다. 『후한서』 장제본기에 의하면, 장제는 다음과 같은 조서를 내렸다. "매번 전대의 어질고 재주 있는 이를 찾아 때로는 농사짓는 이들을 등용하기도 해 벌열에 얽매이지 않았다. 글을 아뢰면 문장에 따라 채택할 것이고 공적을 보이면 정치에 변화가 있을 것이다. … 중략 … 태부·삼공·중2천석·2천석·군국의 수상에게 어질고 방정하며 직언과 간언을 할 수 있는 선비 각 1명씩을 천거하도록 하라(每尋前世擧人貢士, 或起畎畝, 不繫閥閱. 敷奏以言, 則文章可採. 明試以功, 則政有異迹. … 중략 … 其令太傅·三公·中二千石·二千石·郡國守相, 擧賢良方正·能直言極諫之士各一人)." 장제의 이러한 조서는 양성민[楊生民]의 『한대사회성격연구(漢代社會性質硏究)』에서 일찍이 정확하게 지적되었다. 조서 가운데 "전대의 관료"와 "벌열에 관계하지 않는다"는 말은 근래 관료가 된 이들 가운데 상당수가 문벌 출신임을 보여준다. 때문에 장제는 조서를 내려 관료들에게 어질고 바른 사람을 천거하여 문벌을 깨뜨리려 하였다. 이는 그 때 사족이 이미 하나의 특권계층으로 싹을 끼워 가고 있음을 말해 준다. 그리고 당시 사족이 된다는 것은 지주가 된다는 것을 의미했다.

사인들이 관직에 나가는 길은 찰거(察擧)[13]와 징벽(徵辟)[14]을 통해서였다. 동한 중엽 안제(安帝)와 순제(順帝) 때 태학은 계속 확대되었고 사족의 수는 날로 늘어났으며 그 세력 또한 강대해 져 점차 정치세력화 하였다. 이런 배경에서 사족지주의 싹이 텄다.[102] 『후한서』 질제(質帝)본기에 의하면 동한후기 대장군에서 6백석의 관리들은 모두 자식을 태학에 보내 유학을 익혀야 했으며 아울러 시험 성적에 따라 관리로 선발될 수 있었다. 2천석·6백석·4부의 서리(대장군부, 태위

---

13) 역주 - 대신이나 지방관이 孝와 청렴이라는 유교 덕목에 따라 현명하고 능력 있는 인재를 천거해 관리로 임명하는 제도를 말한다.
14) 역주 - 징벽은 예를 갖추어 은거한 선비를 불러들이는 것을 말한다.

부, 사도부, 사공부 등 4부에 속한 서리)·삼서(三署)의 낭(郎)(서한은 오관중랑(五官中郎)·좌중랑(左中郎)·유중랑(右中郎)을 두어 각각 중랑장이 통어하게 해 황제를 시위하게 했다. 때문에 3서랑이라고 하였다)·네 성씨의 소후(小侯)(명제시기 외척이 되었던 번씨(樊氏)·곽씨(郭氏)·음씨(陰氏)·마씨(馬氏)의 여러 자제들은 학교에 입학했는데 때문에 4성의 소후라고 했다)의 등용과 승진과 임용은 모두 유교 경전의 학습 여부에 따랐다. 이러한 국가 정책은 사족지주의 성장과 발전을 촉진하는 역할을 했다.[103]

동한 중후기에 이르러 사대부출신의 관료 가운데 여러 대를 거치면서 하나의 경전을 전문적으로 공부한 집안이 출현하였다는 사실이 주목된다. 그들의 제자는 수백에서 수천에 이르렀으며 경전을 배운 후 출사하였다. 이 시기에는 또 여러 대에 걸쳐 공경(公卿)을 역임한 집안이 출현하였다. 예를 들어 홍농(弘農)의 양씨(楊氏 : 楊震), 여남(汝南)의 원씨(袁氏 : 袁安) 등은 대대로 고위직을 역임했고 문생과 서리들이 천하에 펴져 있었다. 무엇보다 그들은 대지주였으며 정치적으로 고위직을 차지하였고 더욱이 전문적으로 공부한 경전도 있었다. 그리하여 마침내 정치·경제·사상이 하나가 된 문벌대족이 출현하였고 이들이 뒷날 문벌사족지주라 명명되었다. 이후 그들이 정치권력을 제어하는 데 유리한 제도 즉 "오직 족성과 벌열을 고려하는(唯論族姓閥閱)"는 제도가 형성되었다. 국가가 관리를 선발할 때는 먼저 집안을 보았으며 관리를 임명할 때[察擧와 徵辟]는 그들의 자제가 먼저 임용되었다. 이는 사족지주의 발전을 가속화시켰다. 이러한 체제는 이후 계속 발전하였고, 조위(曹魏)시대 제도변화와 더불어 문벌대족의 정치적 특권은 법률적 보장을 받게 되었으며, 이후 사족지주가 진일보 발전할 수 있는 조건이 만들어졌다.

동한시기 사족의 권세는 점차 확장되었는데 이는 공경의 고위관원 가운데 유사(儒士)출신이 더욱 증가한 것에서 잘 드러난다. 마뱌외[馬彪]의 통계에 의하면 서한초 소제(昭帝)시기에 이르러 유사출신자가 차지한 비중은 10%를 넘었다. 동한 장제에서 환제에 이르는 90년 동안은 사족지주가 발생하여 형성되던 시기였는데 이 시기 공경의 고위 관직자 가운데 유사출신의 비율이 45%에 이르렀다.[104] 이러한 변화는 사족출신이 발전해 가는 과정을 반영하기 때문에 동한후기 사족지주의 발전양상을 고찰하는 논거로 삼을 수 있다. 동한 후기 이러한 사족지주가 차지한 토지의 규모는 눈에 띄게 늘어났다.

이러한 검토를 통해 동한에서 삼국에 이르는 시기 지주계급구조의 변화 발전에 대한 대체적인 윤곽을 확인할 수 있다. 동한이 건국한 초 권귀호족지주가 역사의 무대에 등장했으며, 천무 내지 만무에 달하는 적지 않은 토지를 차지한 대지주가 출현했고 중소서민지주는 쇠락했다. 동한 중엽이후 권귀호족지주의 토지농단은 더욱 심화되었고 동한말에서 삼국시기에 이르러 최고조에 달했다. 이 시기에는 권귀지주가 대수를 차지했지만 사족지주의 싹도 트고 있었다. 이것이 중국지주제 경제의 기형적 발전의 첫 번째 특징이자 주요한 특징이다.

3. 토지소유권과 정치권력의 밀착, 권귀지주의 지방권력 장악[105]

동한에서 삼국에 이르는 시기 지주제 경제의 기형화에 나타난 또 하나의 특징은 봉건지주계급이 가진 경제권력과 정치권력의 밀착이다. 당시 문벌귀족지주는 토지소유권과 정치권력을 독점하였다. 권귀지주의 토지소유권 농단은 지주제 기형화를 발생시키고 형성시킨 토대였다.

토지소유권과 정치권력의 밀착은 권귀문벌지주의 권세와 긴밀하게 연관되어 있었다. 그들은 대지주일 뿐 아니라 정부에서 고위관직을 차지하였으며 지위는 자식에게 이어졌다. 특히 본적지에서 그들의 권세는 대단하여 그 지방의 패자가 되었다. 어떤 때는 지방의 관리도 그들의 명령에 따랐다. 몇몇 권귀 가문들의 경우 5세(世) 혹은 4세(世) 동안 삼공(三公)을 지내기도 했다. 일부 권세에 아부하는 무리들은 그들 가문 아래로 모여들어 소위 "문생과 고리들이 천하에 펴져 있는 (門生故吏遍天下)" 형국이 되었다. 과거 서한시기 귀족문벌 및 지방호강이 자의로 겸병하던 행위는 억제되었지만 동한에서 그러한 억제는 시행되지 않았다. 동한 초기 호족과 강종에 대한 억제조치가 시행된 적은 있으나 군국의 대성(大姓)들의 저항이 거세어 그 성과는 미미했다. 『후한서』 유륭(劉隆)열전에는 "하남은 황제의 영토라 근신들이 많았고 남양은 황제의 고향이라 근친들이 많았다. 이에 그 전택(田宅)이 한계를 넘으니 기준으로 삼을 수 없습니다(河南帝域, 多近臣, 南陽帝鄕, 多近親, 田宅踰制, 不可爲準)"라는 기록이 있다. 이 기록을 통해 권귀지주는 중앙정권을 장악하였을 뿐 아니라 지방에서도 권력을 직접적으로 행사하고 있어, 토지소유권과 정치권력을 일신(一身)에 집중하고 있었음을 알 수 있다. 이러한 사례는 기타 문벌가문의 세력이 강대한 지역에서도 예외일 수 없었다.

문벌관료지주의 발전은 토지소유권 농단의 조건이지만, 동한중엽에서 후기에 이르는 시기 즉 화제(和帝)에서 영제(靈帝)에 이르는 시기 정치투쟁과도 무관하지 않다. 이 시기 환관과 외척의 오랜 정쟁은 문벌관료지주 창출의 또 하나의 조건이었다. 정쟁의 과정에서 그들은 환관과 외척으로부터 비호를 받았지만, 항상 외척을 지지하여 외척과 결탁하였다. 그리하여 점차 그들의 권세를 확장시켜 나갔다. 그들은 결국 토지소유권을 농단할 수 있게 되었고 관급관리에 임명되어 정치권력의 일부를 장악했다.

이 시기 권귀지주의 토지소유권 농단과 정치권력의 통제라는 현상이 형성된 것은 당시 정치체제와도 연관되어 있었다. 당시 두 종류의 정치집단이 형성되었는데 하나는 문생(門生)집단이고 다른 하나는 고리(故吏)집단이다. 문생집단은 종사(宗師)의 유가 강학에서 기원하였다. 직접 유학을 전수하거나 서로 유학을 전하는 것이 종사와 문생의 관계를 형성시켰으며 직접 유학을 전수하지 않더라도 그 이름을 명부에 올린 자는 문생제자(門生弟子)라 불렸다. 동한시기 공부(公府)·주목(州牧)·자사(刺史) 등에 속한 서리들은 수령에 의해 임명되었는데 수령에 의해 임명된 이들을 고리(故吏)라고 했다. 이것이 문생과 고리의 형성과정이다. 이 두 집단은 그 형성과정은 달랐지만 정치투쟁의 과정에서는 그 역할을 구분되지 않았다. 때문에 문헌에서는 "문생고리(門生故吏)"라 혼칭된다. 『후한서』원소(袁紹)열전의 기록에 의하면, 여남(汝南)의 원소는 사족세가였는데 "4세동안 은혜를 입어 문생과 고리가 천하에 퍼져 있었다(樹恩四世, 門生故吏徧於天下)." 동한시기 문생과 고리의 수는 증가했고 관료지주계급은 확대되었다. 그들은 지주이자 관리였으므로 그들에 의해 토지소유권과 정치권력이 결합될 수 있는 조건이 창조되었다.

유학과 정치의 관계와 권귀호족지주를 다른 절에서 이미 언급하였다. 동한시기 국가는 유학을 숭상하였으며 빼어난 유학자들이 연이어 출사하였다. 이런 이유로 공명과 고위직을 얻으려는 자들은 유학으로 집안을 일으켜 명문가가 된 이들에게 투탁하여 그들의 문생이 되어 출세하려 했다. 때문에 문생의 수는 날로 증가했는데『후한서』유림열전에 의하면 영천(潁川)사람 장흥(張興)은 영평(永平)연간에 태자소부(太子小傅)에 임명되어 경술(經術)을 가르쳤는데 "제자 가운데 멀리서 온 자가 만 명이나 되었다(弟子自遠至者著錄萬人)." 임성(任成)사람 위응(魏應)은 건초(建初) 4년 오관중랑장(五官中郎將)에 임명되었는데 "위응은 경전에 밝고 행실이 좋아 제자 가운데 먼 곳에서 온 자가 수천 명이나 되었다(應經明行修, 弟子自遠方至, 著錄數千人)." 진류(陳留) 사람 누망(樓望)은 건초(建初)연간에 좌중랑장(左中郎將)이 되었는데 "가르치는 데 열중하여 세간에서 유종(儒宗)이라 칭했

으며 제자로 등록된 이가 9,000여명이었다(敎授不倦, 世稱儒宗, 諸生著錄九千餘
人)." 여남(汝南) 사람 채현(蔡玄)은 "오경에 통달하여 문도가 항상 천명이나 되었
으며 제자로 등록된 이가 1만 6천여명이나 되었고 나라에서 불러도 나가지 않았
다(學通五經, 門徒常千人, 其著錄者萬六千人, 徵辟幷不就)." 동한 중엽 안제(安帝)와
순제(順帝)시기 태학을 확충하여 유사들을 불러들이자 문생의 수는 계속 확대되
었고 종사와 문생에 의해 형성된 정치집단의 권력은 날로 커져갔다. 이들 집단
의 구성원들은 기본적으로 지주출신이었고 따라서 정치권력과 토지소유권을 장
악한 관료지주가 되었다.

　'고리(故吏)'라는 칭호는 동한초기 명제(明帝)시기에 나타났는데, 고리의 형성
과정은 앞서 언급한 바 있다. 그들이 토지소유권과 정치권력을 장악한 과정은
문생과 같다. 동한중엽 안제와 순제시기 종사와 문생, 거주(擧主)와 고리(故吏)의
관계는 날로 밀착되었고, 정쟁의 과정에서 형성된 정치적 영향력의 크기도 확대
되었으며 상호간에 형성된 관계는 날로 타락하였다. 종사와 문생관계에 대해 동
한말 서간(徐干)은 『중론(中論)』 견교편(譴交篇)에서 다음과 같이 말했다. "부귀한
집안에서 문도라 칭하는 자들이 줄지어 있고 스승이 되어도 가르치지 않으며 제
자 역시 학업을 배우지 않는다. 그런 즉 그 일을 도모함에 있어 무릇 장부의 풍
모를 품고도 비첩의 용모를 이어 받아 재물을 가지고 뇌물을 바쳐 관계를 굳건
히 하거나 청탁하려는 마음을 품고 관직에 나아가려는 지경에 이르렀다.(稱門
生于富貴之家者比屋有之, 爲之師而無以敎, 弟子亦不受業. 然其于事也, 至夫懷丈夫之
容, 以襲婢妾之態, 或奉貨而行賂, 以自固結, 求志屬托, 規圖仕進)." 문생의 입장에서
이 시기 종사와 문생의 관계는 그들이 관직에 나아가는 하나의 수단이었다. 이
런 사정은 고리집단 역시 예외일 수 없었다. 때문에 지주출신이었던 문생과 고
리가 토지소유권과 정치권력을 모두 가질 수 있었던 이유는 이러한 동한의 정치
체제에 내재되어 있었다.

　이와 동시에 징벽(徵辟)과 천거제도 역시 날로 타락해 갔다. 이 제도가 만들어
질 당시에는 어질고 방정한 선비가 관직에 나아가는 길이 되어 정치체제를 개선
하였다. 동한 중엽이후 징벽과 천거제도는 점차 권귀지주의 손아귀에 놀아나게
되었다. 찰거(察擧)와 징벽(徵辟)할 때 권귀 특히 사족의 자제들이 우월한 위치를
차지하게 되었다. 동한말 왕부(王符)는 "천거를 하게 되면 문벌이 앞 열에 서 있
게 된다(貢薦則必閥閱爲前)"[106]고 지적하였다. 중장통(仲長統)도 "천하의 선비에게
는 3가지 속됨이 있는데 선비를 뽑을 때 그 족성과 벌열을 논하는 것이 첫 번째

속됨이다(天下士有三俗 選士而論族姓閥閱 一俗)"[107]라고 하였다. 이 시기 찰거와 징벽제는 이미 문벌사족 자제들이 관직에 나아가기는 도구로 변질되었다. 이러한 체제에서 토지소유권과 정치권력의 결탁은 더욱 확연해 졌다.

정치의 부패와 더불어 동한후기에는 매관(賣官)과 죽작제(鬻爵制)가 시행되었다. 영제(靈帝) 광화(光和) 원년(178) 관직과 작위의 가격이 제정되었는데 2천석의 관직은 2천만이었고, 현령은 그 현 토지의 비옥도를 고려해 가격이 정해졌다. 이 규정은 거액의 재산을 가진 호족지주가 관료가 되는 길을 열어주었으며 토지소유권과 정치권력의 결탁을 더욱 촉진시켰다.

따라서 동한의 정치체제 즉 권귀문벌지주의 지배아래에서 족성과 벌열 혹은 벌열을 우선하는 관리 선발의 관행은 토지소유권과 정치권력의 결탁을 더욱 긴밀하게 만들었다. 이러한 체제는 각 지역의 권귀지주에게 그들이 거주하는 지역의 정치권력을 장악하도록 하여, 그 부정적 영향은 더욱 가중되었다. 예컨대 종자(宗資)는 여남태수(汝南太守)가 되었으나 정사를 그 군에 있던 범방(范滂)에게 위임하였으며 성진(成瑨)은 남양태수(南陽太守)가 되었으나 그 군에 있던 잠질(岑晊)에게 정사를 맡겼다.[108] 문벌귀족의 권세가 강성한 다른 지역에서도 군수와 현령들은 해당지역의 권귀지주의 뜻을 거스를 수 없었다는 것을 어렵지 않게 이해할 수 있다. 이런 지역의 권력은 그 지역 권귀지주의 손아귀에 있었고 따라서 중앙의 권력은 매우 약화되었다. 진에서 서한에 이르는 동안 고도로 발달했던 중앙집권제가 파괴되었던 것이다.

삼국시기 권귀지주의 권세는 더욱 강성해 졌고 토지소유권과 정치권력의 밀착과 지방 권력에 대한 권귀지주의 제어는 더욱 견고해 졌다. 조위시대가 되면 9품중정제(九品中正制)가 제정되어 각 지역의 세가대족(世家大族)들이 입사하여 관료가 될 수 있도록 하는 법적 제도가 완비되었으며 조위의 집권자들은 문벌지주들의 지원을 받았다. 조위가 문벌사족지주들을 끌어들여 육성한 사례는 많다. 예컨대 영천(潁川)의 대족이었던 순씨(荀氏)는 일찍이 동한의 순제(順帝)와 환제(桓帝)시기에 이미 "당대(當代)의 명문가가 되었으며(知名當世)" 조조는 그의 후손 순욱(荀彧)을 중용하여 "군국의 일은 모두 순욱과 더불어 논의했다(軍國之事皆與彧籌也)."[109] 하내(河內) 온현(溫縣)의 대족이었던 사마의(司馬懿)는 인망이 두터워 조조가 힘써 그를 등용하였다.[110] 여러 대에 관료를 지낸 영호소(令狐邵)가 사로잡혀 참수될 때 조조는 그가 사대부 집안출신 임을 알고 방면하여 관직을 주었다.[111] 실재 조위의 권력은 권귀지주의 지지 하에서 공고해 졌다.

동남쪽에 위치한 오나라에서 권귀지주의 권력은 더욱 확연하였다. 오나라를 세운 손견(孫堅)은 원래 오군(吳郡) 부춘현(富春縣)의 그저 그런 지주였다. 손권(孫權)이 즉위한 후 그들의 권력은 강동과 강북 권귀지주의 지원 아래에서 견실해 졌다. 오나라의 무장과 고관들의 대다수는 한 지역을 장악한 대지주였는데, 장소(張昭)와 주유(周瑜)는 강북의 호족관료지주 출신이고 노숙(魯肅)과 고옹(顧雍)은 강동의 이름난 대족(大族)이었다. 강동의 대족이었던 육손(陸遜) 집안은 고위관직을 십여 차례나 역임하였고 주환(朱桓)은 거느린 부곡만 만명에 달하는 강동의 대족이었다. 당시 동오(東吳)에서는 '고(顧)'·'육(陸)'·'주(朱)'·'장(張)'을 '4성(四姓)'이라 부를 정도였다. 『삼국지』 주치(朱治)열전에 의하면 "공족의 자제와 사성(公族子弟及四姓)"의 문도 가운데 출사하여 "군리가 된 자는 항상 천여명이었다(軍吏常以千數)." 오나라의 건립은 그 지역 문벌호족지주의 지원을 바탕으로 이루어졌다.

삼국시기 특히 위와 오 두 나라의 경우, 문벌권귀지주의 권세가 더욱 강성해지고 있던 조건하에서 토지소유권과 정치권력의 결탁이 심화되었고 지방 권력에 대한 그 지역 권귀호족지주의 장악력도 더욱 강화되었다.

종족관계의 변화도 토지에 대한 권귀호족지주의 농단과 연관되어 있다. 호족지주의 통제하에서 종족조직의 확대는 이미 서한시기에 싹 텄다. 이 시기에 이미 적지 않은 호족지주들이 종족관계를 통해 지방에서 권세를 휘둘렀다. 서한과 동한 사이의 오랜 전란으로 호족들의 통제 하에서 종족의 힘은 더욱 성장하였다. 『후한서』 이장(李章)열전에 의하면, "조(趙)와 위(魏)지역의 호족들은 군사를 육성하기도 했는데 청하(淸河)의 대성이었던 조망(趙綱)은 현에 오벽을 만들고 무장하여 해를 끼쳤다(時趙·魏豪右往往屯聚, 淸河大姓趙綱遂於縣界起塢壁, 繕甲兵, 爲在所害)." 이러한 호족이 조직한 사병들 가운데 일부는 그들이 장악하고 있던 종족들이었다. 『후한서』 유식(劉植)열전에 의하면, 유식형제는 "종족과 빈객 수천명을 모아 창성에 웅거했다(率宗族賓客聚兵數千人, 據昌城)." 『후한서』 경순(耿純)열전에 의하면 경순과 그의 형제[昆弟]는 종족과 빈객 2천여명을 거느리고 유수(劉秀)를 맞아 들였다. 여기서 말한 빈객은 주로 예속농을 가리킨다. 다만 당시 호족들이 주로 의존한 것은 그들의 종족이었다. 이 시기 종족집단은 한편으로 권귀호족지주의 수탈과 착취의 대상이었지만 다른 한편으로는 종족조직은 그들의 조종아래에서 한 지역을 장악하여 지방의 권력에 참여하고 있었다.

동한이 건국한 후 권귀호족지위 발전과 함께 그들이 제어하고 있던 종족세력도 더욱 성장하였다. 앞서 언급한 중장통(仲長統)의 기록처럼, 관직이 없는 호족지주가 장악하고 있던 종족집단의 경우 그들은 비록 관직과 관품이 없었지만 그 지위와 권세를 이용해 "영화는 봉군을 넘어서고 세력은 수령을 범할 정도였다(榮樂過于封君, 勢力车于守令)." 이들 호족지주의 권세는 토지소유권의 농단이라는 조건하에서 가능한 것이었다. 특히 '그 세력이 수령을 범할 정도였다'라는 표현은 그들이 종족에 의지해 지방에서 권세를 확대하고 있었다는 사실, 즉 지방에서 정치적 힘을 가지고 있었음을 보여준다.

여러 대에 걸쳐 관료를 지낸 권귀지주 가문은 더욱 쉽게 강대한 종족집단을 형성시켰고 그들의 종족조직은 더욱 광범위했다. 위망과 권세를 세우기 위해 일부 문벌들은 의도적으로 일가들을 불러 모았다. 예컨대 동한 초 번중(樊重)은 "종족을 넉넉히 구휼하여 그 은혜가 마을 전체에 퍼졌는데(贍賑宗族, 恩加鄕閭)" 이는 당시 보편적인 사례였다. 동한에서 삼국에 이르는 시기 권귀호족지주의 발전에 대한 의식이 확산되고 있던 조건하에서 종족은 이미 정치성 짙은 조직으로 변화되었고 지방권력을 통제하기 위해 권귀호족지주가 필요로 하는 기구가 되었다.

또 권귀호족지주의 세력이 강대해 지고 있던 상황에서 전란이 발생하자 그들은 자신의 사적 이익을 지키기 위한 무장력을 갖추었다. 서한이 망하고 동한이 건국하기 전 거실(巨室)이었던 번중(樊重)은 자신의 전장(田莊)에 수비군을 배치하고 "오병을 길러 전투와 활쏘기를 연습시켰다(繕五兵 習戰射)." 동한말 과 삼국시기 지주의 사병이 줄지어 나타났다. 예를 들어 삼국시기 "위자(衛玆)는 그 가재를 내어 태조(역자-조조)를 도와 태조에게 병사를 일으키도록 하자 그 무리가5천 명에 달했다(衛玆以家財資太祖, 使起兵, 衆有五千人)."[112] 또 이건(李乾)은 빈객이 수천가였는데 뒷날 "그 무리를 이끌고 태조를 따랐다(以衆隨太祖)."[113] 위자와 이건과 같은 부류들은 모두 그 지역의 권귀호족지주였고 거느리고 있던 농민들을 전투력 있는 생산노동자로 변화시켰다. 여기서 토지소유권과 정치권력의 결합에 중대한 변화가 발생했다. 이 시기 적지 않은 권귀호족지주들은 그들이 장악한 종족집단을 자신의 사병으로 변화시켰으며 그리하여 지역에 대한 그들의 권력은 더욱 강화되었다.

이상의 기술을 통해 동한에서 삼국에 이르는 시기 토지소유권과 정치권력의 결탁, 그것을 기초로 출현한 권귀호족지주의 존재, 그들이 지역에 미치고 있던 영향력의 발전과정을 분명히 확인할 수 있었다. 지방 권력에 대한 권귀지주의 장악은 중앙권력의 집행과 관철에 심각한 영향을 미쳐 적지 않은 지역이 반할거

상태에 처했고 중앙집권제는 상대적으로 약화되었다. 이러한 현상의 발생과 형성이 문벌권귀지주 권력의 확대와 유관하다는 점은 의심의 여지가 없다. 이것이 가능하게 된 경제적 기초는 바로 토지에 대한 농단이었다. 이런 현상은 지주제 경제의 기형화 과정에서 만들어지고 형성된 것이며 이것이야말로 지주제 경제 기형화를 구성하는 일부이다.

4. 봉건적 신분관계의 심화와 농민의 사회적 지위 하락

권귀호족지주의 권세가 확장되고 지방의 정치권력을 제어하고 있던 조건하에서 농민에 대한 지주의 경제외적 강제와 양자 사이 예속의 심화는 필연적 추세였다. 농민의 사회적 지위가 하락함에 따라 전체 사회에서 계급 격차는 확대되었으며 이러한 변화는 점차 공고화되었다.

동한에서 삼국에 이르는 시기 계급관계의 변화를 논증하기 위해, 서한시기 농민의 사회적 지위와 비교할 필요가 있다. 서한시기에는 자영농이 광범위하게 존재하였는데 국가는 요부의 징발을 위해 농민을 비교적 엄격하게 통제하려 했고 농민에 대한 지주의 직접적 간섭을 약화시켰다. 이와 더불어 국가는 지주도 엄격하게 통제하였는데 농민에 대한 호강지주들의 폭압은 특히 엄격하게 금지되어 지주에 대한 통제 조치가 시행되었다. 따라서 호강지주들의 권세는 약화되어 농민에 대한 지주의 경제외적 강제와 신분적 예속은 느슨해 졌고, 농민은 비교적 많은 신분적 자유를 누렸다.

이러한 사정은 동한시기에 이르러 변화했다. 그러나 이러한 변화는 서서히 진행되어 이미 서한 중엽에 그 징후가 드러났다. 당시 토지겸병이 점차 심화되어 농민들은 토지를 상실했고 전체 농민 가운데 조전농(租田農)의 비율이 날로 증가하였다. 지주계급의 구성도 변화하고 있었는데 서민지주가 날로 감소하고 귀족 문벌지주가 점차 늘어났으며, 중소지주가 날로 위축되고 지주의 대장원이 빠르게 증가하였다. 또 농민계급의 사회적 지위는 날로 저하했다. 이러한 변화는 농민과 지주 사이의 모든 관계에 반영되었다. 그러한 변화의 중핵에는 조전(租佃)관계의 변화가 있었다. 따라서 이제부터 지대를 수취 당하던 농민문제를 중심으로 논지를 전개할 것이다.[114]

이 시기의 조전농(租田農)은 빈객(賓客), 도부(徒附), 부곡(部曲), 복객(復客), 급객(給客)으로 호명되었다. 빈객은 객(客)·전객(田客)으로도 불렀으며 어떤 때는 노객(奴客)이라고도 했다. 빈객은 일정의 발전과정을 거쳐 그 성격이 변하였다. 원래 빈객은 고대 주군의 막료였으며 당시 그들의 사회적 지위는 주인과 대등하였다. 서한 중후기 빈객의 사회적 지위는 점차 하락하여 몇몇은 권귀호족지주가 부리는 사람 내지 농민을 억압하는 지주의 하수인으로 전락했다. 『한서(漢書)』 호건(胡建)열전에 의하면 소제(昭帝)시기 소제의 누나는 정외인(丁外人)[15]과 교제하고 있어 상관장군(上官將軍 : 역자-상관안) 등은 "노객을 좇았다(多從奴客往)." 또 『한서』 윤귀옹(尹歸翁)열전에는 "노객들이 병장기를 들고 시장에 들어와 행패를 부렸다(奴客持刀兵入市鬥變)"는 기록이 있다. 『한서』 하병(何幷)열전에 의하면, 애제시기 하병이 영천태수가 되었을 때, "양적(陽翟)의 날랜 협객이었던 조계(趙季)와 이관(李款)은 빈객을 모아 그 힘으로 마을을 약탈했다(陽翟輕俠趙季·李款多畜賓客, 以氣力漁食閭里)." 이러한 사례는 서한 중후기 빈객과 객의 성격에 변화가 발생하였음을 보여준다. 변화는 두 가지 측면에서 파악 가능한데 우선 '노객(奴客)'이라는 천한 명칭의 출현에서 알 수 있듯이[115] 사회적 지위가 저하되었다. 다음으로 빈객은 주인의 하수인으로 전락했으며 몇몇은 권귀지주에 예속된 생산노동자가 되었다. 『한서』 유굴리(劉屈氂)열전에 의하면 공손하(公孫賀)는 "좋은 땅을 개간해 자제와 빈객을 이롭게 했다(興美田 以利子弟賓客)." 기록에 나타난 빈객은 농업 생산자일 터이다. 『한서』 오행지에는 성제(成帝)시기 "유랑하며 떠돌아다니는 사람들을 불러 모아 사객(私客)으로 삼고 민간에 사전(私田)을 두었다(崇聚票輕無誼之人 以爲私客, 置私田于民間)"는 기록이 있다. 또 『한서』 손보(孫寶)열전에 의하면 홍양후(紅陽侯) 왕립(王立)은 "남양태수 이상과의 인연을 이용해 객(客)을 두고 풀밭 수백경을 차지해 개간했다(立使客因南陽太守李尙 占墾草田數百頃)." 여기서 말하고 있는 객 역시 농업생산에 종사하는 노동자이다. 그러나 이 시기 빈객과 객이 지대를 바치는 생산노동자였는지의 여부는 문헌을 통해 분명하게 확인할 수 없다.

동한시기가 되면 빈객은 확연히 조전농과 같은 의미로 불렸다. 『후한서』 마원(馬援)열전에 의하면 동한 초 마원이 장안에 이르자 "마원은 삼보(三輔)는 땅이 넓고 토지가 비옥하며 거느린 빈객이 많아 이에 글을 올려 상림원에 둔전을 둘 것을 청했는데 황제가 허락하였다(援以三輔地曠土沃, 而所將賓客猥多, 乃上書求屯田上林苑中, 帝許之)." 『수경주(水經注)』[16] 하수주(河水注)의 기록에 의하면 "마원

---

15) 역주 - 소제의 누나였던 蓋主가 사통하던 노객이었다.
16) 역주 - 『수경주』는 6세기경 북위의 역도원(酈道元)이 저술한 책이다.

은 토지를 호에 주어 수확물을 반분하여 이를 재원으로 삼을 것을 청했다(援請與田戶中分 以資給也)." '중분(中分)'은 농민이 생산한 생산물을 반분한다는 의미 즉 농민은 생산물의 반을 지대로 지주에게 납부한다는 의미이다. 이 기록에 나온 빈객은 마원의 조전농(租田農)이었다.

동한시기 권귀호족지주들은 무장력을 갖춘 빈객을 적잖이 보유했다.『후한서』 잠팽(岑彭)열전에 의하면 잠팽은 "빈객을 거느리고 힘써 전투에 참여했다(將其賓客戰鬪甚力)."『후한서』장궁(臧宮)열전에 의하면 장궁은 "빈객을 거느리고 하강의 병영으로 들어갔다(率賓客入下江兵中)."『후한서』유식(劉植)열전에 의하면 유식형제는 "종족과 빈객 수천 명을 모아 창성에 웅거했다(率宗族賓客聚兵數千人, 據昌城)."『후한서』경순(耿純)열전에 의하면 경순은 공제와 함께 종족과 빈객 2천여명을 데리고 유수를 맞아들였다. 위의 기록들을 참작할 때 이상에서 말한 빈객은 주로 무장력을 갖춘 조전농(租田農)이다. 이러한 빈객은 평시에는 농사지으면서 주인에게 현물의 지대를 납부하고 유사시에는 주인의 징발에 응해 자위를 위한 전투에 나섰다. 빈객은 토지에 결박되어 있어 이주의 자유가 없을 뿐 아니라 자손들은 대대로 주인에게 사역당했다. 특히 주인의 명령에 따라 전투에 참가하였다는 사실을 통해 그들이 신분적으로 예속되어 있었음을 알 수 있다.

이 시기 주인이 이주하면 소속된 빈객도 함께 이주했다. 마원이 농(隴)지역과 한수(漢水)지역 사이로 이주하여 농경과 목축을 하고 상원에 둔전을 두었을 때 마원에 소속된 수백가의 빈객도 그를 따라 이주했다.[116] 또 동한 말기 여남(汝南)사람 범방(范滂)의 부친은 구강(九江 : 지금의 안훼이 壽縣)을 건너 "작물을 심고 목축을 할 때(田種畜牧)"소속된 객들도 함께 경작하러 갔다.[117] 농민이 주인을 따라 이주하는 것 역시 신분적 예속관계의 강화를 의미한다.

동한말기에는 '객을 때리다[撾客]'이라는 단어가 출현하였다.『삼국지(三國志)』상림(常林)열전에 의하면 상림의 숙부는 권세를 이용해 객들을 구타했고 태수 왕광(王匡)은 전곡을 탐내어 이를 빌미로 상림의 죄를 다스리려 했다. 여기서 '과객'이라는 말은 지대를 바치는 객을 임으로 구타했다는 의미이다. 동한 말과 조위시기에는 '둔전객(屯田客)' 혹은 '전객(田客)'이라는 말이 있었다. 둔전객은 국가가 농민들을 불어모아 농사짓게 하고 수취의 대상으로 삼은 농민들을 가리킨다. 그들은 생산물의 일부를 국가에 바쳐야 했는데 국가에서 경작용 소를 제공할 경우 생산량의 2/3를 국가에 바쳤고 농민이 소를 스스로 마련할 경우 생산량을 관(官)과 반분하였다. 이러한 둔전을 경작하는 전호(佃戶)는 그들이 군사조직의 편제로부터 기원하였기에 편의에 따라 토지를 떠날 수 없어 이주의 자유를 상실하였다. 당시 국가는 둔전제를 실행하여 부분적으로 식량문제를 해결하였지만 다른 한편으로 농민이 가진 이주의 자유를 빼앗아 그들에게 무거운 족쇄를 채웠다. 보다 광범위한 존재는 지주의 개인적 전객(田客)이었는데 이들 전객을 지배하는 지주들은 모두 권귀지주였다. 전객(田客)과 토지는 모두 국가가 분급한 것으로 요부(徭賦)가 면제되었다. 앞서 서술한 것처럼 조위(曹魏)는 급객제(給客制)를 실시하여 "공경에게 조(租)·우(牛)·객호(客戶)를 지급하였는데 그 수는 차등이 있었다(給公卿租牛客戶 數各有差)." 즉 조위는 관료의 품계에 따라 상이한 조·우·객호를 지급하는 정책을 실행하였던 것이다. 권귀관료지주가 요부를 면제받는 특권을 향유하였기 때문에 농민들은 요부의 부담을 피해 지주에게 투탁하였고 권세가들이 거두어들인 투탁호의 수가 백호(百戶) 혹은 천호(千戶)를 넘는 것은 일반적 현상이었다. 이러한 상황은 손권의 오나라 역시 예외가 아니었다. 『삼국지』 주유(周瑜)열전에 의하면 주유가 죽자 손권은 "장군 주유와 정보가 소유한 객에 대해서는 불문에 부치도록 지시했다(故將軍周瑜程普 其有人客 皆不得問)." 여기서 '불문에 부치게 했다'는 말은 주유와 정보가 두 집안의 예속민들이 국가에 납부해야 할 부역을 면제시켜 주었다는 의미이다. 따라서 전객(田客)은 조전농(租田農)으로 이해해도 무방하다. 국가에 요부를 바치고 지주 개인에게 지대와 노역을 바치며 권세가에 투탁하는 것을 고려하면 주(主)-객(客)의 강력한 예속관계를 상상하는 것은 어렵지 않다.

　서한의 '복제(復除)'제도 동한시기에 이르러 변화하였다. 서한의 '복제'는 몇몇 권세가에게 전세(田稅)를 제외한 호구 약간의 요부를 면제시켜 주는 제도이다.[118] 동한에서 위진(魏晉)에 이르는 시기 이 같은 요부 면제는 더욱 확대되어, 권귀들이 음성적으로 장악하고 있던 빈객과 전호의 요부 면제는 국가의 법률적 인가를 받게 되었다. 삼국시기 동오는 여러 장수에게 둔전객(屯田客)을 사급하는 제도를 시행했다. 대장군 여몽(呂蒙)은 심양(尋陽)지역에서 600호의 둔전호를 하사받았고[119] 대장군 진무(陳武)가 전사하자 손권은 복객(復客) 200가를 내려주었다.[120] 복객을 내려주는 동시에 토지도 내려주었으므로 지주는 사여 받은 복객(復客)이 국가에 납부해야 할 요부를 면제받을 뿐 아니라 그들에게 지대도 수취할 수 있었다. 이는 서한의 복객제와 비교하면 일대 변화라 할 수 있다. 이렇게 지대를 납부하는 복객은 완연히 지주의 사적 예속민으로 전락했고 신분적 예속관계는 심화되었다.

동한시기에는 노객(奴客)이라고 불리던 이들도 지속하였다. 『후한서』두헌(竇憲)열전에 의하면 두헌은 노객을 모으면서 "소인(小人)들을 침탈하여 강제로 재물을 강탈했으며 죄인의 처를 빼앗고 부녀자와 상인들을 약탈하였다(侵凌小人 强奪財貨 纂取罪人妻 略婦女商賈)" 탕장루(唐長孺)는 일찍이 동한 말에서 삼국에 이르는 시기에는 노(奴)와 객(客)은 쉽게 구별할 수 없음을 지적한 바 있다. 이러한 사례를 통해, 노예와는 달랐지만 지대를 바치던 빈객의 사회적 지위는 저하되었음을 확인할 수 있다.

빈객 가운데 몇몇은 부곡(部曲)으로 변하였지만 그 성격의 변화는 크지 않았다. 왕망(王莽)시기 농민 폭동이 발생하였고 지방의 권력자들은 자신이 지배하고 있던 종족과 빈객을 군사적으로 편제했다. 이 시기 빈객은 부곡적 성격을 지닌 무력집단으로 변화했던 것이다. 동한 말 호강들이 할거하여 혼란이 장기화하자 농민들은 연이어 문벌호족들에게 투탁하여 치안을 보장받았다. 문벌호족들은 군제(軍制)를 채용하여 휘하의 백성들을 편제했고 빈객과 투탁농민들은 무장력을 갖춘 노동력으로 바뀌었다. 이들이 부곡이라 불렸고 그 가운데 일부분은 지대를 바치는 농민이었다. 통상 부곡은 세습되었고 주인에 대한 신분적 예속이 강력했는데 이는 빈객과 일치하였다.

이 시기 정부는 장령이 통솔하는 관부곡(官部曲)을 이용해 둔전을 개간하였을 뿐 아니라 여러 장수들은 그들을 불러 모아 부곡군대를 확대했다. 이러한 관부곡은 장군과 관아와 날로 밀착하여 이후 점차 그들에게 사적으로 예속된 무장농민으로 변해 갔다. 삼국시기 부곡적 성격을 지닌 노동자들은 존속하였는데, 앞서 서술한 것처럼 동오의 거족이자 강동의 대족이었던 주환(朱桓)은 부곡 만여명을 거느리고 있어 손씨에게 중용되었다.

이 시기 농업생산에 종사하는 노동자들은 '도부(徒附)'라고도 불렸다. 앞서 서술한 것처럼 동한말 중장통(仲長統)은 『창언(昌言)』이란(理亂)편에서 "권세가들은 수백동의 집을 가지고 있고 기름진 땅이 들에 가득 차 있으며, 노비는 천여명, 도부는 만여명에 달했다(豪人之室 連棟數百 膏田滿野 奴婢千群 徒附萬計)"[121]라고 지적했다. 여기서 말한 '도부'는 주로 조전농을 말한다. 본래 전농(佃農)이었던 자들이 신분이 저하하여 '도부'라 불린 것이다.

예(隷)와 동(童)의 사례도 있다. 앞서 언급한 것처럼 동한시기 거실이었던 번총(樊寵)의 부친 번중(樊重)은 "동(童)·예(隷)를 징발해 사역시켜(課役童隷)" "삼백여 경의 토지를 개간하였다(開廣田土三百餘頃)."[122] 여기서 말한 '동'은 노비를,

'예'는 토지를 빌어 농사짓는[佃農] 생산노동자를 가리킨다. 전농이 노비와 병렬되고 있다는 사실에서 전농의 하락된 사회적 지위를 확인할 수 있다.

지주에 대한 조전농의 신분적 예속 심화에 대하여 론(政論)』에서 다음과 같이 논했다. "빈민과 하호들은 자식이 부모에게 고개를 숙이듯, 노비가 주인을 맞들듯, 처자를 거느리고 주인에게 복역한다(貧民下戶, 父子低首, 奴侍富人, 窮率妻奴, 爲之服役)."[123] 최실이 말한 '빈민과 하호'는 주로 조전농을 가리킨다. 그들은 지주를 위해 생산노동에 종사해 지대를 바칠 뿐 아니라 그들의 가족인 부녀 또한 지주집에서 노역했다. 그들의 신분적으로 봉건영주에 예속된 농노에 가까웠다.

동한 말 농민들이 문벌귀족에게 투탁하여 농민들이 요부를 회피하였기 때문에 국가가 직접 지배하는 농민의 수는 날로 감소했으며 이는 세수에 큰 영향을 미쳤다. 동한 말 서간(徐干)이 쓴 『중론』 민수(民數)에는 이 문제를 심각하게 논했다. "무릇 공평한 치란 공적이 일어나는 것에 있고, 공적이 일어나는 것은 역의 균등함에 있으며, 사역의 균등함은 민들의 수가 조밀함에 있고, 민들의 수가 조밀한 것이야말로 나라의 근본이 된다(夫治平在庶功興, 庶功興在事役均, 事役均在民數周, 民數周爲國之本也)." "사람의 수라는 것은 모든 일이 나오는 곳이니 바르게 하지 않을 수 없다(人數者庶事之所自出也, 莫不取正焉)." 이처럼 국가는 민들의 수에 의거해 "공부를 거두고 이 기용(器用)을 만들며, 녹식(祿食)을 제정하고 전역(田役)을 일으키며 군대를 편성한다. 나라가 법을 만들고 규칙을 제정하여 오례를 닦고 구형을 시행하는 것은 오직 사람의 수를 헤아리는 데 있다(以令貢賦, 以造器用, 以制祿食, 以起田役, 以作軍旅. 國以建典, 家以立度, 五禮用修, 九刑用措, 其唯審人數乎)."[124] 이 시기 권귀호족지주가 토지를 농단하고 지방의 권력을 장악하며 그들이 장악하고 있던 종족의 힘이 나로 강대해 지고 있었다. 이런 상황에서 국가가 인구의 조사를 통해 권귀호족지주의 손아귀에서 농민을 되찾아 오는 것은 매우 어려운 일이었다. 권귀지주가 노역시키고 있던 예속민의 수는 증가하였으며 전 사회적으로 봉건적 예속관계의 강화는 보편적 현상이었다.

동한시기 문벌권귀지주의 발전에 따라, 사회적으로 인간들 사이의 관계는 경제적 관계에 기초하지 않는 계급관계로 나아가고 있었다. 사족지주와 서민의 관계는 귀족과 천민이라는 계급관계로 변화하였다. 여기에 대해서는 본고는 상세한 언급을 생략한다.

이상과 같이 동한에서 삼국에 이르는 시기 사회적 계급관계는 조전관계로 체현되었다. 농민의 사회적 지위는 현저히 저하되었고 지주에 대한 농민의 신분적 예속은 심화되어 신분적 자유를 상실하였고 지주계급으로부터 가혹한 압제와 수탈을 당했다. 게다가 이 시기 조전관계는 확대되어 개별 권귀호족지주에게 예속된 농민의 수는 수백 수천에 달했다. 전체 사회에서 이러한 농민들은 지배적 위치를 차지했고 지주제 경제의 기형화 상태는 보편적 형상이 되었다. 이 시기 일반 농민 내지 기타 유형의 지주와 사족지주의 관계는 계급적 차별을 가지게 되었다. 지당하게 권귀호족지주와 농민(조전농과 자영농을 포함한) 사이의 신분관계는 현저해 졌고, 이것이 지주제 경제의 기형화에 나타난 하나의 주요한 특징이었다.

5. 간략한 결론

진에서 서한에 이르는 2백여 년간은 중국 지주제 경제가 정상적으로 발전하던 초기 국면이었다. 동한에서 삼국에 이르는 2백여 년간은 중국 지주제 경제가 기형화해 가던 초기였다.

지주제 경제의 기형화된 발전과정은 몇 가지 측면으로 정리할 수 있다. 첫째 토지소유권의 분배방식이 변화했다. 진에서 서한에 이르는 시기 농민의 소토지소유제가 광범위하게 존재하였고 이것은 오랜 역사적 시기 동안 지배적 위치를 차지하였다. 동한에서 삼국에 이르는 시기 농민의 소토지소유제는 몰락해 갔고 점차 토지소유권이 소수에게 집중되었다. 둘째 지주계급의 구성이 바뀌었다. 진에서 서한에 이르는 시기 오랫동안 중소 서민지주와 귀족관료지주가 병존하였다. 동한에서 삼국에 이르는 시기 권귀호족대지주는 날로 성장하여 권귀지주가 지배적 위치를 차지하였으며 토지를 농단해 가 중소서민지주는 점차 쇠락했다. 셋째 권력의 지형이 변화했다. 진에서 서한에 이르는 시기 지방 군현의 수령은 중앙정부의 지시를 엄격하게 집행하여 지방의 권귀지주들은 일정정도 억제되어다. 동한에서 삼국에 이르는 시기 권귀호적지주의 성장에 함께 지방에서 그들의 권력은 날로 확대되어 권귀지주가 지방의 권력을 장악하게 되었다. 그리하여 토지소유권과 권력의 결탁이 이루어졌고 중앙집권은 상대적으로 약화되었다. 넷째 농민이 몰락했다. 진에서 서한에 이르는 시기 광대한 농민들이 토지를 소유하고 지주는 일정정도 억제되었기 때문에 농민은 비교적 많은 신분적 자유를 누었고 이는 조전농(租田農) 역시 예외일 수 없었다. 동한에서 서한에 이르는 시기가 되면 광대한 자영농이 조전농적 성격을 가진 다양한 이름의 예속농으로 전락했다.

특히 권귀호족지주의 세력이 성장하였기 때문에 지주와 농민 사이의 관계는 크게 변화해 농민계급은 많은 신분적 자유를 상실했다. 요컨대 동한에서 삼국에 이르는 시기 토지소유관계에는 큰 변화가 발생해 토지소유권의 분배·지주의 계급구성·지주의 정치적 영향력·농민의 사회적 지위 등은 서한시기의 그것과 큰 차이를 보였다. 정상적으로 발전해 가던 지주제 경제는 역사의 무대에서 사라지고 역사는 점차 퇴보해 갔다. 이러한 변화 발전이 이 시기의 시대적 특징인 봉건사회의 성격을 결정지었고 기형적 지주제 경제가 출현하였다.

동한시기 지주제 경제의 기형화는 하루아침에 이루어진 것은 아니다. 그것은 오랜 역정을 거쳤다. 동한 이전에 권귀호족지주의 겸병과 약탈은 시작되었다. 다만 이 시기 지주제 경제의 변화는 확연하지 않았다. 때문에 농업생산은 한층 발전했다. 예를 들어 철기의 사용은 날로 보편화되었고 소를 이용한 경작도 늘어갔으며 수리시설이 갖추어져 효과를 거두었다. 특히 남부의 광대한 지역에서 농업생산은 비교적 빠르게 발전했다. 동한중엽부터 사정은 달라졌다. 토지소유관계가 비교적 크게 변화했고 권귀지주의 권세는 확대되어 토지겸병이 날로 극렬해 졌다. 동한 말기에 상황은 더욱 악화되었다. 토지소유관계의 변화와 더불어 농업생산 또한 날로 퇴보했다. 설상가상으로 대지주 장원 내에서 자급자족이 이루어지면서 소위 "폐문성시(閉門成市)"가 되어 상품유통이 억제되고 상품경제가 몰락했다.

이로부터 지주제 경제의 기형화가 시작되었고 초보적 발전시기 부정적 영향이 두드러졌다. 이후 양진(兩晉)을 거쳐 남북조시기가 되면 이러한 기형화된 지주제 경제는 고도로 발전하였다. 이 시기에 존비귀천의 신분관계는 더욱 엄격해졌고 농민계급의 사회적 지위는 더욱 심화되었다. 농업생산과 상품경제는 퇴보했고 현물화폐가 유행했다. 전체 봉건사회에서 양진과 남북조는 중국봉건사회의 경제가 쇠락한 시기였다. 이러한 전도된 변화 발전의 심급에는 권귀지주의 권세 확대의 토지농단이 자리하고 있었다.

제3절 양진남북조시기 기형적 지주제 경제의 전형화

1. 시대적 특징을 가진 정치체제와 종법종족제

1) 세족지주와 강종지주의 권익을 옹호하는 정치체제

소위 지주제 경제의 기형화는 정상적 발전 궤도의 이탈을 말한다. 서한시기 지주제 경제는 정상적으로 발전했다. 이 시기 지주계급은 서민지주와 귀족관료지주로 구성되었고 양자는 병존했으며 부단히 서로 전화되었다. 자영농과 조전농(租田農)의 관계도 자주 변했으며 자영농은 늘 지배적 위치를 차지했다. 토지는 매매될 수 있었고 몇몇 지주는 자영농 혹은 조전농으로 전락하기도 했다. 자영농과 조전농은 토지를 구입해 지주가 될 수 있었고 지주와 농민 사이의 계급관계는 고정불변의 것이 아니었다. 바로 이러한 조건에서 사회적 계급관계는 엄격하지 않았고 신분적 예속도 해이해 졌다. 봉건영주제와 비교해 말하자면 신분적 혹은 경제적으로, 농민은 비교적 많은 자유를 누르고 있었고 농업생산은 발전하였다. 이러한 현상은 동한시기에 이르러 변화하기 시작한다. 지주제 경제는 점차 기형적 상태로 전도되었다. 기형적 상태의 구체적 모습은 다음과 같다. 지주계급의 구성에서 세족·강종지주가 지배적 위치를 차지했다.[125] 서민지주는 비록 오랜 기간 존속하였지만 그들이 차지한 비중은 날로 축소되었다. 세족(世族)·강종(强宗)지주가 권세를 믿고 겸병을 자행하였으므로 자영농이 차지한 토지는 상대적으로 축소되었다. 이에 상응하여 사회적 계급관계도 날로 현격해 져, 노비의 수는 늘어 갔고 지주에 대한 농민의 봉건적 예속관계는 강화되었다. 그리하여 자영농의 사회적 지위는 하락해 갔고 일부는 신분적 자유마저 상실하였다. 이러한 전도는 동한 전기에 이미 출현하였고 동한 말에서 삼국시기에 이르러 더욱 심화되어 서진(西晋)시기에는 절정에 달했다. 동진(東晋)·남북조시기에도 이러한 관계는 지속되었다. 지주제 경제는 퇴보했고 이러한 조건에서 농업생산은 상대적으로 쇠퇴했다.

위에서 서술한 기형적 지주제 경제의 출현과 발전은 당시 정치체제와 긴밀하게 연결되어 있었다. 권귀지주 특히 세족지주의 권세가 확대되고 있던 조건 하에서 그들의 사익(私益)을 유지하기 위한 특수한 정치체제가 형성되어 갔다. 뿐만 아니라 그들에게 봉사하는 세습적이고 계급적인 종법종족제가 만들어졌다.

이처럼 그들은 대지주의 자리를 차지하고도 각종 정치권력의 조종자가 되었다. 이러한 토지소유권과 정치권력의 긴밀한 결합은 자손에게 상속되어 세대를 거쳐 이어졌다. 이러한 정치체제와 계급적 종법종족제의 형성은 토지소유관계가 그 경제적 기초이다. 이러한 정치체제와 계급적 종법종족제가 만들어 진 뒤, 그것은 되려 세족·강종지주의 권익을 유지하는 데 복무했다.

지주제 경제의 기형화 된 상태를 심도 깊게 분석하기 위해 여기서는 우선 이 시기 정치체제의 특징에 대해 논술해 보자. 이를 위해 먼저 당시 주도적 역할을 하고 있던 권귀문벌지주 특히 세족지주에 대해 간략히 살펴보자.

세족지주의 형성과정은 다음과 같다. 몇몇 지주들이 경술(經術)에 힘을 쏟아 전문적인 학업을 깨친 후 점차 관료로 진출하여 저명해 진 후 토지와 정치권력을 독차지하였다. 이들은 오랜 기간을 거쳐 일종의 특수한 사회계급이 되었고 그 지위가 대를 이어 세습되게 되면 사족은 세족이 된다. 세족의 맹아는 서한과 동한 교체기에 발생하였고 동한 이후 점차 발전하여, 동한후기에 이르러 "관리를 선발할 때는 그 족성과 벌열을 본다(選士而論族姓閥閱)" 혹은 "천거할 때는 반드시 문벌을 우선한다(薦擧則閥閱爲先)"[126]라는 말이 나왔다. 여기서 말한 '족성'과 '벌열'은 주로 세족지주를 가리키며, 이 글은 이 시기에 형성된 정치체제 곧 세족지주가 조종하고 있던 정치체제로 인해 일반 지주 출신 사람들이 관료가 되는 길이 차단되었음을 의미한다. 일반 사서(士庶)지주들은 동일한 지주계급이었음에도 불구하고 세족지주와 다른 계급이었다. 이러한 지주의 계층분화는 진나라에 이르러 정점에 이르렀다.

삼국 위(魏)·촉(蜀)·오(吳)의 대립은 세족·강종의 투쟁이야기이다. 오나라에서는 오군(吳郡)의 고(顧)·육(陸)·주(朱)·장(長) 네 성씨가 주로 세습하여 관료가 되었다. 조위(曹魏)는 세족과 한문(寒門) 즉 서족(庶族)관원 즉 한편으로는 조씨(曹氏)를 대표로 하는 한문지주집단과 다른 한편으로는 사마씨(司馬氏)를 대표로 하는 세족지주 집단[127]이 대치하고 있었다. 조비(曹조)가 통치할 당시에 "9품관인법(九品官人法)"[128]을 실행하여 각 지방의 관아에서는 현량방정하고 직언으로 극간할 수 있는 선비를 선발하여 조종에 보내도록 하고 그들을 관리로 삼았다. 제도를 만든 동기는 좋았으나 이후 각 지방의 권력은 세족지주의 손아귀에 있어 방정하고 직언할 선비의 선발은 실현될 수 없었다. 또 조방(曹芳)이 황제가 된 후 조상(曹爽)이 보좌할 때 세족의 권세를 억제하고 서족집단을 육성하기 위해 세족지주의 대표였던 사마의(司馬懿)와 서로 격돌하였고 조상은 한 차례 정치권력을

장악하였다. 그러나 세족집단의 권력은 강대하였고 결국 조씨는 천하는 종언을
고하고 정권은 사마씨에게 돌아갔다.

사마씨가 정권을 장악한 후 국호를 진(晋)이라 하니 역사는 그것을 서진(西晋 :
265~316)이라 했다. 먼저 사마의의 출신에 대해서 살펴보자. 사마씨는 원래 하내
(河內) 온현(溫縣)의 세족대성으로 그 집안은 2천석의 관직을 세습하고 있었다.
사마의의 조부는 사마준(司馬雋)으로 영천태수(穎川太守)를 지냈다. 부친은 사마
방(司馬防)으로 경조윤(京兆尹)을 역임했다. 사마의의 형제는 모두 8명인데 '팔달
(八達)'이라 불렀다. 사마의는 당시 세가 대족과 혼인하였으니 그는 세족지주의
대표적 인물이었다.

사마씨가 조위를 붕괴시킨 후 중국을 통일하여[129] 문벌세족들이 정권을 장악
한 전형적인 정치체제를 수립하였다. 이후 9품관인법은 품행이 방정하고 직언할
수 있는 선비를 선발한다는 원래의 방침을 지속해 갈 수 없었을 뿐 아니라 도리
어 세족지주의 자제들이 고관으로 진출할 수 있는 도구로 변질되었다. 이 시기
주현의 중정(中正)은 해당지역의 호족과 저명한 집안이 독점하였고 등급을 매기
는 것은 그들의 손아래 있었으며 그들이 천거한 자들은 모두 세족의 자제들이었
다. 이러한 사정은 당시 여러 차례 지적되었다. 단작(段灼)은 "지금 대각이 관리
를 등용할 때는 눈과 귀를 막고, 구품이 인재를 찾을 때는 중정에게만 묻습니다.
그런 까닭에 상품에 있는 자들은 공후의 자손이 아니면 관료의 인척들뿐입니다.
두 곳이 그러하니 가난한 집안[蓽門蓬戶]의 준재가 망하지 않을 수 있겠습니까?
(今臺閣選擧, 塗塞耳目, 九品訪人, 唯問中正. 故據上品者, 非公侯之子孫, 則當塗之昆
弟也. 二者苟然, 則蓽門蓬戶之俊, 安得不有陸沈者哉)"[130]라고 했다. 그 결과 유의(劉
毅)가 말한 "상품에는 한미한 집안이 없고 하품에는 권세가가 없는(上品無寒門 下
品無勢族)"[131] 현상이 초래되었다. 이 시기 9품 가운데 상품과 하품의 경계는 매
우 엄격하여 1·2품은 고위직과 세족들이 독차지했고 저품은 낮은 한민한 집안의
몫이었다. 이것은 가문의 등급화가 정치적으로 제도화 된 것이었다. 왕침(王沉)
은 당시 조정의 상황에 대해 "공(公)을 배출한 집안에서 공(公)이 나오고 경(卿)을
배출한 집안에서 경(卿)이 나온다(公門有公 卿門有卿)"[132]고 지적했다. 이러한 문
제에 대해 청나라 사람이었던 조익(趙翼)은 일찍이 다음과 같이 개괄한 바 있다.
"고위직과 벌족들은 대대로 이어지는 영화를 가지고 한미한 집안의 사람들은 관
직에 진출해 승진할 방법이 없었다(高門華閥有世及之榮 庶性寒人無寸進之路)."[133]
이처럼 서진시기 토지소유권과 정치권력의 긴밀한 결합은 더욱 진전되었고 세족

지주와 강종지주가 권력을 독점한 정치체제가 출현하였다.

관리의 선발에 대해 진의 황제 사마염은 일찍이 "능력 있고 청빈한 인재를 등용하라(擧請能拔寒素)"는 조서를 내린 바 있다. 세가와 대족들이 중앙의 권력을 장악한 지주정권 하에서 이러한 조서는 한낱 종이쪽지에 불과했다. 중정(中正)이 천거한 인물들의 대다수는 세가와 호족가문 출신이었다. 왕쭝뤄[王仲犖]은 "당시 낭야(琅琊)의 왕상(王祥), 영양(滎陽)의 정충(鄭沖), 진국(陳國)의 하증(何曾), 임회(臨淮)의 진건(陳騫), 영천(潁川)의 순의(荀顗)와 순훈(荀勖), 하동(河東)의 위관(衛瓘)과 배수(裵秀), 태원(太原)의 왕혼(王渾)과 왕침(王沈), 태산(泰山)의 양호(羊祜), 하내(河內)의 산도(山濤), 경조(京兆)의 두예(杜預) 등과 같은 세가대족들 가운데 일부는 나라의 기로(耆老)로 특별한 예우를 받았으며, 일부는 위나라에서 진나라로 왕조가 교체될 때의 모의에 참여하여 중책을 맡았고, 일부는 황실과 혼인관계를 맺어 진나라 황실을 호위하는 신료가 되었다"134)라고 지적한 바 있다. 이 시기 강남의 문벌세족지주들 또한 낙양(洛陽)에서 관리가 되었는데 육기(陸機), 육운(陸雲), 장한(張翰) 등과 같은 인물들은 모두 부름을 받아 도성으로 와서 진나라 조정에 참여하였다.

동진(317~419)은 서진의 정체(政體)를 계승하였다.135) 동진은 당시 남방과 북방의 세족 지주와 강종 지주의 지지를 받아 건립되었으며 이 때문에 동진시기 세족의 권세는 더욱 확대하여, "세족들은 관료로 천거될 필요가 없었고 법은 권귀에게 적용되지 않았다(擧貢不出世族, 用法不及權貴)"라는 기록이 있을 정도였다.

이러한 전통은 남북조시기까지 지속되었다. 『양서(梁書)』 고조본기에 의하면 송나라와 제나라는 "갑족은 스무살에 관료가 되나 후문은 이립의 나이인 서른살이 지나서 관리임용시험을 볼 수 있도록(甲族以二十登仕, 後門以過立試吏)" 제도를 정했다. 여기서 말한 갑족은 주로 문벌세족을 가리키고 후문은 주로 세족 신분 이외의 일반관원과 지주를 말한다. 이 시기 관직에 있던 사람들의 지위는 그 출신 집안의 그것에 의해 결정되었는데 '한색론(寒塞論)'에는 "관복과 면류관을 쓴 집안과 유품을 가진 사람들은 한미한 집안의 자제를 노복처럼 경시하고 초개처럼 쉬이 여겨 그들을 동료로 여기지 않았다(服冕之家, 流品之人, 視寒索之子輕若僕隷, 易如草芥, 曾不以爲之伍)"136)라는 기록이 있다. 이 시기의 사대부와 서인 두 계급의 경계선은 매우 엄격했는데 청나라 사람 조익(趙翼)은 이러한 문제에 대해 다음과 같이 언급했다. "6조에서는 씨족을 가장 중시하여 … 중략 … 심지어 풍속이 지향하는 바가 되었으며, 그 뿌리가 깊어 되돌리기 어려웠으니 비록

황제가 그것을 바꾸려 해도 불가능하였다(六朝最重氏族 … 중략 … 甚至習俗所趨
種重難返 雖皇帝欲變易之而不可能者)."137) 여기서 말한 씨족은 주로 세족지주를
가리킨다. 이 시기 가문 사이의 경계는 견고해 지는 추세에 있었던 것이다.

당시 문벌 지주들이 여러 왕조에 걸쳐 관직을 역임했다는 점은 특히 주목되
어야 한다. 예를 들어 영천(潁川)의 순씨(荀氏)는, 순숙(荀淑)이 낭릉령(郎陵令)의
관직을 지낸 이래, 순숙의 아들 순상(荀爽)의 관직이 사공에 이르렀고 순숙의 손
자 순욱(荀彧)은 조위(曹魏) 때 관직이 상서령(尙書令)에 이르렀다. 순씨는 양진
(兩晉)과 남북조에서도 대대로 고위관직[冠冕]을 역임했다. 영천(潁川)의 진씨(陳
氏)도 동한에서 위에 이르는 동안 대대로 고관을 지냈고 그 후손들은 양진과 남
북조에서도 고위직을 차지했다. 이외 평원(平原) 화씨(華氏), 동해(東海) 왕씨(王
氏), 산양(山陽) 치씨(郗氏), 하동(河東) 배씨(裵氏)와 위씨(衛氏), 부풍(扶風) 황씨
(黃氏), 경조(京兆) 두씨(杜氏), 북지(北地) 부씨(傅氏) 가운데 일부는 동한부터, 일
부는 조위부터 관직에 나아갔고, 그들의 자손들은 대대로 관직을 계승하여 양진
과 남북조에도 끊이지 않고 관직에 올랐다. 가장 전형적인 집안은 낭야(琅琊)의
왕씨와 진군(陳郡)의 사(謝)씨이다. 왕씨는 동한을 거쳐 조위에 이르기까지 고관
을 역임했고 서진시기에 왕연(王衍)의 관직이 태위(太衛)에 이르렀고 동진시기
왕도(王導)의 관직은 9경(九卿), 왕안(王安)의 관직은 태부에 이르렀다. 사씨의 경
우 사찬(謝纘)이 위나라의 전농중랑장(典農中郞將)에 임명된 후 사포(謝褒)는 진
나라에서 구경이 되었고 사안(謝安)은 동진에서 관직이 태부에 이르렀다.138)

요컨대 세족 자제들의 대다수는 고위관직을 지내며 그 특권은 대대로 계승되
었다. 왕조가 바뀌었으나 그들 가문의 부귀영화는 보존되어 사가들은 그들에 대
해 "나라를 위해 목숨을 바치려는 동기가 없고 집안을 지키려는 마음만 간절한
것을 알 수 있다. 왕조가 거듭 바뀌어도 총애와 부귀가 찾아오고 관리의 모습은
그대로였다(則知殉國之感無因, 保家之念宜切. 市朝亟革, 寵貴方來, 陵闕雖殊, 顧眄
如一)"139)라고 기록했다. 몇몇 가문은 수(隋)·당(唐)대까지 그 권세를 지속하였다.
예컨대 우지녕(于志寧)의 집안은 당대에 이르기까지 대대로 관료가 되었는데 우
지녕의 상소에는 "신은 관우지역에 살면서 대대로 관직을 이어와 주위(周魏) 이
래 그 기반이 무너진 적이 없습니다(臣居關右, 代襲箕裘, 周魏以來, 基址不墜)"140)
라는 표현이 있다.

물론 이 시기 세족지주들이 대대로 관직을 세습해 온 것에 주목하는 동시에
일단의 새로운 귀족이 관료가 된다는 사실을 경시할 수 없으며, 서성(庶姓)과 한

미한 집안 출신 사람들이 관료가 되는 길이 막혀 있었다는 사서의 표현을 절대
적으로 신뢰해서도 안 된다. 서진은 세족지주의 전성기였으나 서족(庶族)지주이
지만 고위직을 역임한 예도 사서에서 여러 차례 확인된다. 그 부친과 조부가 일
반 민호였던 석포(石苞)는 관직이 대사마에 이르렀고, 미천한 출신이었던 손삭
(孫鑠)은 관직이 상서랑(尙書郎)에 이르렀으며, 어려서 고기잡이 생계를 이어가던
위서(魏舒)는 뒷날 상서와 사도라는 고관이 되었다. 낙광(樂廣)은 집안이 한미했
으나 뒷날 관직이 상서령에 이르렀고 빈천한 출신이었던 맹관(孟觀)은 안남장군
이 되었다.[141] 남북조시기에 이르러 전쟁이 빈번해 지자 서성(庶姓) 가운데 군공
을 통해 장수와 대위와 같은 고위직에 오르는 자가 적지 않았다. 남조의 경우 남
송(南宋)시기 괴사(蒯思)는 종군하여 여러 차례 공을 세워 보국장군(輔國將軍)·회
릉태수(淮陵太守)에 임명되었다. 도언지(到彦之)는 여러 차례는 공으로 호군장군
(護軍將軍)이 되었으며 심경지(沈慶之)도 군공으로 관직이 태위에 이르렀다. 장흥
세(張興世)는 군공으로 좌우장군(左衛將軍)이 되었고 심수지(沈攸之)도 군공으로
관직이 정서장군(征西將軍)·형주자사(荊州刺史)에 이르렀다. 이들은 모두 출신이
미천하여 유년시절 "분료를 치워주는 것으로 생활하거나(擔糞自給)", "힘써 농토
를 경작하거나(窮耕墾畝)" 했으며, "어려서 집안이 가난했다(少時家貧)"[142]등으로
사서에 표현되어 있다. 이후 제(齊)나라와 진(陳)나라시기 서족(庶族)지주는 점차
성장하여 고위직으로 나아갈 수 있었고 세족지주의 권세는 점차 쇠락했다. 이러
한 서족출신 고관들은 존비 사이의 사회적 신분관계가 엄격했던 당시의 상황에
서 특권을 가진 권귀지주로 변모하여 강종지주의 일부가 되었다.

요컨대 서진시기에 세족지위의 지위는 절정에 달했다. 남북조시기 세족지주
는 비록 상대적으로 쇠퇴했으나 여전히 권세를 유지했다. 예컨대 남조의 송나라
와 제나라 때에도 "갑족은 스무살에 관료가 되나 후문은 이립의 나이인 서른 살
이 지나서 관리임용시험을 볼 수 있도록" 했다.

그렇다고 해서 한미한 지주들의 고위관직 진출이 완전히 차단된 것은 아니었
다. 그들의 관직 진출 사례는 사서에서 끊이지 않고 확인된다. 앞서 서술한 것처
럼 서진시기에 적지 않은 사례가 이었고 남북조에서도 더욱 많은 사례가 있었다.
그들의 권세는 날로 강대해졌고 구세족문벌에 대해 심각한 충격을 주어 사서(士
庶)의 경계는 상대적으로 약화되었다. 양(梁)나라 무제(武帝)시기 상서령(尙書令)
심약(沈約)은 "송나라와 제나라에서 사와 서는 구분되지 않았다(宋齊二代, 士庶不
分)"[143]라고 언급하였다. 양나라 말기 사람 소태(蕭泰)는 초주자사(譙州刺史)로 재

임하면서 일찍이 과거부터 존재하던 사와 서의 경계를 타파하여 "두루 인정을 뽑아 수레, 의례용 부채와 우산을 들게 하는 사와 서의 구분이 없도록 하고 그것을 부끄럽게 여기자에게는 장형에 가하도록 했다(徧發人丁, 使擔腰輿扇繖等物, 不限士庶. 恥爲之者, 重加杖責)."[144] 이 시기 구세족지주의 권세는 비록 상대적으로 쇠약해 졌으나 그들은 여전히 높은 사회적 지위를 차지하고 있었다. 또 위·진이래 형성된 귀천 사이의 견고한 사회적 신분관계 때문에 이 시기 공훈을 세워 새롭게 흥기한 군공지주도 특권층으로 흡수되었다. 따라서 이 시기 새롭게 흥기한 강종 지주와 구세족지주는 함께 권력을 장악해 세족지주와 강종지주의 권익을 지키는 새로운 독특한 정치체제를 형성시켰다.

2) 세족지주와 강종지주의 도구로 전락한 계급적 성격의 종법종족제

세족지주와 강종지주의 권익을 옹호하는 정치체제에 호응하여 세족지주와 강종지주를 위한 종법종족제도 형성되었다. 앞서 서술한 것처럼 양진남북조(兩晋南北朝) 300여년 동안 관리의 선출에서 가문은 가장 중요한 요소였다. 이 시기의 가문은 계급적 성격의 종법종족제에 기반한 세족지주의 정치권력을 체현하는 형식이었다. 앞서 서술한 것처럼 이 시기 세족지주는 문벌 사이의 관계를 통해 대대로 관리가 되어 토지소유권과 정치권력의 긴밀한 결합을 만들어 내었다. 세족지주는 이러한 시대적 특성을 가진 계급적 성격의 종법종족제를 통해 그들의 정치적 기득권을 보호하였다.

이 시기 종법종족제의 계급적 성격은 지주와 농민의 엄격한 계급관계 뿐 아니라 지주계급 내부 '사서(士庶)의 구분'에도 나타났다. 사(士)는 주로 세족지주를 가리킨다. 이러한 관계의 맹아는 동한(東漢)시기에 발생하여 조위(曹魏)시기에 발전하였으며 양진(兩晋)시기 절정을 이루었다. 남북조시기에 변화가 있었으나 가문 사이의 엄격한 관계는 기본적으로 지속되었고 신분적 성격의 종법종족제도 유지되었다.

이러한 신분적 성격의 종법종족제는 고유한 발전과정을 가지고 있는데 이는 전후의 과정을 살펴보면 분명히 알 수 있다. 진에서 서한에 이르는 시기 농민의 소토지소유제가 광범위하게 존재하였고 서민지주와 관료지주의 계급적 경계는 엄격하지 않았다. 동한후기 세족지위 발전에 따라 그들은 점차 각급 정치권력의 조종자로 변모했고 정치과 가문의 관련성은 날로 긴밀해 졌다. 그리하여 가문을 중심으로 한 종족제는 세족지주가 정치권력을 장악하는 도구로 전락했다. 앞서 서술한 것처럼 "관리를 선발할 때는 족성과 벌열을 보거나", "관리를 임용할 때 벌열을 우선시하는" 일이 발생한 것이다. 이러한 사정은 조위시대 더욱 진전되었는데 구품중정법이 제정되자 "관직은 명문가를 만들고 가문의 족보는 대대로 관직을 가지게 한다(官有世冑, 譜有世官)"라는 말이 나올 정도였다. 관리의 선발은 가문과 긴밀하게 연결되었다. 서진시기에 이르러 이러한 현상은 절정에 달해 "공의 집안에 공이 나오고 경의 집안에서 경이 나오며(公門有公, 卿門有卿)", "상품에는 한미한 집안이 없고 하품에는 권세가가 없었다(上品無寒門, 下品無勢族)." 따라서 이 시기 관료의 정치적 지위는 특수한 가문에 의해 결정되었다. 즉 신분적 성격의 종법종족제가 규정하였다. 이러한 종법종족제가 권귀지주의 정치적 권익을 옹호하였다는 사실은 긴 설명을 필요로 하지 않는다.

이 시기 세족지주와 강종지주 사이의 상호 결탁은 정치적 측면에 결합으로 나타났다는 사실에 주목해야 한다. 삼국시기의 오나라의 경우 탕밍수이[湯明樾]의 논증에 의하면 손오(孫吳)정권은 손씨를 수장으로 하는 다소간의 종족연맹이었다. 그 가운데에는 오군(吳郡)의 고(顧)·육(陸)·주(朱)씨, 회계(會稽)의 우(虞)·하(賀)씨, 전당(錢塘)·단양(丹陽)·양선(陽羨)의 전(全)·주(朱)·주(周)씨 등과 같은 대족들이 있었고 손씨가 등용한 한당(韓當)·장흠(蔣欽)·감녕(甘寧)·능통(凌統)과 같은 신흥 귀족이 포함되어 있었다. 이러한 권귀들은 모두 종족을 기반으로 한 무장조직을 갖추고 있었다.[145] 동오는 권귀문벌의 지지 하에서 견고해 졌으며 오나라의 권력은 손씨를 수령으로 한 각 귀족의 종족연맹이었다. 동오의 정치구조로부터 계급적 성격의 종법종족제가 당시 독특한 정치체제와 긴밀하게 연결되어 있었음을 알 수 있고 이러한 관계는 양진남북조(兩晉南北朝)시기에도 지속되었다.

동진과 남조 각 왕조의 경우, 이러한 가문을 중심으로 한 종법종족제가 정치와 밀접하였다는 점이 더욱 두드러진다. 이 시기 강남의 명문가들은 두 종류로 구분된다. 첫째 앞서 서술한 삼국시기 오나라의 권귀대족이 형성한 종족집단 즉 오군을 중심으로 한 대를 이어온 세족들이 있었고, 이 권귀지주들은 서진에서 동진을 거쳐 남조의 여러 왕조에 이르기까지 지속되어 사서에서는 특별히 그들을 오성(吳姓)이라 불렀다. 둘째 교성(僑姓)이라 불린 이들이 있었다. 이들은 동진을 따라 남쪽으로 이주한 이들인데 그 가운데에는 왕(王)·사(謝) 두 성씨가 가장 강력하였다. 당시 강남지역에는 매우 많은 교성(僑姓)의 군현들이 설치되었으므로 교성이 많았음을 추측할 수 있다. 이러한 오와 교 두 성씨로 대표되는 세족지주들은 신분적 성격의 종법종족제를 통해 고위직을 자손에게 세습해 면면히 이어

갔다. 송나라와 제나라시기 서성(庶姓)의 관원들이 비록 확대되긴 하였으나 정치적으로 "갑족은 스무살에 관료가 되나 후문은 이립의 나이인 서른 살이 지나서 관리임용시험을 볼 수 있도록(甲族以二十登仕, 後門以過立試吏)"하는 제도를 준수해야 했다. 이 시기 세족자제는 여전히 특혜를 받았고 정치와 가문의 결탁은 여전히 확연했다.

이는 북조에서도 마찬가지였다. 9품중정제를 추진하였으나 당시 "중정이 가진 권한은 문벌의 차지였다(中正所權但在門第)." 즉 관리의 선발이 성격을 가진 종법종족제에 규정되었다. 예를 들어 익주(冀州)의 대중정(大中正)이었던 최호(崔浩)는 "익주(冀州)·정주(定州)·상주(相州)·유주(幽州)·병주(幷州)의 선비 수십명을 천거하였고 그들은 집안을 일으켜 군수(郡守)가 되었다(薦翼·定·相·幽·幷五州士數十, 各起家爲郡守)." 이처럼 북조의 문벌들은 계급적 성격을 가진 종법종족제를 통해 정치권력과 직접적으로 관계하여 세족지주와 강종지주와 같은 권귀들은 여러 왕조에서 관직을 역임했다.

이 시기 세족지주들은 이러한 계급적 성격의 종법종족제를 유지하기 위해 정치적 함의가 포함된 보첩제(譜牒制)를 제정했다. 따라서 보첩제를 살펴볼 필요가 있다. 보첩은 세족지주의 무늬만 바꾼 족보였다. 보첩의 특수한 사회적 기능은 가문을 구별하여 관리를 선발하는 것이었다. 유방(柳芳)의 『씨족지(氏族志)』에 의하면 조위는 구품중정법을 만들어 "세족들을 높이고 한미한 집안의 선비들을 낮추어(尊世冑, 卑寒士)" 권력은 명문가에게 귀속되었다. 당시 "주(州)의 대중정(大中正)과 주부(主簿)와 군(郡)의 중정(中正)과 공조(功曹)는 모두 저명한 성씨의 선비들로 선발되니 이로써 문벌을 정하고 인물을 품평했다(州中大中正主簿, 郡中正功曹, 皆取著姓士族爲之, 以定門冑, 品藻人物)." 이 제도는 진나라를 거쳐 남조에 이르기까지 이어졌다. "이에 담당 관청에서 관리를 선발할 때는 반드시 보적(譜籍)을 살피고 그 진위를 고증하였고 때문에 관직은 명문가를 만들고 가문의 족보는 대대로 관직을 가지게 하였다(于是有司選擧, 必稽譜籍, 以考其眞僞, 故官有世冑, 譜有世官)."[146] 보첩을 살펴 관리를 임명하는 제도에 의해 당시 조정에 있던 관리의 정치적 지위가 종법종족제와 긴밀하게 연관되어 있었다는 사실을 알 수 있다. 이러한 시대적 특징을 가진 신분적 성격의 종법종족제는 세족지주의 발전을 토대로 형성되었으며 동시에 세족지주가 정치권력을 통제할 수 있도록 하는 기초가 되었다.

세족지주는 신분적 성격의 종법종족제를 통해 권력을 장악하였는데 각 지역

의 호족지주 즉 강종지주의 경우 무장력을 갖춘 종족조직을 통해 지역을 장악했
다. 이러한 종족조직은 일찍부터 출현하였는데 동한 말에서 삼국에 이르는 시기
로 소급할 수 있다. 이 시기는 오랫동안 전란이 이어져 호족강종들은 스스로를
지키기 위한 계책으로 종족조직을 핵심으로 하는 사적 무장조직을 갖추었다. 때
문에 각 지역에서는 오벽(塢壁)과 보루(堡壘)가 출현했다. 이러한 조직은 방위와
생산의 유지를 담당했고 오벽의 보호 아래에 있는 농민들은 모두 종법종족제로
편입되어 오주(塢主)의 지휘를 받았다. 예컨대 삼국시기 오나라의 손정(孫靜)은
"향곡과 종실 5~6백명을 규합하여 스스로를 지켰다(糾合鄕曲及宗室五六百人 以爲
保障)."[147] 조위의 허저(許褚)는 동한말 "소년 및 종족 수천가를 모아 함께 벽을 만
들어 도둑을 막았다(聚少年及宗族數千家 共堅壁以御寇)." 이전(李典)은 "부곡과 종
족 13,000여명을 업으로 이주시켜 웅거했다(徙部曲宗族萬三千餘口居鄴)."[148] 전주
(田疇)가 속한 전씨의 종족조직이 가장 전형적인데 전주는 종족사람들에게 살상·
도적질·소송 등에 대해 만들 것을 약속하였다. "죄가 무거운 자는 사형에 처하고
그 다음부터는 처벌항목은 20여조였다(法重者至死, 其次抵罪, 二十餘條)."[149] 전주
가 만든 법은 거의 종족법에 가까웠다. 당시 이러한 물리력을 갖춘 종족조직은
상당히 보편적이었다. 이러한 상황은 양진남북조(兩晋南北朝)시기에 계속 발전하
였다. 무장력을 갖춘 종족조직은 북위의 경우 하동(河東) 설씨(薛氏)가 대표적이
었는데 "대대로 강족이 되었으며 동성은 삼천가나 되었고(世爲强宗 同姓有三千
家)"[150] 그 무리는 강군(絳郡)에 거주했다. 또 조군(趙郡)의 이현보(李顯甫)는 "여러
이씨 수천가를 은주(殷州) 서산(西山)으로 불러 모아 이어천(李魚川)의 사방 50~
60리를 개간하여 살게 했으며 현보는 종주가 되었다(集諸李數千家於殷州西山, 開
李魚川方五六十里居之, 顯甫爲其宗主)."[151] 북제(北齊) 때 "영주(瀛州)와 기주(冀州)
의 여러 유씨(劉氏), 청하(淸河)의 장씨(張氏)와 송씨(宋氏), 병주(幷州)의 왕씨(王
氏), 복양(濮陽)의 후족(侯族)은 그 일족이 거의 만실에 가까워 집에서 나는 연기
가 서로 이어져 있을 정도로 나란히 집을 지어 살고 있었다(瀛·冀諸劉, 淸河張·
宋, 幷州王氏, 濮陽侯族, 一宗將近萬室, 烟火連接, 比房而居)."[152] 여기에 남조의 각
나라의 호족강종도 예외는 아니어서 강대한 종족조직은 당시 무장력을 갖추고
있었다.[153]

무장력을 갖춘 방대한 종족조직은 개별 농민들과는 계급적 차이를 가진 지주
가 주도하는 하나의 공동체였다. 여기서 호족강종지주는 종족의 우두머리 출신
이었다. 이러한 종족의 우두머리의 대부분이 사족출신은 아니었지만 그 가운데

몇몇은 관료 집안 출신이었고 일부는 호족지주로 종족관계를 통해 관직에 나가 고위직에 이르렀다. 이런 이유로 이러한 종족조직은 실질적으로 강종지주의 권익을 옹호하는 도구로 전락한 것이다. 이것이 당시 시대를 특징짓는 신분적 성격의 종법종족제의 한 구성요소였다.

이처럼 세족지주는 말할 것도 없이 호족지주들도 특권적 가문이 만들어 낸 계급적 성격의 종법종족제 혹은 지방 호우강종이 조직한 무장력을 갖춘 종족집단을 기반으로 지방에서 강대한 세력을 확보하였다. 특히 세족문벌지주는 가문의 연망을 통해 각급 정치권력을 장악했고 그 권력은 자손에게 대대로 이어졌다.

세족지주라는 특권적 가문들은 고정불변하는 것은 아니었다. 신분적 성격의 종법종족제 또한 변화였다. 변화는 남조 중후기에 이미 시작하여 수대(隋代)에 이르면 확연해져서 수대 문벌세족은 대대로 관료가 될 수 있었던 특권을 상실했다. 우선 수나라는 9품중정법을 폐기하여 문벌세족지주가 정치에 참여할 수 있었던 기초를 제거했다. 이후 수나라 말엽의 농민전쟁의 충격을 거치면서 문벌세족의 권세는 계속 쇠락해 "대를 이어 쇠퇴하고(世代衰微)" "점차 쇠락해 졌다(累葉陵遲)"[154]라는 말은 당시 쇠락해 가는 가문을 가리키고 있었다. 당대(唐代)에 이르러 이러한 변화는 더욱 명확해 졌다.[155]

마지막으로 이 시기 시대적 특징을 가진 정치체제과 종법종족제를 간략하게 개괄해 보자. 당시 이러한 정치체제와 종법종족제를 만들어 낸 경제적 기초는 세족지주와 강종지주의 토지겸병이었고 그들은 이러한 제도를 통해 그들의 권익을 보호하였다. 정치체제와 종법종족제가 형성된 후 기형적 지주제의 발전이 크게 촉진되었다.

2. 세족·강종 대지주의 발전

1) 양진(兩晉)시기 세족지주와 강종지주의 발전[156]

서진(西晉)시기 토지소유관계는 동한과 삼국을 어어 받았다. 조위(曹魏)가 위치한 중원은 문벌세족지주들의 근거지였다. 동남쪽에 위치한 손씨의 오나라는 동한말에서 삼국에 이르는 시기 대지주 소유제가 이미 형성되었고 그들은 대지주의 지위를 세습하면서 더욱 성장해 갔다. 서남쪽에 위치한 촉(蜀)은 외지로부터 이주해 들어간 대지주들에 의해 발전하였다.[157] 사마씨는 서진을 건국한 후 이러한 세족·강종 등 권귀지주 발전의 전통을 이어갔다.

이 시기 문벌권귀지주의 발전은 국가에서 채택한 분봉제와 결부되어 있었는데, 분봉제는 토지소유관계의 변화와 연관되어 있었다. 사마씨가 정권을 장악하였던 조위 말 함희(咸熙) 원년(264)에 "오등작을 부활시켰다(復五等爵)."158) 진나라가 건국한 후 이를 "왕(王)·공(公)·후(侯)·백(伯)·자(子)·남(男)의 6등의 봉작제"159)로 개정했다. 진나라는 이러한 분봉제에 입각해 무제(武帝) 태시(泰始) 연간(265~274)에 왕으로 27명을, 공·후·백·자·남으로 500여명을 책봉했다.160) 그들은 식읍을 책봉받는 특권을 누렸는데 대국의 경우 15경, 다음 규모의 나라는 10경, 소국은 7경을 받았으며 봉호(封戶)도 가지고 있었다. 이들 봉호는 그들의 예속호로, 그들에게 조견(租絹)을 바쳐야 했다. 태강(太康) 원년(280) 또 관원의 관품에 따라 점전(占田)을 나누어 주었는데 1품관은 15경, 의식객(衣食客) 3명, 전객(佃客) 50호를 내려주었고 그 이하는 품에 따라 차등을 두어 나누어 주어 9품관의 경우 점전이 10경, 의식객이 1명, 전객이 1호였다.161) 여기서 말한 봉전(封田)과 점전(占田)은 모두 국가로부터 분급 받은 것이 아니라 봉작과 품급에 따라 한정액을 정한 것이다. 실제 각급 관리들이 차지한 토지는 점전의 규정보다 훨씬 많아 규정은 한낱 종이쪽지에 불과했다. 각급의 관리들은 특히 고급관리들의 대부분은 규정된 점전(占田)을 넘어서 있었다. 예를 들어『진서』이중(李重)열전에 의하면 "왕자의 법은 사람들의 사욕을 제어하지 못하여(王者之法, 不得制人之私也)" 사람들의 전택은 한정이 없게 되었다. 이러한 일은 비교적 고위관리 실제로는 세족과 강종 대지주에게 발생했다. 실제 당시 세족지주와 강종지주가 주로 고관에 봉작되었고, 그들은 토지소유자이자 조정에서 권력을 장악하고 있었다.

이 시기 출현한 지주의 대장원은 주로 권세를 바탕으로 겸병한 것이었다.『진서』에 의하면 "지금 공사(公私)가 모두 겸병되어 백성들은 다시 농사지을 수 없을(今公私幷兼 百姓不復厝手地)"162) 정도였다. 여기서 말한 겸병은 주로 지주가 권세에 의지해 폭력적으로 수탈하는 것을 말한다. 권귀의 전장이 차지한 토지는 봉작된 십수경 혹은 수십경이었던 것에 비교하여 더 많았다. 다음은 몇몇 장원의 사례를 열거한 것이다.

서진시기 거실이었던 왕융(王戎)은 "팔방에 전원을 두고 물방아는 천하에 널려 있으며 쌓아둔 곡식과 모은 돈은 셀 수 없을 정도였다(廣收八方園田, 水碓周徧天下, 積實聚錢, 不知紀極)."163) 때문에『초학기(初學記)』에서는 당시 왕융은 가동만 수백이라고164) 했다. 강노장군(强弩將軍) 방종(龐宗)은 서주(西州)의 대성으로 토지가 2백여경이나 되었다.165) 금성(金城)의 국(麴)씨와 유(游)씨는 대대로 호족이 되었는데 혹자는 "국씨와 유씨는 그 집안의 소와 양이 얼마나 있는지 알 수도 없으며 남으로는 주문을 열고 북으로는 청루를 바라본다(麴與游, 牛羊不數頭。南開朱門, 北望靑樓)"166)라고 했다. 『금곡시서(金谷詩序)』에서는 석숭(石崇)이 차지한 토지의 면적에 대해 다음과 같이 서술하고 있다. "하남현 내의 금동(金洞) 안의 별려(別廬)는 혹은 높고 낮은데, 푸른 개천과 무성한 숲과 대나무와 잣나무와 약초들, 금과 같은 토지가 10경, 양이 200두, 닭·돼지·오리·거위 등 갖추어 지지 않은 것이 없다. 또 물레방아와 물고기가 사는 연못 그리고 토굴이 있다(有別廬在河南縣界金洞中, 或高或下, 有淸泉茂林果竹柏藥草之屬, 金田十頃, 羊二百口, 鷄猪鵝鴨之類 莫不畢備 , 又有水碓魚池土窟)." 또 『진서』 석포(石苞)열전에 의하면 석포는 "노복 800여명을 두었으니 그의 재물과 전택이 그러했다(蒼頭八百餘人, 他珍寶貨賄田宅稱是)." 환관이었던 순희(荀晞)는 노비가 천명이었으며167) 순씨가 차지한 토지의 규모도 상당했다. 서진시기 전체 국가에서 권귀지주 특히 세족지주는 흥성하고 있었다.

동진(東晉)은 회하(淮河)유역 이남의 광대한 지역에 자리 잡았다. 그 가운데 강동(江東)지역은 세족지주와 호강지주가 줄곧 강성했다. 오나라 때 갈홍(葛洪)은 『포박자(抱朴子)』오실(吳失)편에서 이 지역의 호족에 대해 "그 세력이 나라의 임금을 움직일 정도(勢力傾于邦君)"라고 했다. 또 각각의 집안에 있는 노복은 군대를 이룰 정도였다. 위나라 장군 등애(鄧艾)는 "오나라의 이름난 집안과 종족은 모두 부곡을 가지고 있고 정예병이 있으니 모두 나라를 세울 만 하다(吳名宗大族, 皆有部曲, 阻兵仗勢, 足以建命)"168)고 했다. 진이 오나라를 차지한 후에도 오나라의 세족과 강종의 힘은 여전했다. 이 시기 태호(太湖)와 전당강(錢塘江)유역은 이미 남부지역 호족과 강종의 대농장의 영향 하에 있었다. 이러한 사정은 동진시기에도 이어졌다. 중원지역의 구문벌세족지주들의 일부는 유주자사(幽州刺史) 왕준(王浚)과 평주자사(平州刺史) 최폐(崔毖)와 같이 전란을 피해 북쪽으로 투항하였지만, 대다수의 지주들은 남쪽으로 이주했다. 『진서』 왕희지(王羲之)열전에 의하면 이러한 권귀들은 "밭을 돌아다니며 지리를 살펴(幷行田, 視地利)" 겸병을 자행했다. 그들은 대부분 절동(浙東)지역에 밀집해 살았는데 낭야(琅琊)의 왕씨, 진군(陳郡)의 사씨(謝氏), 태원(太原)의 왕씨, 고평(高平)의 치씨(郗氏), 태원의 손씨(孫氏), 진류(陳留)의 완씨(阮氏), 고양(高陽)의 허씨(許氏), 초국(譙國)의 대씨(戴氏), 노국(魯國)의 공씨(孔氏) 등과 같은 세족·강종지주들은 모두 회계(會稽)지역에 밀집해 있었다.169) 동진 건국 초 북방에서 이주한 세족을 나라의 기반으로 삼았다.170) 이후 원래 강동에 거주하던 세족지주와 강종지주들 역시 동진의 통치집단에 편입되었다. 동진은 중원에서 남쪽으로 이주해간 대족과 원래 강남에서 거주하던 권귀문벌지주들의 지지에 의해 근 100년간 지속되었다.

동진시기 중원에서 남쪽으로 이주해간 세족지주와 강종지주들이 대장원을 세웠다는 사실은 특히 주목해야 한다. 그들은 새로운 지역에 정착한 후에도 그 지역의 사족을 표방하면서 그곳에 장원을 수립하는데 힘을 기울였다. 이러한 노력은 진나라 정부에 의해 지원받았는데 건무(建武) 원년(317)에 "산택에 들어가지 못하게 하는 금령을 완화하는 조치(弛山澤之禁)"는 남쪽으로 이주해 간 사족과 강종이 산과 토지를 장악하는 데 유리한 조건을 제공하였다(물론 이것은 일반적으로 유망민이 산을 개간해 살아갈 수 있는 길을 열어주기도 했다). 이 시기에 건강(建康)·오흥(吳興)·회계(會稽) 일대에 밀집해 있던 교인(僑人)사족들은 산을 차지하고 황무지를 개간하여 국유지를 그들의 사유지로 변화시켰다. 남쪽으로 이주해 간 사족들은 또한 황제로부터 토지를 사여 받았는데 왕도(王導)는 건강(建康)의 토지 80여 경을 사여 받았다. 더욱이 대다수의 사족들은 권력을 믿고 겸병을 자행했다. 많은 토지의 소유한 자도 있었는데 예컨대 습협(習協)의 집안은 강남으로 강을 건너 오회(吳會)지역의 경구(京口)에 거주하였는데 그 손자인 습달(習達)는 "재물을 모으는 데 힘을 쏟아 토지를 만경이나 소유하였으며 노비가 수천명이었다(以貨植爲務, 有田萬頃, 奴婢數千人)."171) 당연히 토지를 소유하지 않은 자는 생략하였다.172) 요컨대 이 시기 강남지역은 고(顧)·육(陸)·주(朱)·장(張)·우(虞)·위(魏)·공(孔)·하(賀) 등과 같은 구세족·강종지주도 있었지만 이주해온 일단은 교인 지주도 발전하고 있어 강남은 특권적 지주가 집결된 장소가 되었다. 때문에 장강유역 특히 양주(揚州)의 드넓은 지역은 토지소유권과 정치권력이 결탁한 조건 하에서 세족지주와 강종지주가 고도로 발전한 곳이 되었다.

2) 남조 각국에서 세족·강종지주의 지속과 변화

420년 유유(劉裕)는 스스로 황제라 칭하며 진을 무너뜨리고 송(宋)을 건국했다. 이후 제(齊)·양(梁)·진(陳)이 연이어 장강유역 이남의 광대한 지역을 통치하였는데 역사는 이들 나라를 남조(南朝)라 칭하였다.173) 각 왕조의 세족·강종지주는 기본적으로 동진이래로 계승되었다. 왕조가 바뀌었더라도 지주들은 새로운 왕조를 섬겼고 그 왕조의 권귀가 되었다.

송나라시기 세족·강종지주가 권세에 의지해 산택을 침탈하던 상황에 대해 무제(武帝 : 420~422) 때의 양주자사를 지낸 서양왕(西陽王) 자상(子尙 : 역자- 송나라 효무제의 자)은 다음과 같은 글을 올렸다. "산이나 호수에 들어가지 못하게 하는 것은 비록 옛 법이 있다고 하나 민간에서는 서로의 인연으로 그 법을 받들지 않아 산에서 화전(火田)을 하고 물을 막아 집안의 이익을 지켰습니다. 요사이 이것이 날로 해이해져 부강한 자들이 산을 차지하자 빈약한 자들은 땔나무조차 구할 수 없습니다. 물에서 물고기를 잡는 것은 역시 그러합니다(山湖之禁, 雖有舊科, 民俗相因, 替而不奉, 燎山封水, 保爲家利. 自頃以來, 頹弛日甚, 富强者兼嶺而占, 貧弱者薪蘇無託, 至漁採之地, 亦又如茲)."174) 이러한 조건에서 자상은 호강이 나라재산[公産]을 침탈하는 일에 편의를 봐주도록 하는 건의를 했다. "무릇 산택은 이전부터 항상 화전(火田)하며 대와 여러 과실수를 심고 기르는 숲이 되었고, 호수와 강과 바다의 어량은 미꾸라지와 갈치를 잡는 곳으로 항상 그것을 관리하고 그 수확을 얻는 자가 있는 개간하도록 하고 추탈하지 말도록 하십시오(凡是山澤, 先常燎燼,種養竹木雜果爲林, 及陂湖江海魚梁䱟䰷場, 常加功修作者, 聽不追奪)."175) '개간하도록 하고 추탈하지 말도록 하라'는 말은 세족과 강종의 공전(公田) 침탈을 묵인하라는 것이다. 이로써 강남의 광대한 지역에 있던 많은 국유지(國有地)들이 세족·강종의 사유재산으로 변화하게 되었다. 주목해야 할 점은 오랜 전란동안 한미한 집안 출신의 선비들이 군공을 통해 집안을 일으켜 새로운 귀족으로 발전하였다는 점이다. 이러한 신흥강종지주와 구세족지주는 병존하였다. 이러한 상황은 송나라가 건국한 이후부터 제·양·진 각 왕조를 거치면서 더욱 발전했다.

이러한 사실은 다음의 사례들을 통해 확인할 수 있다. 송나라시기 진군(陳郡)의 사혼(謝混)은 "대를 이어 재상을 역임하여 한 집안에서 두 번이나 책봉되니 그 전장만 십여 곳에 있었고 노복은 천명이나 되었다(仍世宰輔, 一門兩封, 田業十餘處, 僮僕千人)."176) 사령운(謝靈運)은 회계(會稽) 시녕현(始寧縣)의 별서(別墅)에 남쪽과 북쪽의 두 산을 포함하여 수전(水田)·한전(旱田)·과원(果園) 다섯 곳 및 죽림(竹林)·채마밭[茶圃]등을 소유하고 있었다.177) 공계공(孔季恭)은 "산음(山陰)의 호족이자 부자로 그 소유한 토지만 적지 않았다(山陰豪族富室, 頃畝不少)." 그들의 대장원은 농민들을 불러 들였기 때문에 "가난한 이들은 온 힘을 기울여 거처로 삼았다(貧者肆力, 非爲無處)."178) 회계의 공령부(孔靈符)는 "그 집이 본래 부유하고 그 재산도 매우 많았으며 또 영흥(永興)지역에 별서를 두었는데 그 둘레가 33리에 달했으며 수전과 한전 모두 265경이나 되었다. 2개의 산을 포함하여 과수원이 9곳이었다(家本豐, 産業甚廣, 又於永興立墅, 周回三十三里, 水陸地二百六十五頃, 含

帶二山, 又有果園九處)."[179] 강하왕(江夏王) 유의공(劉義恭)은 자신이 부리던 관리와 노복만 2,900명이었고 소유한 토지 역시 적잖았다.[180] 신흥문벌 역시 예외 없이 대토지를 소유하고 있었다. 오흥(吳興)의 호족 심경지(沈慶之)는 누호(婁湖)에 전원을 가지고 있었으며 "널리 전원을 두었다(廣開田園之業)." 심씨는 "그 집안이 본래 부자였고 그 재산이 만금에 달했으며 노복도 천명을 헤아렸다(家素豊厚, 産業得萬金, 奴僮千計)."[181]

송나라시기 세족·강종이 토지 소유는 당시 문헌에 곳곳에서 확인된다. 혹자는 "명산대천이 점거되었다(名山大川 往往占固)"[182] 말했다. 국가는 이러한 현실에 순응하여 그들의 소유를 추인하기만 했다. 송의 효무제(孝武帝)는 다음과 같은 교서를 내렸다. "관품이 1·2품인 자는 산 3경을, 3·4품인 자는 2경 50무를, 5·6품인 자는 2경을, 7·8품인 자는 1경 50무를, 9품 및 백성에게는 1경을 각각 소유할 수 있도록 하라(官品第一第二聽占山三頃, 第三第四品二頃五十畝, 第五第六品二頃, 第七第八品一頃五十畝, 第九品及百姓一頃)."[183] 사실 이러한 규정은 한낱 종이쪽지에 불과했다. 각 품관들이 침탈하여 소유한 토지는 규정된 액수를 넘어서 있었다. 이상의 사례는 권귀지주의 규모 혹은 그들이 사역하는 노복의 수는 물론이고 그들이 소유한 토지가 3경이나 2경이 아니라 수십경 내지 100경 이상을 소유하고 있었음을 보여준다.

제·양·진에서도 이러한 사정은 대동소이했다. 남제(南齊)시기 사도(司徒)였던 경릉왕(竟陵王) 소자량(蕭子良)은 "선성·임성·정릉 세 현에 둔전을 두었는데(宣城·臨成·定陵三縣界立屯)" 산택을 봉쇄하여 "민들이 땔나무를 구하지 못하도록 했다(禁民樵采)."[184] 귀족지주들은 국유지를 강점하는 방식으로 둔전을 설치했다. 양나라 남양(南陽)사람 장효수(張孝秀)는 동림사(東林寺)에 머무르면서 "토지 수십경을 소유하고 부곡 수백명에게 그 토지를 힘써 경작하게 했다(有田數十頃, 部曲數百人, 率以力田)."[185] 또 배지횡(裴之橫)은 "노동과 예속민 수백 명과 함께 약피에서 전원을 경영하여 치부하였다(與僮屬數百人, 于芍坡大營墅 遂致殷積)."[186] 이 시기 토지를 확장한 자들은 옛 세족도 있었지만 새롭게 흥기한 호족과 강종도 있었다. 이들 가운데 예외적으로 권세에 의거해 토지를 확장하지 않은 자도 있었다. 30년 동안 관료를 지낸 서면(徐勉)에게 그의 문인들과 친구들은 "전원을 개간하거나 이자놀이를 하여 재산을 불릴 것(或使創闢田園 亦令貨殖聚斂)"을 건의했다. 그러나 서면은 "이와 같은 여러 일들을 모두 거부하여 받아들이지 않았다(若此諸事皆拒而不納)."[187] 서면의 사례를 통해 당시 봉건관료 가운데 권세를 이용해 토지를 차지하지 않는 자가 거의 없었음을 알 수 있다.

양나라 무제는 이러한 현상에 대해 일찍이 다음과 같은 조서를 반포했다. "무릇 토지와 뽕나무 밭 그리고 가옥을 몰입한 것 가운데 공적으로 만들어 진 것 이외에는 모두 빈민에게 분급하되 그 능력을 헤아려 받을 토지를 나누도록 하라. 듣자니 요즈음 호가와 부유한 자들이 공전을 많이 차지하여 빈민들에게 세를 무겁게 거두어 농시를 빼앗고 정치를 해치는 것이 심히 큰 피해가 된다고 한다(凡是田桑廢宅沒入者, 公創之外, 悉以分給貧民, 皆使量其所能以受田分. 如聞頃者, 豪家富室, 多占取公田, 貴價傲稅, 以與貧民, 傷時害政, 爲蠹已甚)." 여기서 '추세(傲稅)'는 토지를 차지하여 조를 거두는 것을 가리킨다. 이어 무제는 조서에서 다음과 같은 말했다. "지금 이후로 공전은 호세가에게 빌려 줄 수 없다. 이미 빌려준 것은 추쇄하지 않을 것이지만 부자들이 빈민에게 종자를 나누어져 경작하게 하는 것은 금지하여 항례로 삼도록 하라(自今公田悉不得假與豪家, 已假者特聽不追. 其若富室給貧民種糧共營作者, 不在禁例)."[188] 양나라 무제는 비록 호족과 강종에게 점탈당한 공전을 추징하려 했으나 오래된 관습이라 고치기 어려워 끝내 그것을 사실로 수용하여 권귀들이 침탈한 공전을 합법화하였다. 이러한 조서는 세족지주와 강종지주의 권세가 그만큼 확대되었음을 보여준다.

양나라 후기 후경(侯景)이 반란을 일으키자 문벌세족은 한차례 큰 타격을 입었다. 문벌세족들은 사적 무장력을 갖추고 있었기 때문에 곳곳에서 자위조직을 갖추었다. 예를 들어 이 시기의 대지주였던 예장(豫章)의 웅담랑(熊曇朗)은 "대대로 군(郡)의 저명한 성씨였는데 … 중략 … 풍성현에 웅거해 방어시설을 만들자 호걸과 도적들 가운데 귀부하는 자가 많았다(據豐城縣爲柵, 桀黠劫盜多附之)."[189] 동양(東陽)의 유이(留異) 역시 "대대로 군의 저명한 성씨가 되어(世爲郡著姓)", "마을 사람들을 규합하여 요해처에 웅거하니 그 무리가 매우 많아 주군에서 꺼렸다(糾合鄉閭, 保據巖阻, 其徒甚盛, 州郡憚焉)."[190] 이와 같은 저명한 성씨의 대부분은 권세를 가진 장원의 지주였다. 진안군(晋安郡)의 진보응(陳寶應)은 "대대로 민(閩)지방의 유서있는 성씨였으며(世爲閩中舊姓)" 그 부친 진우(陳羽)는 "군의 호웅이 되어(爲郡雄豪)" 진안군을 다스렸고 진보응에게 군무를 관장하게 했는데 진보응은 "재산을 크게 모았으며 군사의 수가 많았다(大致貲産, 士衆强盛)."[191] 진나라 세워졌을 때 왕조를 옹립한 자의 대부분은 전조(前朝)의 문벌호족지주였다. 예를 들어 신흥(新興)의 정령세(程靈洗)는 진나라에서 안서장군(安西將軍)이 되었고, 부풍(扶風)의 노실달(魯悉達)은 진나라에서 안남장군(安南將軍)·오주자사(吳州刺史)

가 되었고, 파산(巴山)의 황법구(黃法氍)는 관직이 진서장군(鎭西將軍)·예주자사(豫州剌史)에 이르렀다. 시흥(始興)의 후안도(侯安都)는 관직이 정북장군(征北將軍)·남서주자사(南徐州剌史)에 이르렀는데 "대대로 군의 저명한 성씨였다(世爲郡著姓)." 장사(長沙)의 구양고(歐陽顧)는 "군의 호족이 되었고" 형제가 모두 고관을 지내 "그 집안이 부귀해 졌고 이름이 남부지역에 알려졌다."[192] 이와 같은 호족지주들은 모두 그 지역의 대지주였다. 진(陳)나라에서 토지소유관계는 변화하고 있어 이 시기 지배적인 위치를 차지한 것은 세족지주가 아니라 무장력을 갖추어 집안을 일으킨 강종지주였다. 지주의 구성에 비록 변화가 발생했다고 하더라도 문벌적 특권을 가졌다는 사실은 변함이 없었다.[193]

이상이 남조시기 문벌호족지주의 변화와 발전의 개요이다. 이 시기 지주계급의 구성도 변화했는데 앞선 시기에는 세족지주가 우세한 지위를 차지하였으나 이후 신흥귀족지주가 흥기하였다. 그들이 차지한 광대한 토지는 매매를 통해서가 아니라 권세를 기반으로 한 공전과 산택의 겸병이었고[194] 그 가운데 몇몇은 농민의 사유지 까지 겸병하여 광대한 장원경제를 형성시켰다. 이들 지주들은 왕조의 탄생과 밀착되었으며 토지소유권과 정치권력을 독점하고 있었다.

문벌세족과 호족·강종들의 토지와 산택에 대한 자유로운 침탈은 농민에게 큰 위협이 되었으므로 사서는 여러 차례 이를 기록하였다. 『송서』에 의하면 회계군(會稽郡)은 "인구가 많고 물산이 풍부하여 왕공과 후비의 저택이 서로 이어져 그 폐해가 많아 민들이 크게 근심하였다(民物殷阜 王公妃主邸舍相望 撓亂在所 大爲民患)." 또 "여러 호우들은 왕의 지시를 따르지 않았다. 또 총애 받는 신하와 근신들은 산과 호수를 막아 민을 해치고 통치를 방해하였다(多諸豪右, 不遵王憲. 又幸臣近習參半宮省, 封略山湖, 妨民害治)."[195] 이러한 현상은 수나라가 통일한 후에야 비로소 변화하기 시작했다. 수나라가 건국된 후 세족과 강종을 억압하였고 토지와 인민을 중앙이 집적 장악하였고 지주제 경제는 점차 정상적 발전궤도로 돌입했다.[196]

3) 북조에서 형성된 호한 혼합형 권귀지주

황하의 광대한 유역에서 서진이 멸망한 후 북위가 건립되기까지의 수십년 동안 북방민족이 중원으로 이주해 와 오랜 전란 상태가 지속되었고 경제는 심각한 타격을 입었다. 위(魏)나라와 진(晉)나라시기에 발전해 온 세족과 강종지주들 가운데 일부는 다른 곳으로 이주하였고 일부는 쇠망하였으나 일부는 유지되어 갔다. 부위(北魏)·북제(北齊)·북주(北周)가 건국된 후 지주소유제는 새롭게 발전하였다. 한편으로는 구한족 세족·강종지주가 유지되는 가운데 다른 한편으로는 선비족 통치계급 가운데 토지를 소유한 새로운 귀족이 혼합되어 지주집단을 형성하였다. 호·한의 지주들은 서로 같은 경제적 이해관계를 가졌기 때문에 정치적으로 서로 상통하고 융합하였으며, 한·선비 지주들을 중심으로 한 특권적 정치체제를 형성시켰다.

이러한 관계는 북조의 문벌귀족지주의 발전과정을 통해 충분히 확인할 수 있다. 이 시기 호·한지주들은 정치적으로 긴밀하게 결탁하였고 이러한 조건에서 호·한의 지주들은 함께 발전해 갔다.

북위의 경우 이 시기 한인 문벌귀족과 북위의 통치자인 탁발씨와는 비록 모순을 가지기도 했지만 전체적으로 공존해 갔다. 북위왕조는 강압적으로 통치했지만 한인 문벌귀족의 거대한 힘을 고려하지 않을 수 없어 그들을 포섭하는 데 혼신의 힘을 다했다. 사서의 기록에 의하면, 위의 도무제(道武帝) 탁발규(拓拔珪)는 "처음 중원을 점령하였을 때(初拓中原)", 한족 지주에 대한 "위무를 마음에 두었다(留心慰納)." 한인의 여러 사대부들 가운데 군문에 이른 자들은 "노소를 가리지 않고 모두 받아들였으며 … 중략 … 진실로 미약한 능력이라도 있으면 모두 서용되었다(無少長皆引入 … 중략 … 苟有微能 咸蒙敍用)."[197] 또 명원제(明元帝) 영흥(永興) 5년(413)의 조서에 의하면, "호문과 강종 가운데 주에서 추천된 자(豪門强宗爲州閭所推者)"는 "경사로 오게 해 재능에 따라 서용하도록 하라(令詣京師當隨材敍用)."[198] 태무제(太武帝) 신가(神䴥) 4년(431)에 세족지주였던 범양(范陽)의 노현(盧玄)과 조군(趙郡)의 이령(李靈) 등 35명을 초빙하여 정치에 참여하도록 했다.[199] 효문제시기에 이르면 중요한 변화가 발생하는데 사서에는 이를 "위주가 가문을 중히 여겨 범양(范陽)의 노민(盧敏), 청하(淸河)의 최종백(崔宗伯), 영양(榮陽)의 정희(鄭羲), 태원(太原)의 왕경(王琼) 네 성씨의 의관들이 추천한 자, 그 딸들을 후궁으로 받아들였다. 농서(隴西)의 이충(李沖)은 … 중략 … 이 왕조에서 존귀해져 청렴한 이들과 혼인하였고 황제 역시 그 여식을 부인으로 삼았다(魏主雅重門族 以范陽盧敏·淸河崔宗伯·榮陽鄭羲·太原王琼四姓 衣冠所推 咸納其女以充後宮. 隴西李沖 … 중략 … 當朝貴重 所結婚鏈莫非淸望. 帝亦以其女爲夫人)."[200] 효문제는 5명의 동생들을 세가대족에 혼인시켰으며 혼인관계를 통하여 한인 지주들과 결합하였다.

효문제는 당시 유행하던 한족식 문제(門第)제도 즉 신분적 성격을 가진 성씨

제도를 채용했다. 황실의 성씨 및 장손(長孫)·숙손(叔孫)·해시(奚氏)를 제외한 선
비족 가운데에는 목(穆)·육(陸)·하(賀)·유(劉)·누(樓)·우(于)·계(稽)·위(尉) 8성을 최
상위로 하고, 당시 한족인 구세족과 강종들 예를 들어 동청하(東淸河)의 최씨(崔
氏), 범양(范陽)의 노씨(魯氏), 영양(滎陽)의 정씨(鄭氏), 태원(太原)의 왕씨(王氏),
조군(趙郡)의 이씨(李氏), 관중(關中)의 위(衛)·배(裵)·유(柳)·설(薛)·양(楊)·두(杜)·
황보(皇甫)씨를 최상위로 했다. 군성(郡姓)은 그 문제(門第)와 관위에 따라 4등으
로 분류했다. 문제를 평가한 후 문제의 등급에 따라 인재를 선발했다. 북조에서
"귀족은 귀족을 이어받고 미천한 자는 미천한 직분을 계승하는(以貴承貴 以賤襲
賤)" 이러한 문제(門第)제도가 진일보 발전했다.[201] 이러한 문제제도는 당시 중원
지역의 세족지주의 계급적 요구에 부합하였다. 이러한 정책의 실시를 통해 선비
족 출신 귀족과 한인귀족은 더욱 융합하였을 뿐 아니라 문벌세족지주제는 유지
되고 지속적으로 발전할 수 있었다.

역으로 한인 문벌귀족들 역시 북위를 힘써 지지했다. 농서(隴西)의 이충(李沖),
청하(淸河)의 최광(崔光), 광평(廣平)의 오령규(吳靈虯), 태원(太原)의 곽조(郭祚) 그
리고 남조에서 북조로 돌아온 낭야(琅琊)의 왕숙(王肅) 등은 효문제의 제도개혁
을 적극 지지했다.[202] 그들은 연이어 사회의 질서를 안정시키려는 기획에 참여하
여 참모가 되어 정책을 만들어 내었다. 효문제시기 관우(關右)지역의 농민들이
동요하려 하자 범양의 지주였던 노연(盧淵)은 마침내 다음과 같은 상소를 올렸
다. "관우지역의 민들은 근래 다투어 재회(齋會)에 열고 호귀를 사칭하여 서로를
부추기며 무리들 가운데에서 조정을 비방합니다. … 중략 … 삼가 마땅히 빨리
징치하여 그 수괴를 도륙해야 합니다. 그렇지 않으면 적미와 황건의 재앙이 생
길까 두렵습니다(關右之民, 自比年以來, 競設齋會, 假稱豪貴, 以相扇惑. 顯然於衆坐
之中, 以謗朝廷. … 중략 … 愚謂宜速懲絶, 戮其魁帥. 不爾懼成黃巾·赤眉之禍)."[203]
효문제에서 명제(明帝)에 이르는 시기 승려들이 봉기하여 위나라에 반대하였는
데 기주(冀州)의 승려 법경(法慶)은 "새로운 부처가 세상에 나와 옛 마귀를 제거
할 것(新佛出世 除去舊魔)"을 제창했다. 이에 북위왕조는 한편으로는 기주자사 소
보(蕭寶)에게 그것을 진압하도록 하면서 다른 한편으로는 한인 문벌세족인 발해
(渤海)사람 고상전(高祥前)을 보내 위무하도록 했다.[204]

북위는 또한 한인 호족지주들이 장악하고 있던 오벽(塢壁)조직을 이용해 종주
독호제(宗主督護制)를 실행해 호족지주의 종주로서의 지위를 승인하여 그들이
정권의 기초가 되어 농민을 통치하도록 했다. 따라서 호족과 강종지주들은 발전

할 수 있었는데, 그들은 이 기회를 이용해 노동인력을 장악하여 허다한 농민들을 자기의 예속민으로 삼고 토지에 대한 소유를 강화하였고 농민을 사역시키는 봉건 권력자가 되었다.

한인과 선비족 문벌귀족지주는 이러한 조건하에서 발전하고 계승되었다. 『낙양가람기(洛陽伽藍記)』에 의하면 "이에 황족과 왕후, 외척과 공주들이 산해(山海)의 재산을 마음대로 하고 천림(川林)의 부유함을 누려 다투어 전장을 두는 것을 서로 자랑으로 삼았다(於是帝族王侯, 外戚公主, 擅山海之富, 居川林之饒, 爭修園宅, 互相夸競)." 이는 북위의 귀족들이 토지를 차지하여 대장원을 두고 있음을 말해준다. 이러한 사정은 한인 권귀지주도 마찬가지였다. 호한(胡漢) 지주들의 토지소유는 여러 사례에서 확인된다. 어떤 이들은 상을 받아 토지를 확대했는데 예를 들어 선무제(宣武帝) 때 고총(高聰)은 고위직을 역임하고 "수전 수십경을 요청하여 모두 지급받았다(又乞水田數十頃 皆被遂許)."[205] 어떤 이는 권세에 빙자해 강제로 토지를 매입해 겸병했는데 명제 때 이세철(李世哲)은 상주자사(相州刺史)에 임명되어 "사찰을 옮기고 그 땅을 억지로 매입했다(遷徙佛寺 逼買其地)."[206] 이 당시 토지 침탈에 관한 기록은 적지 않으며 대지주가 곳곳에서 출연하였다. 함양(咸陽)의 왕희(王禧)는 "전장과 염철이 곳곳에 널여 있었고 가신과 노복들이 경영했다(田業鹽鐵 遍于遠近 臣吏僮隸 相繼經營)."[207] 환관이었던 유등(劉騰)은 "배와 수레의 이익은 수륙을 가지지 않았고, 산택의 부유함은 모두 차지했다(舟車之利 水陸無遺 山澤之饒 所在固護)." 이러한 사례를 통해 선비족과 한인 권귀들이 토지를 소유한 규모가 상당했음을 알 수 있다.

이후 선비족의 고씨(高氏)가 북제(北齊)를 건립하였으나 계속 한인 지주의 지원을 받았다. 당시 조와 위 일대의 세족과 강종지주들은 북제 정권의 주요한 지지층이었다. 북제정권의 보호아래 지방의 호족과 강족들은 계속 겸병을 진행하였다. 이에 혹자는 중원지역의 사정을 이렇게 말했다. "황하의 모래밭과 산택 가운데 개간할 수 있는 비옥한 곳은 모두 호세가의 것이 되었는데 혹자는 그것을 빌리고 혹자는 그것을 요청하였다. 이에 편호들은 한 이랑도 얻을 수 없었다. 그때 부강한 권세가들이 약자를 침탈하니 부자는 토지가 이어져 있었으나 가난한 사람은 송곳 세울 만한 땅도 없었다(河渚山澤, 有可耕墾 肥饒之處 悉是豪勢 或借或請. 編戶之人 不得一壟 其時强弱相凌 恃勢侵奪 富有連畛互陌 貧無立錐之地)."[208]

고환(高歡)이 북위에서 재상을 할 때 이미 한인 세족들과 혼인관계를 맺고 있었다.[209] 상서성 장관은 그의 사위였던 양음(楊愔)을 임명했고 한족 지주 설도충

(薛道衝)과 안지추(顏之推) 등은 모두 중임되어 요직을 맡았다. 고심(高湛)이 황제가 된 후 여전히 한인 세족과 강종들을 중용했는데 조정(祖珽)이 시중이 되었을 때, 사서는 "조정은 고위직에 임명되어 명망이 높아지니 관리들은 적임자라고 하였고 전국에서 옳은 인사라고 칭송했다(珽推崇高望, 官人稱職, 內外稱美)."[210] 소위 '고망'이라는 것은 한인 세족과 강종을 가리킨다(뒷날 조정은 실각하여 한인 세족·강종지주에게 살육 당한다). 북제는 한인 세족·강종지주의 지원을 기반으로 권력을 유지하였고 세족·강종지주들 역시 북제 정권의 보호 아래 발전해 갔다.

북주(北周)의 우문태(宇文泰)는 북제보다 더 한인 세족지주를 육성하였다. 서위(西魏) 때 우문태의 관직은 태사였는데 당시 그는 선비족과 한족 세족지주 계급의 이익을 대표하는 관롱(關隴)지역 통치집단을 조직하였고 관롱의 문벌지주와 하동(河東)지역의 세족·강종지주를 단결시켜 산동지역에 할거하고 있던 북제의 고환(高歡)과 강남에서 평안을 누리고 있던 소연(蕭衍)과 대결할 준비에 박차를 가하고 있었다. 그는 또 선비족과 한족 통치계급 사이의 종족적 한계를 제거하는 동시에 선비족과 한족의 귀족지주를 육성하였다.[211]

여기서 말한 관롱의 통치집단은 서위 및 북주의 관롱의 정권을 옹호하던 지주 집단을 가리키고 그들은 선비족 지배층이었던 원(元)·장손(長孫)·우문(宇文)·우육(宇陸)·원(源)·보(寶)·독고(獨孤)의 여러 성씨 뿐 아니라 관롱(關隴)과 하동(河東)일대의 한족 세족·강종지주 예를 들어 경조(京兆)의 위(衛)씨, 굉농(宏農)의 양(楊)씨, 무공(武功)의 소(蘇)씨, 상곡(上穀)의 후(侯)씨, 농서(隴西)의 이(李)씨, 하동(河東)의 배(裵)·유(柳)·설(薛)씨 등 여러 성씨를 포괄한다. 그 가운데에는 산동지역의 세족·강종지주도 포함되어 있었다.[212] 천인커[陳寅恪]는 『당대정치사논고[唐代政治史述論稿]』에서 북위시기를 다음과 같이 서술하였다. "북조시대에 한인(漢人)과 호인(胡人)의 구별은 혈통에 비해 문화가 더욱 중요하였다. 무릇 한의 문화에 젖은 이는 한인으로 간주되었고 호의 문화에 젖은 이는 호인으로 간주되었다. 그 피가 어떠한 가는 논하지도 않았다."

이러한 기술에서, 서위와 북주시기의 관롱(關隴)집단은 한족과 선비족을 중심으로 한 귀족지주집단이었고 귀족지주를 중심으로 한 정치세력이었다. 북주의 건국 초 우문태는 세족·강종지주를 정치적으로 힘써 지원하였는데, 경제적으로 높은 관직과 넉넉한 녹봉을 지급했다. 그가 채택한 법 가운데 하나는 예속농을 분정하는 것이었다. 예를 들어 양(梁)의 사천(四川)지방을 점령하였을 때 포로로 잡은 농민 수십만 호를 그 휘하에 나누어 주었다. 또 강릉(江陵)을 공격하여 취한 뒤 포로로 잡은 농민 십여만 호를 관롱집단의 문벌귀족에게 나누어 주어 노비로 삼게 했다.[213] 이러한 예속농과 노비의 분급 정책은 실제 문벌귀족지주에게 노동력을 제공하는 수단이 되는 동시에 그들의 대장원 확대와 잇닿아 있었다.

당시 북조 각 나라의 권귀문벌지주의 토지겸병과 소유토지의 확대는 균전제 (均田制)의 시행에서도 확인할 수 있다. 북조에서 반포한 균전제는 당시 특수한 역사적 조건하에 출현한 것이었다. 이 시기 발전해 온 권귀강종은 권세를 빙자해 토지를 겸병하고 예속민을 널리 불러 들여 국가 부세체계를 잠식해 갔다. 북위(北魏)의 효문제는 국가의 세수를 확보하기 위해 균전제를 고안해 내었는데, 그것은 호정에 따라 조세를 거두는 것이었다. 균전제는 다음과 같이 규정되었는데 무릇 나이가 15세 이상되는 자는 남자의 경우 노전(露田) 40무를 받고 여자는 20무를 받도록 했다. 문제는 토지를 받을 때 '노비는 양인에 의거한다(奴婢依良)'의 규정이었다.[214] 이는 북제도 예외가 아니었다. 북제시기 각각의 사람들이 받는 토지의 양은 증가되었는데, 남자의 경우 노전(露田) 80무, 여자는 40무를 받았으며 노비가 토지를 받을 때는 "양인에 의거했다(依良人)." 노비가 토지를 받을 때는 그 수가 제한되었는데 『수서(隋書)』 식화지에 의하면 "친왕(親王)은 300명, 사왕(嗣王)은 200명, 2품 사왕(嗣王) 이하 및 서성(庶姓)의 왕은 150명, 3품 이상 및 황실의 종친은 100명, 7품 이상은 70명, 8품 이하에서 서인은 60명으로 제한하였다(奴婢受田者, 親王止三百人, 嗣王止二百人, 第二品嗣王已下及庶姓王, 止一百五十人, 正三品已上及皇宗, 止一百人, 七品已上, 限止八十人, 八品已下至庶人, 限止六十人)." 이 규정에 의하면 품계가 없는 서민지주들도 60명의 노비가 받은 토지를 차지할 수 있었다.

각급관료와 권귀들은 자신이 가진 노비를 통하여 토지를 차지하였다. 북위의 경우 효문제의 동생 함양왕(咸陽王) 탁발희(拓拔禧)와 고양왕(高陽王) 탁발옹(拓拔雍)은 노비가 1,000여명이었다거나 동복이 1,000여명이었다고 한다.[215] 『낙양가람기(洛陽伽藍記)』에 의하면 상서령(尙書令) 이숭(李崇)은 동복이 천명이었다. 균전제의 규정에 따르면 소유한 노비가 천명일 경우 그 주인은 3만무에 달하는 토지를 차지하는 대지주가 된다. 북제는 품관의 노비의 수를 제한하였지만 노비 100명을 소유하고 있는 호(戶)는 토지 6,000무 가량을 소유할 수 있게 되었다. 당연히 당시 권귀지주가 소유한 노비는 100명 보다 많아 어떤 이는 1,000여 명에 달했다. 때문에 그들이 차지한 토지는 수천무 아니 만무 수만무 이상이었다.

이러한 노비수에 따라 토지를 소유하던 제도는 대지주소유제의 광범위한 존재를 반영한 것이라는 점에 특히 주목해야 한다. 한편 균전제의 시행과 더불어 조조제(租調制)도 실시하였다. 예를 들어 북위는 노비의 조조(租調)는 "양인의 반에 의거하도록(依良人之半)" 규정하여 50% 감면해 주었다. 감소한 조조는 모두 주인에게 돌아갔고 이것은 권귀지주를 우대하는 정책이었다. 이러한 체제는 권귀지주의 발전을 더욱 촉진하는 계기가 되었다.

북조의 세족과 강종지주가 만들어 낸 낙후된 토지소유관계는 후대에 영향을 미쳤다. 『통전(通典)』에 의하면 수(隋)가 통일하였으나 "대개 주(周)와 제(齊)의 유산 즉 지역적 분할, 강폭한 군주와 거만한 관리, 과중한 부세와 힘든 노역을 계승하여 사람들은 명을 견딜 수 없어 대부분 권세가에 의탁하여 법률과 기강은 해이해지고 폐지되었고 간사함과 거짓이 더욱 번성하였다(蓋承周齊分据, 暴君慢吏, 賦重役勤, 人不堪命, 多依豪室, 禁網隳廢, 奸僞尤滋)." 여기서 말하는 권세가는 주로 세족과 강종지주를 가리킨다.

이상의 서술을 종합해 보자. 양진(兩晋)과 남북조시기의 세족과 강종지주에 대해서는 다음과 같이 개괄할 수 있다. 그들은 당시 토지의 대부분을 소유한 자들이자 각급 정치권력을 장악하고 있어 거대한 권력을 소유한 자들이었다. 그들이 만들어 낸 대장원은 자영농의 토지를 겸병하고 약탈한 것이며 국가의 산택을 침탈한 것이었다. 이 때문에 농민의 소토지소유제는 극심한 타격을 입었고 따라서 일반 서민지주의 발전 또한 심각하게 억제되었다. 이러한 각종 권귀지주는 권세를 빙자해 농민을 약탈할 뿐 아니라 동시에 민호를 은닉하여 국가부세를 잠식하였으나 국왕은 끝내 어쩌지 못했다. 이러한 기이한 현상의 발생은 토지소유권과 정치권력의 결탁에 근본적 원인이 있었다. 세족과 강종은 토지소유권을 장악한 자일 뿐 아니라 정치권력을 차지한 자들이었다. 이러한 조건하에서 토지소유관계는 역전되었다. 이것이 이 시기 지주제 경제의 기형화를 특징짓는다. 지주계층 가운데 한 계층이 정치권력을 탈취한 뒤에는 자신의 이익을 지키기 위해 때로 다른 지주 계층의 이익을 약화시키기도 했다. 남조의 진(陳)나라에서 무장력으로 집안을 일으킨 신흥관료들은 정치권력을 장악한 후 대량의 토지를 소유하여 구세족·강종지주의 힘을 약화시켰다. 한편 권귀강종 소유한 많은 토지와 노동력은 국가의 부세징수를 잠식해 갔고 이때 국가는 호민과 투쟁해야 했다. 북조의 균전제는 이러한 역사적 배경에서 출현한 것이다. 비록 북조의 여러 나라들이 이것을 힘써 시행하지 않았다고 하더라도 그것은 소농민의 소토지소유제의 연속이라는 점에서 일정한 의의가 있다.

3. 사회적 신분관계의 심화와 농민의 예속화

세족지주와 강종지주의 장원이 확대되고 그들의 정치권력이 확장됨에 따라 사회 신분관계는 심화되고 농민의 사회적 지위는 하락해 예속성이 강화되었다. 이 시기 사회 신분관계는 매우 엄격하였는데 앞서 서술한 것처럼 이는 지주와 농민 사이의 관계에서도 나타났지만, 지주 계급 내부 주로 세족지주·특권적 문벌가문과 한미한 지주·서족지주·일반관료지주 사이에서도 드러났다. 양자 사이에는 일종의 상하신분관계가 형성되었다. 앞서 서술한 것처럼 "갑족은 스무 살에 관료가 되나 후문은 이립의 나이인 서른 살이 지나서 관리임용시험을 볼 수 있었으며(甲族以二十登仕, 後門以過立試吏)", 문벌은 한미한 집안의 자제를 "노복처럼 가볍게 여기고 초개처럼 쉬이(輕若僕隸 易如草芥)" 여겼다는 기록들은 지주계급 내부의 신분관계를 구체적으로 드러내 준다. 특히 이 시기 지주와 농민 두 계급 사이의 신분관계의 심화에 주목해야 하므로 이 문제를 중심으로 살펴볼 것이다.

이 시기 농민의 사회적 지위문제는 이 시기 지주계급의 권력 확장이라는 문제와 연관시켜야 한다. 왜냐하면 지주와 농민계급의 사회적 지위의 승강은 서로 반비례관계이기 때문이다. 지주계급의 권력이 확장되면 농민의 사회적 지위는 하강한다. 지주계급의 권세가에 대해서는 앞서 양진(兩晉)남북조 정치체제와 종법종족제에서 이미 상세하게 논급하였으므로 여기서는 생략했다.

지주와 농민계급 사이의 신분과 예속관계는 전체 농민계급의 사회적 지위변화에 잘 반영되어 있다. 이 시기의 농민은 사회적 처지에 따라 네 유형 즉 네 신분 혹은 네 계층으로 분류할 수 있다. 첫째는 자영농이다. 그들의 사회적 지위는 상대적으로 하락했다. 둘째는 '일반예속농'이다. 국가의 사여 혹은 농민 스스로의 투탁을 통해 권귀지주와 일반적 예속관계 형성시켰으며 그들은 부분적인 자유를 상실했다. 셋째는 조전성(租佃性) 농민이다. 토지소유관계로 인해 지주에 대해 비교적 강렬하게 신분적으로 예속되었다. 넷째는 노비인 농민이다. 그들은 완전히 신분적 자유를 상실하였으며 지주는 그들에 대해 생사여탈권을 가지고 있었다. 농민계급의 사회적 지위 변화는 이 시기 지주제 경제 기형화의 주요한 특징이다. 아래는 이 네 유형에 따라 서술하였다.

1) 사회적 지위가 상대적으로 하락한 자영농
이 시기 자영농의 사회적 지위 하락은 지주계급 특히 세족·강종지주 권력의 확장이 결정적 원인으로 작용했다. 또 이 시기 가혹한 요역 역시 일정한 작용을 하였다. 국가는 이러한 요역을 수취하기 위해서 반드시 농민에 대한 통제를 강화해야 했다. 특히 주목되는 점은 이 시기 각국에서 실행한, 토지를 기준으로 하지 않고 호정(戶丁)에 따라 징수한 조조제(租調制)이다. 이러한 조조제(租調制)는 대개 농민의 부담을 크게 가중시켰고, 과중한 조세 수취를 실현하기 위해 자영농에 대한 통제를 진일보 강화하여 그들로 하여금 더욱 많은 신분적 자유를 상실하도록 만들었다.

먼저 양진남북조(兩晋南北朝)시기 자영농의 존재문제를 살펴보자.

서진시기에는 점전제(占田制)를 시행하였다. 『진서(晋書)』 식화지에 의하면 "남자 1명의 점전(占田)은 70무, 여자는 30무이다. 그 외에 정남은 전 40무, 정녀는 20무, 차정남은 그 반으로 하고 여자는 부과하지 않는다(男子一人占田七十畝, 女子三十畝. 其外丁男課田五十畝, 丁女二十畝, 次丁男半之, 女則不課)." 소위 70무는 점전(占田)의 한도액이다. 50무와 70무는 이 수에 따라 조세를 거두었음을 보여준다. 또 『진고사(晋故事)』에 의하면 정남은 과전(課田) 50무에 따라 4곡(斛)을 거두었다. 이것에 의하면 매 무당 평균 8승이 수취되었다. 동진(東晋)시기 조세제는 여러 차례 변화를 거쳤는데 먼저 함화(咸和) 5년(330) "도전수조(度田收租)"법을 반포했다. 『진서』 식화지에 의하면 "처음으로 백성의 토지를 혜아려 1/10세를 거두었고 무의 비율에 따라 쌀 3승을 세금으로 거두었다(始度百姓田, 取十分之一, 率畝稅米三升)." 『진서(晋書)』 애제본기(哀帝本紀)에 의하면 융화(隆和) 원년(362)에 이르러 "전세를 감면하여 무당 2승을 거두었다(減田稅, 畝收二升)." 그러나 당시 세족·강종이 토지를 광대하게 차지하고 있던 조건에서 무를 기준으로 조세를 수취하는 제도를 실행하기는 어려웠다. 태원(太元) 2년(377)에 이르러 또 호정에 따라 징세하는 제도로 바꾸었다. 『진서(晋書)』 식화지에 의하면 또 "토지를 혜아려 조를 거두던 제도를 폐지하고 왕공(王公) 이하는 인구수에 따라 3곡(斛)을 거두도록 했다(除度田收租之制, 王公以下口稅三斛)." 여기서 말한 왕공 이하는 통상 점전농민(占田農民) 즉 호적상의 정호(正戶)인 광대한 자영농을 가리킨다. 태원(太元) 8년(383) "또 백성의 세미를 늘여 구당 5석을 거두었다(又增百姓稅米, 口五石)." 이후 양(梁)·진(陳)시대의 전세(田稅)는, 『수서(隋書)』 식화지에 의하면, 호정를 혜아려 조를 거두었다. "정남은 조미가 5석이고 녹미가 2석이며 정녀는 그 반으로 한다(租米五石, 祿米二石, 丁女並半之)." 이외 또 무당(畝當) 세는 미(米) 3두로 하였다. 이 시기 비록 무세가 존재하였지만 조세의 징수는 기본적으로 호정을 기준으로 했다. 이상에서처럼 서진의 점전과세제와 동진·양·진의 호정에 따른 징세제는 모두 농민소토지소유제의 광범위한 존재가 구체적으로 반영된 것이다.

북조 각 나라가 자영농문제는 당시 균전조조제(均田租調制)의 시행에서 고찰할 수 있다. 균전제 하의 토지소유권의 성격문제에 대해서는 연구자들 사이에 이견이 있다. 대다수의 연구자들은 토지 국유제를 주장하며 균전제 하의 농민을 국가의 조전농(租田農)으로 간주한다. 필자는 이러한 견해는 역사적 사실에 부합하지 않는다고 본다. 이 문제를 우선적으로 명백히 하면 자영농의 광범위한 존재문제도 쉽게 파악할 수 있을 것이다.

북위의 균전문제에 대해 효문제 9년(485) 10월 "천하의 민전(民田)을 균등히 하라(均天下民田)"는 조서를 내렸다. 『위서』식화지에 의하면 그 제도는 "남자가 15세 이상 되면 노전(露田) 40무(畝)를 받고 부녀자는 20무를 받고 노비는 주인에 따른다(諸男夫十五以上受露田四十畝, 婦人二十畝 奴婢依良)." 그리고 호정에 따라 조조(租調)를 징수하였다. 조조(租調)의 액수는 남·녀 1명당 죄粟] 2석과 백면(帛綿) 1필을 거두었다. 이후 서위(西魏)에서 규정한 수전액(受田額)은 북위(北魏)와 달랐는데 정남(丁男)은 마전(麻田) 10무와 정전(正田) 20무를, 정처(丁妻)는 마전(麻田)은 5무와 정전(正田) 10무를 각각 받았다. 조세액은 호등에 따라 납부했다. 상등호(上等戶)는 매 정(丁)당 2석, 중등호는 매 정당 1석 7두 5승, 하등호는 매 정당 1석을 납부했다.216) 북주(北周)·북제(北齊)는 기본적으로 모두 이러한 수취제도를 계승하였다. 균전제의 실행이라는 조건하에서 북주는 "실(室)이 있는 자는 … 중략 … 죄粟]가 5곡(斛)이고 정자(丁者)는 반으로 한다(有室者 … 중략 … 粟五斛, 丁者半之)"는 조세제를 실시했다. 북제는 "일부(一夫)와 일부(一婦)에 대한 징수는 … 중략 … 간조(墾租) 2석, 의조(義租) 5두를 수취하고 노비는 그 주인의 반을 거두었다(率人一床 … 중략 … 墾租二石, 義租五斗, 奴婢各准良人之半)."217) 이로부터 북조 각 나라는 모두 균전제를 반포하였고 균전제와 상응하는 조조제(租調制)를 시행했음을 알 수 있다. 그러나 이 시기 각 나라는 결코 모두 인구에 따라 토지를 지급하는 제도를 관철시켜 집행한 적이 없다. 이 시기 조조(租調)제도는 실제 무(畝)를 기준으로 하지 않고 호정에 따라 징수했다.

북조 각 나라의 균전제도 시행 여부에 관해서는 이견이 많다. 필자는 이 문제를 기계적으로 이해하지 않는다. 앞서 말한 각 나라는 모두 일찍이 명령을 하달했고 각 지방관으로 하여금 그것을 시행하도록 했음은 의심의 여지가 없다.218) 그러나 당시 문헌으로부터 고찰해 보면 구체적인 실시는 국가의 규정에 따르지 않고 이루어졌다. 소농민에게 황무지를 발급해 주어 강제로 경작하게 했다. 예를 들어 북조시기 원회(源懷)는 다음과 같이 말했다. 경명(景明 : 500~503)이래 "주장과 참모들이 오로지 비옥하고 좋은 땅을 차지하고 척박한 황무지는 백성에게 줍니다. … 중략 … 청컨대 지령(地令)에 의거해 가난한 백성에 분급하여 가난한 자들을 우선시하고 부자들을 뒤로 하소서(主將參僚, 專擅腴美, 瘠土荒疇給百姓. … 중략 … 請依地令分給細民, 先貧後富)."[219] 원회가 말한 바는 다음과 같이 이해할 수 있다. 당시 황무지 혹은 일부 토지를 가난한 농호에게 분급한 것이지, 모든 농호에게 그 토지를 분급한 것은 아니다. 또 북조시기 혹자는 "당시 처음으로 민에게 토지를 지급했는데 권귀와 세도가들이 양전을 모두 차지하여 가난한 약자들은 척박한 토지만을 받았다(時初給民田, 貴勢皆占良田, 貧弱咸受瘠薄)"[220]고 말했다. 이러한 말은 일찍이 균전을 시행한 것으로 이해되었다. 그러나 이 말은 북제시기 토지소유권의 분배 상황을 말해 주는 것으로, 그것이 국가규정에 따르지 않았음을 알려준다.

북조 각 나라에서 균전제가 규정에 의거하지 않고 시행되었던 것은 서위(西魏)시대 돈황군(敦煌郡) 호적계장(戶籍計賬)의 잔권(殘卷)에 더욱 분명하게 반영되어 있다. 이 장부에는 각 호의 정남(丁男)·정처(丁妻)·정비(丁婢)의 수, 받아야 할 토지의 액수, 이미 받은 토지의 액수, 누락된 토지의 수 및 납부해야할 조조(租調) 즉 곡식이 몇 석이고 포가 몇 필인지가 열거되어 있다. 이는 당시 균전제가 계획을 거쳐 실행되었음을 말해 준다. 또 기록된 지역의 33호의 민호들이 소유한 토지의 액수를 보면, 규정처럼 1호 당 정남은 노전 40무, 정처는 20무를 각 호가 균등하게 받지 못했으며 오히려 그 차이는 매우 컸다. 이 문제에 대해 일찍이 양지핑[楊際平]은 자세하게 논술한 바 있다. 그는 이 가운데 여덟 집을 구체적으로 분석하여 이 여덟 집이 소유한 토지는 10무에서 70여부로 균등하지 않았고 조세는 무를 기준으로 하지 않고 정(丁)에 따라 징수하였음을 밝혀내었다.[221] 각 호의 불균등한 토지소유 현상은 북위·북제·북주에서도 마찬가지였다. 만약 규정에 의거해 균전제가 실시되었다면 토지를 받고 반납하였을 것이므로 이러한 현상은 발생할 수 없다. 때문에 필자들은 다음과 같이 결론지었다. 북조의 균전제는 북위시기부터 규정에 따라 시행되지 않았다. 또 각 민호들이 소유한 토지는 서로 달라고 그들이 소유한 토지는 지급받고 반납하는 것이 아니라 대대로 상속된 것이었다. 토지의 매매 또한 근절되지 않았는데『통전』의 기록에 따르면 선무제(宣武帝)시기(500~515) "빈호는 왕의 과세가 균등하지 않음에 따라 자신의 전업(田業)

을 판매하는 자가 많았다(貧戶因王課不濟 率多貨賣田業)."222) 이러한 현상은 모두 농민사유제를 보여준다. 생산관계로부터 살펴보면 이 시기 자영농에 대한 국가의 강제는 토지소유권에 기초한 것이 아니라 정치권력에 의존하고 있었다. 이 때문에 균전제 하의 소유제에 대해 필자는 다음과 같이 결론 내렸다. 이 시기 조조(租調)를 바치던 농민의 토지는 사유지이지 국유지는 아니며, 농민은 자영농이지 국가의 조전농(租佃農)이 아니었다. 요컨대 북조 균전제 하의 농민 대다수는 자영농이었다.

북조시기의 자영농의 소유한 토지는 그 다과에서 매우 큰 차이가 있었지만 농가에서 부담해야 하는 조조(租調)는 토지에 근거하지 않고 호정(戶丁)에 의거했으므로 큰 차이가 없었다. 이러한 독특한 현상은 매우 많은 연구자들에 의해 일찍부터 논급된 바 있다. 예를 들어 양지핑[楊際平]은 서위시기 돈황지역 26호 67정의 계장(計賬)자료를 근거로 다음과 같은 결론을 내렸다. 전세의 징수는 전(田)이 아니라 정을 기준으로 했으며 그것은 지급받은 토지 혹은 토지의 다과여부에 따라 바뀌지 않았다. 판수쯔[樊樹志] 주편의 『중국봉건토지관계발전사(中國封建土地關係發展史)』는 돈황의 계장자료를 근거로 다음과 같이 판단했다. 균전규정에 따라 응당 토지 60무를 받아야 하는 자이나 토지 10무만을 가지고 있고 응당 토지 50무를 받아야 하는 자이지만 단지 15무만을 소유하고 있다. 1호등의 정남 혹은 정녀는 그들이 받은 토지의 많고 적음을 따지지 않고 획일적으로 조조를 납부했다. 즉 조조의 징수율과 각 호가 실제 받았던 토지는 서로 무관하다.

북조 각 나라에서 균전제 하의 이러한 조조(租調)수취는 소토지 소유농민의 부담을 크게 가중시켰는데, 예를 들어 정쉐멍[鄭學檬]은 이러한 제도아래에서 "10무의 토지만을 가진 자에게 응당 과전(課田)의 총수에 따라 조를 계산했다"고 말한 바 있다. 이 시기 매정(丁)이 응당 받아야할 토지수에 따라 전세를 계산하면 매 무당 전세의 양은 몇 승(升)을 넘지 않는다. 그러나 소유토지를 기준으로 하지 않고 호정의 수를 기준으로 하여 징수하였기 때문에 토지가 적은 자가 매 무당 바쳐야 할 실제 조세액은 몇 두(斗)에 달했다.

여기서 필자가 번거롭게도 굳이 양진남북조시기의 조조제에 대해 나열한 까닭은 이 시기 자영농에 대한 봉건국가의 통제를 논술하기 위해서였다. 서진의 과전제(課田制)는 물론이고 북조의 균전제와 같은 제도는 모두 유명무실한 것이고 최종적으로 과전제와 균전제가 규정한 토지 수에 따라 조세를 징수했다. 과전 혹은 균전을 칭하면서 실제로는 호정에 따라 징수하였던 것이다. 그리하여 결과적으로 권귀지주는 소유한 토지가 많았음에도 불구하고 그들의 조세부담은 적었고 자영농은 점전균전제(占田均田制)가 규정한 무의 수에 따라 징수하였으므로 그들의 조세부담은 가중되었다. 더구나 이 시기에는 요역도 번중하였다. 서진의 경우『진서』유송(劉頌)열전에 의하면, 요역이 번중하였으므로 "아버지는 남쪽으로 가고 자식은 북쪽으로 가 가족이 이별하여 모두 평안하지 못했다(父南子北 室家分離 咸更不寧)." 또 "인역(人役)과 거호(居戶)는 각각 다른 지역에 있었다(人役 居戶各在一方)." 이 시기 요역의 징발은 잦았고 농민의 부담은 가중되어, 혹자는 그것이 호정에 따라 징수하는 조세에 못지 않았다고도 했다.[223] 농민은 이와 같은 과중한 조세와 요역에 대해 저항하였는데 다른 고장으로 도주하기도 하고 권귀에 투탁하기도 했다. 봉건 왕조는 조세와 역을 확보하기 위한 정책을 실시하여 농민을 토지에 속박시키고 그들에 대한 통제를 강화하는 법을 제정했다. 이러한 상황은, 호정에 의거하여 조조(租調)를 징수한 남조에서도 예외는 아니었다.

북위의 경우 균전제를 반포하기 이전에 호구를 조사하여 호를 은닉하지 못하도록 했다. '고조본기'에 의하면 조서를 내려 10명의 관리를 보내 주군을 순행하고 호구를 검사하도록 했는데 "만약 은닉하여 보고하지 않을 경우 주군현의 호주는 법률로 다스렸다(其有仍隱不出者 州郡縣戶主幷論如律)."『위서』식화지에 의하면, 균전제를 반포한 후인 효문제 태화 10년(486) 농호를 더욱 자세하게 조사했다. 그 법에 따르면 현(縣) 이하는 삼장제(三長制)를 확립했는데 매 5가(家)에서 1명의 인장(鄰長)을 내고 25가에서 1명의 이장(里長)을 세우고 125가에서 1명의 당장(堂長)을 세웠다. 삼장은 호구에 따라 호적을 작성하고 조과(租課)를 독촉할 책무를 지고 있었다. 당시 이러한 제도는 일정한 성과를 거두었는데 호정에 따라 조조를 징수할 수 있는 조건을 만들었던 것이다. 누락된 호구를 조사하는 국가의 정책은 문제 삼을 수 없지만, 문제는 호구를 조사할 의무를 지니고 있는 삼장의 대부분이 호족과 권귀들에게 통제되었다는 점이다.『위서』식화지에 의하면 효문제 때 급사중(給事中) 이충(李沖)은 삼장을 세울 것은 청하는 글을 올리면서 "장은 향인 가운데 강근한 자로 택해야 한다(長取鄕人强謹者)"고 했다. 또『위서』 상경(常景)열전에 의하면 효명제(孝明帝) 때 "삼장을 시킬 때는 모두 호문(豪門)과 정(丁)이 많은 집에서 선발했다(令之三長皆豪門多丁爲之)." 이 때문에 누락된 호가 매우 많았다.『통전』식화전 중정(中丁)에 의하면 호구를 조사할 때 권귀지주가 불러들인 객호에 대해서는 "그 이름을 정하고 그 수를 줄였으며, 다른 사람에게는 부객으로 알도록 해 다른 집안에서 태반의 부(賦)를 강제로 거두었다(定其名

輕其數 使人知爲浮客 被强家收太半之賦)." 가혹하고 번중한 조세와 요역을 징수하기 위해 통치자들은 폭력적 수단을 사용하여 농민을 억압했는데 이 시기 시행된 삼장제는 이러한 억압의 도구로 이용되었다.

요컨대 이 시기 자영농의 사회적 지위는 날로 저하했고 이러한 상황은 앞서 토지 면적인 무(畝)에 따라 세금을 거두던 시기의 농민 특히 서한시기 비교적 자유가 많았던 자영농민의 처지와 비교하면 천양지차라 할 수 있다. 더욱이 이 시기 세족과 강종지주의 발전으로 인해 형성된 신분관계의 강화는 농민의 사회적 지위를 더욱 악화시켰다. 이 시기 북조가 기형적인 조전제(租調制)를 만들어 낸 원인은 매우 복잡하지만 권귀 대지주가 세와 역을 피하고 그 부담자들을 잠식하였다는 사실과 밀접하게 연관되어 있었다. 이 때문에 이 시기 자영농의 부담은 가중되어 지주제 경제의 기형화는 세와 역을 징수하던 제도에 구체적으로 반영되었던 것이다. 이처럼 자영농의 사회적 지위 하락은 세와 역의 번중과 밀접한 관련이 있었다.

이러한 사정은 호정에 따라 조조를 징수하던 동진과 남조 역시 예외일 수 없었고 단지 그 정도에서만 차이가 있었다.

2) 신분적으로 독특한 일반 예속농의 형성

일부 농민들과 지주들의 예속관계는 토지소유관계에 기초하지 않고 세족과 강종의 봉건적 권력으로부터 형성되었다. 이러한 독특한 예속관계는 이 시기에 부각된 문제였다. 이들 예속농 사이에는 조전성(租佃性) 농민도 있었지만 대부분은 자영농이었다. 그들은 국가의 가혹한 조세와 요역을 피해 권귀에게 투탁하였고 이와 더불어 예속관계가 발생하였다. 이러한 투탁호를 사서(史書)에서는 '사부(私附)'라고 칭했으며 이는 합법적인 것이 아니었다. 이 밖에 국가 역시 권귀자주에게 민호를 하사하기도 했는데 사서에서는 그들을 '음객(蔭客)', '급객(給客)'이라고 불렀으며 이들은 합법적 예속농으로서 '사부호(私附戶)'와 구별되었다. 이러한 두 유형의 예속농은 당시의 농호 가운데 일정한 비중을 차지하고 있었다.

동한에서 삼국에 이르는 시기 오랜 전란으로 말미암아 농민의 투탁은 계속 발생했다. 호족권귀들은 사리를 도모하기 위해 기회를 틈타 그들을 불러들였으며 사부호(私附戶)는 점차 증가했다. 이러한 사정은 양진시기에 이르러 더욱 심화되었다. 예를 들어 『남제서』 주군지(州郡志)에 의하면 동진(東晉)시기 "왕의 군사들이 해마다 움직여 편호가 비고 감소하게 되었는데 남북의 권호들은 다투어 유망민들을 불러들였다(王師歲動, 編戶虛耗, 南北權豪競相招遊食)." 이러한 유민들의 "대부분은 대성(大姓)의 그늘로 들어가 객이 되었다(多庇大姓以爲客)." 여기서 말한 객은 사부호(私附戶)이다. 『진서(晋書)』 안함(顔含)열전에 의하면, "남북의 권호들이 다투어 유식을 불러 들여(南北權豪 競招遊食)", "나라는 피폐해지고 권세가들은 부유해졌다(國敝家豊)." 안함의 열전에서 말한 '호(豪)'는 국가의 부세를 침식하고 있던 권귀지주를 가리킨다.

남조시기 이러한 예속농은 더욱 증가했다. 예를 들어 송나라시기 호문들은 겸병을 자행해 "강한 자들이 약자를 침탈하였고(强弱相陵)", "백성들이 유리하며 그 생계를 보전할 수 없었다(百姓遊離 不得保其產業)."[224] 결과적으로 이는 "소민들을 궁핍하게 하고 자립할 수 없도록 했으며(小民窮蹙, 自立無所)", "백성들은 부역을 감당할 수 없어 하읍(下邑)의 사람 가운데 대부분이 투탁하였다(百姓因無賦役之故 都下人多附之)."[225] 양나라시기 봉건왕조의 착취와 압박 아래 "백성들은 왕의 명령을 감당할 수 없어서 각자 유망하였는데 일부는 대성에게 의탁했고 일부는 봉금(封禁)된 산택으로 모여들었다(百姓不能堪命, 各事流移, 或依于大姓, 或聚于屯封)."[226] "사람들이 많이 투탁했다" 거나 "대성에게 의탁했다"는 표현은 권귀호족들의 사부호로 변화되었음을 말한다.

이 시기에는 적지 않은 일단의 자소작농들이 권귀의 예속농으로 전락하였으며 일부 부곡(部曲)과 객호(客戶) 역시 권귀지주의 예속농호가 되었다. 부곡과 객호의 일반 예속농으로의 전화는 오랜 역사적 과정을 거쳐 이루어졌다. 부곡의 경우 서한시기에는 일종의 군사편제였다. 동한에서 삼국으로 이르는 시기에는 점차 개인들의 무장세력으로 변화되었고 주인에 대해 신분적으로 예속되었다. 삼국시기 중원지역에서 부곡과 빈객은 때때로 혼칭되었다. 『위지(魏志)』에 의하면 이전(李典)의 부친 이건(李乾)은 승씨(乘氏 : 지금의 산둥성 거야 일원)에서 빈객 수천가를 모았다(合賓客數千家在乘氏). 또 이전 집안의 부곡 "삼천가가 승씨에 있었다(三千家在乘氏)"라고 하였다. 관도대전(官渡大戰) 당시 "이전은 종족과 부곡을 거느리고 곡식과 비단을 수송해 군대에 공급했다(典率宗族部曲輸穀帛供軍)."[227] 이러한 사례를 통해 이 시기의 부곡과 빈객이 이칭(異稱)임을 알 수 있다. 이러한 부곡은 자기의 독자적 호적을 가지고 있었다. 예를 들어 위나라 부곡은 "맡은 일과 지역에서 편호와 같았다(服事供職 同于編戶)."[228] 사적 무장력으로서의 부곡은 세종과 강종 세력이 강력했던 동오(東吳)에서 더욱 두드러졌다. 『삼국지』 등애(鄧艾)열전에 의하면 이 나라의 이름난 가문과 대족들은 "모두 부곡을 가지고 있어 그들을 호위하니 나라를 세울 수 있다(皆有部曲 阻兵仗勢 足以建命)." 이러한 부곡의 대부분은 주인에게 예속된 사적 무장세력이었으며 이 때문에 부곡은 "가부곡(家部曲)"이라고도 불렸다. 『삼국지』 고옹(顧雍)열전의 부전 고옹의 아들 고소(顧邵)열전에 의하면 오나라의 고씨(顧氏)는 통솔하고 있던 무장세력을 "가부곡"이라고 칭했다. 이러한 부곡이 주인에 대해 신분적으로 자연스럽게 예속 되었다. 양진남북조시기가 되면 커다란 변화가 발생해 점차 사인 무장력은 점차 일반 예속농으로 변화해 갔다. 『송서』 채곽(蔡廓)열전 부 아들 채흥종(蔡興宗)열 전에 의하면, 남조 송나라시기 왕현모(王玄謨)는 부곡 3천명을 가지고 있었는데 폐제(廢帝)가 의심하여 "감시자를 두니(徹配監者)" 왕현모는 "5백명을 암산에 두어 묘를 만들게 했다(啓留五百人巖山營墓)." 『남제서』 우완지(虞玩之)열전에 의하면 남조의 송나라와 제나라 때 "4진의 수장들은 유명무실하고 수재부곡(隨才部曲)들 은 나약함을 분별할 수 없으며, 관서의 지위를 임시로 지급하는 것은 여자무당과 다를 바 없고 산과 바다에 퍼져 있는 것은 모두 사역이었다(四鎭戍將, 有名寡實, 隨才部曲, 無辨勇懦, 署位借給, 巫嫗比肩, 彌山滿海, 皆是私役)." 이상에서 말한 부곡 의 무리는 원래 무장집단이었으나 실제로는 이미 주인에게 복역하는 예속농으로 전락하였다. 이러한 문헌의 기록을 고찰하면 부곡은 주인에게 사역을 제공하는 자영농이었다. 이러한 예속농은 '반사부농(半私附農)'이었다.[229]

객호와 빈객의 변화는 비교적 이른 시기에 시작되었다. 서한시기에 이미 점차 권귀지주의 예속농으로 전락하기 시작했다.[230] 서한말 동한초기에 어떤 객호는 이미 조전농(租佃農)으로 전락했다. 삼국시기의 복객제(復客制)는 민호를 공신에 게 하사해 조전성 농민으로 만드는 동시에 국가에 대한 요역을 면제받아 주인에 게 사역 당했다. 그럼에도 권귀지주들은 권세에 의탁해 농호들을 불러들여 은닉 해 그들이 받은 호의 수보다 많은 객호를 형성했는데, 이들 객호는 원래 일반 자 영농이었으나 국가의 요역을 피해 권귀에게 투탁한 이들로 권귀지주의 사적 예 속민이 되었다. 이러한 사정은 양진과 남조에서도 마찬가지였다.

이 시기 북조에서도 사적 예속민 문제는 매우 심각했다. 예를 들어 『위서(魏 書)』 이충(李沖)열전에 의하면 북위시기에 "민들을 많이 은닉하여 오십·삼십가를 바야흐로 1호로 삼았는데(民多隱冒, 五十·三十家方爲一戶)" 이 은닉한 민호들은 대부분 사적 예속농이었다. 동위(東魏)시기에는 "요역이 무거웠기 때문에 많은 사람들이 그 명을 감당하지 못하고 호우에게 의탁했다(賦重役勤, 人不堪命, 多依 豪右)." 그리하여 호구가 감소하게 되자 "요부가 누락되게 되었다(闕于徭賦)."[231]

이러한 형세는 북제(北齊)와 북주(北周)에서도 예외는 아니었다.

권귀지주들은 사여를 통해 예속민을 합법화했다. 『남제서(南齊書)』 주군지(州郡志)에 의하면 원제(元帝) 태흥(太興) 4년(321) 다음과 같은 조서를 내렸다. "유민으로 적을 잃은 자는 이름을 기재하여 해당 관청에 올리도록 하여 객을 지급하는 제도로 삼으라(以流民失籍, 使條名上有司, 爲給客制度)." '객을 지급하는'이라는 말은 유민들을 권귀들에게 지급한다는 것으로, 권귀에게 부역을 제공하는 권귀의 합법적 예속민으로 변화시킨다는 의미이다. 이러한 합법적 예속민은 또 음호(蔭戶)라고 칭했는데 이들의 존재는 당시 사서의 여러 곳에서 확인할 수 있다.

이러한 예속농들의 대부분은 자영농이었는데 앞서 서술한 것처럼 농민들은 권귀들이 부역을 바치지 않은 까닭에 투탁하였는데 이는 권귀들의 권세에 의지해 부역을 회피하기 위해서였고 이들은 주로 자영농이었다. 투탁하던 농민이 자영농이었다는 점은 농민들이 호우에게 투탁하자 국가의 부역이 부족하게 되었다는 앞의 기록에서도 확인된다. 권귀지주에게 노역당하는 부곡과 객호의 성격에 대해 문헌은 분명하게 기록하지 않고 있다. 어떤 기록은 그들은 조전적(租佃的) 농민으로 어떤 기록은 일반 예속농으로 기록하고 있다. 다만 후자는 이후 점차 조전적 농민으로 변화해 갔는데 이 문제에 대해서는 이후 다시 언급할 것이다.

이 시기 각종 예속민은 상당히 많았다. 서진(西晉)시기 여요현(余姚縣)만 해도 은닉호의 수는 1만을 넘어서고 있었으며 그 가운데 일부는 사적 예속호였다.[232] 동진에서 남조에 이르는 시기 일부 농민들은 전란을 피해 남쪽으로 이주했는데 영가(永嘉)연간(307~312)에서 남조의 송나라 말기에 이르기 까지 남쪽으로 피난한 인구는 약 수십만에 달했다.[233] 의탁할 곳 없었던 이들 농민들의 대다수는 권귀지주에 투탁해 그들의 사적 예속호가 되었다. 북조의 예속호에 대해서는 동위(東魏) 무정(武定) 2년(544) "적이 없는 호들을 단속하여 60여 만호를 얻었다(分括無籍之戶 得六十餘萬)."[234] 이 60여 만호는 대략 당시 총 호수의 1/5에 해당한다.[235] 이 가운데 일부는 권귀지주의 사적 예속호였다. 사적인 귀부 혹은 공적인 사여를 통하여 예속민은 날로 증가하였다. 더욱이 농민들은 연이어 도주하여 숨었고 국가가 직접 통제하는 편호의 수는 날로 감소했다. 서진(西晉)시기 사서는 "연의 왕공과 귀척들은 민들을 차지하여 음호로 삼으니 나라의 호구가 사가(私家)보다 작았다(燕王公·貴戚多占民爲蔭戶 國之戶口少于私家)."[236] 남조시기 『남사』에는 농민의 도주와 투탁으로 말미암아 "천하의 호구가 거의 반으로 줄었다(天下戶口幾亡其半)."[237]

　농민의 사적 예속의 문제는 국가의 부역징발에 심각한 영향을 끼쳤다. 이 때문에 각 왕조는 여러 차례 금령을 반포했다. 예를 들어 서진(西晉) 무제(武帝)는 권귀와 호족들에게 "객호를 모집하는 행위를 엄금했으며(嚴禁募客)",[238] "호세가들이 약자를 침탈하지 못하도록 했다(豪勢不得侵役寡弱)."[239] 동진시기에도 권귀와 호족지주들의 사적으로 예속민을 불러들이는 행위는 계곡 금지되었다.[240] 남조 각 나라도 사적으로 민호를 불러들이는 일에 대해 금령을 반포했다. 진(陳)나라의 경우 영을 내려 음부호(蔭附戶)의 사적 예속관계를 해제했다.[241] 이상 각 나라의 정책은 이 시기 각종 일반 예속민이 나로 증대하고 있음을 반영한 것으로 이 금령의 효력이 그다지 크지 않았음을 말해 준다.

　이러한 예속농들은 권세호의 비호아래 국가의 조세와 요부를 면제받았다. 그러나 그들은 주인에게 노역을 제공해야 했고 혹은 경제적으로 공납을 바쳐야 했다. 권귀지주는 예속농호에 대한 수탈을 통해 치부하였는데 동진의 권귀들이 유식자들을 불러들어 집안이 부유해 졌다는 기록은 이러한 사정을 가리킨 것이다. 이러한 주인에 대한 예속은 신분적 예속관계를 가지게 되었고 따라서 농민들은 신분적 자유를 상실하게 되었다. 그들은 비록 자영농이었으나 사회적 지위는 일반 자영농보다 낮았다.

　양진남북조시기에 출현한 이러한 독특한 신분의 일반 예속농은 우선적으로 세족과 강종지주의 팽창의 결과였다. 강종지주는 권세에 의탁해 국가에 조세와 요역을 바치지 않았고 그 폐해가 결국 농민에게까지 미쳐 자영농의 부담은 날로 무거워졌다. 농민은 국가의 가혹한 조세와 요역을 피하기 위해 연이어 권귀지주에게 투탁해 그들의 예속호가 되었다. 이러한 예속호는 주인에게 노역을 제공하고 공납을 바쳤으나 그것은 국가에 바쳐야할 조세와 요역보다는 가벼웠을 것이다. 이로부터 이 시기 이러한 예속농의 발전은 세족 강종지주의 발전의 필연적 결과임을 알 수 있다. 이것이 이 시기 기형적 지주제의 한 특징이었다.

3) 조전적 농민의 예속관계 강화

　이 시기 각종 지주는 광대한 토지를 차지하고 있었다. 농장의 생산노동자로 노비(奴婢), 고공(雇工)이 있었지만, 생산노동자의 대다수는 조전적 성격을 가진 각종 농민이었다. 이 시기 조전적 성격의 농민은 다종다양했다. 우선 조전농(租佃農)이 있었다. 이 시기의 세족과 강종이 차지한 토지의 대부분은 지대수취의 형태로 농민을 수탈했는데 이는 서진에서 남북조에 이르는 동안 변하지 않았다.

남조의 양나라시기 "호가와 부자들은 공전을 많이 차지하고 사환은 빈민에게서 세를 거두었다(豪家富室, 多占取公田, 貴價傲稅, 以與貧民)."242) 여기서 말한 "귀가 취세(貴價傲稅)"는 즉 지대[租]의 징수를 말한다.

이러한 지대의 징수로 인해 형성된 상호관계는 동한말 최실(崔實)이 지은『정론(政論)』의 도움을 받아 설명할 수 있다. 최실은 당시 지주와 농민을 '상가(上家)'·'부자(富者)'와 '하호(下戶)'·'빈자(貧者)'로 대립시켰으며 그는 "상가는 거만의 자산을 쌓고 그 호구와 토지는 봉군의 땅과 같다(上家累巨萬之資, 戶地侔封君之土)"라고 했으며 "하호는 기구하게도 풍족하지 못해 부자가 머리를 숙여 노비처럼 부자를 섬기고 몸소 처자를 거느리고 부자를 위해 역을 바쳤고(下戶崎嶇, 無所足, 乃父子低首, 奴事富人, 窮率妻孥, 爲之服役)", "그런 까닭에 부자들은 앉아 있어도 먹을 것이 남아 날마다 쌓이나 가난한 사람들은 신을 신고 분주히 움직여도 먹을 것이 모자라 매년 불안해하며 대를 이어 종이 되어도 오히려 먹고 입는 것이 부족하였다(故富者席餘而日積, 貧者躡短而歲踬, 歷代爲虜, 猶不贍于衣食)." 여기서 최실이 말한 가난한 자는 주로 조전농(租佃農)을 말한다. '노복처럼 부자를 섬기고', '대를 이어 종이 된다'는 말은 신분 차이와 신분적 예속관계가 강렬했음을 보여준다. 동한의 전통으로 이어받아 양진남북조시기 조전농의 지위는 여전히 비천하였으며 때로는 더욱 악화되었다.

조전적 성격의 농민의 한 부류는 부곡과 객호로부터 전화된 존재이고 이들 농민과 지주는 강력한 신분적 예속관계를 가지고 있었다. 앞서 서술한 것처럼 한나라 때 부곡은 군사편제에 대한 칭호였다가 서진시기가 되면 비교적 큰 변화가 발생하는데 먼저 일반 예속농으로 전화되었고 이 가운데 일부는 조전적 성격의 농민으로 전락했다.『진서』의 기록에 의하면 서진말기 파촉(巴蜀)지방의 익주(益州) 청성산(靑城山) 대지주이자 도교신자였던 범장생(范長生)은 부곡 수천가를 소유하고 있었다. 이웅(李雄)은 진(晋)에 반대하며 봉기하여 황제라 칭하고 범장생을 승상에 임명하였는데 이때 "부곡으로 보상해 군정에 참여하지 않도록 했고 조세는 그 집으로 납입하도록 했다(復其部曲不豫軍征, 租稅一入其家)."243) 여기서 말하는 '조세'는 지대로 해석할 수 있다. 이 시기의 부곡은 무장 농민에서부터 지대를 바치는 농민에 이르기까지 다양했으며 상당수는 단순히 무장력으로 장군을 위해 복역하는 예속농이었다. 이 문제는 앞의 일반 예속농에서 이미 언급한 바 있다. 다만 이 시기 상당수의 부곡은 이미 조전적 성격의 농민으로 전화하였다. 예컨대『양서(梁書)』처사(處士) 장효수(張孝秀)열전에 의하면 남조의 양나라시기

장효수는 관직에서 물러난 후 "동림사에 머물렀는데 토지 수십경과 부곡 수백명을 소유하며 이들을 거느리고 힘써 농사를 지었다(居于東林寺 有田數十頃 部曲數百人 率以力田)." 이 기록을 통해 부곡의 조전농으로서의 성격을 충분히 파악할 수 있다. 남조시기 상당수의 부곡은 이미 조전농으로 전락했다.

부곡은 사회적 지위가 하락하였는데, 원래 주인에 대해 신분적으로 예속되었던 그들은 이제 주인의 전호로 전락하여 일신에 대한 속박은 더욱 강화되었다. 이 시기 부곡은 단순한 독립호가 아니라 주인의 호적에 부기되었고 게다가 자손은 그 신분을 세습해 자유롭게 이주할 수도 없었다. 급기야 도주를 금지하는 규정까지 제정되었다. 예를 들어 제(齊)나라 명제(明帝)시기(494~498) 범운(范雲)은 시흥(始興 : 지금의 광둥성 샤오관(韶關))의 내사(內史)가 되어 부곡 가운데 도주한 자를 포획한 후 "판매하고 그 은(銀)은 관에 납부하도록 했다(卽貨去, 買銀輸官)."[244] 이러한 조전적 성격의 부곡은 이미 신분적 자유를 상실하였던 것이다.

빈객·객호적 성격으로의 변화는 일찍부터 시작되었다. 앞서 서술한 것처럼 서한시기에 빈객은 이미 권귀·호족의 예속민으로 전화되었다. 동한초기에 이르러 몇몇은 조전적 성격을 가진 객호로 전락했다.[245] 동오(東吳)시기 객의 예속적 지위는 크게 변화하였다. 앞서 서술한 '복객(復客)문제'처럼 국가는 이러한 객을 공신에게 상으로 하사하여 그들을 주인의 사적 예속민으로 변화시켰다.[246] 예를 들어 진무(陳武)가 사망한 후 손권(孫權)은 진씨 집안을 위해 "이백가의 객을 상으로 주었다(復客二百家)".[247] 복객제와 더불어 '복전(復田)'이라는 것도 있었다. 오나라 장수 여몽(呂蒙)이 사망한 후 손권은 "묘를 지킬 300가와 토지 50경(頃)을 내려주었다(守塚三百家, 復田五十頃)."[248] 여기서 말한 '복객(復客)'과 '복전(復田)'은 국가가 해당 호와 토지의 요역과 조세를 면제하여 주인에게 지급한다는 것을 의미하였다. 이들 객들은 이미 사인(私人)의 전객(佃客)적 성격을 가지게 되었다.

양진(兩晋)시기 세족과 강종지주의 발전에 따라 조전(租佃)적 성격의 객호는 계속 확대되었다. 이는 국가에서 사여한 합법적 전객(佃客) 때문이었다. 예를 들어 『진서(晋書)』 식화지에 의하면, 이 시기에는 품급에 따라 일정 규모의 토지를 소유할 수 있도록 하는 제도[按品級占田制]를 시행했는데 품관(品官)은 음인(蔭人)을 얻고 이를 의식객(衣食客)[17]과 전객(佃客)으로 삼았다. 전객의 수에 대해서는 "관품이 제1, 제2인자는 전객이 50호가 넘을 수 없도록(官品第一第二者佃客無過五

---

17) 역주 - 양진과 남조시기 관료, 귀족지주와 호강들의 예속농을 말한다.

十戶)”규정했다. 3품 이하에서 9품에 이르기 까지는 단계에 따라 차례로 감소시켜 10호에서 1호까지 같지 않았다. 이 시기 객호는 이미 명실상부한 전호(佃戶)로 전락하였다.

동진과 남조에서의 국가가 사여한 음객의 존재에 대해서는 『수서(隋書)』 식화지의 “도하(都下)의 사람들 가운데 대부분인 여러 왕공과 귀인의 전객·전계·의식객이 되어 역을 부과할 수 없으니 관품이 1,2등급인 자는 전객이 40호를 넘지 못하도록 하라(都下人多爲諸王公貴人左右佃客·典計·衣食客之類, 皆無課役, 官品第一第二, 佃客無過四十戶)”는 기록을 통해 확인할 수 있다. 제3품에서 제9품에 이르기까지는 매호가 차지할 수 있는 전객은 35호에서 5호였다. 전객이 생산한 생산물에 대해서는 “전객이 생산한 곡물은 모두 대가와 양분하였다(其佃穀皆與大家量分).” 한편 전계객(典計客)과 의식객(衣食客)은 그 수가 비교적 작아 예속민의 대부분은 전객이었다. 이러한 전객은 주인에게 지대 뿐 아니라 역도 바쳐야 했고 이 때문에 그들은 국가에 대한 요역이 면제되었다. 『수서』 식화지에는 마지막에 “객은 모두 가적에 붙였다(客皆注家籍)”라고 기록되어 있다. 이를 통해 서진에서 동진을 거쳐 남북조에 이르는 시기 국가로부터 권귀관료에게 사여된 전객의 호수는 상당히 많았음을 알 수 있다. 또 그들의 호적은 주인에 예속되어 주인을 위해 복역함을 의미하고 이를 통해 신분적 예속관계가 강렬했음을 어렵지 않게 파악할 수 있다.

특히 권귀지주들 스스로 객호를 불러들이고 있었던 사실에 주목해야 한다. 사서는 그와 같은 이들을 “사객(私客)”이라 하였다. 이러한 사객은 이미 동한시기에 출현하였고[249] 삼국시기에 확대되었다.[250] 서진이후 사객의 수는 계속 증대하였고 조전적 성격도 한층 명확해 졌다. 『진서』 외척 왕순(王恂)열전에 의하면 “위씨가 공경 이하에게 조(租)와 소[牛]와 객호를 각각 차등을 두어 내려주었다. 이후로부터 소인(小人)들이 역을 꺼려 권세가에게 투탁하였고 권세가들은 수백호를 소유하게 되었다(魏氏給公卿已下租牛客戶數各有差, 自後小人憚役, 多樂爲之, 貴勢之門動有百數).” 권귀의 객호가 부역을 도피할 수 있었기 때문에 농민 가운데 상당수는 권귀에게 투탁하였다. 이들은 모두 사객이 되었고 게다가 그 수도 매우 많았다. 왕순열전의 기록에는 “또 태원의 여러 부 역시 흉노와 오랑캐들을 전객으로 삼았는데 많은 자는 그 수가 수천이나 되었다(又太原諸部亦以匈奴胡人爲客, 多者數千).” 동진시기 강남지역에서 이러한 객호의 수는 더욱 증가하였는데 이 시기 남쪽으로 이주한 민호들은 지주의 객호로 전락하였다. 『세설신어(世說新語)』

정사편에는 단도란(檀道鸞)의 『속진양추(續晋陽秋)』를 주로 인용하면서 "중원에서 전란이 발생한 이후로 민들이 본래의 성을 버리고 강동지역에 생계를 마련하였으나 호족들이 겸병하거나 혹은 객우(客寓)처럼 유리하여 민적이 만들어지지 않았다(自中原喪亂 民離本城 江左創建 豪族幷兼 或客寓遊離 民籍不立)." 『수서』 식화지에 의하면 남쪽으로 이주한 농민 가운데 "연고가 없는 사람은 주현의 호로 편성되는 것을 즐기지 않았고(其無貫之人 不樂州縣編戶者)", "대부분은 여러 왕공과 귀인의 전객이 되었다(多爲諸王公貴人左右佃客)." 초자현(肖子顯)이 지은 『남제서(南齊書)』 주군지(州郡志) 남연주(南兗州)의 서문에는 "당시 백성들이 어려움을 만나 이 땅까지 유리해 들어왔고 유민들의 대부분은 대성의 비호아래 그들의 객이 되었다(時百姓遭難 流移此境 流民多庇大姓以爲客)."251) 이와 같은 객에는 일부 일반 예속농도 포함 될 수 있으나 대다수는 조전적 성격을 가진 전객(佃客)이었다. 이러한 객들은 대개 주인의 호적에 부기되어 있어 예속관계가 강렬했음을 알 수 있다. 동진(東晋) 안제(安帝) 융안(隆安) 2년(398)에 조서를 내려 전객 가운데 장정(壯丁)은 병역에 복무할 수 있도록 했다. 이러한 명령은 문벌권귀지주의 불만을 불러 왔다. 당시 전객은 주인에게만 사역되고 국가의 부역을 면제받았는데 이를 근거로 객호의 비천한 사회적 지위와 신분적 예속관계를 확인할 수 있다.

이 시기 북조의 권귀 지주는 또한 사객을 불러들였는데 앞서 서술한 것처럼 북위(北魏)가 번창했던 음호를 정리할 때 권귀지주가 불러들인 객호에 대해 "그 이름을 정하고 그 수를 줄여 사람들에게 부객을 알 수 있게 해 힘 센 집안에 까지 태반의 부(賦)를 거두었다(定其名 輕其數 使人知爲浮客 被强家收太半之賦)." 여기서 말한 '부객(浮客)'은 즉 사객으로 그들은 권귀지주에게 무거운 지대를 납부해야 했다. 글의 문맥으로부터 고찰해 보면, 권귀들이 사객을 불러들이는 일은 당시 보편적 현상이었고 그 수 역시 적지 않았다. 이 시기에 객과 빈객에 대한 기록은 매우 많으나 이상에서는 불과 몇 가지 사례만 언급하였다.

객호의 사회적 지위 저하는 객의 칭호에도 반영되었다. 한나라시기에 이미 '노객(奴客)'이라는 칭호가 사용되었다.252) 삼국시기가 되면 이러한 칭호는 더욱 보편화되는데, 『삼국지』 가운데 위나라 '동소(董昭)열전'과 '조상(曹爽)열전', 오나라의 손책(孫策)열전에서는 모두 '노객'이라는 칭호를 확인할 수 있다. 한편 '동객(僮客)'이라는 칭호도 확인되는데, 『삼국지』 가운데 촉나라 미축(糜竺)열전에는 "동객이 만명이고 자산이 수억이나 되었다(僮客萬人 資産鉅億)"는 기록이 있으며, 오나라에의 '감녕(甘寧)열전'·'우번(虞翻)열전'에는 모두 '동객'이라는 기록이 나온다. 이 시기 객호의 지위는 노비에 가까웠다. 이러한 상황은 양진남북조시기도 마찬가지였으며 오히려 객호의 사회적 지위는 더욱 하락되었다.

이 시기에 권귀지주에 예속된 조전적 성격의 객호의 수는 상당했고 이는 국가의 조세와 요부(徭賦)의 징수에 심각한 영향을 미쳤다. 때문에 동진시기 국가는 객호가 된 자들에게 사면령을 내려 편호로 삼았다. 그러나 세족과 강종지주의 권력이 확장되고 있던 상황에서 국가의 이러한 조령은 관철되지 못하였고 그 시행의 여부도 불분명했다.

4) 노비신분 농민의 대규모 출현

이상에서 말한 부곡과 객호 가운데 일부는 노복적 성격을 지니고 있으나 이들은 진정한 노복은 아니었다. 이 시기에 특히 명실상부한 진짜 노비가 대규모로 출현하였다는 점이 주목된다.

이 시기 노비의 보편적 증가는 국가의 법령에 반영되었다. 예를 들어 서진(西晉)시기 과전법(課田法)을 실행하였는데『진서』이중(李重)열전의 기록에 의하면 "사람들의 전택은 이미 그 한정이 없고 노비들은 그 수가 제어되지 않았다(人之田宅 旣無定限 則奴婢不宜偏制其數)." 여기서 지주의 장원이 광대하여 다수의 노비를 통해 그것을 경작하여도 노비의 수에 대해 제어할 수 없음을 알 수 있다. 북조 각 나라의 균전제 조항 가운데 이 문제는 더욱 잘 드러나 있다. 북위의 균전제는 남자에게 40무, 여자에게 20무의 토지지급를 규정하면서 아울러 "노비의 경우 주인에게 토지를 지급하였다(奴婢依良)." 북제는 균전제를 반포하면서 각종 사람들이 받은 토지에 대해 노비의 수를 다음과 같이 제한했다. "친왕(親王)은 300명, 사왕(嗣王)은 200명, … 중략 … 8품 이하에서 서인에 이르기 까지는 20명으로 제한한다(親王止三百人, 嗣王止二百人 … 중략 … 八品二下至庶人限至六十人)."[253] 실제 각급 품관이 소유한 노비의 수는 이러한 규정에 제한되지 않았다. 게다가 이 시기 서민부호 역시 노비를 지배하고 있었다.『진서』습협(習協)과 대약사(戴若思)열전에 의하면, 동진(東晋) 초 습협과 대약사는 일찍이 양주(揚州)의 백성에게 노(奴) 만여명을 차출하여 병사로 삼았다.『진서』유익(庾翼)과 하충(何充)열전에 의하면 이들은 일찍이 강형(江荊) 등 여섯 주의 편호가 소유한 노복을 조발하여 병사의 정원을 채워 백성들의 원망을 샀다. 이상의 사례를 통해 각종 지주와 부호들의 노비 소유는 당시 보편적 현상이었음을 알 수 있다.

이 시기 노비의 증가는 권귀가 사역하던 노비의 수가 수백 내지 수천에 이르렸다는 것에서 구체적으로 드러난다. 앞서 권귀지주의 발전에서 서술한 것처럼 서진시기 하남현(河南縣)사람 석숭(石崇)은 "노비가 800여명이었고(蒼頭八百餘人)", 순희(荀晞)는 "1,000명의 노비를 거느리고 있었으며(奴婢將千人)", 거실이었던 습규(習逵)는 "노비가 수천명이었다(奴婢數千人)". 동진(東晋)시기 도간(陶侃)은 "가동인 1,000여명이었고(家僮千餘)", 남조의 송나라 때 오흥(吳興)의 심경지(沈慶之)는 "노동이 1,000명을 헤아렸으며(奴僮千計)", 사혼(謝混)은 회계(會稽)·낭야(琅琊)·오흥(吳興) 세군에 "동복이 천명이나 되었다(僮僕千人)." 강하왕(江夏王) 유의공(劉義恭)은 관리와 노동이 2,900명이었고 팽성왕(彭城王) 유의강(劉義康)은 동복과 부곡이 6,000여명이었다. 남조 양나라시기 거실 배지횡(裵之橫)은 노동이 수백명이었다. 북조 북위 때 문제의 동생 함양왕(咸陽王) 원희(元禧)는 노비가 수천명이었고 고양왕(高陽王) 원옹(元雍)은 동복(僮僕)이 6,000명 교녀(姣女)가 500명이었으며(僮僕六千 姣女五百)", 상서령(尚書令) 이숭(李崇)은 동복(僮僕)이 천명이었다.

이와 같은 노비의 형성과정은 다양했다. 일부는 매매를 통해서 노비가 되었다.『수서』식화지에는 진나라가 남쪽으로 이주한 후 노비 매매에 대한 규정을 만들어 문권(文券)을 작성했다.『진서』식화지에 의하면 영가(永嘉) 연간 옹주이동(雍州以東)지역에는 "많은 사람들이 굶주려 서로 사고 팔았으며 도주하여 유망하였는데 그 수를 헤아릴 수 없었다(人多飢乏 更相鬻賣 奔迸流移 不可勝數)."『남제서』소경선(蕭景先)열전에 의하면, "힘이 모자라면 편의에 따라 거친 곡물과 노비를 구매한 후 사역시켰다(力少, 更隨宜買麤猥奴婢充使)." 한편 강압적으로 노비가 된 자도 있었다. 이 시기에는 패전국의 농민이 노비가 되기도 했다. 예를 들어 북주(北周)는 남양국(南梁國)이 있던 파촉지역을 공격하여 점령한 후 포로로 잡힌 수십만의 농민들을 휘하에게 나누어 주었는데 그 가운데 일부는 조전적 성격의 농민이 되었고 일부는 노비로 사급되었다. 또 강릉(江陵)을 공격하여 점령한 뒤 포로로 잡은 농민 십여만을 관롱(關隴)지역의 권귀지주에게 나누어 주어 노비로 삼았다. 당시 하사된 노비의 수는 기록에 남아 있는데, 우근(于謹)에게는 노비 1,000구를, 장손검(張孫儉)에게는 노비 300구를, 양소(楊紹)에게는 노비 100구를 각각 하사했다. 또 계호(稽胡)[18]를 정벌한 후 한과(韓果)에게 노비 100구를, 강(羌)을 정벌한 후에 우실(于實)에게 노비 100구를, 토욕혼(吐谷渾)을 정벌한 후 이아(李雅)에게 노비 100구를 각각 하사했다. 제(齊)를 멸망시킨 후에 공을 세운 장령

---

18) 역주 - 흉노 별종의 부족명이다.

(將領) 원경산(元景山)에게 노비 250구를, 우문필(宇文弼)에게 노비 150구를 각각 하사했다.[254] 이 밖에 죄수와 그 가족들도 적몰되어 관노비가 되었다. 다만 앞의 두 경우와 비교하면 그 수는 비교적 적었다.

이 시기 세족·강종지주는 이와 같은 다수의 노비를 소유하고 있었고 이들 가운데 대부분은 농업노동에 종사했다. 이 점은 서한시기 노비와 달랐다. 서한의 경우 노비 가운데 일부만이 농업생산에 종사했고 대부분은 주인에게 그 역을 바쳐 농업생산에 종사하는 이들의 비중은 매우 작았다. 양진남북조시기의 노비는 기본적으로 농업생산에 종사했고 이러한 관계는 당시 문헌에 여러 차례 확인된다.

이 시기 권귀지주는 소유한 수백 수천의 노비를 어떻게 생산노동에 종사시켰을까? 이렇게 많은 노비를 조직하여 대규모 농업경영을 하는 것은 지극히 곤란하였다. 따라서 노비의 대부분은 호별로 토지를 분배한 즉 노비 1호가 하나의 생산단위로 하고 이들에 대해 현물지대를 수취하였는데 지대 가운데에는 다수의 곡물과 소수의 부차적 생산품이 포함되어 있었다. 이것이 당시 노비를 이용한 주된 생산방식이었다. 남조 송나라시기 왕응달(王僧達)은 다음과 같이 말했다. "비복이 십여명이라 대개 토지로부터의 수입이 있어 해마다 거두어 들여 조석을 이어갈 수 있습니다(婢僕十餘, 粗有田入, 歲時是課, 足繼朝昏)."[255] 여기서 말한 '해마다 거두어 들여'는 계절에 따라 지대를 징수하였음을 말한다. 이를 근거로 이 시기 노비들 가운데 대부분은 노복신분으로 지주의 토지를 차경하는 생산노동자였으며 곧 노복적 조전농(租佃農)이었다. 또 안지추(顔之推)의 『안씨가훈(顔氏家訓)』 섭무(涉務)편에 의하면, 강남지역의 관리들 가운데 강남으로 이주한 자는 "모두 녹봉을 바탕으로 살아갔다(皆資俸祿而食耳)." 가령 토지를 가진 자라들도 모두 동복에게 경작시켜 흙을 갈거나 김매는 것을 눈으로 살펴보는 자는 없었다. 때문에 "몇 월에 파종해야 몇 월에 싹이 올라오는지 알지 못했다(不知幾月當下 幾月當上)." 묘사된 생산의 양상에서 살펴보면 이러한 지주는 직접 경영에 관여하지 않고 토지를 노비에게 분배하여 지대를 수취할 뿐이었다.

이 시기 노비들이 남자는 경작하고 여자는 직물을 제조하던 상황을 보여주는 기록도 있다. 『삼국지』 양희(楊戱)열전에 의하면 삼국시기 촉나라에서는 "노(奴)는 농사에 종사하고 비는 취사를 담당했다(奴執耕稼 婢典炊爨)." 『위서』 식화지에 의하면 남북조시기에는 "노는 경작을 담당하고 비는 실뽑는 일을 담당했다(奴任耕 婢任績)." 『송서』 심경지열전에 의하면 "경작은 마땅히 노에게 물어야 하고 베 짜는 일은 비에게 물어야 했다(耕當問奴, 織當訪婢)." 이러한 기록은 두 가지 해석을 가능하게 한다. 즉 몇몇 노비들은 지주의 직접적인 감독 하에서 생산노동에 종사했고 주인에게 생활필수품을 제공하였다. 다만 이들 가운데에는 주인에게 지대를 바치던 조전적 성격의 노비를 배제할 수 없다.

요컨대 양진남북조시기의 노비들 가운데 대부분은 조전적 성격을 가진 노비들이었고 이들의 광범위한 존재는 이 시기 지주제 경제의 특징 중 하나였다. 당시 노비의 사회적 지위는 매우 낮았다. 그들은 단지 지주에 의해 생산노동에 사역되는 존재일 뿐 아니라 그들에게 채벌과 형벌을 받는 존재였다. 특히 가내에서 사역되던 노비는 지주가 임의로 살해하거나 매매할 수 있었다. 『세설신어(世說新語)』 태치(汰侈)편에 의하면 왕개(王愷)는 손을 청해 식사할 때 그 계집종에게 피리를 불게 했는데 계집종이 "곡조를 조금 잊자(有小忘)" 왕개는 "황문(黃門)에게 섬돌 아래로 끌어내게 해 구타해 살해했다(使黃門陛下打殺之)." 또 석숭(石崇)은 "손을 불러 잔치를 베풀면서(要客燕集)", 미인들에게 술을 따르게 했는데 "손 가운데 취하도록 술 마지지 않은 자가 있자(客有飲酒不盡者)" 그 죄를 술 따르는 여자에게 돌려 "황문(黃門)에게 그 미인을 베도록 했다(使黃門交斬美人)." 이러한 사례를 통해 당시 농업생산 노동에 종사하던 노비의 비참한 처지를 파악할 수 있다.

이처럼 양진남북조시기 노비로 전락한 사람들의 수는 매우 많았으며 이러한 변화의 출현은 권귀·문벌지주의 팽창, 그들에 의한 토지 겸병과 긴밀하게 연관되어 있었다. 북위(北魏), 북주(北周) 통치하에 노비의 수는 더욱 확대되었는데 이는 북방 유목민족의 낙후된 습속이 유입된 점과 관련이 있었다.

각 왕조의 통치자들은 편호(編戶)를 확대하여 세수를 증대하기 위해 매번 조서를 내려 노비를 석방했다. 예컨대 서진(西晉)시기 정부는 노비를 석방시켜 편호(編戶)로 삼는 령을 내렸다. 동진시기 사가(私家)의 노비를 객호가 되도록 하는 조령을 반포했다. 남조의 양나라 말기에도 노비를 석방하는 조서를 내렸다.[256] 북조의 경우 북주(北周)에서는 일찍이 관사(官私)노비를 석방시키라는 조서를 내렸다. 『주서(周書)』 무제본기에 의하면 건덕(乾德) 6년(577) 이전에 노비로 전락한 자들의 경우 "소재한 곳의 부적(附籍)은 민오(民伍)와 같게 하라(所在附籍 一同民伍)"는 령을 내려 정식으로 독립된 호적에 편입시켰다. 다만 "만약 옛 주인이 거주하기를 원하면 부곡과 객녀로 삼는 것을 허락하였다(若舊主人猶須共居, 聽留爲部曲及客女)."[257] 각 왕조에서 노비를 석방해 편호제민으로 삼도록 한 조서는 그리 큰 성과를 거두지 못했고 노비의 수는 계속 확대되었다.[258]

　이상에서 각종 유형의 생산노동자의 사회적 지위가 하락하고 봉건적 예속관
계가 강화되고 있던 상황을 살펴보았다. 이 가운데 자영농은 지주계급·국가와
관계를 맺었고, 여타의 농민호는 사인(私人) 지주와의 계급 관계로 부터 형성된
신분관계를 맺었다. 이러한 사회적 신분관계가 반영된 토지소유관계의 역전은
이 시기 기형적 지주제 경제의 주요한 특징이다.

　이 밖에 봉건국가에 의해 직접 압박과 수탈을 당한 각종 유형의 생산노동자
도 있었다. 이호(吏戶)·예호(隸戶)·잡호(雜戶)·둔전객(屯田客) 등이 대표적 예이다.
둔전객의 호적은 군현에 속하지 않고 둔전리(屯田吏)가 관할하고 있었으며 그 생
산물은 "관과 나누었다(與官中分)." 이러한 둔전객의 사회적 지위는 일반 전호(佃
戶)보다 낮았다. 예호(隸戶)·잡호(雜戶)의 수는 비교적 적었으나 사회적 지위는
더욱 낮았다. 특히 이호(吏戶)의 변화에 주목해야 하는데 여기서는 간략하게만
검토하도록 하겠다. 이호(吏戶)는 삼국시기 사회적 지위가 매우 저하되었다. 양
진남북조시기 커다란 변화가 발생하였고 그 수도 상대적으로 증가하였다. 이 시
기 둔전객이 이(吏)로 전화되었고 노비의 자녀 역시 이(吏)가 되었다. 이러한 리
가운데 일부는 공사의 역을 바쳤으며 일부는 각종 생산노동에 종사했다. 『진서
(晉書)』응첨(應詹)열전에 의하면 동진초기 농업노동에 종사하는 자는 "도독은 20
경을 경작할 수 있도록 하고 주는 10경을, 군은 5경을, 현은 3경을 경작할 수 있
도록 했으며 모두 문무리(文武吏)와 의복(醫卜)에서 취하도록 하여 백성을 어지
럽히지 못하도록 했다(都督可課佃二十頃, 州十頃, 郡五頃, 縣三頃, 皆取文武吏醫卜,
不得撓亂百姓)." 여기서 말한 모두 "문무리와 의복을 취했다"는 말은 이들로 하여
금 토지를 경작하게 하고 지대를 납부하여 하였음을 의미하고 이들 가운데 대부
분은 리(吏)였다. 『송서』무제본기에 의하면 남조 송나라시기 영초(永初) 2년(421)
형주부(荊州府)에 리(吏)를 두되 5천명을 넘지 않도록 했다. 이 시기 직이라는 공
무에 종사하는 리는 극히 드물었고 그 대다수는 관부에 의해 생산노동력으로 사
용되었다. 『송서』양리 서활(徐豁)열전에 의하면 원가(元嘉) 3년(426) 시흥군(始興
郡 : 지금의 광둥 샤오관(韶關))에 있는 토지의 지대량을 정하였다. "무리는 나이
가 만 16세가 되면 쌀 60곡을 부과하고 15세에서 13세까지는 쌀 30곡을 부과했다.
1호 내에 정(丁)의 다과에 따라 모두 쌀을 바치도록 했다(武吏年滿十六便課米六十
斛, 十五以下至十三皆課米三十斛, 一戶內, 隨丁多少, 悉皆輸米)." 이처럼 리(吏)는 국
가의 조전농으로 변화되었다. 다만 일부는 관료지주의 사적 노객이 되었다. 이런
리는 자손에게 세습되었고 지주에 대한 강렬한 인신적 예속될 수밖에 없었다.

조전적 성격을 가진 리는 객호·부곡·노비와 비교하면 그 수가 비교적 적었다. 이 시기 리의 성질 변화는 지주제 경제의 기형화와 긴밀하게 연관되어 있었다.

제4절 결론

양진남북조시기 지주제 경제의 기형화 문제를 개괄해 보자. 이 시기 기형적 지주제 경제는 고도로 발전했다. 기형화의 핵심은 토지소유권과 정치권력의 밀착이었다. 이 시기 권귀지주는 한편으로 토지소유권을 장악하고 다른 한편으로 각급 정치권력을 제어했다. 지주의 권세가 확장됨에 따라 사회의 신분관계는 보다 확연해 졌고 농민의 사회적 지위는 심각하게 하락했다. 또 이러한 변화는 사회적 생산력 발전에 불리하게 작용했다.

토지소유권의 집중이라는 문제는 사서에 여러 차례 기록되어 있다. 이 시기 권귀지주가 권세에 의탁해 공가(公家)의 산택(山澤)을 차지하였다. 앞서 서술한 것처럼 남조지역에서 "부강자가 산을 겸병하여 차지하자 빈약자는 땔나무를 구할 곳 조차 없었고(富强者兼嶺而占, 貧弱者薪蘇無託)" "백성이 유망하여(百姓流離)" "스스로 설 곳조차 없었다(自立無所)." 북조지역에서는 광대한 농민이 "가난하여 송곳 세울 만한 땅도 없었고(貧無立錐之地)" "비옥한 곳의 땅은 모두 호세의 차지가 되었으며(肥饒之處悉是豪勢)" "편호들은 한 두둑도 차지하지 못했다(編戶之民不得一壟)." 이 시기 토지의 매매가 강제적으로 이루어지기도 했으나 권세가들의 토지 대부분은 폭력적으로 강점되었다는 점이 주목되었다. 이러한 조건아래에서 지주계급 구성 역시 크게 변화되어 서민지주는 날로 쇠락해 갔다.

이 시기 지주의 특권은 사서(史書)에 특히 잘 반영되었다. 앞서 서술한 것처럼 9품중정제의 조건아래에서 "상품에는 한미한 가문이 없고 하품에는 권세가가 없다(上品無寒門 下品無勢族)." 상당히 긴 시기동안 고위관직은 모두 권귀지주의 독차지가 되었다. 이 시기 발전해 온 신분적 성격의 종법종족제는 세족·강종지주의 특권을 더욱 조장하였다. 때문에 여러 사람들이 "귀족이 귀족을 낳고 천인은 천직을 세습한다(以貴承貴 以賤襲賤)"고 말하는 지경에 이르렀던 것이다. 권귀와 농민들은 자신의 직을 세습했고 그들의 정치사회적 지위는 더욱 고착되어 "공(公)의 집안에서는 공이 나오고 경(卿)의 집안에서 경이 나오게(公門有公 卿門有卿)"되었다. 이 시기의 여러 권귀지주들 특히 세족문벌지주들의 권세는 절정에 달했다. 그들은 "한미한 가문의 자제를 노복처럼 보아 초개처럼 가벼이 여겼다(視寒素之子輕若僕隷 易如草芥)." 권귀지주의 압박아래에서 "서성과 한미한 집안의 사람들은 관료로 나아갈 길이 없었다(庶性寒人無寸進之路)." 게다가 강족·호족들은 자신의 개인적 무장력도 보유하면서 한 지역을 지배하고 있었다. 이들 가운데 몇몇은 권세를 빌어 예속민호를 불러들여 국가의 부세를 잠식해도 국가는 어찌할 수 없었다. 세족 강종지주의 발전으로 말미암아 생산노동자 농민은 각종 형식의 예속농으로 변화되어 기형적이고 복합적인 봉건적 계급제도가 형성되었다. 각종 농민의 사회적 지위는 날로 하락하였고 이는 토지를 소유하고 있던 자영농 역시 예외가 아니었다.

시대적 특성을 가진 기형적 지주제 경제가 형성되고, 토지소유권과 정치권력의 긴밀한 결합으로 인해, 세족·강종지주 특히 세족지주의 권세가 확장되었다. 이 때문에 이 책에서는 세족지주가 제어하고 있던 정치체제와 종법종족제를 중심으로 논지를 전개하였다.

생산관계의 역전은 농업생산에 심각한 영향을 미쳤고 경제와 사회는 정체되고 쇠퇴했다. 이런 변화 중 상당수는 전란의 파괴로 인해 만들어 졌다. 예를 들어 서진(西晉)시기 오랜 전란으로 인해 "중원이 한적해져 천리에 연기 나는 곳이 없었고 추위와 배고픔에 유망하여 연이어 구렁텅이 빠지게 된다(中原蕭條, 千里無煙, 飢寒流隕, 相繼溝壑)." 그럼에도 권귀문벌지주의 토지에 대한 겸병과 농민에 대한 수탈은, 생산과정에서 비교적 많은 신분적 자유를 농민으로부터 빼앗는 중요한 요인이 되었다.[259] 농업생산의 쇠퇴는 상품경제의 발전을 제약했고 그것은 자급자족적 장원경제로 구체화되었다. 앞서 서술한 것처럼 "동복이 무리를 이루고 폐쇄적인 시장이 형성되었으며(僮僕成軍 閉門成市)", "문을 걸어닫아 생산을 위한 도구는 자족되었으니 집안에 단지 소금만 없을 뿐이었다(閉門而爲生之具己足 但家無鹽井耳)." 상품경제의 위축으로 인해 실물화폐가 통용되었다는 점이 이 시기의 특징 가운데 하나였다.

이처럼 양진남북조 약 300연간 사회경제 발전은 정체되고 퇴보했다. 이런 변화 발전은 지주제 경제의 기형화에 잘 반영되었다.

제3장의 주

1) 楊生民저, 『漢代社會性格硏究』, 北京師範大學院出版社, 1993.을 참조
2) 『사기』 권6, 진시황 본기.
3) 『한서』 권70, 陳湯.
4) 『한서』 권76, 趙廣漢.
5) 『사기』 권18, 高祖功臣侯者年表.
6) 洪邊, 『容齊隨筆』 권12, 楊生民의 통계에 의하면 제후왕이 39명, 동성인 侯가 408명, 공신인 후가 288명, 외척 혹은 은택을 받아 후로 책봉된 이가 102명으로 전체 798명이 분봉되었다. 여기에 대해서는 楊生民이 지은 『漢代司會性格硏究』, 북경사범학원출판사, 1993, 87쪽.을 참고하라.
7) 이러한 봉군은 직접 사람을 보내 봉읍의 농민들에 대해 수세했다. 이는 『한서』 匡衡전의 "종사(從史)를 봉읍에 보내 租穀 천여석을 거두었다"는 기록에서도 확인된다.
8) 『한서』 권4, 문제기.
9) 『한서』 권97상 외척열전 상, 史皇孫王夫人傳.
10) 錢大昕, 『潛硏堂文集』 권34, 與梁耀北論史記書三.
11) 梁方仲, 『中國歷代戶口·田地·田賦統計』, 上海人民出版社, 1980, 36~37쪽을 참조하라.
12) 『한서』 권15하, 王子侯表下.
13) 『한서』 권24상, 식화지.
14) 『사기』 권53, 소상국세가.
15) 『사기』 권97, 육가.
16) 『한서』 권81, 장우.
17) 『한서』 권24상, 식화지.
18) 『사기』 권118, 회남형산열전.
19) 『한서』 권77, 손보열전을 참고
20) 『한서』 권81, 광형.
21) 『사기』 53, 소상국세가.
22) 『한서』 권56, 동중서.
23) 『한서』 권52, 관부.
24) 『후한서』 권54, 마원.
25) 『사기』 권69, 소진.
26) 『사기』 권10, 효문제본기에는 "백금은 중산층 민 열 가구의 재산입니다(百金中民十家之産)"라는 말이 있는데 양성민[楊生民]의 "가산이 100금 즉 10만전은 중산층 10가구의 재산이며 이런 유형의 지주는 많았다"라는 고증에 따랐다. 양성민, 『漢代司會性質硏究』, 북경사범학원출판사, 1993을 보라
27) 『한서』 권70, 진탕.
28) 『한서』 권24, 식화지. 역주 - 이 기사에 대한 역주에는 "'분전'이란 토지 없는 가난한 이들이 부자의 토지를 얻어 경작하여 그 수확을 함께 나누는 것을 말한다. '가(假)' 역시 가난한 사람들이 부자들의 토지를 임대한 것을 말한다. '겁(劫)'은 부자들이 그 세를 겁탈하여 빼앗는 것을 말한다(分田, 謂貧者無田而取富人田耕種, 共分其所收也. 假亦謂貧人賃富人之田也. 劫者, 富人劫奪其稅, 侵欺之也)."라고 기록되어 있다.

29) 『사기』 권129, 화식열전.

30) 『한서』 권24, 상, 식화지.

31) 『사기』 권30, 평준서에 의하면 무제 원수(元狩) 4년 민전을 계산하게 하면서 무릇 상인들 가운데 재물을 쌓아 부를 축적하였을 경우 민전 2,000을 1算의 비율로 하였다. 만약 숨겨서 자신이 차지하거나 제대로 보고하지 않을 경우 해당자는 변방에서 1년 동안 수자리 서게 하고 민전은 몰입시켰다.

32) 『사기』 권30, 평준서.

33) 『사기』 권30, 평준서.

34) 『한서』 권11, 애제본기.

35) 『한서』 권31, 진섭.

36) 『한서』 권24상, 식화지.

37) 『한서』 권44, 淮南厲王劉長.

38) 『한서』 권63, 武五子.

39) 『사기』 권106, 吳王濞.

40) 『후한서』 권28, 백관5.

41) 『한서』 권16, 高惠高后文功臣表第四.

42) 梁方仲, 『中國歷代戶口·田地·田賦統計』, 上海人民出版社, 1980, 36~37쪽.

43) 『한서』 권15하, 王子侯年表.

44) 『한서』 권16, 高惠高后文功臣表第四.

45) 『사기』 권122, 혹리열전, 郅都.

46) 『사기』 권122, 혹리열전, 寧成.

47) 『사기』 권122, 혹리열전, 王溫舒.

48) 『한서』 권76, 조광한; 권90 혹리열전 엄연년.

49) 『한서』 권76, 조광한 전에 의하면, 潁水太守 조광한은 이후 다른 일에 연좌되어 참수 당하게 되자 장안의 이민 가운데 궁궐로 와 울면서 호소하는 자가 수만명에 달했다. 이 가운데 일부는 조광한을 대신해 죽기를 원하기도 했다. 이러한 상황은 앞서 이미 언급한 바 있다.

50) 『한서』 권81, 광형.

51) 『후한서』 지25, 오행3의 주석. 주석은 『東觀記』에 기재된 杜林의 상소를 인용하였다.

52) 『한서』 권6, 무제본기; 권8 선제본기.

53) 『한서』 권70, 진탕.

54) 趙翼, 『二十二史箚記』 漢初布衣之局.

55) 『한서』 권70, 진탕.

56) 『한서』 권19상, 백관공경표상.

57) 이러한 관계는 동한시기에도 지속되었다. 『후한서』 권65, 鄭玄열전에 의하면 정현은 당시 이름난 유학자였다. "나이 40이 지나 고향에 돌아가 부모를 모셨고 토지를 차경하여 곡식을 심으며 아침저녁으로 즐거워했다(年過四十, 乃歸供養, 假田播殖, 以娛朝夕)" 여기서 '가전'은 차경지를 가리킨다. 이러한 사례는 조전농과 지주의 상호관계가 법적으로 평등하였음을 보여준다.

58) 조전농의 독립적인 호적을 가지고 있어 노비와 달랐다. 노비는 주인의 호적에 등재되어 있었다.

59) 『한비자』 外儲說左上.

60) 『한서』 권58, 아관.

61) 『한서』 권16, 高惠高后文功臣表序.

62) 한 元帝 때 貢禹는 당시 관노비의 수가 10여만 이라고 했고 노비들이 일없이 놀며 양인들이

바치는 세금으로 먹고 산다고 하였다. 당시 사노비의 수는 자세하게 알 수 없다.

63) 『한서』 권1, 고제본기; 권4, 문제본기. 『한서』 권24상, 식화지에 의하면, 한문제 때 동중서 또한 노비를 없애고 노비를 함부로 죽이지 못하도록 건의했다.

64) 서한시기에는 많은 종류의 徭賦가 있었다. 여기서 말한 '賜徭'는 更徭를 가리킨다. 경요는 更役에 복무하지 않는 대신 돈을 납부하는 것이다. 사요 즉 이 돈을 사급하는 것을 말한다.

65) 『한서』 권24상, 식화지.

66) 『中國社會經濟史論叢』제1집, 山西人民出版社, 1981.

67) 이 시기 농민이 농사짓던 농작물의 종류는 매우 많으나 여기서는 조를 기준으로 하였다. 매월 사람들이 1.5석을 먹는다는 기록은 서한시기 사용되던 대석(大石)과 소석(小石) 가운데 소석을 기준으로 한 것이다. 여기서 말한 1.5석은 비교적 높게 책정된 것이고 도정한 조를 가리킨다. 자세한 내용은 '吳慧, 『中國歷代糧食畝産研究』'를 참고하라.

68) 이와 관련된 기록은 '『한서』 권4 문제본기; 『한서』 권5 경제본기'를 참조하라.

69) 『歷史語言研究所集刊』 제11본에 기재된 勞榦의 「漢簡中的河西經濟生活」에서는 한나라 죽간에서 다음과 같은 기록은 인용하였다. "기장(黍) 2석은 300, 조 1석은 110, 조 1석 105, 밤 3석 390, 대맥 1석은 110이다(黍二石三百 粟一石一百一十 粟一石一百零五 粟三石三百九十 大麥一石一百一十)." 양성민이 여기에 근거해 조 1석의 값을 110문으로 계산했다. 여기에 대해서는 양성민, 『漢代社會性質研究』, 북경사범학원출판사, 1993.을 참조하라.

70) 이 시기에는 小畝制를 채택하여 사방 1백 步를 백무로 삼았다. 한무제 때에는 이를 개정해 사방 240보를 1무로 삼은 大畝制를 실시했다. 우훼이吳慧의 고증에 의하면, 백무는 이미 자영농의 표준 경작 범위가 되었는데 이때의 무도 소무제이다.

71) 吳慧, 『中國歷代糧食畝産研究』, 1980.

72) 『한서』 권4 문제본기; 권5 경제본기.

73) 『한서』 권24상 식화지.

74) 『한서』 권4 문제본기; 권5 경제본기.

75) 『한서』 권89 황패.

76) 『한서』 권89 공수.

77) 『한서』 권24상 식화지.

78) 『한서』 권24상 식화지.

79) 『사기』 권68 상군열전.

80) 『사기』 권6 시황제본기.

81) 『한서』 권24상 식화지.

82) 何玆曾, 『中國古代社會』, 河南人民出版社, 1991, 214쪽.

83) 『한서』 권24상 식화지.

84) 『한서』 권24상 식화지.

85) 『사기』 권129 화식열전.

86) 『한서』 권4 문제본기; 권5 경제본기.

87) 『한서』 권10 성제본기.

88) 농가에서 뽕나무와 마를 심어 직물을 짜 판매하는 것 역시 계산에 포함되어야 하나 자료의 한계로 인해 생략하였다. 만약 이 항목을 계산에 넣으면 상품률은 더욱 증가할 것이다.

89) 전업적 상품작물을 재배하던 농가의 상품률은 더욱 높았을 터이다. 이 시기에는 앞서 언급한 것처럼 "진과 하에는 천무의 옻나무밭이 있으며 제와 노에는 천무의 뽕나무와 삼베밭이 있다" 할 정도의 지주 대경영이 출현하였다. 이를 통해 전업적으로 상품작물을 재배하던 자영농의 존

苗以理勸課, 盡令出粟. 稻麥之鄕, 亦同此稅. 各納所在, 爲立義倉)." 태종은 해당 관청에 명을 내려 그 조항을 정하도록 해 "왕공이하의 경작지는 무당 2승을 납부하도록 했다. 조와 보리와 메벼는 토지에 따라 주현에 저장하여 흉년에 대비하도록 했다(王公已下墾田, 畝納二升. 其粟麥粳稻之屬, 各依土地. 貯之州縣, 以備凶年)."[46] 이러한 세금을 당시에는 지세라 일컬었다. 이 시기의 지세와 조용조 제도는 병행되었으며 이후 고종(高宗) 영휘(元徽) 2년(651) 다시 "호를 나누어 곡식을 내게 했다(率戶出穀)." 호는 9등으로 나누었고 상상호는 5석을 거두고, 상중 이하는 각각 차등을 두었다. 그러나 절대 다수의 민호는 8, 9등호였으며 비록 엄격하지는 않지만 토지면적에 따라 조[粟]를 징수하였다. 무주(武周)초기에 이르러 의창은 또 토지면적을 기준으로 징수되었다.[47] 당 현종시기에 이르러 이러한 항목의 수입은 이미 정부의 주요한 재정수입원중 하나가 되었다.

"호세(戶稅)"는 수 문제(文帝)시기(581~604) 개별지역에서 "호를 헤아려 징세되었다(計戶徵稅)."[48] 당 고조 무덕(武德) 6년 "지금 천하의 호는 그 재산을 헤아려 3등으로 정하게 했다(今天下戶, 量其資財, 定爲三等)." 각 호는 등급에 따라 전(錢)을 징수하여 세전(稅錢)이라 칭했다.[49] 이후 무조(武曌 : 무측천) 집권기 장안(長安) 원년(701) "천하의 여러 왕공이하는 마땅히 지난 예에 준거하여 세금을 거두라(天下諸王公以下, 宜準王例稅戶)"는 조서를 내렸다. 징세의 방법은 민호를 9등으로 나누고 각호의 재산상황에 따라 호세를 거두어 군국(軍國), 역전(驛傳), 우체(郵遞)의 비용에 충당했다. 호세의 액수는 현종 천보 연간 8등호는 호당 452문(文)의 전을 납부했고 9등호는 호당 220문의 전을 납부했다. 당시 호등의 제정은 당시 각 호에서 소유하고 있는 총액을 기준으로 계산되었다. 농호(農戶)의 경우 토지면적, 수레, 소, 밭과 가택, 노비 등이 고려되었다. 숙박업[邸店], 노점상[行鋪], 대장장이[爐冶]와 같은 민호는 2등을 부가하여 세를 거두었다. 이때 전국의 "호는 약 890여 만이었고 그들에게 거두어들인 세전(稅錢)은 약 200여만 관이었다(戶約有八百九十餘萬, 其稅錢約得二百餘萬貫)."[50] 이러한 호에서 거두어들인 세전은 조정의 총수입 가운데 차지하는 비중은 비록 크지 않았으나 점차 증대하는 추세였다. 예를 들어 천보 연간(742~755) 매년 거두어들인 세전은 개원 연간(713~741)의 그것보다 많았으며, 개원 연간 거두어들인 세전은 건봉(乾封) 연간(666~667)의 그것보다 많았다.[51] 대종(代宗) 대력 4년(769)에 이르러 호세(戶稅)를 개정해 납세 대상을 확대했다. 호를 가진 품관, 여러 도의 장사와 공상업자들은 모두 호등의 고하에 따라 호세를 납부했다. 이러한 호세제는 당시 조용조와 병행된 부세 가운데 하나였다.

부세제도를 개정하기 전인 현종시기에도 토지세와 호세의 징세액은 적지 않았다. 한궈판(韓國磐)의 계산에 의하면 이 시기 양자는 이미 국가 재정의 총수입의 1/4 이상을 차지했다. 이상에서 부세제도 개정이전 조용조제와 병행된 호세와 지세를 살펴보았다. 이들 세가 변화 발전하였고, 뒷날 양담은 이들 제도를 본보기로 삼아 제도개혁 건의했다. 따라서 양담의 양세법은 당 중엽 전에 이미 출현한 호세와 지세를 기초로 하여 출현한 것이라 할 수 있다.

앞서 서술한 것처럼 호세와 지세의 발전과정에서 조용조의 부담은 날로 무거워졌고 이로 인해 농민들은 계속 도망하였으며 국가의 재정수입도 심각한 타격을 입었다. 덕종 건중 원년(780)에 이르러 재상 양담은 극력 제도개혁을 주장했고 과거의 조용조제도를 양세법으로 개정했다. 양세법 중 하나는 토지세로 곡물을 징수했는데 이는 원래 정조지세(丁租地稅)였고 "무당 부과되는 토지세는 대력 14년(779)의 간전수를 기준으로 했다(其田畝之稅, 率以大曆十四年墾數爲準)." 이 시기 토지면적에 따라 조세(租稅)를 거두는 것을 '곡두(斛斗)'라 불렀다. 다른 하나는 호세(戶稅)이다. 각 호의 재산에 따라 몇 등급으로 나누었는데 사료에는 "정의 재산을 참작하여 등급을 나누었다(約丁産定等級)"라고 기술되어 있다. 농호는 9등으로 나누어졌고 호등에 따라 거주자에게 세를 징수했다. 육지(陸贄)의 언급에 의하면 양세법의 기본원칙은 "재산을 우선하지 인정의 수를 기본으로 하지 않았다(惟以資産爲宗, 不以人丁爲本)."[52] 또 사서의 기록에 의하면 "사람은 정중(丁中)이 없고 빈부로 차등을 두었다(人無丁中, 以貧富爲差)." 이러한 세제는 과거의 조용조제도와 달랐다. 과거의 조용조제도는 정을 기준으로 징세한 반면 양세법은 자산을 주요 근거로 징세했다.

양세법이 개정된 후, "호에는 주객이 없어 현 거주지로 호적을 작성했다(戶無主客, 以見居爲簿)." 즉 토착호와 객호를 구분하지 않고, 일률적으로 소유하고 있는 토지의 면적과 재산의 규모를 살펴 양세를 징수하였다. 양세의 징수는 "재산을 주된 기준으로 삼았기(以資産爲宗)" 때문에 토지와 재산을 소유하지 않은 민호는 양세를 부담하지 않았다. 건중 초 객호가 차지하는 비중은 비교적 컸다. 이 시기 "출척사에게 여러 도로 가 호구를 살피게 하니 토착호[土戶] 180여만 호와 객호 130여만 호를 얻었다(命黜陟使往諸道按比戶口, 約都得土戶百八十餘萬, 客戶百三十餘萬)."[53] 양세법을 시행할 때 재산을 소유한 객호는 주호로 변화되었고 소수만이 재산이 없는 전고농(佃雇農)으로 전락했다. 이들 무산호는 양세의 부담에서 면제되었다. 이 시기에는 상세(商稅)도 양세에 통합되었다. 상인들은 재산의 1/30에 해당하는 상세를 소재 군현에 납부했다.

앞서 서술한 것처럼, 세족지주제에서 서족지주제로의 이행은 수나라를 거쳐 당나라 전기에 이르러 완성되었다. 부세제의 개혁은 차일피일 미루며 100여 년이 지난 당 중엽에 이르러서야 비로소 시행되었다. 조용조제도가 다수의 토지를 소유한 권귀관료지주에게 유리하였기 때문에, 그들은 제도개혁을 저지하였던 것이다. 과도기를 거치면서 광대한 농민의 저항과 국가 재정 수입의 급격한 감소에 직면하여 마침내 재상 양담의 주도로 제도개혁이 단행된 것이었다.

이후 양세법은 진일보 발전하여 목종(穆宗) 장경(長慶) 연간(821~824) 원진(元稹)이 동주자사(同州刺史)가 되었을 때, 양세는 모두 토지의 면적을 기준으로 징수되었고 당시 이를 '균전(均田)'이라 불렀다. 원진의 『동주주균전(同州奏均田)』의 상소에 의하면 동주지역은 "황하와 가까운 여러 현은 매년 하로(河路)에 의해 잠식되고 모래밭과 가까워 날마다 모래가 날아와 덮습니다. 이미 정해져 있는 백성들의 세액은 모두 허액(虛額)을 기준으로 징수되며 그 사이 부자들이 겸병하여 넓은 토지를 차지하고 토지를 열로 나눈 후 세는 2, 3만을 바칠뿐 입니다. 마침내 농민들을 도망가게 하고 부세를 힘써 거두지 못하게 합니다. … 하략 … (近河諸縣, 每年河路呑侵, 沙苑側近, 日有沙礫塡掩. 百姓稅額已正, 皆是虛額徵率, 其間亦有豪富兼竝, 廣占阡陌, 十分田地, 才稅二三, 致使窮獨逋亡, 賦稅不辦 …)." "신이 동주에 이른 후로부터 … 중략 … 신은 법을 세워 각 백성에게 스스로 실상을 고하게 하고 또 이정(里正)과 서수(書手) 등에게 힘써 심사하도록 했습니다. … 중략 … 백성들은 모두 신이 일체 공평하다는 것을 알고 보고한 토지에 숨기거나 속이거나는 것이 없었습니다. 신은 그 보고에 의거하고 과거 도망한 호와 황무지 및 강이 잠식하고 모래에 덮인 토지를 제거해 주고 그 나머지 토지의 면적을 헤아려 정한 연후에 토지면적에 따라 양세를 거두되 일곱 현의 비옥도를 고려하여 세금을 징수했습니다. 이후로부터 부자와 가난한 자들이 일체 평등해져 부와 조를 징수할 때 미납하는 것이 없었습니다(臣自到州 … 중략 … 臣遂設法, 各令百姓自通手實狀, 又令里正·書手等傍爲穩審 … 중략 … 百姓等皆知臣欲一例均平, 所通田地, 略無欺隱. 臣便据所通, 悉與除去逃戶荒地及河侵沙掩等地, 其餘見定頃畝, 然取兩稅元額地數, 通計七縣沃瘠, 一例作分抽稅. 自此貧富强弱, 一切均平, 徵斂賦租, 庶無逋欠)." 원진은 토지소유권을 명확히 한 뒤 원래 세액을 민호가 경작하는 토지의 면적에 따라 균등히 하였는데 이를 양세법이라 칭하였다. 이러한 세제는 이후 점차 전

국적 세제로 통용되었다.[54]

이상 조용조제도에서 양세법으로 이행이 가진 진보적 측면을 살펴보았다. 조용조제도는 엄격한 계급성을 가지고 있었고 그것은 일종의 권귀관료지주계급의 경제적 이익을 보장하는 부세제도였다. 동시에 농민의 토지소유가 불균등하였기 때문에 토지면적을 고려하지 않고 정에 따라 징세하는 조용조제도는 농민들의 조세부담을 불균등하게 하였다. 양세법이 시행되어 계급을 가리지 않고 토지면적과 재산만을 기준으로 한 징세가 실시되었는데 이는 부세부담의 균등화를 지향한 것으로 부세제의 발전이라 할 수 있다. 이러한 부세제도의 개혁은 한편으로는 지주제 경제가 정상적으로 발전하고 있음을 반영한 것이자 지주제 경제의 정상적인 발전을 촉진하였다. 이 점이 주목되어야 한다.

제3절 토지매매에서 확인된 서족지주의 발전과 지주제 경제의 정상화

1. 빈번한 토지매매와 토지겸병

균전제가 실시되던 시기에 각 왕조는 농민의 토지소유권을 유지하여 세수를 확보하려 했고 북조시기에는 토지매매를 금지하기도 했다. 북제(北齊)시기 이 금령은 점차 완화되어 갔으나 그 기본적 취지는 변하지 않았다. 수·당 역시 이러한 북위의 제도를 계승하였다. 당나라의 경우, 『당률(唐律)』 호혼(戶婚)조에 의하면, "구분전을 판매하는 자는 1무(畝)에 태(笞) 10대, 20무에 1등을 더하고 그 죄는 장(杖) 1백에 그치게 한다. 그 땅은 본래의 주인에게 되돌려 주고 재산은 몰수하되 추쇄하지는 않았다(諸賣口分田者, 一畝笞十, 二十畝加一等, 罪止杖一百. 地還本主, 財沒不追)." 다만 이 토지매매의 금지규정은 엄격하게 관철된 것은 아니었다. 또 『신당서(新唐書)』 식화지에 의하면 고종 때 "세업(世業)의 구분전을 매매하는 것을 금지했다(禁賣買世業口分田)." 그 후 "호부들이 겸병하여 가난한 사람은 농토를 잃게 되자 이에 조서를 내려 토지를 구입한 자는 땅을 되돌려 주도록 하고 벌주었다(豪富兼竝, 貧者失業, 于是, 詔買者還地以罰之)." 농업생산력의 증대와 상품경제의 발전에 따라 농민의 계급분화가 날로 가속화 되고 각종 신흥지주의 토지에 대한 겸병이 점차 늘어남에 따라 토지매매에 대한 국가의 금령 역시 점차 느

슴해져 갔다. 그런데 뽕나무 밭과 삼베 밭과 같은 농민 영업전의 매매는 상황이 다소 달랐다. 농가에서 이들 토지가 부족한 자 혹은 여유 있는 자들의 매매가 허용되었던 것이다. 또 집이 가난해 토지를 판매하여 매장지를 구입해야할 경우에도 매매는 허용되었다.

구분전의 경우 토지를 판매하여 주택과 맷돌을 구입하거나 관향을 옮기는 자에게도 매매가 허용되었다. 한편 국가가 직에 따라 나누어 준 관전(官田)은 원래부터 매매를 허용하지 않았다. 『당률』에 의하면 "혹시 직에 따라 나누어 준 관전을 사가(私家)의 땅과 바꾸면, 등급에 따라 법률로 처벌하고 이 조항에 의거해 교역하면 벌주었다(或將職分官田, 貿易私家之地, 科斷之法, 一準上條貿易爲罪)."[55] 하지만 또 다른 규정도 있었다. 이러한 토지 가운데 "원역과 외임으로 말미암아 그 토지를 경작할 수 없는 것에 대해서는 임대와 저당을 허용했다(從遠役外任, 無人守業者, 聽貼賃及質)."[56] 이러한 임대와 저당貼賃及質은 실제 외관만 바뀐 매매였다.

건국한 지 100년이 지난 현종 대가 되어, 당은 토지매매 금지에 대한 조령을 다시 반포했다. 개원 22년(734) 다음과 같은 조서를 내렸다. "천하 백성의 구분전과 영업전이 빈번하게 처분되고 있어 매매와 전당을 불허하였다. 그러나 듣자니 능히 금단하지 못하여 가난한 자들은 토지를 잃고 부자들은 겸병한다고 한다. 마땅히 다시 그 처분을 분명히 하여 일체 금지하도록 하라(天下百姓口分永業田, 頻有處分, 不許賣買典貼, 如聞尙未能斷, 貧人失業, 豪富兼竝, 宜更申明處分, 切令禁止)."[57] 이러한 조령은 실제 토지매매가 빈번했음을 반영한다. 천보(天寶) 연간 민간에서는 토지매매 금지령을 위반하는 사태가 더욱 빈번해졌고 조정에서도 법령을 통해 금지하려 했으나 사태를 해결할 수 없었다. 이 시기 토지매매의 진전은 호적의 변화와 토지소유권의 빈번한 교체에 잘 반영되어 있었다. 덕종(德宗) 건중(建中) 원년(780) 양염(楊炎)은 일찍이 다음과 같이 회고했다. "장부와 호적版籍之書을 만들지 않아 인호가 흘러 넘쳐도 막지 못하였다. 정호의 이동이 매우 심해 호적에는 옛 이름이 없다. 빈부의 이동이 심해져 예전과 같은 서열이 존재하지 않았다. 토지의 변환도 매우 심해 토지대장에서 옛 면적을 확인할 수 없었다. 그럼에도 호부는 다만 잘못된 문서로 옛 대장과 호적을 헤아릴 뿐이었다(不爲版籍之書, 人戶浸溢, 堤防不禁. 丁口轉死, 非舊名矣. 貧富升降, 非舊第矣. 田畝轉換, 非舊額矣. 戶部徒以空文總其故書)."[58] 양염이 개탄한 현실은 주로 현종과 숙종시기의 그것이었다.

토지매매의 진전과 더불어 각종 유형의 지주들이 토지를 겸병했다. 천보 11년

(752) 조서에 의하면 "왕공과 백관과 부호의 집안에서는 장전(莊田)을 늘여 세우고 겸병을 자행하여 법도 겁내지 않아 … 중략 … 이에 구분전과 영업전이라도 법을 어겨가며 매매했다. 혹자는 문서를 고치고 혹자는 저당을 이용해 떠돌아다니던 백성들을 불러들어 전객(佃客)으로 삼아 그들을 사역시켜 토지를 차경하게 했다. 또 거주민들의 토지를 빼앗아 떠돌이들을 만드는 발단이 되었다. 원근(遠近)이 모두 그러하여, 사람들이 떠돌아다니던 것은 이미 오래되었다(王公百官及富豪之家, 比置莊田, 恣行兼竝, 莫懼章程 … 중략 … 爰及口分永業, 違法賣買. 或改籍書, 或云典貼, 致令百姓無處安置, 乃別停佃客, 使其佃食, 旣奪居人之業, 實生浮情之端. 遠近皆然, 人循已久)."[59] 여기서 말한 "가난한 이들이 토지를 잃고" "호부들이 겸병하며", "겸병을 자행하면서 법도 두려워하지 않고" "저당 잡히는" 것은 모두 토지가 매매되고 있음을 말해 준다. 이 결과 농민은 토지를 상실하여 조전농으로 전락하였다. 이러한 현상은 상당히 보편적이었을 뿐 아니라 "이미 오래된 일이었다[人循已久]".

안사의 난 이후 관료와 부유한 호들의 토지에 대한 구매와 겸병은 더욱 극심해 졌다. 대종(代宗) 보응(寶應) 원년(762)에는 다음과 같은 조서를 내렸다. "백성의 토지가 근래 모두 부유한 자들과 관리들에게 겸병되어, 농민들이 도주하는 것이 더욱 심화되었다. 마땅히 현령들은 이를 일체 금지시키라. 만약 해당지역에서 법을 어기는 자가 있으면 마땅히 가중처벌 할 것이다(百姓田地, 比者皆被殷富之家·官吏呑幷, 所以逃散, 莫不由玆. 宜委縣令, 切加禁止. 若界內自有違犯, 當倍科責)."[60] 이러한 조서는 지주들의 토지에 겸병이 심각하였음을 반영한다.

이 시기 각종 지주들이 매매를 통해 토지를 겸병하고 있었던 문제는 당시 문헌 곳곳에서 확인할 수 있다. 『관동풍속전(關東風俗傳)』에는 농민들이 "왕의 부세를 견지지 못해 토지를 판매하는 자가 많았다(因王課不濟, 率多貨賣土地)"고 기록하고 있다. 또 천보 원년 유방(柳芳)은 다음과 같이 기술하였다. "호강이 겸병하고 부강한 자들은 재력으로 재상과 봉군이 되며, 약자는 침탈당해 토지를 잃으니 사람들 가운데 역을 피해 도주하는 자들이 많았고 그들 중 대다수는 다른 마을[閭里]에 기식했다(豪强兼竝, 强者以財力相君, 弱者以侵漁失業, 人多逃役者, 多浮寄于閭里)."[61] 헌종(憲宗) 때 두우(杜佑)도 "개원 말기와 천보 연간 이래 법령이 점차 무너져 겸병의 폐단이 한(漢)나라 성제(成帝)와 애제(哀帝)시기보다 더했다(開元之季, 天寶以來, 法令弛壞, 兼竝之弊, 有逾于漢成·哀之間)"라고 언급했다.[62] 농민들은 조용조라는 수탈체제 하에서 토지를 내다 팔았으며, 사료에서 말한 '실업(失

業)'은 곧 토지를 판매하였음을 의미한다. 호강들의 겸병과 침어는 곧 경제력을 동원하여 토지를 구매하였음을 말하고, 토지 겸병의 정도는 한나라 성제와 애제 시기 보다 더했다. 덕종 건중 원년(780) 육지(陸贄)의 발언은 이러한 사정을 보다 분명히 확인시켜 준다. "지금 제도가 문란해지고 토지의 경계가 무너져, 사람들이 마음대로 서로 침탈하여 토지의 경계를 회복할 수 없습니다. 부자는 수만무의 토지를 겸병하고 가난한 자들은 발 딛을 땅도 없어 호강들에게 의탁해 그들의 사속(私屬)이 되며, 그들에게 종자를 빌어먹고 전려(田廬)를 임대하여 죽을 때까지 노역합니다. 하루도 쉬지 못하고 쉴 틈 없이 실어 날라도 항상 모자람을 염려합니다. 토지를 가진 집안은 앉아서 조세를 먹으니 빈부의 현격한 차가 이 지경에 이르렀습니다(今制度弛紊, 疆理隳壞, 恣人相呑, 無復畔限. 富者兼地數萬畝, 貧者無容足之居, 依託强豪, 以爲私屬, 貸其種食, 賃其田廬, 終年服勞, 無日休息, 罄輸所假, 常患不充. 有田之家, 坐食租稅, 貧富懸殊, 乃至于斯)."[63]

이러한 사정 아래에서 어떤 이는 지주들이 구매한 토지를 조사할 것을 주장하였다. 그러나 구매한 토지를 조사하는 일을 반해하는 이들도 있었다. 현종시기 이원굉(李元紘)은 부자들의 토지는 "교역에 근거한 것이니 어찌 부자들의 것을 빼앗아 가난한 자들에게 보충해 주겠습니까?(本于交易, 焉得奪富以補貧)"라며 반대했다.[64] 이후 우문융(宇文融) 역시 호구와 토지를 조사할 것을 건의했으나 호부시랑 양역(楊瑒)은 "객을 헤아리는 것은 원 거주자에게 불리하며 토지대장 외의 토지에서 세를 거두는 것은 백성을 곤궁하게 할 것(括客不利居人, 徵籍外田稅, 使百姓困弊)"이라며 반대했다.[65] 사회경제 발전이라는 조건하에서 토지의 매매는 금지할 수 없었을 뿐 아니라 매매를 위반하는 현상도 더욱 일반화되었다. 앞서 서술한 관료와 부호들이 "법률을 겁내지 않고 겸병을 자행하고 있다"는 현종조의 조서는 이를 잘 보증해 준다. 바로 이런 조건 하에서 이원굉, 양역 등은 토지와 객호를 조사하는 것에 반대한 것이다.

농업생산 및 상품경제의 조건아래에서 농민의 계급 분화는 날로 가속화 되었고 토지 매매의 진전은 시대적 흐름이 되어 결국 국가의 토지매매 금지령은 휴지 조각이 되어 버렸던 것이다. 그리하여 일부 자영농은 토지를 판매하여 지주에게 예속된 조전(租佃)적 성격의 부객(浮客)이 되었다. 이것은 중국지주제 경제가 정상적 발전궤도 진입하고 있음을 구체적으로 반영한 것이었다.

2. 각종 서족지주의 발전

당대 중엽이전 토지의 매매는 이미 날로 확대되었다. 토지구매자들은 농민이었고 지주들이 다수를 차지했다. 이러한 지주들은 대개 두 종류로 구분할 수 있다. 첫째 유형은 품급을 가진 왕공귀족과 일반관료지주이다.[66] 둘째 유형은 품급이 없는 왕공귀족과 각종 서민지주이다. 이들의 존재는 각종 사서에서 자주 확인할 수 있다. 예컨대 현종 천보 11년(752)의 조서에는 장전(莊田)을 구매한 자들 중에 "왕공, 백관 및 부호의 집안이 있음(王公百官及富豪之家)"이 언급되어 있다. 또 대종 보응(寶應) 원년의 조서에서는 백성의 전지(田地)가 "모두 부호의 집안과 관리들에게 빼앗기고 있음(皆被殷富之家·官吏呑幷)"이 언급되어 있다. 두 조서는 모두 "부호(富豪)"와 "은부(殷富)" 그리고 "왕공백관(王公百官)"과 "관리(官吏)"를 언급하고 있는데 이는 이들 지주가 동시에 발전하고 있음을 보여주는 사례이다.[67]

이 시기 비록 이 두 종류의 지주가 공존했으나 중심은 왕공귀족과 관료지주였다. 이들 지주들의 방대한 토지소유권은 한편으로는 국가에 의해 사여 받음으로서 다른 한편으로서 토지의 구매를 통해 이루어졌다. 국가의 사여는 예컨대 수나라 때의 규정에 의하면 제왕출신으로 도독(都督)이 된 자에게는 모두 품급에 따라 차지하고 있던 영업전(永業田)을 사유지로 인정해 주었으며 많은 자는 토지가 1백 경(頃)에 달했다. 또 수나라의 균전제는 북제(北齊)를 계승하였기 때문에 품관들 소유의 노비들도 토지를 받았다. 친왕은 300명의 노비까지 토지를 받았으며 품계에 따라 차등을 두어 8품 이하 백성의 노비에게까지 토지를 지급하였는데 한도액은 60명이었다. 노비가 받은 토지는 액수는 일반백성과 같아 정남(丁男)은 노전(露田) 80무 부녀는 노전 40무를 받았다. 수나라의 균전제는 귀족관료의 광대한 토지지배를 위한 법률적 근거였다. 수나라 양제(煬帝)가 즉위한 후 노비가 토지를 받는 제도를 폐지하였는데 이는 중대한 개혁이었다. 당나라 수나라의 뒤를 이었을 때 지주들 소유의 노비들은 비록 토지를 받지는 못했으나 각급 품관들은 여전히 광대한 영업전과 훈전(勳田)을 차지하고 있었다. 따라서 수·당의 균전제는 명백한 신분성을 반영하고 있었다. 특히 균전제와 조용조 제도는 겸병을 자행하는 권귀관료지주에게 유리하였다. 그들은 대규모의 영업전을 차지하고 있었으며, 토지의 하사와 겸병을 통해 대사유지를 확보하였으나 소규모의 조용조만 부담했다. 그들은 비록 국가에 호세와 지세를 납부했으나 그 수는 일반농민이 부담하던 조용조에 비해 매우 가벼웠다.[68] 요컨대 수·당의 이러한 제도는 권귀관료지주가 토지를 겸병하는 방편이 되었다.

당나라로 논의를 한정하면 권귀관료지주의 발전은 당 태종시기에 제정한『정관씨족지(貞觀氏族志)』에 잘 반영되어 있다. 『정관씨족지』는 당시 관직의 높고 낮음을 기준으로 성씨의 등급을 규정한 것으로, 상위등급에 오른 성씨의 대다수는 당시 새롭게 흥기한 권귀관료지주였다.

이 시기 신흥관료지주의 발전은 당시의 과거제와 긴밀히 연관되어 있다. 당나라의 적지 않은 서민들은 과거를 통해 관료가 되었다. 이후 관료의 녹봉과 탐욕으로 토지를 획득하여 관료지주가 되었다. 이들 새롭게 발전한 관료지주에 대해 사서는 "근대신문(近代新門)", "납화산직(納貨山職)"[69] 등으로 묘사하고 있다.

당나라의 권귀지주에 관한 사료는 매우 많다. 현종시기 현종의 고모 태평공주(太平公主)는 "전원(田園)이 경기인근의 비옥한 곳에 많았고(田園遍于近畿膏腴)", 상업에도 힘을 써 "만든 기물(器物)을 시장에서 교역하였으며(市易造作器物)", "그 상행위가 강주와 검주까지 이르렀다(貨殖流于江·劍)."[70] 재상 이림보(李林甫)는 "경성에 저택이 있고 전원과 물레방아의 이득이 아주 기름진 땅만 했다(京城邸第, 田園水磑, 利盡上腴)."[71] 대관료였던 노종원(盧從愿)은 많은 토지를 두고 "양전 수백경을 차지해(占良田數百頃)" "땅을 많이 가진 노인네로 지목(目爲多田翁)"되었다.[72] 천보 말년 동경유수(東京留守) 이징(李憕)은 "재산이 풍족하였는데 이천(伊川)은 땅이 비옥하여 모두 상등전이었고 대나무를 심어 숲을 만들어 성에서부터 궐구(闕口)에 이르기까지 별업이 서로 보이도록 했다. 이부시랑 이팽년(李彭年)과 함께 지벽(地癖)이 있다(豐於産業, 伊川膏腴, 水陸上田, 脩竹茂樹, 自城及闕口, 別業相望. 與吏部侍郎李彭年皆有地癖)."[73] 대종(代宗)시기 탁지전운사(度支轉運使) 원재(元載)는 장안성의 교외에 대토지를 두었으며 성남쪽에 "비옥한 별서를 두었는데 농지가 매우 넓었으며 그와 같은 곳이 열 곳이나 되었다(城南膏腴別墅, 連疆接畛, 凡數十所)."[74] 당후기 의종(懿宗) 때 상국(相國) 위심(韋審)은 "강릉부 동쪽에 별업이 있었는데 토질이 좋아 생산량이 많아 가장 비옥한 곳이라 불렸다(江陵府東有別業, 良田美産, 最號膏腴)."[75]

이상은 단지 몇 가지 구체적 사례를 열거한 것이다. 당시 관료들이 대규모의 토지를 두고 있었음은 보편적 현상이었다. 예컨대 고관이었던 장가정(張嘉貞)은 "근래 관료들을 보면 양전을 널리 차지하고 있다(比見朝士, 廣占良田)"[76]고 하였다. 장가정이 말한 것이 당시의 실상이었고 이들 권귀관료지주들은 일찍이 당나라의 전성기였던 현종시기에 드물지 않게 확인되었고, 장전(莊田)과 장원(莊園)이라는 칭호는 당시 문헌에서 다수 확인되다 덕종 이후 급속히 확대된다.

새롭게 흥기한 권귀관료지주의 발전과 더불어 일부 구세족지주도 영속(永續)하였다. 수나라 권신이었던 양소(楊素)는 관중지방의 문벌출신으로 수나라 초기 우복야(右僕射)가 되었다. 그 집안은 "방대한 자산을 운용하여 경사에서 여러 지방의 도회처에 이르기까지 상점과 방앗간을 운영했고 전택의 이로움은 헤아릴 수도 없었다(廣營資産, 自京師及諸方都會處, 邸店碾磑, 便利田宅, 不可勝數)."[77] 수나라 노군태수(魯郡太守) 정선과(鄭善果)의 모친 최씨는 장원을 곳곳에 두고 있었다.[78] 당나라 때 우지녕(于志寧)은 일찍이 주(周)·위(魏)이래 "대대로 관중에 거주하며 그 재산을 잃지 않았다(世居關中 資業不墜)"[79]라고 자부했다. 관롱(關隴)의 귀족이었던 이정(李靖)의 동생 이객사(李客師)는 "별업이 곤명지 남쪽에 있었는데 경성의 밖에서 서쪽으로는 풍수(灃水)를 사이에 두고 있어 짐승이라도 알 수 있었다(有別業在昆明池南, 自京城之外, 西際灃水, 鳥獸皆識之)."[80] 이상이 구세족지주가 영속하고 있음을 보여주는 사례이다.

무엇보다 일반서민유형 지주의 발전에 주목해야 한다. 이들은 다시 두 종류로 세분될 수 있다. 첫째는 상업으로 집안을 일으킨 상인지주이고 다른 하나는 농업에 힘써 집안을 일으킨 농업지주이다. 당시에는 부상(富商)에 대한 기록이 적잖이 남아 있다. 현종시기 양허(楊虛)의 보고에 의하면, "상인들은 재산이 남아돌고 호부들이 돈궤미를 축장할 지경에 이르러, 겸병하는 사람들의 저축이 해마다 증가하는데 반해 가난한 선비들은 날로 재산이 텅텅 비게 되었다(至于商賈積滯, 豪富藏鏹, 兼竝之人 歲增儲蓄, 貧素之士, 日有空虛)."[81] 중당(中唐)이후 부상에 대한 기록은 더욱 증가한다. 당병(唐騈)의 『극담록(劇談錄)』에 의하면, 번장군(藩將軍)은 "보관한 돈궤미가 매우 많아 큰 부자陶朱公와 다름없었다(藏鏹巨萬, 因均陶朱)." 『하동기(河東記)』에 의하면 거상이었던 공파(龔播)는 "삼촉대고(三蜀大賈)"로 불렸다.[82] 이조(李肇)의 『국사보(國史補)』에 의하면 송청(宋淸)은 약물(藥物)의 매매에 종사해 치부하였는데 "백배의 교역 이익을 거두었다(利市百倍)." 당나라 의종(懿宗) 때, 부상이었던 왕종(王宗)은 "이재에 밝아 때를 이용해 교역하여 그 부가 왕후(王侯)와 같았으며 … 중략 … 왕후의 옷을 입고 진수성찬을 먹었으며 그 동노(僮奴)가 만 명이나 되었다(善興利, 乘時貿易, 由是富似王侯 … 중략 … 侯服玉食, 僮奴萬指)."[83] 상품경제의 발전과정에서 어떤 이는 공장을 고용해 집안을 일으키기도 했다. 낙양(洛陽)의 왕청(王淸)이 얻은 5정(錠)을 자산으로 공장을 경영하여 "십여년 만에 거부가 되어 마침내 전(錢)을 벽돌모양으로 쌓아 용의 형상을 만들고 왕청본(王淸本)이라 불렀다(十餘年巨富, 遂甃錢成龍形, 號王淸本)."[84]
왕청은 종국적으로 상업을 통해 집안을 일으킨 듯하다.

부상들이 축적한 재산은 토지매매가 빈번하던 조건하에서 대거 토지로 집중
되었다. 예컨대 당나라 대종(代宗)시기의 조서에는 "부상대고들이 … 중략 … 좋
은 토지를 넓게 차지하고 많은 재산을 모으고 있다(富商大賈 … 중략 … 廣占良田
多滯積貯)"라는 구절이 있다.[85] 상업자본의 토지로의 전환은 서경의 부상이었던
추봉치(鄒鳳熾)가 축적한 재산으로 토지를 구매하여 "여관[邸店]과 원택이 전국에
퍼져 있었다(邸店園宅, 遍滿海內)"[86]는 기록에서도 확인된다. 또 부량(浮梁)지방의
상인 장령(張令)은 재산을 모은 후 토지를 구매하였는데 그 별업(別業)은 "장강과
회수 사이에 이어져 있었으며 모은 돈과 쌓아둔 곡식은 헤아릴 수 없었다(蔓延江
淮間, 累金積粲, 不可勝數)."[87] 당시 토지소유권의 이동이 빈번했던 점을 고려하면,
상인들이 재산의 일부로 토지를 구매하던 일은 보편적이었음을 알 수 있다.

이 시기에는 또 고리대로 집안을 일으킨 이들도 있었다. 농우(隴右)지방에는
"돈놀이 하는(業累千金)"의 유(劉)모가 있었는데 민간의 재산을 잘 빼앗았기 때문
에 '자물쇠[鑰匙]'라는 호칭을 가졌다. "이웃에 부유한 자가 있으면 '자물쇠'의 먹
잇감이 되었는데 담보도 없이 돈을 빌려 주고 여러 해가 지나도록 묻지 않다가
어느 날 갑자기 문서를 가지고 가서 계산하여 수배의 이자를 물려 … 중략 … 마
침내 그 재산 일체는 모두 '자물쇠'의 차지가 되었다(隣家有殷富者, 爲鑰匙所餌,
放債與之, 積年不問, 忽一日, 執券而算之, 卽倍數極廣 … 중략 … 遂至資財物産, 俱歸
鑰匙)."[88] 여기서 말한 '재산일체[資財物産]'에는 토지도 포함되었다. 당시 토지매
매 금령이 날로 해이해지던 조건에서 고리대로 집안을 일으킨 이들이 자신의 재
산을 토지로 전환한 것은 매우 자연스러운 일이었다.

이 시기 농민의 계급분화 과정에서 일부 부유호가 출현하였다. 당나라 전기인
고종 영휘 원년(650) 세금을 징수할 때, "그 후 또 1년의 세를 경감하면서 고호(高
戶)에게 그것을 주관하게 했다(其後又薄斂一歲稅, 以高戶主之)."[89] 또 무후(武后)시
기의 기록에 의하면, "지금 도인 가운데 마음대로 도인이 된 자가 수십만이고 이
가운데에는 정(丁)을 많이 가진 고호와 교활한 대상들이 대부(臺符)를 조작하여
이름을 뒤섞어 거짓으로 승려가 되었다(今道人私度者幾數十萬, 其中高戶多丁, 點
商大賈, 詭作臺符, 屬名僞度)."[90] 이상에서 말한 '고호(高戶)'는 부유한 호를 가리킨
다. 중종시기 "부유한 호[富豪]들 가운데 많은 수가 경영하면서 역을 피했다(富戶
强丁, 皆經營避役, 遠近充滿)."[91] 대종시기 "처음 주현에서는 부유한 사람[富人]들

을 취하여 조세운송[漕輓]을 감독하게 했다(初, 州縣取富人督漕輓).”[92] 이들 사료에서 말한 '부호'와 '부인'은 주로 농민계급에서 분화해 나온 부유한 호이다. 이들 부유한 호들 가운데 일부는 상승하여 중소지주호가 되었다.

이 시기에는 농업경영을 통해 집안을 일으킨 농민도 있었다. 여남(汝南)의 편호(編戶)인 위경(衛慶)은 당나라 초기에 "경작에 힘써 집안을 일으켰는데(服田起家)" 10여년의 농업경영을 거쳐 경작지가 2,000무에 이르러 '부가옹(富家翁)'이라 불렸다. 그는 재산을 모으는 과정에서 일찍이 "소 100마리를 팔았다(販牛四百蹄).”[93] 이러한 농민은 아마도 농업경영에 종사하여 재물을 모아 토지를 구매했을 것이다. 돈황의 호적책에는 당 현종시기 일군의 농민들이 토지를 매입한 사례가 확인된다. 앞서 서술한 것처럼 현종 천보 연간과 대종(代宗) 보응(寶應) 연간의 조서는 모두 부유한 집안과 관리를 언급하고 있으므로 이를 통해 서민 유형의 지주가 상당히 보편적이었음을 알 수 있다.

몇몇 부호들 가운데에는 집안을 일으킨 과정이 분명하지 않다. 예컨대 현종시기 하남(河南)의 굴돌중임(屈突仲任)은 "가동이 수백명이고 백만의 재산을 가지고 있었으며 전장(田莊)이 매우 많았다(家僮數百人, 資數百萬, 庄第甚衆).”[94] 상주(相州)의 왕수(王叟)는 "부유하여 재산이 많았으며(富有財)", "쌓은 곡식은 거의 만곡에 달했고 … 중략 … 장택이 매우 넓었고 객이 2백여 호였다(積穀近至萬斛 … 중략 … 庄宅尤廣, 客二百餘戶).”[95] 광대한 토지를 가지고 있었던 이들 민호는 서민유형의 지주에 속한다.

이러한 서민지주, 특히 상인지주 가운데 재산이 많은 자들은 경제력에 의지해 관부와 결탁하였다. 『개원첨보유사(開元天寶遺事)』에 의하면, "장안의 부자였던 왕원보(王元寶)·양숭의(楊崇義)·곽만금(郭萬金) 등은 나라의 거호였는데 이들은 사방에서 이름난 선비를 불러들이고 앞 다투어 그들을 공양하여 종종 조정의 이름난 관리들이 그 집안에서 나오기도 했다. 과거 때 마다 문사들이 그들의 집에 모이므로 당시 사람들이 그들을 호우라 불렀다(長安富民王元寶·楊崇義·郭萬金等國家巨豪也, 各以延納四方名士, 競于供送, 朝之名僚, 往往出于門下. 每科場文士, 集于數家, 時人目之爲豪友).”

위에서 서술한 서민유형지주의 광대한 소유토지는 기본적으로 토지매매를 통해 형성된 것이었다. 서민지주는 상품교역의 번성과 농민계급의 분화과정에서 점차 발전해 왔다. 상품경제의 발전은 서민지주가 발전할 수 있는 조건을 창출하였다.[96]

이상이 토지매매의 상황과 각종 서족지주가 발전하던 기본적 상황이다. 특히 서족지주의 발전은 이 시기 지주제 경제발전을 체현하고 있었다. 이러한 변화 발전은 지주제 경제 자신에 의해 제약되었으며 이는 지주제 경제발전의 필연적 결과였다. 요컨대 세족지주제에서 서족지제로의 이행은 봉건통치가 채택한 정책이 비록 일정하게 작용하였다고 해도 지주제 경제 자신의 자발적 발전에 의해 작동되었음을 경시할 수 없다. 이러한 변화 발전은 인간의 의식적 활동의 결과로 간주할 수 없다.

제4절 농민의 사회적 지위 변화에 대한 지주제 경제의 영향

1. 조전농(租佃農)의 확대와 사회적 지위 상승

지주제 경제가 정상적 궤도로 회복되었음은 농민계급의 사회적 지위의 상승이라는 측면에서 확연히 드러난다.

먼저 각종 서족지주의 발전에 따라 조전농이 확대되었다. 이 시기 지주의 토지겸병이 발전하였음은 앞서 이미 간략하게 언급하였다. 몇몇 지주들의 "전택은 천백에 달했고(田宅以千百計)" 몇몇은 "양전 수백경을 차지하거나(占良田數百頃)", "수만무의 토지를 겸병했다(兼地數萬畝)." 지주 겸병의 심화와 토지소유규모의 확대에 대해 혹자는 일찍이 개원(開元)과 천보(天寶) 연간(713~755)에 "한나라의 성제와 애제시기를 넘어서고 있었다(有逾漢成哀之間)"고 하고 혹자는 "토지의 경계가 서로 인접할 경우 반은 호가(豪家)의 것이었다(彊畛相接, 半爲豪家)"라고 평했다.[97] 지주가 겸병한 대토지의 대부분은 농민에게 지대를 수취했다. 일찍이 수나라시기 부객(浮客)들이 지주에게 "태반의 부를 수취(收太半之賦)" 당하고 있었다는 기록이 있다. 당나라에서 조전(租佃)관계는 더욱 발전하였다. 예컨대 천보 연간(742~755)에 지주들은 "전객을 정착시켜 토지를 전작(佃作)시켜 살아가게 했다(別停佃客, 使其佃食)." 앞서 서술한 것처럼 토지를 가진 집은 "앉아서 조세를 받아먹었으며(坐食租稅)," 농민들은 호강에게 예속되어 "그들의 농장에 고용되었다(賃其田廬)."[98] 이 시기 지주에 의해 겸병이 극심해 지고 있던 조건하에서 계급분화는 심화되었고 조전농의 끊임없이 확대하였다.

몇몇 민호들의 성격은 문헌에서 분명하게 드러나지 않지만 민호의 대다수는 조전농이었다. 예컨대 호강이 은닉한 도망호, 겸병된 하호(下戶), 그리고 부객(浮客)과 같은 이들이 여기에 속한다. 무후(武后)시기 진자앙(陳子昂)의 상소에 의하면 도망한 호들은 "주현에 소속되지 않았으며(不屬州縣)" "관료들과 대호족들이 은닉하고 있었다(士豪大族阿隱相容)."[99] 이들 도망호들은 이미 지방 호강들의 비호 아래에 있는 조전호가 되었다. 중종(中宗) 신룡(神龍)초 이걸(李杰)이 채방사(採訪使)로 남산을 사행하였을 때 "호구가 도주하여 빈약한 하호들은 호세가들에게 겸병되었다(時戶口逋蕩, 細弱下戶, 爲豪力所兼)."[100] 이렇게 지방의 호강한 이들에게 겸병된 하호들은 실제로 그들이 수탈하고 있던 전호(佃戶)였다. 현종(玄宗)시기에는 이 시기 백성에 대해 "향읍을 떠나지 않을 수 없어 모두 떠돌이가 되었고(莫不輕去鄕邑)" "혹은 호강들의 차지가 되었으며 혹은 간사한 관리들이 장악하였다(或豪人成其泉藪, 或奸吏爲之囊橐)." 향읍을 떠난 이러한 농민 가운데 호인에게 투탁한 자는 실제로 호인에게 예속된 전호(佃戶)가 되었다. 또 앞서 서술한 개원 9년(721) 천하의 객호(客戶)들은 80여만에 달했고 이 가운데 일부는 조전농이었다.

이상의 사례로부터 균전제가 시행되고 있던 시기에 조전제(租佃制)는 이미 상당히 보편화되었다. 덕종시기 양세법을 제정한 이후 토지겸병은 일층 극심해 졌고 조전농은 더욱 확대되었다. 당나라 때 국가가 직접 제어하던 각종 공전(公田)의 상당수에서도 출조(出租 : 역자-지대수취)했고 이것은 조전농의 확대를 촉진했다. 예컨대 현종(玄宗)시기 천보(天寶) 12년 1월 여러 색(色)의 직전(職田)에 대한 칙서에 의하면, "양경(兩京) 백관(百官)의 직전(職田)은 이전 전민(佃民)이 스스로 발송하는 것을 이어 받았는데 … 중략 … 지금 이후부터 그 직전이 성에서 50리 이내에 있는 것은 옛 령에 따라 전농(佃農)이 스스로 성으로 발송하도록 했다(兩京百官職田, 承前佃民自送 … 중략 … 自今以後, 其職田去城五十里內者, 依舊令, 佃農自送入城)."[101] 당 후기 회창(會昌) 6년(846)에도 "여러 현에서 서울의 여러 관아의 관료들의 직전에 지급해야 할 곡물은 … 중략 … 민호에게 스스로 납부하도록 하라(諸縣徵納京百司官秩職田斛斗 … 중략 … 勒民戶使自送納)"[102]는 기록이 있다. 공해전(公廨田)의 경우, "그 토지는 민에게 빌려주어 경작하게 하여 가을과 겨울이 되면 헤아려 받을 따름이었다(其田亦借民佃植, 至秋冬受數而已)."[103] 목장전[牧田]과 역전(驛田) 역시 출조제(出租制 : 역자-지대를 수취하는 제도)를 시행하였는데 사서(史書)에서는 "기양(岐陽) 마방의 땅은 이미 백성들에게 토지를 조전(租佃)시키는 것에 구애됨이 없으며 또 관의 부세도 누락하지 않았다(岐陽馬防地,

其不防百姓租佃, 又不關官中賦稅).[104] 각지 피택(陂澤)의 공유지도 지대를 수취하기 위해 민들에게 주어졌다. 예컨대 사서에는 "소재하고 있는 피택의 경우 … 중략 … 나머지는 모두 백성들에게 맡겨 전작(佃作)하여 살아가도록 했다(所在陂澤 … 중략 … 餘幷任百姓佃食)."[105] 각종 공전의 조전(租佃)에 대하여 목종(穆宗)시기 원적(元積)이 다음과 같이 개괄하였다. "그 공해전·관전·역전 등이 거두는 세는 그 경중이 대략 직전과 서로 비슷하여 백성들에게 억지로 배분하여 조전(租佃)하게 했다(其公廨田·官田·驛田等, 所稅輕重約與職田相似, 亦是抑配百姓租佃)."[106]

조전농의 수가 확대된 시기, 그들의 사회적 지위도 변화했다. 이 시기 조전농의 신분적 지위는 몇 가지 유형으로 나눌 수 있다. 첫째는 지위가 낮은 조전적 성격의 노비들이다. 이들 노비의 경우 수나라 때까지 그 수는 적지 않았으나 당나라 때에 이르러 그 수가 크게 감소하였다. 둘째는 부곡으로 그들의 사회적 지위는 노비와 양민 사이에 위치했으나 역시 천민에 속했다. 부곡의 대부분은 농업생산에 종사하였으며 주인에게 예속되었고 독립적인 호적을 가질 수 없는 전농(佃農)이었다. 당률의 규정에 의하면, 부곡·객녀(客女)의 신분은 세습되었고 방면되어 양인이 될 수 있었으나 반드시 가장(家長)이 문서로 관부에 보고한 뒤에야 효력이 발생했다. 부곡은 주로 당률에서 확인되며 일반문헌에서 확인되는 예는 매우 적다. 이는 부곡이 생산노동자에서 차지하는 비중이 매우 적었음을 말해준다. 이 밖에 당시에는 객호(客戶)라는 것이 있었으며 이들에 대한 기록은 매우 풍부하다. 이 가운데에는 자영농에 속하는 이들도 있었고 조전농인 자들도 있어 구체적인 맥락에서 그 성격을 규정해야 한다. 다만 객호의 대다수는 훗날 전호(佃戶)로 전락했다. 당나라시기 지주의 농경지를 경작하는 생산노동자의 대다수는 일반조전농(一般租田農)이었다.

오해의 소지를 제거하기 위해, 여기서 객호의 성격에 대해 개설해 보자. 객호라는 것은 당나라 때 고향의 농토를 떠나 타향에 기거하는 객적호(客籍戶)를 가리킨다. 이 가운데에는 지주·자영농·직업 없이 떠도는 유랑민 등이 있다. 이러한 객호는 뒷날 조전농으로 전락했다. 앞서 서술한 현종 천보 11년(752)의 조서처럼, "왕공백관(王公百官)과 부호지가"는 널리 장원을 두었으며 그들은 "객호를 정착시켜 그들에게 토지를 전작(佃作)하여 살아가게 했다." 조서는 이어 이러한 상황에 대해 "전국이 모두 그러하여 이를 좇은 것이 이미 오래되었다(遠近皆然, 因循已久)"라고 말하였다. 객호가 전호로 변화한 사례는 이미 천보(天寶) 이전에 나타나고 있다. 당나라 중기가 시작되면서부터 지대를 납부하는 토지로 생계를 이어

가는 전식객호(佃食客戶)의 수는 날로 확대되었다. 이 후 점차 습관적으로 토지를 가지고 있는 호는 자영농과 지주를 구별하지 않고 모두 주방(主方)이라 하고, 토지를 가지지 못하여 다른 사람에게 의존하여 생계를 이어가는 자를 객호로 칭하게 되었다. 이러한 객호는 실제 전농(佃農)이었고 여기서 주객(主客)과 같은 명칭이 출현하였다. 이로 인하여 지주는 "세력으로 침탁하고(勢力侵奪)", "사람을 눌러 객으로 삼는다(降人爲客)"이라는 말이 나오게 되었다. 그러나 객호 역시 토지를 구매하여 자영농이 되기도 했다. 대종(代宗) 보응(寶應) 원년(762)의 칙서에 의하면, 지금 소재지에서 1년 상 객호로 거주하는 자 가운데 "스스로 토지를 구매하여 생계를 이어가고 있는 자는 그가 의탁하고 있는 집[蔭家]에 거주하는지 자기 집을 짓고 사는 지에 구애되자 말고(自貼買得田地有農桑者, 無問于蔭家及自造屋舍)" 일률적으로 해당지역의 호적에 편입했으며 해당지역의 토지와 거주하는 민의 수에 견주어 부역의 부담을 반으로 감면해 주었다. 덕종(德宗) 건중(建中) 초, 양세법을 시행하면서 호 가운데 토지가 없는 객은 현거주지로 부적을 작성하고 세금의 다소는 빈부에 따라 차등을 두었다. 이 시기 객호 가운데 토지를 가진 자는 호적에 편입되었고 다시는 객호로 칭하지 않도록 했다. 토지가 없는 자 전객(佃客)·고객(雇客) 등은 양세를 내는 호가 아니었으며 일반적으로 국가의 호적에 편입될 수 없었다. 이후 객호는 주로 조전농을 의미했다.

양진남북조(兩晉南北朝)시기 지주의 대농장에서 일하는 생산노동자의 칭호는 부곡, 객호가 있었는데 이들은 모두 조전농이었고 이 밖에 노비적 성격의 조전농도 있었다. 당나라 때에 이르러 지주의 전장에서 일하던 생산노동자는 노비와 부곡이 크게 감소하여 일반적으로 모두 전호(佃戶)라 불렀다. 조전이라는 칭호의 변화는 그들의 사회적 지위의 변화이다. 전농이라는 칭호에 대한 문헌기록은 매우 풍부하고 앞에서 이미 서술하였다. 가장 구체적인 것은 돈황현의 호적 자료로 태종 정관 17년(643) 조전과 관련된 사례가 확인되고 현종시기에 이르면 조전이라는 칭호는 상당히 보편화된다.[107]

특히 주목해야 할 점은 이 시기 조전계약이 출현하였다는 점이다. 돈황(敦煌) 천불동(千佛洞)과 투르판[吐魯番] 아스타나(阿斯塔那) 묘에서는 매우 많은 조전계약서가 발견되었다. 비교적 이른 시기의 것이 정관(貞觀) 17년(649), 용삭(龍朔) 3년(663), 주(周) 무조(武曌) 천수(天授) 연간(690~691)의 문서이고, 당 중기의 문서로는 천보(天寶) 6년(747)의 것이고, 당 후기의 문서로는 천복(天復) 2년(902)과 천복 4년의 것이다. 이 가운데 정관 17년 고창현(高昌縣) "조회만(趙懷滿)의 장환인(張

歡仁)에 대한 조전계(趙懷滿從張歡仁租田契)"는 "전주 장환인(張歡仁), 전주 장원부 (張薗富)"와 "경작인 조회만(趙懷滿)"을 구분하여 기재하였으며 조전된 토지의 면적과 "고창지역의 두량에 따라 계산하여 수취하는 것이 마땅하며 수취한 세곡은 반드시 깨끗하고 좋게 건조되어 있어야 한다(依高昌斗計中取使干淨好)"라고 기술되어 있다. 아울러 토지를 전작(佃作)하는 자가 규정에 따라 지대를 납부하지 못하면 "그 가재를 몰수 할 수 있도록 해(聽批家財)", 전주에게 전가(佃家)의 재물을 저당할 권리를 주었다. 문서의 마지막에는 "작성자 사연수(儒書氾延守)"라고 썼다. 또 천보(天寶) 6년(747) 고창현 "여재예(呂才藝)의 출조전무계(呂才藝出租田畝契)"에는 "전주 여재예"와 그 토지 2무와 그 토지의 4경계, "그 토지가 천보 6년에 전작(佃作)되었음(其田安用天寶六載佃植)", 전인(佃人)은 "전 450문을 여재예측에게 납부함(用錢四百五十文于呂才藝邊)", "보증인 처 이씨(保人妻李)", "보증인 혼정선 (保人渾定仙)", "작성자 혼선(書寫人渾仙)"[108] 등이 각각 기재되어 있다. 조전계약의 출현에서 계약자 상호간의 평등한 관계가 출현했다고 할 수 있다.

이 시기 지주의 토지에서의 지대 수취는 기본적으로 대분제(對分制 : 지주와 경작자가 수확물을 나누어 가지는 제도)를 시행했다. 돈황현 호적 잔권에 기재된 고종(高宗) 용삭(龍朔) 3년(663)의 조전계약에 의하면, 수확한 뒤 "가을보리는 두 사람이 차례로 나눈다(秋麥二人遞分)" 즉 생산물을 반분한다고 규정하고 있다.

이상의 사례에서 수·당(隋·唐)시기 주로 당나라 때에 조전관계는 변화가 발생하여 조전농의 사회적 지위가 상승하였음을 확인할 수 있다. 앞서 서술한 것처럼 과거 남북조시기 조전농은 부곡·객호·노비로 구성되었고 당시의 부곡과 객호는 본래 주인의 예속민이었다. 이들 민호들이 조전농이 되어도 예속관계에는 큰 변화가 발생하지 않았다. 신분적 예속관계는 여전히 강렬하였으며 노비적 성격을 가진 전농(佃農)의 사회적 지위는 더욱 저하되었다. 이 시기 조전적 성격을 가진 농민의 사회적 지위가 하락한 것은 지주의 봉건특권과 분리될 수 없는 것이었다. 특히 누대에 걸쳐 고관과 많은 녹봉을 받은 세족지주들과 일반농민은 엄격한 귀천의 신분관계를 형성하고 있었다. 노예처럼 사역당하고 수탈당하던 조전적 성격을 가진 농민들의 사회적 지위가 하락하는 것은 필연적 결과였다. 그러나 수·당시기는 이와 달랐다. 특히 당나라 때 서족지주제가 우세하게 되었고, 신흥관료지주의 경우 그 부귀가 지속되지 않았고 전농은 통상 지주가 될 수 있었다. 이 시기 지주와 전농은 비록 신분관계를 형성하였으나, 이는 여러 대를 거쳐 대대로 지위를 계승해 온 세족지주가 만들어 낸 주(主)-전(佃)관계와 달랐다.

특히 서족지주가 발전하였고 그들의 대다수는 농민출신으로 국가의 백성[黎民]이
었다. 그들과 전농(佃農)은 비록 봉건적 신분관계를 형성하고 있었으나 계급차별
은 현격하지 않았다. 조전농의 사회적 지위는 상대적으로 상승했고 지주는 그들
을 임의로 침탈하지 못했다. 이미 당나라 전기에 사서는 "대성과 호활한 무리들
이 능히 가난한 민들을 침탈하지 못했다(大姓豪猾之伍, 不能浸欺細民)"[109]라고 기
술하고 있다. 이러한 기술은 비록 사실을 과장한 것이겠지만 전농의 사회적 지
위가 상승하고 있음을 반영한 것이기도 하다. 이점은 토지소유관계에 있어 거대
한 변화였다. 바로 이러한 조건하에서 조전계약이 점차 발전하여 갔고, 이 계약
으로 지대 수취를 보증했으며 이것은 과거 지주의 봉건적 권세에 의지해 지대를
수취하던 강압적 방식을 대체하였다. 이것은 조전농의 사회적 지위가 상승하고
있음을 나타내는 징표였다.

2. 자영농의 상대적 감소와 자유로워진 신분제

토지소유가 집중되고 조전농이 날로 확대되고 있던 상황에서 자영농은 쇠락
하고 그들의 비율은 상대적으로 감소했다. 수나라에서 당나라 전기에 이르기까
지, 몇몇 지역의 경우 당나라 중기에 이르기까지 균전제가 실시되고 있던 상황에
서 농민의 소토지소유제는 지배적 위치를 차지하고 있었다. 앞서 서술한 것처럼
상당히 광대한 지역에서 국가는 토지를 소유하지 못한 농민들에게 공한지를 지
급해 주었다. 또 몇몇 지역에서는 소유한 토지가 균전제의 규정액을 넘어서는
민호가 발생했고 국가는 그 초과분의 토지를 "규정액을 넘어서 토지(籍外占田)"
라 부르며 때때로 이들 토지를 적몰하여 토지가 없는 농민들에게 분배하기도 했
다. 이와 더불어 "급복제(給復制)"를 규정하여 토지가 없거나 소토지를 소유한 농
민호에게 "토지가 많은 지방(寬鄕)" 즉 토지는 넓으나 인구가 적은 지역으로 이주
하여 개간 할 것을 장려하였으며 개간된 토지에는 부세를 면제해 주었다. 자영
농을 육성하려는 이러한 국가의 정책은 앞서 이미 서술한 바 있다. 이러한 정책
의 목적은 부세수취를 위한 것이었다. 광대한 농민들은 모두 일정한 토지를 소
유하고 있었기 때문에 토지 면적이 아니라 호정에 따라 조용조를 징수하는 제도
가 비로소 순조롭게 시행되었다. 또한 바로 이런 이유에서 당나라 전기 상당히
긴 역사적 시기동안 농민의 소토지소유제는 지배적 위치를 차지했다.

균전제와 조용조제도가 시행되던 시기의 토지소유권의 분배상황을 당나라에

한정하여 말하면 비록 정(丁)에 따라 구분전 80무가 수수(授受)되지 못했다하더라도 농가가 원래 소유한 토지소유권은 보장되었다. 때문에 토지매매를 위법으로 금지하는 규정이 있었고 각종 지주들이 한도를 넘어 토지를 구매하는 것을 경계했다. 이 시기 자영농의 비중은 돈황현 호적잔권 가운데 남아 있는 일부 규모가 작은 지역를 통해 확인할 수 있다. 잔권에는 무측천(武則天)·현종(玄宗)·대종(代宗)시기의 기록이 있다. 여기서는 한귀판[韓國磐]이 정리한 56가호의 소유 토지를 근거로 하여 다음과 같이 계산하였다. 소유한 토지가 몇 무(畝), 10여무, 토지가 없는 호는 모두 12호인데 이들을 하등호로, 소유한 토지가 20무에서 50무에 이르는 호는 25호인데 이들을 중등호로, 소유 토지가 50무에서 92무에 이르는 호는 7호인데 이들을 부유호(富裕戶)로 각각 구분했다. 소유 토지가 118무, 224무인 호는 2호인데 이 2호는 인구가 비교적 적어 매정이 평균 103무, 149.5무의 토지를 소유하였다. 이러한 민호는 지주호였다. 이 계산은 정확한 것은 아니나 필자들은 이것에 의거해 농민과 지주의 소유 토지 비중을 계산해 보았다. 여기서 46호가 소유한 총 토지는 2,275무이다. 이 가운데 지주인 2호가 소유한 총 토지는 372무로 전체 경작지의 16.35%를 차지한다. 44호의 농호가 소유한 총 토지는 1,903무로 전체 경작지의 83.65%이다. 이 지역에서 농민의 소토지 소유제가 지배적 위치를 차지하였던 것은 분명하다.

당연히 돈황현 호적 잔권에 반영된 것은 한 자은 지역의 상황이라 이를 전국적 상황으로 보편화시킬 수는 없다. 몇몇 지역에서는 토지소유권이 비교적 집중되어 있었고 몇몇 지역에서 토지소유권은 더욱 분산되어 있었을 터이다. 그러나 개원(開元)·천보(天寶) 연간과 그 이전에는 상당히 광대한 지역의 경우, 경작자가 적고 토지가 많은 상황에서 소토지소유자 혹은 토지를 소유하지 못한 민호에게 공한지를 지급하는 정책을 실시하였고 이로 인해 농민의 소토지소유제가 차지하는 비중이 컸을 것으로 추정된다.

요컨대 수나라에서 당나라 현종시기에 이르는 100여년간 비록 규정대로 시행되지 않았지만 균전제는 권귀지주가 공전(公田)·산택(山澤)을 침탈하는 것을 억제했고, 그들이 농민의 토지를 임의로 겸병하는 것을 방지했다. 이로 인해 농민의 소토지소유제는 장기간 지속할 수 있었다. 또 바로 이런 조건하에서 상당히 오랜 역사적 시기동안 농촌은 상대적으로 풍요로웠고 국가 역시 비교적 안정되었다. 예컨대 『수서(隋書)』 고조본기 하에 의하면 수나라 문제(文帝)시기에 "군자들은 함께 그 생활을 즐겼으며, 소인들은 그 직업에 만족했다. 강자는 약자를 능욕하지 못했고 다수는 소수를 억압하지 않았다. 사람과 물건이 넘쳐나니 조야가 모두 기뻐하였다. 20연간 천하에 사변이 없으니 나라 안이 이처럼 평안했다(君子咸樂其生, 小人各安其業, 強無陵弱, 衆不暴寡, 人物殷阜, 朝野歡娛. 二十年間, 天下無事, 區宇之內晏如也)." 당시 이러한 태평성세는 겸병을 억제한 정책과 유관하다. 당나라 천보 연간까지 여전히 토지에 대한 감독과 겸병에 대한 억제가 관철되고 있었다. 사서에 기록된 것처럼 이 시기 장안과 낙양 인근의 목지(牧地)를 감독할 때 "관인의 친척과 공상의 부호와 겸병하는 집에 지급하지 못하도록 했으며 만약 거짓으로 그것을 받는 자는 일단 먼저 판결한 후 법에 따라 벌했다(不得輒給官人親識工商富豪兼竝之家, 如有妄請受者, 先決一頓, 然後准法科罪)."[110] 당나라의 이러한 정책은 당시의 균전제와 연동되어 있었다. 농민의 소토지 소유제가 지배적 위치를 차지하던 상황에서 '개원(開元)·천보(天寶)의 통치'가 출현하였던 것이다. 예컨대 당시 사람들은 "개원과 천보 연간 토지의 개간에 힘을 기울여 천하의 고산과 깊은 구덩이에도 쟁기가 넘쳐났다(開元天寶之中, 墾者益力, 四海之內, 高山絶壑, 未耜亦滿)."[111] 요컨대 이 시기 각종 지주는 비록 토지를 구매하기는 했으나 그들의 겸병은 극심하지는 않아 광대한 농민들이 자신의 토지를 소유하고 있었다. 바로 이런 조건에서 호정을 기초로 조용조를 징수하는 부세제도가 그럭저럭 시행될 수 있었고 농업생산이 순조롭게 발전하였으며 사회경제는 크게 번성하여 지주제 경제의 생명력을 보였다.

그러나 농업생산의 발전에 따라 상품교역이 날로 번성했고 그 결과 계급분화의 추세가 가속화되었다. 계급분화의 심화 즉 지주소유제가 점차 확대되고 농민의 토지소유는 날로 감소되고 있던 상황에서, 호정을 기준으로 징세하던 조용조제는 농민에 대한 수탈체제로 변화되었다. 이에 소토지를 소유한 농민들은 과중한 부담으로 인해 속속 파산해, 어떤 이는 토지를 판매한 후 고향을 등지게 되었고 결국 자영농이 차지하던 비중은 상대적으로 감소하였다. 이러한 현상은 일찍이 당나라 전기에 이미 발생하여 현종 후기에 이르러 더욱 진전되었다. 예컨대 앞서 서술한 천보(天寶) 11년(752) 조서에서, 농민들이 연이어 토지를 판매하여 "백성들로 하여금 편안히 살 곳이 없게 하였다(致令百姓無處安置)." 또 앞서 서술한 보응(寶應) 원년(762)의 조서에서는 다음과 같이 말했다. "백성의 토지는 근래 부자들과 관리들에게 병탄되어(百姓田地, 比者皆被殷富之家官吏吞幷)", "이로 말미암아 농민들이 도주하고 있다(所以逃亡, 莫不由玆)." 이 시기에 이미 적지 않은 자영농들이 토지를 소유하지 못한 민호로 전락한 것이다.

　이러한 현상의 발생은 각종 지주의 토지겸병과 일정한 관계를 가지고 있지만 관건은 불합리한 조용조의 과중한 부담이었다. 이로 인해 광대한 자영농 특히 소토지를 소유한 농호들이 연이어 토지를 판매하고 도주하였다. 이러한 현상에 대해 국가 역시 일찍이 여러 정책적 조치를 취했다. 대종(代宗) 보응(寶應) 원년(762)에 다음과 같은 칙령을 내렸다. "1년 이상 거주한 객호가 스스로 토지를 구매하여 농사를 짓고 있는 자는 그가 의탁하고 있는 집[蔭家]에 거주하는지 자기가 집을 짓고 살고 있는 지에 관계없이 일체 호적에 편입하여 백성으로 삼아 등급을 매겨 징세하라(自貼買得田地有農桑者, 無問于庄蔭家及自造屋舍, 勒一切編附爲百姓差科)."[112] 그러나 역사적 사실이 증명하듯이 이러한 칙령은 자영농의 쇠락을 방지할 수 없었다.

　자영농의 감소는 농민의 도망에서 구체화되었다. 무즉천시기 위사립(韋嗣立)은 일찍이 다음과 같이 말했다. "지금 천하의 호구 가운데 반 이상이 도주하였습니다(今天下戶口 逃亡過半)."[113] 비록 이는 과장된 표현이지만 농민의 도망이 심각한 수준이었음을 보여준다. 농민의 도주로 인해 국가가 직접 제어하고 있던 자영농 민호는 날로 감소하였다. 현종시기 전국에는 약 9백만 호가 있었으나 이는 오래 지속되지 못했다. 대종(代宗) 보응 원년(762)의 칙서에 의하면, "근래 백성이 도주하여 열 가운데 반이 남아 있지 않았다(近日以來, 百姓逃散, 十不半存)."[114] 대종 광덕(廣德) 2년(764)에 국가가 장악하고 있던 민호는 이미 293만여 호로 감소하였다. 혹자는 다음과 같이 지적했다. "인호가 감소하여 세금징수 장부가 텅 비게 되었다(人戶凋耗. 版圖空虛)"거나 "고향에 거주하며 땅을 경작하는 자가 백에 45명이 되지 않게 되어(鄕居地著者, 百不四五)" 이로 인해 "정부(定賦)의 수입이 거의 없었다(定賦所入無幾)."[115] 국가가 직적 제어하던 민호가 날로 감소하자 부세 수입도 그에 따라 감소해 갔는데, 이는 자영농의 수가 감소한 결과였다.

　덕종시기 양세법으로의 개정은 소토지를 소유한 농호에게 과거 조용조제도의 기형적이고 과중한 부세에서 벗어날 수 있도록 했다. 이후 계속적으로 자영농을 육성하였는데 예컨대 헌종(憲宗)시기에 "천하의 영전은 모두 민을 고용하거나 임대하여 경작하게 하라(天下營田皆雇民或借庸以耕)"는 령을 내렸다. 목종은 즉위하자 조령(詔令)을 내려 "관의 땅을 경작하는 자는 관전의 1/3을 종신토록 경작하도록 하여(耕官田者給三之一以終身)"[116] 일부 관전을 농민에게 지급해 그들을 자영농으로 변화시켰다. 무종(武宗) 회창(會昌) 원년(841)에는 다음과 같은 칙령을 내렸다. "황무지와 저습지와 산기슭은 백성들 가운데 여력이 있어 경작하여 개간할 수 있는 것은 주현에서 번번이 보고하지 말 것이며, 거두어들인 곡식도 개간한 지 5년 동안은 세액에 의거하지 말고 5년이 지난 후에는 법에 따라 세를 거두어 들이라(荒閑陂澤山原, 百姓有人力能墾辟耕種, 州縣不得輒問, 所收苗子五年不在稅限, 五年之外依例納稅)."117) 즉 개간하여 경작한 지 5년이 지나면 해당 토지를 농민에 게 분배하여 전세를 완납하도록 했던 것이다. 그럼에도 이 시기 토지소유권은 여전히 집중되고 있어 자영농은 위와 같은 정책적 조치에도 불구하고 확대될 수 없었다.

당나라 때 일반 자영농의 토지에서 얻은 수익이 어느 정도였는지는, 당시 각 농호의 토지소유 규모가 달랐기 때문에, 계산해 낼 수 없다. 조용조가 실행되던 시기, 20~30무 이상을 소유한 농호의 경제적 상황은 비교적 양호했다. 수무에서 10여부를 소유한 농민은 조용조의 부담이 과중했기 때문에 경제적 상황은 매우 어려웠다. 특히 현종 천보연간 이후에 계급분화가 날로 심화되면서 자영농의 경 제상황은 날로 악화되었다.

주목해야할 사실은 이 시기 자영농의 사회적 지위의 변화이다. 자영농의 사회 적 지위 변화는 두 가지 측면에서 분석할 수 있다. 하나는 지주의 신분적 지위변 화이고 다른 하나는 부제제도의 개혁이다.

남북조시기 지배적이었던 세족지주는 하나의 특권적 가문이었다. 신분관계 가 매우 현저했던 상황에서 일반관료지주 역시 특권적 지위를 누렸다. 이 시기 이 두 지주와 일반농민 사이에는 신분적 차별이 존재했다. 수·당시기 세족지주 의 몰락과 더불어 풍속도 변화하였다. 귀천의 신분관계는 상대적으로 약화되었 다. 이 시기 새롭게 흥기한 서족지주는 일반농민과 여전히 고하의 구분이 있었 지만 남북조시기의 그것과 비교하면 매우 달랐다. 농민의 사회적 지위가 상대 적으로 상승한 것이다. 이것은 지주의 신분지위 즉 토지소유관계로부터 만들어 진 변화였다.

덕종시기 실행된 양세법은 자영농에게 비교적 많은 신분적 자유를 가져 다 주었다. 대종(代宗) 이전 조용조제도가 실행되던 시기에는 호구가 징세의 대상이 되어 자영농은 반드시 엄격하게 통제되었다. 농민은 자유롭게 고향을 떠날 수 없었으며 국가는 항상 호구를 점검하여 농민 가운데 고향을 떠난 이들을 "도망" 이라 해 그들을 엄격하게 징치했다. 『당률(唐律)』 호혼율에 의하면, "호를 누락시 킨 자는 가장은 도 3년에 처하고, 역을 내지 않는 자는 2등을 감하고 여호(女戶)

의 경우 3등을 감한다. 호를 누락하고 나이를 속여 역을 면제한 자는 1명이면 도 1년, 2명이면 1등을 더하고 그 죄는 도 3년까지 죄 줄 수 있었다(諸脫戶者, 家長徒 三年. 無課役者 減二等, 女戶又減三等. 脫口及增減年狀以免課役者, 一口徒一年, 二口 加一等, 罪止徒三年)." 각종 정구(丁口)들의 처벌은 그 경중이 달라 여자가 역을 바치지 않으면 경감된 처벌을 받았다. 남자가 과역(課役)을 부담하지 않으면 무 거운 벌을 받았다. 이 시기 호정에 따라 세를 징수하던 제도는 국가가 토지소유 에 간여하여 노동력에 대해 엄격한 편제를 실시하였고 토지세는 인두세적 성격 을 가지게 되었으며 이는 농민에 대한 국가의 경제외적 강제를 형성하였다. 덕 종 연간(780~804)에 양세법으로 개정한 이후 자영농에 대한 국가의 통제는 점체 이완되어 갔다.

자영농에 대한 국가 통제의 이완은 일정한 발전과정을 거쳤다. 당나라 때 조 용조를 실시하던 시기 부세제 가운데 요역부분은 이미 역(役)을 용(庸)으로 대체 했다. 즉 노동력 대신 현물을 징수하여 농민은 요역을 대신해 현물을 바쳤다. 이 시기 농민에 대한 국가의 통제는 이미 상당히 약화되었던 것이다. 이후 양세법 으로 개정한 후 더욱 큰 변화가 발생했다. 자영농이 더욱 많은 신분적 자유를 획 득한 것이다.

이상이 수·당시기 주로는 당나라 때 농민의 사회적 지위가 변화가 기본적 사 정이다. 한편으로 조전농의 사회적 지위는 점차 상승했으며 다른 한편으로 자영 농은 비교적 많은 신분적 자유도 획득했다. 농민계급과 신분관계의 이러한 변화 는 시기구분의 기준이 될 만큼 중요한 의의를 가진다. 이것이 이 시기 지주제가 진일보한 발전한 것이며 그것이 체현된 형태였다.

요컨대 수·당시기 지주제 경제의 정상궤도로의 복귀는 오랜 역사과정을 거쳤 으며 세족지주에서 서족지주로의 이행이 그 근저에 놓여 있었다. 이러한 지주제 로의 이행 이후 서족지주제가 발전했고 이어 조용조제도에서 양세법으로의 이행 이 이루어졌다. 이러한 변화 발전을 통해 중국 지주제 경제는 점차 기형적 지주 제의 제약에서 벗어나 진일보 발전할 수 있었다. 서족지주의 발전과 부세제도의 개혁이라는 조건 하에서 농민의 사회적 지위는 점차 상승했고 이로부터 중국 지 주제 경제는 다시 한번 정상궤도로 복귀할 수 있었다.

제5절 결론

수·당시기 지주제 경제가 정상궤도로 발전한 과정을 요약해 보자.

본 장의 서술을 종합하면, 이 시기 지주제 경제의 변화 발전은 대개 3개의 역사적 시기로 나눌 수 있다. 첫째 시기는 수문제에서 당나라 전기에 이르는 시기로, 세족지주제에서 서족지주제로 발전해 가던 과도기이다. 무조(역자-무즉천)집권기 과도기는 종결된다. 둘째 시기는 당 중종(中宗) 신룡(神龍) 이후 토지소유권의 이동이 빈번해지고 균전제의 뿌리가 흔들리던 때이다. 이 시기는 서족지주를 중심으로 지주제가 계속 발전한 시기이다. 셋째 시기는 덕종이 양세법으로 개정한 이후로 토지를 징세의 대상으로 삼았고 대토지를 소유한 지주도 징세에서 제외되지 않았다. 이 시기 농민의 사회적 지위는 변화하였고 지주제 경제는 정상적 발전궤도 진입하였다. 수나라가 건국하여 당나라가 멸망하기까지 380여년간 서족지주는 부단히 발전하여 확대되었고 지주제 경제는 날로 발전하여 완성되었다. 그 밖의 사회경제와 정치체제의 변화도 지주제 경제의 발전을 따라 진전되어 갔다.

이상의 이러저러한 변화 발전에서, 수나라와 당나라 전기의 세족지주제로부터 서족지주제로의 이행은 핵심적 문제였다. 이러한 이행은 우선 정치적으로 세족지주의 특권에 대한 억압을 통해 이루어졌다. 이 가운데 특히 주목할 것은 과거제의 실시이다. 과거제는 세족지주의 특권을 유지하던 9품중정제(九品中正制)를 대체했다. 과거제는 서족지주가 정계로 진입하는 조건을 만들었다. 다음으로 중요한 것은 지주경제에 유익했던 조용조제도의 개혁이다. 조용조제는 많은 토지를 소유한 지주들에게 가장 유리한 것으로 신분적 특성을 가지고 있었으며 백여년 동안 이어지다가 농민들이 거듭된 도망이라는 저항에 직면하여 무종시기에 이르러 양세법으로 개정되었다. 이러한 개혁과정을 거쳐 지주제 경제는 완성되었다.

지주제 경제의 발전에 따라 균전제와 연관되어 있던 토지매매 금령도 제거되었다. 현종시기에 특히 농업생산과 상품경제가 발전하였고 농민계급의 분화는 날로 심화되었으며 빈궁한 가호들은 토지를 판매하게 되자 토지매매 금령은 무명무실 해졌다. 이후 심지와 토지를 조사해 보면 "토지대장 밖에 있는 토지에 세금을 징수하라(徵簿外田)"는 령에 대한 반대의사까지 표출되었다. 앞서 서술한 것처럼 이원굉(李元紘)은 부민의 토지는 "교역에 기반한 것이니 어찌 부자의 토지를 빼앗아 가난한 사람에게 줄 수 있겠는가(本于交易, 焉得奪富以補貧)"라고 말하였던 것이다. 덕종 때 양세법으로 개정한 이후 징세는 주로 토지를 기준으로 이루어졌고 토지매매는 더욱 자유롭게 되었다. 이러한 변화 발전은 지주제 경제의 진일보 발전과 그 완성을 의미했다.

토지매매의 발전과 더불어 토지겸병도 날로 심화되었다. 토지구매자의 대다수는 새롭게 발전해 온 서족지주였고 그들 가운데에는 관료지주도 포함되어 있었다. 이들 지주와 과거 세족지주와는 달리 그 부귀가 지속되지 못했다. 이들 가운데 몇몇은 2~3대를 거치면서 서민으로 전락했다. 예를 들어 개원(開元) 연간 장소정(張素貞)은 토지를 널리 소유한 관료들은 "그가 사망한 이후(及身沒後)" 소유토지는 "모두 무뢰한 자제들이 주색을 탐하는 바탕이 되었다(皆爲無賴子弟作酒色之資)"고 말한 바 있다. 이러한 서족지주의 성쇠는 과거 세족지주가 정치권력과 토지소유권을 장악하면서 자신의 부귀를 지속하던 체제와는 상이한 것이었다.

서족지주의 발전은 특히 중시해야 한다. 소유 서족지주는 농업에 힘써 재산을 모은 농업지주이고 상업이윤으로 토지를 구매한 상인지주이다. 앞서 서술한 것처럼 상인지주 가운데 몇몇은 "좋은 토지를 널리 차지하였고(廣占良田)", 몇몇은 "여관(邸店)과 농장이 전국에 널리 퍼져 있었다(邸店園宅遍滿海內)." 양진남북조(兩晋南北朝)시기 이러한 서족지주에 대한 기술은 매우 적다. 이것은 이 시기 지주제 경제의 한 특징이다.

특히 주목해야 할 것은 지주계급의 신분적 지위가 변화하고 국가가 개혁정책을 실시하면서 농민의 사회적 지위의 변화가 발생했다는 점이다. 이전 세족지주가 지배적 위치를 차지하던 시기 지주와 농민의 신분관계는 매우 엄격했다. 수·당시기 서족지주 특히 서족지주의 발전에 따라 지주와 농민 사이의 봉건적 예속관계는 해체되어 갔고 이는 자영농과 조전농도 마찬가지였다. 이들 농민의 사회적 지위의 변화는 매우 큰 의의를 가지고 있고 이것이 이 시기 지주제 경제의 또 하나의 특징이었다.

수·당시기 농민의 사회적 지위변화는 농민에게 생활과 생산에서 비교적 큰 자유를 가져다주었고, 생산의 적극성이 상승하여 농업생산도 그에 상응하여 발전하였다. 예컨대 수리관계 사업의 발전, 생산기술의 진전, 단위면적당 생산량의 증대 등은 문헌을 통해 여러 곳에서 확인할 수 있다.[118]

농업생산의 발전에 상응하여 상품경제도 발전했다. 세족지주제가 주도적 지위를 차지하던 시기, 봉건적 소유제는 견고하게 유지되었고 봉건적 장원 내에서 자급자족이 이루어졌다. 생산은 비교적 낙후되었고 상품경제의 발전은 제약받았다. 서족지주가 지배적 지위를 차지하게 되는 과도기를 거치면서 생산관계는 비교적 큰 활력을 얻었으며, 이것이 상품경제 발전의 한 전제가 되었다. 농업생산이 발전하면서 농민은 더욱 많은 재화를 시장에 투여할 수 있게 되어 상품경제가 발전할 수 있는 조건을 만들었다.

상품경제의 발전은 우선 상인의 수적 증가에 반영되었다. 중종(中宗) 신룡 원년(705) 송무광(宋務光)의 보고에 의하면, "농사짓는 사람들의 수는 감소되고 상인의 수는 늘어나고 있었다(稼穡之人少, 商旅之人衆)."[119] 더불어 상품교역의 증대에 반영되어 무즉천 집권후기인 장안(長安) 3년(703) 봉각사인(鳳閣舍人) 최융(崔融)은 다음과 같은 상소를 올렸다. "천하의 여러 나루에는 배들이 모여들어 옆으로는 촉한(蜀漢)과 통하고 앞으로는 민월(閩越)에 이릅니다. 7택·10소와 3강·5호는 황하와 낙수로 이어지고, 회수와 바다와 연결되니 거대한 배들과 수많은 배들이 새벽부터 온 종일 재화를 교역하며 오고 가고 있습니다(且如天下諸津, 舟航所聚, 旁通蜀漢, 前詣閩越, 七澤十藪, 三江五湖, 控引河洛, 兼包淮海, 宏舸巨艦, 千艘萬艘, 交貨往還, 昧旦永日)[120] 국가 재정상에서 상세 수입이 차지하는 비중은 날로 중요한 위치를 차지하게 되었고 이러한 상황은 당 중엽 이후 더욱 확연해 졌다. 예를 들어 안사(安史)의 난 이후, 여러 도의 절도사(節度使)와 관찰사(觀察使) 가운데 "상당수는 상인들을 거느리고 그것으로 군자와 여러 용도에 충당했다(多率商賈以充軍資雜用)."[121] 덕종시기 국가재정은 궁핍해 졌으나 "다행히 상전 5백만 민을 얻어 그해 반년을 감당할 수 있었다(幸得商錢五百萬緡, 可支半歲)."[122]

바로 이런 조건하에서 상인들의 사회적 지위도 점차 변하기 시작했다. 수나라에서 당나라 전기까지는 여전히 남북조시기의 전통을 계승하여 상업을 천시하는 정책을 실시했다. 예컨대 당나라 초에는 "공상(工商)의 집안은 선비가 될 수 없도록(工商之家不得預于士)"[123] 규정했다. 당 태종도 일찍이 공상잡색의 부류에 대해 "반드시 관질을 넘어 초수하지 못하도록(必不可超授官秩)"[124] 지시했다. 이러한 상황은 무즉천 집권기에 변화하기 시작하여 현종시기에 이르러 크게 변화하였다. 『개원천보유사(開元天寶遺事)』에 의하면, "장안의 부자 왕원보(王元寶), 양숭의(楊崇義), 곽만전(郭萬全)은 나라의 거부이다. 이들은 사방에서 유명한 인사들을 불러들여 다투어 그들을 접대했다. 조정의 이름난 관료들도 왕왕 그들의 문하에서 나왔으며 모든 과거장의 문사들은 이들 집에서 집회를 가지니 당시 사람들이 호우(豪友)라 힐난했다(長安富民王元寶·楊崇義·郭萬全, 國中巨富也, 各以延納, 四方文士, 競于供應, 朝之名僚往往出于門下, 每科場文士, 集于數家, 時人目之爲豪友)." 이후 상인 가운데 상당수는 과거를 통해 관리가 되었다. 예컨대 신찬부(辛贊否)는 조정이 "상을 100배로 늘이고 관직을 10배로 늘여 … 중략 … 마침내 부상대고들이 갓끈을 차고 면류를 쓸 정도의 고관에 오르게 되었으며 기술을 팔고 무술을 행해 비옥한 땅을 얻게 되었다(百倍行償, 十倍增官 … 중략 … 遂使富商豪賈盡居纓冕之流, 鬻伎行巫咸涉膏腴之地)"[125]고 지적한 바 있다. 더욱이 상인의 권세도 날로 확장되었다. 예컨대 원결(元結)은 "지금 천한 상인들이 하품의 직위에 임명되어 수개월 만에 크게는 경(卿)과 감(監)을 더럽히고 작게는 주현을 욕보이고 있습니다(今商賈賤類, 臺隸下品, 數月之間, 大者上汚卿監, 小者下辱州縣)"[126]라고 말한 바 있다.

당나라를 거치면서 상인의 수는 더욱 증가하였고 상품유통은 증대되어, 나라에서 상세수입이 증대하고 상인의 지위가 변화한 것은 상품경제 발전의 구체적 결과였다. 이러한 변화 발전은 공·농업 생산 특히 농업생산 발전, 토지소유관계의 변화와 긴밀한 연관을 가지고 이루어졌다.

당나라 때 상품경제의 발전은 당연한 것이기도 했다. 중국 지주제 경제시기 자영농이든 조전농이든 모두 독립적 존재로 독립적 경제 단위였다. 때문에 생산재료와 생활필수품의 일부는 구매해야 했고, 이것은 봉건영주제시기 자급자족적 단순한 자연경제 하에서도 완벽하게 구애되지 않았다. 당나라 때 지주제 경제가 기형적 상태에서 정상적 궤도로 진입하면서 생산은 더욱 발전했고 상품교환은 날로 증대했으며 교환과 생산은 더욱 긴밀하게 연관되었다. 요컨대 상품경제의 발전은 마침내 중국 지주제 경제의 변화 발전에 규정된 것이었다. 당나라 중후기 상품경제의 발전이 그 유력한 증거이다. 상품경제과 지주제 경제의 관계에 대해서는 징쥔젠[經君健]이 지은 『지주제 경제와 상품경제의 본질적 관계에 대한 시론(試論地主制經濟與商品經濟的本質關係)』에서 잘 분석되어 있다.

이상에서 수·당시기 지주제 경제가 정상적 발전궤도로 진입한 과정 및 지주제 경제가 정상적 궤도로 회복한 이후 발생한 사회경제적 변화 발전을 통해, 이 시기 지주제 경제의 생명력과 활력을 알 수 있었다. 마지막으로 지주제 경제의 규정력에 대해 살펴보자. 첫째, 세족지주제에서 서족지주제로의 이행은 국가의 정책적 조치에 의해 확실하고 결정적으로 이루어졌다. 그러나 지주제 경제 자체의 내재적이고 자발적인 작용을 간과할 수 없다. 지주제 경제가 정상적 궤도로 진입한 것은 사회 역사발전에서 필연이었고 인간의 의식적 행위의 결과는 아니었다. 둘째, 수·당지주제 경제의 변화 발전에 대한 논술을 통해 다음과 같이 결론지을 수 있다. 전체 봉건사회시기 지주제 경제는 부단히 변화 발전 했고, 그 변화 발전은 사회경제의 변화 발전을 제약할 뿐 아니라 봉건사회의 습속과 봉건적 정치체제의 변화에 때때로 일정한 영향력을 미쳤다. 때문에, 중국 봉건사회의 역사 가운데 중대한 역사적 과제를 연구할 때, 중국 지주제 경제의 변화 발전을 핵심으로 삼으면, 비교적 해당 사회의 실제에 가까운 결론을 도출할 수 있을 것이다.

제4장의 주

1) 남조의 양나라와 진나라시기 서족지주는 이미 상당히 발전했다. 『양서』 권3 무제본기 하에 의하면 大同 7년 다음과 같은 조서를 내렸다. "호가와 부유한 자들이 공전을 많이 차지하여 빈민들에게 세를 무겁게 거두어 농사를 빼앗고 정치를 해치는 것이 심히 큰 피해가 된다(豪家富室, 多占取公田, 貴價儌稅, 以與貧民)." 侯景이 집권하였을 때 권귀를 공격하였는데 『남사』 권80 후경열전에 의하면 당시 양나라의 권세가들은 "죽을 때까지 비단을 베고 깔았다(交相枕藉, 待命聽終)." 『남사』 권24 王裕之 열전의 기술에 의하면 당시 문벌 세족이었던 여러 왕씨들은 진나라이후 여러 왕조를 거치면서 고위관직을 역임했고 陳나라가 멸망하게 되면서야 "이전의 인물들이 모두 제거되었다(曩時人物掃地盡矣)."

2) 『통전』 권3에 의하면 '孝文帝와 宣武帝 대에 정령이 엄격해져 여러 호세가들이 많이 축출되었다(文宣之代 政令嚴猛 羊畢諸豪 頗被徙逐)." 또 『북사』 권21 崔宏열전과 『北齊書』 권39 崔季舒열전에 의하면 이 시기 산동의 대족인 최씨와 봉씨등이 살육당했다.

3) 이것은 『통전』 권14 선거전에 의거한 것이다. 한편 『周書』 권23 蘇綽열전에 의하면 周王은 다음과 같은 교서를 내렸다. "관료를 선발할 때는 마땅히 집안에 구애받지 말고 오직 적임자를 선발하라. 진실로 사람을 선발하는 일은 한미한 일에서 시작해야 재상이 될 수 있다(今之選擧者, 當不限資蔭, 唯在得人. 苟得其人, 自可起廝養而爲卿相)."

4) 『수서』 권24 식화지; 『통전』 권7 丁中.

5) 『수서』 권21 천문지.

6) 『통전』 권17, 選擧 雜議論中.

7) 『신당서』 권199 柳沖열전.

8) 수나라 말기 농민항쟁은 세족지주에게 매우 심각한 타격을 가했다. 『자치통감』 권183 煬帝 大業 12년 12월 조에 의하면, 농민군들은 "수나라에서 관리가 된 자나 사족의 자제를 모두 살해했다(得隋官及士族子弟皆殺之)."

9) 『구당서』 권65 高士廉열전.

10) 『貞觀政要』 권7 예악.

11) 『구당서』 권65 高士廉열전.

12) 『구당서』 권65 長孫無忌열전.

13) 陳寅恪, 『唐代政治史論述稿』, 上海古籍出版社, 1982, 36쪽.

14) 구세족을 존숭하는 것은 당시의 사회적 분위기여서 이 시기의 국가정책이 실효를 거두기는 어려웠다. 현종이후 조정의 대신들은 여전히 산동의 세족들과 혼인관계를 맺기를 원했다. 이러한 현상은 "민간에서 혼인을 할 경우 관품을 헤아리지 않고 문벌을 숭상한다(民間修婚姻 不計官品 而上閥閱)"는 문종 개성(開成) 연간 재상들의 발언에서도 드러난다.(『신당서』 권172, 杜兼附 杜中立열전) 당시 사람들은 가슴 속으로 산동의 세족을 가장 중시했다. 때문에 천인커(陳寅恪)는 『唐代政治史論述稿』에서 "정담(鄭覃)은 구품위좌(九品衛佐)의 최씨를 마음에 두었으니 당나라 때 산동의 사족이 마음에 품었던 사회적 가치를 헤아려 알 수 있다"고 말했다.

15) 『唐會要』 권74, 論選事.

16) 陳寅恪, 『唐代政治史論述稿』, 上海古籍出版社, 1982, 15~16쪽.

17) 위의 책, 54쪽.

18) 『구당서』 권177 曹確열전에 의하면 "태종은 방현령에게 '짐이 이 관아와 정원을 설치한 것은 현명한 선비를 대우하려는 것이다. 공상잡색의 부류가 가령 선비들보다 높은 자리에 오르려

하면, 단지 부만 향유할 수 있을 뿐이다. 과도한 관품을 받아 조정의 현명한 이들과 어깨를 견주고 서고 함께 앉아 식사하는 것은 불가하다(顧謂房玄齡曰, "朕設此官員, 以待賢士. 工商雜色之流, 假令術踰儕類, 止可厚給財物, 必不可超授官秩, 與朝賢君子比肩而立, 同坐而食")'

19) 『구당서』 권101 辛贊否열전.

20) 『貞觀政要』 권7 예악.

21) 『구당서』 권65 高士廉열전.

22) 『唐會要』 권76 李廉열전.

23) 『당회요』 권84 雜說.

24) 『당회요』 권92 內外官料錢下.

25) 『구당서』 권125 蕭復열전.

26) 『冊府元龜』 권495, 천보11년 11월 조서.

27) 조위시기 이미 무의 면적에 따라 징세하였다. 서진이 건국된 이후 田租는 명목상으로는 무의 면적에 따른다고 했지만 실제로는 丁을 근거로 징수되었다. 북위가 租調制로 개정한 후 전조의 징수는 戶에 기초했다. 북조의 균전제에서 각종 지주에 의해 노역되고 있던 노비들은 주인에 따라 토지를 받았다. 수양제가 즉위하여 노비가 토지를 받던 제도를 없애 "부인과 노비와 부곡의 세금은 사라졌다(除婦人奴婢部曲之課)." 隋·唐전기에 행한 조조제는 모두 丁을 기반으로 했다.

28) 『수서』 권24 식화지. 또 이 시기 부병제의 사병에게도 토지를 지급하는 제도를 행했다. 『玉海』 兵制는 『鄰侯家傳』을 인용하면서 수나라 開皇 연간 太原지역에서 징발된 군사 가운데 고향 마을로 돌아오지 못한 자가 6만 명이었는데 이에 "渭水 북쪽 白蘖의 아래에 있는 7개 현의 비옥한 토지를 내어 돌아오지 못한 군인의 집에 지급하여 영업으로 삼도록 하고 그 현은 태원 아래에 두고 그 땅으로 부자와 형제가 살아갈 수 있도록 했다(于渭北白蘖之下七縣絶戶膏腴之地 分給義士家爲永業 其縣下置太原田以居其父子兄弟)"라고 했다. 이러한 제도는 당나라 때도 존속하였다. 돈황문서에 의하면 몇몇 민호의 丁口는 衛士신분으로 토지를 받았다.

29) 『唐會要』 권83, 武德 7년 3월 29일.

30) 『수서』 권70 楊玄感열전.

31) 『구당서』 권71 魏徵열전.

32) 『통전』 권7 歷代盛衰戶口, 中書令 杜正倫의 말.

33) 韓國磐, 『北朝隋唐的均田制度』, 上海人民出版社, 1984, 229쪽.

34) 수·당에서 균전제를 시행하였을 시기 농민의 토지소유에 대해서는 격렬한 논쟁이 있었다. 필자는 이론적으로나 실증적으로나 사유제론이 설득력이 있다고 생각한다. 수취률의 측면에서 말하자면 균전제의 규정에 따라 매 畝당 수세량은 몇 升에 불과하다. 개인들의 지대 수취률은 몇 斗였다. 이러한 관계로부터 비록 농민이 국가로부터 '受田'하였다고 하더라도 국가와 농민의 관계는 토지를 매개로 한 것이 아니라 통치와 피통치라는 관계에 기초한 것이었다. 한편 개인지주와 佃農 사이의 관계는 달랐다. 이들은 신분적 예속관계로 봉건적 토지소유에 기반해 있었다. 요컨대 수·당시기의 균전제 하에서 농민이 국가로부터 '受田'의 명목으로 국가에 조용조를 부담하던 농민의 경작지는 사유지이지 국유지가 아니었다.

35) 『隋書』 권2, 고조본기 하.

36) 이 제도는 지역에 따라 달랐는데 쩡쒜밍[鄭學檬] 주편의 『中國賦役制度史』에 의하면, 투르판 같은 지역에서는 인구가 많고 토지가 적었기 때문에 평균 매호당 간전은 10무가 되지 않아 丁에 부과되는 租는 적어 매 정당 6斗를 징수했다. 또 『구당서』 권48 식화지, 武德 7년의 규정에 의하면, 嶺南의 여러 주는 세금을 경감하여 조용조를 대신하게 했다. "상호는 1석 2두, 그 다음

호는 8두, 하호는 6두를 징수했다(上戶一石二斗, 次戶八斗, 下戶六斗)." 또『신당서』권51 식화 1에 의하면 그 외 지역 "양주는 錢으로 租調를 징수했고, 영남은 쌀로 징수했으며 안남은 絲로 益州는 羅紬綾絹供春綵로 바치도록 했으며 이에 따라 강남 역시 포로 대신하게 했다(楊州租·調以錢, 嶺南以米, 安南以絲, 益州以羅·紬·綾·絹供春綵. 因詔江南亦以布代租)." 이 시기 강남의 농민들이 받은 토지는 적어서 5무에서 10무를 넘지 않았으나 도리어 조용조에 상당하는 것을 부담했다. 여기에 대해서는 한궈판韓國磐,『北朝隋唐的均田制度』, 상해인민출판사, 1984, 158쪽을 참조하라.

37) 『唐會要』권83, 조세,『唐六典』尚書 호부.

38) 『통전』권7 丁中.

39) 『신당서』권51, 식화지.

40) 『唐會要』권83, 조세 上.

41) 『唐會要』권85, 도망.

42) 『唐會要』권85, 도망.

43) 『全唐文』권372 柳芳 食貨論.

44) 『당회요』권83 조세 상.

45) 『구당서』권48 식화지 建中 원년 조서.

46) 『구당서』권49 식하 하.

47) 鄭學檬 주편의『中國賦役制度史』, 上海人民出版社, 2000, 209쪽.을 참조.

48) 『隋書』권24 식화.

49) 『당회요』권85 定戶等第.

50) 『통전』부세.

51) 鄭學檬 주편의『中國賦役制度史』, 상해인민출판사, 2000, 216쪽을 참조.

52) 陸贄,『陸宣公奏議』권4, 均爲賦稅率百姓第一條.

53) 『통전』권7, 식화전, 역대성쇠호구.

54) 당말에서 오대에 이르는 시기 일부지역에서는 토지면석을 기준으로 錢을 징수하였다. 이는 송나라에 이르러 전면적으로 실시되었다.

55) 『당율소의』권13 戶婚.

56) 『당율소의』권27, 雜律.

57) 『冊府元龜』권495, 田制.

58) 『舊唐書』권118, 양염열전.

59) 『冊府元龜』권495, 田制.

60) 『唐會要』권85, 逃戶.

61) 『全唐文』권372 柳芳 식화론.

62) 『通典』권2 전제 하.

63) 『陸宣公奏議』권22 均節賦稅恤百姓 제6조.

64) 『全唐文』권300 李元紘, 廢職田議.

65) 『舊唐書』권105, 宇文融열전.

66) 당나라 중엽이후 과거의 구세족지주는 관료가 되었다. 다만 이 시기의 그들은 개인 신분으로 관료가 되어 이전의 세족집단은 이미 존재하지 않았다. 또 당대에는 5품 이상 고위관료의 자제들은 문음을 통해 관료가 될 수 있었다. 다만 전체적으로 兩晋南北朝시기 세족의 자제들이 직을 세습하는 것과는 달랐다.

67) 이 밖에 사원지주도 있었다. 『金石萃編』小林寺栢谷塢庄碑에 의하면 태종시기 崇山縣 소림사

는 "40경의 땅을 하사(賜地四十頃)" 받았다. 『중국대백과전서』역사편에 의하면 淄州 長山縣 白山의 醴泉寺는 莊園이 15곳이었고, 隴州 大象寺는 전장이 7곳 토지가 53경 남짓했다. 道觀 지주도 있었다. 『중국대백과전서』역사편에 의하면, 終南山의 樓觀은 당나라 고종이 토지 10경 과 신선이 유람할 땅을 장전으로 주었다. 玄宗시기에 西京의 太淸宮과 東京의 太微宮 및 천하 여러 군의 紫極宮에게 각각 인근의 장원 1곳을 하사하였다. 사원과 도관의 장전에 대한 기록은 이외에도 상당히 많으나 여기서는 생략한다. 중국지주제 경제에서는 각종 종교 지주가 있었는 데 이는 지주제 경제의 능동성과 적극성을 말해준다.

68) 韓國磐, 『北朝隋唐的均田制度』, 上海人民出版社, 1984을 참조.

69) 『封氏聞見記』권10 討論; 『太平廣記』권165 路懷愼.

70) 『구당서』권183, 태평공주열전.

71) 『구당서』권106, 이림보열전.

72) 『신당서』권129, 노종원열전.

73) 『구당서』권187 하, 이징열전.

74) 『구당서』권118, 원재열전.

75) 『太平廣記』권499, 위심조에서 인용한 「北夢瑣言」.

76) 『구당서』권99 장가정열전.

77) 『통전』仁壽 2년조 또 『통전』권2 전제 하, 양소가 각 지방에 늘여 놓은 여관, 물레방아 전택 등은 천백을 헤아린다는 언급을 참조.

78) 『수서』권80, 鄭善果의 母열전.

79) 『신당서』권104, 우지녕열전.

80) 『구당서』권67 이정열전.

81) 『全唐文』권272, 楊虛 請禁惡錢疏.

82) 『태평광기』권401, 河東記.

83) 『舊唐書』권182, 王處存열전.

84) 『태평광기』권504, 西陽雜俎.

85) 『唐大詔令集』권117, 遺使宣慰諸道詔.

86) 『태평광기』권495, 西京記.

87) 『태평광기』권350.

88) 『태평광기』권134, 玉堂閑話.

89) 『新唐書』권55, 식화 5.

90) 『신당서』권123, 李嶠열전.

91) 『구당서』권96, 姚崇열전.

92) 『신당서』권149, 劉晏열전.

93) 『태평광기』권402, 三水小記.

94) 『태평광기』권100, 屈突仲任.

95) 『태평광기』권165, 王叟.

96) 상품경제발전은 화폐유통으로 체현되었다. 당나라의 화폐유통은 남북조시기의 그것을 훨씬 초 과하였다. 『魏書』권110, 식화지에 의하면, 北魏에서 "화폐는 널리 통용되지 못했다(錢貨無所 周流)." 남조 각 나라의 사정은 비교적 나았다. 당나라 전기에 화폐는 이미 성행하였다. 『文獻 通考』권9 화폐 하에 의하면 肅宗이후부터 "비록 私家의 쓰임에 있어서도 화폐가 아니면 통용 되지 않았다. 천하의 재화는 널리 교환되지 않았고 오직 세상에서 통용되는 것은 화폐뿐이었다 (遂私家用度, 亦非錢不行, 天下之物隱沒不見, 而通行于世者, 惟錢耳)." 농민경제는 이미 교역

과 분리될 수 없었으며 시장의 발생과 밀접하게 연관되었다.

97) 『全唐文』 권685, 皇甫湜, 對賢良方正直言極諫策.

98) 『책부원귀』 권 495, 邦計部 田制; 陸贄, 『陸宣公奏議』 권15, 均節賦稅恤百姓.

99) 『陳子昻集』 권8, 上燭川安民事.

100) 『新唐書』 권128, 이걸열전.

101) 『唐會要』 권92, 內外官職田.

102) 『唐會要』 권92, 內外官職田.

103) 『通典』 권35, 직전 公廨田.

104) 『唐會要』 권65, 閑廄使.

105) 『全唐文』 권30, 현종 馳波澤入官詔.

106) 『원씨장경집』 권38, 同州奏均田.

107) 몇몇 농민들은 서로 조전하였는데 토지를 경작할 노동력이 없어 자신의 토지를 차경시켜 지대를 수취하였거나 경작지가 집에서 너무 멀리 떨어져 있어 차경시켜 지대를 거두었다. 농민들 사이의 조전사례는 여기서 생략한다.

108) 한궈판(韓國磐), 『北朝隋唐的均田制度』, 상해인민출판사, 1984를 보라.

109) 『貞觀政要』 권1, 論政體.

110) 『冊府元龜』 권495, 田制.

111) 『元次山集』 권7, 問進士.

112) 『唐會要』 권85, 籍帳.

113) 『唐會要』 권85, 逃亡.

114) 『唐會要』 권85, 逃亡.

115) 『唐會要』 권85, 租稅 상.

116) 『新唐書』 권53, 食貨 3.

117) 『文獻通考』 권3, 田賦.

118) 여기에 대해서는 『中國大百科全書』 歷史권, 中國大百科全書出版社, 1986을 참조.

119) 『新唐書』 권118, 송무광열전.

120) 『全唐文』 권219, 諫稅關市疏.

121) 『通典』 권11, 雜稅.

122) 『新唐書』 권52, 食貨 2.

123) 『新唐書』 권52, 食貨 2.

124) 『舊唐書』 권177, 曹確열전.

125) 『舊唐書』 권101, 신찬부열전.

126) 『元次山集』 권7, 問進士.

제5장 지주제 경제의 진일보한 발전(양송시기)

제1절 지주제 경제발전을 촉진한 북송의 정책

북송시기 지주제 경제는 고도로 발전하였다. 이러한 발전은 구체적으로는 첫째 농민계급 구성의 변화 즉 자영농의 확대와 조전객호(租佃客戶)의 상대적인 축소, 둘째 지주계급 구성의 변화 즉 중소서민 및 상인유형 지주의 발전, 권귀강종지주(權貴强宗地主)의 상대적인 축소로 나타났다. 이에 상응하여 귀천 신분관계는 상대적으로 약화되었으며 농민의 사회적 지위는 상대적으로 상승했다. 여타의 정치체제, 민족문화 및 사회경제에서도 이에 상응하는 변화가 나타났으며, 특히 사회경제의 발전이 현저하였다. 남송시기, 권귀강종지주 세력이 팽창하였고 이것이 한때 지주제 경제의 지속적인 발전에 장애가 되기도 했지만, 시종 정상적인 궤도를 이탈하지는 않았다.

북송시기 각 지역의 사회 경제적 발전 상황은 아주 불균형적이었다. 송대 국토는 광활했는데, 북으로는 백구(白溝)를 경계로 삼아 요(遼)와 접해 있었고 서북으로 섬서(陝西), 산서(山西)는 서하(西夏)와 인접했다. 그 영토는 서쪽으로 사천(四川)에 이르고, 서남쪽으로 광남서로(廣南西路)에, 남쪽으로 해남도에 이른다. 이 가운데 서부의 기주로(夔州路)와 협주로(峽州路) 등지는 비교적 낙후되어, 기형적인 지주제 경제 형태를 띠었다. 이처럼 낙후된 지역이 차지하는 면적은 작지 않았지만, 민호(民戶)는 비교적 적었는데, 이는 본문에서 부수적으로 설명하도록 하겠다. 여전히 노예제 단계에 머물러 있었던 서남지역의 일부는 본문에서 생략하였다. 황하유역 및 장강과 주강(珠江) 유역의 광대한 지역은 지주제 경제가 정상적으로 발전한 곳으로, 특히 태호(太湖) 유역을 중심으로 하는 양절로(兩浙路)는 발전이 신속했을 뿐만 아니라 변화 또한 컸다. 본장에서는 지주제 경제가 비교적 발전한 광대한 지역을 대상으로 서술할 것이다. 송대 지주제 경제의 고도 발전에 대한 서술을 통해, 지주 소유제 경제를 핵심으로 하는 중국 봉건사회시기에 지주제 경제가 낮은 단계에서 높은 단계로 발전해 가는 것이 역사의 필연임을 말할 수 있을 것이다. 이러한 변화와 발전은 지주제 경제에 내재된 요소에 의해 규정되어 형성된 것이다. 다만 일정한 조건하에서 국가의 정책적 조치가 일정 정도 촉진 혹은 장애 작용을 일으킬 수 있었다.

1. 농민의 토지소유권 보호

앞서 서술했듯이, 송대 지주제 경제는 고도로 발전했으며 이는 주로 그 자체에 내재되어 있는 요소에 의해 규정되어 형성된 것이다. 이와 더불어 국가의 정책적 조치가 일정한 촉진 작용을 했다. 따라서 우선 북송시기 토지소유관계의 변화 발전에 영향을 준 정책적 조치를 간략하게 살펴보자.

국가와 관련된 정책 조치를 살펴보기 전에, 먼저 당시 민호(民戶)에 대한 국가의 분류에 대해 간략하게나마 살펴보면 당시 국가 정책적 조치를 이해하는데 도움이 될 터이다. 송대 민호는 주(主)와 객(客)으로 나뉘었는데, 토지를 소유하고 있으면서 부세(賦稅)를 부담하는 이들을 주호(主戶)라 하고, 이 가운데 대다수는 지주와 농민이었다. 토지를 소유하지 못한 이들을 객호(客戶)라고 부르는데, 그 가운데 대부분은 조전농(租佃農)이었다. 이 시기 주호(主戶)는 토지소유규모에 따라 다섯 등급으로 나뉘었다. 1등급과 2등급의 호 및 3등급의 호 가운데 일부가 지주호였고 3등급호의 대다수와 4등급호는 자영농이었으며, 4·5등급호는 비교적 적은 토지를 소유하여 하호(下戶)라 불렸다.[1]

자영농 가운데서도 부유한 농민이 있었는데, 3등급의 민호(民戶) 가운데 대부분이 여기에 속했다. 4등급호는 일반자영농이었고, 5등급호의 다수는 소규모 토지를 소유한 반자영농이었다. 주호(主戶) 가운데 대다수는 일반자경농과 반자영농이었다.[2]

북송시기 토지문제와 관련된 개혁정책의 대부분은 농민들이 황무지를 개간하여 자신들의 소유지로 삼도록 장려하는 것이었다. 송나라 태조(太祖) 건덕(乾德) 4년(966) 조서를 내려, 소재지의 장리(長吏)들은 백성들에게 "널리 뽕나무와 대추를 심어 황무지를 개간하는 자에게는 단지 예전의 조만을 납부하도록 하고, 영구히 조사하지 않을 것(有能廣植桑棗, 開墾荒田者, 并只納舊租, 永不通檢)"[3]을 알리도록 했다. 태종(太宗) 지도(至道) 원년(995)에는 다음과 같은 조서를 내렸다. "응당 여러 도(道)·주(州)·부(府)·군(軍)·감(監)은 관내 공한지는 민들에게 전작(佃作)하도록 허락하여 영업으로 삼도록 할 것이며 3년 동안의 조조(租調)를 면제하라(應諸道州府軍監管內曠土, 幷許民請佃, 便爲永業, 仍免三年租調)."[4] 지도(至道) 3년(997) 년에는 다음과 같은 조서를 내렸다. "응당 천하의 황폐한 토지는 인호(人戶)가 요청을 하면 경작할 수 있도록 허가하고 … 중략 … 인호가 개간하여 세액을 감당할 수 있을 때까지 기다려 10분의 2로 세를 정하되 이것을 영원한 세액으로 삼도록 하라(應天下荒田許人戶經管請射開耕… 중략 …直俟人戶開耕事力勝任起稅, 卽于十分之內定二分, 永遠爲額)."[5] 진종(眞宗) 함평(咸平) 2년(999) 조를 내려, 관전 가운데 황폐한 땅과 오랫동안 버려진 황폐한 토지는 "종래의 토지가 없어 세금을 내지 않는 자(從來無田稅者)"가 "요청하면" 영업(永業)으로 삼도록 하라.[6] 특히 객호를 주호로 상승시킬 수 있는 관리에 대해서도 표창했다. 진종(眞宗) 대중상부(大衆祥符) 4년(1011)에는 다음과 같은 조서를 내렸다. "옛 제도에 현의 관리 가운데 호구를 증식할 경우, 현(縣)은 그 등급을 높이고 녹봉을 더해주라(舊制, 縣吏能招增戶口者, 縣卽升等, 仍加其俸)."[7] 객호는 주호로 변모하기도 하는데, 이는 객호가 이미 토지를 소유하여 자영농으로 변화되었음을 말해 준다. 이후 주정사(朱正辭)는, 민호에게 도전(逃田)[1]을 경작할 수 있도록 하고, "둔전을 전작(佃作)할 경우에는 예에 따라 여름 세(稅)와 가을 조과(租課)만 납부할 뿐 영원히 세를 거두지 말게 하십시오(屯田佃種, 依例納夏稅秋租課, 永不起稅)"[8]라고 건의했다. 이러한 토지는 실제 개간자의 소유지였다. 신종(神宗)시기에는 농전수리법(農田水利法)[2]을 포고하여 토지를 소유하지 못한 민호(民戶)에게 황무지를 개간하도록 했으며, 아울러 조세를 경감하는 정책을 채택했다. 송나라 초기부터 신종(神宗)에 이르는 100여년 동안, 이러한 정책의 실시는 토지가 없거나 소토지를 소유한 농민들의 요구에 부응하는 것이었다. 이로부터 토지를 소유하지 못한 많은 객호(客戶)들이 연이어 토지를 소유하게 되어 주호가 되었다.

자영농을 육성하려는 또 하나의 정책적 조치는 국가의 상전(償田 : 공유지)을 농민들의 소유지로 귀속시키는 것이었다. 우선 진종(眞宗) 함평(咸平) 2년(999) 양주(襄州)에 영전(營田) 41,880무(畝)를, 당주(唐州)에 17,000무(畝)를 각각 설치했다. 영전(營田)은 원래 민을 모집하여 땅을 갈고 파종한 연후에 지대를 납부하도록 한 제도였는데, 인종(仁宗) 천성(天聖) 4년(1026)에 이르러 손실이 커져 제도개혁을 단행하여, "토지가 없는 인호를 불러들이고 행정절차를 거쳐 영구히 경작하도

---

1) 역주 - 전주가 도주하여 부세를 수취할 없게 된 토지를 말한다.
2) 역주 - 수리시설의 확충을 위해 만든 왕안석의 신법 가운데 하나이다.

록 했으며 매 경당 5분의 세를 납부토록 했다(召無田産人戶請射爲永業, 每頃輸稅
五分)."[9] 여기서 말한 "5분의 세 납부(輸稅五分)"는 1경의 토지에 50무(畝)의 세금
을 내도록 한 것이다. 어떤 지역에서는 곧 영전을 판매하기도 했는데, 구매자는
대부분이 원래의 조전호(租佃戶)였다. 예를 들어 복건(福建) 8주의 관장(官庄)은
원래 전작(佃作)시켜 지대를 수취하였는데 진종(眞宗)시기 그 토지를 판매하기
시작해, 다음과 같은 영을 내렸다. "전호(佃戶)가 그 생업을 보전하도록 토지를
구매하게 하고 호적에서 분리시키라. 만약 전호가 구매하지 않으면 즉 장차 원
어(元卸)의 비옥한 토지 한 곳만 판매하게 하라(佃戶全業收買, 割過戶籍. 若佃戶不
買, 即將元卸肥田一處出賣)." 이와 더불어 "3년 동안 납부하거나 … 중략 … 납부한
것을 확인하면 호첩을 지급하라(三年送納… 중략 …候納錢是給戶帖)"[10]

이 시기에는 국가의 일부 목장 역시 농민의 사유지로 변하였다. 서북 변경의
목지(牧地)은 진종(眞宗) 경덕(景德) 연간(1004~1007) 약 99,000여 경(頃)이었다. 이
가운데 일부는 좋은 농지[良田]로, 이후 점차 민호의 소유지가 되었는데 이들 민
호의 대부분은 해당 토지를 개간한 농민이었다. 송기(宋祁)의 말에 의하면 인종
시기(1023~1063) 하남성 북쪽의 목초지 수만 경(頃)은 "군현(郡縣)에 의해 침범 당
해, 밭을 돋우고 나무를 베어 절반이 민(民)의 재산이 되었다(爲郡縣所侵, 挑田伐
樹, 半入民産)."[11] 또 운주목(鄆州牧)은 그 "민들에게 침식당한 땅이 무릇 수천 경
이었다(地侵于民者, 凡數千頃)."[12] 토지를 검괄(檢括)할 때, "인호들은 조상이 대대
로 경작하던 땅인데 그 계권을 잃어버려 증명할 자료가 없다고 하며, 쫓아다니며
떠들어 댈 뿐이었다(人戶多稱父祖世業, 失却契書, 無憑照驗, 但追呼騷擾而已)."[13]
이 시기 목지(牧地)의 사유화는 이미 돌이킬 수 없는 일이었다. 그 가운데 일부는
농민 차지가 되었다.

일부지역에서는 국가의 둔전(屯田) 역시 사유화되었는데, 이러한 토지는 본래
조전(租佃)하던 사람의 영업전(永業田)으로 변화되었고, 전농(佃農)은 자영농이
되었다. 예를 들어 송나라 휘종(徽宗) 정화(政和) 원년(1111)에 지길주(知吉州)였던
여상(餘常)의 보고에 의하면, "여러 로(路) 가운데 오직 강서로(江西)만이 변경이
아닌데도 둔전(屯田)을 가지고 있으며 거두는 조(租)는 무(畝)당 거두는 세에 비
해 특히 무겁습니다. 이는 조종(祖宗) 때에 민간이 사용하여 영업(永業)으로 삼을
수 있게 허용하였기 때문입니다(諸路惟有江西乃有屯田非邊地, 其所立租則比稅畝
特重, 所以祖宗時許民間用爲永業)." 이 기록은 둔전의 사유화가 이미 출현했음을
잘 보여 준다. 이러한 토지는 "그 경작자를 바꾸려 하면[移交], 명목은 그 액수를

정해 경작자를 바꾼다고 하지만, 실제로는 그 저당 잡히고 판매하는 것을 자기 소유물처럼 했다(如有移交, 雖名立價交佃, 其實便如典賣已物)." 이러한 경작을 위임 받은[承佃] 토지의 저당과 매매는 이미 사유재산과 다르지 않았다. 게다가 이러한 토지가 상호 판매된 지는 이미 오래였다. 예컨대 보고에 의하면, "힘써 일해 얻은 것 가운데 집과 묘지가 된 것은, 이미 법으로 빼앗아 판매할 수 없도록 했다. 또 토지를 전작(佃作)한 것이 오래되어 갑과 을이 서로 그 경작을 이전한 것은 모두 그 액수에 따라 경작할 수 있도록 했다(其有得以力業者, 于中悉爲屋室문墳墓, 旣不可例以奪賣. 又其交佃歲久, 甲乙相傳, 皆隨價得佃)."[14] 이러한 둔전은 비록 명목은 둔전이었지만, 실재로는 이미 구매한 사유 재산이었다. 소위 "교전(交佃)"과 "득전(得田)"은 이 시기에 허울뿐이었고, "전(佃)"은 이미 영업(永業)의 대명사가 되었다. 무주(撫州) 금계현(金溪縣)은 둔전 사유화의 좋은 예이다. 남송(南宋)사람 육상산(陸象山)의 논술에 의하면, 북송 철종(哲宗) 원우(元祐) 연간(1086~1093)에 "탕목을 덜어 대농(大農)에 보충하고 관에 있는 토지를 나누어 장(莊)으로 삼아 이로써 가난한 이들[貧名]을 돕되, 그 명수를 장부에 올리고 그 토지의 면적을 헤아려 조과(租課)를 정하며 그것을 그들이 영원히 생업의 기초로 삼도록 했다(損湯沐補大農, 而俾以在官之田, 區分爲庄, 以瞻貧名, 籍其名數, 計其頃畝, 定其租課, 使爲永業)." 여기서 말한 "영업(永業)"은 소유권이다. 육상산은 이어 "세월이 점차 오래되자 민들이 또 서로 교역하며 그것을 자배(資培)라 했는데, 그 땅의 가격은 세(稅)를 내는 땅과 서로 같으며 법령에서도 그 경작을 넘기는 것을 허용하고 있었다(歲月寢久, 民又相貿易, 謂之資培, 闕價與稅田相若, 著令亦許其承佃)"고 했다. 또 이러한 토지는 "명백히 자배(資培)라는 글씨가 있어도 문서를 만들고 중개료[牙稅]를 납부하도록 해 대개 세를 내는 토지와 다르지 않았다(明有資培之文, 使之立契字, 輸牙說, 蓋無異于稅田)."[15] 이 토지는 민간에서 상호 매매되었으며, 그 가격은 민간에서 세를 바치던 토지와 같았다. 또 이 토지의 매매 문서와 아세(牙稅 : 역자-牙儈라고도 하며 흥정꾼에게 주는 중개료)에서도 그러했다. 이 토지는 비록 여전히 과거의 "승전(承佃)"이라는 이름을 가지고 있었지만, 실제로는 이미 경작하는 사람의 영업전(永業田)으로 변화되었다.

상술한 여러 가지 정책적 조치를 통하여, 원래 토지를 소유하지 못했던 많은 호(戶)들이 토지를 소유한 호(戶)가 되었다. 토지 소유권의 취득은, 일부 구매를 통한 경우도 있었지만 대부분은 황무지 개간을 통해 이루어졌다. 그 가운데 대다수는 조전객호(租佃客戶)가 자영농으로 변화한 것이었다. 여대균(呂大鈞)의 논술에 의하면, "민을 보호하는 요체(保民之要)"를 "주호를 구휼하는 것(存恤主戶)" 외에, "객호를 불러들여 그들에게 토지를 주어 주호로 삼는 것(又招誘客戶, 使之 置田以爲主戶)"16)으로 인식했다. 예컨대 호굉(胡宏)의 기술에 의하면 호(湖)와 상 (湘)일대의 객호 가운데 "혹은 그 정구가 늘어나고 의식이 여유가 있어 점차 집과 토지를 3~5무를 매입하고 독립호로 이름을 기재할 수 있게 되자 주호로부터 분 리하려 했다(或丁口蓄多, 衣食有餘, 能稍買宅三五畝, 出戶名, 便欲奪離主戶而去)."17) 호굉이 말한 것은 바로 조전객호가 주호로 변화였다. 호굉은 남송 때의 사람이 나, 그거 말한 것은 북송 때부터 객호가 주호로부터 이탈하고 있던 사정이었다.

상술한 조건에서, 민호(民戶)와 간전(墾田)은 빠르게 증가하였다. 송 태조(太 祖) 개보(開宝) 말년으로부터 진종(眞宗) 천희(天禧) 말년에 이르는 불과 수십년 동안, 민호(民戶)는 300만에서 800여만으로 증가했으며, 간전은 295만 경(頃)에서 524만 경(頃)으로 늘어났다. 개별지역의 개간 상황으로, 범대성(范大成)의 양절로 (兩浙路)의 오군(吳郡)에 대한 기록이 주목된다. 송나라 200여년을 거치면서 "사방 에는 버려진 땅이 없고, 고하에 따라 모두 토지를 가졌다(四郊無曠土, 隨高下皆爲 田)."18) 북송에서 남송에 이르기까지 각 지역에서 황무지가 개간되어 경작지가 증가한 것에 대한 기록은 적잖게 확인된다. 토지를 소유하지 못한 많은 호(戶)들 은 황무지 개간을 통하여 토지를 획득하여 자영농이 되었으며, 이에 농민계급에 서 자영농이 차지하는 비중이 크게 증가하였다.

2. 경감된 농민의 부역 부담

이 문제에 대해서는 두 가지 측면, 전세(田稅)와 요역(徭役)의 측면에서 서술할 수 있을 것이다. 세수(稅收)의 증대를 위해, 전반적으로 국가는 지주 계급의 부역 기피 행위에 대해 억압적인 조치를 채택하였다. 여기에서 중점적으로 서술하려는 것은, 이러한 정책의 실시가 자영농과 소토지 소유자에 야기한 경제적 이익이다.

먼저 전세 개혁 문제에 대해 살펴보자.

송나라 전기 과거의 지주들 가운데 다수는 여전히 지속되었으며, 전세(田稅) 를 기피하는 현상은 상당히 심각했다. 송 태종 옹희(雍熙) 3년(986) 국학박사(國學 博士) 이각(李覺)은 이렇게 말했다. "지역에 있는 주호 가운데 혹자는 토지를 소 유하지 못하고 있습니다. 부자는 끝없는 토지를 소유하나 가난한 사람들은 송곳 세울 만한 땅도 없습니다(地各有主戶, 或無田産. 富者有彌望之田, 貧者無立錐之

地)."[19] 또 『송사(宋史)』는, "권세 있는 관리와 부성(富姓)은 제한 없이 토지를 소유하니, 겸병하고 속이는 것이 유행이 되었다(勢官富姓, 占田無限, 兼竝冒僞習以成俗)"[20]라고 기술하였다. 이러한 사례로부터, 지주가 소유한 토지 면적이 상당히 광대했음을 알 수 있다. 소위 "겸병하고 속이는 것(兼竝冒僞)"은 전세를 기피하는 현상을 가리키는 것이다. 전세의 전가로 인해 일부 농민들은 도주를 강요받았다. 예컨대 태종 지도(至道) 연간(995~997) 어떤 농민은 "이사(里舍)에 숨어서 도호(逃戶)를 자칭했다(匿里舍而稱逃戶)." 어떤 이는 토지를 가지고 호강(豪强)에 투탁해 그들의 비호를 받았다. 그러나 많은 이들은 고향을 등지고 도주하였고, 당시 이를 "유용(流庸)"[21]이라 불렀다. 이러한 현상은 심각하게 국가의 조세 징수에 영향을 미쳤다.

상술한 현상을 직면하자 국가는 민호(民戶)와 토지를 점검했다. 태종 순화(淳化) 3년(992) 정탄(程坦)은 "흥화(興化)에서 유용(流庸)을 불러들여 자기 아래 수천가를 두었으며(在興化招流庸自占者數千家)," "우성(禹城)에서도 유용 수천가를 불러들여 토지대장에서 누락된 토지(隱田) 15,000여 무를 단속했다(在禹城又招流庸數千家, 括隱田萬五千餘畝)."[22] 이러한 상황은 인종시기까지 지속되었다. 경력(慶歷) 3년(1043)의 기록에 따르면, 곽자(郭諮)와 손림(孫琳) 등이 "천보방전법(千步方田法)"을 실행하여, 낙주(洺州) 비향현(肥鄕縣)에서 토지에 대한 조사를 진행해, "땅은 없으나 조를 바치던(無地之租) 400가(家)에게 조를 없애주고, 조를 바치지 않는 땅(無租之地)을 가진 100가(家)를 바로 잡아, 미납한 부(逋賦) 80만을 거두어들이자 유민들이 다시 살아났다(除無地之租者四百家, 正無租之地者百家, 收逋賦八十萬, 流民乃復)."[23] 이후 이러한 괄전법(括田法)은 전국으로 확대되었다. 소위 "조를 바치지 않는 땅(無租之地)"의 대다수는 지주가 부세를 기피한 토지였다.

호강지주들이 광대한 토지를 소유하면서 전세를 기피하였기 때문에 조정은 이를 바로 잡으려 했다. 태조(太祖) 때에는 관리를 파견하여 토지를 양전함과 더불어 채찍과 당근을 함께 사용했다. 징세할 때 번다한 것을 간소화 하고 각종 가모(加耗)의 누규(陋規)[3]에 대해서도 엄격한 제한을 가했다. 이러한 정비과정을 거치면서 농민의 양세(兩稅)부담을 일정정도 경감시켰다. 태종시기에 이르러 각 지역에서 양세가 불균등하던 현상에 대한 개혁이 진행되었는데 양절(兩浙)지역의 경우, 순화(淳化) 원년(920) 양절지역의 각 주(州)에 "마땅히 소재 관아는 자기 지

---

3) 역주 - 정액 이외의 세를 징수하는 잘못된 관행.

역의 토지의 수를 토지대장에 올려 그 조를 균등히 할 것이며 매년 그 조를 3/10 감면하고 이를 정해진 제도로 삼으라(宜令所在籍其墾畝之數, 均其租, 每稅十分減其三, 以爲定制)"[24]고 지시했다. 또 순화(淳化) 4년(923)에도 "여러 지주(知州)와 통판(通判)에게 어떻게 해서든 부세를 균등하게 하고 유망민들을 불러들일 것이며, 고아와 가난한 이를 구휼하고 간사한 무리들을 막도록 하라. 무릇 민간에서 불편하게 여기는 일은 한달 내에 빠른 역참의 말로 보고하라는 조서를 내렸다(乃詔諸知州通判, 具如何均平賦稅, 招輯流亡, 惠恤孤貧, 窒塞姦幸. 凡民間未便事, 限一月附疾置以聞)."[25]

이후 인종(仁宗) 때(1023~1065)에는 천보방전법(千步方田法)이 다시 시행되었다. 예컨대 낙주(洛州) 비향현의 전부(田賦)가 불균등하자 곽자는 정치(整治)의 길로 나아갔다. "천보방전법으로 모든 지역을 양전하고 토지의 액수를 확보한 다음, 땅은 없으나 조를 바치던[無地之租] 400가(家)에게 조를 없애주고 조를 바치지 않는 땅(無租之地)을 가진 100가(家)를 바로 잡아 미납한 부(逋賦) 80만을 거두어들이자 유민들이 다시 살아났다(以千步方田法, 四出量括, 遂得其數, 除無地之租者四百家, 正無租之地者百家, 收逋賦八十萬, 流民乃復)"[26] 천보방전법을 통하여 과거 지주호의 권세를 기반으로 기피한 전세(田稅)를 바로잡고, 소유 토지가 적음에도 과도하게 부담하고 있던 농민호의 전세를 면제해주었다. 이로부터 지주의 부세 전가로 인하여 도주했던 유민들 또한 다시 그들의 집으로 돌아왔다. 이처럼 각 왕들이 반포한 여러 가지 정책적 조치는, 비록 철저하게 실행된 것은 아니었지만, 일정한 효과를 거두었다.

왕안석(王安石)이 정치를 주관하던 신종(神宗)시기(1023~1065) 조정은 다시 "방전균세법(方田均稅法)"을 시행하였다. 희녕(熙寧) 5년(1072)부터 각 현의 위령(委令)에게 토지의 측량을 돕게 하였으며, "지형과 토양의 색으로 비옥함과 척박함을 헤아려 정하여 5등(五等)으로 나누어 이로써 세에 대한 규칙으로 정하였다(以地及色參定肥瘠, 而分五等以定稅則)."[27] 토질의 우열에 따라 5등으로 나누어 완비된 세법(稅法)은 여름과 가을 두 계절에 세를 징수하였기 때문에 역시 양세법(兩稅法)이라 불렸다. 이로부터 농민들의 전세(田稅) 부담은 점차 합리화 되어갔다. 이러한 방전균세법(方田均稅法)은 대부분 지역 예를 들면 경동로(京東路)·하북로(河北路)·섬서로(陝西路)·하동로(河東路)에서 일찍부터 시행되어, 일시적으로 커다란 성과를 보였다.[28] 왕안석(王安石)이 제정한 방전균세법의 의도는 지주의 겸병을 억제하고 자영농을 육성하여 국가의 세수를 확보하려는 것이었다. 그는 "지

금 세의 징수는 무겁지 않게 되어 있으나 겸병이 침탈하고 있다(今稅斂不爲重, 但
兼幷侵侔爾)." "농민의 고통을 제거하려면 겸병을 억제하여야 하고 농업에 힘쓰는
것을 급선무로 삼아야 한다(農以去疾苦, 抑兼幷, 便趣農爲急)."[29] 일부 실권자들의
반대와 권세 지주들의 저항으로 인하여, 이 법은 전국적으로 시행되지는 못했다.
이후 휘종(徽宗)시기(1101~1125)에, 때때로 방전균세(方田均稅)가 제기되기도 했지
만, 그 성격은 이미 과거와는 달랐을 뿐만 아니라, 시행되지도 못했다.

이상의 서술로부터 북송시기는 태조로부터 시작해 태종과 인종조를 거치면서
전세를 균등히 하려는 개혁을 실시했으며, 신종시기에 이르러 왕안석의 변법으
로 그 성과가 더욱 뚜렷해졌다. 제도개혁 이후 전세율(田稅率)은 각 지역마다 달
랐으며, 대체로 약 생산량의 1/10을 차지했다. 당시 생산량의 1/2을 차지하던 지
대와 비교해보면 훨씬 가벼웠다. 전세 개혁을 통하여 권세를 가진 지주들이 전
세를 피하며 농민에게 전가하던 행위는 억제되었고, 농민의 부담은 경감되었으
며, 이는 일정하게 자경농을 보호하고 유지하는 데 기여했다.

요역 개혁의 문제는 비교적 복잡하다. 북송의 요역은 호등(戶等)과 재산을 기
준으로 징수되었다. 조정은 민호(民戶)를 재산의 다과에 따라 5등(五等)으로 나누
고, 등급에 따라 서로 다른 각종 요역을 부과하였다. 상위의 3등호(三等戶)는 상
호(上戶)라고 불렸고, "재물과 노동력을 보유한 집(有物力之家)"이었으며, 주로 각
지역의 주호(主戶)였다. 그 가운데 제3등호(三等戶)는 대부분 부유한 자영농이었
다. 제4등호, 제5등호는 자영농과 반자영농이었다. 재산에 따라 등급을 나누고,
서로 다른 등급에 따라 서로 다른 종류의 요역을 부담하였던 것이다. 이 시기 요
역은 크게 두 가지로 나눌 수 있는데, 하나는 "부역(夫役)"이며, 다른 하나는 "직
역(職役)"이었다. 부역(夫役)은 성(城)을 쌓거나, 모래를 준설하거나, 짐을 운반하
는 부류의 요역으로, 그 담당자는 주로 농민이었다. 직역(職役)은 차역(差役)이라
고도 부르는데, 관부가 부과하는 각종 잡역(雜役)이었다. 그 역을 부담하는 자는
지주호가 포함되지만 실제로는 흔히 빈곤한 호에 강제로 징발하여 역에 충당하
는 경우가 많았다. 요컨대 이상의 각종 요역의 징세는 주로 자경농에게 더해져,
그들의 무거운 부담이 되었다. 예컨대 인종시기 송기(宋祁)는 "조정의 부역(夫役)
은 농민을 조사하여 적에 올리고 이를 근거로 노동력을 징수 합니다(朝廷每有夫
役, 更籍農 民以任其農)"[30]라는 소를 올렸다. 이러한 요역 징세는 농민들에게 심각
한 타격을 주었다. 사마광(司馬光)은 "역으로 인해 파산한 자가 있다는 말은 들었
어도 세로 파산한 자가 있다는 말은 듣지 못했다(但聞有因役破産者, 不聞因稅破

産)"[31]고 말한 바 있다. 이 때문에 그는 다음과 같이 건의하였다. "무릇 농민은 조세 이외에 마땅히 아전역(衙前役)[4]에 관계한 바가 없어야 하나, 사람을 뽑을 때에는 다른 사람을 선발하여 서로 보충하고 있다(凡農民租稅之外, 宜無所預衙前, 當募人爲之, 以優重相補)." 이러한 차역은 농민의 지출을 늘어나게 해 "농민들은 항상 수익의 8~9를 소비하였다(而農民常費八九)." 즉 농가의 총 수입의 80~90%를 차지하게 된 것이다. 사마광에 의하면, "그 나머지 경역(輕役)도 농민이 부담했다(其餘輕役則以農民爲之)."[32]

기실 요역제의 개혁은 신종이전에도 제출되어 시행된 바 있다. 왕규(王逵)는 형호전운사(荊湖轉運使)가 되어 "민이 납부한 전(錢)의 비율에 따라 역을 면제했다(率民輸錢免役)."[33] 이복규(李復圭)는 양절전운사(兩浙轉運使)가 되어 "돈을 내게 해 장명(長名)[5]을 보조하고 사람은 그 징집을 받아들일 수 있도록 했다(令出錢助長名人承募)."[34] 사마광도 역의 징발을 개혁해야 한다고 주장한 이들 가운데 한명이었다. 마단임(馬端臨)은 "사마광은 사람을 징발하여 아전역에 충당하는 것은 희녕(熙寧)의 법이다(司馬光所謂募人充衙前則熙寧之法也)"[35]라고 했음을 언급했다. 즉 이후 왕안석이 실행한 모역법은 일찍이 영종시기 사마광이 주장한 것이었다.

면역법의 실행에 대해, 앞서 신종 희녕 2년(1069) 조정에서 각 로(路)에 관원을 파견해 조사하여 면역법 시행을 준비했다. 당시 소철(蘇轍)은 반대의견을 표명했다. 희녕 4년(1070) 사의시(司衣寺)에서 역법의 개혁을 주장하여 우선 개봉부에서 임시로 시행할 것을 결정했고 그 성과는 대단했다. 희녕 4년(1071) 전국에서 면역법을 실시하라는 령을 내렸고 "무릇 역에 징발된 인호는 그 등급에 따라 전을 내며 그 이름을 면역전이라 하라(凡當役人戶, 以等第出錢, 名免役錢)"[36]고 규정했다. 또 "방곽(坊郭)의 등제호(等第戶)와 사찰과 도관과 품관의 집안은 "예로부터 색역(色役)과 돈을 내지 않았으므로 조역전(助役錢)이라 이름(舊無色役而出錢者, 名助役錢)"하도록 했다.

역법제가 개혁되자 면역전은 당연히 역을 담당하는 민호가 납부했다. 이러한 개혁은 역사적 의의가 있다. 첫째, 비로소 농민은 직접적으로 역을 납부하는 것으로부터 벗어나게 되었다. 이것은 수·당이 용(庸)으로 역을 대신한 이후의 일대

---

4) 역주 - 아전은 牙前이라고도 한다. 아전역은 송대 직역 가운데 하나로 그 내용은 생산, 운송 등 분야가 매우 다양하다.

5) 역주 - 송대 아전역의 하나.

개혁이었고 농민이 농업에 더 잘 종사할 수 있도록 했다. 둘째, 면역전은 호 등급의 고저 즉 가호 재산의 다과에 따라 징수되어 농민의 부담이 평균화되어 갔다. 셋째, 조역전은 원래 차역을 부담하지 않는 각종 인호가 부담하는 것이었고 품관의 집안도 이로 인해 조역전을 납부하게 되었다. 넷째, 면역전과 조역전은 여름과 가을 2번 세를 납부하였고 이것은 이후 명·청시기 역을 토지세로 편입시키는 개혁의 전조였고 역사적 진보의 과정이었다.[37]

이러한 역법제의 개혁은 중·하호 농민의 부담을 경감시켰으나 재산이 비교적 많은 지주에게는 불리한 것이었다. 때문에 조정에서는 논쟁이 발생했다. 희령 4년(1070) 신종(神宗)은 2부(二府)를 자정전(資政展)으로 불러 역제(役制) 개혁문제를 토론했다. 반대파인 풍경(馮京)은 "차역을 고치고 보갑을 만드니 사람들이 매우 피곤해 합니다(修差役, 作保甲, 人極疲勞)"라고 했다. 신종은 풍경의 의견에 동의하지 않으며 이렇게 말했다. "인근을 순방하면 백성 역시 모두 면역을 기뻐한다. 비록 전을 내게 하고 신역을 면제한다고 하더라도 견책당할 염려는 없을 것이니 이는 사람들이 그것을 원하기 때문이다(詢訪隣近, 百姓亦皆以免役爲喜, 蓋雖令出錢而復其身役, 無追呼刑責之虞, 人自情愿故也)." 당시 문언박(文彦博)도 제도개혁에 반대하며 "조정의 법제가 모두 갖추어져 있으니 갱장하여 인심을 잃지 마소서(祖宗法制具在, 不須更張以失人心)"라고 했다. 신종은 그의 말에 대해 이렇게 반박했다. "법제를 갱장하는 것이 사대부에게는 진실로 좋아하지 않는 것이 되나 백성이 어떤 점에서 불편해 하겠는가!(更張法制于士大夫誠多不說, 然于百姓何所不便)" 마단임(馬端臨)은 자정원에서의 논쟁에 대해 다음과 같이 논평했다. "개보(介甫 : 왕안석)가 신법을 행하니, 그 뜻은 스스로 원망을 받는 길로 나아가는 것(任怨)보다 용감하며 비방이나 칭송에 의해 동요되지 않은 것이다. 그러나 역법이 행해지면 방곽(坊郭)·품관(品官)의 가문들은 모두 전(錢)을 납부해야 하고, 방장(坊場)과 주세(酒稅)의 수입은 모두 조역(助役)에 귀속되었으므로 사대부와 호우(豪右)들이 원망하지 않을 수 없었으나 사실은 농민들에게 이득이 되는 것이었다. 이에 신종이 '어떤 점에서 백성들에게 불편한가!'라고 말하였던 것이다. 그러나 노공(潞公 : 문언박)은 동파(東坡 : 소식)에게 '피폐해짐이 매우 심하여 주전(廚傳)에 사람이 없다.'라고 말한 것과 개보가 세상 사람들이 명예를 구하여 구휼하지 않는다고 말 한 것은 모두 치우침을 바로 잡고 폐단을 없애려 한 것이다.(蓋介甫之行新法, 其意勇于任怨, 而不爲毀譽所動. 然役法之行, 坊郭·品官之家盡令輸錢, 坊場·酒稅之入盡歸助役, 故士大夫豪右不能無怨, 而實則農民之利, 此神宗之所以有于百

姓何所不便'之說. 而潞公之語與東坡所爲'凋弊太甚廚傳蕭然'云者, 皆介甫所指以爲流
俗干譽不足恤者, 是豈足以繩其偏而救其弊乎!)"38)

요컨대, 북송시기에 집행된 일부 정책은 토지소유관계를 부단히 변화 발전시
켜, 직접적으로는 자영농의 소토지소유제의 확대를 촉진시켰고, 간접적으로는
지주계급 구성의 변화를 야기했다. 이러한 변화 발전에 따라 농민의 사회적 지
위는 상대적으로 상승했으며, 지주제 경제는 고도로 발전하였다. 그러나 이러한
상황은 북송 후기에 점차 바뀌었는데, 권귀강종지주의 발전에 따라 정치는 나날
이 부패해져 전부(田賦)를 농민에게 전가하는 현상은 심각해졌고 면역법 역시 철
저하게 집행되지 못했다. 전부(田賦)와 차역(差役)은 중등호와 하등호에 집중되어
자영농의 부담은 나날이 무거워졌다. 이러한 현상에 대해 사서는 "부자들의 수익
은 저절로 많아졌고 가난한 이들의 곤궁은 날로 심해졌다(富者差得自寬, 貧者困
窮日甚)."39)라고 기록하였다.

조정의 정책적 조치는 지주제 경제의 변화 발전에 중요하게 작용하였다. 다만
더욱 유의해야만 하는 점은 사회경제와 지주제 경제 양자의 상호 관계로, 양자의
변화 발전은 상호 인과적이다. 전국(戰國)에서 진(秦)·한(漢)·위(魏)·진(晉)·수(隋)·
당(唐)을 거쳐 송(宋)에 이르는 천여 년의 역사가 증명하듯이, 사회경제의 발전에
따라 지주제 경제 역시 그것에 뒤서거니 앞서거니 해 왔다. 역으로 지주제 경제
의 발전은 사회경제 발전의 조건을 창조한다.

북송 전기에서 중기에 이르기까지, 토지와 부역제도에 대하여 수차례 개혁을
추진했다. 특히 신종(神宗)시기, 왕안석은 전세(田稅)와 요역(徭役)의 개혁을 골자
로 하는 변법을 건의했고 이는 어느 정도 성과를 거두었다. 왕안석의 핵심 사상
은 지주 계급의 겸병을 억제하고 자영농을 양성해 생산을 발전시켜 국가의 재정
수입을 확보하려는 것이었다. 농업 생산을 발전시키려면 먼저 농민들의 고통을
제거해야 했다. 예를 들면 왕안석은 신종에게 "농민들의 고통을 덜어줘야 한다
(農以去疾苦)"40)라고 말하였다. 농민들의 고통을 해결하려면, 그들의 토지가 지주
에게 겸병되지 않도록 보호해줘야만 한다. 때문에 왕안석은 또 농가에 흉년이
들면 "당연히 그 전토(田土)를 보장해주고, 대성(大姓)에게 겸병되지 않도록 해야
한다(常保其田土, 不爲大姓兼竝)"41)고 말한 바 있다. 바로 이 때문에 왕안석은 적
극적으로 전세와 요역 제도에 대한 개혁을 추진했다. 이 때문 일련의 반대를 초
래해, 소철(蘇轍) 같은 이들은 "왕개보(왕안석)는 소장부로, 빈민이 있는 것을 견
디지 못해 부자들을 매우 질시했고 부자들을 파산시켜 빈민에게 은혜를 베풀려

는 데 뜻을 두니, 그것이 불가능함을 알지 못한다(王介甫小丈夫也, 不忍貧民而深
嫉富民, 志欲破富民以惠貧民, 不知其不可也)."⁴²⁾ 왕안석의 변법과 제도개혁은 당시
에 이미 일정한 성과를 거두었다. 예를 들면 경작 면적이 증가하여 신종 원풍(元
豊) 연간(1078~1085)에 경지는 460여만 경에 달해, 이전 영종(英宗)시기와 비교해
보면 40만경 정도 증가하였다. 이 시기 광대한 농민들은 토지를 획득해 조전객호
(租佃客戶)는 상대적으로 감소했고 자영농이 차지하는 비중 역시 증가했으며 농
업 생산 또한 이에 따라 발전하였다.

제2절 북송시기 농민계급구성의 변화 및 자영농의 확대

1. 자영농 계층의 점진적 확대

　북송시기 지주제 경제 체제에서 전국 토지 소유권의 향배를 말하자면, 상당히
긴 역사시기 동안 자영농은 지배적인 위치를 차지하였다. 이것은 사회경제 발전
을 결정적으로 규정해 왔다. 때문에 본 절에서는 먼저 자영농의 변화 발전 문제
에 대해 서술할 것이다.
　이 시기 자영농이 발전한 결과, 자영농 민호(民戶)가 확대되었다. 이러한 변화
발전은 구체적으로 자영농과 조전객호가 차지하는 비중의 변화에 반영되어 있
다. 이러한 변화에 근거하여 농민계급의 소유지 규모를 고찰해보고 아울러 농민
소유제 및 지주소유제를 대비해 보자. 이러한 변화 발전에 따라, 농공업 특히 농
업 생산 및 상품 경제는 비교적 빠르게 발전했다. 이처럼 중국 근고(近古)시기에
지주제 경제의 발전은 하나의 새로운 역사적인 단계로 진입하였다.
　자영농의 발전과 확대는 전체 사회경제의 변화 발전과 유관할 것이나, 앞서
서술한 것처럼, 국가가 시행한 정책과 더 밀접하게 연관되어 있다. 토지 정책 측
면을 예로 들면, 농민들의 황무지 개간을 장려하여 농민의 토지 재산권을 승인해
주거나, 과거 관(官)의 공전지(公田地)는 국가조전농(國家租佃農)에게 나누어 주어
자영농을 확대시켰다. 동시에 권귀강종이 겸병한 토지를 점검하여 적절한 억압
정책을 시행하였다. 이 또한 자경농의 연속과 발전에 유리한 것이었다. 부역(賦
役) 정책에서도 적절한 개혁을 진행하였는데, 예를 들면 농민의 전세와 차역을
경감시키거나, 각종 지주들이 부역(賦役)을 기피하는 행위를 억제했다. 이러한

여러 가지 개혁은 북송전기부터 시행되기 시작했으나 신종시기 왕안석이 진행한 변법에 이르러 새로운 역사적 단계로 진입해 주목할 만한 성과를 거두었다. 이상의 여러 가지 정책 조치 하에서, 적지 않은 객호(客戶)는 소토지소유자 즉 자영농으로 상승했다. 자영농 호수(戶數) 및 그들의 소유 토지는 점차 증가했으며, 이는 사회경제 발전을 위한 조건이 되었다.

토지 소유권의 분배라는 측면에서 자영농 계층의 확대는 구체적으로 농민소유제와 지주소유제가 차지하는 비중의 변화에 반영되었다. 그리고 이러한 변화는 자경농과 조전객호가 차지하는 비중의 변화에도 반영되었다. 이런 이유로, 본문은 먼저 순서에 따라 주호(主戶)와 객호(客戶)의 변화를 대조하고, 자영농이 주호(主戶)에서 차지하는 비중 즉 자영농과 조전객호의 비중을 분석할 것이다. 이후 자영농 및 조전농(租佃農)의 경작지 면적을 고찰할 것이다. 마지막으로 자영농 소유지가 전체 간전(墾田)에서 차지하는 비중을 살펴볼 것이다.

이상의 일련의 문제를 해결하기 위해, 우선 주호와 객호가 차지하는 비중의 변화부터 고찰해 보자. 전국 총 평균에서 논하자면, 태종(太宗)으로부터 인종(仁宗)을 거쳐 신종(神宗) 원풍(元豐)연간에 이르는 약 100년간, 주호는 58.3%에서 66.7%로 증가했으며, 객호는 원래 41.7%에서 31.9%로 감소했다. 자세한 내용은 아래 〈표 5-1〉과 같다.

〈표 5-1〉 북송 각 왕별 주호와 객호의 백분율

년대	총호수	주호와 객호의 백분율	
		주호	객호
태종 태평흥국(太平興國) 5년~단공(端拱) 2년(980~989)	6,108,635	58.3	41.7
인종 천성(天聖) 원년(1024)	9,898,121	62.1	37.9
인종 경력(慶歷) 2년(1042)	10,307,640	64.7	35.3
인종 가우(嘉右) 6년(1061)	11,091,112	65.0	35.0
신종 원풍(元豐) 원년(1078)	16,492,63?	66.7	33.3
철종 원부(元符) 2년(1099)	19,715,555	67.3	32.7

설명 : 이 표는 '량팡중(梁方仲), 『중국역대호구·전지·전부통계』(상해인민출판사 1980) 갑표(甲表) 33 편제'에 의거했다. 이 책은 여러 종류의 사료를 참고하였다. 수치는 간간이 차이가 있으나 여기서는 발췌해서 기록했다. 자세한 내용은 이 책의 126~129쪽을 참조하라.

여기서 말한 객호는 조전농(租佃農)이다. 주호는 지주와 공상업자를 포함하지만, 대부분은 자영농이다. 주호의 호수(戶數)와 객호의 호수(戶數)의 상대적인 변

화는 즉 자영농과 조전농 변화를 의미할 뿐 아니라 또한 자경농과 지주계급 소
유지의 대조적인 변화를 보여주고 있다. 주호가 차지하는 비중의 확대와 객호가
차지하는 비중의 축소는, 농민 소유제의 증가가 지주 소유제를 넘어서고 있음을
말해 준다. 위의 표에서 나타나듯이, 약 100년간 주호는 8.4%증가하였고 자영농
의 증가 역시 이와 큰 차이가 없을 것이다. 물론 각 지역적 상황은 서로 달랐다.
어떤 지역은 이와 상반되었다. 기주(夔州)와 섬주(陝州)지역이 바로 그러했다. 다
만 전체적인 발전추세로 말하자면 북송시기 특히 신종시기이전 토지소유권은 분
산되었고 자영농의 점진적 확대는 보편적 현상이었다.

2. 각종 민호 가운데 자영농이 차지하는 비중

자영농의 소유지 규모를 연구하기 위해서는, 자영농과 조전객호(租佃客戶) 양
자의 비율을 고찰해야 한다. 자영농과 조전객호 호수의 비율을 고찰하기 위해서
는, 먼저 상공업자, 지주, 자영농 등을 포괄하는 각종 부류의 주호와 조전객호의
비율을 검토해야 한다.

송나라 200여 년간 자영농의 소유지 규모와 그들의 비중은, 문헌에 혼재되어
기록되어 명료하지 않을 뿐 아니라 심지어 상호 모순적이다. 그러나 23개 로(路)
의 호구기록에 나타난 주호와 객호의 수치는 비교적 온전히 남아있다. 본 절은
주호와 객호의 비율을 근거로 자영농과 조전농의 비율을 계산한 후 자영농의 소
유지와 객호의 전작지(佃耕) 비율을 고찰하여, 농민소유지와 지주소유지의 비중
을 검토할 것이다. 각종 민호의 비중을 고찰하기 위해 우선 주호와 객호의 비율
을 〈표 5-2〉로 정리해 보았다.

〈표 5-2〉에 의하면, 전국 23개 로(路)의 평균 수치는 주호가 69% 객호가 31%를
차지하고 있으며, 주호는 객호보다 38% 많다. 다만 각 로(路)마다 차이는 현저하
다. 주호가 차지하는 비중이 큰 호는 하동로(河東路)로, 하동로의 총 호수 가운데
85%를 차지하였다. 가장 낮은 로는 기주로(夔州路)로, 주호는 단지 30%에 불과했
다. 23개 로(路) 가운데 주호들이 차지하는 비중에 따라 4부류로 나눌 수 있다. 주
호의 비중이 70%에서 80% 이상을 차지하는 로는 7개, 60%~68%를 차지하는 로는
8개, 52%에서 59%를 차지하는 로는 5개, 50% 이하를 차지하는 로는 3개였다. 주호
와 객호의 비율은 각 로(路)의 농민소유지와 지주소유지의 대체적인 정황을 반영
하고 있으므로, 이에 근거하면 자영농이 차지하는 비중을 고찰할 수 있을 것이

다. 자영농의 비중은 동일한 로(路)에서도 각 부(府)·주(州)·군(軍)에서 달랐다. 어떤 주·부·군에서 자영농의 비중은 비교적 높았으나 어떤 지역에서는 그 비중은 비교적 낮았다. 문헌 자료를 바탕으로 이 문제를 상세하게 고찰하기 어려우므로 본문에서는 생략하여 하나로 묶어 검토했다.

이상이 주호와 객호의 비중이었다. 아래에서는 각종 민호에서 자영농이 차지하는 비중을 살펴보도록 하겠다. 이 문제에 관해 송(宋)나라를 전문적으로 연구한 치샤(漆俠)은 일찍이 다음과 같이 계산한 바 있다. 객호 및 제4등·제5등호와 제3등호 가운데 부유한 농민은 대략 전체 호수(戶數)의 85% 이상을 차지하고 있다. 이 가운데 수공업장인·작방주(作坊主)·일반 중소상인 등은 대략 7~8%를 차지했다. 제1등·제2등호와 제3등호 가운데 비교적 소유지가 많은 호들이 당시 지주계급을 구성했고, 여기에 당시 대상인과 고리대금업자들을 더하면 지주호는 대략 전체 민호 가운데 6~7%를 점했다.

〈표 5-2〉 신종(神宗) 원풍(元豊) 초년 각 로(路)에서 주호와 객호의 백분율

로(路)	주호 백분율	객호 백분율	로(路)	주호 백분율	객호 백분율
하동로(河東路)	85	15	강남서로(江南西路)	64	32
강남동로(江南東路)	84	16	광남동로(廣南東路)	61	39
양절로(兩浙路)	79	21	리주로(利州路)	60	40
하북서로(河北西路)	74	26	형호북로(荊湖北路)	59	41
섬서영흥군로(陝西永興軍路)	74	26	경동동로(京東東路)	58	42
성도부로(成都府路)	74	26	회남서로(淮南西路)	57	43
하북동로(河北東路)	71	29	형호남로(荊湖南路)	56	44
경동서로(京東西路)	68	32	경서북로(京西北路)	55	45
섬서태봉로(陝西泰鳳路)	68	32	재주로(梓州路)	52	48
회남동로(淮南東路)	67	33	경서남로(京西南路)	47	53
광남서로(廣南西路)	67	33	기주로(夔州路)	30	70
복건로(福建路)	65	35	총평균	59	31

설명 : 1. 이 표는 다음과 같은 자료에 근거했다. 재주로와 기주로는 왕준(王存)의 『원풍구역지(元豊九域志)』, 나머지 로(路)는 『문헌통고(文獻通考)』 권11 호구에 근거했다. 또 량방중(梁方仲)의 『중국역대호구·전지·전부통계』(상해인민출판사, 1980)의 141~148쪽을 전거했다.
2. 동경 개봉부의 민호수는 통계에 포함하지 않았다.
3. 주호와 객호의 수치를 기준으로 순서를 배열했다.

상술한 수치에 따르면, 전체 민호 가운데 각종 상공업자는 도합 8%정도이며, 앞의 표에 의하면 객호는 31%정도이다. 따라서 각종 자영농은 대략 전체 민호의

55%를 차지한다. 앞의 수치에 따르면 주호(主戶) 가운데 상공업자는 대략 11%를, 지주는 대략 9%, 그리고 자영농과 반자영농은 대략 18%를 각각 점하고 있다.

자영농 문제에 대한 보다 진전된 분석을 위해, 여기서는 우선 자영농과 지주호의 비율에 대해 살펴보도록 하겠다. 아래에서는 먼저 당시 주호(主戶)의 등급화 및 각종 민호가 차지하는 비중에 대해 검토하려 한다. 당시 토지소유[田産] 혹은 자산의 규모에 따라 모든 주호는 다섯 등급으로 구분되었다. 토지 소유자에 한정해서 논하면, 제1·제2·제3등호는 "상등호(上等戶)"라고 했으며, 이 가운데 제1·제2등호는 지주였다. 제2·제3등호는 때때로 "중호(中戶)"라고도 불렸는데, 이 가운데의 제3등호는 일부 小地主를 제외하고 대다수가 토지를 50~70무(畝) 혹은 그 이상을 가진 부유한 자영농이었다. 당시 제3등 이상의 호는 그 수가 비교적 적었으며, 30~50무(畝) 혹은 20무(畝)·10무(畝) 이하의 토지를 소유하고 있었다. 제4·제5등호 차지하는 비중이 가장 컸고, 이들은 "하등호(下等戶)"라고 불렸으며 자영농의 중핵을 구성했다.[43]

각종 주호 가운데 자영농이 차지하는 비중을 어떻게 계산할 것인가는 매우 복잡한 문제인데, 여기에는 몇 가지 방법이 존재한다. 우선 이 문제에 대한 당시 사람들의 언급을 검토해 보자.

전체 자영농 가운데에는, 앞서 서술한 것처럼, 제4·제5등호가 대다수를 차지하고 이들이 자영농의 중심이었다. 인종(仁宗) 경력(慶歷) 원년(1041) 장방평(張方平)의 기록에 의하면, "중등 이상의 호는 1/5에 못 미치고 제4·제5등호는 늘 9/10에 달했다(中等以上戶不及五分之一, 第四第五等戶常及十分之九)."[44] 주호 가운데 4·5등호인 자영농이 차지하는 비중은 9/10에 달했다. 50여년 뒤인 철종(哲宗) 소성(紹聖) 3년(1096) 손악(孫諤)의 기록에 의하면, "가령 한 현(縣)에 1만호가 있고 이를 삼분할 경우, 민호 가운데 제4·제5등호는 항상 2/3에 달한다(假一縣有萬戶焉, 爲三分率之, 則民戶占四等五等者常居其二)."[45] 제4·제5등의 민호는 전체 민호 가운데 66.7%를 차지하고 있었다. 이들 자료는 제4·제5등호가 차지하는 비중에 대해 각각 90%, 66.7%로 기술하고 있어 상당한 차이가 보인다. 중국의 지역은 매우 넓고 각 지역의 차이는 매우 크다. 제4·제5등호가 차지하는 비중은 일부지역에서는 90% 이상이지만[46] 일부지역에서는 66% 혹은 그 이하였던 것이다. 다만 이러한 기록이 당시 전국적 상황을 대표할 수는 없다. 관련 기록을 참작하여 전국을 기준으로 하여 살펴보면, 제3등호 가운데 부유한 자영농과 제4·제5등호를 합계할 경우, 주호 가운데 자영농이 차지하는 비중이 달랐다고 하더라도, 전체 민호에서 자영농은 대략 70%에서 90% 사이였으므로 그 중간을 취하면 80%정도에 달했다고 보아도 무방할 것이다. 이에 근거로, 주호 가운데 자영농과 지주의 비율을 살펴보자. 각종 자영농이 90%를 차지한다면, 각종 지주는 10%를 차지할 것이다.[47]

〈표 5-3〉 각 로(路)에서 자영농과 객호가 차지하는 비율

로(路)	자영농과 객호가 전체 호에서 차지하는 비율		자영농과 객호의 상호 비율	
	자영농	객호	자영농	객호
하동로(河東路)	85①×80%②=68	15③	81.93	18.07
강남동로(江南東路)	84×80%=67.2	16	80.77	19.23
양절로(兩浙路)	79×80%=63.2	21	75.06	24.94
하북서로(河北西路)	74×80%=59.2	26	69.48	30.52
섬서영흥군로 (陝西永興軍路)	74×80%=59.2	26	69.48	30.52
성도부로(成都府路)	74×80%=59.2	26	69.48	30.52
하북동로(河北東路)	71×80%=56.8	29	66.20	33.80
경동서로(京東西路)	68×80%=54.4	32	62.30	37.70
섬서태봉로(陝西泰鳳路)	68×80%=54.4	32	62.30	37.70
회남동로(淮南東路)	67×80%=53.6	33	61.89	38.11
광남서로(廣南西路)	67×80%=53.6	33	61.89	38.11
복건로(福建路)	65×80%=52.0	35	59.77	40.23
강남서로(江南西路)	64×80%=51.2	36	58.72	41.28
광남동로(廣南東路)	61×80%=48.8	39	55.58	44.42
리주로(利州路)	60×80%=48.0	40	54.55	45.45
형호북로(荊湖北路)	59×80%=47.2	41	53.51	46.49
경동동로(京東東路)	58×80%=46.4	42	52.49	47.51
회남서로(淮南西路)	57×80%=45.6	43	51.47	48.53
형호남로(荊湖南路)	56×80%=44.8	44	50.45	49.55
경서북로(京西北路)	55×80%=44.0	45	49.44	50.56
재주로(梓州路)	52×80%=41.6	48	46.43	53.57
경서남로(京西南路)	47×80%=37.6	53	41.50	58.50
기주로(夔州路)	30×80%=24.0	70	25.53	74.47
평균	69×80%=55.2	31	69.92	38.08

설명 : 동경 개봉부의 민호는 계산에 포함하지 않음.
　　　① 객호에 대해 각 로의 민호 가운데 주호가 차지하는 비율.
　　　② 80%는 주호 가운데 자영농이 차지하는 비율.
　　　③ 주호에 대해 객호가 차지하는 비율
　　　④ 〈표 5-2〉의 수치×80%해 얻은 수치.

위 표의 통계에 의거하여 각 로(路)의 평균을 보면, 자영농과 조전객호의 비율은 자영농은 대략 61.92%를, 조전농이 38.08%를 점한다. 자영농의 호수는 조전객

호의 그것에 비해 23.84% 많았는데 이러한 수치는 주목할 만한다.[48]

물론 이러한 수치는 정확한 것은 아니며 자영농과 각종 지주가 소유한 토지에 대한 연구를 고려해야 한다. 또 각 지역별로 자영농호와 조전객호 차이도 현저하다. 자영농이 비교적 많은 곳은 하동로(河東路)와 하남동로(河南東路)로 80% 이상이다. 양절로(兩浙路)·하북서로(河北西路) 등 9개의 로는 모두 60% 이상이었다. 자영농이 차지하는 비중이 비교적 적은 곳은 경서북로(京西北路)·재주로(梓州路)·경서남로(京西南路) 등 3개로이며, 모두 50%가 되지 못한다. 특히 기주로(夔州路)의 경우 자영농의 비중이 25.53%에 지나지 않았다. 객호에 대해 자영농이 차지하는 비중을 근거로, 각 지역의 자경농 점유지 규모를 고찰 할 수 있다.

3. 자영농의 토지소유 규모

자영농의 소유지 규모는 지역마다 달랐다. 집약적 경작이 이루어지는 지역의 경우, 단위면적당 생산량은 비교적 높았고 농민의 경작지 면적은 비교적 작았다. 조방적 경작이 이루어지는 지역의 경우 단위면적당 생산량이 낮았고 농민의 경작지 면적도 비교적 넓었다. 더불어 각종 민호의 소유토지 규모 역시 다과의 차이가 있었고 이러한 상황에 대해서는 치사제漆俠가 일찍이 상세히 서술한 바 있다.

이 시기 문헌 기록 역시 매우 다양하게 남아 있다. 혹자는 황하유역과 사천의 일부 건조한 지역에서 부유한 농민은 100여무의 토지를, 일반 농민은 30~50여 무 혹은 70무의 토지를, 제5등호는 20여무에서 40여무의 토지를 각각 소유했음을 지적했다. 제3등의 민호 가운데 일부 소지주를 제외하고 대다수의 민호들은 50~70무 혹은 그 이상의 토지를 소유했고, 제4등·제5등의 민호 가운데 부유한 자는 30~50무의 토지를 소유했으며 가난한 자는 5~7무의 토지를 소유했다. 강절(江浙) 등 풍족한 지역의 경우, 30~40무의 토지를 소유한 민호는 자영농 가운데 부유한 이들이었고 일반적으로는 10여무에서 20여무의 토지를 소유했고 어떤 이는 단지 몇 무의 토지만을 소유했다. 이로 인해 개별 자영농 소유지의 다과를 일반화 시켜 논단하기는 매우 어렵다.

다음으로 조전농의 전작지 면적에 대해 검토해 보자. 인종(仁宗)시기(1023~1063) 직전(職田)에서 거두는 조(租)를 규정하면서 "1경에서 3호를 초과할 수 없도록(一頃不得過三戶)"[49] 했다. 이러한 규제를 통해 보면, 매 호에서 전작(佃作)할 수 있는 토지는 33무를 넘을 수 없었다. 이는 공전(公田)의 조전(租佃) 가운데 가장 많은 수였다. 평강부(平江府)와 화정현(華亭縣)의 학전(學田) 몇 무는 조전하여 지대를 수취하였다. 평강부의 학전은 13호의 조전농에게 경작하도록 했으며, 화정현의 학전은 105호의 조전농에게 경작하게 했다. 두 곳에서 매 조전호가 전작하는 토지는 많은 자가 50무였고 적은 자는 몇 무에 불과해, 평균 약 20~30무의 토지를 전작하여 지대를 바쳤다. 다만 일부지역에서 조전농의 전작지는 매우 적었다. 남송시기 도창현(都昌縣)의 조언약(曹彦約)은 100무의 토지를 소유하였는데 "노복 10여가에게 공역을 바치도록 했다(有僕十餘家, 可以供役)." 이를 근거로 각각의 호가 전작하던 토지는 10무 정도였음을 알 수 있다.[50] 이상이 자영농과 조전농의 경작지 면적에 대한 기본적 상황이다. 농민소유제와 지주소유제를 대조하기 위해 여러 견해를 참고하여 하나의 가설을 세워보자. 자영농 개별 호의 평균 토지 소유지 규모는 20무 정도이다. 조전농은 지주에게 지대를 납부해야 하므로 경작지 면적은 비교적 넓어 매호당 평균 30무 정도로 추산된다. 물론 앞서 서술하였듯이, 각각의 지역에서 상황은 달랐으나 여기서는 이를 사상한다. 이제 각로의 자영농과 조전농의 경작지 면적을 산출할 수 있을 것이다. 복건로(福建路)의 경우 자영농과 조전객호의 비율은 59.77:40.23이었고 두 농호의 경작지 면적은 대략 서로 같았을 터이다.[6] 만약 그러하다면 농민소유제와 조전농이 경작하던 전작지 즉 지주소유지의 비율도 이것과 크게 다르지 않았을 터이다. 이를 바탕으로 필자들은 다음과 같은 결론을 도출하였다. 각각의 로(路)에서, 자영농과 조전농의 비율 가운데 자영농 민호의 비중이 59.77% 이상이 되면 자영농민의 소유제가 지배적이 되며, 자영농 민호의 비중이 59.77% 이하가 되면 지주소유제가 지배적 위치를 차지하게 된다. 자영농 민호의 비중이 가장 큰 하동로(河東路)의 경우, 자영농과 객호의 비율 가운데, 자영농이 차지하는 비중이 81.93%이므로 그들의 토지소유는 전체 농토의 73.46%에 달할 것이다. 자영농 민호의 수가 가장 적은 기주로(蘷州路)의 경우, 자영농과 객호의 비중 가운데 자영농이 차지하는 비중이 겨우 25.53%에 불과하므로 그들의 소유지는 전체 토지 가운데 18.6%에 불과할 것이다. 이를 바탕으로 필자들은 다음과 같이 결론 지웠다. 전국 23개로 가운데 광남서로(廣南西路) 이상의 11개 로에서 농민소유제는 지주소유제를 초과하였고, 강남서로(江南西路) 이하의 11개 로에서는 지주소유제가 농민소유제보다 우

---

6) 역주 - 저자들은 앞서 자영농의 경작지가 20무 조전농의 경작지가 30무로 간주했다. 즉 조전농이 자영농보다 10무의 토지를 많이 보유했으므로 자영농의 호수가 6, 조전농의 호수가 4일 경우 이들의 경작지 면적은 서로 같을 것으로 추산했다.

세했다. 물론, 이상은 자영농과 객호의 비율과 양자의 경작지 면적을 바탕으로 논지전개의 편의를 위해 양자의 대체적인 소유규모를 계산한 것이므로, 다소간의 오차는 존재할 것이고 실제 상황과는 차이가 날 수 밖에 없다. 게다가 조전농의 경작지 규모는 아마도 더 넓었을 것으로 추정되고 또 반자영농이 전작하던 경작지 역시 계산에 포함하지 않았으며 각각의 지역 차 역시 매우 클 것이므로 이상의 계산은 참고할 정도에 불과하다.

비록 농민소유제와 지주소유제가 지배적 위치를 차지하던 현이 각각 11개 현이라고 하더라도 두 종류의 소유제가 차지한 경작지 면적 역시 서로 같다고 결론지을 수는 없다. 왜냐하면 개별 로의 상황이 서로 달랐기 때문이다. 농민소유제가 지배적 위치를 차지한 하동로(河東路)·양절로(兩浙路)는 민호의 수가 비교적 많았다. 이 시기 전국 총 민호는 대략 1,500만호 내외였고 하동로와 양절로 등 11개로에는 전체 민호 가운데 55%가 거주했다. 지주소유제가 지배적이었던 강남서로·광남동로 등 11개로에는 전국 민호 가운데 45%가 살았다. 양자는 10%의 인구 차가 있었다. 이를 근거로 하면, 이 시기 민이 경작하던 토지에서 농민소유지가 지주소유지보다 우세했다. 당연하게도 이 역시 참고적 추론이다.[51]

아래에서는 양절로에 소속된 온주부(溫州府)의 일부지역을 대상으로 추론할 것이다. 왕존(王存)의 『원풍구역지(元豊九域志)』에 의하면 양절로에서 주호와 객호는 도합 1,830,093호이다. 이 가운데 주호는 1,446,406호이고 객호는 383,690호이다. 앞의 표에 의하면 자영농과 객호의 비율은 75.06:24.94였으므로 자영농은 1,154,762호이다. 또 양절로(兩浙路)의 간전(墾田)은 모두 36,247,756무였다. 개별 조전농호의 경작지 규모는 30무 정도이므로 383,690호가 전작하여 지대를 바치던 토지의 수는 11,510,700무이고 이 전작지(佃作地)를 제외하고 남은 24,737,056무의 토지는 1,154,762호의 자영농이 경작하였다. 자영농의 평균 경작지 면적은 21.42무였다. 앞서 서술한 것처럼, 자영농은 여러 계층으로 나누어질 수 있어 그들의 소유지 규모의 다과는 차이가 있을 것이나, 개별 가호가 평균적으로 소유한 토지의 규모는 대략 20무 정도로 파악된다.

이를 근거로 하면, 농민들의 소유지는 지주의 소유지보다 13,226,146무 많고, 민전(民田) 가운데 농민 소유지의 규모는 68.24%에 달한다. 이처럼 앞서 문헌자료를 근거로 하여 계산한 수치는 양절로의 상황의 구체적 상황과 비교적 일치한다.

양절로 온주부(溫州府)의 상황을 검토해 보자. 온주부 인근 30리 내에 있던 각종 관민호(官民戶) 가운데 49호는 400무 이상의 토지를 소유하였고 이들이 소유한 토지는 총 37,848무였다. 매호 평균 772무를 소유하였고 이들은 대지주에 속했다. 268호는 150~400무의 토지를 소유하였고 이들이 소유한 토지는 총 59,366무였으며 매호는 평균 221무의 토지를 소유했다. 이들이 대다수는 중소지주에 속했다. 이 밖에 1,336호가 30~150무의 토지를 소유하여 총 59,366무의 토지를 가지고 있었다.[52] 이들 민호는 매호당 평균 60.5무의 토지를 소유했다. 30무에서 150무의 토지를 소유한 민호 가운데 대다수는 비교적 부유한 자영농이었고, 1백여 무의 토지를 소유한 소수의 소지주도 있었다. 당시 문헌 기록에 의거하면 이러한 소지주는 그들 가운데 10%정도인 164호였고 이들 호의 평균 소유지는 140무, 전체 소유지는 22,960무였다. 나머지 76,030무는 비교적 부유한 1,472호의 소유지였고 이들은 매호당 51.65무의 토지를 소유하였고 모두 3등호에 속했다.

위의 통계로부터 온주의 한 지역에서 각종 지주소유제가 존재함을 확인했다. 대지주는 49호로 그들은 37,848무의 토지를 소유했다. 중소지주는 268호로 그들은 59,366무의 토지를 소유했다. 소지주는 160호로 그들은 22,960무의 토지를 소유했다. 이들 세 유형의 지주는 도합 481호이고 총 120,174무의 토지를 소유하고 있었다. 이러한 통계는 비록 완벽한 것은 아니지만 당시의 현실과 그리 큰 차이가 있지는 않았을 것이다.

문제는 농민소유제이다. 농민 가운데 제4등·제5등호에 대한 원본 기록은 결락되었다. 앞서 서술한 것처럼, 전체 입적된 호 가운데 이들 제4등·제5등호와 지주호의 비율은 9대1이었다. 이 지역의 지주호는 461호이므로 이 수치를 근거로 소규모 토지를 소유한 제4등·제5등호를 계산할 수 있고 461의 9배는 4,329호이다. 또 양절로 각 부주(府州) 가운데 항주(杭州)·소주(蘇州)·호주(湖州)는 객호의 비중이 비교적 적어 단지 몇% 혹은 십여%에 불과했다. 온주에서는 객호가 차지하는 비중이 비교적 커 30%에 달했다. 항주·소주·호주 등지와 대조하여 보면 지주소유제가 차지하는 비중이 비교적 높다. 이곳에는 부유한 자영농인 제3등호가 비교적 많았고 이것이 자영농 평균 소유지의 규모를 높여 자영농은 평균 22무의 토지를 소유했다. 이곳에서 제4등·제5등호는 4,329호였고, 제3등호는 1,472호였다. 양자를 합산하면 5,801호이고 이들은 매호당 평균 22무의 토지를 소유했으므로 총 127,622무의 토지를 소유하고 있었다. 온주에서 지주호가 소유한 토지가 120,174무였으므로 농민소유지는 전체 토지 가운데 약 51.5%를 차지한다. 물론 이러한 추산 역시 연구에 참조가 될 뿐이다.

마지막으로 농민소유제의 비중 가장 낮았던 기주로(虁州路)에서의 상황을 추산해 보자. 기주로의 주호는 전체의 30%하고 조전객호는 전체의 70%에 달한다. 앞의 표에서 제시한 통계에 의하면 기주로의 자영농과 객호의 비율은 25.53:74.47로 객호가 자영농보다 48.94%나 많다. 따라서 이곳에서 자영농호의 수와 그들의 소유지 면적은 가장 적었다. 앞서 서술한 것처럼 인종시기(1023~1063) 사천분지의 하호(下戸)는 5·7~3·50무의 토지를 소유하여, 평균 20무 이하의 토지를 가지고 있었다. 자영농 매호당 소유지가 20무였고 조전객호 매호당 차경지가 30무였다는 사실을 의거하면, 이곳에서 농민소유지와 지주소유지는 19:81정도의 비율이 될 것이다. 농민은 민전(民田) 가운데 19%의 토지만을 소유하였던 것이다. 다만 전국 23개 로 가운데 이는 이례적 상황이었다. 재주로(梓州路)에서도 농민소유지의 비중이 적었고 앞의 추산에 의하면 전체 농민소유지는 전체 민전 가운데 32%를 차지할 뿐이었다.

북송 신종(神宗)시기(1068~1085)의 전국적 상황을 보면, 농민 소유제는 지배적인 위치를 차지하고 있었다. 앞의 표에 의하면 자경농과 조전객호의 비율은 61.92:38.08이었고, 경작지 면적의 경우 자영농은 매호당 평균 20무를 소유했으며 조전객호 매호당 평균 30무를 전작하였으므로, 양자의 경작지 면적 배율은 52:48이었다. 다만 농민 소유제가 지배적인 위치를 차지한 하동로(河東路)와 양절로(兩浙路) 등 11개의 로는 인구가 비교적 많았고, 지주소유제가 주도적인 위치를 차지한 강남서로(江南西路), 광남동로(廣南東路) 등 11개의 로는 인구가 비교적 적었다. 양자의 호구를 비교하면 55:45이므로 만약 이들 요소를 계산해 추가한다면, 농민 소유제는 전국의 민전(民田) 가운데 대략 52~57% 가량을 차지했을 것으로 추산된다.

요컨대, 북송시기 농민의 계급구조는 변화했다. 조전농이 축소되고 자영농이 확대된 것이다. 이에 상응하여 토지 소유권도 변화했는데, 지주소유제가 상대적으로 약화되고, 농민 소유제가 상당히 광대한 지역에서 지배적인 위치를 차지하게 되었다. 이러한 변화 발전은 이 시기 지주제 경제발전의 중요한 특징이다.

제3절 북송시기 지주계급 구성의 변화와 서민지주의 발전

1. 토지 소유의 기본적 상황과 토지의 겸병 집중에 대한 논의

북송시기에는 토지 소유권의 겸병과 집중에 대한 적잖은 논의가 있었다. 이들 여러 가지 논의를 정확하게 이해하기 위해서는 사실에 기초하여 분석해야 한다. 따라서 우선 이 시기 토지 소유권의 배분 양상에 대하여 간단하게 소개해 두려 한다. 전국 23개 로(路) 가운데 개별 로의 토지소유권 배분 양상은 달랐다. 예컨대 하동로(河東路), 양절로(兩浙路) 등의 11개 로는 농민 소유제가 지배적이었다. 이 11개 로(路) 중에서도 일부지역에서는 토지 겸병과 집중에 대한 사례가 확인되지만 일반적 상황을 대표하는 것은 아니었다. 강남서로(江南西路), 광남동로(廣南東路) 등 11개 로에서는 농민소유제가 차지하는 비중이 비교적 낮았다. 특히 기주로(夔州路)에서 농민 소유제는 전체 토지 가운데 19%를 차지하는데 반해 지주 소유제는 81%를 차지하여, 토지 소유권이 고도로 집중되어 있었다. 그러나 전국의 전체적인 상황에서 말하자면, 지주소유제는 전국 토지 가운데 대략 43~48% 안팎을 차지했다. 이러한 상황은 앞절에서 이미 상세하게 언급하였으므로 여기서는 생략한다. 물론 토지 소유권이 상대적으로 분산된 로(路)의 일부지역에서 토지 소유권의 집중 현상은 나타나기도 했고, 토지 소유권이 고도로 집중된 로(路)의 일부지역에서 자영농이 광범위하게 존재하기도 했다. 이에 상술한 기본적 상황에 따라 당시 토지의 겸병과 집중 관련 기록에 대한 검토를 진행하면 비교적 합당한 이해에 도달할 것 있을 것이다.

북송시기 토지의 겸병과 토지 소유권의 집중에 관한 기록은 아주 많다. 예컨대 『송사(宋史)』에는, "권세 있는 관리와 부유한 집안은 한도 없이 토지를 차지하여, 겸병과 위조는 풍속이 되어 버렸다(勢官富性占田無限, 兼並冒僞習以成俗)"[53]는 기록이 있다. 또 『회요(會要)』는 "천하 전답[田疇]의 절반은 형세호(形勢戶)가 소유한다(天下田疇半爲形勢戶所占)"[54]고 기록하고 있다. 인종(仁宗)시기(998~1063) 황하의 유로가 다른 곳으로 이동하자, 하상(河床)의 "옛 하도(河道)의 땅은 비옥했는데, 그 대부분이 권세가가 차지하여 경작했다(故道土沃饒, 多爲權右占耕)."[55] 혹자는 "부자는 끝이 보이지 않는 토지를 소유하고 가난한 사람들은 송곳 세울 만한 땅도 가지지 못한다(富者有彌望之田, 貧者無立錐之地)"[56]고 했다. 또 "가난한 사람은 송곳 세울 땅도 없으나 부유한 자의 토지는 계속 이어져 있다(貧無立錐之地, 富者田連阡陌)."[57] 이 시기의 지주에 대해 증공(曾鞏)은 "부자는 토지 천무를 겸병하고 창고에는 여러 해가 지나도 꺼낼 필요가 없는 곡식과 전이 가득 찼다(富者兼田千畝, 廩實藏錢, 至累歲不發)"[58]고 말했다. 구양수(歐陽脩)도 "지금 대략 한 집의 토지가 100경인 자는 객호 수십가를 거느리고 있다(今大率一戶之田及百頃者, 養客數十家)"[59]고 말했다. 이상과 같은 기록은 설사 실제 상황일지라고 하더라도, 개별지역에 한정되는 것이므로 이를 한 로(路) 전체로 확대할 수 없고 전국적 상황에 대한 논거로 활용할 수도 없다. 특정지역에서 특정의 농민은 "종종 항산(恒産)을 가지고 있었다(往往皆有恒産)"는 기록이 확인되는데 이 역시 특정지역의 상황이었다.

2. 권귀·강종지주의 지속과 사원지주의 확대

송대 권귀·강종지주는 크게 두 부류로 나눌 수 있는데, 하나는 관호(官戶)이고 다른 하나는 이호(吏戶)이다. 관호(官戶)는 문무관으로 정8품 이상의 현직 관리 및 조상의 음덕으로 관료가 된 이들을 가리킨다. 북송 전기에 관호가 차지하는 비중은 크지 않았으나, 북송 중·후기부터 점차 증가하기 시작했다. 이호(吏戶)는 향촌에서 이장(里長)을 맡고 있는 호나 주현리(州縣吏) 가운데 1등호를 가리키는데, 그들은 지방에서 강대한 봉건적 권세를 가지고 있었다. 관호(官戶)는 대략 전체 호수(戶數) 가운데 0.1%를, 이호(吏戶)는 0.2%를 차지했으며, 양자를 합치면 대략 전체 호수 가운데 0.3%를 차지했다. 이들 관호와 이호는 모두 토지 400무(畝) 이상을 소유한 대지주였다.[60]

아래에서는 권귀관료지주(權貴官僚地主)만을 대상으로 서술하도록 하겠다. 이들 지주는 몇 가지 계층으로 구분할 수 있다. 우선 황친(皇親)이 있다. 진종(眞宗) 시기와 인종(仁宗)시기(998~1063)에 왕몽정(王蒙正)은 "장헌유태후(章獻劉太后)의 친척임을 믿고 가주(嘉州)의 토지를 많이 차지했고(恃章獻劉太后親, 多占田嘉州)," "민전을 침탈한 것이 거의 백여 집에 달했다(侵民田幾至百家)."[61] 유태후의 사위 이준훈(李遵勖)이 "거주하고 있던 저택의 장원과 못은 경성에서 으뜸이었고(所居第園池, 冠京城)" 막강한 권세를 휘둘러도 누구도 어쩌지 못했다.[62]

이 시기 지주의 대다수는 관료지주였다. 이에 대해서는 여러 사례가 확인된다. 송나라 초기 왕박(王薄)의 부친 왕상(王祥)은 "여러 차례 수령을 거치면서 재산 증식에 능해 부임하는 곳 마다 전택을 소유했으며 집에는 만금을 쌓아놓고 있었다(頻領牧守, 能貨殖, 所至有田宅, 家累萬金)."[63] 관료였던 이성(李誠)의 장원(莊園)은, "땅의 둘레는 10리이며, 강이 그 가운데를 관통하는 매우 비옥한 부(府)로, 그 전호(佃戶)가 100가(家)였다(方圓十里, 河貫其中, 尤爲膏腴府, 태종(太宗) 옹희(雍熙) 4년(987) 태주(泰州)의 지주인 이익(李益)이 장도현(長道縣) 주무관(酒務官)이 되었는데 "집안에는 재물이 넉넉했고 노동이 수천에 달했다(家饒于財, 僮奴數千指)." 이익은 사람됨이 광포하며 "군리의 장단점을 잘 알아 장리 이하의 사람들이 모두 두려워했다(持郡吏長短, 長吏而下皆畏之)." 더불어 고리채를 돌려 "민 가운데 채무에 놓인 자가 수백가였다(民負息錢者數百家)."[64] 단공(端拱) 원년(988) 마희맹(麻希孟)은 "오랫동안 재상의 지위에 있었으며 … 중략 … 늙어 은퇴하여 임치(臨淄 : 靑州)에 거주했는데, 기름진 땅 수백 경(頃)을 소유했고 거만의 재산을 쌓았다. … 중략 … 항상 불법적으로 겸병하여 매번 군리의 장단점을 쥐고 마음껏 횡포를 부리니 영구(營丘)의 사람들이 모두 두려워했다(累居宰宇之任… 중략 …以老退居臨淄, 有美田數百頃, 積資巨萬 … 중략 … 常兼並不法, 每持郡吏長短, 橫恣, 營丘人皆畏之)."[65] 치천(淄川)의 북쪽 교외에서 채원경(蔡元卿)은 "토지 수십 경을 소유하며 먹고 살았다(有田數十頃而食之)."[66] 대리시승(大理寺丞) 채원경은 치천의 북쪽 교외에서 "수십경의 토지를 소유하여 먹고 살았다(有田數十頃而衣食之)."[67] 북송 후기에 이르러 권귀지주의 겸병은 더욱 격심해져, 소유 토지는 더욱 넓어졌다. 예를 들어 진순유(陳舜兪)는 공경대신(公卿大臣)이 토지를 소유하여 "1,000경(頃)이나 되는 자도 있었다(有至千頃者)"[68]고 했다. 주면(朱勔)은 화석강(花石綱)을 관장하면서 집안을 일으켜 "소유한 토지가 군과 현으로 이어지고 해마다 거두는 조과(租課)는 10여만 석이었다(田産跨連郡縣, 歲收租課十餘萬石)." 그의 "좋은 집과 이름난 장원이 거의 오군(吳郡)의 반이나 되었는데 이들은 모두 사서(士庶)의 것을 빼앗아 차지한 것이었다(甲第名園, 幾半吳郡, 皆奪士庶而有之)."[69] 채경(蔡京)이 소유한 토지 역시 많았는데 영풍(永豊)의 제방에 있던 우전(圩田)은 거의 960경에 달했다.

특히 주목되는 것은 기주로(夔州路)와 협주로(峽州路)의 호강대지주(豪强大地主)의 지속과 발전이다. 이는 다수의 조전객호에 잘 반영되어 있다. 이들 지역의 주군(州軍), 예를 들면 달주(達州)·부주(涪州)·창주(昌州)·남평군(南平軍)·대녕감(大寧監)에서, 객호(客戶)가 전체 민호 가운데 차지하는 비중은 80% 이상이며, 가주(嘉州)·이주(利州)·파주(巴州)·금주(黔州)·투주(渝州)·운안군(雲安軍)·양산군(梁

山軍)에서 객호가 차지하는 비중은 70% 이상이었다. 이들 지역에서 자영농은 비교적 적었고 토지는 호강대지주가 독점하여, 개별 지주가 노역시키는 객호는 통상 수백에서 수천 가(家)에 이르렀다. 태종(太宗) 지도(至道) 2년(996)의 조서에 따르면, "파촉(巴蜀)의 민은 재력으로 상군(相君)이 되며, 부자들은 사역시키는 무리가 수천 호에 달했다(巴蜀民以財力相君, 每富人役屬至數千戶)."[70] 사천서로(四川西路) 향촌(鄕村)은 "민 가운데 대성이 많고 각각의 성들이 소유한 객호는 300~500가에 이르렀다(民多大姓, 每一姓所有客戶, 動至三五百家)."[71] 기주(夔州)의 한 지주는 "거의 수백의 객호를 소유하고 있었다(至有數百客戶者)."[72] 남천(南川)의 왕곤(王袞), 융화현(隆化縣)의 양승수(梁承秀), 파현(巴縣)의 이광길(李光吉) 세 집안은 "각각 객호 수천가를 소유하고 있었다(各有地客數千家)."[73] 수백가에서 수천가에 이르는 객호를 사역하던 이들은 모두 수천에서 수만 무의 토지를 소유한 대지주였다. 이들 지주 가운데 몇몇은 관직이 있는 권귀지주이며, 또 몇몇은 지방에서 봉건적 특권을 가지고 있던 지주였다. 이들은 자손대대로 재산을 상속해 갔고 때문에 강종지주(强宗地主)로 불릴 수 있었다.

이 시기의 권귀·강종지주에 대한 사례는 적잖이 찾을 수 있기만 이전 시기와 비교하면 그 예는 현저히 작다. 이러한 사정은 예컨대 전체 지주 계급에서 이들 지주계급이 차지하는 위치를 확인하고 다른 유형의 지주와 비교해 보면 더욱 분명해진다. 요컨대, 이들 권귀지주와 강종지주는 계속 발전해 온 것이 아니라 다만 부분적으로 지속되었을 뿐인 것이다.

권귀·강종지주와 더불어 사원지주(寺院地主)도 확대되었다. 이 시기의 사원의 대다수는 불교와 도교 사원이었다. 사원 토지의 확장은 여러 가지 경로를 거쳐 이루어졌다. 몇몇 사원은 황실에서 토지를 사여 받았는데, 진종(眞宗)과 인종(仁宗)은 모두 도교를 숭상하여 항주(杭州) 동소궁(洞霄宮)에 누차 토지를 하사했다. 먼저 15경을 하사하고 뒤이어 기름진 땅[膏田] 1,000경을 내려주었다.[74] 신종(神宗) 희녕(熙寧) 8년(1075) 조서를 내려 잠저(潛邸)를 불교 사원으로 삼아 흥덕선원(興德禪院)이라 이름 짓고 "우전(圩田) 30경을 내려주었다(給圩田三十頃)."[75] 신종 원풍(元豊) 7년(1084)에는 다경선원(多慶禪院) 토지 10경을 내려주었다.[76] 어떤 관료는 개인적으로 기부하기도 했다. 예를 들어 송나라 초기의 무장(武將) 안수충(安守忠)은 영흥군(永興軍) 만년현(萬年縣) 및 경양(涇陽) 등지의 전장(田莊)과 가옥을 광자원(廣慈院)에 희사했다.[77] 순화(淳化) 2년(991) 방어사(防御使) 안수충(安守忠)은 광자선원에 만년현(萬年縣) 전장 1곳의 1,734무를 사여했다. 또 경양(涇陽)에 있던 전장의 토지 4,036무의 토지를 사여했다.[78] 또한 일부 사원은 신청을 통해 토지를 획득했다. 예컨대 북송 후기 휘종(徽宗) 대관(大觀) 연간(1107~1110)에 국창현(國昌縣)의 보자선원(普慈禪院)이 간석지를 신청하여, "매년 곡식 1천곡(斛)을 얻었다(歲得穀千斛)."[79]

어떤 사원은 민들을 불러 모아 황무지를 개간하여 토지를 확대했다. 북송 후기 상주(商州) 복수사(福壽寺)는 "산전(山田)을 개간하고 물레방아를 만들었고(墾山田, 造水磑)", 이로써 "승려들을 공양했다(給緇徒之供養)."[80] 어떤 사원은 구매를 통하여 토지를 증식했다. 『소씨견문록(邵氏見聞錄)』에 의하면, 인종(仁宗)시기 승려 의침(義琛)은 "돈을 빌려 낙성(洛城) 남궁(南宮) 남촌(南村)의 비옥한 부곽전(負郭田)[7] 30경을 구입했다(貸錢爲師魯買洛城南宮南村負郭美田三十頃)." 『촉호집(燭湖集)』에 의하면, 간주(簡州)의 승려 희문(希問)은 태주(泰州) 번신명희선원(翻新明僖禪院)에서 "남는 재산으로 토지 10경을 구입했다(餘力市田十頃)." 사원은 소유 토지가 많아 많은 곡물을 저장하고 있었는데 수주(隨州) 대홍산(大洪山) 기봉사(奇峰寺)는 곡식 6·7만석을 저장하고 있었다.

이러한 사원 토지는 근본적으로는 조정에서 하사했거나 혹은 각급 관리가 기부한 것이 대부분이었다. 사원에 대한 차역은 신종(神宗) 이전에는 모두 면제받았다. 이들 사원 지주는 반권귀적 성격을 가지고 있었고 이 때문에 여기서 덧붙여 서술했다.

3. 서민지주와 상인지주의 발전

북송시기 서민 유형 지주는 지주계급 가운데 중요한 부분을 차지했다. 서민 중소지주의 발전을 논술하기 위해, 아래에서는 우선 이러한 지주가 중요한 위치를 차지하고 있었음을 간략하게 추산해보자. 앞서 양절로(兩浙路) 온주성(溫州城) 30리 이내의 지역에 대해 서술하였는데, 150무~400무를 소유한 지주호는 총 268호(戶)였고, 그들이 소유한 경작지 는 59,366무로 평균 가호당 221.5무의 토지를 소유하고 있었다. 이러한 수치는 이들 가운데 400무에 가까운 넓은 토지를 소유한 지주가 매우 적었음을 말해준다. 이들 지주의 대다수는 150무~200무 내외의 토지를 소유한 중소지주였다. 이 밖에 100여무의 토지를 소유한 소지주도

---

7) 역주 - 성근처이 비옥한 토지를 말한다.

163호가 있었고 이들이 소유한 전체 토지는 22,960무였다. 위의 두 중소지주는 도합 432호였고 그들이 소유한 토지는 82,326무였다. 한편 이곳에서 400무 이상을 소유한 대지주는 49호였고 이들은 총 37,848무의 토지를 소유하고 있었다. 이러한 통계를 통해 중소지주호는 전체 지주호(地主戶) 가운데 89.8%를 차지했고, 중소지주의 소유지는 전체 지주소유지 가운데 68.5%를 점했음을 알 수 있다. 이 시기 온주 전체 지주 가운데 이러한 중소지주는 호수에서도 소유지 양에서도 모두 다수를 차지했다.

양절로에서 온주(溫州)지역은 비교적 토지소유가 집중된 곳이다. 온주성 30리 이내에 400무 이상의 토지를 소유한 대지주는 49호에 달했고 이들이 소유한 토지는 총 37,848무였다. 기타 소주부(蘇州府)·항주부(杭州府)·호주부(湖州府)는 토지소유권이 상대적으로 분산되어 있어 지주계급 가운데 중소서민지주가 차지하는 비중은 더욱 컸다. 이에 대해서는 일일이 언급하지 않겠다.

필자들이 150무에서 200무(畝) 내외의 토지를 소유한 민호를 지주계급으로 구획한 것은 당시 생산 상황을 고려한 것이다. 이 문제에 대해 치세漆俠은 일찍이 다음과 같이 서술하였다. 소지주의 대다수는 중호(中戶) 가운데 중등 혹은 3등호의 일부인데, 이들 지주는 100무에서 150무 사이의 토지를 소유하고 있었으며, 일관(一貫) 이상의 세전(稅錢)을 내는 자들이었다. 이러한 소지주는 부유한 농민과 함께 모두 3등호에 속했다. 그리고 부유한 농민들이 소유한 토지는 비록 비교적 적었지만, 그래도 100무 정도는 되었다. 그런 까닭에 이들 양자의 경계를 구분하기는 쉽지 않다. 3등호인 중소지주와 부유한 농민을 구분하는 열쇠는 토지의 임대 여부이다. 치세漆俠의 서술은 정곡을 찌르고 있다. 150무에서 200무 안팎의 토지를 소유한 민호는 자신이 소유한 토지를 경작하는데 4~5명의 노동력을 필요로 했지만, 5~6명으로 구성된 한 가정에서는 최대 2~3명의 노동력만 존재했으므로 경작을 위해서는 반드시 토지의 일부분을 임대하거나, 혹은 3~4명의 고공(雇工)을 고용해야만 했다. 따라서 이들 민호는 지주 계급의 성원이었다.

이러한 중소지주의 대다수는 부유한 농민 속에서 분화되어 나왔다. 전술했듯이, 북송시기 대부분의 지역에서 농민 소유제는 지배적인 위치를 차지하고 있었다. 자영농이 광범위하게 존재하던 조건하에서, 농업 생산의 발전 속도는 비교적 빨랐으며 상품경제 또한 비교적 빠르게 발전해, 농민계급의 분화 현상은 점차 뚜렷해졌다. 이 시기 토지를 비교적 많이 소유한 부유한 자영농이 대량으로 존재했는데, 앞서 서술한 온주(溫州) 지역의 경우 30무에서 100여 무를 소유하고 있던 부유한 농민은 1,477호였다. 이 지역에서 자영농은 도합 1,806호였고 부유한 자영 농은 25%에 달했다. 상품경제가 비교적 고도로 발전하던 상황에서 일부 부유한 농민들의 중소지주로의 이행은 자연스러운 것이었다. 이 시기 전체 지주 계급 가운데, 중소지주는 비교적 큰 비중을 차지하였음은 확연했고 온주(溫州)지역은 그 가운데서도 전형적인 예였다.

부유한 농민은 부지런한 노동과 근검절약을 통해 여러 해 동안 모은 재물로 토지를 구매하여 소유지를 확대하여 중소지주로 성장하였다.[81] 그 가운데의 많은 소지주는 원래부터 생산 노동에 종사하였으며 생산력 향상에 적극적 이었다. 그 들의 생활 습관은 일반 권귀·관료지주와는 달랐으며, 향락을 즐기지도 않았고 또 한 지나친 겉치레에 돈을 낭비하지도 않았다. 오히려 축적한 자산을 생산에 투여 하여 농업 생산 및 사회경제의 긍정적인 작용을 했다. 때문에 북송 사회경제사 연구할 때, 이 시기 중소지주의 발전에 대해 충분한 관심을 기울여야만 한다.

한편 서민지주 가운데서 일부 대지주가 출현하기도 했다. 예를 들면 신종(神宗)시기 진관(秦觀)은 『회해집(淮海集)』에, "대농(大農)의 집은 토지가 끝없이 이어 져 있고, 곡식은 만곡(萬斛)이나 쌓여 있다(大農之家, 田連阡陌, 積粟萬斛)"라고 섰 다. 남송 초기 중병(仲幷)은 『부산집(浮山集)』에서, 토지를 많이 소유한 자는 "민 전(民田)이 끊임없이 이어져 그 부유함이 왕공(王公)의 집에 견줄 만하다(民田連 亘, 富似王公之家)"라고 했다. 이상의 기록에서 "토지가 끝없이 이어지고(田連阡 陌)", "민전이 이어져 있는(民田連亘)" 민호들은 확실히 비교적 토지를 많이 소유 한 서민지주임을 알 수 있다. 중소서민지주에 비해 서민대지주의 수는 적었으며 기본적으로 중소지주 속에서 발전해 왔다. 그러나 그들의 발전에서 주목해야 하 는 것은 그들이 권귀관료지주와는 완전히 다르며, 사회경제의 변화 발전에 대해 서도 또한 일정한 영향을 미치고 있었다.

요컨대, 중소서민지주의 발전은 시대를 구획할 만큼 중요한 의의를 가지고 있 다. 첫째, 이러한 지주는 농업 생산에 직접 참여했으며, 생산에 힘써 농업 생산을 진전시키고 발전시키는데 일정한 작용을 했다. 둘째, 이로부터 형성된 조전(租 佃) 관계는, 권귀·강종지주에 의해 형성된 엄격한 신분적 성격의 조전관계와 달 라, 전농(佃農)과 상대적으로 평등하여 봉건적 예속관계는 약화되었고 농민의 사 회적 지위는 상승했다. 셋째, 몇몇 지주는 고공(雇工) 경영을 했다. 경제 작물이 발전하던 조건하에서 일부 중소지주는 장기 혹은 단기 고공을 고용하여, 마(麻), 사탕수수, 과수 등을 심어 경영형 지주로 변신하였다. 이처럼 중소 서민지주의

발전은 이 시기 지주제 경제발전의 또 다른 하나의 중요한 특징이었다.[82]

이 시기 상인지주의 발전 역시 주목해야 할 문제이다. 상인지주에는 각종 유형이 있는데, 서민유형 상인지주와 관료유형 상인지주로 대별된다. 그들의 발전과정은 서로 달랐는데, 몇몇 부상(富商)들은 일부 상업 자본으로 토지를 구입하여 상인지주가 되었다. 또 일부 지주는 상업을 겸업하여, 지속적으로 그들의 소유지를 확대하기도 하는데 이들 역시 상인지주라 할 수 있을 것이다. 각급 관리들이 권세에 의지해 상업 활동에 종사하는 것은 보편적 현상이었다. 마지막으로 또한 상인지주 가운데 상당수는 매관매직해 관료유형 상인지주가 되었다.

이 시기 서민 유형 상인지주의 발전은 상품경제의 발전과 밀접하게 연계되어 있었는데, 대량의 재산을 장악하고 있던 상업 고리대금업자를 발생시켰고, 토지 소유권의 이전이 빈번한 상황에서, 그들은 잇달아 일부 자금으로 토지를 구매하여 상인지주로 변신했다. 송대 토지소유권의 이전문제에 대해 마단임(馬端臨)은 이렇게 말했다. "부자들이 재물을 가지고 토지를 구매하고 귀족들은 힘을 가지고 토지를 차지하니 토지를 경작하는 인부는 그 가속을 거느리고 부자와 귀족에게 노역 당한다(富者有貲可以買田, 貴者有力可以占田, 而耕田之夫率屬役富貴者矣).[83] 여기서 말한 '부지'는 서민부호를 가리키는데, 서민부호에는 서민시주가 있으며 그들 중 상업으로 치부한 민호들이 다수를 차지했다. 이들은 일부 상업 자본으로 토지를 구매했다. 이 시기에는 많은 부상들이 출현했는데 그들이 상업 자본을 토지구매에 활용한 문헌기록은 비교적 적으나, 당시 상황에서 부상들이 그들의 자금을 동원해 토지를 구입한 것은 일반적 추세였다.

상품경제 발전과 동시에 고리대금도 번성했다. 이 시기 경제적 곤란을 겪은 농호들은 고리대금에 의존해 일시적 어려움을 해결했다. 구양수(歐陽脩)는 당시 조전농이 고리대 수탈을 당하고 있던 상황을 다음과 같이 기술했다. "궁핍한 시절이 오면 항상 주인에게 빌린 다음 그것을 갚는데 그 이자는 2배를 넘어 3배나 되었다. 수확기가 되면 종자와 세를 낸 후 수확물을 나누는데 3배의 이자를 갚으려면 수확물을 다해도 오히려 부족했다. 아침에 수확해도 저녁에는 먹거리가 부족한 것 역시 빚 때문이다. 그런 까닭에 겨울과 봄 먹거리를 빌릴 때는 즉 여름에 거둘 보리로 갚겠다고 했다. 보리가 빚 갚는데 소진되어 여름과 가을의 먹거리를 빌릴 때는 겨울에 거둘 벼로 갚겠다고 한다. 마치 이 수십가가 항상 3배의 곡식을 먹는 것 같으니 한 호가 항상 100경의 땅에서 나온 이득을 모두 취하고 있었다(當其乏時, 嘗擧債于主人, 而後償之, 息不兩倍則三倍. 及其成也, 出種與稅而後

分之, 償三倍之息, 盡其所得或不能足. 其場功, 朝畢而暮乏食, 則又擧之(借貸). 故冬春擧食, 則指麥于夏而償. 麥債盡矣, 夏秋則指禾于冬而償也. 似此數十家者常食三倍之物, 而一戶常盡取百頃之利)."[84] 특히 주목해야 할 점은 부호들이 고리대를 통해 토지를 겸병해 나갔다는 사실이다. 진종(眞宗) 대중상부(大中祥符) 연간에 영흥군(永興軍)의 호부들이 돈 놀이를 해, "그 해에 빚이 환수되지 않으면 그것을 따져 토지를 몰수했다(歲償不還 則平入田産)."[85] 인종(仁宗)시기 변경(汴京)지역의 부자 손씨는 돈 놀이를 했는데 그 이자를 물고 있는 자에 대해서 "그 토지와 부녀를 빼앗았다(至評取物産及婦女)."[86] 여기서 말한 "물산(物産)"은 토지재산을 포괄한 것이다. 또 신종(神宗)시기 요주(耀州) 화원현(華原縣)에서 "어떤 부자는 토지 문서를 소유하지 않고 오직 가난한 사람을 꾀어 그 토지문서를 담보로 삼고 있는데 많은 자는 10,000무(畝)에 달하며 해마다 수입을 얻고 있다(有富人不占地籍, 唯利誘貧民而質其田券, 多至萬畝, 歲責其入)."[87] 이 사료는 고리대를 통해 토지를 겸병하고 있음을 말해준다.

이처럼 상인고리대금업자들이 토지를 구입하여 대지주로 전환되었다. 따라서 이 시기 서민지주 중에는 상인유형의 지주도 있었다고 할 수 있다. 이 시기의 많은 기록들이 각종 부류의 지주들이 상업을 겸하고 있었음을 보여준다. 예를 들어 최백역(崔伯易)은 다음과 같이 말했다. "지금 자산이 많은 명문가에서는 창고를 늘여 세우고 집이 전장(田莊)에 포진해 있었다(今高資大姓之家, 列肆侔于府庫, 邸第羅于康莊)."[88] 여기서 말한 '자산이 많은 명문가[高資大姓]'는 몇몇 관료와 서민대지주이다. 서민이 상업에 종사하던 상황을 사서에서는 "궁벽한 곳의 가난한 선비 가운데 상당수는 상업에 종사하여 이익을 좇아 바다를 건너고 있다(遠僻白屋士人, 多是占戶爲商, 追利過海)"[89]라고 기술하고 있다. 여기서 말한 '가난한 선비(白屋士人)'은 독서층이나 아직 관료가 되지 못한 이들로 국내에서 상업에 종사할 뿐 아니라 멀리 외국에 가서 장사하기도 했다. 이러한 부류의 상업과 무역에 종사하는 자들 대부분은 과거 지주로, 또 하나의 상인지주였다.

다만 주목해야 할 점은 이 시기 아주 많은 관료와 상업 고리대금 사이의 관계이다. 예컨대 왕안석(王安石)은 "지금 관직이 높은 자도 왕왕 뇌물을 받고 자산을 늘여 더러운 오명을 지고 있다(今之官大者往往交賂遺, 營資産, 以負貪汚之毁)"라고 했다. 여기서 말한 '자산의 운용(營資産)'은 여관[邸店]과 질고(質庫)와 같은 활동을 말한다. 왕안석은 또 "관직이 낮은 자는 곡식을 팔거나 구걸하니, 하지 않는 일이 없다(官小者, 販鬻乞丐皆無所不爲)"[90]고 개탄했다. 여기서 '곡식을 파는 것(販

鬻)'은 상업 활동을 의미한다. 이들 관리들 가운데 대다수는 지주 출신이면서 당시 상인지주로 변모했다. 이 시기 관료가 상업에 종사하는 하던 사례는 아주 많아, 일일이 열거할 수 없을 정도이다.

이상에서 각종 형식의 토지, 상업자본, 고리대의 결합으로 인하여 각종 상인지주가 출현했다. 이러한 현상의 발생은 상품경제가 발전하여 일정한 단계에 도달하였을 때, 지주제 경제에서 발생하는 필연적인 산물이다. 이처럼 북송 시기에 이르러 상인지주는 지주계급의 한자리를 차지했다.

이상의 내용을 종합해 보자. 북송시기에 지주계급의 구성은 비교적 크게 변화했다. 우선 권귀관료지주가 변화했는데 과거 역대왕조와 비교해보면 그들의 상대적으로 약화되었다. 가장 주목해야 할 것은 중소 서민지주의 발전으로 전체 지주계급 가운데 호수(戶數)와 소유지에서 모두 이들은 모두 권귀관료지주를 초과하였다. 다음으로 상인유형지주가 발전하였는데, 서민지주가 상업에 종사하건 관료지주가 상업에 종사하건, 이러한 상인지주의 존재는 이 시기의 특징 가운데 하나였다. 이상의 이러한 중소 서민지주 및 상인지주는 이 시기 지주계급 가운데 중요한 부분을 차지했는데 이것은 중국 지주제 경제의 진일보한 발전을 의미했다.

제4절 남송시기 봉건적 토지소유관계의 역전

남송이 통치하던 지역은 주로 장강유역 이남이었다. 서쪽 성도부로(成都府路)에서부터 동쪽 이주로(利州路)·동천로(潼川路)·기주로(蘷州路) 등에 이르고, 그 중앙에 호북로·호남로·강서로·회로(淮西路)·회동로(淮東路) 등의 지역이 있으며, 이들 이남의 지역인 강동로·양절로(兩浙路)·복건로 및 광동로·광서로도 모두 남송의 영토였다. 이 지역들 가운데 상당수는 풍족하고 넉넉한 곳이었다. 이들 지역에서 지주제 경제의 발전 상황에 관해서는 북송시기를 논술하면서 이미 언급한 바 있으므로 여기서는 남송 영역에서 지주제 경제의 변화문제만 첨가했다. 주로 두 가지 문제를 다룰 것인데, 첫째는 권귀관료형지주의 확대 즉 지주 계급구성의 변화이다. 둘째는 농민 소토지소유제의 위축 즉 농민계급구성의 변화이다. 이러한 계급구성의 변화는 북송 철종이전과 서로 상이한 바가 있었고 그것은 지주제 경제의 변화에 영향을 미치고 있었다.

1. 권귀관료형지주의 세력 확장과 토지 겸병

북송시기에는 토지소유권의 분배에도 변화가 발생하고 있었다. 예를 들어 인종(仁宗)시기 토지 소유권이 집중되는 경향이 나타났지만, 이 시기 지주계급의 구성은 비교적 복잡하여 서민형의 지주도 있었다. 그리고 전체 민호 가운데 조전객호(租佃客戶)가 점하는 비중 역시 높지 않아 38%에 미치지 못했다. 신종(神宗)시기 토지소유권은 상대적으로 분산되어 있었고 서민지주도 발전하고 있었다. 북송말인 휘종(徽宗)대에 이르러 토지 겸병이 극심해지기 시작했고 남송 고종(高宗)대에 이르러 절정에 달했으며 이러한 추세는 남송말까지 지속되었다. 이 시기에는 지주계급의 구성도 변화하기 시작했는데 토지소유자들은 주로 권귀관료형 강종지주였다.

권귀관료지주의 세력 확장과 토지겸병은 주로 북송말 휘종대부터 시작되었다. 당시 진관(秦觀)은 몇몇 지주에 대해 다음과 같이 기술하였다. "말을 탄 방자한 노비들이 도검을 차고 향곡(鄕曲)을 절단 내었다. 그물질로 고기를 잡고 주살로 사냥을 하며 성기(聲伎)가 받드니 왕후를 모방 하였다(從騎僮, 帶刀劍, 以武斷鄕曲. 畢弋漁獵, 聲伎之奉, 擬于王侯)."[91] 진관은 또 각종 유형의 겸병과 침탈의 상황에 대해 "한 읍의 재산 가운데 열에 대여섯은 사인(私人)들이 가지고 있다(而一邑之財十五六入于私家矣)"[92]고 했다. 진관과 대략 같은 시기에 진순유(陳舜兪)는 "지금 경작자들은 모두 타인을 위해 경작한다(今之耕者皆爲人)." "열 집의 장정이 농사로 먹고 산다면 이 가운데 타인의 토지로 먹고 사는 사람이 아홉이다(十室之夫耕人之田, 食人之食者九)."[93] 진순유는 또 "천하의 농민 가운데 경작하여 스스로 먹고 사는 사람은 열에 한두 명도 안 된다(天下之農, 耕而自爲者, 十無一二)"[94]고 하였다. 또 지주들은 넓게 토지를 차지하였으나 세금은 매우 적게 납부하여 장순유는 이렇게 기술했다. "교활한 대성(大姓)의 집안들은 문서를 조작하여 수백에 달하는 토지를 차지하나 부세는 차지한 땅의 1~2도 바치지 않는다. 반면 가난한 사람들은 척박한 토지를 가지고도 수배에 달하는 부세에 고통을 받았다(黠性大家質劑爲奸, 占田累百, 賦無一二. 貧者以苦瘠之畝, 荷數倍之賦)."[95] 북종 말 권귀관료지주로 권세에 기대어 겸병한 대지주, 예를 들어 채경(蔡京), 왕보(王黼) 등이 탈점한 토지의 수는 헤아릴 수 없이 많다. 화석강(花石綱)을 주관한 주면(朱勔)은, "소유 토지가 군현에 퍼져 있으며 해마다 거두는 조(租)가 10여만 석이었고 좋은 저택과 이름난 정원은 오군(吳郡)의 반이나 되었는데 이것들은 모두 사대부와 서인들에게 빼앗은 것이었다(田産跨連郡縣, 歲收租穀十餘萬石, 甲第名園幾半吳郡, 皆奪士庶而有之).[96] 요컨대 북송후기 권귀관료형 강종지주는 권세를 휘둘러 법은 안중에 두지 않고 '힘으로 향곡을 절단 낼' 정도였다. 그들은 권세에 의지해 토지를 겸병하고 토지소유권을 집중시켰다. 광대한 농민들은 토지를 상실하여 자영농은 열에 한 둘도 되지 않았다. 아울러 권귀관료지주는 부세를 바치지 않아 자신이 소유한 재산 중 열에 한둘만을 부세로 바쳤다. 남송은 북송말에 나타난 이러한 비리와 부패의 전통을 이어받았으며 오히려 부패를 더욱 발전 심화시켰다.

남송시기는 점차 각종 권귀관료지주들이 토지를 농단해 갔다. 지주권력의 확대에 따라 다음과 같은 특징들이 드러났다. 첫째, 토지 소유권의 취득은 봉건적 권력관계와 정확하게 일치했다. 둘째, 많은 대지주가 출현했는데, 이들이 차지한 토지는 수만 수천무가 넘었다. 지주들이 격렬히 겸병하던 상황에서, 과거 농민소유제가 지배적 위치를 차지한 지역이 이제는 토지소유권 날로 소수에게 집중되어 갔다.

각종 권귀관료지주가 권세에 의지해 토지를 탈점하던 상황에 대해서는 여러 문헌에 반영되어 있다. 혹자는 "부귀한 자들이 민전(民田)을 빼앗으니 그 수가 수천 수만무에 달해 토지가 수 백리로 이어질 정도이다(富貴之奪民田, 有之數千萬畝, 或綿亘數百里者)."[97]라고 하였다. 그 말이 비록 과장된 면이 있다고 하더라도, 이 기록은 이 시기 권세에 의거해 강압적으로 토지를 탈점한 사실을 반영한 것이다. 소흥(紹興) 19년(1139) 호부시랑 송황(宋貺)은 다음과 같이 건의하였다. 호(湖)·상(湘)·강(江)·회(淮) 일대의 많은 백성들이 토지를 버려두었는데 뒷날 민호들이 "다시 경작하려 해도(各思復業)", "형세호(形勢戶)들이 그 땅을 침탈하여 경작을 허락하지 않았다(而形勢戶侵奪地界, 不許耕鑿)."[98] 또한 고종 때 손몽관(孫夢觀)은, "근래 부유하여 힘 있는 자들이 혹 다른 사람의 토지를 빼앗아 자신의 것으로 삼기도 하여 그의 밭이 끈처럼 이어졌다. 천리를 둘러보면 그들의 곳간이 하늘의 별처럼 흩어져 있으니 어찌 만개뿐이겠는가? 큰 것은 주현을 능멸하고 작은 것은 한 마을을 절단내니 비로소 무뢰배들을 개미떼처럼 모여들어 근거지로 삼았다(邇來承富貴之資力者, 或奪人之田以爲己物, 阡陌繩聯. 彌望千里, 囷倉星列, 奚啻萬斯. 大則陵轢州縣, 小則武斷閭閻, 遂使無賴之徒蟻附蠅集, 以爲淵藪)."[99] 또 왕지도(王之道)의 건의에 따르면, 회남의 여러 군(지금의 소북蘇北 , 환북皖北 일대)에는 "부호거실(富豪居室)"이 그곳의 토지와 농민에 대하여 "주현에 문서를 보내어 다투어 서로 빼앗았다(投牒州縣, 爭相攘奪)." 전쟁이 발생한 후, "그 문서가 분명하지 않아 주현이 명백히 밝히지 못하였는데 그런 까닭에 돈이 많고 지위가 높은 자들은 자신이 뜻하는 바데로 하였다(契券不明, 州縣旣無所明, 故一時金多位高者咸得肆其所欲).[100] 남송전기에 무주(撫州)에 살았던 왕력(王歷)은 권세에 의지해 "백성의 전택(田宅)을 빼앗아(凌奪百姓田宅)", "강서 사람들이 그것을 고통스럽게 여겼다(江西人苦之)."[101] 임담양재(任潭陽宰)의 육자휼(陸子遹)은 민전(民田) 11,800여 무를 강탈하여 그것을 사미원(史彌遠)에 바치자 사미원은 그것을 복현장(福賢庄)이라 불렀다.[102] 또 그는 무장현(武將縣)·소굉현(邵宏縣)·연장현(淵將縣)·상덕현(常德縣)·무릉현(武陵縣)의 관전(官田) 수십경을 점탈하여 자신의 것으로 삼은 후 조세를 바치지 않았다.[103] 권귀관료지주들 가운데 상당수는 매매를 강요하는 방법을 통해 토지를 겸병하였다. 예를 들어 이심전(李心傳)은 "권세가들이 이익을 쫓아 겸병하여 반드시 비옥한 토지만을 구매하였다(權要豪右之家, 擇利兼並, 售必膏腴)"[104]라고 기록하였다. 권귀관료지주가 권세에 의지하여 겸병하는 상황에서, 지방에서 권세가 강대했던 몇몇 호민(豪民)과 악패(惡覇)들도 토지를 침탈하였다. 이종(理宗)대에 요주(饒州)의 호민 잠이(潛彛)는 "연이어 다른 사람의 토지를 빼앗았는데 그 수법이 교묘하고 강압적이었으며 빼앗은 토지의 수는 헤아릴 수 없을 정도로 많았다(前後騙人田産, 巧取豪奪, 不可勝計)."[105] 남송시기에 이러한 강종지주의 권력이 확대되던 상황에서, 권세에 의거한 겸병 사례는 사서에 끊이지 않고 기술되었다.

이 시기 조정에서는 또 대규모로 관전(官田)을 팔았으며 아울러 특혜를 베푸는 정책을 제정하였다. 이것 또한 권귀관료지주가 토지를 확대하는 조건이 되었다. 효종(孝宗) 건도(乾道) 9년(1173) 이렇게 정했다. "1,000관(貫) 이상의 관(官)의 재산을 승매(承買)[8]하면 3년 동안 역(役)을 면제해 주었으며, 5,000관 이상을 매입하면 5년 동안의 역을 면제해 주고, 화매(和買)[9]하는 자는 2년의 역을 면제해 주고, 그 2세의 역전(役錢)은 스스로 그 수를 계산하게 하여 바치도록 하라(承買官産一千貫以上免差役三年, 五千貫以上免五年, 和買幷免二年, 其二稅役錢自令計數供輸)."[106] 이런 관전(官田)의 대부분은 호강대호(豪强大戶)들에 의해 매입되었는데

---

8) 역주 - 다산 정약용은 『경세유포』에서 이렇게 말했다. "생각건대, 승매란 박매(樸買)이다. 작은 것은 승매, 큰 것은 박매라 하나 실상은 한 가지이다. 樸이란 物의 전체인데 박매란 전부 매수한다는 뜻이다."(『경세유표』권10 지관수세 賦貢制)

9) 역주 - 송나라 때의 제도로서 봄에 백성들에게 國庫의 金을 빌려주어 여름이나 가을에 명주로 갚게 하는 제도이다.

문헌에는 다음과 같이 기술되어 있다. "대개 관의 재산을 구매하는 집안 중 대성이 아닌 자가 없었다(蓋買山之家, 無非大姓)."107) 이후 소희(紹熙)와 가정(嘉定) 연간에 재차 관전을 내어 팔았다. 구매자는 농민도 있었지만, 그 대다수는 각종 권귀관료지주들이었다. 이런 종류의 매매는 봉건적 권세에 따라 이루어졌다.

또 이때 일부지역에서는 여러 종류의 황기전(荒棄田)과 몰관전(沒官田)이 출현하였는데 조정에서는 그 가운데 일부를 권귀관료 지주들에게 상으로 하사하였다. 이것은 권귀관료지주들이 토지를 확대하는 한 방식이었다. 예를 들어 남송초 진회(秦檜)정권기, 조정은 영풍우(永豊圩)의 땅 960경을 그에게 상으로 사급하였다. 위승(魏勝)이 전사한 후, 조정은 그에게 만 무(畝)를 내려주었다.108) 무장 이현충(李顯忠)은 평강부(平江府)와 소흥부(紹興府)의 땅 13,300무를 하사받았다.109) 나머지 무신 관료인 곽호(郭浩), 양정(楊政), 장준(張浚), 한세충(韓世忠), 이현충(李顯忠), 소연(邵淵) 등은 모두 많은 토지를 받았으며 그들이 받은 상은 주로 이러한 관전이었다. 조정의 관전은 권귀 관료지주의 사유재산으로 변질되어 봉건적 권세와 더욱 유착되었다.

권세에 의거한 탈점과 구매, 그리고 상사(賞賜)가 이루어지면서 각 지역에서는 북송시기 거의 보이지 않던 대지수가 출현하였다. 이종(理宗) 난평(端平) 원년(1234)에 유극장(劉克庄)은 이 권귀·강종지주에 대하여 이렇게 말했다. "천개나 되는 집안의 비옥한 토지를 삼켜 여러 로(路)에 토지가 이어져 있고, 해마다 백만곡(斛)의 수입을 얻으니 이는 개벽이래로 없었던 일이다(吞噬千家之膏腴, 連亘數路之阡陌, 歲入百萬斛, 自開闢以來未之有也)."110) 유극장이 "개벽이래로 전에 없던 일이다"라고 한 것은 송대 전체에서 이 시기의 거대지주와 그들의 광대한 토지소유가 전례 없었던 것이었음을 말해주고 있다.

남송의 권귀관료대지주는 북송말 주로는 휘종시기에서 부터 시작되어 남송전기까지 계속 늘어만 갔다. 예를 들어 권신 한탁주(韓侂胄)는 죄 때문에 전택(田宅)을 적몰당했는데, 그는 10,000무에 달하는 농장과 양회지역의 토지가 5,000~6,000무를 소유하고 있었다. 무장 장준(張浚)의 소유 토지는 더욱 넓었는데 마정현(馬程縣)·가흥현(嘉興縣)·장주현(長洲縣)·오현(吳縣)·무석현(無錫縣)·의흥현(宜興縣)·무진현(武進縣)·단도현(丹徒縣)·무호현(蕪湖縣) 등지에 15개에 달하는 농장이 있어 토지는 헤아리기도 어려웠다. 그의 아들 장자안(張子顔)에 이르기까지 그들이 국가에 헌납한 토지만도 20,000~30,000무나 되었다.111) 권귀지주 양기중(楊沂中)은 초주(楚州)와 보응(寶應)의 토지 39,640무를 국가에 헌납했으며 또 곤산(昆山)의 토지 천 무는 딸아이에게 주었다.[112] 이종(理宗) 순우(淳祐) 6년(1246)에 사방권(射方權)은, "지금 백성들의 비옥한 토지는 모두 권세가의 손아귀에 들어가, 그 지대로 얻은 조(租)가 백만석에 이르는 자도 있습니다(今百姓膏腴皆歸貴勢之家, 租米有及百萬石者)."[113]라고 말하였다. 남송말 승상 가사도(賈似道)가 임안(臨安)의 여러 사찰과 도교 사원을 건립하기 위해 토지를 시납하였는데 그 수는 15,300여 무에 달했다.[114] 송·원 교체기 방회(方回)는 오중(吳中)지역에서 "세 명의 부자가 20만석을 거두었다(富者三二十萬石)"[115]라고 하였다. 이러한 지주들은 대략 20~30만무의 토지를 소유하고 있었다. 방회는 또 5천석 이상 조를 거두는 자는 당시에는 큰 부호로 여겨지지 않았다고 하였다.[116]

토지소유권이 집중되는 상황과 관련한 예는 다음과 같다. 양절로(兩浙路) 평강부(平江府)에 "강종거실은 밭두둑이 서로 이어진다.(强宗巨室, 阡陌相望)"[117] 혹자는 강절(江浙) 사이를 일컬어, "1도(一都)의 안에 비옥한 토지의 반은 권세가의 소유이다(一都之內, 膏腴沃壤 半屬權勢)."[118]라고 했다. 평강부에 속한 숭덕현(崇德縣)에서 육준(陸垵)이 쓴 기록에 의하면, "동쪽 언덕[東皐]에 올라보면 비단으로 수놓은 용비늘 가운데 수로를 내고 삽을 둘러맨 땅은 왕공과 귀인의 비옥한 토지가 아니면 부자와 호민들이 겸병한 곳이다(登東皐而望, 綺紛龍鱗, 決渠荷鍤, 非王公貴人之膏腴, 則富室豪民之所兼並也)."[119] 이상의 논술로부터 토지의 대부분이 권세가에 귀속되었음을 알 수 있다. 또 평강부 수주(秀州)의 정산호(淀山湖)는 그 넓이가 40리인데 남송 중기에 권귀 호강지주들에게 호수 주변 태반의 땅을 소유하고 있어 호수 주변 수천경의 민전이 경작할 수 없는 땅이 되었다.[120] 권세가의 생산수단(토지)에 대한 강점이 경작지를 파괴한 것이다.

이상은 주로 양절로와 태호(太湖) 유역의 몇 가지 사례들이었다. 이곳은 과거 토지소유권이 상대적으로 분산된 지역으로 농민 소토지소유제가 오랫동안 지배적 위치를 차지하고 있었으나 남송에 와서 크게 사정이 변화한 것이다.

그 외 다른 지역도 살펴보자. 역사기록[史載]은 다음과 같이 서술하고 있다. "이광(二廣: 역자-광동과 광서)의 땅에는 수천리에 달하는 옥토가 펼쳐져 있는데 대부분은 호강한 무리들에게 강점되었다(二廣之地, 廣袤數千里良田, 多爲豪猾之所冒占)." "호북로(湖北路) 평원의 비옥한 토지는 열에 여섯 일곱은 소유한 자가 경작하지 않으며 … 중략 … 그런 까닭에 농민들은 대부분 흩어져 상업에 종사한다(湖北路平原沃壤, 十居六七, 占者不耕 … 중략 … 故農民多散于末作)." 회서(淮西)와 안풍군(安豊軍)의 토지 가운데 황무지는 대부분이 호강한 무리들에 의해 강점되었으며 호강한 무리들은 "비록 많은 땅을 강점하였지만 경작할 여력이 없었다(包占雖多而力所不逮)."[121] 이처럼 지주들은 광대한 토지를 소유하여 토지를 황폐화시키기도 했다. 예를 들어 복건의 천주(泉州)는 광종(光宗)이전에는 부유한 주로 지칭되었으나 영종(寧宗)시기(1195~1224)부터 30년이 지나 관전(官田)과 사전(私田)의 대부분은 지주에 의해 겸병되었으며 부세는 감소하였고 부유한 주가 가난한 주로 바뀌었다.[122]

토지소유권의 집중은 관호(官戶)의 증가에도 반영되었다. 남송의 국가구조는 난잡하여 각종 관리의 정원이 증가하였다. 이 시기 부유한 상인들도 납속으로 관리가 되어 관리호가 되었다. 고종 소흥(紹興) 17년(1137)에 어떤 신료는 다음과 같이 건의하였다. "지금 관호의 수는 헤아릴 수조차 없습니다(今日官戶不可勝計)." 현재 부유한 상인으로 재산이 많은 자 가운데 "많은 이들이 금과 비단을 써서 몰래 그 이름을 군중(軍中)에 올려놓고 요행으로 관리가 되기도 하고 이름과 호를 숨겨 눈치 보며 과수(科須)를 면제받는 자가 매우 많습니다(多以金帛竄名軍中, 僥幸補官, 及僻名冒戶 規免科須者 比比皆是)."[123] 효종초년에 이르면, 복건로에서는 "공명에 대한 관의 고시를 여러 현에 내려 공명을 판매하게 했고(抛降空名官告下諸縣出賣)", "혹은 고호(庫戶)를 강제로 저당 잡혀 돈을 내어 고신을 사도록 했다(或勒質庫戶探圖 卽令出錢買告身)."[124] 이상에서 돈으로 관직을 구매한 호들을 살펴보았다. 이러한 상인들의 대다수는 많은 토지를 소유하고 있었고 그들은 당시 관직을 가진 상인지주였다. 남송시기 현직관리에다 납속으로 관리가 된 자들까지 더하면 그 수는 대단해, 북송시대의 그것에 비해 수 배나 되었다. 북송중기에 관호(官戶)는 약 민호(民戶)의 1/1000에 상당하였으나 휘종(徽宗)시기(1101~1125)는 1.5/1000로 증가하였다. 남송 순희 때 『삼산지(三山志)』에 의하면, 고종 검염(建炎)에서 효종 순희(淳熙)까지(1127~1189) 약 50연간 주호(主戶)는 270,201호였고 이 시기 관호는 총 민호의 9/1000에 달했다.[125] 이들 관호는 대부분이 수백무 이상을 소유한 대지주였다. 관호의 증가는 토지소유권이 집중되고 있음을 구체적으로 드러내어 주는 실예이다.

이 시기에는 특권적 사원지주들도 더욱 늘어났다. 이러한 사원지주의 토지 중 일부는 조정이 상으로 하사한 것이었다. 예를 들어 남송 초 고종시기에 명을 내려 숭선현효선원(崇先顯孝禪院)을 세우면서 "토지 30경을 내어 해마다 미(米) 2,100여 곡을 거둘 수 있었다(撥田三十頃, 歲可收米二千一百餘斛). 또 땔나무를 채취하는 산과 뽕나무밭, 개간지 2,800무도 기진하였다(柴山桑柘等地二千八百畝有

寄)."126) 이종(理宗)시기(1241~1264)에는 영지숭복사(靈芝崇福寺)에 700여부의 토지를 하사하였다.127) 이종(理宗) 순우(淳祐) 연간(1241~1252) 임안(臨安)의 현자집경교사(顯慈集慶敎寺)에 토지 182경을 기진하였다.128) 사원의 토지 가운데 일부는 사원이 국가에 토지를 신청하여 얻은 것이었다. 효종(孝宗) 융흥(隆興) 2년(1164)에 소흥부(紹興府) 산음현(山陰縣)의 능인사(能仁寺)는 3,093무의 토지에 대한 전작(佃田)을 신청하기도 했다.129) 또 사원의 토지에는 관리와 개인들이 헌납한 토지 역시 적지 않았다. 예를 들어 설순일(薛純一)은 산음(山陰)의 토지 11경을 소흥부의 능인사에 시납하였다.130) 소희(紹熙) 원년(1190) 장자(張磁)는 진강부(鎭江府)의 토지 6,300여 무를 "모두 승려들에게 공양하였다(供瞻僧徒)."131)

한편 일부 사원은 세력에 의지해 공전(公田)을 침탈하거나 재력으로 토지를 구매하여 대지주가 되었다. 공전을 침탈한 예는 광종(光宗) 소희(紹熙) 4년(1164) 경원부(慶元府) 천계산(天界山) 사원의 승려들은 갯벌을 개간해 곡식 3,000곡을 풍성하게 수확하였다.132)

재력에 의지해 토지를 구매한 예는 이종(理宗) 보우(寶祐) 연간(1253~1258)에 항주의 어떤 사원이 "오문(吳門)의 토지 1,000무를 구입하였으며 산주교(山朱橋)의 토지 수천 무를 매입하였다(買田吳門千畝, 買山朱橋數百畝)"133)는 사실에서 알 수 있다. 이러한 종류의 기사는 매우 많아 앞서 나열한 예는 일부에 지나지 않는다.

당시 사원은 많은 토지를 소유하고 있었는데, 그 중 복건로가 가장 많았다. 순희(淳熙)연간에 저술된『삼산지』에 의하면, 남송 효종시기(1163~1189) 복주(福州)의 토지는 모두 4,263,138무였고 그 중 승려들의 토지는 모두 752,446무로 전체 토지의 17.2%를 점하였다. 또 원림(園林), 산지, 연못, 방파제, 제언 등의 땅 6,258,857무 가운데 승려의 땅은 1,580,059무로 전체 땅의 25%를 차지했다. 장주(漳州)에서 사원 소유 토지의 규모는 상대적으로 컸다. 진순(陳淳)의 진술에 의하면, "장주의 재산을 7분할 때, 민호의 재산은 그 중 1/7이고 사원의 것이 6/7이었다(擧漳州之産而七分之, 民戶居其一, 而僧戶居其六).134) 장주 다음으로 사원의 토지가 많은 곳은 양절로이다. 태주(台州)의 경우 민전(民田) 가운데 각 사원이 소유한 토지는 135,499무로 전체 민전 가운데 5%를 차지하였다. 민의 땅 가운데 각 사원이 차지한 토지의 총합은 131,274무로 산구(山邱)의 땅 가운데 7%를 점하였다.135) 각각의 사원이 차지한 토지도 많았는데, 보경(寶慶) 연간에 저술된『사명지(四明誌)』에 의하면, 경원부(慶元府 : 寧波)의 경우 총 113개의 사원이 이었으며 그들이 소유한 땅은 56,454무로 매 사원은 평균 500무의 토지를 소유하고 있었다. 자정(嘉定)연간에 에 저술된 『적성지(赤城誌)』에 의하면, 태주(台州)에는 217개의 사원이 있었으며 이들이 소유한 땅은 123,094무이고 한 사원당 평균 567무의 토지를 소유하였다. 이들은 모두 대지주라 칭할 만하다.[136]

사원의 소유한 땅의 넓이는 그들이 수조(收租)한 곡식의 양을 통해 살펴 볼 수 있다. 명주(明州) 육왕산(育王山)은 처음 구매한 토지에서 "해마다 5,000석의 곡물을 거두어 들였다(入穀五千石)."[137] 흥화군(興化軍) 양산사(襄山寺)는 해마다 "만석이 넘는 곡식을 거두어 들였다(入穀逾萬石)."[138] 경원부(慶元府) 천동사(天童寺)의 경우 35,000곡을 거두어 들었고 육왕사(育王寺)는 3만곡을 수취하였다.[139] 한편 사원이 수조한 곡식의 소비와 관해서 진순(陳淳)은 이렇게 말했다. 사원은 "해마다 거두어들이는 곡식의 1/10도 소비하지 못하여 나머지 9분은 주관하는 승려가 술로 낭비해도 줄어들지 않는 비용에 불과하다(歲費類皆不能十一, 所謂九分者, 直不過恣爲主僧花酒不消之費)."[140] 이처럼 송대 광대한 토지를 소유한 사원은 봉건적 특권을 가진 특수한 형태의 지주였다.

각종 유형의 특권적 지주가 겸병을 진행하는 가운데 토지소유권은 날이 갈수록 자주 교체되었다. 이 문제와 관련한 사서는 끊이지 않고 기록하고 있으며 날마다 심해지기도 했다. 남송초 원채(袁采)는 일찍이 이렇게 주장했다. "세상시는 변화가 많고 이것은 천리(天理)이다. 지금 세상 사람들은 종종 번성하여 이생을 즐기며 염려함이 없이 살아가다 자신을 돌이켜 보지 않아 파산하는 자가 많이 보인다. 대개 하늘의 질서는 십년에 한번 변하니 세상의 일도 그에 따라 바뀐다. 지금 오래되고 먼 일을 논하지 않더라도 각 마을의 10년 혹은 20년 전의 일만 보면, 그 성공과 실패, 흥성함과 쇠약함이 정해져 있다는 것을 어떻게 알겠는가(世事多更變, 乃天理如此. 今世人往往見目前稍盛, 樂以爲此生無足慮, 不旋踵而破壞者多矣. 大抵天序十年一換甲, 則世事一變, 今不須廣論久遠, 只以鄕曲十年二十年前比論目前, 其成敗興衰何嘗有定勢)?[141] 원채는 또 "빈부는 정해진 것이 아니며 전택(田宅) 역시 정해진 주인이 없어 돈이 있으면 사고 돈이 없으면 파는 것이다(貧富無定勢, 田宅無定主, 有錢則買, 無錢則賣)"[142]라고 말했다. 고종 건염(建炎) 3년(1129)에 왕선(王善) 역시 이런 말을 했다. "지금은 천하가 격변하여 귀천과 빈부가 다시 바뀌는 때이다(天下大變, 乃貴賤貧富更贅之時)."[143] 남송 중기 신가헌(辛稼軒)은 일찍이 "천년 동안 땅의 주인이 8백번 바뀐다(千年田換八百州)"[144]고 하였다. 남송 말기 나의(羅椅)도 "옛날 토지는 천년에 8백번 주인이 바뀌었지만 지금은 1년에 한번씩 주인이 바뀐다(古田千年八百主, 如今一年一換主)"[145]라고 하였다.

토지소유권이 빈번하게 바뀌고 있다는 이러한 논의들은 각종 특권지주의 토지침탈과 토지소유의 집중이라는 문제와 연관하여 고찰해야 그 실질을 드러낼 수 있다. 이러한 상황은 토지소유권자가 권세를 가진 가호들로 바뀌고 있으며 토지를 상실한 자의 대부분이 농민임을 말해 준다. 이 시기 몇몇 농민들이 토지를 구매하였더라도 그것은 소량, 수무 혹은 10무를 넘지 못하는 적은 량의 토지에 불과했다. 또 이 시기 토지를 상실한 자 가운데 부귀한 집안이 있다고 하더라도 그들의 토지는 역시 다른 부귀한 집안으로 이전된 것에 지나지 않았고 극소수만이 농민들에게 이전되었다. 때문에 토지소유권의 빈번한 이전 과정에서 토지를 상실한 이들은 주로 농민들이었고 이로 인해 소위 "재산은 없으나 세는 부담하거나(産去稅存)" "소유한 토지가 이미 없어졌음에도 세금은 남아있는(至有田産已盡而稅籍猶存)" 농민들이 출현하였다.

요컨대 남송시기 지주계급의 구조에 커다란 변화가 발생했다. 북송시기에 서민 중소지주가 주도적 위치를 차지한 반면, 남송시기에는 서민 중소지주는 점차 몰락의 길을 걷게 되고 대신 권귀관료 유형의 강종지주가 날로 증가하였으며 더불어 특권을 가진 사원지주도 확대되었다. 북송시기와 비교하여 말하자면 이것은 중국 지주제 경제의 퇴보였다. 이러한 현상이 발생은 일정 정도는 국가의 정책에 원인이 있으나 핵심적 원인은 권귀관료지주의 권력 확장이었다. 각종 권력기구들은 그들에 의해 조종되었고 그들의 토지소유권을 보호하는 기구로 전락했다. 이러한 조건하에서 지주계급의 구조는 크게 변화했고 권귀관료유형의 특권지주가 날로 팽창하고 중소서민 유형의 지주가 쇠퇴해 갔다. 이러한 상황은 남송중후기에 이르러 더욱 악화되어 토지겸병은 극심해 졌으며 토지소유의 집중도 심화되어 점차 강종특권지주가 토지를 농단할 수 있게 되었다.

2. 농민 소토지소유제의 위축

지주계급 구조의 변화에 상응하여 농민의 계급구조 역시 변화하기 시작했다. 조전객호(租佃客戶)의 비중이 날로 확대되었고 자영농의 비중은 위축되어 갔다. 앞서 서술한 것처럼, 북송 휘종조부터 권귀관료지주의 권세는 확대되었고 정치는 부패하였다. 권세 지주들은 세력에 의지해 토지를 겸병하고 농민들은 토지소유권을 상실해 갔다. 동시에 지주계급들은 자신들이 부담해야 할 부역을 마음대로 회피하여 농민호에게 전가하였다. 농민들은 과중한 부담으로 경제상황이 날로 악화되어 토지를 팔거나 강종에게 의탁하였다. 일부 자영농민들은 조전농으로 전락하여 조전농은 점점 확대되고 자영농은 날로 감소하였다. 그리하여 민호 가운데 50% 이상을 차지하던 자영농은 30% 내외로 감소되었다. 이러한 농민계급 구조의 변화는 결국 지주계급 구조에 의해 제약된 것이었다.

남송시기는 북송후기 권세관료유형의 강종지주에 의한 겸병의 전통을 계승하였을 뿐 아니라 오히려 겸병을 날로 심화시켰다. 각종 유형의 지주가 대규모로 겸병하던 상황 아래에서 더욱 많은 자영농들은 조전농으로 전락했다. 왕지도(王之道)는 이러한 상황을 이렇게 기술했다. 회남(淮南) 여러 군(郡)의 부호들은 농민의 토지를 탈점하였는데 토지를 탈점당한 자들은 "빈약한 하호로 달려가 하소연하지도 못한 채 강제로 사역 당한다(貧弱下戶, 莫適赴愬, 勉從驅使)".146) 이것은 특권지주들이 농민의 토지를 강점하자 농민들이 조전농으로 전락한 사례이다. 한편 순희 6년(1179) 사방숙(謝方叔)은 이런 건의를 올렸다. 이 시기 100무의 토지를 소유한 농민의 경우 지주와 관리의 가혹한 수탈로 인해 "부득이 자신의 토지를 거실(巨室)에 바쳐야 했다(不得已則獻其産于巨室)."147) 이는 지방 관리의 수탈 아래 농민들의 부역부담 회피와 토지투탁이 함께 이루어졌음을 보여준다. 이러한 사정은 앞 절에서 자세하게 언급한 바 있었다. 다음에는 특권지주가 부역을 회피하여 그것을 농민에게 전가시켜 농민의 부담이 증가시켰던 상황을 살펴보자.

지주계급의 전부(田賦) 전가 문제에 대해『송사』식화지는 다음과 같이 개괄하고 있다. "강종거실은 그 토지가 서로 이어져 있으나 세를 바치지 않는 땅이 많아 하호를 파산하게 하였다(强宗巨室, 阡陌相望, 而多無稅之田, 使下戶爲之破産)."148) 이는 권귀관료지주가 농민에게 토지세를 전가하고 있음을 말해 준다. 농민들은 견디지 못해 결국에는 토지를 판매하였다. 아래는 이러한 사례 중 몇 가지를 열거한 것이다.

지주계급이 전부(田賦)를 전가하자 농민들은 부담을 감당할 수 없어 토지를 상실하였고 그럼에도 농민들은 여전히 전부를 부담하였으며 이 때문에 "토지는 잃었지만 세는 남아있다(産去稅存)"라는 말까지 나오게 되었다. 남송초 이심전(李心傳)은 일찍이 다음과 같은 말을 했다. "부유한 권세가들(權要豪右之家)"이 토지를 겸병할 때는 "반드시 비옥한 토지를 구매하고 토지세를 경감 받았으며 심지어 전택을 매입할 때 그 세를 납부하지 않는 자도 있어서 가난한 농민들은 급히 그 전택을 팔게 되면 그것을 들어주게 된다(售必膏腴, 減略稅畝, 至有入其田宅而不承其稅者, 貧民下戶急于貿易, 俯首聽之)." 어떤 농민은 "소유한 토지가 이미 없는데

도 세금대장에서 이름은 그대로 남아 있어(田産已盡而稅籍猶存者)" 결과적으로 "토지를 바로잡은 정도와 토지의 비옥도가 불공정하고 부실하게 되었고 이에 대호들은 그 이득을 누리는 반면 소민들이 그 피해를 입게 되는 지경(方田之高下土色, 不公不實, 率皆大戶享其利, 而小民被其害)"에 이르렀다.[149] 건염(建炎)이래 회서(淮西)지역의 봉사(奉使)였던 설계선(薛季宣)은 이렇게 말했다. 이 지역에서는 "토지대장에 1무를 가진 것으로 이름이 올라 있으나 소유한 토지는 5~7경에 이르는 자가 있다(有名田一畝而占地五七傾者)."[150] 이는 이 지역의 권세지주들이 토지를 겸병하였음에도 불구하고 세금을 부담하지 않아 토지를 상실한 농민들에게 계속 토지세를 부담시키고 있었음을 말하는 것이다. 소흥(紹興) 12년(1142) 좌사원외랑(左司員外郞) 이춘년(李椿年)은 지주들이 부세를 회피하며 그것을 농민에게 전가시키던 문제를 해결하기 위해 토지의 경계를 바로잡는 법[正經界法 : 역자-이하 '경계법']을 제출하면서 이렇게 말했다. "지주들은 토지를 겸병하고도 조세를 납부하지 않는데(人戶侵耕冒田, 不納租稅)" 반해 농민들은 토지를 팔아 "토지가 없음에도 세는 남아 있어 죽을 때까지 곤궁해 집니다(産去稅存, 終身困窮)." 부세의 경우 "교활한 부호가들은 그 100분의 1도 부담하지 않으니 균등하지 못한 폐해는 말로 다할 수 없을 지경입니다(狡猾豪强之百不供一, 不均之弊有不可承言者)."[151] 이춘년은 양절로에서 토지의 경계를 바로잡는 일을 주관할 때, 40개 현(縣)의 민전(民田)에 대해 토지 경계를 바로잡고 토지 문서를 분명해, 민호가 소유한 토지의 면적과 토지의 비옥도를 확정하였으며 이를 징세의 기준으로 삼도록 했다. 이러한 정책의 실시는 일정한 성과를 거두어 권귀관료지주들의 토지 은닉과 부세 탈루의 문제를 억제하여 자영농의 부담을 경감시켰다. 이러한 개혁은 적잖은 지역에서 관료사대부들의 반격을 받았다. 동천로(潼川路)의 경우 왕지망(王之望)의 보고에 의하면, "형세가 뜻대로 되지 않는 곳이 많습니다. 대개 이름을 속이고 호를 끼고 있는 행위는 하호들이 저지른 것이 아닙니다(而形勢之不愿者多, 蓋詭名挾戶, 非下戶所爲)."[152] 이후 각 로에서 부세의 탈루현상이 심각하게 발생했다는 점을 고려하면 이춘년이 건의한 '경계법(經界法)'은 철저하게 시행되었다고 보기 어렵다. 광종(光宗) 소희(紹熙)연간(1190~1193)에 장주(漳州)지역의 경우, "전세가 균등하지 않고 관물을 은닉하여 온갖 계책으로 혼란스럽게 만들며, 공과 사의 전토는 모두 권세가들이 이름을 속여 거짓으로 점거하게 되었다. 그리하여 가난한 민들은 토지를 잃고도 세금을 납부하였다. 혹자는 거기에 대해 부자들의 조(租)까지 나누어 맡으니 고난이 더욱 심해도 헤어날 길이 없었다(田稅不均, 隱漏官物

動以萬計, 公私田土皆爲豪宗大姓詭名冒占, 以細民産去稅存, 或更受俵寄之租, 困苦狼狽, 無所從出)."[153] 주희(朱熹)는 일찍이 이곳에서 '경계법'을 실행하려 했으나, 이러한 개혁이 "관부와 가난한 민들에게는 이롭고 호족대성과 교활한 관리와 간사한 민들에게는 불편하였기(其利在官府細民, 而豪族大姓猾吏奸民皆所不便)" 때문에, 매 차례 그것을 의논하여 행하려 할 때마다 "헛소문에 의해 저지당했다(輒爲浮言所沮)."[154] '경계법'을 행하면 국가와 농민에게 이익이 되고 권귀와 강종에게는 불리한 것이 되었기 때문에 그들이 거듭 반대하여 순조롭게 시행되지 못했다는 것이다.

이미 '경계법'을 시행한 지방도 그것을 지속할 수 없었다. 이는 이심전(李心傳)의 발언을 통해 확인할 수 있다. 각각의 로(路)에서 토지의 경계를 바로잡는 법을 시행한 뒤 민호의 부담은 균등해 졌으나 그것은 오래토록 유지되지 못해 "주현의 점기부(坫基簿)[10] 가운데 반수는 남아 있지 않았고 교활한 관리와 부호들이 이주할 염려가 있었다(然州縣坫基簿半不存, 黠吏豪民又有走移之患矣)."[155]

'경계법'에 대한 저항이 매우 컸기 때문에 이 법은 순조롭게 집행되지 못했고 조정에서는 단지 자영농에 대한 징세만 가중시킬 수 밖에 없었다. 전세(田稅)의 경우, 예컨대 임강군(臨江軍) 청강현(淸江縣)에서는 "매 석(石)마다 7두(斗)의 모미(耗米)를 부가했다(每石加耗七斗)." 광덕현(光德縣)에서는 "매 두당 모미3승 7합을 내었다(每斗出耗米三升七合)."[156] 무주(撫州)의 묘세(苗稅)는 일반 민호의 경우 "2곡을 비율로 1곡을 납부했으나 여기에 그치지 않았다(則率二斛而輸一斛, 或有不齊)."[157] 많이 부가될 경우 그 본래의 세를 초과하기도 했는데, 예컨대 호남(湖南)의 각 주현(州縣)에서는 부가하는 비율을 높게 평가해 "1석의 묘세가 3석에 이르기도 했다(一石正苗有至三石)."[158] 호북(湖北)일대에서 농민은 "항상 1무의 밭에서 수무의 부세를 내어야 했고(常以一畝之田而出數畝之賦)", "1곡을 거둘 묘에 거의 3곡 넘게 거두어도 그것이 끝은 아니었다(一斛之苗幾三斛有奇而未已也)."[159] 이외 양절(兩浙)·강남서(江南西)·복건(福建) 등의 여러 로(路)에서도 상황은 유사했다. 전부(田賦)가 격증하던 상황에서 자영농은 점차 피해를 입게 되었는데, 이는 당시 사람들의 발언을 통해 드러났다. "민의 피해는 말로 다할 수 없다(民之被害, 不可勝言)"거나 "민이 날로 곤궁해지니 날로 무너져 가고 있다(民日益困, 則日益匱)"[160]고 말하곤 했던 것이다. 더구나 전제를 전가하는 현상이 오래토록 지속되

---

10) 역주 - 남송시기 토지 경계를 바로잡는 법을 실시한 후 작성한 토지대장.

었다. 영종(寧宗)시기(1195~1224)의 원보(袁甫)의 보고에 의하면, "부유한 집안은 권세에 의지해 관조(官租)를 납부하지 않았으나 하호와 빈민들은 독촉을 두려워해 무거운 세금을 납부하였다(豪家富室, 憑氣勢而不輸官租. 下戶貧民畏追呼而重納産稅)."[161] 남송말에 이르러 방회(方回)는 이렇게 말했다. "부민들은 토지를 매입해도 세액을 납부하지 않으니 이를 일컬어 땅은 있으나 세는 없다고 했으며 빈민들은 토지를 팔아도 세는 사라지지 않았으니 이를 일컬어 땅이 없어도 세는 남았다고 했다(富民買田而不輸稅額, 謂之有産無稅, 貧民賣田而不推稅額, 謂之産去稅存)."[162] 남송시기 동안 자영농은 권세호 대신 전부(田賦)를 부담해 그들의 살림살이는 날로 곤궁해졌으며 매우 많은 농민들은 그 때문에 토지를 잃고 조전농으로 전락했다.

남송시기에는 역(役)의 전가문제도 매우 심각했다. 무엇보다 역전(役錢)이 부단히 증가했다. 예컨대 임안(臨安)지역의 경우, 원래 재력이 30관(貫) 이상인 자는 매관당 역전(役錢) 19문(文)을 징수했다. 이후 개정되어 "재력이 단지 10관 이상만 되어도 매관당 역전 25문을 거두었다(物力只十貫已上, 每一貫則斂役錢二十五文)."[163] 파릉(巴陵)[11] 각지에서는 매 무(畝)당 역전이 증가하여 260이 넘었다.[164] 다른 지역도 예외는 아니었다. 이러한 역전의 징수는 일정한 토지를 소유한 자영농과 반자영농에게 심각한 착취였다. 이 시기 역전만 부단히 증가한 것은 아니다. 농민들은 강제로 역에 차출되어야 했다. 광종(光宗)과 영종(寧宗)시기 막광조(莫光朝)는 "모병을 면제받는 돈이 사라지지 않았고 모병을 징발하는 법이 아울러 시행되었다(免募之錢弗除, 而差募之法幷用)"라고 말했다.[165]

역의 징발이 번중해 졌으나 몇몇 관호들은 도리어 차역에서 면제되었다. 소흥(紹興) 29년(1159) 기록에 의하면 "근년 이래 형세호들은 토지를 널리 거두어 들어 많은 토지를 소유하였으나 … 중략 … 역의 징발은 면제 받아 역은 재산이 없고 가난한 민호들에게 징발하였다(比年以來, 形勢之戶, 收置田畝, 連亘阡陌 … 중략 … 差役幷免, 其所差役, 無非物力低小貧下民戶)."[166] 한원길(韓元吉) 역시 일찍이 이 문제에 대해 "근래 관호들이 많은 토지를 가지고 있음에도 역을 납부하지 않고 민호들에게 전가하고 있다(近年以來, 官戶置田頗多, 全不充役, 致專役民戶而已)"[167]고 언급한 바 있다. 대대로 권세를 누리던 집안[强宗大族]들은 갖은 편법으로 그들의 역 부담을 면제받았다. 예컨대 진순척(陳順陟)은 "근래 힘을 가진 집안들은

11) 역주 - 악양의 옛 명칭이다.

등급별로 부과되는 역의 징발을 피하기 위해 자신이 가지고 있는 토지자산을 차명으로 나누었는데, 한 집이 2~30호로 나누어지기도 했으며 어떤 관호는 관계(官階), 관직, 각각의 이름에 따라 여러 호로 나누기도 했으나 향사(鄕司)들이 그들의 은혜를 입었으므로 그것을 은폐했다(比來有力之家, 規避差役科率, 多將田産分作詭名子戶, 至有一家不下析爲三二十戶, 亦有官戶將階官及職官及各名分爲數戶者, 鄕司受幸, 得以隱庇)."168) 또 진기경(陳耆卿)은 대지주호에 대해 "어떤 호는 수십으로 나누어진 경우도 있었고(有一戶而化爲數十者)" 빈궁한 호는 "본래는 한 뙈기의 땅도 없으나 부유한 집안이 되어 대신 역을 이어 받았다(有本無寸産而爲富室承抱立戶者)."169) 양만리(楊萬里) 역시 "촉의 대가들 가운데 다수는 명수를 속여 요역의 징발을 피하여 심지어 1호가 40~50호로 나누어 지도 했다(蜀之大家, 多僞占名數, 以避徵徭, 至有一戶析爲四五十者)"170)며 이 문제를 지적했다. 이처럼 대호들이 재산을 나누어 역을 피하고 있던 현상에 대해 엽적(葉適)은 "재산을 속이는 현상이 천하에 보편화되어 있으니 그 폐해가 어찌 끊어질 수 있겠는가?(詭産遍天下, 其弊安加絶)"171)라고 개탄했다.

이러한 권귀관료지주가 납부하지 않은 역은 결과적으로 농민들에게 전가되었다. 예컨대 두계중(杜季仲)은 "부는 부를 낳아 비록 거만의 재력을 가졌더라도 역에서는 면제된 반면, 가난은 가난을 낳아 그 재산이 수천에 불과해도 반드시 역을 징발한다(富與富爲伍, 雖物力巨萬而幸免, 貧與貧爲伍 物力雖數千而必差)"고 말했다.172) 관료인 형세호들이 권력을 장악하고 있던 상황에서 조정은 이 문제를 정리하려 해도 속수무책이었다.

이 시기 매우 많은 소자영농들이 역의 과중한 부담으로 인해 파산하였다. 사서의 기록에 의하면 "주현 역에 징발되는 이들의 대부분은 중하의 가호들이었다. 중하의 가호들은 토지가 적고 재산이 많이 없어 한번 징발되기만 해도 파산하지 않는 자가 드물었다(州縣被差執役者, 率中下之戶. 中下之家, 産業旣微, 物力又薄, 故凡一爲保正副, 鮮不破家敗産)."173) 또 임계중(林季仲)은 하호들이 역을 징발당하고 있던 상황에 대해 "빈번한 징발과 어지러운 징수로 인해 몸은 채찍질에 살갗이 남아나지 않고 집안은 파산하여 한 푼도 남지 않았다(徵求之頻, 追呼之撓, 以身則鞭筮而無全膚, 以家則破蕩而無餘産)"174)라고 했다.

효종(孝宗)시기(1163~1189) 역의 징발할 때 발생하는 폐단을 혁파하기 위해 의역법(義役法)을 실시해 소유토지에 따라 전(錢)을 내게 했다. 다만 이러한 의역법은 오래 동안 실행될 수 없었는데 지방의 형세호들의 방해와 간섭으로 인해 오히려 자영농을 가혹하게 착취하는 제도로 변질되었던 것이다. 예컨대 도종(度宗) 함순(咸淳) 연간(1265~1274)에 황진(黃震)은 다음과 같이 말했다. "오래 전부터 역에 충당되지 않은 중호 이하의 사람들이 모두 의역을 담당합니다(中戶以下舊來不系充役者, 皆拘入義役)." "지금 중호 이하는 모두 의역을 부담합니다(今中戶以下盡入義役)." 대개 재산이 있어 세를 바치는 자들 "모두는 역에 징발될 때, 크고 작은 보장(保長)들이 돌아가며 그 집을 수색하니 가난한 자들이 더욱 많아집니다(皆須充大小保長一次輪充, 其家遂索, 而貧苦益衆)." 요컨대 이러한 의역법은 역의 우두머리인 전현직 관료출신 지주들에게 유리하였고 자영농과 반자영농 등의 중하호들은 큰 피해를 입었다. 호태초(胡太初)와 같은 이는 의역법을 "상호(上戶)에게는 유리하나 하호(下戶)에게는 불리하며 부민에게는 편리하나 빈민에게는 불편하다 (利上戶而不利下戶, 便富民而不利貧民)"[175]고 평했다.

요컨대 남송시기 실행된 각종 차역제도는 권귀관료지주들이 역을 피하고 농민에게 전가하는 상황에서 자영농에게 극심한 위해를 가하였고, 자영농들은 결국 토지를 상실하게 되었다. 이러한 상황에 대해 사서(史書)는 이렇게 기록하고 있다. "민호들이 역을 피하고 전토는 모두 겸병하는 집안에게 귀속되었다(民戶避役, 田土悉歸兼竝之家)."[176] 사방숙(謝方叔)과 같은 이들은 이런 글을 올렸다. "소민(자영농)의 밭은 날로 감소하고 역은 쉴 날이 없으나, 고관의 밭은 날로 증가하고 역은 미치지 않는다. 이렇게 강자들이 약자를 먹잇감으로 삼아 겸병이 점점 심화된다(小民田日減而保役不休, 大官田日增而保役不及, 以此弱之肉强之食, 兼竝浸盛)."[177]

이처럼 권귀관료지주들이 역(役)과 전세(田稅)를 농민에게 전가함으로 인해, 부담이 과중해 진 자영농은 자신의 토지를 잃어 갔다. 심지어 토지를 상실하였음에도 농민들은 여전히 전세를 부담했다. 앞서 서술한 것처럼 남송 초에서 남송말에 이르기까지 "토지는 이미 사라졌으나 세금 대장에서 이름이 지워지지 않는 현상(田産已盡而稅簿猶存)", "가난한 민은 토지가 없어도 세가 남아 있는 현상(細民産去稅存)", "토지가 없어도 세가 남아 있는 현상(産去稅存)"은 끊이지 않고 사서에 기록되어 있다. 이것이 소토지를 소유한 자영농이 소멸해가는 구체적 양상이었다.

자영농의 소멸하는 양상은 여러 곳에서 확인할 수 있다. 예를 들어 농민 소유 토지가 날로 감소하였다. 『송사』의 기록에 의하면 "소민의 밭은 날로 적어졌다(小民田日少)."[178] 또 육준(陸埈)은 수주(秀州) 숭덕현(崇德縣 : 지금의 절강성 嘉興)에 대해 이렇게 기록했다. "민전이 존속해 있는 곳은 얼마 되지 않으며 작은 고장의 1~2무뿐이었다(民田所存無幾, 狹鄉一二畝)." 이런 사정은 조전농민호수의 증가에서도 확인된다. 육구연(陸九淵)은 "소위농민이라는 이들은 전객장(佃客莊)이 아니라 전관장(佃官莊)이었는데, 이들 하호들이 가지고 있는 토지는 얼마 되지 않는다(所謂農民者, 非佃客莊, 則佃官莊, 其謂下戶自有田者亦武幾)."[179] 송·원교체기 방회(方回)는 수주(秀州)의 상황에 대해 "내가 이전 수주 위당(魏塘)에 있는 왕문정(王文政)의 집에 머무를 때, 오의(吳依)의 들판을 바라보니 초가집에서 나는 연기가 끝이 없이 이어져 있었는데 모두 전호였다(餘往在秀之魏塘王文政家, 望吳依之田, 茅屋炊烟無窮之極, 皆佃戶也).[180] 과거 농민이 소유한 토지의 비중이 매우 높았던 지역이 현재는 조전농 밀집지역으로 변화한 것이다.

이러한 변화는 특정지역에서 객호가 차지하는 비중을 전후로 대비해 보면 분명하게 드러난다. 북종후기 철종(哲宗) 원부(元符) 2년(1099) 전국 전체 호수 가운데 객호가 차지하는 비율은 32.7%였다. 남송 고종(高宗) 소흥(紹興) 4년(1134)에는 통치지역이 크게 축소되었고 호수로 날로 감소하여 이 시기 민호는 총 17,324,830호 였고 이 가운데 객호는 6,266,129호로 전체 호수 가운데 36.15%를 차지했다.[181] 남송 중기 전체 민호에서 객호가 차지하는 비중은 특정지역에서 확연했다. 예컨대 창현(昌縣)에서는 소희(紹熙) 연간(1190~1194) 그 비중이 50.9%, 흥화군(興化軍)에서는 38.6%까지 증가했다. 조전객호의 급속한 증가는 자영농의 상대적 감소를 의미했다.

농민 소토지소유제의 위축은 농민 소유지 규모의 변화에서 확인된다. 치세(漆俠)는 일찍이 이 문제를 검토한 바 있는데, 남송시기 농민 소유토지는 북송시기의 그것에 비해 크게 감소하여 전체 경작지의 30% 이하로 낮아졌다.[182]

남송시기에는 세수를 확보하고 재정적 어려움을 해결하기 위해 국가의 둔전을 민전으로 바꾸어 부세를 징수했다. 일찍이 고종 소흥 3년(1133) 덕안군(德安軍)·복주군(復州軍)·한양군(漢陽軍)의 진무사였던 진규(陳規)는 일찍이 둔전 가운데 황폐한 토지를 군호와 민호들에게 나누어 주어 면적에 따라 세금을 거두었고 2년 동안 충실히 세금을 납부하면 영업전으로 삼도록 했다(滿二年無欠輸, 給爲永業)."[183]

양만리(楊萬里)의 기록에 의하면 이후 강서지역에서 강서둔전은 과중한 수조로 말미암아 민들이 도주하고 토지는 황폐해졌고 여타의 주인들이 이러한 토지를 가지고 "자신의 세업으로 삼아 토지 없는 백성에게 경작시켰다(擧而一之爲世業, 以授民之無田)." 효종(孝宗) 건도(乾道) 순희(淳熙) 연간에 군에서 나라에 올린 보고에 의하면, 길주(吉州) 길수현(吉水縣)의 둔전을 "관에서 팔아 세금을 거두는 땅으로 만들 것(請官鬻之而更爲稅錢)"을 청하면서 이와 같이 한다면 "둔전에서의 과중한 조세는 사라지고 중앙에 바치는 세금은 넉넉해 질 것(屯田之重租則去矣, 而上供之常數自若矣)"[184]이라고 했다. 국가의 이러한 정책은 비록 자영농의 발전에 유리하였으나 혜택을 입는 농민의 수는 많지 않았다. 당시 토지겸병이 격렬하던 상황에서 지속되기도 어려웠다.

이상에서 논술한 것처럼, 남송시기 지주계급과 농민계급의 구성은 크게 변화하였다. 권귀관료대지주의 성장에 따라 서민중소지주는 날로 감소했다. 조전객호의 증가에 따라 자영농의 소토지소유제는 위축되어 갔다. 이러한 변화 발전은 농민의 사회적 지위에도 영향을 미쳤고 또 농업생산력의 발전을 저지했다.

이러한 변화 발전이 발생한 원인은 비교적 복잡했는데 여기서는 주로 두 측면에서만 언급했다. 첫째, 권귀관료지주들은 권세에 의지해 토지를 겸병하였고 그들은 자신들이 장악한 권력을 이용하여 직접 토지를 침탈하기도 하고 혹인 강매하기도 했다. 둘째, 권세호들이 부세와 차역을 농민들에게 전가하여 자영농의 부담이 과중해 졌고 경제상황은 날로 악화되어 갔다. 몇몇 유능한 관리들이 개혁을 건의하기도 했으나 권세호들의 반대로 인해 관철시키지 못했다. 이처럼 농민은 번중한 부역의 압박 하에서 연이어 파산해 급기야 토지까지 판매하게 되었다. 요컨대 자영농 소유 토지의 감소와 권세를 가진 지주의 팽창은 동전의 양면과 같았고 지주 권세의 확장은 국가 정책의 실시와 일정한 관계가 있었다. 이 시기 중앙과 지방의 권력의 지주들에게 장악되어 있었다.

제5절 농민계급의 사회적 지위와 신분관계의 변화

송대 특히 북송시기 중국 지주제 경제는 비교적 크게 발전했다. 앞서 서술한 것처럼 지주 계급구성과 농민계급구성이 변화였는데, 이전 당나라 때와 비교해 보면 귀천 신분관계가 상대적으로 약화되었고 농민계급은 비교적 많은 자유를 획득하였으며 그들의 사회적 지위도 상승되었다. 이에 상응하여 사회경제도 진일보 발전하여 상품화폐경제의 발전은 수·당대를 넘어섰다. 농민의 사상의식 또한 발전하여 농민은 지주계급의 신분적 압박에 참고만 있지 않았다. 이러한 변화 발전이야말로 송대를 다른 시기와 구분할 만한 의의를 가진 것이다.

1. 북송시기 비교적 자유로워진 자영농

북송시기 농민계급의 구성이 변화하는데, 자영농계층의 확대와 조전객호의 상대적 감소를 주내용으로 했다. 이 시기 전체 민호 가운데 자영농이 차지하는 비중은 55% 이상이었으며, 상당히 광대한 지역에서 지주 소유지에 비해 농민의 소토지소유지가 지배적인 지위를 차지했다. 이 문제 이외에 주목해야 하는 사실은 여러 측면에서 자영농이 비교적 많은 자유를 획득하여 그들의 사회적 지위가 상승했다는 점이다.

자영농은 조전농과 지위가 달랐다. 조전농과 지주는 일종의 신분적 관계로, 조전농은 정도에 차이는 있지만 지주에게 신분으로 예속되었다. 자영농과 국가의 관계는 비록 자영농이 국가에 대해 예속성을 가지고 있다하더라도 그것은 신분적 예속관계가 아니었고 근본적으로 비교적 많은 자유를 가지고 있었다.

자영농과 봉건국가의 관계는 전부(田賦)와 역역(力役)의 수취에 기초해 있었다. 이 시기 전부(田賦)는 토지면적 즉 무(畝)에 따라 세를 징수하는 것이었고 전부와 관련된 문제는 크지 않았다. 골칫거리는 역역이었다. 변법(變法)이전 신종(神宗)시기 역역은 자영농의 과중한 부담이었고 농민의 자유는 일정정도 제약받았다. 부역의 문제와 관련하여 소식(蘇軾)은 일찍이 이렇게 말했다. "토지의 넓고 좁음으로 말미암아 부(賦)를 제정하고, 부의 많고 적음으로 말미암아 역을 제정했다(因地之廣狹而制賦, 因賦之多少而制役)." "부(賦)는 정해진 액수가 없이 토지를 살펴 거두었고 사람들이 부담하는 역도 정해진 액수가 없이 부(賦)에 따라 징발했다(賦無常賦, 視地以爲賦, 人無常役, 視賦以爲役)."[185] 소식의 말을 살펴보면 부세와 역역은 모두 토지의 다과를 기초로 정해졌다. 다만 현실은 이와 같이 않아 역역의 징수는 주로 소토지소유자에게 부가되어 자영농에게는 큰 부담이 되었다.

역역이 농민에게 과중한 부담이 됨으로 인해 북송전기 조정에서는 이미 주목할 만한 개혁을 단행했다. 이 시기 남방 특정지역에서는 이전 왕조이래 이어져온 정전제(丁錢制) 즉 '정구부(丁口賦)'라는 인두세가 존재했다. 이러한 정구부(丁口賦)와 당시 실행되고 있던 "오직 자산을 기준으로 삼아 정(丁)에 근거하지 않는(惟以資産爲宗, 不以丁身爲本)" 양세법과는 달랐다. 정구부의 개혁은 이미 태종(太宗) 태평흥국(太平興國) 연간(976~983)에 공표되었다. 양절(兩浙)·호남(湖南)·영남(嶺南) 등지의 민호에서 신정전(身丁錢)을 바쳐야 할 자는 "나이 20에 정이 되고

60이 되면 노가 되니, 정이 되지 못한 자나 이미 노가 된 자 그리고 질병과 장애가 있는 자는 모두 방면하라(幷以年二十爲丁, 六十入老, 其未成丁已入老者, 及身有廢疾, 幷與放免)."[186] 대중상부(大中祥符) 4년(1011)이 되면 또 신정전(身丁錢)의 징수를 정지하라는 조서(詔書)를 내려 면제한 신정전이 총 450,500관(貫)에 달했다. 신종(神宗) 원풍(元豊) 연간(1078~1085) 몇몇 지역에서는 역전(役錢)이 충당되지 않아 신정전(身丁錢)을 부활시키기도 했으나 이것은 특정지역의 일이었다.[187] 소수지역에서 신정전이 실행된 것은 이러한 징세의 개혁이 중대한 의의를 가진다는 것을 보여주는 것이다. 이는 농민들이 신정전의 굴레로부터 해방되었음을 의미한다.

신종시기 면역법(免役法) 즉 모역법(募役法)의 실시는 당시 자영농에게 더욱 중요한 의미를 가졌다. 모역법은 한편에서는 농민들의 과중한 부담을 경감시켰으며 다른 한편으로는 농민에 대한 족쇄를 제거해 그들에게 더 많은 자유를 가져다 주었다.

제도개혁이전 송대 역역의 징수에 대해 마단임(馬端臨)은 이렇게 말했다. 수·당이후 "소위 향정의 직은 지극히 곤란해지고 지극히 천해져서 탐관오리들은 이치에 맞지 않게 징수하면서 그들을 능욕하였다(所謂鄕亭之職, 至困至賤, 貪官汚吏非理徵求, 極意凌辱)." "그런 즉 역을 바치는 민들은 대개 그 곤궁함과 비천함을 요역과 같다고 칭하니 이는 옛 사람들이 마을에 족당의 관을 둔 본래의 뜻이 아니다(然則差役之民 蓋後世困苦卑賤同于徭役而稱之, 而非古人所置比閭族黨之官之本也)."[188] 치섀漆俠는 여기에 근거해 "송대 차역의 억압적 성격"을 정의했다. 북송시기 차역(差役)은 크게 4가지 유형으로 대별할 수 있다. 첫째 유형은 리역(吏役)이다. 리역은 비교적 특수한 것으로 국가가 민들을 억압하던 직역을 대표한다. 이러한 리들은 지방 수령의 동조자였다. 둘째 유형은 아전역(衙前役)이 있다. 이들은 주로 소지주와 상층농민들이 담당했는데 그들에게는 비교적 과중한 역이 부가되었다. 예를 들어 당시 정해(鄭獬)는 이렇게 말했다. 이러한 역역은 보수가 없어 어떤 지역에서 이 역을 담당하는 자들은 "온 집안이 파산하여 토지와 재산을 판매하고 부자(父子)가 서로 헤어지는 지경에 이르렀다(以至全家破壞, 棄賣田業, 父子離散)."[189] 셋째 유형은 기호장(耆戶長)·궁수(弓手)·장정(壯丁) 등의 역이다. 이것을 부담하는 자들은 하층 소지주였으나 대다수는 자영농이었다. 이러한 보상이 없는 역의 징수는 농민들에게 과중한 부담이 되었고 급기야 파산하는 이들도 있었다. 넷째 유형은 승부(承符)·인력(人力)·수력(水力) 등과 같은 역이다.

공사(公事)를 맡았으며 주로 4등·5등의 호들이 담당했다. 이러한 차역은 농민에게 큰 부담이 되었는데, 소식(蘇軾)은 "민들이 역을 징발당할 때면 마치 도적을 만난 것과 같이 여겼다(民被差役, 如遭寇虜)"[190]고 했다. 이러한 개설로부터 둘째·셋째·넷째 유형의 역은 주로 광대한 자영농들이 담당하고 있었다는 사실을 확인할 수 있다. 특히 4등·5등호와 같은 하등의 농호들의 "반이 일찍이 역을 부담했고(半曾差作役)"[191] 그들의 역은 실제 노역적 성격의 역역이었다. 이 가운데 세족 강종들은 자신들이 부담해야 할 역을 농민들에게 전가하여 자영농의 신분적 자유를 심각하게 속박했고 이는 농업생산에도 영향을 미쳐 그 폐해가 극심했다. 때문에 치샤는 이러한 차역법은 "그들 국가의 노역이 가진 억압적 성격을 철저히 폭로한 것"이며 농업생산 발전의 장애물이 되었다고 했다.[192]

인종(仁宗)말에서 신종 희녕(熙寧) 2년에 이르는 1~20년간, 옛 차역법의 폐단은 더욱 확연해졌고 이에 개혁논의가 흥기하여 차역법은 모역법으로 바뀌었다. 모역법은 최종적으로 왕안석(王安石)의 주장에 의해 실시되었다. 이 제도는 신종 희녕 3년(1070) 몇몇 지역에서 시험적으로 실시되다 희녕 4년(1071) 10월 정식으로 전국에 반포되었다. 그 법은 무릇 역을 담당하는 민호는 집안의 재산 등급에 따라 전(錢)을 내며 그 이름은 면역전(免役錢)이라 한다. 그 방곽(坊郭)의 제호(第戶), 사관(寺觀), 품관(品官)의 집 가운데 예부터 색역(色役)이 없는 자도 전을 내는데 그 이름은 조역전(助役錢)이라 한다. 이에 따라 각종 민호들 주로는 광대한 농민들은 역의 징발에서 벗어났다. 대신 그들은 면역전을 납부했고 정부는 그 돈으로 사람을 모집하여 역에 충당했다. 이러한 개혁은 화폐경제가 봉건적 노역을 대체한 시킨 것으로 자영농에 대한 국가의 통제를 해이하게 만들었고 농민은 이로 인해 비교적 많은 자유를 획득했으며 그들의 사회적 지위는 상승했다.

앞서 서술한 것처럼 북송시기 자영농이 차지하는 비중은 비교적 높아 광대한 지역에서 지배적인 위치를 차지했고 자영농의 사회적 지위변화는 현저했다. 자영농이 비교적 많은 자유를 획득하였으므로 생산에 적극성을 발휘할 수 있었고 따라서 이러한 개혁은 사회경제적 발전을 촉진시키는 데 일정한 역할을 했다. 다만 이러한 정책은 광대한 토지를 소유한 권귀·강종지주에게는 불리한 것이었다. 때문에 이러한 개혁에 대한 저항은 강력했고 결국 이 정책은 시종 철저히 시행되지 못했다. 이 문제는 앞서 이미 언급한 바 있다. 다만 상대적으로 인종과 영종(英宗)이전 시기 광대한 자영농이 비교적 많은 자유를 획득했고 이것은 송대가 낳은 중대한 역사적 변화이다.

2. 북송시기 조전(祖佃)관계의 변화

1) 고래의 전통적인 신분관계의 지속

북송시기 조전객호의 사회적 지위 변화는 자영농 보다 더 컸다. 다만 변화의 양상은 지역에 따라 서로 달랐다. 이 시기 조전(租佃)은 구래의 전통적 신분관계로부터 상대적으로 자유로운 조전관계로의 이행기에 위치했기 때문에, 광범위한 지역에서 변화는 비교적 빨랐으나 일부지역에서 변화는 느렸다. 즉 선진지역에 비해 몇몇 낙후된 요인이 오랫동안 자리 잡아 일시에 정리할 수 없는 지역도 있었다. 이로 인해 북송시기 조전관계의 변화문제에 대해 본절은 두 가지 측면에서 서술해 나가려 한다. 첫째는 구래 전통적 신분관계의 지속이고 둘째는 새롭게 흥기하는 조전관계의 맹아이다. 이 가운데 새로운 조전관계의 맹아는 이 시기 지주제 경제발전의 주류(主流)가 되었다.

과거 신분제적 관계는 몇몇 지역에서 상당히 오랜 시간동안 지속되어 북송에서 남송에 이르기까지 그에 대한 적지 않은 기록이 남아 있다. 어떤 지역에서는 강종(强宗)과 호우(豪右)들이 농민을 압박해 그들의 조전객호로 삼았으며 어떤 지역에서는 조전호를 압박하여 자신들에게 노역을 바치도록 했다. 몇몇 지역에서는 지주들이 전객(佃客)의 사역을 합법화하기도 했다. 사서의 기록에 의하면 "무릇 객호가 된 자들은 그를 사역시킬 수 있게 허가하며 그를 사역할 수 없으면 그 가속과 부녀들은 모두 역작(役作)에 충당하였다(諸凡爲客戶者, 許役其身, 而不得及其家屬婦女皆充役作)."[193] 여기서 지주와 전호사이의 신분관계는 확연히 드러난다. 이러한 관계는 또한 전호의 칭호에도 나타나고 있는데 예를 들어 태종(太宗) 옹희(雍熙) 4년(987) 일찍이 장강현(長江縣) 주무관(酒務官)을 지낸 이익(李益)은 "집에 재물이 넉넉하고 동노(僮奴)가 수천을 헤아렸다(家饒于財, 僮奴數千指)."[194] 여기서 말한 '동노'는 조전객호를 가리킨다. 객호는 '역속(役屬)'으로 불리기도 했다. 태종은 조서에서 파촉(巴蜀)지방의 지주를 언급하면서 "부자들의 집마다 역속(役屬)이 수천호에 이른다(每富人家役屬至數千戶)"[195]고 언급한 바 있다. 마단임(馬端臨)은 전객을 언급할 때 일찍이 "밭을 경작하는 농부 가운데 역속(役屬)을 거느린 자들은 부귀한 자이다(而耕田之夫率役屬富貴者矣)"[196]라고 했다. 어떤 지역에서는 직접 '전복(田僕)' 혹은 '복(僕)'이라 칭하기도 했다. 주수융(朱壽隆)은 경동전운사(京東轉運使)로 재임하면 이런 글을 올렸다. "해마다 사악한 백성이 이주하니, 주수융이 대성과 부자들을 설득해 그들을 전복으로 삼게 했으며 대부를 놓아 이자를 받고 관에서는 적을 작성해 그들을 색출했습니다(歲惡民移, 壽隆諭大姓富室畜爲田僕, 擧貸立息, 官爲置籍索之)."[197]

특히 기주로와 협주로[夔峽]지역[198]에서 조전객호의 지위는 가장 낮았다. 이 지역의 객호 가운데 다수가 대를 이어 객호가 되었다. 『태종실록(太宗實錄)』에 의하면, "방호는 본래 호민의 역속으로 모두 여러 대 동안 객호였다(旁戶素役屬豪民, 皆相承數世)."[199] 그들은 임의로 지주의 장원을 떠날 수 없었는데 이러한 제도는 오랫동안 지속되어 온 것이었다. 전객이 다른 곳으로 도주하면 인종(仁宗)의 제도개혁 이전에 제정된 황우관장객호도이법(皇祐官莊客戶逃移法)에 따라 추쇄되어 본래의 주인에게 되돌려 졌다.[200] 더욱이 한 집안에 예속된 전객의 수도 상당했는데, 『태종실록』에 의하면 "파촉의 민들은 그 재산이 군에 상당하여 부잣집마다 역속이 수천호에 달하였다(巴蜀民以財力相君, 每富人家役屬至數千戶)."[201]

기주로와 협주로일대에서 농민이 전객으로 전락하는 과정을 살펴보면 다음과 같다. 몇몇 농민들은 경제적 곤란으로 인해 지주에게 투탁하여 토지를 빌려 경작하였다. 몇몇 농민들인 지주의 핍박으로 인해 전객이 되었는데 남천(南川)지역의 권세가였던 왕곤(王袞) 등의 집안은 "한호(漢戶)를 유인 협박하여 따르지 않는 자는 죽이면서 그들의 진토를 빼앗았다(誘脅漢戶, 不從者屠之, 沒入田土)." 이로 인해 농민들은 "종종 객호로 투탁하였는데 그를 납신(納身)이라 했다(往往投充客戶, 謂之納身)."[202] 때문에 이 지역에서 전객의 지위는 매우 낮아 지주들이 객호를 "채찍질 하며 사역시킬 정도로(鞭笞驅使)" 가혹했다는[203] 말이 나오기도 했다. 혹자는 "천협(川峽)의 호민들은 방호를 많이 가지고 있는데 가난한 민으로 예속되어 사역 당하는 자를 전객으로 삼아 그들을 노예처럼 부린다(川峽豪民多旁戶, 以小民役屬者爲佃客, 使之如奴隷)"[204]고 했다.

위에서 서술한 낙후된 지역에서 조전관계의 지속은 주로 이들 지역에 거주하는 지주의 권력이 컸기 때문이며, 이러한 권력은 자손에게 상속되어 구래의 조전관계는 해체되기 어려웠다. 그리고 이는 조전제도(租佃制度) 즉 지대 수취액과 지주에 대한 객호의 노역 부담과 관련이 있었다.

낙후된 지역에서 지주의 권력이 커 어떤 이들은 해당지역의 패자(覇者)라 불리기도 해 감히 국가의 부세를 납부하는 않은 지경에 이르렀다. 이로 인하여 해당지역의 "이서들이 대신 납부(里胥代納)"하기도 했다. 또 나라의 법을 생각하지 않고 "망명한 민들을 은닉했다(隱匿亡命)." 또 다른 이들은 "성보를 쌓아 방어하고 무기와 병졸을 길렀다(築城堡以自固, 繕修器甲)." 해당지역의 농민에 대해서

"혹은 임산부의 배를 가르거나 혹은 사람의 심장을 꺼내 먹는다(或剖孕婦, 或探人心而食之)"[205]고 할 정도로 농민을 수탈했다. 이들 지역의 지주제는 기형적 지주제 경제라 칭할 수 있다.

일반지역에서도 몇몇 지역의 경우 강종지주들이 지역의 패자가 되었다. 예를 들어 앞에서 서술한 진주(秦州)의 지주 이익(李益)은 그 사람됨이 방자하여 "그 군리의 약점을 잡고 있어 장리 이하가 모두 두려워했다(持郡吏長短 長吏而下皆畏之)."[206] 태종 단공(端拱) 연간에 고관을 역임한 마희맹(麻希孟)은 "불법으로 겸병하였으며(兼竝不法)" 향리에 살면서 권세를 마음대로 휘두를 때 "번번이 군리의 약점을 잡았으므로(每持郡吏長短)" "영구지역 사람들이 모두 두려워했다.(營丘人皆畏之)"[207]

이상이 전통적 신분관계가 지속되고 있던 상황이었다. 이러한 관계는 특정지역에서 오랫동안 지속되었는데 이는 고래 지주들이 가지고 있던 권력이 지속되었기 때문이었다. 몇몇 지주들의 경우 수십년 혹은 백여년 동안 권력이 자손에게 상속되었고, 그들에게 착취와 노역을 당하던 조전객호의 처지 역시 자손들에게 그대로 이어져 그들의 상호관계는 변함없이 지속되었던 것이다.

이와 더불어 지대수취율도 일정한 보조적 역할을 했다. 이러한 지대수취액은 조전객호로 하여금 주인에 대한 신분적 예속관계에서 벗어날 수 없도록 했다. 이 시기 지대 수취액이 가지는 중요성에 대해서는 일찍부터 많은 사람들에 의해 지적되었다. 인종(仁宗)시기(1023~1063) 구양수(歐陽脩)는 "지금 대개 100경을 소유하는 호는 객호 수십가를 거느리고 있다(今大率一戶之田及百頃者, 養客數十家)." "수확기가 되면 종자와 세를 내고 난 후 수확량을 나눈다(及其成也, 出種與稅以後分之)."[208] 구양수의 말을 통해 전체 생산량 가운데 종자와 전세를 제외한 후 지주와 전객이 생산량을 나누었음을 알 수 있다. 소순(蘇洵)의 기술에 의하면, "경작하는 자의 토지는 부민들의 것이고(耕者之田資于富民)" 부민들은 "밭에서 나는 소출 가운데 반을 가져가고 경작자가 나머지 반을 차지한다(田之所出, 己得其半, 耕者得其半)."[209] 이러한 생산물 분배법은 당시 각 지역에서 조전제로 널리 시행되고 있음을 말해 준다. 이는 웅화(熊禾)의 다음과 같은 기술에서도 확인된다. "남과 북은 비록 그 풍토가 다르나 대개 농호들의 먹거리는 조에 기반하는데 경작노동력의 반을 차지한다(南北風氣雖殊, 大抵農戶之食主租, 己居其力之半)."[210] 이러한 지대수취액은 남송대까지 지속되었다. 홍매(洪邁)의 기술에 의하면, 파양(鄱陽) 일대에는 "주와 객이 구분된(主客分)" 칭호가 있는데, 지주는 "사람을 모아 밭을 경작시키고 생산량의 반을 취한다(募人耕田, 十取其五)." [211] 지대수취율은 어떤 지역은 상대적으로 높았고 어떤 지역은 상대적으로 낮았다. 신안현(新安縣 : 歙州)의 경우, "대개 상전에서 쌀 2석이 생산되는데 전주가 생산량의 60~70%를 수취했다(大率上田産米二石者, 田主之收什六七)." [212] 빈궁한 전호의 경우 자신이 필요한 소와 종자 등을 지주로부터 제공받았기 때문에 지대는 증가했다. 진순유(陳舜俞)의 기록에 따르면, 전객이 밭에 파종할 때 "밭갈이용 소와 농기구를 다른 사람에게 의지하지 않을 수 없는데 … 중략 … 풍년든 해에 5를 수확한다면 토지를 소유한 자가 2를 취하고, 소를 가진 자가 1을 취하며, 농기구를 가진 자가 1을 취하니 경작자는 겨우 1만을 먹고 살았다(犁牛稼器無所不憑于人 … 중략 …以樂歲之收五之, 田者取其二, 牛者取其一, 稼器者取其一, 以僅食其一)." [213] 한편 몇몇 전객과 지주 사이에는 임차관계가 발생하기도 했다. 휘종(徽宗)시기 농민이 "바야흐로 경작할 때 주가는 옛 채무를 끊임없이 재촉했고 추수철이 되면 그 지대는 채무를 변상한 후 다시 징수했다(方在耕時, 主家有催舊債不已, 及秋收時, 其租課充所折債免, 乃復索租)." [214]

이러한 지대수취율은 경제외적 강제와 결합되어 있었다. 경작기간 특히 추수철이 되면 시주는 농토에 자신이 직접 가거나 혹은 다른 이를 보내어 감독했고 이때 상호간의 상하 구분은 확연해 졌다. 지주의 이러한 감독은 어쨌든 전객 농민의 신분적 자유를 박탈하는 것이었다. 게다가 이러한 지대수취율은 노동력의 직접적 수탈과도 연관되어 있었다. 지주들은 번번이 임의로 전객들을 각종 노역에 종사시켰다. 이러한 지대수취의 조건 아래에서 전객의 지주에 대한 신분적 예속은 자연스레 더욱 심화되었다. 지주가 농우(農牛), 농기구를 제공하고 지주에게 빚지고 있는 상황에서 지주의 전객농민에 대한 경제외적 강제는 더욱 강화되었다. 한편 북송시기 선진적 지역에서 정액지대가 출현하였으나 이러한 사례는 소수였으므로 여기서는 생략한다. [215]

이상이 지주-전호관계 가운데 구래의 전통적 신분적 관계가 지속되던 특정지역의 기본적 상황이었다. 이러한 구래 전통의 지속은 주로 이들 지역에 거주하는 지주들이 특수한 봉건 권력을 소유하였기 때문이며 낙후된 정률의 지대 수취는 전통의 지속에 보조적인 역할을 했다. 그러나 이 시기보다 주목되는 점은 비교적 자유로운 조전관계의 태동이다.

2) 상대적으로 자유로운 새로운 조전관계의 태동

이 시기 조전관계에서 구래 전통적 신분관계의 지속은 일면에 불과했다. 이와 동시에 상당히 광대한 지역에서 조전(租佃)사이에 전통적 신분관계는 점차 느슨해 졌고 전객농민의 지주에 대한 신분적 예속관계 역시 점차 약화되어 농민의 사회적 지위는 상대적으로 상승했다. 이러한 변화와 발전은 북송시기에 주도적으로 이루어졌고 혹자는 조전관계의 주류가 되었다고도 한다.

조전객호의 사회적 지위가 상승하고 있던 사정은 세 가지 측면에서 확인된다. 첫째 지주의 억압에서 벗어나 이주의 자유를 획득했다는 점, 둘째 전객 농민의 법률적 지위가 변화했다는 점, 셋째 앞서 서술한 변화에 따라 지대 수취에서 조전 사이의 계약관계가 진일보 발전했다는 점이 그것이다. 이주할 수 없었던 전호가 이주의 자유를 획득하기 시작한 것은 인종(仁宗)시기부터였다. 천성(天聖) 5년(1027) 조서는 다음과 같이 정리했다. "강회(江淮)·양절(兩浙)·형호(荊戶)·복건(福建)·광남주군(廣南州軍)은 옛 조항에 사사로이 토지를 나누어 준 전객은 농번기가 아니어도 이주할 수 없다. 주인의 증명서를 발급받아야 바야흐로 다른 지역의 거주가 허락된다. 그러나 대다수는 주인에게 억압되어 이주할 수 없었다. 지금부터 객호의 이주는 주인의 증명을 얻을 필요가 없다. 모름지기 매년 수확한 날에는 거리를 헤아려 편리한 바를 취하여 개인의 상황에 따라 이주할 수 있을 것이다. 만약 주인이 도리에 맞지 않게 이주할 수 없도록 하면 현에서 논할 것을 허락한다(江淮·兩浙·荊湖·福建·廣南州郡, 舊條私下分田客非時不得起移, 如主人發遣, 給與憑由, 方許別住. 多被主人抑勒, 不放起移, 自今後客戶起移, 更不取主人憑由. 須每年收田畢日, 商量去往, 各取穩便, 則不得非時衷私起移. 呂主人非理攔占, 許經縣論詳)."[216] 이때부터 전객의 이주가 개시되었다. 이로서 전객은 이주라는 면에서 지주의 지배를 받지 않게 되었다. 조서가 반포되고 59년 뒤인 철종(哲宗) 원우(元祐) 원년(1086) 왕암수(王岩叟)는 이렇게 보고 했다. "부민은 객을 불러 전호로 삼는데, 매년 수확하기 전에 모든 이들에게 돈을 빌려주어 구휼합니다. 한 명이라도 구휼의 대상이 되지 못하면 이듬해 그는 반드시 다른 이에게 이주해 버립니다(富民召客爲佃戶, 每歲未收穫間, 借貸賙給, 無所不至. 一失撫存, 明年必去而之他).[217] 왕암수의 보고는 전객의 다른 곳으로의 이주가 당시 보편적이었음을 말해준다. 남송(南宋) 고종(高宗) 소흥(紹興) 23년(1153) 악주(鄂州) 장작(莊綽)의 보고에 의하면 객호는 자유롭게 이주하고 있었다.

천성(天聖) 5년(1027)의 조령(詔令)은 전국을 대상으로 한 것이었으므로 당시 상당히 광대한 지역의 객호들이 이주의 자유를 획득하였고 지주에 대한 그들의 신분적 예속은 점차 약화되었음을 알 수 있다. 이러한 객호의 자유를 보여주는 조서의 내용에 상응하는 변화도 있었다. 객호들은 다시는 토지매매 계약서에 자신들의 이름이 기입되지 않았다. 남송 고종 소흥 연간(1131~1162) 악주(鄂州)의 수령이었던 장작(莊綽)은 조정에 "토지를 매매할 때 문서에 객호의 이름을 기재하지 않게 하고 자기들의 편의에 따르도록 하소서(請賣買田土不得載客戶于契書, 聽其自便)"라고 건의했다. 이러한 장작의 보고는 전객의 자유로운 이주와 밀접한 관련이 있다. 장작의 건의는 조정의 비준을 얻어, "민호가 토지를 매입할 때 전호의 성명을 사사로이 계약서에 기재할 수 없으며 또한 그들에게 토지를 강제로 경작하게 할 수 없다(民戶典賣田地, 毋得以佃戶姓名私爲關約隨契分付得業者, 亦無得勒令耕田)." 만약 이 조령을 위반하는 자가 있으면 "순서를 거치지 않고 상관에게 호소하는 것을 허락하고(許越訴)", 어기는 자는 "등급에 따라 벌했다(科罪)."218) 다만 이 시기는 권귀관료지주의 권세가 팽창하고 있어 이러한 조령은 철저하게 시행되었는지는 의문이다.219)

전객의 사회적 지위 변화는 지주와 전호 사이의 법률적 권리의 변화에서 구제석으로 드러난다. 지주는 마음대로 전객을 살해할 수 없었다. 인종(仁宗) 가우(嘉祐) 연간(1056~1063)의 "처음에는 죄의 등급을 감하는 예가 없었다(初無減等之例)"220)는 기록이 있다. 여기에 의하면 지주는 전객을 살해할 수 없었으나 이 이후부터 죄를 감면해 주었다. 실제 가우연간이 되면 상황이 변하였다. 가우 2년(1057) 수주(隨州)의 사리참군(司理參軍)인 이변(李汴)의 부친인 이완(李阮)이 전객을 구타해 죽음에 이르게 하자, 이변이 "자신의 과거응시자격[出身12)]과 관직을 내어 아버지의 속죄를 청하자 조정에서는 비로소 이완의 죄를 감하고 상해를 입히는 형벌을 면제해 주었으며 얼굴에 묵을 새겨 도주(道州)로 귀양보냈다(請納出身及所居官以贖父罪, 朝廷遂減阮罪, 免其決, 編管道州)."221) 이상의 사례를 통해 가우연간에 지주가 전객을 살해해도 사형에 처해지지 않았음을 확인할 수 있다.

이후에도 지주가 전객을 살해하면 죽음은 면하게 해 준다는 기록이 남아 있다. 『송사』에 의하면, 왕기(王琪)가 복주(復州)의 수령으로 있을 때, "민이 전객을 구타해 죽이자 리가 그것을 법률에 따라 논하려 했다. 그러나 왕기는 그것을 미루고 결단하지 않았다. 끝내 새로운 제도에 따라 죽음을 면하게 해주었다(民毆佃

---

12) 역주 - 과거에 응시할 수 있는 자격을 말한다.

客死, 吏論如律. 琪疑之, 留未決. 已而新制下, 凡如是者廳減死)."222) 신종(神宗) 원풍(元豊) 6년(1083)에 이르러 다시 정하기를 "구타해 죽음에 이르게 한자는 얼굴에 낙인을 찍지 않고 이웃 주로 유배 보내었다(因毆致死者, 不刺面, 配隣州)."223) 이상의 사례는 특수한 신분적 지위에 있는 지주들이 전객을 살해해도 형벌을 감면받았음을 보여준다.

요컨대 전객의 법률적 지위는 송대 중엽 비교적 크게 변하였다. 전객과 지주는 법률적으로 대등한 관계였다. 이후 점차 이러한 관계가 역전되어 관호(官戶)들은 전객을 살해한 뒤 속죄 받아 죽음을 면하고 가벼운 형벌에 처해졌다. 그럼에도 북송의 경우 전객의 법률적 지위가 향상되어 갔다.

이상의 서술처럼, 전객은 지주의 토지를 떠나 자유롭게 이주할 수 있었고 일정한 법률적 지위를 가지고 있어 그 사회적 지위가 상승하였다. 이러한 조건하에서 지주의 지대수취는 오로지 경제외적 강제에만 의지할 수 없었고 따라서 조전계약제(租佃契約制)가 진일보 발전했다. 이런 계약은 지주의 지대수취를 보증했다. 조전계약제는 일찍이 당나라 때 이미 출현했으나 송대에 이르러 더욱 보편화되었다. 이 변화 발전은 지주와 전호 사이의 봉건적 예속관계가 점차 약화되어 가고 있음을 보여준다는 측면에서 또 다른 의의가 있다.

그럼 송대 조전계약제의 몇 가지 사례를 살펴보자. 송 태종(太宗) 태평흥국(太平興國) 7년(982) 12월 다음과 같은 조서를 내렸다. "모든 로(路)는 … 중략 … 빈 땅을 분급하고 장정들을 불러 모아 계약서를 분명히 작성하여 종자를 빌려주되 때에 맞추어 심게 할 것이며 가을 수확기를 기다려 계약서에 따라 수확물을 나누도록 하라(諸路 … 중략 … 分給曠土, 召集餘夫, 明立要契, 擧借種粮, 及時種蒔, 俟秋成依契約分)."224) 계약에는 전농(佃農)이 시기가 되면 반드시 종자를 심어야 하고 추수한 뒤에는 계약에 따라 지대를 납부해야 했다. 여기서 말한 "계약을 맺다(立契)"와 "계약에 따라 곡식을 나눈다(依契分粮)"는 당시 민간에서 통용되던 일반 체제였다. 전객이 만약 계약에 따라 해당 시기에 지대를 납부하지 않으면 지주는 계약한 내용을 근거로 지방 관아에 가서 고발했고 관아는 계약에 따라 지주를 대신해 지대를 징수했다. 계약은 지방 관아가 지주를 대신해 지대를 징수하는 근거였던 것이다.

농민의 사회적 지위가 상승하여 이주의 자유를 획득하게 되자 전객 농민에 대한 지주의 태도도 변화하였다. 앞에서 서술한 것처럼, 지주는 전객에 대해 "한 명이라도 구휼의 대상이 되지 못하면 이듬해 그는 반드시 다른 이에게 이주해

버렸다(一失撫存, 明年必去而之他)." 이 때문에 지주는 "객을 불러 전호로 삼아 매
년 수확하기 전에 모든 이들에게 돈을 빌려주어 구휼했다(召客爲佃戶, 每歲未收
穫間, 借貸賙給, 無所不至)."[225]

이 시기 전객은 자유롭게 지주의 토지를 떠날 수 있었다는 점, 전객이 일정한
법률적 지위를 가지고 있었다는 점, 그들은 계약에 따라 지대를 납부했다는 점,
지주의 봉건적 토지소유권은 국가권력에 의지해 작동했다는 점, 그리고 지주가
전객에 대해 태도를 바꾸었다는 점 등등은 모두 지주와 전호 관계에서 봉건적
예속관계가 약화되었고 조전농의 사회적 지위가 상승했다는 사실의 반영이다.
이러한 현상이 발생하게 된 원인은 매우 복잡하다. 예컨대 농업생산력의 발전에
따라 출현한 상품경제 발전의 충격, 서민중소지주의 발전에 따른 지주 권력의 상
대적 약화, 그리고 빈번한 토지매매와 토지소유주의 교체로 인한 지주전호관계
의 잦은 변동 등이 원인으로 지목될 수 있다. 본서에서는 이 세 가지 측면을 상
세히 살펴보려 한다.

상품경제 발전의 충격이라는 문제는 쉽게 이해할 수 있다. 북송시기 상품경제
는 비교적 빠르게 발전했다는 점은 문헌에 수차례에 걸쳐 나타나고 있다. 상품
작물의 발전, 시장에서 식량의 대규모 교역은 농민경제와 직접적으로 관련되어
있었다. 국가의 부세정책도 농민과 시장의 관계를 더욱 긴밀하게 하는데 일정한
작용을 했다. 진종(眞宗)시기 시행된 화매(和買)정책, 특히 신종(神宗)시기 시행된
면역법(免役法)은 모든 자영농에게 반드시 농산품을 판매하여 그 대금으로 차역
전(差役錢)을 납부하도록 했다. 이 시기 빈궁한 농호들은 수확한 양식을 먼저 판
매하였다고 후에 다시 구매했는데, 이구(李覯)는 "농민은 수확한 후, 곧장 수확물
을 헐값에 판매하여, 남은 것만으로는 먹고 살수가 없었으며 이에 시장에서 다시
양식을 구매하였다(農民收粮後, 卽行賤賣, 餘不足以食, 于是取于市焉)"[226]라고 말했
다. 이 시기 많은 자영농들과 상품경제의 관계는 이렇게 밀착되었던 것이다. 이
러한 발전은 당연히 과거의 사회 관습과 인간들 사이의 상호관계 특히 신분관계
에 충격을 가하였다. 이 문제는 본서의 다른 장에서 논술하였으므로, 여기서는
생략한다.

중소서민지주의 발전은 조전객호의 사회적 지위 상승과 매우 밀접한 관계를
가지고 있다. 이 시기 중소지주는 지주계급 가운데 일정한 비중을 차지하고 있
었다. 양절로(兩浙路)의 온주(溫州)를 예로 들면, 400무(畝) 이하의 토지를 소유한
중소지주(이 가운데 대다수는 200무 내외의 토지를 소유하고 있었음)와 400무 이

상의 토지를 소유한 대지주의 비율은, 호수로 논하자면 중소지주가 약 전체지주 호 가운데 89.8%를 차지하고 있었고, 경작지 면적으로 보면 중소지주가 소유한 경작지는 전체 지주의 그것에 68.5%를 차지했다. 이로서 당시 중소지주가 비중을 확인할 수 있다. 이들 중소지주 특히 비교적 큰 비중을 차지하고 있던 소지주는 자영농의 토유소유가 우월했던 상황에서 출현하였는데, 그들은 부유한 자영농 출신이었다. 중소지주의 대다수는 서민지주였고 어떠한 관직과 직책도, 어떠한 특권도 가지고 있지 않아 조전객호는 그들과 쉽게 평등한 관계를 형성할 수 있었다. 봉건사회라는 조건에서 지주와 농민은 계급관계 그리고 신분관계에 놓여 있었다. 그러나 이러한 서민중소지주와 조전객호가 형성한 상호관계의 중심은 권귀관료지주가 형성한 강렬한 신분관계가 아니라 착취와 피착취라는 계급관계 였다. 이러한 조건하에서 신분관계는 자연스럽게 상대적으로 약화되었고 점차 평등한 관계로 나아갔다. 요컨대 지주 계급구성의 변화에 따라 서민중소지주가 발전하였고 조전객호의 사회적 지위는 상승하였다. 이것은 새로운 조전관계가 발생하게 된 주요한 요인이었다.

빈번한 토지매매는 지주와 전호사이의 봉건적 예속관계의 약화에 무시할 수 없는 작용을 했다. 북송시기 빈번한 토지매매와 잦은 주인의 교체는 상품경제의 발전과 밀착되어 발생했다. 지주 계급구성의 변화와 농민의 소토지 소유제의 광 범위한 존재는 토지소유권의 잦은 변화의 조건이 되었다. 이러한 상황은 남송도 예외가 아니었다.

빈번한 토지매매에 따라 일단의 구지주는 몰락했으며, 새로운 지주가 등장했 다. 이는 당시 문헌에 잘 나타나 있다. 예를 들어『취일록(就日錄)』에 의하면 지 주의 자제들은 부귀의 무상을 알아 향락에 빠졌다. 북송전기 손광헌(孫光憲)은 이렇게 말했다. 지주의 자제들은 3차례 변하는데 "첫 번째는 메뚜기로의 변화이 다. 이는 자신의 전장을 팔아서 먹고 사는 것을 일컫는 말이다(第一變爲蝗蟲, 謂 鬻莊以食也)." 여기서 말한 "전장을 파는 것(鬻莊)"은 자신이 소유한 토지의 판매 를 말한다.227) 북송시기 내내 지주의 부가 항상 유지되지 못하였다.

토지소유자의 잦은 변화로 인해 지주가 빈번히 교체되었고 전호와 지주는 단 기적으로 결합했다. 이것은 과거 여러 세대로 지속된 지주제로 인해 자자손손 계승된 지주와 전호의 조전관계와는 다른 것이었다. 지주의 잦은 교체로 인해 지주와 전호 사이의 견고한 봉건적 예속관계는 변화하여 양자의 관계는 봉건적 관계는 약화되었고 이는 전객의 사회적 지위 상승에 일정한 역할을 했다.

요컨대 북송시기 농민계급의 사회적 지위에는 큰 변화가 발생했다. 자영농과 조전농은 모두 비교적 많은 자유를 획득했다. 이러한 변화 발전을 야기한 요인은 극히 복잡하였으나 농업생산력 발전으로 인해 출현한 상품경제의 발전, 중소 서민지주의 발전 등이 그 주된 요인이었고 송나라 조정에서 실시한 정책 역시 일정한 역할을 했다. 다만 몇몇 지역에서 이러한 변화는 비교적 완만하여, 농민은 여전히 낮은 지위에 머물러 있었다. 사실 이는 기괴한 일이 아니다. 조전(租佃)의 측면에서 논하자면, 상대적으로 자유로운 관계의 싹이 트는 가운데 특정지역에서 과거 신분적 예속관계가 여전히 유지된다는 점은 자연스러운 일이다. 전체적인 발전추세로 보면 상하의 신분 및 봉건적 예속관계는 약화되어 갔고 농민계급의 사회적 지위는 상대적으로 상승해 가고 있었다.

3. 남송시기 봉건적 신분관계의 강화와 농민계급의 저항

북송시기 출현한 선진적 토지소유관계는 북송후기 주로 휘종(徽宗)시기에 이르러 변화하기 시작한다. 권귀·강종지주의 권력 확대에 따라 겸병이 극심해 지고 토지소유권이 집중되어 토지소유관계가 억전된다. 남송이 건국하고 이리한 역전은 더욱 심화된다. 권귀·강종지주는 토지소유권을 농단할 뿐 아니라 여러 왕대에 걸쳐 권력을 장악했다. 이런 조건하에서 그들은 지주계급의 봉건적 권력 확대와 신분제의 강화, 농민의 사회적 지위를 억압하는데 힘을 기울였다. 그러나 이전 북송시기 자영농은 이미 비교적 많은 자유를 획득하였고 조전농의 사회적 지위도 상승했으며 농민계급의 의식도 크게 성장하여 지주계급의 압박과 수탈에 대해 과거처럼 감내하지만은 않았다. 남송왕조는 이런 문제에 대한 일련의 정책을 실시하였고 권귀·강종지주는 농민에 대해 폭압을 실행하였고 이 때문에 농민과 지주 두 계급 사이의 대립은 더욱 극심해졌다.

신분제의 강화는 조전관계에서 가장 잘 드러났다. 우선 지주가 조전농을 박해한 일에 대한 징벌이 방치되었는데 이런 현상은 주로 토지겸병이 심화된 북송말 휘종시기에 시작되었다. 이 시기에는 지주계급의 구성에 변화가 발생하여 권귀·강종지주가 날로 발전하고 있었다. 이 시기 무진현(武進縣)의 수령이었던 장단례(張端禮)는 무진현의 일을 이렇게 말했다. "간교한 선비가 전부(佃夫)를 학대하여 그들이 목메어 자살하는 지경에 이르는 경우도 있어(有僞儒衣冠笞虐佃夫至自經以死者)" 지방관아는 이 간교한 선비를 즉시 체포하였다. 이때 "무진현의 학사 천여

명이 관아로 와 그의 사면을 빌었다(郡學士千餘人造庭下祈免之)." 그 결과 "장을 치고 석방했다(杖遣之)."[228] 남송 고종대에 이르면 전객을 때려죽인 지주의 범죄에 대한 처벌은 더욱 관대해 졌다. 과거에는 사형을 판결을 받은 뒤 감면되어 외지로 유배되었으나 당시에는 단지 자신의 거주지에 유배될 뿐이었다. 전객을 박해한 지주의 처벌이 더욱 관대해졌다는 것은 전객의 법률적 지위가 크게 하락했음을 의미한다. "이로 인해 인명이 경시되었으며 부자들은 감히 살인할 수 있게 되었다(由此人命浸輕, 富人敢于專殺)."[229]

뒤이어 지주계급은 전객의 이주자유를 빼앗는데 힘을 기울였다. 전객의 자유로운 이주는 북송 인종시기 이미 제도화되었다. 남송시기 권귀·강종지주의 권세가 확대되던 상황에서 전객의 토지에 속박시키는 것이 주요한 의제가 되었다. 예를 들어 고종(高宗)시기 사대부였던 호굉(胡宏)은 "귀천이 서로 대하는 것과 윗사람과 아랫사람이 서로 받드는 것은 대개 자연스러운 이치이다(貴賤之相待, 上下之相承, 蓋理之自然也)"라고 말하면서 그는 "어찌 객호의 편리한 것만 들어주어 주호로 하여금 그들을 묶어두지 못하게 하는가?(豈可聽客戶自便, 使主戶不得系屬哉)"라고 했다. 만약 객호가 자유롭게 이주할 수 있도록 한다면 그들 가운데 "혹자는 상업을 익혀 힘써 농업에 종사하지 않을 것이며, 혹자는 멋대로 먹어치우면서 도적질을 해도 이들을 잡을 수 없을 것이며, 혹자는 부인도 없이 다른 사람의 부인을 꾀어 도주할 것이며, 혹자는 가족 수가 많고 의식에 여유가 있어 점차 3~5무의 전택을 구입해 호의 이름을 올려 주호로부터 나오려 할 것입니다(或習學末作, 不力耕桑之業, 或肆飮博而盜竊, 而不聽檢束, 或無妻女, 誘人妻女而逃, 或丁口繁多, 衣食有餘, 稍能買田宅三五畝, 出立戶名, 便欲脫離主戶而去)."[230] 전농이 토지를 매입하여 주호를 떠나 자영농이 되는 일이 당시의 역사적 사실이었다. 이에 호굉은 전객을 견고하게 지주의 토지에 속박시키기 위해 그들로 하여금 이주할 수 없도록 하고 호구조사를 실시해야 한다는 모욕적 언사를 펼쳤다.

이 시기 몇몇 지역 예컨대 회남(淮南)의 여러 군의 "부호거실(富豪巨室)"들은 단지 농민의 토지를 침탈할 뿐 아니라 그들에게 자신들의 토지를 경작하도록 강제했다. 앞에서 서술한 것처럼, 이들 농민들은 "빈약한 하호로, 달려가 하소연 하지도 못한 채 강제로 사역당해 보는 이의 가슴을 아프게 하는(貧弱下戶, 莫適赴愬, 勉從驅使, 深可痛爾)"[231] 존재였다. 이러한 폭력적 형식의 조전관계를 통할 경우, 지주와 전농은 필연적으로 신분관계, 구체적으로 엄격한 신분적 예속관계에 입각한 조전관계에 놓이게 되었다. 이 때문에 조전객호인 농민들은 지주를 적대시하였고 계급간의 대립은 더욱 현저해졌으며 항상 지주에게 저항하였다.

지주계급의 봉건적 권력이 확대되던 상황에서 토지소유권의 이전이 날로 빈번해 짐에 따라 토지에 종속된 전객들은 재차 많아졌다. 남송 효종(孝宗) 건도(乾道) 원년(1165) 장자안(張子顔)은 진주(眞州)와 우이군(盱眙軍)의 수륙전(水陸田)과 산지 15,267무를 바쳤고, 장종원(張宗元)은 진주(眞州)의 토지 21,813무를, 양존중(楊存中)은 초주(楚州) 보응(寶應)의 토지 39,640무를 헌납했다. 이와 함께 각 집안은 경작용 소, 배, 그리고 장객(莊客)을 바쳤다.232) 여기서 말하는 장객은 조전농민이고 이러한 사례를 통해 당시 장객 즉 조전농민이 토지의 부속물이었음을 확인할 수 있다.

이 시기 전객 농민의 사회적 지위 하락은 그들의 비천한 칭호와 그들이 지주에게 바친 노역에서도 나타난다. 예컨대 도창현(都昌縣)의 조언약(曹彦約)은 광대한 토지를 소유하고 있었고 "복(僕) 10여가가 노역을 바쳤다(有僕十餘家可以供役)."233) 조언약이 말한 "복(僕)"은 조전객호이다. 이 시기 원채(袁采)의『원씨세범(袁氏世范)』, 홍매(洪邁)의『이견지(夷堅志)』등의 책에서는 모두 "전복(田僕)","복(僕)"과 같은 기록이 나온다. 파촉과 같은 서부의 낙후된 지역에서 전호의 부인들이 지주에게 노역을 제공하던 오랜 구습은 여전히 지속되고 있었다. 영종(寧宗) 개희(開禧) 원년(1205), 이곳의 운판(運判)이었던 범손(范蓀)은 객호(客戶)의 가족들과 "부인들이 모두 역에 동원되었다(婦女皆充役作)"고 보고했다.234) 과거 선진적이었던 양절로(兩浙路)와 강남동로(江南東路)도 이런 상황에서 예외일 수 없었다. 당시 원채는 일찍이 이들 지역 지주들의 전객 농민에 대한 수탈을 이렇게 말했다. "농시를 빼앗지 않는 역이라는 말은 있을 수 없다(不可有非時之役)."235) 이를 통해 지주들은 농번기에도 전호를 사역시켰음을 확인할 수 있다.

한편 지주들은 임의로 전호를 박해하였다. 사서의 기록에 의하면 "호주들은 전호의 목숨을 초개보다 못하게 여겼다(戶主生殺, 視佃戶不若草芥)."236) 효종(孝宗) 건덕(乾德) 원년(1165)의 사문(赦文)에 의하면 "겸병을 한 부유한 집을 살펴보니, 그들은 주로 사채를 갚지 않거나 원한으로 마음대로 체포하고 가두기까지 하여 마치 형옥과 유사해 자칫하면 10개월을 넘기기도 했다(勘會豪右兼並之家, 多因民戶欠負私債或挾怨嫌, 恣行絣縛, 至于鎖閉, 類于刑獄, 動涉旬月)."237) 또 영종(寧宗) 가태(嘉泰) 3년(1203)의 사문(赦文)에 따르면, "수소문해서 들어 보면, 권세를 가진 집들은 법을 어기며 사사로이 옥구를 갖추어 후미진 건물에서 마음대로 재판하였다. 혹 한때의 감정을 이유로, 혹은 재산의 쟁송과 같은 이유로 번번이 빈약하고 죄 없는 사람을 가두어, 굶기거나 마음대로 폭행하여 비명에 죽게 하였다. 설사 요행히 죽지 않더라도 불구가 되었다(訪聞形勢之戶, 違法私自獄具, 僻截隱僻屋宇, 或因一時喜怒, 或因爭訟財産之類, 輒將貧弱無辜之人, 關鎖饑餓, 任情捶拷, 以致私于非命. 雖偶不死, 亦成殘廢之疾).〞[238] 당시 각종 유형의 지주들이 막강한 권세와 힘으로 농민들을 폭압적으로 억압하였음은, 위의 두 사문(赦文)에서 잘 드러난다. 권귀관료지주와 강종지주에게 압박당하던 농민은 일부 자영농과 대다수의 조전농이었다.

북송시기는 구래의 전통적 신분관계로부터 상대적으로 자유로운 조전관계로 이행하던 시기였고, 신구의 두 관계는 장기간 지속되었더라도 새로운 관계가 주류를 이루었다. 남송시기에는 권귀관료지주와 강종지주의 권력이 팽창함에 따라 구래의 신분제에 입각한 조전관계가 흥성하였고 상대적으로 자유로운 조전관계는 쇠퇴했다. 조전관계의 이러한 역전추세에 대해 당시 관료사대부들은 서로 다른 태도를 취했다. 앞서 서술한 호굉(胡宏) 등은 보수파를 대표하여 지주와 농민 두 계급사이의 신분관계를 강화시키려 했다. 광종(光宗) 소희(紹熙) 연간 (1190~1194)에 활동한 허급지(許及之)는 신분관계를 유지할 것을 주장하였으나 지주는 모름지기 전객 농민을 구휼해야 한다고 하면서 이러한 농시(農詩)를 짓기까지 했다.

세 번이나 장려 받은 농가는 주인을 공경하여	三勸農家敬主人
다른 이의 땅에 농사짓더라도 온 힘을 다하네	種他田土而辛勤
행여 빚이라도 낼라치면 서로 아끼며 도우니	若圖借貸相憐恤
예의가 구분되어 교화를 바라니 위 아래가 분명하네	禮數須敎上下分[239]

허급지의 시는 당시 전객농민들이 지주를 존경하지 않고 있음을 시시한다. 그는 지주와 농민의 상하의 신분관계에 있고 농민은 지주를 존경해야 한다고 주장했다.

당시 주희(朱熹)는 비교적 진보적 인물이었다. 광종시기(1190~1194) 그는 자신이 통치하던 장주(漳州)에 반포한 「권농문(勸農文)」이라는 글에서 "전호는 오로지 전주에게 토지를 빌려 차경하여 가족을 봉양하고, 전주 역시 전객의 힘을 빌어 토지를 경작하여 지대를 납부받아 가계를 이어간다. 이 둘은 서로 의존해 생존한다. 지금 살펴보니 인호들은 돌아가며 서로를 고발하니 전호는 전주를 침범할 수 없고 전주는 전호를 학대할 수 없다(佃戶旣賴田主給田生借以奉養家口, 田主亦藉佃客耕出納租以供贍家計, 二者相須方能生存, 今仰人戶遞相告戒, 佃戶不可侵犯田主, 田主不可撓虐佃戶).”[240] 주희는 한편으로 전객 농민에게 규정에 따라 지대를 납부할 것을 권고하는 동시에 전객 농민에 대한 지주들의 압박은 반대했다. 당시 개명지주의 대표적 인물이었던 주희는 농업을 근본으로 삼으며 빈부를 이치에 맞게 할 것을 주장했다. 그리고 이러한 변법을 통해 사회를 안정시키고 경제를 발전시키려 했다. 지주와 전호 사이의 신분관계가 역전되던 상황에서 주희가 제출한 이러한 주장은 실행되지는 어려우나 매우 귀중한 것이었고, 당시 역사 상황을 간파한 것으로 봉건사회의 선진적 정치경제학자라는 이름에 걸맞은 것이었다.

남송시기에는 자영농의 사회적 지위에도 큰 변화가 발생했다. 이러한 변화의 발생은 권귀관료지주의 권세 확장에 기인한 것이었다. 그들의 권세에 의지에 전세와 요역을 자영농에게 전가하여 자영농에 대한 수탈을 강조했는데, 이 문제는 앞장에서 충분히 설명한 바 있다. 자영농은 부역을 징수하는 과정에서 형벌을 받기도 했고 심지어 “몸은 채찍질에 살갗이 남아나지 않았다(以身則鞭箠而無全膚).” 일부 관리들은 부역이 전가되던 현상을 정리하려 했으나 권귀관료지주와 강종지주의 반대로 인해 그러한 정책은 순조롭게 시행될 수 없었다. 이런 상황에서 자영농은 많은 자유를 빼앗겼으며 그들의 사회적 지위도 하강하였다. 국가와 각종 지주의 착취 하에서 그들의 경제상황도 날로 곤궁해졌다. 도종(度宗)시기(1265~1274) 왕백(王柏)은 이렇게 기술했다. 빈궁한 농민들은 “추수 때 미납한 것을 빌미로 인신을 예속시키며 그것을 납부하며 하면 거의 저축할 수도 없어 종종 노동력을 팔아서 조석의 음식을 보태려 하였는데 근래는 모두 그런 상황이다(秋成之時, 百逋從身, 解償之餘, 儲積無幾, 往往負販傭工以謀朝夕之贏者, 比比皆是也).”[241]

요컨대 권귀·강종지주의 권세가 확대되고 있던 상황에서 농민계급의 사회적 지위는 날로 하락하고 있었다. 복송시기와 비교해서 말한다면 이것은 지주제 경제의 후퇴라 할 수 있다.

앞서 서술한 토지소유관계가 변화하던 상황에서 농민과 지주들은 서로 간에 투쟁을 전개했다. 북송시기부터 이미 농민계급에게는 큰 변화 즉 농민계급의 사회적 지위상승, 사상의식의 성장이 진행되었기 때문에, 지주의 신분제적 속박과 가혹한 경제적 수탈을 참고 견디지 못했다.

저항은 항조(抗租)에서 출발했다. 남송시기 몇몇 지역에서 대규모 항조투쟁이 폭발했다. 우선 그들은 계약 내용에 근거해서 지대를 납부하지 않았다. 효종(孝宗)시기(1163~1189) 원변(袁變)은 전객농민들이 지대를 납부하면서 "습관적으로 속인다(農習爲欺)"고 개탄했다. 소흥부(紹興府)의 모수산(某壽産)은 원래 비옥한 땅이었는데 조전농민들은 "비록 풍년이 들었더라도 실수확량에 따라 지대를 바치지 않았다(雖豊富, 租不實輸)". 이로 인해 이 절의 주지는 지방관아에 고발하면서 "관아는 누락한 것을 감독하여 찾아낸 후 반드시 보상토록 했다(官督所負, 責之必償)."²⁴² 호주(湖州)지역의 경우, 농민들이 집단적으로 결의해 항조투쟁을 전개하기도 했다. 여조겸(呂祖謙)의 기록에 의하면 이 지역의 "풍속에서 소민들은 군세고 날래며 수십명이 친우를 맺기도 하여 사사로이 약속을 해 주호에 조를 납부하지 않기도 했다(土俗小民强悍, 甚至數十人爲朋, 私爲約, 無得輸主戶租)."²⁴³ 절동(浙東)지역에서 지주가 항조하는 농민을 관아에 고발하자 조전농들은 연대하였는데 "전체 종족이 일어나 촌락 간에 연대하며, 목숨을 걸고 관아에 저항했다(擧族連村盡死以拒捕)."²⁴⁴ 가흥부(嘉興府)의 전객 농민 유칠(紐七)은 토지를 빌려 벼를 경작했는데 "벼가 모두 익어 지대를 납부해야 하나 장작더미 속을 곡식창고로 삼아 감쪽같이 숨겨둔 채(悉以成熟收割, 困穀于柴檯之間, 遮隱無踵)", "바쳐야할 지대를 주가에서 얻으려 했다(賴主家租米)." 지주가 관아에 고발한 것을 보고 "장작과 곡식을 야반에 불태워 버렸다(而柴與穀半夜一火焚盡)."²⁴⁵ 포양(莆陽)지역에서는 "욕심 많은 전객은 20년 동안 지주에게 지대를 바치지 않은 자도 있었다(有頑佃二十年不納主租者)."²⁴⁶ 이처럼 조전농은 지주의 봉건적 수취를 순조롭게 따르지만은 않았던 것이다. 그리고 이것은 농민의 사회적 지위변화의 한 측면이었다.

남송시기 농민계급은 지주계급의 신분적 억압에도 저항했다. 북송말 권귀·강종 지주의 권력이 팽창하여 토지에 대한 겸병이 극심해 지던 상황에서 방랍(方臘)은 선두에서 서서 '평등'의 구호를 내세웠다. 이후 북송과 남송 교체기에 동정호(洞庭湖) 인근에서 기의한 종상(鐘相)·양마(楊麼)는 "귀천의 평등, 빈부의 균등(等貴賤, 均貧富)"과 같은 진일보한 구호를 내세웠다.²⁴⁷ 종상은 자신이 이끌던 군중에게 "법에는 귀천과 빈부가 나누어져 있으나 이것은 좋은 법이 아니다. 나는 법을 행하매 마땅히 귀천을 평등하게 하고 빈부를 균등히 할 것이다(法分貴賤貧富, 非善法也. 我行法, 當等貴賤, 均貧富)." 종상이 말로 군중을 선동하자 "주위 수백리 사이의 무지한 소민들이 구름처럼 그를 따랐다(故環數百里間, 小民不知者翕然從之)."²⁴⁸

이상의 사례 즉 "농민들은 습관적으로 속인다(農習爲欺)"와 관부의 판결을 "아무렇지도 않게 여기는[其自若]" 사례로부터 그들이 지주계급의 경제적 수탈에 저항했을 뿐 아니라 신분적 압박에 대한 저항했음을 알 수 있다. 특히 방랍(方臘)이 제기한 '평등'이라는 구호와 종상(鐘相) 등이 말한 "귀천을 평등히" 한다는 요구에서 신분제적 압박에 대한 저항이라는 성격은 확연하게 드러난다. 이러한 구호는 대농민의 요구를 반영한 것이자 또한 농민의 사회적 지위가 변화하고 있음을 구체적으로 드러내어 준다. 바로 이러한 조건하에서 권세를 가진 지주들은 신분제를 강화하였고 그들의 의도는 농민계급의 큰 저항을 받게 만들었다.

이상과 같이 송대 신분관계 및 농민계급의 사회적 지위는 비교적 크게 변화하였다. 이러한 변화의 구체적 상황은 다음과 같다. 첫째는 농민계급구조의 변화로 자영농이 확대되고 조전농이 상대적으로 축소하였다. 둘째 지주계급 구조가 변화하여 서민중소지주가 확대하고 권귀 관료지주가 위축되었다. 이러한 변화 발전에 따라 지주와 농민계급의 사회적 지위도 변화하여 신분관계는 상대적으로 약화되고 농민계급의 사회적 지위가 상승하였다. 이러한 변화는 남송시기가 되면서 역전되었다. 권귀·강종지주의 권세가 확대되던 상황에서 그들은 지주와 농민 사의의 신분관계를 강화하는데 힘썼다. 그러나 사회경제적 발전에 따라 신분관계와 봉건적 예속관계는 날로 약화되어 가고 있었다. 이러한 변화 발전으로 인해 봉건지주제 경제는 또 다시 한 단계 새로운 역사 단계로 진입하여, 사회경제가 진일보 발전하여 새로운 조건을 제공하였음을 의미한다.

제5장의 주

1) 송대 5등호의 구분은 『宋會要輯稿』 食貨 3의 24권에 의거했다. 元祐 원년 呂陶는 다음과 같이 건의했다. "천하의 군현에서 정리한 판적은 그 풍속에 따라, 어떤 곳은 세전의 수로, 어떤 곳은 토지의 면적으로, 어떤 곳은 집에 쌓아든 돈으로, 어떤 곳은 토지에서 경작되는 품종으로 5등급으로 정하소서(天下郡縣所定版籍, 隨其風俗, 或以稅錢貫陌, 或以地之頃畝, 或以家之積錢, 或以田之受種, 定爲五等)." 『續資治通鑑』 長編 권186 皇祐 2년 6월 기사에 의하면, 4·5등호는 下戶라 불렸으며 이들 하호 가운데 토지를 많이 소유해도 35무였고 토지를 적게 소유하면 5~7무에 불과했다. 혹자는 호등의 구분은 처음에는 토지의 다과를 기준으로 햇으나 이후 점차 변화하여 戶錢을 기준으로 하게 되었다고 한다. 즉 토지·가옥·가축수·노동도구와 일체의 동산이 소유재산으로 파악되었으며 이를 기준으로 등급이 나누어지고 호전을 징수했다는 것이다. 이것은 토지매매의 증가와 상공업 발전의 필연적 결과였다.

2) 주호 가운데 4등급호와 5등급호가 차지하는 비중은 매우 컸다. 이 가운데 5등급호는 漆俠가 지은 『宋代經濟史』에 의하면, 토지가 적은 자들은 반드시 토지를 차경해야 했으며 이들이 반자영농계급을 구성했다.

3) 『宋會要輯稿』 食貨 一之十六; 『宋大詔令集』 권182.

4) 『續資治通鑑』 권38.

5) 『宋會要輯稿』 食貨 一之十七.

6) 『宋會要輯稿』 食貨 一之十七.

7) 『續資治通鑑』 권75.

8) 『宋會要輯稿』 食貨 一之二一.

9) 『宋會要輯稿』 食貨 一之二.

10) 『宋會要輯稿』 食貨 一之二三.

11) 宋祁, 『景文集』 권29, 直言對.

12) 『宋史』 권265, 李昉열전 부 李昭述열전.

13) 歐陽脩, 『歐陽文忠公文集』 권113, 論牧馬草地札子.

14) 『通考』 田賦考 7, 官田.

15) 陸九淵, 『象山先生文集』 권8, 與蘇宰第二書.

16) 呂大鈞, 『民議』(『皇朝門鑑』 권106).

17) 胡宏, 『五峰集』 권2, 與劉信叔書.

18) 范大成, 『吳郡志』 권2.

19) 『續資治通鑑長編』 권27, 雍熙 3년 가을 7월 갑오일.

20) 『宋史』 권173, 식화지, 農田.

21) 『文獻通考』 전부고 4.

22) 王珪, 『華陽集』 권35, 程坦神道碑.

23) 『宋史』 권32, 곽자열전; 『속자치통감장편』 권144, 장력 3년 겨울 10월 정미일.

24) 『全宋文』 권69, 招復江淛流民務農詔.

25) 『全宋文』 권61, 令知州通判等規劃均平賦稅招輯流亡等事上聞詔, 순화 4년 3월.

26) 『宋史』 권326, 곽자열전.

27) 『文獻通考』 권4, 歷代田賦之制.

28) 이 시기의 양세는 당대의 그것과 달리 토지세로 여름과 가을에 징수했다. 여름 세는 錢으로

징수하고 가을 세는 현물로 징수했다. 여름 세에서 전을 징수한 것은 주로 兩浙路·江南西路·福建路·廣南東路였다. 북방에서는 전을 징수하지 않았다. 여기에 대해서는 鄭學檬, 『中國賦役制度史』, 夏門大學出版社 346쪽을 참조하라.

29) 『속자치통감장편』 권233, 권220.

30) 宋祁, 『景文集』 권26, 寶元 원년 上三冗三費疏.

31) 司馬光, 『涑水記聞』 권1.

32) 『文獻通考』 권12, 職役考.

33) 『宋史』 권177, 식화지, 役法 상.

34) 『송사』 권291, 李若谷열전 부 李復圭열전.

35) 『문헌통고』 권12, 職役考.

36) 『송사』 권177, 식화지 役法 상.

37) 여기에 대해서는 鄭學檬, 『中國賦役制度史』, 夏門大學出版社, 392쪽을 참조하라.

38) 『文獻通考』 권12.

39) 『文獻通考』 권13, 職役考.

40) 『續資治通鑑長編』 권220.

41) 『續資治通鑑長編』 권222.

42) 蘇轍, 『欒城集·三集』 권8, 詩病五事.

43) 『續資治通鑑長編』 인종 皇祐 2년 6월의 기사에 의하면, 제4등·제5등호가 소유한 토지는 많은 자는 35무, 적은자는 5~7무 정도였다. 자영농 토지소유의 다과는 지역에 따라 달랐다. 북방의 조방적 경작지역에서 자영농 소유토지는 많은 경우 100여무에 이르렀다. 정밀하게 경작하던 지역에서 일반적으로 토지소유는 10여무를 넘지 않았고 혹은 2무 정도였다. 또 호등의 구획에 있어서도 때로 매 호가 납부하는 제전의 액수를 기준으로 했다. 朱熹의 『晦庵先生朱文公文集』 권24 與魏元履書에 의하면, 500文 이하의 稅錢을 내는 호를 5등호로 삼았다. 漆俠는 여기에 근거해 다음과 같이 결론지었다. 1관문 이하에서 500문 이상의 세전을 내고 소유한 토지가 30~50무 정도면 4등호에 속하고, 세전으로 500문 이하를 내거나 수십문을 내고 소유한 토지가 30무를 넘지 않고나 5~7무인자는 5등호에 속한다.

44) 張方平, 『樂全集』 권21, 論天下州縣新添置弓手事宜.

45) 『宋會要輯稿』 食貨 十四之八.

46) 孔文仲의 『舍人集』 권1 制科策에 의하면, "상호가 하나라면 하호는 열이었다(上戶居其一, 下戶居其十)." 이에 따르면 제4·제5등호가 주호 가운데 차지하는 비중은 9/10 이상이었다.

47) 앞의 도표에 의하면, 전체 민호 가운데 객호는 약 31%를 차지하고 주호는 약 69%를 차지한다. 주호 漆俠의 계산에 의하면 주호 가운데 각종 상공업자와 고리대금업자는 11%를 차지하고 각종 지주를 9%를 차지한다. 여기에 근거하면 각종 자영농은 약 80%이다. 자영농과 지주의 비율은 자영농이 약 90%이고 지주는 약 10%이다.

48) 조전농호의 수는 아마도 38.08% 이상이었을 것이다. 몇 무의 토지를 소유한 자영농 가운데 어떤 이는 경제 작물을 재배하였을 것이고 어떤 이는 다른 부업에 종사하였을 것이나 어떤 이는 차경과 자경을 겸한 반자영농이었을 것이다.

49) 『송대조령집(宋大詔令集)』 권128, 정직전조(定職田詔), 경역(慶歷) 3년 11월 임진일.

50) 조언약(曹彥約), 『창곡집(昌谷集)』 권7, 호장창립본말여후계유좌사서(湖庄創立本末與後溪劉左史書).

51) 梁方仲의 『중국역대호구·전지·전부통계』 甲表 36의 계산에 의하면, 하동로·양절로 등 11개의 로에서 主戶는 6,144,045호, 客戶는 2,038,000호로 모두 8,234,445호였다. 강남로·광남로 등 11개

로에서 주호는 3,840,592호, 객호는 2,883,952호로 모두 6,723,544호였다. 22개로를 합산하면 주호는 9,984,632호인데, 앞서 서술한 것처럼 자영농은 주호의 80%를 차지했으므로 이 가운데 자영농은 7,987,706호였다. 이 시기 전국 객호는 모두 4,921,452호였다. 자영농 개별 호가 소유한 토지는 평균 18무 정도였고 객호가 차경하여 지대를 바치던 토지는 평균 27무 정도였다. 따라서 자영농의 소유 토지는 조전농이 차경하던 토지보다 1,000여무 많다. 여기서 추가적으로 설명해야 하는 것은 이러한 통계수치에 오차가 있다는 것이다. 때문에 량방중도 원서에서 개별 호의 평균수는 당시 문헌기록의 계산에 근거한 것이므로 완전히 정확할 수는 없음을 명시했다.

52) 葉適, 『水心別集』 권16, 買田數; 漆俠의 『宋代經濟史』 상(상해인민출판사, 1988), 253쪽을 참조.
53) 『송사』 권173, 식화지 농전(農田).
54) 『송회요집고(宋會要輯稿)』 식화, 농전잡록(農田雜錄), 건광(乾光) 원년 12월.
55) 왕규(王珪), 『화양집(華陽集)』 권37, 가창조묘지명(賈昌朝墓誌銘).
56) 『속자치통감장편(續資治通鑑長編)』 권27, 태종 옹희(雍熙) 3년 7월 갑자일 이각상언(李覺上言).
57) 李覯, 『直講李先生文集』 권16, 富國策第二.
58) 曾鞏, 『元豊類稿』 권17, 分寧縣雲峰觀記.
59) 歐陽脩, 『歐陽文忠公文集』 권59, 原弊.
60) 漆俠, 『宋代經濟史』 상, 255~256쪽(상해인민출판사, 1988)를 참조.
61) 王安石, 『臨川先生文集』 권95, 郭威墓誌銘.
62) 『宋史』 권464, 외척 李遵勗 열전.
63) 『宋史』 권249, 王溥열전.
64) 『宋史』 권257, 吳廷祚부 吳原載열전.
65) 錢若水, 『太宗皇帝實錄』 권44.
66) 范仲淹, 『范文正公全集』 권14, 贈大禮寺丞蔡君墓表.
67) 范仲淹, 『范文正公全集』 권14, 贈大理寺丞蔡君墓表.
68) 陳舜兪, 『都官集』 권2, 厚生.
69) 胡舜陟, 『胡少師總集』 권1, 在劾朱勔.
70) 錢若水, 『太宗皇帝實錄』 권78.
71) 韓琦, 『安陽集』, 『韓琦家傳』 권9.
72) 『宋會要輯稿』 兵, 二之一二.
73) 馮山, 『馮山岳集』 권11; 『續資治通鑑長編』 권219.
74) 洪咨夔, 『平齋文集』 권9, 洞霄宮賜田記.
75) 王明淸, 『揮麈前錄』 권1; 『屬資治通鑑長編』 권267.
76) 『속자치통감장편』 권342, 元豊 7년 정월 갑인일.
77) 『金石萃編』 권13, 廣慈禪院庄地碑.
78) 『金石萃編』 권13, 廣慈禪院庄地碑.
79) 『乾道四明圖經』 권10, 普慈禪院新豊庄開淸塗田記.
80) 王禹偁, 『小畜集』 권16, 商州福壽寺天王殿碑.
81) 남송시기 張守는 『毗陵集』 권2에 실린 論淮西科擧札子를 쓰면서, "지금 집안의 재산이 千緡에 이르는 자는 겨우 10무의 토지를 소유하여 稅役을 제외하면 10명의 가족이 입에 풀칠할 수도 없다(今之家業及千緡者, 僅有百畝之田, 稅役之外, 十口之家, 未必糊口)"고 했다. 100무를 소유한 부유한 농호라도 경제적 상황이 아주 넉넉하지 않았음을 알 수 있다. 200무를 소유한 중소지주 가운데 몇몇도 아주 풍족하지는 않았다. 魏泰는 『東軒筆錄』에서 孔嗣宗에게 "서까래가 몇 개 밖에 되지 않은 낡은 집이라 비바람을 피해야 하며 선조가 물려준 2경의 땅으로 궁색하

게 먹고 사네(弊室數椽, 聊避風雨, 先疇二頃, 粗具衣糧)"라고 했다. 기록에 충실하면 200무를 소유한 지주의 생계도 넉넉한 것은 아니었다. 공사종은 비록 서민지주였으니 이들 통해 서민 중소지주의 경제적 상황을 고찰할 수 있다.

82) 한편 서민지주들은 재력을 믿고 관부와 결탁하여 패악적 지주가 되기도 했다.『宋會要輯稿』형법 및『송사』李及열전에 의하면, 曹州民 趙諫과 그 동생 曹諤은 권귀와 결탁하여 "군의 정사에 간여하고(干預郡政)", "흉악하고 교활하고 무뢰하여 공갈로 재물을 빼앗았다(凶狡無賴, 恐喝取財)."『송사』王彬열전에 의하면, 撫州民 李甲과 饒英 등은 "재력을 믿고 향곡을 마음대로 주물렀으나 현에서도 제어하지 못했다(恃財無斷鄕曲, 縣莫能制)." 두 사람은 재판을 받은 후에서 "주현이 고요해 졌다(州縣蕭然)". 서민지주 가운데 이러한 이들이 적지는 않았을 것이다.

83)『通考』田賦考 2, 歷代田賦之制.

84) 歐陽脩,『歐陽文忠公文集』권59, 原弊.

85)『續資治通鑑長編』권86.

86) 劉攽,『彭城集』권37, 吳奎墓誌銘.

87) 程顥,『明道先生文集』권3, 華陰侯先生墓誌銘.

88)『宋文鑑』권6, 崔伯易 感山賦.

89)『宋會要輯稿』형법 二之五七.

90) 王安石,『臨川先生文集』권39, 上仁宗皇帝言事書.

91) 진관,『分寧縣 雲峰觀記』.

92) 진관,『淮海集』권15, 財用 上.

93) 陳舜兪,『都官集』권 하, 農說.

94) 陳舜兪,『都官集』권2, 厚生 一.

95) 陳舜兪,『都官集』권2, 厚生 二.

96) 胡舜陟,『胡少師總集』권1, 再劾朱勔.

97)『宋史』권173, 식화지.

98)『宋會要輯稿』刑法 三之四八.

99) 孫夢觀,『雪窗先生文集』권2, 董仲舒乞限民名田.

100) 王之道,『相山集』권22, 乞止取佃客札子.

101) 李心傳,『建炎以來系年要錄』권164, 紹興二十三年三月癸丑紀事.

102) 魏了翁,『鶴山先生大全集』권20.

103) 楊萬里,『誠齋集』권119, 彭漢老行狀.

104) 李心傳,『建炎以來系年要錄』권65, 紹興三年五月乙巳.

105) 劉克庄,『后村先生大全集』권193, 饒州州院申潛曻招桂笋訴占田產事.

106)『宋會要輯稿』食貨 五之三四.

107)『문헌통고』전부고 권7 官田.

108) 趙翼,『二十二史札記』권25, 宋恩賞之厚.

109)『宋會要輯稿』食貨 十之二九.

110) 劉克庄,『後村先生大全集』권51 瑞平원년 備對札子.

111) 徐夢莘,『三朝北盟會編』권237, 紹興31년 10월 29일 戊辰記事.

112)『宋會要輯稿』食貨全集 三之十九.

113)『송사』권173 식화지.

114) 周密,『癸辛雜識』續集下; 潛說友,『咸淳臨安志』권75.

115) 方回,『續古今考』권20 附論葉水心說口分世業.

116) 남송시기에는 또 상인지주도 출현했다. 『송사』 辛棄疾 열전에는 다음과 같은 기록이 있다. "남쪽 지방에서는 상업에 종사하는 이들이 많아 농업을 병들게 하여 겸병의 우환이 크게 일어나 가난한 이와 부자들이 가지런하지 않았다(南方多末作, 以病農而兼立之患興, 貧富斯不侔矣)." 李新의 『跨鰲集』 '上王提刑書'에 의하면, 상인은 "주판을 손에 잡고 저울질 하며 됫박의 이익도 다투어 천금의 소득을 쌓고 이로서 토지를 구하고 가옥을 묻는다(持算權衡鬪斟間, 累千金之得, 以求田問舍)." 洪邁의 『夷堅志』 獨脚五通條에 의하면 新安사람 吳十郞은 상업으로 치부하여 "널리 전토를 두었다(廣置田土)." 이러한 상인지주들은 돈을 내어 관작을 샀다. 『夷堅志』 麩面條에 의하면 平江 사람 周氏는 상업을 통해 치부하여 토지를 구매하였고 아울러 "아들 주영을 위해 자산을 바쳐 장사랑의 작위를 샀다(爲子永納資售爵, 得將仕郞)." 이러한 상인지주들은 당시 권세를 휘두르던 지주들의 일원이었다.

117) 李心傳, 『建炎以來系事要錄』 권106, 紹興十月丙辰.

118) 『宋會要輯稿』 食貨 十四之三七.

119) 陸埈, 『崇福田記』 기록된 것은 慶元 3년의 일이다. 여기에 대해서는 徐碩의 '『至元嘉禾志』 권6'을 보라.

120) 衛涇, 『后樂集』 권15, 鄭提擧禮.

121) 『宋會要輯稿』 食貨 六之二九.

122) 眞德秀, 『진문충공집』 권15, 申尙書省乞撥降度牒添助宗子請給.

123) 『宋會要輯稿』 食貨 六之二.

124) 『宋會要輯稿』 職官 五五之四九.

125) 치사貼漆俠, 『송대경제사(宋代經濟史)』상, 255쪽(상해인민출판사, 1988).

126) 曹勛, 『宋德文集』 권30, 崇先顯孝禪院記.

127) 鄭淸之, 『安晚堂集輯補』.

128) 施諤, 『淳祐臨安志輯逸』 권2.

129) 『宋會要輯稿』 食貨 六一之五十.

130) 陸遊, 『渭南文集』 권18, 能仁寺舍田記.

131) 『宋會要輯稿』 道釋 二之十五.

132) 樓鑰, 『玫瑰集』 권57, 天童山佛閣記.

133) 咸淳, 『臨安誌』 권77, 寺觀 三.

134) 陳淳, 『北溪先生全集』, 권23, 擬上趙寺丞改學移貢院.

135) 陳耆卿, 『(嘉定)赤城誌』 권13, 版籍門 1.

136) 漆俠, 『宋代經濟史』상, 276쪽(상해인민출판사, 1988).

137) 育遊, 『渭南文集』 권19, 明州育王山買田記.

138) 洪邁, 『夷堅誌』 支癸 권7, 九座山彩蘭.

139) 劉昌詩, 『蘆浦筆記』 권6, 四明寺.

140) 陳淳, 『北溪先生全集』 권23, 擬上趙寺丞改學移貢院. 이 책은 『北溪大全集』이라고도 하며 진순은 주희의 문생이다.

141) 袁采, 『袁氏世范』 권2, 世事變更皆天理.

142) 袁采, 『袁氏世范』 권3, 富家置産當存仁心.

143) 李心傳, 『建炎以來系年要錄』 권19, 建炎 3년 正月 경자일의 기사.

144) 辛稼軒, 『稼軒詞』 권4, 最高樓.

145) 羅椅, 『洞谷遺集』 권1, 田蛙家.

146) 王之道, 『相山集』 권22, 乞止取佃客札子.

147) 『宋史』 권173, 식화지 상1, 謝方叔의 論定經制以塞兼並疏.

148) 『宋史』 권173, 식화지 상1.

149) 李心傳, 『建炎以來系年要錄』 권65, 紹興三年五月乙巳.

150) 薛季宣, 『浪語集』 권16, 奉使淮西回上殿札子.

151) 『宋會要集稿』 식화, 六之三六~三八.

152) 王之望, 『漢浜集』 권5, 滝川路措置經界奏議.

153) 朱熹, 『晦庵先生朱文公文集』 권28, 與留丞相札子.

154) 『宋史』 권429, 주희 열전.

155) 李心傳, 『朝野雜記』 甲集卷5.

156) 『宋會要集稿』 식화, 九之24; 九之六.

157) 陸九淵, 『象山先生文集』 권8, 與張春卿.

158) 『宋會要集稿』 식화, 九之六.

159) 廖行之, 『省齋集』 권5, 論湖北田賦之弊宜有法以爲公私無窮之利札子.

160) 王之道, 『相山集』 권20, 論和糴利害札子; 陽枋, 『寧波集』 권1, 上宣諭餘樵隱書.

161) 袁甫, 『蒙備集』 권2, 知徽州奏便民五事狀.

162) 方回, 『續古今考』 권20, 附論葉水心口分世業.

163) 趙善括, 『應齋雜著』 권1, 免臨安丁役奏議.

164) 廖行之, 『省齋集』 권5, 論湖北田賦之弊宜有法以爲公私無窮之利札子.

165) 『烏靑鎭誌』 권12, 徙役碑文(莫朝光).

166) 李心傳, 『建炎以來系年要錄』 권181, 紹興 29年 3月 정축일.

167) 韓元吉, 『南澗甲乙稿』 권10, 論差役札子.

168) 『宋會要集稿』 식화, 六之三四.

169) 陳耆卿, 『筼窗集』 권4, 奏淸正簿書疏.

170) 楊萬里, 『誠齋集』 권125, 朝議大夫直徽猷閣江東運判徐公墓誌銘.

171) 葉適, 『水心別集』 권13, 役法.

172) 舒璘, 『舒文靖公類稿』 권3, 論保長.

173) 『宋會要集稿』 식화, 一四之四十.

174) 林季仲, 『竹軒雜著』 권3, 論保長.

175) 胡太初, 『晝簾緖論』, 差役篇 제10.

176) 『皇宋中興兩朝聖政』 권21, 紹興 7년 2월 신유일.

177) 『宋史』 권174, 식화지 상 2.

178) 『송사』 권178, 식화지 상 6.

179) 陸九淵, 『象山先生全集』 권8, 與陳敎授書.

180) 方回, 『續古今考』 권18, 附論班固計井田百畝歲入歲出.

181) 林駉, 『新箋決科古今源流至論』 後集 권10, 戶口.

182) 치시[漆俠], 『宋代經濟史』 상, 상해인민출판사, 1988 344쪽.

183) 『文獻通考』 田賦考 권7 둔전.

184) 楊萬里, 『誠齋集』 권7, 吉水縣除田租記; 권89 民政 下.

185) 蘇軾, 『經進蘇東坡文集事略』 권17, 均賦稅.

186) 『宋會要集稿』 식화, 七十之八.

187) 여기에 대해서는 쩡쉐멍[鄭學檬] 주편, 『中國賦役制度史』, 사먼[廈門]대학출판사, 1993, 357쪽을 참조.

188) 『文獻通考』 職役考2.
189) 鄭獬, 『鄖溪集』 권12, 論安州差役狀.
190) 蘇軾, 『欒城集』 권37, 再言役法札子.
191) 李覯, 『直講李先生文集』, 往山舍道中作.
192) 송대 차역법에 대해서는 주로 漆俠, 『宋代經濟史』 상, 상해인민출판사, 1988, 452~462쪽을 참고했음.
193) 『宋會要輯稿』 식화, 六九之六八.
194) 『宋史』 권257, 열전 吳廷祚 부 吳元載.
195) 錢若水, 『太宗皇帝實錄』 권78.
196) 馬端臨, 『文獻通考』 전부고 2, 歷代田賦之制.
197) 『宋史』 권333, 열전 朱壽隆.
198) 낙후된 지역은 기협지역을 중심으로 利州路·梓州路를 포괄한다. 夔州路 이서의 成都府路와 기주로 이동의 황하·장강유역의 고아대학지역은 모두 지주제 경제가 정상적으로 발전하던 지역이다. 또 이주로의 漢中일대와 재주로의 河谷지구 역시 지주제 경제가 정상적으로 발전하고 있었다.
199) 『太宗皇帝實錄』 권79.
200) 치샤漆俠, 『宋代經濟史』 상, 상해인민출판사, 1988 213쪽.
201) 錢若水, 『太宗皇帝實錄』 권78.
202) 李燾, 『續資治通鑑長編』 권219, 熙寧 4년 봄 정월 정미일.
203) 蘇洵, 『嘉祐集』 권5 전제.
204) 『宋史』 권304, 열전 劉師道.
205) 『續資治通鑑長編』 권219; 225, 熙寧 4년 가을 7월 임진일.
206) 『宋史』 권257, 열전 吳廷祚 부 吳元載.
207) 錢若水, 『太宗皇帝實錄』 권44.
208) 歐陽脩, 『歐陽文忠公文集』 권59, 原弊.
209) 蘇洵, 『嘉祐集』 권5, 田制.
210) 熊禾, 『勿軒集』 권1, 農桑輯要序.
211) 洪邁, 『容齋隨筆』 권7, 田租輕重.
212) 淳熙, 『新安縣誌』 권2, 稅則.
213) 陳舜兪, 『都官集』 권2, 厚生1.
214) 『宋會要輯稿』 職官, 徽宗 政和 2년 4월 3일 詔.
215) 王安石, 『臨川先生文集』 권43, 乞將田割入蔣山常住札子. 이 시기 官公田에서는 정액지대가 비교적 보편적으로 시행되었다.
216) 『宋會要輯稿』 식화, 一之二四.
217) 『宋會要輯稿』 식화, 一三之二一.
218) 李心傳, 『建炎以來系年要錄』 권164, 紹興 23年 6月 경인일 조서.
219) 치샤漆俠, 『宋代經濟史』 상, 상해인민출판사, 1988 213쪽'에 의하면 지주의 권세가 강력했던 荊湖北路와 淮南路에서 객호는 점차 이주의 자유를 상실해 갔다.
220) 李心傳, 『建炎以來系年要錄』 권75, 紹興 4年 여름 4月 병오일.
221) 鄭獬, 『鄖溪集』 권12, 荐李汴狀.
222) 『宋史』 권312, 열전 王珪열전 부 王琪열전.
223) 『宋史』 권199, 형법지 1.

224) 『宋會要集稿』 식화, 六三之一六二.
225) 『宋會要集稿』 식화, 一三之二一.
226) 李覯, 『直講李先生文集』 권16, 富國策 第6
227) 孫光憲, 『北夢瑣言』 권3
228) 李綱, 『梁鷄全集』 권169, 張端禮墓誌銘
229) 李心傳, 『建炎以來系年要錄』 권75.
230) 胡宏, 『五峰集』 권2, 與劉信叔書..
231) 王之道, 『相山集』 권22, 乞止取佃客札子.
232) 『宋會要集稿』 식화, 一之二四.
233) 曹彥約, 『昌谷集』 권7, 湖莊創立本末與後溪村劉左史書.
234) 『宋會要集稿』 식화, 六九之六八.
235) 袁采, 『袁氏世范』 권3, 存恤佃客.
236) 『元典章』 권43, 元成宗大德記事.
237) 『宋會要集稿』 형법, 二之一五七.
238) 『宋會要集稿』 형법, 二之一三三.
239) 許及之, 『涉齋集』 권15.
240) 朱熹, 『晦庵先生朱文公文集』 권100, 勸農文.
241) 王柏, 『魯齋集』 권7, 祀倉利解書.
242) 袁變, 『絜齋集』 권10, 紹興報恩光孝寺田莊記.
243) 呂祖謙, 『東萊呂太公文集』 권10, 薛季宣墓誌銘
244) 黃震, 『黃氏日鈔』 권84, 通新憲翁舶書; 천러쉬[陳樂素]·왕정핑[王正平], 『宋代客戶與士大夫』.
245) 魯應龍, 『閑窗括異志』.
246) 黃仲元, 『莆陽黃仲元四如先生文稿』 권4, 壽藏自志.
247) 曾鞏의 『隆平集』에 의하면, 강종지주의 권력이 확장되던 때 토지소유권의 집중이 특히나 심했던 사천지역에서는 일찍이 북송 태종시기 농민 영수였던 王小波는 빈부의 균등이라는 문제를 제기하면서 농민군중들에게 "나는 빈부의 불균등을 질시하니 나와 그대들은 균등하오(吾疾貧富不均, 吾與汝均之)"라고 말했다. 이후에도 촉 지방의 이순(李順)은 지주와 부호들의 곡식과 재물을 강제로 내게해 "가난한 이들을 크게 구휼하자(大賑貧乏)" 고향으로 돌아간 자가 수만명이었다.(沈括의 『夢溪筆談』)
248) 徐夢莘, 『三朝北盟會編』 권113, 建炎 4년 2월 17일 기사.

제6장 지주제 경제의 역전(원)

제1절 특권지주의 권익을 옹호한 몽고·한족 권귀의 연합정치
체제

이 장에서 특권지주의 권익을 옹호한 몽고·한족 권귀의 연합정치체제의 문제를 두 측면에서 고찰할 것이다. 사회경제적 측면에서 몽고족은 종래의 노예제체제에서 봉건제 체제로 전화하였고, 정치적 측면에서는 몽고·한족 특권지주의 통치기구가 형성되었다.

원나라가 건국되기 이전 동북 여진부(女眞部)가 흥기하여 나라를 세우고 금(金)이라 하였다. 금나라는 흠종(欽宗) 정강(靖康) 2년(1127)에 북송을 멸망시키고 황하 중하류 지역과 회하(淮河) 이북의 광대한 지역을 점령하고 100여년 동안 남송과 대립하였다. 몽고족은 흥기한 후 1234년에 금을 멸망시키고 중원(中原)을 장악했다. 1264년 수도를 연경에 정하고 이 해를 지원(至元) 원년으로 삼았다. 1276년 임안(臨安)을 점령하였고 1279년 남송을 멸망시키고 중국을 통일하였다.

원나라는 건국에서 멸망까지 100년이라는 길지 않은 시간동안 중국을 통치하였으나 과거 송(宋)·요(遼)·하(夏)·금(金)·토노번(吐魯番)·대리(大理) 등 오랫동안 분할해서 병존하던 나라들을 통합시켜 다민족 통일 국가를 세웠으며, 이로써 각 민족 간의 연계를 강화시켜 민족단결과 국가의 통일적 민족주의는 초보적 기초를 놓았다. 이러한 측면에서 원나라는 일정한 역사적 의의가 있다. 그러나 몽고족의 낙후된 사회경제 관계의 영향으로 말미암아 중국 지주제 경제를 더욱 후퇴시켰다.

이에 앞서 금나라 병사들은 중원을 점령한 후, 점령지의 사람들을 노비로 삼았다. 이후 점차 변화가 발생하여 금 태종(太宗)에서 세종(世宗)·장종(章宗)시기(1123~1208)에 이르면, 북송 고유의 경제를 토대로 조전제가 출현하기 시작했다. 장종 태화(太和) 4년(1264) "둔전호의 자경(自耕)과 조전법"를 규정하였는데 첫째로 "가족 수를 헤아려 토지를 지급했고(計口授地)", 둘째로 소유한 관전(官田)과 민전(民田)에서는 조전제를 시행했다. 이 시기 자영농과 조전농은 병존하였다. 금을 이어 성장한 몽고족은 원나라를 세우기 전에는 북방에서 노예제를 실시하였다가 이후 점차 봉건제도 이행하고 있었다. 남송을 멸망시킨 후 남방 원래의 지주경제체제를 유지하였다.

각 왕대 정치권력을 장악한 자들은 몽고족 권귀대지주, 원나라의 통치에 참여한 한인(漢人) 관료지주들이었다. 이후 한인지주들은 과거를 통해 연이어 관료가 되었으며 매 시기 한인지주의 비중은 날로 확대되었다. 이런 이유로 몽한 특권 지주연합이라는 정치체제가 형성된 것이다.

이러한 정치체제와 당시의 경제체제는 인과관계가 있었다. 그것은 중국이 원래 정상적으로 발전하던 지주제 경제의 기초위에 가족노예제의 잔재를 곁들여 놓아, 신분관계를 강화하고 지주제 경제에 노예제적 요소를 첨가시켰다. 결과적으로 지주계급의 권세는 확장되었고 신분관계는 심화되어 농민의 사회적 지위는 하락하였으며 지주제 경제는 다시 후퇴하였다. 이런 퇴보 때문에 송대 발전해온 비교적 선진적 사회경제는 다시 일정 정도 좌절될 수밖에 없었다.

제2절 권귀관료와 사원 등 특권지주의 확대

1. 신흥 권귀관료지주의 형성

신흥 권귀관료지주는 다양한 방법을 통해 토지를 확장하였다. 이 당시 또한 적지 않은 권귀관료가 경제력을 통해 토지를 구입하였는데, 여기서 이 문제는 생략한다. 이 시기의 특징을 부각시키기 위해서, 황제가 상으로 하사한 토지와 권세에 의해 겸병한 토지 문제만 논술하려 한다. 황제는 많은 토지를 하사했기 때문에 역대 토지문제에 대해, 량팡중[梁方仲]은 일찍이 1930년대 광범위한 자료를 수집하여 『중국역대호구·전지·전부통계(中國歷代戶口·田地·田賦統計)』라는 대작을 완성했다. 이 책에서는 원대(元代)에 대한 여러 가지 표가 있는데, 본서는 그것을 원대 지주의 구성에 대한 연구의 기초로 삼았다. 원대 제왕(諸王) 및 백관(百官)의 토지 하사는 표 6-1, 6-2와 같다.

〈표 6-1〉 원나라 왕대별 제왕과 공주에게 하사한 토지 통계

년대	사전액(賜田額)	소재지	토지유형
무종(武宗) 지대(至大) 2년	150,000무(畝)	평강(平江)	도전(稻田)
태정제(泰定帝) 태정 3년	10,000무(畝)		
문종(文宗) 천력(天曆) 원년	30,000무(畝)	평강(平江)	몰관전(沒官田)
지순(至順) 원년	50,000무(畝)	평강(平江)	목지(牧地)
순제(順帝) 지원(至元) 원년	11,000무(畝)	려주(盧州), 요주(饒州)	둔진(屯地)
지원(至元) 2년	미상	감숙(甘肅), 백성자(白城子)	몰관전(沒官田)
지원(至元) 3년	20,000무(畝)	평강(平江)	
지원(至元) 9년	5,000무(畝)	평강(平江)	
합계	276,000무(畝)	평강(平江)	

자료출처 : 량방중, 『중국역대호구·전지·전부통계』 318쪽. 원표의 통합은 275,000무이나 이것은 오류이므로 여기서는 정정했음.(표에서 나열한 수치는 당시 제왕과 공주에게 하사한 전체 토지가 아님)

〈표 6-2〉 원나라 왕대별 공신과 백관에게 하사한 토지 통계

왕	사전액(賜田額)	소재지 및 토지유형
세조(世祖) 중통(中統)	12,000무(畝)	회맹로(懷孟路)·형주(邢州)·대명로(大名路)·순덕로(順德路)·경조로(京兆路)
세조 지원(至元)	34,400무(畝)	기내(畿內)·상주관전(常主官田)·대도(大都)·평강로(平江路)·가흥로(嘉興路). 이 가운데 2,000무는 소재지 미상
성종(成宗)	64,000무(畝)	한양부(漢陽府)·강남(江南)
무종(武宗)	148,000무(畝)	대도로고안주(大都路固安州)·강주로(江州路)·강남(江南)
인종(仁宗)	14,000무(畝)	진녕로로주(晉寧路潞州)·형문주효감현(荊門州孝感縣)·평강로(平江路)
영종(英宗)	10,000무(畝)	평강로(平江路)
태정제(泰定帝)	503,000무(畝)	하남성(河南省) 50만 무, 이외 3,000무는 소재지 미상.
문종(文宗)	65,000무(畝)	평강로(平江路)·패현(沛縣)
순제(順帝)	521,000무(畝)	대도로계현(大都路薊縣)·송강(松江)
합계	1,371,400무(畝)	

자료출처 : 량방중, 『중국역대호구·전지·전부통계』, 319~320쪽.(표에서 나열한 수치는 당시 공신과 백관에게 하사한 전체 토지가 아님)

이 시기 황제가 권귀와 백관에게 하사한 토지 가운데 대부분은 소위 관전(官田)이었다. 남송시기 관전은 비교적 많았는데, 이중 일부가 적몰되었다. 예를 들어 주면(朱勔)의 토지 30만 무(畝)를 적몰하였고, 720만석 가량을 지대로 거둘 수 있는 한애주(韓侂胄)의 토지와 전(錢) 130여 만관을 적몰하였다. 한편 일부는 구매되었는데, 예를 들어 경정(景定)연간(1260~1264)에 평강(平江)·강양(江陽)·안길(安吉)·상주(常州)·진강(鎭江) 등지에서 토지 360만무 가량을 구매하였다.[1] 이 밖

에도 곳곳에 관전(官田)은 상당히 많았다. 원이 중국을 통일하자 이런 관전을 여러 권귀와 백관들에게 하사하였다.

아래에 사전(賜田) 사례는 표와 일치한다. 세조(世祖) 초기 상주(常州)의 토지 30경(頃)을 정온(鄭溫)에게 하사하였고, 평강(平江)의 토지 80경을 바꾸어 왕적(王積)의 아들 왕도중(王都中)에게 하사하였으며, 익도(益都)의 토지 1,000경을 살길사(撒吉思)에게 하사하였다. 무종(武宗)시기(1308~1311)에는 평강의 토지 1,500경을 조아불자(珊阿不剌)에게 하사하였고, 강남(江南)의 토지 100경을 탑자해(塔剌海)에게 하사하였으며 영평로(永平路)를 황제의 누이인 노국장공주(魯國長公主)의 분지(分地)로 삼아 "조부와 토산은 모두 그녀에게 내려주었다(租賦及土産悉賜之)."[2] 인종(仁宗)시기(1312~1320)에는 평강의 토지 100경을 옥려답자한(玉驢答剌罕)에게 하사하였다. 영종(英宗) 지치(至治) 2년(1322)에는 평강의 비옥한 땅 1만무를 중서평장정사(中書平章政事) 배주(拜住)에게 내려주었으나 배주가 그것을 사양하였다. 문종(文宗)시기(1328)에는 평강의 땅 500경을 아극특목니(雅克特穆爾)에게 하사하였고 평강 등의 관전(官田) 300경을 노국대장공주(魯國大長公主)에게 하사하였다.[3] 또 평강의 토지 500경은 연첩기(燕帖機)에게 하사하였다. 순제(順帝)시기(1333~1397)에는 두 차례에 걸쳐 백안(伯顔)에게 거의 1만경에 달하는 토지를 하사하였다. 이상과 같이 원대에는 신하들에게 토지를 내려주었는데, 토지를 하사받은 자들은 부세를 납부하지 않은 권리도 가졌다.

이와 동시에 각종 권귀관료지주는 또한 권세에 의지해 토지를 탈점했다. 예를 들어 세조시기(1260~1294) 종왕(宗王) 찰홀아(札忽兒)는 안문현(文安縣)의 토지를 강점했다. 백안(伯顔)·아술(阿術)·아리해아(阿里海牙) 등은 남송을 멸망시킨 뒤, 강남의 관전을 탈점하여 자신의 소유로 삼았다. 이런 상황은 세조 때 민전(民田)에 대한 점거를 금지하는 수차례의 조령(詔令)에도 반영되어 있다. 『원사(元史)』 세조본기(世祖本紀)에 의하면, 지원(至元) 13년(1276) 겨울에 "조서를 내렸다. 무릇 군대를 관리하는 장교 및 옛 송나라의 관리가 세력을 이용하여 빼앗은 민의 전업(田業)은 각각 그 본래의 주인에게 돌려주도록 하라(詔, 凡管軍將校及故宋官吏, 有以勢力奪民田業者, 俾各歸其主)." 지원 15년(1278))에 "군민관(軍民官)은 민의 재산을 점거할 수 없다(軍民官毋得占据民産)"는 조서를 내렸다. 지원 17년(1280)에는 "강남의 민전을 마음대로 빼앗은 자는 벌주라(勅擅擧江南民田者有罪)"는 칙서를 내렸고, 지원 19년(1282)에는 "아합마(阿合馬)가 점거한 민전을 원래의 주인에게 돌려주게 하고, 부강호가 자신의 집에 옮겨 숨겨둔 세부를 관으로 되돌리도록 하는 칙서를 내렸다(勅阿合馬占据民田, 給還其主. 所庇富强戶輸賦其家者仍輸其官)."
지원 22년(1285)에도 "여러 권귀가 점거한 전토 가운데 헤아려 각호에게 지급한
것 이외는 모두 케식[怯薛] 등에게 주어 농사짓도록 하라는 칙서를 내렸다(勅諸權
貴所占田土, 量給各戶之外, 悉以與怯薛等種之)." 또 "권귀가 탈점한 전토를(權貴所
占田土)"를 헤아려 각호에게 지급하라는 칙서를 내렸다. 이상의 반포된 조서를
살펴보면, 원나라 건국의 초부터 각 권귀들이 권세에 의거해 민전을 침탈하였고
이는 당시 보편적 현상이었다. 이후 성종(成宗)시기(1295~1307), 권귀들이 민전을
강점하는 행위는 여전히 지속되었다. 예를 들어 성종 대덕(大德) 원년(1297) "제왕
과 부마들 그리고 권호들이 민전 탈점하지 못하도록 했다(禁諸王駙馬幷權豪毋奪
民田)."[4] 또 이 시기 동지양절염운사(同知兩浙鹽運司)인 범모(范某)는 권세에 의지
해 민전을 침탈하였는데 "민들이 진귀한 보물과 비옥한 토지를 가지고 있으면
반드시 빼앗아 자신으로 것으로 삼으려 했고 그것을 주지 않으면 즉 무뢰배들과
연합하여 거짓말로 소송하여 체포하니 가업을 읽지 않은 자가 없었다.(民有珍寶
腴田, 必奪爲己有, 不與則朋友無賴, 妄訟以羅織之, 無不蕩破家業者)."[5] 이 사례를 통
해, 여러 대에 걸친 민전의 탈점을 금하는 조령이 효과적이지 못하였다는 점과
권귀지주가 누차 민전을 강점하고 있다는 사실을 알 수 있다.

　권귀가 토지를 확대하는 또 다른 방식은 상납이었다. 당시 각 주현의 관원과
지주는 매번 관전(官田)과 사전(私田)을 제왕과 권귀에게 상납하여 그들의 총애
를 받았다. 세조 지원(至元) 19년(1282) 일찍이 다음과 같은 조서를 내렸다. "모든
사람들은, 주현의 인호와 과세하는 관전을 자신의 것으로 삼을 수 없으니 모든
투하처(投下處) 바치도록 하라(諸人亦不得將州縣人戶及辦課處所系官田土, 各入己
業, 于諸投下處呈獻)."[6] 성종 대덕(大德) 원년(1297)에는 "토지를 바친 자를 벌주라
(其獻田者有刑)"는 영을 내렸다. 여기서 "토지를 바친 자(獻田者)"는 해당 지역의
관전과 민전을 권귀에게 바친 하급관리였다. 대덕 2년(1298) 또 제왕과 부마와 공
주가 여러 사람으로부터 "공전(公田)과 사전(私田)을 상납 받는 것(呈獻公私田地)"
을 금하였다. 이들 명령으로부터 당시 권귀가 토지를 상납 받는 것을 금지하였
고 아울러 토지를 바치는 사람에게는 벌을 주었음을 알 수 있다. 이러한 사실은
당시 토지를 바치는 풍토가 성행했음을 말해 준다. 예를 들어 성종의 어머니가
태후(太后)였을 때, 일찍이 두절(杜絶)이 토지 700경을 상납했는데, 황제는 즉시
중서성(中書省)에 명하여 "원관(院官) 가운데 토지를 상납 받은 자를 모두 교체(盡
易院官之受獻者)"[7]하도록 했다. 여기서 말한 원관(院官)은 휘정원(徽政院)의 관리

를 말하며 이는 직접 토지를 상납 받은 관리가 한명이 아님을 말해줄 뿐 아니라 태후에게 토지를 바친 곳도 한 곳이 아님을 보여준다. 소위 토지를 바치는 것[獻田]은 지방 호할들이 자영농의 토지를 상납한 경우도 있었고, 농민이 부세를 피하기 위해 스스로 토지를 가지고 권귀에게 투탁한 경우도 있었다. 이러한 문헌기록은 특권지주들이 토지 상납을 통해 민전을 탈점하는 풍조가 성행했음을 말해주고 또 이 시기 특권지주의 특수한 속성을 반영한 것이었다.

2. 특권을 가진 사원지주의 팽창

이 시기에는 사원의 토지도 확대되었다. 사원지주는 당시 특권지주의 특수한 형태였다. 사원토지의 대부분은 황제의 상사(賞賜)에서 유래하였는데 량팡중[梁方仲]의 통계에 의하면 〈표 6-3〉과 같다.

〈표 6-3〉 원나라 왕들이 사원에게 상으로 하사한 토지수

왕	사원수	사전액(사전액)	소재지
세조(世祖)	5	65,000무(畝)	
성종(成宗)	4	91,000무(畝)	
무종(武宗)	1	80,000무(畝)	
인종(仁宗)	5	67,000무(畝)	하남관전(河南官田)·강절(江浙)·익도(益都) 등지
태정제(泰定帝)	5	140,000무(畝)	안길(安吉)·임안(臨安) 등지
문종(文宗)	3	16,264,000무(畝)	평강(平江) 등지
순제(順帝)	1	16,200,000무(畝)	산동(山東) 한전(閑田)
합계		32,907,000무1)(畝)	

자료출처 : 량방중, 『중국역대호구·전지·전부통계』, 321쪽.(『원사』 권34 문종본기에 지순 원년 10월 대승천호성사(大承天護聖寺)에 익도(益都)·반양(般陽)·영해(寧海)의 한전(閑田) 16,209,000 무를 내려주었는데 이 땅은 순제 지정 7년에 하사할 때의 16,200,000무였다.)

그럼 아래에서 몇 개의 구체적 사례를 열거해 보자. 원나라 건국 초 승려 양련진가(楊璉眞加)는 강남불교의 총통(總統)이 되었는데 소유한 토지 23,000무였다. 이후 인종(仁宗) 연우(延祐) 3년(1316) 강절(江浙)의 토지 200경(頃)을 상도(上都) 개원사(開元寺)에 하사하였으며, 100경은 화엄사(華嚴寺)에 하사하였고, 익도(益都)의 토지 70경은 보경사(寶慶寺)에 하사하였다.[8] 태정제(泰定帝)는 길안로(吉安路)

---

1) 역주 - 원문에는 순제 때 지급된 16,200,000무를 합계에 포함하지 않았으나 이는 원문의 오류로 판단되어 역자가 수정하였다.

와 평안로(平安路)의 토지 1,000경을 대천원(大天源)의 연성사(延聖寺)에 주었다.[9] 명종(明宗) 천역(天曆) 2년(1329) 이전 송나라 태후 김씨의 토지를 대승천호성사(大承天護聖寺)에 지급하였다.

또한 몇몇 사원은 권세에 의지하여 토지를 강점하였다. 예컨대 인종(仁宗)시기(1312~1320) 절서(浙西)의 심명인(沈明仁)은 백운종(白雲宗)을 창립하고 불교에 귀의하였는데 민전(民田) 2만경을 강점하였고 무리가 10여만명이나 되어 백운종은 불교의 이름을 빌린 지주 집단이 되었다.

이상의 사례로부터 사원의 토지 소유가 보통 수만에서 수십만 무에 이르렀음을 알 수 있다. 세조 때의 소조백(蕭朝伯)의 기록에 의하면, 사원 가운데 토지를 많이 소유한 이는 대호국인왕사(大護國仁王寺)로 대도(大都)·하간(河間)·양양(襄陽)·강회(江淮) 등지에 1만경(頃) 이상의 토지를 소유하고 있었다.[10] 사원의 토지 소유에 대해 허유임(許有壬)을 일찍이 "해내의 명산 가운데 사찰이 있는 곳이 열에 아홉이고 그 부유함은 왕후와 같다(海內名山, 寺居者十八九, 富埒王侯)"고 말한 바 있다.[11] 특정지역에서 사원의 토지자산이 차지하는 비중을 보면, 전주(全州)의 경우 성종(成宗) 대덕(大德) 연간(1297~1307)에 전주의 전체 토지는 2,900여 경이고 그중 1,000여 경이 사원과 도관(道觀)의 소유지였다. 사원에서 지배하고 있던 민호의 수를 살펴보면, 곳곳에 사원이 즐비였던 절강행성(浙江行省)의 경우 사원이 관할하는 민호는 50여 만호였다. 더구나 이런 사원의 재산과 지출은 날로 증대하고 있었다. 태정제(泰定帝) 태정 연간(1324~1327)에 중서성의 보고에 의하면, "성종께서 천수만녕사를 다시 지었는데 세조 때의 쓰임새와 비교하면 배 이상 증가하였습니다. 무종이 숭은사와 복원사, 인종이 승화사와 보경사를 창건하여 사원의 조와 전매에 의한 수입은 더욱 늘어났습니다(而成宗復構天壽萬寧寺, 較之世祖用增培半, 若武宗之崇恩·福元, 仁宗之承華·普慶, 租榷所入, 益又深焉)." 이상은 모두 각 사원의 수조가 많았고 지출이 과대하였음을 보여주고 있다. 중서성이 연이어 다음과 같이 아뢰었다. "영종은 산개사를 지었는데 병력 소모시키고 농민을 피곤케 하여 끝내 무익했습니다(英宗鑿山開寺, 損兵傷農, 而卒無益)."[12] 이런 보고는 봉건통치자들이 사원을 건립하면서 헤아릴 수 없이 많은 백성을 사역시키고 재산을 소비하였음을 시사한다.

원나라 봉건 통치자들은 사원에 대해서만 토지를 하사한 것은 아니었다. 아울러 승려의 포교를 우대하고 보호하는 정책을 취하였다. 사원지주와 기타 권귀지주는 같이 몇몇 부역을 납부하지 않을 권리를 획득하였다. 원나라 전기인 지원

(至元) 27년(1290) "선정원의 신하가, 송나라의 전태후(全太后)와 영국공(瀛國公)은 승려가 되어 360경의 토지를 소유하고 있으니 예에 따라 그 조를 면제해 주기를 바란다하고 하니 그것을 허락하였다(宣政院臣言, 宋全太后瀛國公以爲僧尼, 有地三百六十頃, 乞如例免徵其租, 從之)."13) '예에 따라'라는 말을 통해, 당시 사원의 토지는 조부가 면제된 토지이며 이것이 당시의 보편적 현상이었음을 알 수 있다.14) 원나라 후기에 이르기까지 면조사례는 지속되었다. 문종(文宗)은 "모든 사원전 가운데 금나라와 송나라 때부터 소유하거나 역대 왕들이 하사한 것은 모두 그 조를 감면해 주고, 이미 조를 납부한 곳은 역을 면제해주라(諸僧寺田自金宋所有及累朝賜與者, 悉除其租, 其有當輪租者, 仍免其役)"15)는 조서를 내렸다.

사원의 토지는 면세지였기 때문에 부역을 피하는 도피처가 되었다. 사원의 토지에는 국가가 상으로 하사한 것 이외에 일부 지주가 기탁한 것도 있었으며, 어떤 이들은 자식을 승려로 삼아 토지를 사원의 명의로 숨겼다. 어떤 이는 토지를 사원에 희사하였다. 원나라 100년간 사원의 토지는 어떤 시기보다 빠르게 확장되어 일종의 고유한 특권적 특수지주를 구성했다.

3. 남부의 구권세강종지주의 지속

남송시기 토지소유권은 집중되었다. 남송 이종(里宗) 순우(淳祐) 6년(1264)에, 사방숙(謝方叔)은 "비옥한 땅은 모두 권세가의 것이 되어 조로 걷은 쌀이 백만석에 달하는 자도 있었다(膏腴皆歸權勢之家, 租米有及百萬石者)"라는 말까지 했다. 게다가 권세지주들이 부세를 납부하지 않은 현상이 심화되자, 손자수(孫子秀)같은 이는 "토지를 광대하게 소유하나 부세를 바치지 않는 자가 있다(有田連阡陌而無賦稅者)"16)고 하였다. 원나라가 통일한 이후 남부지방의 옛 대지주들은 지위를 이어갔을 뿐 아니라 당시의 특수한 체제에서 서민부호의 토지 역시 계속 확대되어갔다. 다만 이러한 지주의 토지 겸병은 방식은 주로 경제적인 매입을 통해서 이루어졌다.

이 시기 지주들은 또한 일정한 봉건적 권력을 가지고 있었는데, 세조(世祖) 지원(至元) 28년(1291) 포의(布衣)였던 조천린(趙天麟)은 이렇게 말했다. "강남의 부호들이 넓은 농토를 소유하여 전호를 사역시키고 있는데 이들은 작읍(爵邑)도 없이 봉군(封君)의 권리를 가지고 있고 인절(印節)도 없이 관부의 권세를 누리고 있어 그 방자하고 망령된 행위가 미치지 않는 곳이 없었다(江南富豪, 廣占農地, 驅

役佃戶, 無爵邑以有封君之貴, 無印節以有官府之權, 恣縱妄爲, 靡所不至)."[17] 강종지주가 권세를 빙자해 토지를 빼앗는 것에 대해, 성종(成宗)과 대신(臺臣)들의 대화가 주목된다. 성종은 "짐이 듣기에 강남의 부호는 민전을 침탈하여 이로써 빈민한 자들이 유리하고 이주하게 된다고 하는데 경들은 들어본 적이 있는가(朕聞江南富戶, 廣占民田, 以致貧者流離轉徙, 卿等嘗聞之否)?"라고 묻자, 대신이 "부자들은 옥새가 찍힌 문서를 가지고 빈민들을 속이고 있습니다. 이에 관부에서 다스릴 수가 없으니 마땅히 그 문서를 거두어 들여야 할 것입니다(富民多乞護持璽書, 依倚以欺貧民. 官府不能詰治, 宜悉追收爲便)"[18]라고 대답하였다. 이상의 사례는 이들 지주가 비록 정식으로 관리가 되지 않더라도 봉건정권과 밀착하였고, 그들은 봉건권세에 기대어 토지를 탈점하여 큰 해를 끼쳤음을 보여준다. 예를 들어 진택(震澤)지방에서도 이와 같은 기록이 남아 있다. "진택(震澤)의 수로는 오지방의 송강(淞江)을 경유하여 바다로 들어가는데 세월이 흘러 토사로 막히게 되었다. 호민들이 그것을 이롭게 여겨 흙을 매워 토지로 만들어 수로를 막아버렸다(震澤之注, 由吳淞江入海, 歲久淤塞, 豪民利之, 封土爲田, 水道淤塞)."[19] 이 호민들은 아울러 전토를 은닉하기도 했는데 인종(仁宗)때 강남의 조운 담당관은 "강남의 부자들은 대개 비옥한 토지를 숨기고 있으므로 만약 다시 검사하는 법을 행한다면 마땅히 수만 무에 달하는 토지를 더할 수 있을 것입니다(江南殷富, 盖有多匿腴田, 若再行檢復之法, 當益田畝累萬計)"[20]라고 보고하였다. 강종부호가 토지를 마음대로 차지하고 심지어 수리시설을 파괴하여 수만무의 비옥한 토지를 은닉한 행위는 그들이 강대한 봉건 권력을 가졌다는 사실과 분리될 수 없다.

이 시기 강남지역 로·부·주·현(路府州縣)의 각급 관아 가운데 일부는 강종부호지주들의 손에 장악되었는데, 그들은 지방의 통치권을 조종하여 그들의 토지를 계속 확대하고 있었다. 그 중 대지주인 송강(淞江)의 구정발(瞿霆發)은 원래 가지고 있던 토지 2,700경과 관전(官田)을 더하여 모두 1만경에 달하는 토지를 소유하고 있었다.[21] 송강의 조몽염(曹夢炎)은 정산호(定山湖)의 호전(湖田) 수만무를 소유하여, 저장하고 있던 곡식만 백만석에 달했다. 무종(武宗) 지대(至大) 12년(1309) 악실(樂實)은 다음과 같이 보고하였다. 강남의 부호는 "왕의 민들을 숨기고 그들을 노예처럼 사역하는데 그 수가 수백 수천가에 이르고, 많으면 만가에 이릅니다(有蔽占王民, 奴使之者動輒百千家, 有多至萬家者)."[22] 여기서 '노비처럼 부린다'는 말은 강제로 지대와 그 외의 요역을 바치게 한다는 것을 가리킨다. 천가에서 만가에 이른다는 말은 탈점한 토지의 양이 많음을 보여준다. 지주의 계속된 겸

병으로 토지는 확대되었으며 토지소유권은 고도로 집중되었다. 이러한 상황은
당시 감세문제의 논쟁에도 반영되었다. 성종(成宗)이 즉위한 후(1294), 강절행성
(江浙行省)의 관리는 다음과 같은 글을 올렸다. "폐하께서 즉위한 초, 금년의 토
지세의 30%를 감한다는 조서를 내려 주셨습니다. 그러나 강남과 강북은 다릅니
다. 가난한 자는 부자의 토지를 빌어 경작하고 해마다 그 지대를 바치는 까닭에
지금의 감세조치는 전주만을 대상으로 할 뿐입니다. 전호가 조를 바치는 것이
과거와 다르지 않으니 그 은혜는 부자에게 미치나 가난한 사람에게는 미치지 못
합니다(陛下卽位之初, 詔蠲今歲田租十分之三. 然江南與江北異, 貧者佃富人之田, 歲
輸其租, 今所蠲特及田主, 其佃民輸租如故, 則是恩及富室而不被于貧民也)."[23] 광대한
농민들은 단지 매우 작은 토지를 거지거나 아예 토지가 없기 때문에 그들에게
부세를 감면해 주는 것은 실제 의미가 없었던 것이다.

　　토지소유권의 집중은 절강(浙江)과 복건(福建)의 몇몇 주현에서도 확인된다.
예를 들어 숭안현(崇安縣)에 소속된 50여 곳의 전지(田地)에서는 모두 6,000석 가
량의 세를 거두는데 그중 5,000석은 대지주로부터 나왔다. 여기에 근거하면 자영
농이 바치는 세는 1,000석에 불과하다. 이는 이곳에서 자영농의 토지가 차지하는
비중이 1/6에 지나지 않음을 말해준다.[24]

　　이상의 논증을 통해서 원대 지주계급의 구조는 북송의 그것과 달랐음을 알
수 있다. 북송시기는 중소서민지주가 지배적 위치를 차지했으나 원대에는 주로
각종 특권지주가 그것을 대신했고, 구래부터 지속되어 온 강남의 서민 대지주로
하여금 큰 권력을 가지도록 했다. 더불어 토지소유권의 분포상황도 달랐다. 북부
지역에서는 자영농이 비록 비교적 큰 비중을 차지하였으나 남부지역은 반대였으
며 더욱이 몇몇 지역에서는 토지소유권은 고도로 집중되었다. 토지소유권의 분
포는 불균등하였고 지주계급의 권세는 확장되었다. 토지소유관계의 이러한 변화
는 이 시기 지주제 경제의 퇴보에 대한 구제적인 표현이었다.

제3절 특권적 지주의 침탈과 부역제의 문란

1. 지주계급의 이익을 보호하는 부역제

　　이 절에서 원대 부역제도를 전면적으로 검토할 수는 없다. 원대 특권지주의

권력 신장이 역사적으로 어떤 영향을 끼쳤는가를 서술하기 위하여, 부역과 관계된 두 가지 문제만을 논할 것이다. 첫째는 지주계급의 이익에 부합하는 인두세로 북부지역에서 시행된 정세(丁稅)이다. 둘째는 잔혹하게 농민을 수탈한 중조(重租), 즉 남부지역에서 시행된 관전조(官田租)이다. 이와 동시에 차등적 징세를 부가적으로 논할 것이다.

원나라가 건국된 이후 북부의 광대한 지역에서는 송나라의 양세법(兩稅法)을 폐기하고 호정(戶丁)에 근거한 부세제(賦稅制)로 개정했다. 이 시기의 세제는,『원사(元史)』식화지(食貨志)에 의하면, "강남에서는 추세와 하세라고 하는 것이 수취되었다(取于江南者曰秋稅, 曰夏稅)." 즉 남방에서는 송나라의 토지면적에 따라 세를 거두는 양세법을 계승하였던 것이다. 이에 반해 "북방에서 채택된 것은 정세라고 하고 지세라고도 한다(其取于內郡(북방)者曰丁稅, 曰地稅)."『원사』식화지에 의하면, 여기서 말한 정세(丁稅)와 지세(地稅)의 관계는 다음과 같았다. "정세가 적으나 지세가 많은 지역에서는 지세를 받고, 지세가 적고 정세가 많은 지역에서는 정세를 받았다(以丁稅而地稅多者納地稅, 地稅小而丁稅多者納丁稅)." 이런 관계 때문에 당시 논자들은 "마땅히 정세를 바쳐야 할 자는 지세를 바치지 않고, 지세를 마쳐야 할 자는 정세를 바치지 않는다(當丁稅者不納地稅, 當地稅者不納丁稅)"[25]고 했다. 여기서 관건은 누가 정세를 납부하고 누가 지세를 납부할지였다.

정세호와 지세호의 구분에 관해서는 정쉐밍[鄭學檬]의 『중국부역제도사(中國賦役制度史)』에서 이미 상세히 고증된 바 있다. 일찍이 세조(世祖)가 즉위한 후, 북부 지방에서는 세량(稅粮)과 과차법(科差法)을 실시하였다. 세량은 일정한 발전 과정을 거쳤는데, 몽고와 원의 여러 왕들은 먼저 호(戶)를 기준으로 세를 정하였다가 이후 정(丁)을 기준으로 하여 세를 정했다. 세량제도의 원칙은 특수 호적에 기재된 인호는 토지 무(畝)수에 따라 세를 납부하도록 했고,[26] 그 이외의 나머지 민호(民戶)에게는 호수 혹은 정수에 기초하여 정세(丁稅)를 납부하도록 했다.[27] 그 세액은 지원(至元) 17년에 정해졌는데, 전체 호정은 매 정당 조(粟) 3석, 구정(驅丁)은 조 1석을 내게 했으며 지세는 무(畝)당 3승을 바치게 했다. 여기에 의하면 각각의 정이 부담해야할 정세는 약 60여 무(畝)의 지세에 맞먹었다. 이러한 정세와 지세를 서로 견주어 보면, 당시 지세는 가볍고 정세는 무거웠다고 할 수 있다.[28] 지세를 바치는 이들의 대다수는 각종 유형의 지주들이었고, 정세를 바치는 이들의 대다수는 농민들이었다. 이러한 현상에 대해 차이메이뱌오[蔡美彪]는 일찍이 자신의 저서『중국통사(中國通史)』에서 이렇게 지적했다. "정세(丁稅)가 3석이면 무세(畝稅)는 3승이었다. 정세는 무세의 10배나 되었던 것이다. 이것은 소규모 토지를 소유하였으나 가족 수가 여럿이었던 농민들에게는 의심의 여지없이 매우 무거운 부담이었으나 넓은 토지를 소유한 부유한 지주들에게는 매우 유리한 것이었다."[29] 이를 통해 북방지역에서 시행되던 부세제도는 신분적 성격을 강하게 띠고 있었음을 알 수 있다. 이러한 세제의 실시는 특권지주가 권력을 장악하고 있던 상황에서 자신의 경제적 이익을 지키기 위해 등장한 것이었다.

북부지역에서 세량(稅糧)과 병행하여 실행된 것은 과차제(科差制)였다. 당시 과차(科差)는 두 종류가 있었는데 하나는 사과(絲科)이고 다른 하나는 포은(包銀)이었다. 과차는 원래 "그 빈부과 품계를 살펴 등급에 따라 균등하게 맞춘 것이었다(各驗貧富品答均科)."[30] 사과의 징수량은 호마다 달랐는데, 10여 냥을 바치는 호도 몇 냥만 바치는 호도 있었다. 포은 역시 균등하지 않아 호당 2냥에서 4냥까지 달랐다. 하지만 과차의 대상은 주로 일반농민이었으며 이는 북방농민에 대한 일종의 가렴주구였다.

남부지역에서의 과세는 송나라의 양세법을 계승하여 무(畝)를 기준으로 했다. 그러나 다른 측면에서는 관전중조제(官田重租制)와 같은 문제를 가지고 있었다. 당시 남부에는 관전(官田)이 비교적 많았으며 대부분은 강남의 양절(兩浙)지방에 집중되어 무를 기준으로 조를 징수하였으나 그 징수율이 매우 높았다. 예를 들어 강남 관전의 전조세율은 생산량의 50% 이상을 차지했다. 절서(浙西)지역의 관전에서 몇몇 지역에서 매 무당 "해마다 납부하는 세액이 1.5석에 달했다(歲納稅額須石半)."[31] 절동(浙東)에서 관전의 전조액은 가장 높을 경우 매 무당 2.2석이나 되었다.[32] 관전의 전조가 높았기 때문에 "공전은 누가 경작하려 하겠는가(公田誰肯耕作)"[33]라는 언급이 나올 정도였다. 이러한 관전은 특정지역에서 일정한 비중을 차지하고 있었다. 게다가 관전의 상당수는 권귀지주들에게 상으로 하사되었고 그들은 이러한 무거운 세율에 따라 해당지역의 농민들을 수탈했다. 이것은 전세제(田稅制) 문란의 특수한 형태였으며, 국가의 전부(田賦)에서 관전(官田)과 사전(私田)을 변별할 수 없도록 만들었다.

남부지역에서 시행된 과차제(科差制)는 호전(戶田)과 포은(包銀) 두 가지였다. 지원(至元) 18년(1281) "강남 민호를 하사받은 제왕과 귀척과 공신들은 그들에게 호전을 거두었다(以江南民戶撥賜諸王貴戚功臣, 食其戶錢)."[34] 하사받은 호에서 거두어들인 호전(戶錢)의 액수는 원래 매 호당 5전이었으나 성종(成宗)이후 2관(貫)으로 증가하여 원래 액의 4배가 되었다. 이러한 호전은 봉주(封主)의 봉호(封戶)

에 대한 수탈이었다. 포은은 주로 자영농이 부담하였는데 세액은 원래 매호당은 2냥(兩)이었으나 주현(州縣)에서 징세할 때는 많이 증세하여, 사서에서는 "포은의 법은 호당 2냥에 불과했으나 주현에서 그것을 10배 이상 징수하고 있다(包銀之法, 戶不過二兩, 而州縣徵之加十培)"[35]고 하였다. 이것은 부역제 문란의 독특한 현상이었고 농민들은 무거운 세금을 견디지 못하였다. 그리하여 태정(泰定) 2년(1325)에 이르러 그것을 혁파하라는 조서를 내렸다.

이상에서 원대 부역제의 몇 가지 문제 즉 북방에서 실시된 정세(丁稅), 남방에서 실시된 관전중세제(官田重稅制), 전국적으로 시행된 과차제(科差制) 등을 간략하세 살펴보았다. 이들을 살펴본 결과 다음의 사실을 확인하였다. 첫째는 부세의 신분적 성격으로 북방의 정세와 지세법은 지주계급의 전세부담을 경감해주는 대신 농민의 정세 수취를 가중시켰다. 남방의 관전중조(官田重租)는 권귀의 지조(地租)수입을 보증하여 농민의 조세부담을 가중시켰다. 이러한 권귀지주의 간섭 하에 제정된 것이다. 둘째는 부역제의 문란이다. 남과 북은 세제(稅制)가 달랐으며 민전과 관전 조세의 경중도 달랐다. 이는 지주계급에게 유리하였고 바로 이런 조건하에서 농민의 부담은 유래없이 무거웠다.

전세의 변화와 관련하여 인종(仁宗) 연우(延祐) 원년(1314) 평장(平章) 장여(章閭)는 이렇게 말했다. "경작하던 땅이 황무지가 되기도 하고 차역이 두려워 호를 둘로 나누는 자도 있으며 부자들은 가난한 이들의 토지를 매입하고도 옛 주인의 이름으로 세를 납부하는 자도 있습니다. 이런 이유로 세입이 해마다 증가하지 않고 소민들이 고통을 호소합니다(以熟田爲荒地者有之, 懼差而析戶者有之, 富民買貧民田而仍其舊名輸稅者亦有之. 由是歲入不增, 小民告病)."[36] 전세를 회피하던 각종 지주들은 주로 특권지주이자 서민강종지주였다.

전세제 변화의 폐단은 주로 남부 양세법이 시행되던 지역에서 발생했고 차역법의 변화는 남과 북이 같았지만 남부지역의 형편이 더 좋지 않았다. 예를 들어 잡범(雜泛)과 같은 요역의 징수원칙은 본래 각호의 재산에 근거하여 정하였는데 부자들이 매번 법을 어기며 역을 회피하며 가난한 일반 민호에게 전가하였다. 산동(山東) 제녕(濟寧)지역의 경우, "부자들의 사전은 현과 읍을 넘어 섰으나(富家私田跨縣邑)" 도리어 "그 호를 쪼개 수십으로 나누어 그 등급이 매우 낮았고(析其戶役爲數十, 其等在最小)" 이런 이유로 "부역은 항상 자기에게 미치지 않았다(賦役常不及己)." 부자들이 이런 방법으로 역을 회피하고 있던 상황에서 "중하호들이 도리어 그들을 대신하여 역을 납부했다(中下戶反代之供輸)."[37] 복건(福建) 숭안현

(崇安縣)의 경우 "대가의 토지는 여러 군을 넘어서고 있었는데(大家之田連跨數郡)" 이곳의 부역의 징수 상황은 "부역의 경우 항상 400호인 세민들을 대가 50호에게 할당했다(而賦役者常以四百之細民配之五十之大家)." 즉 400의 소자영농이 50의 대지주를 대신해 부역을 부담했다. 이런 상황에서 "가난한 자들은 매일 역에 나가 집안은 끝내 파산했고, 3년 동안 6차례에 예정된 역에 징발되어 항상 편안하지 못했으니 민들의 고통이 매우 심했다(貧者日當役而家已破, 是以三年六次豫定之役, 常紛然不寧, 而民病甚矣)."[38] 한편 차역은 직역(職役)이라도 불렸는데, 민호로부터 관부(官府)에서 사용하는 일체의 직역을 충당하게 했다. 이러한 차역은 징수는 원래 재산규모에 근거하였으나 중기이후 점차 변화가 발생하여 빈민들 특히 자영농이 일부를 담당하게 되었다. 그리하여 "재산이 중간정도 되는 집이 해마다 요역을 담당하여 수도 없이 파산하였다(中産之家, 歲以當傜, 卽破蕩無幾)."[39] 이 때문에 일반 자연농들은 역을 감당할 수 없어 갖은 방법으로 역을 회피하려 했다. 예컨대 당시의 어떤 이는 상황을 이렇게 기록했다. "매년 역에 징발되면 다투어 집안을 나누어 역을 모변하려 했다. 다행히 역을 모면하면 집안이 깨어질 뿐이었으나 역을 모면하지 못하면 집안이 깨어질 뿐 아니라 모욕당하고 사망하기도 했다(每歲差役, 爭破家求免. 幸而免, 家破. 不免, 家破盡而不足, 自僇辱死亡)."[40] 이 시기 농민들은 차역을 피하기 위해 혹은 권귀지주에게 투탁하기도 하고 혹은 토지를 판매하기도 했는데, 이에 대해 당시 원회(原淮)는 이런 부시(賦詩)를 지었다.

농부가 방언으로 누군가에게 말하네	田夫有話向誰言
보리밥에 묽은 야채국	麥飯稀稀野菜羹
반경의 척박한 땅뙈기에도 호역을 근심하다	半頃薄田憂戶役
근래 헐값에 다른 사람에게 팔아버리고 땅을 빌어 경작만 하네	近來賤賣與人耕[41]

한편 원대 전시기 동안 지주들의 차역 전가로 인해 부역의 문란 현상도 매우 심각했다. 전가로 인한 부역의 문란은 부역에 대한 농민의 부담을 가중시켰고 이는 특권지주들의 권력 팽창과 밀접하게 연관되어 발생했다.[42]

2. 지주의 토지세 은닉과 경리(經理)개혁정책의 실패

각종 특권지주들의 권력 확장으로 말미암아 토지겸병이 이루어지고 부역을 회피하여 농민에게 전가하여 국가 세수(稅收)에 심각한 타격을 주었으며 이는 사회의 동요와 불안을 불러왔다. 이런 상황에서 봉건통치자들은 재정수입을 확보하기 위해 토지부세제를 정리하였다.

먼저 세조(世祖) 지원 4년(1267) 괄전법(括田法)을 만들었다. 성종(成宗) 정원(貞元) 원년(1295)에는 강절(江浙)지역에 조서를 내려 "탈루한 관전을 조사했다(括隱漏官田)." 이듬해는 또 "백안(伯顔)·아목(阿木)·아리해아(阿里海牙) 등이 점거한 강남의 토지 및 권호가 은닉한 토지를 조사했다(括伯顔·阿木·阿里海牙等所据江南田, 及權豪匿隱田)." 조사된 은닉토지는 모두 조를 납부하도록 했다. 그러나 이 괄전법은 단지 몇몇 지역에서만 시행되었을 뿐 완전히 시행되지는 못했다. 오히려 어떤 지역에서 권귀는 이 정책을 이용하여 민전(民田)을 겸병하기도 했다. 무종(武宗)이전에 하남(河南)의 귀덕(歸德)과 여녕(汝寧)의 빈하(濱河) 등지에서 괄전(括田)을 실시할 때, 몇몇 관리들은 "주인이 있는 밭을 모두 황무지로 만들어(以有主之田俱爲荒地)" 침탈을 자행하였는데 이 때문에 "소동이 발생하기도 했다(所至騷動)." 무종 지대(至大) 원년(1308) 어떤 사람은 이 땅을 황자(皇子) 화세련(和世㻋)에게 바쳐 재차 약탈될 위기에 처했으나 중서성의 신료들이 그 폐단을 지적하자 비로소 중지되었다.[43] 세조에서 무종에 이르는 시기(1260~1311) 괄전법이 거둔 효과는 크지 않았는데, 앞서 서술한 인종(仁宗) 연우(延祐) 원년(1314) 평장(平章) 장여(章閭)는 다음과 같이 말했다. "경리는 큰일이나 세조께서 이미 그것을 시행하였습니다. 그러나 그간 속이고 숨기는 것이 오히려 많아져 모두 실행되지는 못했습니다(經理大事, 世祖已嘗行之, 但其間欺隱尙多, 未能盡實)." 어떤 이는 경작하고 있는 땅을 황무지라 거짓 보고하고, 어떤 이는 거짓으로 재산을 쪼개었고 어떤 이는 다른 농민의 토지를 구입하고도 "전 소유자의 이름으로 세를 납부했습니다(舊名輸稅)." 국가는 "매년 수입이 증대하지 않았고 소민들은 고통을 호소했습니다(歲入不增, 小民告病)." 장여가 말한 세조가 시행한 경리(經理)는 괄전(括田)으로, '경리'라는 두 글자는 인종시기에야 비로서 출현한 것이었다. 이상의 논술을 정리하면, 특권지주의 은닉이 매우 심각하였고 일단의 권귀들이 괄전을 이용하여 농민을 수탈하였으며 괄전의 시행은 그다지 큰 효과를 보지 못했다.

과거 괄전법이 몇 개의 지역에서만 시행되었던 반면, 인종 연우 원년(1314) 부역의 폐단은 더욱 심각해지자 인종은 한층 철저하게 정돈되고 전국적으로 실행할 수 있는 경리법을 처음으로 제시하였다. "그 법은 우선 민들에게 방으로 게시하고 40일을 기한으로 자신의 집이 소유한 토지를 스스로 관에 알려야 한다. 경작지를 황무지로 보고하거나, 토지를 없애거나, 재산을 숨기거나, 관전을 훔쳐 민전으로 삼거나, 민전을 관전이라 하거나, 승려와 도사가 토지로 폐단을 일으키거나 하는 자가 있으면 모든 사람들의 밀고를 허용한다. 10무 이하를 속이면 그 전주와 관련된 전호는 모두 장 70, 20무 이하면 한 등급을 더하였고, 100무 이하면 장 107, 100무이상이면 북쪽 변경으로 유배 보낸다. 은닉한 토지는 관으로 몰수하고 군현의 담당 관료들이 잘 조사하지 못하여 탈루한 자가 있으면 그 일을 헤아려 논죄하고 무거운 자는 제명한다(其法先期揭榜示民, 限四十日, 以其家所有田, 自實于官. 或以熟爲荒, 以田爲蕩, 或隱占逃亡之産, 或盜官田爲民田, 指民田爲官田, 及僧道以田作弊者, 並許諸人首告. 十畝以下, 其田主及管幹佃戶皆杖七十七. 二十畝以下, 加一等. 一百畝以下一百七, 流竄北邊, 所隱田沒官. 郡縣正官不爲查勘, 致有脫漏者, 量事論罪, 重者除名).”[44] 이것은 토지와 부세의 문란을 바로잡으려는 원의 가장 주목할 만한 시도였다.

이 시기 제출된 경리(經理)의 내용도 괄전(括田)이었고 경리법을 통해 침탈하여 은닉한 토지를 확인하여 세수를 확대하였으며 이는 양세법이 시행되던 남방 지역에서 주로 실행되었다. 토지를 가진 자들은 제왕(諸王)·사찰과 도관 및 각종 지주를 막론하고 모두 사실대로 스스로 신고하도록 해 “은닉한 토지지 없이 세금을 거둘 수 있게(稅收無隱)”하였다.

지주들의 토지 은닉이 가진 심각성은 앞서 서술한 강회(江淮)의 조운 담당관의 발언에서 확인된다. “강남의 부자들은 대개 비옥한 토지를 숨기고 있으므로 만약 다시 검사하는 법을 행한다면 마땅히 수만 무에 달하는 토지를 더할 수 있을 것입니다(江南殷富, 盖有多匿腴田, 若再行檢復之法, 當益田畝累萬計)”[45] 괄전을 진행하기 위해 군방호대원(軍防護大員)을 강절(江浙)·강서(江西)·하남(河南)의 3성(省)에 도착해 괄전을 실시하게 했으나 결과적으로 호민과 교활한 관리들이 서로 결탁하여 간사하게 없는 것을 있는 것으로 하여 문서에 허위로 기재했다. 이에 민들은 그것을 고통스럽게 여겨 집단적으로 저항하며 봉기했다. 당시 대신(臺臣)의 보고에 의하면, “채오구의 변란은 모두 닐잡마정(昵帀馬丁)이 전량(田糧)을 경리(經理)하면서 발생한 것으로 군현의 관리와 결탁해 함부로 폭력을 행사해 억압을 행하여 이 지경에 이른 것입니다. 신풍현의 경우 민들의 가옥 1,900채를 철거하고 묘를 파헤쳐 유골을 흩어 버리고 그것을 농지로 만들어 주민들을 고통스럽게 하였습니다(蔡五九之變, 皆由昵帀馬丁經理田糧, 與郡縣橫加酷暴, 逼抑至此. 新豊一縣, 撤民廬千九百區, 夷墓揚骨, 虛張頃畝, 流毒居民).”[46] 연우 2년(1315) 인종은 조서를 내려 그 3성에 대한 경리법을 폐지하였고 민전을 조사하는 일도 포기하였다.

　토지의 부세 문제는 원래 국가와 권귀지주 사이의 모순이었고, 토지를 숨겨 국가 부세를 침식하는 이들은 대부분이 권귀지주였다. 그러나 경리에 대한 조사를 진행할 때, 지방관리와 특권지주들은 서로 결탁하여 특권지주의 기득권을 유지시켜 주었다. 당시 조사한 토지들은 모두 농민들의 토지였다. 때문에 이 모순은 특권지주와 농민계급의 모순으로 전화되었다. 인종이 반포한 경리법의 내용은 큰 문제가 없었으나 문제는 그것의 실행여부였다. 이러한 정책은 토지를 은닉하고 부세를 납부하지 않던 권귀지주 및 지방의 강종부호들에게 불리하였기 때문에 그들의 저항에 직면했고 결국 순조롭게 시행되지 못했던 것이다.

　이로부터 지주계급의 이익을 유지하는 부역제도는 특권지주가 정치권력을 장악하고 있던 조건하에서 지속되었음을 알 수 있다. 토지조사를 실시하여 은닉한 것을 찾아내고 탈루한 부세를 바로잡으려는 경리법은 그들의 방해로 인해 제대로 시행될 수 없었는데, 이는 지주계급의 당시 정치권력의 중핵에 자리 잡고 있었기 때문이다.

제4절 농민계급의 사회적 지위 하락과 신분적 예속관계의 강화

1. 농민계급의 사회적 지위 하락을 초래한 특권지주의 성장

　원대 지주계급의 구조는 북송대의 그것과 비교하면 현격한 차이가 있었다. 북송의 경우 인구수나 토지면적에서 권주관료지주보다 서민지주의 비중이 높았다. 이들 서민지주들은 권귀관료지주에 비해 권력은 적었으나, 광대한 농촌지역에서 자영농과 신분적으로 평등하였으며 조전농과의 지위 차도 그리 크지 않았다. 이러한 지주계급의 구조는 남송대 변화하기 시작하여 권귀관료지주가 날로 증대했다. 원대에 그러한 변화는 더욱 현격해져 각종 특권지주들이 크게 확장되어 지배적 위치를 차지하게 되었다. 앞서 서술한 것처럼, 이 시기 특권지주는 3가지 유형, 즉 몽고족 권귀, 새롭게 형성된 관료, 사원의 승려들로 분류할 수 있다. 이들 지주는 수적으로 다수였을 뿐 아니라 방대한 토지를 소유하였으며 특히 봉건적 권력이 크게 확대되어 있었다.

봉건사회에서 서로 대립하는 지주와 농민계급의 관계는 계급적이면서 신분적 관계에 놓여 있었다. 농민계급의 사회적 지위 하락에 직접적 영향을 미치는 것은 주로 신분적 격차였다. 이러한 신분적 격차는 지주계급의 봉건적 권력에 좌우되었다. 원나라를 통틀어 지주계급의 권력은 날로 증대하였고 두 계급 사이의 신분적 모순은 날로 현저해 졌으며 이로 인해 농민의 사회적 지위는 심각하게 하락했다.

앞서 서술한 것처럼, 황제는 각종 특권지주에게 많은 토지를 하사했는데, 수천 수만무는 일반적인 일이었다. 이들 토지는 신분관계라는 외피를 두르고 있었다. 부역의 면제도 마찬가지여서 부역제를 매우 엄격한 신분적 성격을 가지도록 했다. 몇몇의 경우에는 토지와 함께 농민도 하사되었는데 하사된 농민들은 특권지주의 세습적 사속(私屬)이 되어 신분적 예속관계는 더욱 강화되었다. 남송시기부터 존속해온 부유한 강종지주들은 이러한 특수한 조건하에서 봉건적 권력을 날로 확대해 특권지주로 성장했으며 농민에 대한 신분적 지배를 강화했다.

앞서 서술한 것처럼 원나라 건국 초 어떤 장군은 전쟁의 승리를 이유로, 농민을 강제로 노비로 삼아 농업생산에 종사하게 했고 이어 민전을 강제로 빼앗고 투탁을 받아들여 농민을 자신에게 수탈당하는 생산 노동자로 전락시켰다. 이 시기 민전을 강점한 사례는 사료에서 쉽게 발견되어, 농민과 지주 사이에 심각한 봉건적 예속관계는 쉽게 이해할 수 있다. 권귀지주가 민전을 강점한 일은 당시의 금령(禁令)에서 자주 확인된다. 세조(世祖)시기(1260~1294)의 경우 예컨대 지원(至元) 13년(1276) "힘으로 민들의 전업을 빼앗는 것(以勢力奪民田業者)"은 각각 그 토지를 원래의 주인에게 돌려주라는 영을 내렸다. 15년(1278)에는 "군민관은 민의 재산을 점거하지 말라(軍民官勿得占据民産)"는 조서를 내렸다. 또 17년(1280)에는 "마음대로 강남의 민전을 점거한 벌주었으며(擅擧江南民田者有罪)", 19년(1282)에는 아합마(阿合馬)에게 그가 점거한 민전을 "본래의 주인에게 되돌려 주게(給還其主)" 하였고, 22년(1285)에는 모든 권귀들이 점거한 토지를 "파악해 각각의 주인에게 돌려주라(量給各主)"는 칙령을 내렸다. 그러나 성종이래로 권귀들이 권세를 믿고 토지를 탈점하는 사례는 일상이 되었다. 토지 확대의 또 다른 방식은 투탁과 헌납을 받는 것이었다. 몇몇 간사한 무리들은 농민의 토지를 권귀에게 헌납하였는데 이는 사실세력에 의지해 토지를 침탈한 것이었다. 각종 권귀들이 토지를 침탈하고 있는 상황에서 농민들은 속수무책이었다. 농민들은 아무런 권리 없이 억압당하는 존재였다.

요컨대 특권지주가 날로 성장하고 더구나 봉건 권력이 그들의 정치경제적 이익을 대변하는 상황에서 지주와 농민 사이의 신분적 차이는 날로 현격해 졌다. 이에 따라 자영농, 조전농 모두 사회적 지위가 저하되었다.

2. 자영농의 사회적 지위 하락

지주계급의 구성이 변화함에 따라 농민계급의 구성도 변화하였는데, 조전농이 날로 증대하고 자영농은 날로 감소해 갔다. 이런 현상은 특히 남부지역에서 현저하였다. 비록 당시 국가가 북부의 권귀들에게 대규모의 토지를 사여하여 대지주를 낳게하여 북부의 몇몇 지역에서 토지소유권이 집중되어 가고 있었더라도, 자영농은 시종일관 광범위하게 존재하였다. 이러한 점은 여러 측면에서 확인 가능하다. 여기서는 조정이 북방지역에서 시행한 사제(社制)와 세량제(稅糧制)를 중심으로 살펴보려 한다.

사제라는 것은 자연촌을 기초로 하여 편제된 촌사(村社) 조직이다. 원나라 초기 촌락을 편제한 것으로 50가를 1사로 삼고 그곳에 사장(社長)을 두었다. 이때 봉건국가는 사의 조직을 통해 농업 생산력을 회복하였고 때문에 사제는 '농상지제(農桑之制)'[47]라 불리기도 했다. 당시 촌사조직의 임무는 주로 수리시설의 관리, 재난의 장지, 의창(義倉)의 관리, 빈민구제, 상부상조 등이었다. 이 조직은 몽고 권귀군인의 탈점을 방지하는 역할도 했다. 이는 당시 북방에서 농민의 소토지소유제가 광범위하게 존재하였음을 확인시켜 준다.[48]

북방지역에 자영농이 광범위하게 존재하였다는 점은 당시 실시된 세량제(稅糧制)에서도 확인된다. 세량제는 빈부를 가리지 않고 농민의 호정(戶丁)에 따라 징세하였다. 이러한 세량제가 북방에서 실시될 수 있었던 것은 광대한 지역에서 농민이 균등하게 토지를 소유하고 있었다는 사실에 기초하고 있었다. 이는 누구라도 어렵지 않게 해석할 수 있을 것이다. 여기에 대해 『속문헌통고(續文獻通考)』에서는 "북방에서 채택된 것은 정세라고도 하고 지세라고도 하는데 조용조를 모방한 것이다(其取于內郡(북방)者曰丁稅, 曰地稅, 倣之租庸調也)"라고 기술하였다. 당나라 때의 조용조는 즉 농민소유제가 광범위하게 존재한다는 조건하에서 실행된 것이고, 원에서 그를 모방한 제도를 실시하였다면 그 조건은 같았을 것이다. 이러한 사정은 앞서 이미 언급한 바 있다. 만약 자영농이 광범위하게 존재하지 않는다면 호정에 따라 세를 징수하는 제도는 오래토록 지속될 수 없었을 것이다.

조정은 호정(戶丁)을 조세 징수의 대상으로 삼은 것에 더하여 번중한 과차(科差)를 실시했다. 당시 세량과 과차는 다수를 차지하고 있던 자영농의 인두세였다. 국가가 세량과 과차의 징수를 실현하기 위해서는 반드시 자영농을 통제하여야 했다. 이를 위해 국가는 당시 사(社)와 리(里)를 기초로 조직된 이갑제(里甲制)를 실시하였다.49) 더욱이 특권지주들이 탈세하고 부역을 농민에게 전가하여 농민에 대한 수취가 가중되고 있었기 때문에, 이갑제는 농민에 대한 통제의 강화를 의미했다.

요컨대 이 시기의 자영농은 한편으로는 특권지주의 권력 확대로 말미암아 사회적으로 비교적 엄격한 신분관계에 놓이게 되었으며 이는 그들의 사회적 지위 변동을 야기했다. 다른 한편으로 인두세적 성격의 세량제로 인해 농민에 대한 국가의 통제는 강화되었으며 농민의 자유는 더욱 제한받았다. 이 때문에 이전 송나라에 비해 특히 북송시기 자영농에 비해 원대 농민의 사회적 지위는 크게 하락하였다.

3. 더욱 많은 신분적 자유를 상실한 조전농(租佃農)

1) 일반 조전농

가장 큰 변화가 있었던 것은 조전농(租田農)이었다. 중국은 영토가 넓은 만큼, 당시 조전농의 유형도 다양했는데 크게는 두 유형으로 개괄할 수 있다. 일반 조전농과 노비성 조전농이 그것이다. 일반 조전농은 다시 몇 가지 종류로 세분된다. 지역 혹은 조전관계로 인해 형성된 조전과 황제의 상사(賞賜) 혹은 투탁으로 형성된 조전관계가 그것인데 이 두 문제를 중심으로 살펴보자.

일반 조전농의 호수는 비교적 많았으며 남부지역에서 더욱 확연했다. 이 시기 남부지역에서 구래 지주는 여전히 지속되고 있었고 남송 때부터의 조전농 역시 그러했다. 더욱이 원나라 이래로 성장해온 일단의 신흥지주들은 광대한 면적으로 토지를 소유하고 있었고 조전농은 더욱 확대되었다.『속문헌통고(續文獻通考)』에 의하면, 성종(成宗)시기(1295~1307) 성신(省臣)은 "동남지역의 민들 가운데 대다수는 빈곤하여 토지가 없는 것을 고통스러워하여 부자들의 토지를 경작한다(東南民多貧瘠, 苦無田, 佃富人之田)"고 말했다. 대개 원나라시기 남과 북의 상황은 달랐는데 북부지역에서 토지소유권은 상대적으로 분산되어 자영농이 보편화되었다. 남부지역에서 토지소유권은 집중되었고 생산노동자의 대다수는 조전농이었다. 조전농은 남송에서 유래한 것으로 전객(佃客)이라고도 했다. 여기의 전농(佃農)은 과중한 지대를 착취당하는 매우 열악한 처지에 있었다. 당시 강절성의 신료가 올린 보고에 의하면 이러한 처지의 전농(佃農)은 "보릿고개에 홍수과 가뭄의 재해를 만나면, 대부분이 전주의 집에서 빚을 내어 양식을 빌려 먹거리로 삼았는데 다수의 전주들은 많은 이자를 취하였다(遇到青黃不接, 水旱災害, 多在田主家借債貸良, 接濟食用, 田主多收利殖)." 전호가 쌀을 수확할 시기가 되어 채무를 상환하지 않았을 때에는 "사람을 저당으로 잡거나 재산으로 환산하니 전호가 도주하는 지경에 이르렀다(抵當人口, 准折物業, 以致逃移)." 여기서 말한 '사람을 저당으로 잡는다'는 말은 가족구성원을 지주에게 지대에 대한 담보로 주었다는 것이다. 이를 통해 전객 농민의 경제상황이 악화되고 사회적 지위가 하락하고 있던 상황은 어렵지 않게 짐작할 수 있다.

북부지역의 경우 몇몇 몽고족 신흥지주가 있었는데 그들은 권세를 이용하여 토지를 탈점하고 농민을 핍박하여 그들의 전호로 삼았다. 예컨대 탑찰(塔察)은 황하 주변 물가의 공한지를 탈점하고 "인근의 농민에게 강제로 조전의 공문서를 작성하도록 해 매년 지대를 납부하게 했으며 자기 이외에는 토지를 개간할 수 없도록 했다(令側近農民寫立租佃官文字, 每歲出納租課, 自餘不得開耕)."[50] 탑찰이 농민에게 강제도 특정의 토지를 경작하게 하고 자신이 배정한 토지 이외에는 자유롭게 개간하지 못하도록 했다는 점에서 강제성이 매우 강했음을 확인할 수 있다.

특히 주의를 요하는 것은 당시 황제가 토지와 함께 상으로 권귀지주에게 하사한 조전농이다. 예를 들어 유현(遊顯)은 "양양(襄陽)의 신민(新民) 200가를 봉호로 받아 대대로 전호로 삼았다(封襄陽新民二百家, 世爲佃戶)."[51] 토지와 함께 상으로 권귀지주에게 하사된 농호들은 대대손손 이 지주의 전호가 되어 자유롭게 이주할 수도 없었다. 이들에게 신분적 속박이 강화되었음은 말할 필요도 없다. 당시 황제에 의해 상으로 권귀관료들에게 하산된 토지는 적을 경우 수십 경(頃)이었고 많으면 수백 수천 경에 달했으며, 상으로 하사된 민호는 적을 경우 수백호 많은 경우 1,000호 이상이나 되었다. 이렇게 상으로 하사된 민호들은 통상 국가 호부(戶部)의 판적(版籍)에 기입되지 않은 채 해당 권귀들에 의해 직접 예속되었으며 이들 조전농들은 권귀지주의 사속(私屬)으로 전락했다. 그들의 신분적 예속관계는 일반 조전농의 그것보다 강렬했다. 이러한 사정은 사원에게 하사된 토지와 조전농 역시 마찬가지였다.

사원의 토지 소유문제에 대해서는 앞서 이미 언급한 바 있다. 사원토지의 대다수는 황제가 상으로 하사한 것이었고 이 중 일부는 부역(賦役)마저 면제되었다. 사원토지의 소유자는 농민에게 현물 지대를 수취했다. 일부 농민들은 부역을 피하기 위해 토지를 사원에 투탁해 사원의 직접 지배를 받는 전호가 되기도 했다. 일부 여타의 각종 민호들도 사원에 투탁했는데, 예컨대 성종 대덕(大德) 8년(1304) 조서에는 "군참민장제색의 민호들은 근년 이래 종종 승려와 도사가 되어 자신의 집을 숨겨 차역을 회피하려 합니다(軍站民匠諸色戶計, 近年以來, 往往爲僧爲道, 影蔽門戶, 苟避差役)"[52]라고 했다. 이들은 투탁을 통해 사원에 예속된 '영업호(永業戶)'가 되어 사원에 지대를 납부했다. 몇몇 서민부호들은 차역과 세를 피하기 위해 거짓으로 승려나 도사가 되었다. 이로 인해 사원에 예속된 민호들은 크게 증대했다. 성종시기(1295~1307), "강남 여러 사원의 전호 50여만은 본래 모두 편민(編民)이었고 양총섭 때부터 거짓으로 사원의 적에 편입하였다(江南諸寺佃戶五十餘萬, 本皆編民, 自楊總攝冒入寺籍)."[53] 인종(仁宗) 연우(延祐) 6년(1319) "백운종의 총섭 심명인이 민전 2만경을 강탈하였고 우곡의 10만명을 꼬드겼다(白雲宗總攝沈明仁, 强奪民田二萬頃, 誑誘愚俗十萬人)."[54] 이들 중 일부 승도를 제외한 대부분은 사원지주 심명인의 전호였다. 이후 국가는 더욱 많은 민호들을 사원과 도관의 '영업호(永業戶)'로 하사하였다. 예컨대 영종(英宗) 지치(至治) 원년(1321) "승휘사(承徽寺)를 두었고 그 등급은 정3품으로 하였으며 상주(常州) 의흥(宜興)의 민 4만호를 그에 예속시켰다(置承徽寺, 秩正三品, 割常州宜興民四萬戶隸之)."[55] 문종(文宗) 지순(至順) 2년, "진저의 부민 유원량 등 24,000여호를 수안산 대소효사에 예속시켜 영업호로 삼게 했다(以晉邸部民劉元良等二萬四千餘戶隸壽安山大昭孝寺爲永業戶)." 대호국인왕사(大護國仁王寺)는 "37,059호를 가지고 있었다(人戶三萬七千五十九)."[56] 원대 후기 문종과 순제(順帝) 연간(1328~1367) 대승천호성사(大承天護聖寺)에 전 60여만 경을 하사했고[57] 이러한 토지는 원래 경작하던 농호가 있었고 이들은 이 사원의 영업호가 되었다. 왕위민[王育民]의 계산에 의하면, 불교와 도교의 사원과 도관의 영업호는 적어도 100만호는 되었다.[58]

각 사원이 직접 관할하던 이러한 영업조전호(永業租佃戶)는 국가 호부의 판적에서 제외되어 각 사원의 총섭(總攝)에 의해 직접 지배를 받았으므로 그 사회적 지위는 아마도 일반 조전농보다 낮았을 것이다. 당시 몇몇 지주관리 혹은 교활한 민들은 농민의 토지를 권귀에게 투탁하고 헌납해 은총을 받으려 했다. 성종(成宗) 대덕(大德) 2년(1298) 사서에는 이 문제를 이렇게 기술하고 있다. "제왕·공주·부마들이 여러 사람들로부터 공·사의 전지를 헌납받거나 호구를 마음대로 증가시키는 것을 금한다(禁諸王·公主·駙馬受諸人呈獻公私田地及擅招戶者).”[59] 여기서 말한 '헌납[呈獻]'은 실제로는 농민의 토지를 강점한 것이고 아울러 자영농을 여러 권귀에게 노역당하는 조전농으로 전락시킨 것이다. 이러한 금령은 당시 민(民)과 선(田)을 강점하여 강제로 경작시키는 현상이 보편화되었음을 보여준다. 이러한 경제외적 강제에 의해 형성된 조전관계는 전농(佃農)에게 비교적 많은 신분적 자유를 상실하게 했으며 그들의 사회적 지위를 더욱 저하시켰다.

이상의 사례 특히 상사(賞賜) 및 강제로 형성된 조전관계는 이 시기 전농의 사회적 지위가 현저히 저하되었음을 말해준다. 지주는 전농을 임의로 사역시켰고 심지어 속이고 욕하거나 구타하기도 했으며 그들의 자녀가 결혼하는 일에까지 간섭했다. 어떤 때는 기회를 틈타 그들의 재물을 빼앗으며 일부는 전객을 전매(典賣)하기도 했다. 이로 인해 당시 "형법제(刑法制)"에는 "전호를 전매하는 행위를 금하고 결혼은 그들의 부모의 의견을 따른다(諸典賣佃戶者禁, 嫁娶從其父母)"는 규정이 있었다. 이것은 지주가 전객을 전매하고 기들의 혼인에 간섭하고 있었음을 보여주는 사례이다. 전농이 신분적 자유를 상실했기 때문에 지주들은 토지를 판매할 때 전객 역시 토지와 더불어 새로운 주인에게 이동해 전객은 토지의 부속물에 불과하게 되었다.

전객의 지위 저하에 대해 『원전장(元典章)』에는 "만약 지객(地客)이 남자를 낳으면 노역을 바치고, 여자를 낳으면 계집종으로 부리거나 혹은 첩으로 삼았다(若地客生男, 便供奴役. 若有女子, 便爲婢使, 或爲妻妾)"고 기술하고 있다. 낙후된 협주로(峽州路)에서는 전객이 주호에 의해 매매되었고 주호는 "그 호구의 수를 헤아려 문서를 작성하여 혹은 저당 잡히거나 혹은 판매하였으며 해의 연한을 두지 않았고 부리던 자[驅口]와 같이 매매하였다(計其戶口, 立契或典或賣, 不立年份, 與賣買驅口無異)." 전객은 또한 토지에 따라 전매되었는데 "전호를 전매하였는데 수전전객(隨田佃客)이라 칭했다(夾帶佃戶典賣, 稱隨田佃客).”[60]

이상의 사례는 일반 조전농 역시 몇몇 부류로 나누어지고 그들의 처지도 달라 각종 조전농의 사회적 지위가 동일하지 않았음을 보여준다. 북송과 비교하자면 총체적으로는 신분적 예속관계가 심화되었고 전농의 사회적 지위가 하락했다. 성종(成宗) 대덕(大德) 6년(1302)에 일찍이 다음과 같은 조서를 반포했다. "송이 멸망한 이래 주호는 전호의 생사를 초개처럼 여겼다. 귀부한 이래 이전의 폐단이 조금 혁파되었다(亡宋以前, 主戶生殺佃戶, 視若草芥. 自歸附以來, 小革前弊)." 기실 이러한 조서는 한조각의 휴지에 불과하였는데 전호의 낮은 사회적 지위는 전혀 개선되지 않았기 때문이다.

전객의 낮은 사회적 지위는 법적 권한에서도 구체적으로 드러나고 있었는데 지주가 전객을 구타해 사망하게 했더라도 지주의 목숨을 잃지 않았다. "여러 지주가 전객을 구타해 사망케 하면 장 107대를 쳤으며 그 시신을 화장하거나 매장하는 비용으로 은 50냥을 징수했다(諸地主毆死佃客者杖一百七, 徵燒埋銀五十兩)." 지주의 죄질에 비해 그 처벌은 지극히 가벼웠던 것이다.

2) 노비성 조전농

원나라 통치기에 노비성 조전농이 다소 확대되었다. 이러한 변화는 아마도 몽고족의 낙후된 경제와 일정한 관계가 있어 보인다. 즉 노예제적 유제를 중원과 남방의 광대한 지역으로 유입시켜 노비성 조전관계를 발전시킨 것이다. 이런 노비성 조전관계는 다시 두 종류로 구분할 수 있다. 첫째는 원래부터 노비로부터 유래한 자들로 그들은 노비신분으로 지주의 토지를 경작하였다. 둘째는 농민 혹은 일반 조전농의 사회적 지위가 점차 하락하여 노비성 조전농으로 전락한 경우이다.

먼저 첫 번째 경우를 살펴보자. 도종의(陶宗儀)에 의하면, "지금 몽고인과 색목인의 장획은 남자의 경우 노(奴), 여자인 경우 비(婢)라 일컬었는데 모두 구구(驅口)라 하였다(今蒙古人色目人之藏獲, 男曰奴, 女曰婢, 總曰驅口)."[61] 구구(驅口)는 구노(驅奴)라고도 했는데 당시 문헌에서 말한 노비(奴婢)·가노(家奴)와 같은 부류로 그 성질은 구구(驅口)와 같았다. 이들 가운데에는 비록 전문적인 일에 복역하던 노비도 있었으나 대부분은 생산노동에 종사하면서 지주에게 지대를 바치는 농민, 노비적 속성을 가지고 전농(佃農)이었다.

이러한 노비성 조전농은 전쟁포로에 기원을 두고 있었다. 예컨대 아리해아(阿里海牙)는 형호행성(荊湖行省)에 있을 때, "항복한 민 3,800호를 몰수하여 가노로 삼아 스스로 관리를 두어 그들을 통치하게 했으며 해마다 조부(租賦)를 거두어 들였으나 담당 관청이 감히 말하지 못하였다(以降民三千八百戶沒入爲家奴, 自置吏治之, 歲責其租賦, 有司莫敢言)."[62] 장군과 관리에 의해 강압적으로 형성된 노비성 전농에 대해 세조(世祖)는 일찍이 이들의 해방을 명하는 조서를 내리기도 했다. 지원(至元) 17년(1280) "아이합아(阿爾哈雅)·호이극특목이(呼爾克特穆爾)가 사로잡은 22,000여명을 풀어주어 민으로 삼으라(阿爾哈雅·呼爾克特穆爾소부二萬二千餘人放爲民)"[63]고 지시했다. 이들 20,000여명은 원래 지주에게 지대를 납부하던 노비성 조전농이었다.

포로로 잡은 이러한 노비성 조전농의 수는 적지 않았다. 예를 들어 호광성(湖廣省)의 관리는 포로를 핑계 삼아 사사로이 호광의 1만가(家)를 자신의 적에 올렸다.[64] 몇몇은 권세에 의지해 백성을 핍박해 노(奴) 삼았는데 도원수(都元帥) 탑해(塔海)는 "무산현(巫山縣)의 민 수백 구를 강제로 노로 삼았다(抑巫山縣民數百口爲奴)."[65] 남경(南京)의 총관(總管) 유극흥(劉克興)은 양민을 노예로 삼았다.[66] 원나라 병사가 남경을 점령한 후, "여러 장수들은 종종 강제로 신민을 노예로 삼기도 했다(諸將往往强籍新民爲奴隷)." 뇌응(雷膺)은 호북제형안찰부사(湖北提刑按察副使)로 있을 때 노비로 전락한 민호들을 해방시켜 주었는데, "명령이 떨어져 다시 민이 된가가 수천을 헤아렸다(出令得還爲民者以數千計)."[67] 또 "동평장교가 차지하고 있던 민은 부곡호가 되었는데 그들을 각채(脚寨)라 불렸으며 그들에게 부역을 마음대로 징발했고 그런 곳이 거의 400곳이나 되었다.(東平將校占民爲部曲戶, 謂之脚寨, 擅其賦役, 其事百所)."[68] 여기서 말한 부곡은 노비이다. 이상에서 말한 '구구(驅口)'·'가노(家奴)'·'노예(奴隷)' 등은 모두 노비성 전농이고, '조부(租賦)'·'부역(賦役)' 등은 모두 지주 개인에게 바쳤던 지대로 이해해야 한다.

몇몇 농민은 전란으로 인해 권세가에 투탁하여 이후 노비성 전농이 되었다. 하남(河南)지역의 경우, 사서(史書)에서는 "병란이후 허약한 백성들이 호우(豪右)들에게 위탁하였고(兵后孱民依庇豪右)", "세월이 흐른 뒤 그들의 가노가 되었다(歲久掩爲家奴)."[69] 장덕휘(張德輝)는 하남선무사(河南宣撫使)가 되었을 때 이들 호우에게 투탁한 민호들을 "모두 병사로 삼았다(悉遣爲兵)." 이러한 기록에 의하면 호우에게 투탁하여 노비가 된 민호들의 수는 아마도 적지 않았을 터이다. 이들 민호는 기본적으로 땅을 가지고 투탁했고 호우들의 비호를 받는 노비성 조전농이 되었을 것이다.

몇몇 농민들은 정치경제적 압박으로 인해 토지를 가지고 권귀들에게 투탁하였다. 당시 문헌에 의하면 농민들은 "자신들의 토지를 가지고 제후왕에게 헌납하여 전민(佃民)이 되기를 구하여 자신을 은폐했다(以其地投獻諸侯王求爲佃民以自蔽)."[70] 이 비문에는 "몰래 가노로 삼았다(掩爲家奴)"라는 문구는 없지만, 오랜 세월이 흐르면 헌납한 이들은 노비성 조전농으로 전락했을 가능성이 높다.

원나라에서는 또한 일종의 권귀 개인에게 전적으로 예속된 '투하호(投下戶)'가 있었다.[71] 이러한 민호들의 대부분은 농업생산에 종사하는 이들이었다. 그들의 호적은 국가 호부의 판적(版籍)에 등재되어 있지 않았으며 제왕과 권귀에 의해 직접 통솔되었다. 이들 민호들은 비록 노비(奴婢)라 불리지는 않았으나 실제로는 노비와 다를 바 없었다. 이들 투하호의 일부는 전쟁포로였고, 일부는 권귀들이 권세를 이용해 탈점한 이들이었고 몇몇은 황제에 의해 상으로 하사된 민호들이 었다. 예컨대 칭기스칸은 욱렬용(旭烈冗)에게 7천여호를 하사한 적이 있었다.72) 지원(至元) 8년(1271)의 성지(聖旨)에 의하면, 이들 투하호는 오로지 영주(領主)에 게 사역당하여 "관청에 차역을 납부하지 않았다(不納係官差發)."73) 투하호는 제공 하는 차역에 따라 공장호(工匠戶)·포엽호(捕獵戶)·광야호(鑛冶戶)·납면호(納綿戶)· 채주호(采珠戶)·포도호(葡萄戶) 등으로 나누어진다. 왕위민[王育民]의 계산에 의하 면 원나라 때 이러한 사속투하호(私屬投下戶)는 최소 20만호는 되었다. 이들 민호 들이 어떻게 먹고 살았는지에 대한 기록은 자세하지 않다. 다만 이들 민호들 모 두는 자기의 독립된 경제단위였다. 일반적인 상황에서 논하자면 하사될 때 소규 모의 토지를 소유하고 있었고 제공한 차역과 물품은 그들이 주인에게 제공한 변 형된 지대[租賦]였다. 이들 투하호는 노비에 가까웠으며 변형된 노비성 전농이라 고 부를 수 있을 것이다.

이상이 노비성 조전농의 기본 상황이다. 이들 민호들의 절대 다수는 국가 호 부(戶部)의 판적에 정식으로 기재되지 않은 채, 개인 특권 지주들에게 직접 예속 되었다. 이런 노비성 조전농은 제왕과 권귀들의 봉호(封戶), 각종 노비, 탈점된 각종 민호, 투하호들에 기원하였다. 이들의 수는 적어도 100만호 이상이었다.74) 이들 노비성 조전농의 출현은 원대 조전관계의 낙후성을 잘 부각시켜 준다. 이 러한 조전관계는 북송시기에는 잘 보이지 않은 현상이었다.75)

마지막으로 이 시기 지주제 경제의 변화를 개괄해 보자. 중국 봉건제사회 동 안 정치에서 사회경제에 이르기까지 몇 차례의 반복, 혹자는 후퇴라고 말하는 현 상이 발생했다. 원나라는 그 후퇴의 시기 가운데 하나였고 토지소유관계의 퇴보 는 지주제 후퇴의 한 측면이었다. 이러한 퇴보 예컨대 지주계급 구성의 변화, 각 종 특권지주의 확대, 봉건적 권력의 확장은 당시 지주제 경제 후퇴의 핵심적 내 용이었다. 이것은 중소서민지주가 지배적 위치를 차지하고 있던 북송의 그것과 는 확연히 달랐다. 이런 현상에 따라 토지소유권도 집중되어 갔다. 토지소유권의 집중과정은 앞서 서술한 황제의 상사(賞賜)와 특권지주의 침탈로 요약될 수 있 다. 물론 서민 부호들 역시 경제력을 이용하여 극력 토지를 구매하였고 이 역시 무시할 수는 없다. 다만 토지소유권의 집중과정은 지역별로 달랐다. 북부지역에 서는 호정(戶丁)에 따라 징세하는 부역제(賦役制)가 실시되었기 때문에 지주의

겸병은 일정정도 제약받아 단지 특권 대지주만 출현할 뿐이었다. 남부지역에서
의 상황은 달랐는데, 특권지주의 출현이 현저했고 거기다가 지주들은 토지를 매
입하여 북송시기 토지소유권의 분산과 달리 토지소유권의 고도로 집중되었다.
이런 상황에서 농민계급의 구성도 크게 변화하였다. 양절(兩浙)지역에서 북송시
기 조전객호가 차지하는 비중은 상대적으로 적었으나 원대 이 지역에서 조전농
은 전체 농민의 70~80%가량 되었다. 특히 주목되는 점은 당시 지주와 농민 두 계
급사이의 관계변화이다. 지주계급의 봉건적 특권이 신장되었고 농민계급의 사회
적 지위는 하락했는데 이는 자영농, 조전농 따질 것 없는 현상이었다. 특히 전농
(佃農)의 사회적 지위가 크게 변화해 심지어 노비성 조전농까지 출현하게 되었
다. 이러한 변화가 이 시기 지주제 경제의 구체적 퇴보양상이었다. 이러한 퇴보
와 후퇴의 기원은 지주계급의 변화 및 지주계급의 권력 확장이었고 국가의 정책
역시 그것에 일조했다. 지주제 경제의 퇴보는 당연히 경제발전 특히 농업생산의
발전에도 큰 영향을 미쳤다.

제6장의 주

1) 趙翼, 『二十二史劄記』 권30, 元代以江南官田賜臣下.
2) 『元史』 권22, 무종 본기 1.
3) 『元史』 권136, 拜住열전.
4) 『續文獻通考』 권1.
5) 『元史』 권131, 拜降열전.
6) 『通制條格』 권2, 投下收戶.
7) 『元史』 권116, 后妃열전.
8) 『元史』 권26, 인종본기.
9) 『元史』 권30, 태정제본기 2.
10) 蔣超伯의 『䠓瀼薈錄』 권1, 대호국인왕사소점지산에 의하면, "대도에 수전 28,663경 남짓, 한전 34,414경 23무 남짓 … 중략 … 또 하간·양양·강회 등지에 수전 13,651경, 한전 29,805경 68무 남짓이 있다(大都處, 水地二萬六千六百六十三頃有奇, 陸地三萬四千四百四十四頃二十三畝 有奇, … 중략 …又河間·襄陽·江淮等處, 水地一萬三千六百五十一頃, 陸地二萬九千八百五 頃六十八畝有奇)."
11) 許有任, 『乾明寺記』.
12) 『元史』 권30, 태정제 본기2.
13) 『元史』 권16, 세조본기.
14) 사원의 토지에 대한 부역의 면제는 제도로 정립되지는 않았다. 『元史』 권23, 무종본기에 의하면 무종시기 토지를 소유한 사원 가운데 租賦를 납부하지 않은 곳은 "과거의 제도에 따라 징수 (依舊制徵之)"한다는 규정이 있었다. 또 『원사』 권36 인종본기에 의하면 인종시기 승려들은 과거 송나라와 지금의 조정에서 역과 세를 면제받지 않은 곳의 토지와 민전에 대해 세를 납부해야 한다는 규정이 있었다.
15) 『元史』 권33, 문종본기 2.
16) 『宋史』 권424, 孫子秀열전.
17) 趙天麟, 『太平金鏡策』상; 『續文獻通考』 권1을 보라.
18) 『元史』 권20, 성종본기.
19) 『元史』 권130, 徹里열전.
20) 『元史』 권177, 吳元珪열전.
21) 楊瑀, 『山居新語』 49쪽.
22) 『元史』 권23, 武宗본기.
23) 『元史』 권18, 성종본기 1.
24) 이것의 근거는 주석에 명기하지 않는다. 여기에 대해서는 蔡美彪, 『中國通史』 6책, 1979를 참조.
25) 胡祗遹, 『紫山大全集』 권23, 丁粮地稅詳文.
26) 『元史』 권93, 식화지에 의하면 다음과 같다. "승려·도사·也里可溫·答失蠻·선비 가운데 무릇 농
27) 太宗 병신년의 조서에는, "당의 조용조법에 의거하라"고 제정했다. 여기에 대서는 『國朝文類』 권40, 世經大典序錄·賦典·賦稅'를 참조하라.
28) 여기에 대해서는 鄭學檬 주편, 『中國賦役制度史』, 제5장, 廈門大學出版社, 1993을 참고.
29) 蔡美彪, 『中國通史』, 제7책, 185쪽.
30) 魏初, 『靑崖集』 권4, 至元九年七月奏議.

31) 朱德潤, 『存復齋文集』 권10, 官實田.

32) 貢師泰, 『玩齋集』 권7, 上虞縣核田記.

33) 至順, 『鎭江誌』 권6, 賦稅.

34) 『續文獻通考』 직역2.

35) 『元史』 권184, 王都中열전.

36) 『元史』 권93, 식화지 경리.

37) 虞集, 『道園學古錄』 권15, 戶部尙書馬公墓碑.

38) 虞集, 『道園學古錄』 권41, 建寧路崇安縣尹鄒去思之碑.

39) 貢師泰, 『玩齋集』 권10, 餘桃州知州劉君墓誌銘.

40) 劉岳申, 『申齋文集』 권7, 淸江王縣尹去思錄.

41) 元淮, 『金困集』 農家.

42) 원나라에서는 지주의 私租를 감하자는 논의가 있었는데 이것은 바람직한 일이었다. 예컨대 『원사』 盧世榮열전에 의하면 세조 지원 22년 노세영은 사조의 줄일 것을 주장했고 그에 따라 그것을 실행했다. 『元典章』 권3 지원 23년에 "강남의 전주들이 거두어 들인 佃客의 租 2할을 면제하라는 조서를 내렸다(詔免江南田主所取佃客租二分)." 『원사』 성종본기에 의하면, 大德 8년 私人의 地租를 감면하라는 다음과 같은 令을 내렸다. "강남 전호가 부담하는 사조가 매우 무거우므로 10분을 비율로 하여 2할을 감하고 이를 예로 정하도록 하라(以江南佃戶私租太重, 以十分爲率, 減二分, 永爲定例)." 『원사』 무종본기에 의하면 至大 원년 紹興지역의 가뭄으로 말미암아 다음과 같은 令을 내렸다. "모든 전호는 전주에게 단지 4/10만 바치도록 하라(凡佃戶止輸田主十分之四)." 『원사』 순제본기에 의하면 至正 14년 "민간의 사조가 매우 무거우므로 10분을 비율로 하여 2분을 감하여 이를 예로써 영원히 정하도록 하라는 조서를 내렸다(詔諭民間, 私租太重, 以十分爲率, 普減二分, 永爲定例)." 이상의 논술을 통해 사조에 대한 감면이 전국적으로 조령을 통해 시행되었음을 확인할 수 있다.

43) 『元史』 권22, 문종본기.

44) 『元史』 권93, 식화지.

45) 『元史』 권177, 吳元珪열전.

46) 『元史』 권25, 인종본기 2.

47) 『元史』 권93, 식화지.

48) 그러나 이러한 社制는 이후 권귀지주의 권력 확장에 따라 점차 지주계급이 농민을 억압하는 도구로 변질되었으며, 里正과 社長은 탐관오리의 하수인으로 전락했다. 여기에 대해서는 '楊納, 「元代村社制硏究」, 『歷史硏究』, 1965년 4기'를 참조하라.

49) 社制의 시행과 함께 모든 鄕에서는 별도로 里長을 두어 차역과 세의 징수를 책임지고 치안을 유지하게 했는데, 이 사와 리가 결합된 것이 이갑제이다.

50) 王惲, 『秋潤大全集』 권31, 定奪黃河退漢德記.

51) 姚燧, 『牧庵文集』 권22, 江淮行省平章游公神道碑.

52) 『通則條格』 권29, 僧道. 군호에 따라 군역에 복부하였고 이는 부자가 서로 그 직을 이어갔으며 역에서 벗어나 일반민이 될 수 없었다. 역호는 각종 역의 일을 담당하는 이들로, 이들의 역의 무거웠으며 적에서 벗어나 민이 될 자유는 없었다. 군호와 역호는 모두 토지를 가졌지만 실제는 강제로 군역과 역의 역에 종사하는 자영농이었다. 다만 그들은 토지세를 면제 받았다.

53) 『元史』 권20, 성종본기 3.

54) 『元史』 권26, 인종본기 3.

55) 『元史』 권27, 영종본기 1.

56) 程鉅夫, 『雪樓集』권9, 大護國仁王寺恒産之碑.

57) 『元史』권34, 문종본기 3; 권 41 순제본기 4.

58) 王育民, 「元代人口考實」, 『歷史硏究』1992, 5기.

59) 『元史』권19, 성종본기 2.

60) 『元典章』권57, 刑部 19, 禁典雇.

61) 陶宗儀, 『南村輟耕錄』권17, 노비.

62) 『元史』권163, 張雄飛열전.

63) 『元史』권17, 세조본기.

64) 虞集, 『道圓字固錄』권15, 戶部尙書馬公神道墓碑.

65) 『元史』권170, 王利用열전.

66) 『元史』권170, 袁裕열전.

67) 『元史』권170, 雷膺열전.

68) 『元史』권159, 宋子貞열전. 이후 송자정은 이들 민호를 모두 주현으로 돌아가게 했다.

69) 『元史』권163, 張德輝열전.

70) 『牧庵集』권14, 平章蒙古公神道碑.

71) 몽고족이 통일되어 원을 건국하지 이전 제왕과 귀족들에게 토지와 민을 나누어주었는데 이 가운데 민호를 나누어 준 것을 '投下戶'라 했다. 이 가운데 일부는 제왕 귀족의 사속인 이었으므로 정부의 판적에 기재되지 않았다. 이러한 민호들은 軍政 합일의 千戶조직 편제에 따랐으나 국가의 軍籍에는 포함되지 않았다. 그들은 주인에게 公課를 납부해야 했는데 여기서 말한 공과는 양과 말을 납부하는 것이었다.

72) 『元史』권85, 백관 1, 兵部.

73) 『通制條格』권2, 戶令

74) 王育民, 「元代人口考實」, 『歷史硏究』1992년 5기를 참고. 호부의 판적에 기입되지 않은 각종 민호들은 民屯戶와 앞서 서술한 사원의 영업호를 포함하면 약 330만호가 된다.

75) 이 시기 대량의 노비도 출현하였다. 그들 중 일부는 자신의 몸을 팔아 노비가 되었다. 傅若金의 『傅與礪文集』권1 廉訪司趙公行狀의 기술에 의하면 山北의 민 가운데 스스로를 파는 민호가 매우 많았다. 노비 가운데 일부는 각종 죄로 인해 노비가 된 자도 있었다. 『元史』권104, 형법지에 의하면 모반, 금령을 어긴 자, 부패한 관직자들은 그 가산을 적몰하고 그 처자는 모두 노비로 삼았다. 이 외에도 많은 이들이 있었으나 여기서는 생략한다.

제7장 토지소유관계의 해체와 자본주의 맹아, 지주제 경제의 고도발전(명·청시기)

명·청시기는 중국 봉건사회 후기에 해당한다. 이 시기에 나타난 사회경제의 특징은 다음과 같다. 첫째, 봉건적 토지제도에 변화가 발생하여 지주계급이 차지한 경작지의 수가 상대적으로 감소하고 농민계급이 차지한 경작지의 수가 크게 증가하였다. 상품경제가 발전하던 상황에서 지주계급은 주로 매매를 통해 토지를 획득했고 특권을 이용한 토지 침탈은 감소하였다. 둘째, 지주와 전농(佃農) 사이의 봉건적 예속관계가 약화되어 점차 경제적 강제가 경제외적 강제를 대체해 나갔으며, 농민들은 보다 많은 신분적 자유를 획득하였다. 또한 노역노동은 자유 고용노동으로 전화해 갔다. 셋째, 지주계급 구성이 변화하였다. 명·청 이전 지주계급 구성은 주로 관신(官紳)지주들이 중심이 되었으나 명·청 이후 특히 청대에 이르러 서민지주가 급속히 성장했다. 호수(戶數)는 물론이고 소유지의 면적에서도 서민지주는 관료지주들의 그것을 넘어서 새로운 형태의 지주계급이 되었다. 넷째, 하나의 토지에 다수의 주인이 있는 '일전다주제(一田多主制)'라는 토지소유제가 발전해 가고 있었다. 다섯째, 지주제 경제의 고도 발전으로 인해 사회적 수요가 격증하였다. 만석지기의 부자 혹은 힘써 농사를 지어 집안을 일으킨 부호들은 경영을 통해 많은 이윤을 획득하려 했고, 이를 위해 수중의 화폐로 원료와 노동력을 구매하여 대규모의 생산을 진행하였다. 명나라 가정(嘉靖)·만력(萬曆) 이후, 특히 청나라 건륭(乾隆) 51년(1786) 이후 신분적으로 자유로웠던 고용 공인(工人)이 대량으로 출현했다. 따라서 화폐가 자본으로의 전화되어 중국에서 새로운 생산관계의 맹아가 발생했다. 이러한 맹아는 매우 미약했고 불완전했으며 시기에 따라 사라질 위험을 가지고 있었다. 그럼에도 그것은 중국 봉건사회가 이미 막다른 골목에 다다랐음을 현시했다. 봉건사회는 몰락의 길로 내달리고 있었고 새로운 자본주의적 생산관계가 봉건사회의 태내에서 성장하고 있었던 것이다. 이러한 새로운 생산관계는 오랜 발전과정 중에 지속되어 온 것이며 부단히 발전해 온 것이었다. 아래에서 필자들은 명·청시대 지주제 경제의 변화 발전을 개략적으로 살펴보려 한다.

제1절 명·청시기 토지소유 양상의 변화

1. 국유토지의 감소

관전(官田)은 중국 봉건사회에서 토지소유제의 한 형식이었다. 관전은 민간이 사유하고 있던 민전(民田)에 대응하는 말이다. 무릇 국가가 소유한 토지는 모두 관전(官田)이라 불렀다. 관전은 일반적으로 둔전(屯田), 황실의 장전(庄田), 미개간지, 강이나 바닷가의 퇴적지, 절호(絶戶)와 도호(逃戶)가 남긴 토지, 범죄자로부터 몰수한 토지 등 그 구성이 복잡하여 매 시기의 상황에 따라 관전의 내용은 차이가 있었다.[1]

기록에 따르면 명대 관전은 508,456경(頃),[2] 청대 관전은 692,021경 남짓하였다.[3]

1) 명·청시기 위소둔전(衛所屯田)의 사유화로 인한 관전의 감소

명대에는 각 황제의 재위시기에 따라 둔전의 다과는 차이가 있다. 예컨대 성화(成化) 23년(1487)에는 285,480경 남짓했고[4] 홍치(弘治) 10년(1497)에는 289,895경 남짓했으며 홍치 18년(1505)년에는 161,332여경으로 감소했다.[5] 만력(萬曆) 30년(1602)에는 635,343여경으로 급증하였다.[6] 다만 이 수는 유명무실했을 가능성이 높다.

조정의 규정에 의하면 둔전의 전매(典賣)는 엄금되었고 사사로이 전매를 하는 자가 있으면 둔전의 곡물을 원래의 수량대로 납부하는 것 이외에 매매한 쌍방이 처벌되었다.[7] 둔전이 침탈당해 몰래 판매되는 것을 방지하기 위해 조정에서는 항상 이것에 대한 감찰을 단행했다. 예를 들어 명 선덕(宣德) 6년(1431) 관군(官軍)들이 권세를 믿고 침탈하자 순무시랑(巡撫侍郎) 조신군(趙新軍)에게 지시해 각 군현의 위소둔전(衛所屯田)을 감찰하게 했다.[8] 또 응천순무(應天巡撫) 남침청(南忱

淸)에게 지시해 남경(南京) 각 위소둔전을 조사하게 했다.[9] 홍치(弘治) 14년(1501)에는 급사중어사(給事中御史)를 각 지역에 보내 둔전을 감찰했다.[10]

조정에서는 둔전을 유지하기 위한 정책을 자주 실시하였으나 둔전의 사유화를 저지할 수 없었고 선덕(宣德)이후 정책은 날로 무력화되었다.[11] 홍치 연간(1488~1505) 좌도어사(左都御史) 마문승(馬文升)은 원래의 둔전 가운데 "열 중 대여섯은 유명무실하게 되었습니다(十去其五六, 有名無實)"[12]라고 보고한 바 있다. 홍치 6년(1493) 또 어떤 이는 "둔전 가운데 대부분이 권세가에게 침탈당하거나 군사들에 의해 몰래 판매되어 징수한 군량의 수는 30%를 넘지 않습니다(屯田多爲勢家侵占, 或被軍士盜賣, 徵粮之數, 多不過三分)"[13]라는 보고를 올리기도 했다. 가정(嘉靖) 연간(1522~1566) 위환(魏煥)은 "지금 둔전은 열에 하나도 남아 있지 않습니다(今之屯田, 十無一存)."[14] 융경(隆慶) 6년(1572) 호부상서(戶部尙書) 마삼(馬森)은 국가 둔전 중 "열에 일곱 여덟은 사라졌습니다(十虧七八)"라고 보고했다.[15] 만력(萬曆) 말년, 대학사(大學士) 엽향고(葉向高)는 둔전에 대해 "대략 옛 둔전의 수에서 열에 예일곱이 감소했다(大約損故額十之六七)"[16]라고 말했다.

둔전에서 감소된 토지는 주로 사유지 및 민전(民田)으로 전화되었다. 특권을 가진 자들이 권세에 의지해 토지를 침탈한 것이 그 대다수를 차지했고 그 다음으로는 매매를 통해 민전으로 전환되었다. 마문승(馬文升)은 "둔전 가운데 대부분이 권세가에게 침탈당하거나 군사들에 의해 몰래 판매되었다(屯田多爲勢家侵占, 或被軍士盜賣)"[17]고 말했다. 실제 선덕(宣德) 연간(1426~1435) 도지휘첨사(都指揮僉事) 진회(陳懷)는 사천(四川)에 진주하면서 둔전을 침탈했다.[18] 이러한 현상은 홍치 말기에 이르러 더욱 심화되어 홍치 16년(1503) 요동순무(遼東巡撫) 장정(張鼎)은 "부유한 관리와 권세가들이 기회를 틈타 침탈하여 둔군(屯軍)이 군량을 배상하는 지경에 이르러 왕왕 도주하기도 합니다(豪官勢家, 承幾侵占, 屯軍迫于賠粮, 往往竊盜)"라고 보고했다.[19] 대학사(大學士) 양일청(楊一淸)은 가정 연간(1522~1566) "둔지 가운데 많은 곳이 침탈당해 장령의 집안과 부유한 집안의 것이 되어 둔군이 연말에 그 군량을 배상하는 지경에 이르렀다(屯地多侵沒于將領豪右之家, 以致屯軍終歲賠粮)"[20]고 했다. 아래 〈표 7-1〉는 『명실록』에 나타난 둔전 침탈의 상황을 정리한 것이다.

〈표 7-1〉 『명실록』 기재 호우들에 의한 둔전 침탈 사례

시기	제기자	내용개요	자료출처
정통(正統) 9년 11월 (1444)	서조종 (徐朝宗)	전례군(田禮軍)이 둔전 4,127여경을 침탈.	『영종(英宗)실록』 권123.
10년(1445) 8월	진의 (陳嶷)	부유하고 권세를 가진 자들이 이익을 탐하여 비옥한 둔전을 침탈하여 사사로이 경작.	『영종실록』 권132.
10년 5월	서조종 (徐朝宗)	양군(楊軍)이 둔전 3,445여 경을 침탈하여 경작.	『영종실록』 권178
성화(成化)원년 2월(1465)	공검 (工儉)	권호와 세요(勢要)들이 마음대로 경작함.	『헌종(憲宗)실록』 권14
12년(1476) 8월	장완 (蔣琬)	대동(大同)·선부(宣府) 등지의 비옥한 토지 수십만 경(頃)이 호우(豪右)들에게 강점 당함.	『헌종실록』 권156
18년(1482) 8월	병부 (兵部)	고홍(高洪) 등이 둔전(屯田)의 관리를 꾀함.	『헌종실록』 권231
20년(1484) 8월	모태 (毛泰)	요동의 무관들이 둔전의 군사들을 사역시키는 것을 금함.	『헌종실록』 권255
홍치(弘治) 6년 5월(1493)	마문승 (馬文升)	둔지의 대부분이 권세가에게 침탈당했거나 군사들에 의해 몰래 판매됨.	『효종(孝宗)실록』 권75
8년(1495) 6월	장태 (張泰)	감주(甘州)의 둔전 가운데 비옥한 곳은 태감(太監)과 총병(總兵)에게 점거당함.	『효종실록』 권101
15년(1502) 6월	동량 (東梁)	옛 군(軍)의 좋은 땅 중 대부분은 진수관(鎭守官)이 점거하여 경작함.	『효종실록』 권188
16년(1503) 2월	장정 (張鼎)	요동(遼東)의 둔전은 관호와 세가들이 기회를 틈타 점탈했음.	『효종실록』 권196
17년(1504) 10월	왕승유등 (王承裕)	하남(河南) 창덕위(彰德衛)의 땅 287경, 산동(山東) 청주좌위(靑州左衛)의 땅 68경을 이전에 왕부의 요청으로 말미암아 하사함.	『효종실록』 권196
정덕(正德) 원년 5월(1506)	호부 (戶部)	서울에 있는 불교 사원이 멋대로 선부(宣府)의 둔전을 장악하였는데, 곳이 10여 곳이나 됨.	『무종(武宗)실록』 권13
가정(嘉靖) 9년 5월(1530)	곽등강 (郭登康)	유수위(楡樹衛)의 관리들이 둔전을 점탈하여 경작하면서 군졸들을 사사로이 사역시킴.	『세종(世宗)실록』 권113
11년 6월(1532)	장유원 (張惟怨)	근래 둔전의 장부가 명확하지 않아 그 토지가 부호들의 것이 됨.	『세종실록』 권139
13년 7월(1534)	축영 (祝咏)	감숙의 둔전은 이름만 있을 뿐 실체는 없음.	『세종실록』 권165
융경(隆慶) 3년 2월(1569)	방상붕 (龐尙鵬)	감숙에서는 둔전을 사사로이 전매함.	『목종(穆宗)실록』 권29
만력(萬曆) 3년 2월(1575)	은정 (殷正)	소위 황폐하고 유실되었다 등의 이유로 둔전의 대부분이 간사한 부호들에게 점거당함.	『신종(神宗)실록』 권48
3년 10월	왕계광 (王繼光)	장관(將官)들이 비옥한 토지를 침탈하고, 위관(衛官)들은 도망한 호의 토지를 차지하며 부호들은 위조하여 경작하지 않는 둔전에서 농사를 짓고 있음.	
천계(天啓) 3년 2월(1623)	서영도 (舒榮都)	초(楚)의 땅은 가난한 군사들의 밭이었으나 부자들의 소유가 되었고 군사들의 밭을 분할해 군관들이 차지함.	『희종(熹宗)실록』 권261

왕위취엔[王毓銓]이 집록한 자료에 의하면, 선덕(宣德)에서 숭정(崇禎)에 이르는 시기(1426~1644) 명나라의 훈귀와 무관들이 둔전을 침탈한 것은 모두 138건에 달했다. 이 중 철저한 조사, 금령, 그리고 논의한 14건을 제외한 124건 가운데 120건은 세력을 믿고 침탈한 것이고 단지 4건만이 몰래 매매한 것이었다.[21]

전매(典賣) 역시 둔전 감소의 주요한 방식이었다. 정덕(正德) 5년(1510) 계주(薊州) 동흥위(東興衛)의 "둔전 가운데 다수가 침탈당해 몰래 매매되었으며 그 토지의 전조(田租)는 그 해가 끝날 때까지 납부되지 않았다."[22] 가정(嘉靖)·융경(隆慶) 시기에는 바닷가 인근의 둔전(屯田)을 "사사로이 전매하여 땅이 없어질 지경이었다(其間私相典賣者無地無之)." 그리하여 혹자는 "한 뙈기의 토지라도 그 주인의 이름은 10번이나 바뀌었다(每田一分蓋不啻十易姓矣)"[23]라고 말하기도 했다. 천계(天啓) 3년(1623) 호북(湖北)의 군둔전 가운데 상당수는 전매에 의해 감소되었다.[24] 숭정(崇禎) 2년(1628) 운남도어사(雲南道御史) 모우건(毛羽健)은 둔전이 사사로이 전매되던 상황에 대해 이렇게 말했다. "군사들은 둔전의 대장이 없어 징발에서 면제될 수 있다는 것을 이롭게 여겨 사사로이 서로 판매합니다. 부자들은 둔전에 부세가 없어 부세 징수에서 면제될 수 있다는 것을 이롭게 여겨 사사로이 매입합니다. 관리들은 군사들의 도주를 이용하여 둔전의 이익을 거둘 수 있다는 것을 이롭게 여겨 그 사사로운 매매를 방임하여 힘써 추포하지 않습니다(軍士利于屯田之去籍可以免徵伍也, 則私相賣. 豪右利于屯田之無賦可以免徵輸也, 則私相買. 官吏利用軍士之逃亡可以收屯利也, 則任其私相賣買以莫肯追捕)."[25]

둔전이 침탈당해 전매되어 둔전에서 수확이 이루어지지 않게 되자 재정지출이 급증하였고 이러한 상황을 타개하기 위해 둔전을 고쳐 민전(民田)으로 삼았는데 이것은 하나의 필연적 추세가 되었다. 명나라 중엽이후 적지 않은 사람들이 이 문제에 대해 논했는데, 가정(嘉靖) 초 임희원(林希元)은 "둔전의 설치는 본래 먹거리를 풍족하게 하여 군량이 진실로 부족하지 않게 되는 것은 이뿐이니 반드시 군에 필요한 것입니다(屯田之設本在足食, 粮苟不虧斯已矣, 苟必軍乎)"[26]라고 말했다. 이후 이정기(李廷機) 역시 "농사지을 수 있어 그것을 생업으로 삼아야 소송이 없게 된다(有能墾種悉與爲業, 毋有所詞)"[27]고 말했다. 고염무(顧炎武) 역시 "둔전의 허명(虛名)에 힘쓰지 않으려면 먼저 개간된 토지의 실제 이익을 헤아려야 한다(無事屯田之虛名, 而先計墾田之實利)"[28]는 점을 명확히 했다.

둔전이 위법하게 계속 감소하던 상황을 타개하기 위해 명나라 중엽 이후 둔전에 대한 개혁을 단행하기 시작했고 그 일환으로 황무지를 개간해 둔전으로 삼

았다. 황무지의 개간자들이 곡식을 납부하면 영원토록 자신의 재산(業)으로 삼을
수 있게 했다. 개간을 통해 국유지가 사유지로 전환되었고 군전(軍田)이 민전(民
田)으로 바뀐 것이다.

가정(嘉靖)초기 직예순안어사(直隷巡按御史) 방일건(方日乾)은 황무지 둔전의
개간을 장려하기를 요청하면서 "군인·민간인·승려·도교도사 등 출신에 구애되지
말고 각각 개간하기 편하게 여기는 곳을 개간할 수 있도록 허락하고(不拘軍民僧
道之家, 聽其各擇所便開墾)", "무(畝)를 헤아려 세를 정하며 첩문을 지급하여 경작
할 수 있도록 할 것(計畝正稅, 給帖承耕)"을 건의했다. 방일건은 또 남경(南京)·화
양(和陽)·진남(鎭南)의 군위(軍衛)에 있는 황무지 300여 경을 개간한 후, 그 땅이
비옥해지기를 기다려 "만약 역을 맡아 그 업을 회복한 군인이 아니라면(如無補役
復業之軍)" 개간한 민에게 문서를 발급하여 "영원히 자신의 생업으로 삼도록 했
다(永爲其業)."[29] 가정 9년(1530) 명 조정은 남경·진남 등의 위(衛)에 있는 황무지
둔전을 사람들이 개간할 수 있도록 해 "그 땅이 비옥해지기를 기다린 후 과거 납
부하던 것에 비추어 영원토록 그 땅을 경작할 수 있도록 하되 역을 맡아 그 업을
회복한 자들이 쟁송하는 것을 허락하지 않았다(待成熟之後照舊納, 仍令永遠管業,
不許補役復業者告爭)."[30] 융경(隆慶) 4년(1570) 연수(延綏)의 둔전을 명백하게 조사
할 때, 사인(私人)에게 침탈당한 둔전을 가장 먼저 고발한 자에게 해당 둔전을 지
급하여 영업(永業)으로 삼도록 했으며, 관할하던 둔전호 가운데 탈점된 둔전을
찾아낸 자에게는 그 둔전의 4/10를 지급해 자신의 재산으로 삼도록 했다. 군인
가운데 황폐한 둔전을 개간한 자에게도 그 땅을 주어 그의 재산으로 삼게했다.[31]
만력(萬曆) 3년(1575)에는 다음과 같이 정했다. 각 위(衛)에서 지키고 있는 둔전은
조사에 따라 만약 경작할 사람이 없는 곳은 성을 지키는 군사에게 지급하여 개
간하게 하고 그 군인은 25무(畝)당 조(粟) 11석을 납부케 할 것이며 "개간된 전지
는 경작자에게 지급하여 영원토록 자산으로 삼도록 했다(所墾田地給與執照, 永爲
己業)."[32] 만력 연간(1573~1620) 대학사(大學士) 이정기(李廷機)는 둔전을 개간해 경
작할 수 있는 자는 그 둔전을 자산으로 삼을 수 있게 하라는 건의를 올렸다.[33]
만력 29년(1601) 천진(天津)의 둔전에 대한 일을 논의할 때 호부는 다음과 같은 견
해를 제출했다. "부유한 주민과 남부지역 사람 가운데 자본을 가진 자를 불러 모
아 둔전의 경작을 허락하되 적을 경우는 50무 많아도 1~2경을 넘지 않게 하시고,
남부지역의 수전에서 벼를 심었을 때에 견주어 첫해에는 과세를 면제해 주며 그
다음해부터 매 무당 도미(稻米) 5두를 거두십시오. 수년이 지난 후에는 그들의 세

업(世業)으로 삼도록 하소서(召募殷實居民及南人有資本者聽其承種, 少或五十畝, 多不過一二頃, 悉令依照南方取水種稻, 本年姑免起科, 次年每畝定收稻米五斗. 數年之後, 永爲世業)."[34] 숭정(崇禎) 연간(1628~1643), 급사중(給事中) 왕시형(汪始亨)은 "군인이 경작했는지 민간인이 경작했는지를 논하지 말고 민전의 예에 따라 세금을 거두라(無論軍種民種, 一照民田起科)"는 건의를 올렸다가 조정에서 비판을 받았다.[35]

청대 관전의 민전화는 주로 명전(名田)의 획발(劃撥)[1]을 통해 조(租)를 세(稅)로 바꾸는 것과 기지(旗地)와 둔전에 대한 전매를 통해 이루어졌다. 청대 초기의 규정에 의하면 관전은 전매가 허락되지 않아 만약 전매하면 법에 따라 벌을 받았다. 『대청율례(大淸律例)』 전택 도매(盜賣)에 대한 규정에 의하면, "무릇 (다른 사람의 전택을) 판매했는데 … 중략 … 전 1무와 가옥 1간 이하이면 태 50이고 매전 5무와 가옥 3간 당 1등을 더하며 해당 죄는 태 80과 도(徒) 3년을 넘지 않았다(凡盜賣, … 중략 … 田一畝屋一間以下笞五十, 每田五畝屋三間加一等, 罪止八十徒三年)." 전택 전매에 대한 항목에서는 "민간에서 사사로이 군전을 은닉하고도 먼저 신고하지 않으면 1무에서 5무까지는 태 40, 매 5무당 1등급씩을 더하되 그 죄는 장 100을 넘지 않는다(民間私頂軍田匿不首報, 一畝至五畝笞四十, 每五畝加一等, 罪止杖一百)." 다른 규정에 의하면, "기지와 기방은 민간인에 대한 전매를 허용하지 않으니 만약 법이 있는데도 차명으로 사사로이 전매하는 자가 있으면 그 업주(業主)와 구주(舊主)는 모두 율을 어긴 것으로 간주해 죄로 다스릴 것이며, 그 땅과 건물은 은으로 환산해 모두 관으로 몰수하고 감독하지 못한 해당 관리는 엄중히 처벌하도록 했다(旗地旗房旣不准民人典買, 如有設法借名私行典賣者, 業主·舊主俱照違制律治罪, 地畝房間價銀一幷撤追入官, 失察該管官俱交部嚴加議處)."[36] 이상에서처럼 그 규정은 매우 엄격했다.

청대 관전(官田)의 민전(民田)화는 경명전(更名田)으로부터 시작되었는데, 명대 "번봉의 재산(藩封之産)"이 직예(直隷 ; 하북)·산동(山東)·산서(山西)·섬서(陝西)·감숙(甘肅)·강서(江西)·호북(湖北)·호남(湖南) 등의 성에 산재해 있었다. 『광서회전(光緖會典)』의 기록에 의하면, 섬서(陝西)·산서(山西)·하남(河南)·호북(湖北)·호남(湖南)의 다섯 성에는 경명전(更名田) 1,690여 만 무가 있었으며[37] 만약 계산에 포함되지 않은 직예(直隷)·감숙(甘肅)·산동(山東)·강서(江西) 여러 성에 있는

---

1) 역주 - 획발은 토지사용자가 군현에 보상금을 지불하고 국유토지에 대한 사용권을 획득하는 것을 말한다.

폐지된 번(藩)의 토지를 포함한다면 이들 경작지는 2천만 무(畝)정도 될 것이다. 순치(順治) 원년(1644)부터 청조정은 "과거 명나라의 훈척과 내감이 소유한 토지를 거두어 빈민에게 분급하여 경작케 하라(收故明勳戚內監田産分給貧民耕種)"[38]는 지시를 여러 차례 내린 바 있다. 또 순치 3년(1646) 병부급사중(兵部給事中) 이운장(李運長)은 다음과 같이 건의하기도 했다. "민인들에게 토지를 보충해 줄 때에는 마땅히 그 집이 가난하여 토지가 작은 자로부터 시작해야 합니다. … 중략 … 청컨대 먼저 옛 명나라 훈척·내감·황실의 장원·군둔전을 빈민에게 지급하소서(補給民人地畝, 宜從戶貧地少者始 … 중략 … 請先將故明勳戚內監皇莊軍屯補與貧民)." 또 강희(康熙) 9년(1670)에는 이렇게 규정했다. "직예 각 성에 있는 폐지된 번(藩)의 토지는 지(旨)를 받들어 그 매입개(易價)없이 민호의 것으로 고쳐 이름을 경명지(更名地)라 하라. … 중략 … 민전의 예와 같이 세금을 납부하되 그 지대[租]의 납부는 면제한다(直隷各省廢藩田産, 奉旨免其易價, 改之民戶, 名爲更名地 … 중략 … 著與民田一例輸粮, 免其納租)."[39] 폐지된 번(藩)의 토지가 빈민에게 지급되는 과정에서 특별히 "관아의 서리들이 침탈하거나 토호들이 점거하는 것을 금하도록(不許官胥侵漁, 土豪占耕)"[40] 규정했다. 폐지된 번의 토지는 주로 정치권력에 의해서 민전으로 전화되었고 경작지를 직접 민호들에게 분급했다.

　기지(旗地) 및 둔전의 민전화는 전매(典賣) 형식을 통해 진행되어 경명전과 판이했다. 기지(旗地)의 전매는 일찍이 강희(康熙)연간(1662~1722)부터 시작되었다. 기인(旗人)들은 토지의 경작에 익숙하지 않았고 인구가 날로 증가하며 빈부가 분화되므로 인해 기지는 점차 전매되기 시작했다. 옹정(擁正)초년 청 조정은 기지를 조사한 뒤, 국고로 전매된 기지를 구입해 본래 주인에게 되돌려 주었다.[41] 구매하여 되돌린 것은 기지의 민전화를 완화시키긴 했으나 그것의 전매를 차단하지는 못했다. 건륭(乾隆) 9년(1744) 『호부회속기지주의(戶部回贖旗地奏議)』에는 "삼가 서울 근교 주현을 조사하니 토지 가운데 상당수가 점거되어 민 가운데 일부만이 항산(토지)을 가지고 매번 기인이 토지를 전매할 때면 비싼 값을 내어 전당을 잡으려 합니다. … 중략 … 기인의 세업을 바라는 것이 풍속이 되고 민인은 재산을 쌓습니다(伏查近京州縣, 地多圈占, 民鮮恒業, 每遇旗人出典地畝, 有情願多出重價置典者, … 중략 … 俗欲以旗人之世業, 權作民人之祖産)."[42] 협리산서도사(協理山西道事)·감찰어사(監察御史) 녹겸재(祿謙在)가 "민인들이 차명으로 기지를 전당잡아 구입하는 폐단이 있으니 마땅히 엄격히 금지하소서(民人借名典買旗地之弊, 宜嚴行禁止)"라고 건의하면서, 원래는 민간에서 기지를 전당잡아 구매하는 것을 불허하는 규정이 정해져 있었으나 이후 시간이 지나면서 법이 느슨해져 "간교한 무리들이 기회를 엿보면서 처음에는 차경하며 지대를 납부했으나 이후에는 계속 전미(錢米)를 빌려주어 이자 위에 이자가 붙어 3~5년이 되지 않아 전호(佃戶)가 도리어 채권자가 되어 끝내는 햇수를 계산해 해당 토지를 자신의 것으로 만듭니다. 혹은 지주가 잠시 궁핍한 경우 값싸게 토지를 전매(典賣)하여 민인들이 그것을 소유하게 됩니다. 이에 기인이 가진 토지 가운데 민간인의 소유가 된 것이 예 일곱이나 되어, 기인들 가운데 상당수가 재산을 잃어 버렸습니다(狡詰之徒見機生心, 始則租種交粮, 繼則借給錢米, 利上坐利, 不三五年, 佃戶反成債主, 竟將地畝算去者有之. 或地主一時窮乏, 賤價典賣與民人者有之. 又時旗人地畝入于民間者十之六七, 以致旗人多失産業)."[43]

민인들이 기지를 전매한 사례는 매우 많다. 『청대의 기지(淸代的旗地)』에는 많은 사례가 기재되어 있는데 여기서는 몇몇 사례만 들어 볼 것이다. 상황기(廂黃旗)의 장정 설천상(薛天相)은 조상이 남긴 토지 4무가 북안하(北安河 : 지금의 北京 海淀區)에 위치하고 있었는데, "형편이 곤궁하여 왕보아(王保兒)를 보증인으로 하고, 고천가(顧天嘉)를 대서인(代書人)으로 하며, 건륭(乾隆) 58년(1793)에 전(錢) 138조(吊)을 받고 완평현(宛平縣) 사람 곽흥안(郭興安)에게 토지를 전당잡혀 경작하게 하였는데 그때 (곽흥안으로부터) 돈이 도착하면 갚기로 약속하여 정했다(身因窮苦乏用, 挽中保人王保兒, 代書人顧天嘉二人, 于乾隆五十八年, 得典錢一百三十八吊, 出典與宛平縣人郭興安承種, 彼時約定, 錢到准贖)." 난주현(灤州縣)의 민인 장세개(張世介)는 상황기(廂黃旗)의 포의(包衣)[2] 영태(永太) 예하에 있던 하인 오동(吳桐)의 기지(旗地) 32무에 지대를 납부하고 있었는데, "매년 전(錢) 12조(吊)를 지대로 납부했다. 장세개(張世介)의 부친 장환(張煥)은 이 토지를 이한량(李漢梁)에게 담보로 주었다. 이한량의 아들 이사영(李士英)은 다시 이 32무의 땅을 나누어 장가신(張可新)에게 8무, 장흥국(張興國)에게 4무, 장세준(張世俊)에게 8무, 장우태(張遇太)에게 8무, 장회례(張懷禮)에게 4무씩을 담보로 주었는데 땅 값이 720조(吊)였다(每年出租東錢十二吊八百文, 世介父張煥又把地當給李漢梁. 漢梁之子李士英又把這三十二畝分別當給張可新八畝, 張興國四畝, 張世俊八畝, 張遇太八畝, 張懷禮四畝, 地價七百二十吊)." 종실 선서(善舒)는 그 숙부 중린(中麟)이 기지(旗地)를 민인에게

---

2) 역주 - 포의는 청대 조정이 8기에 속한 만주 상층 관료들에게 사여한 이들로 이들은 각종 생활에서 소요되는 업무를 담당하였다. 포의는 만주어 포의아합(包衣阿哈)의 약칭이다. 포의는 '가족내'라는 뜻이고 아합은 하인을 뜻한다.

전당잡혔다고 보고했다. 그는 이렇게 말했다. "이전에 집안의 무덤을 지키던 가인(家人) 덕곤(德琨)이 보고하기를 무덤 동쪽의 땅 1경 20무는 덕곤의 숙부가 문서(紅契)[3]를 가지고 가서 민인 유일(劉一)에게 전당 잡혀 영수증을 받았고, 무덤 북쪽의 20무는 민인 송관(宋寬)에게 소유권을 전당 잡혔으며, 80무의 땅은 다섯으로 나누어 고로(高老)에게 전당 잡혀 경작하게 했다(前据守墳塋家人德琨指稱, 墳東之地一頃二十畝, 系身胞叔將紅契跟隨典與民人劉一收執, 又將墳北二十畝典與民人宋寬名下, 又地八十畝五分田給高老承種)."[44] 이런 유형의 기록은 매우 많아 일일이 열거할 수 없을 지경이다. 이것은 기지를 전매(典賣)한 사람이 종실사람 혹은 그 전장의 관리인도 있었으며 특히 기(旗)에 소속된 장정들도 포함되어 있었음을 보여준다. 그들은 생활과정에서 사치, 생계곤란으로 말미암아 스스로의 판매하거나 장전(莊田)을 도매(盜賣)하였고, 이로 인해 기지는 심각하게 감소되었다.

청 조정에서는 기지의 민전화를 방지하기 위해 옹정(擁正) 8년(1730) 이후, 공금을 이용하여 민인에게 전매(典賣)된 기지를 원가로 갚아 기지를 복귀시키기 시작했다. 건륭(乾隆) 연간(1736~1795) 청 조정은 4차례에 걸쳐 대규모로 기지를 회복시켰고 이때 회복된 기지는 총 27,813.82경(頃)이었다.[45] 비록 기지를 회복시키려는 시도를 했으나 회복된 기지는 얼마 되지 않았다.

청 조정이 힘써 기지의 민전화를 방지하려 했으나 성공하지 못했다. 이는 정책적 요인도 있고 관인들이 적극적으로 힘쓰지 않은 점도 있으나, 보다 주요한 요인은 청조정이 빈부로 인한 계층분화를 해결할 만한 힘이 없었기 때문이었다.

정책적 요인은 2가지 측면에서 나타난다. 첫째는 기지 회복의 연한을 옹정 이후로 정한 것이다. 호부(戶部)는 "강희연간에 전매(典賣)된 것은 회복하지 않는다(其在康熙年間典賣者, 槪不准贖)"고 결정했다. 호부는 세월이 너무 지났다고 판단한 것이다. 쌍방 간의 담당자가 없고 보증인 역시 있지 않아 한쪽에서는 전당잡힌 것이라 해도 다른 한쪽에서는 구매한 것이라 했고 심지어 그 가격 역시 서로 달랐다. 더욱이 강희 연간에 전매(典賣)된 땅은 당시까지 많으면 80~90년 적어도 30~40년은 지나 그것을 판매한 사람은 다시 환속(還贖)시킬 도리가 없었고 전당잡은 사람도 이미 그것을 다른 곳에 판매해 버려 현재의 주인을 찾기도 어려웠다.[46] 이는 강희 연간에 민간에게 전매(典賣)된 기지를 합법화 한 것이다. 둘째, 기민(旗民)의 양자(養子)에게는 기지를 가지고 기를 나가는 것이 허용되었다. 건

---

3) 역주 - 과거 부동산의 매매하거나 저당 잡힐 때 관아로부터 공인받은 문서.

륭 23년(1758) 호부에서는 "별도로 당안(檔案)에 기록하거나 양자가 호를 열 때에는 모두 기를 나가 민이 되는 것을 허락하고 가지고 있던 본인의 토지도 가지고 나갈 수 있도록 할 것(另記檔案及養子開戶人等, 俱准其出旗爲民, 所有本身田産, 并許其帶往)"[47]을 건의하여 비준 받았다. 이처럼 일부 기지가 된 토지도 분할되어 나갔고 이와 더불어 기의 재산은 민의 그것이 되었다.

기지의 회복이 청 조정에 의해 매우 중시되었음에도 불구하고, 관원들이 구체적으로 이 정책을 집행해 나갈 때에 그것은 충분히 착실하게 수행하지 않아 일을 책임지지 않거나 연루되는 것을 염려했다. 혁덕(赫德)은 주절(奏折)[4]에서 이렇게 말했다. 패주군(覇州軍)의 57개 주(州)·현(縣)·위(衛)에 있는 기지의 전매(典賣) 상황을 조사하여 민들이 기지를 전당으로 잡은 옛 문서를 찾아내었는데 확인된 기지는 9,000여 경 이었습니다. 북경 500리 이내의 지역은 대개 기지가 많았는데 강희 2~30년부터 지금에 이르기까지 계속 전당으로 내놓은 것이 많고 그것을 다시 되돌린 것은 적으니 수십년이래 이러한 수치는 변화가 없었습니다.[48] 또 광서(光緒) 『회전사례(會典事例)』에 의하면, "민이 전매한 기지는 최소 수백만무이고 그 땅을 전매한 민인도 최소 수십만호였다(民典旗地不下數百萬畝, 典地民人不下數十萬戶)."[49] 주(州)·현(縣)·위(衛)의 관원들은 "그 일을 책임지려 하지 않거나 토지를 환속(還贖)하는 일에 연루될 것만 두려워하여 받들어 행하는 것을 건성으로 하지 않는 자가 없었다(畏事, 惟恐贖地一事紛繁拖累, 故奉行不無草率)."[50] 제대로 조사되지 않았기 때문에 많은 전매(典賣)된 기지는 환속(還贖)되지 못했고 이런 이유로 기지의 민전화는 증대되었다.

기지 민전화의 참된 이유는 청나라 정부가 빈부의 계급분화를 해결하지 못했기 때문이었다. 건륭(乾隆) 10년(1745) 혁덕(赫德)은 기인들은 급히 쓸 용도가 있으면 묻지도 않고 빌려 비록 문서를 팔지 못하도록 해도 이름을 바꾸어 노전(老典)이라 하니, 그 실상은 판매하는 것과 다름이 없습니다[51]라고 했다. 가경(嘉慶) 11년(1806), 부준(富俊)·영린(榮麟)·오성액(伍城額)이 올린 상소에서는 이러한 점이 명확하게 드러난다. "삼가 성경(盛京) 인근의 기지를 조사해 보니 자신이 경작하는 자는 반도 되지 않고 대다수는 민인에게 빌려주어 경작하게 합니다. 한때 급한 일이 있어 차대하면 그 지대를 팔아 전당으로 잡았고 마침내 이러한 폐단이 쌓여 기의 재산은 기의 소유가 아니게 되었습니다(伏査盛京旗地, 本身耕種者十不

---

4) 역주 - 주절은 정대 관리가 황제에게 보고하던 문서를 말한다. 접혀진 책에 썼다고 해서 奏摺 혹은 摺子라고도 했다.

及牛, 大率租與民人耕種, 一時緩急相通, 借貸在所不免, 久之易租爲典, 遂成積弊, 旗産不爲旗有)." 그들은 이어 이렇게 힘주어 말했다. "옛 문서를 검열할 때는 1차례의 조사에만 그치지 말고 사건을 매듭지어야 하며 10년 이상의 것도 살펴야 합니다(檢閱舊券, 淸査幷非一次, 辦結后, 越十餘年復蹈故轍)."[52] 빈약한 소농경제 때문에 빈곤에 발버둥 치던 기민(旗民)들은 비록 조정에서 그들이 이미 상실했던 땅을 되찾는 것을 도와주었음에도 조정이 그들 모두를 부유하게 할 만한 방법이 없는 한, 천재(天災)나 인재(人災)를 만나면 늘 파산했다. 더구나 기인(旗人)들은 농사에 능하지 않았으므로 상황은 더욱 악화될 수밖에 없었다.

청대 둔전(屯田)의 민전화는 주로 조운둔전(漕運屯田)의 민전화를 의미했고 이는 청 중엽이후 더욱 가속화되었다. 건륭 11년(1746) 고종황제는 다음의 조서를 반포했다. "군민 가운데 스스로의 비용과 장비를 들여 개간한 것은 자신의 것으로 삼게 하고, 돈을 받아 배로 돌아가는 것을 면제해 주되 나루[津]에서 조운 중 모손된 것은 은으로 거두는 사례를 따르라(君民自費公本開墾給照爲業, 免贖歸船, 照例津銀貼運)."[53] 절강(浙江)의 『가선현지(嘉善縣誌)』에 의하면, 함풍(咸豊) 10년(1860) 전쟁 후 둔전 가운데 "황무지가 된 것이 많고 더구나 토민들이 은닉하고 타향 사람들이 차지하며 개간하니 둔전 가운데 남아 있는 것이 거의 없었다(荒白居多, 加以土民隱匿, 客籍占墾, 屯田之存益寥寥無幾矣)."[54] 강남 무평위(武平衛)는 통폐합된 후, 이 위(衛)가 있던 강남의 저현(雎縣)·록읍(鹿邑)·자성(柘城)·태강(太康) 네 주현은 둔전은 민전이 되었고, 이로 인해 각 주현에서 지정전(地丁錢)을 징수하자 그것을 납부하는 호들은 완전한 소유권을 취득했다. 매매는 둔전 민전화의 또 다른 주요한 길이었다. 동치(同治) 연간(1862~1874) 이종희(李宗義)는 이렇게 건의했다. "상원(上元)·강녕(江寧)·구용(句容)·강포(江浦)·육합(六合) 등의 현이 가진 둔전은 모두 민전과 뒤섞여 있고 … 중략 … 둔전이 가장 많은 육합현과 가장 적은 구용현의 경우 민전과 둔전의 구분이 가능하지만, … 중략 … 그 나머지 상원·강녕 등의 현은 민전과 둔전이 혼재하여 구분할 수 없습니다. 둔전은 나루에서 조운 중 모손된 것을 납부하는 정(丁)의 재산이어서 전매(典賣)를 엄금하고 있으나 사사로이 서로 주고받아 모두 자신의 것으로 삼고 스스로 법을 어긴 것을 알고도 대다수는 그것을 숨깁니다. 건륭과 가경 연간에 수차례 그것을 바로잡으려 했으나 끝내 실현되지 못하였습니다(上元·江寧·句容·江浦·六合等縣, 皆有屯田夾雜民田之內 … 중략 … 除屯田最多之六合縣, 幷最少之句容縣, 民屯間相能區分 … 중략 … 其餘上元·江寧等實皆民屯錯雜, 莫可辯認. 屯田爲津貼運丁世産, 例嚴

典賣, 然私相授受, 隨處皆有, 自知違例, 每多隱諱. 乾隆·嘉慶年間, 歷次淸理, 卒未得實). "55)

또 장지동(張之洞)은 이렇게 말했다. 호광(湖廣)의 둔전은 "땅이 나누어져 있어 여러 현에 분산되어 있는데, 명나라이래로부터 그 역사가 오래되어 그 땅은 모두 그 주인이 여러 차례 바뀌어도 그것을 근절할 수 없었습니다. 둔전의 법에 둔전의 판매를 허용하지 않으나 단지 전매의 문서만 작성해도 그 실상은 판매와 다를 바 없었습니다. 위(衛)의 수령이 (해당지역의) 조위서(漕委署)로 가도 길이 멀고 땅이 생소하여 둔전이 어느 곳에 있는지도 모르며, 둔전의 장부마저 서리(書吏)의 수중에 있어 그 땅이 황무지인지 경작지인지 해당 호가 있는지 없는지는 단지 서리의 말만을 믿을 뿐이니 위의 관리는 자신의 뜻을 이룰 수 없어 단지 경비만 요구할 뿐입니다(地段零散, 分在各縣, 自明以來, 歷年已久, 其田皆輾轉易主, 幷不逃絶. 屯田例不准賣, 故但書典契, 其實與賣無異, 衛守備向鷄漕委署, 路遠地生, 幷不知地何處, 冊籍全在書吏手中, 其地之荒熟, 戶之完欠, 但憑書吏之言, 衛官茫然不如, 惟索規費而已). "56)

둔정(屯丁)이 둔전을 전매(典賣)한 사례는 적지 않은데, 양주위(揚州衛) 의진방(儀眞幇) 둔전의 원래 액수는 171,277무였으나 32,993무인 29.23%의 땅이 전매되었다. 이러한 수치는 각 위에서 전매된 토지 가운데 가장 적은 것이었다. 양주위 두방(頭幇) 둔전의 원래 액수는 37,740무였으나 전매된 토지는 많은 경우 29,244무에 달해 전체 토지의 70.08%를 점했다. 여주위(廬州衛) 두이삼방(頭二三幇) 둔전의 원래 액수는 208,700무였으나 전체 72.35%인 151,100무의 토지가 전매되었다. 화주위(和州衛) 둔전의 원래 액수는 449,473무였으나 연이어 전매되어 남아 있는 것이 거의 없게 되었다.57)

"기민 재산 매매[旗民交産]"의 사실은 그것을 끊임없이 금지한 조칙에서도 확인된다. 함풍(咸豊) 2년(1852)에 이르러 매매의 풍조가 극렬해 지던 상황에서 청정부는 "기인의 토지에 대한 민인의 전매 불허(旗人之畝不許民人典賣)"의 금령을 해제했고 "기민 재산의 매매[旗民交産]"를 허용한다고 선포했다.58) 이때에 이르러 명·청 두 왕조에서 유구하게 유지되어 온 "관전의 전매를 엄금(官田嚴禁典賣)"하는 금령이 마침내 역사의 물결에 의해 쓸려 나갔다. 이제 관전 전매는 합법화되어 법률적으로 보장받게 되었다. 제방이 무너지자 관전의 민전화는 가속화되었다.

명·청시기의 둔전과 청대의 장전(莊田)은 모두 국가가 토지소유자인 동시에 권리 행사자이며 생산자 농민과 대립하고 있었다. 이런 상황에서 둔군(屯軍)·장정(壯丁)은 정치·경제적 측면에서 국가와 봉건적 예속관계를 형성하고 있었다. 지주제 경제의 기초위에 수립한 집권적 국가기구는 경작농민에 대해 실시한 경제외적 강제는 매우 가혹하여 경작농민에게 신분적 자유를 상실하게 했으며 엄중한 봉건적 착취를 행했다. 둔전(屯田)·기지(旗地)의 민전화는 둔군과 장정을 해방시켰으며 활성화된 토지매매는 점차 봉건전 토지소유관계를 해체시켜 나갔다.

2) 명·청시기, 관전(官田) 사유화의 또 하나의 길

훈귀들이 사유한 토지의 확대는 관전사유화의 또 다른 길이었다. 명대와 청대에 훈귀들의 관전 침탈은 차이가 있었다. 명대 훈귀들은 걸사(乞賜)를 통해 관전을 획득했는데 그 수가 많았을 뿐 아니라 장시간에 걸쳐 이루어졌다. 명이 건국한 이래 특히 명후기에 이르러 걸사에 의한 사유화는 절정에 달했다. 청대 순치(順治) 초 국가권력은 토지를 대규모로 장악해 갔고 이후 장악한 토지를 군공과 봉작에 따라 만주귀족에게 지급했다. 다만 명대와 비교하여 이러한 침탈은 시기적으로 짧았으며 게다가 매 귀족이 차지한 토지의 수 역시 비교적 적었는데 이는 뒤에 자세하게 살펴볼 것이다.

명대는 관전(官田)을 사전(私田)으로 변화시켰는데 거슬러 올라가면 홍무(洪武) 4년(1371) 10월, "중서성(中書省)에서 공·후의 전호 호적수를 보고했다(中書省奏公·侯佃戶名籍之數)." 이때 한(韓)·위(魏) 등 여섯 국공(國公)과 연안(延安)·길안(吉安) 등 28명의 후(侯)가 지배하고 있던 전호는 총 38,794호였다.[59] 홍무 4년(1371) 이선장(李善長)이 치사(致仕)하자, "임(臨)·장(漳) 일대의 땅 가운데 약간의 경(頃)을 내려주었고, 무덤을 관리할 150호를 두었으며 전호 1,500가를 지급하였다(賜臨·漳地若干頃, 置守冢戶百五十, 給佃戶千五百家)."[60] "전호를 지급(給佃戶)"하였다는 기록을 통해 이것이 장전(莊田)과 유사한 성격을 가졌다는 것을 알 수 있고 장전은 사전이고 장전의 주인은 토지의 주인으로 지대를 수취할 권리를 가졌다. 관전은 이와 달랐는데 그것은 국가로부터 제어받았고 국가가 조세를 거둘 권리를 가지고 있었다.

명대 장전(莊田)에서 훈귀들은 인종(仁宗) 홍희(洪熙) 이후 점차 지주계급 가운데 하나의 특수계층으로 출현했다. 이는 이 시기에는 "조입무록(租入無祿)"의 한계가 파괴되어 토지를 상으로 하사할 때 정해진 액수가 없었으며 홍치(弘治)부터 정덕(正德)에 이르기까지 상으로 하사한 토지는 날로 증가해 갔다. 홍치 18년

(1505)의 장전(莊田)은 『효종실록(孝宗實錄)』에서만 50여 차례 확인되며, 가정(嘉靖)에서 만력(萬曆)에 이르는(1522~1620) 근 100년간 장전의 수는 지속적으로 증대했다.

황장(皇莊)은 천순(天順) 8년(1464)에 처음으로 만들어졌는데 이 해 조정에서는 태감(太監) 조길상(曹吉祥)의 땅을 몰수하여 궁중장전으로 삼았다. 성화(成化) 연간 황장 한곳을 더 늘였으며, 홍치 연간에는 황장 3곳이 증가했다. 홍치 2년(1489) 기내(畿內)에 있는 황장 5곳에는 총 12,800여 경의 토지가 있었다.[61] 정덕 9년(1415)에 이르러 황장은 31곳으로 증가하였고 경작지는 총 37,591.46경이었다.[62]

명대 훈귀의 장전(莊田) 가운데에는 친왕(親王)의 것이 가장 많았다. 친왕들은 번방으로 간 이후 왕부의 장전을 소유하였는데, 몇몇 번왕(藩王)들의 장전은 2~3개의 성(省)을 넘을 정도로 넓었고 이 왕부 장전은 세습될 수 있었다. 명대에 분봉된 50명의 왕들은 죄를 받거나 후사가 없거나 황제가 된 22명을 제외하면 명후기까지 28명이 실존했고[63] 이들은 산동(山東)·산서(山西)·하남(下南)·섬서(陝西)·호광(湖廣)·사천(四川)·강서(江西) 등의 성에 분산되어 있었다. 여러 왕(王)이 소유한 장전(莊田)의 수 역시 파악할 수 있는데, 태원(太原)을 분봉받은 진왕(晋王)의 장전은 7,200경이었고[64] 여녕부(汝寧府)를 분봉받은 숭왕(崇王)은 약 1만경의 장전을 소유하고 있었다.[65] 안륙주(安陸州)를 분봉받은 홍앙(興王)은 14,000~20,000경에 달하는 장전을 소유하고 있었다.[66] 덕안부(德安府)를 분봉받은 경왕(景王)은 수만 경의 장전을 소유하였고 그의 토지는 호광(湖廣)·하남(河南) 등의 성에 분산되어 있었다.[67] 위휘부(衛輝府)를 분봉받은 로왕(潞王)은 장전 4만경을 소유했으며[68] 하남성을 분봉받은 복왕(福王)은 2만경의 장전을 소유했다.[69] 한중부(漢中府)를 분봉받은 서왕(瑞王)은 2만경의 장전을 소유하였고 그의 토지는 섬서·하남·사천 등지에 분포하고 있었다.[70] 형주부(衡州府)를 분봉받은 계왕(桂王)과 형주부(荊州府)를 분봉받은 혜왕(惠王)은 도합 3만 경 남짓의 장전을 소유하고 있었다.[71] 이상 9왕부의 장전은 총 15만경 이상이었다. 어떤 왕부 장전의 수는 명확하지 않지만 문헌의 기록에 반영된 상황을 통해 매우 방대했음을 알 수 있다. 예컨대 성도(成都)를 분봉받은 촉왕(蜀王)의 경우, 그의 장전은 성도부 비옥한 들판 70%에 달했다.[72] 이를 수취로 환산하면 1~2만경에 달한다.[73] 무창부(武昌府)를 분봉받은 초왕(楚王)은 장전이 가장 많다고 알려졌으며 그의 장전은 호북과 섬서에 분포하고 있었다.[74] 문헌 기록에 의하면 서안부(西安府)를 분봉받은 진왕(秦王)의 장전은 1만경 이상이었다.[75] 그 나머지 여러 왕들 예컨대 한왕(韓王)·숙왕(肅王)·

목왕(沐王)은 섬서와 평량부(平涼府) 고원에 있는 주(州)를 분봉 받았는데 "그 땅이 수 만경(地數萬頃)"이고 "민이 수만 정(民數萬丁)"76)이었다. 전국 28명의 왕이 소유한 장전은 도합 20만경 이상이었던 것이다.

번왕(藩王)의 장자들은 부친의 봉토를 이어 받았고 그 나머지 여러 아들들은 군왕(郡王)이 되었다. 왕위취엔[王毓銓]의 통계에 의하면 명대 후기에 이르기까지 번국에는 무릇 398명의 군왕(郡王)이 있었다.77) 군왕 역시 많은 장전을 소유하고 있었다. 예를 들어 진왕(晉王)의 영화군왕부(寧化郡王府)는 만력(萬曆) 14년(1586) 장전 575경을 소유하고 있었다. 군왕의 장자는 부친의 봉토를 이어받았고 그 나머지 여러 아들들은 장군(將軍)이 되었으며 4세손 이하는 중위(中尉)가 되었는데, 이들 역시 국가로부터 토지를 받았다. 명대 후기 장군·중위의 수가 얼마나 되는지는 명확하지 않으나 8만 명이었을 것으로 추산된다.78) 명나라의 군왕(郡王)과 장군이 소유한 토지는 10만경 이상이었다.

이 밖에 공주(公主)와 부마(駙馬)도 장전을 소유했다. 예를 들어 홍치(弘治) 연간(1488~1505), 순안공주(淳安公主)는 300경의 토지를 하사받았다.79) 희종(熹宗) 때 수녕공주(遂寧公主)와 영덕공주(寧德公主)은 만을 헤아리는 장전을 소유했다.80) 훈척에게도 장전을 하사했는데, 성화(成化) 연간(1465~1487) 외척인 금의위지휘(錦衣衛指揮) 주욱(周彧)은 무강현(武强縣)·무읍현(武邑縣)의 토지 600경을 소유하였고,81) 가정(嘉靖) 연간(1522~1566) 황제의 인척이었던 진만언(陳萬言)은 800경의 토지를 하사받았다.82) 훈신(勳臣)과 국공(國公)이 소유한 장전의 규모도 상당했다. 운남(雲南) 목씨(沐氏)는 하사받은 장전만 700경이었고 실제는 더 많은 토지를 소유해 혹자는 운남성 전체 토지의 1/3 이상을 소유하였다고 했다.83) 훈귀(勳貴)가 소유한 장전의 수는 실제 황제가 하사한 것보다 많았다. 홍치(弘治) 3년(1490), 황제의 인척 주수(周壽)가 원래 하사받은 토지는 500경이었으나 700경을 더 얻으려 했다.84) 황제의 인척 장학령(張鶴齡)은 원래 하사받은 토지가 400여 경이었으나 장씨 집안이 권세를 이용해 토지를 탈점하여 실제로는 천여경의 토지를 소유하였다.85) 황제의 인척 왕원(王源)은 처음에는 겨우 27경만을 하사받았으나, 황씨는 그 가노를 사방으로 보내 민의 토지를 점탈하니 그 수가 원래 하사받은 토지의 80배인 2,200여 경이나 되었다.86) 만력(萬曆) 연간 성국공(成國公) 주윤정(周允禎)은 9,600여 경에 달하는 토지를 침탈했다.87) 이상에 의하면, 번왕(藩王)·군왕(郡王)·장군(將軍)·훈척(勳戚)·훈신(勳臣)의 장전은 도합 35만경 가량 되었다.

이러한 장전 가운데, 상으로 하사받은 것 이외의 나머지는 모두 권세를 이용해 침탈한 것이거나 강제로 매입한 것이었다. 홍치 15년(1502) 남경공과급사중(南京工科給事中) 여기(餘沂) 등은 이렇게 말했다. 순천(順天)·보정(保定)·하간(河間) 등지에 모두 장전을 소유하였는데, 무릇 민간의 전토 가운데 그 토지와 인접해 있거나 혹은 비옥한 것이 있으면 "번번이 갖가지 방법을 이용해 그 토지를 자기의 것으로 삼았습니다(輒百計圖之, 以爲己業)."[88] 홍치 17년(1504) 예과급사중(禮科給事中) 갈숭(葛嵩)은 "변방 군민의 토지 가운데 무릇 목마장의 초지 및 황제 인척의 장전과 인접해 있는 것은 매번 침탈당합니다(邊方軍民田土, 凡隣近牧馬草場及皇親莊田者, 輒爲侵奪)"[89]라고 보고했다. 정덕(正德) 16년(1521) 급사중(給事中) 저온(底蘊)은 "정덕이래 기내의 도주한 민의 토지 가운데 대다수는 간사하게 이익을 추구하도는 무리들에 의해 황제의 측근들에게 바쳐지고 있습니다(正德以來, 畿內逋逃民田, 多爲奸利之徒投獻近幸)"라고 주장하자, 호부는 다시 "다만 근래 상납을 통해 황장이 된 것은 다시 본래의 주인에게 돌려주었습니다(但系近年投獻置爲皇莊者, 給還本主)"[90]고 보고했다. 가정(嘉靖) 2년(1523) 하언(夏言)은, 경양백(慶陽伯) 하신(夏臣) 등이 얻은 토지는 13,800여 경에 달하는데 이 가운데 "대다수는 간사한 민들이 바친 것이고 민들의 토지를 침탈한 것입니다(多受奸民投獻, 侵奪民業)"[91]라고 아뢰었다. 세종(世宗)은 가정 6년(1527) 11월 대학사 양일청(楊一淸)과 대화하면서 "황제의 친척이건 권세가이건 무릇 요청한 수 이외의 토지보다 많이 차지하거나 민의 토지를 침탈한 것 가운데 이미 보고된 것은 대장을 조사하고 따져 되돌려 주도록 하라(不問皇親勢要, 凡系汎濫請乞及額外多占, 侵奪民業, 曾經奏訴者, 査冊勘還)"[92]고 말했다. 이때에 이르면, 황친과 권세가들의 토지 침탈이 이미 황제조차도 용납할 수 없는 지경에 이르렀을 정도로 심각해졌던 것이다.

여러 훈귀(勳貴)들이 침탈을 자행하여 장전을 확대하자 명 중엽이 되면 조정은 상술한 상황을 근거로 장전에 대한 조사와 규제를 진행했다. 홍치(弘治) 3년(1490) 8월 태감(太監) 유영성(劉永誠)의 장전에 대한 조사를 단행하니 하사된 장전 250여 경이고 침탈한 목마용 초지가 200여 경이었다. 이에 황제의 뜻을 받들어 "황제가 상으로 하사한 장전 가운데 사람이 이미 사망한 경우에는 관으로 거두어들이되 매 30경당 5경은 그 후손에게 남겨 주고 별도로 제사전(祭祀田) 11경 남짓을 지급하였다(欽賞莊田, 人已故者收入官, 每三十頃遞除五頃與其遺嗣, 福得留田十一頃有餘)." 가정 8년(1529) 재차 훈척(勳戚) 장전를 조사하여 다음과 같이 규정했다. "안으로는 세대가 멀고 품질이 낮고 그 계보와 종파가 옛것에 비추어 바뀌지 않은 것 이외에 세대가 멀고 그 직계 자손이 이미 끊어졌으나 방계가 거짓으

로 점거한 것은 1/3만을 남겨 이것으로 무덤을 수리하고 제사 지낼 비용으로 삼
게 하되 나머지는 모두 혁파하여 관으로 들인다. … 중략 … 그들이 거주지에서
개간하거나 매입한 토지 가운데 숨겨 관에 보고하지 않은 것은 공신의 토지에
대한 조율에 비추어 모두 추적하여 처결한다(內有世遠秩降果系宗派照舊不動外,
若世遠本房子孫已絶, 傍枝影射冒占者, 于內量存三分之一, 以爲修墳辦祭之資, 其餘盡
革入官. … 중략 … 其戚畹開墾置買田土, 欺隱不行報官者, 比照功臣田土律例, 一切
追斷)."93) 만력(萬曆) 16년(1537) 7월 다시 규정하여, 척신의 장전은 황후의 친척을
제외하고, 후손이 5세까지 이어진 자에게는 100경을 세업으로 인정하고 부마의 5
세 후손은 10경을 남겨 제사비용으로 삼게 했으며 나머지 여러 비의 집안은 3세
가 지나면 모두 관으로 거두어 들였다.94) 이러한 규정이 실행으로 옮겨지지 못하
였고 때문에 장전의 수는 감소하지 않고 증가했다.

청대 장전과 기지(旗地)는 순치제가 북경에 도읍을 옮기고 오래지 않아 설치
되었다. 순치 초년 3차례에 걸쳐 대규모의 권지(圈地)5)를 실시했고 이를 기초로
연이어 황실내무부(皇室內務府)의 장전 39,362경을 설치했다.95) 종실의 장전은 작
위에 따라 지급되었는데 친왕(親王)이 가장 많아 대개 200경 내외의 토지를 받았
다. 그 다음은 군왕(郡王)·패륵(貝勒)·패자(貝子)순이었다. 그리고 진국(鎭國)·보
국(輔國)장군은 불과 100여 무에서 수백무의 토지만을 하사받았다. 매 사람들이
받은 토지는 명나라 때의 훈척과 비교하면 매우 적었다. 팔기 관병의 기지는 사
병을 제외한 도통(都統)·참장(參將)·시위(侍衛)·상서(尙書)·시랑(侍郎) 등의 직위
에 따라 분배되었다. 청나라 초기의 규정에 의하면 각종 장전(莊田)은 모두 5만여
경이었고 팔기관의 기지는 14만여 경이었다.96) 양자를 합하면 약 20만경 정도이
고 이것은 조정이 권력을 이용해 약탈한 것으로 대다수는 만주귀족의 사적 재산
이 되었다.

명대의 훈귀(勳貴) 장전과 비교하여 청나라 귀족의 장전은 총액에서도 개별
사람들이 소유한 장전의 수에도 명나라의 그것보다 적었다. 이 밖에 국가권력을
이용하여 토지를 탈점하던 방법은 청대 이미 저지되고 있었고 경제외적 요인은
점차 약화되었다. 청대 토지에 대한 겸병은 주로 시장에서의 구매를 통해 이루
어졌고 이것이 이 시기 사회경제 발전의 한 특징이었다.

---

5) 역주 - 청초 만주족에 의해 실시된 토지점거. 청은 산해관을 넘어 중국본토를 장악한 후 황무
지나 명 황실의 토지에 대한 점거를 단행했는데 권지란 그 점거를 말한다.

2. 지주계급의 토지 겸병

농업생산력과 상품경제의 발전은 중국 지주제 경제를 변동시켰다. 어떤 지주들은 토지를 획득해 단순히 자신이 필요한 식량만을 획득하려 않지 않았다. 그들은 일부 식량을 화폐로 바꾸어 토지를 구매하였다. 이러한 현상은 중국에서 이른 시기부터 출현하였으나 명·청시기에 본격적으로 발전한다. 토지매매의 발전으로 토지소유권은 복잡하게 되었고 이것은 봉건적 토지소유관계 해체의 매우 중요한 요소였다.

명대의 경우, 명나라 중엽이후 토지는 주로 관신(官紳)들에게 집중되었다. 이 시기 복잡해진 토지소유권은 농민의 토지 상실에 반영되었다. 예를 들어 강소성(江蘇省)의 가정현(嘉定縣)에서는 만력(萬曆) 초기 사람들이 가혹한 부역을 고통스러워해 "헌신짝처럼 토지를 버렸으며(棄田如同敝屣)", 숭정(崇禎) 후기에 이르면 "민들은 심지어 도로에 토지문서를 버리면서 다른 사람이 그것을 주워 세를 납부하는 자가 되기를 희망했다(民至棄券于道, 冀人拾之以責其輸粮者)."[97] "길에 토지문서를 버린다(棄券于道)"는 말은 과장된 표현일 것이다. 그러나 농민이 "토지를 고통으로 여겨(以田爲累)" 연이어 토지를 판매한 것은 당시 보편적 현상이었다. 만력(萬曆) 후기로부터 천계(天啓)를 거쳐 숭정(崇禎)에 이르기까지 농민이 토지를 상실하던 현상은 더욱 심화되었다. 예를 들어 복건성(福建省) 민청현(閩淸縣)의 농민들은 요향(遼餉)[6]의 증세를 고통스러워해 토지를 가진 자의 "반수 이상은 부유한 자[顯貴]에게 헐값에 팔면서 그 토지를 경작하기를 원했다. 이런 까닭에 소유자[業主]를 세두(勢頭)라 불렀다(半多賤售于顯貴, 願爲之耕作, 故呼業主曰勢頭)."[98]

이 시기 관신(官紳)의 집안에서는 관위(官位)의 변화가 잦았고 토지의 주인도 자주 바뀌었다. 이런 현상은 당시 사람들의 글에 잘 드러난다. 왕사성(王士性)은 "진신(縉紳)의 집안에서 여러 대 동안 과거에 급제하지 못하면 그 부귀는 오래토록 유지되기 어렵다(縉紳家非奕世業科第, 富貴難于長守)"[99]고 말했다. 절강성(浙江省) 영파부(寧波府)는 명나라 선덕(宣德)이래로부터 "공경을 배출하였는데(公卿輩出)" 그들은 계속 토지를 구매하였으나 얼마 뒤 공경의 작위가 변화함에 따라 그들의 토지는 "그 주인이 다른 몇몇 성씨로 바뀌었다(業易幾姓)."[100] 가정(嘉靖) 연

---

6) 역주 - 명 후기 부가세 가운데 하나로 요동지역의 군수를 명목으로 징수되었다.

간(1522~1566), 화정현(華亭縣)의 하양준(何良俊)은 정덕(正德) 연간 궁실은 앞다투어 사적인 재산을 경영하였는데 "한때 대참 송개(宋愷), 어사 소은(蘇恩), 주사 장개(蔣凱), 원외랑 도기(陶驥), 주사 오철(吳哲)은 모두 10여만의 곡식을 쌓아두어 이로써 수백년 후 자손들의 생업으로 삼았다(一時如宋大參愷, 蘇御史恩, 蔣主事凱, 陶員外驥, 吳主事哲, 皆積至十餘萬, 自以爲子孫數百年之後業矣)." 그러나 5~6년의 세월동안(不五六年間)", 모든 거실들의 "전택은 모두 이미 주인이 바뀌었다(田宅皆已易主)."101

토지소유권의 이전은 시간이 지남에 따라 더욱 빈번하게 되었다. 혹자는 "천년동안 토지는 주인이 800번 바뀐다(千年田八百主)"102고도 했는데, 이는 비록 과장된 것이라 하더라도 토지소유권이 빈번하게 이전되고 있던 현실을 반영한 것이었다. 상향현(湘鄉縣)의 홍무덕(洪懋德)의 말에 의하면, 만력(萬曆) 연간 "지금의 상(湘)지역은 과거의 상(湘)이 아니어서 10년 만에 대여섯 차례나 토지의 주인이 바뀌었고(今之湘非昔之湘, 田十年而五六易主)", "민 가운데 10세를 이어온 집안이 없을 정도로 사방으로 흩어졌다(民無十世之族, 而散于四方)."103 이 말의 뜻은 과거 호남에서는 토지소유권이 분산되었으나 지금은 그와 달리 토지소유권의 변동이 매우 빨라졌다는 것이다. 이와 관련하여 대가문의 경제와 사회적 지위도 변동하였는데 토지를 상실하였기 때문에 그들의 자손들은 부득불 고향을 떠나 사방으로 흩어져 생계를 도모했던 것이다.

이 시기 토지소유권의 이전은 주로 환관인 권세가들 사이에서 발생했는데 하나의 환관이 실각하면 다른 환관이 득세하였기 때문이었다. 당시 농민의 토지는 환관들에게 집중되어 있어 고기원(顧起元)은 가정 중엽이후로부터 전부(田賦)는 날로 증가하여 "전호들이 견디지 못해 모두 성안에서 토지를 내다 팔았다(佃戶不支, 悉鬻于城中)"고 말했다. 고기원이 말한 '전호'는 원래 자영농이었으나 그들은 토지를 성내에 있는 환관의 집안에 판매하여 전호가 되었다. 이에 "전장에 빌붙어 사는 호들이 매우 많았다(寄莊戶滋多)." 농민들은 "토지가 없어지자 곧 도주하였고(田旣去則人逃)" 토지대장인 도책(圖冊)과 호적(戶籍)은 날로 감소했다.104 결과적으로 강남과 같은 지역에서는 "부가와 호민들의 엄청난 재산을 겸병하였고(富家豪民兼百室之産)" 그들의 전제(田第)와 전원(田園)은 "왕후에 버금갔다(擬于王侯)."105

명대 후기 토시소유권의 변동은 항상 정치권력과 긴밀하게 연동되어 있었는데 명나라 왕실의 귀족과 관신(官紳) 지주들은 매번 권세를 믿고 겸병을 자행했

으며, 명말의 농민 대반란의 충격을 거쳐 청대에 이르러서야 이러한 상황은 시정
되었다. 관신의 권력이 쇠퇴하고 더구나 청왕조가 관신지주을 억제하는 정책을
실시하자 그들의 폭력적 활동은 약화되지 않을 수 없었다. 이로부터 토지소유권
변동에서 작동하던 정치적 힘은 감소했고 경제적 매매가 토지소유권 이전이 주
요 요인이 되었다. 특히 성장하던 서민지주와 부유한 농민들이 계속 토지매매에
관여하면서 토지소유권의 빈번한 이전은 끝없이 증대해 갔다. 예를 들어 강희(康
熙) 후기 산동성(山東省) 서하현(栖霞縣)에서 "토지의 주인은 누차 바뀌었다(土地
則屢易其主)."[106] 건륭(乾隆) 연간(1736~1795) 광동성(廣東省) 순덕현(順德縣)에서는
"토지의 주인이 수시로 바뀌었다(田時易主)."[107] 가경(嘉慶)·도광(道光)의 시기에
강소성(江蘇省) 금궤현(金匱縣 : 지금의 無錫市에 속함) 전영(錢泳)은 토지소유권
의 이전이 빨라지던 현실에 대해 "10년 사이에 이미 여러 번 그 주인이 바뀌었다
(十年之間已易數主)"[108]고 언급한 바 있다. 이러한 토지소유권의 빈번한 이전은
주로 화폐를 이용한 매매를 통해 이루어졌고, 이는 상품화폐경제 발전의 구체적
반영이었다.

　청대에 이르러 토지겸병의 대열에 참가한 이들 중에는 고관의 집안도 있었지
만 전대를 두둑하게 가지고 있던 상인들도 있었고 힘써 농사를 지어 집안을 일
으킨 보통 백성들도 있었다. 고관의 집안의 예는 다음과 같다. 강희 28년(1689) 탄
핵된 고사기(高士奇)는 "자신의 고향인 편호현(平湖縣)에 1,000경의 토지를 소유하
고 있었다(又于本鄕平湖縣置田産千頃)."[109] 같은 해 10월 상서(尙書) 서건학(徐乾學)
도 탄핵을 받았는데, "모천안(慕天顔)이 무석(無錫)지역에 소유한 토지 1만경을
구매한 것(買慕天顔無錫田一萬頃)"[110]이 그 한 사유였다. 가경(嘉慶) 4년(1799) 화곤
(和坤)의 가산을 빼앗을 때, "땅이 8,000여 경이었고 은이 800만 냥이었다(地八千餘
頃, 估銀八百萬兩)."[111] 도광(道光)시기에 대학사 기선(琦善)은 2,561,217무에 달하는
토지를 소유하고 있었다.[112] 호남성(湖南省) 장사(長沙)의 이상곤(李象鵾)은 가경
(嘉慶) 17년(1812) 분가하면서 동생들에게 각각 600여석의 조를 나누어 주었다. 이
상곤은 관직에 복무한 이후 녹봉의 수입이 비교적 많아 그 재산이 이전보다 여
러 곱절이나 되었다. 도광 13년(1832) 원래의 재산과 새로 벌어들인 재산을 살펴
보니 "임신년의 재산에 비해 6~7배가 늘었다(較壬申數且六七倍)."[113]

　한편 상인 역시 토지를 구매하였는데 건륭(乾隆) 51년(1786) 필원(畢沅)은, 흉년
이 예상되면 토지를 가진 집안에서는 호구를 위해 토지를 판매하게 되는데 "산
서(山西) 등지의 부호들은 다가올 일을 미리 헤아려 널리 이자를 놓아 이것을 통

해 토지를 값싸게 매입하고 있다(山西等處富戶, 聞風赴豫, 擧放利債, 借此准折地畝)."[114]고 보고했다. 호남성(湖南省) 형양(衡陽)의 목상(木商)이었던 유중위(劉重偉) 형제는 가경(嘉慶)때에 이르러 "그 자손의 토지가 만무에 달했다(子孫田至萬畝)."[115] 휘주상인들이 자신들의 본거지 혹은 다른 지역에서 대량으로 토지를 구매하였다는 기록은 사서에 끊이지 않고 나온다. 예를 들어 강희에서 건륭 연간(1662~1795)의 휘주(徽州) 기문(祁門)의 왕희대(汪希大)는 오랜 세월 상업에 종사하다가 중년에 이르러 망산(芒山)과 파수(鄱水) 사이에 거처를 잡은 후 점차 부유해져 이때부터 많은 이윤을 얻었다. "이로 인해 넓은 가옥을 짓고 비옥한 토지를 구매하였다. 이후 자손들이 이로 인해 안거하여 생업의 기반으로 삼았다(由是建廣厦, 市腴田, 俾後之子孫得以安居而樂業者)."[116] 건륭과 가경 연간(1736~1820) 휘주 무원(婺源)의 왕도조(汪道祚)는 "성인이 되자 오초지역으로 가서 경영하였는데 도리에 맞게 재산을 모았으며 겸손하고 공평하였다. 전장을 만들어 이로서 집안을 일으켰다(冠年求赴吳楚經營, 生財有道, 遜讓均平, 創置田産, 以起其家)."[117] 가경시기 휘주 적계(績溪)의 장승(章升)은 "처음 시장의 점포에 살았는데 셈에 능했으며 근검절약하여 전장을 두어 집안을 일으켰다(甫居市肆, 卽能持籌握算. 自持勤儉, 創置田産, 以起其家)."[118] 도광(道光) 연간(1821~1850) 휘주기문의 상인 예병경(倪炳經)은 "어려서 부친의 가업을 이어받아 가마와 객점이 구름처럼 이어져 있었고 토지가 비늘처럼 펼쳐져 있었다(少承父業, 窯棧連雲, 畝畝鱗接)."[119] 태평천국 이후 휘주 이현(黟縣)의 왕원(汪源)은 "15살의 나이에 글 공무를 그만두고 장사를 하다, … 중략 … 정국이 평정되자 부모를 모시고 고향으로 돌아와 토지를 구입하고 집을 지었다(年十五, 廢讀以賈, … 중략 … 大局底定, 奉親歸里, 買田築室)."[120] 청말 휘주 이현(黟縣) 괴산(壞山)의 여하청(餘荷淸)은 "멀리 구강(鳩江)까지 가서 동업자를 불러보아 금융사업을 했다 … 중략 … 그로부터 20여 년후 재산이 날로 늘어 좋은 토지와 주택은 언제든지 가졌다(遠赴鳩江, 爰集同人科量金融事業, … 중략 …由是二十餘年, 囊橐日實, 良田美宅如願以嘗)."[121] 휘주상인들은 자기 집이 있는 고장에서 토지와 가옥을 구매하는 것 이외에 장사를 하던 곳에서도 대량으로 토지를 구매하였다. 강희 연간(1662~1722) 휘주 흡현(歙縣)의 정연주(程延柱)는 부친을 따라 강광(江廣)지역으로 가서 경영을 도왔는데, "옥산(玉山) 객점의 일을 총괄하면서 토지를 널리 두었으며 … 중략 … 용유(龍游)지역에 전업(典業)과 전장을 창립하였다(總理玉山棧事, 增量田産 … 중략 … 創立龍游典業·田莊)."[122] 건륭 연간(1736~1795) 정영홍(程永洪)은 "장사를 잘해 수십년 동안 예장(豫章)지역에서 무역을 했다. 또 절강 난계(蘭溪)지역에도 사업을 하면서 토지를 두고 자본을 증식하니 그 집안이 날로 성장했다(善于商賈, 貿易豫章數十年. 又建業于浙江蘭溪置田産增資本, 家道日漸蒸蒸)."[123] 『청하현지(淸河縣誌)』에 의하면, 강희 때 강북 청하(淸河)로 흘러들어온 소주(蘇州)와 휘주(徽州)상인들은 "생선과 소금을 판매하여 많은 이익을 보았으며 전장을 많이 두어 자손에게 물려주었다(招販魚鹽獲利甚厚, 多置田宅, 以長子孫)."[124] 이상의 사실을 통해 상인들은 보편적으로 자신이 사업을 하던 곳에서 토지를 소유하고 있었음을 알 수 있다.

힘써 농사지어 집안을 일으킨 자들 역시 청대에는 특별한 일이 아니었다. 호남성 계양현(桂陽縣)의 "등씨(鄧氏)와 부씨(傅氏)는 모두 힘써 농사지어 부유하게 되었다(鄧氏·傅氏皆用力田富)." 또 "가경제(嘉慶帝) 때 황현유(黃顯儒)·부봉진(傅逢辰)·팽상훤(彭相煊)은 근검하며 힘써 농사지어 북향에서 부유하다는 소리를 들었다(嘉慶時, 黃顯儒·傅逢辰·彭相煊, 亦用勤儉力田, 稱富北鄕)."[125] 위례(魏禮)의 말에 의하면, 복건(福建)의 농민이 강서(江西)의 영도(寧道)로 가서 토지를 개간했는데, 그 가운데 매우 많은 농민들이 부유하게 되었다.[126] 사천(四川)지역은 명말청초에 대량의 토지가 황폐화되었는데 외지의 농민이 이곳으로 온 이후 나뭇가지 혹은 대나무 가지를 땅에 박아 토지를 구획지어 농사지었는데, 이들 대부분은 한 뙈기의 땅도 가지고 있지 않던 유민으로 사천으로 온 뒤 근면하게 토지를 개간하여 농사지어 부유하게 되었다. 강소성(江蘇省) 소주(蘇州)지역에서는 힘써 농사지어 집안을 일으킨 지주가 많았는데 이 문제에 대한 쟝옌(張硏)의 연구에 의하면, 오강현(吳江縣) 의장(義莊)에 토지를 헌납한 자는 56명이었는데 이 가운데 비신분성 지주가 30명으로 전체 헌납자의 54%를 차지했다.[127] 직예(直隸) 획록현(劃鹿縣)의 사례도 그와 같은데[128] 이는 뒤에 상세히 서술하겠다. 청나라 중기 이후에 이르러 토지소유권은 소수에게 집중되는 쪽으로 발전해 갔으나, 명나라 후기와 비교하자면 토지소유권은 여전히 분산되어 있었다.

3. 토지 지분소유제[股份所有制]의 발전과 토지 소유권의 분할

1) 토지 지분소유제의 발전

사회경제의 발전에 따라 명·청시기에 이르면 중국 토지소유제에는 일종의 새로운 토지소유제형식이 출현하는데 이러한 새로운 토지소유제는 지주 토지소유제, 그리고 개별 농민소유제와 구별된다. 이것은 2명 혹은 3명이 토지에 대해 소유권을 집단적으로 행사하는 지분소유제[股份所有制]이다. 이러한 지분소유제 내에서, 지분을 가진 민[股民]은 자기가 소유한 지분[股額]을 처분할 수 있는 권리를 가지고 있었고, 상속할 수도 있어 자신의 재산을 나눌 때 자기가 가진 지분의 일부만을 자식들에게 물려 줄 수도 있었다. 빈궁할 때에는 자기가 소유한 부분의 지분[股額]을 직접 판매하거나 전당을 잡힐 수 있었다. 이에 대해 다른 지분[股份]의 소유자는 간섭할 수 없었고 막을 수도 없었다. 지분소유제[股份所有制] 하에서 지분을 가진 민들이 소유한 지분은 많고 적음의 차가 있었으나 상호 신분적 지위는 평등했다. 지분소유제 하에서 지분을 가진 민의 수입은 소유하고 있는 지분의 다과에 따라 결정되었다. 이러한 새로운 형태의 토지소유관계는 과거 영전제(永佃制)[7]의 그늘에 가려져 주목받지 못했는데, 이제 그 역사적 진면목을 회복해야 한다.

　토지 지분소유제는 언제 발생했을까? 그것은 현재까지 명백하지 않으나 대략 명나라 중엽에 이미 존재하고 있었다고 볼 수 있다. 명 홍치(弘治) 9년(1496) 안휘성(安徽省) 기문(祁門)지역에서는 이미 오일(吳逸)이라는 자가 토지를 전작(佃作)시키는 적계(赤契)[8]를 작성하면서 다음과 같은 내용을 기술했다. "지금 (나는 토지를) 경작할 여력이 없으니 앞의 전무(田畝)를 휴영주(休寧州) 삼도(三都) 사람인 이도(李度)에게 전작시키려 한다. 이에 서로 만나 논의하여 은 2냥 2전을 납부할 것을 결정했다. 경작권을 교환한[兌佃] 이후에는 영원토록 지대를 납부하며 경작하도록 허락한다(今因無力耕種, 將前項田畝轉佃與休寧州三都李度名下, 面議貼備輸納銀二兩二錢正, 其兌佃之後, 聽永遠輸納耕種)."[129] 이 문서는 관부의 검증을 거친 적계(赤契)로 관부의 승인을 얻은 것이다. 정덕(正德) 연간(1506~1521) 편찬된『강음현지(江陰縣誌)』에는 다음과 같은 내용이 있다. "그 전인(佃人)의 토지는 자기의 자산으로 간주하여 혹은 채마밭으로 삼거나, 혹은 자신의 집으로 삼거나, 혹은 그 위에 분묘를 만드니 모두 자기 뜻대로 해도 업주(業主 : 역자-소유주)는 문제 삼지 못했다. 늙으면 즉 자식들에게 그것을 나누어 주고 가난할 경우에는 그것을 다른 사람에게 팔며 그것을 '각(権)'이라 불렀다. '각(権)'으로 얻은 재산을 '상안전(上岸錢)'이라 했다. 그런데 오히려 자기가 처음 얻은 가격 보다 비싸게 되어, 만약 처음 가격이 1무에 2냥이었다면 '상안전'은 3~4냥이나 되었다. 토지를 매입한 자는 업주(業主)에게 소유권의 반만을 얻을 수 있고 반드시 상안전을 지급

---

7) 역주 - 영전제란 영원히 지주의 토지를 경작할 수 있는 권리를 가진 제도.
8) 역주 - 적계는 관인이 찍인 부동산 거래 문서를 말한다.

한 다음에야 온전한 소유주가 되었다(其佃人之田, 視同己業, 或築爲場圃, 或構以屋廬, 或作之墳墓其上, 皆自專之, 業主不得與問焉. 老則以分之子, 貧則以之賣于人, 而謂之權. 權得之財謂之上岸錢. 然反多于本業初價, 如一畝銀二兩, 上岸錢或三四兩, 買田者, 買業主得其半, 必上岸乃爲全業)."130) 『용계현지(龍溪縣誌)』의 기록에 의하면 가정(嘉靖) 연간(1522~1566)에 이르러 "유강(柳江) 이서 지역에는 한 토지에 주인이 2명이다. 토지를 구입하여 세금[帶米]을 납부하고 조(租 : 역자-지대)를 수취하는 자를 대조전(大租田)이라 부른다. 업주의 토지를 사사로이 서로 거래하면서도 세미[米]는 납부하지 않고 소세(小稅)를 부담하는 자가 있는데 이를 분토전(糞土田)이라 부른다.(柳江以西, 一田二主. 其得業帶米收租者, 謂之大租田. 以業主之田私相貿易, 無米而承小稅者, 謂之糞土田)"131) 같은 시기 『용암현지(龍岩縣誌)』에도 유사한 기록이 있다. "분토는 즉 그 토지에 거름을 주는 사람이 있다. 전정(佃丁)은 토지를 담보로 전주에게 은화를 내고 그 토지를 경작한다. … 중략 … 이것은 계속되어 습속이 된지 이미 오래여서 사사로이 서로 주고받는다(糞土則糞其田之人也. 佃丁出銀幣田主, 質其田以耕 … 중략 … 沿習旣久, 私相授受)."132) 만력(萬曆) 연간 안휘성 휘주부(徽州府)의 『전첩(典帖)』에도 토지 지분소유제의 양상이 드러난다. 『전첩』에 의하면 "1도(都)에 거주하고 있는 강록(江祿)은 지금 분초(糞草 : 역자-佃作地) 1호(號)를 가지고 있는데 해당 토지가 위치한 곳은 포촌원(鮑村源)이다. 본인의 사정으로 중계인을 세워 약속에 따라 해당 토지를 도강(都江)에게 전매하여 그의 명의로 경작하게 한다. 납부해야할 조곡은 조조(早租) 10칭(秤)이다. 중개인·조주(租主)·매입자(買入者)가 상의한 것에 따라 토지의 가격은 시가인 은 5전(錢) 5분(分)으로 하고 해당 토지는 당일부로 명백하게 거래를 완료한다(一都住人江祿, 今有糞草一號, 坐落土名鮑村源, 身情願憑中立典與同都江名下典去交租無詞, 計早租拾秤. 憑中三面, 時值價文銀五錢五分, 其田當日與相交付明白)."

강소(江蘇)·복건(福建)·안휘성(安徽省)의 사례를 통해 보면 토지 지분소유제 형식은 명나라 중기에 이미 개별적·예외적인 현상을 넘어 당시 이미 상당한 정도로 발전해 있었다. 토지 지분소유제의 성행에 따라 만력(萬曆) 연간(1573~1619)에 사회적으로 간행된 일용문서의 작성 지침서에는 토지 지분소유제 가운데 지분에 대한 권리[股權]를 어떻게 이전하는가에 대한 계약서 양식이 기재되어 있다.

모향(某鄉) 모도(某都) 모처의 토지를 전매하는 문서. 작성서 모 지금 모처에 위치한 자기의 민전(民田) 약간을 가지고 어떤 사람에게 전매하여 주어 경작케 하고 1년에 2차례 수확기를 만기로 한다. 금일 삼자(三者 : 역자-판매자, 매입자, 중개작성자)의 논의에 의거해, 매무의 각전(権田) 값에 해당하는 백은(白銀)은 문서가 작성된 날을 기준으로 하여 일괄 거두되 미납하는 것이 없도록 한다. 해당 토지에 부과되는 지대는 출각인(出権人)이 스스로 납부하고 업주(業主)는 관계하지 않는다. 만약 병충해로 흉년이 들거나, 홍수 가뭄의 재해가 발생하면 해당 밭을 입회하여 균등히 나누어 거두어들이고 이듬해에는 원래대로 파종한다. 이 문서는 두 측이 원한 것이므로 서로 어기지 말 것이며, 뒷날 증거가 없을 것을 염려해 이 각전문서(権田文書)를 작성해 증거로 삼는다. 모년 모월 각전문서를 작성함. 작성인 모(某鄉某都某圖立権田文書人某人, 今將自己坐落某處民田若干畝, 情願出権與某人耕種一年二熟爲滿. 當日憑中三面議定, 每畝時價権田値白銀若干, 立文書之日, 一幷收足無欠. 所有田上粮租, 出権人自行辦納, 不干得業主之事. 如有蟲傷風秕, 水旱災荒, 眼同在田平半分收, 次年初種. 系是以邊情願, 故非相逼, 恐後無憑, 立此権田文書爲照. 某年月立権田文書某人)[133]

1전 2주(一田二主)·1전 3주(一田三主)의 토지 지분소유제는 명대에 복건(福建)에서 이미 널리 확대되었다. 가정(嘉靖)때 쓰여진 『용계현지(龍溪縣誌)』에 의하면, "분토(糞土)라 불리는 밭이 있었는데 세자(稅子)들은 그것을 무미조(無米租)라 부른다. 대조(大租)라 이름하는 것이 있는데 그것은 납미조(納米租)라 일컫는다. 무미조는 부자와 거실들이 또아리틀고 있고 납미조는 재력을 가진 자들이 빼앗아 취하였다(田名糞土, 稅子謂之無米租. 名大租謂之納米租. 無米租皆富家居室蟠据, 納米租則有財力者攘取)."[134] 가정 때 쓰여진 『용암현지(龍岩縣誌)』도 이렇게 기술하고 있다. "관인은 즉 주인이다. 주는 관에 전부(田賦)를 납부하는 자를 말하고 그 때의 지대[租]를 대조(大租)라고 한다(官人卽主人也. 謂主是田賦輸于官者, 其租曰大租)." "분토 즉 그 토지에 거름을 주는 사람이 있다. 전정(佃丁)은 은화를 전주에게 내고 그 토지를 경작한다(糞土則糞其田之人也. 佃丁出銀幣田主, 質其田以耕)."[135] 만력(萬曆)때 저술된 『장주부지(漳州府誌)』에는 "지금 복건성 일대에 사전(寺田)은 모두 승려들이 장악하고 있으나 오직 장주(漳州)만은 한 토지에 3명의 주인이 있다. 민호들은 토지를 관리하며 지대를 납부하고 승호(僧戶)들은 그 지대를 받고 세금을 납부하는데 이미 정례가 되었다(今福建一省寺田俱僧掌管, 惟漳州一田三主, 民戶管田輸租, 僧戶取租納粮, 以爲定例)."[136] 만력 때 작성된 『남정현지(南靖縣誌)』에는 이런 기록이 있다. "소위 한 토지에 3명의 주인이 생긴 폐단은 해내(海內)에서는 거의 드문 일이나, 대조(大租)·업주(業主)·전호(佃戶)라 칭하는 것이 이와 같은 토지에 있었다. 실제 주인은 단지 지대[稅穀]만 거둘 뿐 국가에 세금[粮差]는 바치지 않는데 그를 업주라 한다. 세금은 다른 호에 맡기면서 토지의 일부 지대[租]를 그것에 짝하게 하여 세금[業]과 지대[租]를 가지는 자를 대조주(大租主)라 한다. 전호는 재물을 내어 토지를 빌린 후 대조(大租)와 업세(業稅)를 모두 납부하니 역시 주인이라 하였다(所謂一田三主之弊, 尤海內所罕者, 一曰大租, 一曰業主, 一曰佃戶, 同此田也. 實主只收稅穀, 不供粮差, 其名曰業主. 粮差割寄他戶, 抽田中租配之, 受業而租者, 名曰大租主, 佃戶則出賁佃田, 大租·業稅皆其供納, 亦名曰主)."[137] 만력(萬曆) 때 작성된 『정화현지(政和縣誌)』에서는 "농사를 짓는 농부에 이르기까지 한번 소유권을 행사하던 토지[主田]를 팔면 2~3명이 상호 수차례 교역하여 그 주인은 조를 부담하는 자를 알지 못하게 되는데 매번 그러했다(至于稼穡農夫, 一售主田, 數相貿易三兩人, 而主不得知負租者, 比比皆然)"[138] 오생(吳牲)의 『억기(憶記)』에 의하면, 소무(邵武)지역의 풍속에는 "토지를 소유한 자를 전골(田骨)이라 하고 토지를 전작하는 자를 전피(田皮)라 하여 각각 약간을 소비했다(置田者名田骨, 佃田者名田皮 各費若干)."[139] 숭정(崇禎) 연간(1627~1644)에 저술된 『장락현지(長樂縣誌)』에는 이렇게 기술하고 있다. "다른 지역의 전무(田畝)는 단지 1명의 주인만 있지만 장읍(長邑)에는 전면(田面)과 전근(田根)이라 부르는 것이 있다. 부자들은 면(面)에 따라 지대를 거두고 … 중략 … 가난한 자들은 근(根)에 따라 경작하니 전근의 가치는 전면(田面)의 반이다(他處田畝止屬一主而已, 長邑有田面, 有田根. 富者實面收租 … 중략 … 貧者實根耕種, 其價半于田面)."[140] 진익상(陳益祥)은 복건성의 1전(田) 2주(主) 혹은 1전 3주의 현상을 지적하며 "이러한 풍속은 복건성[閩省]에서 가장 극심한 까닭에 간악하고 부유한 자들은 전근(田根)을 많이 축적하였다. 전근의 가격은 전면보다 배나 되었다(此風閩省最甚, 故奸猾富厚者, 多畜田根, 根價遂倍于面)."[141]

청대에 이르러 토지 지분소유제는 전국 대다수의 성(省)으로 확대되었다. 명나라시기 이미 토지 지분소유제가 출현한 지방에서는 더욱 완숙한 형태로 발전했는데, 우선 푸젠사범대학[福建師範大學] 사학과가 편찬한 『명·청복건경제계약문서선집(明淸福建經濟契約文書選輯)』 가운데 '전지전매문서(田地典賣文書)'를 근거로, 복건의 상황부터 살펴보자. 이 책에서 수집한 전지(田地) 전매 계약은 418건이고 이 중 만력 연간의 것이 2건, 숭정 연간의 것이 3건, 그 나머지 413건은 순치(順治)에서 광서(光緖) 연간의 계약문서이다. 이 418건의 토지전매문서 가운데 전근(田根)·전면(田面)·대묘(大苗)·소묘(小苗)와 관계된 문서는 총 98건으로,[142]

전체 전매 문서 가운데 23.4%를 차지한다. 다시 말하면 청대 토지전매문서 가운데 거의 1/4의 토지가 지분소유제에 전매에 속했다. 필자들은 다시 이 문서들 가운데 『토지전매조가문서(土地典賣找價文書)』에 주목했는데, 이러한 문서는 모두 268건이 있었고 시간적으로는 강희(康熙)에서 광서(光緖)에 이르는 시기

〈표 7-2〉전매문서(典賣文書)로부터 파악한 명·청시기 봉건지역 '1전(田) 2주(主)' 발전상황

	각 현의 상황									
	侯官	福州	閩清	崇安	甌寧	光澤	仙游	南平	永春	南安
崇禎	1									
順治	1							1		
康熙	6		2					2		
雍正	1			1						
乾隆	8	1	3		2		8	7	1	3
嘉慶	2		3		2	3	1			
道光	6		2		3	4		4		1
咸豊	4				1			5		1
同治	3									
光緖					3				1	
계	32	1	10	1	11	7	9	20	2	5

자료출처 : 푸젠사범대학(福建師範大學) 사학과, 『明淸福建經濟契約文書選輯』1, 田地典賣文書, 人民出版社 1997.

주석 : 무릇 전피(田皮)·전근(田根)·대묘(大苗)·소묘(小苗)로 분류될 수 있는 매매는 '1전 2주'의 사례로 포함.

〈표 7-3〉 조가문서(找價文書)로부터 파악한 청대 복건지역 '1전 2주'의 발전상황

	각 현의 상황							합계
	侯官	閩清	崇安	寧德	甌寧	仙游	永春	
康熙	3	1						
雍正	9							
乾隆	11	'4		2	2	1		
嘉慶	7	4					1	
道光	3	1		3	2			
咸豊				2				
同治			1		2			
光緒					1			
소계	33	10		7		1	1	60

자료출처 : 푸젠사범대학(福建師範大學) 사학과, 『明淸福建經濟契約文書選輯』2, 土地典賣找價文書, 人民出版社, 1997.

주석 : 조가문서 가운데 무릇 전피(田皮: 田面)·전골(田骨 : 田根)·대묘·소묘로 기재된 것은 '1전 2주'의 사례로 포함.

(1662~1908)에 걸쳐 있었다. 이 268건의 문서 가운데에는 전근(田根)·전면(田面)·대묘(大苗)·소묘(小苗)와 연관된 조가계약(找價契約) 문서는 60통으로[143] 전체 조가 문서의 22.4%를 차지하여 전매문서와 거의 차이가 없다. 각 왕대 각 부(府)·주(州)·현(縣)의 전근·전면·대묘·소묘의 전매 및 조가 문서 상황은 〈표 7-2〉와 〈표 7-3〉을 보라.

이 문서들에서 수집한 68건의 전매와 조가문서 가운데에는 후관(侯官)·복주(福州)·민청(閩清)·민현(閩縣)·숭안(崇安)·복안(福安)·구영(甌寧)·영덕(寧德)·광택(光澤)·남평(南平)·포전(莆田)·선유(仙游)·진강(晋江)·영춘(永春)·장주(漳州)·용계(龍溪)·남안(南安) 17개 주현(州縣) 가운데 전근(田根)·전면(田面)·대묘(大苗)·소묘(小苗)의 전매 혹은 조가의 문서와 연관된 현은 후관(侯官)·복주(福州)·민청(閩清)·숭안(崇安)·복안(福安)·구영(甌寧)·광택(光澤)·남평(南平)·선유(仙游)·영춘(永春)·남안(南安) 등의 11개 주현이며 이들은 문서가 발견된 17개 주현의 64.7%에 달한다. 바꾸어 말하면 복건지역 대다수의 주현에서 토지 지분소유제라는 현상이 발견된다.

이 밖에 조전계약(租佃契約)에서도 전골(田骨)·전피(田皮)로 구분되어 지대[租]를 납부하는 현상이 발견된다. 『명·청복건경제계약문서선집(明淸福建經濟契約文書選輯)』에서 수집된 9개 현의 '조전문서(租佃文書)'는 총 162건이고, 이 중 강희(康熙) 연간의 것이 2건, 옹정(雍正) 연간의 것이 12건, 건륭(乾隆) 연간의 것이 64건, 가경(嘉慶) 연간의 것이 53건, 도광(道光) 연간의 것이 28건, 기타 1건이다. 건륭 연간 후관현(侯官縣)의 소를 빌린 계약문서[租牛契]는 우리의 주제와 무관하므로 통계에 포함하지 않았다. 그 나머지 계약문서는 약 165건이 있고 이 가운데 전근(田根)과 전면(田面)이 온전한 것이 14건으로 전체 문서 가운데 8.48%를 차지하고 전근과 전면이 분리된 문서는 151건으로 전체 문서 가운데 91.52%를 점한다. 자세한 내용은 〈표 7-4〉를 보라.

토지 지분소유제는 민전에서만 출현한 것은 아니었다. 군대의 위소(衛所)에 속하는 둔전(屯田)에서도 토지 지분소유제가 출현하였다. 가경(嘉慶) 21년(1806) 후관현(侯官縣)에서는 토지를 전매하는 계약문서가 작성되었다. "저당 계약문서를 체결해 정행단(鄭行端)에게 교부한다. 정행단은 자신이 가지고 있는 위소 둔전의 전근(田根)[9] 1호를 경작하고 있는데, 이 토지는 후관현(侯官縣 : 侯邑) 23도

---

9) 역주 - 여기서 전근은 전면(田面)의 의미로 사용되었으며, 곧 경작권을 말한다.

〈표 7-4〉 복건성 9개 주현의 조전계약문서로 본 청 전기 토지소유권의 분할 상황

연대	縣名	조전계약 총수	田根과 田面이 온전한 문서		田根과 田面이 분리된 문서		비고
			건	%	건	%	
康熙	侯官	1			1	100	
	閩淸	1			1	100	
雍正	福州	3			3	100	
	閩淸	4			4	100	
	侯官	3			3	100	
	光澤	2	1	50	1	50	
乾隆	侯官	15			15	100	
	仙游	6			6	100	
	閩淸	19			19	100	
	南平	5			5	100	
	寧德	11			11	100	
	南安	1			1	100	
	福州	7			7	100	
嘉慶	閩淸	6			6	100	
	永福	1			1	100	
	侯官	21	7	33.3	14	66.7	
	寧德	15	1	6.7	14	93.3	
	南平	7			7	100	
	福州	2	1	50	1	50	
	光澤	1			1	100	
道光	侯官	9	3	33.3	6	66.7	
	閩淸	3	1	33.3	2	66.7	
	仙游	2			2	100	
	寧德	2			2	100	
	南平	5			5	100	
	光澤	5			5	100	
	福州	2			2	100	
합계		165	14	8.49	151	91.52	

자료출처 : 푸젠사범대학[福建師大學] 사학과, 『明淸福建經濟契約文書選輯』2, 土地典賣找價文書, 人民出版社, 1997.

[念三都 탕원(湯院)지역에 있고 토지의 이름은 구포호(泃浦湖)라 했다. 경작지 면적[受種]은 20근이다. 매년 면조곡(面租穀)으로 478근을 정강진(程江陳)에게 납부하되 특이한 일이 없으면 계속 경작하도록 했다. 지금 다른 토지를 구매하였음으로 자원하여 이 토지의 전근(田根)을 중개인에게 위탁해 오봉(梧峰) 사람 장문향(長文享)에게 전당한다(立繳典契鄭行端. 自己手置有衛屯田根壹號, 坐産侯邑念三都湯院地方, 土名泃浦湖, 受種二拾斤, 年載面租穀肆百柒拾捌斤, 納在程江陳處, 歷耕

無異. 今因別置, 自願將此田根托中向到梧峰張文享處)."[144] 도광(道光) 23년(1843) 후 관현(侯官縣)에서 토지 판매 문서에는 이렇게 기재되어 있다. "진장환(陳章煥)에 게 전근(田根)을 판매하는 문서를 작성 교부한다. 부친의 뒤를 이어 경작하고 있 던 전근(田根) 1호는 본읍(本邑) 22되[念二都]에 있으며 토지의 이름은 곡령상분(曲 岭上份)이다. 경작지 면적은 1무로 매년 면조곡(面租穀)은, 해당 지역의 두(斗)로, 7두 5관을 납부하되 5두는 진상환에게, 2두 5관은 황(黃)에게 납부하며 특이한 일 이 없으면 계속 경작한다. 지금 생계에 필요한 돈이 모자라 중개인에게 위탁해 이 전근(佃根)을 우리 집안 숙부인 행빈(行濱)에게 지급한다. 세 사람이 논의하여 전근(佃根)을 판매하고 그 가격은 21,000문(文)으로 한다(立賣佃根契陳章煥, 承嗣父 手置有屯田根壹號, 坐址本邑念二都地方, 土名曲岭上份. 受種一畝, 年載面租漆斗伍管 郷. 內納陳處伍斗, 又納黃處二斗伍管, 歷掌無異. 今因要錢乏用, 自情願托中將此佃根 向在本厝叔行濱處, 三面言議, 賣出佃根錢貳什壹千文正)."[145] 1전 2주, 1전 3주의 위 소 둔전 사례는 더 있으나 여기서 일일이 나열하지 않았다.

안휘(安徽) 휘주(徽州)지역도 토지 지분소유제가 발달한 곳이었다. 안휘이성[安 徽省] 박물관편 『명·청휘주사회경제자료총편(明清徽州社會經濟資料叢編)』 가운데 '매전계(賣田契)'와 '매전피계(賣前皮契)' 문서가 있는데, 이 문서들은 청 순치(順治) 시기부터 선통(宣統) 연간(1644~1911)의 것이다. 수집된 '매전계', '매전피계' 문서는 모두 233건이었으며 이 가운데 '매전피계' 문서는 70건[146]으로 전체 문서 가운데 30%를 차지했다. 거의 3건의 토지문서 가운데 1건이 전피(田皮)의 매매였다.

한편 휘주(徽州)지역은 호적[戶簿]관련 자료를 우리들에게 제공하고 있다. 이 들 자료들은 매 가호들이 토지를 구매한 계약 내용을 기록하고 있다. 계약의 내 용은 판매한 토지 주인의 성명이 포함하여 판매한 토지가 전피(田皮)인지, 조(租) 인지, 혹은 전골(田骨)과 전면(田面)이 모두 갖추어진 토지인지를 기록하고 있으 며, 해당 토지의 위치[坐落], 자호(字號), 경지면적(혹은 畝, 혹은 租로 표시), 토지 가격 등을 기재하였다. 이들 토지에 대한 고찰은 독자적인 소유 혹은 지분소유 모든 측면에서 중요한 의의를 지닌다. 예를 들어 『손재중계묵초백총등(孫在中契 墨抄白總登)』에는 강희(康熙)부터 건륭(乾隆) 연간(1662~1795)까지 작성된 구매 계 약문서가 52건이 있고 이 가운데 매전(買田 : 전골, 전피를 포함) 계약 문서가 14 건, 매전피(買田皮) 계약 문서가 23건, 매전골(買田骨 : 大租) 계약문서가 5건, 매방 (買房) 계약 문서가 4건, 매산(買山) 계약 문서가 6건이었다.[147] 매방(買房)과 매산 (買山)문서 10건을 제외한 토지 매매문서는 모두 42건이고 이 42건 가운데 전피

(田皮)·전골(田骨 : 大租)를 매매한 문서는 28건에 달하여 전체 토지 매매문서 가운데 66.7%나 된다. 또 다른 책인 『건륭왕씨예계부(乾隆汪氏譽契簿)』를 보면, 이 집안의 가장 이른 토지 매입문서는 강희(康熙) 49년(1710)이고 마지막 매입문서는 도광(道光) 23년(1843)이며, 가경(嘉慶)·도광 연간(1796~1850)의 매입문서는 후대에 추가된 것이 명확하다. 이 집안이 토지 매입 문서는 47건이고 이 가운데 전골과 전피가 모두 갖춘 것이 19건, 전피를 매입한 것이 14건, 전골(田骨 : 大苗)을 매입한 것이 6건, 매산(買山) 문서가 8건이다.[148] 매산 문서를 제외하면 토지를 구매한 문서는 39건이고 이 39건 가운데 20건의 문서가 '1전 2주' 혹은 '1전 3주'의 토지 지분소유제 매매에 속하여 전체 문서 중 51.3%를 차지하고 있다.

이 밖에 휘주지역에서는 조전계약(租佃契約) 문서에는 대매(大買)·소매(小買)라는 기록이 남아 있어 '1전 2주'의 상황을 파악할 수 있다. 『명·청휘주사회경제자료총편(明淸徽州社會經濟資料叢編)』 제1집 '조전지문계(租佃地文契)'에 의하면, 이 책은 76건의 조전계약문서를 수집하고 있고 이 중 전조(轉租) 문서는 22건, 일반 조전계약 문서는 54건이었다. 전조(轉租) 계약문서는 전체 문서 가운데 28.9%를 차지한다. 자세한 내용은 아래의 〈표 7-5〉를 보라.

〈표 7-5〉 휘주지역 조전계약 문서 속에 반영된 전골 전피 분리

시기	조전계약 총수	전조조전계약	일반조전계약
萬曆	1	1	
崇禎	3	3	
順治	1		1
康熙	2		2
雍正	2		2
乾隆	9	2	7
嘉慶	14	1	13
道光	17	6	11
咸豊	9		9
同治	6	1	5
光緖	12	8	4
합계	76	22	54

자료출처 : 안휘이성박물관安徽省博物館 ,『明淸徽州社會經濟資料叢編』, 중국사화과학출판사, 1988.

이상에서처럼, 휘주지역 전체를 범위로 하여 고찰하든, 개별 가호를 고찰하든, 명·청시기에 이르러 토지 지분소유제가 이미 이곳에서 광범위하게 진행되었음을 알 수 있다.

명대(明代)에 강소(江蘇)지역에서도 토지 지분소유제가 발달하였다. 예컨대 만력(萬曆) 30년(1602) 숭명현(崇明縣) 부안사(阜安沙)에서는 토지를 개간했는데, 그 절반은 민력(民力)에 의지해 토지를 개간했고 민간의 관행에 따라 그 절반의 승가(承價)를 민에게 주어 경작하게 했다. 옛 성터였던 평양사(平洋沙)는 진흙 밭이 14만 보(步)였는데 전례에 따라 민들이 그 절반의 승가(承價)를 소유했다.[149] 소위 '승가(承價)'는, "제방으로 형성된 토지에서 발생하였다(承價之墊有圩本也)."[150] 즉 농민은 제방을 쌓아 토지를 조성했을 때 자금이나 노동력을 투입하게 되고 이러한 투입으로 일정의 지분이 형성되며 따라서 토지소유권의 반을 가지게 되었다. 청대에 이르러 토지 지분소유제는 강소지역에서 더욱 확대되었다. 『명·청강소농촌경제자료(明淸江蘇農村經濟資料)』에 의하면, 소주(蘇州)·통주(通州)·해문청(海門廳)·강녕현(江寧縣)·강도(江都)·감천(甘泉)·태주(泰州)·보응(寶應)·여고(如皐)·태흥(泰興)에서는 토지 지분소유제가 존재하고 있었다.[151] 또 다른 책 『청대 지대의 착취형태(淸代租佃剝削形態)』는 건륭시기 만들어진 '형과제본(刑科題本)' 자료를 수집하였고, 이때 장주(長洲)·무석(無錫)·원화(元和)에서도 토지 지분소유제를 확인할 수 있었다.[152]

『청대 지대의 착취형태』의 영전제(永佃制) 부분에는 이 책에서 수집한 건륭(乾隆) 연간(1736~1795) 영전제 관련 문서 52건이 기재되어 있는데, 이 가운데 토지 지분소유제에 속하는 사례가 50건이고, 이 사례는 9개 성(省) 40개 현(縣)에 걸쳐 발견된다. 자세한 내용은 〈표 7-6〉을 참조하라.

〈표 7-6〉 건륭 연간 형당(刑檔) 중 토지 지분소유제와 관계된 문서가 발견된 현(縣)의 분포

성(省)	현(縣)명
직예(直隸)	회안(懷安)
강소(江蘇)	장주(長洲), 무석(無錫), 원화(元和)
안휘(安徽)	무호(蕪湖)
절강(浙江)	임해(臨海), 영파(寧波), 영강(永康), 경원(慶元), 인현(鄞縣)
강서(江西)	안원(安遠), 신풍(信豊), 감현(贛縣), 서금(瑞金), 덕흥(德興), 회창(會昌)
호남(湖南)	예릉(醴陵)
복건(福建)	포전(莆田), 영복(永福), 영춘(永春), 남안(南安), 건안(建安), 건영(建寧), 창화(彰化), 숭안(崇安), 후관(侯官), 평화(平和), 포성(蒲城)
광동(廣東)	게양(揭陽), 혜주(惠州), 향산(香山), 하원(河源), 건양(建陽), 해풍(海豊), 해양(海陽), 혜래(惠來)
광서(廣西)	무선(武宣), 귀현(貴縣), 선화(宣化)

자료출처 : 『청대 지대의 수탈 형태(淸代地租剝削形態)』, 영전제(永佃制), 중화서국, 1982.

대만(臺灣)은 새로운 개간지였고, 개간민 대부분은 복건(福建)의 장(漳)·천(泉) 지역 사람들이었다. 그들이 대만에 도착해 황무지를 개간했을 때, 장·천지역의 관행을 대만지역으로 확대시켰다. 농민들이 일부 자금을 내어 토지소유자로부터 토지소유권의 일부를 매입했고 그 결과 이 토지의 소유권은 1인 소유에서 공동 소유로 바뀌었다. 아래의 사례는 그 예이다.

전인(佃人)을 불러들여 계약을 체결하게 된 업호(業戶 : 역자-토지소유자) 이조영(李朝榮) 은 대돌청포(大突靑埔) 한 곳을 구입하였다. 그 땅은 파래(巴來)라는 곳에 위치하는데, 동 쪽에는 유자구(柳仔泃)의 비(碑)가 있고 서쪽에는 큰 도랑(大泃)과 접경하고 남쪽에는 사 (社 : 역자-대만 고산족의 기층 사회조직)의 대로와 접경하고 북쪽에는 황방걸(黃邦杰)의 집 뒤 도랑과 접경하여 그 네 경계가 분명하다. 지금 불러들인 이사인(李思仁)·뢰속(賴束)· 이록정(李祿亭)·양학준(梁學俊) 등은 여기로 와서 빌려 개간하면서 은 65냥을 내었으며, 자 기 농우를 가지고 산비탈을 개간하고 도랑을 만들어 영원히 자신의 생업으로 삼았다. 여러 해가 지나 작물을 수확하면, 지방의 관례에 따라 '일구오추(一九五抽)'의 방식[10]에 의거하 되, 수확하는 날(成田之日)이 되면 평미래(滿斗) 85석을 1갑으로 하고, 1갑당 지대(租)로 8석 을 수취하며 지대는 반드시 수레로 항구까지 와서 납부한다. 이상의 규정은 쌍방이 합의한 것이므로 향후 어떤 일을 빌미로든 번복할 수 없다. 지대는 조금이라도 증가할 수도 감소할 수도 없다. 만약 정해진 액수에서 조금의 모자람이라도 있으면 관부에 고발해 다스리게 한 다. 구두로 약속하면 증빙이 되지 않을까 염려해 전작(佃作) 계약서를 작성해 남겨둔다.(立 招佃人業戶李朝榮, 明買有大突靑埔一所, 坐落土名巴來, 東至柳仔泃坤, 西至大泃爲界, 南至入社大車路爲界, 北至黃邦杰厝后港爲界, 四至明白. 今有招到李思仁·賴束·李祿亭· 梁學俊等前來承贌開墾, 出得埔銀六十五兩正, 情願自備牛犂方建築坡圳, 前去耕墾, 永爲 己業. 歷年所收花利照庄例一九五抽的, 及成田之日, 限定經丈八十五滿斗爲一甲, 每一甲 經租八石, 車運到港交納. 二比甘願, 日後不敢生端反悔, 增加減少, 亦不敢升合拖欠. 如 有拖欠定額, 明官究討. 口恐無憑, 立招佃二紙存照.)

문서 작성 당일 포은(埔銀)은 완납함(卽日收過埔銀完, 再照.)
옹정 10년 10월 □일(雍正十年十月□日).

---

10) 역주 - '一九五抽'의 방식이란 토지소유주가 생산량의 15%를 차지하고 나머지 85%를 경작자가 차지하는 것을 말한다.

전인(佃人)과의 계약 체결자 이조영(立招佃人 李朝榮).[153]

개간계약을 체결한 업주(業主 : 역자-토지소유자) 소인(蕭因)이 소유한 초지(草地)에는 황무지 산이 하나 있었는데 계지료(界址寮)라고 불렀다. 그 땅은 동쪽으로는 만갱령(灣坑岭) 아래까지, 서쪽으로는 간(簡)씨 집안의 밭까지, 남쪽으로는 갱감(坑崁) 아래까지, 북쪽으로는 간씨 집안의 밭까지로 네 경계가 분명하다. 이곳에는 기두장(崎頭莊)의 전인(佃人)인 임강(林降)이 있는데, 그는 스스로 도구를 갖추어 개간하기를 원하여 와서 계약하려 하였다. 이에 해당 토지를 직접 살펴보고 전인(佃人) 임항에게 개간을 허락했다. 산전(山田)이 개간된 뒤에는, 매년 대조(大租) 2두(斗)를 납부하고 영원토록 임항의 생업으로 삼았으니 이후 소유주의 자손들은 어떤 일을 빌미로 다른 말을 할 수 없다. 구두로 약속하면 증빙이 되지 않을까 염려해 개간 계약문서를 함께 작성해 남겨두어 증거로 삼는다.(立墾單字人業主蕭因, 所轄草地內有荒山一所, 山名界址寮, 東至灣坑岭下, 西至簡家田, 南至坑崁下, 北至簡家田, 四至界址明白爲界. 玆有崎頭莊佃人林降, 慾自備工本開墾耕築, 前來給單. 爰是踏明界址, 交與佃人林降任從墾築. 山田耕成之後, 逐年配納大租二斗, 永爲降之己業, 日後該業主子孫等不得異言生端滋事. 口怨無憑, 合給墾單字一紙, 付執爲照.)

건륭 4년 3월 □일 발급함(乾隆 四年 三月□日給).[154]

황무지를 개간할 때 농민은 토지소유자에게 약간의 은(銀)을 바치거나, 스스로 장비를 갖추어 개간하면 원래 토지소유자로부터 그에 상응하는 토지소유권을 취득했다. 이로 인해 이 토지는 2명 혹은 3명의 토지소유자가 발생했는데, 이는 대만의 토지개간에서 확인되는 보편적 현상이었다.

열하(熱河)지역도 청대 새로 개간된 곳이다. 리우커샹劉克禅의 연구에 의하면 일본인들이 수집한 513건의 몽고지역 계약문서 가운데 농민들이 계가(契價)를 지불하거나 황은(荒銀)을 저당 잡힌 것이 497건으로 전체 문서의 96.9%를 차지했다.

토지 지분소유제는 청대 기지(旗地)에서도 매우 성행했다. 건륭(乾隆) 9년(1704) 지금의 북경(北京) 방산현(房山縣)의 경작권을 넘겨주는 계약문서(過佃字)에는 다음과 같이 기록되어 있다. "경작권을 넘겨주는 문서를 작성한 전호(佃戶) 장덕흥(張德興)은 본래 자기 땅을 가지고 있었다. 그 땅은 방산현(房山縣) 서남 루자수촌(樓子水村) 북쪽에 있으며 동서의 길이는 3무이다. 동으로는 관도(官道), 서로는 방다(邦茶)를 경계로 한다. 남으로는 황옥항(黃玉恒)의 땅을 경계로 하고 북으로는 도로를 경계로 해 네 경계가 분명하다. 지금 본인의 의사에 따라 이태(李泰)에게 넘겨주어 영원이 경작하도록 하되 이태가 다른 종자를 심거나 규정을 어기는 것을 허락하지 않는다. 압조(壓租)는 은 35냥으로 하고 해마다 예에 따라 소조(小租)로 500문의 돈[錢]을 거두어 들인다. 그 객(客)은 주인에게 하소연할 수 있으나 주인은 경작자에게 하소연할 수 없다. 문서를 작성한 뒤 만약 다른 사람과 쟁의가 발생할 경우, 조를 거두는 장덕흥이 관계하지 전호는 간여할 수 없다. 이 문서는 두 집안의 의사에 따라 작성된 것으로 각 측은 이의가 없다. 구두로 하는 것은 증빙이 될 수 없으므로 경작권을 넘겨주는 2장짜리 문서 1부를 만들고 각각 나누어 가져 증빙서류로 삼는다(立過佃戶人張德興, 因有本身當差地一段, 坐落在房山縣西南樓子水村北, 東西地計三畝, 東至官道, 西至邦茶爲界, 南至黃玉恒, 北至道, 四至分明. 今情願過與李泰名下, 永爲佃戶耕種, 不准李姓另種另典. 言明壓租銀三十五兩正, 年例小租錢五百文. 准其客辭主, 勿許主辭客, 立字之后, 如有另人爭論, 有取租張姓一面承管, 不與佃戶相干. 此系兩家情願, 各無返悔. 恐口無憑, 立過佃字一樣兩張, 各據一張爲證.).”[155] 건륭 41년(1736)의 ‘형과제본(刑科題本)’에서도 기지의 지분소유제에 대한 기록이 남아 있다. 민인(民人) 이무철(李茂哲)은 동뢰(佟鐳) 집안의 기지(旗地)를 경작했는데 압조(押租)를 납부했으므로 “영원히 오래토록 경작하며 지대를 증가시키는 것과 경작을 빼앗는 것을 허용하지 않는(永遠長耕, 不許增租奪佃)”[156] 권리를 얻었다. 가경(嘉慶) 연간(1796~1820) 창여현(昌黎縣) 기인(旗人) 왕대충(王大忠)은 관조(官租)를 납부할 여력이 없어 조상이 남겨준 관조지(官租地) 1무(畝) 4분(分) 2리(厘) 5호(毫)를 왕극량(王克讓)에게 주어 경작하게 하여 해마다 조를 은(銀)으로 바치게 하되 1전(錢) 6분(分) 5리(厘) 2호(毫)로 그 값을 정했다. 경작을 넘겨준 뒤로는 “토지를 매입한 주인은 가마를 만들거나, 우물을 파거나, 토지에 나무를 심는 등의 일은 자신이 편한 대로 했다(由置主盤窯, 打井使土裁樹, 自便).”[157] 적봉현(赤峰縣)에서는 건륭(乾隆) 58년(1793) 토지 개간에 대한 문서를 합동으로 작성했다. 문서를 작성한 요안행길(撓安幸吉) 등의 보세호(保世戶)들은 참상인(站上人)등과 함께 논의해 문서를 작성한다. 앙방구(昂邦泃) 오십가자(伍什家子) 윗편에 있는 황무지 한곳에 대해 함께 논의하여 중전(中錢) 1,200,000의 가격으로 서성(徐成)과 장현(張賢) 2사람에게 주어 경작하게 하되 영업으로 삼도록 했다.[158] 가경(嘉慶) 14년(1809) 장량홍(張良洪)은 자기가 경작하던 토지를 곽웅(郭雄)에게 판매하여 경작하도록 하면서 영원토록 자산으로 삼도록 했으며 매년 대차(大差)로 1석 2두를 납부하게 하고 잡차(雜差)는 상황에 따라 납부하게 했다.[159]

『금열몽지조사보고(錦熱蒙地調查報告)』에 기재된 건평현(建平縣)·조양현(朝陽縣)·풍녕현(豊寧縣)의 기지에서도 지분소유제의 존재를 알려 주는 많은 기록이 확인되지만, 본서에서는 일일이 서술하지 않겠다. 열하성(熱河省) 장관방(長官房) 토지과의 조사에 의하면, 융화현(隆化縣)·위장현(圍場縣)·평천현(平泉縣)과 같은 구외(口外)[11]지역에서는 무릇 토지소유권을 가진 자의 반 이상이 개간할 여력이 없어 전호(佃戶)를 불러 모아 "개간하여 경작지가 된 이후에는 영원토록 경작하도록 허락했으며(許以成熟後永遠耕種)" 해마다 지대 약간을 납부하되 "이에 따라 지대를 증가하거나 경작을 빼앗는 일이 없도록 하는 내용을 조전계약에 기재했다(從此不得增租奪佃, 裁在租約)." 또 "업주(業主)는 다만 지대[租]의 이익만을 가질 수 있으며 경작자의 권리를 빼앗을 수 없었고 지금은 오히려 일종의 유효한 관행으로 간주되었다(業主但有有租之利益, 而無撤佃之權力, 現尙認爲一種有效力之習慣)."[160] 동북 만주지역의 경우 가경(嘉慶) 16년(1811) 경작권을 이양하는 계약문서가 작성되었다. 우금사(雨金社) 후일갑(後一甲)에 거주하는 송흥국(宋興國)은 조카 송인상(宋仁祥)과 함께 경작권을 넘기는 문서를 작성한다. 그들은 경작이 어렵다고 판단해 자기들이 물려받은 기지(旗地) 41무(畝)를 동족들과 상의하여 같은 갑(甲)에 사는 민인(民人) 이사정(李士禎)에게 경작권을 넘겨주면서 "계속 경작하게 했다(承領管業)." 이에 따라 전량(錢粮)은 1냥(兩) 4전(錢) 3분(分) 5리(厘)으로, 조전(租錢)은 1,435문(文)으로 하였으며 개간에 소요된 장비와 인력에 대한 값은 전(錢) 250냥(兩)으로 하고 증빙서류가 없을 것을 염려해 경작권을 이양하는 문서를 남겨 두었다.[161] 청 정부가 기인(旗人)의 빈곤화를 해결할 수 없었기 때문에, 기인은 경작에 능하지 못했기 때문에, 더구나 조정에서 기지에 대한 전매를 허용하기 않았기 때문에, 기지에서 지분소유제는 크게 발전했다. 청 조정이 비록 3차례에 걸쳐 대규모로 기지를 회복시키는 조치를 단행했음에도 기지에서 지분소유제가 발전하는 것은 막지 못했다.

토지 지분소유제는 농민이 여러 가지 형식의 대가를 치루면서 형성되었는데, 예를 들어 강서(江西) 공남(贛南)지역의 농민은 "자기 자본을 내어 황무지를 개간하였는데 그 지역에서는 이를 공본(工本)이라 불렀고 소유주는 언제나 전가(田價)를 징수하였는데 이를 추각(墜脚) 혹은 퇴각(退脚)이라 했으며(出資墾荒, 則俗名工本. 或由業主徵收田價, 則俗名墜脚, 亦名退脚)," 이로 인해 농민들은 '피업(皮

---

11) 역주 - 내몽고와 하북성 북부지역인 장가구(張家口), 승덕 등을 포함한 지역을 말한다.

業)'이라는 권리를 얻었다.[162] 사천(四川) 운양현(雲陽縣)의 농민은 거액의 "압색의 비용(壓穡之費)"을 납부하여 그 토지를 자신의 재산과 동일시[視同己産] 할 수 있는 권리를 얻었다.[163] 강소(江蘇) 숭명(崇明)지역의 농민들은 "제방을 수축하여 토지를 만들 때 소요되는 비용(圩田工本)"을 내어 토지의 '승가(承價)'를 획득하였다.[164] 안휘(安徽) 휘주(徽州)지역의 농민들은 '자치(自置)'를 통해 '소조전피(小租田皮)'를 얻었다.[165] 호북(湖北) 종상(種祥)지역의 농민들은 "싼 값에 경작권을 판매하는(賤賣圖耕)" 풍속이 있었다. 농민들이 토지를 판매할 때 "매입자가 경작권은 매입하지 않기 때문에 그것의 소유권이 둘로 분리되어 있다는 점(買主對于佃權旣未買入, 故只能聽其與所有權分離爲二)"[166]을 확인시켜 주었다. 절강(浙江) 임해(臨海)·영파(寧波)·경원(慶元)·인현(鄞縣)지역의 농민들은 토지를 경작할 때에는 반드시 '전각(田脚)'이라는 돈을 납부하여 '전피(田皮)'를 획득하였고 이를 판매할 수도 있었다.[167] 광동(廣東)지역의 농민들은 토지를 경작할 때 '정경은(頂耕銀)'을 납부하였는데, "돈을 내어 경작권을 매입하였기 때문에 전업(佃業)이라 불렀고(出資買耕者, 名爲佃業)" 전업을 '질업(質業)'이라 부르기도 했다.[168] 복건(福建) 용해현(龍海縣)의 민들은 "토지가 없는 자가 많아 모두 다른 사람의 토지를 경작했는데(無田者衆, 皆佃人之田)" 토지를 경작하려면 분토(糞土)의 비용을 지불하였고 "분토의 비용은 대조전(大租田)에 견주어 10배나 되었다(糞土之價視大租田十倍)."[169] 운소청(雲霄廳)지역에서는 "토지개간에 관한 문서를 작성하면서(立安開墾契)" "조세를 갖추어 납부하고, 분토의 은은 사사롭게 서로 주고받도록(租稅其辦納, 以有糞土銀, 遂私相授受)"[170] 했다. 숭안(崇安)지역의 농민들이 토지를 경작할 때 "배상한대賠고 말했는데, 배는 전피(田皮)였고(曰賠, 賠爲田皮)" "전인(佃人)이 지불하는 배가(賠價)는 전주(田主)의 판매가격보다 비쌌다(佃人之賠價重于田主之賣價)."[171] 민청현(閩淸縣)에서는 "토지개간에 관한 문서를 작성하면서(立安開墾契)" "지금 이에 전호 오승덕(吳承德)에게 개간하여 경작하게 하되 영원토록 경작할 수 있도록 할 것이며 황가(黃家)는 달리 간섭할 수 없다(今安與佃戶吳承德開墾耕種, 所佃永遠耕作, 黃家不得另召)"[172]고 기록했다. 오승덕은 개간할 때 자신의 자본을 지불했기 때문에 원래의 전주는 토지에 대한 일부 소유권을 법적으로 인정했다. 황무지의 개간이 이루어지고 오승덕 또한 개간 과정에서 일부 토지소유권을 회득하였으므로 개간농민과 원래의 전주는 이 토지에 대한 공동 소유권을 가지게 되었고 이들은 모두 이 토지에 대한 지분[股東]을 가지고 있었다. 고전현(古田縣)의 전근(田根)과 전면(田面)은 "자신이 만든 것[手置]과 상속받은 것, 스스로 문서에 따라 관할하는 것이 있어 그것을 경작했다(有手置·有祖遺·自持一契据管業, 耕種)."[173] 건양현(建陽縣) 농민들도 토지 지분소유제를 가지고 있었다. "처음 향민들이 산으로 이주해가 토지를 전작(佃作)하려 했고 저는 문서에 의거해 해마다 수백문의 전을 받아 그 토지의 개간을 허락하였습니다. 그러나 시간이 오래되면서 재해가 발생하자 그 토지의 경작권을 물리려 하면서 거짓으로 개간비용을 부풀려 비싼 가격으로 값을 받으려 합니다(始于鄉民爲僑居山佃所, 愚歲受憑錢數百文, 聽其墾種, 日久受害, 欲令退佃, 則詭云工資浩大, 挾令重價取贖)."[174] 여기서 이주한 농민들은 개간에 자신의 힘과 재산을 소비하였고 이를 통해 지분소유권을 획득하였음을 알 수 있다. 용암현(龍岩縣)의 농민들도 토지 지분소유제를 획득하고 있어서 전주에게 "분토(糞土)"은(銀)을 바치고 "그 토지를 저당 잡아 경작했다(質其田以耕)."[175] 대만부(臺灣府)의 농민들도 토지 합고권(合股權)을 취득하였는데 농민들 대다수는 돈을 내어 경작권을 구매하였다. 건륭(乾隆) 5년(1740) 작성된 경작권 문서에는 이렇게 기재되어 있다. "지금 민들이 스스로 경작할 수 없어 이 포원(埔園)을 성실한 한인(漢人)인 진행관(陳悻觀)에게 맡겨 전작(佃作)하도록 했으며 이날 세 측이 합의해 포원의 전저(田底)의 값으로 은(銀) 130대원(大元)을 내게 했다(今因民不能自耕, 情願將此埔園托中送就與誠實漢人陳悻觀前來承去佃耕, 當日三面議定出得埔底銀一百三十大元)."[176] 건륭(乾隆) 11년(1746) "산을 개간하여 영원히 경작을 허용하는 문서(立出永耕墾山契)"에는 다음과 같이 기술되어 있다. "지금 사용할 은이 부족하여 이 황폐한 산을 개간하여 오래토록 경작하기 위해, 의학관전장(義學官田莊)의 한인(漢人) 진린서(陳麟瑞)에게 위탁해 개간하되 영원히 경작하도록 한다. 이날 세 측이 모여 의논하여 시가로 은(銀) 76대원(大圓)을 납부하게 했다(今因乏銀使用, 情願將此荒山開墾永耕, 外托中引就歸與義學官田莊漢人陳麟瑞出首承墾永耕, 當日三面言議時值價銀七十六大圓)."[177] 가경(嘉慶) 8년(1803) "영세 경작을 허용하는 문서(立永耕字)"에도 이런 기록이 있다. "지금 사용할 은이 모자라 스스로 이 토지를 내어 경작할 사람을 불러들어 영원히 경작하게 한다. … 중략 … 한인(漢人) 장묵관(張默觀)에게 영원히 경작하여 업으로 삼도록 하며 매년 대조속(大租粟) 2석(石) 5두(斗)를 납부하되 조금이라도 누락하는 일이 없도록 한다(今因乏銀費用, 自情願將此田招佃永耕, … 중략 … 外托中引就漢人張默觀永遠掌耕爲業, 逐年配納番大租粟二石五斗滿, 不得少欠)."[178] 이와 같은 사례는 매우 많아 일일이 열거할 수 없다. 『금열몽지조사보고(錦熱蒙地調查報告)』에 의하면, 이곳에서 농민들이 획득한 경작권의 대부분은 '지가(地價)'를 납부하고 취득한 것이었다. 도광(道光) 10년(1830) 한 조전계약문서에는 이렇게 기록되어 있다. 한분래(韓盆來)와 그의 아들 한준(韓俊)은 차역을 감당할 수 없어 토지를 학만록(學萬祿)에게 주어 경작하게 하고 영원히 자신의 업으로 삼도록 하였는데, 이때 "함께 정하기를 지가(地價)는 전 30조(吊)으로 하며 그 돈은 문서가 작성되는 데로 지급하되 모자람이 없도록 하고 매년 가을이 지난 후 조전(租錢) 2조(吊)를 한분래에게 지급한다(同衆言明, 地價錢三拾吊, 其錢筆下交足, 幷不短少, 每年秋後交租錢貳吊與韓盆來)."[179] 도광(道光) 15년(1835)의 "계약을 약속하는 문서(立兌契文約)"에는 "지주에게는 관에 품신하여 추적하는 것을 허락하되 경작권을 바로 빼앗지 못하도록(許地主稟官究追, 不得徑行奪佃)"[180]하는 기록이 있다. 『순양현지(洵陽縣誌)』의 기록에 의하면, 무릇 유민들이 과산(稞山)에 정착하려면 그 고장 풍속에 우선 산의 주인에게 수량의 은을 주었는데 이를 진산례(進山禮)라 불렀다. 그런 후 지대로 납부할 곡식을 의논하고 조전 약속문서를 작성하였는데, "영원히 경작하게 하고 이 문서에 의거해 경작자를 교체할 수 있을 뿐 산의 주인은 그것을 어길 수는 없었다(永遠耕種, 聽憑頂替, 山主無得阻撓)."[181]

이상의 서술에 근거하면 농민들이 토지 지분소유제를 획득한 길은 두 갈래 밖에 없었다. 첫째는 지주가 황무지를 개간할 때 농민들이 개간에 참여하여 자신의 개간과 공본(工本)을 지불하여 원래 토지소유자로부터 일부 토지소유권을 획득하는 것이다. 이것이 비용을 들여 얻은 지분소유제이다. 둘째는 각종 형태의 구매 예컨대 배가(賠價)·정수(頂首)·압조(押租)·전가(田價)의 이름으로 구매한 것이다. 원래의 '1전(田) 1주(主)'의 경작지는 위의 두 갈래의 길로 인해 '1전 2주' 혹은 '1전 3주'의 지분소유제가 실현되는 토지가 되었다.

2) 토지 지분소유제 발전의 원인

토지 지분소유제는 중국 22개 성(省)에 편재하고 있었다. 직예(直隷)·산동(山東)·산서(山西)·하남(河南)·섬서(陝西)·감숙(甘肅)·강소(江蘇)·안휘(安徽)·절강(浙江)·강서(江西)·호남(湖南)·호북(湖北)·사천(四川)·복건(福建)·광동(廣東)·광서(廣西)·운남(雲南)·귀주(貴州)·흑룡강(黑龍江)·길림(吉林)·요령(遼寧) 등의 성이 그곳이었다. 북방지역의 경우 주로 직예성에서, 남방지역의 경우 강소성·안휘성·절강성·강서성·복건성·광동성에서 널리 퍼졌다. 이들 남부 6개 성과 북방의 직예성은 하나의 공통적 원인을 가지고 있는데 그것은 인구가 많고 토지가 적다는 점이다. 예를 들어 가경(嘉慶) 17년(1812) 전국 개별 인구당 평균 경작지 면적은

2.9무(畝)였으나, 강소성에서 그것은 1.9무, 안휘성에서는 1.21무, 절강성에서는 1.77무, 강서성에서는 2.05무, 복건성에서는 0.98무광동성에서는 1.67무에 불과해 모두 전국 평균 이하였다. 직예성에서 1인당 평균 경작지 면적은 비록 2.65무였으나[182] 청나라 초기 대량으로 진행된 권지(圈地)의 결과 원래 보유한 민전의 대부분은 기지(旗地)가 되었고 원래 토지를 소유한 농민들은 토지를 상실하여 일부 지역에서는 사람은 많으나 땅이 부족한 현상이 발생하게 되었다. 손문정공(孫文定公)이 올린 상소에 의하면 "근기의 토지는 모두 팔기훈구들의 차지가 되어 민들은 항산(恒産)이 없어 모두 기지(旗地)를 경작하며 살아가고(近畿土地皆爲八旗勳舊所圈, 民無恒産, 皆仰賴種租旗地爲生)"[183] 있었다. 그리고 기지를 경작하여 지대를 바치던 호는 "모두 값을 치뤄 … 중략 … 자기의 업으로 삼아 자손들에게 물려주었다(皆系用價所置 … 중략 … 作爲己業, 傳之子孫)."[184] 복건지역의 경우 명나라 사람 심연(沈演)은 격론 끝에 이러한 견해를 제출했다. 복건의 땅 가운데 산을 등지고 있지 않은 곳은 연해에 위치해 있고, 산을 등지고 있는 곳은 사다리같이 층계를 이루어 열흘만 비가 오지 않아도 땅이 말라 버린다. 바다 가까이 있는 곳은 가리는 것이 없이 넓게 펼쳐져 있어 하루 저녁의 거센 바람에도 곡물이 쓰려져 이를 큰 근심거리라 말하곤 하였다. 더구나 이 지역은 인구도 많아 1인당 토지를 헤아리면 1무당 10명이나 된다. 이런 까닭에 "다른 성(省)에서는 한 토지에 주인이 한명이지만 복건지역의 경우는 한 토지에 주인이 3명이나 되어 전골(田骨)이외에 전피(田皮)가 있고 전피 이외에 전근(田根)이 있다(他省一田一主, 以閩田則三主. 田骨之外有田皮, 田皮之外有田根)." 그는 이것이 복건 사람들이 주인이 많은 번다한 것을 좋아한 것 때문에 발생한 것이 아니라 "진실로 토지가 그 지역의 민들을 부양할 수 없어 부득이 토지의 수익을 나누어 살아갈 수밖에 없었기(誠地不足以賦其民, 勢不得不剖分而食之)"[185] 때문에 벌어진 일로 간주했다. 또 강서(江西) 감남(贛南)의 경우, 이곳은 즉 "만산선전(萬山線田 : 역자-산 능선을 실처럼 개간하였다는 의미)"[186]하여 산이 많고 토지가 적어, 토지가 매우 부족했다. 이들 토지가 적고 인구가 많은 지역에서, 소량의 토지를 소유하거나 토지를 소유하지 못한 농민들은 생존해 나가기 위해 부득이 돈을 지주에게 지불하고 경작권을 획득해야 했고 이에 따라 토지 지분소유제[股份所有制]가 형성되었던 것이다.

또 다른 원인도 있었다. 황무지가 많고 인구가 적거나 자금이 부족하여, 스스로의 힘으로 토지를 개간할 수 없을 곳에서는 부득이 하게 토지소유권의 분할을 조건으로 하여 개간자에게 전면권(田面權)을 허락했다. 이러한 형태는 서로 다른 세 가지 상황에서 발생했다. 첫째, 청나라 건국 초, 오랜 전란의 영향으로 말미암아 사람들이 유망하고 토지가 황폐해 졌다. 토지를 가진 이들은 노동력과 자금이 부족해, 그들 대부분 사람들을 불러 모아 황폐한 땅을 개간했는데, 이때 전주(田主)는 전피(田皮)를 대가로 지불했다. 『서강시얼기사(西江視臬紀事)』에 의하면, "나라가 처음 건국되어 전쟁이 종식된 후에 토지는 황폐해지고 빈민들은 토지를 개간할 여력이 없었다. 개간하려는 호(戶)들도 황폐한 땅을 개간하여 농토(農土)로 만들려 해도 비용을 감당하지 못해 대대로 자신의 이미 경작된 토지만을 유지할 뿐이었다. 이런 이유로 업주(業主 : 역자-토지소유주)는 전골이 되고 개간한 민호는 전피가 된다. 업주가 전골을 매입하는 것을 대매(大買)라 했고 개간한 민호가 전피를 획득한 것을 소매(小買)라 했다. 업주는 단지 지대의 징수와 경작지 임대에 만을 관리했고 경작물의 변경에 대한 권리는 전호에게 있었고 업주는 이 것에 문제를 제기할 수 없었다(因國初鼎定, 當兵災之後, 地畝荒蕪, 貧民無力墾復. 墾戶開荒成熟, 未免需費工本, 遂世代守耕. 故在業主爲田骨, 在墾戶爲田皮. 業主得買其田骨爲大買, 墾戶得其田皮爲小買. 業主只管收租賃耕, 轉頂權自佃戶, 業主不得過聞)."[187] 둘째, 절호(絶戶)의 토지에서 발생했다. 경작하던 사람이 없어지자 토지가 황폐해 지고 지방이 피폐하게 되었고 이에 정부는 경작자를 불러 모아 토지를 개간하였는데 이때 전호는 개간에 소요되는 장비와 생산 비용을 자신이 지불하여 주인으로서의 일정한 권리를 획득했다. 『남회현지(南匯縣誌)』에 의하면, "절호의 토지는 선덕(宣德)·경태(景泰) 연간에 발생했다. 경작자가 없어지자 토지가 황폐해져 민들이 매우 그것을 고통스럽게 여겼으며 마을을 피폐하게 만들었다. 천순(天順) 6년 민을 불러 모아 개간하는 것을 허락했다. 그 초창기에 개간하는 비용이 크게 들었으므로 다른 사람으로 경작자를 바꿀 경우는 즉 개간 비용 명목으로 문서를 만들어 은을 얻을 수 있었다(絶戶田畝系宣德·景泰年間, 人絶地荒, 民甚苦之, 貽累里甲. 天順六年奏准, 召民開田. 方其初, 佃大費工本, 及轉佃別姓, 則以工本爲名, 立契得銀)."[188] 셋째, 산지 혹은 변경지역, 신개간지, 간척을 통해 조성된 토지에서 발생했다. 이들 지역에서는 다음과 같은 현저한 특징을 가지고 있었다. 토지가 황폐하며 인구가 적어 개간에 필요한 노동력과 자금이 부족했다. 예를 들어 복건(福建)과 강서(江西)의 산악지역, 동북(東北)·열하(熱河)·대만(臺灣)의 신개간지, 광동(廣東)연해의 해변 간척지 등지가 여기에 속했다. 이들 지역에서는 토지를 개간하기 위해 부득이 토지소유권의 분할을 명분으로 농민들을 모집하여 개간했다. 복건의 산악지역의 경우 "업호(業戶)는 모두 전작자를 고용하여 산을 개간하여 경작지를 만들었는데 한 토지에는 전면·전골이라는 이름이 있어 전피는 경작자에게 속하고 전골은 소유자에게 속했다(業主皆雇佃墾山爲田畝, 一田而有田面·田骨之名 田皮屬佃, 田骨屬主)."[189] 동북·열하 등의 신개간지에서는 "구외(口外)의 대부분은 황무지에 속하는 데 무릇 토지 소유권을 가진 자의 과반 이상이 개간을 여력이 없어 전호를 불러 모아 개간하였고 이후 영원히 경작하는 것을 허락했다(口外多屬荒地, 凡有地權者, 半多無力開墾, 遂招集佃戶, 許以成熟後永遠耕種)."[190] 태령(泰岭) 대파산(大巴山)의 개간을 위해, "다른 성의 객민(客民)들을 불러들여 약간의 돈을 납부하게 하고 그 경작을 허락한다는 문서를 작성하였다. 객민(客民)들은 그 토지를 다 경작할 수 없으면 다른 객전(客佃)에게 약간의 돈을 받고 그 토지를 경작하게 하였는데 7~8차례나 경작권이 이전되는 경우도 있어 한 호의 토지가 수십가에 의해 나누어 경작되기도 했다. 객전(客佃)은 자기를 불러 경작하게 한 주인만을 알뿐 본래의 토지소유주가 누구인지 몰랐으며 지주 역시 그것을 막지 못했다(招外省客民納稞數金, 輒指一塊立約給其耕種. 客民不能盡種, 轉招客佃, 積數十金有至七八轉者, 一戶分作數十戶. 客佃只認招主, 幷不知地主爲誰, 地主不能抗爭)."[191] 숭명(崇明)지역은 장강(長江)의 입구에 자리 잡고 있는데 강 양안의 토지가 자주 붕괴되어 홍수가 발생하면 원래의 토지는 흔적도 없이 사라졌다. 홍수가 지나간 후에는 다른 지역에 충적되어 새로운 사주(沙洲)를 만들기 때문에 모래를 견고히 해 토지를 만드는 일은 매우 광대했고 개간자가 투입하는 비용도 매우 많았다. 해당지역의 민간의 풍속에 의하면 개간한 자는 토지 가격에 절반에 해당하는 권리를 얻었다. "민간의 예에 의하면 토지 가격의 반을 민에게 주었다(照民間例, 將承價一半與民管業)."[192]

　　토지 지분소유제의 원인은 여기에 한정되지 않았다. 정부는 전피(田皮)·전골(田骨)을 분리하여 인식하였고 이것은 토지 지분소유제의 발전을 촉진하였다. 『장평 부둔 천산서원사전비문기(長平富墾薦山書院社田碑文記』에 의하면, "삼가 유문숙공(游文肅公)께서는 입설정문(立雪程門)[12]하고 정학(正學)을 밝혀 양조(兩朝 : 역자-명·청)에서 지극하게 제사를 지내었다. 100여 년이 되지 않아, 봄·가을에 지내는 제사인 증상(烝嘗)을 위해 설치한 토지가 사라지거나 판매되었고, 늦

---

12) 역주 - 정명도의 제자였던 양시와 유초는 정명도가 죽자, 정명도의 유언에 따라 정이천을 찾아가 배움을 구했다. 그들이 정이천의 집에 도착했을 때 정이천은 수행중이었고 그들은 눈을 맞으며 정이천의 집 앞에서 기다렸다. 배움을 구하는 학생의 태도에 대한 고사이다.

여름과 12월에 지내던 제사인 복(伏)과 납(臘)의 제기도 갖출 수 없게 되었다. …
중략 … 지금 조사해 보니 그 전골(田骨)이 11라(籮) 2두(斗) 반이고, 전피는 15라
(籮)인데, 이전부터 전골(田骨) 3라(籮) 7두(斗) 반은 이전부터 주방행(朱邦行)이 수
조하고 있었다. 장씨의 것은 후예인 유대례(游大禮)와 그 일족으로 하여금 원가
45냥(兩)을 마련해 회수하도록 하고 주씨의 것은 본 현의 녹봉 7냥을 내어 회수하
도록 했다(先正游文蕭公立雪程門, 倡明正學, 兩朝崇祠至斃也. 不百餘年, 烝嘗所寄,
圯鬻殆盡, 歲時伏臘, 俎豆不修. … 중략 … 今查其田骨一十一籮二斗半, 田皮一十五
라籮 向系張陽得·張經毛收租. 又田骨三籮七斗半, 向系朱邦行收租. 張氏者 令游大禮
合族等備還原價四十五兩取回, 在朱氏者 本縣損俸七兩代取)."[193] 이 사료를 양궈전
[楊國楨은 다음과 같이 해석했다. 이 사전(祀田)은 '전골(田骨)과 전피(田皮)'가 분
할되어 이전에 이미 다른 성씨의 것이 되었고 이에 지현(知縣)은 자신의 녹봉을
내어 대신 '전골(田骨)'을 구매했다. 이것은 관부가 이미 전골과 전피로 나누어진
민간의 관례를 인정하였음을 의미한다.[194] 옹정(雍正)말년과 건륭(乾隆) 초기에
이르러 강서안찰사(江西按察使) 능도(凌燾)는 전골과 전피의 매매와 이전을 합법
화해야 한다고 주장했다. 그는 "전피와 전골의 현황을 조사해 보면 그것의 연혁
이 이미 오래되었고 견고한 관례로 되었으므로 바꾸기 어렵다(查田皮, 田骨名色,
相沿已久, 固屬習俗難移)"[195]는 점을 분명하게 주장했다. 건륭 35년(1770) 영도주(寧
都州) 인의횡당(仁義橫塘) 승다정(睦茶亭)에 세워진 비문 가운데에는 법률조문의
형식으로 전피(田皮)의 취득과 반환을 규정하였다. 비문에는 "전호(佃戶)가 은을
내어 경작권을 매입한 것은 무릇 전주가 은을 내어 토지를 구입한 것과 같다. 이
는 예로부터 이어져 온 것으로 최근에 시작된 것이 아니니 가벼이 금할 수 없다
(查佃戶之出銀買耕, 猶夫田主之出銀買田, 上流下接, 非自今始, 不便禁革)"[196]라고 기
재되어 있었다. 청말에 이르러 정부가 "대청민율(大淸民律)-1차 초안"을 제정하면
서 이렇게 규정했다. "영대 경작권을 가진 자는 경작 혹은 목축을 위하여 지주에
게 지대를 납부한 자이며 타인의 토지에 대한 물권을 가진다. 그 권리를 가진 사
람을 영전권인(永佃權人)이라고 한다(永佃權者, 支付佃租而于他人土地上爲耕作或
牧畜, 得用他人土地之物權也. 其權利人謂之永佃權人)."[197] 명·청시기 정부는 부단히
'1전 2주' 혹은 '1전 3주'에 대한 정책을 조정해 왔고, 때문에 전피와 전골이 분리
된 매매를 인가하였으며 법률조문을 작성하여 그것에 법률적 지위를 부여했다.
정부의 이러한 장려 정책이 토지 지분소유제 발전의 강력한 추동력이 되었다는
점은 의심의 여지가 없다. 이제까지는 이러한 측면에 대해 경시되었으나 금후로

는 주목해야 한다.

이상과 같은 요인 이외에도 토지 지분소유제의 발전 요인으로 고려하지 않으면 안 되는 것이 있다. 토지소유자들이 부역(賦役)에 대한 부담을 피하기 위해 토지 일부에 대한 수익권을 매도하여 '1전 2주' 혹은 '1전 3주'의 현상이 발생했다.

명나라 초기 주원장(朱元璋)은 요역을 경감하고 부세를 가볍게 하는 정책을 실시하여 농민의 부담을 감소시켜 주었다. 그러나 명나라 중기이후 상황은 급변했다. 가혹한 잡세(雜稅)가 점점 더 많아 졌고 명나라 후기에 이르자 "삼향(三餉)"[13]이 징수되어 다시금 광대한 농민들을 고통 속으로 몰아넣었다. 청이 건국한 후, 청 정부는 명나라의 부세정책을 계승하였고, 이로 인해 부역이 잦고 무거웠다. 설상가상으로 청나라 초기 계속된 전쟁으로 군비의 부담이 사람들을 고통스럽게 했다. 순치(順治) 17년(1660) '주쇄안(奏鎖案)'[14]으로 인해 토지를 소유한 자들은 토지로 인해 과중한 부세를 부담해야 했다. 이러한 과중한 부세 때문에 토지를 가진 사람들은 부역을 전가시키는 방법을 모색하여 부세압박으로부터 벗어나려 했다. 이에 전주(田主)들은 토지수익권의 일부분을 다른 사람에게 판매하였고, 그 사람은 그 낮은 가격을 이익이라 여겨, 국가의 부역을 납부하면서 이러한 수익권을 구매하였다. 따라서 하나의 토지에의 권리는 2개 부분으로 나누어 져 하나는 지대[租]였고 하나는 세(稅)였다. 이런 기초 위에서 만약 농민들이 토지를 빌려 경작할 경우가 발생하면 이 토지에는 3개의 권리가 형성되었고 3사람이 공동으로 이 토지에서 권리를 행사했다. '1전 2주' 혹은 '1전 3주'의 토지 지분소유제가 형성된 것이다. 예를 들어 복건(福建) 용계현(龍溪縣)에서는 "읍민 가운데 토지를 받는 자는 종종 부세의 납부를 꺼려 몰래 본래 토지 소유자[本戶]가 납부해야 할 부세를 떼어 내어 약간의 지대와 짝하여 싼 값에 판매하면 그것을 구매한 자 역시 저렴한 가격을 이득이라 여겨 그것을 구매하였다. 수확기가 되면 일체의 세금은 모두 그것을 구매한 자가 납부하니 그를 대조주(大租主)라 했다. 토지를 가진 자는 세금을 납부하지 않아 세금과 토지가 마침내 나누어져 둘이 되었다. 전호 또한 분토은(糞土銀 : 역자-토지를 전작하는 비용)을 사사로이 지급하니 한 1전 3주

---

13) 역주 - 명나라 말엽 기존 세에 추가되어 징수된 세목으로 요향(遼餉)·초향(剿餉)·연향(練餉)을 말한다. 요향은 신향(新餉)이라고도 하는데 만력제 때 요동지역의 군수를 위해 수취된 세금이고, 초향은 농민봉기를 진압하는데 필요한 경비를 위해 징수된 세금이며, 연향은 변방의 군대를 훈련시키는 데 필요한 경비를 위해 징수된 세금이었다.
14) 역주 - 주쇄안은 진신들이 미납한 세금을 거두어들이고 체납한 진신들의 징치를 건의한 것이다.

라는 이름이 발생하게 된 것이다(邑民受田者, 往往憚輸賦稅, 以潛割本戶糧米, 配租若干石, 減其値以售, 其買者亦利其賤而得之, 當大造之年, 一切糧差皆其出辦, 曰大租主, 有田者不與焉, 其租與田遂分爲二. 而佃戶又以糞土銀私授其間, 而一田三主之名起焉)."[198] 장태현(長泰縣)의 상황도 다르지 않았다. "민간에서 토지를 받은 자들은 왕왕 부세의 납부를 꺼려 몰래 본래 소유주가 납부해야 할 부세와 일부 지대를 짝하여 값싸게 판매하였고 그것을 구매한 자 역시 그 싼 값을 이익으로 여겨 (자신이 구매한) 쌀을 거두어들이고 일체의 세금도 납부했다. 이에 토지를 가지면서 단지 지대[租稅]만을 가지는 자가 있고, 토지를 가지면서 겸하여 세금을 납부하는 자가 있었다. 대조(大租)와 소조(小租)라는 이름의 주인으로 나누어 졌다. 전호 역시 분토은을 사사로이 그들과 주고받아 마침내 1전 3주에 이르게 되었다(民間受田者, 往往憚輸賦稅, 潛割戶糧米, 配田租以賤售之, 其買者亦利其價錢, 自願收米入戶, 讓辦一切糧差. 于是有有田但取租稅者, 有有田兼完錢糧者, 大租小租之名 分出爲主. 而佃戶又以糞土銀私自授受其間, 遂致一田三主)."[199] 『장주부지(漳州府誌)』에서도 토지를 가진 집들이 "종종 부세의 납부를 꺼려 몰래 토지 소유자가 납부해야 할 부세와 약간의 지대를 짝하여 값싸게 팔았다. 그것을 구매한 자 역시 그 싼 값을 이득으로 여겨 그것을 샀는데 수확기가 되면 수확한 쌀 모두를 거두어들이고 일체의 세금은 모두 자신이 납부했다. 이에 토지를 가진 자는 앉아서 그 지대(租稅)를 먹으나 세금은 납부하지 않게 되었는데 그를 소조주(小租主)라 했다. 그 지대 약간을 구입한 자를 대조주(大租主)라 했다. 민간에서 이것이 풍속이 된 지는 오래되어 지대(租)와 세(稅)가 마침내 나누어져 둘이 되었다, 은호(銀戶) 또한 분토은(糞土銀)을 사사로이 그들에게 주어 경작권을 얻으니 1전 3주라는 말이 발생하게 되었다(往往憚輸賦稅, 而潛割本戶糧米, 配租若干石, 以賤售之. 其買者亦利以賤得之, 當大造年, 輒收米入戶, 一切糧差皆其出辦, 又是得田者坐食租稅, 于糧差槪無所與, 曰小租主, 其得租者, 曰大租主. 民間倣效成習, 久之, 租與稅遂分爲二. 而銀戶又以糞土銀私授受其間, 而一田三主之名起焉)." 『장주부지』의 작자는 토지를 빌려 경작하는 농민이 어떻게 토지의 주인이 될 수 있었는가라고 물으며 상세한 설명을 덧붙였다. "전호(佃戶)들은 노동력을 내어 토지를 경작하는데 고용되어 수익을 얻음에도 어찌 그들을 전주라고 하는가? 토지를 가진 집안이 눈앞의 작은 이득만 보고 좇아서, 약간의 분토은(糞土銀)을 받았는데 그것을 전두은(佃頭銀)이라 불렀다. 토지가 전호의 수중에 들어가자 그들 중 교활한 자들은 지대를 미납하거나 부세를 납부하지 않았고, 이에 대해 누구도 어찌할 수 없었다. 경작권이 이미 넘어가면 전호는 호랑이처럼 버티고 서 있었다. 때문에 오래된 전호는 토지의 주인이 된다는 말이 떠돌았다(佃戶出力代耕, 如雇傭取値, 豈得稱爲田主? 緣得田之家, 見目前小利, 得受糞土銀若干, 名曰佃頭銀. 田入佃手, 其狡黠者逋租·負稅, 莫可誰何. 業經轉移, 佃仍虎踞, 故有久佃成主之謠).[200] 『장주부지』의 작자는 오래된 전호가 주인이 된다(久佃成主)것에 대해 명확하게 말하고 있지는 않다. 다만 이것은 경작자가 주인의 한 부분이 된다는 것으로 그들이 개간할 때 투여한 자금으로 인해 해당 토지에 대한 공동 소유자가 되었음을 의미하는 것이다. 그들이 하나의 주인이 된 것은 그것을 오래된 전작(佃作)하였기 때문은 아닐 것이다. 토지를 가진 자들은 부역의 부담을 피하기 위해 토지 수익권 중 일부분을 분할하였고 이로 인해 '1전 2주' 혹은 '1전 3주'의 현상이 출현하였고 이것은 아마도 복건지역에서의 특수한 현상이 아니라 다른 지역에서도 발생하였을 것이다.

토지 지분소유제 형성의 원인은 다양하여 앞서 서술한 것은 중요한 부분을 추린 것이다. 이 밖에도 각양각색의 원인이 있었다. 예를 들어 몽고족 기지(旗地)의 지주들은 한족 고공(苦工) 혹은 방청호(榜靑戶)에게 돈을 빌렸다가 그것을 갚지 못하면 결국 토지 경작권을 저당잡혔다. 어떤 몽고족 기(旗)의 가난한 목민(牧民)·전정(箭丁) 혹은 소문태길(小門台吉 : 하층귀족)은 토지를 전매(典賣)하는 방식으로 문서를 만들어 경작권을 한족 농민에게 주었고 자기는 단지 지대의 수취권[收租權]만을 가지고 있었다. 이로 인해 지분합작제[股份合作制]가 형성되었다.[201] 토지 지분소유제 형성 원인은 이처럼 다양하였고, 다양한 면모의 토지 지분소유제를 잘 드러내어 준다.

3) 토지 지분소유제의 분배형식

토지소유권은 지대의 분배를 통해 체현된다. 각 소유권자의 지대수입 다소는 자금투입의 다소에 의해 결정되었다. 이는 대만지역에서 가장 확연하게 드러난다.

건륭(乾隆) 말년 서사(徐嗣)는 보고서에서 일찍이 이런 견해를 피력했다. "업호(業戶)가 전원(田園)을 개간하기 위해 전호(佃戶)를 불러 모아 경작하게 했는데, 이두전(犂頭錢)이라는 명목으로 개간에 사용된 비용을 회수했다. 매 갑(甲)에서 은(銀) 100~200냥(兩)을 받고 매년 분조곡(分租穀 : 역자-지대)으로 6~8석(石)을 차등을 두어 거두었다. 또 전호 가운데 개간한 자가 있으면, 그가 촌무지령이라 규칙에 익숙하지 않으므로, 성시(成市)의 부유한 자들이 업호(業戶)의 역할을 담당

해 대신 토지를 관리하고 과세를 납부하였으며, 개간자는 단지 대신 경작할 뿐이
었다. 밭갈이용 소나 종자는 공인(工人) 자신이 준비하였고, 전호(佃戶)는 분조(分
租)의 비율을 나누어 매년 매 갑(甲)에서 전저조(田底租) 명목으로 수십 석을 거
두어 들었다. 이렇게 업호(業戶)가 수취한 조(租)의 수는 적었고, 전호(佃戶)가 수
취한 조(租)의 수가 많았다. 그 토지는 비록 업호의 명의로 되어 있었으나 토지는
실질적으로 전호가 관리했다. … 중략 … 업호는 이전에 이미 이두전(犁頭錢)을
받았으니 곧 관리권을 판매한 것이다(業戶開墾田園, 召佃承種, 則將所費工本收回,
名犁頭錢. 每甲得銀一二百兩, 每歲止抽分租穀六石至八石不等. 又有佃戶同行開墾者,
加村黎未諳料則, 成市殷實之家, 充當業戶, 代爲經理納課, 亦祇代耕, 牛犁籽種悉系工
人自備, 佃戶與分租息, 每年每甲可得數十石, 名爲田底租. 此業戶得租數少, 佃戶得租
數多. 其田雖系業戶出名, 而實歸佃戶承管也. … 중략 … 但業戶前已得受犁頭錢, 卽
與賣業導.).202)

이 기록에 의하면 대만지역에서 황무지 개간의 양상이 2가지 였음을 알 수 있
다. 첫째는 경작자가 직접 토지소유자인 갑(甲)에게 100~200냥의 이두전(犁頭錢)
을 납부하여 잉여생산물의 대부분을 획득하는 것이고, 둘째는 토지소유자 이외
에 중간에 또 다른 업호가 있어 대신 토지를 관리하고 조세를 납부하는 형태였
다. 다만 직접 생산자는 토지소유자에게 이두전을 납부하였기 때문에 업호가 차
지한 조(租)는 작았다. 직접 생산자는 즉 매년 수십석의 조를 거두었음에 반해 업
호는 단지 수석을 거둘 뿐이었다.

대만지역의 대조(大租)·소조(小租)의 비율을 파악하려면 우선 대만지역에서
매 갑(甲)당 식량 생산량을 이해해야 한다. 서사(徐嗣)의 보고에 의하면 "창화(彰
化)의 담수전(淡水田)을 조사해 보면 모든 밭은 계곡물과 통하는데 1년에 2번 수
확하니 대략 각각의 밭 1갑(甲)에서 곡식 40~50석 혹은 70~80석을 생산하며 풍년
이 든 해에 상등전(上等田)에서는 100여 석을 거둔다(査彰化淡水田皆通溪, 一年兩
熟, 約計每田一甲可産穀四五十石至七八十石不等, 豐收之年上田有收到百餘石者)."203)
이 밖에 연횡(連橫)의 말에 의하면 "상등전 1갑에서 100석, 중등전에서 70석, 하등
전에서는 40석을 수확했다(上田一甲收穀百石, 中七十石, 下四十石)."204) 이를 철충하
면 매 갑은 70~80석 가량의 곡물을 생산하였고 매년 대조(大租)는 8석, 소조는
20~30석이었으므로 직접 생산자가 차지한 양은 40석 내외였다. 『대만사법부록참
고서(臺灣私法附錄參考書)』 2권 대중(臺中) 지방 대두하보(大肚下堡) 장씨(張氏) 집
안의 분가서(分家書)에는 대조(大租)·소조(小租)에 관한 자료가 기재되어 있어 대

만지역의 토지 지분소유제에서 대조와 소조의 분배 양상을 명확하게 파악하는
데 도움이 되고 있다. 이 지역의 상황은 〈표 7-7〉에 상세히 제시했다.

〈표 7-7〉 대만의 대조(大租)·소조(小租) 수량

번호	수전면적 단위(甲)	생산곡물 단위(石)	소조(小租)수량		대조(大租)수량	
			석(石)	비율(%)	석(石)	비율(%)
1	1.25	69.25	65	93.87	4.25	6.13
2	0.63	33.12	31	93.60	2.12	6.40
3	2.00	97.00	80	82.47	17.00	17.53
4	1.00	48.20	40	82.47	8.50	17.53
5	0.60	35.10	30	85.47	5.10	14.53
6	1.46	29.00	24	82.76	5.00	17.24
7	2.00	97.00	80	88.88	17.00	11.22
8	1.25	79.25	75	94.64	4.25	5.36
9	0.63	27.12	25	92.18	2.12	7.82
10	2.00	98.80	92	93.12	6.80	6.88
11	2.00	97.00	80	82.47	17.00	17.53
12	1.25	79.25	75	94.64	4.25	5.36
13	0.63	27.12	25	92.18	2.12	7.88
14	1.25	69.25	65	93.86	4.25	6.14
15	0.63	33.12	31	93.60	2.12	6.40
16	1.90	106.15	90	84.88	16.15	15.12
매석평균	20.48	1026.03	908	88.50	118.03	11.50

자료출처 :『대만사법부록참고서(臺灣私法附錄參考書)』 2권 하, 343~394쪽.
* 이 표는 『중국경제통사(中國經濟通史)』 청대경제 하권(經濟日報출판사, 2000), 1811쪽 표5~7을 재
  정리한 것임.

〈표 7-7〉로부터 '1전 2주'의 양상을 확인할 수 있는데, 1명은 토지를 자기 몫으
로 하고, 다른 한명은 자금의 투자 혹은 생산 비용의 부담을 이유로 자기 몫을
가졌다. 그들은 모두 한 토지의 소유자였다. 그러나 자금을 투자한 자가 직접 생
산지일 경우 자금 투자로 인해 발생한 몫 이외에 실제 토지를 경영하는 도중에
경작용 소·종자·비료·김매기·수리시설의 보수·수확 등과 같은 생산비용을 내었
으므로 전체 수익의 배당에서 그가 차지하는 몫은 컸다. 이들 소조를 획득한 자
들은 생산된 곡물의 80%를 차지했다. 이에 반해 대조주(大租主)들은 투입한 금액
이 적었기 때문에 수익의 배당에서 그들이 차지한 비율은 10~20%에 불과했다.

    그럼 복건지역의 토지 지분소유제하에서 생산물의 분배양상을 검토해 보자.
『장주부지(漳州府誌)』의 기록에 의하면, "토지는 하나이나 주인은 세 명인데, 대

조(大租), 소조(小租), 전호(佃戶)가 그들이다. 만약 토지가 10무라면 대미(帶米)가 9두(斗) 6승(升)이고 그 땅 값은 은 80냥(兩)이며 거두어들이는 조곡(租穀)은 50석이 된다. 대조라 불리는 자는 은 20냥을 들어 매년 조곡 10석을 얻는데 비록 적은 은을 사용하나 납부해야 하는 세금은 모두 그 사람 몫이 된다. 소조라 불리는 자는 50~60냥의 은을 사용하여 매년 조곡 20석을 얻는데 비록 많은 은을 들였으나 일체의 세금은 부담하지 않는다. 전호는 돈 대신에 노동력을 내어 경작하여 수확하니 해마다 벼[稻穀] 20석을 가진다(一田而有三主之名, 一曰大租, 一曰小租, 一曰佃戶. 如每田十畝, 帶米九斗六升, 値銀八十兩, 收租穀五十石. 大租者只用銀二十兩, 買得年課租穀一十石, 雖出銀少, 而辦納粮差皆其人也. 小租者則用銀五六十兩, 買得年租穀二十石, 雖出銀多, 而一應差粮不預焉. 至于佃戶則是代爲出力耕收, 年分稻穀二十石)."해마다 납부하는 절색미(折色米)·기병미(機兵米)·역전미(驛傳米)·인정은(人丁銀) 등의 항목이 있는데 도합 은 1냥(兩) 2전(錢) 남짓하다. 만약 10석(石)의 조(租)로 논한다면 대략 그 값은 은(銀) 2냥 5전 즈음 된다(歲納折色機兵驛傳米人丁銀等項, 統銀一兩五錢有零. 若以十石租論之, 約値銀二兩五錢)."205) 강서(江西) 영도(寧道)지역의 상황은 다음과 같았다. "전인(佃人)이 주인의 토지를 빌려 스스로 경작하지 않고 다른 사람에게 빌려주어 경작하게 할 경우 그것을 '차경(借耕)'이라 하였다. '차경'하는 사람은 전주(田主)에게 골조(骨租)를 납부하고 또 전인(佃人)에게 피조(皮租)를 납부하였다. 만약 50무(畝)의 토지가 있어 해마다 200석의 곡식을 수확하여 4구(四句)라 부르는 토지가 있다면, 골조는 50석이고 피조는 70석이며 차경인은 80석을 가졌다. 그 많고 적음에는 미세한 차이가 있었으나 대략 2/3가 피조와 골조에 해당했다(佃人承憑主田, 不自耕種, 借與他人耕種者, 謂之借耕. 借耕之人, 旣交田主骨租, 又交佃人皮租. 如五十畝之田, 歲可獲穀二百石, 俗謂四句之田, 則以五十石爲骨租, 以七十石爲皮租, 借耕之人自得八十石, 然多寡亦微有不同, 大約以三分之二作皮骨租)."206)

위에서 서술한 3지방의 경우 토지 지분소유제 하에서 생산물의 분배는 대체로 일치했다. 자금 투입의 다소를 전제로 하여 생산물 분배가 결정되었다. 가령 토지의 직접 경작자가 이 토지의 출자자[股東]라면 그는 아마도 이 토지의 잉여 생산물 대부분을 자기의 것으로 하였을 것이고 이로 인해 비교적 용이하게 확대 재생산을 진행하였거나 생활을 개선하거나 치부해 나갔을 것이다. 그들의 경제력과 생산에 대한 적극성은 중국 역대 어느 시기의 농민보다 강력했고 높았다. 때문에 토지 지분소유제는 당시 농업생산력의 발전을 추동했다. 강남 경제의 번

영과 변경·대만지역의 개간은 토지 지분소유제와 분리될 수 없으므로 그 중요성
은 과소평가될 수 없다.

가령 잉여생산물을 지대로 간주할 경우, 지분에 대한 권리[股權]를 가진 이들
은 각자가 출자한 부분 즉 각자가 투입한 자금에 따라 크든 작든 일정한 토지소
유권을 가지고 있었다. 그들 사이에 지분[股份]의 대소의 차별이 있다하더라도,
법률적 권한과 신분적으로 그들은 모두 평등하였으며 피차간에 신분적 예속관계
는 존재하지 않았다. 이러한 생산관계가 가진 자체의 특성 때문에 직접생산자의
적극성을 추동하는 긍정적 작용이 발생했다. 다만 이러한 생산관계는 봉건사회
의 내부로부터 발생해 왔으므로 완전히 현대적 의미의 지분제[股份制]를 완전히
획득하지는 못했다.

4) 토지 지분소유제의 토지소유권 분할

토지소유권 분배는 학계에서 비상한 관심을 끈 문제였다. 특히 청대 토지소유
권의 분배는 학계에 의해 주목받았다. 1950년부터 1990년까지 중요한 저작들은
모두 이 문제를 다루었다. 그러나 토지소유권의 집중을 강조하는 데 중점이 두
어졌다. 1980년대 이래의 저작을 예로 들 경우 어떤 연구자는 이런 인식을 가지
고 있었다. "전국의 보편적 현상은 '토지를 소유한 자는 열에 한 둘이고 토지를
빌려 경작하는 자는 열에 네댓이며 토지를 소유하지 않으면서 경작하는 자는 열
에 서넛 이었다'라고 인식했다. 이러한 현상은 아편전쟁에서 청나라 말년에 이르
기까지 변화가 없었다."207) 또 어떤 연구자는 청대 "건륭(乾隆) 연간 토지겸병이
매우 엄중한 지경까지 발전하였다"208)고 이해했다. 어떤 연구자는 "민전은 민간
사유지에 속하는 토지로 이 가운데 대다수는 관료·지주와 고리대금업자들이 소
유하여 농민들이 소유한 것은 매우 적었다"209)라고 보았다. 이외에도 이러한 이
해는 많이 확인되나210) 여기서 일일이 거론하지는 않는다.

청대 토지소유권은 이처럼 집중되었을까? 그렇지 않았다. 필자는 『중국경제
통사(中國經濟通史)』 청대경제 하권의 '토지분배(土地分配)'편에서 이미 이 문제에
대해 상세하게 언급한 바 있다.211) 그 책에서 필자는 연구자들이 경시한 몇 가지
문제 예컨대 관전(官田)의 민전화(民田化), 분가(分家)와 재산균분의 보편화로 인
한 토지분산화, 토지 지분소유제의 보편화로 인해 형성된 토지소유권의 분할이
보편화되었음을 지적하였다. 이 밖에 자영농의 경제력 신장과 정부의 소농경제
지원, 사회보장제도의 완비, 기지(旗地)와 의장(義莊)의 발전 등은 소농경제를 지

속시키고 소농으로 하여금 겸병에 저항할 수 있는 힘을 제공했다. 여기서는 토지 지분소유제의 발전이 토지소유권 분할에 미친 영향을 중심으로 검토해 보려 한다.

앞서 제시한 자료를 통해 보았듯이 청대에 이르러 전국 21개 성(省) 201개의 주현에서 토지 지분소유제가 실시되고 있었다. 물론 이러한 수치는 불완전하다. 비록 불완전하더라도 이러한 수치는 당시 발전추세를 반영한 것이라는 점에서 유의미하다. 이에 대한 수치는 〈표 7-8〉을 보라.

〈표 7-8〉 명·청시기 각 성(省) 중 토지 지분소유제가 확인된 주현

성(省)	주현(州縣)
직예(直隷)	열하(熱河), 위장(圍場), 승덕(承德), 청원(淸苑), 양향(良鄕), 찰합이(察哈爾), 회안(懷安), 란주(灤州), 창평(昌平), 탁주(涿州), 천진(天津), 창여(昌黎)
산동(山東)	이진(利津), 역성(歷城)
산서(山西)	요주(遼州), 오채(五寨), 수운(綏雲), 귀화(歸化)
하남(河南)	면지(澠池)
섬서(陝西)	영협(寧陝), 정원(定遠), 불평(佛坪), 유파(留壩), 순양(洵陽)
감숙(甘肅)	롱서(隴西)
강소(江蘇)	보산(寶山), 통주(通州), 소문(昭文), 강녕(江寧), 송강(松江), 소주(蘇州), 양주(揚州), 감천(甘泉), 태흥(泰興), 보응(寶應), 여고(如皐), 해문(海門), 계동(啓東), 장주(長洲), 무석(無錫), 율수(溧水), 구용(句容), 고순(高淳), 양중(揚中), 단도(丹徒), 태창(泰倉), 오현(吳縣)
안휘(安徽)	이현(黟縣), 휴녕(休寧), 흡현(歙縣), 기문(祁門), 적계(績溪), 자원(婺源), 안경(安慶), 태평(太平), 무호(蕪湖), 귀지(貴池)
절강(浙江)	소산(蕭山), 동향(東鄕), 청전(靑田), 은현(鄞縣), 영강(永康), 경원(慶元), 진운(縉雲), 영파(寧波), 소흥(紹興), 금화(金華), 처주(處州), 상산(常山), 강산(江山), 임해(臨海), 해염(海鹽), 가선(嘉善), 가응(嘉應), 경영(景寧), 상우(上虞), 구주(衢州), 온주(溫州), 평호(平湖), 란계(蘭溪), 개화(開化), 태주(泰州)
강서(江西)	감주(贛州), 연화(蓮花), 임천(臨川), 남창(南昌), 남안(南安), 무주(撫州), 구강(九江), 감현(贛縣), 흥국(興國), 우도(雩都), 서금(瑞金), 석성(石城), 영도(寧都), 광창(廣昌), 신성(新城), 안원(安遠), 신풍(信豊), 덕흥(德興), 회창(會昌), 건창(建昌)
호남(湖南)	예릉(醴陵), 안인(安仁), 한수(漢壽), 영향(寧鄕), 다릉(茶陵)
호북(湖北)	종상(種祥), 이천(利川), 한양(漢陽), 안륙(安陸), 운양(鄖陽), 양양(襄陽), 덕안(德安), 형주(荊州), 황주(黃州), 황매(黃梅), 황망(黃綱), 죽산(竹山), 장락(長樂), 마성(麻城), 흥산(興山), 죽계(竹溪), 면양(沔陽)
사천(四川)	영천(永川)
복건(福建)	장락(長樂), 용암(龍巖), 연강(連江), 영안(永安), 남평(南平), 천주(泉州), 장주(漳州), 흥화(興化), 용계(龍溪), 남정(南靖), 선유(仙游), 건녕(建寧), 연평(延平), 정주(汀州), 소무(邵武), 복녕(福寧), 건양(建陽), 민청(閩淸), 고전(古田), 보전

	(莆田), 영복(永福), 영춘(永春), 남안(南安), 복안(福安), 영덕(寧德), 숭안(崇安), 후관(侯官), 평화(平和), 연성(連城), 순창(順昌), 복주(福州), 광택(光澤), 구녕(甌寧), 장태(長泰), 정화(政和)
대만(臺灣)	대북(臺北), 대중(臺中), 창화(彰化), 담수(淡水), 제라(諸羅), 갈마란(噶瑪蘭)
광동(廣東)	염강(廉江), 조주(潮州), 대포(大埔), 옹원(翁源), 영덕(英德), 광녕(廣寧), 게양(揭陽), 혜주부(惠州府), 향산(香山), 하원(河源), 귀선(歸善), 해양(海陽), 혜래(惠來)
광서(廣西)	창오(蒼梧), 박백(博白), 좌현(左縣), 백색(百色), 무선(武宣), 귀현(貴縣), 선화(宣化)
운남(雲南)	진웅(鎭雄)
귀주(貴州)	대정(大定)
흑룡강(黑龍江)	화전(樺甸), 수화(綏化)
길림(吉林)	빈강청(濱江廳), 장춘청(長春廳), 협황구(夾荒溝)
요녕(遼寧)	봉천(奉天), 창도청(昌圖廳)

자료출처 : 1. 『청대 지조 수취 형태(淸代地租剝削形態)』하;『문속록(問俗錄)』;『청대대만대조조사서(淸代臺灣大租調査書)』1~6;『청고종실록(淸高宗實錄)』권175; 중국사회과학원경제연구소, 『형당초권(形檔抄件)』;『지방지(地方誌)』;『민상사습관조사보고(民商事習慣報告)』;『만주구관조사보고(滿洲舊慣調査報告)』;『금열몽지조사보고서(錦熱蒙地調査報告書)』;『봉천성재정연혁이폐설명서(奉天省財政沿革利弊說明書)』;『속섬서통지고(續陝西通誌稿)』;『서강기요(西江紀要)』,『명·청복건경제계약문서선집(明淸福建經濟契約文書選輯)』;『민남계약문서종록(閩南契約文書綜錄)』;『삼성변방의람(三省邊防議覽)』

2. 리우커샹[劉克祥], 『청대영전제의 형성과정, 지역분포, 그리고 발전현황[淸代永佃制的形成途徑, 地區分布和發展狀況]』; 양궈전[楊國楨], 『명·청토지계약문서연구(明淸土地契約文書硏究)』; 황미엔탕[黃冕堂], 『청사치요(淸史治要)』; 저우웬리엔[周遠廉] 등, 『청대지전제연구(淸代地佃制硏究)』; 한헝위[韓恒煜], 『청대전기 전농의 영전권의 유래와 그 성질에 대한 시론[試論淸代前期佃農永佃權的由來及其性質]』; 린샹뤼[林祥瑞], 『복건 영전권 형성요인의 초보적 고찰[福建永佃權成因的初步考察]』; 렌헝[連橫], 『대만통사(臺灣通史)』 농업지 등.

〈표 7-8〉에서 확인되듯이, 토지 지분소유제는 청대 이미 광범위하게 실시되고 있었고 이는 의심의 여지가 없다. 다만 이는 문제의 한 측면에 불과하다. 문제의 또 다른 측면, 즉 토지 지분소주제가 민전(民田)에서 어느 정도를 차지했느냐의 문제가 중요하다. 만약 이 문제가 해결된다면 토지 지분소유제의 토지소유권 분할 상황은 보다 명료하게 이해될 것이다. 그러나 이 문제에 대한 연구는 상당한 어려움이 있다. 각 성(省)·부(府)·주현(州縣)의 각 계층이 소유한 토지현황을 파악하기 어렵다는 점, 지주계급이 소유한 토지 가운데 얼마만큼의 토지에서 지분소유제가 시행되고 있었는가를 모른다는 점, 서로 다른 역사 시기에 토지 소유권의 양상이 달랐다는 점과 같은 난점은 연구에 어려움을 제공하고 있다.

전국적 범위의 경우, 남겨진 자료 특히 통계 자료의 결핍이 심해 연구의 어려움은 더욱 커진다. 다만 개별지역의 경우 심혈을 기울인 다면 이와 관련된 자료를 획득할 수도 있다. 예를 들어 『명·청복건경제계약문서선집(明淸福建經濟契約文書選輯)』에서 165건의 조전계약(租佃契約)이 확인되었고 이 가운데 전근(田根)·전면(田面)이 분리된 것이 151건으로 전체 계약건수 가운데 91.52%를 차지하였다. 일반 조전계약은 14건으로 전체 계약건수 가운데 8.48%만을 점했다. 안휘(安徽) 휘주(徽州)지역의 경우, 『명·청휘주사회경제자료총편(明淸徽州社會經濟資料叢編)』에서 76건의 전체 조전 계약문서를 확인할 수 있다. 이 가운데 전피(田皮)·전골(田骨)이 분리되어 계약된 것이 22건으로 전체 계약문서 가운데 28.95%를 차지한다. 『건륭왕씨등계부(乾隆汪氏謄契簿)』의 기록에 의하면 이 집안은 강희(康熙) 49년(1701)에 처음으로 토지를 구매한 이후 옹정(雍正)·건륭(乾隆)·가경(嘉慶)·도광(道光)에 걸쳐 토지를 계속 구매해 총 구매한 토지의 문서가 39건이나 되었다. 이 토지 구매 문서 가운데 전피(田皮)와 전골(田骨)을 구매한 것은 총 20건으로 전체 문서 가운데 51.28%를 차지했다. 대만의 상황은 『청대대만대조조사서(淸代臺灣大租調査書)』에서 확인할 수 있는데 대만의 경우 새로 개간된 토지 거의 대부분에서 '1전 2주' 혹은 '1전 3주'의 현상이 존재했다. 리우커샹(劉克祥)의 연구에 의하면, 열하(熱河) 지역에서 황무지를 개간할 때 농민들이 계가(契價)를 지불하거나 경작지를 저당 잡은 예가 96.9%에 달했다. 강소(江蘇)지역의 상황은 이러했다. "오(吳)지역의 차경인(農佃人)의 토지 가운데 열에 여덟아홉은 조전(租田)이라 하는데, 민간에서는 전저(田底) 혹은 전면(田面)이라는 칭호가 있었다(吳農佃人之田者, 十八九皆所謂租田, 俗有田底田面之稱)." 1930년대 지정학원(地政學院)의 회원(學員)의 조사에 의하면, 전면(田面)·전저(田底)가 분리된 것은 소주(蘇州)의 경우 90%, 상숙(常熟)의 경우 80%, 무석(無錫)의 경우 50%나 되었다. 화동군정위원회 토지개혁위원회편 『소남토지개혁문헌(蘇南土地改革文獻)』에 의하면 중화인민공화국 건립전야에 전저(田底)와 전면(田面)이 분리라는 특징을 가진 현은 송강(松江)·금산(金山)·천사(川沙)·청포(靑浦)·강녕(江寧)·율수(溧水)·구용(句容)·고순(高淳)·양중(揚中)·단도(丹徒) 등 19개였다. 이 지역에서 조전문서에서 분리현상이 나타나는 것은 중부지역이 가장 많아, 오현(吳縣)·오강(吳江)·상숙(常熟)·무석(無錫)과 같은 동북지역과 함께 모두 80% 내외였다. 태창(太倉)의 경우 비교적 그 비율이 낮아 50%정도였다.[212] 동북의 신 개간지역은 "무릇 토지소유권을 가진 자는 반 이상이 개간할 여력이 없어 전호(佃戶)를 불러 모았으며 토지가 개간된 후 영원히 경작하도록 했다(凡有地權者, 半多無力開墾, 遂招集佃戶, 許以成熟後永久耕種)."[213] 이를 통해 동북지역의 새로 개간된 지역의 토지 가운데 적어도 50%가 토지 지분소유제 방식을 통해 개간되었음을 알 수 있다.

전면(田面)의 소유자와 전저(田底)의 소유자 사이에 토지소유권은 어떻게 분할되었을까? 이 문제를 가장 명백하게 보여주는 곳이 강소(江蘇)지역이다. 『숭명현지(崇明顯誌)』에 의하면 "부안(阜安)의 원전(原田) 88무(畝) … 중략 … 민간의 사례에 비추어 그 땅의 가치 중 반을 민에게 주어 관할하게 하였다(阜安原田八十八畝… 중략 …照民間例, 將承價一半與民管業)." 평양사(平洋沙)의 토지는 평평한 뻘밭으로 14만보인데, "민들이 그 값의 반을 가지고 있었다(民承價一半)."[214] 소위 '반승가(半承價)'라고 하는 것은 즉 "주인과 전객이 각각 그 가치의 반을 가지는 것이다. 만약 전체 값이 5냥이라면 전인(佃人)이 대략 2냥 5전을 내면 즉 그 비율에 상응하게 보상하여 주가(主家)는 그 값의 반을 지급하여 이를 문서로 남겨 증거로 삼았으며 나머지 반은 주가에서 관할했다(主佃各得者曰半承價. 如承價五兩, 佃人約費以兩五錢, 則半償價適足以相償, 主家卽給以半承價, 批書一卷爲憑, 而存半承價歸主家管業)."[215] 민간의 통례에 의하면 부안사(阜安沙)의 원전(原田) 88무 가운데 44무는 민의 재산이며 평양사(平洋沙)의 토지 7만보도 민의 재산이었다. 통상적 상황에서 민은 해당 토지의 반에 해당하는 부분을 소유하고 있었다. 이외에 3대7, 4대6에서 심지어 1대9, 2대8의 전도된 여러 사례도 있다. 감숙(甘肅)지역에서 '1전 2주'의 분할은 법제화되어 있었는데, 호부는 이렇게 규정했다. "업주(業主)가 혹 자경하려면 응당 원래 토지의 비척(肥瘠)에 따라 업주와 전호[業佃]가 균분한 뒤 관에 보고하여야 소유할 수 있다(業主或欲自耕, 應合原地肥瘠, 業佃均分, 報官執業)."[216]

이상의 사례를 통해서 전골(田骨)과 전피(田皮)가 분리된 상황에서 종래 전근(전골)을 위주로 토지가 지주만이 소유하였다는 인식은 단편적인 것임을 알 수 있다. 토지가격 구성으로 보거나, 토지에서 발생하는 수익의 분배 측면에서 보거나, 정부의 법령에서 보아도 이런 유형의 토지에서 소유권은 적어도 2명 혹은 2명 이상에게 있었다. 종래 이러한 토지소유권을 지주호에게 있었던 것으로 간주하여 토지소유권의 집중이 발생하였던 것으로 파악하였는데 실상은 그러하지 않았던 것이다. 이런 상황 하에서 토지소유권의 집중 혹은 분산은 전골·전피 분리의 양상과 밀접한 관계를 가지고 있다. 예를 들어 소주지역의 경우 토지소유권의 집중이 고도화 되었던 곳이라고 불려 왔다. 그러나 지주가 소유한 토지 가운데 90%가 전골과 전피가 분리된 것이었으므로 90%의 토지 중 그 소유권의 반은 농민에게 있었다. 따라서 토지소유권이 고도로 집중되었다는 견해는 재검토되어야 한다.

광동의 사전(沙田)은 주로 3개 지역에 산재하였다. 첫 번째는 주강(珠江) 삼각주에 위치한 9개 현으로 약 430만 무(畝)의 토지가 있었다. 두 번째는 조산(潮汕)지역의 7개 현으로 58만 무의 토지가 있었다. 세 번째는 흠염(欽廉)지역의 4개 현으로 역시 약 25만 무의 토지가 있었다. 이들 3지역에는 약 510만 무의 사전(沙田)이 있었다. 이들 사전 가운데 80% 이상이 전인(佃人)에게 대여하는 방식을 거쳤는데, "비경제(批耕制)15)나 분경제(分耕制)16)를 이용한 대부분의 토지는 농민에게 분급되었으며 혹은 위관제(圍館制)17)를 이용하여 포전(包佃 : 역자-청부를 받은 전객)의 투자를 통해 경영되었다. 그런데 특히 제방을 쌓는 데에는 많은 투자가 필요했다. 투자 방법의 대부분은 정기적으로 청부를 받은 포전(包佃)이 수축하였다. … 중략 … 청부를 받은 전인 가운데 30~40%는 개인이었는데 이들을 대경가(大耕家)라 불렀다. 이들 중 대다수는 공전(公田)을 경작하는[租嘗] 힘 있는 집안의 패악한 이들이었다. 나머지 60~70%는 모두 합작의 방식으로 경영되었는데, 일반적인 합작은 대개 3부류의 사람 사곤(沙棍 : 사충(沙蟲)이라고도 하며 능숙한 농민업주)·자본가(대부분은 省·港·澳에 거주하였음)·군벌관료 혹은 해당지역의 유력자들이 모여 조직되었다." 이러한 사례를 통해 광동의 사전(沙田) 5백여 만무 가운데 4백여 만무가 대경가(大耕家) 혹은 지분합작에 의해 개간되었으며 이들 토지의 소유권인 한 사람이 독점하는 것이 아니어서 혹은 공전(公田)과 조상전(租嘗田) 혹은 지분소유제의 방식으로 존재하여 토지소유권은 분할되어 있었다. 이러한 토지들을 아울러 지주소유지로 파악하는 것은 명백한 견강부회(牽强附會)일 것이다.

'1전 2주' 혹은 '1전 3주'의 지분소유제의 발전으로 말미암아, 원래 지주가 농단하고 있던 토지소유제는 이러한 새로운 조합형식과 농민들이 지주 수중에 있던 일부 소유권을 회수라는 방식을 통해 지주의 토지소유권을 둘 혹은 셋 심지어 더욱 세밀하게 분할하였다. 이는 당시의 토지소유권 분배에 중대한 영향을 미쳤고 특히 토지소유권이 집중되고 있던 강소·안휘·절강·복건·광동지역에서 그 영

---

15) 역주 - 토지를 차경시켜 지대를 수취하는 방식.
16) 역주 - 토지가 붙어 있으면 옆 토지 경작자에게 그 이웃한 토지를 경작하게 하는 방식.
17) 역주 - 위관제는 토지의 경작지를 분할하여 관리하는 것.

향력은 더욱 중대하였다. 이전의 연구자들은 청대 토지소유권의 분배를 논의하면서 이러한 요소를 철저히 방기하는 오류를 범하였다. 지금 다시 이러한 오류를 답습할 수 없다. 때문에 많은 동료 연구자들의 심도 깊은 연구가 필요하다. 토지소유권의 분배는 사회경제의 발전과 정체라는 문제와 밀접하게 연관되어 있으므로 절대 등한시 할 수 없는 문제이다.

4. 민전에서 지주계급과 농민계급의 소유지 증감

1) 관전(官田)의 민전화

명·청대 전체 토지에서 관전과 민전의 비율은 비교적 분명하다. 예를 들어 명 홍치(弘治) 때 저술된 『대명회전(大明會典)』의 기록에 의하면, 관전은 59,845,692무(畝)였고 민전은 362,960,197무였다. 관전과 민전은 총 422,805,889무이고 관전이 전체 토지에서 차지하는 비율은 14.01%였고 민전이 차지하는 비율은 85.99%였다.[217] 명대 관전이 전국 경작지 14%를 차지한다는 점은 연구자들이 동의하는 바로 논쟁의 여지가 없다. 청대 관전이 전국 토지에서 차지하는 비중에는 변화가 있었는데 예컨대 시쯔훙[史志宏]은 다음과 같이 이해했다. 옹정(雍正) 연간(1723~1735) 관전은 약 54만 경(頃)이었고 민전은 약 696만경이었다. 전국 경작지 면적이 약 750만 경이었으므로 관전이 전국 경작지에서 차지하는 비율은 6.95%였고 민전이 차지하는 비율은 93.05%였다.[218] 순위탕[孫毓棠]·쟝지치엔[張寄謙]의 계산은 다음과 같다. 가경(嘉慶) 17년(1812) 전국의 민전 총액은 7,056,984경(頃)이고 관전(官田)·장전(莊田)·기지(旗地)는 205,419경, 둔전(屯田)이 379,454경, 기타 관전과 공전이 247,399경이었다. 전국 경작지 면적은 7,889,258경이었다.[219] 이 통계에 의하면 전국 경작지에서 관전이 차지하는 비율은 10.55%이고 민전이 차지하는 비율은 89.45%이다. 차오관이[曹貫一]는 청나라 전기 관전은 전체 경작지의 1/10 이상을 차지하였다고 했다.[220] 량팡중[梁方仲]의 통계에 따르면, 광서(光緖) 13년(1887) 전국 경작지는 849,946,244무(畝)에 달했고 이 가운데 민전은 740,070,896무, 둔전은 50,929,041무, 학전(學田)은 336,099무, 기타 관전이 58,590,208무였다. 전체 경작지에서 민전이 차지하는 비율은 87.07%였고 관전이 차지하는 비율은 12.93%였다.[221] 광서 13년(1887) 관전의 액수는 옹정 2년(1724)의 관전 액수에 비해 5.89% 높아졌는데 이는 두 가지 주된 요인이 작용한 결과였다. 첫째 옹정 2년 이후 경작지에서 관전은 증가하고 있었다. 예를 들어 옹정 2년 학전의 면적이 386,367무였으나 건륭(乾隆) 18년(1753)에 이르러 학전은 1,158,603무로, 옹정 2년 때의 그것보다 3배나 증가했다. 광서 13년(1887)에 이르면 관전의 면적은 21,997,681무로 증가했고 이는 옹정 2년의 관전보다 37.9배 증가한 수치이다. 관전의 액수가 증가하였으므로 그 것이 점하는 비율도 높아진 것이다. 둘째 통계처리 방식이 달랐다. 옹정 2년 때 관전에는 둔전과 학전만 포함되었으나 광서 13년 관전에는 둔전·학전·섬군지(贍軍地)·퇴탄지(退灘地)·사도지(沙塗地)·기지(旗地)·기여지(旗餘地)·민전기여지(民典旗餘地)·관장지(官莊地)·마광지(馬廣地)·목광지(牧廣地)·개간(開墾)·보간(報墾)과 옛 성현의 사당과 묘에 제사지내는 토지[先聖賢廟墓祭田] 그리고 각종 사묘역단(祠墓歷壇)과 사원과 도관 등 세금이 부과되지 않는 토지 등이 포함되었다. 다시 관전의 범주가 매우 넓었던 것이다. 관전의 비율이 확대되었기 때문에 민전의 비율은 자연히 감소했다. 전국의 토지가 얼마이든, 저쪽이 늘어나면 이쪽이 감소하고 저쪽이 감소하면 이쪽이 늘어났다. 청대 매 시기 관전과 민전의 비율의 고저는 차이가 있고 다소간 변했으나 최근 연구자들이 공통적으로 인정하듯이 청대 전국 경작지에서 관전은 10%내외였고 민전은 90%내외였다.

명·청시기 전국토지에서 관전이 차지하는 비율은 이처럼 비교적 분명해 연구자들 사이에 이견의 여지가 없었다. 다만 토지 소유권의 분배 양상과 관련하여 비교적 논란이 컸고 많았으며 연구자들 사이에 의견 대립을 보였던 문제는 청대 농촌 양대 계급의 민전 소유 양상이었다.

2) 명대 농촌 양대 계급의 토지소유 추이

명 태조 주원장(朱元璋)은 명을 건립한 이후 황무지 개간정책을 적극적으로 시행하였고 명 성조(成祖) 주건(朱棣)도 이 정책을 계승하였다. 이러한 정책으로 인해 대다수 농민들은 토지를 획득하여 자영농이 되었다. 명나라 중기이전 민전(民田) 가운데 절대다수의 토지는 농민소유지였다. 명나라 후기이후 귀족·관료·지주들이 거리낌 없이 토지겸병을 자행했고 그들의 탈점으로 인해 대량의 농민들이 토지를 상실한 유민(流民)으로 전락했다. 홍치(弘治) 2년(1489) 호부상서(戶部尙書) 이민(李敏)은 다음과 같은 글을 올렸다. 황장(皇莊)의 설치는 "원래는 없던 것(在祖宗時未有)"이었으나 지금 "기내에는 황장이 5곳이고 토지는 도합 12,800여 경이 됩니다. 훈척(勳戚)과 태감관(太監官)의 전장은 332곳으로 토지는 모두 33,100여 경입니다. 근래 관장인(管莊人)과 관교인(官校人) 등이 … 중략 … 민의 토지를 점거하고 민의 재물을 빼앗고 있습니다(畿內皇莊有五, 共地一萬二千八百餘頃. 勳

戚·太監官莊田三百三十有二, 共地三萬三千餘頃. 比來管莊官校人等 … 중략 … 占民地土, 斂民財物)."[222] 홍치 15년(1504) 남경감찰어사(南京監察御史) 여경(餘敬) 등은 "황친의 집안에서 소민의 토지를 점거하여 천하의 이익을 차지하니 탐혹한 호랑이와 이리와 같이 그 교만함이 끝이 없습니다(皇親之家, 占小民之田, 罔天下之利, 狼貪虎咥, 漫無紀極)"라고 했다. 남경공과급사중(南京工科給事中) 서기(徐沂) 등은 다음과 같이 말했다. "각각의 황친들은 순천(順天)·보정(保鄭)·하간(河間) 등지에 장전(莊田)을 소유하고 있습니다. 무릇 민간의 토지 가운데 그들의 장전과 인접해 있거나 비옥한 토지가 있으면 갖은 계책을 내어 자기의 것으로 삼습니다(各皇親于順天·保定·河間等處皆有莊田. 凡民間田與之隣近或有沃饒者, 輒百計圈之, 以爲己業)."[223] 홍치 17년(1506) 예과급사중(禮科給事中) 갈숭(葛崇)은 이렇게 아뢰었다. "변방 군민(軍民)의 토지 가운데 무릇 목마장(牧馬場)·황친(皇親) 전장과 인접한 것은 번번이 침탈당해 그들을 곤궁하게 하여 떠돌게 하여 위로는 조화로운 기운을 해치고 있습니다(邊方軍民田土, 凡隣近牧馬草場及皇親莊田者, 輒爲侵奪, 致使流移困苦, 上干和氣)."[224] 『세종실록(世宗實錄)』 정덕(正德) 16년(1521)조에는 "정덕 이래 기내 포도민(逋逃民)의 토지 가운데 대다수는 간사하게 이익을 탐하는 무리들이 근행(近幸)에게 헌납한 것인데 그 수취가 매우 가혹하여 민들이 고통스러워했다(正德以來, 畿內逋逃民田, 多爲奸利之徒投獻近幸, 徵租掊克, 民甚苦之)."[225] 가정(嘉靖) 16년(1538) 장학령(張鶴齡)·장연령(張延齡)을 조사할 때 "원래 절년(節年)에 황제에게 상으로 하사받은 곳이 24곳으로 토지는 3,880여 경이었고 추청한 곳이 9곳으로 토지는 1,400여 경이었다(原系節年欽賞者二十四處, 共三千八百八十餘頃, 原系奏請者九處, 計一千四百餘頃)." 두 명이 침탈한 토지는 5,280경에 달했다.[226] 명실록에 기재된 통계에 의하면 홍치 원년(1488)에서 천계(天啓) 7년(1627)에 이르기까지, 제왕(諸王)·훈척(勳戚)·태감(太監)에게 하사된 토지는 1,391,319.44경(頃)에 달했다.[227] 이것은 목장과 산장이 포함되지 않은 수치이다. 자세한 것은 〈표 7-9〉를 참조하라.

명나라 중엽 홍치·정덕시기 훈귀들의 장전(莊田)이 확대됨과 동시에 일반 관신(官紳)지주들 역시 앞다투어 토지를 겸병했다. 강소(江蘇) 강음현(江陰縣)의 경우 몇몇 관신들은 2만여 무(畝)에 달하는 민전(民田)을 강매(强買)했다. 오현(吳縣)의 토호들은 승전(僧田)을 강매하면서 겁박하여 문서를 작성하게 하였는데 승려들이 따르지 않자 가동들을 시켜 채찍질해 살해했다.[228] 화정현(華亭縣)의 대학사(大學士) 서계(徐階)는 융경(隆慶) 연간(1567~1572)에, 대학사 동기창(董其昌)은 천

〈표 7-9〉 홍무(洪武)에서 천계(天啓)에 이르는 기간 훈척에게 하사된 토지 통계(단위 : 頃)

연호	토지 하사 횟수	하사된 토지의 수량	백분율	비고
洪武	13	1562.5	0.82	
洪熙	2	154.1	0.08	
宣德	4	216	0.11	
正統	10	3617.5	1.91	
景泰	4	2090	1.10	이름만 확인되고 하사된 토지 액수를 모르는 경우 통계에 포함하지 않음
天順	12	982	0.52	하사된 토지의 액수가 분명하지 않은 경우 통계에 포함하지 않음
成化	24	11488.94	6.06	
弘治	40	33598.55	17.74	
正德	20	19348.71	10.37	하사된 토지의 액수가 분명하지 않은 경우 통계에 포함하지 않음
嘉靖	17	10943.47	5.78	하사된 토지의 액수가 분명하지 않은 경우 통계에 포함하지 않음
隆慶	4	2293.87	1.21	
萬曆	12	33644.02	17.76	
天啓	8	69190.82	34.94	
합계	170	199430.48		

자료출전 : 명실록 각 권. 궈허우안(郭厚安),『명실록경제자료선편』전부(田賦)3, 장전 및 토지겸병, 145~207쪽을 참조.

계(天啓) 연간(1621~1627)에 각각 권세에 의지해 광대한 토지를 강매(强買)하였다. 동기창의 집안은 이로 인해 해당지역 농민들의 분노를 불러 일으켰다.[229] 절강(浙江) 오정(烏程)의 동상서(董尙書 : 董份)는 가정 20년(1541) 진사가 되었고 만력(萬曆) 23년(1595) 사망하였는데 그의 집안은 "삼오(三吳 : 吳郡, 吳興郡, 會稽郡을 지칭-역자)지역에서 가장 부유하였으며 토지는 소호(蘇湖)의 모든 읍에 걸쳐 있어 거의 10만경(頃)에 달했다(富冠三吳, 田連蘇湖諸邑, 胎千百頃)."[230]

　　관신지주가 토지를 겸병하는 또 다른 방식은 헌납을 받아들이는 것이었다. 만력 연간(1573~1619) 어사(御史) 육사지(陸師贄)는 "지금 세상에서 사람을 가장 해치는 일은 토지와 인구를 헌납하는 것이다. 이곳에 있던 토지가 어찌해서 저곳에 있고 이곳에 있던 사람이 어찌해 저곳에 있는가? 일반 무뢰배 가운데 사람에게 해를 끼치려 하는 자들은 이곳의 사람과 토지를 권세가에게 투매하고 문서를 바로 잡지 않으며, 어떤 집안이 번창하여 관직에 나가 있는 자들이 많으며 수령과 잘 지내는지를 파악해 아침·저녁으로 그 집 문 앞을 기웃거리거나 혹은 그 집 자제와 잘 지내거나 그 집의 집사와 좋은 관계를 맺어 서로 잘 알게 되면 자신의 토지와 사람들을 하나의 문서로 작성하여 그 집에 헌납하여도 그것을 관할하는 자는 조사하지 않은 채 접수하였다(今世最害人之事, 無如投獻田地人口者. 有田于此, 與彼何干, 有人于此, 餘彼何與? 一般棍徒欲行害人者, 此人田投賣于勢豪, 籍作難端, 打聽誰家興旺, 官居顯要, 道府相善, 朝夕游于其門, 或相交公子, 或相交管家, 交相熟識, 將田或人寫一手本, 托人遞進, 主者不查, 卽行接受)." 헌납하자마자 농민들은 "궁지에 빠져 빠져나갈 수가 없었다(哭天無路, 入地無門)" 육사지는 이어 "내가 계유년부터 행취(行取)가 되었을 때, 헌납이 끊이지 않아 날마다 그들을 감옥에 가두고 동복들을 타일렀으며 헌납한 문서를 접수하지 못하도록 했다(餘自癸酉行取, 投獻者紛然而至, 日日戒兒孩, 警僮僕, 決不許接受投獻手本)."[231] 같은 시기 소양간(蕭良干) 역시 지방의 간교한 무리들이 매번 농민들의 개간된 토지를 "권세가들에게 헌납한다(獻納于勢家)"고 지적했다.[232] 관신지주들이 헌납을 받아들이고 있던 현상은 관신지주가 크게 발달한 강소(江蘇)지역에서 특히 확연했다. 만력(萬曆) 연간에 작성된 『상숙문헌지(常熟文獻誌)』에 의하면 '8조목의 나쁜 풍속(惡俗八條)' 가운데 첫 번째와 두 번째 조목에 전택(田宅)을 헌납하는 일이 기록되어 있다. "민간에서 형제나 숙질이 서로 다투면 조상이 나누어 주어 이미 정해진 재산을 모두 부유하고 힘있는 집안에 바쳤고 호세가들은 그 노복 수명을 해당 고을로 보내 집을 폐쇄한 후 경작할 사람들을 불러 모았다. 그 토지와 가옥의 주인이 문서를 가지 소송해도 비처럼 쏟아지는 매서운 주먹에 그저 울면서 물러날 뿐이었다. 물러나서도 술과 닭·돼지 같은 고기를 구매해 그들을 정성껏 모셔야 했다(民間或兄弟叔姪相爭, 卽將祖宗分授已定者, 盡獻于豪有力之家, 豪家遂遣狼僕數人下鄕封門召佃. 其田主屋主執權而爭, 則老拳毒手交下如雨, 其主涕泣退矣. 退有沽酒市餔鷄豚款待)."[233] 또 숭정(崇禎) 때의 『태창주지(太倉州誌)』의 기록에 의하면 지난번 향회가 과거에 급제하여 진사가 된 사람에 대한 공문을 발송하였는데 불령(不逞)한 무리들이 동족의 토지와 가옥을 헌납하거나 노복이 주인의 토지와 가옥을 헌납한 이후, 말을 타고 마을로 가 토지를 빼앗고 집을 폐쇄하니 "평민들은 병란이 일어난 것처럼 고통스러워 했다(平民洗蕩同兵燹)."[234] 사천지역에서도 토지의 헌납이 왕성했는데 숭정 연간 마여교(馬如蛟)가 사천지역을 순시하면서 "촉(蜀)지역의 민들은 모두 다른 사람의 토지를 권세가들에게 헌납한다(蜀中民悉以他人田産投勢家)"고 했다.[235] 『숭정장편(崇禎長編)』에서도 사천 각지의 간사한 민들이 토지를 헌납하니 "아래로 생감(生監)과 리승(吏丞)에 이르기까지 받지 않는 자가 없었다(下至生監吏丞無不受之者)."²³⁶) 이 외에도 예를 들어 호광(湖廣)지역의 경우, 숭정 2년 순무(巡撫) 홍여종(洪如種)의 보고에 의하면, "또 여기서 거짓으로 숨기고 있음을 보고하고 저기서 헌납하였다고 보고하여 분쟁과 변란이 더욱 어지러워져 해가 되었다(且此報欺隱, 彼報投獻, 紛爭變亂 徒滋撓害)."²³⁷) 또 숭정 3년(1630) 순무 모구화(毛九華)의 보고에 의하면 하남지역의 경우 "권세가들의 노복은 많을 경우 수백에 달했고 간사한 민들은 권세를 업고 헌납했다(勢豪之家, 僕隸多至數百, 奸民乘勢投獻)."²³⁸)

관신지주들이 투고(投靠)를 받아들이는 것 역시 토지 겸병의 수단이 되었다. 투고에는 2가지 방식이 존재하였는데 첫째는 유민무뢰배가 신귀(新貴)에게 투고하여 중간에서 이익을 취하는 것이었다. 숭정(崇禎) 때의 『태창주지(太倉州誌)』에 의하면, "지난번 향회에서 발송한 공문에는 여러 불령한 이들은 각각 서신과 신첩(身牒)을 가지고 달려가는 곳을 살펴보니 그들은 많은 금을 바치며 노복이 되려 했는데 이를 투고라 불렀다(往者鄕會榜發, 群不逞各書呈身牒, 候捷騎所向, 進多金求爲奴, 名爲投靠)." 이러한 투고 노복 가운데 "많은 수는 그 친족이 토지와 가옥을 (투고의) 예물로 하지 않거나(多以其族無干田屋贄)" 어떤 노복은 "옛 주인의 토지와 집을 예물로 가지고(挾舊主田屋贄)" 투고했다. 다른 사람의 토지가 가옥을 예물로 하여 자신의 몸을 의탁하는 도구로 삼았던 것이다.²³⁹) 그러나 투고한 자가 서민이라면 그는 어떤 관신 집안의 노복으로 전락했다. 투고의 또 다른 방식은 농민이 부역을 회피하기 위해 관신지주을 배경으로 삼는 것이었다. "명나라 말년 정치가 문란하고 부세가 무거워지자 백성들이 평안하게 살지 못했다(明之季造, 政繁賦重, 民不聊生)." "벌족에게 몸을 의탁해 노복이 되는 것을 감수하면서라도 요역을 피하려 했다(投身著姓, 甘爲奴僕, 以避徭役)."²⁴⁰) 하남(河南) 광산현(光山縣)에서는 투고현상이 매우 번성해 혹자는 어떤 사람이 과거에 급제해 진사가 되기만 하면 "노복들이 수십 수백이나 생기는데 모두 토지를 가지고 찾아온다(則奴僕十百輩, 皆帶田而來)"²⁴¹)라고 하였다. 이러한 투고호들은 본래 자기의 토지를 가지고 있었으며 단지 지주와는 주인-노복관계만 형성해 주인에게 일부 노역을 제공했다. 투고호가 많았음은 명·청시기 고염무(顧炎武)의 발언을 통해 확인된다. 그는 한명의 관료가 받아들인 투고호는 많을 경우 천을 넘어선다고 했다.²⁴²) 혹자는 어떤 현의 경우 1향에 "노복으로 이름이 올라 있는 자가 열에 2~3명은 된다(掛名僮僕者什有二三)"²⁴³)고도 했다.

관신지주들은 폭력에 의지해 직접 민전을 강점하기도 했다. 예를 들어 영락

(永樂) 연간(1403~1424) 도지휘첨사(都指揮僉事)였던 임읍(臨邑)사람 기강(紀綱)은 "이민(吏民)의 전택(田宅)을 빼앗았다."[244] 도첨사(都僉事) 임회(臨淮)사람 장신(張信)은 단양(丹陽)의 연호(練湖)지역 80여 리와 강음(江陰)의 관전 70여 경을 강제로 점거했다.[245] 경태(景泰) 연간(1450~1456) 총병관(總兵官)·태자태사(太子太師) 위남(渭南)사람 석형(石亨)은 "가인을 시켜 민의 재산을 점거했다(縱家人占民産)."[246] 중관(中官) 단증(單增)이 독경영(督京營)이 되었을 때 "그 가노는 백주에 사람을 죽이고 민의 재산을 빼앗았다(家奴白畫殺人, 奪民産)."[247] 성화(成化) 연간(1465~1487) 대동(大同)·선부(宣府)의 비옥한 토지 수십만은 "모두 호우들의 차지가 되었다(悉由豪右所占)." 기내(畿內) 8부(府)의 "좋은 땅은 반이 권세가들의 것이었다(良田半屬勢要家)." 창국위지휘(昌國衛指揮) 장귀(蔣貴)는 소를 올려 "호우들의 침탈행위를 엄금할 것(嚴戢豪右勿得侵奪)"[248]을 청했다. 서창제독(西廠提督) 곡대용(穀大用)은 안주(安州)에서 민전 1만여 경을 점탈했다.[249] 가정(嘉靖) 연간(1522~1566) 향관(鄕官) 곽도(霍韜)와 방헌부(方獻夫) 등 여러 집안은 사관(寺觀)의 토지 수천경을 차지했다.[250] 평호도독첨사(平湖都督僉事)였던 육병(陸炳)은 그 가산이 적몰되었는데 "10여 곳에 달하는 전장을 별도로 경영했고 그 전장은 사방에 두루 퍼져 있었다(營別宅十餘所, 莊園遍四方)."[251] 강소(江蘇) 여고현(如皐縣)에는 "도헌자(都憲子)라는 사람이 있었는데 권세를 믿고 다른 사람의 전택과 부여를 점탈하여 고발하는 문서가 넘쳐났다(有都憲子, 怙勢占奪人田宅婦女, 告牒盈幾)."[252] 복건(福建) 남정현(南靖縣) 관료 지주들도 권세를 믿고 민전을 빼앗았다.[253] 만력(萬曆) 연간 운남(雲南)의 경우 검국공(黔國公)인 목창조(沐昌祚)는 민전 8천여 경을 침탈했다.[254] 절강(浙江) 경원현(慶元縣)에서는 성의백(誠意伯) 유세연(劉世延)이 민전 4만여 경을 침탈했다.[255] 천계(天啓)·숭정(崇禎) 연간(1621~1643) 대학사(大學士) 오정현(烏程縣)의 온체인(溫體仁) 집안은 농민의 토지를 침탈했다.[256] 이에 왕방직(王邦直) 같은 이는 관리 가운데 부유하고 권세있는 집안의 경우, "그 토지가 계속 이어져 있으며 땅은 매우 비옥하였는데 이들 중 대부분은 민의 토지를 빼앗아 자기의 것으로 삼은 것(其田連阡陌, 地盡膏腴, 多奪民之田以爲己田也)"[257]이라고 지적했다.

명나라 때에는 상인들의 토지겸병도 두드러졌다. 예를 들어 섬서(陝西) 경양현(涇陽縣)의 왕거(王興)는 "10여 년간 회양(淮揚 : 역자-회수와 양자강 하류지역을 지칭)지역에 거주하면서 부자가 되어 많은 재산을 가지고(居淮揚十餘年, 已富有資)" 집으로 돌아온 뒤 수백무의 토지를 구입했다.[258] 유공(劉公)은 명나라의 상인으로 치부한 후에 "상업이 아니라 농사를 지었다(棄賈治田)."[259] 광동(廣東) 남해현(南海縣)사람 섭연파(聶烟波)는 정통(正統) 7년(1442) 상업을 통해 이익을 얻은 후 토지를 구매했는데 "이로 인해 전원이 배로 증가했고 거두어들인 곡물은 헤아릴 수도 없었다(于是田園倍增, 手攬租無算)."[260] 정통 연간(1436~1449) 중산현(中山縣) 소람진(小欖鎭)의 대상인 하도원(何圖源)은 상업을 통해 치부한 이후 소람(小欖)에서 돈으로 토지 3만여 무를 매입하였다.[261] 번우사만(番禺沙灣)의 상인 하숙운(何叔運)은 친족의 토지 50여 경을 매입하였다.[262] 가정(嘉靖) 연간(1522~1566) 순덕(順德)의 상인 용취운(龍翠雲)은 명나라 중기 토지겸병의 기회를 틈타 열어놓은 상점의 문을 닫고 자금을 돌려 토지에 투자해 80여 경에 달하는 토지를 소유했다.[263] 상인들의 토지겸병은 보편적 현상이었으므로 문서에서는 세세하게 서술하지는 않을 것이다.

훈척권귀·진신·상인들이 토지겸병을 자행함으로 인해 명나라 중후기에 이르러 토지소유권의 집중이 심화되었고 정덕 연간(1506~1521), 복주(福州)에는 "군에 사대부들이 많았고 또 그 사대부들은 많은 토지를 소유하고 있어 민이 소유한 것은 몇몇에 불과했다(郡多士大夫, 其士大夫又多田産, 民有産者無機耳)."[264] 만력(萬曆) 연간(1573~1619) 복건(福建) 영안현(永安縣)의 어떤 지역은 부자들이 토지가 많아 "경작하는 사람이 소유한 토지는 2~3뿐이었다(田家所有二三而已)."[265] 강남 지역의 경우 가정(嘉靖) 연간(1522~1566)의 기록에 의하면, 각 군현의 토지 가운데 비옥한 것은 "부유하여 겸병하고 있는 자들의 것이었다(富家豪民兼百室之産)."[266] 명나라 후기 소송(蘇松) 일대에서 "토지를 소유하여 경작하는 자는 열에 한 명뿐이고, 다른 사람의 토지를 빌려 경작하는 자는 열에 아홉이나 되었다(有田者什一, 爲人佃作者什九)"[267] 강소(江蘇) 북부에 있는 흥화현(興化縣)에서는 가정(嘉靖) 연간(1522~1566) "만무에 달하는 토지를 가진 자가 많았으며(多有田盈萬畝者)"[268] 회안부(淮安府)의 경우 천계(天啓) 연간(1621~1627) 비옥한 토지 가운데 상당수는 부자들 소유였다.[269] 절강(浙江) 소흥부(紹興府)에 속한 "한 읍의 경우 토지가 40만 무(畝)인데 부자들은 종종 수천에서 만에 달하는 토지를 소유하며 부자들이 함께 나누어 가지니 단지 수천가가 40여만 무의 토지를 모두 소유하고 있었고(一邑之田僅四十萬畝, 富人往往累千至百十, 等其類而分之, 止須數千家而盡有四十餘萬之田矣)" 광대한 농민들 가운데 "한 뙈기의 땅도 소유하지 못한 자가 십여만 명이나 되었다(則不占寸土者, 尙有十餘萬人也)."[270] 휘주(徽州) 휴녕현(休寧縣) 27도(都) 5도(圖) 3갑(甲)의 경우 만력 연간(1573~1619)에 이 갑의 토지 가운데 90% 이상이 이장호(里長戶)와 갑수호(甲首戶)의 소유였다.[271]

호남(湖南) 상담현(湘潭縣)의 경우 만력 연간(2573~1619), "토지를 가진 자들은 모두 부유한 자들이다(今之有田者皆巨室富人)"[272] 숭정(崇禎) 연간(1627~1643) 산동(山東) 역성현(歷城縣)에서는 재산을 가진 집이 "백에 한둘에 불과했다(百無一二)."[273] 하남(河南)지역의 경우 홍치(弘治)때 순무(巡撫) 서각(徐恪)의 건의에 의하면 "하남지역을 살펴본 결과 비록 평지와 비옥한 토지가 있더라도, 언덕과 척박한 모래땅이 많아 경작할 수 없는 곳도 있어 민들이 고달픔을 호소합니다. 토지에는 항상된 주인이 없어 가뭄과 홍수가 들면 황무지가 되기도 하고, 세금의 징수가 번중하여 권세가들에게 침탈당하기도 하며, 빚 독촉이 심하여 부득이 자신이 경작하던 비옥한 토지를 낮은 가격으로 왕부(王府)의 관리자나 소재지의 유력자에게 전매(典賣)하기도 합니다(照得河南地方, 雖系平原沃野, 亦多岡阜沙瘠, 不墾耕種, 所以民多告瘁, 業無常主, 或因水旱饑荒, 及粮差繁幷, 或被勢要相侵, 及錢債驅迫, 不得已將起科腴田, 減其價值, 典賣與王府人員, 幷所在有力之家)." "이런 까닭으로 부자들의 토지가 확대된 것입니다(故富者田連阡陌)."[274]

이에 반해 몇몇 지역에서 토지소유권은 분산되어 있었다. 가정(嘉靖) 8년(1529) 나흠순(羅欽順)은 "지금 양회(兩淮)지역의 남북과 서쪽 끝의 한수(漢水)와 면수(沔水)지역의 대부분은 토지가 넓고 인구가 적어 땅이 완전히 개간되지 못하였다(今兩淮南北, 西極漢沔, 大率土曠人稀, 地有遺利)"[275]라고 했다. 이 밖에도 명나라 말기 사조절(謝肇淛)은 장강의 오른편 형초(荊楚)와 오령(五岭) 일대에 대해 이렇게 기술했다. "쌀이 흔하고 토지가 많아 경작할 사람이 없었으나 인건비 역시 비싸지 않았다. 그 지역 사람들은 비록 매우 가난하지도 않았지만 매우 부유하지도 않았다(米賤田多, 無人可耕. 人也不以爲貴, 故其人雖無甚貧, 亦武甚富)."[276] 이러한 상황은 농민이 토지소유권을 획득하는 데 비교적 유리한 것이자 용이한 것이고 때문에 이러한 지역에서 자영농의 소토지소유제는 지배적 위치를 차지할 수 있었다. 다만 이들 지역은 새로이 개발된 지역이었으므로 과거부터 개간되었던 지역과 비교하면 특수하였다고 말할 수 있다.

토지소유권이 전체적인 추세에 따르면 명나라 중기 이후 토지지소유권은 고도로 집중화되는 쪽으로 발전해 갔다. 토지의 대부분을 차지한 자들은 훈귀특권지주와 진신지주였다. '일조편법(一條鞭法)'이 시행된 이후, 부역에 대한 부담이 경감되었으므로 몇몇 지역에서는 상인지주와 농사지어 치부한 서민지주가 출현하였으나 그들은 여전히 부차적 존재였고 토지겸병의 주인공이 될 수는 없었다.

3) 청대 토지소유권의 분산화

청대 농촌의 양대 계급의 토지소유양상에 대해 지금까지 대다수 연구자들은 청대 토지소유권이 고도로 집중하여 민전(民田) 가운데 대부분의 토지는 지주계급 소유가 되었고 농민이 소유한 토지는 매우 적었다고 인식해 왔다. 토지소유의 양상은 어떠했을까? 청대 사회경제 발전은 여러 면모를 가지고 있었으므로[277] 우리들은 여러 차례 이 문제를 언급한 바 있다.

우리들이 이미 제사한 자료로부터 확인되듯이 청대 토지소유권은 줄곧 분산되어 있었다. 대부분의 토지는 농민계급이 소유하고 있었으며 지주가 소유한 토지는 3~4할 정도였다. 이는 아래에 제시할 통계자료에서 확인할 수 있다.

먼저 직예(直隷) 획록현(獲鹿縣)에서 지주와 자영농이 토지소유 양상을 살펴보자. 청대 획록현은 직예의 정수부(正守府)에 속했고 그 땅은 태항산(太行山)지역에 위치했다. 이 현에는 197곳의 자연촌이 있었고 18사(社) 180갑(甲)이 설치되었다.[278] 이 현은 강희(康熙) 45년(1706)부터 건륭(乾隆) 36년(1771)까지 14차례에 걸쳐

〈표 7-10〉 청대 전기(1706~1771) 획록현 토지소유권 분배 현황(1)

유형(畝)	강희 45년				옹정 4년			
	호수	백분율	경지(畝)	백분율	호수	백분율	경지(畝)	백분율
無土地 戶	1324	17.61			1234	22.07		
1畝 이하	257	3.42	128.5	0.11	251	4.49	130.5	0.16
1~5	1180	15.69	3616.7	3.15	1089	19.47	3152.6	3.95
5~10	1340	17.82	9847.0	8.57	1006	17.99	7216.4	9.04
10~15	1038	13.80	12758.9	11.11	626	11.19	7231.0	9.05
15~20	729	9.69	12669.6	11.03	379	6.78	6516.4	8.16
20~25	521	6.93	11525.6	10.03	223	3.99	4952.1	6.20
25~30	336	4.47	9165.3	7.89	168	3.00	4581.9	5.74
30~35	226	3.00	7228.2	6.29	143	2.56	4644.3	5.81
35~40	137	1.82	5213.2	4.54	84	1.50	3124.8	3.91
40~45	82	1.09	3494.4	3.04	79	1.41	3353.5	4.20
45~50	58	0.77	2717.4	2.37	37	0.66	1758.4	2.20
50~60	90	1.20	4899.8	4.26	73	1.31	3958.0	4.96
60~70	48	0.64	3105.0	2.70	47	0.84	3035.6	3.80
70~80	31	0.41	2309.6	2.02	31	0.55	2307.3	2.89
80~90	15	0.20	1254.4	1.09	21	0.38	1727.0	2.16
90~100	19	0.25	1817.3	1.58	15	0.27	1426.7	1.79
100 이상 서민	35	0.47	5293.9	4.61	38	0.68	5848.4	7.32
神衿	54	0.72	17837.2	15.03	48	0.86	14901.8	18.66
합계	7520	100.00	114882	100.00	5592	100.00	79866.7	100.00

〈표 7-11〉 청대 전기(1706~1771) 획록현 토지소유권 분배 현황(2)

유형(畝)		건륭 11년				건륭 36년			
		호수	백분율	경지(畝)	백분율	호수	백분율	경지(畝)	백분율
無土地 戶		3009	25.69			244	16.45		
1畝 이하		574	4.90	290.9	0.16	91	6.14	43	0.19
1~5		2132	18.20	6201.8	3.49	326	21.98	924.3	4.12
5~10		1738	14.84	13016.6	7.32	252	16.99	1830.1	8.16
10~15		1071	9.14	13269.5	7.46	144	9.71	1788.5	7.89
15~20		791	6.75	13585.5	7.46	105	7.09	1839.4	8.20
20~25		559	4.77	12454.7	7.00	73	4.92	1692.0	7.55
25~30		373	3.18	10201.8	5.73	46	3.10	1243.7	5.55
30~35		302	2.58	9881.6	5.56	40	2.70	1307.9	5.83
35~40		207	1.77	7704.6	4.33	25	1.69	942.8	4.21
40~45		133	1.14	5650.8	3.18	23	1.55	985.6	4.40
45~50		125	1.07	5857.1	3.29	16	1.08	752.9	3.36
50~60		170	1.45	9298.6	5.23	30	2.02	1659.0	7.40
60~70		130	1.11	8324.7	4.68	15	1.01	887.1	3.69
70~80		81	0.69	6094.4	3.43	14	0.94	1043.7	4.66
80~90		67	0.57	5658.3	3.18	8	0.54	674.4	3.01
90~100		36	0.31	3428.1	1.93	4	0.27	381.7	1.70
100 이상	서민	137	1.17	22635.8	12.73	22	1.48	3196.2	14.26
	紳衿	78	0.67	24292.5	13.66	5	0.34	1224.4	5.46
합계		11713	100.00	177847.3	100.00	1483	100.00	22416.7	100.00

자료출처 : 청대 『획록현당안(獲鹿縣檔案)』 편심책(編審冊)(하북성박물관 소장)

토지와 인정을 조사[地丁編審]했다. 이 조사[編審] 작업은 일반적으로 갑(甲)을 단위로 진행되었다. 조사[編審] 후 세금을 부과하는 책을 만들어 현에 받쳤다. 이 당안(檔案)은 비록 완전하지는 않으나 중요한 역사자료이므로 이를 통해 당시 사회경제와 정치의 일단을 살펴볼 수 있을 것이다.

청대 전기 획록현 토지소유권의 분배양상을 명백히 이해하기 위해 분류와 통계 작업을 실시했다. 10년 혹은 8년을 단위로 해서는 토지소유권의 변화양상을 파악하기 어렵다고 판단하여 20년을 단위로 하여 강희 45년(1706), 옹정(雍正) 4년(1726), 건륭 11년(1746), 건륭 36년(1771)을 기준으로 농민들의 토지소유 양상을 표로 제시했고 〈표 7-10〉과 〈표 7-11〉이 그것이다.[279]

〈표 7-10〉과 〈표 7-11〉에 의하면 소유토지의 규모에 따라 토지가 없는 호, 소규모의 토지를 가진 호, 중등호, 부유한 호, 지주호 5단계로 나눌 수 있다. 첫 번째 유형의 호가 차지하는 인구는 전체의 18.2%로, 이들은 토지를 전혀 소유하지 못했다. 두 번째 유형은 10무 이하의 토지를 소유한 호로 그들이 전체 인구에서 차

지하는 비율은 37.9%이고 소유한 총 경지 면적은 12%이다. 세 번째 유형은 10~40 무를 소유한 중등호로 이들은 호수에서 가장 많았을 뿐 아니라 소유한 토지도 가장 많았다. 인구수는 전체의 38.2%였고 토지는 전체의 50%를 소유하고 있었다. 네 번째 유형과 다섯 번째 유형은 어떻게 구분할 것인가의 문제가 있다. 첫 번째 방법은 100무 이상의 토지를 소유한 신사(紳士 : 紳衿)와 서민호를 지주로 하고 그 이하를 부유호로 구획하는 것이고, 두 번째 방법은 100~150무의 토지를 소유한 서민을 부유호(富裕戶)로, 150무 이상의 토지를 소유한 서민호를 지주호(地主戶)로 구분하는 방법이다. 이 방법은 2개의 다른 기준에 입각하고 있다. 이러한 기준에 의하면 토지소유량에 따라 지주호와 부유호의 비율은 변화할 수 있다. 강희(康熙) 45년(1706)을 예로 들어보면, 만약 100무를 기준으로 할 경우 부유호는 전체 농민호 가운데 4.56%를 차지하고 그들이 소유한 경작지는 전체 경작지의 17.06%를 차지한다. 지주호는 전체 농민호 가운데 1.19%를 점하며 그들이 소유한 경작지는 전체 경작지의 16.65%를 차지한다. 만약 두 번째 방식을 기준으로 하여 고찰하면 부유호가 차지하는 비중은 전체 농민호 가운데 4.85%로 상승하여 0.29% 증가하고 그들이 소유한 경작지도 전체 경작지의 20.78%가 되어 3.72% 증가하였다. 지주호의 비중은 전체 농민호의 0.9%로 감소하고 소유 경작지 면적도 전체 경작지의 12.93%로 하강한다.

역사연구에서 이러한 2개의 구분기준이 가지는 실효성은 무엇일까? 우리들은 150무 이상의 경작지를 소유한 서민호와 100무 이상의 경작지를 소유한 신사를 지주로 구분하였는데 이런 구분방법을 채택한 것은 다음의 3가지 이유 때문이었다.

첫째, 청나라 전기 전쟁을 거친 지역에서는 땅은 많으나 경작할 사람이 적은 현상이 보편적으로 발생했고 이런 상황에서 부유한 농민들이 출현했다. 즉 경작할 노동력과 경작지가 많은 농민호가 존재할 수 있었던 것이다. 명나라 말기 획록현은 숭정(崇禎) 6년(1633), 11년(1638), 17년(1644) 3차례에 걸친 병란을 겪었다. 특히 숭정 11년의 전란에서 사망한 자는 1,000여 명이나 되었다. 사망한 자 가운데에는 많은 신사들도 포함되어 있었다. 숭정 17년, 이자성(李自成)의 군대가 정정(正定)을 함락했을 때 획록현은 다시 한번 심각한 타격을 입었고 이로 인해 "획록은 매우 어지러웠다(獲鹿肆擾)"라는 말까지 있었다.[280] 이때 타격을 입었던 이들이 주로 부유한 신사들이었다고 생각하는 것은 어려운 일이 아니다. 명나라 말기 번중한 부세의 부담은 민들을 살아갈 수 없도록 했고,『획록현지(獲鹿縣誌)』

에서는 숭정 연간(1628~1644) "토지를 심사해 모두 징수하고 연이어 군량을 조달하게 되었을 뿐 아니라 균수법까지 함께 시행되었으며 또 토지 면적을 헤아려 향은(餉銀)까지 추가하였다. 그 징수가 날로 엄격해지고 달로 각박해지자 민들의 삶이 평안하지 못했고 도망하는 자가 많았다(履畝幷徵, 繼以助餉, 兼行均輸法, 又計畝加練餉銀, 日朘月削, 民不聊生, 逃亡者衆)."281) 설상가상으로 재해까지 겹치고 전염병까지 연이어 발생했다. 재해와 질병, 과중한 부세, 전란을 연이어 겪은 획록현은 청나라 초기 인적이 드물고 토지가 황폐화된 고을이 되었다. 이런 상황에서 노동력이 많고 재력을 갖춘 집안의 대토지소유가 가능했다. 순치(順治) 연간(1644~1661) 획록현의 수세(收稅) 대상지는 96,251무였고 장정은 38,301구(口)였으며282) 평균 매 정당 수세지는 2.513무였다. 획록현은 토지가 적고 척박하여 어떤 지역에서는 7.5무가, 어떤 지역에서는 9.1무가 1무의 수세지로 간주되기도 했다.283) 중등전의 경우 8.5무가 1무의 수세지로 평가되었으므로 당시 1정이 경작할 수 있는 토지 면적은 20무 내외였다. 이러한 상황에서 여러 정(丁)을 소유한 집안이 소유한 토지는 100무 이상이었을 것이다.

둘째, 경작지를 비교적 많이 소유한 호(戶)가 납부한 정은(丁銀)의 액수를 고찰해 보니, 일반적으로 정(丁)이 많은 구(口)가 여럿이었다. 『획록현편심책(獲鹿縣編審冊)』에 의하면, 옹정(雍正) 2년(1724)이전 즉 획록현이 "탄정입지(攤丁入地)"18)를 시행하지 않았을 때 정은(丁銀)은 별도로 징수되었고 이 때문에 강희(康熙) 연간(1662~1772) 편심책(編審冊)에는 각 호에서 응당 납부해야할 정은의 수량이 기재되어 있었다. 1호에서 납부해야하는 정은은 적어도 3분·4분이었고 많을 경우는 9전(錢)에서 1.2냥(兩)에 달했다. 전체 현에서 납부한 정은의 수량을 살펴보면, 평균 매 정(丁)이 납부한 정은은 0.015냥이었다.284) 100무 이상을 소유한 서민호는 일반적으로 비교적 많은 정은 납부했다. 강희 45년(1706) 27갑(甲)에서 100~150무를 소유한 서민호가 부담한 정은의 액수는 아래 표와 같다.

〈표 7-12〉에서 100~150무의 토지를 소유한 농가는 22호로 이들은 모두 정은 11.64냥을 납부하고 있어 매 호당 평균 정은 0.53냥을 부담하였다. 이들 정이 부담한 정은의 양과 획록현 인근 영수현(靈壽縣)·신락현(新樂縣)의 각 정이 부담했던 정은이 1전(錢)이었다는 점285)을 고려하면, 이들 농가는 인구가 많아 노동력이 풍부하였고 그들은 생계를 이어가기 위해 비교적 많은 토지를 필요로 했다.

---

18) 역주 - 탄정입무(攤丁入畝)라고도 하며, 청대 청 정부는 인정에 대해 징수되던 정은(丁銀)을 소유토지 면적에 따라 토지세에 통합시켜 징수한 조세제도.

〈표 7-12〉 획록현 27갑 100~150무를 소유한 22 서민호가 부담한 정은 현황(강희 45년)

번호	호주	정은(兩)	경지(畝)	번호	호주	정은(兩)	경지(畝)	번호	호주	정은(兩)	경지(畝)
1	趙從會	0.6	106.4	9	聶興忠	0.6	104.8	16	聶進成	0.4	101.3
2	劉煥	0.9	130.1	10	程邦現	0.1	101.1	17	聶希極	0.4	121.2
3	林文學	0.3	106.5	11	林標	0.36	112.2	18	唐七兒	0.6	105.5
4	李義	0.8	126	12	張明貴	0.57	101.3	19	魏有的	0.4	102.5
5	魏建獻	0.5	109.8	13	魏建烈	0.08	100.0	20	魏志玉	0.5	100.5
6	于成	0.35	104.7	14	魏其	0.5	139.7	21	段春	0.6	111.4
7	史上才	0.8	108.4	15	石應存	0.8	132.2	22	趙聯捷	0.73	106.2
8	姬彪	0.6	124.1								

자료출처 : 『획록현당안(獲鹿縣檔案)』, 강희 45년 편심책(編審冊)

셋째, 당시 생산력 발전수준에 의하면 한 가호에는 3~4명의 노동력이 있을 경우 경작할 수 있는 토지의 면적은 백 수십무 정도였다. 옹정(雍正)·건륭(乾隆) 연간(1723~1795) 직예(直隷) 박야(博野)사람 윤회일(尹會一)은 "북부지역은 토지가 넓어 농민들은 오직 넓게 경작하는 것만을 생각하여 한 농부가 경작하는 땅은 70~80무에서 100무로 차이가 있다(北方地土遼闊, 農民惟圖廣種, 一夫所耕, 自七八十畝以至百畝不等)"[286]고 말했다. 주운금(朱雲錦) 역시 "한 농부가 힘써 경작하는 한전은 30무 정도이다(一夫之力耕旱田可三十畝)"[287]고 했다. 산동순무(山東巡撫) 아리곤(阿里袞)도 다음과 같이 보고했다. "이 곳은 한전이 많아 경작하지 쉬워 한 농부가 경작하는 토지는 20여 무를 넘지 않습니다(此地多旱田, 易種, 一夫亦不過二十餘畝)."[288] 당시 사람들의 기록에 근거하면 한명의 남성 노동력은 1년에 한전 30여무를 경작할 수 있었던 것으로 보인다. 한 집에 3~4명의 노동력이 있다면, 응당 1백여 무의 토지를 경작할 수 있었을 터이다. 일부 농민호들은 농번기에 고공(雇工)을 고용하기도 했을 것이나 대다수의 농사일은 가족 성원에 의지해 이루어졌을 것이다. 때문에 이들 농민호들의 경작지는 비교적 많았고 농토를 빌려주어 지대를 수취할 가능성은 비교적 낮았다. 이런 농민호들이 농민의 한 축을 담당했다.

100무 이내의 토지를 소유한 농민호들은 지주호일까 아니면 부유호일까? 실상은 완전하게 파악되지 않는다. 자료 자체가 농민호의 토지 경영양상을 분명하게 드러내지 않으므로 비교적 많은 자료를 바탕으로 이 문제를 검토해야 한다. 당시 이 지역의 상황을 근거로 분석하고 상호대조하여 우리들은 150무 이내의 토지를 소유한 서민호를 부유호로 파악하는 것이 타당하다는 결론을 내렸다.

비교적 용이하게 100무 이상을 소유한 신사호를 지주로 구분할 수 있다. 중국 봉건사회에서 사대부 집안은 농업에 종사하지 않아 토지를 전작(佃作)시켜 지대를 수취하는 지주였다. 예를 들어 신안(新安)사람 제강(齊康)은 "근세 사대부 집안은 직접 농사짓지 않고 전호에게 토지를 나누어주어 경작시킨다(近世士大夫家, 不能身親稼穡, 類皆分給佃戶耕作)"라고 말했다. 산양현(山陽縣)의 지현(知縣)이었던 축예(祝豫) 역시 "사대부 집안 가운데 재산을 가지고 있는 자들은 직접 봄에는 땅을 일구고 가을에 수확하지 않고 그 읍의 농민에게 토지를 빌려주어 그들에게 경작하도록 하고 해마다 그 지대를 거두어 부세를 납부하고 의식에 사용한다(士大夫之家有恒産者, 未能春而耕, 秋而斂也, 于是, 佃其邑之農民, 俾之耕作, 歲取其租, 輸正供, 以瞻衣食)"[289]고 말했다. 『획록현지(獲鹿縣誌)』에서도 "가난한 자는 다른 사람에게 고용되어 토지를 경작하며 살아가기 바빴다(貧者爲人傭佃, 奔走衣食)"[290]고 기록하고 있다. 여기에 따르면 획록현의 신사 집안 역시 예외가 아니었다. 그들의 토지 가운데 대부분은 전호(佃戶)에게 분급되어 경작되었고 지대에 의지해 살아가고 있었다. 이 때문에 신사호의 절대다수는 지주계급에 속했다.

이상의 분류기준에 의하면[291] 혹은 100무 이상은 모두 지주호로 분류할 수 있다. 비록 옹정·건륭 연간(1723~1795) 지주계급이 소유한 경작지가 강희 연간(1662~1722) 지주계급의 그것과 비교해 많다고 하더라도 그들이 소유한 경작지는 전체 경작지의 30%를 넘지 못한다. 개별 촌장(村莊)에서 지주들이 50%내외의 토지를 소유했다고 하더라도[292] 이는 보편적인 것이 아니었으며 토지소유의 주된 경향을 반영한 것도 아니었다. 획록현의 토지소유권은 분배 상황을 전체적으로 말하면 건륭 중기이전 경작지의 70% 내외는 소농민이 소유했으며 지주계급이 소유한 경작지는 20~30% 정도였다. 이것은 소토지소유제가 지배적 위치를 점하고 있었음을 말해주는 것이다.

섬서(陝西)지역의 상황은 획록현의 상황과 대략 유사했다. 친후이[秦暉]·수원[蘇文] 등은 근래 관중(關中) 동부의 조읍(朝邑 : 지금의 따리현(大荔縣)·한성(韓城)·동관(潼關) 등지에서 발견된 청나라 전기에서 민국시기에 이르는 당안책(檔案冊) 즉 어린책(魚鱗冊)·청장책(淸丈冊)·지량책(地粮冊) 등의 자료를 근거로, 일부 당안책을 대상으로 하여 불평균(不平均) 정도에 대한 분석을 실시하여, 이 당안 가운데 반영된 토지 분배에 대한 지니(Gini) 계수를 계산해 내었다. 자세한 사항은 아래 〈표 7-13〉와 같다.

친후이[秦暉]·수원[蘇文]은 계산을 거쳐 2항으로 나눈 이 32개의 지니계수치에

〈표 7-13〉 청대 섬서(陝西) 관중지역의 토지대장에 나타난 토지 분배 불균등 정도

지명	연도	지니(Gini) 계수			
		a. 원값	b. 수정치(1) a×65%	c. 수정치(2) a-0.1450	
朝邑縣 加里莊	강희 30년	0.2988	0.1942	0.1538	『譽錄舊簿加里莊地冊』
	건륭 16년	0.3405	0.2213	0.1955	『譽錄舊簿加里莊地冊』
	가경 14년	0.2893	0.1880	0.1442	『加里莊畛丈冊』
	민국 31년	0.2618	0.1702	0.1168	『平民縣地籍原圖』
朝邑縣 步昌里 下魯坡	광서 16년	0.4089	0.3125	0.3359	『步昌里八甲下魯坡村魚鱗正冊』
	민국 21년	0.4607	0.2994	0.3157	『步昌里八甲下魯坡村魚鱗正冊』
朝邑縣 步昌村	민국 31년	0.4172	0.2712	0.2722	『平民縣地籍原圖』
朝邑縣 南鳥牛村	옹정 7년	0.3638	0.2365	0.2188	『南北鳥牛等九村地畝闊尺冊』
	도광 19년	0.2737	0.1779	0.1287	『南北鳥牛等九村地畝闊尺冊』
朝邑縣 雷村	옹정 7년	0.3503	0.2277	0.2053	『河西河東六轉減明淸冊』
	건륭 53년	0.3006	0.1954	0.1556	『雷村等處地籍名冊』
	도광 24년	0.2662	0.1730	0.1212	『雷村河西·東魚鱗減明冊』
	광서 2년	0.3858	0.2508	0.2408	『雷村淸豁地粮花名冊』
朝邑縣 廣濟村	도광 5년	0.4029	0.2619	0.2579	『廣濟村分戶地籍文簿』
	민국 31년	0.4618	0.3002	0.3168	『平民縣地籍原圖』
朝邑縣 存北社	동치 5년	0.2838	0.1845	0.1388	『存北社墾地冊』

자료출처 : 친후이[秦暉]·수원[蘇文], 『田園詩와 狂想曲』 중앙편역출판사, 1996, 77쪽.

서 반 이상이 0.2 이하이고 그 나머지 중 1/7 남짓한 수가 0.3을 넘으며 거의 2/5가 0.2~0.3 사이에 있음을 확인했다. 32항의 평균 지니계수 수정치(s)는 0.2064~0.2284 이고, 이는 토지개혁이전 관중지역 토지소유권의 분배 상황(지니계수, 위남(渭南) 지역 1기 토지개혁지역에서는 0.2218, 2기와 3기의 토지개혁지역에서는 0.1973, 보계(寶鷄)지역의 경우 0.2284)과 얼마나 유사한가! 이 가운데 몇몇 시기의 데이터를 가진 가리장(加里莊)·보창장(步昌莊)·남조우(南鳥牛)·뇌촌(雷村)·문제촌(文濟村)·북한가(北韓家)·동림촌(東林村)·영전장(營田莊) 등의 지역은 수십년 혹은 100여 년간 토지소유권의 분배 상황이 부단히 변화하였으나 집중화되지 않는 추세를 보이고 있다. 그 가운데 가리장·보창장·동림촌·영전장 등지의 가장 늦은 데이터와 가장 빠른 데이터를 비교해 보면, 하강하는 양상은 불균등하며, 뇌촌·광제촌은 상등하고 있으나 상승과 하강이 연속되지 않고 단절되어 파동형태를 나타낸다. 아울러 이외의 지역에서는 강희에서 민국에 이르는 200~300년간 토지의 분배 상황은 비

록 시기와 지역에 따라 각각 차이가 있으나 토지소유권이 분산되고 있던 상황은 비교적 명백하다.[293]

다음으로 강남지역의 상황을 살펴보자. 안휘(安徽) 휴녕현(休寧縣)의 3도(三都) 12도(圖) 6갑(甲)에 남겨진 강희(康熙) 55년(1716)의 『편심홍책(編審紅冊)』을 보면, 6갑에는 총 233호와 1,134.3무의 경작지가 있었다. 각 농민호들의 토지소유 현황은 아래의 〈표 7-14〉와 같다.

〈표 7-14〉 휴녕현 3도(都) 12도(圖) 6갑(甲)의 각 농호 토지소유 현황(강희 55년)

유형	호수	%	경작지면적(畝)	%
무토지소유 호	11	4.7		
1무 이하 호	58	24.9	27.4	2.4
1~5무 호	83	35.6	221.5	19.5
5~10무 호	39	16.7	273.1	24.1
10~15무 호	29	12.4	351.8	31.0
15~20무 호	7	3.0	117.6	10.4
20~25무 호	4	1.7	85.3	7.5
25~30무 호	2	0.9	57.5	5.1
합계	233	100.0	1134.3	100.0

자료출처 : 중국사회과학원 경제연구소 소장 『휴녕현 3都 12圖(상) 편심책(編審冊)』, 稅 A 147.
설명 : 이 가운데 제6갑의 강희 55년 편심홍책은 결락되어 있어 위 표의 경지면적은 강희 50년의 것임.

편심홍책에서, 이 6갑 가운데 20무 이상의 토지를 소유한 농호는 비교적 많은 노동력을 소유한 집이다. 예를 들어 3갑(甲)의 도춘양(桃春陽)은 20.6무의 토지를 소유하였는데 그의 집에는 3명의 노동력이 존재했다. 4갑의 복연(復延)이 소유한 토지는 29.9무인데 그의 집은 4명의 노동력을 보유하고 있었다.[294] 왕종(汪宗)이 소유한 토지는 27.7무이고 그의 집에는 4명의 노동력이 있었다. 이 밖에 산악지역의 경우 산이 많고 토지가 적어 농호들의 소유토지 면적은 상대적으로 적었으나 그럼에도 3정·4정을 보유한 농가는 20여 무의 토지를 소유하고 있어 지주가 되지는 못했다. 장여우이[章有義]는 20무 가량을 소유한 이들을 부유한 농가로 간주하면서 30무 이상의 토지를 소유해야 지대가 주수입원이 되는 지주가 될 수 있다고 했다.[295] 이로부터 보면 청나라 초기 황무지를 개간하여 자영농이 된 이들은 해당지역에서 비교적 좋은 토지를 소유해 나갔다. 안휘(安徽)의 곽산현(霍山縣)의 상황도 대략 이와 같았다. 지방지(地方誌)의 기록에 의하면 "중인 이하는 모두 자신의 노동력으로 자족할 수 있었고 척박한 토지 수십무라도 대대로 자손에게 전수되었으며 토지를 빌어 경작하는 자는 열에 둘 혹은 셋 뿐이었다(中人以下, 咸自食其力, 薄田數十畝, 往往子孫世守之, 佃而耕者十僅二三)."[296]

휘주(徽州)지역의 토지소유권 분배 양상에 대해서는 장여우이[章有義]의 논문이 있으므로 그의 연구 성과를 간략하게 살펴보자. 현전하는 사료를 보면, 명나라에서 청나라 중엽까지 휘주지역의 토지소유권은 점차 더욱 현저하게 집중되어 갔고 기타 다른 지역의 집중화 양상과 유사하였으나 그 과정은 비교적 완만하였다.

이 시기에 따른 양상을 비교할 수 있는 기록을 가진 지역이 비교적 적으므로, 여기서는 우선 만력(萬曆) 19년(1581) 휴녕현(休寧縣) 15도(都) 5도(圖)의 어린부(魚鱗簿) 1책과 강희(康熙) 초년 휴녕현 14도(都)의 어린부 1책을 비교해 보았다. 비록 동일한 지역은 아니지만 서로 인접해 있으므로 서로 견줄 만 할 것이다. 명대의 것을 전책(前冊)이라 하고 청대의 것을 후책(後冊)이라 한다. 후책의 원제는『휴녕현장량어린경책(休寧縣丈量魚鱗經冊)』이며 앞부분과 뒷부분이 결락되어 있고 겨우 용자(龍字) 17~1248호(號)만 남아 있다. 이 가운데 25호는 결락되어 실제로는 1207호만 남아 있다. 이곳의 토지 대부분은 14도(都) 9도(圖) 혹은 7도(圖)에 있다. 각 호의 토지 아래에 주로 소유권의 이동 혹은 세금 징수사항을 기록해 두었는데, 이들 대부분 강희, 옹정, 건륭시기의 것이고 가장 이른 것이 강희 4년(1665)의 기록이다. 약 80~90호의 주에는 강희 4년 "청과(淸過)", "첨입(簽入)", "괘걸(掛乞)" 혹은 다른 호의 기입되어 있어 이를 통해 이 책이 강희 초년에 작성되었음을 추측할 수 있다. 강희 4년 검사를 진행하였거나 부분적인 조사의 진행되었다.

이 두 책에 반영된 상황은 대체로 유사했다. 토지를 가진 호 가운데 90% 이상이 50무에 못 미치는 토지를 소유하고 있었으며 지주는 매우 적었다. 25무 이상의 토지를 소유한 부유한 호, 혹은 소지주는 1~2호에 불과했다. 자세한 사항은 〈표 7-15〉와 같다.

이 두 사례가 보편성을 가졌다고는 할 수 없으나 많든 적든 이 표에서 변화추세를 확인할 수 있다. 2항을 비교해 보면, 어렵지 않게 양극화의 흔적을 발견할 수 있다. 만력 9년(1581)에서 강희 초년에 이르기까지 5무 이하의 소농호가 소유한 토지의 면적은 57.57%에서 47.65%로 하락하였다. 25무 이상의 부유한 호 혹은 지주호가 소유한 토지의 면적은 3.67%에서 7.27%로 증가하였다. 이중계수(離中係數) 즉 평균무수의 비율에 대한 표준차(標準差)[297]는 165.63%에서 183%로 상승하였다. 이 수치를 통해 만력에서 강희에 이르는 시기(1573~1722) 휴녕현 일대에서 토

〈표 7-15〉 만력·강희 연간 휴녕현 개벌 도도(都圖)의 토지소유권 분배 통계

호별 (토지 소유 호)	만력 9년 15(都) 5도(圖)				강희 초년 14도(都) 9도(圖) 혹은 7도			
	호수	%	소유 토지수	%	호수	%	소유 토지수	%
1무 이하	322	61.69	104.87	12.41	237	52.43	104.76	11.25
1~5무	162	31.04	381.48	45.16	170	37.61	338.82	36.40
5~10무	27	5.17	197.21	23.35	27	5.97	174.40	18.74
10~15무	8	1.53	97.34	11.52	9	1.99	101.09	10.86
15~20무	2	0.38	33.23	3.93	3	0.67	52.00	5.59
20~25무	0	0	0	0	4	0.89	92.03	9.89
25~30무	0	0	0	0	1	0.22	29.68	3.19
30무 이상	1	0.19	30.66	3.63	1	0.22	37.95	4.08
합계	522	100	844.79	100	452	100	930.73	100

자료출처 : 중국사회과학원경제연구소장『둔계당안(屯溪檔案』

지소유권의 불균등화가 발전해 있었음을 알 수 있다.

청대전기까지의 이러한 상황은 편심책(編審冊)을 통해 비교적 명료하게 확인할 수 있다. 토지 무(畝)당 세금이 감면되었을 때, 산(山)·지(地)·당(塘)이 일률적으로 감면되었다. 강희·건륭 연간(1662~1795)에는 5년마다 편심하였다.[298] 각 호의 무세(畝稅)는 "구관(舊管)", "신수(新收)", "개제(開除)", "실재(實在)" 4항으로 나누어져 있다. "구관"은 5년 이전에 작성된 편심의 토지세이고, "신수"와 "개제"는 편심하여 보고한 이후 증감된 토지세이며, "실재" 등은 "구관"에서 "신수"를 더하고나 "개재"를 감한 실재의 토지세이다. 또한 해당년에 편심된 토지세는 편심책이 어린책과 마찬가지로 완전하게 잔존하지 않아 한 도(圖)에서의 토지세 징수 상황을 일관되게 파악할 수 없을 뿐 아니라, 은닉·비쇄(飛灑)·"궤기(詭寄)" 등의 폐단이 있어 토지의 면적을 정확하게 파악할 수 없다. 그럼에도 편심책은 필경 호(戶)에 따라 전체 토지를 조사하여 계산하였고 이에 반해 어린책은 도(都)와 도(圖)의 경계를 넘어서 토지를 소유한 대호(大戶)의 전체 토지를 포괄할 수 없었다. 이 때문에 각 호 소유토지 통계를 파악할 때 편심책은 어린책에 비해 신뢰도가 높다.

강희 연간 휴녕현의 편심장부는 현재 2책이 존재한다. 하나는 강희 50년(1711)의 3도(都) 12(圖)에 대한『편심홍책(編審紅冊) 상』이다. 이 책은 2~6갑(甲)의 내용을 담고 있으나 2갑의 일부는 결락되어 있고 6갑 일부만 남아 있어 184호에 대한 기록이 남아 있다. 다른 하나는 강희 55년(1716)의 것으로 역시 3도 12도에 대한『편심홍책(編審紅冊) 상』이다. 이 책은 1~6갑의 내용을 담고 있으며 1갑은 일부만, 6갑은 대부분이 잔존하여 197호에 대한 기록이 남아 있다. 이 2책에 기록된 토지

〈표 7-16〉 휴녕현 3도(都) 12도(圖) 토지소유권 통계

호별	강희 50년				강희 55년			
	호수	%	토지수(무)	%	호수	%	토지수(무)	%
0~1무	55*	29.89	2.14	2.14	55	27.92	21.81	2.37
1~5	56	30.44	150.75	15.20	76	38.58	201.64	21.97
5~10	35	19.02	253.40	25.54	33	16.75	222.78	24.27
10~15	24	13.04	290.67	29.30	23	11.67	272.32	29.67
15~20	9	4.89	153.94	15.52	5	2.54	80.75	8.80
20~25	3	1.63	65.09	6.56	3	1.52	61.15	6.66
25~30	2	1.09	56.97	56.97	2	1.02	57.51	6.26
합계	184	100	992.00	100	197	100	917.96	100

주 : 각 항의 상한수치는 미만을 의미한다. 예를 들어 0~1은 0~0.99임.
* 이 가운데 10호는 토지를 소유하지 않은 호.
자료출처 : 중구사회과학원 경제연구소 소장『둔계당안(屯溪檔案)』

세에 대한 통계는 〈표 7-16〉에 잘 남아 있다.

〈표 7-16〉은 5개 갑 혹은 6개 갑에 대한 통계이다. 강희 50년과 강희 55년의 수치를 모두 합해 보면 평균 각 호가 소유한 토지는 약 5무(畝)이다. 5무를 소유하지 못한 소농호는 전체 농민호의 60%를 상회하며 소유한 토지는 전체 토지의 20%내외이다. 25무 이상을 소유한 소지주는 2호이고 이들이 소유한 토지는 전체 토지의 6%내외이다. 이러한 통계는 다시 한번 이 일대에 지주가 적고 토지소유권이 비교적 분산되어 있었음을 보여준다.

이 두 편심장부는 비록 같은 도(都)에 대한 기록이나 잔존하는 정도가 서로 다르며 기록된 호구도 전후가 완전히 일치하지 않아 완전하게 비교할 수는 없다.

〈표 7-17〉 안휘성 휴녕현 3도(都) 12도(圖) 토지소유권의 변동 현황

호별 토지수	강희4 5년				강희 50년				강희 55년			
	호수	%	토지수	%	호수	%	토지수	%	호수	%	토지수	%
0~1	35*	23.97	13.03	1.66	40*	27.4	15.28	2.01	40*	27.40	14.33	1.96
1~5	50	34.25	129.72	16.46	50	34.25	134.07	17.59	52	35.62	138.82	18.97
5~10	32	21.92	223.04	28.30	28	19.18	197.74	25.95	27	18.49	178.69	24.41
10~15	19	13.01	224.22	28.45	17	11.64	199.99	26.24	17	11.64	200.67	27.42
15~20	7	4.79	119.16	15.12	7	4.79	117.64	15.36	5	3.42	80.75	11.03
20~25	1	0.69	22.61	2.87	2	1.37	40.91	5.37	3	2.06	61.15	8.35
25~30	2	1.37	56.27	7.14	2	1.37	56.97	7.48	2	1.37	57.51	7.86
합계	146	100	788.05	100	146	100	762.04	100	146	100	731.92	100

주: 각 항의 상한수치는 미만을 의미한다. 예를 들어 0~1은 0~0.99임.
* 이 가운데 9호는 토지를 소유하지 않은 호.

그러나 만약 첫머리와 마지막에 남아 있는 호구와 새로 기입된 호구를 제외한다면, 나머지인 2~6갑 146호의 토지소유 현황은 서로 비교할 수 있다. 이것을 정리한 것이 〈표 7-17〉이다(강희 50년(1711) 편심 책에는 위에서 편심 수치가 기록되어 있으므로 강희 45년(1706), 강희 50년과 강희 55년(1716)을 비교해 보았다).

강희 45년(1706)에서 강희 55년(1716) 동안 평균 매 호가 소유한 토지는 5.01무에서 5.4무이다. 이 가운데 5무 미만의 소토지만을 소유했거나 토지를 소유하지 못한 호와 20무 이상의 토지를 소유한 부유한 호의 총수와 토지 무수를 백분비로 정리한 것이 아래의 〈표 7-18〉이다.

〈표 7-18〉 휴녕현 3도(都) 12도(圖)의 토지소유 현황 통계

	5무 미만 소유자		5무 이상 소유자	
	호수비 %	토지소유비 %	호수비 %	토지소유비 %
강희 45년	58.22	18.12	2.06	10.01
강희 50년	61.65	19.60	2.74	12.85
강희 55년	63.02	20.93	3.43	16.21

자료출처 : 중국사회과학원 경제연구소 소장 『둔계당안(屯溪檔案)』

이 10년의 시간 동안 5무 미만의 소토지를 소유하거나 토지를 소유하지 못한 호는 전체 호수 가운데 약 58~63%를 차지했다. 20무 이상을 소유한 부유한 호는 전체 호수 가운데 2~3.4%를 점하였으며. 토지 소유호는 10에서 16%로 상승했다. 이 가운데 2호는 25무 이상을 소유한 소지주이고 이들 소지주가 소유한 토지는 10년 동안 57.27무에서 57.51무로 증가했다(약 7%에서 8% 못 미치는 수치로 상승하였다). 만약 이중계수(離中係數)를 이용하여 표시하면 강희 45년은 101.1%, 강희 50년은 107.1%, 강희 55년은 110.4%가 된다. 따라서 소토지소유자는 부단히 분화하였고 지주의 토지소유는 점차 증가하는 추세였다. 대체적으로 말하자면 강희 후기에 이르러 이 일대의 토지소유권의 불균등화 현상은 계속 발전하고 있었다.

다음으로 건륭(乾隆) 연간(1736~1795)의 편심장부를 살펴보다. 이 장부의 원제는 『건륭26년 흥녕현 편신홍책(乾隆二十六年休寧縣編審紅冊)』이다. 이 책은 13도(都) 3(圖)의 5~10갑에 대해 기록하고 있으며 처음과 마지막에는 결락된 항이 있어 116호에 대한 정보가 기재되어 있다. 이 100여 호의 토지소유 현황을 정리한 것이 〈표 7-19〉이다.

위의 〈표 7-19〉에서 확인되듯, 매호의 평균 소유토지는 7.14무이고 토지를 소유하지 못한 호는 1호 뿐이었다. 앞서 살펴본 사례 중 토지를 소유하지 못한 호

〈표 7-19〉 휴녕현 13도(都) 3도(圖) 5~10갑 100여 호의 토지소유 현황

호별	호수	%	토지수(무)	%
0~1무	25*	21.55	14.10	1.7
1~5무	47	40.52	124.82	15.08
5~10무	21	18.10	157.90	19.08
10~15무	8	6.90	90.59	10.95
15~20무	4	3.45	74.98	9.06
20~25무	6	5.17	134.39	16.24
25~30무	1	0.86	25.52	3.08
30~35무	2	1.73	63.42	7.66
35~40무	1	0.86	39.06	4.72
40무이상	1	0.86	102.90	12.43
총계	116	100	827.68	100

* 이 가운데 토지를 소유하지 못한 호는 1호임.
중국사회과학원 경제연구소 소장 『둔계당안(屯溪檔案)』

가 이처럼 적은 것은 이 사례에 불과하다. 따라서 이는 매우 특수한 사례로 파악할 수 있다. 그러나 지주의 토지 소유 양상을 고려하면 오히려 매우 높은 대표성을 가진 것처럼 보인다. 25무 이상의 토지를 소유한 부호는 전체 호 가운데 4.13%를 차지하고 그들이 소유한 토지는 전체 토지의 27.89%나 되었다. 30무 이상을 소유한 호는 지주로 분류될 수 있는데 그들은 전체 호수 가운데 3.45%였고 그들이 소유한 토지는 전체 토지의 24.81%가 되었다. 따라서 70% 이상의 토지는 농민소유지였다는 점은 논란의 여지가 없다.

토지겸병의 발전에 따라, 청나라 초기 황무지 개간을 통해 형성된 자영농이 분화해 갔는데 지주호가 소유한 토지는 점차 확대되어 갔고 토지를 소유하지 못한 호와 소규모 토지를 소유한 호도 증가해 갔다. 획록현(獲鹿縣) 정가장사(鄭家莊社) 2갑과 4갑, 감자사(甘子社) 9갑(甲), 동치사(同治社) 5갑(甲)을 사례로 강희 45년(1706)과 건륭 원년(1736)을 비교하여 일목요연하게 정리한 것이 아래 〈표 7-20〉이다.

절강(浙江) 수안현(遂安縣)의 상황 역시 이와 유사하다. 션빙야오(沈炳堯)는 옹정(雍正) 6년(1728) 수안현 3도(都) 2도(圖)의 '실징액책(實徵額冊)'에 있는 457호(戶)의 토지소유현황과 건륭 때 수안현 2도(都) 2도(圖)의 '실징미책(實徵米冊)'에 있는 789호의 토지소유현황에 따라 수치를 비교한 바 있다. 비록 이러한 비교가 같은 도(都)와 도(圖)를 기준으로 이루어진 것은 아니나 이들 지역은 서로 가까운 거리에 있었고 동일한 기준 하에서 이루어졌으므로 토지소유권 분배의 추세를 파악

〈표 7-20〉 강희 45년과 건륭 원년 직예성(直隷省) 획록현(獲鹿縣) 예하 4사(社) 각 호의 토지
 소유 현황

호별 (무)	호수				경지면적			
	강희45년	%	건륭원년	%	강희45년	%	건륭원년	%
무토지	209	19.5	279	25.5				
1무 이하	40	3.7	55	5.0	21.7	0.1	35.4	0.2
1~10	348	32.5	332	30.3	1859.1	12.3	1742.0	11.1
10~20	247	23.1	201	18.4	3441.9	22.9	2877.4	18.4
20~30	106	9.9	91	8.3	2512.6	16.7	2246.8	14.3
30~40	48	4.5	48	4.4	1667.6	11.1	1610.6	10.3
40~50	22	2.1	24	2.2	975.2	6.5	1064.5	6.8
50~60	19	1.8	22	2.0	1049.4	7.0	1180.1	7.5
60~70	14	1.3	13	1.2	897.8	6.0	835.1	5.3
70~80	3	0.3	7	0.6	227.6	1.5	525.2	3.4
80~90	2	0.2	1	0.1	165.9	1.1	87.3	0.6
90~100	1	0.1	2	0.2	98.3	0.7	189.2	1.2
100~150	5	0.5	6	0.5	598.2	4.0	828.6	5.3
150~200	4	0.4	8	0.7	731.2	4.9	1190.6	7.6
200 이상	3	0.3	5	0.5	807.2	5.4	1244.9	8.0
합계	1071		1094		15053.7		15658.9	

자료출처 : 『획록현당안(獲鹿縣檔案), 편심책(編審冊)』.

에 의미가 있다. 예를 들어 옹정시기 5무 이하의 토지를 소유한 업호(業戶 : 역자-
토지소유호)는 전체 호 가운데 45.08%, 그들이 소유한 토지는 전체 경작지의
8.62%를 차지했다. 당시 각 호의 평균 소유토지는 2.37무였다. 건륭시기에 이르러
5무 이하의 토지를 소유한 업호는 58.05%으로 증가하였으나, 그들이 소유한 토지
는 전체 경작지의 4.81%로 3.81% 감소했다. 또 각호의 평균 경작지 역시 2.12무로
감소했다. 이에 반해 30무 이상의 토지를 소유한 업호는 증가하였는데, 옹정 때
30무 이상의 토지를 소유한 업호는 9.63%였으며 각 호의 평균 소유 토지는 61.17
무였다. 건륭시기 30무 이상의 토지를 소유한 업호는 17.24%였으며 그들이 소유
한 토지는 전체 경작지의 82.91%나 되어 35.31%나 증가하였고 각 호의 평균 소유
토지는 122.85무였다. 이러한 비교에 의하면 건륭 연간(1736~1795) 명백하게 토지
는 소수에게 집중되고 있었다. 자세한 사항은 아래의 〈표 7-21〉을 보라.

『강희 40년 분본색통징창미비박(康熙四十年分本色統徵倉米比薄)』의 기록에 근
거하여 강소(江蘇) 옥구(玉區) 제17도(圖) 10개 갑(甲) 전체 세금을 납부하는 호의
토지소유현황을 정리하면 아래 〈표 7-22〉와 같다.

청나라 이갑제(里甲制)에 의하면 10호가 1갑(甲)이 되며 갑장을 두었으므로 매

〈표 7-21〉 옹정 건륭 연간 수안현 업호의 토지소유현황

호별	옹정기					건륭기				
	호수	%	소유 토지	%	호당 평균소유	호수	%	소유 토지	%	호당 평균소유
5무 이하	206	45.08	487.1	8.62	2.37	458	58.05	969.86	4.81	2.12
5~20무	175	38.29	1688.50	29.86	9.65	158	20.02	1534.53	7.62	9.17
20~30무	32	7.00	787.52	13.92	24.61	37	4.69	939.48	4.66	25.39
30무 이상	44	9.63	2691.57	47.60	61.17	136	17.24	16707.12	82.91	122.85
합계	457	100	5655.00	100	12.37	789	100	20150.99	100	25.54

자료 출처 : 선빙야외[沈炳堯], 「明淸遂安縣房地產賣買」, 『중국사회과학사연구』 1995년 4기.

〈표 7-22〉 강희 40년 강소 옥구* 제17도 10개 갑 양호(粮戶)의 토지소유현황

소유토지	호수	경작지 면적(무)	각종 농호의 경작지 면적 비(%)
0.5무	1	0.5	
2.0~5.5무	9	35.1	1.1
13.7~18.0무	2	31.7	1.0
43.0무	1	43.0	1.3
251~334.7무	10	3120.3	96.6
합계	23	3230.6	100.0

이 표는 『역사교학월간(歷史敎學月刊)』 제2권 1기(1951년 7월)에 실린 쉰위탕[孫毓堂], 「청초 불균등한 토지분배의 한 사례(淸初土地分配不均的一个實例)」에 기재된 자료를 가공한 것이다.
* 옥구가 현재 어느 지역인지는 확실하지 않다.(인용자)

갑에는 모두 11호가 있다. 따라서 옥구(玉區) 17도(圖) 10개 갑(甲)에는 110호가 있을 것이다(실제로는 아마도 다소간의 차이는 있을 것이다). 만약 110호를 기준으로 계산한다면, 이 가운데 토지를 소유하지 못한 호는 88호이고, 251무 이상의 토지를 소유한 호는 10호이나 주서(周瑞)라는 인물은 두 개의 갑(甲)에 걸쳐 있으므로 실제로는 9호이다. 이 9호는 전체 경작지의 96.7%의 토지를 소유했다. 이것은 토지소유권이 고도로 집중되어 있음을 잘 보여주는 사례이다.

앞서 서술한 안휘(安徽) 휴녕현(休寧縣)의 상황도 유사하다. 이 현은 강희 초년 어린장부(魚鱗簿)에 기재된 토지는 14도(都)의 9도(圖) 혹은 7(圖)에 위치한다. 13도와 14도는 인접해 있으므로 이 어린장부와 건륭 26년(1761) 편심장부에 기재된 13도의 상황을 비교해 보았다. 자세한 내용은 아래 표와 같다.

강희 초년 14도(都)에서 5무 미만의 토지를 소유한 소농호는 전체 토지 가운데 47.65%의 토지를 소유하고 있었다. 그러나 건륭(乾隆) 26년(1761) 13도(都)에서 5무 미만의 토지를 소유한 소농호는 전체 토지 가운데 16.78%의 토지만을 소유했다. 이에 반해 25무 이상 혹은 30무 이상의 토지를 소유한 부유한 농호와 지주의 경

우, 강희 초년 14도에서는 7.27% 혹은 4.08%의 토지를 소유하고 있었다. 건륭 26년 13도에서 그들은 27.08% 혹은 24.81%의 토지를 소유했다. 이처럼 명백하게 토지소유권은 집중되고 있었다.

〈표 7-23〉 강희·건륭 연간 휴녕현 개별 도(都)·도(圖)의 토지소유현황

호별 (토지소유호)	강희 초년 휴녕현 14도 9도		건륭 26년 휴녕현 13도 3도	
	호수 %	토지수 %	호수 %	토지수 %
1무 미만	52.43	11.25	20.87	1.70
1~5무	37.61	36.40	40.87	15.08
5~10무	5.97	18.74	18.26	19.08
10~15무	1.99	10.86	6.95	10.95
15~20무	0.67	5.59	3.48	9.06
20~25무	0.89	9.89	5.22	16.24
25~30무	0.22	3.19	0.87	3.08
30무 이상	0.22	4.08	3.48	24.81
합계	100	100	100	100

주 : 건륭 26년(1761)의 편심책 가운데에는 건륭 21년의 수치가 있으나 두 시기의 차이가 매우 짧아 큰 변화를 확인할 수 없었다.

기타 사료 가운데에서도 일부지역에서 토지소유권이 집중되고 있었음을 확인할 수 있다. 예를 들어 청나라 초기 계양현(桂陽縣)사람 정인심(鄭仁心)·정인은(鄭仁恩) 형제는 수백경(頃)의 토지를 소유하고 있었다.[299] 건륭 13년(1748) 호남순무(湖南巡撫) 양석발(楊錫紱)은 "최근 토지 가운데 부호에게 돌아간 것이 5~6할이나 되며, 과거 토지를 가진 자들은 지금은 모두 차경호(借耕戶)가 되었다(近日田地歸富戶者, 大抵十之五六, 舊時有田之人, 今舊爲佃耕之戶)."[300] 가경(嘉慶) 연간(1796~1820) 형양현(衡陽縣)의 목재상이었던 유중위(劉重偉)의 자손은 "토지가 만무에 달했다(田地萬畝)."[301]

강소(江蘇) 해주(海州)에서는 건륭시기 맹감(孟鑑)이 5,000경의 토지를 소유하고 있었다.[302] 가경(嘉慶) 12년(1807)에는 이법영(李法泳) 등은 정계(程繼)가 조상대대로 물려받았던 5개 전장의 토지 2백여경을 구입했다.[303] 강희 연간(1662~1722) 성풍(盛楓)은 강북(江北)·회남(淮南) 일대에 대해 이런 말을 했다. 이 지역은 백리이고 호수는 최소 만무, 정은 3만무 정도 되는데, "이 가운데 농부는 열에 다섯이고, 관리와 사대부로 토지를 가지지 못한 서인이 열에 넷이다. 열에 한명은 앉아서 한 현의 토지를 소유하면서 농부를 사역시켜 토지의 이득을 독차지 하니 편안히 지대를 받아먹는 자들이다(其間農夫十五, 庶人在官與士大夫之無田及逐末者

474 중국 지주제의 역사

十之四, 其十之一則坐擁一縣之田, 役農夫, 盡地利, 而安然食租衣稅者也). ")[304]

　　이들 지역의 토지소유 양상에 의하면 해당지역 상황은 서로 상이하였다. 획록현의 사례를 통해, 순치(順治) 원년에서 건륭 36년(1644~1771), 즉 청나라가 건국한 120여년 후까지 소농민소유제의 지배적 위치는 변함이 없었음을 알 수 있다. 섬서 전체 지역에서는 청대 심지어 민국시기에 이르기까지 소농민 소유제의 지배적 지위는 흔들리지 않았고 일부지역에서는 강화되기까지 했다. 안휘(安徽) 유녕현의 사례에서 대부분의 농민들이 대다수 토지를 소유하고 있었음을 확인했다. 절강(浙江) 수안현(遂安縣)에서는 농민소유제에서 지주소유제로 변화하고 있었고 분산되어 있던 토지는 집중되고 있었다. 강소(江蘇) 옥구(玉區)지역에서는 아홉 개의 지주호가 해당지역 거의 전체 토지를 차지하고 있었다. 전국 대다수 지역의 경우 토지 겸병이 부단히 진행되어 청대 황무지 개간을 장려하던 정책아래

〈표 7-24〉 토지개혁 이전 중국 농촌 각지의 토지소유 개황

지역	연도	지주			부농			중농			빈고농 (貧雇農)			기타		
		호수	인수	토지	호수	인수	토지	호수	인수	토지	호수	인수	토지	호수	인수	토지
松江 通河縣 3개 屯	1946	2.7		51.8			16.8	21.4		15.7			15.8	0.8		
新疆 5개 지역	1951		6.7	39.7	4.9	5.8	12.5		29.7	29.1	70.2	55.4	18.5		2.4	
甘肅 徽縣 四寧 行政村 6개 촌	1950	0.9	2.2	37.6	0.6	1.6	8.2	25.5	25.3	40.3		70.9	13.9			
陝西 武功城關區 1개 행정구	1951	20.3		31.3		5.0	5.4		54.0	52.0	72.9	20.6	10.7			
河南 5개 촌	1951		5.8	43.0		5.2	17.0		28.5	29.9		60.0	11.0			
蘇南 25현 973개 촌	1950	3.6	3.1	36.2	2.1	2.9	6.5	30.6	34.9	31.6	54.5	50.6	19.4	9.2	8.5	6.2
江西 28개 촌	1950		3.9	30.6		5.2	12.6		28.8	32.2		56.5	21.4		5.4	1.8
湖南 13보	1950		3.0	55.0		5.0	13.0		30.0	26.0		49.0	7.0		13.0	
湖北 黃陂方梅區 14개 행정촌	1950	3.6	3.9	31.9	2.7	3.1	7.7	21.8	24.1	26.6	62.7	61.5	28.3	9.2	7.5	2.1
四川 8개 현 12개 보	1950	7.1	6.5	60.0	3.3	4.3	14.1	9.3	10.9	17.5	78.6	77.1	8.4	1.3	1.0	
貴州 貴築孟關鄉	1951	3.2	4.6	45.2	5.2	7.3	16.4	24.6	26.9	28.3	60.6	56.9	9.0	6.4	4.3	1.1
雲南 硯山 六詔村	1950	4.0	7.0	수전: 32.4. 한전: 21.2.	4.0	4.0	수전: 11.5. 한전: 13.9.	28.0	30.0	수전: 39.9. 한전: 49.5.	64.0	59.0	수전: 16.2. 한전: 15.4.			

자료출처 : 嚴中平等편, 『中國近代經濟史統計資料選編』, 1955년 판.

주 : 가계급호수의 총합, 인구총합, 토지총합은 모두 100%이다.

성장한 자영농은 청나라 전기는 물론 청나라 후기까지 여전히 주요한 지위를 점하고 있었다. 윌리엄 와그너(瓦格勒 : Wihelm Waginer)의 계산에 의하면, "소농은 전체 농경지의 60%를 소유하고 있었으며 대토지소유자는 40%의 토지를 소유하고 있었다.[305] 또 1905년 걸밀손(傑密孫)의 계산에 의하면, 농민소유지는 전체 경작지의 1/2을 차지하였다.[306] 20세기 중엽의 토지개혁이전 중국 12개 성을 대상으로 하여 살펴보면 지주의 토지소유가 가장 많았던 곳은 사천지역의 8개 현 12개 보(保)로, 전체 농호 가운데 7.1%를 차지한 지주호가 전체 경작지의 60%를 소유하고 있었다. 지주 소유지가 비교적 적었던 곳은 운남(雲南) 연산현(硯山縣)의 육조촌(六詔村)인데 지주호는 4%이고 이들의 소유토지는(수전과 한전 평균수) 26.8%였다. 그 외 10개 성에서 지주 소유지는 다소에 차이는 있으나 모두 이 두 지역의 상한과 하한을 넘지 않는다. 12개 성의 지주의 평균 소유지는 전체 경작지의 40.8%였다. 구체적 상황은 아래 〈표 7-24〉를 참조하라.

통상 호남(湖南)은 토지가 고도로 집중된 곳으로 인식되고 있다. 호수 인근 지역의 경우 지주 소유지가 60%이나, 구릉(丘陵)지역은 지주 소유지가 33%, 산악지역은 지주소유지가 27%여서 성 전체 지주소유지는 평균 40%였다. 자세한 내용은 〈표 7-25〉를 보라.

〈표 7-25〉 토지개혁 이전 호남성 호수
인근지역·구릉지역·산악지역 농촌 각 계층의 토지 소유 현황(%)

유형	호수 인근지역		구릉지역		산악지역	
	인구	토지	인구	토지	인구	토지
지주	3	60	4	33	3	27
부농	4	8	7	20	5	14
중농	34	26	28	26	23	26
빈농	42	4	36	8	44	18
고용농	9		5		16	
기타	8		5		16	1
	公田 1		公田 12		公田 14	

자료출처 : 리뤼[李銳], 『호남농촌의 상황과 특징[湖南農村的狀況和特徵]』, 1950년 7월 2일. '중국사회 과학원·중앙당안관(中央檔案館)편, 『1949~1952년 중화인민공화국경제당안자료당안선편 (中華人民共和國經濟檔案資料檔案選編)·농촌경제체제권(農村經濟體制卷)』, 사회과학문 헌출판사, 1992년 8쪽'에서 인용.

설명 : ① 원표에는 첫 번째 단원이 없으며 명칭은 인용자가 추가. ② 표 가운데 인구·토지 모두 백분율을 사용.

오랫동안 학술계는 강남을 토지가 고도로 집중된 지역으로 간주해 왔는데 화동군정위원회(華東軍政委員會)의 조사결과에 의거하면 사람들의 예상과는 다르다. 토지개혁 이전 농촌 전체 호수 중 지주호는 3.07%였고 이들이 소유한 토지는 전체 토지 가운데 26.17%였다. 지주호에 부농호수의 수를 더하여도 전체 농지 가운데 27.54%만을 소유하여 30%를 넘지 않는다. 대부분의 토지는 중농·빈농의 수중에 있었다. 자세한 내용은 〈표 7-26〉를 보라.

〈표 7-26〉 토지개혁 이전 화동 농촌 각 계급의 토지소유 현황

계급	호수	전체 호에 대한 비율(%)	인구수	전체 인구에 대한 비율(%)	토지(市畝)		
					무수	토지수에 대한 비율(%)	평균 개인당 소유 토지
지주	485,428	3.07	2,612,643	4.00	3,726,5955.29	26.17	14.26
반지주식 부농	50,924	0.32	271,102	0.41	1,952,643.21	1.37	7.20
부농	306,061	1.94	1,794,629	2.75	8,321,251.86	5.84	4.64
공상업자	59,326	0.38	314,397	0.48	443,405.93	0.31	1.41
소토지 출조자	375,009	2.37	1,110,337	1.70	3,639,183.90	2.56	3.28
중농	5,173,128	32.74	23,783,996	36.40	47,918,593.66	33.65	2.01
빈농	7,612,914	48.15	29,863,778	45.71	25,644,368.04	18.01	0.86
고용농	784,635	4.96	2,087,140	3.19	700,931.31	0.49	0.34
수공업공인	69,464	0.44	258,104	0.40	50,081.14	0.03	0.19
기타계층	893,999	5.65	3,243,537	4.96	1,786,887.31	1.25	0.55
공전					14,696,521.86	10.32	
합계	15,810,888	100.00	65,339,663	100.00	142,419,823.51	100.00	2.18

자료출처 : 화동군정위원회 토지개혁위원회, 『화동지구 토지개혁성과통계』, 1952, 12월.
설명 :기타계층에는 자유직업자, 종교직업자, 빈민, 유민, 소상인, 고리대금업자 등.

광서(光緒) 말년과 민국시기 각 계급의 토지소유권 양상을 고찰해 보면, 비록 일부지역에서 토지소유권의 집중이 확인되나 각 성 혹은 전국적 측면에서 보면 소농민소유지의 총량이 6할을 넘어서고 있었다. 이러한 수치가 비록 청대 전기 토지소유 양상의 전모를 반영할 수는 없더라도 토지소유권이 집중되어 가던 청대 후기의 통계자료에 근거한 것이므로 의심의 여지없이 주목할 만한 가치가 있다.

청대 지주와 농민의 토지소유 양상은 여러 가지 요소에 의해 영향을 받았다. 따라서 청대 토지소유권이 분산된 원인도 다양하다. 이 글에서는 이 가운데 몇 가지 주요한 요인만을 분석하였다.

첫째, 토지는 상속되어 지주와 농민이 소유한 토지는 조상으로부터 상속되어 온 것이었다. 여기서는 지주의 상황을 중심으로 살펴보자. 지주의 토지 상속은 토지매매 계약서를 통해 확인할 수 있다. 예를 들어 순치(順治) 5년(1648) 휴녕현(休寧縣)의 진응문(陳應文)은 토지를 판매하면서 문서에 다음과 같이 기록하였다. "9도(都) 3도(圖) 7갑(甲) 진응문의 토지판매문서, 지금 약간의 돈이 부족해 스스로 조상으로부터 물려받은 개자(芥字) 163호의 토지는 … 중략 … 문서를 작성하여 백(伯)모에게 판매한다(九都三圖七甲立賣契人陳應文, 今因缺少錢, 自情願憑中將承祖芥字一百六十三號… 중략 …憑中盡行立契出賣與伯××名下爲業)."[307] 순치 연간(1644~1661) 휘주지역에서는 이와 유사한 매매 문서가 5건이나 있다.[308] 순치(順治) 14년(1657) 복건(福建) 민북(閩北)지역에서 작성된 토지매매문서는 이러했다. "황경옥(黃景鈺)이 토지 판매문서의 작성한다. 부친으로부터 물려받은 한전(旱田) 한 구역[一段]은 주둔(周屯)에 있는데 묘백미(苗白米)는 1라(一籮) 5관(管)이며 전인(佃人) 황매(黃梅)가 경작하였다. 또 다른 두 구역은 당원(塘源) 등지에 위치하고 있는데 묘조미(苗糙米)는 7라(七籮) 1두(斗) 5관(管)이며 전인은 궁미영(宮妳榮) 등이다. 또 다른 1구역은 장구(將口)에 있는데 묘조미(苗糙米)는 2라(籮) 7두(斗) 5관(管)이며 전인(佃人) 호장노(胡將奴)가 경작하고 있고 밭은 사방 경계는 책에 기재되어 있다. 기록되어 있는 해당 민의 재산은 7무(畝) 2분(分) 5리(厘)이다. 지금 사용한 약간의 돈이 부족하여 자신의 뜻에 따라 앞의 토지를 강곽추(江郭秋)에게 판매 한다(立賣契人黃景鈺, 承父置有旱田一段, 坐落周屯, 計苗白米一籮五管, 佃人黃梅耕作. 又二段坐落塘源等處, 計苗糙米七籮一斗五管, 系佃宮妳榮等耕作. 又一段坐落將口, 計苗糙米二籮柒斗五管, 系佃人胡將奴耕作, 四至俱載在冊, ××其田共載該民産七畝二分六厘. 今因缺少銀兩使用, 情願托中將前田出賣與江郭秋名下邊爲業)."[309] 순치 연간(1644~1661) 민북(閩北)지역에서 확인된 토지를 판매 문서는 11건 있었다.[310] 강소(江蘇) 소주부(蘇州府) 심씨(沈氏) 집안의 재산문서 가운데도 순치 연간 토지판매 문서가 1건 있다.[311]

청나라 초기 지주들은 조상으로부터 직접 토지를 물려받았는데, 이들 지주의 대부분은 명말청초 농민봉기군세력이 점령하지 못한 지역에 거주하였거나 농민봉기군의 공격을 받은 않은 곳에 거주하였다. 안휘성(安徽省) 휘주(徽州)와 같은 지역이 대표적인 곳이다. 그들이 보존하고 있던 당안(檔案) 가운데에서 이러한 상황을 파악할 수 있다. 순치 4년(1647)에 작성된 『신장친공수상(新丈親共首狀)』에는 기문현(祁門縣) 귀환향(歸化鄕) 서도(西都) 1리(里)에 대한 기록이 있다. 사정무

(謝正茂)의 집은 281.94무의 세금을 징수할 수 있는 전(田)·지(地)·산(山)·당(塘)을 소유하고 있었다.[312] 이 가운데 한 문서에 기재된 토지의 면적은 57,867.35보(步)인데, 나머지 문서에서 245보(步)가 세금을 내는 1무(畝)로 환산된 것을 참조하면 이 문서의 토지는 236.19무에 해당한다. 또 다른 사례가 어떤 현 7도(都) 1도(圖) 3갑(甲) 『호향의귀세책저(胡鄉義歸稅冊底)』에 기재되어 있다. 이 책은 순치 16년(1677) 기축년(己丑年 : 순치 6년, 1649) 청장귀(清丈歸) 호(戶)의 여러 장원(莊園)에서 본호(本戶) 각 가(家)의 현업(現業)을 참조하여 만든 등기책[底冊]이다. 이 책에 의하면 본호에는 실재 성정(成丁)[19]이 7정이고 전(田)이 223.14무(畝)이고 지가 36.41무(畝)이며, 산이 163.09무이고 당이 10.72무였다.[313] 이 호는 명대 조상으로부터 물려받은 전·지·산·당이 총 386.36무였다. 절강성 수안현(遂安縣) 13도(都) 2도(圖) 제2갑(甲)의 민호 서정상(徐鼎祥)은 숭정(崇禎) 15년(1642)에서 순치 11년(1654)에 이르는 시기에 그의 집에서는 소 1마리, 전 68.145무, 지(地) 54.34무, 산(山) 10.6무, 당(塘) 1.14무 즉 전·지·산·당을 합해 총 194.22무를 소유하였다. 이 밖에 기와집 28간, 초갓집 3간도 소유하고 있었다.[314] 이 사례는 명왕조가 몰락하였음에도 지주들은 여전히 자신들의 토지를 세습하고 있었음을 명백하게 보여주고 있다. 이상은 단지 하나의 사례일 뿐이나 이 사례만이 전부는 아니다. 예를 들어 호남성(湖南省)은 명말 농민 봉기의 중심지로, 농민봉기에 의해 심각한 타격을 입은 곳이었으나 여기서도 많은 지주들은 조상으로부터 재산을 상속받고 있었다. 따라서 상속은 보편적이었던 것으로 간주할 수 있다. 그리고 청나라 조정의 "원래 소유주의 권리(原主産權)"에 대한 보호 정책 아래에서 지주들은 다시 원소유지를 차지할 수 있었다.

주지하듯이 명나라 중엽이후 토지겸병은 매우 극심해 졌고, 토지 소유는 이미 고도로 집중되었다. 이에 『명사(明史)』에서는 "관료와 부유한 집안 가운데 큰 집안은 수십만, 중간 정도 되는 집안은 수만의 토지를 소유하고 있으며 만이상의 토지를 소유한 자는 일일이 헤아릴 수도 없다(縉紳豪右之家, 大者千百萬, 中者百十萬, 以萬計者不能枚擧)."[315] 강소(江蘇)의 저방경(儲方慶)도 "명나라 말엽 겸병이 극심해져 빈민들은 한 뙈기의 땅도 얻지 못한 반면 진신(縉紳)들의 집안은 토지기 이어져 수만을 헤아린다(明季兼並之勢極의, 貧民不得寸土, 縉紳之家連田以數萬

---

19) 역주 - 역에 징발되는 남성을 말함. 『청사고(清史稿)』 식화지(食貨志)에 의하면 "무릇 민 가운데 남자는 정 여자는 구라 했는데 남자는 16세에 성정이 되고 성정이 되지 못하면 구라하였다(凡民, 男曰丁, 女曰口, 男年十六爲成丁, 未成丁亦曰口)"

計)"³¹⁶⁾고 말한 바 있다. 이러한 지주들 가운데 일부는 명말청초의 전쟁의 소용돌이 속에서 사라졌지만 일부는 도주하여 생명을 보존하였다. 청정부는 지주들의 이익을 대변하였으므로 개인들의 사유재산을 보호하였고, 때문에 청정부가 건립된 후, "원래 소유주의 권리(原主産權)"를 보호하는 정책을 반포했다. 순치 원년(1644) 8월 산동순무(山東巡撫) 방대헌(方大獻)은 『황무지를 개간하고 경작에 힘써 병사와 민을 편안하게 하는 일을 조목별로 청하는 글(條請開荒勤耕兵民兩便事)』이라는 제목으로 다음과 같은 글을 올렸다. "위소(衛所)와 주현(州縣)을 막론하고 무릇 황무지 가운데 주인이 없는 곳은 절차를 거쳐 한민(閑民)과 관병에게 지급하고 나머지 주인이 있는 땅은 패를 내려 주인을 불러 들인 후 황무지가 된 까닭을 잘 묻되, 만약 경작할 여력이 없다면 소와 종자를 지급해야 합니다(不論衛所州縣, 凡有抛荒地土, 除無主者徑給閑民及官兵外, 其餘先出牌召本人, 婉詰其故, 若實系無力, 給之牛種)."³¹⁷⁾ 이 건의는 청나라 세조(역자-순치제)의 비준을 받았고 순치 14년(1657) 호부에서 논의하여 "본래 주인이 있는 황무지는 주인이 개간하는 것을 허락했다(有主荒地仍請本主開墾)."³¹⁸⁾ 이 정책이 집행되던 중 일부 관원들은 이견을 제출하여 이 정책의 조정을 희망했다. 예를 들어 사천순무(四川巡撫) 고민첨(高民瞻)은 사천성이 조폐(凋弊)하여 개간정책을 진행하기 어려운 점을 근거로 "무릇 황무지를 개간할 때는 주인이 있고 없고를 따지지 말고 임의로 사람에게 맡겨 힘을 다해 개간하도록 하며 그가 영원히 자신의 자산으로 삼을 수 있도록 할 것(凡抛荒田地, 無論有主無主, 任人盡力開墾, 永給爲業)"³¹⁹⁾을 주장했다. 그러나 청 세조는 다만 호부에서 의논하라는 답만을 내릴 뿐이었다. 강희(康熙) 22년(1683)이 되어서야 이러한 정책은 변화되었다. 호부는 의론하여 "무릇 토지 가운데 수년 동안 경작할 사람이 없어 경작되지 않아 세금을 납부하지 않은 곳이 있으면 버려져 황폐해진 것으로 간주하고 이후 만약 개간되었더라도 원래의 주인이 문제를 제기하지 못하도록(凡地土有 數年無人耕種完粮者, 則系抛荒, 以後如已墾熟, 不許原主復問)"³²⁰⁾ 결정했다. 정책이 변화하기까지의 시기 동안, 도주했던 지주들은 청 정부의 정책적 보호 아래 과거 소유했던 대량의 토지를 다시 얻을 수 있었던 것이다.

이상의 서술을 종합해 보자. 첫째, 명·청시대 초기 상당수의 민전은 대대로 상속되어 왔다. 그럼 상속되어온 토지는 청나라 초기 전체 경지 면적에서 어느 정도를 차지했을까? 『청조문헌통고(淸朝文獻通考)』에 의하면, "순치 8년 전국의 전·지·산·탕(蕩)은 2,908,584경 51무였다(順治八年全國田地山蕩二百九十萬八千五百

八十四頃六十一畝)."[321] 그런데 순치 18년(1661) 민전은 549만여 경이었고 전세로 납부한 은(銀)은 2,158만 냥이었으므로, 매 무에서 납부한 은의 평균액은 0.039냥 이었다. 이런 정황에 비추어 보면 순치 8년의 약 291만경에 달하는 경작지는 대대로 상속되어 온 민전이거나 대부분이 그런 민전이었을 것이다.[322] 『명사』 식화지에 의하면 "관전(官田)은 민전(民田)의 1/7이었다(官田視民田七分之一)."[323] 명나라 천계(天啓) 6년(1626) 관전과 민전이 도합 7,439,319경[324]이었으므로 당시 응당 민전은 6,376,559경이 될 것이다. 명말·청초의 전란기에 발생한 토지 황폐화에도 불구하고, 순치 8년까지 존속해온 토지는 강점된 기지(旗地)가 있다하더라도 민전이 주류였다. 그리고 지주가 상당한 비중을 차지하고 있었다.

둘째, 경명전(更名田 : 更明田)은 토지소유의 분산화의 중요 요인이었다. 명대 "번봉의 토지(藩封之産)"는 직예(直隷 : 河北)·산동(山東)·산서(山西)·하남(河南)·섬서(陝西)·감숙(甘肅)·강서(江西)·호북(湖北)·호남(湖南) 등의 성에 편재해 있었다. 『광서회전(光緖會典)』에 의하면, 겨우 섬서·산서·하남·호북·호남 5개 성에만 경명전 1,690여 만경이 있었다.[325] 만약 계산되지 않은 하북·감숙·산동·강서의 폐지된 번의 토지를 추가하면 경명전은 2,000만경 가량 될 것이다. 순치 원년(1644)부터 청정부는 수차례 조령을 반포하여 과거 명나라 훈척들이 소유한 토지를 빈민들에게 나누어주어 경작하게 했다. 예를 들어 순치 3년(1646) 병과급사중(兵科給事中) 이운장(李運長)은 다음과 같은 소를 올렸다. "민인들에게 토지를 보충하여 지급할 때에는 마땅히 가난하여 토지가 적은 자로부터 시작해야 합니다. … 중략 … 먼저 과거 명나라 훈척들과 내시들의 황장(皇莊)과 군둔(軍屯)을 빈민들에게 지급해 주십시오(補給民人地畝, 宜從戶貧地少者始. … 중략 …請先將故明勳戚內監皇莊軍屯補與貧民)."[326]

강희(康熙) 7년(1668)에 이르러 청나라 조정은 폐번(廢藩)의 토지를 판매한다는 명령을 내렸다. "옛 명나라 폐번의 토지와 가옥을 조사하여 모조리 판매토록 하고 민간의 땅과 견주어 세를 거둘 것이며 그 폐번의 각 색은 영원히 없애도록 하라(査故明廢藩田房悉行變價, 照民地徵粮, 其廢藩各色, 永行革除)."[327] 강희 8년(1669) 청 조정은 "토지를 판매하여 값을 거두고 다시 부세를 징수하자 민들이 번다해 하므로(以地易價, 復徵額賦, 重爲民累)" "판매되지 않는 토지를 살펴 해당지역 독무에게 알리고 독무는 원래 경작하던 사람에게 지급하여 그들에게 경작하도록 하고 평상시와 같이 세금을 징수하도록 했다(將見在未變價田地, 交與該督撫給與原種之人, 令其耕種, 照常徵粮)."[328] 강희 9년에는 또 다음과 같은 결정을 내렸다.

"직예(直隷) 각 성 폐번의 토지는 지(旨)에 따라 공짜로 민호의 것으로 바꾸고 그 이름은 경명지(更名地)라 한다. … 중략 … 민전의 예와 같이 세금을 납부하되 납조(納租)는 면제해 준다. 이미 판매되어 그 돈이 징수되어 창고에 있는 것은 다음 해의 부세징수를 면제해 준다(直隷各省廢藩田産, 奉旨免其易價, 改之民戶, 名爲更名地 … 중략 … 著與民田一例輸粮, 免其納租. 至易價銀兩, 有徵收在庫者, 許抵次年徵賦)."[329] 청 정부는 판매라는 방식을 통하여 폐번의 토지를 농민의 토지로 만들었고 이러한 경작지를 "경명전(更名田)"이라 했다. 비록 이 토지 가운데 일부가 지주와 호강들에게 침탈당하기는 하였으나 조정에서는 부단히 "관서들의 침탈과 토호들의 강점을 금지(不許官胥侵漁, 土豪占種)"[330]하였으므로 2천만무의 토지 가운데 대부분은 농민소유지였다고 보아야 한다.

셋째, 관전(官田)의 민전(民田)화 과정에서 또 다른 상당수의 경작지가 농민의 소유지가 되었다. 예를 들어 강변 모래밭의 개간하거나, 토지를 조사하여 민들에게 되돌려 주거나, 둔전을 주현(州縣)의 것으로 되돌려 주거나, 마창(馬廠)의 토지에 대해 개간을 허용하기도 했다.

강희 31년(1692) 11월 하도총독(河道總督) 근보(靳輔)는 다음과 같은 소를 올렸다. "양하가 옛날 모습으로 돌아가고 황하의 중류의 성취가 있은 뒤, 황토물이 마르거나 강물이 얕은 곳에서는 진흙이 굳어 비옥한 땅을 만들어 내자 호강들이 차지하고 경작하면서도 세금을 납부하지 않는 곳이 적지 않습니다. 마땅히 조사하여 토지대장에 올려 세금을 거두소서(兩河歸故, 中河告成之後, 其黃水涸出及河湖低洼之處淤成膏腴熟地, 豪强占種而不納粮者, 亦復不少. 應査出升科)."[331] 이러한 토지들은 호강들이 차지하여 경작하기도 하였으나 상당부분의 토지는 농민 소유지가 되었다. 산동순무(山東巡撫) 주유덕(周有德) 역시 덕주주병(德州駐兵) 섬(陝)·절(浙) 주방(駐防)의 예에 의거하여 군량을 지급한 후, "조사된 토지 5백여 경(頃)은 백성에게 되돌려 줄 것(將所圈地土五百餘頃歸還百姓)"[332]을 요청했다. 강희 34년(1695) 9월 운남순무(雲南巡撫) 석문성(石文晟)의 요청에 응해 강희제는 다음과 같은 지(旨)를 내렸다. "운남의 둔전에서 수취하던 세금은 민전의 액수에 비교하여 수배나 무거워 민들이 고달파하니 이후 둔전의 세액은 하양현(河陽縣) 민전의 규정에 의거하여 징수하도록 하라(雲南屯田錢粮, 較民田額重數倍, 民人苦累, 嗣後屯田額賦, 著照河陽縣民田上則徵收)."[333] 강희 40년(1701) 8월에는 직예순무(直隷巡撫) 이광지(李光地)가 다음과 같은 소를 올렸다. "청현(青縣) 등지의 서익사기(西翼四旗)의 마창(馬廠)의 땅은 원래 188,462상(垧)[20] 가량 되는데 지금 민들이 개간을 인정받은 곳이 32,060상(坰) 남짓하고 그 나머지 지역은 민들이 몰래 자신의 토지 근처 땅을 몰래 개간하여 자기의 땅으로 삼고 있습니다. 몰래 개간한 토지 가운데에는 간혹 수몰지라 개간할 수 없는 곳도 있어 토지를 조사할 때 민인들은 벌을 받을까 두려워 감히 이름을 밝히며 승인받지 않습니다. 바라건대 이왕의 죄를 용서해 주고 민들을 불러 모아 경작하게 하소서. 강희 40년을 기점으로 규칙에 따라 등록하도록 하십시오(靑縣等處西翼四旗馬廠餘地, 原十八萬八千四百六十二坰有零, 今民認墾三萬二千六十坰有零, 其外有民儌墾隣暫充爲己業者. 其儌墾田畝中, 有見爲水淹不可耕者, 會勘之時, 民人懼罪, 莫敢出名承認. 乞免其已往之罪, 招民承種. 于康熙四十年爲始, 照則起科)."[334] 이외에도 관전이 농민소유지로 전화한 사례는 매우 많으나 여기서는 더 세세하게 부기하지 않았다. 또 기지(旗地)의 민전화는 앞에서 서술하였으므로 여기서는 생략한다.

넷째, 청나라 초기 토지소유권의 향배에 가장 중대한 영향을 미쳤던 것은 황무지의 개간이었다. 청 정부의 개간 장려 정책과 시행에 대해서는 필자가 이미 『청대경제사(淸代經濟史 : 1644~1840)』 상책 1편에서 상세하게 서술한 바 있다. 청나라 초기 황무지 개간의 가장 중용한 성과는 광대한 농민에게 토지를 획득하게 해 많은 자영농을 창출한 것이다.

순치(順治) 연간(1644~1661) 절강(浙江) 처주부(處州府)는 호(戶)는 적고 토지를 많았다. 주무원(周茂源)은 지부(知府)로 부임한 후, "유망민을 불러 모아 농우를 지급하여 경작하게 하여 경작지 1,800여 경을 얻었다(招流亡, 給牛墾種, 得熟田一千八百頃有奇)."[335] 온주(溫州) 동남해 가운데에는 옥환도(玉環島)가 있었는데 과거에는 배가 정박하던 곳이었으나 강희 때(1662~1722) 염복(斂福)이 온처도첨사(溫處道僉事)로 부임했을 때 옥환도에 동지(同知)의 직을 두면서 "가난한 민들을 불러 들여 농우를 지급하여 개간하여 훌륭한 진이 되었다(招貧民給牛種開墾, 遂爲重鎭)."[336]

강서(江西) 광신부(廣信府)는 원래 봉금(封禁)의 땅이 300리에 달했는데 청나라 초기 상요현(上饒縣)·광풍현(廣豊縣) 및 복건의 숭안현(崇安縣)·포성현(浦城縣) 등의 거주민들이 "연이어 개간하여 토지대장에 올렸다(陸續報墾升科)." 건륭(乾隆) 51년(1786)에 이르러 "실재 봉금된 산은 백수십리에 불과했다(其實在禁山不過一百數十里)."[337] 농민들은 산지를 개간하여 경작하였으며 그 땅을 자신의 소유지로

---

20) 역주 - 토지면적의 단위로 지역마다 차이가 있음.

삼았다.

안휘(安徽) 소현(巢縣)은 원래 "땅이 척박하고 민들이 완고한 지역(地瘠民頑)"이었으나 순치 연간(1644~1661) 섭방(聶芳)이 소현의 지현(知縣)으로 부임한 뒤, "호남의 유민들을 불러 들여 그 토지를 회복시켜 주었다(招撫湖南流民復業)."[338]

호남(湖南)은 청나라 초기 토지의 황폐화가 심각하였는데 특히 상담현(湘潭縣) 지역이 심했다. 강희 초년에 이르러 토지를 개간한 자는 "대나무 혹은 나무 가지를 꺾어 그 땅을 표시하였으며 세금을 납부한 뒤 자신의 소유지로 삼았다(折竹木枝標識其處, 認納粮, 遂爲永業)."[339] 영주부(永州府)에 속한 주현(州縣)의 경우 순치 초년에 "그 민들이 반란이 진정됨으로 인해 이곳으로 와서 황무지를 개간하여 오랫동안 넉넉하게 살았는데 이 곳 사람들은 모두 대대로 농사만 지었지 다른 일을 거들떠보지 않았다(其民皆由亂定招徠而至, 墾闢荒土, 久而富饒, 人皆世農, 不言他事)."[340]

직예(直隸)의 창평주(昌平州)의 경우, 직예순무(直隸巡撫) 우성룡(于成龍)이 강희 28년(1689)에 올린 상소에 의하면, "창평주의 민 풍삼(馮三) 등은 스스로 개간한 토지가 총 121경이었다(昌平州民馮三等, 自首出開墾地共一百二十一頃)."[341] 해당 지역의 정부는 개간지를 그의 소유지로 승인하였다. 강희 43년(1704) 다시 "천진(天津) 부근의 황무지 가운데 개간된 것인 만무였는데, 이 토지가 수전이었으므로 민월(閩粵) 등지의 수전을 경작하는 이들을 불러 들여 경작하게 했다. 사람 수를 헤아려 토지를 주고 농우과 종자를 지급하였고 연한을 정해 토지대장에 올리도록 했다(天津附近荒地開墾萬畝, 以爲水田, 將閩粵等處水耕之人, 出視招徠安挿, 計口水田, 給予牛種, 限年起科)."[342] 건륭 9년(1744) 직예총독(直隸總督) 고빈(高斌)은 다음과 같은 보고를 올렸다. "객라하둔청(喀喇河屯廳)이 관할하는 백마관(白馬關)·조하천(潮河川)과 열하청(熱河廳)이 관할하는 장삼영(張三營)·백마천(白馬川)과 4기가 관할하는 파라하둔(波羅河屯) 각 신(汎：역자-명·청대 군사주둔지)을 자세히 조사해 보니, 무릇 평탄하여 경작할 수 곳은 모두 기지(旗地)이나 간간인 민인들이 새로 개간한 것은 모두 기가 구획하고 남은 곳입니다. 옹정(雍正) 10년(1732) 이후로부터 지(旨)에 따라 민들에게 개간을 허용하였는데 이로부터 민인들이 거주지를 만들어 해당지역에 안착하게 되었으며 개간된 토지가 2,900여 경이나 됩니다(詳査喀喇河屯廳所轄白馬關, 潮河川, 熱河廳所轄張三營·白馬川, 四旗所轄波羅河屯各汎內, 凡有平坦可耕之區, 悉系旗地, 間有民人新墾者, 俱系旗圈餘地. 自雍正十年奉旨廳民人墾輪, 從此民人安立家室, 悉成土着, 墾地二千九百餘頃)."[343]

산동부도어사(山東副都御史) 법민제(法敏題)는 산동의 상황에 대해 "지금 이곳의 총독[督] 왕사준(王士俊)은 산동성에서 빈민 29,940호를 조사하였고 … 중략 … 그 실재 개간한 땅은 190,837.8무(畝)였으니 응당 지금 조항을 의논하여 정한 것에 따라 구별하여 토지대장에 올렸습니다(今該督王士俊將東省査出貧民二萬九千九百四十戶 … 중략 … 其實在墾地一十九萬八百三十七畝八分零, 應照見今議定條款分別題名升科)"[344]라고 말했다. 이 말에 의하면 평균 매 호는 6.4무 가량의 토지를 개간하였다. 건륭(乾隆) 12년 상하현(商河縣)의 지현(知縣)이었던 범종률(范從律)은 개간에 대해 자세한 보고를 올린 바 있다. 상하현의 민 가운데 원적(原籍)이 순천(順天)이었던 인씨(人氏)들은 명말 병란을 만나 생업을 잃고 산동 여기저기로 뿔뿔이 흩어졌다가 강희 원년(1662)에 이르러 지(旨)를 받들어 상읍(商邑)의 황무지를 개간하여 계속 토지대장에 올려 세금을 납부하였다. 이들은 마흔 곳에서 장촌(莊村)을 세웠고 한 장촌마다 2~3백가(家)가 있었다.[345] 개간한 호들의 노력을 통해 본래 모래투성이의 땅이 비옥한 토지가 되었고 이로 말미암아 해마다 풍년을 거두어 30여 년 동안 세금을 제 때 납부하지 않은 적이 없었다.

순치 17년(1660) 감찰어사(監察御史) 백남등(白南登)은 산서(山西)지역의 개간상황에 대해 이렇게 말했다. 대동(大同)은 대개 강양(姜瓖)의 반란[21] 때문에 사람들이 도륙당하여 거의 대다수가 사망하였으며 "이 때문에 토지의 대부분이 황폐하게 되었습니다(以致地多荒蕪)." 순치(順治) 7년(1650) 민들을 불러 모아 개간하니 해마다 개간한 토지가 늘어났고 이것을 조사해 토지대장에 올렸습니다. 12~13년에 걸쳐 유민들을 불러 모아 정착시키니 점차 개간지가 늘어났고 "급기야 심추관(沈推官)이 탈루된 토지 1,005경 37무를 색출해 내었습니다(及至沈推官査出隱漏地一千零五頃三十七畝)."[346] 이 말은 당시 개간된 토지는 개간하여 경작하는 자의 소유지가 되었음을 의미한다.

순치 16년(1659) 하남순무(河南巡撫) 가한준(賈漢俊)의 말에 의하면 하남의 "개봉(開封) 등 8개 부(府)와 여주(汝州)는 직예(直隷)의 빈민들을 불러 들여 토지를 개간하게 했으며 개간된 토지는 모두 개간자의 소유지로 삼았다(開封等八府并汝州, 招直隷失業貧民來讓墾, 所墾土地永爲己業)."[347] 강희(康熙) 61년(1722) 하남순무

---

21) 역주 - 순치 6년 대동의 守將이었던 강양이 일으킨 변란. 대동의 총병관이었던 강양은 이자성의 군대가 태원을 함락시키자 이자성에게 투항하였다가 이자성이 청나라에 군사에 패하자 다시 청에 투항하였다. 순치 6년 대동을 근거지로 청에 반란을 일으켰다가 부하에게 살해당했고 청 정부는 대동을 점령한 후 성의 주민들을 살해했다.

양종의(楊宗義)는 다음과 같은 소를 올렸다. "정주(鄭州)와 신야(新野) 등 일곱 개의 의 주현에서 강희 60년 개간된 토지가 563경 남짓합니다(鄭州, 新野等七州縣, 開墾康熙六十年分田地五百六十三頃有奇)."³⁴⁸ 건륭 2년(1737) 하남순무 윤회일(尹會一)은 "건륭 원년 권장하여 개간한 토지는 1경 29.2무입니다(乾隆元年, 各屬勤墾地一頃二十九畝二分零)"³⁴⁹라는 소를 올렸다.

섬서순무(陝西巡撫) 필원(畢沅)은 섬서(陝西)에 대해 이렇게 보고했다. 한중(漢中)·흥안(興安)·상주(商州) 각 부(府)와 주(州)는 그 땅이 남산(역자-泰岭山)까지 뻗어 있고 물과 땅이 비옥하므로 최근 초(楚)·촉(蜀)·예(豫)·롱(隴)지역의 가난한 유민들이 노인과 어린아이를 데리고 와서 "개간한 토지가 매우 많았습니다(開墾者甚衆)." 또 건륭 40년 양호(兩湖)지역이 재해를 만나자 가난한 민들의 이주가 끊이지 않자 총독이 해당 관청에게 그들을 안착시켰는데 "각각 황무지를 개간하게 하되 10만 이상의 남녀들이 모두 편안하게 살아가 비로소 정착하게 되었다(分令就地開荒, 男婦不下十餘萬人, 俱得安然樂業, 遂成土着)." 또 필원은 서안부(西安府)·동주부(同州府)·봉상부(鳳翔府)와 빈주(邠州)·건주(乾州)의 "민간에서는 농사짓는 사람과 서생의 수가 반반이며 가난하여 상업이 발전하지 못해 부유한 집안은 열에 하나도 되지 않는 까닭에 평상시 그들이 의지하는 바는 오직 농토뿐이다(民間耕讀相半, 素鮮蓋藏, 殷實之家十不得一, 緣其平日所恃, 不過農田)"³⁵⁰라고 말했다. 『경양현지(涇陽縣誌)』에서도 "과거 토지는 부자들에게 있었으나 지금의 토지는 가난한 사람들에게 있다(昔之産在富, 今之産在貧)"³⁵¹라고 기술하고 있다. 이는 자영농의 발전을 말해 주는 것이다.

건륭 11년 감숙순무(甘肅巡撫) 황연계(黃延桂)는 소를 올렸는데 그 내용은 다음과 같다. 원래 보고 받은 민은 171호이고 토지는 93경인데 이 가운데 마상고(馬尙考) 등 13호와 소금기가 많아 경작할 수 없는 토지를 제외하면 "이 곳의 실재 인호는 159호이며, 토지는 86경이고 이 중 415무는 감해야 합니다(該實在人戶一百五十九戶, 田八十六頃內減四百一十五畝)." 이 상소에 의하면 매 호의 평균 개간 토지 면적은 51.5무이다.

신강의 상황은 양응거(楊應琚)의 보고를 통해 알 수 있다. 건륭 26년(1761) 파리곤(巴里坤)지역으로 민인 왕옥미(王玉美) 등 67명을 불러 들여 3,700여 무의 토지를 개간했다. 27년에는 또 민인 39개의 가호를 불러들여 1,450여무의 토지를 개간했으며 28년에는 오신(吳臣) 등 30명을 불러 들여 3,440여 무의 토지를 개간했다. 3년 간 개간한 토지는 총 8,200여 무였고 이 토지는 모두 인근지역에서 물을 끌어들여 관개(灌漑)하였으므로 수전의 사례에 비추어 토지대장에 올려 세금을 거두었다. 29년에도 상인 30명에게 3,690여 무의 토지를 경작하게 했고 이어 돈황(敦煌) 등 3개 현에서 파리곤으로 이주하여 경작하기를 원하는 민인들을 불러 들였다.[352] 이 4건의 사례에서 개간에 참여한 각각의 호가 소유한 토지는 각각 평균 55.2무, 37.2무, 113.3무, 123무였다. 가경(嘉慶) 5년(1800) 은장(恩長) 등은 "화전(和闐)에 소속된 각 성에 대해 계속 조사를 해 보니 세금은 바치면서 토지를 가지지 못한 회민(回民)이 752호이니 관이 소유한 황무지 20,640여 무를 내어 … 중략 … 이전에 관의 토지를 나누어 준 규정을 준수하여 수를 살펴 세금을 내면서 토지를 가지지 못한 회호(回戶)들에게 균등하게 나누어 주어 토지의 개간을 익히도록 했습니다(續經査出和闐所屬各城, 有粮無地之回民七百五十二戶, 幷丈出官荒地二萬零六百四十餘畝 … 중략 … 卽照前次分撥官地章程, 按數撥給有粮無地之回戶均習開墾)"[353]라고 보고했다. 이 보고에 의하면 매호당 평균 27.4무 내외의 토지를 개간해 소유했다.

동북 3성 역시 점차 개간이 허용되었고 몽고지역도 점차 개방되었으며 연해의 새로운 퇴적지도 개간되었다. 이로 인해 청대 전기에는 대규모의 자영농이 형성되었다.

청나라 초기 사천(四川)은 여러 차례 병란을 겪어 다른 지역보다 더욱 토지가 황폐화되었고 사람들이 많이 유망했다. 이런 상황에서 각 성의 유민들은 사천으로 들어와 황무지를 개간하여 토지소유권을 획득했으며 이를 통해 자영농이 보편화되었다. 사천총독(四川總督) 문수(文綬)는 "사천성지역을 조사해 보니, 과거에는 땅은 넓고 사람이 적었으나 지금은 모두 황무지를 개간하고 있다(幷査川省昔年地廣人少, 均系揷占開墾)"[354]고 했다. 이로 인해 유민들은 사천으로 유입된 뒤, 대단히 쉽게 토지를 획득했다. 청나라 초기 토착인구가 적고 객민(客民)이 많았던 대읍현(大邑縣)의 경우 "많은 수의 진(秦)·초(楚)·예(豫)·장(章) 출신 사람들 가운데 일부는 둔경하며 정착했다(率多秦楚豫章之人, 或以屯耕而卜居)."[355] 여기서 말하는 '둔경(屯耕)'은 사인들의 토지를 빌려 경작하는 것이 아니라 토지의 개간을 가리키는 것이다. 동량현(銅梁縣)에는 청나라 초기부터 이곳으로 와 황무지를 개간한 귀주(貴州)·호광인(湖廣人)이 많았으며, 강소(江蘇)·복건(福建)·광동(廣東) 출신 사람들도 토지를 개간하며 "각기 정착해(各據壤土)"[356] 토지소유권을 취득했다. 청나라 초기 인구가 급감했던 비현(郫縣)의 경우, 이곳으로 와 황무지를 개간한 이들 가운데 광동인이 가장 많았고, 다음으로 산동(山東)·섬서(陝西)·복건(福

建)·강서(江西) 출신들이 많았다. 농민들이 황무지를 개간하는 것을 '삽점(挿占)'357)이라 했으며 개간면적에 대한 규제를 받지 않아 얼마를 개간하든 모두 소유할 수 있었다. 옹정(雍正) 7년 영창현(榮昌縣)에 사는 정세영(程世瑛)의 집안은 노동력이 적어 "토지를 개간할 수 없어 양전할 때 황무지에 대한 소유권을 많이 인정받지 못했다. 때문에 세금을 바치는 토지가 248무에 불과했다(無力開墾, 丈地之日, 不敢多認荒土, 故粮地止二百四十八畝)."358) 정원현(定遠縣)의 경우 청나라 초기 이곳으로 와 토지를 개간한 이들은 주로 호남 사람들이었다. 이들은 "황무지를 개간해 자신의 소유지로 삼았다(墾荒占田, 遂爲永業)."359) 신번현(新繁縣)은 청나라 초기에는 호광 사람들이 많이 이주해 왔으나 이후에는 강서·복건·광동의 농민들이 이주해 왔고, 섬서 출신들도 적지 않았다. 이들은 "처음 이주해 온 날 토지를 소유하지 못했으나 민들이 스스로 황무지를 개간하면 토지를 소유할 수 있다는 말을 듣고 일부는 일족이 한 촌락을 이루기도 했다. … 중략 … 어떤 일족은 소유한 토지가 수천무에 이르기도 했다(始至之日, 田業無主, 聽民自占開荒, 或一族爲一村 … 중략 …有一族占田至數千畝者)."360) 창계현(蒼溪縣)의 경우 청나라 초기 외지 농민들의 유입이 끊이지 않았고 강희 초년에는 전체 현에서 세금을 납부하는 600여 호 가운데 사천성 출신 농민은 열에 네댓이고, 나머지 외지 사람으로 호남성 출신자가 열에 서넛, 광동·귀주·복건 출신자가 열에 한둘이었다. 이들 객민(客民)은 모두 "토지를 개간해 자신의 소유지로 삼아(挿土爲業)"361) 토지대장과 호적에 이름을 올렸다. 만원현(萬源縣)은 청나라 초기 객민들이 산간지역으로 유입해 왔는데, "황무지였던 산간지역은 소유자가 없어, 사람들이 손으로 이곳에서 저곳까지 라고 가리키면 모두 자신의 생업으로 삼아 소유할 수 있었다(荒山無主, 由人手指由某處至某處, 即自行管業)."362) 낙지현(樂至縣)의 경우 강희 이전부터 외지 사람들이 와서 거주하였는데 토지가 넓고 인구가 적어 많은 이들이 토지를 개간하여 "토지대장에 올려 인정받았다(認墾給照)."363) 운양현(雲陽縣)은 청나라 초기 객민들이 유입하여 "전택을 차지며 자손대대로 살았고(占田宅, 長子孫)" 먼저 수전을 개발하고 뒤이어 산간지역을 개간했다.364) 청나라 초기 팽현(彭縣)은 주민이 매우 적어 토지가 황폐화 되었는데, 건륭 초년 거대한 변화가 발생하여 인구가 "오와 초 지역만큼 급속히 증가하여(炭炭吳楚)", "산비탈과 물가는 모두 개간되었다(山坡水涯, 耕墾無餘)."365) 신도현(新都縣)은 강희 6년(1667)이전 "경작할 만한 토지는 있어도 경작할 농민이 없었으나(有可耕之田, 無可耕之民)", 건륭 이후 "개간할 황무지조차 없었다(則無荒加墾)."366) 수십년에 걸쳐 토착민과 객민들의 피나는 노력 끝에 사천의 광대한 지역은 점차 개간되었고 강희 연간 전체 성의 개간지는 14,810경(頃)이었고 옹정 2년(1724)에는 214,450경으로 증가하였으며 건륭과 가경 사이에는 경작지가 463,4806경으로 급증했다.[367]

청나라 초기 황무지 개간을 장려하는 정책이 실시되던 상황에서, 지주·관료·상인들도 당연히 자신들이 가진 경제적 능력과 권력을 통해 소유토지를 확대했다. 예를 들어 순치(順治) 14년(1657) 직예(直隸) 개평위(開平衛)의 생원(生員) 진익태(陳翼泰)는 주인 없는 황무지 2,105무를 개간하였다.[368] 같은 해 직예(直隸) 풍윤현(豊潤縣) 금오좌위(金吾左衛) 무생(武生) 탁기무(卓企茂)는 무주 황무지 2,019무를 개간했다.[369] 순치 13·14년 직예(直隸) 대명부(大名府) 개주(開州)의 생원 형정(邢貞)은 주인 없는 황무지 3,439.1무의 토지를 개간했다.[370] 순치 13년과 14년 산동(山東) 곡부현(曲阜縣) 생원 당우신(唐佑臣)의 거주지는 문상현(汶上縣)과의 접경에 위치하였는데, 문상현에는 황무지가 매우 많아 당우신은 농우(農牛)들을 구매하고 빈민들을 고용하여 순치 13년에는 민상현의 주인 없는 황무지 2,245.2무를 개간했고 14년 4월부터 12월에 걸쳐 황무지 2,002.8무를 이어 개간했다. 이태 동안 개간한 토지는 모두 4,248무나 되었다.[371] 건륭 32년(1767) 대만에 거주하던 상인 예우(芮友) 등 30명이 감숙(甘肅) 목루(穆壘)의 황무지에 대한 개간을 요청하자, 섬감총독(陝甘總督) 오달선(吳達善)은 이것의 허락을 요청하는 글을 작성했다. "이들 상인들을 조사해 보니 자본을 가지고 무역하는 이들로 모두 자산을 가지고 있습니다. 청컨데 파리곤진(巴里坤鎭)에 주둔하고 있는 관리에게 살펴보게 하여 그들에게 개간하여 경작하는 것을 허락하게 하소서(査該商民等携資貿易, 系有工本之人, 請駐巴里坤鎭臣給與執照, 令其人墾耕種)."[372] 이상은 일부 사례만을 인용한 것이다.

제2절 토지매매의 자유화 추세

1. 규제가 풀린 토지매매 및 친족과 이웃에게 먼저 판매하던 관습의 해체

중국에서 토지의 매매는 당나라 시대부터 명·청시기에 이르기까지 변화 발전의 과정을 거쳤다. 당 원화(元和) 6년(811) 이전, 조정은 민간에서 행해지던 재산의 전매(典賣)에 대해 다음과 같이 규정했다. "재산을 전매해야 하는 자는 먼저 친척에게 구매의사를 묻고 친척이 필요 없다고 하면 다음에는 이웃에게 묻고 이웃이 응하지 않아야 다른 사람이 그것을 매입할 수 있다(應典賣倚當物業, 先問房親, 房親不要, 次問四隣, 四隣不要, 他人并得交易)."373) 송나라 때에 이르러 "먼저 친척에게 구매의사를 묻는다(先問房親)"라는 규정은 토지매매의 원칙으로 자리 잡게 되어 일층 상세하고 더욱 규범적으로 되었다. 당대(唐代)의 경우, "다음에는 이웃에게 묻는다(次問四隣)"라고 모호하게 규정하여, 가까운 이웃을 어디까지로 할지에 대해서는 상세하게 정하지 않았다. 송대에 이르러, 조문의 불명확성으로 인해 발생하는 소송을 감소시키기 위해 매우 명확하게 조문화하였다. 태조 개보(開寶) 2년(969) 9월, 개봉부(開封府)는 다음과 같이 규정했다. "무릇 재산을 전매할 때는 먼저 친척에게 구매의사를 묻고 구매하지 않으면 다음으로 이웃에게 물으며 이웃들이 모두 구입하지 않으면 다른 이에게 판매한다. 혹 한 이웃 내지 2집 이상이 구매할 경우 동쪽과 서쪽에 있는 이웃일 경우 남쪽에 위치한 이웃에게 우선권을 주고, 남쪽과 북쪽에 위치한 이웃은 동쪽에 위치한 이웃에게 우선권을 준다(凡前賣業物, 先問房親, 不買, 次問四隣, 四隣俱不售, 乃外召錢主. 或一隣至著兩家以上, 東西二隣則以南爲上, 南北二隣則以東爲上)."374) 이 주도면밀한 규정은 토지매매에 있어 매우 엄격한 규제를 의미했다. 다만 전당(典當)을 할 경우 이러한 규제를 완화하였는데 태종 옹희(雍熙) 4년(987)에 개보 2년(969)의 규정을 보완했다. "이후에는 응당 재산을 전당 잡힐 경우 그 업주(業主)로 판매하려는 자는 먼저 토지를 전작(佃作)하고 있는 사람에게 묻고 만약 그 사람이 구입하려 한다면 그 값에 따라 판매하고 문서를 별도로 작성한다. 이어서 원전(元典)을 첨부하여 업주와 문서를 나누고 세금을 거두면 전인(典人)의 생업으로 삼을 수 있도록 한다. 또 반드시 가까운 이웃과 친척에게 먼저 의사를 물을 필요는 없다. 전인(典人)은 전당을 잡을 필요가 없거나 구입하려해도 값이 서로 맞지 않을 경우에는 문서를 작성할 때 그만두어야 한다(今後應有已經正典物業, 其業主慾賣者, 先須問見佃之人承當, 卽據餘上所値錢數, 別寫絶産賣斷文契一道, 連粘元典并業主分文契批卽收稅, 付見典人充爲永業. 更不須向親隣, 如見典人不要, 或雖欲買, 着價未至者, 卽須畵時批退)." 그렇지 않으면 우선권을 누릴 수 없었다.375)

원대에 이르러 관부는, "전택을 전매하는 모든 이들과 이미 저당 잡힌 것을 판매하는 이들은 먼저 시간을 한정해 친소(親疎)에 따라 친척들에게 의향을 묻고, 이어 이웃에게 묻고, 다음으로 전주(典主)를 만나도록(諸典賣田宅, 及已典就賣, 先須立限取問有服房親, 次給隣人, 次見典主)" 규정했을 뿐 아니라, "전매하는 자는 반드시 소속된 곳에 대한 신고를 거쳐야 매매증명서를 발부한다(須典賣者, 經所屬陳告, 給據交易)"고 규정했다.376) 이 조문은 기본적으로 송나라 철종 때의 규정을 이어 받은 것이지만 신고, 증명서 발급절차, 매매과정에 참여하는 관아의 기능이 추가되었고 토지매매에 대한 국가의 장악력을 증강시켜 송대와 비교할 때 일정 정도 퇴보한 듯하다. 그러나 시간의 한계를 정하여 친척과 이웃에게 무한의 시간을 주지 않았다는 점에서 보면 진일보한 측면이 있다.

명·청시기에 이르면 토지매매에 대한 조정의 법규에서 친척과 이웃에게 우선권을 주는 규정은 없고 관아에 대한 신고, 증명서 발급 규정 역시 보이지 않는다. 또 토지매매과정에서 관아 간섭을 확인할 수 없으며 조정은 세금징수 문서(稅契)의 측면에서 토지소유권의 이전에 관심을 가졌다. 청대를 사례로 이를 살펴보자.

청나라는 명나라의 토지매매에 대한 규정을 이어받았다. 본문에서는 청대를 중심으로 이를 서술해 나갈 것이다. 전택의 전매와 세금 납부에 대해『대청율례(大淸律例)』는 다음과 같이 규정하고 있다. "무릇 전택을 전당 잡히거나 매입하고도 세금문서(稅契)를 작성하지 않으면 태(笞) 50이고, 아울러 문서 내의 전택 가격의 반은 관으로 들인다. 과할(過割)22)하지 않으면 1~5무는 태 40이고 매 5무당 한 등급씩을 더하며 최고는 장(杖) 100이다. 과할하지 않은 토지는 관으로 몰수한다(凡典·賣田宅不稅契者, 笞五十, 仍追契內田宅價錢一半入官. 不過割者, 一畝至五畝笞四十, 每五畝加一等, 罪止杖一百, 其田入官)." "무릇 주현의 관리가 징수하는 전방(田房)의 세금문서(稅契)는 전량(錢粮)을 징수한 예에 따라 별도의 창구를 만들고 업호(業戶)가 직접 문서를 가지고 와서 세를 납부하도록 할 것이며, 해당 주현은 문서의 말미에 관아의 도장을 찍어 수납했다는 증명서를 발급한다. 만약 업호 가운데 부정하게 다른 사람에게 대신 납부하도록 하거나 가짜도장으로 속임수를 쓰는 자가 있으면 중요 법을 어긴 죄에 견주어 장(杖) 80을 치고 무거운 과징금을 부담하게 한다. 만약 주현관이 관인을 문서의 말미에 찍지 않고 세금을 자신의 것으로 삼으면 예에 따라 감찰한다. 관할하는 도부(道府)와 직할주의 지주(知州)는 과실과 고의성을 나누어 살펴 예에 따라 처리한다(凡州縣官徵收田房稅契, 照徵收錢粮例, 別設一柜, 令業戶親自齎契投稅, 該州縣卽粘司印契尾, 給發收執, 若業戶混交匪人代投, 致被假印誆騙者, 照不應重律杖八十, 責令換契重稅, 倘州縣官不粘司印契尾, 侵稅入己, 照例參追, 該管之道府, 直隷州知州, 分別失察徇隱, 照例議處)." 또 "무

---

22) 역주 - 전택을 매매, 전당, 증여 등 재산을 이전할 때 거쳐야 하는 수속.

릇 민간에서 전방(田房)을 전당잡히는 문서를 작성할 때에는 일반적으로 그 납세를 면제해 준다. 일체의 판매문서는 두절(杜絶)[23]이든 아니든 모두 세금을 납부한다. 먼저 전당잡힌 후 판매했을 경우, 전당잡힐 때 세금을 납부하지 않았으면 판매 문서에 기재된 금액에 따라 세금을 납부한다. 만약 탈루한 자가 있으면 법에 따라 죄로서 다스린다(凡民間活契典當田·房, 一槪免其納稅, 其一切賣契, 無論是否杜絶, 俱令納稅. 其有先典後賣者, 典契旣不納稅, 按照賣契銀兩實數納稅, 如有隱漏者, 照例治罪).”[377]

토지매매에 대한 세금은 어떻게 납부되었을까? 현전하는 자료를 통해 2가지 방식을 확인할 수 있다. 매입가격에 따라 징수하는 것과 판매한 토지 수량에 따라 징수하는 것이다. 매입 가격에 따라 징수하는 것은 다음의 규정에 준하였다. "문서를 살펴 은 1냥당 3분(分)을 징수하되 업호에게 그 수량을 문서에 기재하도록 하면서 문서를 발급한 관청의 번호를 문서의 말미에 붙이고 분명하게 인장을 찍어 증명서를 발급한다(查照契內每價銀一兩徵稅三分, 着令業戶照數塡寫內, 一面將原契連本使編號契尾, 塡明鈐印, 發給執據).”[378] 건륭 5년(1740) 산양현(山陽縣)이 진원장(陳元章)이 토지를 매입하자 세금을 징수한 뒤 발급한 증명서에는 "토지를 매입하여 비용을 지출하였으니 법령에 비추어 그 세액을 정한다. 매 전(田) 1무는 전 10문(文)이고 산(山)·지(地)·지당(池塘)은 매 무당 전 5문이다(其收田需費, 遵照憲頒定價, 每田一畝, 給錢十文, 山·地·池塘每畝, 給錢五文).”[379] 이 문장은 『영국 황실 아시아학회 중국분회 회보』와 비교하여 살펴보면 더 많은 내용을 확인할 수 있다.[380]

토지소유권이 이전될 때, 새로운 업주(業主)는 관례에 의거해 세금을 신고하고 수시로 추수(推收)하였다. 추수란 토지세의 액수를 원 업호(業戶)의 명의로 되어 있던 것을 새로운 업호의 명의로 이전하는 절차를 말하며 이를 '과할(過割)'이라고도 했다. 이러한 제도는 토지매매로 인해 부세가 누락되는 현상을 방지하기 위해 마련되었다. 원나라 전장(典章)의 규정에 의하면 "수시로 추수한다(隨時推收)"고 했고, 명나라 때에는 "장차 십년 단위로 대장을 만드니 비로소 추수할 수 있었고 이것이 세계(稅契)이다(且十年造冊始稽推收, 乃可稅契)고 했다.”[381] 현전하는 명나라의 토지문서에도 "그 세금은 토지대장을 만든 해가 되면 과할(過割)한다(其稅粮至造冊之年過割)”고 기록되어 있다.[382] 청나라는 건륭 36년(1771) 이전부

---

23) 역주 - 환불하지 않는 조건으로 판매하는 것.

터 5년에 1번 토지대장(編審冊)을 작성하는 정책을 실행해 왔었다. 편심책을 만드는 방법은 이러했다. 옛 문서를 살펴보고 새로운 수취내역을 조사한 뒤, 이를 분명하게 조정하여 실재에 맞추었다. 편심을 하는 해에는 추수(推收)·과할(過割)의 수속을 실행하고, 편심을 하지 않는 해의 전부는 옛 업주가 납부하고 새로운 업주는 이를 보상해 준다. 그런데 각 지역마다 처리 방법이 완전히 일치하는 것은 아니었다. 예를 들어 직예(直隷) 정현(定縣)에서 세금을 납부하는 호의 과할(過割)은 청나라 초기에는 "사서(社書)"를 통해 처리되었다. 매년 전부(田賦)를 징수하기 시작할 때, "사서"는 반드시 징세 범위 내에서 징수한 세액을 분명하게 조사해야 하고, 그가 직접 각 촌락으로 가서 새로 토지를 매입한 업호를 찾아내고 그 토지의 수량에 의거해, 이전 업호의 명의로 되어 있던 세금 내에 새 업호가 부담해야하는 세액을 새 업호의 명의로 이전하였다. 가경(嘉慶) 연간(1796~1820) 세금을 내는 호의 과할은 주(州) 내에 별도의 사무실을 설치하여 전적으로 과할 업무를 다루도록 했다.383) 신·구 업호는 과할절차를 마친 후에야 토지소유권 이전이 완료되고 법률적으로 소유권이 보호되었다. 예를 들어 신업주가 매입한 토지를 추수하지 않는다면 판매한 토지는 일종의 "활업(活業 : 역자-소유자가 확정되지 않은 재산)"이 되며, 판매한 자는 추수(推收)하기 전에 "판매가격이 충분하지 않다(賣價不敷)"는 구실로 토지 값은 더 요구하거나, "돈의 납부를 끝내지 못했다(不從辦納錢)는 구실로 더 검토해 보아야 한다고 요구하거나, 경제상황의 호전으로 되물리기를 요구하였다. 한편 매입한 업주도 추수(推收)하기 전에는 해당 토지를 제 3자에게 판매할 수 있었다. 이처럼 실제 발생한 매매행위는 전당·저압(抵押)의 관계와 같았다.384) 따라서 추수(推收)는 토지매매에서 매우 중요한 부분이었다.

　명·청시기 토지매매에서 우선권 규정은 정부의 법규에서 사라졌고 겨우 민간의 습속으로 이어질 뿐이었으며 그 형식적으로만 겨우 존속되어 갈 분이었다. 이러한 상황의 출현은 당시 사회경제 발전의 필연적 결과였다.

2. 토지매매에 나타난 종법종족관계의 해체

　명·청시기, 토지매매에서 종법종족 관계의 해체는 주로 4가지 측면에서 발생했다. (1)진신(縉紳)세력에 심각한 타격을 가한 농민봉기로 인해, 권세에 입각한 진신세력의 약탈과 강압의 억제. (2)종법종족제의 해체 즉 종족의 세력이 약화.

(3)상품경제의 발전과 사람들의 의식변화. (4)"우선구매권(優先購買權)"의 금지와 시장가격을 유지하려는 정부의 정책. 이하에서는 이 4가지 문제를 구체적으로 검토해 볼 것이다.

1) 농민봉기로 인해 타격을 입은 진신세력

원나라 말기 농민들이 대봉기해 원대 진신세력은 큰 타격을 입었다. 지정 8년 (1348) 방국진(方國珍)이 해상에서 봉기한 때부터 주원장(朱元璋)이 "대한(大漢)"을 멸하고 "대주(大周)"를 건국하기까지, 원나라 말엽 전란은 20년 넘게 지속되었고 농민군들은 전쟁에 참여하여 원대 성장해 온 권귀(權貴)·지주(地主)·관료(官僚)들에게 심각한 타격을 가했다. 농민세력의 성장 속에서 농촌의 양대 계급의 힘의 역학관계에 변화가 발생했다. 명말청초 농민봉기는 다시 한번 지주계급을 두려움에 떨게 했다. 이자성(李自成)이 북경에 입성한 후, 3개월 24일 만에 살해한 훈위무신(勛衛武臣)은 500여명이나 되었다.[385] 노략질당한 훈척신료는 127명에 달했고 이 가운데에는 공(公)·후(侯)·백(伯)·도독(都督)·대학사(大學士)·상서(尙書)·시랑(侍郞)·어사(御史)·천호(千戶)·대장(大將)·태감(太監)·부윤(府尹) 등의 관료도 있었다.[386] 이자성의 장군들은 더욱 많은 노략질을 했다. 예를 들어 유종민(劉宗敏)은 고위 관료 200명을 노략질했고 1~2천명에 달하는 잡류무관(雜流武弁)과 각 위문(衛門)의 판사원역(辦事員役)이 노략질 당했다. 그들은 명나라 중앙관료만이 아니라 지방 관리와 사족(士紳)들도 노략질 했다. 예를 들어 곽지위(郭之衛)는 산동(山東) 제녕(濟寧)에 이른 뒤, 해당지역의 문무관료·향신(鄕紳)·거감(擧監)·생원(生員)과 부호들을 잡아들여 그들에게 강제로 군량을 바치게 했다. 가사미(賈士美) 등 10명은 하남(河南) 귀덕부(歸德府)로 부임한 뒤, 그 지역에서 군량으로 사용할 은을 징수하여 관신(官紳)의 집안과 부자들 가운데 파산하지 않은 자가 없었다.[387] 안휘(安徽) 휘주부(徽州府)에는 상인들이 많았고 약탈을 당한 자가 천명가량 되었다. 부유한 상인 왕기(汪箕)는 10만냥에 달하는 금액을 몰수당했다.[388]

명나라 말기 농민군이 대규모로 봉기하자 각지의 농민들의 항조투쟁 역시 만연했다. 예를 들어 『복건통지(福建通誌)』에 의하면 전농(佃農)들 가운데에는 "미리 서로 약속하여 거실에 지대를 납부하지 않는 자도 있었다(有豫相約言, 不許輸租巨室者)."[389] 강소(江蘇) 오현(吳縣)의 전농(佃農)들은 "서로 약속하여 지대를 납부하지 않았다(相約不還田租)."[390] 호북(湖北) 응성현(應城縣)에서는 전농(佃農)과 전주(田主)가 충돌하는 사건이 발생하자 "경작도 하지 않았는데 먼저 농우와 종자를 색출해 내어가 작은 가뭄과 비만 있어도 곡식이 영글지 않았다(未耕先索牛種, 稍有旱潦, 顆粒不償)."391) 농민전쟁이 실패한 후에도 전농들의 항조투쟁은 계속되어 "골짜기를 닫고 이전처럼 지대를 납부하지 않아도 끝내 산으로 들어가 지대를 수취하는 자가 없었다(然閉谷不輸猶故也, 竟無人敢入山收租者)."392)

명나라 후기 사회경제의 퇴보가 발생하여 토지는 진신부호(縉紳富豪)들에 의해 겸병되었고 광대한 농민들은 줄줄이 노복(奴僕)으로 전락했다. 명말·청초에 이르러 노복들은 농민봉기의 중요한 기반이 되었다. 농민봉기가 발생한 후 그들은 "무장봉기하여 주인을 욕보였다(則相與揭竿起, 困辱主人)."393) 안휘(安徽)·강소(江蘇)·복건(福建)·사천(四川)에서의 상황은 더욱 심각했다. 순치(順治) 2년(1645) 휘주(徽州)에서는 송걸(宋乞)의 지도하에 노복들이 봉기하였는데, 송걸은 여러 대족들의 노복과 불령(不逞)한 이들 수천명을 규합하여 "도처에서 반란을 일으켰다(發難于奇野屏山)."394) 강소에서는 "변란이 오송(吳松)의 부호였던 구씨(瞿氏) 집에서 발생했다. 그 노복 가운데 이름이 재(宰)라는 애꾸눈이 있었는데 그가 무장봉기하여 변란을 일으켜 1,000여 명의 무리를 모아 그 주인을 자기 손으로 죽였다. 한때 각 부호의 노복들이 호응하여 대장(大場)의 지씨(支氏)·대씨(戴氏)와 남상(南翔)의 이씨(李氏)와 곤산(昆山)의 고씨(顧氏)가 모두 화를 입을까 두려워했다(其禍起于吳松富室瞿氏, 有奴名宰者瞽一目, 揭竿爲亂, 聚衆千人, 手刃其主. 一時各富豪奴響應之, 如大場支氏·戴氏, 南翔李氏, 昆山顧氏, 均懼其禍)."395)

명나라 말기 농민 봉기는 사회에 심대한 영향을 미쳤다. 당시 문인(文人)들은 "명나라 말기 틈적(闖賊 : 역자-틈왕이었던 이자성을 말함)의 반란에 의해 관인들[衣冠]이 심각한 타격을 입었고 호민(豪民)들이 기세등등하게 횡횡했다. 향(鄕)·보(保)가 신금(紳衿)들에게 읍양(揖讓)하고 다녔으며, 오백(伍伯)들은 벌열(閥閱)을 침탈했으며, 노예들은 주옹(主翁)을 희롱하니 기강이 사라져 버렸다. 가난한 이들이 부자가 되었고 천예들이 명문가를 흉내 내었다(自明季闖賊煽亂, 衣冠之禍深, 而豪民之氣橫. 鄕保揖讓于紳衿, 伍伯侵陵于閥閱, 奴隷玩弄于主翁, 綱常法紀, 掃地無餘. 貧兒陡成富室, 賤隷遠冒華宗)."396) 종법종족 관계의 해체와 농민지위의 상승은 토지매매에서 종족의 우선권을 부정하는데 매우 중요한 기능을 하였다.

2) 종법종족제의 해체

명·청시기 종법종족제의 해체는 앞서 서술한 것처럼 농민의 봉기와 항쟁이 귀족관료와 같은 봉건세력에 대해 계속적 타격을 가했기 때문에 발생하였을 뿐 아니라 농민의 유리와 이주에 의해서도 발생했다.

　종법종족제의 해체는 명나라 만력(萬曆) 연간(1573~1620) 관지도(管志道)의 다음과 같은 말에서 확인된다. "개국 이래 나라의 법은 날마다 요동칠 뿐이었다. 기강이 위에서 흔들리니 아래의 풍속의 어찌 흔들리지 않겠는가! 이에 민간에서는 비천한 자가 고귀한 자를 겁박하고 후배가 선배를 깨우치며 노비가 가장에 반항하는 일이 빈번해 지고 있으니, 대개 그 유래가 깊다(開國以來之紀綱, 唯日搖一日而已, 紀綱搖于上, 風俗安得不搖于下! 于是民間之卑脇尊, 後生悔前輩, 奴婢叛家長之變態百出, 蓋其所由來漸矣.)."397) 그는 이러한 변화가 만력이전 이미 발생했음을 지적했다. 만력 연간 복건(福建) 복녕주(福寧州)는 "존비의 구별이 없고 양천이 구분되지 않았다(尊卑無別, 良賤不分)."398) 청대 전기 이러한 변화는 계속 확대되었다. 강희(康熙)·옹정(雍正)·건륭(乾隆) 연간(1662~1795) 호북(湖北)의 무창(武昌)에서는 "귀천의 구별이 없고 장유유서가 없었다(貴賤無分, 長幼無序)."399) 육롱기(陸隴其) 역시 "아들과 동생이 아버지와 형을 능욕하고 사나운 노복이 가장을 침노해도 해당 관청에서는 그 죄를 묻지 않는다(子弟凌兄長, 悍僕侵家長, 而有司不問)"400)고 말한 바 있다. 또 혹자는 "종법이 행해지지 않음으로부터 … 중략 … 이미 멀어진 친척은 남으로 간주되어 각궁(角弓)24)같은 반목이 자주 발생합니다(自宗法不行… 중략 …昭穆旣遠, 視爲路人, 角弓之反頻聞)"401)고 했다. 심지어는 "간사한 민들과 교활한 이(里)들이 서로를 믿으며 신사(紳士)들을 두려움에 떨게 합니다. 그 죄가 더 해지지 않는 것도 근심스러운데 도리어 천인이 귀족을 능멸하는 지경에 이르렀다(奸民里猾動相挾持, 使紳士側足禁聲, 畏罪不加, 反致賤凌貴)"402)는 말까지 있었다. 종족관계의 약화는 "높은 사람과 낮은 사람의 구별이 없어지고 양천이 구분되지 않았다는 말(尊揷無別, 良賤不分)"뿐 아니라 형제 혹은 부자 사이에 재산을 나누어 분가(分家)할 때에도 드러났다. 명·청시기에 이르러 각지에서는 비록 여러 대에 걸쳐 대가족을 이루며 함께 살기도 하였으나 형제 혹은 부자 사이에 재산을 나누어 분가하는 것은 사회의 보편적 현상이었다. 고염무(顧炎武)는 부자와 형제가 재산을 나누어 분가할 때의 상황에 대해 이렇게 말했다. "지금 강남에서는 이러한 풍속이 더욱 유행하였는데 각 집안의 아들과 취부(娶婦)들은 분가하기를 원한다(今之江南猶多此俗, 人家兒子娶婦, 輒求分異)."403) 예를 들어

---

24) 역주 - 본문에서 말하는 각궁(角弓)은 『시경(詩經)』 소아(小雅)의 편명으로 유왕(幽王)이 종친을 가까이 하지 않고 잔악한 행위를 한 것을 내용으로 하고 있다. 본문의 '角弓之反'은 잔악한 행위를 지칭하는 것으로 해석된다.

절강(浙江) 동양현(東陽縣)에는 명나라 가정(嘉靖) 연간(1522~1566) "남자가 장성하면 분가할 때에는 재산을 다투었다(男壯出分, 競爭家産)"[404]라는 기록이 전하고 있다. 관지도(管志道)는 당시 빈궁한 집안만이 "2~3대에 걸쳐 함께 거주하지 부유한 집안은 자식들이 장성하면 부모가 먼저 자식을 위해 저택을 마련한다. 비록 순고의 도리는 아니더라도 풍속이 이러한 지경에 이르렀으니 성인인들 어찌하겠는가(有二三代同居者, 而富室諸子卽長, 父母已先爲之各構一宅矣. 雖非淳古之道, 而風會流至此, 聖人且奈之何)?"[405]라고 말했다. 산동(山東) 등현(滕縣)에서는 "순방한 기운이 더욱 엷어져 부모형제라도 밥을 따로 먹으며 분가한다(淳龐之氣益離浮薄, 以至父子兄弟異釜炊, 分戶而役)."[406] 강희 초년 산동 복현(濮縣 : 지금의 허난성 푸양濮陽)에서는 "한 아버지와 한 아들이라도 돈주머니는 따로 가지는 경우가 많았고(一父一子, 多有分囊者)", "재산상의 이득이라도 보이면 비록 형제라도 사속한 이익에 연연해했다(財利相見, 雖兄弟錙銖必形于色)."[407] 건륭 연간(1736~1795) 강소(江蘇) 패현(沛縣)의 경우 "형제가 서로 감시하는 집이 열에 다섯집이나 되었다(兄弟相閱, 什室而五)."[408] 광동(廣東)에서는 "부자(父子)가 다른 주머니를 차고 형제가 재산을 따로 관리했다(父子各囊, 兄弟異籍)."[409] 사천(四川)의 상황은 더욱 심각하였는데 형제가 부모의 유산을 다투어 "소송이 끊이질 않았다(爭訟不已)."[410] 안휘(安徽) 휘주부(徽州府)에 남겨진 분가서(分家書)에는 형제가 분가하면서 재산을 분배한 정황이 잘 기록되어 있다.[411] 종법종족 관계의 약화는 직접적으로 신금(紳衿)과 가장의 권력을 쇠약하게 만들었으며 그들의 영향력을 약화시켰다. 종족 사이의 혈연적 유대 역시 분가할 때의 재산 분배로 야기된 분규와 소송으로 인해 느슨해 졌으며 조상대대로 전래되어온 옛 관례는 사람들에게 방치되어 무시되었다. 이런 분위기에서 토지매매는 친척과 이웃에게 먼저 물어보지 않고 직접 판매하는 일이 많아졌다.

3) 상품화폐 경제의 성행과 높은 가격으로 토지를 판매하려는 관행의 보편화

명·청시기 상품화폐 경제의 발전은 많은 사람들이 인정하는 바이므로 여기서는 재론하지 않겠다. 상품화폐 경제가 발전하자 사람들은 상품의 자유로운 매매를 자연스럽게 받아들이게 되었다. 매매과정에서 비교적 많은 제약을 받았던 토지매매 역시 상품경제의 충격아래에서, 판매자들이 토지의 자유로운 매매에 멍에가 되었던 종법종족제를 격렬하게 공격했다.

그러한 공격은 다음의 몇 가지 방식으로 표출되었다.

① 판매자들은 돈을 좇아 다녔다. 그들은 더 많은 돈을 내어 토지를 매입하려는 자에게 토지를 판매했다. 건륭 38년(1773) 이전, 강소(江蘇) 비주(邳州)의 농민 두의(杜義)는 3무의 토지를 소유하고 있었고 이 토지를 4,000문(文)에 장호(張瑚)에게 팔려 했다. 그러나 38년 12월 두의는 토지를 7,000문에 위흑문(魏黑文)에게 팔아버렸다.[412] 여기서 두의는 이전의 계약을 우선시한다는 관례를 무시하고 많은 돈을 내는 자에게 토지를 판매하였다. 가경(嘉慶) 21년(1816) 이대로(李大老)는 소유하고 있던 3무의 전(田)을 팔아야 했는데, 주관만(朱觀滿)이 40,000문을 내어 먼저 구입하려 했으나 허가현(許加賢)이 45,000문을 내어 구입하려 하자 이대로는 그 토지를 허가현에게 판매하였다.[413] 이때 주관만이 제시한 금액보다 많은 5,000문이라는 돈은 이대로를 마음을 흔들기에 충분했다. 가경(嘉慶) 12년(1807) 해주(海州)의 정종영(程鐘英) 등은 조상이 물려준 장전(莊田) 200여 경을 매 경당 69,000문에 이법영(李法泳)에게 판매하려 했고 계약의 초안까지 작성했다. 그러나 이후 정성씨(程盛氏)는 헐값이라는 이유로 그 토지를 매 경당 31,000문 많은 110,000문으로 황순(黃洵)에게 판매하였다.[414] 절강(浙江) 제기현(諸暨縣)의 주몽예(周夢譽)는 가경 6년(1801) 산(山) 1필지를 판매하려 했고 어떤 사람이 8,000문의 값으로 그것을 구매하려 했으나 헐값이라는 이유로 팔지 않았다. 그 뒤 장세승(章世勝)이 10,000문에 그것을 구매하려 하자 그 산을 판매하였다.[415] 강서(江西) 회창현(會昌縣)에서는 건륭 45년(1780) 이작륜(李作倫)이 기지(基地)를 판매하려 했고 이수당(李樹堂)이 300,000문에 구입하려 했으나 이작륜은 헐값이라 판매하지 않았다.[416] 호광(湖廣)의 사국동(謝國棟)은 건륭(乾隆) 27년(1762)이전 38냥의 은자를 지출하여 매입한 토지를 은자 58냥에 왕국좌(汪國佐)에게 판매하였다.[417] 호남(湖南) 안화현(安化縣)의 하명한(夏名漢)은 한 필지의 토지 가운데 반은 가경 4년(1799)에 하경첨(夏經添)에게 판매하였고 이후 나머지 반도 하경첨에게 판매하려 했다. 이때 하경첨이 2,400문만을 값으로 지불하려 하자 하명한은 값을 조금 더 쳐줄 것을 요구했으나 흥정이 이루어지지 않아 결국 그 나머지 반의 토지를 판매하지 못했다.[418] 복건성(福建省) 대만부(臺灣府) 담수청(淡水廳)의 유자견(劉子見)은 콩밭[豆園] 1필지를 소유하고 있었는데 유담(劉潭)은 14원(圓)에, 이(李)는 17원에 그 땅을 매입하려 하자 유자견은 높은 값을 제시한 쪽에 그 땅을 판매하였다.[419] 광동(廣東) 용천현(龍川縣)의 증옥등(曾玉登)은 건륭 13년(1748) 정월에 양춘(陽春)지방으로 이사하게 되어 30,000문의 값으로 구입하였던 3.02무의 전(田)을 52,000문에 그의 동생 증옥당(曾玉堂)에게 판매하였다. 이때 매주가 동생이었음에도 싼값에 판

매하지 않았으며 당시 시가에 따라 토지를 팔았는데, "토지 가격이 점차 비싸졌으므로 논의해 가격을 22,000문 인상했다(因田價漸貴, 故議增價錢二十二千)."420) 하남(河南) 안양현(安陽縣)의 마원씨(馬袁氏)는 보리밭 8무를 팔려 했고 마첨록(馬添祿)은 154,000문의 가격으로 그것을 구입하려 했다. 마원씨는 헐값이라는 이유로 160,000문을 제시한 마유덕(馬有德)에게 판매하려 했고 19일 뒤 그 땅을 마유덕에게 팔아 마유덕의 소유지가 되었다.421) 섬서(陝西) 미지현(米脂縣)의 마이원(馬而元)은 가경 14년(1809) 산지(山地) 103경(坰)을 고리상(高理祥)에게 134,500문에 판매하였으나 그 뒤 마이원은 그 거래를 무른 후, 30,000문 비싼 가격으로 오보운(吳步雲)에게 팔았다.422) 이는 높은 가격으로 토지를 판매하려는 전형적인 사례이다.

② 판매한 토지를 되찾으려 할 때, 매입한 사람은 판매한 자에게 시가에 따라 돈을 되돌려 줄 것을 요구했다. 소유권의 이전이 완료된 토지[絕賣土地]가 아니라면 판매한 자는 그것을 되살 수 있는 권리가 있었고 이것이 세간의 풍속 혹은 관행이었다. 조정에서는 이것을 명문화하여 금지하였으나 이 관행은 금지되지 않았고 판매한 토지를 되사는 일은 여전했다. 되살 때의 가격은 청나라 이전에는 판매 원가만 지급하면 되어 물가 혹은 토지 가격 상승에 영향을 받지 않았으며 은화의 가치 하락에도 영향을 받지 않았다. 때문에 되살 때 발생하는 분규가 끊이지 않았다. 청나라에 이르러 상황은 변했다. 판매한 자들이 토지를 되사려 하면 매입한 자들은 해당 시점의 가격에 의거하여 돈을 받으려 했지 원래 거래 가격의 돈을 받으려 하지 않았다. 이러한 원칙은 점차 민간에서 수용되기 시작했다. 예를 들어 강소(江蘇) 탕산현(碭山縣 : 지금은 안휘이성에 속함) 방용립(龐勇立)의 당숙 방국(龐菊)은 건륭 35년(1770) 황하 북안에 위치한 10무의 토지를 42냥의 값으로 풍오(馮五)에게 판매하였다. 가경 4년(1799) 가을 풍오가 이 토지를 다른 사람에게 팔려했고, 방용립이 그것을 듣고 풍오의 집에 찾아가 원래 매매한 가격에 그것을 되사려 했으나 풍오는 땅값이 이미 상승했으므로 50냥의 은자를 요구했다.423) 귀주(貴州) 인회현(仁懷縣)의 원세민(袁世敏)은 건륭 32년(1767) 2월에 라하씨(羅夏氏)가 자신의 조부로부터 매입한 토지를 판매한다는 소식을 듣고 나하씨에게 "시가에 따라 그 토지를 매입하여 경작하고 싶다(情願照依時價續回耕種)"424)는 의사를 표했다. 심지어 어떤 이는 토지를 되살 때 해당 금액의 이자까지 납부하기도 했다. 강소(江蘇) 형계(荊溪)의 여문대(餘文大)는 이전에 3무의 전(田)을 임제락(任濟洛)에게 120,000문의 값으로 판매한 적 있었다. 가경 13년(1808)에 임문해(任文楷)는 여대문에게 원래 금액이외에 이자 명목으로 3,000문을 더 지

급하였다.[425] 상품경제의 발전에 따라 화폐의 가치에 대한 농민의 관념도 변화하였고 이는 이처럼 일상에 반영되고 있었던 것이다.

③ 상품경제 발전의 영향으로, 친척과 이웃들이 토지를 구매할 때 먼저 그들의 친척과 이웃에게 의사를 타진했던 전통적 관습 역시 도전에 직면했다. 사회적 상황이 변화하자 일부 집안에서는 종족의 토지가 다른 이들에게 흘러가는 것을 막기 위해 가규(家規)를 제정하기도 했으며 시장가격보다 높은 가격으로 종족이 내놓은 토지를 구매하기도 했다. 예를 들어 안휘(安徽) 동성(桐姓) 조씨(趙氏)의 종보(宗譜)에는 "족인이 서로 토지를 전매(典買)할 때 그 가격은 다른 성씨에게 판매하는 것보다 후하게 쳐주어야 하며 부득이한 경우에만 싼값으로 구매할 수 있다. 이것을 어기는 자가 있으면 종손에게 보고하고 논의를 거쳐 처분한다(族人互相典買, 其價比外性梢厚, 不得用强輕奪, 違者俱告宗子, 合衆處分)"[426]라고 규정되어 있다. 이 책에서는 "친척들에게 먼저 매매의사를 묻도록 한" 토지매매 규정에 매매에서의 아니라 경제논리에 입각해 새로운 규정을 삽입하였던 것이다. 즉 판매자가 좋은 가격을 받고 토지를 판매하려는 시장논리가 반영된 것으로, 이는 토지매매의 자유화 추세에서 하나의 중요한 이정표였다. 이러한 규정은 휘주 지역에서도 존재했다. '옹정 3년 분가서(雍正三年分家書)'의 기록에 의하면 "내가 얻은 재산은 모두 높은 가격으로 하여 가족들을 두루 보호할 수 있게 하였다(予所得産業, 皆拮据重價, 周庇手足)."[427] 이 역시 소유주가 친척의 토지를 구매할 때에는 시중 가격보다 높은 값에 구매하였다. 여기서 "모두 높은 가격으로 하여(皆拮据重價)"는 가장 좋은 가격이라는 의미이다. 동족 가운데 시장 가격보다 높은 값으로 족인의 토지를 구매하였다면 여기에는 이미 우선권의 문제는 존재하지 않고 다만 종법종족제의 구속만이 남아 있을 뿐이다. 민국초기 법정학사조직(法政學社組織)의 한 사람은 중국토지매매관행에 대한 조사를 실시하여 다음과 같은 견해를 제출했다. 강서(江西) "감남(贛南) 각 현(縣)에서는 무릇 부동산을 판매하려는 자는 그 매매 계약서 안에 먼저 매입의사를 물은 친족들의 이름과 그들이 매입하지 않겠다는 의사를 표한 것을 기입하였는데 이는 형식적인 일이었다. 친족들에게 토지 매입의 우선권이 있긴 하였으나 실제로는 모두 높은 가격을 제시하였을 때나 가능하며 게다가 친족들에게 의사를 물어보지 않은 사람도 있었다. 대개 옛날의 '우선권(優先權)'은 지금에는 계약상의 하나의 형식적 문구로 남아 있을 따름이었다."[428] 이 조사는 비록 민국 초기에 실시된 것이지만 관행이란 하루아침에 변화되는 것이 아니라 장기적인 변화가 누적된 것이므로 이 조사를

청나라 때까지 소급해도 무방할 것이다. 더불어 조사자는 "해당 향(鄕)은 종족이 모여 거주하는 곳으로 6개의 향(鄕)에 1성씨만 있고 그 수는 수천호에 달하였다"[429]고 하였다. 이러한 지역을 중심으로 조사하였다면 그의 조사는 매우 설득력이 있다. 즉 종법종족제가 강력했던 지역의 토지매매에서 '우선권'이 계약상의 형식적 문구가 되어 버렸다면, 종법종족관계가 약화된 지역에서 우선권의 속박이 어느 정도였는지는 비교적 용이하게 파악할 수 있을 것이다.

4) 자유로운 토지매매를 위한 정부의 노력

먼저 친척과 이웃에게 토지를 구매하도록 한 규정은 종종 친척과 동족 가운데 부유한 자에게 토지를 겸병할 수 있도록 했다. 천재와 재앙으로 인해 부득불 토지를 판매해야 했던 빈곤한 사람들은 늘 부유한 자들에게 강요받았다. 이 불합리한 토지매매 관습은 당연히 토지를 판매하려는 자들의 강력한 저항을 받았다. 조정에서도 이러한 습속에 대해 극단적인 불만을 표출하였고 이 낙후되고 전근대적인 관행의 개혁을 시도해 이 구습의 폐지를 선포했다.

토지매매의 가격문제에 대해 역대 각 왕조는 매우 비상한 관심을 보였다. 송나라와 원나라는 토지를 판매할 때 비록 친척과 이웃의 '우선권'을 승인했다고 하더라도 친척과 이웃이 가격을 강요하는 것을 허락하지 않았다. 『송형통(宋刑統)』에서는 "친족이 제시한 가격이 낮으면 높은 가격을 제시한 곳에 판매하는 것을 허용하게(親房著價不盡, 幷任就得價高處交易)"[430] 했다. 『원전장(元典章)』에는 "만약 가격이 맞지 않고 기한을 어기는 경우가 있으면 마음대로 판매할 수 있도록 한다(若酬價不平, 幷違限者, 任便交易)"[431]고 규정해 두고 있다. 청나라는 토지판매자의 권익을 보호하려 한 송나라와 원나라의 제도를 이어받는 동시에 '우선권'의 폐지를 선포했다. 강희(康熙) 30~40년 사이(1691~1701) 산동(山東) 제녕(濟寧)의 지주(知州)였던 오정취(吳檉就)는 전택을 전매(典賣)할 때는 반드시 먼저 원업(原業)과 본가(本家)에 묻고 이어 이웃에게 묻는 관례는 매우 가소로운 것으로 여겼다. 그는 "무릇 재산을 팔려는 것은 피치 못할 사정이 생겨서인데도 반드시 양해를 구해야 한다면 난감한 일(夫棄産者, 必有不能待之勢, 必要到處讓過, 已屬難堪)"이라 여겼다. 그는 또 이러한 오래된 풍속이 토지를 팔려는 자의 이익을 침해하는 것이라 생각했는데, 몇몇 사람들은 땅을 사려는 마음이 있어도 그 땅이 필요 없다고 하거나 "시가에 따르지 않고 헐값을 매기면서(或抑勒賤價, 不照時價)" 판매자가 기다리다 못해 결국 다른 사람에게 판매하면 "앞장서서 고발하여(卽挺

身告理)"⁴³²⁾ 판매자를 곤경에 처하게 했다. 옹정(雍正) 3년(1725) 하남순무(河南巡撫)는 솔선하여 업주(業主)와 친척과 이웃에게 먼저 매입의사를 묻는 제도를 폐지했다. "먼저 업주에게 매입의사를 묻는 것을 금한다(禁先盡業主)"는 조항에는 다음과 같이 서술되어 있다. "전원(田園)과 가옥은 소민들의 목숨이 의지하는 곳이라 진실로 만부득이한 사정이 아니라면 어찌 가벼이 판매하겠는가? 그런 즉 급한 용처가 있으면 응당 그 주인을 찾아 전매를 허락받아 그 급전(急錢)에 충당하도록 한다. 예성(豫省 : 하남성)에서는 먼저 업주와 친척과 이웃에게 구입의사를 물어야 하는데, 이 경우 다른 성씨들은 대개 구입할 수가 없고 기회를 타 억지로 팔게 해 가난한 민들로 하여금 부득불 헐값에 토지를 내놓게 한다. 이에 이후부터 어떤 사람에게든 매입을 허락하게 하고 파는 자가 가격을 정하게 할 것이다. 만약 판매자의 친척과 이웃들이 고발하면 법에 따라 처벌할 것이다(田園房産, 爲小民性命之依, 苟非萬不得已, 豈肯輕棄? 卽有急需, 應聽其覓主典賣, 以濟燃眉. 內豫省有先盡業主隣親之說, 他姓槪不敢買, 任其乘機勒掯, 以致窮民不得不感價相就, 嗣後, 不論何人許買, 有出價者卽系售主, 如業主之隣親告爭, 按律治罪)." 옹정 8년(1730) 청나라 조정은 "먼저 업주에게 매입의사를 묻는 것을 금한다(禁先盡業主)"는 조항을 『회전사례(會典事例)』에 기입하였다. 그 조문은 다음과 같이 기록되어 있다. "재산을 팔 때 원주(原主)와 친척과 이웃에게 먼저 의사를 물어야 하는 규정을 빌어 값을 낮추려는 자가 있으면 중죄로 다스린다(及執産動歸原先盡親隣之說, 借端希圖短價者, 俱照不應重律治罪)."⁴³³⁾ 건륭(乾隆) 9년(1744) 정부는 거듭 "각성 업주의 토지는 돈을 내어 구입할 수 있다(各省業主之田, 出資財而認買)"⁴³⁴⁾는 것을 공표했다. 형부(刑部) 당안(檔案)의 예로부터 보면, 청나라 조정은 먼저 친척과 이웃에게 물어야 한다는 조항을 부정하는 태도를 가지고 있었다. 건륭 28년(1763), 귀주(貴州) 보안주(普安州)에서는 토지매매로 인해 중대한 사건이 발생했다. 이정괴(李廷槐)는 한 뙈기의 땅을 가지고 있었는데 건륭 4년(1739)에 그 땅을 은 5.5냥에 이정과(李廷科)에게 전당 잡혔다. 건륭 17년(1762) 이정괴는 그 토지의 전당을 해지한 후 21냥의 가격으로 랑창빈(郞搶濱)에게 팔려 했다. 이정괴의 당형(堂兄)이었던 이정현(李廷賢)이 그것을 알고 "이 토지는 조상들이 물려준 것이니 타성바지에게 팔아서는 안된다(這田是祖遺, 不許賣與外姓)"는 이유로 해당 토지를 구매하려 했다. 이정괴는 그 취지에 동의하여 랑창빈과 맺었던 원래의 계약을 취소하고 이 땅을 이정현에게 팔면서 21냥의 값을 고집했다. 이에 반해 이정현은 과거 저당 잡혔던 금액 5.5냥만을 지출하여 구입하려 했고 당연히 이정괴는 그 제안을 받아들이지 않았다 관부는 이 사건에 대해 다음과 같은 판결을 내렸다. 이정현은 "먼저 친척과 이웃에게 물어야 한다(先盡親隣)"는 관습에 의거해 단지 5.5냥의 은자를 들여 구입하여 하는데 "이것은 명백히 그 규정을 이용해 강제로 구입하려는 것(這分明藉端抑勒)"이므로 "이정괴는 당연이 따를 필요가 없다(李廷槐當然不願依從)." 이정현은 "억지로 매매 문서를 작성하려 했고(强逼成文)" 이로 인해 중대한 사건이 발생했다. 이에 이정현은 "값을 낮춰 강제로 토지를 구매하려 해 분쟁을 만들었으므로 장 80으로 하며… 중략 … 분쟁이 된 땅은 이정괴가 다른 사람에게 팔수 있도록 허용한다(短價强逼買田釀釁, 杖八十 … 중략 … 所爭之田, 應仍請李廷槐另行售賣)."[435] 호남(湖南) 상음현(湘陰縣) 역시 이와 같은 사례가 있었다. 조소보(曹少甫)는 자기 명의의 토지를 전호(佃戶) 요문한(廖文翰)에게 판매하려 하자 그 형 조육숭(曹毓嵩)이 요문한을 책망하며 구입한 토지 동쪽의 일부에 대한 판매를 허가하지 않았다. 이에 현부(縣府)에서는 다음과 같이 판결했다. "그 토지는 소보(少甫) 명의로 된 사유재산이며 소보가 그것을 관할했으므로 마음대로 요문한(廖文翰)에게 판매한 것이나 역시 전례에 따른 것은 아니다. … 중략 … 다만 조소보는 토지를 팔려하자 조육숭은 요문한이 얻는 것을 염려하면서도 어찌 제값을 치루지 않고 그 땅을 구매하려는가? 만약 구입할 수 없다면 소보의 토지판매를 금할 수도 없다. 이것이 이치에 합당하다(田爲少甫名下私産, 少甫主之, 縱賣與廖文翰, 亦例所不盡. … 중략 …但少甫果須賣田, 毓嵩果慮爲廖得, 何不備價購存此田? 如不能購, 亦不能禁少甫售與他人, 方爲情理之至)."[436]

이로서 역대 조정에서 시작된 토지를 판매하려는 농민들의 이익을 보호하기 위한 조치는 마침내 '우선권'을 폐지로 귀결되었다. 비록 몇 개의 왕조를 거쳐야만 했으나 이것은 농민들의 부단한 투쟁이 얻어낸 성과였다. 더불어 이러한 성과의 성취는 '우선권'에 반대하는 농민의 투쟁을 심화시켰고, 법적 보호아래 토지의 자유매매는 홍수처럼 자신을 옥죄이던 질곡을 쓸어버렸으며, 이것은 종법 종족관계를 해체시키는 추동력이 되었다.

3. 토지상품화의 심화

사회경제의 발전에 따라 명·청시대에 토지매매의 자유화추세는 이미 주류가 되었고 토지상품화는 막을 수 없는 추세가 되었다. 우리들이 파악한 자료에 의하면 안휘(安徽) 휘주부(徽州府)와 복건(福建)지역에서는 모두 명나라시기에 대량의 토지매매계약문서가 작성되었다. 여기에서는 이들 계약 문서를 바탕으로 당시 토지매매의 상황을 분석할 것이다.

휘주지역에 남아 있는 명나라시기 토지매매문서는 매우 많은데, 여기서는 중국사회과학원 역사연구소가 휘주문서를 정리 편집한『명·청휘주사회경제자료총편(明淸徽州司會經濟資料叢編)』2편에 기재된 '명대토지매매문계(明代土地賣買文契)·매전문계(賣田文契)·매지문계(賣地文契)'를 분석하였다. 이들 문서는 매전·지문계가 340건이고 이 가운데 친족에게 매매한 문서가 79건으로 23.24%를 차지하였다. 동성의 민인(民人)과 매매한 문서는 약 95건으로 27.94%를 차지했다. 다른 성씨와 매매한 문서는 166건으로 48.82%를 차지했다. 자세한 내용은 아래의〈표 7-27〉을 참조하라.

〈표 7-27〉 명대 휘주지역 전지(田地)매매 관계표

연호	친족		동성의 민인		타성		설명
	건수	%	건수	%	건수	%	
洪武	2	25	2	25	4	50	
建文					6	100	
永樂	4	19.48	6	28.57	11	52.38	
洪熙			1	50	1	50	
宣德	1	8.33	7	58.33	4	33.33	
正統	1	6.67	6	40	8	53.33	
景泰			3	37.5	5	62.5	
天順					6	100	
成化	2	9.52	4	19.05	15	71.43	
弘治	7	24.14	8	27.59	14	48.28	이 중 1건은 매주(買主)의 성씨가 불분명하여 통계에 불포함.
正德	5	23.81	6	28.57	10	47.62	
嘉靖	15	27.27	25	45.45	15	27.27	이 중 1건은 매주(買主)의 성씨가 불분명하여 통계에 불포함.
隆慶	3	30	1	10	6	60	
萬曆	21	25	23	27.38	40	47.62	이 중 4건은 매주(買主)의 성씨가 불분명하여 통계에 불포함.
天啓	7	70	1	10	2	20	
崇禎	11	34.38	2	6.25	19	59.38	이 중 4건은 매주(買主)의 성씨가 불분명하여 통계에 불포함.
합계	79	23.24	95	27.94	166	48.82	

자료출처 : 중국사회과학원 역사연구소 휘주문서편,『명·청휘주사회경제자료총편(明淸徽州司會經濟資料叢編)』제2편, '명대토지매매문계(明代土地賣買文契)·매전문계(賣田文契)·매지문계(賣地文契)', 중국사회과학출판사, 1990.

명나라 영락(永樂)에서 숭정(崇禎)에 이르는 200여 년 동안 복건(福建) 진강(晉江)·남안(南安)·덕화(德化)·안계(安溪)·동안(同安)·하문(厦門)·운소(雲霄) 7개 현(縣)에 남아 있는 매전계(賣田契)·매원계(賣園契)·매산계(賣山契)는 모두 23건이고 이 가운데 친족에게 판매한 계약문서는 1건으로 전체 문서 중 4.17%를 차지했다. 동성의 민인에게 판매한 문서도 1건으로 역시 4.17%를 점했다. 타성에게 판매한 문서는 21건으로 전체 문서 가운데 91.66%에 달했다. 자세한 내용은 아래의 〈표 7-28〉을 보라.

〈표 7-28〉 복건(福建)의 진강(晉江)·남안(南安)·덕화(德化)·안계(安溪)·동안(同安)·하문(厦門)·
운소(雲霄) 7개 현의 토지매매 상황표

연호	친척		동성		타성	
	건수	%	건수	%	건수	%
永樂					1	100
天順					1	100
弘治					2	100
正德	1	50			1	50
嘉靖					5	100
萬曆					4	100
天啓					5	100
崇禎			1	33.3	2	66.7
합계	1	4.17	1	4.17	21	91.66

자료출처 : 「민남계약문서종록(閩南契約文書綜錄)」, 『중국사회경세사연구』 1990.
설명 1. 본 표에서 나열한 수치는 매전계(賣田契)·매원계(賣園契)·매산계(賣山契)만을 포함한 것으로
　　　　 전당(典當)과 저압(抵押)문서는 포함하지 않음.
　　　 2. 매주(買主)의 성씨가 불명한 것은 계산에 포함하지 않음.
　　　 3. 조계(找契)·첩계(貼契)·진계(盡契)·첨계(添契) 등은 포함하지 않음.

이상의 매매 가운데에서 우리들에게 깊은 인상을 준 것은 시중 가격에 의거해 토지매매가 이루어진 사실이다. 예를 들어 문서에는 "세 측이 모여 가격을 논의하였다(三面評議價錢)"거나 "만나 시가를 의논했다(面議時值, 面議時價)", "세 측이 의논해 가격을 정하였다(三面議定時價)"거나 "당일 세 측이 의논해 가격을 정하였다(當日三面議定時值價)"[437]는 내용이 기록되어 있다. 또 "세 측이 의논해 정하기를 가격은 사은(絲銀) 10냥으로 했다(三面議定, 賣出絲銀十兩正)"거나 "세 측이 정하기를 당일 판매가격은 문광은(紋廣銀) 79냥으로 정하였다(本日賣訖價銀七十九兩紋廣正)"는 기록도 있다. 이것은 친족에게 판매할 때에도 시중 가격에 견주어 매매하였음을 의미한다. 예컨대 "지금 생계의 곤란으로 인해 친족 월대변(月

台邊)에게 판매해 그의 세업으로 삼으며 세 측이 논의해 정하기를 판매가는 시가로 문광은(紋廣銀) 42냥으로 하였다거나(今因乏用, 送賣房姪月台邊爲業, 三面言議, 得訖時價紋廣銀四十二兩正)", "당일 중계인과 함께 세 사람이 모여 의논하여 시가에 따라 화은(花銀) 14냥으로 정하였다(當日同中見三面言議, 定時值土風契價花銀一十四兩正)"[438] 시중 가격에 따라 자기 토지에 가격을 설정한 점은 필자들의 현재 연구에서 매우 중요하다. 다만 과거 종종 이를 경시하였고 바로 이 때문에 학계에서는 여러 의견이 분분하게 된 것이다.

필자들이 인용한 청나라 때의 토지계약 자료는 명대의 그것에 비해 훨씬 많고 범위도 넓다. 안휘(安徽)·복건(福建)지역뿐 아니라 산동(山東)·사천(四川)·소주(蘇州) 등지의 자료, 형당자료(刑檔資料)까지 포함하면 전국 19개 성(省)에 대한 기록이 남아 있다. 이처럼 다수의 자료를 기초로 연구를 진행한 것은 국내외 연구자들 중 처음이라, 결론이 어떠하든 이러한 탐색은 의미가 있는 것이다.

청대(淸代) 전기 민북(閩北)지역의 77건의 토지매매 문서 가운데에서 "먼저 친족에게 물어 그들이 모두 그것을 구입할 능력이 없어 판매하게 되었다(先問親房伯叔弟姪人等俱無力承賣)"는 계약은 겨우 14건뿐이었고[439] 전체 건수에서 차지하는 비중은 18.18%였다. 복건의 민중(閩中)·민동(閩東)·민남(閩南)과 민북지역에서 수집한 402건의 계약문서 가운데 "먼저 친족 등에게 물어 그들이 매입하지 않아(先問房門人等俱各不受)"라고 기록된 문서는 44건[440]으로 전체문서 가운데 겨우 10.95%만을 차지할 뿐이었다. 그 나머지 문서에는 모두 "이 땅은 내가 모은 재산이라 친족들이 간여할 수 없다(其田系自置物業, 與親房伯叔人等各無相干)"거나 "이 땅은 부친이 남겨준 재산이라 친족들이 간섭할 수 없다(其田系承父遺授物業, 與親房伯叔人等各無干涉)"거나 "이 땅은 나누어 정한 재산이라 친족들이 간여할 수 없다(其田系分定之業, 與親房伯叔人等各無相干)"라고 기록되어 있다.[441] 판매자는 강력하게 의식적으로 "스스로 이룬 재산(自置物業)" 혹은 "나누어 정한 재산(分定之業)" 혹은 "부친이 남겨 준 재산(遺授物業)"이라 표현하고 있는데 이는 자기의 토지는 누구에게도 팔수 있고 어느 곳에 토지를 판매할 지는 자신의 일이므로 친족들은 "간여할 수 없었음(各無相干)"을 의미한다.

휘주부(徽州府)의 토지 매매 상황도 이러한 정황을 반영하고 있다.『명·청휘주사회경제자료총편(明淸徽州司會經濟資料叢編)』 가운데 '매전계(賣田契)'편에는 157건의 청대 토지매매계약문서가 있다. 이 가운데 친족들 사이에 매매한 문서는 30건으로 전체 문서가 운데 19.11%에 불과하고 그 나머지 127건의 문서에는 다음과 같은 내용이 강조되어 있다. "만약 친족들이 다른 말을 하더라도 모든 것은 판매자가 책임을 진다(倘有親房內外人等異說, 俱系賣人承當)"거나 "만약 다툼이 있더라도 모든 것은 본인이 처리한다(如有爭論, 俱身理直)"거나 "만약 친족들이 다른 말을 하더라도 모든 것은 판매자가 힘써 처리한다(倘有親房內外等異說, 俱系出賣人一力承肩理直)"거나 "만약 토지의 유래가 명확하지 않아 친족들의 말이 있으면 다 책임을 진다(倘有來歷不明及內外人聲說等情, 盡氏支當)"거나 "만약 다른 말이 있으면 모든 것은 판매자가 책임을 진다(倘有異說, 俱系賣人一垃承當)"는 내용442)이 문서에 포함되어 있다. 여기에 반영된 것은 의심의 여지없이 자의식의 증가이고, 토지매매에서 그의 지위는 독립적이며, 그는 자유롭게 자신의 재산을 처분할 수 있는 권리의 소유자였다.

복건과 지금 안휘 휘주지역은 본래 모두 동족들이 모여 거주하던 곳이었으나 친족 간의 진행된 토지매매의 사례는 비교적 많지 않았다. 여러 성씨가 섞여 거주하는 곳에서 친족 간에 진행된 토지매매는 객관적 환경의 제약을 더욱 많이 받았을 것이라는 점은 쉽게 이해할 수 있다. 이는 아래의 사례를 통해 확인할 수 있다. 가경(嘉慶) 3년(1798) 강서(江西)의 동향(東鄕)사람 진문해(陳文海)의 당수(堂嫂)였던 애씨(艾氏)는 자신의 토지를 진종리(陳宗俚)에게 판매할 때 친족들에게 먼저 매입여부를 묻지 않고 직접 그 토지를 판매했다.443) 건륭(乾隆) 47년(1782) 호남(湖南) 상향(湘鄕)의 팽이중(彭已重)은 토지 17.8무를 오약금(吳若錦)에게 전당잡혔고 이해 4월 팽이중은 다시 이 토지를 하체전(賀蒂典)에게 판매했으며 하체전은 수중에 돈이 부족하여 다시 이 토지를 진만년(陳萬年)에게 전당잡혔다.444) 몇 차례의 매매를 거쳤음에도 그들은 "먼저 친족과 이웃에게 묻는(先盡親隣)" 관행을 따르지 않았다. 건륭 14년(1749) 2월 하남(河南) 식현(息縣)의 부량복(傅良卜)은 자신의 토지를 담덕성(譚德盛)에게 판매하면서도 먼저 친족이나 이전 소유주[原業主]에게 묻지 않았다.445) 이러한 상황의 발생은 종법관계의 쇠퇴, 개인의 지위 상승과 밀집하게 연관되어 있다.

상품화폐경제의 발전은 좋은 가격으로 토지를 매매하려는 행위를 보편화 시켰다. 이것은 토지매매에 뿌리 내린 종법종족제에 큰 충격을 주었다. 이는 화폐를 추구하는 판매자에 의해 구체화되었다. 이제 누가 좋은 가격을 제시하는가는 누가 그 토지를 가지는 가의 문제가 되었다. 이와 같은 사례는 앞서 서술한 바 있으므로 여기서는 다시 서술하지 않는다.

청나라 조정은 "먼저 친족들에게 매입의사를 물어야 한다(先盡親房)"는 관습을 부정하면서 토지의 자유로운 매매를 보호하고 장려하는 정책을 실시했고, 이는 토지매매에 남아 있던 종법종족제도를 약화시키는데 유익한 역할을 했으며 결국에는 종법종족제의 영향을 제거했다. 청나라 전기 토지의 자유로운 매매는 이미 주도적 추세였고 이는 동성과 타성사이에 진행된 토지매매를 나열한 자료를 이용한 만든 아래의 〈표 7-29〉~〈표 7-40〉에서 잘 확인된다.

〈표 7-29〉 청나라 전기 직예(直隷) 등 19개 성에서 동성 혹은 타성 사이의 토지매매 현황

성별	康熙				雍正				乾隆				嘉慶				소계				
	동성	%	타성	%	동성	%	타성	%	동성	%	타성	%	동성	%	타성	%	건수	동성	%	타성	%
합계	10	38.5	16	61.5	7	21.2	26	78.8	118	33.9	230	66.1	101	31.5	220	68.5	728	237	32.6	491	67.4
直隷									4		17		2		15		38	6	15.8	32	84.2
山東	1						1		9		8		3		11		33	13	39.4	20	60.6
山西	3		1						8		9				11		40	19	47.5	21	52.5
河南	1		1		3				9		12		8		12		48	21	43.8	27	56.2
陝西							3		2		8				18		31	8	25.8	23	74.2
甘肅									3		4		1		4		12	4	33.3	8	66.7
江蘇					1				5		25		5		17		53	11	20.8	42	79.2
浙江					1				7		14		7		10		39	15	38.5	24	61.5
安徽							1		10		16		3		18		49	13	26.5	36	73.5
江西									8		16				13		46	17	37.0	29	63.0
湖南							5		12		12				15		50	18	36.0	32	64.0
湖北	1		4		1		6		3		20		3		12		50	8	16.0	42	84.0
四川	1		2				5		9		26		11		23		77	21	27.3	56	72.7
福建			2				1		11		15		6		5		40	18	45.0	22	55.0
廣東	3		2						9		15		17		17		63	29	46.0	34	54.0
廣西			2						2		4						8	2	25.0	6	75.0
雲南									2		3		2		4		11	4	36.4	7	63.6
貴州					1		2		4		5		4		19		35	9	25.7	26	74.3
奉天									1		1				3		5	1	20.0	4	80.0

자료출처 : 중국사회과학원 경제연구소 소장 『형당초건(刑檔抄件)』에서 정리.
설명 : 매주(買主)와 매주(賣主)가 명확하지 않은 사례와 택지와 태환지(兌換地)의 사례는 제외하였음.

〈표 7-30〉 건륭 연간 직예 등 18개 성(省)의 토지매매 현황

성별	소계	친족		동성		타성		주
		건수	%	건수	%	건수	%	
直隷	5					5	100	
山東	3	1	33.4	1	33.3	1	33.3	건륭 5년 매매문서중 賣主가 명확하지 않은 것은 제외.
山西	3	1	33.4	1	33.3	1	33.3	
河南	5					5	100	

지역	합계	건수	%	건수	%	건수	%	비고
陝西	1					1	100	
甘肅	1					1	100	
江蘇	9	1	11.1	3	33.3	5	55.6	36년 다른 일이 발생해 토지매매가 이루어지지 않음.
浙江	6			3	50.0	3	50.0	
安徽	16			4	25.0	12	75.0	
江西	10			3	30.0	7	70.0	39년 방산(房産)을 판매한 것은 통계에 넣지 않음.
湖南	18	2	11.1	4	22.2	12	66.7	
湖北	12			3	25.0	9	75.0	
四川	6			1	16.7	5	83.3	
福建	4			1	25.0	3	75.0	
廣東	5			2	40.0	3	60.0	
廣西	2					2	100	
雲南	1					1	100	18년 토지매매안 중 賣主가 명확하지 않은 것은 제외.
貴州	6			1	16.7	5	83.3	
합계	113	5	4.4	27	23.9	81	71.7	

자료출처 : 중국제일역사당안관(中國第一歷史檔案館)·중국사회과학원 역사연구소, 『청대토지점유관계와 전농의 항조투쟁(淸代土地占有關係與佃農抗租鬪爭)』, '토지매매 제104~220조', 중화서국 1988.

설명 : 1. 매주(買主)와 매주(賣主)가 불명확한 것, 가옥의 매매, 거래가 성립되지 않은 것은 통계에 포함하지 않음.

2. 고리대로 토지를 겸병한 것과 토지 전당은 통계에서 제외함.

3. '우선구매권'의 주장이 제출된 것은 하남에서 1건, 호남에서 2건, 사천에서 1건, 직예에서 1건, 섬서에서 1건, 산서에서 1건, 귀주에서 1건, 강서에서 1건이었다.

〈표 7-31〉 휘주부 토지매매상황(1)

연호	합계	친족		동성		타성	
		건수	%	건수	%	건수	%
順治	5	2	40.0	2	40.0	1	20.0
康熙	40	11	27.5	9	22.5	20	50.0
雍正	12			1	8.33	11	91.67
乾隆	37	6	16.22	9	24.32	22	59.46
嘉慶	16	2	12.5	1	6.25	13	81.25
道光	13	1	7.69	3	23.08	9	69.23
咸豊	18	4	22.22	1	5.56	13	72.22
同治	9			2	22.22	7	77.78
光緖	5	2	40.0	1	20.0	2	40.0
宣統	2	2	100				
합계	157	30	19.11	29	18.47	98	62.42

자료출처 : 안휘성박물관(安徽省博物館), 『명청 휘주 사회경제자료 총편(明淸徽州社會經濟資料叢編)』 제1집, 부표 매전계(賣田契), 중국사회과학출판사, 1988.

〈표 7-32〉 휘주부 토지매매 현황(2)

연호	합계	친족		동성		타성		주
		건수	%	건수	%	건수	%	
康熙	62	3	4.84	30	48.39	29	46.77	3년 1건이 買主의 성씨가 불분명.
雍正	38	9	23.68	3	7.9	26	68.42	
乾隆	72	15	20.55	22	30.14	36	49.13	44·45·49년 각각 買主의 성씨가 불명환 것이 1건씩
嘉慶	14	5	35.71	2	14.29	7	50.00	
道光	21	7	33.33	4	19.05	10	47.80	
咸豊	14			1	7.14	13	92.86	
同治	6					6	100	6년 1건의 문서에서 성씨가 불분명.
光緒	10			1	10.0	9	90.0	
합계	238	39	16.39	63	26.47	136	57.14	

자료출처 : 안휘성박물관(安徽省博物館), 『명청 휘주 사회경제자료 총편(明淸徽州社會經濟資料叢編)』
　　　　　제1집, 부표 매전계(賣田契), 중국사회과학출판사, 1988.
설명 : 매 연도에 매주(買主)와 매주(賣主)의 성명이 명확하지 않은 것은 통계에서 제외.

〈표 7-33〉 휴녕(休寧) 주씨(朱氏) 재산 현황

연호	총계	동성 매매				타성 매매	
		친족	%	不同宗	%	건수	%
崇禎~順治	2	2	100				
康熙	12	6	50.0	2	16.7	4	33.3
雍正	10	4	40.0	1	10.0	5	50.0
乾隆	26	12	46.2	5	19.2	9	34.6
嘉慶	61	11	18.0	13	21.2	37	60.7
道光	3					3	100
합계	114	35	30.7	21	18.4	58	50.9

자료출처 : 중국사회고학원 경제연구소 소장 『둔계자료(屯溪資料)』
설명 : 본 표는 단지 토지매매 부분만을 담고 있음. 가옥매매는 제외.

〈표 7-34〉 소주부(蘇州府) 심씨가(沈氏家) 재산 현황

연호	합계	동성		타성	
		건수	%	건수	%
順治	1			1	100
康熙	41	10	24.4	31	75.6
雍正	28	4	14.3	24	85.7
乾隆	254	35	13.8	219	86.2
嘉慶	243	31	12.8	212	87.2

道光	28	7	25.0	21	75.0
합계	595	87	14.6	508	85.4

자료출처 : 홍환춘(洪煥椿), 『명청 소주 농촌경제자료(明淸蘇州農村經濟資料)』91~145쪽의 토지거래
　　　　　문서에서 정리.

설명 : 가경 21년(1816)에서 25년(1820) 사이의 3건은 계산하지 않음.

〈표 7-35〉 사천(四川) 신도현(新都縣) 토지매매 현황

연호	합계	동성				타성	
		친족	%	本鄕民人	%	건	%
嘉慶	5					5	100
道光	20	1	5.0	2	10.0	17	85.0
咸豊	6					6	100
同治	19			3	15.8	16	84.2*
합계	50	1	2.0	5	10.0	44	88.0

자료출처 : 사천(四川) 신도현(新都縣) 당안관(檔案館)사료편, 『청대지계사료(淸代地契史料)』에서 가
　　　　　공하여 정리한 것.

설명 : * 가운데 2건은 매주(買主)의 성명이 불명확해 통계에 넣지 않음.

〈표 7-36〉 복건 민북(閩北)지역 토지매매 현황

연호	소계	동성				타성		주석
		친족	%	本鄕民人	%	건수	%	
順治	7					7	100.0	1. 건륭연간의 토지문서 38
康熙	5	1	20.0			4	80.0	건이고 이 가운데 5건은
雍正	4	4		2	50.0	2	50.0	조가(找價)25)문서이고 1
乾隆	32	3	9.4	1	3.1	28	87.5	건은 태환문서이다. 때문
嘉慶	14	3	21.4	2	14.3	9	64.3	에서 여기서는 제외했다.
道光	6	1	16.7	1	16.7	4	66.6	2. 가경 때 토지문서는 16건
咸豊	2					2	100.0	인데 이 가운데 2건은 조
同治	1					1	100.0	가문서여서 제외했다.
光緒	2	1	50.0			1	50.0	3. 연대미상 문서는 건구현
연호미상	4			1	25.0	3	75.0	(建甌縣) 오필명(吳必明)
합계	77	9	11.7	7	9.1	61	79.2	의 매지(買地) 문서임.

자료출처 : 양궈젠(楊國楨), 「민북 토지문서 선편(閩北土地文書選編1·2)」(『중국사회경제사연구』1982,
　　　　　제1·2기)를 정리해 완성한 것임.

---

25) 역주 - 找價란 명·청시대 토지 매매가 완료된 후 판매자가 구매자에게 값을 올려 줄 것을 요구
　　하는 경제행위를 말한다.

〈표 7-37〉 복건(福建) 민중(閩中)·민남(閩南)지구 토지 전매(典賣)관계표

연호	친족		同姓民人		타성		설명
	건수	%	건수	%	건수	%	
明萬曆	1	50			1	50	1. 건륭 연간 8건의 문서는 매주(買主)의 성명이 명확하지 않아 계산에 불포함.
崇禎					3	100	
淸順治	1	25			3	75	
康熙	5	15.15			28	84.85	
雍正	8	24.24	1	3.03	24	72.73	2. 가경 연간 5건의 문서는 매주(買主)의 성명이 명확하지 않아 계산에 불포함.
乾隆	64	47.41	1	0.74	74	54.81	
嘉慶	25	52.08			23	47.92	
道光	32	53.33			28	46.67	3. 광서연간 3건의 문서는 매주(買主)의 성명이 명확하지 않아 계산에 불포함.
咸豊	22	62.86	1	2.86	12	34.28	
同治	5	29.14			12	70.59	
光緒	8	27.59			21	72.41	
합계	171	42.54	3	0.75	228	56.72	

자료출처: 복건사범대학사학과, 『명청 복건경제계약문서선집(明淸福建經濟契約文書選輯)』 전지전매 문서(田地典賣文書), 인민출판사, 1997.

설명 : 1. "먼저 친족 등에게 물어 구매하지 않겠다(先問房門人等, 俱各不受)"의 기록이 있는 문서는 숭정(崇禎)때 구녕현(甌寧縣)에서 1건, 청대에는 남평현(南平縣)에서 21건, 용계현(龍溪縣) 에서 17건, 광택현(光澤縣)에서 4건, 동안현(同安縣)에서 1건, 총 44건임.

2. '전지전매문서(田地典賣文書)'는 모두 418건이고 포함하는 현은 구녕(甌寧)·민청(閩淸)·후 관(侯官)·영덕(寧德)·남평(南平)·복주(福州)·민현(閩縣)·용계(龍溪)·선유(仙游)·숭안(崇 安)·보전(莆田)·광택(光澤)·남안(南安)·영춘(永春)·동안(同安)·장주(漳州)·진강(晋江)등 17 개 현이다. 이 가운데 매주(買主)의 성씨가 명확하지 않은 문서는 16건은 계산에 포함하지 않았다. 이 통계는 402건을 대상으로 한 것이다.

〈표 7-38〉 복건 진강(晋江)·덕화(德化)·안계(安溪)·동안(同安)·하문(厦門)·운소(雲霄)등 현의 토 지매매 현황

연호	친족		동성 민인		타성		설명
	건수	%	건수	%	건수	%	
順治					3	100	동안·하문의 판매 문서 가운데 18건의 문서에는 "먼저 친족 등에게 매입할 의사가 없는지를 물어(先盡問房親人等不願承受)"라는 기록이 있다. 운소현의 매매 문서 가운데 약 20건의 문서에는 "먼저 친족 등에게 가서 매입할 의사가 없는지를 물어(先盡至親人等不辱承受外)"라는 글이 있거나 "먼저 친족에게 묻고 매입을 원하지 않으면 판매할 수 있다(先盡房親叔姪人, 不願承交外)"는 글이 있다.
康熙	1	6.25			15	93.75	
雍正	1	14.29			6	85.71	
乾隆	14	50	1	3.57	13	46.43	
嘉慶	9	50	2	11.11	7	38.89	
道光	10	45.45	3	13.64	9	40.91	
咸豊	10	50	4	20	6	20	
同治	7	63.64			4	36.36	
光緒	10	34.48	4	13.29	15	51.73	
宣統	4	100					

합계	66	41.77	14	8.86	78	49.37	

자료출처 : 「민남계약문서종록(閩南契約文書綜錄)」, 『중국사회경세사연구』1990.

설명 : 1. 본표에서 나열된 수치는 매전계(賣田契)·매원계(賣園契)·매산계(賣山契)문서만을 대상으로
한 것이라 전당(典當)·저압(抵押)문서는 제외했다.

2. 매주(買主)의 성명이 불명확한 것은 계산에서 제외했다.

3. 조계(找契)·첩계(貼契)·진계(塵契)·첨계(添契)·추관(推關) 등의 문서는 제외했다.

〈표 7-39〉 사천(四川) 파현(巴縣)의 토지매매 현황

연호	친족		동성 민인		타성	
	건수	%	건수	%	건수	%
雍正					1	100
乾隆	5	26.32			14	73.68
嘉慶	3	15.79	1	5.26	15	73.68
道光	3	17.65			14	82.35
합계	11	19.64	1	1.79	44	78.58

자료출처 : 사천대학역사학과, 사천성당안관(四川省檔案館) 편, 『청대건·가·도파현당안선편(淸代乾
嘉道巴縣檔案選編)』 사천대학출판사, 1989.

설명 : 1. 이 책 3부 '각종 토지가옥계약·매매문서'에서 추출한 것임.

2. 매음지(賣陰地)와 매방(賣房)문서는 제외하였음.

3. 합약(合約), 두후환합약(杜候患合約), 령약(領約)문서는 제외하였음.

4. 문서 강누데 "먼저 형제를 찾아가 매입할 수 없다는 것을 확인하고(先盡親隣, 無人承買)"
혹은 "먼저 친족에게 물은 후 이웃에게 물어 모두 매입하지 않는 것을 확인하고(先盡本族,
後盡田隣, 俱無承買者)"와 같은 글이 있는 문서는 모두 7건이다.

〈표 7-40〉 산서(山西) 양분현(襄汾縣) 정촌(丁村)의 토지매매 현황

연호	소계	친족		동족		타성	
		건수	%	건수	%	건수	%
건륭	2			1	50.0	1	50.0
가경	8	1	12.5	5	62.5	2	25.0*
도광	6			5	80.0	1	20.0
함풍	1			1	100.0		
동치	4	1	25.0	3	75.0		
광서	8	1	12.5	6	75.0	1	12.5
합계	29	3	10.4	21	72.4	5	17.2

자료출처 : 장정밍[張正明]·타오부하이[陶富海], 「청대정촌토지문서선편(淸代丁村土地文書選編)」, 『중
국사회경제사연구』1989년 4기, 84~89쪽.

설명 : * 가경 23년 1건은 매주(買主)가 불분명하여 생략함.

상술한 자료를 통해 보면 전국 19개 성을 범위로 분석한 것은 물론이고 1개
성, 1개 현(縣), 1개 촌(村)을 단위로 혹은 1개 가족을 단위로 고찰하였다. 이를 통

해 우리들은 청대 토지매매에서 종법종족관계가 여전히 일정하게 영향을 미치고 있었으며 심지어 일부지역에서는 비교적 강력하게 그것을 제약하고 있었음을 확인하였다. 다만 이러한 구속은 최종적으로는 시대의 발전에 따라 쇠퇴하여 토지매매는 점차 종법종족제의 질곡을 벗어나 자유롭게 매매되는 쪽으로 발전해 갔다. 이러한 양상은 토지구매자의 범위를 크게 확대하여, 청나라 때에는 시종일관 비교적 많은 자영농이 존재하였고 따라서 이는 사회경제발전에 일조했다. 또 상품화폐 경제활동의 경영자로 화폐를 소유한 외향 혹은 타성바지들은 토지를 구매할 수 있는 많은 기회를 가지고 있었다. 예를 들어 청대 붕민(棚民) 가운데에는 만관(萬貫) 이상의 화폐를 소유한 상인도 있어, 그들은 강소(江蘇)·절강(浙江)·복건(福建)·강서(江西)·호남(湖南)·사천(四川)·호북(湖北)·섬서(陝西)·운남(雲南) 등지로 가서 산을 빌리거나 구매하여 개간하였는데 부추를 심어 남색 안료를 제작하거나, 마를 심어 포를 직조하거나, 포곡(苞穀 : 역자-옥수수)를 심거나, 산을 개간하여 나무를 심어 상품경제를 촉진했다.

청대전기 토지매매가 자유롭게 되는 과정에서 강소·안휘·강서·호남·호북·사천·하남 등지에는 이전 소유주[原業主]가 여전히 은량을 요구하는 풍속이 남아 있었다. 지역적 차이로 인해 그 명칭은 각기 달랐다. 예를 들어 호북지역에서는 그것을 탈업전(脫業錢)이라 했고, 호남에서는 괘홍은(掛紅銀) 혹은 탈업전이라 했고, 하남에서는 상하은(賞賀銀)이라 했고, 강소·사천·강서에서는 획자은전(畫字銀錢)이라 했고, 안휘에서는 위교잡(謂較雜) 혹은 상하은·희자은(喜資銀)·도근은(倒根銀)이라 했다. 호북 양양현(襄陽縣)에서는 강희(康熙) 56년(1717) 주계(朱桂)가 황둔전(荒屯田) 30무를 유현장(劉現章)의 부친인 유인미(劉仁美)에게 은 53냥에 판매하였다. 옹정 13년(1735) 유현장은 "가난하여 생계를 이어갈 수 없어 주매(朱梅) 등과 합의하여 은 178냥에 그 땅을 조상(趙祥)에게 판매하고 주계에게 탈업전 20,000문을 지급하였고 주매 역시 5,000문의 돈을 얻었다(貧不能守, 憑朱梅等說合, 得價銀一百七十八兩, 轉售與趙祥爲業, 當給朱桂脫業錢二十千文, 朱梅亦得錢五千文)."[446] 호남 무릉현(武陵縣)의 곽유번(郭維藩)은 옹정 13년(1735) 전(田) 8두(斗)를 진첨위(陳添位)에게 판매하였는데 건륭 4년(1739) 곽유번은 다시 진첨위에게 "괘홍은(掛紅銀) 2냥 4전"을 요구하였다. 곽우문(郭友文)이 그 소식을 듣고 진첨위에게 가서 돈을 요구하니 진첨위는 "곽우문에게 은 6전을 지급했다."[447] 안휘 수주(壽州)에서는 건륭 7년(1742) 방자옥(方子玉)이 5두(斗)를 파종할 수 있는 전(田)을 장세명(張世明) 집안의 기지(基地)와 교환하였다. 그런데 이 전(田)의 이전 소유주

[手業主는 방관(方冠)이었고, 수주의 풍속에 의하면 "재산의 소유권이 이동할 경우 이전 소유주[原業主]는 '희례'를 나누어 가졌다(産動, 原業主有分喜禮)." 이에 방관의 모친은 방련(方連)에게 부탁해 방자옥에게 '희례'를 요구했고 방자옥은 은 2냥을 지급했다.[448] 하남 고시현(固始縣)에서는 건륭 8년 장명구(張鳴九)가 허정채(許廷彩)에게 전지를 매입하였다. 고시현의 관계에 의하면 토지를 매입한 자는 이전의 소유주에게 상하은(賞賀銀)을 지급했으므로 장구명은 이 현의 관습에 따라 업주 허장태(許長太)에게 15냥의 상하은을 지급했다.[449] 강소 태주(泰州)에서는 건륭 17년(1782) 백명산(柏明山)이 조상이 남겨준 공공전(公共田) 15무를 탕만금(湯萬錦)에게 판매하여 그 돈을 친족들이 균분하였다. 58년(1793) 탕만금이 이 토지를 탕광유(湯廣有)에게 팔았는데 이때 "이전 업주는 응당 화압전(畵押錢) 3,000문을 나누어 가졌다(原業主應分畵押錢三千文)."[450]

이전 업주는 보상은(補償銀)을 누구에게 요구하였을까? 이는 상황에 따라 달랐는데 획자은(畵字銀 : 畵押銀)은 일반적으로 매주(買主)에게 요구했다. 예를 들어 사천 부주(涪州)에서는 건륭 14년(1749) 양방(楊榜)이 자기의 전(田)을 양사영(楊仕榮)에게 판매하였고 양사영은 양현(楊顯)과 그의 형 양춘(楊春)에게 획자은 9냥을 각각 지급하였다.[451] 안휘 합비(合肥)에서도 희자은(喜資銀)과 획자은(畵字銀)은 매주(買主)가 지급하였다.[452] 호북 강릉현(江陵縣)의 탈업전(脫業錢)은 이전의 업주[原業主]가 새로운 매주(買主)에게 요구하였다.[453] 호남 안화(安化)의 관습과 호북 강릉(江陵)의 그것은 서로 같았다.[454] 안휘 수주의 상황은 이와 달랐다. 이전의 업주에게 주던 희례은(喜禮銀)은 매주(賣主)에게 나왔다. 진견미(陳見美)의 발언에 의하면 "이 작은 향리에는 유래되어 온 관습이 있는데 무릇 구매한 토지를 판매할 경우 이전의 업주는 해당 토지를 판매한 이에게 희례은을 요구하였다(小的這鄕里, 向來有個俗例. 凡轉賣田産, 原業主要向轉賣的討些喜禮銀子的)."[455] 곽구(霍邱)의 사정도 수주와 같아 이전의 업주가 받은 상하은(賞賀銀)은 그 토지를 판매한 자가 지급했다.[456]

이전의 업주에게 지급한 상하은(賞賀銀)·괘홍은(掛紅銀)은 어떤 기준에 의해 지급되었을까? 다른 지역의 상황은 명확하지 않으나 호북 강릉(江陵)의 관습에 의하면 "고장의 관례에 의해 매 1냥에 은 3분(分)을 지급하였다(從鄕例每兩給銀三分)."[457] 이는 매입한 가격의 3%에 해당한다.

이렇게 다른 이름으로 지급된 보상은은 매주(買主)에 의해 지급된 것이나 실제로는 매입한 가격에 그것이 포함되어 있었다. 예를 들어 안휘 합비현(合肥縣)

에서는 건륭 23년(1758) 뇌상명(雷相明)이 8두(斗) 6승(升) 반(半)의 앙전(秧田), 그리고 외가로부터 받은 기지(基地)와 3간의 건물을 허갱(許賡)에게 판매했는데 "가격을 40냥으로 하면서 외가 형제들과 친족들에게 지급하는 희자은(喜資銀)은 14냥이고, 또 토지의 명의를 변경에 대한 획자은(畫字銀)은 10냥으로 하여 도합 은 54냥으로 그 값을 분명히 했다(言明正價四十兩, 外胞兄弟幷親族喜資銀十四兩, 又過割交莊畫字銀十兩, 共銀五十四兩)."[458] 여기서 희자은과 획자은(畫字銀)이 정가의 60%를 차지하고 있다. 만약 매주(買主)가 매입한 가격 이외에 매입가의 반이상을 지불해야 한다면 매주(買主)는 거래를 하지 않으려 할 것이고 때문에 희자은과 획자은은 실제 가격에 산입되어 있었다. 이는 금액의 분할로 인해 발생할 수 있는 친족사이에 불필요한 분규를 피하기 위해 해당 고장의 관례에 따라 전체 가격에서 일부를 분할하였던 것이지 판매자의 친족들에 대한 감사의 의미는 아니었다. 토지를 다시 판매하려는 자가 이전의 업주에게 일정량의 보상은(補償銀)을 지급한 것은 토지가격 상승으로 인해 발생한 가치의 분할이었다. 호북 양양현의 위군(衛軍) 주계(朱桂)는 강희 56년(1717) 황둔전(荒屯田) 30무를 선성(宣城)의 유인미(劉仁美)에게 은 53냥에 판매하였다. 옹정 13년(1735) 유인미의 아들 유현장(劉現章)은 가난으로 생계를 이어갈 수 없게 되자 개간하여 경작하던 전(田)을 조상(趙祥)에게 은 178냥에 판매하였는데, 이때 "주계에게 탈업전(脫業錢) 20,000문을 지급하였고 주매 역시 5,000문의 돈을 얻었다(當給朱桂脫業錢二十千文, 朱梅亦得錢五千文)."[459] 여기서 실제 토지의 가격이 상승하자, 이전의 업주와 그 토지를 판매한 업주는 상승한 토지가격의 가치를 각각 분할하고 있다. 이전의 업주가 차지한 몫은 대략 40%정도이다.

탈업전(脫業錢)·희례은(喜禮銀)·상하은(賞賀銀) 등의 관행과 관습은 오랜 시간동안 이어져 온 것이라 그 원인은 다양하다. 우선 이러한 풍속은 조정으로부터 묵인되었고 심지어 지지받아 합법화되었다. 호남 무릉현은 곽유번(郭維藩)이 토지를 판매하고 5년 뒤에 해당 토지를 매입한 자에게 괘홍은(掛紅銀)을 요구한 소송에 대해 다음과 같이 판결했다. "곽유번(郭維藩)은 오래 전에 판매한 토지에 대해서 번번이 돈을 요구하고 있다. 비록 이것이 불합리한 점은 있으나 그가 이전의 업주(原主)이므로 응당 그의 뜻에 따르라(郭維藩將久經絶賣之田輒行索找. 雖有不合, 但系原主, 應請免議)."[460] 안휘성도 이러한 사안을 처리할 때 관례를 부정하지 않으면서 향촌의 관례를 중시하여 "곽읍(霍邑)의 속례에는 무릇 토지를 되팔 때에는 이전의 업주가 응당 희례전을 받아야 한다(因郭邑鄕間俗例, 凡田地轉售,

原業主有應喜禮錢文."[461]고 했다. 강서 연산현(鉛山縣)의 경우, 갈발재(葛發崽)가 구매한 토지를 팔자 이전의 업주[原業主]는 관례에 따라 획자전(畵字錢)을 요구하였고 이에 대해 "첨춘무(詹椿茂)가 얻은 3,000문의 錢은 이전의 업주가 획자전을 받았던 관례를 좇아야 한다(詹椿茂分得錢三千文, 系循原業畵字俗例)."[462] 호북 수주(隨州)는 이월계(李月桂)가 향봉조(向奉早)에게 구타하고 몰래 향정명(向正明)의 땅 값을 나누어 가진 사건을 처리하면서 "섭개주(聶開主)·향정원(向正元)·향정부(向正富)·향봉기(向奉起)·향봉조(向奉早) 등이 나누어 받은 돈은 알아보니 탈업(脫業)의 취지였고 관례가 계속되어 왔으므로 그 납부를 면제한다(聶開主·向正元·向正富·向奉起·向奉早等分受錢文, 訊系脫業遺念, 俗例相沿, 免其追繳)."[463] 보상을 요구하는 분규가 점점 많아지자 정부의 담당자들은 이러한 습속의 폐지를 제출했다.

이전 판매주의 빈곤화 역시 이런 풍속이 퍼지게 된 또 하나의 원인이었다. 호남 상향(湘鄕)에서는 팽험외(彭驗外)가 획자전(畵字錢)을 요구하다 사람을 살해하는 사건이 발생했다. 건륭 19년(1754) 팽험외의 부친 팽종위(彭宗位)는 "자목형(紫木衡)"이라는 지명을 가진 토지를 팽행건(彭行健)에게 판매하였다. 건륭 21년 팽행건이 다시 이 토지를 팽읍릉(彭邑陵) 판매하였다. 팽험외는 이전의 업주[原業]가 되었고 상향의 관례에 의하면 토지를 판매하였으니 팽읍릉은 응당 팽험외에게 획자전을 지급해야 했다. 당시 팽험외는 다른 지역으로 출타 중이었으므로 이 돈을 받지 못했다. 건륭 51년(1786) 팽읍릉이 다시 이 토지를 팽체겸(彭体謙)에게 판매했다. 이에 "팽험외는 빈곤으로 인해 팽읍릉에게 보충전을 요구했으나 거부당했다(彭驗外因貧, 向彭邑陵索補充不允)."[464] 안휘 육안(六安)에서는 서빈문(徐彬文)이 양신희(楊晨熙)의 부친을 쳐죽이는 사건이 발생했다. 육안주(六安州)의 관례에는 구매한 토지를 다시 팔았을 때 이전의 업주는 하은(賀銀)을 요구할 수 있었다. 양신희의 부친은 병이 들었고 "집에는 은자가 없어 서빈문의 집에 가서 은자를 요구하였다(家里沒有銀子, 去向徐家要這銀子)."[465]

이러한 관습이 발생한 가장 주요한 요인은 토지가격의 부단한 상승이었다. 토지가 매매되어 종법종족제의 규제를 벗어났으며, 토지가격을 억제하는 요소들이 감소한 반면 인구는 부단히 증가하여 토지에 대한 수요가 점점 강렬해 졌다. 토지의 증가 속도가 느려지는 반면 인구가 급속히 증가하였고 토지 가격을 계속 상승했다. 이전 업주[原業主]는 이것을 공평하지 않은 것이라 여겼고 이에 따라 분쟁이 발생하고 지방의 치안에까지 영향을 미쳤다. 각양각색의 보상은(補償銀)

관례는 토지가격 상승으로 발생한 돈을 이전의 업주[原業主]에게 보상하기 위해 형성되었을 것으로 추정된다. 절강 의오현(義烏縣)의 진상채(陳尙彩)는 4두(斗)의 토지를 진승홍(陳承洪)에게 은자 2냥 5전에 판매했다. 진승홍은 이 토지를 진건지(陳乾志)에게 은자 9냥 6전에 다시 팔았다.[466] 진승홍은 5냥 1전의 차익을 얻었고 이는 원래의 매매가보다 3배 이상의 값이었다. 호남 평강현(平江縣)의 이이진(李二蓁)은 35무의 토지를 주겸익(朱謙益)에게 총 은 35냥, 1무 당 평균 1냥의 값에 팔았다. 이후 주겸익은 이 토지를 고영약(高榮籥)에게 은 540냥에 다시 팔았다. "이제현(李齊賢)은 자신의 팔았던 가격보다 몇 배 이상 판매된 것을 보고 주례은(酒禮銀)을 요구하였으나 받지 못했다. 이에 고영약의 작물을 훼손하고 강제로 그의 집소를 끌고 가 버렸다(這李齊賢見田價多了幾倍, 需索酒禮銀不遂. 打毁高家田禾, 又强牽他家牛只)."[467] 광동 용천현(龍川縣)의 추계생(鄒癸生)의 조부 추립곤(鄒立坤)은 3무 2리(厘)의 토지를 증옥등(曾玉登)에게 30,000문의 값으로 판매했다. 이후 증옥등은 이 토지를 증옥당(曾玉堂)에게 원가보다 22,000문 비싼 52,000문의 값으로 팔았다. "추계생은 그 땅이 비싼 값에 팔렸다는 소식을 듣고 다시 조가(找價)를 요구했다(癸生聞知轉賣多錢, 復要找價)."[468] 이러한 관습은 일정정도 토지 자유 매매의 발전을 제약하기도 했으나 사회발전에 따라 이 낡은 습속 역시 역사의 뒤안길로 사라졌다.

명·청시대 토지매매는 자유로운 매매일까 종법종족관계의 제약 아래에 있는 봉건적 매매일까? 이에 대해서는 연구자들 사이에 다양한 견해가 있다. 다양한 견해가 나온 원인은 하나의 표준화된 기준이 결여되었기 때문이다. 상품경제하에서 상품매매의 성격을 가장 잘 반영하는 것은 가격이다. 만약 상품의 가격이 시장의 시가에 의거하거나 시가보다 높게 판매된다면 매입자가 친족이든, 동성의 민인이든, 타성바지이든 이 거래는 자유매매에 속할 것이다. 이에 반해 상품 가격이 종족세력의 핍박아래에서 시가와 다르게 "먼저 친족에게 의사를 묻는(先盡親房)" 관습에 의해 낮은 가격으로 강제로 매매된다면 이러한 거래는 봉건적 매매이다. 만약 이러한 견해가 연구자들에게 수용된다면, 정부가 민전의 매매에서 관습의 폐지를 약속한 후, 시가에 따르거나 시가보다 높게 토지가 매매된다면 이는 모두 토지의 자유매매로 간주해야 할 것이고 명·청시기 토지의 매매는 자유로운 매매로 보아야 한다. 다만 명·청시기 비록 부차적이긴 하나 토지매매에서는 여전히 '우선권'이라는 관습의 영향이 잔재로 남아 있었다. 그리고 이 잔재는 사회경제의 발전이라는 역사의 물결에 의해 사라져 갔다.[469]

제3절 부역제도개혁과 봉건적 관계의 약화

명·청시대 부역제도는 2차례 큰 개혁을 거쳤다. 첫째는 명 만력 연간(1573~1619) 장거정(張居正)이 실행한 '일조편법(一條鞭法)'이고 둘째는 강희·옹정·건륭 연간 (1662~1795)에 실시된 '탄정입지(攤丁入地)'이다. 봉건사회 후기 두 차례 부역제도 의 개혁은 명·청사회경제의 발전에서 중대한 의의를 가진다.

1. '일조편법'과 '탄정입지'의 출현

원나라 말기의 오랜 전란으로 인해 명나라가 건립되었을 때 사회경제는 큰 타격을 입었다. 죽은 사람과 황폐화된 토지는 도처에서 널려있었고 설상가상으 로 부적(簿籍)마저 사라져 버려 부역징수에 큰 어려움을 겪고 있었다. 명나라 태 조 주원장(朱元璋)은 이러한 국면을 개선하기 위해 인구와 토지를 조사하여 등기 한 뒤 책으로 만들었으며 호적제도를 세웠다. 이와 동시에 농촌을 정돈하여 부 역제도에 대한 관리를 강화했다.

명나라는 전부(田賦)제도를 재건하기 위해 먼저 어린도책(魚鱗圖冊)의 제작에 착수했다. 홍무(洪武) 원년(1368) 명나라 태조는 주주(周鑄) 등 164명을 절서(浙西) 에 파견하여 토지를 실사했으며[470] 홍무 19년(1387)에 국자감학생(國子監學生)을 참여시켜 두 번째 대규모의 어린도책을 제작했다.[471] 전부의 징수를 위해 기초를 닦은 것이다.

홍무 3년(1370) 전국적 범위에서 호첩제(戶貼制)가 실시되어 "호적은 부(部)에 저장하고 첩은 민(民)에게 지급했다(籍藏于部, 貼給于民)."[472] 홍무 14년(1382) 호첩 을 기초로 하여 황책제도(黃冊制度)가 건립되었다. 이와 동시에 다음과 같은 이 갑제도(里甲制度)를 실시했다. "110호를 리(里)로 하고 부유한 집을 10호를 뽑아 장으로 삼으며 나머지 100호를 갑으로 한다. … 중략 … 성중을 방(坊)이라 하고 성에 가까운 곳을 상(廂)이라 하며 향(鄕)은 리(里)라 한다(以一百一十戶爲里, 推丁 糧多者十戶爲長, 餘百戶爲十甲. … 중략 … 城中曰坊, 近城曰廂, 鄕者曰里)."[473] 황책 (黃冊)은 호를 중심으로 구진(舊盡)·신수(新收)·개제(開除)·실재(實在) 네 항목에 따라 인구수를 나열해 두었고, 어린도책은 토지를 중심으로 전국의 관전(官田)과 민전(民田) 및 각 토지의 비옥도를 구별하여 기술해 놓았다. 명 정부는 황책과 어린도책을 통해 전국의 인구와 토지를 파악하였고 이로써 부역제도는 견고한 기초를 다지게 되었다.

『명사(明史)』 식화지(食貨志)의 기록에 의하면, 부(賦)와 역(役)에서 "부세는 1/10을 수취했고, 역법은 토지의 수를 헤아려 징발했다(賦稅十取一, 役法計田出夫)." 또 "조는 하(夏)라했고 세는 추량(秋粮)이라 했는데 하세(夏稅)는 8월을 넘길 수 없으며 추량은 이듬해 2월을 넘길 수 없다(租曰夏, 稅曰秋粮, 夏稅無過八月, 秋粮無過明年二月)." 요역의 규정은 다음과 같았다. "정(丁)이 된 이는 정이 되면 역을 바치고 60살이 되면 면제되었다. 또 직역을 바쳐 면제되는 자도 있다. 역은 이갑(里甲), 균요(均徭), 잡범(雜泛) 3등급이 있다. 호를 계산해 징발하는 것을 갑역이라 하고 정을 계산해 징발하는 것을 요역(徭役)이라 하며 정해진 때 없이 징발되는 것을 잡역이라 하니 모든 역은 직접 역을 바칠 수 있괴力役] 다른 사람을 사서 보낼 수 있대雇役]. 부(府)·주(州)·현(縣)은 책을 살펴 정구의 다과에 따라 일의 많고 적음을 정해 이로서 그 역을 균등히 한다.(曰成丁, 丁而役, 六十而免. 又有職役優免者. 役曰里甲, 曰均徭, 曰雜泛, 凡三等. 以戶計曰甲役, 以丁計曰徭役, 上命非時曰雜役, 皆有力役, 有雇役. 府州縣驗冊, 丁口多寡, 事業厚薄, 以均適其力)"

전부를 순조롭게 징수하고 관리가 전세를 징수하는 과정에서 자신의 주머니를 채우거나 민호를 침탈하는 행위를 막기 위해 명 조정은 양장제(粮長制)를 실시했다. 토지를 많이 소유한 자를 양장(粮長)으로 임명하였으며 양장과 대호(大戶)가 설치된 지역의 대부분은 곡물생산지여서 전부가 비교적 많이 수취되는 곳이었다.

당시 황책과 어린도책의 작성은 적어도 두 측면에서 주효했다. 첫째 탈루된 호구와 토지를 조사해 내어 호강대호(豪强大戶)들이 부역을 납부하지 않거나 농민에게 전가하는 행위에 타격을 주어 인구와 토지에 대한 국가의 장악력을 제고시켰다. 더불어 부세수입과 요역 징발의 총량을 증대시켰다. 부세의 경우 홍무 14년(1382)에는 전국(직예直隸 및 12개 포정사布政司)에서 총 26,155,251석을 수취했고[474] 홍무 23년(1391)에는 31,607,600여 석을 수취해[475] 홍무 14년의 그것에 비해 120.8%나 되었다. 둘째, 호우(豪右)들의 비위행위를 일정정도 저지하여 농민들의 부역부담을 경감시켜 농민들의 생산적극성을 발휘시키는데 좋은 역할을 했다.

그러나 관료지주들의 반대와 훼방 그리고 지방관의 비적극적인 활동으로 인해 부역의 불균등 현상은 발생하고 있었다. 선덕(宣德) 6년(1431) 절강우참의(浙江右參議) 팽경(彭璟)은 다음과 같은 의견을 피력했다. "부호한 인민들이 매번 이역

(里役)에 편성되어도 인정과 곡식을 숨기고 요역을 피하려는 경우가 많아 순박한 민들이 그것을 밝혀도 담당관청은 뇌물을 받아 끝내 조사하지 않습니다. 이로 말미암아 요역이 불균등해져 가난만 민들이 실업하고 있습니다(豪富人民, 每遇編 充里役, 多隱匿丁糧, 規避徭役, 質朴之民皆首實, 有司貪賂, 更不窮究, 由是徭役不均, 細民失業).''[476] 선덕 말년 강서(江西) 등지에서는 균요책(均徭冊)을 제작하여 요역을 균등히 하였으나 그 실행 시기는 길지 않았다.

명나라 중엽, 부세의 개혁은 주로 전부(田賦) 과칙(科則 : 역자-항목과 등급)의 정돈에 집중되었다. 명나라는 지역에 따라 전부의 세율이 크게 달랐는데 당시 일반적인 전부의 과칙은 다음과 같았다. "무릇 관전(官田)의 무(畝)당 세액은 5승(升) 3합(合) 5작(勺)으로 하고 민전(民田)은 2승(升)을 감한다. 중조전(重租田)은 8승(升) 5합(合) 5작(勺)이고 몰관전(沒官田)은 1두(斗) 2승(升)이다.(凡官田畝稅五升三合五勺, 民田減二升, 重租田八升五合五勺, 沒官一斗二升)''[477] 그러나 실제 허다한 지방에서 관전(官田)의 과칙은 이러한 수치를 초과했다. 특히 강남(江南)의 소주(蘇州)·송강(松江)·가흥(嘉興)·호주(湖州)·상주(常州) 5개 부(府)가 가장 심각했다. 『명사(明史)』에서는 "절서(浙西)의 관전과 민전은 다른 지방에 견주어 여러 갑절이나 되어 무당 세액은 2~3석이 되는 경우도 있다. 무릇 소주가 가장 무거웠고 송강·가흥·호주가 그 다음, 상주와 항주가 그 다음이었다(浙西官·民田視他方倍蓰, 畝稅有二三石者, 大抵蘇最重, 松·嘉·湖次之, 常·杭又次之).''[478] 세액이 무거웠으므로 부세를 체납하는 경우도 많았다. 소주부(蘇州府)는 영락(永樂)에서 홍희(洪熙)에 이르는 기간(1415~1421) 체납한 세액은 392만 석이었고[479] 송강부(松江府)는 영락 13년에서 19년(1415~1421) 겨우 8년 동안의 징수를 면제한 세액이 수백만석에 달했다.[480] 선덕 5년(1430) 송강부가 납부해야 할 세액은 439,000석이었으나 실제 징수액은 66,000석으로[481] 정해진 세액의 15%에 불과했다. 이러한 상황에서 선종은 부득이 강남의 무거운 세금문제를 해결하기로 결정했다. 선덕 4년에서 7년에 이르는 기간(1429~1432) 두세 차례 조서를 내려 관전의 세액을 감면해 주었던 것이다.[482] 『정통실록(正統實錄)』에서는 "행재(行在)[26]의 호부(戶部)에서 '절강 등지의 포정사(布政司)는 직예(直隷)·소주(蘇州)·송강(松江) 등의 부·주·현을 관할하는데, 영락 19년(1421)에서 선덕(宣德) 8년(1433)에 이르는 기간 전 집안사람들이 군

---

26) 역주 - 행재란 북경을 가리킨다. 영락 원년 북경에 순천부(順天府)를 두고 행재라는 칭호를 사용하였으나 이후 북경을 경사(京師)로 삼았기 때문에 이 명칭은 사용되지 않았다. 홍희(洪熙) 초 다시 남경이 경사가 되자 북경을 행재라고 했고 정통 6년에 북경은 다시 경사가 되었다.

역에 나가 절호(絶戶)가 되고 관전과 민전을 황폐화 시켰습니다. 이에 민전의 액수에 준하되 옛 관전의 액수는 경감해 주어 세량 2,777,300여 석을 줄여 주었습니다(行在戶部奏, 浙江等處布政司幷直隸·蘇·松等府州縣, 自永樂十九年至宣德八年, 有全家充軍幷絶戶, 抛荒官民田地, 俱准民田起科, 及古額官田例減除, 共減稅粮二百七十七萬七千三百餘石)."[483] 이는 매우 큰 수치로 농민의 부담을 덜어주어 해당지역의 경제발전을 촉진하는데 극정적인 작용을 하였다.

명나라 조정은 전부의 과칙을 정비하는 동시에 전부 절색(折色)[27]의 개혁도 진행했다. 현물세를 은냥(銀兩)으로 징수했으나 은으로 바꾸는 부분은 매우 적었다. 정통(正統) 연간(1436~1449) "절강(浙江)·강서(江西)·호광(湖廣)·남직예(南直隸)와 같이 배가 드나들 수 없는 곳은 각각 토산에 따라 포(布)·비단·백금(白金)으로 바꾸어 거두어 경사에 납부하여 녹봉에 충당하도록 했다(浙江·江西·湖廣·南直隸 不通舟楫之處, 各收土産, 折收布·絹·白金, 赴京充俸)."[484] 또 "4석의 세량을 은 1냥으로 징수하여 경사에 보내도록 했다(粮四石, 收銀一兩解京)."[485] 남기(南畿)·절강(浙江)·강서(江西)·호광(湖廣)·복건(福建)·광동(廣東)·광서(廣西)에서 수취한 쌀과 보리는 모두 400여만 석이었는데 이것을 은 100여 만냥으로 바꾸어 내승운고(內乘運庫)[28]로 거두어 들였으며 이것을 "금화은(金花銀)"이라 칭했다. "금화은"의 출현은 전부의 징수에서 화폐의 비중이 크게 증가하였음을 보여준다.

명나라 중엽이후 정치가 부패하게 되므로 인해, 진신(縉紳)·호강(豪强)지주들이 권세를 이용하고 관부와 결탁해 "비쇄(飛灑)"[29]와 "궤기(詭寄)"[30] 등의 수단을 이용하여 부역을 납부하지 않았다. 예를 들어 정덕(正德) 연간(1506~1521) 강서(江西)는 이런 일이 발생했다. "성 가운데에서 도(圖)에는 수십의 허수가 있고 도(都)에는 수백의 허수가 있으며 현(縣)에는 수천에서 만에 달하는 허수가 있다. 매년 징수하는 세량에 차이가 발생해도 문제 삼을 곳이 없어 소민들에게 그것을 배상하도록 했다(以至一省之中, 圖之虛以數十計, 都之虛以數百計, 縣之虛以數千萬計. 遞年派粮編差, 無所歸者, 但命小民賠償)."[486] 복건의 상황도 유사했다. "군에는 사대

---

27) 역주 - 절색이란 과칙에 따라 규정된 현물세를 다른 것으로 환산하여 납부하는 것을 말한다. 예를 들어 세로 납부하는 쌀과 보리를 다른 현물 혹은 화폐로 바꾸는 것을 절색이라 했다.

28) 역주 - 황제가 직접 관할하는 창고로 수입이 가장 많았다.

29) 역주 - 비쇄란 飛派라고도 하며 飛走와 灑派의 준말이다. 지주가 자기 소유지를 차명으로 등재하여 전부를 납부하지 않는 것을 말한다.

30) 역주 - 궤기는 詭名寄産의 준말로 자기의 토지를 아랫사람에게 허위 증여하여 전부를 납부하지는 않는 행위를 말한다.

부가 많았고 그 사대부들은 토지를 많이 소유하고 있었다. 민 가운데 토지를 가진 자는 몇몇도 안되었으나 요역은 모두 민에게 부과되었다(郡多士大夫, 其士大夫又多田産, 民有産者無幾耳, 而徭役盡責之民).”[487] 부역의 부담이 농민에게 전가되고 있었던 것이다. 부역의 불균등 상황은 명나라 중엽부터 보편적 현상이 되었다. 농민들은 무거운 부담을 견지지 못해 반항하는 자가 있는가 하면 토지를 버리고 도주하는 자도 있었다. 설상사상으로 황실귀족과 관리들이 토지를 침탈하자 상황은 더욱 심각해졌다. 홍치(弘治) 15년(1502) 전국의 토지 총액은 겨우 4,228,000여무에 불과해 홍무(洪武) 26년(1393) 8,507,000여 경의 절반정도에 불과했다. 이러한 상황은 명 정부의 재정수입에 심각하게 영향을 미쳤다. 사회질서의 안정을 위해 만력 연간(1573~1619) 장거정(張居正)은 “일조편법(一條鞭法)”을 실시했다.

장거정이 실행한 “일조편법”은 토지조사 즉 양전(量田)에서 시작되었는데, 이 토지 조사는 가정(嘉靖)·융경(隆慶) 연간(1522~1573)에 이미 몇몇 지방관리들에 의해 부분적으로 시행되고 있다가 만력 8년(1580) 9월부터 전국적인 토지 조사가 시행되었고 3년의 수고를 거쳐 전국적인 토지 조사의 기본 작업이 완료되었고 정부의 토지세 수입은 현격하게 증대했다. 산동에서는 양전을 통해 363,487경(頃)의 민지(民地)와 2,268경의 둔지(屯地)를 조사했다. 강서(江西)의 66개 주현에서는 토지대장에 누락된 토지 61,459경 54무의 토지를 조사했다. 산서성(山西省)의 경우 민지와 둔전과 은결된 토지 5,100여 경을 찾아내었다. 응천순무(應天巡撫)는 강남의 11개 부·주·현(府州縣)의 전(田)·지(地)산(山)·당(塘)을 조사한 결과 “토지대장에서 누락된 12,010여 경의 토지를 찾아내었으며 그외 징수를 균등히 한 토지도 9,540여 경이며(補足失額者一萬二千零一十餘頃, 多餘均攤者九千五百四十餘頃)”, “각 위(衛)의 전지 가운데 토지대장에서 누락된 320여 경을 찾아내었고 그외 징수를 균등히 한 토지도 1,860여 경입니다(各衛田地補足失額三百二十餘頃, 多餘均攤者一千八百六十餘頃).”라고 보고했다. 기외 선부(宣府)·귀주(貴州)·광서(廣西)등지에서도 은닉된 적지 않은 토지를 조사해 밝혀내었다.[488] 만력시기 토지조사의 효과는 이렇게 현저했다. 판수쯔[樊樹志]의 계산에 의하면 토지 조사 후 중앙정부가 파악한 세를 납부하는 토지는 조사 이전에 비해 25% 이상 증가하였다.[489]

만력(萬曆) 9년(1581) 장거정은 토지조사를 기초로 ‘일조편법’을 전국으로 확대했다. ‘일조편법’의 내용은 다음과 같았다. 한 주현의 부(賦)와 역(役)은 토지와 정(丁)을 헤아려 징수하고 정은(丁銀)과 세량(稅糧)은 관에 납부한다. 한 해의 역(役)

은 관에서 모집하였다. 역차(力差)는 그 노임의 비용을 헤아려 증감을 결정한다. 은차(銀差)는 납부할 비용을 계산하여 모손액(耗損額 : 역자-운송할 때 감소되는 비용)을 더해 징수[增耗]하였다. 무릇 액판(額辦)31)·파판(波辦),32) 경고(京庫)에서 해마다 필요로 하는 비용[歲需], 지방관아에서 필요로 하는 모든 비용[存留供億諸費], 토산품과 특산품은 모두 하나의 조목에 합하여 무(畝)를 헤아려 은을 징수하였는데 이를 관에서 담당하였으므로 이름을 '일조편법'이라 했다.490)

'일조편법'의 시행은 농민의 부역부담을 경감시켰다. 북직예(北直隷) 창주(滄州)의 농민 가운데 "세량은 있으나 토지가 없었던 자들은 호구(虎口)에서 벗어날 수 있었다(有粮無地者得以脫虎口矣)."491) 나라도 재정수입이 증대했다. 『명사기사본말(明史紀事本末)』에서는 만력(萬曆) 10년(1582) "대창(大倉)에는 10년을 버틸만한 곡식이 있었고, 경시(冏寺 : 역자-태복시를 말한다)에는 400여만의 금이 쌓여있어(大倉粟可支十年, 冏寺積金至四百餘萬)" 정덕(正德)·가정(嘉靖) 연간의 결핍을 완전히 바꾸어 놓았다.

이런 이유로 '일조편법'의 시행은 많은 이들에게 칭송받았다. 정문욱(鄭文郁)은 『부역보(賦役考)』에서 "일조편법의 좋은 점은 정은(丁銀)과 세량(稅粮)을 균등히 하고, 낭비를 줄이고, 배임을 그치게 하고, 갖은 명목을 간단히 하고, 헛된 욕심을 잦아들게 하고, 교활한 시정배들을 굴복시키고, 빈부를 고르게 하고, 장부를 말끔히 하여 한꺼번에 관민의 쌓인 폐단을 없애버렸다(條鞭之善者以爲均丁粮, 消冒濫, 息賠累, 簡名目, 寢覬覦, 屈市猾, 平貧富, 淸冊籍, 一擧而官民籍中之弊皆反)"492)고 평했다. 바이쉬이[白壽彝] 총주편의 『중국전사(中國全史)』 명대(상)에서도 '일조편법'의 시행은 다음의 4가지 점에서 긍정적 의의가 있다고 평했다. 첫째 부역의 항목을 통폐합, 징수 절차를 간단히 하여 부역의 번중함을 제거했으며 정액을 정해 탐관오리들이 사익을 챙기는 것을 억제했다. 둘째, 호정(戶丁)이 부담하던 일부 요역(徭役)을 토지세로 넣어 토지면적에 따라 징수하였는데, 이 때문에 "가장 편리하게 된 것은 정이 많아 가난을 고통스러워했는데 토지로 바꾸어 징수된 것(稱最便矣, 第丁多苦貧, 田易取辦)"이라 하였다. 이를 통해 국가의 수입

---

31) 역주 - 歲辦이라고도 한다. 황실에서 필요로 하는 물자는 호부나 공부에서 액수를 정해 각 지역에 할당하여 부과하되, 田賦와 함께 징수하기도 하고 민호가 직접 상납하기도 하고 상인에게 구매하여 바치게 하였다. 이를 액판이라 했다.

32) 역주 - 坐辦이라고도 한다. 매년 정액이 할당된 액판에 비해 파판은 필요에 따라 호부와 공부가 수시로 징수했다.

이 보장되었고 가난한 호들의 요역부담이 감소했다. 셋째, 이갑배년륜역제(里甲排年輪役制)³³⁾를 폐지하고 매년 편심(編審)하여 "한 고을의 정은과 세량을 통합하여 한 해의 역(役)에 충당하여 조금 쉽게 처리할 수 있어(合一邑丁粮充一年之役, 所以少易辦)", "민들이 매우 이롭게 여겼다(爲民利甚)." 넷째, 부역은 은으로 환산해 징수하여 "무릇 갖가지 비용은 모두 관은(官銀)으로 수취하고 민간의 경우 해당 호의 양차(粮差)이외에 별도의 징수는 없으며 이서(吏胥) 가혹하게 수취한 바가 없어 민들이 서로 근심이 없이 편안해 하였다(凡百用費, 皆取于官銀, 民間有本戶粮差之外, 別無差使, 吏胥無所用其苛求, 吏民相安于無憂矣)."⁴⁹³⁾ '일조편법'은 위로는 당나라의 '양세법(兩稅法)'을 계승하고 아래로는 청나라의 '탄정입지(攤丁入地)'로 이어졌으며 이는 중국부역 역사의 중대한 개혁이었다.

장거정이 사망한 후 '일조편법'은 비록 시행되기는 하였으나 관리들의 통치가 날로 부패해 감에 따라 "일조편법은 시행한 지 10여년 만에 그 규제가 갑자기 문란해져 제대로 시행되지 못하였다(一條鞭法行十餘年, 規制頓紊, 不能盡遵也)."⁴⁹⁴⁾ 더욱이 이후 '삼향(三餉)'³⁴⁾이 더해지면서 부세의 부담은 일반 농민들의 능력을 벗어나고 있었고 참을래야 참을 수 없은 상황에서 그들은 봉기하여 마음대로 부세를 수취해 가던 명나라를 무너뜨렸다.

청나라는 오랜 전란을 거친 후 건립되었고 부역의 장부는 전란 속에 소실되거나 망실되어 부역징수의 근거가 사라졌다. 순치(順治) 3년(1646) 조정은 『부역전서(賦役全書)』³⁵⁾를 편수하기 시작해 순치 14년에 완성하였다. 이로서 부역 징수의 근거가 마련되었다. 이후 별도로 어린도책(魚鱗圖冊)과 황책(黃冊)을 작성하여 이들을 "『부역전서』와 표리를 이루게 했다(與賦役全書相表裏)." 각 관아의 사사로운 징수를 방지하기 위해 청 조정은 또 "이지유단(易知由單)"제도³⁶⁾를 실시

---

33) 역주 - 里長의 역을 돌아가면서 담당하는 제도를 말한다.

34) 역주 - 명나라 말엽 기존세에 추가되어 징수된 세목으로 요향(遼餉)·초향(剿餉)·연향(練餉)을 말한다. 요향은 신향(新餉)이라고도 하는데 만력제 때 요동지역의 군수를 위해 수취된 세금이고, 초향은 농민봉기를 진압하는데 필요한 경비를 위해 징수된 세금이며, 연향은 변방의 군대를 훈련시키는 데 필요한 경비를 위해 징수된 세금이었다.

35) 역주 - 『條鞭賦役冊』이라고도 한다. 일조편법이 시행된 후 한 개의 부주현을 단위로 작성되었고 그 내부에는 토지와 정의 수, 도망한 인정과 황무지수, 실제 세금징수액 등이 기재되어 있다. 청 순치제는 만력 연간에 작성된 이 책을 근거로 책을 다시 간행하였다.

36) 역주 - '易知由單'은 전부의 징수를 알리는 單子로 由帖 혹은 由單이라고도 했다. 단자에는 토지의 등급, 인구 수, 납부해야 할 세액 등이 적혀 있었다. 이 제도는 명나라 정덕 연간에 처음 시행되었다가 청나라가 그것을 계승하였다. 이 단자를 보면 납부해야할 세액을 쉽게 파악

했다. 정은(丁銀)의 징수는 각 성의 상황이 일치하지 않아 그 경중이 달라 "토지를 소유한 집안은 토지가 넓어도 납부하는 정은이 없었으나 빈민은 승합과 같은 적은 세량을 바쳐도 납부하는 정은은 많은(有地之家, 所輸丁銀無已, 貧民糧僅升合, 所輸丁銀獨多)"[495] 현상이 출현했다. 전부(田賦)와 정요(丁徭) 이외에, 번다한 명목의 부가세가 있었는데 예를 들어 화모(火耗)[37]는 무거운 부담이 되었다. 이로 인해 일부지역에서는 "세는 가벼우나 모(耗 : 역자-잡세)가 무거워 정액의 수배가 되는(稅輕耗重, 數倍于正額)"지경에 이르렀다.

많은 가난한 농민들은 균등하지 않은 부역의 부담을 견뎌낼 방법이 없어 줄지어 도주하였다. 예를 들어 강희(康熙) 말년의 계산에 의하면 "산동의 민인으로 구외(口外)[38]로 와서 토지를 개간한 자들이 10여 만에 이르렀다(山東民人往來口外墾地者, 多至十餘萬)."[496] 인구의 유망으로 인해 각 성의 관아에서는 인구의 증감을 파악하는 데 어려움을 겪었다. 이에 강희(康熙) 51년(1712)에 "태평성세가 되어 정(丁)이 늘어나더라도 영원히 세금은 증대하지 않을 것(盛稅滋丁, 永不加賦)"이라고 선포했다.[497] 강희 50년 전국의 인정(人丁)수인 2,462만여 정과 정은(丁銀) 235만여 냥을 정액으로 하고 이후 증가되어 늘어난 인정에 대해서는 다시 정은을 부과하지 않게 한 것이다. 이것은 '탄정입지(攤丁入地)'의 필요조건을 제공하였다. 『해녕주지(海寧州誌)』에서는 "지금 늘어난 인정에는 이미 세금이 부가되지 않으니 정구(丁口)가 일정해 지면 그것을 전량(田粮 : 역자-토지세)으로 돌리고 이를 영원한 예로 삼았다(今滋成人丁皆不加賦, 則丁口亦有一定, 可以派歸田粮, 永爲成例)"[498]라고 기록되어 있다.

'탄정입지'는 강희 55년(1716)에 시작되었는데 광동(廣東)지역에서는 정은(丁銀)을 "각 현의 토지에 포함시켜 징수하였는데 각 토지에 은(銀)은 1냥이고 탄정은(攤丁銀)은 1전(錢) 6리(厘) 4호(毫)로 달랐다(就各縣地畝攤徵, 每地銀一兩, 攤丁銀一錢六厘四毫不等)."[499] 이후 각 성은 연이어 그 법을 따랐다. 혹은 정은을 토지면적[地畝]에 포함시키기도 했고 혹은 정은을 토지세[地粮]에 포함시키기도 했다. 호적이 정해지지 않은 성경(盛京 : 후금의 수도였던 지금의 랴오닝성 선양시)을 제외

할 수 있었으므로 '이지유단'이라고 한 것이다.

37) 역주 - 火耗는 쇄은 즉 부스러기 은을 녹여 새로 은정을 주조할 때 발생하는 손실을 말한다. 장거정이 일조편법을 실시하면서 민들로부터 쇄은 징수하였는데, 명 정부는 이 쇄은을 녹여 새로 은정을 주조하여 국고로 납입했다. 이때 손실이 발생하였고 이 손실분을 민에게 징수하였는데 이를 화모라 했다.

38) 역주 - 구외는 내몽고, 하북성 북부 承德, 張家口 대부분의 지역을 가리킨다.

한 나머지 성들은 모두 건륭(乾隆) 42년(1777)이전에 이 제도를 시행했다. 이와 더불어 청조정은 '화모(火耗)'문제의 해결에 착수하여 '화모'에 대한 새로운 규정을 정했다. 이전보다 경감하여 통상 1냥의 은자에 1~2전을 징수했다.

'탄정입지'제도의 시행은 정은을 토지에 포함시켜 징수한 것으로 민호들은 소유한 토지 면적의 다과에 따라 정은을 납부하여 토지가 많은 자는 많이 납부하고 토지가 없는 자는 납부하지 않았다. 이로서 토지가 적거나 없는 자가 많은 은을 부담하던 문제가 해결되었다. 이와 더불어 정은이 토지에 포함됨에 따라 농민과 봉건국가의 오랜 신분적 예속관계가 해체되었고 사람들은 더욱 많은 자유를 획득하였고 획득해 가고 있었다. 뿐만 아니라 화폐지대도 더욱 발전하게 되었다. 따라서 이러한 개혁은 청대 경제의 번영과 사회발전에서 중대한 의미를 가진다.

2. 시장경제의 발전을 촉진한 부역제도의 개혁

명·청시기 부역제도는 나름의 방향에 따라 개혁되었다. 이는 농민의 부역부담을 줄이고 겸병을 억제하였을 뿐 아니라 시장경제의 발전도 촉진시켰다. 명나라 이전 부세의 징수를 현물을 중심으로 이루어졌고 화폐세가 차지한 비중은 매우 낮았다. 금화은(金花銀)[39]이 출현한 이후 화폐세는 점차 증가하였다. 왕오(王鏊)에 의하면, 정통(正統) 때 진택진(震澤鎭)에서 '금화은' 814,000여 냥을 징수했다.[500] 량방중[梁方仲]의 통계에 의하면 소주부(蘇州府)에서는 정덕(正德)·가정(嘉靖) 연간(1506~1566) "정량(正粮)이 199만 남짓하고 모량(耗粮)이 100만 남짓하며 총 300만석 남짓하였는데 … 중략 … 과거 금화은은 25만 냥 남짓이 있었고 이는 민량(民粮)으로 절가하면 60만 가량 되었다." 여기서 '금화은'은 정체 정량의 30%를 차지했다. 다만 전국적 상황에서 정통 연간(1436~1450) '금화은'은 한해 세량 총액에서 12.7%만을 차지했다.[501] 이를 통해 각 지역의 화폐세 징수 양상에 차이가 있었음을 알 수 있다. 다만 명나라 초기 혹은 명나라 이전에 비해 그 비율은 확대되었다. 청대에 이르러 화폐세의 징수액은 이미 현물세 징수액을 넘어서고 있었다. 순치(順治) 18년(1661)의 전부 가운데 은으로 징수한 것은 21,576,006냥에 달했고 현물로 징수한 것은 6,479,465석에 불과했다.[502] 이후 전부를 은으로 징수하는

---

39) 역주 - 명대 세금으로 징수하던 은이다. 금꽃 같은 색을 띠는 좋은 은이라는 의미이다.

비중은 계속 증가하였다. 화폐세 징수액의 증가는 시장경제를 발전시키는 좋은 동기가 되었다.

부역을 은으로 환산하여 징수하는 것이 보편화됨에 따라 농민들은 식량작물만을 생산하지 않았다. 자기가 경작하던 토지의 상황 및 시장의 상황에 따라 생산량이 높고 가격이 좋은 농작물을 재배했다. 명·청시대 면(棉)·뽕나무[桑]·사탕수수[蔗]·담배[煙]·과실수 등 경제작물이 크게 발전했다.

중국은 송(宋)·원(元)시기에 면의 재배를 시작하여 명대에 이르면 조정이 그 면적의 확대에 힘썼다. 홍치(弘治) 연간(1488~1505) 구준(丘濬)에 의하면 면화는 "천하에 두루 퍼져 있고 토질 역시 남북 모두 경작에 적합하다. 사람들도 빈부에 관계없이 모두 그것을 선호하고 있다. 그 이익은 비단과 마에 견주어 100배나 되었다(遍布天下, 地無南北皆宜之, 人無貧富皆賴之, 其利視絲枲蓋百倍焉)"[503] 만력 6년(1578)에 이르러 명 조정은 이미 산동(山東)·산서(山西)·하남(河南)·섬서(陝西)·호광(湖廣)·사천(四川)·강서(江西)·남직예(南直隸)·북직예(北直隸)에서 면포를 징수했는데, 이는 중국의 각 지역에서 이미 면포를 재배하였음을 잘 보여준다.[504] 주목해야 할 점은 면포 재배지역의 발전과 면화의 상품화이다. 가정 연간(1522~1566) 곤산현(昆山縣)·가정현(嘉定縣) 등지에서는 면화가 점차 해당지역의 주요 작물이 되었다.[505] 천계 연간(1621~1627) 송강부(松江府)에 속한 2백만무의 경작지 중 "대부분은 면을 재배하였는데 100만무 이상이나 되었다(大半植棉, 當不止百萬畝)."[506] 태창주(太倉州)의 경우 "교외 들판의 사방에 두루 퍼져 있는 것은 모두 면이었다(郊原四望, 遍地皆棉)."[507] 청나라 초기 상해현(上海縣)은 면을 심은 토지와 벼를 심은 토지가 같은 비율이었다.[508] 이 시기 상해에서 생산한 면화는 멀리 복건(福建)·광동(廣東)지역까지 판매되어 "수많은 배들은 모두 면화를 겹겹이 쌓았다(樓船千百, 皆裝布囊累累)."[509] 건륭 중기 송강(松江)·태창(太倉)·통주(通州)와 해문청(海門廳)에 속한 각 주현은 면을 재배하는 밭이 전체 경작지의 7~8할을 차지하였다.[510] 강소성(江蘇省) 남쪽지역도 당시 주요한 면화생산지였다. 한편 황하유역에서도 면화재배가 발전하였다. 만력 연간(1573~1691)에 이미 산동지역에서는 면화재배의 기록이 있다. 만력 때의 『임읍현지(臨邑縣誌)』에 의하면, "목면의 생산은 다른 지역보다 월등했다(木棉之産獨甲他所)."[511] 천계 연간(1621~1627)에 이르면 면화의 생산량이 격증하여 "매매하려는 자들이 사방에서 모여들었다(販者四方至)."[512] 북부지역에서 면화재배지가 확대됨에 따라 생산량이 격증했고 "면화는 배를 띄워 남쪽으로 가 팔았다(吉貝則泛舟而鬻諸南)."[513] 청 옹정 연간

(1723~1735) 산동의 여섯 개 부(府)에서는 이미 면화를 재배했는데 이 가운데 동창부(東昌府)가 가장 많아 "상인들이 사방에서 교역했다(商人貿于四方)"[514] 건륭 후기 산동 청평현(淸平縣)은 명·청시기에 발전해 갔다. 오위업(吳偉業)이 지은 『목면음(木棉吟)』에는 "지금 목화의 재배는 제(齊)와 예(豫)지역(역자 - 하남 산동지역)에 보편화되어 있다(今也栽花遍齊豫)"[515]고 기록되어 있다. 이 시기 하남에서 생산된 면화는 강남에서 판매되었다.[516] 직예지역에서 면의 재배는 하남지역에 비해 다소 늦었으나 건륭 연간에 이므로 상당히 보편화되었다. 보정(保定)이남의 각 주현의 경우 무릇 좋은 토질의 땅에는 모두 면화를 심었다.[517] 건륭 전기 면화의 재배는 위도가 비교적 높은 동북지역에서도 발전하였는데 특히 봉천(奉天)지역의 경우 면화의 재배가 날로 늘어나 "상인들에게 팔아 다른 성과 교역하게 했다(率皆售于商賈轉販他省)."[518]

몇몇 지역에서는 뽕나무 재배가 번성했다. 명·청이기 절강(浙江) 호주부(湖州府)의 경우 "뽕나무와 마를 경작하는 곳이 만경이 된다(桑麻萬頃)"[519]는 기록도 있다. 가흥(嘉興)에서도 뽕나무를 많이 심어 "그 수를 헤아릴 수 없었다(不可以株數計)."[520] 건륭 연간(1736~1795) 강소(江蘇)의 진택(震澤)에서부터 절강(浙江)의 수수(秀水)에 이르는 6~70리 사이의 대부분의 "밭 두둑에 뽕나무가 심어져 있다(阡陌間强半植桑)."[521] 강소와 절강의 접경지역에서는 뽕나무를 전문적으로 재배해 판매하는 뽕나무 농원이 있었다. 예를 들어 호주부(湖州府)에서 생산된 뽕나무 잎만으로는 해당지역의 수요를 감당하지 못해 "동향이나 동정지역에서 구매(販于桐鄕洞庭)"했다. 누에치기가 발전함에 따라 "뽕나무를 지대로 미리 징수하기도 했는데 이를 초상(秒桑)이라 했다(預租別姓之桑, 俗曰秒桑)."[522] 이는 뽕나무 잎 상품화 정도를 잘 보여준다. 태호(太湖) 유역에서도 적지 않은 농민들이 누에치기를 통해 생계를 이어가고 있었다. 태호 주변의 각 촌(村)과 진(鎭)의 "향인들은 가가호호 누에를 쳐서 살아갔다(鄕人比戶蠶桑爲務)."[523] 오흥현(吳興縣)에서는 매년 누에칠 계절이 다가오면 "집집마다 문을 닫아걸었으며, 관부도 역을 징수하지 못했고 마을 사이의 경조사로 인한 왕래도 없었다(家家閉戶, 官府勿攝徵收, 及里間往來慶弔俱罷不行)."[524] 서남지역의 귀주(貴州)에서는 산누에[柞蠶][40]가 발전했다. 건륭 연간 준의(遵義)지역에서 먼저 발전하여 생산량이 상당한 수준에 이르렀

---

40) 역주 - 산누에나방의 애벌레를 말한다. 일반 집누에와 비슷하나 몸집이 더 크고 네 배 정도 무겁다. 상수리나무, 참나무, 떡갈나무 따위의 잎을 먹고 엷은 갈색의 고치를 지어 번데기로 된다.

다.[525] 산누에 치기는 생산 공정이 단소하고 이익이 커서 매우 빠른 속도로 정안주(正安州)와 안순부(安順府)로 확대되었다.[526] 광동(廣東)의 남해현(南海縣) 순덕현(順德縣)은 전업적으로 뽕나무를 심어 살아가는 지역이 출현하였다. 가경(嘉慶) 연간(1796~1850)의 기록에 의하면 "주면 100여 리에 거주하는 민은 수십만호이고 토지는 천 수백여 경인데 뽕나무를 심어 누에를 먹였다(周回百餘里, 居民數十萬戶, 田地一千數百餘頃, 種植桑樹以飼春蠶)."[527] 이 말은 비록 과정된 것이긴 하나 잠상(蠶桑)의 발전을 반영한 것이다.

사탕수수[蔗]의 재배는 중국에서 오랜 역사를 거쳐 발전했다. 명·청시기에 이르러 복건(福建)·대만(臺灣)·광동(廣東)·강서(江西)·사천(四川)에서는 사탕수수를 전문적으로 재배하는 지역이 출현했다. 명나라 만력 15년(1587) 복건의 장남(漳南) 일대에는 달콤한 사탕수수가 온 산과 들에서 재배되었다.[528] 명·청시기 광동 번우(番禺)·동완(東莞)·증성(增城)·양춘(陽春) 등의 현에서는 사탕수수가 전체 경작지의 반이나 되었고 특히 동완현의 황촌(篁村)·하전촌(河田村)에서는 도처에 사탕수수를 심어 '천경(千頃)'이라 불렀다.[529] 건륭 초년 강서 대유현(大庾縣)의 쌍갱애(雙坑隘)일대에서는 사탕수수가 널리 재배되어 "수십리나 이어졌다(綿延數十里)."[530] 건륭 연간(1736~1795) 사천의 간주(簡州)에서는 민들이 강을 따라 사탕수수를 심고 설탕을 제조하여 주의 민 가운데 "많은 이들이 이 때문에 부유해 졌다(多以此致富)."[531] 가경·도광 연간(1796~1850) 내강(內江)지역에서는 강 연안 좌우에 거주하던 민들은 "특히 사탕수수 재배로 생계를 이어갔다(尤以藝蔗爲務)."[532] 대만의 수토(水土)와 기후는 특히 사탕수수 재배에 적합해 "마침내 과거보다 열 갑절 증가했다(竟十倍于舊年)."[533] 이 말은 대만에서 사탕수수의 재배가 급속히 증가하고 있었음을 잘 보여준다.

담배는 명내 중엽이후 발전하기 시작했다. 대개 만력 연간(1573~1619) 먼저 복건성의 장주(漳州)와 천주(泉州)에 전파되었다.[534] 명나라 말년 광동의 은평(恩平), 절강의 가흥(嘉興), 강소의 소주(蘇州)로 전파되었다.[535] 청나라 옹정·건륭 연간(1723~1795) 복건의 담배밭은 계속 확대되었고 몇몇 지역에서 담배밭은 전체 경작지의 60~70%를 차지했다.[536] 혹자는 정주(汀州)에 속한 8읍(邑)의 경우, 과거 산지(山地)에 거주하던 농민들은 모두 곡물을 심었으나 강희 34·35년 사이(1695~1696) 이곳으로 이주해온 장주(漳州)의 농민이 "담배 재배를 생업으로 삼게 되자(以種煙爲業)" 이후 담배밭은 계속 늘어나 전체 경작지의 30~40%를 차지하게 되었다.[537] 절강(浙江) 가흥부(嘉興府)지역에서도 담배 재배는 날로 늘어났다.[538] 광서(廣西)

의 농가들에게 담배는 경작물의 절반을 차지했다.[539] 하남(河南)의 노씨현(盧氏縣), 호북(湖北)의 균주(均州), 호남(湖南)의 형주(衡州), 산동(山東)의 제녕(濟寧), 산서(山西)의 보덕(保德)지역에서는 모두 담배를 재배했다.[540] 특히 산동의 제녕주(濟寧州)는 청나라 순치 연간(1644~1661) 재배를 시작하여 옹정 연간(1723~1735)에 이르면 이미 "널리 담배를 재배하게 되었다(遍地種煙)." 이에 북경(北京)의 담배 상인들은 "끊이지 않고 오가며 매매했다(來販收買者不絶)."[541] 가경·도광 연간(1796~1850)에도 담배 밭은 계속 확대되었다. 예를 들어 강소성에서는 "각 지역의 비옥한 땅은 모두 담배를 심었다(各處膏腴皆種煙葉)."[542] 강서성의 신성현(新城縣)에서는 집집마다 담배를 심어 그것을 금지해도 막을 수 없었다.[543] 사천성의 합강현(合江縣)에서는 강 둔덕과 산골짜기의 거의 대부분에 담배를 심었다.[544] 사천성의 신진현(新津縣)에서는 오래되어 좋은 땅에 담배를 심었다.[545] 섬서성 성고현(城固縣)의 서수(胥水) 이북지역 "비옥하고 기름진 땅은 모두 담배를 재배했다(沃土腴田, 盡植煙苗)."[546] 가경 연간(1796~1820) 포세신(包世臣)이 언급한 흡연 인구의 증가와 담배 밭의 확대 상황은 좋은 참고가 된다. 그는 수십년 전만해도 흡연자는 열에 2~3명에 불과하였으나 "현재에는 남녀노소가 모두 흡연하여(男女大小莫不喫煙)", "각지의 비옥한 토지는 모두 담배를 재배하는 지경에 이르렀습니다(以致各處膏腴皆種煙葉)"[547]라고 했다.

중국에서 차의 재배는 오랜 역사를 가지고 있었으며[548] 명·청(明淸) 수백년간 더욱 발전했다. 강소·절강·호남·호북·사천·광동·운남·복건·안휘성에서는 차를 전문적으로 생산하는 지역은 적지 않았다. 지금의 안휘성 곽산현(霍山縣)은 청나라 순치 연간(1644~1661) 매년 차 잎을 따는 계절이 오면 "남녀가 섞여 노랫소리로 가득 찬 골짜기에서 밤낮으로 쉬지 않고 일했다(男女錯雜, 歌聲滿谷, 日夜力作不休)."[549] 옹정·건륭시기 운남성 보이(普洱)에 있는 육다산(六茶山) 주변 8백리에는 "산으로 들어가 차를 만드는 사람이 수십만명이나 되었다(入山作茶者數十萬人)."[550] 가경 연간(1796~1820) 복건성 숭안현(崇安縣) 무이산(武夷山)에 거주하던 수백가구는 "모두 차를 심어 생업으로 삼아, 한해 수십만 근을 생산하였다(皆以種茶爲業, 歲所産數十萬斤)."[551] 도광 연간(1821~1850) 복건성 건구현(建甌縣)의 경우 "차나무가 있는 산이 덩굴처럼 이어지며 더더욱 넓어졌다(茶山蔓延愈廣)." 이 현 소속 4향(鄕) 12리(里)는 계속 차를 심었다.[552]

명·청시기 광동·복건지역에서는 과실수 재배 역시 빠르게 발전했다. 순덕현(順德縣)의 진촌(陳村)에서는 용안(龍眼)나무를 거의 수십만 그루나 심어 그 둘레만 40여리나 되었다. 남해에서는 용안(龍眼)나무가, 번우(番禺)에서는 여지(荔枝)나무가 100리나 이어져 있었다.553) 번우(番禺)의 소갱촌(小坑村)·화촌(火村)·나강촌(羅崗村) 사이 30~40리에 민들의 대부부은 차와 과실수를 생업으로 삼았고 황촌(黃村)과 주촌(朱村)에서는 매실[梅]·배(梨)·올리브[橄欖]·바나나[香蕉]를 많이 심어 "이 언덕 저 언덕으로 끝없이 이어져 이었다(連岡接阜, 彌望不窮)."554) 복건성의 복주(福州)·홍화(興化)·천주(泉州)에서는 용안과 여지가 많이 생산되었다. "복주의 남문 밖 "수십리는 여지나무와 용안나무가 가로수가 되어 길을 드리웠다(數十里間荔枝·龍眼夾道交蔭)." 홍화현(興化縣) 풍정역(楓亭驛)에서는 "여지가 천하에서 으뜸이었는데 산과 들에 두루 퍼져 있었다(荔枝甲天下, 彌山遍野)."555)

경제 작물의 발전에 따라 몇몇 지역에서는 경제 작물이 식량 작물을 구축하는 현상이 발생했고, 이는 명·청시기 특히 청대 전기에 두드러졌다. 광동성 번우현(番禺縣)에서는 논을 여지와 용안나무 밭으로 개조하였으며556) 복건성 천주(泉州)에서는 논을 사탕수수[蔗] 밭으로 변경했고557) 강소성 남부지역558)과 강서성 대유현(大庾縣)·신성현(新城縣)지역559)과 사천성의 함강현(合江縣)560)지역에서는 논을 담배밭으로 바꾸었다. 복건성의 경우 담배 재배가 날로 많아지지고 벼와 콩과 보리를 심은 땅이 날로 줄어들었다.561) 산서성의 보덕주(保德州)에서는 강변의 모래 땅에 벼과 기장대신 담배를 심었다.562) 산동성의 제녕주(濟寧州)에서는 "비옥한 곳은 모두 담배의 차지가 되었고 오곡은 오히려 척박한 곳에서 경작되었다(膏腴盡爲煙所占, 而五穀反皆瘠土)."563) 혹자는 서북의 다섯 성에서 제조하는 술에 소요되는 쌀만 매년 천만석에 달하는데 담배 재배로 감소된 조와 쌀은 술 제조에 사용된 조와 쌀의 60~70% 가량이라고 했다.564) 이를 통해 당시 담배밭이 심각하게 식량경작지를 구축하고 있었음을 알 수 있다. 또 산동성 영양현(寧陽縣)과 교주(膠州)에서는 땅콩[花生]의 재배가 빠르게 발전하여 이 지역 농민들은 "곡식을 대신에 땅콩을 재배했다(以落花生代稼)."565) 강소성의 송강부(松江府)와 태창주(太倉州)566)와 중부지역의 각 주현567)에서는 좋은 땅은 목화밭으로 바뀌었다. 식량 작물의 경작지 면적 축소는 일찍부터 봉건 문인과 통치자들의 우려를 불러 왔고 몇몇은 경제 작물의 전파를 목도한 뒤, 어떤 이는 "오직 이익만을 생각하는 괴이한 습속이 퍼져 오곡을 근본으로 삼으려 하지 않는다(深怪習俗惟利是趨, 而不以五穀爲本計)"568)고 하였고, 어떤 이는 경제 작물을 재배하는 농민에 대해 "오직 이익만을 도모하는 것이 전염되어 풍속이 되었다(唯利是圖, 績染成習)"569)고 논했다. 청 정부도 한차례 령을 내려 담배 재배를 금지했으나 효과를 거두지 못했고 경제작물은 더욱 거세게 발전해 갔다.

경제작물의 발전에 따라 적지 않은 사람들이 농산품 판매에 종사하였고 교역의 양도 늘어갔다. 운남성의 차재배 지역이었던 보이(普洱)에서는 매년 차 수확 계절이 오면 "차객(茶客)들은 수매하여 각 지로 운송하느라 길에 가득 메웠다(茶客收買, 運于各處每盈路)."[570] 복건성의 숭안현(崇安縣)에서는 차를 수확할 철이 되면 "상인들이 구름처럼 모여들어 인적이 드문 후미진 길에도 인적이 끊이지 않아 문전성시를 이루었다(商賈雲集, 究崖僻徑, 人迹絡繹, 哄然成市)."[571] 안휘성 곽산현(霍山縣)에서는 차를 수확할 때가 되면 "부상대고와 기종(騎縱)들이 온 들판에 펴져서 돈주머니를 열어 값을 치루니 모든 재물이 모여드는 시장이 열리게 된다(富商大賈·騎縱布野, 傾囊以值, 百花騈集, 開市列肆)."[572] 산동성의 제녕주(濟寧州)의 경우 담배를 재배하는 여섯 집은 "매년 매매하는 돈만 백금 200만냥에 달했다(每年賣買至白金二百萬兩)"[573] 섬서성의 성고현(城固縣)과 남정현(南鄭縣)의 담배재배 지역의 담배 상인들이 담배 잎을 호북까지 운반해 가서 담배 값으로 "매년 수천만냥을 벌어들였다(歲縻數千萬兩)."[574] 산동성 동창부(東昌府)는 면화 생산량이 가장 많아서 "상인들이 사방에서 무역했다(商人貿于四方)."[575] 귀주(貴州) 준의(遵義)는 산누에[柞蠶] 생산지인데, 매년 누에 실을 뽑는 계절이 오면 진(秦)·진(晋)·민(閩)·월(粤)의 상인들이 와서 구입해 "다발 채로 싣고 갔다(捆載以去)."[576]

경제 작물의 증가와 도시의 발전은 식량 작물의 상품화와도 유관했다. 이러한 변화는 식량의 유통 상황과 도시의 식량소비량에서 잘 드러난다. 명나라 후기 강서성의 감주(贛州)에서 생산된 쌀은 예장(豫章)·오회(吳會)지역까지 운송되었고, 수송선의 행렬은 끊어지지 않았다.[577] 안휘성 강북(江北) 연안에서 생산된 쌀은 장강 하류의 각 성으로 수송되었다.[578] 강소성과 절강성의 소주부(蘇州府)·항주부(杭州府)·가흥부(嘉興府)·호주부(湖州府)는 경제 작물의 재배가 비교적 발달한 지역이라 "소비량의 반은 강(江)·초(楚)·려(廬)·안(安)의 곡식에 의존했다(半仰給于江·楚·廬·安之粟)."[579] 환남(皖南 : 안휘성 남쪽)에서 경제작물의 재배가 발달해 있던 휘주부(徽州府)의 주민들이 소비하는 식량의 "대부분은 강서(江西)·호광(湖廣)의 쌀이었다(大半取于江西·湖廣之稻)."[580] 담배와 사탕수수을 왕성하게 생산했던 복건성 천주부(泉州府)는 식량을 강소성과 절강성지역에서 공급받았다.[581] 명·청시기 복건성에서 광동성으로 향하는 곡물수송선은 매년 1,000척이 넘었다.[582] 이 시기 새롭게 발전해 온 동북의 개간지에서 생산된 식량은 경제작물의 재배가 비교적 발전했던 동남 연해지역으로 수송되었다. 특히 강희 24년(1685) 해금(海禁)조치가 해제된 후, 동북지역에서 상해지역으로 수송되었던 콩과 보리는 매년 빠르게 증가했다. 건륭 연간(1736~1795) 동북지역에서 천진으로 가는 식량 수송선은 불과 10여 척에서 수백 척으로 증가했다.[583] 청나라 전기 대만에서 생산된 쌀은 대량으로 대륙으로 수송되었는데 옹정 7년(1729)의 기록에 의하면, 매년 운송된 쌀은 최소 45만 석이었다.[584] 건륭 초기 절강성 안길현(安吉縣)에서 생산된 쌀 가운데 반 이상이 매년 절강성 밖으로 운송되었다.[585] 강소성의 면화생산지인 숭명현(崇明縣)은 항상 안휘성의 화현(和縣)과 함산현(含山縣)에서 쌀을 공급 받았는데, 건륭 중기 매년 수송된 쌀의 양은 20여만 석이었고 건륭 후기에는 30여만 석으로 증가했다.[586] 건륭 연간(1736~1795) 호북성의 하(河)·호(湖)가 교차하는 지점에 미곡 수송선은 밤낮으로 끊이지 않았다.[587] 한구(漢口)의 경우 큰 화재가 발생해 소실된 수송선이 100여 척에 달했다.[588] 산동성 임주(臨州)와 청주(清州)가 소비한 양식 가운데 보리와 조는 하남으로부터 수송되었고 수수와 기장은 천진에서 운송되었다.[589] 가경 연간(1796~1820) 소주부(蘇州府)는 풍흉에 관계 없이 강서성·호광성·안휘성으로부터 미곡을 들여왔고 매년 매매되어 소비되던 곡물만 3~4백만 석이었다.[590] 이 시기 비교적 큰 도시에서 소비하던 양식은 크게 증가하여 소주부와 항주부 등의 곡물창고에는 "저장된 곡식이 항상 수십만석에 달했다(常積穀至數十萬石)."[591] 항주만 해도 매년 소비하는 식량이 3~4백만 석이었다.[592] 호북성 한구(漢口)의 경우 가경 연간(1796~1820) 저장한 식량이 20만 석이나 되었다.[593]

현물로 대신하여 납부하는 부역의 양이 부단히 증대는 상업적 농업의 증대를 추동했다. 상업적 농업의 발전은 시장의 상품수량과 품목을 풍부하게 하였으며 시장경제의 발전에도 긍정적인 역할을 했다.

3. 신분적 예속관계의 해체를 촉진한 부역제도의 개혁

중국 봉건사회내에서 정역(丁役)제도는 봉건국가의 인민에 대한 속박과 신분적 예속관계를 강화하는 수단이었다. 이러한 수단은 역대 요역제도의 개혁에 따라 점차 해체되어 갔다. 명·청시기 정역(丁役)제도는 줄곧 개혁되어 왔다. 예를 들어 명나라 선덕(宣德) 연간(1426~1435) 강남순무(江南巡撫) 주침(周忱)은 일찍이 응천부(應天府)에서 세량에 근거해서 이갑은(里甲銀)을 징수했다.[594] 그는 원래 호(戶)에 따라 부가되던 이갑의 비용을 토지세로 통합하여 은으로 환산해 징수했다. 주침 이후 동남지역 각 성은 잇달아 이갑의 정역(正役)에 대해 개혁을 단행했다. 절강성은 "균평은(均平銀)"595)이라는 이름으로, 복성성은 "망은(網銀)"596)이라는 이름으로 실시했는데, 그것은 주침의 개혁과 대체로 같았다. 가정(嘉靖) 16년(1537) 응천순무(應天巡撫) 구양탁(歐陽鐸)은 또 "징일법(徵一法)"을 시행하였는데 이갑과 균요(均徭)를 하나로 병합하여 역역(力役)은 은으로 절납(折納)하되 토지면적에 따라 징수했다. 이후 만력 연간(1573~1619)에 이르러 "일조편법(一條鞭法)"을 실시했다. 청나라 강희(康熙)·옹정(雍正)·건륭(乾隆) 연간(1662~1795) 정은(丁銀)은 토지수 혹은 세액에 통합되었다. 이때에 이르러 봉건국가가 강화해온 신분적 예속관계인 정은(丁銀)과 요역제는 비로소 소멸해 갔고 정부에 대한 민들의 예속관계는 해체되었으며 인민들은 더 많은 이주와 직업을 선택할 자유를 획득하게 되었다.

이와 동시에 공장제도(工匠制度) 역시 개혁되었다. 개혁은 두 방향으로부터 시작되었다. 하나는 공장의 복역시간을 점차 경감시키는 것이었다. 윤반장(輪班匠)은 1년 10일 복역했고 복역하지 않는 시간 동안은 "자유롭게 작업할 수 있었다(自由趁作)." 이것은 공장의 신분적 예속 관계가 해체되었음을 의미한다. 원나라 때 "역은 모두 영원히 징발한다(役皆永充)"는 공장제도와 비교하면 매우 진일보한 것이다. 둘째는 역을 대신해 은을 납부하는 것이었다. 성화(成化) 21년(1485)공부(工部)의 보고와 비준을 거쳐 윤반장(輪班匠)은 역을 대신해 은을 납부하게 되었다.597) 가정 41년(1562)에 이르러 공부의 보고[題]와 비준에 의해 윤반공장은 일률적으로 역을 대신해 은을 납부했다.598) 청나라도 명나라의 제도를 이어받아, 윤반공장은 역을 대신해 은을 납부했다. 순치(順治) 연간(1644~1661) 주좌공장(住坐工匠)이 매달 10일 동안 역을 바치던 제도 역시 장적(匠籍)제도가 폐지됨에 따라 사라졌다. 장적제도가 폐지된 후 국가에 대한 공장의 예속관계는 종결되었으며 공장은 신분적 자유를 획득해 자유롭게 자신의 시간을 안배할 수 있었으며 자기의 능력을 사용해 상품을 생산하여 사회에 공급했고 이로 인해 시장은 더욱 번성해 갔다.

제4절 서민지주의 발전

중국에서 서민지주는 매우 이른 시기부터 출현했으나 종종 사회경제적 요인에 의해 청나라 이전에는 순조롭게 발전하지 못했다. 청나라 이후가 되면 서민지주의 발전을 장애하던 각종 사회경제적 요인들이 변화하기 시작했고, 그리하여 청대 서민지주는 순조롭게 발전하여 지주계급 가운데 하나의 독자적 계층을 형성했으며 청나라 사회발전에 공헌했다. 서민지주는 그 지위가 귀족지주·진신(縉紳)지주와 달랐기 때문에 그들의 역사적 기능 역시 달랐다. 이러한 차이에 주목하지 않는다면 청대 사회경제 발전에 대한 필자들의 인식을 이해하기 어렵다. 이 절에서는 진신지주의 쇠락, 소민지주의 발전, 사회경제 발전에 대한 서민지주의 작용의 3가지 면에서 서술해 나갈 것이다.

1. 진신(縉紳)지주의 쇠락

원말·명초 농민 항쟁에서 귀족지주와 진신지주들은 심각한 타격을 입었다. 지주세력이 쇠락하는 가운데 명나라 초기에 대규모의 황무지가 발생했다. 명나라 초기 황무지 개간이 장려되고 있던 상황에서, 황폐한 토지는 매우 빠르게 개간되었는데 이 기간에 힘써 농사를 지어 성장한 서민지주가 출현했다. 이후 상품경제 발전, 자유로운 토지매매의 성행, 자본을 토지에 투자하는 상공업자들로 인해 서민지주는 크게 발전했다. 그러나 명나라 중엽이후 장전(莊田)을 소유한 귀족지주와 신흥 진신지주의 발전으로 인해 지주제 경제발전은 정상 궤도에서 이탈했다. 그리하여 서민지주의 발전은 억제되었고 그들은 쇠락해 갔다. 청대에 이르러 명나라 중엽이후 발전해 오던 권귀지주는 정점을 찍고 쇠퇴해 갔다. 지주제 경제는 다시 한번 정상적 발전 궤도로 진입했고 서민지주는 다시 활기를 찾아 발전해 갔다. 이러한 변화는 다음의 요인이 작용한 결과였다.

권귀지주는 부역 면제권을 상실하였다. 명대 특권지주들은 부역을 면제받는 권력을 향유했었다. 각 왕공귀족들은 장전(莊田)을 소유하였고 부세에서 면제되었다. 그들의 가족 구성원들과 예하 전호(佃戶)들 역시 국가의 요역 부담에서 면제되었다. 진신지주는 품급에 따라 면제되었다. 가정(嘉靖) 24년(1545) 다음과 같은 규정이 제정되었다. 경관(京官) 1품은 세량(稅粮) 30석과 인정(人丁) 30정(丁)을, 2품은 세량(稅粮) 24석과 인정(人丁) 24정(丁)을 각각 면제받았다. 3품 이후는 품계에 따라 각각 차등을 두어 면제받았으며 9품은 세량(稅粮) 6석과 인정(人丁) 6정(丁)을 면제받았다. 지방관의 경우도 품계에 따라 경관의 반을 감면받았다. 품계를 받지 못한 교관(教官)·거인(擧人)·감생(監生)·생원(生員) 등도 각각 세량(稅粮)

2석과 인정(人丁) 2정(丁)을 면제받았다.[599] 각 주현이 규정한 면제액은 나라에서 정한 것보다 높았는데, 예를 들어 강소성(江蘇省) 상숙현(常熟縣)의 경관(京官)이 과거의 갑과(甲科)출신일 경우 『회전(會典)』에서 규정한 것보다 10배나 많이 면제 받았다(1품관의 경우 『대명회전』에서는 1천무를 면제하였으나 실제로는 1만무를 면제받음). 향시 합격자[鄕科] 및 국자감 생원[貢生]일 경우 규정 액수의 6배를 면제받았다(2품관이라면 대명회전의 규정에는 800무가 면제되었으나 실제로는 4,800무를 면제받음). 외관의 경우 경관의 1/2을 면제받았다. 그 공명(功名)은 있으나 아직 관직을 받지 않은 자들도 면제받았는데 진사는 전(田) 2,700무에서 3,350 무를, 거인(擧人) 및 은공(恩貢)[41]은 전(田) 1,200무를, 공생(貢生)은 전(田) 400무를, 수재(秀才)와 감생(監生)은 전 80무를 각각 면제받았다. 특히 중요한 점은 진신지 주들은 특권과 봉건적 세력에 의지해 면제의 범위를 확대하면서 국가의 전부(田 賦)와 요역을 회피하고 있었다는 점이다. 숭정(崇禎) 연간(1628~1643) 진계신(陳啓 新)은 사람들이 일단 진사시에도 합격하면 "재산이 있어도 부(賦)를 내지 않고, 몸이 있어도 요역(徭役)을 바치지 않고, 밭이 있어도 세량(稅糧)을 바치지 않고, 집이 있어도 세를 내지 않는다(産無賦, 身無徭, 田無粮, 廛無稅)"고 했다.[600] 고염무 (顧炎武)도 이렇게 말했다. "만역 어떤 한 현의 토지가 10만경(頃)일 때 생원의 땅이 5만이면 민의 땅 5만경에서 10만경의 세를 수취를 한다 … 중략 … 생원의 땅이 9만경이면 민의 땅 1만 경에서 10만경의 세를 수취를 한다(如一縣之地有十萬 頃, 而生員之地五萬, 則民以五萬而當十萬之差矣─중략─以生員之地九萬, 則民一萬 而當十萬之差矣)." 이에 "잡다하고 많은 세금은 모두 소민들에게 돌아간다(雜泛之 差乃盡歸于小民)."[601]

관신(官紳)지주의 면세는 특히 주목할 만한 현상이었다. 관신지주는 훈척귀족에 비해 방대한 계층이기 때문이다. 생원의 수는 더욱 많았다. 고염무의 계산에 의하면, "각 현마다 300명 가량되었으므로 최소 50만 명은 되었다(縣以三百計, 不 下五十萬人)."[602]

특권지주의 면세로 인해 감소된 부분은 종국에는 농민에게 전가되었고 이로 인해 각 주현에서 진신지주가 늘어나면 농민의 부담은 가중되었다. 예를 들어 강서성 복안현(福安縣)에서는 진신지주의 호가 많아져 "전부가 불균등해 졌다(田 賦不均)."[603] 강소성 상주부(常州府)는 "과거에 급제한 자와 현관이 천하에서 으뜸

---

41) 역주 - 지방출신으로 국자감에 입학한 이를 지칭.

이라 부역이 번중해졌다(科第顯官甲天下, 而賦役繁重)."[604] 지주의 권리가 확대되고 특권지주가 제한 없이 면세되고 있던 상황에서 자영농 및 서민지주는 번중한 부(賦)와 역(役)의 압박아래 줄지어 파산해 전호로 전락했다.

청대에 이르러 정부는 진신의 면세권에 대한 개혁을 단행했다. 순치 초에는 명나라가 관신(官紳)에게 면세하던 제도를 계승하였으나, 순치 14년(1657) "1품관에서 생원·사·승에 이르기까지 단지 본인의 정요(丁徭)만을 면제할 뿐 그 나머지 정은은 징발하여 군수에 충당하도록(自一品官至生員史丞, 止免本身丁徭, 其餘丁銀仍徵充餉)"[605] 제정했다. 이는 진신지주의 면세범위를 제한하는 조치였다. 강희 초년 개별 지역에서 "균전법(均田法)"과 "균역법(均役法)"이 시행되어 요역을 토지에 포함시켜 징수했다. 진신지주·서민지주와 자영농을 막론하고 얼마간의 토지를 가지고 있으면 그에 상응하는 차은(差銀)을 납부해야 했다. 옹정·건륭 연간 (1723~1795)에 이르자 청나라 조정은 "탄정입지(攤丁入地)"[606]정책을 전국으로 확대했다. 이러한 정책의 실시는 기본적으로 진신지주의 면세 특권을 제거한 것이다.[607] 한 차례의 개혁을 통해 농민의 차은 부담을 경감하여[608] 서민지주의 발전에 기여한 반면 진신지주의 발전은 억제했다. 이와 동시에 국가는 호구에 대한 통제를 완화시켜 사람들은 봉건적 통치로부터 더욱 많은 신분적 자유를 획득했다.

뿐만 아니라 청 정부는 진신들이 토지를 '궤기(詭寄)'[42]하는 현상을 금지하고 체납된 전량을 일괄 징수하는 조치를 취했다. 순치 15년(1658)에는 "문무의 향신 (鄕紳)과 진사(進士)와 거인(擧人)과 공(貢)·감(監)·생원(生員)·아역(衙役)들 가운데 전량을 체납한 자는 각각 그 수량의 다과에 따라 구별해 치죄하게(文武鄕紳, 進士, 擧人, 貢·監·生員及衙役, 有拖欠錢粮者, 各按分數多寡, 分別治罪)"[609] 했다. 순치 18년(1661) 청나라 조정은 "신축주쇄안(辛丑奏鎖案)"[43]을 이용하여 8개 성(省)에서 전량을 체납하고 있던 진신에게 심대한 타격을 입혔는데, 특히 소주(蘇州)·송강 (松江)·상주(常州)·진강(鎭江)·표양현(漂陽縣)에 대한 징수를 강력히 실시했는데, 진신이었던 장지치(張至治) 등 2,171명과 생원 사순철(史順哲) 등 11,346명은 모두 강등되거나 면직되었다. 이 중 태상(太常) 장인암(張認庵)과 편수(編修) 엽방애(葉

---

42) 역주 - 궤기는 詭名寄産의 준말로 자기의 토지를 아랫사람에게 증여하는 방식으로 명의를 바꾸어 전부를 납부하는 않는 행위를 말한다.

43) 역주 - 순치 18년(신축년) 강남순무 주국치가 올린 상주문을 말한다. 이를 근거로 청 조정은 강남의 蘇州·松江·常州·鎭江·漂陽縣의 官紳과 사대부들이 납부하지 않은 전량을 일괄 징수했는데 이를 '주쇄안'이라 하였다.

芳藹)는 체납한 부은(賦銀) 7리(厘) 때문에 강등되었고, 군상생(郡庠生)이었던 정개(程玠)는 은(銀) 7계(繫) 때문에 면직되었다.[610] 이처럼 주쇄안으로 진신지주들은 심각한 타격을 입었다.

청나라 통치자들의 이러한 정책실행은 진신지주의 토지겸병에 대해서도 일정한 억제기능을 하였다. 예컨대 무진(武進)의 소장형(邵長蘅)은 주쇄안에 그 이름이 올라 읍의 제자원적(弟子員籍)에서 파직되었다. 그는 원래 전(田) 800무를 소유하고 있었으나 1개월 사이 "반 이상을 판매해(棄賣過半)", "한 푼도 가지지 못해 단지 허송세월만 보내는 사람이 되었다(不名一錢, 只白送人耳)."[611] 가정현(嘉定縣)에서는 주쇄안을 거치면서 토지 가격이 폭등하여 "종국에는 값을 치루고 살수 없는 자까지 출현했다(竟有不敢值而售人者)."[612]

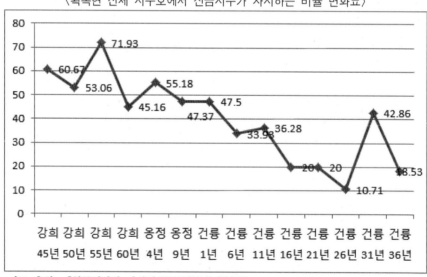

〈획록현 전체 지주호에서 신금지주가 차지하는 비율 변화표〉

자료 출처 :『획록현당안·편심책(獲鹿縣檔案·編審冊)』
그림 설명 : 세로축은 지주호. 변동선은 신금호의 비율.

청대 전기 진신지주의 쇠락은 직예성(直隷省) 획록현(獲鹿縣)의『편심홍책(編審紅冊)』에서도 확인된다. 강희 45년(1706)에서 건륭 36년(1771)까지 성사(城社)·정가장사(鄭家莊社)·임촌사(任村社)의 22개 갑(甲)에 대해서는 비교적 완전한『편심홍책(編審紅冊)』이 보전되어 있다. 필자들은 이 자료에 근거하여 분석을 진행했다. 강희 45년(1706)의『편심책(編審冊)』에는 27개 갑이 기록되어 있다. 이 가운데 지주호는 89호이다.[613] 신금지주(紳衿地主)는 54호이며 전체 지주호의 60.67%를 차지했다. 강희 50년(1711)의 『편심책』에는 모두 13개 갑이 기록되어 있는데 이 중 지주호는 49호였고 신금지주호는 26호로 전체 지주호의 53.06%를 차지했다. 강희 55년(1716)의 『편심책』에는 모두 16개 갑이 기록되어 있는데 이 중 지주호는 57호이며 신금지주호는 41호로 전체 지주호의 71.93%를 차지했다. 옹정 4년(1726)의 『편심책』에는 모두 17개 갑이 기록되어 있는데 이 중 지주호는 86호이고 신금지주호는 48호로 전체 지주호의 55,81%를 차지하였다. 옹정 9년(1731)의 『편심책』에는 18개 갑이 기록되어 이는데 이 중 지주호는 57호이고 신금지주호는 27호로 전체 지주호의 47.37%를 차지했다. 이후 신금지주호가 지주호에서 차지하는 비율을 47.5%를 넘어서지 못해 10.71%~47.37%였다. 시기별 신금지주호의 추이는 위 〈그래프〉와 같다.

위의 〈그래프〉에서 확인되듯이, 강희 60년(1721)의 편심에서 신금지주호가 전체 지주호의 45.16%를 차지한 사례를 제외하면, 옹정 4년(1726) 이전 4차례의 편심에서 신금지주호는 전체 지주호의 50% 이상을 차지하여 지주의 주류였음을 확인할 수 있다. 그러나 옹정 9년(1731) 신금지주는 하락의 길로 접어들어 과거 영화를 회복할 수 없었다. 대신에 서민지주가 역사의 무대에 등장하여 지주의 다수를 차지하게 되었다.

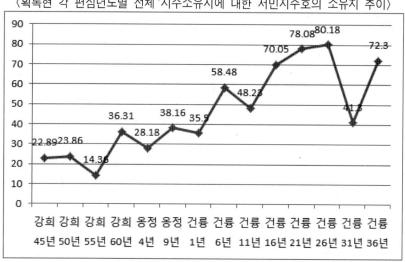

〈획록현 각 편심년도별 전체 지주소유지에 대한 서민지주호의 소유지 추이〉

자료 출처 : 『획록현당안·편심책(獲鹿縣檔案·編審冊)』
그림 설명 : 세로축은 백분율. 변동선은 전체 지주호에서 서민지주의 소유지 백분비.

한편 전체 지주호의 소유지에서 신금지주가 차지하는 면적도 축소되어 신금지주호가 점차 쇠락하는 과정에 있었음을 잘 보여준다. 필자들은 직예성 획록현 성사(城社) 등의 『편심책』자료를 근거로 하여 작성한 〈그래프〉를 통해 이를 논증하였다.

건륭 31년(1766)의 『편심책』이 단지 2개 갑(甲)만이 기록되어 있었고 때문에 건륭 31년(1766)에 신금지주호의 소유지 비율이 갑자기 증가하였던 것으로 이해된다. '탄정입지(攤丁入地)' 정책이 추진된 후, 호남지역의 토지소유 현황은 거대한 변화가 발생했다. '탄정입지'를 시행하기 전, 진신지주들이 부역을 회피하고 서민지주와 농민에게 전가하던 상황에서, 무거운 부세와 번중한 역이라는 부역 압박을 벗어나기 위해 "빈약한 자들은 토지문서를 부호들에게 맡기려 해도 오히려 받아주지 않을 것을 염려했다(弱者以田契送豪家, 猶懼其不納)."[614] 이러한 상황에서 왕부지(王夫之)는 "부자들의 토지를 빼앗아 가난한 약자들에게 주어도 죽을지언정 그것을 받지 않는다(則使奪豪右之田而畀貧懦, 且寧死而不肯受)"[615]고 말했다. 이후 '탄정입지'가 실시되고 진신의 면세특권이 폐지된 후 위와 같은 상황은 역전되었다. 진신지주들은 임의로 부역을 회피하여 농민에게 전가할 수 없었기 때문에 다시는 이전처럼 토지겸병에 열중할 수 없었고 심지어 자기 소유의 토지를 방치하기까지 했다. 룡승(龍升)의 말에 의하면 "최근 세가대족들은 수백석 혹은 수십석을 헐값에 (광동의 이주민들에게) 나주어 주어 파종하게 하였다. 심지어 묘전(墓田)인 것을 고려하지도, 조상 대대로 자손의 생계를 위해 소유한 토지인 것을 고려하지도 않고 모두 주어서 그 소유주의 성명을 바꾸었고(광동의 이주민들에게 나누어 주었다)(邇日世家大族, 或百石或數十石, 願其價割與(廣東移民)安捕矣. 甚且不顧墓田, 幷不顧前人占立版籍爲子孫長久之計, 皆願倒甲以授, 更改姓氏(過割給廣東移民))", 이로써 "목숨을 보전하고 요역을 피하려 했다(苟全身命避徭役)."[616] 이것은 하나의 거대한 변화로 이는 서민지주에게 발전의 기회를 제공했다.

2. 서민지주의 발전

명나라 전기 서민지주는 이미 일정정도 발전해 있었으나 명나라 중·후기에 이르러 귀족지주와 진신지주의 토지 약탈, 그리고 무거운 부역부담의 농민과 서민지주로의 전가로 인해 농민들은 줄지어 파산해 혹자는 전호(佃戶)로, 혹자는 노복으로 전락했으며 지주제 경제는 권귀지주에 의해 주도되었다. 명말·청초 오랜 전란을 거치면서 토지는 심각하게 황폐화 되었고 청 조정은 황무지 개간을 장려하는 가운데, 토지를 소유하지 못하거나 소량의 토지를 가진 농민들이 새롭게 토지를 획득했다. 노동력이 늘어나고 더불어 경제조건이 호전된 가정은 더욱 많은 토지를 개간하였는데, 이런 상황은 청대 서민지주 발전의 조건으로 작용하였다. 이와 동시에 청나라 조정은 면세특권에 대한 개혁을 단행하여 청나라 초기까지 이어져 온 명나라의 면세특권제도를 폐지했고 진신(縉紳)의 경우 본인의 정은(丁銀)만 면제했다. '탄정입지'가 실시되어 정은(丁銀)이 토지 면적에 따라 납부되면서 진신호의 부역 전가는 최종적으로 폐지되었다. 이는 부역에 대한 농민과 서민지주의 부담을 경감시켰고 서민지주의 발전에 유리한 조건이 되었다. 청나라 조정은 신금(紳衿)의 토지 '기궤(寄詭)'를 금지하고 체납된 전량(錢粮)을 파악하는 동시에 "신축주쇄안(辛丑奏鎖案)"을 이용해 전량을 체납하던 신금에 대한 공격을 단행해 효과적으로 진신의 토지겸병을 억제했다. 이 역시 서민지주의 발전에 비교적 좋은 환경을 제공했다. 이 밖에 상품경제의 발전으로 인해 농민들이 전업적으로 경제작물을 재배하면서 가정에 수공업장을 열거나, 경작기술을 발전시키고나, 단위 면적당 생산량을 제고하는 등 힘써 농사지어 부를 쌓아 서민지주로 상승했다. 청대 서민지주의 발전에 더없이 좋은 조건을 제공한 것은 자유로운 토지 매매의 발전이었다. 청대에 서민지주계급은 주로 상인지주와 힘써 농사지어 집안을 일으킨 이들로 구성되었다.

상업자본의 토지로의 이동은 중국봉건사회 고유의 현상이다. 명대 문헌자료 속에서 필자들 역시 이에 관한 기록을 확인하였다. 예를 들어 휘주상인 허영(許英)은 "널리 토지를 두고 있어(廣置田畝)", "사주(沙州)의 부자가 되었다(爲沙州富人)."[617] 왕음(王蔭)은 "토지를 두고 집을 지으니 이전보다 화려했다(置産構室, 克光于前)."[618] 강덕징(江德徵)은 "20여 만금을 모아 토지를 넓혔다(累巨二十餘萬金, 田連阡陌)."[619] 청대에 이르러 농업생산이 발전함에 따라 토지소유로 인한 수익이 증가하고 부역의 전가현상이 제거됨으로 인해 상인들이 자금을 토지로 전환하는 현상은 더욱 늘어났다. 강희에서 건륭에 이르는 시기(1662~1795) 흡현(歙縣) 정영홍(鄭永洪)은 "예(豫)·장(章)지역에서 수십년간 무역하면서(貿易豫章數十年)" "획득한 재물로 절강 란계(蘭溪)에 있는 토지를 구입하였다(將所獲財富置田産于浙江蘭溪)."[620] 휴녕(休寧)의 파이상(巴爾常)은 장사하기 이전까지 27무의 토지만을 소유하고 있었으나, 장사한 후 건륭 14년에서 건륭 46년 사이(1749~1781) 171무의 토지를 매입했다.[621] 휘주(徽州)의 정모(程某)는 "상업으로 집안을 일으켜 거만의 재물을 모았고(以賈起家, 積財巨萬)" 그의 아들 정배(程輩)는 "전택을 더욱 넓혔다(田宅益廣)."[622] 흡현(歙縣)의 정정주(程廷柱)는 옹정 연간(1723~135) 부친을 따라 강광(江廣)지역을 다니며 무역으로 재물을 모아 "널리 토지를 두었다(增置田産)."[623] 가경 연간 적계(績溪)의 장강(章江)은 어려서부터 장사를 해서 "재산을 모아 집안을 일으켰으며 널리 전려(田廬)를 두었다(積蓄成家, 廣置田廬)." 장승(章升)은 장사에 능해 "전택(田宅)을 두어 집안을 일으켰다(創置田宅, 以起其家)."[624] 정덕(旌德) 왕승한(王承翰)은 분가한 이후 토지를 전당 잡혀 장사를 배워 집안을 일으킨 후, 상업자본을 토지로 전환하였다가 아편전쟁이전에 토지 800무를 매입하였는데 전당 잡힌 토지를 합해 모두 1,000무나 되었다.[625]

강소(江蘇)의 상인들도 치부한 후 자금을 토지로 전환하였는데 무석(無錫)의 왕석창(王錫昌)은 3,000무의 토지를 구입했다.[626] 무석의 설모(薛某)도 4만무의 토지를 구매했었다.[627]

산서(山西) 진상(晋商)은 건륭 연간(1736~1795) 토지를 구매하기 시작했는데, 산서순무(山西巡撫) 라파연(羅巴延)은 이런 소를 올렸다. "혼원현(渾源縣)·유차현(楡次縣)의 부상대고들은 과거 토지를 구매하지 않아 정량(丁粮)이 분정(分定)되었습니다. 지금 호적이 날로 감소하고 또 토지를 많이 구매하였으니 바라건대 정은을 토지세에 포함시켜 징수하여 간편하게 하소서(渾源·楡次二縣, 向系富商大賈, 不事田産, 是以丁粮分定. 今戶籍日稀, 且多置田地, 請將丁銀攤入地粮徵收, 以歸簡便)."[628] 진상(晋商)은 또 다른 성(省)의 토지도 구매하였는데 건륭 50년에 하남(河南)에서 연이은 흉년이 발생하자 "산서(山西) 등지의 부호들이 그 소식을 듣고 예(豫)지역으로 와서 이자놀이를 하고 이를 빌미로 토지를 싼값에 구입했다(山西等處富戶, 風聞赴豫, 擧放利債, 借此准折地畝)."[629]

산동(山東) 장구(章丘) 강학당(强學堂)의 맹씨(孟氏) 가문은 조상대대로 상업에 종사하다 함풍 4년(1854)이 되자 대대로 모은 토지가 960무에 달했다.[630] 무등현(文登縣) 역시 전문적 토지겸병을 목적으로 자금을 빌려주는 전당상인이 출현하였다. 상인의 가혹한 착취하에서 농민들의 "토지는 부자들에게 돌아갔고 벽만 있는 집에 살았다(田歸富人, 家徒四壁)."[631]

광동(廣東) 상인들은 집안을 일으킨 후 종종 자급을 토지에 투자했다. 강희 연간(1662~1722) 중산(中山) 소람(小欖)의 상인 하세녕(何世寧)은 헐값에 토지 17경(頃)을 구입한 것 이외에 기당(基塘) 몇 10무를 소유하고 있었다. 도광·함풍 연간(1821~1861) 상인 하품익(何品益)은 몇 해 동안 토지를 구입하여 64세 되던 해에는 이미 토지가 60여 경(頃)이나 되었다.[632] 도광 연간(1821~1850) 남해상인 반관회(潘寬懷)는 "넓은 집을 짓고 전원(田園)은 두었다(築廣厦, 置田園)."[633] 함풍 연간(1851~1861) 순덕(順德)의 상인 양위(梁煒)는 320무의 토지를 구입했다.[634]

이상의 사례를 통해 어려움 없이 시기 상업자본이 토지로 전환되거나 상업자본·고리대자본과 토지가 결합되는 것이 상당히 보편적이었음을 알 수 있다.[635]

이 시기 주목해야하는 또 다른 상황은 "기장제(寄莊制)"의 발전이다. 옹정 7년(1729)의 상유(上諭)는 다음과 같았다. 직예성(直隸省)에서 "사람들의 기지(寄地)는 모두 회안(懷安)에 있으면서 기세(寄稅)는 만전(萬全)·선화(宣化)로 보내니(有人寄地皆在懷安而寄稅于萬全·宣化者)", "현재 회안이 납부하는 세량은 순천부(順天府)의 보지(寶坻)에 있는 기지(寄地)입니다(有現在懷安納糧, 而寄地順天府之寶坻)." 기타 산동(山東)·산서(山西)·하남(河南)·강소(江蘇) 등 13개 성에서도 이와 유사한 현상이 발생했다.[636] 옹정 12년(1734)의 기록에 의하면, 산동성내에서 "저 읍의 민인들의 이 읍의 토지를 구매하는 경우(以彼邑民人, 置買此邑之畝)"[637]는 61개 현(縣)의 다반사였다. 기장제의 발전은 관료지주가 소재임지에서 토지를 구매하여 기장(寄莊)을 설치하는 것 이외에도, 외적지(外籍地)에서 상인들이 토지를 구매하는 현상과 밀접한 연관을 가지고 있었다. 예를 들어 소주상인과 휘주상인은 소북(蘇北) 청하(清河)에서 토지를 구매하였는데 "어염(魚鹽)을 판매하여 많은 이득을 얻어 전택을 많이 두어 자손에게 물려주었다(招販魚鹽, 獲利甚厚, 多置田宅, 以長子孫)."[638] 진상(晋商)은 하남에서 "토지를 헐값으로 구입했다(准折地畝)."[639]

가경 19년(1814)이전 직예성 남부 30여 주현에서는 연이어 재해가 발생해 "이 지역의 부호와 다른 지역 출신의 부호들은 헐값으로 토지를 널리 구입해 많은 이득을 올렸다(本處富戶及外來富人, 多利其價賤, 廣爲收買)."[640] 건륭·가경 연간(1736~1820) 광동상인 임대무(林大茂)는 광서(廣西) 귀현(貴縣)에 기거하였는데 여기서 90만조(租)의 토지를 구매하였다.

주목할 점은 상인지주의 발전, 특히 부재 상인지주의 발전에 따라 조전관계에서 경제외적 강제가 일정정도 억제되었고 지주-전호관계 역시 느슨해지기 시작했다는 점이다.

명·청시기 서민지주의 발전과정에서 가장 주목해 왔던 지점은 전업적으로 농업에 종사하여 토지를 경영하던 서민지주였다. 이러한 서민지주 가운데 일부는 "힘써 농사지어 치부하거나(力農致富)" "각고의 노력을 기울여 집안을 일으킨(勤苦起家)" 농민으로부터 성장해 왔다. 그 외 일부 농민은 부업 경영 혹은 고리대를 통해 성장했다. 이들 서민지주들은 비록 명대 이전 이미 출현하고 있었으나 진일보한 발전과 농촌 경제에서 현저한 영향력을 행사한 것은 청대 전기부터 였다.

명·청시기에는 모두 일찍부터 소규모 토지를 소유한 상당수의 소자영농이 존재하고 있었고 시종 농민계급의 분화가 진행되고 있었다. 다만 명대에 농민분화의 과정에서 발전해 간 것은, 비록 소수의 부유한 농민이 있었더라도, 대량의 귀족 관료 등의 특권지주였다. 청대 전기 농민분화과정에서 비교적 부유한 농민과 서민지주가 출현하였다. 서로 다른 이러한 분화의 추세는 특정한 역사적 조건이 작용한 결과였다.

명대 중기에 중소서민지주와 부유한 농민은 봉건적 통치자들의 수탈의 대상이었을 뿐 아니라 특권지주가 부역을 전가하고 힘 있는 진신들이 침탈을 자행하는 대상이었다. 이 시기에 "부역이 번중하였다(賦役繁重)"거나 "토지를 소유하는 것이 고통이었다(有田爲累)"고 느낀 이들은 서민지주와 부유한 농민이었다. 소위 호우(豪右)들은 "향리를 횡행하며(橫行鄕里)", "향민들을 어육과 같은 먹거리로 여겨(魚肉鄕民)" 그들을 압박과 수탈의 대상으로 삼았다. 이러한 사회적 조건하에서 서민지주의 발전은 심각하게 제한되었다.

청대 전기에 이르러 이러한 상황에 변화가 발생했다. 진신지주의 면제특권은 개혁되었고 신축년 주쇄안은 진신에 타격을 가했으며 "탄정입지(攤丁入地)"의 실시와 토지세의 면제 등과 같은 조치로 인해 비록 여전히 특권지주의 폭력과 약탈 그리고 부역전가의 압박으로부터는 완전히 벗어났다고 할 수는 없을지라도 이러한 압박이 일정정도 경감되었고 일부는 비교적 많이 경감되었다. 직예성 획록현을 사례로 살펴보면, 직예성은 옹정 2년(1724) 전 성에 대한 탄정입지를 실시해 조세를 징수했다. 세은(稅銀)과 탄정은(攤丁銀)은 0.207냥이었는데 "탄정입지" 이후 이 현 정가장사(鄭家莊社) 가운데 1·3·4·6·7갑(甲)에서 탄입된 정은은 총 91.98냥이었고 이 가운데 신금(紳衿)지주호에서 탄입한 정은은 15.52냥이었다.[641] 농민호와 서민지주호가 탄입한 정은은 76.46냥이었다. 그러나 "탄정입지" 이전 정은은 호에 따라 징수되었다. 강희 45년(1706) 정가장사 가운데 1·2·4·6·7갑(甲)이 정은으로 징수한 액수는 213.84냥이었다. 신금지주호들이 정은에 대한 면세특권을 가지고 있었으므로 이 213.84냥의 정은은 모두 농민호와 서민지주호가 부담한 것이었다. 위의 두 수치를 비교해 보면 "탄정입지"를 시행한 후 획록현 농민호와 서민지주호의 부역부담은 현저하게 감면되었음을 알 수 있다.[642]

강남 소주(蘇州)지역은 부역의 부담이 매우 무거웠던 곳이었다. 경작지의 면

적은 전국 경작지의 1%내외에 불과했으나 매년 부단하던 세량(稅糧)은 250만석이
나 되어 전국 세량 총액의 10%나 되었다. 매년 체납이 발생했고 해마다 체납액은
늘어가 "민들의 고통은 이루 말로 다할 수 없었다(民力難支已不可言)." 옹정 3년
(1725)과 건륭 2년(1737) 2차례의 감면으로 미납된 은은 50만냥이 경감되었다. 예
를 들어 장주현(長洲縣)은 매년 양전(糧錢) 1냥을 징수했으나 1전 당 3분(分) 3리
(釐) 6호(毫)를 경감했다.[643] 농민의 부담은 건륭 2년 이전에 비해 크게 감소된 것
이다.[644]

　청대 전기 농민과 서민지주의 부담 경감은 그들에게 비교적 많은 발전 기회
를 제공하였다. 더구나 청나라 초기 소토지소유자들이 광범위하게 존재하였고
이들은 서민지주 발전의 자양분이었다. 토지경영을 통해 서민지주로 발전하는
길은 2가지 였는데, 하나는 열심히 농사지어 성장한 이들이고 다른 하나는 경제
작물을 재배하여 성장한 경우이다.

　자영농과 서민지주의 발전은 사천성에서 비교적 현저하였다. 명나라 말기 농
민대봉기 후 진신지주들은 급격히 쇠락하는 것과 더불어 많은 주인 없는 토지들
이 임의로 개간 경작되었다. 강희 연간(1662~1722) 낙지현(樂至縣)은 "땅은 넓으나
인구가 적어 많은 사람들이 차지해 경작하면 그 개간을 인정해 주었다(地廣人小,
多屬揷占, 認墾給照)."[645] 또 신번현(新繁縣)의 경우 호광성·강서성·복건성·광동성
의 사람들이 줄이어 이곳으로 왔는데 "도착한 처음부터 소유주가 없는 토지는
민들이 스스로 차지해 개간하는 것을 허락했고… 중략 … 이를 삽점(揷占)이라
불렀다(始至之日, 田無業主, 聽民自占墾荒 … 중략 … 謂之揷占)."[646] 이와 더불어
토지가격 역시 비교적 낮았다. 강희말년의 기록에 의하면 "이전에는 사람이 적고
토지가 많아 1무의 토지 가격은 은 수 전(錢)에 불과했다. 지금은 사람이 많고 땅
이 적어 그 값이 올라 1무의 가격은 수냥에 이르렀다(先年人小田多, 一畝之田, 其
値銀不過數錢. 今因人多値貴, 一畝之値竟至數兩)." 또 만원현(萬源縣)의 경우 건륭
이전에는 "매 전에서 1석을 생산해도 그 값은 전(錢) 수 천(釧)이었다(每田能産一
石者, 價値錢數釧而已)." 그러나 가경·도광 연간(1796~1850)에 이르러 지가가 폭등
하여 "1석을 생산할 수 있는 땅의 가격이 전(錢) 십여 천(釧)이나 되었다(每石地亦
僅置錢十餘釧)."[647] 낮은 지가와 대규모의 주인 없는 황무지는 농민들에게 비교적
많은 토지 획득의 기회를 제공했다. 이 때문에 청대 전기에 각 성의 농민들은 토
지를 획득하기 위해 연이어 사천지역으로 들어왔다. 이 가운데 적지 않은 사람
들이 소토지소유자가 되어 지주로 발전할 수 있는 기회를 획득했다. "멀리서 등

짐만 지고 사천으로 들어온 사람들 가운데 대부분은 부자가 되었다(遠人擔篋入川, 多致殷富)"는 말은 이러한 상황을 잘 보여준다.[648] 창계현(蒼溪縣)은 가경이후 양(楊)·이(李)·나(羅)·조(趙) 등의 새로운 성씨의 지주가 출현했고 그들 중 "일부는 스스로 농사에 힘써 효제(孝弟)가 되었고 일부는 집안을 일으킨 후 학문에 힘써 과명(科名)[44]이 되었다(或起自力田孝弟, 或起自勤學科名)."[649] "힘써 농사지어 효제가 된(力田孝弟)" 이들은 이 시기 발전하고 있던 서민지주를 말한다. 운양현(雲陽縣)의 경우 건륭 연간(1736~1795) 사대성(謝大成) 부자는 "힘써 농사짓고 성실히 일해 집안을 일으켰다(父子力農, 勤苦成家)". 이들이 구매해 모은 토지는 1,000여 무에 이르렀다. 영현(榮縣)의 경우, 도광 연간(1821~1850) 호부항(胡富恒)은 소년시절 한 뙈기의 땅도 없었으나 형제가 20여 년간 경영하여 거의 400무의 토지를 모았다.[650] 호남성의 유양(瀏陽)에서는 강희 중엽 광동성의 객민(客民 : 역자-이주민)들이 이곳에서 성장하였는데 그들은 "직접 가래를 잡고 경작하였는데 그 힘은 모두 자신에게서 나온 것이어서(身秉未以耕, 力皆出諸已)" 50~70무에 파종해 "풍년이든 흉년이든 모두 자신의 재산이 되었다(豐歉皆屬己有)."[651] 위례(魏禮)의 말에 의하면, 강서성에서는 청나라 초기 민(閩)지역의 전객(佃客)들이 영도(寧都)지역으로 이주해와 토지를 빌려 경작하였는데 여러 대를 거치면서 각고의 노력으로 토지를 경영하여 "이주해 온 이들 모두가 부유해져 조상이 정착한 마을에 전택을 세웠으며 그들은 이후 임차권을 양도받아 경작할 사람[召頂種者]을 구해 비싼 값으로 임차권을 판매했다(率皆致厚資, 立田宅于其祖里, 彼然後召頂種者, 又獲重價頂與之)."[652] 이것은 전농(佃農)이 지주로 상승한 사례이다. 복건성 보전현(莆田縣)의 지주 방남천(方南川)은 소유한 토지의 수가 매우 많아 해마다 지대로 수취한 곡물이 12,000여 석에 달했다.[653] 그 역시 서민지주였다.

북부지역에서도 농사에 힘써 성장한 서민지주가 발달했다. 예를 들어 하남성 광산현(光山縣)의 웅유일(熊有一)은 건융 초년까지 한뙈기의 땅도 소유하지 못한 가난한 농민이었으나 이후 이웃과 합자하여 소를 길러, 소가 수백마리에 달해 "해마다 많은 이득을 남겼으며(歲贏巨利)", "만년에는 천여무의 토지를 소유하게 되었다(晚年有田千餘畝)."[654] 직예성의 안숙현(安肅縣)에 사는 전호(佃戶) 학모(郝某)는 강희 연간(1662~1722) "농사를 잘 지어 집안을 일으켰으며(以善治田發家)", 모은 토지가 200무 가량 되었다.[655] 박야현(博野縣)에 거주하는 장모(蔣某)는 옹정

---

44) 역주 - 과명은 향시에 급제한 이들로 生員, 擧人, 進士로 구분된다.

연간(1723~1735) "힘써 농사지어 치부하였으니 몸으로 재산을 모았다(力耕致富, 以身發財)." 이후 성장하여 "토지가 1,000무에 달해(連田千畝)"[656] 토지를 전작(田作)시키는 지주가 되었다. 정흥현(定興縣)의 만모(萬某)의 부친은 건륭초년 "근검절약하여 10여 무의 토지를 겨우 모았으나(勤儉半世, 置得薄産十餘畝)" 자기 대에 이르러 "힘써 농사지어 토지가 날로 많아졌고 1채의 집과 3경의 토지를 소유하게 되었다(力農治家, 田來日豊, 漸置宅一所田三頃)."[657] 이러한 사례는 보이링[博衣凌] 선생이 저서에서 여러 차례 언급된 바 있다.[658]

일부 농민들은 경제작물의 재배를 통해 부를 축적해 지주로 성장했다. 경제작물의 수익은 종종 식량작물의 재배수익보다 높았으며 어떤 경우에는 그 수입이 수배에 달해 농민이 재산을 증식하는 중요한 수단이 되었다. 예를 들어 면화를 재배할 경우 "오곡의 이득은 그 반에 미치지도 못했다(五穀利, 不及其半)."[659] 남전(藍靛)[45]재배로 "수배의 수입을(取利深倍)"을 얻었으며[660] 혹자는 "보리 재배를 통해 얻은 수확보다 수배(數倍于穀麥)"[661]나 되는 이익을 올렸다. 담배의 재배도 높은 수익을 올려 "채소의 재배와 비교하면 배나 되었다(視蔬則倍之)."[662] 채소를 재배해 얻은 수익은 "조의 재배를 통해 얻은 그것의 10배나 되었다(十倍于穀粟)."[663] 이러한 상황에서 소토지를 소유한 이들은, 현물지대의 제약을 받지 않았기 때문에, 먼저 경제작물을 재배하게 되었고 이로써 농가의 수익을 확대할 수 있었고 이들이 일반 농민으로부터 분화하여 치부하였고 서민지주로 성장했을 것이다. 예를 들어 가경 연간(1796~1820) 하남성 서화현(西華縣)의 조씨(趙氏)는 과실수와 남전(藍靛)을 재배하여 치부하여 수십무였던 토지가 1,000여 무로 증가했다.[664] 사천성 내강현(內江縣)에서는 사탕수수[蔗]를 재배하여 대경영하는 이들이 있었는데 도광 연간(1821~1850)의 기록에 의하면 경영자들은 "평상시에도 인부를 보아 작업을 했고 집마다 수십 수백명이 있었다(平日聚夫力作, 家輒數十百人)."[665] 진신지주 가운데 극소수도 농업생산에 종사했는데 그들 역시 서민지주의 한 유형일 가능성이 매우 높다.

청대 전기에 이르러 선민지주가 크게 발전하였다는 점은 근래 역사학계와 경제사학계에서 비교적 공통적으로 동의하는 바이다. 그런데 서민지주가 지주계급에서 차지하는 비중에 대한 연구는 도리어 매우 적다. 특히 서민지주의 발전과정에 대한 것은 많이 알려져 있지 않다. 징수[景甦]와 뤄룬[羅侖]은 아편전쟁이전

---

45) 역주 - 염료로 사용되는 인디고(indigo)를 말한다.

산동지역 다섯 지주 집안에 대한 조사를 진행해 이 다섯 지주집안 가운데 한 집
안은 관료지주이고 나머지 4개 집안은 서민지주 임을 밝혀내었다.[666) 여기서 서
민지주는 전체지주의 80%에 달한다. 그러나 이 조사는 매우 제한적이어서 설득
력을 가지기 어렵다.

〈획록현 서민지주호와 지주호의 증감변화 상황〉

자료 출처 :『획록현당안·편심책(獲鹿縣檔案·編審冊)』
그림 설명 : 세로축은 백분율. 변동선은 매 편심년에서 서민지주호가 차지하는 백분율.

　1980년 필자들은 소장하고 있던 청대 획록현 당안(檔案)문서를 가지고 전면적
인 조사를 진행했고 현재 당시 소장해온『편심책(編審冊)』자료를 근거로 정리해
100무 이상의 토지를 소유한 호를 지주호로 간주했다. 이 자료를 정리할 때 필자
들은『편심책』가운데 생원(生員)·감생(監生)·공생(貢生)·거인(擧人)·진사(進士)로
기재되어 있는 이들이나 현직에 있는 관원이 100무 이상의 토지를 소유할 경우
신금지주호(紳衿地主戶)로 분류했다. 무릇 힘써 농사지어 집안을 일으켜 100무 이
상의 토지를 소유한 이들은 서민지주호로 분류했다. 자료에 기재된 시기의 상한
은 강희 45년(1706)이고 하한은 건륭 36년(1771)이었다. 서민지주호의 발전과정을
명료하게 하기 위해 필자들은 각각의 편심년을 연도순으로 정리하여 2도표를 통
해 2가지 상황을 검토했다. 하나는 서민지주호의 성장 상황이고 다른 하나는 서
민지주호가 소유한 경작지 면적의 변화상황이다. 자세한 내용은 앞의 두 도표를

참조하라.

위의 표에서 강희 45년에서 옹정 4년에 이르는 시기(106~1726) 획록현의 진금지주호는 전체 지주호에서 주요한 지위를 차지하고 있었다. 강희 60년(1721) 서민지주호는 한 차례 주요한 지위로 상승하나 이후 다시 하락하였다. 옹정 9년(1731) 이후 서민지주호는 발전하기 시작해 지주계급호에서 점차 주도적 위치를 차지했다.

아래에서 필자들은 다시 서민지주호와 지주호가 소유한 경작지 면적의 변화를 살펴보았다.

〈획록현 서민지주호와 지주호의 경작지 면적 상황변화〉

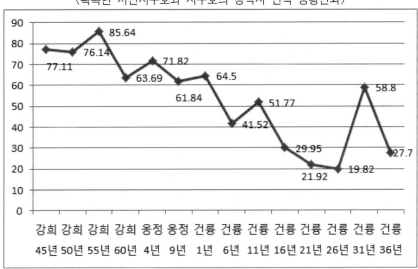

자료 출처 : 『획록현당안·편심책(獲鹿縣檔案·編審冊)』
그림 설명 : 세로축은 지주호의 소유면적 백분율. 변동선은 신금(紳衿)지주호가 차지하는
            백분율.

이 도표를 통해 서민지주호가 전체 지주계급 가운데 소유한 토지의 변화양상과 호수의 변화를 확인할 수 있다. 건륭 원년(1736)이전 서민지주호가 소유한 토지는 신금지주호가 소유한 토지보다 적어 부차적 지위에 머물러 있었다. 가장 높은 토지소유 비율은 전체 지주계급 소유 경작지의 38.16%에 불과했으나 건륭 6년(1741) 이후가 되면 서민지주가 소유한 토지가 전체 지주계급 소유지의 50% 이상이 되어 주도적 지위를 차지하게 된다. 비록 이후 서민지주의 소유지 비율이 50% 이하로 내려가기는 했으나 전체적 추세는 변하지 않았다.

강희 후기로부터 발전해 온 서민지주는 그 발전의 추세를 청말까지 유지했다.

징수[景甦]와 뤄룬[羅侖]의 조사에 의하면, 광서 연간(1875~1908) 산동성 46현 131개 가문의 경영지주 가운데 64개 가문은 상인지주로 전체 지주호의 49%를 차지했고, 토지 경작을 통해 성장한 가문은 59개로 전체 지주 가문의 45%를 차지했으며, 관료로 성장한 가문은 8개로 전체 지주 가문 가운데 6%만을 차지했다.[667] 이것은 청말에 이르기까지 전체 지주계급에서 서민지주가 차지한 지배적 지위는 큰 변화 없이 유지되었음을 의미한다.

청대 서민지주의 급속한 성장은 사회경제 생활에서 점차 중요한 역할을 담당했고 이것은 청대 사회경제 발전에서 중요한 의의를 가진다.

3. 서민지주의 발전이 사회변화에 미친 영향

필자들이 특별히 주목한 것은 서민지주의 발전이 중국 농촌 사회경제의 특정한 변화를 촉진했다는 점이다. 서민지주의 발전은 우선 농업경영형식의 변화를 촉진했다. 이 부분에서 필자 가운데 한명인 리원쯔[李文治]는 매우 우수한 연구를 수행하였다.

명대 중엽 일부지역 특히 진신지주가 집중해 있던 강남에서 일찍이 대농경영이 출현했고 이와 더불어 "노복이 천을 헤아렸다(奴僕千指)"거나 "동복들을 감독했다(監督僮僕)"는 기록들이 확인된다. 당연히 여기서 말한 '노복'과 '동복(僮僕)'은 고공(雇工)들을 포함하고 있다. 다만 이 시기 대농경영 가운데 몇몇은 노복에게 생산을 강제하고 있었다. 명·청 교체기 농민봉기와 계급투쟁을 통해 지주들이 노복을 축적하는 풍조는 크게 쇠퇴해 갔고 노복의 수도 날로 감소했다. 청나라 황실이 직예성에 새로 건립한 장전(莊田)과 기지(旗地)에서 "장정(壯丁)"을 사용하여 생산한 것 이외에 기타 지역에서 노복을 종사시키는 형태는 이미 크게 감소하였다. 이에 노복제가 오랫동안 성행한 장강유역 각 성의 지주 역시 토지를 전작(佃作)시켜 지대를 수취하는 경영방식을 채택하게 되었다. 이러한 변화 발전의 발생은 노복들이 신분 해방투쟁을 전개한 결과이기도 하겠지만, 서민지주의 발전과 일정한 관계를 가지고 있다. 이러한 지주들은 노복을 사용한 경영방식을 선호하지 않았기 때문이다.

농업경영의 측면에서는 더욱 큰 변화가 발생했는데, 조전(租佃)의 형식이 직접 경영형식으로 발전한 것이다. 청대전기 경영지주의 발전은 당시 사람들도 명확하게 기록해 두었다. "나라가 건국한 후 풍속이 점차 달라져(國朝後風氣漸異)"

한인(漢人)들이 "사용한 것은 모두 고공(雇工)이었다(所用皆系雇工)."[668] 여기서 말한 것은 비록 과정된 것이지만 이 시기 농업경영에서 변화가 발생했음을 보여준다. 이러한 변화는 일부지역의 농업 고용노동자의 발전으로부터 설명될 수 있을 것이다. 예를 들어 호북성 기수현(蘄水縣), 절강성 오정현(烏程縣)·평호현(平湖縣), 강서성 동향현(東鄕縣), 산동성 등주(登州)와 고당주(高唐州), 산서성 수양현(壽陽縣), 귀주(貴州) 준의현(遵義縣) 등은 모두 농업 고용노동자에 대한 기록이 남아 있는 곳이다.[669] 이들 기록을 통해 보면 이 지역의 고공경영은 이미 개별적 현상이 아니었을 뿐 아니라 명대의 그것을 기초로 진일보 발전해 있었다. 이러한 변화는 필자들이 형부당안(刑部檔案)에서 찾아낸 농업고공자료에서도 증명된다. 708건의 고공안건 가운데 옹정 황제 재위 13년간(1723~1735) 12건, 건륭 황제 재위 60연간(1736~1795) 259건, 가경 황제 재위 25년간(1796~1820) 437건이 확인되었다.[670] 고공에 대한 형부당안의 수치가 이렇게 후대로 갈수록 확대되어 가는 것은 우연한 것이 아니라 경영지주(부유한 농민을 포함)의 발전에 따라 출현한 농업고용노동의 발전을 보여주는 것이다. 경영지주(및 부유한 농민)의 발전이 없었다면 농업고용노동의 발전 역시 불가능하였을 것이다. 여기서 말하는 경영지주의 중심에는 서민지주가 있었다. 귀족지주와 진신지주들이 의도한 것은 여하튼 경작지 면적을 확대하여 지대수입을 증가시키는 것이었지 늘 농업생산에는 관심이 없었다. "겸병은 알지만 토지의 이로움을 극대화하는 일은 알지 못한다(知兼並而不知盡地之利)"거나, "오직 지대를 바치는 사람만 알고 자기 땅의 위치는 모른다(惟知租之人, 而不知田之處)"거나, "침거하여 두문불출하며 자기 토지에 가본 적이 없다(深居不出, 足不及田疇)"거나, "앉아서 해마다 들어오는 지대를 자산으로하면서 농사일이 어떤 일인지 알지 못한다(坐資歲入, 不知稼穡爲何事)"거나 하는 말은 이러한 지주들을 지칭한 것이었다. 그들은 단순한 기생지주여서 고공을 통해 경영하는 이들이 아니었다. 서민지주 가운데 특히 부유한 농민 가운데에서 성장해 온 지주는 특권지주와 현격하게 달랐는데, 직접 경영하는 것이 전작시켜 지대를 수취하는 것보다 더욱 많은 이익을 거둘 수 있었던 조건에서, 그들은 우선 이러한 경영형식을 채택해 전통적 지대 수취로부터 농업고공의 잉여를 직접적으로 수취하는 형태로 전환하였다.

징수[景㲋]·뤄룬[羅侖] 등의 5개 산동지역 지주에 대한 조사에 의하면, 관료지주 1가문과 상인지주 1가문은 토지를 전작시켜 지대를 수취했고, 나머지 서민지주 3가문은 직접 경영했다. 이 중 장구현(章丘縣) 구군진(舊軍鎭)의 맹씨(孟氏) 집안은 강희 연간부터 직접 경영하기 시작하였다. 치천현(淄川縣) 율가장(栗家莊) 필씨(畢氏) 집안은 옹정에서 도광에 이르는 시기 소유한 토지 수십무를 백무로 확장하였다. 장구현 동반류촌(東礬硫村) 이씨(李氏) 집안은 건륭에서 도광에 이르는 시기 소유 토지를 100무에서 200무로 확대했다. 이 두 집안은 모두 직접 토지를 경영했다. 이러한 지주들이 직접 경영하는 형식을 채택한 것은 직접 경영하는 것이 많은 이익을 올렸을 뿐 아니라 그들이 기본적으로 재향지주(在鄉地主)였기 때문에 농사에 접근하기 용이했기 때문이었다. 만약 부유한 농민이 성장해 지주가 된 사람이 있다면, 그는 원래부터 농업생산에 종사하고 있어 농업생산에 익숙해 있었기 때문에 직접경영을 할 수 있는 유리한 조건을 갖추고 있었다. 이러한 조건하에서 가내 노동에 의지해 경영되던 농장은 고공노동을 활용한 농장으로 확대되는 것은 매우 자연스러웠다.

　　서민지주의 발전(그리고 부유한 농민의 발전)이 촉진한 고공 경영의 발전은 특수한 역사적 의의를 가지고 있었다. 이러한 경영방식은 경영자의 경제적 상황이 비교적 호전됨에 따라 비교적 완전한 농기구를 구비하고 풍족한 비료를 갖추었으며 넉넉한 인력을 확보하고 있어 기경(起耕)과 파종(播種)도 적시에 행할 수 있었다. 때문에 농업생산 수준의 제고가 가능해 졌다.[671] 경제작물 혹은 식량작물의 재배를 막론하고, 그들의 생산한 생산물의 절대 다수는 판매를 위한 상품이었다. 이 점에서 자급자족적 소농경제와 달랐다. 이 시기 경영지주는 농업고공의 잉여 노동을 수취하였는데 잉여수취량은 통상적인 지대수취량보다 많았고 단순한 지대수익과 완전히 달랐다.

　　서민지주의 발전은 또한 농촌 계급관계의 변화도 촉진하였다. 봉건사회 내에서 봉건지주(封建地主)는 토지를 소유하고 있었으나 생산노동자를 완전히 소유하지는 못했다. 봉건지주는 경제외적 강제라는 수단을 통해 생산노동자의 잉여노동을 착취했다. 이것이 봉건적 토지소유제의 기본 내용이다. 즉 농민에 대한 지주의 어떠한 관계도 노역관계에 지나지 않으며 이는 경제외적 강제를 통해 실행된다. 명·청시기가 되면 이러한 관계에 변화가 발생해, 일반 조전농(租佃農)은 이미 신분관계로부터 벗어나게 되었다. 그럼에도 지주는 농민에 대해 여전히 상이한 수준의 경제외적 강제를 행사하고 있었다. 이 수준의 차이는 주로 지주의 신분적 지위에 의해 결정되었다. 그러므로 '누가' 토지를 소유하고 있는가는 대단히 중요한 문제이다. 예를 들어 앞서 서술한 것처럼, '공명관작(功名官爵)'의 칭호는 계급특권과 봉건적 힘의 기준이었고 토지소유와 이러한 직함이 서로 결합될 때 특권지주가 형성되었다. 그들은 농민에 대해 비교적 강력한 경제외적 강제력을 가지고 있었다. 토지소유가 공명관작의 직함을 가지지 못한 서민지주와 결합될 때 서민지주가 형성된다. 그들은 비록 봉건착취 계급 구성원이었고 경제외적 강제라는 수단을 통해 지대를 수취하였으나, 그 강도는 특권지주와는 달리 경제외적 강제는 느슨하였고 예하 농민들은 비교적 신분적 자유를 가지고 있었다.[672]

이밖에도 청대 전기 서민지주의 발전에 따라 대량의 중소지주가 출현하였다. 혹자는 서민지주의 대다수는 중소지주라고도 한다. 필자들이 파악한 환남(皖南[46])지역의 많은 분가서(分家書)·어린책(魚鱗冊) 등의 문서에 의하면 이 가운데 절대 다수의 지주가에서 소유한 토지는 100무 내외였다. 소유한 토지가 수백 무 이상되는 이들은 매우 적었다. 기타 문헌자료에서도 이와 유사한 추세가 발견되었다. 이러한 중소지주의 대부분은 서민지주였고 이러한 유형의 지주들이 토지를 구매하는 데 소용된 자금의 대부분은 토지로부터 나왔다. 관료와 부상들과 비교할 때 토지를 집적하는 추이는 비교적 완만하였고 자녀 균분상속제하에서 천무, 만무를 소유한 대지주로 발전하기 어려웠다. 이 때문에 소유토지 면적의 많고 적음은 서민지주인지 특권지주인지를 반영하였다. 다만 상인출신의 서민지주는 예외였다.

중소서민지주의 발전은 필자들이 주목한 변화였다. 봉건사회 내에서 조전관계(租佃關係) 혹은 고용관계를 막론하고 생산노동자에 대한 지주의 직접적 경제외적 강제의 강약은 한편으로는 지주의 신분에 의해 결정되고 다른 한편으로는 지주가 소유한 토지 규모의 대소(大小)에 의해서 결정된다. 이러한 의미에서 보자면 지주의 토지소유 규모의 변화는 곧 농민이 형성한 사회적 관계와 더불어 말할 수 있고, 이는 경제외적 강제관계의 해체를 보여주는 것이다.

이와 더불어 이 시기에는 진신지주의 특권이 일정정도 약화되었고 계급관계의 변화도 발생했는데 이 문제는 앞서 언급한 바 있다. 지주의 신분의 변화와 지주권력의 약화와 농민에 대한 지주의 직접적 경제외적 강제의 해체는 농민에게 비교적 많은 신분적 자유를 획득하게 했다. 청대 전기 전국에 걸쳐 들끓고 있던 농민의 항조투쟁은 이러한 상황에서 발생하였다. 따라서 지대의 실현은 더욱 국가의 법적 보호에 의지하게 되었고 농민에 대한 지주의 직접적 경제외적 강제는 더욱 토지소유권과 유리되어 국가의 직권으로 표현되었다.[673] 이것은 즉 지주계

---

46) 역주 - 皖은 지금의 안휘성의 별칭이므로 환남은 안휘성 이남지역을 말한다.

급의 강제가 곧 지주 개인의 강제를 대체하였음을 말한다. 이에 봉건통치자들은 농민의 저항투쟁이 가진 위력을 고려하여 지주의 전호 학대행위를 제한하는 동시에 지주계급의 지대 수탈을 보증하는 조치를 시행하지 않을 수 없었다. 진신 지주들이 전호를 사사로이 벌주고 구타하는 행위를 금지하는 법률을 반포하는 동시에 농민이 "전주를 기망하는 행위(欺慢田主)"와 "지대를 납부하지 않은 행위(抗欠租課)"를 금지하는 새로운 법을 정했다.[674] 이러한 정령(政令)은 한편으로는 계급모순의 격화를 반영하고 있으며 다른 한편으로는 계급관계의 변화를 반영하여 이 시기가 되면 지주 개인적 강제력에 의거하여 지대를 수취하는 것이 이미 극히 곤란해졌음을 보여주고 있다.

  지주의 신분적 지위 변화는 고용관계의 변화에도 영향을 미쳐 명대중엽 농업 자본주의의 맹아가 진일보 발전해 가고 있었다. 고용(雇用)의 상호 관계에 대해 명·청시기 법률은 이렇게 규정하고 있었다. 지주는 '고공인(雇工人)'에 대해 '가장(家長)'의 지위를 가졌고, '고용인'은 노복과 서민 가운데에 위치하여 지주에 대해 신분적 의무를 지고 있었다. 지주는 고용인을 임의로 구타하고 처벌할 수 있는 권리를 가지고 있었다. 이것은 일종의 "주복명분(主僕名分)"[47]을 가진 고용관계였다.[675] 청대 전기 서민지주의 발전과 이로 인한 직접 경영의 발전은 고공의 확대를 촉진해 고공관계의 질적 변화에 영향을 미쳤다. 서민 중소지주(특히 부유한 농민) 가운데 몇몇은 고공과 함께 노동하며 식사해 실제 생활에서는 비교적 자유로운 고공관계를 형성해 존비의 신분적 한계를 넘어서고 있었으며 고유의 신분적 법률과 서로 괴리되어 갔다. 이 시기가 되면 통치자들도 이러한 농업고공의 법적 지위의 변화를 고려하지 않을 수 없었다. 건륭 51년(1786)의 상유(上諭)에 의하면 "만약 농민 전호(佃戶)와 고용된 공인(工人)과 점포의 점원과 같은 무리들이 평상시 동등하게 생활하고 서로 평등하게 부른다면, 이들은 복역자(服役者)처럼 부릴 수 없다. 이러한 사람들은 주복명분이 없으니 문서와 연한의 유무를 막론하고 친족이 아니라면 모두 범인(凡人) 사이의 관계에 의거하여 처결하라(若農民佃戶, 雇用工作之人, 幷店鋪小郞之類, 平日共坐同食, 彼此平等相稱, 不爲使喚服役者. 此等人幷無主僕名分, 亦無論其有無文契·年限, 乃是否親族, 俱依凡人科斷)."[676] 여기서 농업고공을 고용한 고주(雇主)는 '농민'이고 이들에는 확실히 서민지주가 포함되었다. 이러한 규정은 율례(律例)로서 봉건 법전 속에 기입되었다. 여기에 따

---

47) 역주 - 主僕名分이란 주인과 노복이 각각 자신의 고유한 지위를 가지고 있음을 의미하는데, 평등한 계약관계가 아니라 상하 서열화 질서 즉 次序가 존재하는 고용관계임을 뜻한다.

라 만력(萬曆) 16년(1588) 단기 고용자의 신분적 자유를 명확히 한 이래[677] 이때가 되자 절대 다수의 장기 농업고용자들은 법률적 평등을 획득했다.[678]

고공율례(律例)의 이러한 변혁은 한편으로는 실제 생활의 변화가 고용관계에 반영된 것이지만 다른 한편으로는 고용관계가 도리어 실제 생활에 영향을 미쳐 "주복명분(主僕名分)"이 없는 고용관계의 변화를 촉진하기도 했다. 필자들이 살펴본 청대 전기 고공(雇工) 형사사건에 의하면, 건륭 51년 고공율례가 바뀌기 전 60건의 장기 고용사건 가운데 "주복명분이 없다(無主僕名分)"이라고 기재된 것은 6건으로 전체 사건의 10%를 차지했다. 고공의 율례가 변화된 이후인 건륭 51년에서 가경 25년(1820)까지 주복명분이 없는 고공 사건이 차지한 비중은 크게 증가하여, 살펴본 140건의 장기 고용 사건 가운데, "주복명분이 없다(無主僕名分)"라고 기재된 사건은 68건으로 전체 사건 중 48.6%를 차지했다.[679] 이러한 변화는 봉건적 고용관계가 자유로운 고용관계로 변화하고 있음을 보여준다. 만약 서민지주와 부유한 농민의 발전이 없었다면 고용노동자의 법률적 신분도 의심의 여지없이 변화를 만들어 낼 수 없을 것이다. 그러나 건륭 51년(1786) 고공율례가 개정된 후에도, 장기 농업고공의 법률적이고 신분적인 의무가 해제유무는 여전히 고용주의 정치경제적 지위에 의존하였다. 만약 고용주가 진신지주 그 가운데에서도 "자신의 밭에 나가보지도 않는(足不及田疇)" 대지주라면 그들에게 노역당하는 고공은 "평등하게 서로를 부를 수(平等相稱)" 없었을 것이고 "그들과 함께 생활하고 식사를 같이 할 수(共坐同食)"도 없었을 것이며 당연히 법률에 따른 해방을 누리지 못했을 것이다.[680] 율례 자체는 지주가 자리한 지위에 따라 생산노동자의 지위를 결정하는 원칙을 가지고 있었다. 이러한 관계는 당시 농업고용에 실제로 반영되어 있었다.

이로부터 보면 서민지주의 발전은 농민에 대한 지주의 직접적인 경제외적 강제의 해체에 영향을 주었고 지주의 직접 경영과 농업생산의 발전을 촉진했다. 물론 이는 진보적 현상이었다. 다만 이러한 변화의 발생과 발전은 결국 노동인민의 계급투쟁과 생산에 의존했다. 농업생산과 사회경제의 발전이 없었다면 봉건적 종법관계에 대한 노동인민의 투쟁과 공격은 없었을 것이고 이러한 변화도 존재하지 않았을 것이다.

서민지주의 발전과 관련하여 또 하나 주목해야할 문제는 수공업자본주의 맹아와의 관계이다. 명·청시대 중국의 봉건적 행회(行會)[48]는 비록 중세 유럽의 길드와는 다르지만 자본주의 맹아의 발생과 발전에 대해 행회는 일정한 장애요소

로 작용했다.[681] 게다가 중국 공업과 상업 행회의 대다수는 도시에서 유행했고
광대한 농촌은 행회의 영향을 거의 받지 않았다. 중국 농산물을 가공하는 수공
업 작업장과 공장 예를 들어 착유(窄油)·양주(釀酒)·제당(製糖)·조지(造紙) 등의
공장은 주로 농촌에 위치하고 있었고 게다가 대다수는 지주와 부유한 농민들이
경영했다. 이러한 수공업 작업장과 수공업 공장은 주인이 일이 있으면 반드시
직접 작업했고 이들 지주 가운데 일반 관료지주 극소수이고 절대 다수는 서민지
주였다. 이 때문에 농산물을 가공하는 수공업 자본주의 맹아의 발생과 발전은
서민지주의 발전과 일정한 관계를 가지고 있다. 요컨대 중국 수공업자본주의 문제
를 연구할 때 우선 광대한 농촌에 보편적으로 존재하던 농산물 가공 수공업의
발전을 고려해야 한다. 이 문제에 대해서는 이 책에서 논하지 않고 다만 문제를
제기해온 연구를 참조했다.

　이상에서 청대 전기 지주의 신분지위변화와 농촌 계급관계 변화의 추세 및
서민지주의 역사적 기능에 대해 살펴보았다. 필자들은 한편으로는 사회경제적
측면에서 서민지주가 만들어 낸 영향을, 다른 한편에서는 서민지주와 특권지주
사이의 관계를 살펴보았다. 토지로부터 지대를 수취하고 있다는 점에서 양자는
모두 봉건 지주이다. 바로 이 같은 이유로 서로 간에는 어떤 장애도 없고 서로
전화될 수 있었다. 서민지주는 과거와 연납(損納)[49]에 의해 관신(官紳)지주가 되
었고 관신지주의 자손 역시 몰락으로 인해 서민지주가 될 수 있었다.

제5절 민전지주와 생산노동자의 상호관계 및 지대형태의 변화

　명·청시기 민전지주와 생산노동자 사이의 관계에는 여러 변화들이 발생했다.
예컨대 전복제(佃僕制)는 일반 조전제(租佃制)로 이행하였고 일반 조전제에서도
봉건적 예속관계는 해체되었다. 신분 고용이 자유 고용으로 이행하였고 정률지
대가 정액지대로 이행하였으며 압조제(押租制)·예조제(預租制)가 발생해 발전했
다. 이러한 변화는 한 지점 즉 신분적 예속관계의 해체와 경제외적 강제의 약화
로 귀결되었다.

---

48) 역주 - 일종의 상업·수공업 동업단체.
49) 역주 - 돈을 받고 관작을 주는 것을 말한다. 한나라 이후 재정궁핍을 이유로 일시적으로 실시
　　되기도 하였으나 명나라 때까지는 항구적인 제도는 아니었다. 명대 항구적인 제도가 되었고
　　청대에도 지속되었다.

1. 민전지주와 생산노동자의 상호관계 변화

명·청시기 주목해야 하는 하나의 지점은 민전지주와 생산노동자의 상호 관계 변화이다. 그 변화는 봉건사회 후기의 시대적 특징을 반영하므로 이를 통해 봉건적 토지소유관계 해체의 본질을 확인할 수 있다. 이러한 변화는 주로 두 측면에서 발생했는데 하나는 조전관계이고 다른 하나는 고용관계이다.

1) 조전관계의 변화

조전관계의 변화는 두 측면을 중점으로 검토하려 한다. 첫째는 봉건적 조전관계의 해체이고 둘째는 신분적 예속관계에 입각한 조전제가 일반 조전제로 이행한 것이다.

① 봉건적 조전관계의 해체

명·청시기 봉건적 예속관계의 해체는 매우 많은 요소, 즉 농업생산력과 상품경제의 발전, 농민계급의 투쟁, 봉건적 통치자들의 정책 등으로 인해 진행되었다. 필자들이 여기서 지조형태의 변화 및 영전제(永佃制)의 발전을 중심으로 서술해 나갈 것이다. 양자는 봉건적 토지소유 관계의 해체를 촉진한 직접적 원인일 뿐 아니라 양자는 시대적 특징을 잘 보여주는 예이기 때문이다.

위에서 말한 여러 요소들이 상호작용하여 영향을 미치는 가운데 명·청 교체기에서 청대 전기에 이르는 100여 년간 농민계급의 면모는 큰 변화를 보였다. 지주에 대한 농민의 태도가 변했다. 농민들은 지주의 권위를 무시해 감히 투쟁하고 용감히 싸웠다. 명대 중엽이후 진신(縉紳)의 권력이 팽창했을 때, 지방 관부들은 일단 봉건적 수탈을 약화시키려 노력했고 민들의 기세는 고조되었으며 지주들은 어찌할 바를 몰랐다. 예를 들어 해서(海瑞)는 응천순무(應天巡撫)로 재직하면서 토지겸병과 고리대활동에 대해 일정한 제약을 가하자 이 지역 농민들은 곧바로 봉기했다. 당시 화정현(花亭縣)의 향관(鄕官) 서계(徐階)의 글에 의하면, 전에는 전호들이 지주에게 빚을 내면 감히 분명하게 갚지 않을 수 없었는데 이유는 "빌리지 못할까 염려했기(懼莫爲之貸也)" 때문이었다. 지금은 그렇지 않다. "최근 이래 해당 관청이 여러 차례 빚 독촉을 하지 못하도록 했고 또 형벌을 무겁게 하자 전호들은 기세가 올라 의롭지 못하고 신용 없는 마음을 드러내었다(邇年以來, 有司數下討債之禁, 又重之攤放之刑, 于是佃戶囂然動其不義不信之心)."[682] 이 말은 당시 전농들이 지주에게 이전처럼 "복종하여(馴服)" 따르지 않았음을 잘 보여 준다. 명대 후기 국가의 번중한 부역을 피하기 위해 농민들의 관신지주에게로의 투탁 현상이 보편화 되었음에도 불구하고, 명말 농민봉기가 폭발한 후 명·청교 체기가 되면 농촌에서의 봉건 권력의 힘은 약화되는 추세에 있었고 농민들은 지 주에 대한 신분적 예속을 벗어나려는 요구를 날마다 제기해 갔으며 급기야는 저 항 투쟁을 전개했다. 명말에서 청대전기에 이르는 100여 년 사이 지주와 전호관 계의 급격한 변화, 즉 봉적건 예속관계의 해체는 바로 이러한 조선에서 발생한 것이었다.

　지주와 조전농 사이의 봉건적 예속관계의 약화는 주로 전통사상에 대한 농민 계급의 해방과 계급적 역학관계의 변화로 표명되었다. 명·청 교체기 강서성 영 도(寧都)사람 위례(魏禮)는 조전관계의 변화를 논하면서 이렇게 말했다. "명이 존 재한 수백년이래 지주와 전호는 모두 편안하여 각각 넉넉하게 살았다(有明數百 年來, 主佃康樂, 各享饒給)." 그의 말은 곧 이전에는 전농이 비교적 복종하여 액수 에 맞춰 지대를 납부했다는 것이다. 그러나 글을 쓸 당시에는 그렇지 않아 "전부 (田賦)의 경우 서명지를 만들어 전주를 무고하여 윗사람을 놀래 키고 있었다(田 賦創立名款, 用誣田主, 以聳上聽)." 이 말은 전농(佃農)들이 의식적 측면에서 변화 하여 투쟁성이 강화되었음을 보여준다.[683] 건륭 연간(1736~1795) 편수된 절강 오 흥현(吳興縣)의 『오청진지(烏靑鎭誌)』에서도 이 시기 전농의 변화를 기록하고 있 다. "지난번 사람들은 삼가는 것을 숭상했다(向時人尙謹願)"고 하여 종전에는 전 농들이 비교적 잘 복종해 지주의 압박을 잘 견뎌내었다고 표현했다. 그러나 책 을 편찬할 당시에는 그렇지 않아 "최근에 간할함이 유행하였다(年來奸猾成風)"고 하여 전농들이 저항을 전개해 그들을 부리기가 어려워 졌음을 개탄했다.[684]

　이 시기에는 '주약전강(主弱佃强)'에 대한 적지 않은 기록이 있다. 건륭·가경 연간(1736~1820)의 기록에 의하면 호남의 각 주현에서는 "전주가 나약하다(田主儒 弱)"[685]거나 농민이 "전주의 어리석고 나약함을 기만하거나(欺田主愚儒)"[686] 했다. 강서 서금현(瑞金縣) 역시 강세한 전농과 '나약한 유생(懦弱儒生)'을 서로 대비한 기록이 있다.[687] 이러한 기록들은 지주에 대한 전농의 멸시와 저항을 반영한 것 이었다. 호남 형주부(衡州府)지역은 청나라 초기 전란 이후 많은 토지가 황폐화 되어 전부(佃夫)들을 모집하여 개간하였는데 "가뭄과 홍수가 조금이라도 발생하 면 전농들은 핑계를 대며 지대를 납부하지 않았다. 조금이라도 독촉을 하면 떠 나겠는 말로 주인을 협박하고, 주인은 토지가 황폐화 될 것만 염려해 부득불 전

농의 말을 들어주었다(稍有水旱, 佃輒藉口以逋其入. 少加督課, 遂以逝將去與睚眦主
人, 主人惟恐田汚, 不得不聽命于佃)."[688] 강소 청포현(青浦縣)의 경우 도광 연간
(1821~1850) 오회(吳淮)가 지은 '일두속(一斗粟)'이라는 시에, "옛날에는 개를 다루
듯 전농에게 지대를 수취했으나, 지금의 전주들은 토지를 나누어 주기도 어렵네
(往日催租佃如狗, 今朝田主難分割)"라는 구절이 있었다.[689] 설령 이것이 지주였던
문인(文人)들의 전농에 대한 자의적인 멸시이라고 하더라도 이들 글에서 농민들
이 계급의식의 변화를 확인할 수 있다.

전농의 힘이 강성하였던 점은 그들이 지방 관아에 지주들을 고발하였다는 사
실에서도 드러난다. 앞서 인용한 전농에 대한 위례의 "서명지를 작성해 전주를
무고했다(創立名款用誣田主)"는 지적은 농민들이 지주의 여러 죄를 고발하고 있
었음을 보여주는 사례이다. 이 시기 호남 악주부(岳州府)에서도 전농이 "전주를
무고했다(誣告田主)"는 기록이 남아 있다.[690] 가경 때의 『파릉현지(巴陵縣誌)』에는
다음과 같은 기록이 있다. "전호들은 많은 돈을 내어야 한다고 생각하여 마침내
지대의 납부를 거부하며 전장에 버티고 있고 전주들이 그것을 강제로 빼앗으니
양측이 모두 고소하였다(佃戶恃出重賞, 遂多抗租踞莊, 田主奪之, 兩相告訐)."[691] 광
동 귀선현(歸善縣)에서는 전농(佃農)들이 "지대 수취의 말(斗)에 대한 개혁을 위해
소송을 제기하였는데(革斗起訟煽亂)" 전농들은 지방관아로 와서 지주들이 큰 말
로 지대를 수취하고 있다고 고발했다. 이 시기 증성현(曾城縣)의 전농들도 지주
들과 가열차게 투쟁하였다. 건륭 때 작성된 『증성현지(曾城縣誌)』에 의하면, 이
현의 "객민들이 왕성하고 강건하게 소송을 전개해 갑을이 뒤바뀌고 흑백이 뒤섞
여도 거의 금지할 수 없었다(客民最健訟, 其顚倒甲乙, 變亂黑白, 幾于不可究詰)." 여
기서 객민들은 모두 전농이다. 객전(客佃)은 "토전(土佃)"과 달라, 그들과 지주의
관계는 과거 전통세력의 속박을 결여하고 있었다. 때문에 "강건하게 소송을 제기
한다(健訟)"는 두 글자는 그들이 용감하게 지주와 정면으로 맞서는 투쟁을 전개
하고 있음을 반영한 것이다. 증성현지의 찬자는 또 전농의 힘을 "그 뿌리가 매우
견고하여, 힘센 손이 주인을 압박하는 형국이 성행한다(根深蒂固)"라고 전농이 지
주에 복종하지 않고 마음대로 하는 모습을 설명했다. 주목해야 할 점은 "현재
에는 이 고장 사람들[土人]이 더욱 그것을 본받았으며 또 객전들이 구름처럼 많
아져 그 오염됨이 심해졌다(其在于今, 土人尤而效之, 亦雲衆矣, 羽染之汚莫此爲
甚)."[692] 해당지역에서 전농 가운데 객전(客佃)의 수가 격증하였고 의식적 측면에
서 그에 상응하는 변화가 발생한 것이었다.

이 밖에 청대 전기 대량의 조전제 관련 형당안(刑檔案) 가운데에는 지주에 납부해야 하는 것에 대한 전농의 저항에 대한 적지 않은 기록이 남아 있다. 건륭 연간(1736~1795) 산동 고밀현(高密縣) 전농은 지주의 지시에 복종하지 않았다. 하남 유주(裕州)의 경우 "이곳의 전호들이 전주의 사역에 복종하지 않으며(以該佃戶向不聽田主役使)" 지주에 대한 지대 납부를 거부했다. 호남 뇌양현(耒陽縣)의 전농들은 지주가 지대를 수취하자 "지난번에는 전주가 자기 마음대로 거두어 갔다(向系田主自行收取挑回)"고 하며 지대 납부를 거절하고 "법규를 위반했다고 고소했다(上門致壞成規)."[693] 이상의 자료들은 모두 주전(主佃) 사이 봉건적 관계가 해체되어 가고 있음을 잘 보여 주고 있다. 명·청시기 농민의 의식적 측면과 계급적 역량의 이러한 변화를 전국적 차원에서 개괄할 수는 없다고 하더라도 상당히 보편적 현상이었을 것이다.

이상에서 봉건적 조전관계의 해체가 실생활에서 어떻게 반영되었는지를 살펴보았다. 주전관계의 변화는 "대등한 관계(對等關係)"라는 봉건적 법권(法權)에서도 드러난다. 『형부휘람(刑部彙覽)』에는 이와 같은 사례가 기록되어 있다. 광동 모현의 지주는 전농이 지대를 체납하자 조에 해당하는 것으로 전농의 심은 나무를 베어 갔다. 전호는 지주의 위법적 강탈을 고발하였고 이 고발 건은 지방 최고 관아였던 성(省)까지 보고되었다. 순무(巡撫)는 이 안건을 처리할 법규가 없으므로 형부에 보고했고 형부는 "지대를 체납했다는 이유로 강제로 지대에 해당하는 나무를 베어내는 것은 사채를 이유로 사람의 재산을 강탈하는 것에 비견되므로 그 법규는 장(杖)에 해당한다(因人欠租不交, 强伐其樹作抵, 比照以私債强奪人蓄律擬杖)"고 지시했다.

청대 형당(刑檔) 가운데 적지 않은 조전관련 사례가 있다. 형사 안건에서 전농은 모두 "범인(凡人)"의 예로 간주되었다. 우선 서민지주와 사이에서 발생한 형사 안건을 살펴보자 직예 보안주(保安州)의 농민 신옥(申玉)은 지주 동진(董珍)의 지대를 체납했다가 조정을 통해 화해했다. 이후 동진이 다시 지대 몫으로 신옥의 나귀(驢)를 끌고 가려다 인사사건이 발생하게 되었다. 동진이 비록 구타에 참여하지는 않았으나 다른 사람의 재물을 빼앗은 죄에 비추어 장 100대와 3년의 도(徒)를 판결 받았다.[694] 다음은 노복과 발생한 형사 사건을 살펴보자. 귀주(貴州) 필절현(畢節縣)의 감생(監生) 양시형(楊時亨)은 전농(佃農) 임문빈(林文彬)이 지대를 체납하자 건륭 32년(1767) 노복 라과파(傈戈把)를 보내 토지를 처분하게 했는데 이 과정에서 전호와 싸움이 발생했고 전호 고씨(高氏)를 구타해 사망하게 했다. 관부의 판결에 의하면 "지금 나이 든 고씨와 임문빈은 비록 양시형의 토지를 경작하나 이들은 모두 양인이다. 과벌파는 양시형이 구입한 가노로 늙은 고씨를 구타해 죽음에 이르게 하였으니 법률에 따르면 교감후(絞監候)[50]에 해당한다(今老高氏同子林文彬雖佃種楊時亨家田土, 究屬良人. 倸戈把系楊時亨契買家奴, 其驅傷老高氏幷致其死亡, 自應按律擬絞監候)."[695]

법률상 서민지주와 전농의 대등한 관계는 말할 필요도 없고, 봉건적 지위를 가진 관신지주와 전농 사이에 형사 사건도 법률적 측면에서 양자는 대등하였다. 청대 『형과제본(刑科題本)』 가운데에는 이에 대해 적지 않는 기록이 남아 있다. ㉠복건성 순창현(順昌縣) 무거(武擧)였던 소정초(蕭廷超)는 2필지(段)의 토지를 가지고 있었는데 노성근(盧盛根)이 전작(佃作)하고 있었다. 건륭 58년(1793) 노성근은 소정초가 곡식을 균등하게 나누지 않는다고 하여 소정초를 구타하여 죽음에 이르게 했다. 이에 노성근은 사람을 구타해 살해하였으므로 그 죄는 "교감후(絞監候)에 해당한다"는 판결을 내렸다.[696] ㉡광동성 귀선현(歸善縣)의 생원(生員) 종화월(鐘華粵)은 2석을 파종할 수 있는 토지를 소유하고 있었는데 고방희(高方熹)에게 전작시켜 매년 지대로 19.5석을 수취했다. 건륭 33년(1768) 고방희가 지대를 납부하지 않자 종화월은 지대를 재촉했고 그 사이 싸움이 벌어져 고방희는 중상을 입고 사망하게 되었다. 광동순무는 종화월은 사람을 구타해 살해하였으니 그 죄는 "교감후(絞監候)에 해당하고 가을이 지난 후 처결하라(擬絞監候, 秋後處決)"[697]는 판결을 내렸다. ㉢강서 낙안현(樂安縣)의 주서생(周瑞生)은 공생(貢生) 양천작(楊天爵)의 조전(租田) 2두(斗)를 전작하여 매년 8석의 조를 바치기로 했다. 건륭 13년(1748) 주서생은 1.2석(石)의 토지를 이전생(李傳生)에게 양도하자 양천작은 고공 오장자(吳長仔)를 보내 주서생을 찾아가 분할된 토지의 비율에 따라 지대를 거두게 하였으나 도리어 주서생을 구타해 죽음에 이르게 했다. 당시 양천작은 그 장소에 있지 않아도 그가 "고주(雇主)"인 관계로 "중대한 법률을 어긴 죄에 따라(依不應重律)" "장 80에 처하고(杖八十)", 공생이었기 때문에 "법에 따라 납속할 수 있도록 했다(照律納贖)."[698] ㉣호북 기수현(蘄水縣)의 감생(監生) 공광후(孔廣厚)는 조전(租田) 24석을 소유하고 있었는데 건륭 29년(1764) 주경점(周景占)에게 10년 동안 경작을 하도록 하고 은 34냥을 받았다. 경작한 지 4년이 지나 공광후는 그 토지를 공이점(孔以占)에게 판매했고 주경점은 은을 돌려 줄 것을 요

---

50) 역주 - 絞監候란 교수형으로 판결하였으나 일정한 기간동안 법의 집행을 유예하고 해당 기간이 지나면 형을 감해 주는 제도이다.

구했으나 공광후가 거부하며 주경점을 구타해 사망하게 했다. 이에 관부에서는 공광후는 구타를 해 살해하였으므로 그 죄는 "응당 교감후(絞監候)에 해당한다 (應擬絞監候)"는 판결을 내렸다.699) ㉤직예 문안현(文安縣)의 생원 왕복년(王卜年) 은 건륭 10년(1745)에 20무의 토지를 이전(李全)에게 전작시켜 지대를 수취했다. 그런데 악감정으로 인해 분쟁이 발생했고 왕복년이 이전의 손가락을 물어뜯어 결국에는 죽음에 이르게 했다. 왕복년은 사람을 구타해 살해하였으므로 그 죄는 "교수형에 해당한다(應擬絞)"는 판결이 내려졌다.700) ㉥절강 선거현(仙居縣)의 거 인(擧人) 팽병용(彭炳龍)은 건륭 36년(1771) 이미 전작시킨 토지를 다시 다른 사람 에게 전작하도록 해 인명 사건이 발생하게 되었다. 이에 이미 다른 사람에게 전 매한 전택을 다시 다른 사람에게 전매할 경우 받은 돈은 절도로 간주하며 10냥을 절도했을 때 장 70에 처한다는 법률에 근거해 장 70에 처해졌다. 하지만 이때 팽 병용은 서울로 가서 회시(會試)에 응시하고 있었다.701) ㉦강서 옥산현(玉山縣)의 생원 진사재(陳思裁)는 건륭 46년(1781)에 진구성의 토지 3.3무를 은 75냥을 주고 매입하였다. 이 토지는 과거 진광(陳光)이 전작하면서 지대로 일정한 돈도 이미 지불하였다. 이 때문에 곡식을 서로 빼앗다 사람이 사망하는 일이 발생했다. 이 에 관부에서는 진사재에 대해 이렇게 판결했다. 비록 현장이 있지 않았으나 "좋 지 않은 의도로 번번이 아들과 조카에게 가서 수확을 막게 했으며 싸움의 빌미 가 되어 목숨을 잃게 하였으니 그 허물을 피하기 어렵다. 진사재는 중대한 법률 을 따르지 않은 죄를 저질렀으므로 장 80에 처한다. 생원이었다가 이미 파직되었 으므로 파직하지는 않는다(但并不善爲理論, 輒令子侄前往阻割, 兆釁釀命, 亦難辭 咎. 陳思裁應照不應重律杖八十. 系生員, 已經斥革, 不准開復)."702) ◎호남 흥녕현(興 寧縣)의 감생(監生) 이원장(李元章)은 17석의 전을 소유하고 있었는데 당여산(唐汝 山)에게 지대를 받고 경작하게 하고 그 동생이었던 감생 이소장(李素章)에게 대 신 관리하도록 했다. 건륭 6·7년 두 차례 지대 6석을 납부하지 않자 이소장은 전 작시키던 토지를 회수해 용작주(龍作舟)에게 전작하도록 했다. 당여산은 그 경작 을 막다 실수로 용작주를 살해하게 되었다. 관부에서는 이원장·이소장이 당여산 과 명확하게 전작 문제를 처리하지 않은 채 다른 사람에게 전작하도록 해 싸움의 발단을 만들었으므로, "중대한 법을 어긴 것으로 간주해 장 80에 처하되 30판으로 속납할 수 있도록 하며 … 중략 … 이원장은 나이가 70이 넘었고 이소장은 감생이 므로 법에 따라 각기 수속(收贖)51)과 납속(納贖)을 하도록 결정했다(照不應重律臟 八十折責三十板 … 중략 … 李元章年逾七十, 李素章系監生, 照律分別收贖·納贖)."

이상의 사례를 통해 보면 지주와 전호에 대한 사안에서 사람이 사망하는 사건이 발생할 경우 지주는 비록 자신이 구타에 참가하고 가담하지 않았더라도 연관되었을 경우 봉건적 지위를 가진 지주는 서민지주와 마찬가지로 "중대한 법률을 위반한 것으로 간주되어 장 80(依不應重律杖八十)"에 처해졌다. 차이가 있는 점은 "법에 따라 수속(收贖)할 수 있었던 점(照律收贖)"이다. 그러나 "나이가 70이 넘은(年逾七十)" 서민지주와 부녀는 이러한 범죄를 저질렀다고 하더라도 "법에 따라 수속(收贖)되었다(照律收贖)." 봉건적 지위를 가지고 있던 지주의 경우 만약 본인이 인명을 해쳤다면 서민지주와 마찬가지로 사형인 "교감후(絞監候)"에 처해졌다. 이 시기 농민과 지주의 관계는 법률적 측면에서 기본적으로 대등했던 것이다.

요컨대 이 시기 조전관계 특히 실제 생활적 측면에서 이든 법률적 측면에서 이든 모든 측면에서 변화가 발생하고 있었다.

② 신분적 예속관계를 가진 조전제에서 일반조전제로의 이행

명·청시기 일반 조전제는 이미 주도적 위치를 차지하고 있었다. 신분적 조전제와 전복제(佃僕制)는 특정한 지역에서만 잔존했다. 신분적 조전제와 전복제의 주요한 특징은, 법적인 측면에서 전농은 노비신분에 속했고 지주와 신분적 계급관계에 놓여 있었으며 상호 "주복명분(主僕名分)"의 관계에 있었고 엄격한 신분적 예속관계에 놓여 있었다.

신분적 조전제와 전복제에서 일반조전제로 이행의 역사적 의의를 논증하기 위해서는 일반조전제하에서 전농의 법률적 지위와 실생활의 상황을 설명할 필요가 있다. 일반조전제에서 전농은 법률적 측면에서 "범인(凡人)"에 속해 지주와 대등한 관계에 있었지 신분적 계급관계를 가지지 않았으며 상호 간에는 주복명분(主僕名分)이 없어 신분적 예속관계에 놓여 있지 않았다. 이것은 전농이 완전히 봉건세력의 압박으로부터 벗어났다는 것을 말하는 것이 아니다. 명나라 초기 전농은 지주에 대해 "이소사대(以少事大)"의 예를 행해야만 했다. 예제에 의하면 "소장(少長)"은 형제관계를 의미했다. 이 밖에 실제 생활에서도 완전한 대등관계를 유지하지 못해 몇몇 전농은 여전히 지주에게 복역되었다. 요컨대 이 시기 일반 조전제하에서 지주전호[主佃]관계는 신분적 계급관계가 아니었으나 일반인들

---

51) 역주 - 수속은 노약자, 장애자, 병자 등이 죄를 저질렀을 경우 돈을 지급하고 죄를 사면받는 제도를 말한다.

사이의 관계와 완전히 일치하지는 않았다. 이러한 관계는 건륭 연간(1736~1795) 형부시랑 오단(吳壇)의 말에서 확인된다. "전호는 비록 노복과는 다르지만 이미 주전(主佃)의 구분이 있어 동등한 사람들의 관계와 차이가 있다(佃戶雖與奴僕不同, 而皆有主佃之分, 亦與平人有間)."[703] 여기서 오단이 말한 것은 청대 일반조전제였다. "차이가 있다(有間)"라는 오단의 말은 청대 일반조전제가 이미 단순한 지대 납부의무관계로 접근하고 있었으나 전농들은 여전히 봉건적 지대를 납부하고 있었음을 의미한다. 필자들이 보기에, 이러한 조전제는 전복제로부터 일반조전제로 이행하는 과도적 현상이라는 점에 의미가 있다.

신분적 예속관계를 가지고 있는 조전제인 노복제에서 일반조전제로의 이행은 두가지 서로다른 조건을 가지고 있었으며 오랜 역사적 과정을 거쳐 형성되었다. 명나라 초기 확립된 제도에 의하면, 법률적으로 전농은 "범인(凡人)"의 지위를 승인받았다는데[704] 이것은 첫 번째 큰 변화로 중국 봉건사회 후기를 구분하도록 해주는 의미를 가지는 변혁으로 홀시할 수 없는 것이다.

이러한 과도기에 또 하나의 발전이 이루어진다. 당대(唐代) 전농의 지위는, 비록 지주의 신분의 차이에 따라 차별은 있었지만, 법적인 측면에서 말하자면 기본적으로 부곡(部曲)의 지위였다.[705] 부곡의 사회적 지위는 '노비(奴婢)'와 '양인(良人)'사이에 있었으며 지주에 대해 비교적 엄격하게 신분적으로 예속되어 있었다. 지주는 이러한 전농에 대한 처벌권을 가지고 있어 지주가 전농을 살해해도 그 형벌을 경감 받을 수 있었다.[706] 송나라와 원나라시기 전농은 일반적으로 전객(佃客)으로 불리었고 사회적 지위도 점차 개선되었으나 법적인 측면에서 전농과 지주는 여전히 불평등해[707] 송대 전농은 이주의 자유가 없었다. 소순(蘇洵)의 말에 의하면 실제 생활에서도 부자들은 "전객들을 불러 모아 나누어 경작시켰는데 노복처럼 채찍질하며 사역시켰다(招募佃客, 分耕其中, 鞭笞驅使, 視以奴僕)."[708] 이러한 상황은 원대가 되어도 크게 변하지 않았다. 지주가 전농을 구타해 살해했을 경우 소매은(燒埋銀)[52] 약간만 지급할 뿐 목숨을 배상해 주지 않았다. 이 시기 전농은 비록 전복(佃僕)과는 달랐지만 신분적 지위는 전노(佃奴)에 가까웠다. 명나라가 건국한 후 중국 역사상 처음으로 전농을 신분적으로 억압하던 봉건적 법권(法權)은 폐지되었다. 이 시기 비록 여전히 "향음주례(鄕飮酒禮)"에서는 지주에

---

52) 역주 - 본래 소매은은 장례를 치를 때 사용되는 돈을 의미했으나, 원나라 때에는 범죄자가 형벌을 받으면서 피해자에게 지급하는 배상금이라는 의미로 규정되었다. 소매은은 주로 살인죄를 저질렀을 때 가해자가 지불했다.

게 전농이 행해야 하는 "이소사대(以小事大)"의 예는 남아 있었으나 예절은 법률의 강고성과 달랐으며 "예를 지키지 않는 것(失禮)"과 "법률을 위반하는 것(違法)"의 차이는 명확했다.

더불어 주목해야 하는 점은 법률적 측면에서 전농이 "범인[凡人]"의 지위를 획득해 신분적 예속관계로부터 벗어났다는 점이다. 물론 실제 생활에서 주전 사이에는 서로 다른 정도를 가진 경제외적 강제가 잔존해 있었다. 이러한 경제외적 강제는 지주의 신분적 고하와 봉건적 세력의 대소에 따라 정도의 차이가 있었다. 명대 중엽 귀족 장전(莊田)의 확대와 진신(縉紳)의 세력 확장에 따라 일부 농민들이 머슴[傭僕]과 유사한 전농으로 전락했다. 몇몇 농민들은 부역의 부담을 회피하기 위해 스스로 전복(佃僕)으로 전락하기도 했다. 성화(成化) 연간(1465~1478)의 기록에 의하면 "강서의 많은 호우한 집안은 유이하고 있던 사람들을 은닉해 이들을 가노와 전복으로 삼았다(江西多豪右之家, 藏匿流移之人, 以充家奴佃僕)."[709] 이러한 현상은 명대 후기에 이르러 증가되었다. 만력(萬曆) 연간(1573~1619) 왕사성(王士性)은 하남 광산(光山)의 진신(縉紳)들이 투탁하는 민들은 받아들이고 있는 상황을 이렇게 기술했다. "광산에서는 한번 글을 써서 붙이기만 하면 노복 천여 무리가 모두 토지를 들고 와 단지 사역되기를 청할 뿐이니, 생계에 필요한 비용을 소비하지 않았다(光山一薦鄕書, 則奴僕十百輩, 皆帶田以來, 只聽差遣, 不費衣食)."[710] 산동 문등현(文登縣)의 농민들은 부역을 피하기 위해 "힘 있는 집안[著姓]에 몸을 투탁하며 즐겁게 노복이 되었다(投身著姓, 甘爲奴僕)."[711] 강남지역의 경우 투탁 문제는 더욱 심각해 노복과 관련된 기록이 매우 많이 남아 있다.[712] 이 지역에서 투탁하여 "사역되기를 허락했다(只聽差遣)"는 것은 대개 주인에게 복역하며 지대를 납부하지 않았다는 말이다. 토지가 없이 투탁한 호는 지주의 토지를 전작하여 지주에게 복역하면서 지대도 납부하였다. 국가의 부역부담을 피하기 위해 사인(私人)인 지주에게 복역하였는데, 지주에 대해 엄격한 신분적 예속관계를 가지고 있었다. 때문에 이러한 전호와 일반조전제는 구별된다.

농촌 계급관계의 이러한 퇴보는 몇몇 지역에서 발생한 농민 대봉기를 거친 후에야 정상화 되었다. 농민 봉기의 충격을 받지 않은 지역의 경우 이러한 신분적 전호는 청나라 초기까지 지속되었다. 예를 들어 강남의 각지에서 "전호는 예에 따라 전복(佃僕)으로 불렸고(佃戶例稱佃僕)"[713] 강남의 대호(大戶)들은 "전호를 토지와 함께 팔았으며 채찍질하며 복역시켰다(將佃戶隨田轉賣, 勒令服役)." 봉양(鳳陽)의 대호(大戶)들은 "전호를 장노(莊奴)라 부르며 다른 지역으로 이주하는 것을 용납하지 않았다(將佃戶稱莊奴, 不容他適)."714) 소주부(蘇州府)와 태창부(太倉府) 등의 전호들은 "노복과 차이가 없었다(與僕無異)."715) 지주는 전호를 "전복(佃僕)", "천인(賤人)"으로 간주하여 마음대로 부려 먹었다. 신회현(新會縣)에서도 노복은 대를 이어 지속되었다.716) 청나라 초기부터 이러한 신분적 전호를 말해주는 단어들은 확인된다. 예를 들어 길안부(吉安府)와 감주부((贛州府)에서는 "통상 전호를 노복이라 여겼다(俗以佃爲僕)"717) 광동 보녕현(普寧縣)에서는 전호를 천인이라 부르는 풍속이 남아 있었고 여남의 여녕(汝寧)에서는 "세속에서 전복(佃僕)이라는 칭호로 많이 불렀다(俗亦多稱爲佃僕)."718) 강희 연간(1662~1722)에 이르기까지 몇몇 지역에서 진신지주가 "전호를 압박해 노복으로 삼았다(壓佃爲僕)"는 기록이 전하고 있었다.

이상에서 두 종류의 서로 다른 상황을 기술하였다. 하나는 전복제(佃僕制)에 대한 것으로 전농은 지주에 대해 엄격한 신분적 예속관계를 가지고 있었다. 다른 하나는 명나라 때부터 지속되어온 관습으로 "예칭(例稱)", "습속(習俗)"과 같은 것이 여기에 속하며 일반조전제라 부를 수 있는 것이었다.

전복제에 대해서는 환(皖)지역(역자-지금의 안휘성 일대)의 휘주부(徽州府)·영국부(寧國府)·지주부(池州府)에서 그 전형을 확인할 수 있다. 환남(皖南)지역에서 전복제는 비교적 일찍부터 발전했다. 이곳의 세가대족들은 남조(南朝)인 진(晉)과 송(宋)까지 그 연원을 소급할 수 있으며719) 이곳의 전복제는 송(宋)·원(元)시기까지 소급할 수 있다. 혹자는 휘주부·영국부·지주부는 "송·원·명이래로부터 힘있는 진신(縉紳)의 집안에서 빈민들을 불러 모아 토지를 전작(佃作)하게 하였는데 이들에게 노동도구를 지급하였으며 혼인과 초상과 같은 일을 만나면 그들을 불러들어 부렸다. … 중략 … 그 지위는 대를 이어 계승되었는데 그들을 전복(佃僕)이라 불렀으며 일반민들과 동류가 될 수 없었다(自前宋·元·明以來, 縉紳有力之家, 召募貧民佃種田畝, 給予工本, 遇有婚喪等事, 呼之應役 … 중략 … 累世相承, 稱爲佃僕, 遂不得自齒于齊民)."720) 비교적 확실한 기록은 만력 연간(1573~1619)에 작성된 휴녕현(休寧縣)의 『명주오씨가기(茗洲吳氏家記)』의 "전복(佃僕)"이라는 칭호이다(광서(光緖) 15년(1889) 오씨들이 정한 『보화당수역급공식정례(葆和堂需役給工食定例)』에서는 이를 "노비(奴婢)"라 고쳤다. 이상이 주인의 토지를 경작하는 전복(佃僕)과 관련된 사례이다. 다른 자료에서 확인되는 세복(世僕)은 오로지 주인의 토지만을 경작하지 않았다. 가정(嘉靖) 14년(1535) 영국부(寧國府)의 어떤 지주는 연감(捐監)53) 유(柳)모를 고발하는 소장에서 "주인의 산에 매장되거나, 주인의 토지를 경작하거나, 주인의 집에 거주하는 자는 모두 세복이다(葬主之山, 佃主之田, 住主之屋, 皆爲世僕)"[721]라고 했다. 『보화당수역급공식정례(葆和堂需役給工食定例)』에서도 주인의 토지를 경작하거나, 주인의 산에 장례를 치르거나, 주인의 가옥에 거주하거나 하는 자는 모두 세복된다고 했다. 이러한 점은 장여우이[章有義]가 「보화당(葆和堂) 장복(莊僕) 조규로부터 본 청대 휘주(徽州)의 장복(莊僕)제도[從葆和堂莊僕條規看淸代徽州莊僕制度]」라는 논문에서 분석한 내용과 일치한다.[722] 이는 곧 세복이 하나의 요인으로 형성되지 않았음을 의미한다. 세족은 주인의 산에 매장되거나 주인의 가옥에 거주하거나 주인의 계집종과 결혼하여 몸을 의탁하거나 주인의 토지를 경작할 경우 세복이 되었다. 농민과 지주의 신분적 의무는 많은 세월을 거치면서 점차 공고해져 갔다. 이러한 관계가 이미 견고해 지면 자손들이 대대로 그 관계를 계승했고 그 결과 한 집안이 다른 집안의 노복이 되어 급기야는 이 지역의 특수한 습속이 된 것이다. 여기서는 주인의 산에 매장되고 주인의 가옥에 거주하여 형성된 세복이 아니라 전복 즉 주인의 토지를 경작하여 형성된 전복에 대해서만 논할 것이다. 다만 여기서 모든 전호(佃戶)가 전복(佃僕)은 아니다. 예를 들어 흡현(歙縣)의 호회흔(胡懷忻)은 지주로 천계(天啓) 원년(1621)에서 숭정(崇禎) 13년(1638)까지 토지로부터 지대를 수취했는데 이때까지 조전호(租佃戶)는 총 43명이었다. 그러나 이들 모두는 영원토록 역을 바친 세복(世僕)이 아니라 일반 전호(佃戶)였다.[723]

환남(皖南)지역에서는 전복을 지복(地僕)이라고도 불렀다. 이러한 전복제는, 예시엔인[葉顯恩]이 지적한 것처럼, 현물지대를 주로 바치면서 일정한 노동지대를 바친다는 특징을 가지고 있어 전복제의 중요한 특징을 형성했다.[724] 전복은 다양한 형식의 노역을 제공했는데 예를 들어 수위(守衛)·묘직[看墳]·혼인과 초상이 발생했을 때의 노역·가마들기[擡轎]·영조(營造) 등등을 제공해야 했다.

이러한 전복과 지주는 이미 존비장유(尊卑長幼)의 관계에 있었고 또한 귀천 신분관계를 가져, 양자는 기본적으로 엄격한 신분적 예속관계에 놓여 있었다. 그 구체적 표현으로 지주는 전복에 대해 신분적 지배권을 가지고 있어 전호는 마음대로 고공(雇工)를 고용할 수 없었으며[725] 당연히 이주의 자유도 가지지 못해 실질적으로 토지에 속박되어 있었다. 전복의 자녀가 혼인할 때에도 일정한 제약을 받아 완전히 자유롭지 못했다.[726] 몇몇 지주들은 전복에 대한 체벌권도 가지고

---

53) 역주 - 명·청시기 돈을 내어 감생(監生)의 지위를 취득한 자를 말한다.

있었다.727) 몇몇 전복들은 토지와 함께 매매되었는데 예를 들어 강희(康熙) 30년
(1691) 8월 18일 기문현(祁門縣) 정쌍옥(鄭雙玉)과 정(程)씨가 맺은 매매계약 문서
에는 "장복(莊僕)인 홍(洪)·왕(王)·정(程) 3명과 가옥을 일괄로 정(程)씨에게 판매
하여 그의 재산으로 삼는다"라고 기록되어 있다.728) 강희 30년 9월 15일 휘주(徽
州) 이유선(李惟善) 등이 작성한 '매계(賣契)'에서는 전복이 토지와 함께 판매된
후 "매입자의 요구에 따라 역에 응해야 한다(卽聽買人號喚應役)"729)고 기록되어
있다. 전복은 또한 지주에게 "시신은(柴薪銀)"도 납부해야 했는데 예를 들어 기문
(祁門) 정씨(程氏)의 전복들은 20세부터 60세가 될 때까지 매 정(丁)은 매년 은 1전
(錢)을 납부해야 했다.730) "시신은"은 정에 따라 부과되는 것으로 토지를 기준으
로 부과되지 않았는데 이는 전복의 인신에 대한 지배에 기초해 있는 것이었다.

이상과 같이 몇몇 지역에서 존재하고 있던 신분적 전호제와 전복제는 명에서
청나라 전기에 이르는 수십년간 정도가 다른 변화 속에서 쇠락해 갔다. 각 지역
의 쇠락정도는 완전히 상이했는데, 황하와 회수 유역 및 장강 이북의 광대한 지
역은 명말 농민대봉기의 충격으로 인해, 장강 이남은 청나라 초기 노복들의 저항
투쟁으로 인해 신분적 노복제가 쇠락했다. 농민계급이 저항하여 신분적 전호들
이 쇠락하던 조건하에서, 청조정의 정책은 신분적 전호제에서 일반조전제로의
이행에 일정한 영향을 미쳤다.

청나라 전기 환남(皖南)의 휘주부(徽州府)·영국부(寧國府)·지주부(池州府)에 속
한 일부주현을 제외하고 기타 지역에서 신분적 전호가 차지하는 비중은 매우 적
었으며 일반조전제가 압도적이었다. 신분해방은 당시 농촌사회 경제 발전의 전
체적 추세였고 낙후된 신분적 조전제는 실제 이미 쉽사리 계승되지 못했다. 이
러한 상황은 당시 사람들의 논의와 건의에서 잘 드러난다. 청대 초기 절강(浙江)
동향현(桐鄕縣) 사람 장리상(張履祥)은 이렇게 말했다. "오늘날 소인(小人)들은 사
나움을 익혀 풍속을 만들었다. 지금은 이전에 자신들이 거주하던 곳을 돌아보지
도 않고 옮겨오니 세월이 변해 어려움이 없이 생활하다 다른 곳으로 가곤 한다
(今之小人, 習悍成風. 今日掉臂而來, 異時不難洋洋而他適)." "사나움을 익혀 풍속을
만들었다", "어려움 없이 생활하다 다른 곳으로 떠난다"라는 장리상의 말은 당시
신분적 전호와 전복에 속하는 농민들의 지주에 대한 반항 투쟁을 말한다. 이 때
문에 그는 생산노동자들을 "구슬릴 방법(覊縻之道)"을 강구해야 한다고 주장했
다.731) 순치(順治) 17년(1660) 강령순무(江寧巡撫) 위정원(衛貞元)은 "전호를 노로
삼는 것을 금지할 것(將佃戶爲奴 請行禁止)"732)을 주청했다. 강희 초년 강서제조학

정(江西提調學政) 소연령(邵延齡)은 길안부(吉安府)·감주부(贛州府)의 신금(紳衿) 대호(大戶)들에게 전호의 자식들이 동자시(童子試)에 참여하는 것을 허락하지 않은 수백년 간의 낡은 습속을 폐지하도록 지시했다.[733]

이와 동시에 청 조정은 신분적 전호가 포함된 노복을 해방시킨다는 조령을 발포했다. 강희 20년(1681) 신금 대호들이 전호를 "압박하여 노로 삼고(欺壓爲奴)" "토지와 함께 판매하는 것(隨田轉賣)"을 금지하는 령(令)을 내렸다. 만약 전호와 궁민을 노로 삼을 경우, 각 독무(督撫)들에게 "즉각 조사하도록 했다(卽行參劾)."[734]

요컨대 청대 전기에 이르러 명대 중엽이후 발전해 오던 신분적 조전제는 이미 쇠락해 갔다. 조사한 청대 전기 대량의 조전관련 자료를 검토해 보면, 매우 적은 사례만이 이러한 신분적 조전사례인데, 이는 신분적 조전제가 쇠퇴해 가던 상황을 구체적으로 반영한 한 것으로 이해된다.

환남(皖南) 전복제(佃僕制)의 쇠퇴과정은 전자와 달라 매우 완만하게 진전되었다. 이것은 해당지역의 특수한 역사적 조건으로 인해 결정된 것이다. 예를 들어 환남의 일부 주현(州縣)에는 세가거실(世家巨室)이 많았고 더구나 역사마저 오래 되어 완강한 봉건세력이 잔존해 있었던 것이다. 명대 중엽 사람들은 휘주(徽州)에 대해 "유래가 오랜 집안이 많아 당(唐)·송(宋)이래로부터 수백년을 이어왔으니 곳곳이 모두 그러했다(家多故舊, 自唐宋來, 數百年世系, 比比皆是)."[735] 이곳의 거실은, 만약 당·송때부터 계산해 보면, 약 1,000여 년의 역사를 가진다. 이 때문에 이곳의 호족이었던 봉건적 종법세력은 비교적 견고하였다. 더욱이 지리적 환경마저 폐쇄적이어서 이곳의 북쪽은 장강이 있고 남쪽은 깊은 산과 골짜기여서 외부의 영향력을 쉽사리 받지 않았다. 근래 태평천국 운동의 영향을 받은 것을 제외하면 역대 어느 농민전쟁도 이곳까지 파급되지 않았다. "중원의 의관(衣冠)들은 피신하여 이곳에서 편안히 살았다(中原衣冠避地保于此)"거나 "산과 골짜기의 민과 의관들은 100년이 지나도 변하지 않았다(山谷民衣冠至百年不變)"라는 말은 이 지역의 특징을 잘 보여준다.[736] 게다가 전복제와 세복제(世僕制)는 긴밀하게 밀착되어 있었다. 몇몇 세복들은 토지소유관계로부터 벗어나 단순한 신분적 예속관계에 놓여 대대로 한 집안에게 역을 바쳤다. 환남의 전복제는 이러한 세복제 속에 위치하여 더욱 견고해 졌다. 그럼에도 결정적 작용을 한 것은 토지소유관계와 종법관계의 긴밀한 결합이었다. 이곳에서는 족전공산(族田公産)이 비교적 많았다. 예를 들어 왕(汪)씨는 대족으로 기문현(祁門縣) 사만촌(査灣村)에서 주요한 지위를 차지하고 있었는데, 1950년 토지개혁이전 전체 촌의 공유경지(共有耕地)

2,344.3무의 토지 가운데 이 집안의 공당사회지(公堂祠會地)는 1,762.5무로 전체 촌 공유경지의 75.2%를 차지했다. 이 중 사산(祠産)의 대부분은 명나라 중엽이후 증가한 것이다. 환남 전복은 주로 1족성(一族姓)의 전복으로 한 집의 전복은 아니다. 예를 들어 대족이었던 오씨(吳氏)는 휴녕현(休寧縣) 명주촌(茗州村)에서 주요한 지위를 차지하고 있었는데, 오씨의 총사(總祠)를 '보화당(葆和堂)'이라 불렀고 이곳은 시조에게 제사지내는 사당이었다. 중화인민공화국 건립이전 오씨의 전복은 총 53호(戶)였고, 이 가운데 단 1호만이 부상(富商)이었던 집에 속했고 나머지 52호는 각각 오씨 문중과 사당(祠堂)에 예속되었다.[737] 여기서 말하는 전복은 기본적으로 전체 가문의 통제 하에 있었다. 개별 관신호(官紳戶)는 쇠락하고 있었지만 사당의 토지는 여전히 존속하고 있었으며 따라서 한 문중 통치하의 전복제는 오래토록 지속되어 가 "천년이 된 무덤은 한번도 무너진 적이 없으며 천정(千丁)의 종족은 일찍이 흩어진 적 없었고, 천년이나 된 가계는 추호의 문란함도 없으며 주인과 노복의 엄격함은 여러 대를 거쳐도 변하지 않았다(千年之塚 不動一壞, 千丁之族, 未嘗散處, 千載譜系, 絲毫不紊, 主僕之嚴, 數世不改)"라는 말까지 있었다.[738] 청대 후기에 이르기까지 수십 대를 이어와도 존비의 질서는 여전해 주인과 노복의 구분은 매우 엄격했다. 일부 세복들은 부유해졌어도 "끝내 대성(大姓)의 반열에 들지 못했다(終不得列于大姓)."[739] 만약 어떤 세복이 "차츰 주인과 노복의 구분을 문란하게 만들면(稍紊主僕之分)", "한 가문이 그것과 투쟁하거나(一家爭之)", "한 종족이 그것과 투쟁했다(一族爭之)."[740] 이처럼 이곳의 전복제는 한편으로는 실질적으로 존재하던 봉건적 토지소유관계의 힘에 기대어 유지되지만, 동시에 강대한 봉건적 종법세력의 지원을 받았다. 종법제도는 전복의 몸을 휘감고 있던 엄중한 사슬이었고, 전복들의 자손까지 대대로 이 사슬로부터 벗어날 수 없었다.

환남지역의 전복제도는 하나의 강력한 조전제로 견고성을 가졌으나, 전체 사회경제발전의 영향 아래에서 변화하기 시작했다. 이러한 변화는 청나라 황제의 몇 차례의 조령(詔令)에 반영되었다. 옹정(雍正) 5년(1727)에는 다음과 같은 령(令)을 내렸다. "연대가 오래되어 문계가 존재하지 않으며 주가(主家)가 보살피지[參養] 않는 자는 세복(世僕)이라고 칭할 수 없다(年代久遠, 文契無存, 不受主家參養者, 槪不得以世僕名之)."[741] 같은 해 또 령을 내려 휘주부(徽州府)의 '반당(伴當)'과 영국부(寧國府)의 '세복(世僕)' 등을 "풀어주어 양민으로 삼았다(開豁爲良)."[742] 건륭(乾隆) 연간(1736~1795) 안휘안찰사(安徽按察使) 경선(璟善)은 휘주부(徽州府)·영국부(寧國府)·지주부(池州府)에서 호강들의 압박으로 인해 전복(佃僕)신분으로 전락한 자들을 "모두 그 요청을 들어주어 양민으로 삼을 것(悉准其開豁爲良)"743)을 요청했다. 가경(嘉慶) 14년(1809)에는 더욱 구체적으로 규정해, "만약 연대가 오래되어 고증할 문계가 없고 현재 복역(服役)하고도 보살핌을 받지 않는 자는 비록 일찍이 전주의 산에 매장되고 전주의 토지를 경작한다고 하더라도 일체 풀어주어 양민으로 삼도록 했다(若年遠文契無所考據, 并非現在服役參養者, 雖曾葬田主之山, 佃田主之田, 著一體開豁爲良)."744) 이 시기 농민들은 비록 주인의 집에 거주하고 주인의 산에 매장되고 주인의 토지를 경작하더라도 문계가 없고 주인의 보살핌을 받지 않고 주인에게 복역하지 않으면 일반조전농이 되었지 전복 혹은 세복이 되지는 않았다. 청 조정의 수차례에 걸친 조령은 일부 전농(佃農)에게 신분적 속박에서 벗어나 '범인(凡人)'의 지위를 획득할 수 있도록 했다. 이처럼 세복의 범위는 점차 축소되어 갔다. 이것은 전복제가 일반조전제로 이행하는 한 형식이기도 했다.

휘주부에서 전복제와 일반조전제가 차지하는 비중이 어떠하였는지는 장여우이[章有義]가 『휴녕주씨치산부(休寧朱氏置産簿)』을 근거로 분석한 연구에 잘 기술되어 있어 참고할 만하다. 그 가운데 순치(順治) 11년(1654)의 다산(茶山)의 '람약(攬約)'에는 "은 1냥을 조금의 연체도 없이 납부한다(交納銀一兩整不致少欠)"는 규정 이외에 어떤 다른 복역의 조건도 발견되지 않았다. 만약 지대를 납부하지 않으면 전인(佃人)을 교체할 뿐 이 밖에 다른 강제적 수단은 없었다. 또 건륭 17년에서 가경 22년 사이(1752~1817) 4건의 매전(賣佃) 혹은 매조(賣租) 계약에는 전인(佃人)이 판매된 토지의 경작을 승계하여 새로 토지를 매입한 주인에게 납부한 지대의 수량만을 기재하고 있을 뿐 어떠한 다른 조건도 부가되어 있지 않았다. 판매자는 모두 독립적 소토지소유자였으며 전인은 토지소유권의 전이에 따라 새로 토지를 매입한 소유자와 새로운 조전관계를 형성하였다. 이 가운데 전피(田皮)를 보유한 자들도 독립적인 영전권(永佃權)을 소유하였다. 몇몇은 전피를 상실했으나 다른 노역적 성격의 의무를 부담하지 않았다. 결국 휘주일대에 존재한 특수한 성격의 전복제를 제외하면 일반조전제가 광범위하게 존재하였다. 이점은 여타의 많은 지조(地租) 문서를 확인된다.

2) 고용관계의 변화

고용관계의 변화에 대해서는 다음의 두 측면에서 집중적으로 고찰할 것이다.

첫째는 노비사용으로부터 고공(雇工)사용으로의 이행이고 둘째 신분적 고공에서 자유고용으로의 이행이다. 이 두 측면을 통해서 고용관계의 변화 발전과 주인과 고용인 사이의 봉건적 예속관계의 해체 과정을 파악할 수 있을 것이다.

① 명·청시대 다종다양한 노비의 활용(본문의 노비는 봉건적 토지소유관계와 유관한 생산노비임)

명대 노복제와 고용제의 변화 발전은 한 차례의 곡절을 가진 오랜 과정이었다. 명나라 이전 원나라는 일찍이 몽고족의 낙후된 제도를 가지고 중원으로 들어와 농업생산에서 노복제를 성행시켰다. 명나라 건국 초 민간에서 노(奴)를 모으던 풍습은 다시 한번 금지되었다. 홍무(洪武) 5년(1372) 처음 내려진 조서에 의하면, 서민들 가운데 가난 때문에 노(奴)로 전락한 자는 "조서가 도착하는 날로 바로 양민으로 삼았으며(詔書到日卽放爲良)" "어기는 자는 법에 따라 처벌하였다(違者依律論罪)."[745] 홍무 30년(1397)에는 이 조규를 율례(律例)에 삽입하였다. 태조는 신속하고 단호한 정치를 행하였으므로 각 지방관들은 이러한 정치적 명령을 철저하게 관철시키려 했다. 더불어 원말 농민전쟁과정에서 적지 않은 관신(官紳) 지주들이 쇠락해 갔고 명나라 조정 역시 호강을 공격하고 겸병을 제안했다. 명 조정은 농민들이 황무지를 개간할 경우 그 토지를 지급하여 자신의 재산[永業]으로 삼게 하고 정(丁)을 조사하여 토지를 지급하는 등의 정책을 실시해 "만약 겸병하는 무리가 토지를 많이 차지하여 그것을 자신의 재산으로 삼아 가난한 민에게 그 토지를 경작하게 할 경우 벌한다(若兼幷之徒, 多占田以爲己業, 而轉令貧民佃種者 罪之)"[746]는 령을 내리기도 했다. 이상과 같은 정책의 실시는 노복으로 전락한 농민이 신분적 예속관계에서 벗어나 신분적 자유와 토지를 획득할 수 있도록 하는데 유리한 조건을 창출했다. 원나라 때와 대조해 보면, 노복제는 급격히 몰락했고 농민의 소토지소유제는 비교적 크게 발전했다. 이러한 국면은 약 60~70년간 지속되었다. 명대 중엽에 이르러 변화가 생겨 계급분화가 가속화되었다. 토지를 상실한 농민들 가운데 일부는 농업고공이 되고 일부는 노복으로 전락했다.

일찍이 선덕(宣德) 연간(1426~1435) 소송(蘇松 : 역자-소주와 송강지역)지역의 관신(官紳) 지주 가운데 "혹자는 사채(私債)의 대금을 남자인정으로 받았다(或以私債准折人丁男)."[747] 정통(正統) 연간(1436~1449) 부자들이 돈놀이를 하여 농민들이 돈을 갚지 못하면 "심지어 그 아들과 딸을 노비로 삼기까지 했다(至有奴其男女者)."[748] 성화(成化) 연간(1465~1487) 강서(江西)의 부유한 집안들은 "유이하던 사람들을 숨겨두었다가 가노와 전복으로 삼았다(藏匿流移之人, 以充家奴佃僕)."[749] 홍치(弘治) 연간(1488~1505) 관신들이 농민에게 돈놀이를 하여 "번번이 그들의 토지와 자녀를 강제로 빼앗았다(輒强取其田宅子女)."[750] 정덕(正德) 연간(1506~1521) 남경부(南京府)·양주부(揚州府)·소주부(蘇州府)·송강부(松江府)·상주부(常州府)·금강부(錦江府) 등은 수해가 엄중하여 "민간에서 종종 그 아들딸을 저당 잡혀 팔기도 했다(民間往往質鬻男女)."[751] 이와 같은 기록들은 거의 사서에 끊이지 않고 나온다. 지주제 경제하에서 계급분화는 불가피한 것이고 일부 토지를 상실한 농민들은 자신의 몸을 팔아 노비가 되어 생존해 갔고 이는 일상적 현상이었다.

주목할 만한 변화는 명나라 초기 노비를 금지하는 정책이 농업고공 확대로의 길을 열었다는 점이다. 명나라 중엽 공업과 농업 및 상품화폐경제의 발전에 따라 고용제 역시 계속 발전하였고 이는 다양한 문헌에 여러 차례 기록되어 있다. 예를 들어 정통 연간(1436~1449) 산동(山東)·산서(山西)·하남(河南)·섬서(陝西)·직예(直隸)의 각 주현의 빈민들은 "품을 팔거나 먹거리구걸로 날을 보내었다(傭丐衣食以度日)."[752] 가정(嘉靖) 연간(1522~1566) 귀주(貴州)의 동인(銅仁)과 황자평(篁子坪) 두 곳에서 도주한 민들이 청랑(淸浪)·평계(平溪)·사주(思州)·마강(馬江)·황도(黃道)·시계(施溪) 등지로 흘러 들어가서 "품을 팔아(傭貨)" 살아가니 "무려 수천이나 되었다(無慮數千)."[753] 만력(萬曆) 연간(1573~1620) 여곤(呂坤)은 하남(河南)의 관료로 있으면서 "양(梁)과 송(宋)지역 사이에 100무의 토지는 … 중략 … 반드시 품을 사서 경작한다(梁宋間, 百畝之田 … 중략 … 必有傭佃)"[754]는 말을 했다. 이 시기 지주와 부호들의 대토지에서 생산노동을 담당하던 자들은 생산노복과 농업고공이었으며 특히 고공이 중심이었다. 여기서는 시험적으로 한 사례만 들도록 하자. 홍치 연간(1488~1505) 처사(處士) 육준(陸俊)은 집안이 부유하였으나 "고공은 있어도 노비는 없었다(有傭無奴)." 이것은 두 측면에서 해석가능하다. 하나는 노비를 부리지 않는 것이 미덕으로 여기고 있었다는 점이고, 다른 하나는 일반적으로 농업생산에 힘썼던 부유한 가호들은 보편적으로 고공을 사용했다는 점이다.

몇몇 사례를 더 들어보자. 정통(正統) 때 작성된 『송강부지(松江府誌)』에는 이런 기록이 있다. "토지가 없는 농민들은 다른 사람에게 고용되어 경작하였는데 그들을 장공(長工)이라 불렀다. 농번기 잠깐 고용된 자들은 망공(忙工)이라 불렀다(農無田者爲人傭耕曰長工, 農月暫傭者曰忙工)." 가정 때 만들어 진 『오강현지(吳江縣誌)』에는 "만약 토지가 없는 자는 달려가 품을 파는 데 온 힘과 정성을 다했는데 해를 단위로 하여 그 값을 받는 자를 장공(長工)이라 불렀고, 시기를 단위로 그 값을 받는 자를 단공(短工)이라 불렀으며, 날을 단위로 그 값을 받는 자를 망공(忙工)이라 불렀다(若無産者, 赴逐雇債, 抑心殫力, 計歲而受直者曰長工, 計時而受直者曰短工, 計日而受直曰忙工)"라는 기록이 있다. 만력 때 작성된 『수수현지(秀水縣誌)』에 의하면 "4월 보름에서 7월 보름까지는 망월(忙月 : 농번기)이라 불렀는데 부유한 농가는 품을 사서 경작하였으며 혹은 장공 혹은 단공이라고 했다(四月望至七月望日, 謂之忙月, 富農債備耕, 或長工, 或短工)."

명대 고공의 존재는 지방지에서 뿐 아니라 해당시기 사용되던 백과전서에서도 확인된다. 예를 들어 『신각휘군보석사민편독통고(新刻徽郡補釋士民便讀通考)』·『정전십이방가참정만사불구인박고전편(鼎鐫十二方家參訂萬事不求人博考全編)』 등과 같은 책 안에는 고공첩(雇工貼), 고공문서(雇工文書), 고장공계(雇長工契)와 같은 계약 양식이 기재되어 있다. 또 당시 유행한 몇몇 소설책, 즉 『성세항언(醒世恒言)』, 『박안경기(拍案驚記)』, 『석점두(石点頭)』 등의 책에도 고공에 대한 이야기들이 있어 명대 각 지역에서 고공농민이 상당히 보편적이었음을 말해 준다. 이 문제는 웨이진위[魏金玉]의 「명·청시대 농업고용노동의 수량 통계[明淸屍臺農業雇傭勞動的數量估計]」라는 논문에 비교적 자세히 언급되어 참고할만 하므로 여기서는 생략한다.[755]

명대 후기 고용제와 대조하여 말하자면 노복제가 비교적 빠르게 발전해 노복으로 전락한 사람들의 수가 급속하게 증가했다. 농민의 노복으로의 전락은 다음과 같은 과정을 거쳐 진행되었다. 일부는 자신은 몸을 팔아 노복이 되었다. 호북(湖北) 마성현(麻城縣)에서는 "토지를 경작하던 전민(佃民)이 감소하자 많은 대호들은 돈을 주어 노복을 매입하여 토지를 경작시켰다(耕種鮮佃民, 大戶多用價買僕, 從事耕種)."[756] 일부는 핍박을 받아 강제로 노복이 되기도 했다. 하남(河南) 여녕부(如寧府)에서는 "토호들이 좀먹듯이 악을 자행해(土豪蠹惡)" 고을에서 힘을 행사하며 "먹고 살 수 없는 사람들을 받아들이고 실업해 유망하는 이들을 꾀어 우물에 던져 넣듯 모두 자기 집으로 받아들였다(收納衣食無依之輩, 誘致逋亡失業之人, 一入其家, 如投陷井)." 이들은 "끝내 자신의 몸을 빼내지 못했다(從無脫身之日)."[757] 여기서 말한 "토호들이 좀먹듯이 악을 자행해(土豪蠹惡)"한다는 말은 주로 관신지주들의 행동을 가리킨 것이다. 그럼에도 보다 많은 노복은 투탁을 통해서 형성되었고 이는 당시 농민이 노복으로 전락하는 주된 방식이었다. 투탁에는 다시 두 가지 방식이 존재하고 있었는데 첫째는 농민들이 토지를 가지고 투탁하는 방식이다. 하남(河南) 광산현(光山縣)의 경우를 왕사성(王士性)은 이렇게 기록했다. 지주집안 자제들이 "한번 향서(鄕書)를 들기만 하면 수십 수백의 노복들이 토지를 가지고 와서 단지 차역만 제공할 뿐 주인도 의식을 제공하지 않으니 참으로 기괴하다(一薦鄕書, 則奴僕十百輩皆帶田而來, 止聽差遣, 不費衣食, 可怪也)." 강소(江蘇)의 경우 "오주(吳州)의 여러 군(郡)에 소속된 호민들이 전택과 자녀를 데리고 권세가들에게 투탁하여 고을을 침탈하며 요역의 징발을 회피하고 있었다(吳州數郡, 編屬豪民, 負田宅女子, 投充權勢, 魚肉鄕里, 曲避徵徭)."758) 이러한 기록이 완전하게 확실한 것은 아니다. 토지를 가지고 투탁하던 일부만이 고을을 침탈하던 호노(豪奴)였고 대다수는 부역을 피하기 위해 투탁한 자영농이었다. 또 다른 한 방식은 단순한 투탁이었다. 고염무(顧炎武)는, 강남의 독서하던 선비가 "한번 관직에 나아가면 이런 무리들이 그의 집에 와서 투탁이라는 것을 행한다(一登仕籍, 此輩來文下, 謂之投託)"759)고 지적했다. 오건(吳騫) 역시 명나라 말기 관신 지주들이 투탁을 받아들이는 행위에 대해 논한 바 있었다. "명나라 말기 향관(鄕官)의 노동들은 그 수가 천인 되었는데 그것을 권세에 의탁한 것이라 했다(明末鄕官僮奴至以千計, 謂之靠勢)."760) 투탁호들이 모두 토지를 소유하고 있지는 않았다. 그들은 홀몸으로 투탁하여 요역의 부담을 피하려 했다. 토지를 가지고 투탁한 자들은 요역의 피하려 했을 뿐 아니라 전부(田賦)도 경감시키려 했다. 명나라 후기 노복은 이렇게 확대되어 간 것이다.

관신지주가 집중되어 있던 강절(江浙)에서 농민의 노복으로 전락은 가장 현저했고 비교적 이른 시기부터 발전했다. 가정 연간(1522~1566), 절강성 호주부(湖州府) 고관이었던 동분(董份)은 "집안에 노복만 적어도 천명이나 되었다(家蓄奴不下千人)."761) 융경(隆慶)(1567~1572)과 만력(1573~1620) 사이 강소성 화정현(華停縣)의 고관이었던 서계(徐階)는 "가인이 많게는 수천인에 달했다(家人多至數千)."762) 만력 연간(1573~1619) 예부상서 우신행(于愼行)은, 강남지역의 경우 "현재까지 전호(佃戶)와 창두(蒼頭 : 역자-노복)를 수천 수백이나 가진 자가 있다(至今佃戶蒼頭有千百者)"763)고 말한 바 있다. 노복의 팽창은 주로 만력후기부터 시작되었다. 소주부(蘇州府)의 경우 관직을 가진 집안의 노복은 1~2천이나 되었다.764) 소주부 가정현(嘉定縣)의 경우 "대가의 동복은 많게는 만지(萬指)나 되었다(大家僮僕, 多至萬指)."765) 여기서 '만지'는 천명을 가리킨다. 상숙현(常熟縣)의 호신(豪紳)이었던 전해산(錢海山)의 집안은 "동노(僮奴)가 수백명이나 되었다(僮奴數千指)." 태창주(太倉州) 대학사(大學士) 왕석작(王釋爵)의 집안에는 노복이 1천여 명이나 되었다.766) 앞서 논술한 농민계급의 신분적 압박에 대한 저항 투쟁의 한 측면은 이미 언급

한 바 있다. 태호(太湖) 연안지역에서는 "호수 주변의 노복이 백, 천 단위로 무리
를 이루었다(濱湖之人, 千百爲群)." 오송(吳淞)지역의 노복 가운데 "당을 결성한 이
가 수천명이었다(聚黨數千人)." 강절(江浙)일대의 농민들 가운데 노복으로 전락한
사람의 수가 많았다는 점은 다소 놀랍다.

한편 호북성 마성현(麻城縣)의 경우 "힘있는 집안의 가동은 적어도 3~4천명 되
었다(强宗右姓, 家僮不下三四千人)."[767] 환남의 송걸(宋乞)이 이끈 노복의 폭동은
"수십 곳에 근거지를 두었는데(列營數十處)"[768] 이는 많은 수를 상상하게 해 준다.
황하 이남의 경우 하남이 가장 현저했는데 이곳에서 "벼슬 한 집안은 동복이 숲
을 이루었다(仕官之家, 僮僕成林)"[769]고 하였다. 남양(南陽)의 조(曹)씨 집안, 휴주
(雎州)의 저(褚)씨 집안, 영능(寧陵)의 묘(苗)씨 집안, 우성(虞城)의 범(范)씨 집안은
토지를 많이 소유할 경우 천여 경(頃)에 달했고 적어도 5~7백경은 되었다. 그 집
안의 노복은 수천명을 헤아렸다.[770]

노복신분으로 전락한 농민들이 날로 많아지자 지방관리와 봉건적 문인들의
주목을 받게 되었다. 일찍이 선덕(宣德) 연간(1426~1435) 주침(周忱)은 강남의 상황
을 서술하면 "호부의 역속들이 날로 늘어감으로 인해 농사짓는 농민들은 날로
감소하고 있음(由是豪富之役屬日增, 而南畝之農夫以日減矣)"[771]을 지적한 바 있다.
명대 후기의 상황은 손지록(孫之騄)의 서술에서도 확인된다. "명나라 말기 진신
들 중 대부분은 투탁을 받아들여 세록(世祿)의 읍에서 왕민(王民)은 거의 없어졌
다(明季縉紳, 多收投靠, 而世祿之邑, 幾無王民矣)."[772] 손지록의 말에 과장이 있다하
더라도 투탁호가 많았음은 잘 보여준다. 광대한 자유민들이 신분적 노복으로 전
락한 것은 명나라 후기 계급관계에서 큰 변화이고 이러한 변화와 명나라 말기
토지소유관계의 역전은 밀접하게 연관되어 있었다.

이어서 명대 노복의 내용과 생산에서 노복의 직무를 분석해 보자.

관신대실(官紳大室)에 투탁한 이들 가운데 소수는 관신 지주의 앞잡이가 되어
그 집의 권세를 믿고 악행을 저지를 뿐 아니라 고을을 침탈하려 했다. 이러한 투
탁자들은 '호노(豪奴)'라 불렸는데 본서에서는 논술하지 않는다. 여기서 서술한
이들은 농민으로 생산노동자로서 투탁한 호들이다. 앞서 서술한 것처럼, 토지를
가지고 투탁한 이들은 자영농이었고 그들은 관신에게 투탁한 이후 "단지 차역만
제공하여(止聽差遣)" 주인에게 노역을 바쳤다. 주인 역시 "의식을 제공하지 않아
(不費衣食)" 투탁호의 경제생활을 책임지지 않았다. 이러한 투탁호들은 과거처럼
개별 생산을 진행하였고 때문에 그들은 소유한 토지에 대해 주인에게 지대를 납

부하지 않았다. 그런데 보다 많은 투탁호들은 토지를 소유하지 못한 채 단지 자신의 가족만을 데리고 투탁했다. 이러한 투탁호는 두 종류가 있는데 하나는 지주에게 토지를 제공받는 이들로 그들은 개별 생산을 진행해 지주에게 지대와 역을 납부해 실질적인 지주의 전복(佃僕)이었다. 다른 하나는 대생산에 투입되어 수십 수백명이 한 곳에서 공동으로 생산했다. 그러나 당시 생산조건과 생산 상황에서 보면 이런 대생산은 다수를 차지하지 못했다.

지주의 직영 사례도 몇 가지 확인된다. 가정 연간(1522~1566) 화정현(華亭縣)의 하량준(何良俊)은 집안이 부유하여 전택을 소유하며 노복들을 사역시켰는데 "해마다 때가 되면 경작하는 것을 감독하였다(歲時課督耕種)." 그 부친 눌헌(訥軒)도 농사철에는 "항상 직접 농사를 살피는데 하루도 게으름을 보이지 않았다(恒身自監視之, 未嘗一日怠廢)."[773] 장원신(庄元臣)이 제정한 『치가조약(治家條約)』가운데에는 "무릇 집안에 있는 노복은 각각의 일에 힘써야 하니 남자는 경작을 하고 여자는 길쌈을 한다(凡奴僕在家, 務使各勤其事, 男使之耕, 女使之織)."[774] 앞서 서술하였듯이 호북성 마성현(麻城縣)의 대호(大戶)들이 노복을 구입하여 경작시킨 사례와 절강성 강산현(江山縣)의 "전장에 소속되어 전장을 관리한(居守看莊)"[775] 농호의 사례는 모두 노복이 생산노동에 사역되었음을 보여준다. 상숙현(常熟縣)사람 전경우(錢敬虞)는 "용노(傭奴)와 함께 여러 일을 해 손에 못이 박힐 정도로 아낌없이 땀흘렸다(與傭奴雜作, 胼手汗邪不惜也)." 상숙현사람 서눌(徐訥)은 "그 동노들을 거느리고 농사일에 힘썼다(率其僮奴服勞農事)." 소주(蘇州)사람 진여(陳與)는 "동복을 부려 농사를 지었다(課僮僕力耕稼)." 강소(江蘇)사람 정지공(丁至恭)은 오송(吳淞) 연변에 토지가 있어 "날마다 동복을 부려 경작했다(日課僮僕以耕)." 절강(浙江) 순안(淳安)사람 소종의(邵宗義)는 "직접 동복을 데리고 힘써 농서지어 생계를 꾸렸다(躬率僮僕, 力田治生)." 인화현(仁和縣)사람 서봉(徐鳳)은 밭을 정돈하여 힘써 농사지으면서 "용복을 부릴 때는 밥을 가지고 가서 먹었다(御傭僕則時其饁食)." 안휘 동성현(桐城縣)사람 조석번(趙錫蕃)은 농사일에 종사할 때는 "동복에게 그 절기를 물어 맑고 흐릴지를 헤아렸다(卽與僮僕問節候, 量晴雨)."[776]

이상의 직영사례에서 이용된 노동력은 주로 노복이었지만 일부 전복(佃僕)과 고공(雇工)도 활용되었다. 때문에 이 시기 전복과 고공은 매번 노복과 혼용되었다. 상숙현의 경우 '용복(傭僕)'은 '고공'을 의미하였다.

이 시기 노복은 사회의 가장 하층계급에 속하여 사회하층의 피압박 생산노동자였다. 노복의 법적 권리에 대해 『대명률례(大明律例)』는 이렇게 기록하였다.

"노복은 주인에게 천한 몸이며 천하므로 윗전을 범할 수 없다. 주인은 노복에게 존귀한 몸이며 존귀하므로 욕보임을 당할 수 없다(僕之于主, 其身賤也, 賤固不可以犯上. 主之于僕, 其身尊也, 尊則不加以取辱)." 이처럼 주인과 노복의 사이에는 엄격한 신분적 예속관계가 있었다. 『대명률』에는 노가 주인을 범하였을 경우 가중 처벌할 것을 명확하게 기재하고 있다. "무릇 노비가 가장(家長)을 구타하였을 때는 모두 참하며, 주인을 살해했을 경우에는 능지처참하며, 과실로 살해했을 경우에는 교수형에 처하며, 상처를 입혔을 경우에는 100대의 장을 치고 3,000리 떨어진 곳으로 유배보낸다(凡奴婢毆家長皆斬, 殺者陵遲處斬, 過失殺者絞, 傷者杖一百流三千里)." 주인이 노비를 범했을 경우에는 감형되어 처벌받았다. 실제 생활에서 자손대대로 노가 되었던 자는 그 적(籍)을 벗어날 수 없었다. 예를 들어 환남(皖南) 휘주부(徽州府)에서는 "주인과 노복의 관계가 엄격해 수십 대가 지나도 바뀌지 않았다(主僕之嚴, 數十世不改)."[777] 강서(江西)의 길안부(吉安府)에서는 노복으로 전락한 농호는 "그 자손이 수십 대를 이어가도 그 이름이 상속되어 끊어지지 않았다(長子孫數十世名義相續屬不絶)."[778] 강소(江蘇) 정강현(靖江縣)의 지주호에 속한 노복은 "대대로 그들의 하인이 되어 봉양했다(世世爲之厮養)."[779] 호북 마성현(麻城縣)에서 지주호에 속한 노복은 "자손이 대를 이었으므로 세복(世僕)이라 불렸다(長子孫曰世僕)."[780] 절강 강산현(江山縣)에서 "전장에 소속되어 전장을 관리한(居守看莊)" 농호는 지주에게 배속되어 자손을 낳고 길러도 '화여(夥餘)'라로 불렸으니 곧 대를 잇는 노복이었다.[781] 한편 주인은 노복을 판매할 권리도 가졌다. 장원신(庄元臣)이 정한 『치가조약』에서는 노복에 대해 "시시때때로 살펴 게을러 일을 하지 않는 자가 있으면 가볍게는 노주(勞酒 : 역자-공로를 치하하는 잔치)를 없애고 무겁게는 그 책임을 물어 구타하거나 그 의은(衣銀)을 없앴다(時時綜核, 有惰不事事者, 輕則除其勞酒, 重由責撲之, 或除其衣銀)."[782] 대대로 송강부(松江府)의 진신이었던 동(董)씨 집안은 "가노를 지나치게 준엄하게 다루어 범한 것이 있으면 반드시 장을 쳤다(待家奴過峻, 有犯必杖)."[783] 또 그들이 주인에게 신분적으로 예속되었기 때문에 주인은 그들에 대한 완전한 지배권을 가지고 있었다. 만일 허락도 없이 그 자녀들이 임의로 자신의 품삯을 팔았다면 심할 경우 그 받은 품삯을 주인에게 납부해야 했다. 절강 호주부(湖州府)의 진룡(陳龍)이라 불리는 사람은 이런 말을 했다. "심씨는 노복으로 부부가 모두 충근하여 순종하여 죽을 때까지 품을 팔아 번 돈은 모두 주인에게 바쳐 사사로운 셈을 하지 않았다(沈氏僕也, 夫婦俱忠謹, 善爲治, 終身傭直實以歸其主, 不爲私計)."[784] 물론 이는 매우 예외적 사례이다.

　명대 후기 발전해온 노복제는 명나라 말기 농민의 대봉기와 청초의 격렬한 노복의 저항이라는 충격을 거치면서 비로소 쇠퇴해 갔다. 이 시기 수백 수천의 노복들이 농민군으로 뛰어들었는데 하남성(河南省)·호광성(湖廣省)·사천성(四川省)에서는 이와 관련한 적지 않은 사례들이 확인된다. 어떤 이들은 주인의 힘이 약화되자 줄이어 도주하였다. 산동(山東) 제성현(諸城縣) 정요항(丁耀亢) 집안의 "거의 모든 노복은 죽거나 도주하였다(奴僕死散殆盡)."[785] 강서성 서창현(瑞昌縣)의 지주 문씨 집안의 "가동들은 적어도 100명은 되었는데 모두 새처럼 흩어져 버렸다(家僮不下千指, 皆鳥獸散)."[786] 호광성 두준(杜濬) 집안의 "동복 10여 명은 각기 처자를 데리고 사라져 버렸다(僮僕十餘輩, 各挈妻子叛去)."[787]

　청나라 전기 노복제의 쇠퇴와 함께 고용제가 발전하기 시작했다. 이 시기 지주의 전장(田場)에는 생산노동에 종사하던 적지 않은 노복이 있었지만 이들이 지속한 시간은 오래되지 못한 반면 고공에 대한 기록은 날로 많아져 지방지에 여려 차례 등장한다. 예를 들어 절강(浙江) 평호현(平湖縣)에서는 "토지는 많아 고공을 모집하였는데 장공과 단공이 있었다(田多募傭, 有長工短工)."[788] 금산현(金山縣)에서는 "농민 가운데 토지가 없는 자는 다른 사람에게 고용되어 경작하였는데 이를 장공이라 했다. 농번기 잠깐 고용된 자를 망공(忙工)이라 했고 토지는 많으나 인력이 적어 다른 사람에게 도움을 청하였다고 일이 끝나면 다시 돌아가는 자는 반공(伴工)이라 불렀다(農無田者, 爲人傭耕, 曰長工. 農月暫忙者曰忙工, 田多人少, 請人助已而還之者, 曰伴工)."[789] 호북의 기수현(蘄水縣)에서는 "가장 가난한 자는 다른 사람의 고용인이 되었다(最貧者爲人傭工)."[790] 호남 형주부(衡州府)의 농민은 "쉽게 그 고향을 버리고 품을 팔아 고용인이 되었다(輕去其鄕, 爲賈爲傭)."[791] 강서 동향현(東鄕縣)의 지주는 고용할 때는 "반드시 먼저 만나서 약속하고(必先夕面約)", "먼저 품삯을 지불하지 않았다(未傭先以値給)."[792] 절강 영해현(寧海縣)에서는 "토지가 없는 농민들이 다른 사람에게 고용되어 경작했다(農無田者爲人傭作)."[793] "그 노력을 열로 나눈다면, 품이 5를 차지했다(十分其力, 而傭居其五)."[794] 산동 등주부(登州府)에서는 "토지 없는 농민이 다른 사람에게 고용되어 경작하는 것을 장공이라 불렀다. 농번기 잠시 고용되는 자를 망공이라 불렀다(農無田者爲人傭作, 曰長工. 農忙暫傭者曰忙工).", "토지가 많으나 일손이 적어 다른 사람의 도움을 요청하는 자를 반공(伴工)이라 불렀다(田多人少請人助已曰伴工)." 산동 자양현(滋陽縣)에서는 10월 초하루 "농가에서는 모두 술과 안주를 마련해

놓고 고공들에게 잔치를 베풀었다(農家皆設酒肴, 燕傭人)." 정녕현(定寧縣)에서는 10월 1일 전주(田主)들이 "장포(場圃)를 구실로 농공(農工)들을 대접했다(辭場圃, 犒農工)." 기주(沂州)에서는 10월 초하루 "농가에서 술과 안주를 마련해 고공들을 대접했는데 이를 산장(散場)이라 불렀다(農家皆設酒肴, 燕傭人, 名曰散場)."[795] 기타 다른 여러 문헌에서도 이와 같은 기록은 드물지 않게 발견할 수 있다. 예를 들어 산서(山西) 수양현(壽陽縣)에서는 농민 가운데 "고용되어 토지를 경작하는 자를 장공(長工)이라 불렀고 날을 헤아려 고용된 자를 단공(短工)이라 불렀다(受雇耕田者謂之長工, 計日傭者謂之短工)."[796] 서종간(徐宗幹)은 농민들은 "오로지 고공에만 의지한다(專恃傭趁)"고 말한 바 있다.[797] 건륭 연간(1736~1795) 하남순무(河南巡撫)의 보고에서도 고공의 문제가 거론되었다. 윤회일(尹會一)은 예성(豫省)에 있던 토지를 소유하지 못한 가난한 민들이 "고공이 되어 살아갔다(傭工覓食)"고 했다.[798] 야얼투[雅爾圖]도 유민 가운데 장년으로 힘있는 자들은 "용공이 되어 살아간다(以傭工度日)"라고 말했다.[799] 이상의 사례는 모두 농공(農工)들을 가리키고 있다.

청대 전기 주목해야하는 또 하나의 현상은 문헌 사료상 농공(農工)과 전농(佃農)이 병기되어 있다는 점이다. 강소(江蘇) 통주(通州)에서는 "토지를 가지지 못한 농민들이 다른 사람으로부터 토지를 받아 전호(佃戶)로 불렸고, 노동력이 없으면서 토지를 받은 자는 용공(傭工)이라 불렸다(無田之農受田于人 名爲佃戶, 無力受田者, 名爲傭工)"는 기록이 있다.[800] 비주(邳州)에서는 "전작(佃作)은 모두 토착인이 아니고(佃作皆非土著)" "노둔한 자는 용공이라 불렀다(駑鈍者名爲傭工)"는 기록이 있다.[801] 호북 응성현(應城縣)의 경우 토지를 가진 농가에서 스스로 경작하는 일이 드물어 혹은 용공을 모집하거나 조전농을 불러 들었다.[802] 옹정 4년(1726) 하남순무 전문경(田文鏡) 유민들을 안착시킬 조치로 "사람들에게 전농을 모집하게 하거나 고용하여 용인으로 삼게 할 것(或令人募佃, 或雇與傭工)"[803]을 주장했다. 건륭 4년(1739) 조정에서는 "빈민으로 사천으로 들어가 토지를 개간한 자들은 기타 각 주현에 흩어져 거주하며 토지를 전작하고 고공이 되어 경작하여 호구지책으로 삼는 것을 허락한다(貧民入川墾地者, 聽其他散居各州縣, 佃種傭耕, 爲糊口之計)"고 규정했다.[804] 건륭 13년(1748) 청나라 황제는 각 지역의 유민들에게 "노동력을 이용해 고공이 되거나 전작하여 살아갈 것(或傭工佃種以食其力)"을 효유했다.[805] 건륭 14년(1749) 유방애(劉方藹)의 주청에 따라 "농민 가운데 자산이 없는 자는 토지를 빌어 경작하도록 하면 노동력을 팔아 스스로 살아갈 수 있도록 하라(農民無資充佃, 則力傭以自活)"는 영을 내렸다.[806] 가경(嘉慶) 연간(1796~1820) 하남 정양현(正陽縣)의 농민 가운데 "토지가 없는 자들은 앞다투어 고용되기를 청하였으며 해를 기준으로 그 값을 받으면 장공(長工)이라 했고(若無田者, 赴逐雇請, 計歲受値, 曰長工)", "다른 사람의 토지를 경작하여 토지 면적에 따라 균등하게 나누는 것을 전호라 했다(有種他人之田以計無均分者, 曰佃戶)."[807] 이와 같은 고공과 전호에 대한 기록을 통해 각 지역에서 농업고용이 날로 보편화되었음을 확인할 수 있다.

명·청시대 고용제의 발전은 몇 차례의 부침을 거듭하였으나 결국 노복제를 대체했다. 용공의 사회적 지위는 노복과 달랐다. 천순(天順) 연간(1457~1465) 이식지(李式之)의 『율례소의(律例疏議)』에는 "고공된 자는 고용되어 부림을 당하는 사람으로 노복처럼 종신토록 부림을 당하는 자가 아니다(雇工人者, 雇請役使之人, 非奴僕之終身從役者)"[808]라고 기록되어 있다. 사회적 법적 측면에서 노복은 천민계급에 속하고 '고공인(雇工人)'과 고용주는 "주복명분(主僕名分)"을 가지고 있었다. 이러한 관점에서 말하자면 '고공인'과 노복은 동질적 측면에 있다. 그러나 고용이 해제된 이후 '주복명분'은 바로 소멸되었다. 예를 들어 이천린(李天麟)은 이렇게 말했다. "가장은 다만 고공인의 노동력만을 사용할 뿐 고공의 몸은 소유할 수 없으며 고공이 그 값을 채우지 못했을 경우 각각의 명분관계에 있고 그 값을 채우면 범인과 같다(家長但得用雇工人之力而不得有雇工人之身, 傭直未滿, 分相系屬, 一滿 卽同凡人矣)."[809] 이것은 노복들이 종신토록 혹은 대를 이어 주인에게 예속되었던 것과 다르다. 노복제에서 고용제로의 교체는 계급관계의 변화만이 아니라 사회경제적 발전을 보여주는 것이다.

중국지주제 경제하에서 농업 고공의 상태는 매우 복잡하여 노비와 유사한 신분의 전당고공(典當雇工)도 존재한다. 이 문제는 웨이진위[魏金玉]의 「명·청시대 농업의 신분적 고용노동에서 비신분적 고용노동으로의 이행[明淸時代農業等級雇傭勞動向非等級雇傭勞動的過渡]」의 논문에서 비교적 상세하게 기술되어 있으므로 여기서는 생략한다.

② 신분적 '고공인(雇工人)'에서 자유 고용으로의 이행[810]
명·청시대 부유한 농민과 서민지주의 고공경영의 발전 및 고공의 확대에 따라 주인과 고공 사이에 봉건적 예속관계는 해체되어 갔다. 고용의 실제적 변화는 봉건적 고용에서 자유고용으로의 이행에 의해 만들어 졌다. 일부 농업고공은

점차 자유로운 신분으로 역사의 무대에 등장했다. 이것은 봉건사회 후기 농촌에서의 하나의 큰 변화였고 바로 이런 조건하에서 명·청시대 고공에 대한 법률적 수정이 이루어졌다.

고공은 장공(長工)과 단공(短工)으로 구분된다. 명나라 초기 제정된 율례에 의하면 장공은 '고공인'의 신분으로 기재되었고 고용주에게 신분적으로 예속되었다. 단공의 신분적 지위가 어떠한지는 분명하지 않아 이 문제는 진전된 연구를 기다리고 있다. 명나라 홍무(洪武) 30년(1387) 제정된 『대명률(大明律)』(『명율집해부례(明律集解附例)』)에는 단공의 법적지위에 대해 명확하게 설명되어 있지 않다. 만력(萬曆) 15년(1587) 좌도어사(左都御史) 오시래(吳時來)는 황제에게 올린 주접(奏摺)[54]에서 "적은 돈을 받고 단지 월단위로 일하는 이는 그대로 범인(凡人)으로 논할 것(有受値微少, 工作止計月者, 仍以凡論)"[811]을 주장했다. '그대로(仍以)'라는 글자는 단공이 일찍부터 '범인(凡人)'의 신분을 가지고 있었음을 말해준다. 이에 앞선 정덕(正德) 13년(1518) 발생한 월단위로 고용된 호웅(胡雄)이 칼로 고용주인 유진(劉珍)을 상해한 사건에서 '고공인'은 가장(家長)을 해친 죄에 따라 처결되었다.[812] 호웅은 단공이었으나 '고공인'에 준하여 처결되었는데, 이는 '죄질이 나빠(重情)' 가중처벌을 받은 것일 가능성이 있으므로 이를 근거로 삼기는 어려울 듯하다.

고용의 실제적 변화에 따라, 명나라 만력 초기 사람이 쓴 『대명형률금감(大明刑律金鑑)』에는 각종 유형의 고공이 가진 고용의 성격에 대한 문제가 명확하게 서술되어 있다. "고공인(雇工人)이라는 자는 고용되어 오랫동안 일하는 사람이다. 만약 날을 계산하여 돈을 받는 예를 들어 지금의 재봉장(裁縫匠)·목장(木匠)·니수장(泥水匠)과 같은 이들은 모두 고공인이 될 수 없다. 이전에는 고공인이었다가 연한이 차 그만둔 이는 죄를 범해도 고공인으로 처리될 수 없다.(雇工人者 乃受雇長工之人, 若計日取錢, 如今日之裁縫·木匠·泥水匠之類皆不得爲雇工人. 若前雇工人年限以滿出外, 有犯者亦不得爲雇工人)"[813] 이에 의하면 단공은 명확하게 '고공인'에서 제외되었고 이는 아마도 오래된 관례로 보인다. 만력 16년(1588) 제정된 "『신제례(新題例)』"는 주로 '고공인' 문제를 다루면서 이렇게 규정했다. "금후 관리의 집안[官民之家]에서 무릇 노동하는 사람을 고용할 때 문권을 만들어 그 연한을 정한 자는 고공인으로 논한다. 단지 단기적으로 개월 혹은 날수에 따라 많지

---

54) 역주 - 청대 신하가 황제에게 올리던 문서의 종류. 접어서 올린다고 해서 주접이라 불렀음.

않은 돈을 받는 자는 범인(凡人)으로 논한다. 재물로 의남(義男)을 구매해 오랫동
안 양육해 배필로 삼은 자는 자손과 같은 예로 논한다. 만약 은혜로 양육하였더
라도 오래되지 않고 아직 결혼하지 않은 자는 사서(士庶)의 집안의 경우 고공의
예로 논하고 진신의 집안의 경우 노비률에 따라 논한다(今後官民之家, 凡僱工作之
人, 立有文券·議有年限者, 以雇工人論. 止是短工月日·受値不多者, 以凡論. 其財買義
男, 如恩養年久, 配有家室者, 照例同子孫論. 如恩養未久, 不曾配合者, 士庶之家依雇
工人論, 縉紳之家比照奴婢律論)."[814]

이 『신제례(新題例)』는 봉건법전에 처음으로 '고공인'이라는 단어를 정의하였
다. 고용주가 관이든 민이든 "문권을 만들어 그 연한을 정한 자(立有文券·議有年
限)"는 고공인의 범주에 속한다.

이 『신제례』는 또 제정하기를, 관리의 집안(官民之家)에서 양육한 노비의 경
우 그 "오랫동안 양육하지 않고 결혼하지 않은(恩養未久, 不曾配合)"자가 만약 형
사사건을 일으켰을 경우 진신의 집안에서는 "노비률에 따라 논하고(比照奴婢律
論)", 사서의 집안에서는 "고공인의 예로 논하였다(依雇工人論)." 여기서 '사(士)'는
독서층이면서 단지 초급의 봉건적 명의를 가진 사람을 지칭하며, '서(庶)'는 일반
범인 백성을 지칭한다. 이러한 관계는 만력 5년(1577) 공대기(龔大器)가 편찬한
『초의지남(招擬指南)』 수권(首卷)에서 이미 언급된 바 있다. "율 중의 여러 조문에
서 노비라 칭한 것은 공신의 집안에 사여된 자를 가리키는 것이다. 서민의 집안
에서는 단지 의남(義男)이라 칭하는데 만약 이들이 주인을 해치면 고공인으로 예
로 논하였다(律中諸條稱奴婢, 止功臣之可給賜者言. 若庶民之家, 止稱義男, 凡有所
犯, 比雇工人論)." 이러한 주인의 신분적 지위에 의해 노비와 고공의 법률적 위치
가 결정되던 원칙은 중국 지주제 경제가 가진 봉건적 예속관계의 신분적 특징을
보여준다. '고공인'을 노비와 비교해서 말하는 것은 '고공인'의 사회적 지위가 낮
았음을 반영한 것이다.

명나라 조정은 법적 측면에서 '고공인'의 지위를 고용주의 종법적 가장이라는
체계 내에서 제정했다. 고용주는 '고공인'에 대해 일정한 처벌권을 가지고 있었
다. 명률은 명확하게 '고공인'이 "만약 교령을 위반하면(若違反教令)" 주인이 "법
에 따라 처벌할 수 있으며(依法決罰)", 만약 '고공인'이 "죽음이 이르게 되어도 법
으로 논하지 않는다(邂逅致死 各勿論)"라고 규정했다. 이것은 '고공인'이 고용주에
게 고용되면 반드시 무조건적으로 고용주에게 사역되고 명령에 따라야 했고 따
라서 '고공인'의 노동은 일종의 신분 노역적 성격을 가진 노동이었음을 의미한

다. 고용주는 '고공인'에 대해 여러 권리를 가지고 있었고 이는 고용주 개인에게 한정되지 않고 고용주의 친족에까지 미쳤다. 명률에 의하면 '고공인'이 고용주와 고용주의 친척에 대해 죄를 범하면 형사사건이 되어 자손 혹은 노비가 그 부모와 존장을 해한 죄로 처결되어 가중처벌을 받았다. 만약 고용주 및 그 친족이 '고공인'에 대해 죄를 범하면 경감되어 처벌받았다. 명률에는 또한 '간범명의(干犯名義)'라는 규정을 전문적으로 두어 만약 주인이 '고공인'을 학대할 경우 다른 사람이 그것을 고발하는 것을 허락하지 않았으며, '고공인'이 관부에 고발할 경우 고발의 시비를 묻지 않고 원고(原告)는 '간범(干犯)'의 죄에 연좌되어 가중처벌을 받았다. 만약 고발한 내용이 사실이라고 하더라도 고발한 사람은 비유(卑幼)가 가장(家長)을 고발한 법률에 따라 처벌받아 장(杖) 90과 도(徒) 2년반에 처해졌다. 피고인 고용주는 자수한 것으로 논해져 면죄되었다. 요컨대 '고용인'과 고용주는 비록 혈연적 친족관계는 아니더라도 종법가장체계에 편제되어 법률적 측면위에 종법관계라는 윤리적 외피를 한 겹 더 두르고 있었던 것이다.

낮은 고공의 사회적 지위는 당시 문헌에 여러 차례 반영되어 있었다. 각각의 문헌에서 고공은 '천인(賤人)' 혹은 '용노(傭奴)'라 불리고 있었다. 예를 들어 명나라 사람 이일선(李日善)은 이렇게 말했다. "장전(莊佃)과 용(傭)은 같은 단어라 보기 어렵다. 대개 장전(莊佃)은 주인에게 토지를 빌리나 그 몸은 자신의 것임에 반해 용(傭)은 그 노동력을 다른 사람에게 팔아 생활하나 몸은 다른 사람의 소유이다(莊佃與傭猶難同語, 蓋佃假地于主, 而身其自有者也. 傭食力于人而身則爲人有矣)."[815] 또 장해(張楷)는 『율조소의(律條疏議)』에서 고공은 "대개 천예의 무리일 뿐(蓋亦賤隸之徒耳)"[816]이라고 말했다.

농업 고공은 '천예(賤隸)', '용노(傭奴)'로 불리었으나, 명대 중엽이후에 고용관계에 변화가 발생했다. 단공이 '범인(凡人)'의 지위를 명확하게 가졌을 뿐 아니라 일부 장공들이 '고공인'의 범주에서 제외되어 자유고용의 고공에 속하는 이들이 점차 늘어갔다.

농업 고용관계의 변화는 숭정(崇禎) 연간(1628~1644)에 이미 몇몇 사람들에 의해 언급된 바 있다. 호주부(湖州府) 심모(沈某)가 저술한 『농서(農書)』에는 당시 고용관계의 변화가 기술되어 있다. 백년 즉 가정(嘉靖) 연간(1522~1566)이전 "당시의 고공들은 힘든 일을 도맡으며 별이 뜨는 새벽에 나와 밤에야 들어갔으며 풍속은 유순하여 주인을 섬겼다. 지금(숭정)은 교활하고 게으른 것이 유행하여 술과 음식을 대접하지 않으면 힘써 일하지 않으니 백년전과 비교하면 매우 달라졌

다(當時人司攻苦, 戴星出入, 俗柔順而主尊. 今人驕惰成風, 非酒食不能勤, 比百年前大
不同矣)."[817] 이 말은 가정 이전 지주는 고공을 임의로 사역시킬 수 있었으나 현
재 고공은 지주의 자의적인 지배를 그렇게 잘 따르지 않았음을 의미한다. 그들
은 과거와 달리 순종적이지 않았으며 각종 유형의 반항을 진행했다.

청나라 전기가 되면 이러한 변화는 더욱 확연해진다. 일부지역에서 고공은 지
주에 대항하기 위해 조직적 투쟁을 전개했다. 강서 영도주(寧都州)의 고공은 지
주의 흉폭한 죄상을 관부에 고발하였는데, 그들은 봉건적인 종법제의 속박을 돌
파하여 그들을 억압적으로 노역시키던 "명분을 어지럽히는 간악한 범죄(干犯名
義)"의 법규에 대해 선전포고를 한 것이다.

고공에 대한 사람들의 태도 역시 점차 변화하기 시작했다. 명·청시기 절강(浙
江) 동향현(桐鄉縣)의 장리상(張履祥)은 "고공들은 3가지를 요구하는데, 품질이 좋
은 은(銀)과 맛있는 음식과 좋은 대우이다(做工之人要三, 銀色好, 吃口好, 相與好)"
라고 말했다. 여기서 말한 "좋은 대우(相與好)"란 고공을 대우하는 태도의 변화를
보여주는 것으로 관계를 좋게 해야 한다는 의미였다. 장씨의 목적은 "이 3가지
좋은 것으로 그 마음을 묶으려 한 것이다(三好以結其心)."[818] 이 시기 고용주들은,
단순히 경제외적 강제라는 수단에 의지해, 수탈을 진행할 수 없었다. 순치(順治)·
강희(康熙)시기(1644~1722) 일부 사람들은 소위 인도주의에 입각하여 말하기 시작
했다. 김진(金鎭)은 "고공·전호와 같은 이들은 원래 힘써 일하는 사람이니 어찌
장획(藏獲)의 무리와 같겠는가? 침탈을 행하는 것은 인정(仁情)이 아니다(若雇工
佃戶, 原爲力役之人, 其同藏獲之輩, 槪行凌虐, 大非人情)"[819]라고 말했다. 이러한 논
의는 비록 지주가 고공을 학대하는 것을 반영하는 것이긴 하지만 학대 행위가
이미 불합리한 것으로 인정되었음을 보여주는 것이기도 하다.

고용관계의 변화는 객적고공(客籍雇工)의 발전과 일정한 관련이 있다. 부역제
도의 개혁 즉 "일조편법(一條鞭法)"의 시행으로 부터 "탄정입지(攤丁入地)"를 실행
하게 되자 사람들은 더욱 많은 이주의 자유를 누렸고 이는 객적고공의 발전에
유리한 조건을 창출했다. "일조편법"을 비교적 이른 시기에 시행한 복건성의 고
전현(古田縣)은 일찍이 만력 연간(1573~1619)에 "장성한 자들의 대다수는 사방으로
품을 팔았다(壯者多傭之四方)."[820] 명대 후기에는 타향으로 유망한 농민의 사례가
적잖이 확인된다. 청대 전기 농민의 유망현상은 더욱 빈번해 져 산서성 요주(遼
州)의 농민들의 "대부분은 타향에서 품을 팔았다(多傭力他鄉)."[821] 심주(沁州)의 농
민들도 "과반 이상이 고을 밖에서 호구지책을 구했다(强半糊口于外)."[822] 강서성

남풍현(南豊縣)의 농민들은 영도주(寧都州)에 가서 품을 팔았는데 매년 적어도 수백명은 되었다.[823] 동향현(東鄉縣)의 농민들은 품삯이 비교적 높은 부(府)와 현(縣)으로 가서 품을 팔았다.[824] 신성현(新城縣)의 농민들은 담배를 재배하던 지역에 가서 품을 팔았다.[825] 호남의 파릉현(巴陵縣)의 농민들은 사천성(四川省)과 섬서성(陝西省)으로 가서 품을 팔았다.[826] 남직예(南直隸)의 농민들은 산동성의 범현(范縣)으로 가서 품을 팔았다.[827] 이상과 같이 지방지와 당대(當代) 사람들의 저술에서 객적고공의 존재가 끊이지 않고 확인되는 것에서 그 수가 많았음을 확인할 수 있다. 도광(道光) 초년 하남성의 밀현(密縣)의 경우 "전체 읍의 고공 4,259명 가운데 반이 품을 팔러 외부에서 온 사람들이고(闔邑雇工四千二百五十九人, 其中半系外來民人前來尋工)" 이런 사람들은 "친척이 없으면서도 일을 찾아온 사람으로 중개인도 없이 물어 온 사람들이었다(既無親族可查, 又無中保可詢)."[828]

객적고공과 고용주 관계는, 지역적으로 형성된 봉건적 유대관계의 전통을 결여하였다. 이러한 고용에 따라, 고공의 측면에서 보자면, 고용주에 대해 그들은 더욱 과감하게 저항 투쟁을 전개할 수 있어 "고공을 고용한 집안의 사람들에게 위협감을 주기에(傭工之家人人自危)" 이르렀다. 고용주의 입장에서 보자면, 고공에 대해 구래로부터 그들이 행사해 오던 강제를 발휘하기 어렵게 만들었다. 이에 다음과 같은 탄식이 나올 정도였다. 토지를 가진 집안은 "장차 있을지 모를 화가 두려워 감히 지공(地工 : 역자-농업고공)을 고용할 수 없게 될 것이고 필경 그 밭은 황무지가 될 것이다(將來畏禍, 不敢更傭地工, 田必荒矣)."[829]

고용관계의 변화는 농업생산의 발전에 따라 출현한 서민지주와 부호의 대경영 발전과도 일정하게 연관되어 있었다. 청대 전기 지주는 대경영을 전개하며 수십명 내지 수백명을 고용했는데, 대경영에 대한 적지 않은 기록이 청대 형당(刑檔) 문서 속에 남아 있다. 이것은 봉건적 고용에서 자유고용으로의 이행을 촉진하는 또 하나의 조건이었다.

고공의 확대와 고용의 실질적 변화로 인해 고용주와 고공 사이의 형사사건이 끊임없이 증가했고 이는 봉건 통치자들로 하여금 고용관계에 대한 율례의 변경을 고려하지 않을 수 없게 만들었다. 청대 전기 고공에 대한 율례의 수정은 그렇게 순조롭지 않아 우여곡절과 오랜 과정을 거쳐야만 했다. 건륭(乾隆) 24년(1759) 영태(永泰)는 "무릇 고공이 만약 5년 이상 품을 판다면 이는 단기 고용과 비교할 수 없는 것이니 비록 문권을 작성하지 않았다고 하더라도 응당 고공인(雇工人)의 예로 논해야 합니다(凡工作之人, 如受雇在五年以上者, 幷比短雇可比, 雖未立有文契,

亦應照雇工人論)"라고 건의했다. 이러한 건의는 형부의 동의를 거친 후 건륭 24년 (1759)의 조례로 재정되었다. 이러한 조례에 비추어 보면, 문서의 작성과 연한을 정하지 않은 채 연속으로 고용된 5년 미만의 고공은 '범인(凡人)'의 신분지위를 가졌다.

건륭 32년(1767)에는 옛 조례에 대하여 다음과 같은 개정이 이루어졌다. "관리의 집안(官民之家)에서는 전당잡힌 가인, 오랜 예속인, 그리고 문서가 있어 연한이 명백하게 정해져 있는 고공은 정해진 조례에 따라 처벌한다. 그들을 제외한 나머지 고공은 비록 문서를 작성하지 않았지만 연한을 정했거나, 연한을 정하지 않아도 주복의 명분이 있을 경우에는, 만약 1년 이내로 고용되어 통상적인 범죄를 저질렀다면 양천가등율에 따라 다시 1등급 가중 처벌한다. 만약 1년 이상 고용되었다면 고공인으로 간주해 처벌한다. 간음·살인·무고 등의 중죄를 범했다면 1년 이내라도 고공인의 예에 따라 처벌한다. 단지 농민이 친족을 고용하여 경작시키거나 점포의 일꾼 및 임시로 고용되었다면 그들은 복역인(服役人)이 아니므로 응당 범인(凡人)의 예에 따라 논해야 한다(官民之家, 除典當家人, 隸身長隨, 及立有文契年限之雇工, 仍照定擬外. 其餘雇工, 雖無文契而議有年限, 或不立年限而有主僕名分者, 如受雇在一年以內, 有犯尋常干犯, 照良賤加等律再加一等. 若受雇在一年以上者, 卽依雇工人定擬. 其犯奸·殺·誣告等項重情, 卽一年以內, 亦照雇工人治罪. 若只是農民雇倩親族耕作, 店鋪小郎, 以及隨時短雇, 幷非服役之人, 應同凡論.)."[830] 이러한 조항에 따르면 '고공인'으로 간주되는 조건이 과거 5년 이상의 고용에서 1년 이상으로 단축되었는데, 이는 명백한 퇴보이다. 그러나 다른 한편으로 보자면 이러한 조례에는 진전된 바도 있다. 이 조례는 노동의 성격에 근거하여 고용관계의 성격을 규정하였으며, 생산노동에 종사하는지 가정에서 복역하는지를 구별하여 그것을 고공인으로 규정할지 여부의 기준으로 삼았다. 이와 관련된 것이 이러한 조례에 명확하게 기재된 '주복명분(主僕名分)'의 문제이다. 앞에서 '주복명분'을 '고공인'의 고유한 속성으로 간주했다. 이때의 '주복명분'은 가정에서 고용된 고공에게만 한정된다. 고공의 신분적 예속관계가 해체되는 과정에서 노동의 성질에 따라 고용관계의 성격이 규정된 것으로 이는 하나의 발전이다. 건륭 32년(1767) 수정된 조례는 이후 건륭 53년(1788) "『신제례(新題例)』" 제정의 기초를 만들었다.

고공의 법률은 그 수정이 순조롭지 않았을 뿐 아니라 집행과정에서도 우여곡절을 겪어야 했다. 법을 판결하고 집행하는 자의 생각 깊은 곳에는, 구례의 망령이 자리잡고 있어, 낡은 관습과 전통은 그렇게 쉽게 사라지지 않았다. 때문에 고용주와 고공에 대한 안건의 처결에서 항상 엄격하게 율례에 의거하지 않은 채, '고공인'에 속하지 않는 고공도 '고공인'으로 간주해 판결했다. 그러나 다른 한편 고용의 실제적 변화에 따라, 이러한 고용안건에 대해 형부(刑部)는 항상 유연하게 조치를 실시했다. 예를 들어 건륭 48년(1783) 직예성 영진현(寧津縣)의 진부량(陳夫亮)은 고희문(高喜文)을 고공으로 고용했는데, 문서를 작성하지 않은 채 단지 연봉으로 1,500문을 지급한다고 의논하여 결정했다. 고희문이 그의 고용주인 진부량을 구타하여 죽음에 이르게 하자 직예성은 '고공인'으로 간주해 판결했다. 건륭 50년(1785) 산동성의 왕극인(王克仁)은 왕성자(王成子)를 고공으로 고용했는데 문서를 만들지 않고 단지 10개월의 급여로 전(錢) 7,000문을 지급하기로 의논하여 정했다. 왕성자가 칼로 고용주인 왕극인의 처를 찔러 죽게 하자 산동순무(山東巡撫)는 '고공인'으로 간주해 판결했다. 건륭 50년(1785) 여계상(呂季相)은 유강(劉剛)을 고공으로 고용했는데 문서를 만들지 않은 채 단지 품삯으로 6,500문을 지불한다고 의논해 정했다. 유강이 칼로 고용주인 여계상의 처 호씨(胡氏)를 찔러 죽이자 산동순무는 '고공인'으로 간주해 판결했다. 이상의 세 사례에 대해 형부는 고용주 진부량의 경우 "일반적인 서민의 집에 불과하므로(不過尋常庶民之家)", 고희문의 경우 "농민으로 경작민을 고용한 사람으로(農民雇傭耕作之人)", 왕극인과 여계상 두 집은 모두 고공과 함께 "같이 노동하여 양천의 구분이 없어 농민으로 경작민을 고용한 사람에 속하므로(一同力作, 不分良賤, 卽屬農民雇傭耕作之人)" 이들 고용주와 고공에 대한 사안에서는 모두 '주복명분(主僕名分)'이 없는 것으로 간주했다. 이에 근거해 형부는 고희문·왕성자·유강은 모두 '고공인'이 아니라고 판단해 '범인'의 예로 고쳐 처결했다. 건륭 32년(1767) 제정된 조례에서는 관리의 집안[官民之家]에 고용되어 노동하는 사람은 단지 1년 이상일 경우에만 형사사건이 발생할 경우 '고공인'으로 간주해 처벌하도록 했다. 그리고 각 지방관아는 이것에 의거해 판결했다. 형부가 '범인(凡人)'의 예로 고쳐 판결한 것은 고용주가 '서민의 집'이라는 이유에서였고 여기에는 고용주의 신분이 결정적으로 작용하였다. 이러한 원칙에 의거하면 이 시기 서민 고용주가 고용한 고공은 소수의 복역자(服役者)를 제외하면 기본적으로 '고공인'이라는 신분적 의무 관계로부터 벗어나 있었다.

고공관계의 실제적 변화에 따라 각급 지방관아는 고용주와 고공 사이의 형사 사건을 판결할 때마다 늘 달랐다. '고공인'의 신분으로 판결할 때, 어떤 경우에는 고용계약문서의 작성여부를 기분으로 삼았다. 예컨대 건륭 2년 하남순무(河南巡

撫) 윤회일(尹會一)은 제본(題本)[55]에서 "단지 연한만 정하고 문서를 작성하지 않은(止議年限, 未立文券)" 고공에 대한 사건은 "범인의 예로 논해야 한다(應同凡論)"고 주장했다.[831] 건륭 5년(1740) 강녕순무(江寧巡撫) 장거(張渠)는 제본(題本)에서 "많지 않은 품삯을 받고 문서를 작성하지 않은(受値無多, 未立文券)" 고공에 대한 사건은 "응당 범인의 예로 논해야 한다(應從凡論)"[832]고 주장했다. 어떤 경우에는 장공(長工)이라면 곧 '고공인'으로 간주해 판결했다. 건륭 21년 형부상서(刑部尚書) 악미달(鄂彌達) 등은 제본에서 "비록 문서를 작성하지 않았더라도 그 연한을 의논해 정한(雖未立有文券, 但經議有年限)" 고공에 대한 사건은 "응당 고공인으로 간주해 판결했다(應以雇工人論)."

다음으로 중앙과 지방이 동일한 사건에 2개의 서로 다른 견해를 보인 사례를 열거해 보자. 건륭 27년(1762) 사천성 팽현(彭縣)의 유수정(劉守正)은 주응륭(周應隆)을 고공으로 고용했는데 주응륭은 주인의 부인을 강간하고 칼로 그녀를 쓰려 뜨렸다. 고용주와 고공은 문서를 작성하지 않았으며 연공은 매월 그 품삯을 지불했다. 사천총독(四川總督)은 문서를 작성하지 않고 매월 품삯을 지불했으므로 '범인(凡人)'의 예로 판결했다. 형부는 주응륭이 실제는 연공(年工)으로 은(銀) 4.5냥을 받았으므로 '고공인'으로 간주해 판결했다. 형부가 고쳐 판결한 것은 실제로 앞서 서술한 "간음·살인·무고 등의 중죄를 범한다면 1년 이내라고 고공인으로 간주해 처벌한다(其犯奸·殺·誣告等項重情, 卽一年以內, 亦照雇工人治罪)"라는 조례에 따라 판결한 것으로 앞의 세 사건과 상이한 것이다.

앞의 세 사건에 대한 판결의 기본적 원칙은 문서를 작성하지 않았고 생산노동에 종사하는 장공(長工)은 고용주가 서민이라면 모두 '범인'의 예로 판결하였다. 건륭 52년에서 53년(1787~1788) 고공율례의 수정은 기본적으로 이러한 원칙을 관철한 것이었다. 건륭 50년(1785) 형부상서 객녕아(喀寧阿)의 주접(奏摺)은 이러한 전환의 문턱이었다.

객녕아는 주접(奏摺)에서 특히 '복역(服役)'의 문제를 특히 강조했다. 그는 복역의 여부를 '고공인'을 감별하는 기준으로 삼았다. 그는 이렇게 말했다. 만약 일반 농민이 고용한 장공(長工)이라면 "1~2년을 기한으로 삼은 자는 모두 복역인(服役人)과 같아, 설령 고용주에게 살해당했다하더라도 고공인을 구타해 살해한 법률에 의거해 단지 고용인은 도형과 장형으로 판결되었습니다. 이는 범인의 경우

---

55) 역주 - 제본은 명·청시기 상소문의 종류 가운데 하나이다.

교형에 처해졌던 것과 다릅니다(但有言明一二年爲滿者, 皆得同于服役之人, 設被雇主歐殺, 卽依歐殺雇工律止擬徒杖, 不同凡人問擬絞抵)." 결과적으로 "고용주의 죄에 관용을 베풀 뿐 아니라 공인들을 학대하는 풍조를 만연케 하여 품을 팔아 생활하는 양민들이 복역인이 되는 것을 꺼리게 합니다(여기서는 복역인은 생산노동에 종사하는 자를 지칭함). 이는 그들이 살아갈 수 있는 길을 끊어 버리는 결과를 초래하는 것이니 정리를 헤아려 보아도 적절하지 않습니다(不惟幸寬雇主之罪, 且長凌虐工人之風, 更恐食力良民不甘爲服役之人, 致絶其謀生之路, 揆之情理, 均未允協)."[833] 객녕아는 이 주접에서 서민의 집안이 고용한 고공을 '고공인'의 예로 판결하는 사례에 대해 이의를 제기하였는데, 그 이유로 고용주가 고공을 학대하는 것을 막아야 한다는 점, 노동을 팔아 생활하는 가난한 민들이 쉽게 품을 팔수 있게 해야 한다는 점을 들었다(기실 이 두 가지 이유는 모두 구실에 불과하고 핵심은 고용주가 모두 농민과 서민이기 때문이었다). 건륭 53년(1788)에 반포된 『신제례(新題例)』는 객녕아의 주접에 의거한 것이었다. 건륭의 『신제례』의 주요 내용은 다음과 같았다. "농민전호 즉 고용되어 경작하는 이와 점포의 소랑(小郞)과 같은 부류가 평상시 주인과 함께 식사하고 서로 평등하게 부른다면, 그들은 사환과 복역인이 아니다. 원래부터 주복명분이 없는 자는 그 문서와 연한의 유무를 막론하고 모두 범인(凡人)의 예로 판결한다(若農民佃戶雇倩耕作之人, 幷店鋪小郞之類, 平日共佐共食, 彼此平等相稱, 不爲使喚服役, 素無主僕名分者, 亦無論其有無文契年限, 俱依凡人科斷)."

이러한 '신제례'는 우선 복역고공이 주복명분을 가지고 있어 '고공인'에 속함을 명확하게 제시하고 있다. 율례의 가운데 열거한 "차부(車夫)·주역(廚役)·수화부(水火夫)·교부(轎夫) 및 일체의 잡다한 일에 고용된 복역인(服役人)" 등은 고용주와 "평상시 감히 함께 기거하지 못하고 식사를 할 때도 함께 하지 못하며, 아울러 너와 나라고 부를 수 없었다(平日起居不敢與共, 飮食不敢與同, 幷不敢爾我相稱)." 이것이 주복명분의 구체적 내용이었다. 이어 농민전호 즉 서민이 고용한 장공(長工)은 '범인(凡人)'에 속함을 명확히 했다. 이는 노동의 성격에 따라 고용관계의 성격문제를 진일보 구체화 한 것이다. '신제례'의 역사적 의의는 징쥔젠[經君健]의 지적처럼, 이것이 하나의 중요한 발전이라는 점이다. 이러한 고공율례의 수정을 거치면서, 절대 다수인 농업고공은 법률적으로 평등한 지위를 획득하였고 고용주에 대한 신분적 예속으로부터 벗어났다. 다만 이 시기 범인의 지위를 획득한 장공(長工)은 고용주가 서민인 한에서만 그러했고, 만약 고용주가 귀족과 관리였다면 그들은 고용한 장공은 여전히 '고공인'으로 구획되었다. 이러한 법률은 봉건적 예속관계의 특징을 잘 보여준다.

건륭 연간(1736~1795)의 고공율례의 수정문제를 연구하면서 주목해야 할 점은, 일찍이 율례가 수정되기 이전에 고용의 실질적 양상이 변화하고 있었다는 점이며, 이점은 앞서 열거한 몇 가지 사례에 이미 잘 드러난다. 요컨대 고용관계의 실제적 변화가 있은 연후에 비로소 고공율례의 수정이 있었던 것이다. 비단 건륭 52년에서 53년(1787~1788)사이 고공율례의 수정이 이와 같았다면 이것 이전의 건륭 32년(1767)과 만력 16년(1588)의 고공율례 개정도 예외일 수 없다. 고용관계의 변화는 장공(長工) 가운데 '고공인'과 '범인'의 수치에 대한 비교를 통해 더욱 분명하게 확인할 수 있다. 명대 고용관계의 변화의 구체적 상황이 어떠한지는 자료의 제한으로 인해 계량적 분석을 진행할 도리가 없다. 다만 청대 형당(刑檔)에는 대량의 농업 고공에 대한 자료가 남아 있다(형당 가운데에는 농업고공에 관한 자료가 방대하게 남아 있으며, 필자들은 그 가운데 일부만을 검토했다). 건륭 51년(1786) 이전, 즉 『신제례』가 공포되기 이전에, 이미 고용문서를 작성하지 않은 장공(長工)의 고용이 대량으로 출현했다. 옹정(雍正) 원년에서 건륭 51년까지(1723~1786) 총 63년에 걸친 91건의 장공 사건에 대한 문서를 수집했는데, 이 가운데 상황이 명확하지 않은 35건을 제외하면, 명확하게 고용문서를 작성하여 '고공인'으로 판결하였다고 명기된 사례는 7건으로 전체 사건의 12.5%에 불과했다. 계약문서를 작성하지 않은 것으로 명기된 사례는 49건으로 전체 사건의 87.5%에 달했다. 당시 고공경영의 대부분은 농민부호와 서민지주에 의해 이루어졌고 복역고공(服役雇工)은 명확하게 '주복명분'이라 명기되었고 이것에 근거해 판결되었다. 87.5%에 속하는 이들은 신분적 의무관계에서 벗어난 자유고공으로 추정된다.

더욱 주목해야 하는 점은 율례수정이 고용관계의 변화를 더욱 촉진했다는 점이다. 율례를 수정한 건륭 52년(1787)에서 가경(嘉慶)(1796~1820)에 이르는 33연간 수집된 장공 관련 사례는 107건이고 상황이 명확하지 않은 44건을 제외하면 '주복명분'이라 명기된 사례는 2건으로 전체의 3.2%에 지나지 않았다. '주복명분이 없다'라고 기재된 자용고공은 61건에 달해 전체의 96.8%를 차지했다.

몇 가지 구체적 사례를 열거해 보자. 가경 2년(1797) 광동성 시흥현(始興縣)의 오삼만(伍三滿)은 호노팔(胡老八)을 집안에서 공동 경작하는 토지에 고용하여 한 해의 품삯을 8,000문으로 정했는데, 이때 "문서를 작성하지 않고 또한 주복명분도 없게(幷未有文契, 亦無主僕名分)" 했다. 가경 3년(1798) 귀주 동신현(桐梓縣)의 나창중(羅昌中)은 양인달(楊仁達)을 함께 경작하는 토지에 고용하면서 매년 품삯으로 은 2.6량을 지불하였는데 "문서는 작성하지 않았으며 주복명분도 없는 것(幷無文契, 亦無主僕名分)"으로 했다. 가경 6년(1801) 사천성 서창현(西昌縣)의 나(羅)와 귀(貴) 등 두 사람은 함께 유씨 집안의 토지를 경작하면서 매년 각각 품삯으로 전(錢) 4,000문을 받기로 하면서 "주복명분은 없는 것(幷無主僕名分)"으로 했다. 하남성 식현(息縣)의 이망산(李望山)은 양윤(楊允)을 집안이 함께 경작하는 토지에 고용했는데 농장의 수확이 끝난 뒤에는 휴식한다는 점을 명기하면서 품삯으로 3,300문을 지급하기로 하고 "피차 평등하게 부르기(彼此平等相稱)"로 했다. 섬서성 호현(戶縣)의 풍원(馮遠)은 양수덕(楊守德)을 집안이 함께 경작하는 농장에 고용하면서 매년 품삯으로 전(錢) 5,000문을 지급하기로 하고 "주복명분은 없는 것(幷無主僕名分)"으로 했다. 가경 7년(1802) 갑숙성 고랑현(古浪縣)의 두량재(杜良才)는 장해(張海)를 집안이 함께 경작하는 농장에 고용하면서 매년 품삯으로 전(錢) 3,000문을 지불하기도 했고 "주복명분은 없는 것(沒有主僕名分)"으로 했다. 이와 같은 사례는 일일이 나열할 수 없을 정도로 많다.

명·청시대 농업고용의 실상의 변화와 고공율례(雇工律例)의 수정은 웨이진위[魏金玉]·징쥔젠[經君健]의 전문적 연구에서 비교적 상세하게 논술되어 있다. 본문에서는 봉건적 토지소유관계의 해체라는 관점에서 간략하게 소개해 두었다.

앞서 서술한 내용으로부터 고용관계의 변화에 대한 연구는 실제 상황과 법적 권리 두 측면에서 고찰해 왔고 양자의 일치점과 차별성을 확인하였다. 법률적 형식에는 실제 상황이 반영되어 있는데 먼저 실생활에서의 변화가 있은 연후 비로소 법률적 수정이 가해졌다. 또 법적 권리의 제한성도 파악해야 하는데 법률이 변화되었더라도 실생활에서 철저한 변화가 없는 경우도 있었다. 이 때문에 봉건적 고용관계에서 자유고용으로의 이행에 대한 연구는 '자유'라는 단어를 고착화할 수 없다. 이행기적 성격을 가진 자유고용은 맹아적 형태로 자본주의시대 자유고용과 다른 봉건적 성격을 가지고 있었다. 지주제 경제의 제약 아래에서 봉건적 유재가 장기적으로 지속되어 청대 후기에 이르기까지 여전히 적잖은 고공에 대한 지주의 억압 사례가 확인된다. 청대 형당(刑檔) 가운데에는 고공을 학대하는 지주에 관한 대량의 문서가 확인되고, 몇몇 고공은 억압으로 인해 죽음에 이르기까지 했으며, 몇몇은 지주의 압제를 견디지 못한 고공이 저항투쟁을 전개하기도 했다. 이러한 사례는 고공에 대한 지주의 경제외적 강제가 완전히 사라지지 않았음을 말해준다. 그러나 이런 이유로 봉건적 고용관계가 날포 해체되어 가던 추세를 부인할 수는 없다.

명·청시대의 노복제와 고용제의 변화 발전을 간략하게 개괄해 보자. 명대전기 명태조 주원장은 원말 관신지주에 대한 농민대봉기가 진행되어 그들에 대해 심각한 타격을 가하던 조건하에서 엄격한 금노(禁奴) 정책을 취했고 이로 인해 노복제는 쇠락했다. 이것이 첫 번째의 변화였다. 명대 중엽 노복제가 다시 출현하였으나 고용제도 발전했다. 이 시기부터 봉건적 고용제에서 자유고용제로의 이행이 시작되었는데 이것이 두 번째 변화이다. 명대 후기 진신지주의 팽창에 따라 법과 기강이 해이해지고 노복의 수도 확대되었으며 고용제의 발전도 장애를 입어 계급관계는 퇴보하였는데 이것이 세 번째 변화이다. 명말·청초 격렬한 계급투쟁을 거치면서 노복제는 붕괴되어 갔고 고용제는 발전해 갔다. 건륭연간에 이르러 절대다수의 농업고공은 '범인(凡人)'의 지위를 획득했는데 이것이 네 번째 변화이다. 이러한 변화로부터 중국자본주의의 맹아가 잉태되었던 것이다.

2. 조전제도의 변화

명·청시대 조전제도는 이전 시기와 비교하여 매우 크게 변화해, 압조제(押租制)와 예조제(預租制)가 크게 발전했다. 조전제도의 발전은 조전관계 해체의 결과하여 경제외적 강제는 약화되고 경제적 강제가 강화되었다.

1) 압조제(押租制)와 예조제(預租制) 발생의 전제

현물정액제는 매우 이른 시기부터 발생하였으나 현물정률제에서 현물정액제로의 이행은 주로 명·청시대에 발생했다. 명·청시기 사회적 생산력의 발전에 따라 전농(佃農)의 경제력 역시 증강하였고 특히 전농이 소·쟁기·서(鋤)·쇠스랑[耙] 등의 농기구, 종자와 비료 등 생산재료, 그리고 주택 등을 생계수단을 소유하고 있어 전체적으로 경영을 위한 자본을 갖추고 있었다. 이 시기 지주는 생산 물자를 제공하지 않았으며 토지를 경영하기 위한 자본도 부담하지 않았다. 그들의 수입과 그들의 지출은 생산 재료에 지출되지 않아 경영을 위한 자본과 직접적인 관련이 없었다. 그들은 지대수입을 고정화하여 안정적 수입을 보증하려고 애썼다. 이에 반해 이 시기의 전농은 생산을 위한 비용 전체를 부담하면서 독립적인 경영을 강화해 정액지대를 주도해 갈 수 있었다. 이 밖에 그들은 값을 흥정할 수 있는 능력도 증강시켰다. 그들이 전체 경영을 위한 자본을 부담함에 따라 그들은 지대를 원래의 정률지대 이하로 낮추는데 힘을 쏟았다. 지주들은 지대의 증가를 요구하고 전호들은 지대의 감소를 요구했는데 이러한 두 세력의 역학관계 아래에서 정률지대에서 정액지대로의 이행이 발생했다.[834]

정액지대는 일찍이 송나라와 원나라시기 이미 초보적 발전을 보였다. 건안서당(建安書堂)이 새로 간행한 『전전문자식(佃田文字式)』은 이를 잘 확인시켜 주는 매우 설득력 있는 자료이다. 계약문서의 서식은 다음과 같다. "어떤 리(里) 어떤 도(都)에 거주하는 모(某)는 지금 보증인 모(某)에게 부탁해 어떤 리(里) 모의 집으로 가 모처에 위치한 몇 무의 토지에 대한 전작을 허락받는다. 경작할 때에는 진황지가 되지 않도록 할 것이면 해마다 겨울에 정해진 백미 약간을 바치되 모처에 있는 창고에 납부할 것이며 조금이라도 미납할 수 없다--하략---(某里某都住人姓某, 今托得某人作保, 就某里某人宅, 承佃得晚田若干段, 坐落名某處, 計幾畝, 前去耕作管得不致抛荒, 逐年到冬, 實供白米若干, 挑趕某處倉所交納, 不敢少欠)."[835] 명대에 이르러 정액지대는 송·원시대에 비해 더욱 발전했다. 복건성과 안휘성 등지의 '전전문약(佃田文約)'에서는 모두 "가을 수확기가 되면 품질 좋은 곡식 약간을 준비하여 토지소유주의 창고까지 와서 납부하며 조금이라도 미납할 수 없다(每遇秋成收割, 備辦一色好穀若干, 挑至本主倉前交納, 不得少欠升合)"는 규정이 있으며, 혹은 "매년 지대 조곡(租穀) 약간을 의논하여 정한다(議定每年租穀若干)"는 것을 명기하거나 "토지에 가서 균등하게 나눈다(臨田均分)"는 점을 서술해 두고 있다.[836] 이러한 조전계약 형식 가운데 비록 "매년 지대 조곡(租穀) 약간을 의논하여 정한다(議定每年租穀若干)"와 "토지에 가서 균등하게 나눈다(臨田均分)"라는 내용을 동일한 계약서에 남겨두고 있으나 전후 문맥으로부터 보면 이 시기 정액조는 이미 그들에게 중요하게 인식되고 있었다. 명대 정액지대가 각종 유형의 지대에서 차지하는 비중은 어느 정도였을까? 전국적 범위에서 말하자면 그 비중을 계산해 내기란 쉽지 않다. 다만 개별지역의 상황은 파악할 수 있다. 안휘성 휘주(徽州) 지구의 경우 홍치(弘治)에서 숭정(崇禎)에 이르는 기간(1488~1643)인 백 수십년 사이 48건의 조전계약이 확인되는데 이 가운데 현물정액제는 37.5%였다.[837] 비록 이러한 수치는 전국적 조전관계의 변화와 발전을 반영하기에는 부족한 것이나 그것은 명대 중후기 조전관계의 변화를 연구하는 귀중한 원형자료로 간주할 수 있으며 자료를 통해 당시 정액지대의 발전추세를 파악할 수 있다.

청대 건륭·가경 연간(1736~1820)이 되면 정액지대는 이미 전국 대다수 성(省)에

서 실시되었고 각종 유형의 지대에서 주요한 위치를 점하게 되었다. 중국사회과
학원 경제연구소에서 집록(輯錄)한 226건의 청대 형당안(刑檔案)자료의 통계에 의
하면 정액지대는 79.2%, 정률지대는 20.8%를 각각 차지했다.[838]

아래에서는 개별지역의 사례를 검토해 보자.

『명·청 복건 경제계약문서 선집(明淸福建經濟契約文書選輯)』가운데 '조전문서
(租佃文書)' 통계에 의하면, 해당 책의 조전문서는 모두 204건이 있고 이 가운데
조산(租山 : 역자-산을 임차한 문서)가 47건, 과실수를 심은 문서가 1건, 정율인지
정액인지를 기재하지 않은 문서가 8건, 나머지 158건의 문서는 토지를 임차한 문
서이다. 가장 이른 조전계약문서는 강희 46년(1707)의 것이고 가장 늦은 문서는
광서(光緒) 33년(1907)의 것이다. 이 200년 간 후관현(侯官縣)·민청현(閩淸縣)·광택
현(光澤縣)·복주현(福州縣)·선유현(仙游縣)·남평현(南平縣)·영덕현(寧德縣)·남안현
(南安縣)·영복현(永福縣)과 같은 9개 현은 모두 조전관계가 발생했다. 150건의 조
전문서 가운데 정률지대에 대한 문서는 28건으로 전체의 18.37%를 차지하고 정액
지대에 대한 문서는 122건으로 전체의 81.33%를 차지했다. 청대 복건성의 경우
정액지대가 이미 성행하고 있었던 것이다.[839]

『청대 대만대조 조사서(淸代臺灣大租調査書)』에 기재된 자료통계에 의하면, 비
교적 발전이 늦었던 대만의 경우 옹정(雍正)에서 도광(道光)에 이르는 기간
(1723~1850), 실물정액제가 차지하는 비중은 83.1%, 정률제가 차지하는 비중은 겨
우 16.9%에 불과했다.[840]

중국의 봉건화가 비교적 지체된 지역인 동북지역은 지대형태의 변화라는 측
면에서는 전국적 추이와 일치한다. 건륭(乾隆)·도광(道光) 연간(1736~1850) 금(錦)·
열(熱)의 7개 현과 몽고지역의 상황은 정률지대에 대한 기록은 이미 확인되지 않
고 현물정액지대는 상당히 발전하였으며 가경(嘉慶)·도광(道光) 연간에는 화폐지
대가 급속히 발전하여 현물정액지대의 비중을 넘어서 수위를 차지했다.[841]

상술한 사료에서 확인되듯, 전국적 범위이든 지역적 범위이든, 청대 전기에
이르면 정액지대가 이미 현물지대의 주요한 부분을 차지했다. 각각의 경작지에
서 지대의 고정화는 예조제(預租制)의 발생에 중요한 의의를 지니고 있다. 지주
들은 일정한 수량에 의거해 압조(押租)와 예조(預租)를 수취할 수 있을 때, 비로
소 압조제와 예조제의 발생은 가능하게 되었다.

정률제에서 정액제로의 이행 도중 지주 전호 사이의 관계 역시 변하였다. 호
남성『기양현지(祁陽縣誌)』의 작자는 이 변화에 대해 다음과 같이 논평했다. "기

현의 농사는 모두 도작인데 재산을 가진 자는 스스로 자기 힘으로 살아가며 시간이 지날수록 부유해진다. 가난한 이들은 부잣집의 땅을 전작(佃作)하는데 지대를 바치는 것 말고는 자기 토지와 다를 바 없어 무릇 산꼭대기 가빠른 곳이라도 개간할 있는 곳은 모두 개간되었다(祁之農務, 全在稻田, 有恒産之者食其力, 俯仰因屬充裕. 貧乏者佃種富室之田, 償租以外, 與其業無異, 凡山頭地角稍有可墾者, 無不開闢)."842) 광동총독(廣東總督) 악이태(鄂爾泰) 역시 "월(粤) 동쪽의 완고한 전농(頑佃)들은 … 중략 … 경작지를 가지고 있으면서 그 조곡(租穀 : 역자-지대)은 해가 다하여도 바치지 않는다(粤東之頑佃 … 중략 … 把持耕種, 租穀終年不淸)"고 말했다.843) 강서의 전농들은 순치(順治)에서 도광(道光)에 이르는 기간(1644~1850) 방대한 규모의 항조투쟁을 끊임없이 전개해, 건륭 연간(1736~1795) 진도(陳道)는『강서신성전조설(江西新城田租說)』에서 전농(佃農)들은 "그 주인을 원수처럼 여기고(仇視其主)", "소송이 법정을 가득 채울 정도였다(爭訟盈庭)"844)라고 말했다. 강소성의 진대수(陳大受)는 건륭황제에게 올린 주장(奏章)에서 "오(吳)지역 전호들의 항조는 이미 고루한 습속이 되었습니다(吳中佃戶抗租, 久成錮習)"845)라고 말했다. 절강성 종덕(宗德)지역의 지주들은 심지어 "전주들이 수조를 두려워하고 재산이 있는 것을 고달픈 일로 여긴다(田主以收租爲畏道, 以有産爲累事)"846)라고 탄식했다. 건륭 3년(1738) 악주부(岳州府)의 동지사(同知事)였던 진구창(陳九昌)은 초서(楚西)지역 전농의 격렬한 항조투쟁의 장면을 목격한 뒤, "해괴하기 짝이 없다(不勝駭異)"라고 하면서 "제가 이전에는 풍주(澧州), 이어서는 보경(寶慶)에 부임했고 지금은 악주에 부임하니 이곳의 풍속은 모두 하나와 같으니 호남 각지는 물을 필요도 없다(卑職前任澧州, 調任寶慶, 今任岳州, 此風此俗, 如出一轍, 則湖南各處勿問也)"847)고 했다. 건륭 연간(1736~1795) 직예성의 회유(懷柔)도『조씨종사경비장정(趙氏宗祠經費章程)』에서 "조전(租錢 : 역자-지대로 걷은 화폐)의 지체는 모두 전피호(佃皮戶 : 역자-전호)들이 조전을 억지로 차지하고 있기 때문이다(租錢遲滯, 皆有習佃皮戶揹勒租錢)."848) 건륭 14년(1749) 산동학정(山東學政)의 보고에 의하면, 전농들은 "풍년이 든 해에도 오히려 그 주인을 능욕하며 지대부담을 거부하였고(豊收之年, 尚不免凌其主, 抗不租息)", 만약 지금 전주의 부세를 경감할 때에 사정을 참작해 전농의 지대를 견감하라는 유지(諭旨)가 내려오기라도 하면 "전주에게 강제로 부과된 것이 아니라도 완고한 전농들은 이를 빌미로 더욱 저항하며 미납했다(在田主, 其不能强以必從, 而頑佃更得借端抗欠)."849) 하남성 안양현(安陽縣)의 양씨(楊氏)족보에서도 "이에 족인 가운데에는 토지를 전작하면서도 지대를 완납하지 않아 그 누적분이 많았다(乃有族人借佃種爲名, 拖欠不完, 積算盈石)"라고 하여 지대를 완납하지 않는 자에 대해서는 "관아에 고발해 모두 받아야 한다(告官窮追)"고 고 함치는 기록[850] 등이 확인된다. 지주 전호관계의 해체는 지주에게는 현물지대의 징수를 강요했는데 이로 인해 지주는 더욱더 경제적 강제에 의존하게 되었다.

2) 압조제와 예조제의 발전[851]

① 압조제(押租制)의 발전

압조제는 중국에서 비교적 일찍 발생했다. 복건성 용암현(龍岩縣)에서는 가정 (嘉靖) 연간(1522~1566)에 이미 압조관련 기록이 확인된다. "전정(佃丁)이 전주에게 은폐를 내어 그 토지를 담보로 경작한다. 전에는 고하가 있으므로 저당금액도 많고 적음이 있다. 그러나 지대 부담에는 차이가 없다(佃丁出銀幣于田主, 質其田 以耕. 田有高下, 則質有厚薄, 負租則沒其質)." 또 이러한 방법은 "풍습으로 이어진 지가 오래였다(沿習旣久)."[852] 이런 기록을 통해 복건성 용암현은 가정이전에 이 미 압조제가 존재했음을 확인할 수 있다. 압조 금액의 다과는 토지의 비옥도의 높고 낮음에 의해 결정되었고 전정(佃丁)이 지대를 미납하면 전주는 그 저당 잡 힌 은으로 미납된 지대를 충당했다. 명나라 후기 복건성 장주부(漳州府) 예하지 역에서도 돈을 내어 토지를 전작(佃作)한 기록이 있다. "전호는 노동력을 내어 토 지를 경작하니 마치 돈을 받고 일하는 고공과 같은데 어찌 주인이라 칭할 수 있 는가? 토지를 가진 집이 목전의 작은 이익을 보고 분토은(糞土銀) 약간을 전두은 (佃頭銀)이라는 명복으로 받았기 때문이다(佃戶出力耕田, 如傭雇取値, 其得稱其主, 緣得田之家, 見目前小利, 得受糞土銀若干, 名曰佃頭銀)."[853] 『운제청지(雲霄廳誌)』에 서는, 전두은(佃頭銀)은 곧 "경작을 보증하는 은으로 전호가 세를 미납하지 않으 면 업주는 전호를 불러 마땅히 그것을 돌려주어야 한다(保田之銀, 佃戶無欠稅, 業 主欲召佃, 宜淸還之)."[854] 다만 하나의 제도로서 말하자면 그것은 잘 완비된 것은 아니었다. 그것이 실시되던 지역 역시 복건성 일부지역으로 한정되어 있으며 일 부지역에 산재되어 있었다. 이 시기 압조제는 맹아적 형태에 머물러 있었다.[855] 이로부터 수십 년 이후 청나라 강희·옹정 연간(1662~1735)이 되면 압조제는 비교 적 넓은 범위로 실시되었다. 강소성(江蘇省)·절강성(浙江省)·호남성(湖南省)·광동 성(廣東省)에서는 연이어 압조제에 대한 기록이 출현한다. 이와 동시에 내용적으 로도 명대 복건성 운소청(雲霄廳)의 그것에 비해 더욱 완비된다. 이 시기 지주들 은 전호에게 경작지를 제공하면서 명확하게 압조의 납부를 요구했다. 이러한 압조는 일종의 담보금이었다. 옹정 연간(1723~1735) 호남성 유양현(瀏陽縣)에서는 이미 압조에 대한 규정이 출현하고 있는데, 전호는 지주로부터 경작지를 빌릴 때, "문서를 작성하고 돈을 납부해 저당 잡을 것(書卷納鑊爲質)"856)을 요구했다. 이는 전호가 지주로부터 토지를 전작할 때에는 반드시 계약문서의 작성을 요구했고 아울러 일정한 금액의 돈을 납부하여 지대에 대한 보증금으로 삼았음을 말해준다. 광동성 게양현(揭陽縣)의 농민 주문경(朱文京)은 옹정 원년(1723) 19무 1분(分) 7리(厘)의 토지를 전작하면서 정수은(頂首銀)56) 6냥 8전을 납부하였는데 이후 집안이 가난하여 지대를 바치지 못하자 지주는 정수은을 지대의 몫으로 충당해 버렸다.857) 또 조양현(潮陽縣)에서는 옹정 10년(1732) 전호 곽흠상(郭欽相)이 5무의 토지를 전작하면서 지주에게 17냥을 납부하고 매년 지대[租穀]로 12석 4두 2승을 납부하는 것으로 했다.858) 이 시기가 되면 전호들이 토지를 전작할 때, 지주들은 당시 그리고 해당지역의 상황과 토지의 비옥도에 따라 매 필지의 토지에 대해 얼마간의 보증금[押金]과 매년 일정한 지대의 납부를 요구했고 이러한 요구는 문서계약 형식으로 명확하게 규정되었다. 명대 복건성지역에서 실시된 '보전(保佃 : 역자-경작보증금)'이 이미 크게 발전한 것이다. 지역적으로도 압조를 실시하고 있던 지역이 여러 성으로 확대되었고 그 범위도 더욱 넓어졌다. 이로서 압조제는 초기적 형태를 완성하는 데까지 발전하였다. 건륭·가경 연간(1736~1820) 전국 26개 성 가운데 18개 성에서 압조에 대한 기록이 확인되고 전호에게 지주가 보증금[押金]을 징수하는 일은 이미 보편적 현상이 되었다. 허다한 지방에서도 이 제도를 일종의 통용되던 관습으로 기재하고 있어, 압조제가 이 시기 급속하게 발전하였고 사회경제 생활에 까지 침투해 거대한 영향력을 발휘하고 있었음을 보여주고 있다. 건륭 34년(1769) 복건도감찰어사(福建道監察御史) 유천성(劉天成)은 "토지의 전작시 압조하는 묵은 관습을 제거하여 토지 없는 가난한 민들을 편리하게 할 것을 청하는 일(請除佃種押租之積習以便無業貧民事)"이라는 제목의 주접(奏摺)에서, "신이 듣기에 사천성은 최근 이래 무릇 토지를 경작시킬 때 반드시 먼저 압조라는 이름으로 은냥을 징수합니다(臣聞川省近年以來, 凡以田出佃, 必先取銀兩, 名曰押租)"라고 기술하였고 이어 "지금 사천성은 진실로 이와 같습니다. 또 듣기에 이와 유사한 다른 성도 적지 않다고 합니다(今川省固已如此, 又聞他省似此者

---

56) 역주 - 정수은은 頂頭銀 혹은 頂首錢이라고도 하며 명대이후 돈을 내고 관원이나 서리가 되었는데 이때 바치는 돈을 정수은 혹은 정두은이라 불렀다. 본문을 통해 청대 일부지역에서는 압조로 바치는 돈을 정수은이라 불렀음을 확인할 수 있다.

亦復不少"라고 하였다.[859] 건륭 35년(1770) 강서성 영도현(寧都縣) 인의향(仁義鄕) 횡당(橫塘)의 승다정(睦茶亭)에는 한 비석이 세워져 있고 이 비석에는 다음과 같이 글이 있다. "하나. 밭과 산은 임대계약[批賃]하는데, 전주는 임대한 것[賃]에 따라 지대[租]를 징수하며 전호는 계약[批]에 비추어 토지를 경작한다. 피차가 임차한 것을 증빙으로 삼으니 폐기할 수 없다. 그런데 임대계약[批賃]할 때, 전주는 반드시 전호에게 비례은(批禮銀)을 요구하고 아울러 10년을 단위로 임차계약하여 규정된 액수 이외에 더 많은 것을 취득하고 있다. 이후 무릇 주인이나 전호가 바뀌게 되면 바야흐로 임대계약[批賃]하는 것을 허락한다. 만약 전주와 전호가 그대로라면 처음 임대계약[批賃]한 것을 기준으로 삼아 영원하게 하며 10년을 단위로 재계약하는 것을 허락하지 않는다. 그 비례은(批禮銀)은 처음 계약[批]할 때는 물론이고 재계약 및 입학과 가례를 이유로, 수송비 보조로 요구하는 것은 일체 금지한다(一. 田山批賃, 田主按賃收租, 佃戶照批掌耕. 彼此借以爲憑, 原不可廢. 但批賃時, 田主必索佃戶批禮銀, 幷創十年一批之說, 殊屬額外多取. 嗣后凡遇易主換佃, 方許換立批賃. 如主佃仍舊, 則將初立批賃永遠爲照, 不許十年一換. 其批禮銀, 無論初批, 換批及苛索入學賀禮·幇納差漕, 一槪禁革)."[860] 이 두 건의 문헌사료는 하나의 사실을 반영하고 있는데 압조제는 건륭 연간(1736~1795)에 이르러 이미 사회의 두드러진 문제로까지 발전하고 있었다. 유천성이 올린 이 전문적인 주접(奏摺)은 청조정에 반영되었는데 건륭황제는 이 문제를 중시하여 "구경에게 논의하여 보고하게(九卿議奏)" 했다.[861]

강서성 영도현에서는 지주들이 압조를 이용하여 인민들을 착취하여 농민에 대한 수탈을 가중시켰으며 따라서 농민의 강렬한 반항이 일어났고 농민투쟁의 압력아래 지방관아는 농민에게 양보하지 않을 수 없어 돌에 글을 새겨 비석을 세우고 지주가 토지를 경작시킬 때 전호에게 비례은(批禮銀)을 징수하지 못하게 하고 지주가 10년을 단위로 임차계약을 체결하는 것을 불허했다. 호남성(湖南省)에서 압조제는 더욱 보편화되었다. 건륭 연간(1736~1795) 편수된 『상담현지(湘潭縣誌)』의 13권에는 압조사례를 이렇게 기록하고 있다. "빈민은 전작(佃作)하여 살아가는 데 전작을 의논한 때는 장례(莊禮)라는 것이 있다(貧民以佃爲産, 議佃之初有莊禮)." 가경 6년(1801) 하남성 여녕부(汝寧府) 나산현(羅山縣)의 한 조전계약 문서에는 "이 곳의 풍속에는 전호는 응당 압전(押佃)에 필요한 돈[錢文]을 내어야 한다(該處俗例, 佃戶應出押佃錢文)"고 기술되어 있다.[862] 광동성 진평현(鎭平縣)에서는 아편전쟁 이전 압조제가 하나로 풍속이 되어 "전호는 토지를 경작할 때 전작문서를 작성해야 하며 은을 담보로 삼아 만약 지대를 미납하면 즉시 다른 전호를 불러들이고 이 은으로 미납된 지대에 충당했는데 이것을 분질은(糞質銀) 혹은 분미은(糞尾銀)이라 불렀다(佃戶賃耕立承耕字, 以銀爲質, 如有欠租, 卽另招別佃,

〈표 7-41〉 청대전기 압조제가 확인된 각 성(省)의 주현(州縣)

省別	시이기						주
	명말	강희	옹정	건륭	가경	도광	
직예				1	3		
성경					1		
산서				2			
내몽고					1		
하남					3		
섬서					3		
강소		1		1	2		건륭 연간 1건이 더 확인되나 주현이 불분명하여 계산에서 제외.
절강					7		
강서				3	3		
안휘				1	3		
호북				3	2		
호남*				9	5		
사천				3	22		건륭 연간 2건, 가경 연간 2건이 각각 더 확인되나 주현이 불분명하여 제외.
복건	1	1		2	2	2	가경 연간 1건이 더 확인되나 주현이 불분명하여 계산에서 제외.
광동*			2	3		1	건륭 연간 1건이 더 확인되나 주현이 불분명하여 계산에서 제외.
광서*					2	1	
운남*				2	2		가경 연간 1건이 더 확인되나 주현이 불분명하여 계산에서 제외.
귀주*					1		
합계	1	2	3	30	62	4	

자료출처 : 중국사회과학원 경제연구소 소장 『형당초건(刑檔抄件)』; 고궁박물원 명·청당안관 『형당(刑檔)』; 각 성의 지방지; 북경사범대학 청사연구조(淸史硏究組) 『홍루몽(紅樓夢)』 역사배경자료(이 가운데 2), 『북경사범대학학보』 1978년 1기; 전사조(全士潮), 『박안신편(駁案新編)』; 『파현당안(巴縣檔案)』; 『황조속문헌통고(皇朝續文獻通考)』.

'*' 표시는 동일시대 동일한 주현 내에서 발생한 몇 건 혹은 지방지에 동일한 주현에서 기재되어 있는 것을 본 표 내에서 1건으로 처리하였음을 나타낸 것임. 동일한 주현의 경우, 동일한 시기(역자-동일연호가 사용된 시기)에 나타난 여러 건은 가장 이른 시기의 것을 헤아렸다.

將此銀抵扣所欠之租. 名曰糞質銀, 亦曰糞尾銀).”[863] 도광 5년(1825) 진성소(陳盛韶)가 복건성 건양현(建陽縣)에 부임했을 때, 그는 “전호는 지대를 납부하는 것 이외에 마땅히 수량(數兩)의 은을 내어 지주와 경작문서를 작성하여 토지를 경작하되 이후 전경이 끝나면 전호가 납부한 은은 돌려주는(佃戶除納租外, 當卽出銀數兩與田

〈표 7-42〉 청대 전기 각 성의 압조(押租)에 대한 명칭

省名	압조에 대한 명칭	省名	압조에 대한 명칭
직예	압조은(押租銀)·압조전(押租錢)·전례전(佃禮錢)	안휘	진장은(進莊銀)·기장전(寄莊錢)·남종전정가(攬種錢頂價)·정종전(頂種錢)
성경	압조전(押租錢)	호북	전례전(佃禮錢)·상장은(上莊銀)·가은(價銀)·정종전(頂種錢)·정종은(頂種銀)
내몽고	압조전(押租錢)	호남	압조전(押租錢)·압조은(押佃銀)·전규은(佃規銀)·전규전(佃規錢)·규은(規銀)·진장전(進莊錢)·진장은(進莊銀)·진장례은(進莊禮銀)·전전은(典佃銀)
산서	전례전(佃禮錢)	사천	압조전(押租錢)·압조은(押租銀)·압전전(押佃錢)·압전은(押佃銀)·전가전(佃價錢)·전가(佃價)
섬서	압조전(押租錢)·진장전(進莊錢)·정수전(頂手錢)	복건	압조은(押租銀)·보전은(保佃銀)·전근은(田根銀)·전두은(佃頭銀)·기경은(起埂銀)·복은(瞨銀)·보조은(保租銀)·정경전(頂耕錢)
하남	압조전(押租錢)·압전전(押佃錢)·전례전(佃禮錢)	광동	정비은(頂批銀)·정경은(頂耕銀)·정수은(頂手銀)·정수은(頂首銀)·비두은(批頭銀)·비두전(批頭錢)·분질은(糞質銀 : 糞尾銀)
강소	압조전(押租錢)·전례은(佃禮銀)·정경은(頂耕銀)·정수은(頂手銀)·업조전(業租錢)	광서	압조전(押租錢)·정비전(頂批錢)·비두전(批頭錢)
절강	압조전(押租錢)·압전전(押佃錢)·남전은(攬佃銀)·전규은(佃規銀)·가은(價銀)·정경전(頂耕錢)	운남	압조은(押租銀)·압전은(押佃銀)·압전은(壓佃銀)·정경전(頂耕錢)
강서	압조전(押租錢)·전례은(佃禮銀)·비례은(批禮銀)·정경전(頂耕錢)·정조전(頂租錢)·타각은(墮脚銀)·탈견은(脫肩銀)	귀주	압조전(押租錢)·정전전(頂佃錢)·정전은(頂錢銀)

자료출처 : 중국사회과학원 경제연구소 소장 『형당초건(刑檔抄件)』; 각 성의 지방지; 전사조(全士潮), 『박안신편(駁案新編)』; 유금조(劉錦藻), 『황조속문헌통고(皇朝續文獻通考)』 권21; 리우잉청[劉永成], 「청대전기 전농 항조투쟁의 새로운 발전[淸代前期佃農抗租鬪爭的新發展]」, 『청사논총(淸史論叢)』 1979년 제1집.

설명 : 글 가운데 예로 든 압조제의 칭호는 압조제의 전형적인 칭호로는 불완전하다. 몇몇 칭호는 정경은(頂耕銀)·정수은(頂首銀)처럼 영조제(永租制)에 대한 칭호와 완전히 일치한다. 이러한 상황이 존재하기 때문에 해당 자료에서 압조제에 대한 사료를 추출하기 위해서는 자세한 자료 분석이 필요하다. 따라서 그 명칭에 의거해 그것은 성격을 확정할 수 없다.

主書立起埂字據, 撥與栽種, 日後起佃, 仍將佃戶銀兩退還)" 상황을 목도했다. 이들 문헌자료에서도 이 시기 압조제가 급속하게 발전하고 있었음을 확인할 수 있다. 그것은 이미 조전관계에서 하나의 제도가 되었으며 전국 대다수 성에서 보편적으로 시행되었다. 자세한 사항은 〈표 7-41〉을 참고하라.

압조제가 발생한 시기·지점·조건은 서로 달랐으며 사용한 화폐 역시 전(錢)과 은(銀)의 차이가 있었고 압조에 대한 호칭도 달랐다. 자세한 사항은 〈표 7-42〉를 보라.

필자들은 검토한 자료를 통해 아편전쟁이전 압조제가 실시된 여러 성들 가운데 호남성과 사천성이 가장 현저함을 확인했다. 위의 자료에 의거하면 옹정에서 가경에 이르는 시기(1723~1820) 호남성에서 압조관련 기록을 가지고 있었던 주현은 적어도 15개는 되었다.

『호남성예성안(湖南省例成案)』에 기록된 건륭 2년(1737)의 안건에 의하면, "토지를 가진 집안은 무릇 가난한 민들을 보기만 하면 자신의 토지를 경작하게 하면서 반드시 먼저 진장례은(進莊禮銀)을 거두어들였다(有田之家, 凡遇窮民佃耕其田, 必先索取進莊禮金)."[864] 건륭 11년(1746)년 안찰사(按察使) 주인기(周人驥)는 도주(道州)의 수령[知州]이었던 단여림(段汝霖)의 말을 인용하면서 "초(楚)의 남쪽 풍속에는 무릇 소민이 토지를 경작할 때에는 진장례은(進莊禮銀)을 갖추어야 했고 그것은 사전전(寫田錢)이라고도 불렀다(楚南習俗, 凡小民佃田, 俱有進莊禮銀, 又名寫田錢)"[865]라고 했다. 이 밖에 건륭 때 저술된 『상담현지(湘潭縣誌)』 권13에 의하면, "빈민들은 전작(佃作)을 생계로 삼는데 처음 전작을 의논할 때는 장례(莊禮)라는 것이 있었다(貧民以佃爲産, 議佃之初有莊禮)." 이상의 기술에서 건륭 연간(1736~1795) 호남성의 상당한 주현에서 이러한 제도가 출현하였을 가능성이 높다.

〈표 7-43〉 불완전하게 압조제가 기록된 호남성의 주현

주현	압조명칭	시대	자료출처	주석
유양현(瀏陽縣)		옹정	옹정 『유양현지』	전호는 "문서를 작성하고 돈은 납부해 담보로 삼는다(書卷納鏹爲質)."
다릉현(茶陵縣)	진장례(進莊禮)	건륭7년	중국사회과학원 경제연구소 『刑檔抄件』	
상담현(湘潭縣)	진장례(進莊禮)	건륭	건륭 『상담현지』	
악주(岳州)		건륭11년 이전		동치 『파릉현지』가 인용한 군지에서 확인. 가장 늦게

				편수된 『안주부지』는 건륭 11년의 것.
녕향현(寧鄕縣)	진장은(進莊銀) 전규(佃規)	건륭25년	가경 『영향현지』 동치 『영향현지』	
선화현(善化縣)	압규은(押規銀)	건륭12년	광서 『선화현지』(건륭 12년 위지에서 인용)	
뢰양현(耒陽縣)	전전은(典佃銀)	건륭24년	『刑檔抄件』	2년 후 차경을 그만두면서 돈을 받음.
상음현(湘陰縣)	진장전(進莊錢)	건륭40년	『刑檔抄件』	건륭 40년 작성된 문서
도원현(桃源縣)	진장전(進莊錢)	건륭56년	『刑檔抄件』	
령현(酃縣)	전규전(佃規錢)	건륭58년	『刑檔抄件』	
평강현(平江縣)	전규은(佃規銀)	가경20년	『刑檔抄件』	
소양현(邵陽縣)	진장례(進莊禮)	가경	가경『소양현지』	
파릉현(巴陵縣)	진장례(進莊禮)	가경	가경『파릉현지』	
형양현(衡陽縣)	전규(佃規) 압조전(押租錢)	가경	가경『형양현지』	
침현(郴縣)	비전(批錢)	가경	가경『침현지』	

〈표 7-43〉에 의하면, 호남지역에서 압조제가 출현한 연대는 유양현(瀏陽縣)의 경우 옹정 연간(1723~1735), 다릉현과 상당현 등 9개 현은 건륭 연간(1736~1795), 평강현과 소양현 등 5개 현은 가경 연간(1796~1820)이다. 압조제의 발생한 연대는 시작을 알리는 기록에 비해 아마도 더 이를 것이다. 적지 않은 주현에서 압조제는 "진장례(進莊禮)"라는 이름으로 나온다. "진장례"에 대한 내용 및 성행의 상황에 대해 『호남통지(湖南通誌)』의 작자는 다음과 같이 개괄하였다.

一, 세속 사람들은 전작(佃田)을 사전(寫田)이라고도 했는데 매 토지 10무마다 진장은(進莊銀)으로 20~30냥을 내는 자까지 있었는데 그것을 대사(大寫)라 불렀다. 진장은 2~3냥을 납부하는 것을 소사(小寫)라 불렀다. 따로 은을 납부하지 않고 지대(租)를 많이 납부하는 것을 가조(加租)라 했다. 一, 대사(大寫)가 전작을 그만두는 날(退莊之日)에 전주 돈을 환원해야 하며 혹은 의논하여 해에 따라 돈을 공제하기도 한다. 一, 소사(小寫)가 전작을 그만두는 날(退莊之日)에는 즉 원금은 돌려받지 않는다. 이 가운데에는 역시 연한을 의논하여 정하는 경우도 있고, 영대 경작을 약속하는 경우도 있다. 그런즉 가까우면 십여년 멀면 이삼십년을 정해 돈을 내고 다시 전작하는데 이를 전경(轉耕)이라 부른다. 一, 가조(加租)는 오래되지 않는 잠깐 동안의 계약으로 오직 전주와 전호의 합의 여부에 따라 경작이 결정되었다. 一, 다만 빈민 가운데 토지를 전작할 경우, 대사로 하는 자는 소수였다. 소사와 가조로 하는 자도 종종 지대를 체납하여 여러 해 동안 청산하지 않고 또 끝내 어쩔 수 없는 경우도 있었다. '마음대로 경작(覇種)'하여 전작을 그만두지 않아 결국 소송에 이르기도 했다(一, 俗謂 佃田爲寫田, 每田十畝有納進莊銀至二三十兩者, 謂之大寫. 有納進莊銀二三兩者, 謂之小寫. 有不納銀而多納租者, 謂之加租. 一, 大寫則退莊之日, 田主[57]仍還原銀, 亦或有議定 年份扣除銀兩者. 一, 小寫退莊之日 原銀不復取也. 其中有議定年份者, 亦有約載永遠耕種者. 然近則十餘年, 遠則二三十年, 仍出銀再佃, 謂之轉耕. 一, 加租則旣無久暫之成約, 惟視主[58]佃之合否爲進退焉. 一, 然貧民佃種大寫者小, 其小寫及加租者, 往往拖欠租穀, 積歲未淸, 又窮無所之, 因而'覇種'不退, 以致構結訟端).[866]

지방지와 형부당안이 제공하는 자료를 결합시켜 고찰해보면 압조가 아직 성숙한 제도로 출현하기 이전에 그것이 가지고 있는 특징은 다음과 같았다. 각 지역에서 그 호칭은 단일하지 않았을 뿐 아니라 내용에서도 '대사(大寫)'와 '소사(小寫)'의 구별이 있었으며, 진장례은(進莊禮銀)도 원금을 돌려주는 것과 해를 헤아려 공제하는 차이가 있었다. 몇몇 지역에서는 압조와 가조를 혼동하여 하나로 간주하기도 했다. 옹정 연간(1723~1735)에 이러한 정황이 확인되는데 일반 가난한 민들은 '대사'의 진장례를 행하지 못하고 단지 '소사'의 진장례를 행할 뿐이었다. 이러한 '소사'는 조전(租佃)의 연한을 의논해 정하고 기한이 되면 경작지는 반환하나 진장례은은 돌려주지 않았다. 만약 계속 경작하려면 반드시 또 진장례은을 납부해야 했다. '진장례(進莊禮)'라는 칭호는 그 명칭을 통해 뜻을 짐작할 수 있는데, 전농이 지주의 전장으로 가거나 지주의 가옥에 거주하거나 지주와 조전관계를 처음 맺을 때 먼저 비용을 납부했기에 '예은(禮銀)'이라고 이름 했다. 여기서 압조는 농민의 지주에 대한 일종의 봉건적 공납의 표현 형태였음이 분명히 드러난다. 이 때문에 압조의 초기 형태가 비록 압조의 성질을 갖추지는 않았더라도 그것이 나타내고 있는 봉건적 예속관계의 내용을 경시할 수는 없다.

이러한 제도는 사천성에서 계속 만연해 왔다. 광서『봉절현지(奉節縣誌)』권28에는 다음과 같은 기록이 있다. "이상품(李上品)은 북향(北鄕) 지마전리(芝麻田里)의 민으로 건륭 32년(1767) 토지 일부를 내어 놓았는데 그 값은 300여 금(金)이었다. 그 땅에서 매년 지대로 13석과 전전(佃錢)은 16,000을 수취하였는데 처음으로 두 강의 하구(河口)에 비영리적 도강(義渡) 비용으로 삼았기에 비석을 세웠다(李上品, 北鄕麻田里民, 于乾隆三十二年損田地一分, 價値三百餘金. 每年收租穀十三石,

---

57) 역주 - 원문은 '東'이라 기재하고 있으나 의미상 '主'가 옳아 수정했다.
58) 역주 - 원문은 '東'이라 기재하고 있으나 의미상 '主'가 옳아 수정했다.

佃錢十六千, 施作兩河口義渡之費, 立有碑)" 여기서 말한 전전(佃錢)이 바로 압조이다. 건륭 34년(1769) 어사(御史) 유천성(劉天成)은 사천성에서 실시된 압조의 상황을 다음과 같이 상세하게 기술하였다. "신이 듣기에 사천성은 최근 이래 무릇 토지를 경작시킬 때 반드시 먼저 압조라는 이름으로 은냥을 징수합니다. 지대는 평상시대로 하면서 그 돈은 이자도 없이 경작을 그만두는 날 돌려줍니다. 심지어 지대는 겨우 20~30석인데도 압조의 돈은 갑절인 40~50냥이나 되며 더구나 돈을 더내는 사람이 있기라도 하면 경작하는 땅을 빼앗기도 해 싸움의 빌미를 만드는 지경에 이르고 있습니다(臣聞川省近年以來, 凡以田出佃, 必先取銀兩, 名曰押租. 其租照常, 其銀無利, 直俟退佃還銀. 甚有租僅二三十石, 而押租之銀竟有倍至四五十兩, 更有可銀奪佃, 以致釀成爭端者)"867) 건륭 40년(1775) 파릉현의 주정선(朱廷選)은 호두사(虎頭寺)의 승려로부터 한 필지의 토지를 경작하면서 매년 지대 30석을 바치고 압조로 31,000문(文)을 지급했다. 같은 해 이 현의 농민 오국웅(吳國雄) 역시 호두사로부터 한 필지의 토지를 경작했는데 매년 18석의 지대를 바치고 압조로 10,000문을 지급했다.868) 이를 사료로부터 건륭 중기에 압조제가 사천성에서 이미 발전해 가고 있었고 가경 연간(1796~1820)에 이르면 더욱 보편화되었음을 알 수 있다. 가경 연간의 형사안건에 관한 사료를 살펴보면, 조전 사건 가운데 압조와 관련한 사건이 이미 매우 큰 비중을 점하게 되었다. 사천성에서 당시 발생한 조전관련 안건은 총 61건으로 연관된 주현만도 37개에 달했다. 이 안건 가운데 압조와 연관된 안건은 28건으로 전체 안건의 46%에 조금 못 미쳤고, 일반 조전관련 안건은 33건이 발생해 전체 안건의 54%을 조금 넘어서고 있었다. 조전분쟁에 발생한 37개 주현에서 압조에 대한 기록이 있는 현은 22개로 전체 주현의 59.5%를 점했고 나머지 15개 주현에서는 비록 압조관련 기록은 확인되지 않으나 이를 근거로 이들 지역에서 압조제가 존재하지 않았다고 단정하기는 어렵다.

『충주직예주지(忠州直隸州誌)』에 의하면 이 주에는 총 27곳의 서원(書院)이 있고 이 가운데 압조관련 기록이 있는 서원은 14곳이고 건륭 때가 2곳, 가경 때가 5곳, 도광 때가 3곳, 연대미상인 것인 4곳이었다. 13곳은 압조관련 기록이 없었다. 압전전(押佃錢)을 징수한 곳은 13곳으로 5곳은 면적이 비교적 넓었으나 나머지 8곳은 생산되는 쌀과 잡곡의 수량이 겨우 몇 석에 불과한 적은 땅이었으며 심지어 4곳의 생산량은 1~2석에 불과해 징수한 지대도 매우 적었다.

이러한 기록에서 확인되듯, 사천성에서 압조제가 발생한 시기는 대체로 건륭 중기 이후부터로 호남성보도 늦다. 다만 주목할 점은 사천성의 압조제는 처음부터 '예은(禮銀)'·'전규(佃規)'의 외피에서 벗어나 직접적인 압조의 형태로 출현하여 '압조전(押租錢)'·'압전전(押佃錢)' 혹은 '전가(佃價)'라 불렀다. 이 점이 호남에서 그것이 봉건적 공납의 형태로 출현하여 '진장례(進莊禮)'로 불린 것과 다르다. 이러한 불일치는 대개 사천성 전호의 절대다수가 다른 성으로부터 이주해온 객전(客佃)으로 구성된 점과 유관하다.

이상의 서술을 정리해 보자. 압조제의 발생·발전 과정은 매우 명확하다. 명대 후기, 우선 복건지역에서 출현하여 청대 강희·옹정기에 이르면 강소·호남·광동·절강 등지로 발전해 갔고 건륭·가경시기에 이르러 이러한 제도는 전국 대다수의 성에서 출현하였으며 특히 호남과 사천에서 보편화되었다.

② 예조제(預租制)의 발전

예조제가 어느 시기에 발전했는가는 사료의 제약으로 인해 확정하기 어렵다. 다만 명나라 만력(萬曆) 연간(1573~1619) 이미 예조제에 대한 기록이 존재했음은 틀림없다. 안휘성(安徽省) 휘주부(徽州府)에 남아 있는 조전계약 문서는 이렇게 기록되어 있다.

> 11도(都)의 왕봉손(汪奉孫)은 같은 도에 거주하는 호광(胡廣)과 주홍(朱洪) 등의 명의로 되어 있는 무덤 앞에 있는 토지 한 필지, 무덤 좌측 밖에 있는 토지 한 필지, 그리고 무덤 내에 있는 크고 작은 감나무 네 그루를 빌려 경작하기를 원하였다. 이에 매년 두 집안사람들을 만나 의논한 것에 따라, 은(銀) 1전(錢)으로 그것을 경작하기로 한다. 이 은은 청명일(淸明日)[59]에 납부하되 조금이라도 체납하지 않도록 한다. 경작한 이후부터는 장차 그 자손들은 벌목과 판매할 수 없으며 만약 위반할 경우 호광과 주홍의 두 집안이 그것을 처벌할 수 있다. 증빙할 자료가 없을 것을 염려해 이 조전문서를 작성해 둔다(十一都汪奉孫自情願租到同都胡廣·朱洪等名下墳田地壹塊, 又墳左庇外地壹塊, 內柿木大小四根, 憑本管二家每年面議地木租銀壹錢正, 其銀約至淸明日交納, 不致短少. 自佃之後, 日後子孫毋許砍斫·變賣, 如違聽自胡·朱二家理治. 恐後無憑, 立此租約爲照).

> 만력 14년 3월 초10일 조약 체결재(立租約)시 왕봉손(汪奉遜)
>   본관리장(本管里長) 오현(吳賢) 오준덕(吳俊德)

---

59) 역주 - 24절기의 하나로 춘분과 곡우 사이에 있으며, 음력으로는 3월, 양력으로는 4월 5일경이다.

대리 작성재代筆見시 오성(吳聖)

소유주인 호광(胡廣)·호보(胡保)·주홍(朱洪)·주사십(朱四十)은 조은(租銀)을 수량에 따라
균분 하였음(同業人胡廣·胡保·朱洪·朱四十租銀照粮均分). 재비(再批).

당시 예조는 아마도 개별지역에서의 개별적 현상으로 맹아적 시기였을 것이
다. 청대로 들어온 후, 예조제는 발전해 갔다. 예조제가 실시된 지역이 부단히 확
대되어 갔을 뿐 아니라 점차 많은 지주(地主) 혹은 전주(田主)들이 토지에서 지대
를 수취할 때 재래의 추수기 때 나누는 낡은 방식에서 벗어나 미리 지대를 수취
하는 새로운 방식을 채택했다.

강희 전기 강서성 영도(寧都)에 소속된 3개 향(鄕)의 지주들은 복건성의 정주
(汀州)·상항(上杭)·연성(連城)으로 가서 경작하던 농민들에게 '비전은(批田銀)'을
수취했는데, 만약 "비전은을 갖출 수 없다면 전주는 말미를 주도록 하되 해당 은
에 따라 해마다 3분의 이자를 더하고 겨울 수확기가 되면 납부하도록 했다(不能
則辦批田銀, 田主許之寬假, 計銀若干, 歲入息三分, 統俟冬收交納)."[869] 옹정 13년
(1735) 이전 산서성 심원현(沁源縣)의 농민 상진재(常進財)는 이상산(李相山)의 땅
일부를 경작하면서 매년 17석의 지대를 바쳤다. 옹정 13년(1735) 이상산은 상진제
에게 예조(預租)로 조[粟] 34석을 수취하였고 의논하여 2년 동안의 지대를 갈음하
기로 정했다.[870] 옹정 13년(1735) 정월에 광동성 평원현(平遠縣)의 농민 안유전(顏
惟全)은 이웃 촌에 거주하던 림약공(林若恭)에게 5두(斗) 5승(升)의 토지를 경작했
는데, 매년 지대로 5석 5두를 바치기로 약속하면서 "빨리 납부하도록 했다(要早熟
淸交)."[871] 건륭 연간(1736~1795)에 이르러 강소·절강·강서·안휘·호남·호북·사천·
직예·산서·하남·섬서·감숙·복건·광동·성경 등 15개 성의 43개 주현에서 예조(預
租)를 실행한 기록을 찾을 수 있다. 가경 연간(1796~1820)에는 전국 각지의 19개
주현에서 예조가 시행되었다. 따라서 청대 전기에 이르러 예조제는 이미 전국적
범위에서 시행되어 왔음을 알 수 있다. 자세한 내용은 위의 〈표 7-44〉를 보라.

청대 전기 예조제의 발전은 지역 범위의 확대뿐 아니라 많은 지주(地主) 혹은
전주(田主)들이 이러한 먼저 지대를 수취한 후 토지를 경작시키는 방법을 채택하
고 있음을 보여준다. 만력 연간(1573~1619) 안휘성 휘주부(徽州府)의 전주 가운데
예조제를 채택하던 이들은 아직 소수였다. 필자들이 파악한 19건의 조전계약 가
운데 정율지대가 7건, 정액지대가 7건, 화폐지대가 4건이었고, 예조는 1건뿐이었
다.[872] 청대 전기에 이르러 사정은 달라졌다. 허다한 지방에서 예조 관습이 형성

〈표 7-44〉 각 성의 예조 시행 건수 및 예조제를 행한 주현 통계

성별	시 기									
	만력		강희		옹정		건륭		가경	
	건수	주현수	건수	주현수	건수	주현수	건수	주현수	건수	주현수
강소*							1	1	2	2
절강							1	1	4	4
강서			1	1			1	1		
안휘*	1	1							2	2
호남							1	1	1	1
호북							3	3		
사천							4	4	2	1
직예							15	15	5	3
산서					1	1	2	2	5	3
하남							1	1		
섬서							2	2		
감숙							1	1		
복건							2	2	2	2
광동					1	1	5	5	1	1
성경							1	1	3	2
합계	1	1	1	1	2	2	40	40	23	19

자료출처 : 중국사회과학원 경제연구소 소장 『형당초건(刑檔抄件)』;『둔계당안(屯溪檔案)』;『민상 사습관조사보고록(民商事習慣調査報告錄)』, 민국 19년; 「담수청지(淡水廳誌)』, 『청대대 만대조조사서(淸代臺灣大租調査書)』 3책; 건륭(乾隆) 『순덕현지(順德縣誌)』;『청대당안 사료총편(淸代檔案史料叢編)』 제5집;『만주구관조사보고(滿洲舊慣調査報告)』, 황산.

설명 : 1.『황조문헌통고(皇朝文獻通考)』 권10의 건륭 5년 '둔전에서는 문서를 작성하지 않은 예조 를 금한다(禁屯田不得立文券預支)'라는 조와 『대청회전사례(大淸會典事例)』(가경) 135 권, 건륭 56년 의논하여 비준한 "장두(莊頭) 등은 미리 지대를 수취할 수 없다(莊頭等毋 得預年支取)"는 규정은 해당 성이 명확하지 않으므로 통계에서 제외했음.
2. 사천성의 사홍현(射洪縣), 직예성의 영청현(永淸縣)과 정흥현(定興縣), 성경성(盛京省 : 역자-지금의 요녕성)의 광녕현(廣寧縣)은 건륭 연간부터 이미 예조에 대한 기록이 있으 므로 가경 연간의 주현수에서 4개를 감하였다.
 * 강소성과 안휘성은 명대 남직예(南直隷)에 속했다.

되었다. 예를 들어 건륭 50년(1750) 출판된 『순덕현지(順德縣誌)』에서는 "토지를 가진 가운데 대다수는 자작(自耕)하지 않는데 … 중략 … 경작자는 지대[租]를 납 부할 때 혹은 당해 연도에 납부하기도 하고 전년도에 납부하기도 한다(有田者多 不自耕, … 중략 … 耕者納租, 或在當年, 或在上年)"[873]라는 기록이 있다. 건륭 41년 (1776) 광동성 남해현(南海縣) 방씨(方氏) 일족은 의논하여, 토지를 전작(佃作)하는 자는 "토지를 받는 그날 시세의 은으로 지대를 납부하여야 문서를 작성할 수 있 다(銀租于投田日現銀交租, 乃得登簿)"[874]라고 정했다. 호남성 한수현(漢壽縣) 민간

에는 이런 습속이 있었다. "도조(倒租 : 역자-예조의 다른 명칭)라는 것은 전호(佃戶)가 토지를 경작하기 전, 납부해야 할 지대를 전주(田主)에게 먼저 납부하는 것이고 … 중략 … 장식(莊息)은 전호가 응당 한해의 겨울 연말에 앞서 토지 무수에 따라 전주에게 장전(莊錢) 약간을 납부하는 것으로 그래야 이듬해 바야흐로 경작할 수 있으며 매년 한 차례 납부하나 경작을 그만둘 때에는 반환하지 않는다(倒租者, 佃戶于未耕田之先, 預將應納之租穀送交田主, … 중략 … 莊息者, 佃戶應于先一年冬季一, 按畝數繳納田主莊錢若干, 翌年方能耕種, 年納一次, 退佃亦無返還)."[875] 호북성 남장현(南章縣)에도 "한 해 앞서 지대를 납부하여 이듬해 경작한다(先年交租, 次年種地)[876]라는 풍속이 있었다. 이 당시 이와 유사한 기록은 민간에서 흔했으므로 일일이 열거하지 않는다. 이를 통해 필자들은 민전의 조전(租佃)에서 예조제가 이미 상당히 성행했음을 확인할 수 있었다.

이 시기 관전(官田)과 기지(旗地)에서 예조제의 실시 상황은 어떠했을까? 건륭 5년(1740) 청 정부가 제정한 조문 가운데에는 이런 규정이 있었다. "운군액(運軍額 : 역자-수송비)을 둔전에 설정하는데 단지 해당연도의 지대[租銀]에만 허락하고 가조(加租) 및 문서를 작성해 미리 지급한 것에는 허용하지 않는다(運軍額設屯田, 止許得當年租銀, 不得加租及立卷預支)."[877] 건륭 57년(1792)에는 다음과 같이 규정했다. 장전과 기지는 "단지 해에 따라 지대를 납부하되 해당 장두(莊頭) 등은 미리 그 해의 지대를 수취할 수 없는데 만약 여전히 미리 수취하는 것을 선호한다면 전호의 고소를 허용한다(止准按年交租, 該莊頭等無得預年支取, 倘仍向預支, 許佃戶呈控)."[878] 동북지역 호부 관장(官莊)의 전호는 영전호(永佃戶)와 현전호(現佃戶)로 나뉘는데 현전호의 경작권 취득은 미리 2년 치의 지대를 납부하는 것을 조건으로 했다.[879] 관장과 기지의 조전에서 예조를 수취하는 것은 상당히 보편적이었던 것으로 보인다.

실시 범위와 보편성이라는 측면에서 보자면, 예조제는 만력 연간을 거쳐 청대 전기에 이르기까지 발전하였으며, 건륭 연간(1736~1795)에 이르러 조전관계에서 새로운 조전방식이 되었다. 조전관계에서 새로운 형식이 된 예조제는 전국의 광대한 지역으로 확대되었고 민국시기까지 지속되었다. 1934년 『중국경제연감(中國經濟年鑑)』에서는 "예조가 강(江)·절(浙)·민(閩)·월(粵)·기(冀)·노(魯) 등의 연해 각지에서 발전했을 뿐 아니라 내륙의 각 성에서도 발전했다(預租不特發展于江·浙·閩·粵·冀·魯等沿海各地, 內地各省亦有之)"[880]라고 서술하고 있다.

지대의 형태에서 고찰하면 예조제는 현물지대와 화폐지대 두 형태가 있다.

화폐예조는 예조제 중에서 가장 잘 확인된 보편적 형식이다. 강소성 숭명현(崇明縣)의 장삼(張三)은 시입대했는데 그 지대가[租價]를 20냥(兩)으로 했다.[881] 절강성 제기현(諸暨縣)의 루기미(樓玘美)는 여사전(餘思田)에게 종족의 사전(祀田) 30무를 전작(佃作)시키면서 조전(租錢)으로 65,000문(文)을 받았다.[882] 호북성 선성현(宣城縣)의 장기홍(張起洪)은 양국점(楊國点)의 토지를 전작하면서 미리 지대[課租] 43,000문을 납부했다.[883] 사천성 사홍현(射洪縣)의 범첨순(范添順) 형제는 전호 오약(吳耀)에게 토지를 경작하게 하면서 "1년의 지대로 은 22냥을 미리 납부하도록 정했다(原議定預交一年租息銀二十二兩)."[884] 직예성 영청현(永清縣)의 방서(方瑞)는 가두(賈杜)에게 토지 10무를 전작하게 하면서 먼저 지대로 대전(大錢) 15,000문을 납부하게 했다.[885] 감숙성 감주(甘州)의 로정길(盧廷吉)은 3석을 파종할 수 있는 토지를 소유하고 있었는데 서안(西安) 개공현(開功縣)사람인 진굉강(陳宏康)에게 전작하도록 하면서 기간을 3년으로 합의하였고 매년 18냥의 지대[租銀]를 납부하게 했다. 진굉강은 "당시 나머지 2년 치의 지대로 은자 36냥을 지급했다(現給他二年的銀子三十六兩)."[886] 광동성 조양현(朝陽縣)의 정군우(鄭軍踽)는 정(鄭)×× 에게 2필지의 토지를 전작시켰는데, 파종한 뒤 일찍 이앙할 것을 바라면서 "마땅히 지대[租錢] 400문을 지급해야 한다(當給租錢四百文)"[887]고 했다.

민전이 이와 같다면 관전과 기전은 어떠했을까? 필자들이 살펴본 자료에 근거하자면 기지에서 예조는 모두 화폐지대였다. 필자들은 건륭에서 가경에 이르는 시기(1736~1820) 12건의 기지 예조 사례를 수합하였다. 이 12건의 예조 사례는 모두 화폐지대의 그것이었다. 예를 들어, 건륭 7년(1742) 발생한 한 사건에서는 정홍기(正紅旗) 종실(宗室)인 도륭액(都隆額) 투충인(投充人)[60]인 거자화(遽自化)는 자신의 투충지(投充地) 4경(頃) 45무를 민인(民人)이었던 유해상(劉海祥) 등에게 전작시키면서 은 1천냥을 미리 거두어 들였다.[888] 건륭 15년(1750) 직예성 만성(滿城) 사람 단오상(段五相)은 경기인(京旗人)이었던 노고(魯高)의 기지(旗地) 2무(畝)를 전작하면서 매년 지대로 전(錢) 900문(文)을 미리 납부하였다.[889] 가경 연간(1796~1820) 직예성 완현(完縣) 사람 유항혜(劉恒惠) 등은 득산(得山)의 기지(旗地) 4무를 전작하였다. 유항관(劉恒寬)은 그 뒤를 이어 12무를 전작하면서 매년 지대로 대전(大錢) 300문을 납부하였다. 이때 득산(得山)이 가난했기 때문에 매 무(畝)당 지대로 은(銀) 1,150문을 미리 납부했다.[890] 직예성 각지에 있던 내무부(內務府)

---

60) 역주 - 청나라 때 만주족 귀족 및 팔기군에 투탁한 漢人 농민을 말한다.

의 장전(莊田)이 거두어들인 예조는 모두 화폐지대였다. 건륭 31년(1766)의 한 사례에는 이렇게 기록되어 있다. 직예성 난주(灤州)의 민인이었던 왕옥경(王玉慶)·왕관일(王貫一) 등 14명은 내무부(內務府)의 장전(莊田)을 전작佃種했는데 경작한 토지는 1경 89무 1분(分)이었고 지대로 난전(灤錢) 550,400문(文)을 납부했다. 왕옥경은 25무를 전작하면서 지대로 전(錢) 75,000문을 미리 납부했고, 왕연방(王連芳)은 10무의 토지를 전작하면서 31년치 지대를 전(錢) 26,000문을 미리 납부했다.[891] 가경 연간(1796~1820) 장해(張海)는 봉천(奉天) 작자창(炸子廠)의 관전 8일(日) 반(半)을 전작하면서 매일 지대로 전(錢) 9,000문을 납부했다. "동첨(同僉)은 9월 15일 지대의 반을 미리 납부[現租]하고 이듬해 2월 15일에 나머지를 바칠 것(同僉言明交現租九月十五日一半)," "그 지대에 해당하는 돈이 납부되지 않으면 해당 토지는 본 창의 영최(領催) 되돌릴 것을 언명했다(其租價錢不到, 地歸本廠領催)." 도광(道光) 연간(1821~1850) 성경 예부관장(禮部官莊)의 일부 토지는 전호에 의해 경작되었는데, 이 토지를 경작하던 전호들은, 연말에 이듬해의 지대 납부를 계약조건으로 했다.[892]

이를 통해 보면 민전은 물론 기지(旗地)와 관장(官莊)에서도 화폐지대가 예조제의 주요한 형태였음을 알 수 있다. 예조제의 발전에 따라 화폐예조(貨幣預租) 역시 점차 발전해 갔고 민국시기에 이르러 화폐예조가 주요한 지위를 차지했다. 화폐예조의 보편화 때문에 뒷날 사람들은 예조제가 마치 화폐지대의 형태로만 존재하는 것으로 착각하게 되었다. 그러나 실상은 그렇지 않았다. 현물예조 역시 예조제의 또 하나의 주요한 형태였다. 발전단계에서 보자면 그것은 예조제 발생 초기에 존재하여 예조제가 발전해 가고 성숙되었던 시기까지 존속하였다. 시간적 차원에서 고찰하면 그것은 청나라 전기에 존재하였으며 청나라 후기에도 존재했고 민국시기까지 이어졌다. 앞서 필자들이 이미 옹정 13년(1735) 산서성 심원현(沁源縣)과 광동성 평원현(平遠縣)의 지주들이 농민에게 현물지대를 수취한 사례를 언급한 바 있다. 아래에서 필자들은 서로 다른 시기, 서로 다른 지역의 몇몇 사례를 들어 볼 것이다. 가경 7년(1802) 안휘성 태호현(太湖縣)의 양월성(楊月盛)은 원송(原宋)의 주주선(周柱膳)의 토지 1석(石) 7두(斗)를 전작하면서 매년 18석 9두의 정액지대를 납부하기로 하고 8년 치 지대를 수에 맞게 납부하였다.[893] 청말·민국초 호남성 한수현(漢水縣)의 상황은 이러했다. "도조(倒租)라는 것은 응당 납부해야 할 지대[租穀]을 미리 전주(田主)에게 납부하는 것으로 그 해의 풍흉에 무관하며 전주도 절대 그것을 묻지 않는다(倒租者, 佃戶于未耕之先, 預將應納

之租穀送交田主, 無論年歲豐歉, 田主絶不過聞). "[894]

　　이상의 서술을 종합해 보면 다음과 같이 말할 수 있다. 예조지대의 형태는 단일하지 않아 현물과 화폐 형태로 존재하였다. 다만 화폐예조가 더욱 발전하여 보편적 형태가 되었다. 자세한 내용은 〈표 7-45〉를 보라.

〈표 7-45〉 가경이전 현물예조와 화폐예조의 발전상황 비교

성	현물예조					화폐예조				
	만력	강희	옹정	건륭	가경	만력	강희	옹정	건륭	가경
합계			2		1	1	1		40	19
강소									1	2
절강									2	3
강서							1		1	
안휘				1		1				
호남									1	
호북									3	
사천									4	2
직예									15	5
산서			1						2	1
하남									1	
섬서									2	
감숙									1	
복건									3	1
광동			1						3	2
성경									1	2

자료출처 : 〈표 7-44〉와 동일.

　　현물예조와 화폐예조 가운데 무엇이 먼저 발생했을까? 현전하는 자료에 의거해서 이 문제를 결론짓기는 어려우므로 향후 지속적인 연구를 기대한다. 필자들은 이 두 예조형태의 발생은 대체로 오랜 시간적 차이를 두지 않았을 것으로 확신한다.

　　예조제의 가장 주요한 특징은 다음과 같다. 전농은 지주 혹은 전주의 토지를 전작할 때 반드시 조전계약을 맺으면서 당해 연도에 해당하는 정액의 지대를 납부하고 지주 역시 계약을 체결할 때 농민에게 2년 혹은 일정 연수의 정액지대를 미리 수취한다. 농민은 토지를 경작한 후 그해 추수로 거둔 곡물을 이듬해의 지대로 납부하거나 당해년 봄 경작하기 전 당해 연도 전체 지대를 납부하였다. 만약 그렇지 않으면 지주는 전작지[佃]를 환수해 다른 이에게 경작시켰다. 1929년 4월 9일자 『상해신문보(上海新聞報)』는 "대다수의 전주들은 미리 지대를 징수하고

만약 뜻대로 되지 않으면 즉시 다른 전호를 부른다고 협박한다(田主大都預徵田租, 不如所欲, 則以另召佃戶爲要挾)"고 보도했다.

전호에 대한 지주의 예조징수의 일반적 상황은 "당해 연도 혹은 이듬해의 것(或在當年, 或在上年)"895)을 징수했다. 예를 들어 강소성의 어떤 현에 거주하는 진경화(陳景和)는 4무의 토지를 정승롱(程勝隴)에게 전작시켰는데 이 가운데 2무의 전작지는 "매년 미리 지대[佃價]로 전(錢) 2,000문을 납부하도록 했다(每年預付佃價錢二千文)."896) 절강성 봉화현(奉化縣)의 갈갱(葛更)은 13무의 토지를 소유하였는데 손고침(孫考琛)에게 전작시키면서 매년 "수확 후 이듬해의 지대로 전(錢)을 징수하였다(收割後先交次年租錢)."897) 안휘성 휘주부(徽州府)의 왕순의(王順義)는 경작지 일부를 전작시키면서 "청명일(淸明日) 이전 3일 내에 착오 없이 지대를 납부하도록 정했다(言定淸明前三日交納不誤)."898) 호북성 장남현(漳南縣)의 주복순(朱復舜)은 일부 토지를 전작시키면서 "한해 앞서 지대를 납부해야 이듬해에도 전작할 수 있다(先年交租, 次年租地)"899)라고 정했다. 직예성 정흥현(定興縣)의 장서곤(張書坤) 등은 문흥(文興)의 토지 1경 13무를 전작시키면서 몇 년 전부터 "연초에 지대를 납부하여야 이듬해 경작할 수 있도록(俱系頭年交租, 次年種地)"900) 했다. 산서성 양곡현(陽曲縣)의 장천문(張天文)은 장전(張全)에게 2무의 토지를 전작하게 하면서 매년 지대로 바칠 돈[租錢]은 "연초에 먼저 지급하도록(頭一年先給的)"901) 정했다. 복건성 대만부(臺灣府) 담수청(淡水廳)에서는 "일년의 지대를 납부한 후에야 경작할 수 있는(先納一年租後, 乃受耕)"902) 습속이 있었다. 광동성 향산현(香山縣)에서는 "기가(期價 : 역자-예조의 다른 이름)라는 것은 기간에 앞서 지대를 징수하는 것으로 1년 전 겨울이 되면 한 해의 지대[歲銀]를 먼저 납부하였다(期價者, 訂租與期, 先一年冬至輸來歲銀)."903) 동북에서는 1년을 기간으로 정해 전작하는 전호가 있었는데 "연말 미리 이듬해의 지대[租錢] 혹은 곡물[秋粮]을 미리 납부하는 것을 계약조건으로 한(以年末預交第二年租錢或秋粮爲條件)"904) 뒤 장두(莊頭)가 관할하는 장지(莊地) 혹은 장정(莊丁)들이 나누어 경작하던 장지를 전작할 수 있었다. 허양링[賀揚靈]이 말한 것처럼, 상기제(上期制)는 "토지를 빌릴 때 먼저 매년 각각의 무에 대해 납부해야 할 은량(銀兩)이 얼마인지를 설명하고 아울러 첫해의 지대를 완납하고 이후부터 매년 연초에 지대를 납부하는 제도였다."905) 이듬해와 봄갈이 이전에 경작하던 전호가 이듬해의 지대 혹은 해당 연도의 지대를 납부하도록 한 것 이외에, 몇몇 지역의 지주들은 전호가 여름 수확기에 일년의 지대를 지불하는 것을 허락했다. 광동성 평원현(平遠縣)의 지주 약공

(若恭)은 전농인 안유전(顔惟全)에게 "지대 55두를 조생종으로 납부할 것을 요구했다(租穀五十五斗, 要早熟付淸)."[906]

예조제 가운데 지주가 전농에게 1년의 지대를 미리 수취하는 것이 절대 다수였다. 앞서 서술한 기록 이외에 필자들은 가경 이전 67건의 예조사례를 확인하였다. 미리 1년 치 지대를 수취한 것이 48건으로 전체 예조 사례의 71.6%를 차지했다. 2년 치 지대를 미리 수취하는 것은 4건이고 3년~25년치 지대를 미리 수취한 사례는 10건이었다. 예조의 연한이 불확실한 것은 5건이었다.

토지를 전작시킬 때 일차적으로 전호에게 삼사년, 십수년 내지 이십년 가량의 지대를 미리 거두었던 것은 세 가지 원인 때문이었다. 첫째, 지주들은 도시에 거주하여 먼거리에 있는 시골가지 왕래가 불편하였으며 더구나 각 전호가 전작하는 토지 역시 많지 않은 상황에서 지주들은 그것을 관리하기 위해 시골로 간 김에 몇 해치의 지대를 한꺼번에 수취하기를 희망했다. 이런 상황은 기지에서 특히 심했다. 건륭 15년(1750) 발생한 한 사건은 이러했다. 서울에 거주하는 기인(旗人) 노고(魯高)의 땅은 만성(滿城)에 있었는데 장괴(張魁)란 자에게 위탁해 지대를 수취하게 했다. 장괴는 "몇 무만을 전작하는 집의 지대[租錢]가 많지 않고 해마다 각 호구를 찾아다니며 수취하는 노고와 비용(種地數畝之家租錢無多, 按年逐戶收討費力)" 때문에 노고에게 "3년 치의 지대를 함께 수취할 것(俱起三年租息)"을 요구했고 노고는 "책임자에게 위임했다(任其做主)." 장괴는 즉시 계약자였던 단오(段五)의 집으로 가서 노고가 3년치 지대를 수취하려 한다는 것을 알렸고 단오는 2년 치만을 가능하다고 하자 장괴는 수락하지 않고 가버렸다.[907] 둘째, 주로는 급전이 필요했기 때문이고 더불어 지출 항목과 비용의 증대로 인해 지주들은 한꺼번에 몇 해분의 지대를 수취했다. 건륭 7년(1742) 정홍기(正紅旗) 소속 종실이었던 도륭액(都隆額)은 "사용할 은자가 필요해(需銀使用)" 토지를 전작시키면서 미리 15년 치의 지대로 은 1,000냥을 거두어 들였다.[908] 가경 8년(1803) 대만부 신사번위(新社番衛)의 리패승(里孛乘)은 황폐한 땅을 소유하고 있었는데, "은자가 부족하게 되자(今因乏銀使用)" 심일부(沈日富)에게 개간시킨 뒤 전작하도록 했다. "지대[價銀]로 20대원(大圓)을 받고(價銀二十大圓正)" 심일부에게 20년 동안 경작할 수 있도록 했다.[909] 실제 여기서 말한 '가은(價銀)'은 예조의 다른 이름에 불과하다. 토지 소유권이 리패승(里孛乘)에게 있었기 때문이다. 가경 10년(1805) 봉천부(奉天府) 광녕현(廣寧縣) 사람 고명(高明)은 "호등고(胡登高)에게 시전(市錢)[61] 100,000을 빌려서 사용하면서 3일(三日) 넓이의 토지를 전작지로 주면서 호등고에게 3년 동안 경작하도록 하는 것을 담보로 했다(要借胡登高市錢一百千使用, 把分給租種旗地 三日, 給胡登高耕種三年, 抵欠)."[910] 의심의 여지없이, 이것은 고명이 3년 치의 지 대를 미리 수취한 것이다. 셋째, 지주들은 외부에서 온 전호들의 재산을 침탈하 기 위해 몇 년 치의 지대를 미리 수취했다. 건륭 9년(1744) 한 형사사건이 발생했 다. 감숙성 숙주(肅州)의 지주 노정길(盧廷吉)은 3석을 파종할 수 있는 토지를 소 유하고 있었는데, 이 토지를 서안 건주(乾州) 무공현(武功縣)사람 진굉강(陳宏康) 에게 전작시켰다. 이때 매년 지대[租銀]로 18냥을 징수하기로 하면서 3년 치 지대 를 한꺼번에 징수하려 하자 진굉강은 그에게 2년 치 지대 36냥만을 지급하였다. 1년 동안 토지를 경작하자 노정길은 이 토지를 회수하여 이듬해의 경작을 불허하 면서 "1년치 은자를 조금이라도 돌려주게 되면 토지의 전작을 허용하지 않는다는 점을 여러 차례 말했다(口說與小的退還一年的銀子, 屢討不與)."[911]

미리 여러 연도의 지대를 미리 수취하는 방법이 왜 예조제에서 주요한 지위 를 차지하지 못했을까? 조정은 "문서를 작성해(立券)" 선지불 방식을 허락하지 않 았던 것이 하나의 이유였다. 건륭 5년(1740) 조정은 사사로이 다른 사람에게 둔전 을 경작시키는 것을 금지하는 조문을 규정하여 반포했다. 운군액(運軍額)을 둔전 에 설정하면서도 단지 당해 연도의 지대[租銀]만을 허용했고 "가조(加租) 및 문서 를 작성해 미리 지급한 것에는 허용하지 않았다(不得加租及立卷預支)."[912] 건륭 57 년(1792)에 또 다시 논의해 정하기를, 민인들이 장두(莊頭)와 원두(園頭)의 토지를 차경할 대는 단지 해마다 지대를 납부하는 것만을 허용하며 해당 장두 등은 미 리 수취할 수 없으며 만약 미리 수취하면 전호가 소송하는 것을 허용했다.[913] 정 부가 불허한 예조는 몇 년 치의 지대를 한꺼번에 미리 수취하는 것을 말했다. 정 부의 법적 압박 아래에서 지주들은 여러 해의 지대 한꺼번에 징수하는 방식은 제한되었다. 둘째, 전농들은 이렇게 많은 지대를 납부할 여력이 없었다. 건륭 55 년(1790) 2월, 강서성 안원현(安遠縣)의 농민 위로팔(魏老八)은 위정성(魏定省)에게 밭 한뙈기를 경작지로 받으면서 700문의 전을 지대로 지급하기로 의논해 정했다. 300문은 바로 지급했으나 나머지 400문은 지불할 돈이 없었으므로 11월 안에 지 급하는 것으로 좋게 약속했다. 이후 위로팔은 수확한 고구마 가격이 폭락해 이 득을 취할 수 없어 400문의 돈을 체불하여 갚지 못한 채 외지로 숨어 버렸다.[914] 건륭 15년(1750) 직예성 만성(滿城)의 전호 단오(段五)는 장괴가 그에게 3년 치 지

---

61) 역자 - 비교적 가벼운 사주전(私鑄錢)을 말한다.

대 미리 지불할 것을 요구할 때, "가난하여 감당할 수 없다(貧不能措)"라고 말했다.[915] 건륭 52년(1787) 직예성 통주(通州)의 장두(莊頭)였던 한삼원(韓三元)은 적자를 보전하기 위해 "각 전호들에게 이듬해 한 해의 지대 미리 납부하는 것[現租]를 제외하고 모름지기 2년 치의 압조(押租)를 지불해야 경작을 허용한다고 언명하였으나(遂向各地戶聲言, 除交來歲一年現租之外, 尚須再交二年押租, 方准種地)" "많은 호들은 그것을 지불할 능력이 없었으므로 두려워 도주하기에 이르렀다(以至衆戶無力完交, 畏匿躲避)."[916] 가난한 농민들은 한꺼번에 몇 년 치의 지대를 지불할 수 없었다는 점은 지주가 몇 년 치의 지대를 미리 징수하는 것을 제한하고 그것을 실현할 수 없도록 하는 주요한 경제적 요인이 되었을 것이다.

예조(預租)의 명칭은 각지에서 상이했다. 강소(江蘇)·절강(浙江)·강서(江西)·안휘(安徽)·호북(湖北)·사천(四川)·직예(直隸)·하남(河南)·섬서(陝西)·복건(福建) 등지에서는 예조라고 불렀다. 호남성의 한수현(漢水縣)에서는 그것을 도조(倒租) 혹은 장식(莊息)이라 불렀다. 하북성 패현(覇縣)에서는 현조(現租)라고, 하남성의 성(城)·진(鎮) 부근의 원지(園地)에서는 예조를 거두어들이는 것을 지조(支租)라고, 광동성 향산현(香山縣)에서는 기가(期價)라고, 동강(東江)지역에서는 그것을 상기제(上期制)라고, 봉천(奉天)과 수중(綏中) 등지에서는 상기조(上期租)라고 각각 불렀다.

예조제는 지주가 전호에게 미리 지대를 수취하는 조전제도 가운데 하나로 압조제도와는 서로 다르므로 혼동해서는 안 된다. 특히 주목해 두고 싶은 점은 예조는 전당(典當)이 아니어서 예조제 하에서는 소유권의 이전문제가 발생하지 않는다는 점이다.

예조제의 발전에 따라 먼저 지대를 납부한 뒤 경작하는 방법은 점차 민간에서 하나의 관습이 되었다. 『민상사습관조사보고록(民商事習慣調査報告錄)』에 의하면, "여고현(如皐縣)의 관습에 전호가 업주(業主)의 토지를 전작할 때 지대 납부의 시점에 대한 계약서를 작성했는데, 모름지기 계약에 따라 이듬해의 지대를 미리 납부해야 바야흐로 해당 토지를 경작할 수 있었다(如皐縣習慣, 佃戶承種業主之田, 訂約包租之始, 須照約預完次年之租利, 方得開始承種斯田)."[917] 절강성 영강현(永康縣)의 경우 지대[銀租]를 납부하는 자는 "오직 파종하기 전에 납부해야 했다(惟須于未播種前交納)."[918] 호남성 한수현의 관습에 따르면, 도조(倒租)건 장식(莊息)이건 간에 전호는 토지를 경작하기 앞서 현물지대[租穀] 혹은 화폐지대[租錢]를 전주에게 납부해야 했다.[919] 하북성 승덕(承德)에서 토지를 전작하는 자에게는 양조(粮租)와 전조(錢租)의 구별이 있었는데, "전조(錢租)의 납부는 즉 늦봄에 돈을 납부하는 것이었다(錢租則春季付錢)."[920] 대만 담수청(淡水廳)의 경우 "참(塹)이남에서 대다수 전호는 이른 겨울 지대를 납부하였고 지주들은 늦겨울이 되면 전호들에게 토지를 주었으니 역시 먼저 1년의 지대를 납부하고서야 경작지를 받을수 있었다(自塹而南, 多納早冬, 其晚冬悉歸佃戶. 亦有先納一年租後, 乃受耕)."[921] 이를 통해 보면 청말·민국초 예조제는 이미 광범위하게 발전했다. 허다한 문헌자료에서 언급된 사례는 문제만을 말해줄 뿐이어서 그것이 양적인 지표가 될 수 없다. 이러한 점을 보충하기 위해 필자들은 몇몇 전형적 지역을 사례로 삼았다. 『중국경제연감(中國經濟年鑑)』의 1934년 통계에 의하면, 강소성 보산현(寶山縣)의 각 지역에서 예조를 실시한 토지의 백분율은 다음과 같았다. 성가각(盛家角) 5%, 양항(楊行) 5%, 사후향(獅吼鄉) 10~20%, 유항(劉行) 20%였고[922] 각 현에서 예조제가 각종 조전제에서 차지하는 비율은 11,25%였다. 화동군정위원회(華東軍政委員會)의 토지개혁 당시의 조사에 의하면, 강소성 고순현(高淳縣) 설성향(薛城鄉)의 경작지 8,632.76무 가운제 사지(祠地)는 2,222.38무였는데 해당지역의 관습에 의하면 무릇 사지는 모두 '초조(超租)'였고 이는 먼저 지대를 납부한 후 경작하는 것을 말했다. 이러한 수치를 고려하면 예조는 응당 해당 촌의 전체 경작지 면적의 25.74%를 차지하게 된다. 이 촌의 다른 경작지가 모두 지주의 소유가 아니라면 응당 이는 자영농의 소유지가 되고 이 토지는 전작지가 아니게 된다. 이 때문에 이 촌의 예조제는 각종 조전제 가운데 차지하는 비중은 매우 높게 된다. 하북성 패현(覇縣)의 경우, "무릇 토지를 전작하는 자는 이전 해인 구력(舊曆) 10월 사이에 미리 지대[租價]를 납부해야 했다(凡租地者, 租價在年前舊曆十月間預交)."[923] 여기에 근거하면, 이 현의 예조제는 상당히 발전한 것이 되어 다른 조전제는 거의 발붙일 곳이 없게 된다. 광동성 동강(東江)지역의 경우 조전제는 은납제(銀納制)와 곡납제(穀納制) 두 형태가 있었고, 은납제는 "토지 전작 문서를 작성할 때, 먼저 매 무당 매년 지대[租銀] 약간을 납부하며 아울러 1년 치 지대를 납부해야 하고, 이후에도 연초에 은을 납부해야 했다(批田時先講好每畝田每年納租銀若干, 并將第一年的租銀交淸, 以後都要年頭交銀)."[924] 원작자는 비록 필자들에게 은납제와 곡납제 사이의 비율에 대한 정보를 제공하지는 못했지만 예조제가 동강지역에서 상당한 지위를 차지하고 있었음은 의심의 여지가 없다. 동북의 봉천지역의 경우 무릇 민전을 전작하는 자의 "대부분은 상기조(上期租)를 했다(多爲上期租)." 상기조라는 것은 "해당 연도 구력 10월 초에 화폐지대를 미리 납부해야 이듬해 전작할 수 있는 것이었다(于本年舊曆十月初一交納租金, 次年種地).”925) 이를 통해 보면, 봉천지역 민전 지주들의 적어도 60% 이상이 예조제를 채택하고 있었다. 위에서 서술한 사례들은 필자들에게 각 지역에서 실시된 예조제가 비록 서로 다르지만 다음의 사실을 확인시켜 주었다. 예조제는 아편전쟁 이전은 물론이고 아편전쟁 이후 혹은 민국시기가지 발전하여 압조제와 나란히 발전하고 있었고926) 이는 청대와 민국시기 조전제도의 특징이 되었다.

③ 간단한 결론

압조제와 예조제의 발생과 발전은 당시 사회경제에 어떤 영향을 끼쳤는지는 모두의 관심사다. 한 제도가 발생해 발전한 후 사회경제에 어떤 작용을 하였는 지를 판명해야 하는데 이것의 핵심적 관건은 이러한 제도가 사회 생산력의 발전에 어떻게 작용하여 생산력 발전을 촉진하였는가 혹은 생산력 발전을 저해하였 는가이다. 아래에서는 예조제를 위주로 하여 간략하게 이 문제를 서술할 것이다.

정액지대 하에서 비록 일정정도이지만, 생산과정에서 전호에 대한 지주의 간섭은 일정 정도 해체되었고 이는 전호들에게 비교적 큰 생산활동 범위를 제공했다. 이들은 보다 많은 시간을 자신의 생산활동에 종사할 수 있게 되었다. 그리고 이렇게 증산된 생산품은 자신의 것으로 귀결되었다. 다만 정액지대 하에서 농민이 생산 과정에서 획득한 지배권은 여전히 제한적이었고 철저하지 못했다. 특히 농토에서 생산된 곡물은 여전히 지주의 간섭을 받았다. 예를 들어 농민이 지주에게 지대를 납부할 때, 지주는 항상 지대로 받은 곡물에 대해 트집을 잡았고 아울러 큰 됫박[大斛·大秤], 산처럼 쌓기[淋尖]와 눌러 담기[踢斛], 과도하게 말리기[過 扇重晒] 등의 방법을 사용하여 농민을 약탈했다. 심지어 매우 많은 지역이 이러한 습속을 가지고 있었고 병충해·홍수·풍해(風害)·가뭄을 맞으면 정액조를 정률지대로 바꾸었다. 풍년이 든 해에 지주들은 지대 수입액이 감소할 것을 감지하고 있었기 때문에 정액지대 계약을 폐기하고 농민을 핍박하여 다시 정률지대로 바꾸었다. 이러한 상황에서 농민의 생산에 대한 지주의 간섭과 경제외적 강제는 다시 정률지대 하의 상황으로 회귀하기도 했다.

정액지대에서 예조제로의 바뀐 후, 지주의 지대수취 방식도 변화하여 지주에게는 지대수입이 보장되고 지주전호 관계도 매우 느슨하게 되었다. 건륭 11년 (1746) 광동성 향산현(香山縣)에서 발생한 한 사건에 의하면, “계약서 내에 지대를 미납할 수 없으니 미리 지대[耕銀]을 지급하면 오래토록 경작할 수 있다고 명기

되어 있다(批內, 書明不欠租穀, 預給耕銀, 卽任長耕)."[927] 대만 담수청(淡水廳) 일대
에서는 심지어 먼저 1년 치 지대를 납부한 이후에야 경작할 수 있었으며 반드시
조전계약문서를 작성할 필요도, 압조은(押租銀)을 납부할 필요도 없었다.[928] 동북
지역의 현전호(現佃戶)의 경우, 그의 경작권을 획득하는데 다음 해의 지대를 미
리 납부하는 것을 조건으로 하여 계약문서를 작성하지 않아도 구두로 약정하면
계약이 이루어졌다.[929] 이때 생산물의 분배에서 전호는 자주권을 가지면서 지주
의 간섭을 받지 않았다. 광동성 동강(東江)지역에서 은납제(銀納制)라는 것이 있
었는데, 토지 경작 문서를 작성할 때 먼저 매 무당 매년 지대[租銀] 약간을 납부
하며 아울러 1년 치 지대를 납부해야 했다. 이후에도 연초에 은을 납부했다. 지
주는 경작하기 앞서 지대를 수취해 갔기 때문에 "그 해의 풍흉에 관여하지 않았
고 그것을 묻지도 않았다(所以不管年成好壞, 他都不過問的)."[930] 조사자의 보고에
의하면, 호남성 한수현(漢水縣)의 경우, 전호는 토지를 경작하지 전에 미리 응당
납부해야 할 지대를 전주에게 납부하면, "그 해가 풍년인지 흉년인지 전주는 절
대 묻지 않았다(無論年歲豊歉, 田主絶不過問)."[931] 앞서 서술한 것을 보면, 예조제
하에서 지주는 이미 전호의 생산과정과 생산물의 분배에 간여하지 않았고 전호
는 지대를 납부하는 것 이외에 지주에게 다른 차역(差役)을 제공할 필요가 없었
다. 이러한 지대지급 형식에서 전호는 생산상의 완전한 자주권, 노동시간과 노동
력의 지배권, 그리고 생산물에 대한 소유권을 획득하였다. 지주 혹은 전지에게는
겨우 지대를 수취할 권리만 있을 뿐이었다. 이러한 변화는 정액제하의 전농이
획득하고 있던 제한적 자주권과는 현저하게 큰 차이가 있었다. 지주전호관계의
이러한 해체경향은 전농의 신분적 지위 상승에 도움을 주어 지주에 대한 그들의
투쟁에 유리한 조건을 조성했다. 이러한 조전제 하에서 경제외적 강제는 관철될
수 없었다. 따라서 명·청시기에는 이미 경제적 강제가 형성되었고 이것은 민국
시기에 이르러 조전관계의 새로운 주요한 특징이 되었다. 지주전호 사이 봉건적
예속관계의 해체는 전농이 생산에 적극성을 발휘하는데 도움이 되었고 사회경제
의 발전에 유익했다.

　필자들이 수집한 자료를 근거해서 살펴보면, 예조제하에서 농민은 토지경작
을 쟁취하기 위해 지주에게 미리 1년 치 화폐지대[租金] 혹은 현물지대[租穀]을
납부하기도 하고 2·3년 치의 지대 많을 경우 5·6년 치의 지대, 심지어는 15~25년
치의 지대[租錢]을 미리 납부했다. 어떤 농호들은 당해 연도 지대의 일부를 먼저
납부하고 나머지 부분은 추수 후 완납했다. 이미 검토한 예조관련 자료를 살펴

보면, 농민들이 납부한 예조전(預租錢)은 적을 경우 몇 백문(文), 많을 경우 십만여 문, 심할 경우에는 은자로 천냥이나 되었다. 다만 납부된 예조의 대다수는 수천문에서 수만문 사이였다. 만약 납부한 화폐가 은이라면 수냥에서 수십냥 사이였다. 이러한 상황의 존재는 토지를 경작하는 수량이 다소와 밀접하게 관계되어 있었다.

필자들이 살펴본 예조사례 가운데 56건은 명확하게 미리 납부한 금액이 기재되어 있었다. 고찰의 편의를 위해 필자들은 이들 건수를 금액에 따라 몇 가지로 분류해 보았다. 1,000문 이하는 10건, 1,000문에서 30,000문까지는 29건, 30,000문에서 50,000문까지는 9건, 50,000문에서 100,000문까지는 4건, 100,000문에서 200,000문까지는 3건, 1,000,000문은 1건이다.[932] 이들 가운데 대다수는 토지 경작으로 지불된 화폐지대[租金]이었다. 절강성 진운현(縉雲縣)의 심직부(沈直富)는 건륭 모년 3월 30,000문을 지대[租錢]로 전주 두명유(杜明有)에게 납부했다.[933] 호북성 장남현(漳南縣)의 주복순(朱復舜)은 건륭 11년(1746) 능조(凌潮)에게 한필지의 토지와 한전(旱田) 12무를 경작지로 주면서 의논하여 이렇게 정했다. 매년 지대[租錢]는 4,200문으로 하고 연초에 지대를 납부해야 이듬해 경작할 수 있으며 15년 차 한전의 지대[租錢]는 14년이 지나 납부한다.[934] 사천성 사홍현(射洪縣)의 노유강(魯維綱)은 유체인(劉體仁)의 토지를 전작하면서 압조전(押租錢) 100,000문을 납부하기로 했다. 이때 매년 지대[租錢]로 20,000문을 납부하되 먼저 납부해야 경작할 수 있다는 것을 합의로 정했다.[935] 직예성의 유해상(劉海祥) 등은 건륭 7년(1742) 4경 45무를 차경하면서 1,000냥을 지대[租銀]로 납부하고 15년을 계약기간으로 했는데, "이주(伊主 : 정홍기 소속의 종실인 都隆額)와 대면하여 문서를 작성하고 은을 납부했다(面同伊主, 立契交銀)."[936] 직예성 영청현(永淸縣)의 주웅호(朱雄虎)는 40냥의 은자를 가지고 조제(兆第)의 토지 60무를 경작하면서, 주웅호는 "이 40냥으로 나는 지대를 바쳐야 한다(就是四十兩我也要租)"고 말했다. 그는 은자를 주인에게 주자 주인은 "지대를 가지고 갔다(把地租去了)."[937] 직예성 준화주(遵化州)의 양서(楊瑞)는 조구회(曹九會)의 명의로 되어 있는 40무의 토지를 경작했는데, 매년 지대[租價]로 경전(京錢) 36,000문을 지급하기로 하면서, "매년 지대[租錢]는 양서가 미리 납부하도록 하고 미납하지 않도록 했다(每年租錢楊瑞原是預期交淸的, 幷沒拖欠)"고 정했다.[938] 직예성 정흥현(定興縣)의 장서곤(張書坤) 등은 문흥(文興)의 토지 37무를 경작했는데, 매년 함께 20,620문의 지대[租錢]를 납부하였고, "여러 해 이래로 연초에 지대를 납부하여야 이듬해 경작할 수 있었다(屢年以來, 俱系頭年

交租, 次年租地)."939) 직예성 영청현의 방서정(方瑞征)은 가두(賈杜)의 토지 10무를 경작했는데, 9년을 계약기간으로 하면서 "먼저 지대로 대전(大錢) 15,000문을 납부하였다(先給地租大錢十五千文)."940) 이상의 사례를 통해 당시 이미 상당수의 전농들은 화폐지대를 미리 지불할 능력을 가지고 있었다. 이러한 경제적 지불 능력의 제고는 전농자신의 경제생활을 향상시키는 데 도움이 되었다.

다만 봉건사회 혹은 반봉건·반식민지사회에서 조전제도의 변화로 인해 획득한 경제적 성과는 종종 지대를 증대시키고 전호를 수탈하는 지주의 차지가 되었다. 더불어 상당부분의 빈약한 농민들은 예조와 압조를 납부할 수 없어 돈을 빌리게 되었으며 결과적으로 고리대의 함정에 빠져 벗어날 수 없었다. 몇몇 농민들은 완납하지 못한 지대[租錢]을 상환할 능력이 없어 고향을 떠나 유리했다. 몇몇 농민들은 이듬해의 지대를 미리 납부할 방법이 없어 부득불 전작지를 버려야 했다. 이것은 홀시할 수 없는 예조제의 또 다른 얼굴이다.

3. 일전다주제(一田多主制) 아래 경영관계의 변화

선행 연구에서는 명·청시기 발전해온 '1전 2주(一田二主)' 혹은 '1전 3주(一田三主)'의 토지경영방식을 '영전제(永佃制)'라 칭했다. 이러한 칭호는 지금까지 이어져 현재 '1전 2주' 혹은 '1전 3주' 사이의 상호관계는, 지주의 토지를 전작하는 전호의 관계에 속하지 않고, 쌍방 혹은 삼자가 화폐를 투입하여 한 토지에 공동으로 생산물의 분배권을 향유하는 관계로 되었다. 여기서 그들 사이에는 지주전호관계가 존재하지 않는다. 그들 각자는 독립적인 '주인(主人)'의 얼굴을 가지고 등장하며 각자가 소유한 전피(田皮 : 田面) 혹은 전근(田根 : 田骨)은 자유롭게 매매되고 상속되었고, 이들은 상호 평등한 관계로 예속성은 존재하지 않았다. 그들 사이의 관계는 경제적 관계에 불과했다. 때문에 이러한 동업[合伙 : 合股]관계는 지주전호 관계와는 확연이 다른 것이었다. 이러한 경영방식을 조전관계 위에 고정시키는 것은 아마도 타당하지 않을 것이므로 응당 새로운 내용을 부여해 본래의 면모에 부합시켜야 할 것이다.

1전 2주제 혹은 1전 3주제의 형성은 농민이 각종 형식의 대가를 치루고 획득한 것이었다. 홍치(弘治) 9년(1496) 안휘성 기문(祁門)의 농민 오일(吳逸)은 전면(田面)을 휴녕(休寧)의 농민 이도(李度)에게 양도하면서 은자 2냥 2전을 받았다.941) 정덕(正德) 연간(1506~1521) 강소성 강음현(江陰縣)의 농민은 업주(業主)의 토지를 경작할 때, 반드시 돈을 내어 경작권을 구입해야 했다.942) 가정(嘉靖) 연간 (1522~1566) 복건성 용계현(龍溪縣)의 농민들은 업주(業主)의 토지를 경작할 때, '분토(糞土)'전을 납부해야 했다.943) 강서성 감남(贛南)의 농민들은 "돈을 내어 황무지를 개간했다(出資墾荒)."944) 사천성 운양현(雲陽縣)의 농민들은 거액의 "압색비용(壓稽之費)"를 납부했다.945) 강소성 숭명(崇明)의 농민들은 "토지를 얻기 위한 제방공사비(圩田工本)"를 지불해야 했다.946) 호북성 종상(種祥)의 농민들은 "헐값에 사서 경작하려 했다(賤賣圖耕)."947) 광동성의 농민들은 '정경은(頂耕銀)'을 통해 '질업(質業)'을 획득했다.948) 대만의 농민들은 '포저은(埔底銀)'949)을 통해 경작권을 획득했다. 금열(錦熱)지역의 농민들은 '지가(地價)'950)를 통해 경작권을 획득했다. 앞서 서술한 것을 통해 보면 농민이 토지의 경작권을 획득하는 길은 두 가지 길 뿐이었다. 하나는 지주의 토지를 개간하였을 때 농민들은 황무지 개간에 자신의 자본을 투여하여 경작권을 획득하였다. 이것은 개간비 형태로 자금을 투여하여 원래의 주인과 합작하여 경영하는 방식이다. 두 번째는 대다수 경작자는 경작권을 구매하여 원래 주인과 함께 경영하는 방식이다. 자세한 내용은 본장 1절의 (3)에 기재되어 있다.

경작권 매입과 개간비 투자를 통해, 원래 토지소유자와 결성한 '1전 2주제'의 경영방식은 명·청시대 크게 발전했다. 소유제적 측면에서 보면 사유토지에서 관전에 이르기까지 모두 '1전 2주제' 경영이 이루어졌고, 지역적 측면에서 보면 남부지역에서 북부지역에 이르기까지 '1전 2주제' 경영이 확인된다. 새로운 개간지인 대만과 금열지역에서도 '1전 2주제' 경영이 보인다. 이들의 분포상황은 본장 1절에서 이미 언급한 바 있으므로 여기서는 생략한다.

이러한 '1전 2주제' 경영의 상황은 일단 부채로 인해 자신이 소유한 전면(田面) 혹은 전골(田骨)을 다른 사람에게 양도하게 되면 '1전 2주제'적 경영은 끝이 나게 된다. 만약 경작권을 매입한 자가 경작권을 판매한 이후에도 해당 토지를 전작(佃作)하게 된다면, 그들의 관계는 다시 봉건적 조전관계로 회귀하게 된다. "조전계약 작성자 왕원손(汪元孫)은 지금 방갱구(方坑口)라는 지명의 토지 2필지를 지대로 11석 5근(斤)을 납부하기로 하고 직접 경작하였는데, 여러 해 동안 지대를 납부하지 않아 지금 이 토지의 전피(田皮)를 전주(田主)인 왕(汪) 모에게 관할하게 하며 삼자(역자-구매자, 판매자, 중개인)가 의논하여 은 4냥으로 그 가격을 정하였다. 이 은은 전주에게 돌려 줄 지대[租穀]에 상당하는 값이다. 이 토지는 전주 자신이 전호를 불러 전작시킬 수 있도록 하며 여기에 다른 말을 할 수 없다

(立佃約人汪元孫, 今因土名方坑口田二丘, 計客租十一石零五斤, 向是身耕種, 因田租連年拖欠未淸, 今憑中將本田皮出佃與田主汪名下管業, 三面議作時値價文銀四兩正. 其銀抵還田主租穀淸迄. 其田聽從田主自行招佃耕種, 無得異說)."951) 왕정손과 왕모는 원래 1전 2주제 경영을 하는 동업자였으나, 왕원손이 전면권을 왕모에게 양도한 후 왕원손과 왕모의 동업경영은 종결되었다. "판매계약을 한 정원친(鄭元親)은 조상으로부터 물려받은 전근(田根)을 소유하고 있었는데, 이 전근은 본현(本縣) 본도(本都) 탕원지방(湯院地方) 중단(中段)이라는 곳에 위치하고 그 면적은 1무(畝) 5분(分)이었다. 해마다 경작에 대한 지대 160근(斤)을 상랑처(常郎處)에게 납부하며 줄곧 경작하고 있었다. 지금 사용할 돈이 필요하여 중개인에게 부탁해 조카 상랑처의 집에서 삼자가 합의하여 전근(田根)을 은(銀) 11냥(兩)에 판매하되 은은 순도 95%여야 한다. 그 은이 지불된 날 해당 전근은 조카가 전호를 불러 전작시키면서 지대를 수취한다(立賣契鄭元親, 承祖置有民田根一號, 坐落本縣本都湯院地方, 土名中段, 丈計中則田一畝五分零. 年載面租穀一百六十斤, 納在常郎處, 曆耕無異. 今因要錢應用, 自請願托中就在本厝侄常郎處, 三面言議, 賣出田根價銀一十一兩正, 水九五色頂九五平. 其銀卽日交訖, 其田根聽從侄起佃耕作納租)."952) 부채 혹은 급전으로 인해 전면 혹은 전근을 판매하는 자들은 곳곳에서 확인된다.

1전 2주제 경영에서는 전면을 가진 자는 토지의 직접경영자였고 수익의 분배에서 비교적 큰 부분을 차지했다. 웨이진위[魏金玉] 선생은 세 사례를 제시한 바 있다. 만력 연간(1573~1619) 복건성 장주부(漳州府)에서는 "토지는 하나이나 주인은 세 명인데, 대조(大租), 소조(小租), 전호(佃戶)가 그들이다. 만약 토지 10무라면 대미(帶米)가 9두(斗) 6승(升) 3합(合)이고 그 땅 값은 은 80냥(兩)이여 거두어들이는 조곡(租穀)은 50석이 된다. 대조라 불리는 자는 은 20냥을 들어 매년 조곡 10석을 얻는데 비록 적은 은을 사용하나 납부해야 하는 세금은 모두 그 사람 몫이 된다. 소조라 불리는 자는 50~60냥의 은을 사용하여 매년 조곡 20석을 얻는데 비록 많은 은을 들였으나 일체의 세금은 부담하지 않는다. 전호는 돈 대신에 노동력을 내어 경작하여 수확하니 해마다 벼[稻穀] 20석을 가진다(一田而有三主之名, 一曰大租, 一曰小租, 一曰佃戶. 如每田十畝, 帶米九斗六升, 値銀八十兩, 收租穀五十石. 大租者只用銀二十兩, 買得年課租穀一十石, 雖出銀少, 而辦納糧差皆其人也. 小租者則用銀五六十兩, 買得年租穀二十石, 雖出銀多, 而一應差糧不預焉. 至于佃戶則是代爲出力耕收, 年分稻穀二十石)." "해마다 납부하는 절색미(折色米)·기병미(機兵米)·역전미(驛傳米)·인정은(人丁銀) 등의 항목이 있는데 도합 은 1냥(兩) 2전(錢) 남짓하다.

만약 10석(石)의 조(租)로 논한다면 대략 그 값은 은(銀) 2냥 5전 즈음 된다(歲納折色機兵驛傳米人丁銀等項, 統銀一兩五錢有零. 若以十石租論之, 約值銀二兩五錢)."[953] 도광 연간(1821~1850) 강서성 영도(寧都)지역에서는 "전인(佃人)이 주인의 토지를 빌려 스스로 경작하지 않고 다른 사람에게 빌려주어 경작하게 할 경우 그것을 '차경(借耕)'이라 하였다. '차경'하는 사람은 전주(田主)에게 골조(骨租)를 납부하고 또 전인(佃人)에게 피조(皮租)를 납부하였다. 만약 50무(畝)의 토지가 있어 해마다 200석의 곡식을 수확하여 4구(四句)라 부르는 토지가 있다면, 골조는 50석이고 피조는 70석이며 차경인은 80석을 가졌다. 그 많고 적음에는 미세한 차이가 있었으나 대략 2/3가 피조와 골조에 해당했다(佃人承憑主田, 不自耕種, 借與他人耕種者, 謂之借耕. 借耕之人, 旣交田主骨租, 又交佃人皮租. 如五十畝之田, 歲可獲穀二百石, 俗謂四句之田, 則以五十石爲骨租, 以七十石爲皮租, 借耕之人自得八十石, 然多寡亦微有不同, 大約以三分之二作皮骨租)."[954] 대만 "창화 담수지역의 밭은 모두 계곡물과 통하는데, 1년에 2번 수확하니 대략 각각의 밭 1갑(甲)에서 곡식 40~5석 혹은 70~80석을 생산하며 풍년이 든 해에 상등전(上等田)에서는 100 여석을 거둔다(彰化淡水田皆通溪, 一年兩熟, 約計每田一甲可産穀四五十石至七八十石不等, 豊收之年上田有收到百餘石者)."[955] 연횡(連橫)의 『대만통사(臺灣通史)』 농업지(農業志)에 의하면, "상등전 1갑에서 100석, 중등전에서 70석, 하등전에서는 40석을 수확했다(上田一甲收穀百石, 中七十石, 下四十石)." 만약 1갑에서 70~80석을 수확한다고 계산하면 연간 대조는 8석, 소조는 20~30석 직접생산자는 40~50석을 얻을 것이다.

웨이[魏]선생은 위의 3지역의 상황이 다르고 생산량이 차이가 있지만, 경작권 소유자가 비교적 많은 생산물을 소유하고 있다고 이해했다. 이러한 계산에 근거할 때, 대조와 소조를 납부하고 난 뒤의 직접생산자 소득을 대조 혹은 소조(복건 일대에서는 대조, 영도(寧都)와 대만에서는 소조)에 더하면, 영전(永佃) 농민의 소득은 생산량의 3/5, 3/4, 9/10 가량 된다. 이에 반해 대조와 소조를 납부한 전호의 소득은 겨우 2/5, 1/5, 1/2 가량이 된다.[956] 웨이 선생이 지적한 영전농민은 필자들이 가리킨 전피를 가진 직접생산자이다. 여기서 토지수익의 분배는 실제 '경작권의 구입(買耕田)' 여부와 투여한 노동력의 다과에 따라 이루어진다.

1전 2주제 경영방식의 토지에서 전피의 소지자와 전근의 소지자는 자유로운 처분권을 가지고 있어 자기가 소유한 전피 혹은 전근을 자유롭게 매매, 양도, 상속할 수 있었다. 전근 소유주와 전피 소유주 사이의 관계는 경제적 관계에 불과해 그들 사이에 신분적 예속관계는 존재하지 않았다. 명 정덕(正德) 연간(1506~1521),

강소성『강음현지(江陰縣誌)』는 1전 2주제 내에서 전면 소유주에 대해 이렇게 묘
사했다. "그 전인(佃人)의 토지는 자기의 자산으로 간주한다. 채마밭으로 삼거나,
혹은 자신의 집으로 삼거나, 혹은 그 위에 분묘를 만들거나 모두 자기 뜻대로 하
며, 업주(業主)는 문제 삼지 못했다. 늙으면 즉 자신들에게 그것을 나누어 주고
가난할 경우에는 그것을 다른 사람에게 팔았다(其佃人之田, 視同己業, 或築爲場圃,
或構以屋廬, 或作之墳墓其上, 皆自專之, 業主不得與問焉. 老則以分之子, 貧則以之賣
于人)."[957] 이와 유사한 상황에 대한 기록은 많다. 예를 들어 『강소산음수조전안
(江蘇山陰收租全案)』에는 이렇게 기록되어 있다. "전호들이 토지를 경작할 때 정
수(頂首) 등 명목의 돈[錢文]을 가지고 있는데 이를 전면(田面)이라 했다. 토지를
가진 자 가운데 상당수는 정수에 출자하여 사사롭게 서로 주고받으니 이런 이유
로 전호들이 여기에 의존해 토지를 자기 것으로 삼아 소유주[業戶]들이 스스로
주인이 되지 못한다(佃戶攬種包租田地, 向有取用頂首等名目錢文, 名爲田面. 其有是
田者, 率多出資頂首, 私相授受, 由是佃戶據爲己有, 業戶不能自主)." 광서(光緖) 연간
작성된 『주장진지(周莊鎭誌)』에도 이런 기술이 있다. "오(吳)지역 전인[農佃人]의
토지 가운데 열에 여덟아홉은 조전(租田)이라 하는데, 민간에서는 전저(田底) 혹
은 전면(田面)이라는 칭호가 있었다. 전면이라는 것은 전농(佃農)의 소유이고 전
주는 단지 전저만을 소유할 뿐이다. 대개 전농과 각각 그 반을 소유한다. 그런
까닭에 전주가 바뀌더라도 전농은 바뀌지 않으며 전농이 바뀌더라도 전주는 바
뀌지 않는다(吳農佃人之田者, 十八九皆所謂租田, 俗有田底田面之稱. 田面者佃農之
所有, 田主之田底而已. 蓋與佃農各有其半. 故田主雖易而佃農不易, 佃農或易而田主亦
不易)."[958] 영도현(寧都縣) 인의향(仁義鄕) 횡당(橫塘)의 승다정(睦茶亭)의 비문에도
이런 기록이 있다. "전호가 은을 내어 경작권을 매입하는 것은 전주가 은을 내어
매입하는 것과 같다. 이는 위에서 흘러가면 아래가 그것을 받아들인 것으로 지
금에서야 시작된 것은 아니니 혁파하는 것이 쉽지 않다. 그러나 계속 전승되어
장차 퇴각은(退脚銀)은 양절지역으로 점차 확대되었으며 이 퇴각은이 토지가격
보다 비싸게 되었다. 이에 종종 전주(田主)를 멸시하게 되고 항조하니 소송은 이
로부터 발생하였다(佃戶之出銀買耕, 猶夫田主之出銀買, 上流下接, 非自今始, 不便禁
革. 但輾轉相承, 將退脚銀兩浙次加增, 以使退脚歸于田價. 往往蔑視田主, 抗租私退,
訟端由此而起)."[959] 진소수(陳紹洙)는 강서성의 "건군(建郡)지역의 토지는 모두 지
주와 전호가 주인이다. 전인(佃人)이 경작권[承種]을 다른 이에게 팔아도 주인이
관여할 수 없었다(建郡田皆主佃兩業, 佃人轉買承種, 田主無能過問)"[960]라고 했다.

광서 연간에 편찬된『우도현지(雩都縣誌)』에서는 "토지에는 전골(田骨)과 전피(田皮)가 있는데, 전피는 전인(佃人)에게 속한 것이고, 그 값은 때때로 전골보다 비쌌다. 이런 이유로 전인들은 전주를 멸시하여 지대를 납부하지 않거나 납부하더라도 쭉정이가 반이나 되었다. 조금의 가뭄과 홍수라도 있으면 지대의 수를 감했다. 값이 비쌌다는 것을 알지 못하는 자들이 수익을 넓히려 했기에 두터운 이득은 전인에게 돌아갔고 전주는 겨우 필수적인 지대만을 얻을 뿐이었다(田有田骨田皮, 田皮屬佃人, 價時或高于田骨, 因藐視田主, 捎租不還, 還亦秕粟相半. 少有水旱, 卽減分數. 不知價之高者, 因出息廣, 厚利皆歸佃人, 而田主僅得些須之租)."

명·청시기 조전경영방식의 1전 2주제 경영으로 발전한 것은 봉건적 토지소유관계 해체의 표현이다. 1전 2주제 경영의 발전은 생산된 잉여생산물의 크고 작은 부분을 전면권을 가진 직접생산자의 손에 놓이도록 했으며 이것은 농민을 생산에 적극적으로 나서게 하고 일부 농민에게는 치부할 수 있게 했다. 1전 2주제 경영방식의 발전은 봉건 토지소유 본래의 구조를 파괴하여 중국 봉건사회 후기에 일종의 완전히 새로운 소유제 형식을 만들어 내었다.

제6절 자본주의 맹아의 발생에 대하여

명·청시기는 중국 봉건사회 말기이다. 이점은 학술계의 일치된 견해이기도 하다. 다만 왜 그것을 봉건사회 말기로 칭하는지에 대해서는 견해가 일치되지 않고 있다. 필자들이 보기에 명·청시기가 중국 봉건사회 말기로 불리는 이유는, 중국 봉건사회 자체 발전의 필연적 결과이자 사회경제 발전이 충적된 결과였으며, 이전 시기와 비교하여 명확한 사회경제적 특징을 가지기 때문이다.

지주제 경제의 관점에서 보자면, 봉건사회 전기에는 신분제적 지주의 비중이 높다. 명·청시기에 이르러 특히 '탄정입지(攤丁入地)'가 실시된 후, 비신분적인 서민지주의 비중이 높아지고 있었다. 지주호 가운데 서민지주가 차지하는 비중에서 보든, 지주호 소유 토지에서 서민지주의 소유토지 비중에서 보든, 서민지주의 비중은 신분적 지주의 그것을 넘어서고 있다. 지주계급 구성에서도 신분적 지주는 쇠퇴하고 있었으나 서민지주는 성장해 가고 있었다.[961] 지주의 토지 경영적 차원에서 신분적 지주는 주로 출조경영(出租經營)을 채택하거나 노복을 사용하여 경영하였던 반면, 서민지주는 고공을 고용하여 경영하거나 출조경영과 자영을 결합시켰다. 토지 매매에서도 전기 토지매매는 정부의 제한 속에서 이루어져 판매하려는 자는 해당 토지의 소유를 확증 받은 후 판매할 수 있었다. 송과 원 이후 토지매매에 대한 정부의 간섭은 점차 역사의 무대에서 사라져 갔다. 민간의 관습이 그것을 대신하여, 토지 판매자는 먼저 '친족[親房]'에게 허락을 받아야 했다. 명·청시기가 되면 토지 매매에서는 즉 "돈이 있으면 사고 돈이 없으면 파는(有錢則買, 無錢則賣)" 자유로운 교역으로 바뀌었고 비록 '우선권(優先權)'이 여전히 작동하기는 했어도 토지의 자유매매 추세는 진전되었다.[962]

지대의 형태에서도 전기는 현물정률지대가 위주였다. 송대 학전(學田) 등의 공전(公田)에서 현물정액지대가 시행되었으나, 명·청시기에 이르러 일반 민전에서도 현물정액지대가 실시되었으며 청대에 이르면 현물정액지대가 정률지대를 넘어서 지배적 위치를 차지하였다. 특히 이 시기에는 화폐지대도 발전하고 있었다. 지주전호 사이의 경제외적 강제는 점차 경제적 강제로 대체되었다.

한편 토지소유제적 차원에서도 봉건사회 전기에는 국유지가 차지하는 비중이 비교적 컸으나 명·청시기가 되면 국유지의 비중은 축소되고 사유지의 비중이 점차 많아진다. 토지소유형식도 변화해, 전기의 토지소유제인 국유제·지주소유제·소농민소유제가 명·청시기가 되면 이들 소유제 이외에 새로운 토지 지분소유제[土地合股所有制]가 형성되었다. 과거 한 토지에 단일한 소유자가 존재한 형태를 벗어나 한 토지에 여러 명의 지분을 가진 소유자가 존재하는 소유로 변화했다. 이를 '1전 2주' 혹은 '1전 3주'라고 부른다. 생산관계에서도 전농(佃農)은 신분적 예속관계를 거쳐 신분적 의존관계로 나아가다 신분적 의존관계 역시 점차 해체되어 갔다. 청대에 이르러 전농의 법률적 지위는 중국 봉건사회에서 가장 높아졌다.[963] 단공(短工)·장공(長工)의 법률적 지위 역시 '고공인(雇工人)'을 거쳐 '범인(凡人)'으로 전화되어 갔다. 농민 봉기 역시 신분적 자유의 쟁취로부터 토지소유권의 획득으로 전화해 갔다.

중국 봉건사회 전기와 말기의 경제관계의 변화가 완전했던 것은 아니었다. 앞서 서술한 것은 겨우 몇몇 사례일 뿐이다. 특히 이 가운데 가장 근본적인 변화는 중국 봉건사회의 장기변화 발전의 결과로 명·청시기에 이르러 봉건사회 모체에는 이미 일종의 새로운 생산관계 즉 자본주의 생산관계의 맹아를 잉태하고 있었다.

다만 중국 봉건사회의 근저에 자본주의 맹아가 존재하였는지 아닌지 혹은 언제 비로소 출현하였는지에 대해서 학술계는 현격한 견해차를 보이고 있다. 그들의 관점은 4개의 논문집에 집중적으로 반영되어 있다. 첫 번째 논문집은 1957년 삼련서점(三聯書店)에서 출판한『중국 자본주의 맹아문제 토론집(中國資本主義萌芽問題討論集)』으로, 이 책은 1957년 이전 발표된 33편의 논문을 수록하였다. 두 번째 논문집은 1960년 삼련서점이 출판한『중국 자본주의 맹아문제 토론집(中國資本主義萌芽問題討論集)』(속편)으로, 이 책은 1957에서 1959년에 이르는 시기 발표된 20편의 논문을 수록하였다. 세 번째 논문집은 1981년 상해인민출판사(上海人民出版社)가 출판한『명·청 자본주의맹아 연구논문집(明淸資本主義萌芽硏究論文集)』으로, 이 책은 1978년 이래 발표된 25편의 논문을 수록하였다. 네 번째 논문집은 1983년 강소인민출판사(江蘇人民出版社)가 출판한『중국 자본주의맹아문제 논문집(中國資本主義萌芽問題論文集)』으로, 이 책은 1980년에서 1982년 4월 까지 발표된 18편의 논문을 수록하였다. 1950년대 이래 이 문제에 대한 토론 양상은 필자들이 이미 앞서 논평한 바 있으므로 여기서는 다시 장황하게 설명하지 않겠다.[964] 1980년대 이후 자본주의 맹아문제에 대한 토론은 저조해 졌으나 이 문제에 대한 두 편의 논문은 주목할 만하다. 하나는 리우중리[劉重日]가 저술한「명대 농업자본주의 맹아[明代農業資本主義萌芽]」[965]라는 논문이다. 이 논문 오랜 침묵 후 발표된 자본주의 맹아 문제에 대한 논문이다. 논문은 자본주의 맹아의 연구를 위해서는 반드시 자본주의 생산관계의 새로운 요소 즉 봉건적 생산관계와 다른 부분을 검출해 낼 것을 강조했다. 다른 한편의 논문은 우청밍[吳承明]의「전통경제로부터 시장경제로의 전환과정에서 상품유통의 작용에 대한 강조[要重視商品流通在傳統經濟向市場經濟轉換中的作用]」이다. 저자는 이렇게 말한다. "자본주의는 건너 뛸 수 있으나 시장경제는 건너 뛸 수 없다. 건너 뛰었다하더라도 보충되어야 한다. 마르크스는 카우디움(Caudine)협곡[62]을 언급한 바 있는데[63] 중국은 실제 자본주의 시대를 거치지 않았고 중국은 그것을 건너 뛰어 넘었다. 이 때문에 나는 역사연구에서 반드시 자본주의 맹아 연구를 할 필요가 없다는 견해를 제시하려 한다. 자본주의 맹아를 말하는 것과 근대화의 맹아 즉 시장경제의 맹아를 말하는 것은 다른 것이다."[966]

중국 봉건사회 후기가 새로운 생산관계의 맹아를 잉태하고 있었는지의 여부는 중대한 역사적 문제였다. 그러므로 이 문제에 대한 심도 깊은 토론이 진행되

---

62) 역주 - 기원전 321년 로마가 이탈리아 반도 패권을 두고 산티움 부족과 싸운 전투.

63) 역주 - 맑스는 자수리치에게 보낸 편지에서 러시아가 자본주의라는 카우디움 협곡을 거치지 않을 가능성에 대해 언급했는데 이는 로마가 카우디움 협곡 전투와 혐상을 거친 후 제국으로 성장한 것을 빗대어 한 말이다.

어 왔으며, 이는 중국 사회경제 발전 법칙을 이해하는 데 도움이 되었다. 1950년대에 시작되어 줄곧 지속되어 온 토론은 충분한 의의가 있고 지금까지 결론 내리지는 못했으나 사람들의 시야를 넓혀주었다. 이렇게 중대한 문제는 단시일 내에 해결되기 대단히 어렵다. 다만 점차 분명해 지고 있으므로 앞으로 이 문제는 차츰 밝혀 질 것이다. 사람들은 과거 이 문제에 대한 토론에서 어떤 견해를 표했는지와 무관하게 이 문제에 대한 토론은 깊어졌고 이는 적극적인 작용을 일으켰다. 선행 연구자들의 토론이 큰 공헌을 한 것이다.[967]

1. 자본주의 맹아의 표식을 무엇으로 삼을 것인가?

봉건주의와 자본주의 경제관계의 가장 본질적이고 핵심적인 구별은 무엇인가? 만약 이 가장 본질적이고 핵심적인 내용을 개괄한다면 그렇게 중국 봉건사회 속에 자본주의 맹아가 출현했는지의 여부와 언제 자본주의 맹아가 출현하였는가의 문제는 바로 해결될 것이다. 오랜 고찰을 거쳐 필자들은 봉건주의 경제관계의 가장 본질적이고 핵심적인 것은 각양각색의 예속관계[依附關係]을 통해 지주계급이 농민을 사역시키고 수탈한다는 점이다. 자본주의 경제관계의 가장 본질적이고 핵심적인 것은 화폐 소유자가 유통 영역에서 자유로운 노동력을 구매하고 그들의 잉여노동을 착취하여 가치를 실현시킨다는 점이다. 즉 자본주의 경제 내의 자본은 반드시 자유로운 고공(雇工)을 착취하여 잉여가치를 이윤으로 실현시킨다. 이것이야 말로 자본가와 자유로운 고공(雇工) 사이의 착취와 피착취 관계를 체현하는 것이다. 관건은 화폐가 자본으로 전환되는가의 여부이다. 이러한 전환이 출현하는가의 여부는 자유로운 신분의 노동자가 출현하는 가의 여부에 의해 결정된다. 이 때문에 이 문제에 대한 연구는 우선 자유 고공(雇工)의 출현 문제에 초점을 맞추어야 한다.

중국 봉건사회에서 고공(雇工)은 지주제 경제와 거의 동시에 출현하였다. 서주(西周)시기에는 노예를 농업노동에 종사시켰고 춘추전국시기가 되면 고공을 사용하였고 이 시기에는 '용부(庸夫)'[968]와 같은 부류의 기록이 보이기 시작한다. 부업적인 고공을 사용한 이들은 주로 부유한 농민과 서민지주들이었고 고공들을 직접 사역시켜 경영했다. 이 시기 주인과 고공의 관계는 예속관계[等級關係]였으나, 고공의 지위는 노예보다 나아 비교적 많은 신분적 자유를 누렸다. 이러한 변화 발전은 당시 지주제 경제발전에 따른 것이었고 주로 고용주의 신분 변화에 따른 것이었다. 그들은 이미 귀족지주계급 신분에서 벗어나 있었다. 이후 수·당 특히 송대에 고공에 대한 기록은 더욱 많아진다.[969] 당말·오대의 오랜 전란을 거치면서 송대 토지소유관계는 크게 변화하여 대부분의 토지가 자영농의 수중에 놓이게 되었다. 이들 자영농 가운데 노동력이 충분하고 경제조건이 비교적 좋은 이들은 농사에 힘써 부자가 되어 서민지주로 상승했다. 이와 동시에 토지와 노동력이 적으며 경제조건이 비교적 열악한 농민들은 자연재해와 수탈에 의해 토지를 팔고 전호[佃耕農] 혹은 노동력을 팔아 생계를 유지하는 고공(雇工)으로 전락했다. 이때 고공 가운데 대다수는 토지를 소유하지 못한 객호(客戶)였다. 이 시기 고공의 이용은 보편적이었고 농가에서는 여름 경작과 가을 수확기 노동력이 부족하면 고공을 이용했고 고공의 수요는 크게 증대하였다.[970] 특히 경제작물을 재배할 때는 고공에 대한 의존도가 더욱 높았다. 구룡현(九隴縣)의 다원(茶園)에서는 "매년 봄과 겨울 고공을 불러 김을 맸고 입하(立夏)와 소만(小滿)이 되면 또 고공을 불러 들여 때맞추어 차를 따고 제조했다(每年春冬, 雇召人工薅劃, 到立夏幷小滿時, 又雇召人工趕時采造茶貨)."[971] 이 시기 고공을 생산에 이용한 이들은 주로 부유한 농민과 서민지주였다. 당시 고용주와 고공 사이의 관계는 비록 여전히 신분관계[等級關係]에 있었다 하더라도 고용주 자신이 생산노동에 참여했으므로 특권이 없었고 이 때문에 고용주와 고공 사이의 신분관계는 상대적으로 약했다. 고공은 비교적 많은 신분적 자유를 가지고 있었다. 지주제 경제의 우월성으로 인해 송·원시대 농업과 공업의 생산은 이미 비교적 발전해 있었다. 예컨대 영국인 조셉 니덤(Joseph Needham, 李約瑟)은 자신의 저서 『중국과학기술사(中國科學技術史)』에서, 중세시기 중국 과학기술은 유럽에 비해 선진적이었으며 이것은 중국 봉건제도가 유럽의 봉건제도에 비해 선진적인 것으로 말미암은 것이라고 했다. 조셉 니덤이 말한 봉건제도는 정치경제 등을 포괄하는 것이나 핵심은 지주제 경제체제였다. 생산력의 발전이라는 측면에서 송·원시기에는 이미 자본주의 맹아가 발전할 수 있는 조건이 만들어 졌다. 다만 고공은 여전히 봉건적 예속관계의 구속에서 벗어나 자유로운 노동자가 될 방법이 없었다. 따라서 그들이 창조한 잉여노동은 고용주의 자본이 되지 못하였고 자본주의 생산관계의 싹을 틔우는데 영향을 미쳤을 뿐이었다.

명·청시대 공업과 농업 생산 및 상품경제는 진일보 발전하였고 고공은 더욱 확대되었다. 농업고공의 경우 매우 다양한 모습으로 출현하였다. 첫째, 명대 강남지역 지방지에는 장공(長工)·단공(短工)과 같은 기록이 대거 확인된다. 홍치(弘

治) 연간에 편찬된 『오강현지(吳江縣誌)』, 정덕(正德) 연간에 편찬된 『송강부지(松江府誌)』와 『화정현지(華亭縣誌)』, 가정(嘉靖) 연간에 편찬된 『호주부지(湖州府誌)』와 『강음현지(江陰縣誌)』, 그리고 가정·만력(萬曆) 사이 양주부(楊州府)·가흥부(嘉興府) 주현의 지방지에는 이와 관련된 기록이 많다. 청대 전기에 이르러 지방지 가운데 장공과 단공의 기록은 더욱 증가하고 보편화된다. 둘째, 명대 중엽부터 봉건 문인의 저술에서 많은 용전(傭佃)기록이 확인된다. 가정 연간 작성된 『상숙현지(常熟縣誌)』, 『오강현지』와 황좌(黃佐)의 『태천향리(泰泉鄉里)』 등의 책에서 모두 이런 기록이 보인다. 이는 고용이 이미 당시 토지를 소유하지 못했거나 소토지를 소유한 농민들에게 조전(租佃)에 버금가는 중요한 생계수단이 되었음을 말해준다. 셋째, 명대 중엽 후기에 이르면 외지 품팔이에 대한 적지 않은 기록이 보인다. 복건성 고전현(古田縣)의 농민들은 외지로 가서 품을 팔았다.[972] 강서성 남풍현(南豐縣)의 농민들은 영도주(寧都州)로 가서 품을 팔았다.[973] 산서성 요주(遼州)의 농민들은 "타향에서 품을 파는 자가 많았다(多傭力他鄉)."[974] 농업에서 고공의 고용이 보편적 현상이 되었던 것이다. 게다가 객적(客籍)고공이 매우 많아져 이들을 규제하여 지방치안을 유지하는 것은 이제 지방관아의 매우 주요한 사안이 되었다. 가정 연간(1522~1566) 황좌(黃佐)가 제정한 『향산호구책(香山戶口冊)』에는 특히 '품팔이[傭工]'에 별도의 난을 할애했고[975] 만력 연간(1573~1619) 산서순무(山西巡撫) 여곤(呂坤)은 고공과 전호는 각각 방주(房主)와 지주(地主)가 "집집마다 관할하도록(挨戶管束)"[976] 했다.

농업고공의 확대에 따라 일부지역에서는 노동력을 매매하는 고용시장이 출현했다, 농업고공과 관련된 기록을 검토해 보면, 이러한 고공시장은 명대 중엽이전에 이미 출현하여 청대 전기에 진일보 발전하였다. 광동성의 흠주현(欽州)와 신회(新會) 등의 주현, 하남성의 림현(林縣)과 척성현(拓城縣), 산서성의 양고현(陽高縣), 봉천의 개원현(開原縣)에는 모두 고공시장이 있었다.[977] 이상의 현상은 당송시기에는 소수만 확인될 뿐이었다.

이 시기 중국 농업고공의 확대는 농업생산의 발전이 경영방식의 변화를 이끌었기 때문에 발생한 것이다. 이 시기 비교적 많은 부유한 농민과 지주들은 고공을 이용해 경영했다. 고공의 확대는 노동의 사회적 형태 변화와 관련되어 있었으며 이 시기는 봉건적 고용에서 자유노동으로의 이행기였다.

봉건적 고용에서 자유노동으로의 이행은 고공의 저항투쟁과도 관련 있다. 고용과 관련된 형사안건이 날로 증대하자 봉건통치자들은 고공의 신분적 지위문제를 심각하게 고려하기 시작했다. 명 만력 16년(1588) 우선 "문서를 작성하지 않고 고용 연한을 정하지(立有文券, 議有年限)" 않은 고공의 봉건적 신분 의무를 해제해 그들을 자유로운 노동자로 변화시켰는데, 거기에는 광대한 단기고용과 일부 문서를 작성하지 않은 고공도 존재하였다. 일반적으로 말하자면 법률적 변화는 실생활에서의 변화와 일치하기 어렵다. 법률적 규제는 겨우 현실 생활에서 이미 발생한 변화를 승인할 뿐이다. 실제 법률조문이 작성되기 이전 일정한 시간 동안 이미 일단의 자유노동자들은 출현하였고[978] 이를 통해 이 시기 자본주의적 관계가 이미 출현하였음을 알 수 있다.

농업 장공(長工)의 자유 고공으로의 이행은 오랜 역사적 과정을 거쳐야 했다. 만력 16년(1588) 새로 확증된 율례(律例)에 의하면 장공이 "문서를 작성하고 그 고용 연한을 의논하여 정한 자는 고공인(雇工人)으로 논했다(立有文券, 議有年限者 以雇工人論)"[979] 이 규정은 "문서를 갖추고 의논하여 연한을 정한다(立有文券, 議有年限)"는 두 가지 조건을 갖춘 장공만이 '고공인'으로 논하고 문서를 작성하지 않은 장공은 '고공인'으로 논하지 않는 것으로 이해되어야 한다. 다만 이후 판결권을 가진 각 지방 관리들은 서로 다르게 이해하였는데, 이는 신분적 고용에서 자유고공으로 이행하는 과도기적 현상으로 이해된다. 천계(天啓) 연간(1621~1627) 풍몽룡(馮夢龍)은 노남(盧楠)이 뉴성(鈕成)을 구타하여 죽인 사건에서 소설을 구상했는데 비록 소설가의 말이지만 이는 그 시기의 사회현실을 반영한 것이었다. 현실생활을 원형이 아니더라도 소설은 생활에서 유래하였으므로 완전히 허구적인 것으로 간주하기는 어렵다. 소설에서 처음 판결할 때 왕현관(汪縣官)은 노남이 사용한 고용문서를 위조한 것으로 간주하여 노남을 체포하여 옥에 가두었다. 이후 왕현관이 떠나고 후임 현관이 새로 심리하였고 그는 뉴성을 '고공인'으로 간주해 노남을 석방하였다.[980] 뉴성이 만약 고용계약문서가 없었다면 노남은 반드시 보통사람을 구타해 죽인 죄로 판결되어야 했고 고용계약문서가 있으면 '고공인'을 구타해 죽인 것으로 간주되었다. 이는 비록 하나의 허구적 사건이지만 실제 생활을 반영이기도 해 고용문서를 작성하지 않은 장공 가운데 몇몇은 법률상의 신분적 의무에서 벗어날 수 있었음을 말해 준다. 또 건륭 연간(1736~1795)에는, "고공인의 사례를 조사해 보면 문서를 증거로 삼아 … 중략 … 이에 복역의 연한을 정한 후, 죄를 지으면 관아로 가는데 그대로 계약문서를 작성하지 않은 이는 평인에 견준다(查雇工人例以文契爲憑 … 중략 … 乃有服役數年後, 犯事到官, 仍以未立契約論比平人也)"[981]라는 기록이 있는데 이것은 뉴성의 판결을 인증하는 예이다. 건륭 32년(1767) 수정 율례에는 비록 고용문서를 작성하지 않은 장공이라도 '고공인'의 예로 처벌한다는 규정이 등장해 흡사 퇴보적 현상으로 보이기도 한다. 그러나 명대 후기에서 청대전기에 이르는 오랜 시기에 문서를 작성하지 않은 장공은 '평인(平人)'으로 간주되어 처벌하는 것은 점차 관례로 되었고 단지 법률상 명확하게 규정되지 않을 뿐이었다. 이로부터 보면 고용문서를 작성하지 않는 장공은 일종의 과도적 형태였고, 이는 농업장공이 자유로운 장공으로 이행하는 과도적 시기의 상징으로 이해된다.

농업 장공(長工)의 신분적 지위가 변화된 시기는 주로 청대 전기이다. 이러한 변화 발전은 몇 차례에 걸친 고공율례의 개정과 『형과제본(刑科題本)』 가운데 농업 장공에 대한 판례 등에 반영되어 있다. 건륭 51년(1786) 대다수 장공은 법률상으로 신분적 의무를 해제한다는 결정이 내려진 후 형률에 삽입되었다. 필자들이 다루어 온 건륭 15년 이전인 옹정에서 건륭 50년까지(1723~1785) 발생한 94건의 장공관련 형사사건에서 고용계약문서를 작성한 것이 7건, 주복명분(主服名分)이 없었던 사건이 6건, 고용계약문서를 작성하지 않은 사건이 47건, 상황이 명확하지 않은 사건이 34건이었다.[982] 당시 관례에 의하면 고용계약문서를 작성한 것은 마땅히 주복명분을 가진 봉건적 고용이고 문서를 작성하지 않은 것은 아마도 점차 봉건적 예속관계 밖에 속하는 것이었다. 이것은 곧 건륭 51년(1786)이전 이미 일부 자유로운 노동자로 농업장공이 출현하였음을 말해준다. 이러한 사례로부터 보면 우선 실생활에서 고용관계의 변화가 발생하였고 이후 봉건통치자들은 고공율례를 개정하여 이미 현실을 추인한 것이 된다.

건륭 51년(1786) 제출되어 53년(1788) 정식으로 개정된 고공율례는, 장공이 법률적으로 신분적 의미에서 벗어나기 위해서는 두 가지 조건을 구비해야 한다는 점을 명확하게 규정하였다. 첫째, 고용주는 반드시 '농민'과 '전호'여야 했다. 여기서 '농민'은 신분적 특권을 가지지 못한 '서민'을 가리키는 것으로 자영농과 서민지주를 포함한다. '진신(縉紳)'은 봉건사회의 특권계급에 속하므로 서민지주의 범위에 포함되지 않는다. 둘째, 고공은 반드시 고용주와 "함께 앉고 함께 식사(共坐共食)"하며 "평등하게 서로를 부르며(平等相稱)" 아울러 고용주가 "마음대로 불러 역을 바치게 하는(使喚服役)" 사람이 아니어야 했다. 여기서 진신지주가 노역시키던 장공은 배제되었는데, 그들은 근본적으로 "평등하게 서로를 부르는(平等相稱)" 장공과 달랐으며, "함께 앉고 함께 식사(共坐共食)"할 수 없었다. 노역성 고공의 고용주는 주로 이러한 진신지주였다. 이때 고공율례의 개정은 고용주의 신분

적 지위에 따라 고공의 신분 역시 규정된다는 원칙이 관철되어, 진신지주의 특권
적 지위를 유지하는 데 초점이 맞추어져 있었다. 이것은 고공율례의 개정이 이
루어졌더라도, 지주와의 고용관계에는 변화가 발생하지 않았고 단지 서민지주와
부유한 농민의 수탈아래 있던 농업 장공이 법률적으로 신분적 의무관계에서 벗
어났음을 말해주는 것이다. 진신지주의 노역아래 있던 농업 장공은 법률적으로
신분적 의무라는 속박에서 벗어날 수 없었다. 주목해야 하는 점은 이 시기 발전
해온 경영형 지주가 주로 서민지주였다는 점이다. 필자들이 검토해온 대량의 형
당자료를 보면, 건륭 52년(1787) 이후 주복명분(主僕名分)을 가진 농업 장공이 차
지한 비중은 매우 낮았다.

　신분적으로 자유로운 고공의 출현한 이후 화폐는 자본으로 전환될 수 있었다.
자유로운 고공의 출현은 봉건 지주제 경제 속에서 발생한 새로운 것이자 자본주
의 경제를 만들어낸 가장 본질적 산물이다. 한 국가적 차원에서 보면 자본주의
맹아의 발생가능성 여부는 우선 이 국가가 자유고운 고공이 존재하는가 여부를
보아야 한다. 한 국가에서 자본주의 맹아가 언제 출현하였는가를 보려면 이 국
가에서 언제 자유 고공이 출현하였는가를 살펴야 한다. 만약 자유 고공의 출현
을 자본주의 맹아 발생의 기준으로 삼는다면 이러한 문제는 단번에 해결될 것이
다. 상품경제의 발전에서 보자면 농업 생산품의 상품화는 자본주의 맹아의 전제
조건이다. 때문에 그것의 발전은 단지 양적인 증가할 뿐 생산관계의 질적인 변
화를 반영하지 않는다.

　자본주의 맹아 문제에 대한 연구는 비교연구의 방법을 사용할 수도 있을 것
이고 필자들은 그것을 용인할 수도 있다. 역사란 정해진 법칙이 없기 때문이다.
다만 비교연구의 기준 선택에는 많은 고민이 있어야 한다. 한 국가에서 이미 자
본주의 생산관계가 발생하였는지 혹은 자본주의 생산관계가 발생하지 않았는지
를 판단할 때는, 응당 자본주의 생산관계의 가장 보편적이고 가장 본질적인 것을
기준, 즉 자유노동의 발생이 화폐와 상호 결합될 때 자본으로 전환될 수 있다는
점을 기준으로 삼아야 한다. 자유노동의 출현은 자본주의 생산관계의 기준이고
이는 중국과 유럽 모두에서 마찬가지이다. 이러한 핵심을 견지할 때에만 비교연
구는 의미를 가질 수 있다. 예를 들어 상품경제·화폐유통·지리적 조건·대외무역
등도 당연히 비교될 수 있으나 이것은 전자본주의 사회에서도 이미 존재하고 있
어 그것을 사회성격을 판단하는 기준으로 삼아서는 안 된다. 각 나라의 사정은
서로 다르므로 만약 유럽 특정국가의 자본주의 맹아 연구를 유일한 기준으로 비

교를 진행한다면 그 결과는 반드시 사람들에게 다음과 같은 결론을 도출하게 만들 것이다. 무릇 각 측면의 조건이 서로 맞먹는 것이 있다면 그 국가는 자본주의 맹아 발생한 것으로 인식될 것이고, 서로 맞먹는 것이 없다면 자본주의 맹아가 발생하지 않은 것으로 이해 될 것이다. 이러한 척도를 이용한 연구방법은 각 나라의 특수성을 홀시한 것으로 매우 편파적인 것이 된다. 따라서 비교 연구방법을 채용할 때에는 선택의 기준을 임의적으로 선택하는 것을 절대 삼가야 한다. 이점은 필자들의 연구 작업에서 매우 중요한 것이었다.

필자들은 금후 역사연구에서 시장경제에 대한 연구에도 힘을 쏟아야 하지만 자본주의 맹아 연구에도 힘을 기울여야 하면 한쪽으로 편중되어서는 안 된다고 생각한다.

시장경제라는 것은 상품생산과 상품교환의 기초위에서 시장의 공급과 가치법칙에 의존하여 경제활동을 조절하는 행위이고 자원의 배치하고 이용하는 경제형식이다. 시장경제는 노예제 사회에 싹을 틔웠고 봉건사회에서 형성했으며 자본주의사회와 사회주의 사회에서 광범위하게 발전했다. 시장경제는 발달되지 못한 시장경제와 발달된 시장경제 두 단계로 구분된다.[983] 즉 시장경제는 일종의 경제활동과 자원배치를 조절하는 경제형식이다. 그 자체는 생산방식(혹 생산관계)의 성질을 체현하지 않고 개별 사회형태에 의해 운용될 뿐이다. 따라서 시장경제는 한 사회의 성격의 여부와 변화를 판단하는 데 활용할 수 없다. 동시에 발전되지 못하거나 발전된 시장경제 자체는 하나의 척도를 가지지 못해 구분의 기준을 결여하고 있다. 어떤 시기가 발전되지 못한 시장경제인지 혹은 어떤 시기가 발전된 시장경제인지는 구분하기 어렵다. 시정경제와 비교하여 자본주의 맹아는 상대적으로 비교적 잘 파악할 수 있다. 상품경제의 발전 아래에서 자유고공의 출현은 봉건사회 속에서 탄생한 새로운 생산관계이며 이는 봉건경제가 이미 만기의 발전단계로 진입하였다는 기준이 된다. 만약 상품경제의 발전이라는 전제하에서 자유고공이 시종 출현하지 않았다면 중국봉건사회에서는 봉건경제적인 것만이 존재하였다고 말할 수 있고 이는 봉건사회의 후기 단계로 진입하지 못한 것이 된다. 이런 이유로 자본주의 맹아 문제에 대한 토론은 여전히 필요하다.

2. 자본주의 맹아 발생의 과정과 발전경로

중국 자본주의 맹아는 수공업 부분에서 가장 먼저 발생했을까? 아니면 농업부분에서 가장 먼저 발생했을까? 과거 학계는 토론을 진행했으나, 일치된 견해를 제시하지 못했다.

중국 자본주의 맹아가 어떤 부분에서 우선적으로 발생하였는가의 문제제기는, 그 자체로 하나의 잘못된 명제이다. 예컨대 수공업은 도시수공입인지 농촌수공업인지에 따라 처한 환경이 서로 달랐고 그들 속에서 몇몇은 자본주의 맹아가 비교적 일찍부터 발생하였으나 몇몇은 비교적 늦게 발생하였다. 도시수공업은 행회제도(行會制度 : 역자-동업조합 혹은 길드)의 제한과 속박을 받았기 때문에 자본주의 맹아의 발생이 비교적 어려웠다. 아편전쟁 30년 후의 중국은 비로소 근대사회로 진입하였으나 1872년 12월 14일[984] 소주(蘇州)의 금박업(金箔業)에서 이런 사건이 발생했다. 한 동사(董司)가 견습생 한명을 더 받아들였기 때문에, 백여 명에게 무참하게 살해되었다.[985] 아편전쟁 30년 뒤 수공업 행회가 겨우 견습생을 한명도 받아들인 동사를 이와 같이 처리했다면, 아편전쟁이전 수공업 행회가 가한 수공업 발전에 엄격한 제한은 충분히 미루어 짐작할 수 있다. 행회제도의 억압 하에서 도시수공업은 발전하기 매우 어려웠고 많은 장애를 돌파해야 했기에, 여기서 자본주의 맹아는 생장하기 어려웠다. 시간적 차원에서 보자면 자본주의 맹아의 발생은 더 후대가 되어서야 가능했다.

시골에서 지주와 부유한 농민에 의해 경영된 농업생산품 가공 수공업, 예를 들어 양주(釀酒)·착유(搾油)·제당(製糖)과 같이 광대한 농촌지역에서 분포했던 수공업의 경우, 봉건행회의 속박에서 벗어나 자유로운 발전의 공간을 획득하였다. 특히 이들 수공업은 비교적 일찍부터 발전하였다. 경영자는 인근에서 원료를 구입하기 용이했고, 농촌은 광활한 소비시장이 되었다. 자유고공이 발생하였을 시기는, 도시상공업자들에 의한 자본주의 맹아 발생보다 이전이었고, 그것은 농업자본주의의 발생과 때를 같이 했다.

농업부문에서 자본주의 맹아가 발생한 시기 역시 선후의 구별이 있으나 하나로 구획할 수 없다. 예컨대, 농업경영자의 신분적 지위에 따라 서로 다른 유형이 존재했다. 그들 각각의 상이한 고용주와 고공 관계는 서로 다른 역사시기에 서로 다른 성격의 고용관계로 형성되었을 것이다. 이 때문에 농업 자본주의 맹아 문제를 연구할 때에는, 서로 다른 유형의 농업 경영에서 어떤 고용주가 만들어낸 고용관계가, 경제관계에서 전통적인 봉건속박을 돌파하여 자유고용관계로 변화하였는지를 반드시 심사숙고해야 한다. 또 어떤 고용주가 만든 고용관계가 경제관계에서 자유롭고 평등한 관계를 쉽게 형성하지 못했으며 법률적으로 해체되

고 있던 신분적 의무를 심각하게 저지하였는가도 심사숙고해야 한다. 아래에서
는 각종 유형의 농업경영자의 신분에 대해 분석해 볼 것이다.

　진신지주는 많은 특권을 향유한 계급이었다. 건륭 53년(1788) 개정된 고공율례
는 장공이 법률적으로 신분적 의무에서 벗어나기 위해서는 고용주가 반드시 '농
민'과 '전호'여야 한다고 규정했다. 여기서 가리키는 농민은 특권을 소유하지 못
한 서민으로 자영농과 전호와 서민지주를 포함한다. 진신은 봉건사회의 특권신
분에 속하므로 서민지주의 대열에 포함되지 않았다. 이것이 자유로운 장공의 첫
번째 조건이었다. 두 번째 조건은 고공이 반드시 고용주와 "함께 앉고 함께 식사
(共坐共食)"하며 "평등하게 서로를 부르며(平等相稱)" 아울러 고용주가 사역시킬
수 없는 사람이어야 했다. 여기서도 진신지주가 노역시키던 장공이 배제되어 있
음은 명확하다. 왜냐하면 진신지주가 노역시키던 장공은 근본적으로 고용주와
"평등하게 서로를 부를 수(平等相稱)" 없었고 "함께 앉고 함께 식사(共坐共食)"하
는 것도 불가능했다. 이런 복역성 고공의 고용주는 주로 이런 진신지주였다. 이
러한 고용주의 신분에 따른다는 원칙이 고공의 신분적 지위도 결정하게 된 방식
은 실제 진신지주 특권적 지위를 유지시켰다. 말하자면 고공율례의 개정을 거
치면 지주가 만들어 낸 고용관계에 변화가 발생한 것이 아니라 단지 서민지주와
부유한 농민의 수탈 하에 있던 농업 장공만이 법률적으로 신분적 의무에서 벗어
난 것이다. 때문에 진신지주가 이 시기 고용한 노동자는 여전히 자유노동자가
아니었다. 즉 진신지주라는 조건에 제한받으면서 자본주의 경영방식으로의 이행
해야 했고 보다 많은 사회적 장애를 극복해야만 했으므로 그 길은 험난했다.

　필자들은 농업 고용관계의 이행에서 자유노동자의 형성은 부유한 농민경영에
서 발생한 것으로 이해한다. 경영자가 만약 부유한 농민이라면, 그가 비록 봉건
적 소유제의 제약을 받더라도 그것은 봉건적 소유제가 아니다. 경영자가 만약
부유한 전호라면 상황은 더욱 상이하다. 봉건사회에서 부유한 자영농 혹은 부유
한 전호를 막론하고 그들은 비교적 많은 토지 혹은 비교적 많은 자금을 소유하
였다. 그러나 그들은 농민계급의 성원이었고 피통치자였으며 정치적 특권을 소
유하지 못했다. 따라서 어떤 형식의 특권과 압박에도 반대했다. 자신들의 계급적
지위와 정치 지위는 그들의 정치적 평등사상을 결정했고, 그들과 농업 장공이 만
들어 낸 고용관계는 법률적 관계도 봉건적 예속관계라는 속박에서 벗어나 있었
을 뿐 아니라 실생활 속의 경제관계에서도 비교적 평등하고 자유로운 관계를 형
성했다. 이러한 고용관계는 이미 과거 계급관계를 은폐하던 전통적 신분(等級)이

라는 외피에서 벗어나 자본주의 계급관계로 표현되었다. 말하자면, 명대 중엽인 대략 15세기에, 상품생산을 목적으로 하며 신분적으로 자유로운 고공을 수탈하는 부유한 농민이 역사의 무대에 등장하였고, 이때 맹아적 농업자본가의 면모가 나타났던 것이다.

이후 약 2백년의 오랜 세월을 경과하여 청대 전기가 되면 서민지주의 발전에 따라 경영지주 가운데 농업자본주의의 맹아가 출현한다. 이들 지주 가운데 상당수는 부유한 농민에서 성장해 온 이들이었고 일부는 상공업자가 일부 자금을 토지에 투자하여 직접 경영하였다. 지주제 경제의 제약 아래 진신지주와 서민지주는 서로 전환되었으며 자녀 균분상속제 아래에서 진신지주는 점차 많은 중소 서민지주로 분화되어 갔다.

청대 전기의 경영형 지주는 기본적으로 서민지주였고 이는, 지방지는 물론 청대 형당문서 가운데에도 잘 드러나 있다. 징수[景甦]와 뤄룬[羅崙]이 조사한 청대 전기 산동지방의 다섯 지주 집안 역시 이러한 사실을 보여 주는데, 관료지주인 한 집안과 상인지주 한 집안은 토지를 전작시키는 방식으로 수취했으나, "토지를 경작해 집안을 일으킨(種地起家)" 세 서민지주 집안은 고공경영방식을 채택하고 있었다. 청대 후기 산동지역 131개의 경영형 지주 집안에 대한 조사 통계에 의하면, 관료출신으로 집안을 일으킨 자는 8집, 토지 경작 및 상업으로 가세를 일으킨 집은 123가나 되었다.[986] 후자는 서민지주였다. 이러한 분석을 통해 서민지주의 발전이 경영형식의 변화를 진일보 촉진하였음을 알 수 있다.

이들 서민지주, 특히 부유한 농민으로부터 상승한 서민지주는, 봉건적 신분지위라는 측면에서 말하자면 비교적 부유한 농민과 가까워 고공과 자유로운 고용관계를 쉽게 형성할 수 있었다. 서민지주의 발전은 경영관계의 측면에서 야기된 변화였다. 상품경제의 발전이라는 조건하에서 그들의 생산은 단순히 자급자족적이지 않은 상품생산을 목적으로 했다. 그들은 생산을 증가시키기 위해 경영과 관리의 개선을 요구했으며 생산기술을 개혁하여 노동생산율을 제고하였다. 이는 자본주의 경제원칙에 입각한 생산이었다. 따라서 노동생산자에 대한 그들의 착취는 출조(出租)한 뒤, 주로 경제외적 강제라는 수단을 이용하여 지대를 실현하는 것과는 달랐다. 이러한 경영이 형성한 고용관계가 점차 자유로운 고용관계로 이행하였기 때문에, 이 경영은 사회성격을 변화시켰다. 이들 지주가 차지한 잉여노동은 이윤을 포함하고 있었다.

명대 중엽부터 출현한 자본주의적 성격의 부유한 농민은 청대전기에 이르러 서민유형의 경영형 지주로 발전하였다. 그 결과 농업경영에서 자본주의적 요소의 증가가 현저해 졌다. 이것이 중국 농업자본주의 맹아 발생과정의 특징이다. 서로 다른 유형의 고공경영(역자-진신의 경영과 서민지주의 경영)을 구별하지 않으면, 중국농업 자본주의 맹아발전의 단계성을 드러낼 수 없다.

이로부터 중국 봉건사회 말기 중국 농업자본주의의 맹아를 표시하는 두 개의 서로 다른 농업경영에서, 맹아출현 시기의 늦고 빠름, 구비한 자본주의적 요소의 많고 적음, 남아 있는 봉건적 요소의 강약을 확인할 수 있다. 그런데 부유한 농민과 경영형 지주는 서로 다를 뿐 아니라 부유한 자영농민과 부유한 전호 역시 완전히 같다고 할 수는 없다. 서민지주에 속하면서도 형성과정이 서로 다르고 소유한 토지의 면적 차이로 인해 그들이 가진 자본주의 요소 역시 차이를 가질 수 있다. 농업 자본주의 맹아 발전과정과 발전경로가 드러내는 이러한 특징은 중국 지주제 경제의 제약에 의해 규정된 것이다.

중국 농업자본주의 맹아의 발전과정에 대한 고찰을 통해 필자들은 네 가지 측면을 강조하게 되었다.

우선 농업 자본주의 맹아는 상품경제발전이 선진적이 지역에서 가장 빨리 출현하였다. 강남은 상업이 번영한 지역에서는 일찍이 명대 중엽부터 그것이 출현했다. 다만 그 곳은 관료지주가 집중된 곳이고, 봉건적 종법종족 세력이 강대한 곳이었다. 이러한 세력의 압도 하에서 지주들은 독서하여 관료가 되는 것을 추구하였기 때문에 이미 출현한 경영형 지주는 직접적인 경영을 버리고 토지를 전작(佃作)시키는 방식을 채택해 농민을 수탈했다. 이곳에서 상품 경제는 발전하였으나 사람들이 장악한 화폐는 농업생산과 결합되지 못했다. 맑스가 말한 것처럼 여기서 상품자본은 "자본주의 생산의 발전과 반비례"하여, 이미 출현한 농업자본주의 맹아는 봉건적 종법종족세력의 압박아래 연이어 요절해 갔다.

둘째, 봉건적 종법종적세력이 상대적으로 해체된 지역에서, 상품경제가 강남의 상업지역을 넘어서지는 못했더라도, 농업 자본주의의 맹아는 오히려 발전해 갔다. 예를 들어 절강 중부이남지역과 복건성·강서성·광동성·안휘성의 산악지역에서는, 모두 조전(租佃)대경영이 출현하면서 자유로운 고용관계도 나타났다. 이들 지역의 농업고공 경영은 기본적으로 봉건적 종법종족세력의 압박에서 벗어나 있었다.

셋째, 지가가 낮고, 자영농이 광범위하게 존재하며, 봉건지주계급이 엄중한 타격을 입은 지역은 실제 봉건적 종법종족세력이 상대적으로 미약한 지역이었다. 예를 들어 사찬성의 각 주현에서도 부유한 자영농 및 부유한 전농의 고공경영이 출현하였다. 다만 토지소유권의 집중될 경우, 봉건종법 지주가 하루아침에 형성되어 이미 출현한 농업자본주의 맹아 역시 몰락해 버렸다.

마지막으로, 복건성과 광동성은 4유형에 속하는 지역이다. 여기서 상품경제는 상대적으로 발전했다. 농업에서도 넓은 면적의 사탕수수밭과 차밭과 과수원이 있어 경제작물과 시장이 밀접하게 유착된 곳이었다. 이런 면에서 이곳은 남자는 농사짓고 여자는 천을 짜는 면화와 뽕나무 재배지역가 달랐다. 이곳에서 자본주의적 경영은 쉽게 발전하였고 게다가 일찍 소멸하지도 않았다. 상품경제의 발전은 이미 봉건적 종법종족제의 속박을 돌파하여 나아갔다.

위의 4지역 농업자본주의 맹아의 발생과 발전과정은 맑스의 견해를 증명한다. 상업과 상업자본의 "구생산방식에 대한 다양한 해체작용은 우선 이 생산방식의 견고성과 내부구조에 의존해야 한다. 나아가 이러한 해체과정이 어느 곳으로 향할 수 있는지, 즉 어떤 새로운 생산방식이 구 생산방식을 대체할 수 있는지는 상업에 의존하지 않고 구생산방식 자체의 성질에 의존한다."[987] 이 때문에 필자들은 농업자본주의 맹아를 연구할 때 반드시 입론의 출발점을 소유제에 세워 두었고 봉건적 종법세력의 힘을 중시하였다. 당연히 봉건 경제관계에 대한 상품경제의 충격에도 주목했다.

1930년대 소남(蘇南)지역에서 농업자본주의가 발전하지 못한 원인은 매우 많다. 예를 들어, 소남지역에서는 일전다주제(一田多主制)가 발달하여 전근(田根)의 소유자가 토지처분권을 상실하였고, 이것이 전근 소유자 고공경영을 활용할 수 없도록 제약했다. 전농의 측면에서 보면 한 집안에서 전작할 수 있는 토지면적이 매우 제한적이었다. 1930년대 말의 조사에 의하면, 소남의 4개현 10촌의 토지에서 조전(租佃) 상황은 다음과 같았다. 매 전농호(佃農戶)의 평균 차경지는 5.36무에 불과했고 전작지 면적이 34무에 달하는 자는 극히 적었다. 이러한 전농은 한 가호당 인구수가 매우 많았고, 풍부한 노동력으로 인해 고공경영은 불필요했다. 더불어 그들은 지대를 납부한 후, 가계를 유지하기 어려웠으며 애써 유지한다 하더라도 부를 축적할 수 없거나 매우 적은 부만을 축적할 수 있어 발전의 기회는 대단히 적었다. 부유한 전호로 발전하기 어려웠기 때문에 고공경영의 길로 나설 수 없었던 것이다. 자영농의 측면에서 보자면 소유한 토지가 적었고, 그들의 경지면적은 심지어 전농보다 적기까지 했다. 해당지역 당시 상황에 근거해서 보면 한 개인의 노동력이 1년에 경작할 수 있는 면적은 8무였고 10무를 초과하면 고공을 고용해야 했다. 그러나 해당지역 자영농가는 본래 경작지가 많지 않았기 때문에 고공경영이 필요 없었다.

노동력의 유입이라는 측면에서 보면, 도시로 온 공인 혹은 점원 때문에 도시 노동자의 수입은 그 지역 농업 노동자보다 높았다. 노동력이 도시로 이동하였기 때문에 농업 경영에서 고공을 고용하는 것은 비교적 어려웠다. 이러저러한 원인에도 불구하고 주된 한 가지 원인은 경제적 요인으로 인해 발생했다. 상공업이 발달하지 않았을 때, 자본은 농업 고공경영에 투자되었고 그 경제적 이익은 출조경영(出租經營)에 비해 높았다. 때문에 경영형 지주는 상대적으로 많았다. 그러나 1930년대에 이르러 소남지역에서 근대적 공업·상업이 크게 발전하자 상공업경영으로 인한 이윤이 농업 경영으로 인해 그것보다 월등히 높아 졌고 이런 상황에서 해당지역 지주들은 농업 경영을 버리고, 공장의 운영이나 상점 개설에 투자했다. 농업 경영에 종사하는 본래의 지주들이 감소하자 농업자본주의 맹아는 위축되었다. 자본의 본질은 가장 큰 이윤을 추구하는 것이다. 새로운 역사적 조건하에서 경영형 지주가 농업 경영을 포기한 것은 현명한 선택이었다. 이러한 선택은 그러나 일종의 업종변화일 뿐이었고 당시 자본주의적 요소의 증강에 영향을 미치지는 못했다. 농업 고공경영이 일단 자본의 평균이윤을 획득하였을 때, 자본주의적 농업은 장대하게 발전할 수 있었으며 이 역시 사회경제 발전의 법칙이었다. 역사발전의 흐름에서 보자면 상품경제의 발전과 농업자본주의 발전은 서로를 거스르지 않는다.

3. 자본주의 맹아가 발생했으나 발전하지 못한 원인에 대한 탐색

봉건적 생산방식에게 자본주의 맹아는 일종의 새로운 사건이다. 중국 사회경제의 발전은 이미 그것의 발생·발전을 위해 일정한 전제조건을 준비하고 있었고 중국자본주의 맹아는 일정한 생명력을 갖추고 있었다. 다만 그것의 발전은 매우 완만하여 어떤 때는 심지어 정체상태에 머무르기도 했다. 중국에서 자본주의 맹아는 16세기인 가정·만력 연간(1522~1619)에 시작되었으며, 도중 몇 차례의 좌절을 거쳐, 맹아가 발생한 지 300년 뒤인 18세기가 되어서야 비로소 새로운 발전단계로 진입했다. 바로 이 시기에 자본주의 맹아는 더디고 완만한 발전이라는 특징에서 벗어났다. 중국 자본주의 맹아 발전과정에서 표현되어 온 우회(迂廻)와 완만 혹은 정체상태라는 특징의 원인은 어디에 있을까? 이것은 충분히 검토할 만한 문제이다.

선행연구자들은 중국 자본주의 맹아가 완만하게 발전하고 어떤 시기에는 심지어 정체되기도 한 원인을 검토하면서, 각양각색의 견해를 제출했다. 어떤 이는 봉건 전제정치권력의 속박을, 어떤 이는 지대가 이윤을 잠식했음을, 어떤 이는 공업과 농업이 결합된 소농경영체제의 견고성을, 어떤 이는 도시상공업의 미발달을 그 원인으로 간주했다. 이러한 원인은 모두 타당한 것이고 모두 옳은 지적이다. 다만 가장 본질적인 것은 지주제 경제의 제약이었다.

명대 전기와 중기, 청대 아편전쟁 이전, 이 두 역사시기에 지주제 경제체제는 기본적으로 정상적으로 진행되었다. 농촌 경제는 폐허로부터 중건되어 발전의 길로 나아갔으며 수십년의 노력을 거쳐 번영의 시기에 도달했다. 농촌경제 발전에 따라 농민의 경제생활 역시 개선되어 농민의 구매력 역시 제고되었고 시장수요 역시 조금씩 다양한 방면으로 발전해 갔다. 자유 고공이 출현한 후, 자본주의적 성격을 갖춘 기업이 연이어 역사무대에 등장하였고, 중국 자본주의 맹아는 현저한 생기를 띠어 갔다. 지주소유제 경제의 발전에 따라 지주제 경제체제는 점차 정상 궤도에서 이탈하였고 지주계급은 토지겸병을 단행하였으며 그 권세도 확장되었다. 이에 반해 자영농은 토지를 상실하여 대거 전농으로 전락했다. 특히 삼향(三餉)이 징수된 후, 엄중한 부역 부담과 수탈아래, 농민의 경제조건은 악화되었고 농촌 경제는 생기를 잃어갔다. 설상가상으로 명말청초 수십년 동안의 전쟁으로 농민은 전란에 고통 받아 살아갈 방도를 잃어버렸고, 그들의 시장구매력은 쇠퇴해 갔다. 시장경제의 위축은 힘차게 발전하던 자본주의 상공업·농업에 엄중한 타격을 가해 그들은 연이어 파산했으며 농업 자본가들은 경영방식을 고공경영에서 출조경영(出租經營)으로 바꾸어 봉건지주제로 퇴보했다. 자본주의 맹아의 발전이 정체되고 심지어 퇴보하던 시기가 도래한 것이다. 이것은 중국 자본주의 맹아가 이미 발생하였음에도 발전하지 못한 심층적 원인이다. 아래에서는 각 계급의 상황에서 분석해 보자.

지주제 경제체제 하에서 대량의 자영농 존재는 봉건 지주제 경제체제가 존재하는 기반이다. 만약 이러한 기반이 하루아침에 동요하게 되면 그 정권은 위기에 빠져들게 된다. 필자들은 국가권력이 지주제 경제체제 위에 건립되고 있고 그것이 생존할 수 있는 재정적 기반은 농업세에서 나온다는 점을 잘 알고 있다. 농업세 징수의 주대상은 자영농이었다. 지주계급 특히 진신지주들은 정치적 특권을 이용하여 자기가 부담해야할 조세를 회피하고 하고 있거나 '비쇄(飛灑)', '궤기(詭寄)' 등의 방식을 이용하여 부세를 자영농에게 전가했다. 이 때문에 자영농을 보호하여 안정시키는 것은 역대 왕조가 가장 많이 고려하는 문제가 되었다.

역대 왕조는 건국 초, 갖가지 방법을 총동원해 농민들의 황무지 개간을 장려했고 이는 소토지 소유 농민 혹은 토지를 소유하지 못한 농민들이 자영농이 되도록 했다. 다만 자영농 경제 역시 일종의 지극히 불안정한 경제였는데, 경작지 면적이 매우 제한적이었고 경제적 역량도 지극히 미약하였기 때문에 천재지변을 만나면 번번이 파산했다. 정부는 개정수입을 보증하기 위해 종종 일련의 자영농을 보호정책을 연속적으로 실시했다. 예를 들어 농민의 부담을 경감하기 위해 정부는 부세개혁을 실시했는데, 명나라의 '일조편법(一條鞭法)', 청나라의 '탄정입지(攤丁入地)'는 모두 일정한 기능을 했다. 또한 종종 형식적인 부세 감면을 통해 농민의 부담을 경감하기도 했다. 진휼을 위해 국가는 상평창(常平倉)·사창(社倉)·의창(義倉)을 설치했다. 재해가 들면 정부는 이 저장곡을 평조(平糶)하거나, 차대(借貸) 혹은 진휼을 실시해 농민이 어려움을 극복할 수 있도록 했다. 겸병을 억제하기 위해 투헌(投獻)을 막았으며, 재해가 들었을 때 상인과 지주가 구매한 토지는 원가에 농민에게 되팔도록 했으며, 진신들의 세력을 억제하여 진신의 경제력을 약화시켰다. 가정의 재산분배에서도 자녀 균분상속을 법률로 규정했고 이는 결과적으로 한편으로는 경작지를 영세화시켰고 다른 한편으로는 대토지소유자를 축소시켜 자영농이 되게 했다. 일반적으로 말하자면 자영농 혹은 부유한 전호는 통상 수십년의 시간을 거쳐야, 일부는 심지어 백년 이상의 세월을 거쳐야 지주로 상승할 수 있었다. 그러나 균분상속은 통상 20~30년 마다 발생했다. 토지의 분산화가 토지의 집적보다 빠르게 진행된 것이다. 물론 관료지주와 상인지주는 예외이다. 동시에 명·청시기에는 상품경제가 발전하여 경제작물의 재배가 보편화되었고 가정에서도 부업이 발전해 자영농이 스스로 경제력을 증강시킬 수 있었으며 이는 자영농이 겸병에 맞설 수 있는 능력을 제고했다. 다만 봉건사회 내부에서 빈부겸병의 상황은 더욱 심각했다. 왕조는 토지겸병을 억제하지 못하였지만 토지겸병을 지연시킬 수 있었고 왕조의 태평성대를 위해 온힘을 기울였다. 해당 왕조가 지주제 경제의 균형적 발전을 규제하는 데 실패했을 때, 혁명이 폭발했고 지주제 경제에서 새로운 조정이 진행되어 새로운 균형적 발전을 추구했다.

자영농의 광범위한 존재는 정부의 전부(田賦) 수입을 보증하는 동시에 국가 재정지출의 안정을 보장했다. 이어 토지를 버리고 유망하는 인구를 감소시켜 사회질서를 상대적으로 안정시켰다. 사회질서의 안정은 사회경제발전에 좋은 환경을 제공하는 동시에 시장경제 발전에 넓은 공간을 제공했다.

그러나 자영농의 광범위한 존재는 또한 사회경제의 발전을 저해했다. 자영농은 1가(家)를 1호(戶)의 주체로 삼고 경작지 면적은 많지 않았으며 경제력이 빈약한 경제 단위였다. 남부지역의 경우, 대다수의 소유지는 30무를 넘지 못했고 소수는 2~3무만을 소유했을 뿐이었다. 북부지역의 경우 대다수의 소유지는 수십무에 불과했고 소수는 3~5무만을 소유했다. 그들은 국가에 부세와 요역을 부담하는 것 외에도 지주가 그들에게 전가한 부세를 부담해야 했다. 특히 왕조말기 가혹한 부역부담은 한편으로 대다수 자영농을 파산의 길로 내몰아 부유한 농민의 발생과 발전을 가로막았고, 다른 한편으로는 그들의 소비력을 억제하여 시장의 확대를 제한해 상품생산의 발전을 가로 막았다.

지주제 경제체제 하에서 전농(佃農)은 대규모로 존재했는데, 그들은 1가(家) 1호(戶)를 경작단위로 하여 지주로부터 수량의 많지 않은 경작지를 빌려 경작했다. 토지의 수확물 가운데 반은 지대로 지주에게 납부하였는데, 일부는 더 많은 지대를 납부했고 가혹한 지대수취는 전농의 잉여노동을 수탈할 뿐 아니라 심지어 전농의 필요노동 일부까지 침식했다. 이에 대부분의 전농의 생활은 극도의 빈곤상태에 머물러 있었다. 이러한 상황의 존재는 한편으로 부유한 전농으로의 성장을 차단하였고, 다른 한편으로 전농의 구매력을 억제하여 소비의 확대를 가로막았다. 이는 시장을 부진하게 만들었고 심지어는 위축시켜 상품생산의 확대를 저해했다.

자영농이든 전농이든 간에, 가정경제에 부족한 수입을 보충하기 위해, 일반적으로 모두 부업을 가졌다. 부업은 방사(紡紗)와 직포(織布), 혹은 뽕나무 심기와 누에치기, 혹은 대나무짜기[竹編], 버들짜기[柳條編] 등과 같은 수공업적 편직(編織), 혹은 시간제 노동 등이었다. 농가의 이러한 농업과 부업이 결합된 생산방식은 도시에게는 상품을 제공하였다. 동시에 일찍이 명나라 중엽 이미 발생한 자유노동자를 토지에 긴박시켜 자유노동자가 상품시장으로 이주하는 것을 억제하여 값싼 노동력 공급에 영향을 미쳤다.

명·청시기가 되면 대지주는 몰락했고 중소지주가 발전했다. 이러한 발전 추세는 연구자들에 의해 공인된 바 있다. 앞서 필자들이 파악한 정황에 근거해 보면, 하북성 획록현(獲鹿縣)에서 이러한 통계를 확인할 수 있다. 강희 45년에서 강희 60년(1706~1731)까지 편심책(編審冊)을 보존되어 온 75개 갑(甲)에서 지주호는 총 257호(戶)이고 각 호당 평균 소유 토지는 252.9무였다. 옹정 4년에서 옹정 9년까지(1726~1731) 편심책이 보존되어 온 35개 갑에서 지주호는 총 143호였고 각 호당 평균 소유 토지는 227.6무였다. 건륭 원년에서 건륭 36년(1736~1771)까지 편심책이 보존되어 온 118갑에서 지주호는 총 475호였고 각 호당 평균 소유 토지는 200.7무였다. 여기서 지주가 소유한 토지는 많은 자가 수 백무 적은 자는 110무였다. 강희 연간이든, 옹정 연간이든, 건륭 연간이든, 천무 이상을 소유한 지주호는 없었다.[988] 민국시기의 일부 자료 역시 참고할 만한데 1929년 중앙연구원 사회과학연구소에 재직하고 있던 천한성[陳翰笙]의 지도아래 무석(無錫)지역 농촌에 대한 조사를 실시하였다. 그들은 무석현에서 천무 이상을 소유한 지주의 소유지는 전체 경작지의 8.32%이고 중소지주의 소유지는 전체 경작지의 30.86%로, 매 지주호의 평균 소유지는 겨우 50.5무에 지나지 않았음을 밝혀내었다. 그들은 도 토지소유권이 비교적 집중되어 대지주가 비교적 많았던 항주(杭州)와 평호(平湖)지역에서 천무 이상을 소유한 대지주는 전체 지주 총호수의 4%에 불과하다는 것을 확인했다.[989] 중화인민공화국 건국이전 절동(浙東) 북부의 어떤 현에 있던 4개의 지주호는 178,148무의 토지를 소유하여 각 호당 평균 소유지는 44.04무에 불과했다.[990] 물론 신개간지역에서는 만무 이상의 토지를 소유한 지주가 있었다. 그러나 전국적 상황에서 말하자면 대지주는 쇠락하는 중이었다.

천한성[陳翰笙]의 조사에 의하면 남부의 쌀농사 지역에서 각 호는 평균 적어도 6~10무의 토지를 소유해야 생계를 유지할 수 있었다.[991] 어떤 이는 개인의 최소 생활을 위해서는 적어도 4무의 토지가 필요하다고 이해했다. 쟝여우이[章有義]와 일단의 일본 연구자들은 남부지역의 경우 30무 이상의 토지를 소유해야 비로소 지주로서의 생활을 향유할 수 있었다. 중소지주는 일반적으로 소유한 토지가 많지 않고, 지대수입도 소출의 반인데다 부세를 납부하고 남은 것도 가족들의 식량, 혼인, 상장, 자녀 양육, 사교 등에 지출해야 했다. 이것저것 제하고 나면 축적할 수 있는 자금은 제한되었다. 이점은 안휘성 휘주지역에 남아 있는 치산부(置産簿)를 통해 확인할 수 있다. 그들은 매번 구매한 토지면적은 매우 적어 통상 몇 분(分), 몇 무 정도였고 때문에 대규모 자금을 상공업에 투자할 수 없었다. 경제적 역량이 비교적 강했던 서민지주의 경우도 진신지주로 전화해 갔다.

진신지주는 일반적으로 비교적 많은 토지를 소유했고 대지주의 대다수는 이 계급의 성원들이었다. 그들은 비교적 많은 토지를 소유해 비교적 많은 자금을 축적할 수 있는 조건을 갖추고 있었다. 그러나 당시 상공업이 발달하기 않았기 때문에 상공업에 자금을 투지하여 얻은 금액은 토지에 투자하여 회수한 금액보다 높지 않았고 변수도 비교적 많아 위험성도 높았다. 이 때문에 진신지주들은 집안을 일으킨 후에도 여전히 축적한 자금을 토지에 투자했다. 그들의 가슴속에 땅은 물과 불에 잘 견디고 도적맞을 염려도 없으며 비록 천재가 있다고 하더라도 한 해만 수취할 수 없을 뿐 기후가 좋을 때가 되면 지대는 변함없이 수취되었다. 비록 전란이 발생하더라도 땅은 들고 갈 수 없어 전란이 종식되면 그 땅은 변함없이 내게 돌아 왔다. 이것은 충분히 투자를 보증했고 그들은 토지 구입을 저축의 수단으로 삼았다. 돈이 있으며 구입하고 돈이 없으면 팔아 자손들에게는 곤란한 지경에 이르러 속수무책이 되지 않도록 했다. 한편 지대수입이라는 측면에서 보면 그 수입은 비교적 많았는데 통상 5:5의 비율이었으나 많이 수취할 경우는 3:7이 되기도 했다. 10년의 지대 수입은 토지를 구매한 금액에 맞먹었으니[992] 그 수익률은 짐작할 수 있다. 이러한 상황의 존재는 상공업 발전에 필요한 자금을 결핍되기 했다. 물론 진신지주들의 사치스런 생활 역시 시장 발전에 일정한 기회를 제공했다. 그러나 이런 사람의 수는 많지 않아 그 시장은 제한적이었다.

일반적으로 상인들은 부자가 된 후, 우선 토지를 구매하려던 생각이 머리에 뿌리 깊이 박혀 있었다. 그들은 상업으로 재산을 모았어도 농업을 근본으로 삼았다. 이 때문에 그들을 부자가 된 이후에도 이익을 상공업 확장에 사용하지 않고 이익을 토지에 투자했다. 다른 한편으로는 관직을 사기도 해 관료가 되었다. 몇몇 상인들은 마음대로 돈을 사용하여 모은 자금을 낭비하기도 해 상공업 발전은 자금의 제약을 받았다.

대외무역 역시 저지되었는데 제약은 두 가지 측면에서 유래하였다. 우선 정부가 대외무역 특히 민간의 대외무역을 제한해 상품의 판로가 확장되지 않아 기업의 발전은 제한되었다. 둘째는 아편전쟁 후 외국 상품이 대량으로 유입되고 백은(白銀)이 대거 유출되었다. 농촌 부업에 대한 외국자본의 약탈까지 더해져 민족기업의 생존과 발전을 크게 압박했고 그 결과 맹아의 발전은 제한되었다.

지주제 경제체제는 중국 상공업 발전에 넓은 공간을 제공했으나 동시에 그것을 제약했다. 지주제 경제와 영주제 경제를 상호비교하면 영주제 경제는 장원을 경제단위로 하고 장원내부에서 상품자급이 실현되어 장원내부에서 재생산이 이루어졌다. 한편 지주제 경제 하에서의 상황은 달랐다. 그들은 1가 1호를 경제 단위로 하였고 주된 생산품은 양식이었고 나머지는 시장판매를 목적으로 생산되었다. 이것은 지주제 경제와 시장과의 필연적 관계를 결정하여 지장을 떠나서는 재생산을 수행할 방법이 없었다. 때문에 지주제 경제체제하에서 매 경제 단위는 자급자족적 경제단위를 실현할 수 없었다. 선행 연구자들이 중국 봉건사회는 하나의 자급자족적 자연경제 사회라고 한 것은 잘못된 이해이다. 지주제 경제체제는 상품경제와 자급경제가 상호 결합된 사회이다. 이것이 중국 봉건사회에서 상품경제가 발달한 가장 근본적 원인이다. 그러나 농민경제의 허약성, 구매력의 저하 역시 상품경제의 발전을 억제했다. 이는 새로운 생산관계의 맹아가 발생한 후 발전할 힘을 약화시켰다. 때문에 완만한 발전 심지어 어떤 경우에는 정체되어 전진하지 못하는 현상까지 출현한 것이다. 이것이 곧 중국 상품경제가 발전하면서도 발전하지 못한 가장 심각한 역사적 근원이다. 만약 지주제 경제에서 벗어나 고찰한다면 중국 봉건사회에서 상품경제 발전의 원인은 이해되지 않고 시장경제 역시 논의될 수 없다.

제7장의 주

1) 『明史』 권77, 식화지 1; 光緒, 『大淸會典』 권17.

2) 『正德會典』 권19.

3) 청대 관전은 주로 旗地(8기군의 토지)·屯田·學田 등이었다. 여기에 대해서는 嘉慶, 『大淸會典』 권76·136·11; 嘉慶, 『大淸會典事例』 권153; 同治, 『漕運全書』; 乾隆, 『大淸會典』 권10.

4) 『明孝宗實錄』 권8.

5) 『明孝宗實錄』 권132.

6) 『明神宗實錄』 권 379.

7) 萬曆 『大明會典』 권163, 형법 5, 律例 4 盜賣田屯.

8) 『明宣宗實錄』 권98.

9) 『明宣宗實錄』 권98.

10) 『明孝宗實錄』 권9.

11) 『明史』 권164, 范濟열전. "근래에 인력의 이동이 날로 번중해지고 토목공사가 날로 많아져 둔전을 경작하는 이들이 고갈되어 토지가 많이 황폐해 집니다(比者調度日繁, 興造日廣, 虛有屯種之名, 田多荒蕪)."

12) 『明孝宗實錄』 권75.

13) 『皇明經世文編』 권63, 馬文升, 請屯田以復舊制疏.

14) 『皇明經世文編』 권25, 魏煥, 論邊墻.

15) 『明穆宗實錄』 권15

16) 『皇明經世文編』 권461, 葉向高, 屯政考.

17) 『皇明經世文編』 권63, 馬文升, 請屯田以復舊制疏.

18) 『明史』 권155, 陳懷열전.

19) 『明孝宗實錄』 권196.

20) 『皇明經世文編』 권119, 楊一淸, 論甘肅事宜; 한편 『陝西通誌』 권57 侯職傳에 의하면 代王이 둔전 7천경을 침탈했다.

21) 왕위취엔王毓銓, 『明代的軍屯』, 中華書局, 1961.

22) 『明武宗實錄』 권81.

23) 『皇明經世文編』 권358, 龐相鵬, 淸理薊鎭屯田疏.

24) 『明熹宗實錄』 권26.

25) 『崇禎長編』 권20.

26) 『皇明經世文編』 권163, 林希元, 應詔陳言屯田疏.

27) 『皇明經世文編』 권460, 李廷機, 九邊屯政考.

28) 顧炎武, 『亭林詩文集』 권6, 田功論.

29) 『皇明經世文編』 권210, 方日乾, 撫恤屯田官軍疏.

30) 『大明會典』 권42, 南京戶部 屯田.

31) 『皇明經世文編』 권359, 龐尙鵬, 淸理延綏屯田疏.

32) 『明神宗實錄』 권39.

33) 『皇明經世文編』 권46, 李廷機, 九邊屯政考.

34) 『明神宗實錄』 권365.

35) 『明史』 권256, 畢自嚴열전.

36) 道光 25년 『大淸律例』 권9, 戸律田宅, 이러한 규정은 또 『欽定八旗通誌』 권18, 『淸世宗實錄』 권93, 『淸代的旗地』 하책, 중화서국, 1989에서도 확인된다.

37) 『光緒會典』 권17.

38) 『淸世祖實錄』 권24.

39) 『淸聖祖實錄』 권32.

40) 『淸世祖實錄』 권6.

41) 兪正燮, 『癸巳存稿』 권9.

42) 乾隆 『水淸縣誌』 奏議1, 乾隆 9년 戸部回贖旗地奏議.

43) 『內閣大庫檔案』, 이 내용은 중국인민대학 청사연구소 등이 합편한 『淸代的旗地』(하권, 중화서국)을 참조. 이후 이 책에서 인용한 자료 가운데 주를 통해 명백히 원자료의 출처를 밝힌 것 이외에는 『淸代的旗地』를 참조한 것이다. 이후부터는 편자와 출판사를 생략한다.

44) 「掌儀司呈稿」, 『淸代的旗地』 하책, 중화서국, 1989를 보라.

45) 「會計司呈稿」, 『淸代的旗地』 하책, 중화서국, 1989를 보라.

46) 乾隆 연간 旗地의 회복을 시도한 4차례의 시기는 다음과 같다. 건륭 10년에서 12년, 건륭 13년에서 15년, 건륭 16년에서 18년, 건륭19년에서 25년이다. 이때 회복된 기지는 총 27,813.82 경이었다. 『淸高宗實錄』 456권 및 『欽定八旗通誌』 권65 土田志.

47) 『淸高宗實錄』 권526.

48) 『欽定總管內務府現行則例』 會計司 권4, 이는 『淸代的旗地』 중화서방, 1989를 보라.

49) 光緒 『會典事例』 권159, 畿輔官兵庄田; 王慶雲, 『石渠與記』 권4.

50) 『欽定總管內務府現行則例』 會計司 권4, 이는 『淸代的旗地』 중화서방, 1989를 보라.

51) 『欽定總管內務府現行則例』 會計司 권4, 이는 『淸代的旗地』 중화서방, 1989를 보라.

52) 『軍機錄副』,이는 『淸代的旗地』 중화서방, 1989를 보라.

53) 여기에 대해서는 李文治·江太新, 『淸代漕運』, 중화서국, 1995, 244쪽을 보라.

54) 光緒 『嘉善縣誌』 권10.

55) 光緒 『續纂句容縣誌』 권5, 田賦 李宗羲 奏請減徵疏, 同治13년.

56) 張之洞, 『張文襄公電稿』 권31, 致長沙陳撫臺, 광서 24년 8월 초 5일.

57) 李文治·江太新, 『淸代漕運』, 중화서국, 1995, 239쪽.

58) 光緒 『會典事例』 권160, 官兵莊田.

59) 『明太祖實錄』 권68.

60) 『明史』 권127, 李善長열전.

61) 『明孝宗實錄』 권28.

62) 『皇明經世文編』 권202, 夏言 勘報皇莊疏.

63) 王毓銓의 통계에 따름. 또 다른 자료인 萍浪生, 『夢言』 권3에 의하면 "친왕은 30명이었다(親王三十)."

64) 『明神宗實錄』 권128.

65) 『明武宗實錄』 권15; 『明史』 권183, 周經열전. 홍치연간, 숭왕은 은혜를 입자 하남의 퇴적지 20여리를 요구했다(崇王見澤乞河南退灘地二十餘里).

66) 『明史』 권183, 周經열전, 홍치연간, 흥왕 우항은 전후로 적마의 여러 강에 있는 정박지 및 호수 인근 의 땅 1,300경을 요구했다(興王祐杭前後乞赤馬諸河泊所及近湖地千三百餘頃)

67) 『明史』 권120, 景王載圳열전; 『明世宗實錄』 권491.

68) 『明史』 권120, 潞王翊鏐열전. "경번이 제거되자 로왕이 경왕의 옛 토지를 얻으니 4만경이나 되었다(景藩除, 潞得景故籍田, 多至四萬頃)."

69) 『明史』 권240, 葉向高열전. 복왕이 변방으로 갈 때 황제가 "장전이 4만경이 아니면 갈 수 없다 (莊田非四萬頃不行)"고 하였으나 간관들이 그것을 만류하자 2만경으로 고쳤다.

70) 『崇禎長編』 권36, 이 밖에도 한중부 소속의 興州縣에서 본색녹미(本色祿米 : 쌀과 보리로 바치는 녹미) 4천석을 징수하였고 서안 등의 부에서는 절색녹미(折色祿米 : 다른 물품으로 바꾸어 납부하는 녹미) 6천석을 거두어 들였다.

71) 『明史』 권77, 식화지 1; 『崇禎長編』 권24, 권30.

72) 『明神宗實錄』 권421.

73) 여기에 대해서는 李文治, 『明淸時代封建土地關係的鬆解』, 中國社會科學出版社, 1993, 50쪽.

74) 陸鈘, 『病逸漫記』.

75) 康熙 『陜西通誌』 권9, 貢府, 진부의 장전 가운데 그 소유주를 바꾼 것은 899,269무에 달하고 그 밖의 것은 山場 483段과 山城의 園地 등이다.

76) 王毓銓, 「明代的王府莊田」, 『歷史論叢』 제1기를 보라.

77) 王毓銓, 「明代的王府莊田」, 『歷史論叢』 제1기; 『夢言』 권3, 명대 "군왕이 215명이고 진국장군에서 중위에 이르는 자가 2,900명이다(郡王二百十五, 鎭國將軍至中尉二千九百)."

78) 구양탁(歐陽鐸)의 『宗女』에 의하면, 정덕(正德)연간, 장군·중위는 모두 9,872명이고, 거기에 군주(郡主)·공주(公主)·군군(郡君)·현군(縣君)·향군(鄕君)을 더하면 모두 19,611명이었다.

79) 『明史』 권198, 王琼열전.

80) 『明史』 권77, 식화1.

81) 『明史』 권180, 李森열전.

82) 『明史』 권300, 陳萬言열전.

83) 『明史』 권185, 李敏열전. 성화(成化) 말, "기보에 있는 황장은 5개였고 면적은 12,800여경이었으며, 훈척과 중관의 장원은 332곳이었고 면적은 33,100여경이었다(畿輔皇莊五, 爲地萬二千八百餘頃, 勳戚中官莊三百三十有二, 爲地三萬三千二百餘頃)."

84) 『明史』 권300, 周能열전.

85) 『明史』 권183, 周經열전. 상으로 하사받은 장전이 4백여 경이었고 "백성을 침탈해 얻은 토지는 그 3세나 되었다(侵民地三倍)."

86) 『明史』 권300, 王鎭열전.

87) 『明史』 권232, 王國열전.

88) 『明孝宗實錄』 권190.

89) 『明孝宗實錄』 권217.

90) 『明世宗實錄』 권2.

91) 『明世宗實錄』 권23.

92) 『明世宗實錄』 권82.

93) 萬曆 『大明會典』 권17.

94) 『明神宗實錄』 권201.

95) 嘉慶, 『大淸會典』 권76.

96) 嘉慶, 『大淸會典事例』 권135.

97) 嘉慶 『嘉定縣誌』 권20, 餘錄.

98) 『閩淸縣誌』 권8.

99) 王士性, 『廣志釋』 권4.

100) 周容, 『春在堂文存』 권3, 陳公初牡丹記.

101) 何良俊, 『四友齋叢說』 권34.

102) 顧炎武, 『天下郡國利病書』 권23, 武進縣.

103) 洪懋德, 『丁粮或問』, 이는 '『古今圖書集成』 賦役部 藝文 5'를 보라.

104) 顧起元, 『客坐贅語』 권2.

105) 歸有光, 『震川先生文集』 권11, 送昆山令朱侯序.

106) 康熙 『栖霞縣誌』 序.

107) 乾隆 『順德縣誌』 권4.

108) 錢泳, 『履園叢說』 권4, 水學.

109) 王先謙, 『東華錄』, 康熙朝 권44.

110) 王先謙, 『東華錄』, 康熙朝 권44.

111) 薛福成, 『庸盦筆記』 권3.

112) 德庇時(John Francis Davis), 『戰時與和平後的中國』(영문본); 李文治, 『中國近代農業史資料』 제1집, 三聯書店, 1957.

113) 李象鵾, 『棣懷望隨筆』 首卷.

114) 『東華錄』 乾隆 권103.

115) 同治 『衡陽縣誌』 권11.

116) 張海鵬·王延元, 『徽商硏究』, 安徽省人民出版社, 1995, 480쪽. 建隆, 『王氏通宗世譜』 권4에서 인용.

117) 張海鵬·王延元, 『徽商硏究』, 安徽省人民出版社, 1995, 481쪽. 建隆, 『王氏通宗世譜』 권48에서 인용.

118) 張海鵬·王延元, 『徽商硏究』, 安徽省人民出版社, 1995, 481쪽. 續溪, 『西關章氏族譜』 권24, 家傳에서 인용.

119) 『祁門倪氏族譜』 續卷, 少輝公行狀.

120) 程嘉保, 『黟縣四誌』 권14, 汪贈君卓峰家傳.

121) 『徽商硏究』, 安徽省人民出版社, 1995, 481~482쪽. 歙縣, 『程氏孟孫公支譜』에서 인용.

122) 『徽商硏究』, 安徽省人民出版社, 1995, 481쪽. 歙縣, 『程氏孟孫公支譜』에서 인용.

123) 『徽商硏究』, 安徽省人民出版社, 1995, 482쪽. 歙縣, 『程氏孟孫公支譜』에서 인용.

124) 康熙 『淸河縣誌』 권1.

125) 同治 『桂陽直隷州誌』 권20 25쪽.

126) 魏禮, 『魏季子文集』 권8, 與李邑侯書.

127) 장옌(張硏), 『淸代族田基層社會結構』, 中國人民大學出版社, 1991.

128) 장타이신(江太新), 「從淸代劃鹿縣檔案看庶民地主的發展」, 『中國社會經濟史硏究』, 1991, 1기.

129) 『徽州千年契約文書』 宋元明편, 권1, 花山文藝出版社, 1993.

130) 正德 『江陰縣誌』 권7, 風俗.

131) 嘉靖 『龍溪縣誌』 권1, 地理.

132) 嘉靖 『龍岩縣誌』 上권, 民物志 土田.

133) 『三台萬用定宗』, 権田文書式, 萬曆 20년 刊印.

134) 嘉靖 『龍溪縣誌』 권4, 田賦.

135) 嘉靖 『龍岩縣誌』 상권, 民物志 토전.

136) 萬曆 『漳州府誌』 권5, 寺租.

137) 萬曆 『南靖縣誌』 권4, 賦役志, 세량.

138) 萬曆 『政和縣誌』 권1, 지리지, 附風俗.

139) 吳牲, 『憶記』 권1.

140) 崇禎 『長樂縣誌』 권11, 叢談志.

141) 陳益祥, 『采芝堂文集』 권13, 風俗.

142) 福建師範大學 歷史系, 『明淸福建經濟契約文書選輯』1, 田地典賣文書, 人民出版社 1997, 1~215쪽.

143) 福建師範大學 歷史系, 『明淸福建經濟契約文書選輯』2, 土地典賣找價文書, 人民出版社, 1997, 216~307쪽.

144) 福建師範大學 歷史系, 『明淸福建經濟契約文書選輯』2, 土地典賣找價文書, 人民出版社, 1997, 119쪽.

145) 福建師範大學 歷史系, 『明淸福建經濟契約文書選輯』2, 土地典賣找價文書, 人民出版社, 1997, 155쪽.

146) 安徽省博物館, 『明淸徽州社會經濟資料叢編』, 中國社會科學出版社, 1988, 82~236쪽.

147) 中國社會科學院社會硏究所藏, 『屯溪資料』孫在中契墨抄白總登, 78호.

148) 中國社會科學院社會硏究所藏, 『屯溪資料』, 乾隆汪氏譽契簿, 167호.

149) 萬曆 『崇明縣誌』 권4, 학교지, 學田.

150) 民國 『崇明縣誌』 권6, 경제지, 田制.

151) 洪煥椿편, 『明淸江蘇農村經濟資料』, 江蘇古籍出版社, 1988.

152) 中國第一歷史檔案館・中國社會科學院歷史硏究所, 『淸代地租剝削形態』, 中華書局, 1982.

153) 『淸代臺灣大租調査書』(제1책), 臺灣銀行經濟硏究室 編印, 1963년.

154) 『淸代臺灣大租調査書』(제1책), 臺灣銀行經濟硏究室 編印, 1963년.

155) 여기에 대해서는 楊國楨, 『明淸土地契約文書硏究』, 人民出版社, 1988, 94쪽을 보라.

156) 乾隆 41년 10월 10일, 直隷總督周元理題.

157) 『中國農村慣行調査』 권6, 中國農村慣行調査會편, 岩波書店, 1952~1958년 간행; 『中國土地契約文書集』(金/淸), 東洋文庫, 明淸史硏究室, 1975, 167쪽.

158) 『錦熱蒙地調査報告』 상권, 만주국 康德 4년 12월 地籍整理局, 541쪽.

159) 위의 책, 543쪽.

160) 國民党司法行政府, 『民商事習慣調査報告錄』, 民國 19년, 710쪽.

161) 『滿洲舊慣調査報告』, 南滿鐵道株式會社편, 1913~1915년.

162) 國民党司法行政府, 『民商事習慣調査報告錄』, 民國 19년, 422쪽.

163) 民國 『雲陽縣誌』 風俗.

164) 乾隆 『崇明縣誌』 권4, 賦役志.

165) 中國司會科學院經濟硏究所藏, 『分家書』, 제1315호.

166) 國民党司法行政府, 『民商事習慣調査報告錄』, 民國 19년, 562쪽.

167) 中國第一歷史檔案館・中國社會科學院歷史硏究所, 『淸代地租剝削形態』永佃制, 중화서국, 1982.

168) 위의 책.

169) 嘉慶 『龍海縣誌』, 권1 지리.

170) 嘉慶 『雲霄廳誌』 권4.

171) 雍正 『崇安縣誌』 권1, 풍속.

172) 福建師範大學 歷史係, 『明淸福建經濟契約文書選輯』, 人民出版社, 1997.

173) 陳盛詔, 『問俗錄』 권2, 古田.

174) 道光 『建陽縣誌』 권2.

175) 嘉靖 『龍岩縣誌』 상권, 제2 民物志 土山.

176) 『淸代臺灣大租調査書』제3책, 446~447쪽.
177) 위의 책, 449~450쪽.
178) 위의 책, 475~476쪽.
179) 『錦熱蒙地調査報告』상권, 만주국 康德 4년 12월, 地籍整理局, 341~342쪽.
180) 光緖 『白河縣誌』 풍속.
181) 乾隆 『洵陽縣誌』 권11.
182) 梁方仲, 『中國歷代戶口·田地·田賦統計』, 上海人民出版社, 1985, 400쪽 표76.
183) 『孫文定公奏疏』 제189쪽; 昭槤, 『嘯亭困錄』 권7.
184) 『戶部井田科奏咨輯要』 하권, 제12쪽.
185) 沈演, 『止止齋集』 권19, 公移·抵解加波, 만력27년.
186) 康熙 『安遠縣誌』 권3, 부역.
187) 凌燾, 『西江視臬紀事』.
188) 『南匯縣誌』
189) 彭光斗, 『閩琑記』.
190) 國民党司法行政部編, 『民商事習慣調査報告錄』 民國19년, 710쪽.
191) 嚴如熤, 『三省邊防備覽』 권11.
192) 萬曆, 『崇明縣誌』 권4, 學校志, 學田.
193) 『建陽富壟 游氏宗譜』; 양궈전[楊國楨], 『명·청토지계약문서연구』, 인민출판사, 1988.
194) 여기에 대해서는 양궈전[楊國楨], 『명·청토지계약문서연구』, 인민출판사, 1988.을 참고하라.
195) 凌燾, 『西江視臬紀事』, 評議平錢價禁祠本嚴覇耕條議.
196) 國民党司法行政部編, 『民商事習慣調査報告錄』 民國19년, 423~425쪽.
197) 宣統 『大淸民律』(제1차 초안) 제2편, 物權의 4장 '永佃權'.
198) 嘉靖 『龍溪縣誌』 권4, 田賦.
199) 民國 『長泰縣誌』.
200) 萬曆 『漳州府誌』.
201) 劉克詳, 『淸代熱河·臺灣永佃制度比較硏究』를 참조하라.
202) 『明淸史料』 戊編, 335~336쪽; 『臺案彙錄甲集』 3책 182~184쪽.
203) 위의 책.
204) 連橫, 『臺灣通史』 農業志.
205) 萬曆 『漳州府誌』.
206) 道光 『寧道直隷州誌』.
207) 曹貫一, 『中國農業經濟史』, 中國社會科學出版社, 1998, 785쪽.
208) 鄭慶平·岳琛 편저, 『中國近代農業經濟槪論』, 人民大學出版社, 1987, 5쪽.
209) 郭文韜 편저, 『中國農業科技發達史』, 中國科學技術出版社, 1988, 349쪽.
210) 錢忠好, 「中國農村土地制度歷史變遷的經濟學分析」, 『江蘇社會科學』 2000년 3기. "농촌인구의 90% 이상을 차지하는 중농과 빈농 기타의 사람들은 단지 20~30%의 토지만을 소유하고 있었다."
211) 方行등 주편, 『中國經濟通史』 淸代經濟 권下, 經濟日報出版社, 2000.
212) 華東軍政委員會 土地改革委員會編, 『蘇南土地改革文獻』, 1952, 514쪽.
213) 國民堂司法行政部편, 『民商事習慣調査報告錄』, 民國 19년, 710쪽.
214) 萬曆 『崇明縣誌』.
215) 乾隆 『崇明縣誌』.
216) 同治 『欽定戶部規例』 권7, 田賦 開墾事宜.

217) 弘治『大典會典』권17 호부, 田土.

218) 史志宏,『淸代前期的小農經濟』, 中國社會科學出版社 1994, 25쪽.

219) 孫毓棠·張寄謙,「淸代的墾田與丁口的記錄」,『淸史論叢』1979년 1집.

220) 曹貫一,『中國農業經濟史』, 中國社會科學出版社, 1988, 78쪽.

221) 梁方仲,『中國歷代戶口·田地·田賦統計』, 384쪽, 표 64, 上海人民出版社, 1980.

222) 『明孝宗實錄』권28.

223) 『明孝宗實錄』권190.

224) 『明孝宗實錄』권217.

225) 『明世宗實錄』권2.

226) 『明世宗實錄』권211.

227) 正德, 嘉靖, 隆慶, 萬曆, 天啓 각 왕대의 실록을 참고하라.

228) 徐復祥,『花當閣叢談』권1, 借月山房彙抄本.

229) 李樂,『見聞雜記』권5.

230) 范守已,『曲洧新聞』권2.

231) 陸師贄,『過庭隨筆』권2 極却投獻人田 萬曆원년 계유년.

232) 梁雲龍,「海忠介公行狀」,『海瑞集』附錄.

233) 萬曆 32년『皇明常熟文獻志』권6책, 風俗.

234) 崇禎『太倉州誌』권5, 8~9쪽.

235) 趙翼,『二十二史劄記』권34.

236) 『崇禎長編』권37, 崇禎 3년 8월 임신일.

237) 『崇禎長編』권25, 崇禎 2년 8월.

238) 『崇禎長編』권36 崇禎 3년 7월.

239) 崇禎『太倉州誌』권5, 8~9쪽.

240) 民國『文登縣誌』권1(하), 13쪽.

241) 王士性,『廣志繹』권13.

242) 顧炎武,『日知錄』권13, 奴僕.

243) 顧公燮,『消夏閑記摘抄』권上 明季紳衿之橫.

244) 『明史』권307, 紀綱열전.

245) 『明史』권146, 張信열전.

246) 『明史』권173, 石亨열전.

247) 『明史』권177, 林聰열전.

248) 『明史』권155, 蔣貴열전.

249) 『明史』권194, 林俊열전.

250) 『明史』권220, 姚鏌열전.

251) 『明史』권307, 陸炳열전.

252) 乾隆『潮州府誌』권28.

253) 乾隆『潮州府誌』권28.

254) 『明史』권241 朱嘉謨열전, "혹자는 목씨의 장전(莊田)은 운남 토지의 1/3이었다고 하였다."

255) 乾隆『潮州府誌』권28.

256) 『明史』권308, 溫體仁열전.

257) 『皇明經世文編』권251, 王邦直 陳愚哀以恤民究以隆聖治事.

258) 『渼波集』권14, 明故秦府良醫王君墓誌銘.

259) 李維楨, 『大泌山房集』 권107 贈戶部主事劉公强安人墓表.

260) 『聶氏家譜』; 張海鵬·張海瀛, 『中國十六商幇』, 黃山書社, 1993, 246쪽.

261) 『小欖何族發家史』; 『中國十大商幇』 황산서사, 1993.

262) 『番禺沙灣農業歷史調査報告』(원문서는 廣東 佛山檔案館에 소장하고 있음); 『中國十大商幇』, 황산서사, 1993.

263) 順德, 『龍氏族譜』 권7, 華山堂祠堂記, 1922년 刻本.

264) 『明史』 권203, 歐陽鐸열전.

265) 萬曆, 『永安縣誌』 권20.

266) 歸有光, 『歸震川先生全集』 권11.

267) 顧炎武, 『日知錄』 권10, 蘇松二府田賦之重.

268) 萬曆 『興化縣誌』 권3.

269) 天啓 『淮安縣誌』 四民.

270) 徐渭, 『靑藤書房文集』 권18.

271) 方都韓, 『橫川榷稻議』; 『古今圖書集成』 草木典.

272) 乾隆 『湘潭縣誌』 권10.

273) 崇禎 『歷乘』 권14.

274) 『皇明經世文編』 권81, 徐司空奏議.

275) 羅欽順, 『整庵存稿』.

276) 謝肇淛, 『五雜組』 권4.

277) 이 문제에 대해서는 [曹貫一, 『中國農業經濟史』를 참조. "전국의 보편적 상황은 다음과 같았다. 토지소유자는 열에 2~3명이고 토지를 소유하면서 차경하는 사람은 열에 4~5명이며 토지를 소유하지 못한 채 차경하는 사람은 열에 3~4명이었다. 이런 상황은 아편전쟁에서 청나라 말년에 이르러 크게 변화하였다." 鄭慶平·岳琛, 『中國近代農業經濟槪論』에서는 "건륭 연간에 이르러 토지겸병이 발전하여 심각한 경지에 이르렀다"고 서술했다. 궈원타오郭文韜 等, 『中國農業科技發展史略』에서는 "民田은 민간사유지에 속하는 토지로 이 가운데 대다수는 관료지주와 고리대금업자들이 소유하였고 농민이 소유한 것은 매우 적었다."라고 기술하고 있다.

278) 光緒 『獲鹿縣誌』 권1 地理 하 1쪽. 18사(社)는 다음과 같다. 在城社, 華村社, 鄭家莊社, 留營社, 鎭頭社, 任村社, 甘子社, 永壁社, 龍貴社, 塔塚社, 德政坊社, 方臺社, 同治社, 名邱社, 太平社, 新安社, 安寧社, 永淸社.

279) 20년을 단계로 삼았으나 건륭 31년 잔존하는 편심책은 단지 2갑 뿐이라 대표성이 가질 수 없다고 판단되어 제외하였다. 다만 건륭 36년의 편심책은 6사 9갑이 남아 있어 상대적으로 대표성을 가진다고 판단해 36년 자료를 활용했다.

280) 光緒 『獲鹿縣誌』 권5, 世紀.

281) 光緒 『獲鹿縣誌』 권4, 籍賦.

282) 光緒 『獲鹿縣誌』 권4, 籍賦.

283) 『獲鹿縣檔案』 編審冊.

284) 光緒 『獲鹿縣誌』 권4, 籍賦, 18쪽.

285) 同治 『靈壽縣舊續誌』 권4, 田賦. 光緒 『重修新樂縣誌』 권2, 賦役.

286) 尹會一, 「敬陳農田四務疏」, 『淸朝經世文編』 권34.

287) 朱雲錦, 「豫乘識小錄」, 「戶口說, 淸朝經世文編」 권30.

288) 『山東巡撫阿里袞復奏』, 乾隆 13년 8월 신해일.

289) 李程儒, 「江蘇山陽收租全案」, 『淸史資料』 2집, 5~6쪽.

290) 乾隆, 『獲鹿縣誌』 권2, 地理風俗.

291) 戴逸가 주편하고 인민출판사가 1980년 간행한 『簡明淸史』는 획록현에서 60무 이상의 토지를 소유한 농민호를 지주호로 구분하였다.

292) 이들 촌장은 다음과 같다. 강희 45년의 경우 龍貴社 5甲, 강희 50년의 경우 在城社 4甲, 강희 55년의 경우 在城社 2甲, 雍正 4년의 경우 용귀사 5갑, 건륭 11년의 경우 方臺社 4갑.

293) 秦暉·蘇文, 『田園詩與狂想曲 관중패턴과 전근대사회의 재인식』 中央編譯出版社, 1996, 74~78쪽.

294) 여기서 말한 노동력은 성인 남성을 가리킨다. 여자는 계산에 넣지 않았다. 그러므로 편심홍책에서의 정(丁)을 말한다.

295) 章有義, 『明淸徽州土地所有關係研究』, 中國社會科學院出版社, 1984, 2·4쪽.

296) 光緒 『霍山縣지』 권2.

297) Q를 표준차, N을 총호수, F를 각 항의 호수, M을 각 항의 평균 무수로 설정하면 다음과 같은 수치가 나온다.

$$Q = \sqrt{\frac{N\sum fm^2 - (\sum fm)^2}{N^2}}$$

298) 건륭 37년 6월 청나라 조정은 이후 편심의 사례는 영원토록 시행하지 않는다(嗣後編審之例, 永行亭止)는 령을 내렸다.

299) 王凱運, 同治 『桂陽直隷州誌』 권20.

300) 楊錫紱, 「陳明米貴之由疏」, 『淸朝經世文編』 권39.

301) 彭玉麟, 『衡陽縣誌』 권11.

302) 王先謙, 『東華錄』 권44.

303) 중국사회과학원 경제연구소 소장 『刑部抄檔』 抄件.

304) 盛楓, 「江北均丁稅」, 『淸朝經世文編』 권30, 戶政 5.

305) 윌리엄 와그너(瓦格勒 : Wihelm Waginer)저, 王建新 역, 『中國農書』 상책, 152쪽.

306) 『中華年書』(Chian Year Book) 1912년 314쪽.

307) 安徽省博物館, 『明淸徽州司會經濟資料叢編』, 제1집, 중국사회고학원출판사, 1988, 82~83쪽.

308) 위의 책. 82~84쪽; 263쪽.

309) 『中國社會經濟史研究』 1982년 제1기, 113쪽.

310) 『明淸福建經濟契約文書選輯』 4~5쪽 내에 4건; 『中國社會經濟史研究』 1982년 1기 111~113쪽에 7건이 있음.

311) 홍휀춘(洪煥椿], 『明淸蘇州農村經濟資料』, 강소고적출판사, 1988, 90쪽.

312) 중국사회과학원 경제연구소 소장, 『屯溪檔案』 29호.

313) 중국사회과학원 경제연구소 소장, 『屯溪檔案』 191호.

314) 沈炳堯, 「明淸遂安縣房地産賣買」, 『中國社會科學史研究』 1995년 4기, 55~56쪽.

315) 『명사』 권251, 열전 錢錫龍 열전 부 錢士升 열전.

316) 『淸朝經世文編』 권34, 儲方慶, '荒田議'.

317) 『歷史檔案』 1981년 제2기.

318) 『淸世祖實錄』 권109.

319) 순치 13년 6월 7일 巡撫四川兼管鹽法屯田監察御史 高民瞻題.

320) 『淸聖祖實錄』 권168.

321) 『淸朝文獻通考』 권13.

322) 순치 초년 매 년 전세로 징수한 은은 1,486냥 내외이므로, 매 무당 납부한 은 0.039냥으로 계산해 보면 이 시기 민전은 381만 여경이 된다.

323) 『明史』 권77, 식화1.

324) 熹宗 『天啓實錄』 권74.

325) 『光緖會典』 권17.

326) 『光緖會典』 권17.

327) 『淸聖祖實錄』 권24.

328) 『淸聖朝實錄』 권28.

329) 『淸聖朝實錄』 권32.

330) 『淸世朝實錄』 권6.

331) 『淸聖朝實錄』 권157.

332) 『淸聖朝實錄』 권15.

333) 『淸聖朝實錄』 권168.

334) 『淸聖朝實錄』 권205.

335) 光緖 『重修華亭縣誌』 권16.

336) 『諸城縣鄕土誌』 상권, 耆舊錄 33쪽.

337) 『皇朝續文獻通考』 권1.

338) 『福建通誌』 권8, 福建循吏傳, 淸 1.

339) 光緖 『湘潭縣誌』 권11.

340) 光緖 『永州府誌』 권5, 풍속지.

341) 『淸聖朝實錄』 권140.

342) 『光緖會典事例』 권166, 1쪽.

343) 『淸高宗實錄』 권210, 5~6쪽.

344) 중국사회과학원 경제연구소 소장, 『地丁題本』 山東(4), 雍正13년 山東副都御史法敏題.

345) 건륭 2년 8월 18일, 經筵講官·總理事務少保 張延玉 등이 지음.

346) 중국사회과학원 경제연구소 소장, 『地丁題本』 山西(4), 순치17년 3월 監察御史 白尙登 揭.

347) 순치 16년 12월 10일, 河南巡撫 賈漢俊 揭.

348) 『淸聖朝實錄』 권1.

349) 중국사회과학원 경제연구소 소장, 『地丁題本』 하남(4), 건륭 2년 9월 14일 戶部尙書 張延玉等 제.

350) 『淸朝經世文編』 권36, 戶政 陝西巡撫 畢沅, 陝省農田水利牧畜疏, 건륭 47년(1782).

351) 康熙 『涇陽縣誌』 권3, 貢賦志.

352) 『淸朝文獻通考』 권11.

353) 『淸仁宗實錄』 권71.

354) 乾隆 『刑科題本』, 건륭38년 8월 16일, 署四川總督印務臣文綬謹題.

355) 同治 『大邑縣誌』 권7, 風土.

356) 光緖 『銅梁縣誌』(抄本) 제1책 人類.

357) 光緖 『郫縣鄕土誌』, 人類.

358) 乾隆 『刑科制本』, 건륭38년 8월 16일, 署四川總督印務臣文綬謹題.

359) 光緖 『定遠縣誌』 권1.

360) 光緖 『新繁縣鄕土誌』 권5.

361) 民國 『蒼溪縣誌』 권10.

362) 民國 『萬遠縣誌』 권5.

363) 民國 『樂至縣誌又續』 권2, 契稅.

364) 民國 『雲陽縣誌』, 권13, "토지가 지급하기에 부족하여 황폐한 땅과 산림이 울창한 곳을 개간

하여 지급하였다. 먼저 고원을 개간하고 뒤이어 준령을 깍아 내었다(田入不足以給, 則鋤荒蕪, 闢林麓以繼之. 先墾高原, 繼劚峻嶺).

365) 光緒『彭縣誌』권10.
366) 民國『新都縣誌』.
367) 雍正『四川通誌』권5, 田賦; 民國『新都縣誌』제2편.
368) 順治 14년 11월 9일, 直隷巡撫董天機揭.
369) 順治 14년 11월 9일, 直隷巡撫董天機揭.
370) 順治 15년 11월 11일, 太子少保尙書王弘祚題.
371) 順治 15년 2월, 山東巡撫耿火燉揭.
372) 『淸高宗實錄』권801, 乾隆 32년 12월 기축일.
373) 『宋刑統』권13.
374) 『宋會要輯稿』식화 35의 1.
375) 여기에 대해서는 鄭家駒,「兩宋時期土地所有權的轉移」,『中國史硏究』1988년 제4기를 참조.
376) 『元典章』권19, 호부 5 典賣, 典賣田地給據稅契.
377) 乾隆 16년『大淸律例』권9.
378) 張傳璽,『中國契約會編考釋(하)』, 북경대학출판사, 1995, 1178쪽.
379) 張傳璽,『中國契約會編考釋(하)』, 북경대학출판사, 1995, 1236쪽.
380) 『영국 황실 아시아 학회 중국분과 회보』23권 ; 李文治『中國近代農業史資料』제1집, 三聯書店 1958.
381) 顧炎武,『天下郡國利病書』권23, 江南.
382) 萬曆 30년,「徐光賣地與徐四契約」, 북경대학도서관 소장.
383) 馮德華·李陵,「河北省定縣의 田賦」,『政治經濟學報』4권 3기, 1936년 4월.
384) 楊國楨,『明淸土地契約文書硏究』, 인민출판사, 1988.
385) 李文治,『晩明民變』중화서국, 1947 141쪽.
386) 李文治,『晩明民變』표9, 중화서국, 1947 216~220쪽.
387) 『豫變紀略』권3.
388) 李文治,『晩明民變』표9, 중화서국, 1947, 142쪽.
389) 『福建通誌』권56.
390) 顧炎武,『肇域誌』, 제5책, 蘇州府部.
391) 光緒『應城縣誌』권11, 풍속.
392) 『泉州府誌』권20, 풍속, 引凅陵舊事.
393) 道光『徽州府誌』권6의 2, 武備志 武功 8쪽.
394) 『思豫述略』.
395) 皇甫氏,『勝國紀聞』.
396) 乾隆『長治縣誌』권9, 풍토기.
397) 管志道,『從先維俗議』권2, 太昆先哲遺書.
398) 萬曆『福寧州誌』권2, 풍속.
399) 『古今圖書集成』, 職方典 권1120, 무창 32쪽.
400) 『淸朝經世文編』권 68, 陸隴其 '風俗策'.
401) 『淸朝經世文編』권 68, 錢大昕 '陸氏義莊記'.
402) 『古今圖書集成』, 職方典 권946, 浙江總部 제135책, 3쪽.
403) 顧炎武,『日知錄』권13, 分居.

404) 嘉靖 『浙江通誌』 권65, 3~4쪽.

405) 管志道, 『叢先維俗議』 권5, 太昆先哲遺書, 17쪽.

406) 顧炎武, 『天下郡國利書』 권15, 山東 상, 滕縣風俗誌.

407) 康熙, 『濮縣誌』 권2, 49~51쪽.

408) 乾隆 『沛縣誌』 권1.

409) 嘉慶 『廣東通誌』 권93, 12쪽.

410) 張澍, 「蜀典」, 光緒 『新繁縣鄉土誌』 권5.

411) 중국사회과학원 경제연구소 소장 徽州府 淸代 分家文書.

412) 乾隆 39년 12월 20일, 巡撫江寧等地方 薩載題.

413) 嘉慶 12년 11월 16일, 管理刑部事務 董誥等題.

414) 嘉慶 21년 8월 ?일, 管理刑部事務 章熙等題.

415) 嘉慶 8년 2월 16일, 管理刑部事務 董誥等題.

416) 乾隆 45년 秋審, 失名.

417) 乾隆 27년 秋審, 湖廣巡撫 宋邦綏題.

418) 嘉慶 4년 10월 14일 刑部尙書 成德等題.

419) 乾隆 34년 7월 12일 兼福建巡撫印務 崔應階題.

420) 乾隆 14년 2월 초하루, 巡撫廣東地方 岳濬題.

421) 嘉慶 11년 2월 4일, 管理刑部事務 董誥題.

422) 嘉慶 17년 1월 21일, 巡撫陝西等地方 董敎增題.

423) 嘉慶 6년 秋審, 江蘇巡撫題.

424) 乾隆 32년 11월 18일, 管理刑部事務 臣劉通員等題.

425) 가경 15년 12월 11일, 巡撫江寧等處 章熙題.

426) 趙立方等, 『桐城趙氏宗譜』, 光緒 9年 四修本, 首卷, 宗約 6쪽.

427) 중국사회과학원 경제연구소 소장 『屯溪資料』 17호 '雍正三年分家書'

428) 法政學社, 『中國民事習慣大全』 제1편, 1924.

429) 『宋刑統』 권13.

430) 『宋刑統』 권13.

431) 『元典章』 권19, 호부 5, 典賣·典賣田宅須問親隣.

432) 乾隆 『濟寧州誌』 권31.

433) 光緒 『會典事例』 권755, 3쪽.

434) 『淸高宗實錄』 권175.

435) 건륭 28년 3월 13일, 貴州巡撫喬光烈題.

436) 李佳, 『柏垣瑣誌』 17쪽.

437) 중국사회과학원 역사연구소 휘주문서편, 『明淸徽州司會經濟資料叢編』 제2편, 중국사회과학
    출판사, 1990.

438) 『중국사회경제사연구』 閩南契約文書縱錄, 1990; 복건사범대학사학과, 『明淸福建經濟契約文
    書選輯』, 인민출판사, 1997.

439) 楊國楨, 「閩北土地文書選編1,2」, 『중국사회경제사연구』 1982, 제1,2기.

440) 福建師範大學 歷史系, 『明淸福建經濟契約文書選輯』 '田地典賣文書', 인민출판사, 1997.

441) 『明淸福建經濟契約文書選輯』과 『閩南契約文書縱錄』을 보라.

442) 安徽省博物館, 『明淸徽州社會經濟資料叢編』 제1집, 중국사회과학출판사, 1988, 82~91쪽.

443) 嘉慶 4년 12월 14일, 巡撫江西等地方 張誠基題.

444) 乾隆 48년 10월 12일 巡撫湖南等處地方 尹星阿題.

445) 乾隆 15년 7월 9일 巡撫河南等處地方 鄂容安題.

446) 中國第一歷史當案館·중국사회과학원 역사연구소, 『청대토지점유관계와 전농의 항조투쟁(淸代土地占有關係與佃農抗租鬪爭』 상책, 중화서국 1988.(아래에서는 단지 서명만 나열)

447) 위의 책, 111쪽.

448) 위의 책, 117쪽.

449) 위의 책, 123쪽.

450) 위의 책, 216쪽.

451) 위의 책, 140쪽.

452) 위의 책, 147쪽.

453) 위의 책, 130쪽.

454) 위의 책, 203쪽.

455) 위의 책, 158쪽.

456) 위의 책, 161쪽.

457) 위의 책, 161쪽.

458) 위의 책, 147쪽.

459) 위의 책, 106쪽.

460) 위의 책, 111쪽.

461) 위의 책, 150쪽.

462) 위의 책, 181쪽.

463) 위의 책, 186쪽.

464) 위의 책, 207쪽.

465) 위의 책, 149쪽.

466) 위의 책, 114쪽.

467) 위의 책, 128쪽.

468) 위의 책, 132쪽.

469) 토지매매 주기의 문제에 대해서는 『청대경제사 1644~1840』 하책을 보라.

470) 『明洪武武實錄』 권25.

471) 方孝孺, 『遜志齋集』 권2, 貞義處士鄭軍墓誌.

472) 『續文獻考』 권13, 戶口考 2.

473) 『明史』 권68 부역제.

474) 『明洪武實錄』 권140.

475) 『明洪武實錄』 권206.

476) 『明宣德實錄』 권76

477) 『明史』 권78 식화지.

478) 『明史』 권78 식화지.

479) 『明宣德實錄』 권74.

480) 顧炎武, 『日知錄』 권10, 蘇松二府田賦之重.

481) 顧炎武, 『天下郡國利病書』, 原編제6책, 蘇松.

482) 『明宣德實錄』 권77·88; 『明會典』 권17.

483) 『明正統實錄』 권5.

484) 『明正統實錄』 권21.

485) 『明史』 권78, 식화.
486) 陳子壯編, 『明代經濟言』 권3; 唐龍, 『均田役疏』.
487) 『明史』 권203, 歐陽鐸열전.
488) 鄭學檬 주편, 『中國賦役制度史』, 廈門大學出版社, 1994, 557~558쪽.
489) 樊樹志, 「萬曆淸丈述論」, 『中國社會經濟史硏究』 1984년 2기.
490) 『明史』 권78 식화.
491) 萬曆 『滄州誌』 권3, 田賦.
492) 鄭文郁, 『經國雄略』 권1, 賦役考.
493) 이상에 대해서는 白壽彝 總主編, 『中國全史』 명시기 상, 상해인민출판사, 1996, 752쪽.
494) 顧炎武, 『天下郡國利病書』 권43, 山東 하.
495) 嘉慶 『湖北通誌』 권18, 戶口.
496) 『淸聖祖實錄』 권249.
497) 『淸聖祖實錄』 권250.
498) 乾隆 『海寧州誌』 권3, 田賦.
499) 王慶雲, 『石渠餘記』 권3, 紀丁數地起.
500) 王鏊, 『震澤長語』 권상, 食貨.
501) 왕위췐[王毓銓] 주편, 『中國經濟通史,명대경제』 권상, 경제일보출판사, 2000, 268쪽.
502) 량방중[梁方仲], 『中國歷代戶口·田地·田賦統計』, 상해인민출판사, 1980, 191쪽.
503) 丘浚, 『大學衍補』 권22. 여기에 대해서는 『中國資本主義萌芽問題討論集』 상책, 三聯書店, 1957, 11쪽을 보라.
504) 王國先 等編, 『萬曆會計錄』 各卷. 여기에 대해서는 嚴中平 主編의 『中國綿紡織史稿』, 과학출판사, 1963을 참조하라.
505) 歸有光, 『震川先生全集』 권8, 論三區賦役水利書.
506) 徐光啓, 『農政全書』 권35, 木棉.
507) 崇禎 『大倉州誌』 권15, 水利論.
508) 「木棉譜」, 『上海掌故叢書』. 여기에 대해서는 中國人民大學中國史敎硏室편, 『中國資本主義萌芽問題討論集』 상책, 三聯書店, 1957, 18쪽을 보라.
509) 葉得珠, 『閱世編』 권7, 種植.
510) 高晋, 「奏請海疆禾棉兼種疏」, 『皇淸奏議』 권61, 건륭 10년.
511) 同治 『臨邑縣誌』 권2, 풍속, 만력 29년 舊誌에서 인용.
512) 邢侗, 『來禽館集』 권18, 先侍御府君行狀. 여기에 대해서는 中國人民大學中國史敎硏室편, 『中國資本主義萌芽問題討論集』 상책, 三聯書店, 1957, 897쪽을 보라.
513) 徐光啓, 『農政全書』 권35, 木棉.
514) 『古今圖書集成』 職方典 권255, 東昌府産物.
515) 吳梅村, 「木棉吟」. 葉調生, 『鷗陂漁話』 권4를 보라.
516) 光緖 『畿輔通誌』 권211, 河南巡撫尹會一奏疏.
517) 黃可潤, 『畿輔見聞錄』. 여기에 대해서는 中國人民大學中國史敎硏室편, 『中國資本主義萌芽問題討論集』 상책, 三聯書店, 1957, 151쪽을 보라.
518) 和其衷, 「陳盛京邊防民食疏」, 『皇淸奏議』 권142.
519) 謝肇淛, 「西吳牧乘」, 『湖州府誌』 권29.
520) 光緖 『嘉興府誌』 권12, 石門鄭志.
521) 張仁美 『西湖紀游』, 1쪽.

522) 朱國楨, 『湧幢小品』 권2.

523) 顧祿, 『淸嘉錄』 권4, 4~5쪽.

524) 乾隆 『湖州府誌』 권19, 14~15쪽.

525) 道光 『遵義府誌』 권16, 17~18쪽.

526) 光緖 『湄潭縣誌』 권4, 21쪽; 咸豊 『安順府誌』 권49, 9~11쪽.

527) 張鑑 等, 『雷塘庵主弟子記』 권5, 16쪽.

528) 萬曆 『閩大記』 권11. 중국인민대학중국사교연구실편, 『中國資本主義萌芽問題討論集』 하책, 三聯書店. 1957, 1002쪽.

529) 屈大均, 『廣東新語』 권27, 草語.

530) 民國 『大庾縣誌』 권11, 59쪽. 堪災道中詩(徐光壁 作, 건륭 초)

531) 咸豊 『簡州誌』 권12, 1쪽. 사천의 수녕에서는 일찍이 송대에 이미 사탕수수밭이 있었다.

532) 道光 『內江縣誌要』 권1, 29쪽.

533) 重修 『臺灣府誌』 권10, 16~27쪽.

534) 方以智, 『物理小識』 권9, 草木.

535) 崇禎 『恩平縣誌』 권7, 物産; 왕포, 『蚓庵瑣語』 種植; 康熙 『蘇州府誌』 권2, 物産.

536) 郭起元, 「論閩省務本節用書」, 『皇朝經世文編』 권16.

537) 王簡庵, 『臨汀考言』 권6, 訪利弊八條議.

538) 光緖 『海鹽縣誌』 17~18쪽.

539) 『淸代文字獄檔』 제5집, '吳英攔與獻策案'. 중국인민대학중국사교연구실편, 『中國資本主義萌芽問題討論集』 하책, 三聯書店. 1957, 152쪽.

540) 吳熊光, 『伊江筆錄』 권2. 중국인민대학중국사교연구실편, 『中國資本主義萌芽問題討論集』 하책, 三聯書店. 1957, 152쪽; 陸耀 「煙譜」, 『昭代叢書』 권46.

541) 『古今圖書集成』 권210, 職方典 兗州府部.

542) 包世臣, 『安吳四種』 권26, 農 2.

543) 同治 『新城縣誌』 권1.

544) 嘉慶 『四川通誌』 권75.

545) 道光 『新津縣誌』 권29, 18쪽.

546) 丘震川, 「府誌食貨論」, 『皇朝經世文編』 권36.

547) 包世臣, 『安吳四種』 권26, 農 2.

548) 唐나라 사람 張途의 『祁門縣新修閶門溪記』에 의하면, "천리 안에 차를 생업으로 삼는 자가 열에 7~8명(千里之內, 業于茶者七八)"이었다. 해당지역 사람들은 차의 재배에 의지해 "먹고 살며 세금을 납부했다(給衣食, 供賦役)"(『全唐文』 권802). 이 시기 장강유역의 매우 많은 지역에서는 찻잎은 생산했고 송대에 이르러 차생산 지역의 계속 확대되었다.

549) 順治 『霍山縣誌』 권2, 茶考.

550) 檀萃, 『滇海虞衡誌』 권11, 3쪽. 펑쩌이[彭澤益], 『中國近代手工業史資料』 1권, 三聯書店, 1957, 305쪽.

551) 嘉慶 『崇安縣誌』 抄本 권2. 펑쩌이[彭澤益], 『中國近代手工業史資料』 1권, 三聯書店, 1957.

552) 蔣蘅, 「武夷偶述」, 『雲寥山人文鈔』 권4, 27쪽.

553) 屈大均, 『廣東新語』 권2, 地語; 권25, 木語.

554) 范端昻, 『粤中見聞』 권29, 物部 86쪽.

555) 王士懋, 『閩部疏』; 何喬遠, 『閩書』 권38, 風俗志; 陳懋仁, 『泉南雜誌』 권 上. 韓大成, 『明代商品經濟的發展與資本主義萌芽』를 보라.

556) 屈大均, 『廣東新語』 권25, 木語.

557) 陳懋仁, 『泉南雜誌』 권 상.

558) 包世臣, 『安吳四種』 권26, 農 2.

559) 民國 『大庾縣誌』 권2; 同治 『新城縣誌』 권1.

560) 嘉慶 『四川通誌』 권75.

561) 郭起元, 「論閩省務本節用書」, 『皇朝經世文編』 권36.

562) 陸耀, 「煙譜」, 『昭代叢書』 권46.

563) 乾隆 『濟寧直隷州誌』 권3, '種蜀黍記', '乾隆 11년 擧人' (藏咸 작).

564) 方苞, 『方望溪全集』 集外文 권11, '請定經制札子'.

565) 咸豊 『寧陽縣誌』 권6; 道光 『膠州誌』 권14.

566) 高晋, 「奏請海疆禾棉兼種疏」(乾隆 40년), 『皇淸奏議』 권61. "근본에 힘써야 하는 것을 알아 벼를 심는 자는 열에 2~3에 불과하고 이윤을 꾀해 면화를 심는 자는 열에 여덟이나 됩니다(知務本種稻者不過十分之二三, 圖利種花者則有十分之八)".

567) 黃可潤, 『畿輔見聞錄』. "직예의 보정이남은 이전부터 무릇 좋은 땅에는 보리를 심었으나 지금은 면화를 심습니다(直隷保定以南, 從前凡有好地者多種麥, 今則種棉花)."

568) 陸耀, 「煙譜」, 『昭代叢書』 권46.

569) 高晋, 「奏請海疆禾棉兼種疏」(乾隆 40년), 『皇淸奏議』 권61.

570) 檀萃, 『滇海虞衡誌』 권11, 3쪽. 펑쩌이[彭澤益], 『中國近代手工業史資料』 1권, 三聯書店, 1957, 305쪽.

571) 蔣蘅, 「武夷偶述」, 『雲寥山人文鈔』 권4, 27쪽.

572) 順治, 『霍山縣誌』 권2, 茶考.

573) 包世臣, 『安吳四種』 권26, 農 2.

574) 丘震川, 「府誌食貨論」, 『皇朝經世文編』 권36.

575) 『古今圖書集成』 권255, 職方典 東昌府部.

576) 道光 『遵義府誌』 권16, 17~18쪽.

577) 天啓 『贛州府誌』 권3, 與地.

578) 『古今圖書集成』 권28, 草木典, 稻部. 기록은 명말의 상황임.

579) 吳應箕, 『樓山堂集』 권10. 중국인민대학중국사교연구실편, 『中國資本主義萌芽問題討論集』 하책, 三聯書店. 1957, 793쪽.

580) 吳應箕, 『樓山堂集』 권10.

581) 何喬遠, 『閩書』 권38, 風俗志. 하교원은 명나라 만력에서 숭정 연간의 사람이다.

582) 屈大均, 『廣東新語』 권14.

583) 同治 『天津縣誌』 권6, 10쪽.

584) 雍正 7년 詔書. 렌헝[連橫], 『臺灣通史』 상책, 44쪽을 보라.

585) 光緒 『安吉縣誌』 권8, 3~4쪽.

586) 高晋, 「奏請海疆禾棉兼種疏」(乾隆 40년), 『皇淸奏議』 권61.

587) 晏斯盛, 「請設商社疏」(乾隆 40년), 『皇朝經世文編』 권40.

588) 錢泳, 『履園叢話』 권14.

589) 方觀承, 『方恪敏公奏議』, 권2.

590) 包世臣, 『安吳四種』 권26, 農 2.

591) 方觀承, 『方恪敏公奏議』, 권2.

592) 李鼎, 『李長卿集』 권19, 借箸編. 중국남경대학 사학과 중국고대사연구실편, 『中國資本主義萌

芽問題討論集』속편, 三聯書店. 1960, 89쪽.

593) 包世臣, 『安吳四種』권34, 10쪽, '籌楚邊對'.

594) 顧起元, 『客座贅語』권2, 條鞭始末.

595) 萬曆 『會稽縣誌』권7, 均差均平考.

596) 『古今圖書集成』, 「食貨典」권145, 賦役部, '古今治平略', 明朝田賦.

597) 萬曆 『大明會典』권7, 均差均平考.

598) 萬曆 『大明會典』권7, 均差均平考.

599) 『萬曆會典』권20, 賦役.

600) 眉史氏, 『復社記略』권2.

601) 顧炎武, 『顧亭林詩文集』권1, 生員論 中.

602) 顧炎武, 『顧亭林詩文集』권1, 生員論 上.

603) 計六奇, 『明季南略』권11.

604) 『南海通誌』권38, 藩淸傳.

605) 『淸朝文獻通考』권25, 직역고.

606) 江太新, 「청대전기 직예 획록현 토지소유관계의 변화와 사회경제발전에 대한 영향(淸代前期
    直隸獲鹿縣土地關係的變化及其對司會經濟發展的影響)」, 『平准學刊』제1집, 中國商業出版
    社, 1985.

607) 각 지역의 면세 규정은 다소 차이가 있다. 예를 들어 사천성에서는 "신금공감등은 모두 요역징
    발에서 면제된다(神衿貢監等盡皆優免差徭)"고 규정하고 있으나 국가에서는 "신금은 본인의
    요역을 면제한다(神衿許優免本身一丁)"고 규정했다. 하남성에서는 "신금부호를 막론하고 똑
    같이 나누어지지 않으면 일율적으로 징수하였다(無論神衿富戶, 不分等則, 一律輸將)."

608) 『昭常合志稿』권7.

609) 光緒 『大淸會典事例』권172, 4쪽.

610) 葉夢珠, 『閱世編』권6, 2~4쪽.

611) 邵長蘅, 『靑門簏稿』권11, 6쪽, 與楊靜山表兄弟二書.

612) 『嘉定縣誌』권20.

613) 여기서는 100무 이상의 토지를 소유한 호를 지주호로 삼았다. 또 진금지주(縉衿地主)는 현직
    에 있는 자, 생원(生員), 감생(監生), 공생(貢生), 거인(擧人) 등을 가리킨다.

614) 光緒 『湘潭縣誌』권11, 1쪽.

615) 王夫之, 『噩夢』.

616) 同治 『瀏陽縣誌』권6, 18~20쪽.

617) 歙縣 『許氏世譜』明故處士許公英行壯.

618) 『澤富王氏宗譜』권2.

619) 『濟陽江氏族譜』明處士祥公傳.

620) 張海鵬·王廷元, 『明淸徽商資料選編』, 歙縣 '程氏孟孫公支譜, 英洪公傳', 黃山書社, 1985.

621) 중국사회과학원 경제연구소장 『休寧巴氏置産簿』謄抄本.

622) 董含, 『三岡識略』권8, '積財貽害'.

623) 『程氏孟孫之譜』程廷柱傳.

624) 張海鵬·王廷元, 『明淸徽商資料選編』, 績溪 「西關章氏族譜」권4, '家傳', 黃山書社, 1985.

625) 汪聲鈴, 『汪氏家乘』권2책, 皇朝府君事略.

626) 齊學裘, 『見聞隨筆』권16, 俠丐.

627) 餘霖, 『江南農村衰落的一箇縮影』, 新創造雜誌, 제2권, 12기, 1932년 7월.

628) 『淸高宗實錄』 권948, 12쪽.

629) 『淸高宗實錄』 권1255, 23~25쪽.

630) 景甦·羅崙, 『淸代山東經營地主的社會性質』, 산동인민출판사, 1932, 7.

631) 民國 『文登縣誌』 권3, 17쪽.

632) 何仰鎬, 「據我所知道中山小欖鎭何族歷代的發家史及其他有關資料」, 원본은 廣東佛山市檔案館에 있음.

633) 『潘氏典當族譜』 권6.

634) 『順德縣誌』 권30, 이상 3건의 자료는 모두 장하이펑[張海鵬]·장하이잉[張海瀛] 주편, 『中國十代商幇』 247쪽을 보라.

635) 方志遠의 연구에 의하면 江右의 商幇 역시 토지를 많이 소유하고 이었다(『중국십대상방』을 보라). 四川 井硏縣의 王偉欽은 소금을 팔아 집안을 일으켰는데 "집안이 번창하자 가장 넓은 토지를 소유했다(族姓繁昌, 占籍最廣)"(光緖 『井硏縣誌』 권36). 사천 雲陽의 소금상인은 "전려와 염정이 모두 거만했다(田廬鹵井皆巨)"(民國 『雲陽縣誌』 권23).

636) 『光緖會典事例』 권172, 1쪽.

637) 『雍正東華錄』 권12, 17쪽.

638) 중국사회과학경제연구소장, 『淸代戶部檔案抄件』.

639) 『淸高宗實錄』 권1255.

640) 『淸仁宗實錄』 권296.

641) 賦銀은 강희 36년 징수한 稅銀 18,511.9냥을 강희 36년 138,389.2무의 무세로 나눈 것으로 그 결과는 0.134냥이다. 건륭 1년 紳衿戶는 559.55무에 대한 세금으로 부은 74.98냥을 납부했다. 직예성의 세은과 탄입된 정은이 0.207냥이었으므로 신금지주호가 탄입한 정은은 15.52냥이다.

642) 여기에 대해서는 江太新, 「淸代前期直隸獲鹿縣土地關係的變化及其對司會經濟發展的影響」, 『平准學刊』 제1집, 中國商業出版社, 1985.을 참조.

643) 道光 『蘇州府誌』 권8, 田賦.

644) 范金民·夏維中, 『蘇州地區社會經濟史』, 南京大學出版社, 1993.

645) 民國 『樂至縣誌』 권3, 7쪽.

646) 『淸朝文獻通考』 권2, 田賦.

647) 民國 『萬源縣誌』 권5, 46~47쪽.

648) 民國 『雲陽縣誌』 권13, 2쪽.

649) 民國 『蒼溪縣誌』 권10, 2쪽.

650) 民國 『雲陽縣誌』 권27, 30쪽.

651) 龍升, 「對知縣試策略」, 『瀏陽縣誌』 권18, 22쪽.

652) 魏禮, 『魏季子文集』 권8, 與李邑侯書.

653) 「康熙朝莆靖小記」 甲戌 6월, 『淸史資料』 권1, 중화서국, 1980.

654) 熊緖瑞, 『光山熊氏宗譜』 권1.

655) 民國 『徐水縣新誌』 권4.

656) 乾隆 『博野縣誌』 권6.

657) 光緖 『定興縣誌』 권11, 이상의 3사례는 한샤오바이[韓小白], 「청대전기 보정지역 서민 중소지주의 발전(淸代前期保定地區庶民中小地主的發展)」, 『河北學刊』 1991년 3기.

658) 보이링[博衣凌], 『明淸社會經濟變遷論』, 인민출판사, 1989년.

659) 高晋, 「奏請海疆木棉兼種疏」(乾隆 44년), 『皇淸奏議』 권61.

660) 康熙 『靖江縣誌』 권6.

661) 光緒 『海鹽縣誌』 권8, 17~18쪽.

662) 方苞 『方望溪全集』 集外文 권11, 請定經濟札子.

663) 陳芳生, 『先憂集』 권1책, 田制, 9쪽.

664) 孫葆田, 『校經室文集』 권5, 趙吾墓表.

665) 道光 『內江縣誌』 권1.

666) 징숴[景甦]·뤄룬[羅侖], 『청대산동경영지주의 사회성격(淸代山東經營地主的社會性質)』, 산동 인민출판사, 1932, 7.

667) 景甦·羅侖, 『淸代山東經營地主經濟硏究』, 齊魯書社, 1984.

668) 『秋審條款附案』 권3; 리우잉청[劉永成], 「論淸代雇用勞動」, 『歷史硏究』 1962년 2기에서 인용.

669) 順治 『蘄水縣誌』 권 18; 光緒 『烏程縣誌』 권29, 2쪽; 光緒 『平湖縣誌』 권2, 51쪽; 同治 『東鄕縣誌』 권8, 3쪽; 『古今圖書集成』 職方典 권278, 登州府 風俗考; 徐宗千, 『斯未信齋方編』 권1, 勸損義穀約; 祁寯藻, 『馬首農言』 20쪽, 方言; 道光 『遵義縣誌』 권16, 3쪽.

670) 李文治, 『中國近代農業史資料』 제1집, 삼련서점, 1957, 111쪽.

671) 『淸代山東經營地主的社會性質』의 작자들이 청대후기에 대한 수행한 조사에 의하면, 경영지 주의 농업생산의 단위면적당 생산량은 일반 소생산자의 그것에 비해 1배가량 높았다.

672) 이것이 서민지주가 생산노동자에 대해 가졌던 경제외적 관계였다. 이 관계는 명·청시기 계급 투쟁에 영향을 받아 더욱 쇠약해 졌다. 이 문제는 여기서는 생략한다.

673) 胡如雷, 「中國封建社會形態的一些特點」(『歷史硏究』 1962, 1기)에서는 일찍이 "우리 나라의 토지는 매매될 수 있었고 지주 개인은 고정적인 계급지위를 가지지 못했다. 이처럼 행정권·사 법권·군사권은 토지소유권의 속성을 직접적으로 표현할 수 없다. 말할 필요도 없이 이러한 권력은 토지소유권과 유리되어 나온 것이다."

674) 옹정 5년 다음과 같은 법이 제정되었다. "간사한 전호가 있어 租課를 납부하지 않고 전주를 기만하면 장 80에 처한다. 체납한 지대는 그 수에 견주어 전주에게 지급하도록 한다."(도광 5 년 『大淸律例』 권27, 26쪽)

675) 經君健, 「明淸兩代雇工人的法律身分地位問題」, 『新建設』, 1961, 8기.

676) 『청고종실록』 권1253, 1~2쪽.

677) 『萬曆實錄』 권194, 11~12쪽에 의하면 만력 16년 정월 경술일 刑部尙書 이세달李世達 등이 申 明했다. "관리의 집안官民之家에서 무릇 일하기를 원하는 사람 가운데 문계를 작성하고 그 연한을 논의한 자는 고공으로 논하고 단기적으로 고용되어 그 적은 임금을 받는 자는 범인으 로 논하소서(官民之家, 凡請工作之人, 立有文券議有年限者, 以雇工論. 只有短雇受值不多 者, 以凡人論)." 여기서 문계를 만들지 않은 장기 고용인의 법률적 지위는 명확하지 않다. 건 륭 51년 새로운 조례에 따라 장기 고용인의 법률적 지위가 변화되었음을 알 수 있다.

678) 經君健, 「明淸兩代農業雇傭勞動者法律身份地位的解放」, 『經濟硏究』 1961, 6기.

679) 이는 필자들이 수집한 자료에 근거하여 도출한 통계이다. 또 여기서 장기 고용인은 연공(年工) 을 가리킨다. 140건의 장기 농업고공 가운데 "평등하게 서로 불렀다(平等相稱)"거나 "함께 생 활하며 식사를 같이 했다(共坐同食)"거나 "주복명분이 없다(無主僕名分)"라고 기재된 건은 68 건, "문서를 작성하지 않았다(未立文約)"한 사건이 4건, "주복명분이 있다"고 기록한 사건이 1 건, 기록이 있지 않아 상황을 파악할 수 없는 것이 66건이었다. 또 月工에 대한 사건은 155건 이었는데 이 가운데 주복명분이 없는 것이 67건, 문서를 작성하지 않은 사건이 1건, 기록이 없어 상황을 파악할 수 없는 것이 87건이었다.

680) 經君健, 「明淸兩代農業雇傭勞動者法律身份地位的解放」, 『經濟硏究』 1961, 6기.

681) 이 문제에 대해서는 다음의 논문을 참고하라. 彭澤益, 「從明代官營織造的經營方式看江南絲

織業生産的性質」, 『歷史研究』 1969 2기;彭澤益, 「十九世紀後期中國城市手工業商業行會的
重建和作用」, 『歷史研究』1965년 1기.

682) 徐階, 『世經堂集』 권22, 復呂玉洲.

683) 魏禮, 『魏季子文集』 권8, 與李邑侯書.

684) 光緖 『嘉興府誌』 권32, 건륭 『烏靑鎭誌』에서 인용.

685) 同治 『巴陵縣誌』 권11, 風土.

686) 張治堂 『風行錄』 권1, 札飭各邑查辦習佃控案.

687) 乾隆 『瑞金縣誌』 권1, 兵寇.

688) 『古今圖書集成』 職方典, 권1249, 衡州府風俗考.

689) 光緖 『靑浦縣誌』 권28, 16쪽.

690) 張治堂, 『風行錄』 권1, 札飭各邑查辦習佃控案.

691) 嘉慶 『巴陵縣誌』 권14, 2쪽.

692) 乾隆 『增城縣誌』 권3, 11쪽.

693) 劉永成, 「淸代前期佃農抗租鬪爭的新發展」, 『淸史研究』 1집.

694) 直隸總管 方觀承題, 건륭 18년 10월 24일.

695) 管理刑部事務劉統員等題, 건륭 35년 4월 21일.

696) 管理刑部事務阿桂等題, 건륭 59년 10월 11일.

697) 管理刑部事務劉統員等題, 건륭 34년 11월 초3일.

698) 刑部尙書李元亮等題, 건륭 18년 10월 초6일.

699) 湖北巡撫揆義題, 건륭 34년 4월 초 7일.

700) 刑部尙書阿克敦等題 건륭 11년 10월 19일.

701) 浙江巡撫熊學鵬題, 건륭 37년 9월 28일.

702) 管理刑部阿桂等題, 건륭 48년 11월 2일.

703) 吳壇, 『大淸律例通考』 권27.

704) 명나라 성립한 직후 법률적 측면에서 지주와 전농의 상호관계에 대한 규정은 없었다. 전농이
이미 "凡人"의 지위에 있었다고 말하는 근거는 薛允升의 『唐明律合編』 권10, '私役民夫抬轎'
의 규정이다. 이 규정에 의하면 무릇 부호가에서 전객을 역사하여 가마를 메게 하는 자는 장
60에 처했고 매일 雇工의 비용으로 60문의 錢을 지급하도록 했다.

705) 湯明檖, 『中國古代社會經濟史』를 참고.

706) 『唐律』 권22에 의하면 "여러 부곡과 노비들이 과실로 주인을 살해할 경우 교수형에 처하고 상
처를 입히거나 욕할 경우 유배를 보낸다. 그 주인이 부곡을 구타하여 살해했을 경우 1년의 도
형(徒刑)에 처하고 고의로 살해한 자는 1등을 더한다. 부곡의 범죄 때문에 처벌하다가 사망했
거나 과실로 살해했을 경우에는 각각 논하지 않는다.(諸部曲奴婢過失殺主者絞, 傷及詈者流.
其主人毆部曲致死者徒一年, 故殺者加一等, 其有愆犯決罰致死及過失殺者, 各勿論)"

707) 송나라와 원나라시기 국가의 법령에서 전객은 '良人'의 지위에 있었고 지주와의 관계에서는
엄격한 신분적 예속관계를 형성했다. 이러한 신분적 예속관계는 국가에 의해 보호되었다.

708) 蘇洵 『嘉祐集』 권5, 田制.

709) 『明憲宗實錄』 권281, 성화 22년 8월.

710) 王士性, 『廣志繹』권13.

711) 民國 『文登縣誌』 권1 하, 13쪽.

712) 적지 않은 문헌 기록에서 官紳富豪의 노복과 童奴는 수천 수백에 달했다. 한 집이 가진 노복
만 수천 수백을 헤아렸는데 이들 노복의 대부분은 아마도 佃僕이었을 것이다. 당시 생산 조건

하에서 수천 수백을 노동력이 한 전장위에서 생산노동을 진행하는 것은 상당히 곤란한 것이
었다.

713) 康熙 『崇明縣誌』 권6, 習俗.

714) 康熙 『江南通誌』 권65, 藝文, 徐國相 '特參勢豪勒詐疏'

715) 康熙 『崇明縣誌』 권58 賦役.

716) 刑部尙書來保等題, 乾隆 9년 9월 14일. 여기에 대해서는 리우잉칭[劉永成], 『청대전기의 농업
조전관계(淸代前期的農業租佃關係)』를 보라.

717) 李桓輯, 『國朝耆獻類徵初編』 권208, 監司 4, 賀延齡. 건륭 연간에 이르러 길안부의 太和縣(지
금의 泰和縣)에는 여전히 世僕과 관련된 기록이 남아 있다.

718) 李漁輯, 『資治新書初編』 권7, 金長眞 '請嚴主僕'.

719) 혹자는 徽州 鄭門縣의 지주가인 程氏는 그의 선대가 東晋시기 新安太守를 지냈으며 당송이
후까지 그 지위를 계승했다. 北宋 때 저명한 理學者 程頤·程顥는 정씨의 32대손이었다. 이
가문은 청대에도 여전히 이 지역의 명문가였다. 여기에 대해서는 중국사회과학원경제연구소
가 소장한 『乾隆程姓闔族條規』, 『族始源流略記』를 보라. 혹자는 휘주 歙縣에서 이름난 대족
가운데 "과반이 모두 북부지역에서 남부지역으로 이주하였는데 대략 그 시기를 살펴보면 (남
조인) 晋·宋시기와 당나라 말엽 황소의 난 때(半皆有北南遷, 略擧其時, 則晋宋兩朝南渡及
唐末避黃巢之亂)" 이주해 왔다. 여기에 대해서는 '民國 『歙縣誌』 권1, 風俗'을 참조.

720) 淸檔, 軍機處錄副, 乾隆 34년 6월 26일 璟善의 보고, 北京古宮博物院檔案館. 여기에 대해서
는 한헝위[韓恒煜]의 「略論淸代前期的佃僕制」를 참조하라.

721) 高廷瑤, 『宦游紀略』 상권.

722) 『文物』 1977년 1기.

723) 장여우이[章有義], 「보화당(葆和堂) 장복(莊僕) 조규로부터 본 청대 휘주(徽州)의 장복(莊僕)제
도[從葆和堂莊僕條規看淸代徽州莊僕制度]」, 『中國社會科學院經濟硏究所集刊』 5집.

724) 예시엔언[葉顯恩], 「휘주의 전복제에 대해[關于徽州的佃僕制]」, 『中國社會科學』 1981년 1기.

725) 『乾隆程姓置産簿』, 休寧 『吳葆和堂需役給工食定例』, 中國社會科學院經濟硏究所 所藏.

726) 『吳葆和堂需役給工食定例』(祁門 『程氏祠堂簿』 中國社會科學院經濟硏究所 소장).

727) 祁門 『程氏祠堂簿』·黟縣 江氏 『乾隆 46년에서 54년까지 狀詞와 批示 彙抄』.

728) 乾隆祁門善和里 『程氏置産簿』, 中國社會科學院經濟硏究所 所藏.

729) 中國社會科學院歷史硏究所 所藏.(이 문서는 한헝위[韓恒煜], 「略論청대전기의 전복제[略論淸
代前期的佃僕制]」에서 轉見한 것임.)

730) 『吳葆和堂需役給工食定例』, 中國社會科學院經濟硏究所 所藏.

731) 張履祥, 『楊園先生全集』 권8, 給徐敬可書.

732) 張光月, 『例案全集』 권6, 戶役.

733) 『碑傳集』 권80, 邵長蘅, '提調江西學政按察使司僉事加一級邵公延齡墓碑'.

734) 張光月, 『例案全集』 권6, 戶役.

735) 道光 『徽州府誌』 권2의 5, 風俗.(嘉靖 『徽州府誌』에서 인용)

736) 同治 『祁門縣誌』 권5, 風俗; 光緖 『新安誌』 권1 풍속.

737) 葉顯恩, 「關于徽州的佃僕制」, 『中國社會科學』 1981년 1기; 光緖 15년 吳葆根이 지은『葆和堂
需役給工食定例』에는 "중(衆)·당(堂)·사가(私家)의 복비(僕婢)"와 같은 자구는 이러한 점을
증명할 수 있다.

738) 趙吉士, 『寄園寄所寄』 권12.

739) 光緖 『婺源鄕土誌』 風俗.

740) 康熙『徽州府誌』권2.

741) 『淸世宗實錄』권56, 雍正 5년 윤4월 계축일.

742) 光緒『大淸會典事例』권158, 戶部·戶口.

743) 安徽按察使 璟善 '案奏田戶分別種田確據以定主僕名分'. 여기에 대해서는 리우잉청[劉永成], 「청대전기의 농업조전관계[淸代前期的農業租佃關係], 『淸史論叢』2집.

744) 嘉慶『會典事例』권158, 戶部·戶口. 道光 5년까지 이와 유사한 詔令이 있었다. 祝慶祺의 『刑案彙覽』, '良賤相歐' 조에는 이렇게 기술되어 있다. "만약 몸을 매입한 문계가 없거나 또 조석으로 역을 바치고 돌봄을 받지 않으면 비록 大戶의 토지를 경작하고 대호의 산에 매장되고, 대호의 가옥에 거주하더라도 실질적으로 주인과 노복의 구분이 없는 자는 강제로 세복으로 삼을 수 없다(若無賣身文契, 又非朝夕服役受人豢養, 雖佃大戶之田, 葬大戶之山, 住大戶之屋, 非實有主僕名分者, 不得壓爲世僕)."

745) 『明太祖實錄』권73 홍무 5년 4월.

746) 『明太祖實錄』권62, 洪武 4년 3월.

747) 『皇昭文衡』권27, 與行在戶部諸公書.

748) 『明英宗實錄』권169, 正統 13년 6월.

749) 『明憲宗實錄』권281, 成化 22년 8월.

750) 『明孝宗實錄』권218, 弘治 17년 11월.

751) 『明武宗實錄』권166, 正德 13년 9월.

752) 『明英宗實錄』권34, 正統 2년 9월 계사일.

753) 顧炎武, 『天下郡國利病書』권114, 貴州 '少卿周宏祖議銅苗疏略'.

754) 呂坤, 『實政錄』권2.

755) 魏金玉, 「明淸屍臺農業中等級性雇傭勞動向非等級性雇傭的過度」, 『明淸屍臺的農業資本主義萌芽問題』(李文治 등, 中國社會科學出版社, 1983.

756) 康熙『麻城縣誌』권4, 풍속.

757) 康熙『汝寧府誌』권4, 金鎭, '條議汝南利弊十事'.

758) 孫之騄, 『二申野錄』권7.

759) 顧炎武, 『日知錄』권13, 奴僕.

760) 吳騫, 『愚谷文存』권13.

761) 范守已, 『御龍子集』曲洧新聞.

762) 于愼行, 『谷山筆塵』권5.

763) 于愼行, 『谷山筆塵』권12.

764) 顧炎武, 『日知錄』권13, 奴僕.

765) 顧炎武, 『天下郡國利病書』권16, 嘉定縣 風俗.

766) 徐復祚, 『花當圖叢談』권3.

767) 王葆心, 『蘄黃四十八砦紀事』.

768) 嘉慶『黟縣誌』권16, 藝文.

769) 康熙『汝寧府誌』권4, 金鎭, '條議汝南利弊十事'.

770) 鄭廉, 『豫變紀略』권2.

771) 『明文衡』권7, 周忱, '與行在戶部諸公書'.

772) 孫之騄, 『二申野錄』권3.

773) 何良俊, 『何翰林集』권24, 先府君訥軒先生行狀.

774) 庄元臣, 『庄氏甫雜著』제8책, 曼衍齋草, 治家條約.

775) 同治 『江山縣誌』 권1, 풍속(강희 『강산현지』에서 인용).

776) 이상의 사례에 대한 자료는 저자가 유실하였다.

777) 趙吉士, 『寄園寄所寄』 권11.

778) 萬曆 『吉安府誌』 권11, 풍속지.

779) 崇禎 『靖江縣誌』 권10, 풍속.

780) 康熙 『麻城縣誌』 권3, 풍속.

781) 同治 『江山縣誌』 권1, 풍속(강희 『강산현지』에서 인용).

782) 庄元臣, 『庄氏甫雜著』 제8책, 曼衍齋草, 治家條約.

783) 『雲間雜識』 권1.

784) 『楊園先生集』 권32, 見聞錄 2.

785) 丁耀亢, 『出劫紀略』, 亂後忍侮歎.

786) 康熙 『瑞昌縣誌』 권8, 吉僕傳.

787) 『變雅堂文集』 권5, 瘞志僕墓誌銘.

788) 乾隆 『平湖縣誌』.

789) 乾隆 『金山縣誌』 권17.

790) 順治 『蘄水縣誌』 권18, 풍속.

791) 康熙 『衡州府誌』 권8, 6쪽.

792) 同治 『東鄉縣誌』 권8, 강희 연간의 상황을 옮겨 서술한 것임.

793) 同治 『寧海縣誌』 권5, 강희 10년 『영해현지』에서 인용.

794) 『巴陵縣誌』 田賦論. 여기에 대해서는 『皇朝經世文編』 권39 청 전기를 보라.

795) 『古今圖書集成』 職方典, 권278, 登州府; 권239 兗州府.

796) 祁寯藻, 『馬首農言』 20쪽, 方言

797) 徐宗幹, 『斯未信齋文稿』 권1, 勸諭義穀約.

798) 尹會一, 『撫豫條教』 권4, 7쪽.

799) 雅爾圖, 『心政錄』 권1, 2쪽.

800) 康熙 『通州誌』 권7, 3~4쪽.

801) 康熙 『邳州誌』 풍속.

802) 光緖 『應城縣誌』 풍속. 강희 『응성현지』에서 인용.

803) 田文鏡, 『撫豫宣化錄』 권3 下, 飭査逃荒男婦以安流民事.

804) 光緖 『大淸會典事例』 권158.

805) 『淸高宗實錄』 권311, 건륭 13년 3월 丙午일, 諭

806) 劉方靄, ‘請修補城垣勿用民力疏’ 『淸朝名臣奏議』 권45.

807) 嘉慶 『正陽縣誌』 권9, 1~2쪽.

808) 李式之, 『律例疏議』 良賤相歐.

809) 李天麟, 『淑向彙編』 권3, 35쪽.

810) 이 절은 魏金玉의 「明淸時代農業等級雇傭勞動向非等級雇傭勞動的過渡」과 經君健, 「明淸兩代農業雇工法律上人身隷屬關係的解放」을 참조한 것임. 이들 논문은 李文治 등, 『明淸時代 農業資本主義萌芽問題』, 中國社會科學出版社, 1983.을 참조.

811) 『明神宗實錄』 권191, 만력15년 10월 정묘일.

812) 龔大器, 『招擬指南』 권首.

813) 『大明刑律金鑑』 刑律, 奴婢歐家長(상해도서관소장 抄本, 이 문서는 「明淸兩代農業雇工法律上人身隷屬關係的解放」에서 참고한 것임).

814) 『明淸集解附例』 권20, 鬪歐.

815) 李日宣, 『讕像物喜錄』 권12, 19~20쪽.

816) 張楷, 『律條疏議』 권20, 良賤相歐 律後.

817) 沈氏, 『農書』 運田地法.

818) 張履祥, 『補農書』 하.

819) 李漁, 『資治新書初編』 권7, 金長貢 ‘請嚴主僕’

820) 萬曆 『福州府誌』 권7, 與地.

821) 『古今圖書集成』 職方典, 권367, 遼州.

822) 『古今圖書集成』 職方典, 권661, 遼州.

823) 魏禧, 『魏叔子文集』 권7, 與曾聞庭.

824) 同治 『東鄕縣誌』 권8.

825) 同治 『新城縣誌』 권1.

826) 嘉慶 『巴陵縣誌』 권14.

827) 民國 『范縣誌』 권3.

828) 楊炳堃, 『楊中儀公自訂年譜』 권2, 67쪽.

829) 魏禧, 『魏叔子文集』 권7, 與曾聞庭.

830) 『大淸律例集解』 권22, ‘奴婢歐家長’ 律後.

831) 河南巡撫 尹會一題本, 乾隆 2년 4월 29일.

832) 江寧巡撫張渠題本, 乾隆 5년 6월 10일.

833) 刑部尙書喀寧阿 등 ‘雇工致死家長請申明例義酌加增易摺’

834) 『中國經濟通史』 淸代經濟史(하), 1749쪽.

835) 『事文類啓箚靑錢』 元刊. (건안서당 신간; 正統 원년 務本書堂 신간); 仁井田隆, 『中國法制史研究』 奴隷農奴法·宗族宗落法, 754쪽을 보라.

836) 『詞林武庫』 권4, 佃田文約(萬曆 간행본); 仁井田隆, 『中國法制史研究』 4장 원명시대의 존규약과 조전계약을 보라.

837) 『屯溪檔案』 佃約.

838) 중국사회과학원 경제연구소 소장 『刑檔抄件』.

839) 복건사범대학역사학과편, 『明淸福建經濟契約文書選輯』 5, 租佃文書, 人民出版社, 1997, 455~529쪽.

840) 『臺灣文獻叢刊』 152種, 淸代臺灣大租調查書.

841) 『錦熱蒙地調査報告』(僞滿 康德 4년 地積整理局).

842) 嘉慶 『祁陽縣誌』 권13, 5쪽.

843) 乾隆 『潮州府誌』 권33, 宦績.

844) 『皇朝經世文編』 권31, 陳道, ‘江西新城田租說’.

845) 『淸高宗實錄』 권245, 23쪽.

846) 光緖 『石門縣誌』 권11, 풍속.

847) 『湖南省例成案』 河津河防 권1.

848) 仁井田隆, 『中國法制史研究』 奴隷農奴法·宗族宗落法, 525쪽.

849) 光緖 『山東通誌』 권수(首), 訓典 2, 64쪽.

850) 仁井田隆, 『中國法制史研究』 奴隷農奴法·宗族宗落法, 524쪽.

851) 명·청시기 압조제와 예조제의 발전 원인은 江太新, 「淸代前期押租制的發展」과 「論預租制的發生和發展」 두 논문 속에 이미 비교적 상세하게 논술해 두었으므로 여기서는 중복하지

않는다.

852) 嘉靖 『龍岩縣誌』 상권 제2 民物志 土田.

853) 顧炎武, 『天下郡國利病書』 제16책, 복건, 85~86쪽.

854) 光緒 『雲霄廳誌』 권4, 토전.

855) 吳晗은 『朱元璋傳』에서 원나라 말년 압조제가 이미 조전관계에서 보편적 현상이었던 것으로 기술하고 있다. 필자들은 지금까지 원대에서 명나라 중기이전에 이르는 시기의 압조관련 기사를 발견하지 못하였고 오함 역시 자료의 출처를 인용하지 않아 그 사실여부가 의심스럽다.

856) 『瀏陽縣誌』 권1, 풍속.

857) 중국사회과학원 경제연구소 소장 『刑檔抄件』 T1924.

858) 중국사회과학원 경제연구소 소장 『刑檔抄件』 T2486.

859) 古宮博物院 明淸檔案館, 『軍機處錄副』.

860) 古宮博物院 明淸檔案館, 『軍機處錄副』.

861) 國民党司法行政部編, 『民商事習慣調査錄』 민국19년, 424쪽.

862) 중국사회과학원 경제연구소 소장 『刑檔抄件』 U6129.

863) 黃釗, 『石屈一征』 권5, 日用.

864) 『湖南省例成案』 戶律·田宅, 권7.

865) 『湖南省例成案』 戶律·田宅, 권 5.

866) 『湖南通誌』 권19.

867) 故宮博物院明淸檔案館, 『軍機處錄副』.

868) 『巴陵檔案』 乾隆, 民刑·田産.

869) 『魏季子文集』 권8, 與李邑侯書.(『寧都三魏全集』을 보라)

870) 『刑科題本』 乾隆 6년 3월 11일, 刑部尙書 來保等題.

871) 『刑科題本』 乾隆 2년 4월 7일, 經筵講官 徐等題.

872) 『屯溪檔案』, 租約.

873) 乾隆 『順德縣誌』 권4, 1쪽.

874) 光緒廣東南海 『方氏族譜』, 祠規.

875) 國民黨司法行政部編, 『民商事習慣調査報告錄』 민국 19년, 607쪽.

876) 중국사회과학원 경제연구소, 『刑檔抄件』.

877) 『淸朝文獻通考』 권10, 4944쪽.

878) 嘉慶 『大淸會典事例』 권136, 15~16쪽.

879) 『滿洲舊慣調査報告』 내무부관장, 189쪽.

880) 『中國經濟年鑑』 1931, 7장.

881) 『刑部檔案』, 건륭 42년 3월 19일 兵部侍郎 方楊魁題.

882) 『刑部檔案』, 가경 24년 5월 14일 巡撫浙江等處地方 陳若霖題.

883) 『刑科題本』, 건륭 30년 5월 11일 兼管刑部 臣劉統勳等題.

884) 『刑科題本』, 건륭 28년 5월 29일 議政大臣·尙書 徐赫德等題.

885) 『刑科題本』, 가경 12년 6월 2일 署理直隷總督 溫承惠題.

886) 『刑科題本』, 건륭 9년 3월 10일 刑部尙書 來保等題.

887) 『刑科題本』, 가경 16년 秋審 廣東巡撫.

888) 중국사회과학원 경제연구소 소장 『刑檔抄件』.

889) 중국사회과학원 경제연구소 소장 『刑檔抄件』.

890) 중국사회과학원 경제연구소 소장 『刑檔抄件』.

891) 『內務府來文』 2124句, 건륭31년 6월 ○일. 『淸代檔案史料叢編』 5집을 보라.

892) 『滿洲舊慣調査報告』 皇產 62쪽·96쪽 참조; 盛京禮部官莊 122~123쪽.

893) 『刑科題本』 가경 11년 推審, 安徽巡撫.

894) 民國黨司法行政部編, 『民商事習慣調査報告錄』, 민국19년, 607쪽. 이것은 민국초기의 조사로 "서로 이어 風이 되고 서로 물들어 俗(相沿爲風, 相染爲俗)"이 된 습관으로, 필자들은 한수현 지주가 미리 조곡을 수취한 방법은 늦어도 청말을 넘어서지는 않거나 그 즈음 성립하였을 것으로 간주한다.

895) 乾隆 『順德縣誌』 권4, 1쪽.

896) 『刑科題本』 가경 10년 8월 23일, 刑部尙書 覺羅長麟等題.

897) 『刑科題本』 가경 23년 7월 11일, 管理刑部事務 章熙等題.

898) 『屯溪檔案』 佃約.

899) 『刑科題本』 건륭 17년 10월 26일, 署刑部尙書 阿克敦等題.

900) 『內務府來文』 건륭 51년 윤7월, 원래 문서는 中國第一歷史檔案館에 소장.

901) 『刑科題本』 건륭 36년 5월 2일, 山西巡撫 鄂寶題.

902) 同治 『淡水廳誌』.

903) 光緖 『香山縣誌』 권5, 與地下 風俗.

904) 『滿洲舊慣調査報告』 皇產, 34쪽.

905) 馮和法편, 『中國農村經濟資料』 913쪽; 賀揚靈편, 『農民運動所引農民協會報告』, 1927.

906) 『刑科題本』, 건륭 2년 4월 7일, 兼管刑部尙書事務 徐本等題.

907) 중국사회과학원 경제연구소 소장 『刑檔抄件』.

908) 『刑科題本』, 건륭연간, 直隷總督 邢蘇圖題.

909) 『淸代臺灣大租調査書』 2책, 476~477쪽.

910) 『刑科題本』, 가경13년 3월 18일, 兼管奉天府尹事務 宋麟等題.

911) 중국사회과학원 경제연구소 소장, 『刑檔抄件』.

912) 『淸朝文獻通考』 권10, 4944쪽.

913) 嘉慶 『大淸會典事例』 권136, 15~16쪽.

914) 중국사회과학원 경제연구소 소장 『刑檔抄件』.

915) 중국사회과학원 경제연구소 소장 『刑檔抄件』.

916) 『內務府上傳檔』 93호, 건륭 52년 9월 19일.(『淸代檔案資料叢書』 5집, 127쪽)

917) 國民黨司法行政部編, 『民商事習慣調査報告錄』, 민국 19년, 348쪽.

918) 魏頌唐, 『浙江經濟紀略』, 永康縣, 4쪽, 1929.

919) 國民黨司法行政部編, 『民商事習慣調査報告錄』, 민국 19년, 607쪽.

920) 『滿洲舊慣調査報告』 租權, 46쪽.

921) 同治 『淡水廳誌』.

922) 『中國經濟年鑑』, 1934, 7장.

923) 民國 『覇縣誌』 권2, 29쪽.

924) 馮和法편, 『中國農村經濟資料』 913쪽; 賀揚靈편, 『農民運動所引農民協會報告』, 1927.

925) 『中國民事習慣大全』 1編 1類, 24쪽, 1924.

926) 국민정부가 1933년에 발표한 조사결과를 보면, 광동성·귀주성·사천성·호북성·강소성·절강성 등은 압조제가 통행된 현이 60% 이상에 달했고, 사천성은 90%를 넘어섰다. 金陵大學 농업경제과의 통계에 의하면 강소성 昆山縣에서 1905년 압조제가 시행된 농토는 25.5%를 점했다가 1914년에는 40.9%로 증가했고 1924년에는 61.8%로 급증했다. 강소성 南通縣에서 압조제가 실

시된 농토는 1905년 72.9%, 1914년에는 76.7%로 증가했으며 1924년에는 88.1%로 증가했다.

927) 중국사회과학원 경제연구소 소장, 『刑檔抄件』.

928) 同治 『淡水廳誌』.

929) 『滿洲舊慣調査報告』, 內務府官莊, 189쪽.

930) 펑허파馮和法편, 『中國農村經濟資料』 913쪽.

931) 國民黨司法行政部編, 『民商事習慣調査報告錄』 民國 19년, 607쪽.

932) 여기서 은은 모두 전으로 평가하여 계산하였다. 은 1냥은 전(錢) 1,000문으로 환산했고 1석의 곡식도 전 1,000문으로 환산했다.

933) 『刑科題本』, 가경 5년, 浙江巡撫題.

934) 중국사회과학원 경제연구소 소장 『刑檔抄件』.

935) 『刑科題本』, 가경 4년 8월 18일, 四川總督管撫巡事 勒保題.

936) 『刑科題本』, 건륭, 總督直隸等處地方 那蘇圖題; 乾隆 10년 7월 19일, 議政大臣·刑部尙書 盛安等題.

937) 『刑科題本』, 건륭 10년 7월 19일, 議政大臣·刑部尙書 盛安等題.

938) 『刑科題本』, 건륭 30년 1월 28일, 管兵部事務兼管刑部 臣劉統勛題.

939) 『內務府來文』 건륭 51년 윤7월.

940) 『刑科題本』, 가경 12년 6월 2일, 署理直隸總督 溫承惠題.

941) 『徽州千年契約文書』 宋·元·明編 권1, 花山文藝出版社, 1993년.

942) 正德 『江陰縣誌』 권7, 풍속.

943) 嘉靖 『龍溪縣誌』 권1, 지리.

944) 國民黨司法行政部編, 『民商事習慣調査報告錄』 民國 19년, 422쪽.

945) 民國 『雲陽縣誌』, 풍속.

946) 乾隆 『崇明縣誌』 권4, 부역지.

947) 國民黨司法行政部編, 『民商事習慣調査報告錄』 民國 19년, 562쪽.

948) 中國第一歷史檔案館·中國社會科學院 歷史硏究所, 『淸代地租形態·永佃制』.

949) 『淸代臺灣大租調査書』 3책, 446~447쪽.

950) 『錦熱蒙地調査報告』 상권, 僞滿 康德 4년 12월, 地籍整理局, 341~342쪽.

951) 남경대학 역사학과 소장 계약 원건.

952) 福建師範大學 歷史系편, 『明淸福建經濟契約文書選輯』, 인민출판사, 1997, 45쪽.

953) 萬曆 『漳州府誌』.

954) 道光 『寧道直隸州誌』.

955) 『明淸史料』 戊編, 335~336쪽; 『臺案彙錄甲集』 3책 182~184쪽.

956) 『中國經濟通史』 淸代經濟史 하, 경제일보출판사, 2000, 1811~1812쪽.

957) 正德 『江陰縣誌』 권7, 風俗.

958) 光緖 『周莊鎭誌』, 風俗.

959) 國民黨司法行政部編, 『民商事習慣調査報告錄』, '寧都 仁義鄕 橫塘 勝茶亭 內 碑記' 民國 19년 쪽.

960) 『切問齋文鈔』 권15, 陳紹洙 '江西新城田租說'.

961) 江太新, 「從淸代獲鹿縣檔案看庶民地主的發展」 『中國經濟史硏究』, 1980년 1기.

962) 江太新, 「淸代前期土地賣買中宗法關係的松弛及其社會意義」, 『徽州社會科學』 1995년 1~2기.

963) 經君建, 『淸代社會的賤民等級』, 浙江人民出版社, 1993.

964) 江太新, 「評價中國農業資本主義萌芽問題的硏究」, 『農史硏究』 5집, 農業出版社, 1985.

965) 이 논문은 '『求是學刊』 1994 3기'에 실렸다.

966) 吳承明, 「要重視商品流通在傳統經濟向市場經濟轉換中的作用」, 『中國經濟史硏究』 1995년 2기.

967) 李文治·魏金玉·經君健, 『明淸時代的農業資本主義萌芽問題』, 中國社會科學出版社, 1989; 李 文治, 『明淸時代封建土地關係的松解』, 중국사회과학출판사, 1993.

968) 『韓非子』 外儲說左上; 『戰國策』 齊策 6.

969) 傅築夫, 「中國封建社會經濟史」 4책, 인민출판사, 1986, 120~127쪽; 漆俠, 『宋代經濟史』 상책, 상해인민출판사, 1987.

970) 『宋會要輯稿』 食貨, 65의 77.

971) 呂陶, 『淨德集』 권1, 奏爲官場買茶虧損園戶致有詞訴喧鬧狀.

972) 萬曆 『福州府誌』 권7.

973) 魏禧, 『魏叔子文集』 권7, 與曾聞庭.

974) 『古今圖書集成』 職方典, 권361, 遼州.

975) 黃佐, 『泰州鄕里』 권6, 保甲.

976) 呂坤, 『實政府』, 鄕里約.

977) 건륭 4년 4월 4일 廣東巡撫 王暮의 題本; 옹정 2년 9월 17일 광동순무 阿爾松阿의 題本; 乾隆 『林縣誌』 권5; 건륭 원년 9월 河南巡撫 富順의 題本; 건륭 16년 12월 10일 山西巡撫 阿恩合 의 題本; 건륭 38년 8월 25일 管理刑部事務 劉統勛의 題本. 모든 제보는 明淸檔案館이 소장 한 『刑科題本』에서 확인한 것임.

978) 『明神宗實錄』 군191. 만력 15년 都御史 吳時來는 이렇게 아뢰었다. "적은 품을 받는 자와 일 하는 기간이 한 달 남짓한 자들은 모두 그대로 범인으로 논하십시오(有受値微少, 工作止月日 計者, 仍以凡人論)." '그대로(仍以)' 두 글자를 통해 단공은 이 이전부터 이미 자유로운 신분 이었음을 알 수 있다.

979) 『明神宗實錄』 권194, 만력 16년 정월 경술일.

980) 馮夢龍, 『醒世恒言』 제28회.

981) 陸耀, 『切文齋集』 권13, 條議.

982) 청대 刑檔문서에서 농업 장공에 관한 안건은 매우 많다. 여기서 필자들은 일부 題本만을 분 석했다.

983) 王公義 주편, 『現代市場經濟學小辭典』, 中國紡織出版社, 1998.

984) 汪敬虞, 『中國資本主義的發展和不發展』, 中國財政經濟出版社, 2002년, 3~16쪽.

985) 黃鈞宰, 『金壺逸墨』 권2, 3쪽('『金壺七墨全集』, 1912년'에 수록).

986) 羅侖·景甦, 『淸代山東經營地主經濟硏究』, 齊魯書社, 1985.

987) 맑스, 『자본론』, 제3권, 인민출판사, 1953년, 371~372쪽.

988) 『獲鹿縣檔案』 강희45년에서 건륭 36년 編審冊.

989) 陳翰笙, 「現代中國的土地問題」, 『中國農村經濟論』(馮和法 편), 상해여명서국. 1934.

990) 曹錦淸 등, 『當代浙北鄕村的社會文化變遷』, 上海遠東出版社, 1995, 26쪽 표4.

991) 陳翰笙, 『解放前的地主與農民』. 中國社會科學出版社, 1984, 10쪽.

992) 李文治, 「論淸代阿片戰爭前地價和購買年」, 『中國社會經濟史硏究』 1989년, 2기.

후기

　　본서는 저술에서 출간에 이르는 7~8년 동안, 여러 관련 분야 지도자들의 배려, 동료들의 도움, 가족의 지원을 받았다. 이에 이 책을 출간하면서 진심어린 감사와 경의를 그들에게 보낸다. 특별히 몇 가지 사항은 말하지 않을 수 없다. 리원쯔[李文治] 선생은 연로하여 안질을 앓고 있는 상황에서도, 온 힘을 저술에 몰두하여 다른 이들을 감동시켰다. 이 책을 저술하는 7~8년 사이 나의 부인 수진위[蘇金玉]는 저술을 위해 매우 많은 노력을 기울였다. 그녀는 나를 도와 자료를 수집하고 통계처리 했을 뿐 아니라 많은 가사노동을 전담했다. 이로 인해 나는 많은 시간을 내어 문제점들을 고민하고 복안에 따라 저술할 수 있었다. 이에 나는 그녀에게 깊은 감사를 보내며 수고의 말을 전한다. 중국 사회과학원 과연국(科硏局)의 이춘린[李春林] 동지는 출판비가 부족하여 출간에 어려움이 있다는 점을 인지한 즉시 자발적으로 출판에 힘써 주었다. 본서 출판비의 보조를 위해 그녀는 분주히 국가사회과학기금위원회를 오갔다. 본서가 일찍 독자들을 만날 수 있었던 것에는 이춘린 동지의 노력덕분이기도 하다. 연구를 지지하는 이러한 열정적 정신은 사람들의 경의를 받아 마땅하다. 다시 한번 그녀에게 가슴 깊이 감사드린다. 중국 사회과학출판사 이시[李是] 동지는 본서의 편집을 담당했다. 그는 전체 책을 교열했을 뿐 아니라 많은 유익한 의견과 건의를 제출해 본서의 출판에 많은 도움을 주었다. 이에 깊은 감사를 표하는 바이다.

장타이신[江太新]
2003. 10월 북경에서

찾아보기

ㄹ

ㅁ

ㅂ

작자소개

리원쯔 李文治(1909.11~2000.11)

허뻬이[河北] 롱청현[容城縣] 출신으로 1932년 뻬이핑사범대학[北平師範大學] 사학과를 졸업했다. 중화인민공화국 성립 후, 1987년까지 중국 사회과학원 경제연구소에서 일하여 연구원, 박사생 지도교수[博士生導師]을 지냈고 정부의 특수기금을 첫 번째로 받았다. 오랫동안 중국 경제사 연구에 전념하여 많은 성과를 이루었다. 주요 저서는 다음과 같다. 『만명민변(晩明民變)』, 『명청시대의 농업자본주의 맹아문제』(공저), 『중국 근대 경제사(1840~1894)』(공저), 『중국 종법종족제와 족전의장(族田義庄)』(공저) 등이 있다. 『만명민변』과 『중국 종법종족제와 족전의장(族田義庄)』 두 책을 제외한 나머지 저서들은 모두 중국사회과학원 우수저작상을 받았다. 또 국가 사회과학기금우수성과 일등상과 이등상을, 오옥장(吳玉章) 상금 특등상과 일등상을, 손야방(孫冶方) 경제과학상을 각각 수상했다. 수십편의 논문을 발표했으며 『이문치집(李文治集)』이 있다.

장타이신(江太新)

1940년 1월 푸젠[福建] 잉딩현[永定縣]에서 출생했다. 1964년 샤먼대학[厦門大學] 사학과를 졸업하고 그해 8월부터 중국과학원 경제연구소(1977년 중국사회과학원 경제연구소로 개칭)에서 일했다. 2001년 퇴직하여 연구원, 박사생 지도교수를 역임했고 1992년부터 정부특수 연금을 받았다. 중국사회과학원 경제연구소 경제사 연구실 주임과 중국 사회과학원 연구생원 경제과 주임을 역임했다. 현재 중국경제사학회 회장[秘書長]이다. 주요저서로는 『청대조운(淸代漕運)』(공저), 『중국경제통사, 청대경제편』(공저), 『중국종법종족제와 족전의장』(공저), 『중국기업사, 근대편』(책임편집), 『중국농업발전사, 송원명청편』(책임편집, 명청부분 저자) 등이 있다. 이 가운데 『청대조운』은 국가 사회과학기금 우수성과 이등상, 오옥장(吳玉章) 상금 일등상, 손야방(孫冶方) 경제과학상, 중국 사회과학원 우수성과 추가상을 받았다. 『중국경제통사, 청대경제편』은 곽말약(郭沫若) 상금 이등상과 중국사회과학원 우수성과 삼등상을 받았다. 『이문치집』을 책임 편집했다. 발표한 논문은 수십편으로 이 가운데에는 「청초 간황(墾荒)정책 및 토지소유권 분배 상황고찰」과 「청대 휘주(徽州)지역의 토지소유에 대한 논고」는 경제연구소 성과논문류의 제1등과 제2차 1등을 받았다. 「청대 곡물가 변동과 청정부의 곡물가 안정책」은 제3차 전국 상업경제 우수논문 이등상을 수여받았다.

신은제

동아대학교 사학과 졸업하고 같은 대학에서 고려시대 사회경제사를 전공하여 석사와 박사
학위를 받았다. 동아대학교와 창원대학교 등지에서 강의하였으며 동아대학교 석당학술원 고려
사역주사업단에서 연구교수로 재직하면서 『국역 고려사』 역주에 참여하였다.

저서로는 『고려시대 전장의 구조와 경영』(경인문화사, 2010)이 있고 역서로는 『국역 고려사』
가 있다. 주요 논문으로는 「14세기 전반 원의 정국동향과 고려의 정치도감」(『한국중세사연구』
26, 2009), 「마도 1,2호선 출수 목간 죽찰에 기재된 곡물의 성격과 지대수취」(『역사와 경계』 84,
2012), 「고려말 정국의 동향과 전제개혁론의 전개」(『한국중세사연구』 32, 2012), 고려시기 사회
경제사 연구의 진전을 위한 모색」(『한국중세사연구』 38, 2014) 등이 있다.

중국 지주제의 역사   값 49,000원

초판 인쇄   2015년   04월 20일
초판 발행   2015년   04월 30일
옮 긴 이   신은제
지 은 이   리원쯔·장타이신
펴 낸 이   한정희
펴 낸 곳   경인문화사
등록번호   제10-18호(1973. 11. 8)
주   소   서울특별시 마포구 마포대로4다길 8
전   화   02)718 - 4831~2
팩   스   02)703 - 9711
홈페이지   http://kyungin.mkstudy.com
 E-mail   kyunginp@chol.com

ISBN : 978-89-499-1081-9 93910
ⓒ 2015, Kyung-in Publishing Co, Printed in Korea